山东大学"985工程"儒学建设项目
山东大学儒学高等研究院学术研究项目

孔子世家艺文志

上

周洪才 著

國家圖書館出版社

孔子像

孔子年谱

一岁　周灵王二十一年、鲁襄公二十二年（前551）

是年十月二十七日申时，孔子生于鲁国陬邑昌平乡尼丘山附近（今尼山下有"坤灵洞"，传即孔子诞生地）。因父母祷于尼丘山而生，故名丘，字仲尼。其先世为宋国贵族，自六世祖孔父嘉始"别为公族"，以孔为氏；五世祖木金父避华督之祸由宋迁鲁，世为鲁大夫。

三岁　周灵王二十三年、鲁襄公二十四年（前549）

孔父叔梁纥卒，卜葬于鲁东防山之阴（今曲阜城东二十五里处之防山"梁公林"）。

六岁　周灵王二十六年、鲁襄公二十七年（前546）

孔子幼而好礼，为儿嬉戏，陈俎豆，设礼容。

十九岁　周景王十二年、鲁昭公九年（前533）

孔子娶宋人亓官氏之女为妻。

二十岁　周景王十三年、鲁昭公十年（前532）

生子伯鱼，鲁昭公以二鲤赐，荣君之贶，因以为名，字伯鱼。是年，孔子为鲁委吏。

二十一岁　周景王十四年、鲁昭公十一年（前531）

孔子为鲁乘田。

二十四岁　周景王十七年、鲁昭公十四年（前528）

孔母颜征在卒，与父合葬于防。既葬，孔子曰：吾闻之古也，墓而不坟。今丘也，东西南北之人，不可以弗识也。于是，封崇四尺。

二十九岁　周景王二十二年、鲁昭公十九年(前523)

孔子适晋,学琴于师襄。

三十岁　周景王二十三年、鲁昭公二十年(前522)

郑子产卒,孔子闻之出涕,曰:古之遗爱也。此年始受徒设教,颜无繇、仲由、曾点等先后从学。

三十四岁　周敬王二年、鲁昭公二十四年(前518)

孔子适周,问礼于老聃,访乐于苌弘。已而,返鲁。鲁孟厘子卒,遗命二子孟懿子与南宫敬叔师从孔子学礼。

三十五岁　周敬王三年、鲁昭公二十五年(前517)

孔子适齐,闻《韶》,学之,三月不知肉味。为高昭子家臣,以通乎景公。景公问政。公欲封以尼溪之田,不果,遂去齐。

四十九岁　周敬王十七年、鲁定公七年(前503)

阳货(阳虎)专政,欲见孔子,馈蒸豚以招致之。孔子瞯亡往拜,遇诸途,有"吾将仕矣"之语。

五十一岁　周敬王十九年、鲁定公九年(前501)

阳货奔齐。孔子为中都宰,一年,四方则之。

五十二岁　周敬王二十年、鲁定公十年(前500)

孔子为鲁司空,又为司寇,相定公。会齐侯于夹谷,齐人归鲁侵地。

五十四岁　周敬王二十二年、鲁定公十二年(前498)

孔子使仲由为季氏宰,堕三都。

五十六岁　周敬王二十四年、鲁定公十四年(前496)

孔子摄行相事,诛少正卯,与闻国政。三月而鲁大治。齐人归女乐,桓子受之,三日不朝;郊,又不致膰俎于大夫,孔子遂行,去鲁适卫。过匡,匡人围之。过仪,仪封人有"天将以为木铎"之语。是时,冉有仆,夫子有"庶矣哉"之叹。主蘧伯玉家,与卫灵公周旋,见南子。已而,灵公问陈,孔子对以军旅未学。明日,遂去卫之宋,司马桓魋欲杀之,孔子曰:"天生德于予,桓魋其如予何!"是以微服过宋,去宋适郑。

五十七岁　周敬王二十五年、鲁定公十五年(前495)
孔子自郑适陈。

五十九岁　周敬王二十七年、鲁哀公二年(前493)
孔子适卫,去。适晋,及河而返卫,如陈。

六十岁　周敬王二十八年、鲁哀公三年(前492)
孔子在陈。闻鲁庙灾。

六十一岁　周敬王二十九年、鲁哀公四年(前491)
孔子自陈如蔡。

六十二岁　周敬王三十年、鲁哀公五年(前490)
孔子自蔡如叶。叶公问孔子于子路,子路不对。问政于孔子,对以近悦远来;论直,对以父子相隐。又有沮、溺、丈人、楚狂等事,遂复返蔡。

六十三岁　周敬王三十一年、鲁哀公六年(前489)
孔子留陈、蔡间,有绝粮之厄。既而,楚昭王聘之。适楚,不用。返卫。

六十四岁　周敬王三十二年、鲁哀公七年(前488)
孔子在卫。

六十六岁　周敬王三十四年、鲁哀公九年(前486)
夫人亓官氏卒,葬于鲁北泗上。

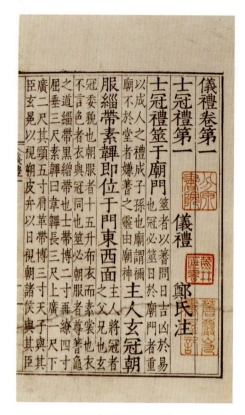

4.明嘉靖刻本《仪礼》

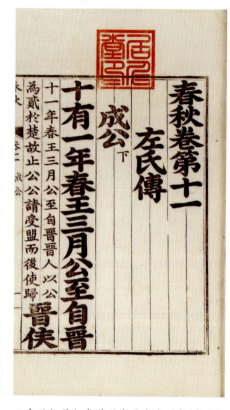

5.袁世凯居仁堂藏明永乐内府刊本《春秋》

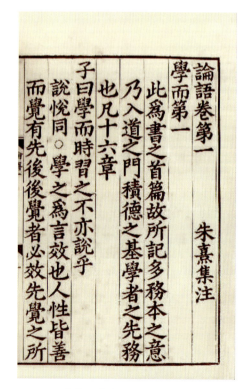

6.清康熙内府影元刻本《论语》

7.清光绪刻篆文本《孝经》

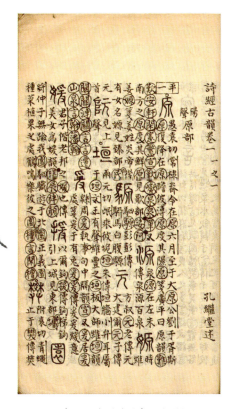

8.清孔继堂稿本《诗经古韵》

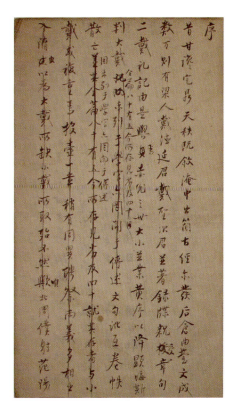

9.清孔广森手稿本《大戴礼记补注》

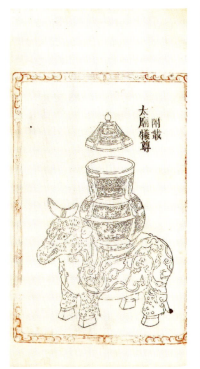

10.清同治六年宝翰楼刻本《文庙礼乐器歌章舞谱图式》

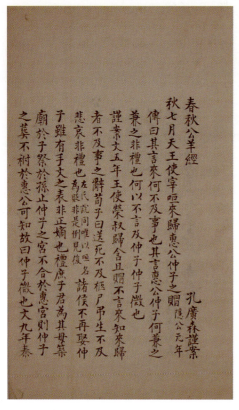

11.清孔广森手稿本《春秋公羊考释》

12.清孔广森手稿本《礨轩经说》

13.元至正十四年嘉兴路儒学刻本《汲冢周书》

14.清光绪浙江书局刻本《先圣生卒年月日考》

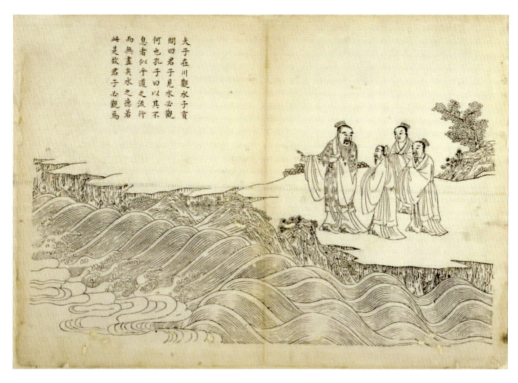

夫子在川觀水子貢
問日君子見水必觀
何也孔子曰以其不
息者似乎道之流行
而無盡矢水之德若
此是故君子必觀焉

15.明刻本《圣迹图》

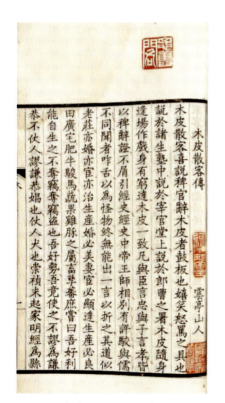

木皮散客傳

木皮散客喜說稗官辭木皮者鼓板也嬉笑怒罵之具也
說於諸生藝中說於宰官堂上說於郎曹之署木皮隨身
逢場作戲身有窮達木皮一致凡與臣言忠與子言孝管
以禪辭證不屑引經史中帝王師相別有評駁與儒
不同闆者昨舌以為怪物終無能出一言必折之其役似
老莊亦婚亦治生產婚必美妻官必顯達生產必良
田廣宅肥牛駿馬兒果難豚之屬畜學審庶嘗曰吾好利
能自生之不奪竊奪竊盜也吾好勢之不謀謀吾好謙
恭不伏人謀謙恭媚也伙人大也崇禎未起家明經為縣

16.清精刻本《木皮散客传》

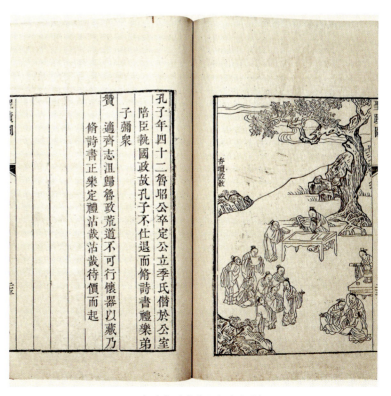

孔子年四十二魯昭公卒定公立季氏僭於公室
陪臣執國政故孔子不仕退而脩詩書禮樂弟
子彌眾

贊 適齊志沮歸魯政荒道不可行懷器以藏乃
脩詩書正樂定禮沽哉沽哉待價而起

17.清道光刻本《孔孟圣迹图》

18.蒙古乃马真后元年孔氏刻本《孔氏祖庭广记》

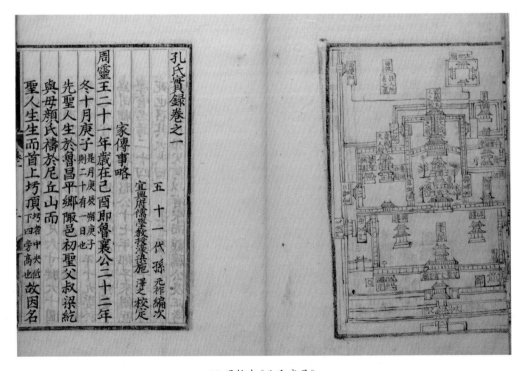

19.明抄本《孔氏实录》

20.明蓝格抄本孔弘干《孔门金载》

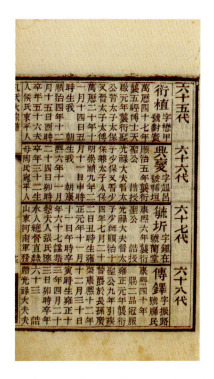

21.清光绪曲阜孔氏刻本《孔氏大宗支谱》

22.清光绪刻本《东家外史》

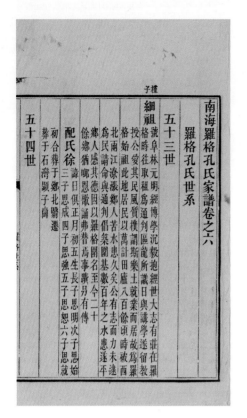

南海羅格孔氏家譜卷之六

羅格孔氏世系

五十三世

細祖　諱阜林元明經博學沉毅抱經世大志有莊在羅格時往取租格爲通判區龍所濂日與講學遂偶教授公愛其民風質樸謂斯土就業而居故偶羅格始祖此地居民以萬計田廬入百餘頃時破西北兩江溪漲鄉人苦水患久矣格遵久與通判倡築圍基數百年之水患遂平鄉人感其德因以羅格圍名至今二十餘鄉猶御恩歌誦弗替昔高事廣別有傳

五十四世

配氏徐　諱曰俱正月初五生長子思明次子思強五子思恕六子思就初合葬于鄉北翳遷葬于石壋顯子崗

子禮

五十三世

祖　諱...

孔子家語卷第一

宋　王肅注

明　吳勉學校

相魯第一

孔子初仕爲中都宰　制爲養生送死之節　長幼異食　強弱異任　男女別塗路無拾遺器不雕僞　四寸之棺五寸之椁　因丘陵爲墳不封不樹　行之一年而西方之諸侯則焉

孔子集語卷上

易者第一

子曰易者易也變易也不易也管三成爲道德包藏易見先秦古書皇清光祿大夫提督衍聖公七十代孫闕里孔廣棨敬設刊

質之始氣形質具而未離故曰渾淪渾淪者言未見氣太初者氣之始太始者形之始太素者

孔叢子卷之上

漢太傅孔鮒著

明裔孫孔衕植較

嘉言第一

夫子適周見萇弘弘語終退萇弘語劉文公曰吾觀孔仲尼有聖人之表河目而隆顙黃帝之形貌也修肱而龜背長九尺有六十成湯之容體也然言稱先王躬履謙讓洽聞強記博物不窮抑亦聖人之興者乎劉子曰方今周室微而諸侯力爭孔丘布衣將安施萇弘曰堯舜文武之道或弛而

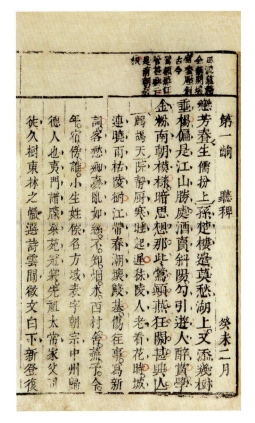

27.清康熙刻本《桃花扇》

28.清康熙刻本《续古宫词》

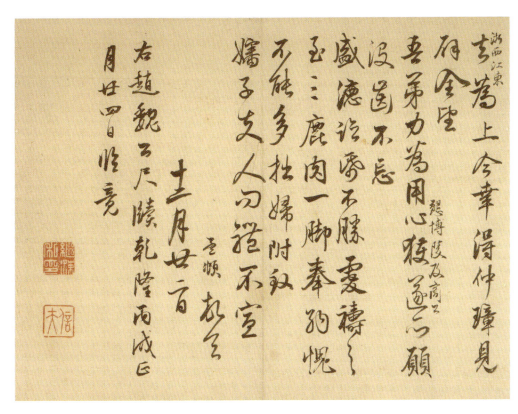

29.清乾隆间孔继涑《玉虹楼临古帖》墨迹

35.清孔广栻稿本《藤梧馆诗草》　　　　　36.清孔传铎稿本《笠园诗草》

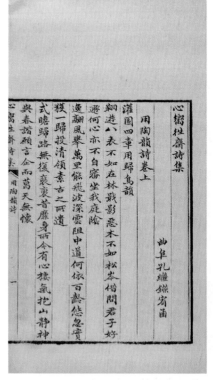

37.清吴熙载写刻本《心向往斋用陶韵诗》

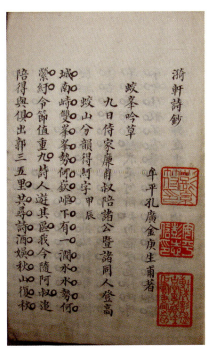

38.清孔广金稿本《漪轩诗钞》

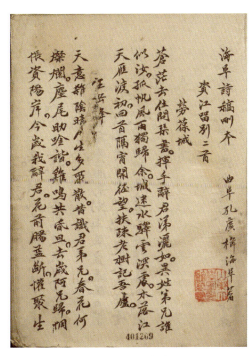

39.清孔广楣稿本《海阜诗稿删本》

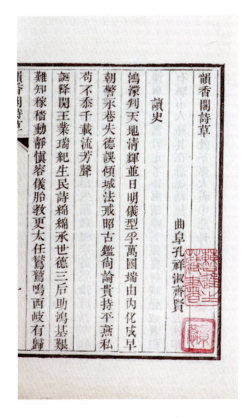

40.清光绪刻本《韵香阁诗草》

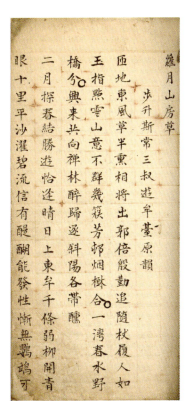

41.清孔兴筠稿本《萝月山房草》

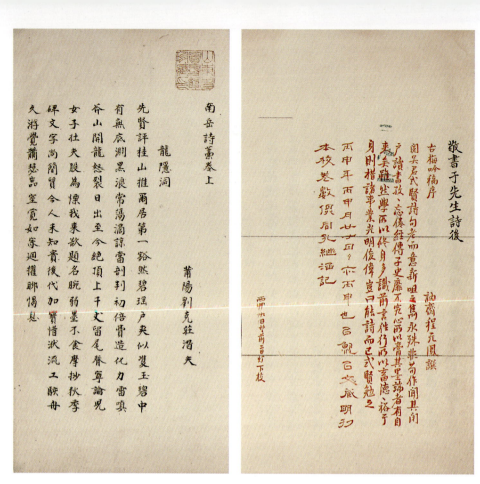

42.清孔继涵辑抄并跋《微波榭钞诗三种》

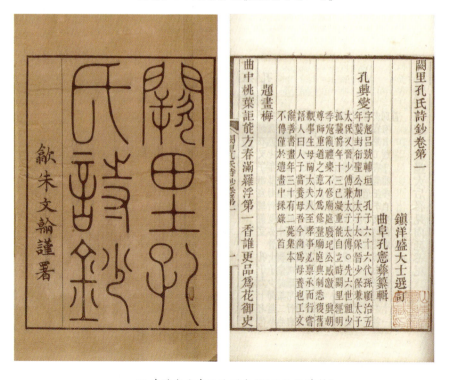

43.清道光曲阜孔氏刻本《阙里孔氏诗钞》

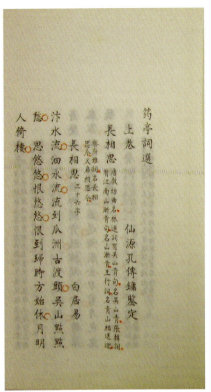

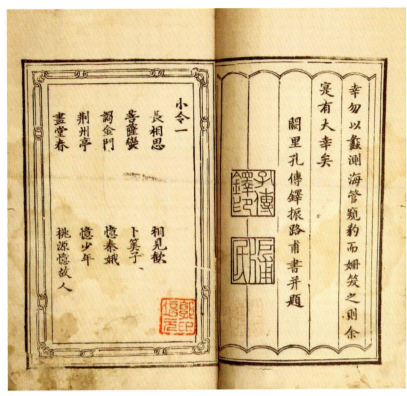

44.清抄本《筠亭词选》　　　　　　　　　　45.清初衍圣公府刻本《诗余牌》

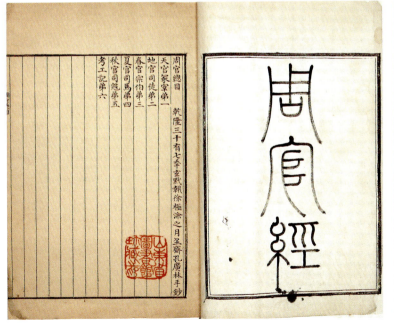

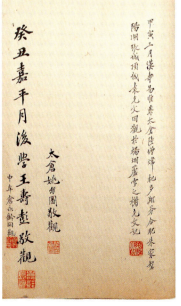

46.清乾隆三十七年孔广林抄本《周官经》

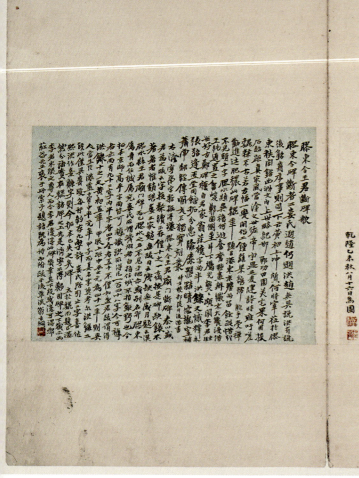

漢故膠東令王君之廟門

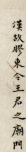

47.清乾隆间孔继涵跋《汉碑三种》

自　序

　　阙里孔氏号称"天下第一家"，是我国历史上延续时间最长的封建世袭贵族，研究孔氏家族无异等于以个案形式研究中国封建社会，它广泛涉及政治、经济、社会、历史等方面。然阙里孔氏更是典型的文化世家，自孔子七世祖正考父整理诗歌，得商《颂》十二篇于周太师，以《那》为首，至春秋末孔子以"夏礼，吾能言之，杞不足征也；殷礼，吾能言之，宋不足征也。文献不足故也。足，则吾能征之矣"，从而对三代文化遗存全面汇集整理，编为教材，讲学杏坛，同时，孔鲤趋庭，教学《诗》《礼》。之后，裔孙踵事增华，缵述先祖遗言，训解家藏经义，经学方面，"述圣"子思作《中庸》，千古称颂姑且不论，即如汉孔臧、孔安国世典家业，晋孔衍、孔晁阐释群经，唐孔颖达斟酌众家，统一传注，清孔广森复兴绝学，肆力《公羊》《大戴》，俱羽翼经传，有功儒学；文学方面，则有汉孔融、南齐孔稚珪、唐孔巢父、宋临江孔氏三兄弟、清孔尚任等扬标立帜，辉映先后。他如孔传铎、孔继汾父子之礼乐学，孔继涵、孔广森之算学，孔继涵、孔广林之校刊辑佚，亦皆成绩斐然，为时所称，以至于形成了具有悠久历史、一脉相承的孔氏家学体系。而且继继绳绳，不管世道人心如何变化，其秉承诗礼传家，皓首穷经、自为师友的家学传统从未因之而稍改，甚至于宁违荣不违道，孔臧即曾辞迁御史大夫，谓"臣世以经学为家，转相承作训法，然今俗儒繁说远本，杂以妖妄，难可以教。侍中安国受诏缀集古义，臣乞为太常，典臣家业，与安国纪纲古训，使永垂来嗣"（《连丛子》上）。可以说，读先祖遗书乃是历代孔氏子孙的天职，族规家训有明文规定，大明开国皇帝朱元璋与衍圣公孔克坚、孔希学对话时亦曾勉励其叫子孙多读书，让四方之人，俱来执经问难。对此，衍圣公以下无不终身奉行，矢志不移，清初衍圣公孔毓圻之子孔传铎弥留之际尚命其子孔继浩诵读《论语》信近于义章给自己听，其有别于世俗遗嘱多矣。不独阙里孔氏如此，外迁子孙也无不走到哪里把读书的遗风带到哪里，据《孔子世家谱》记载，平阳派支祖溁，隐居平阳，传家学，以《尚书》教授，其族中业儒治经者，摩肩接踵，不胜枚举，兹以社会动荡的明清之际第六十六、六十七代为例，即有业儒者三十八人，治《易经》者三十一人，治《诗经》者十九人，治《书经》者二人，治《春秋》者三人，"五经"统治者九人，其中有三人兼治"二经"，另有清顺治乙酉岁贡孔兴周，当时推为理学

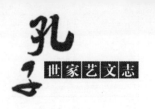

名儒。这些人绝大部分是布衣,研习经书,藏修于家,不求闻达,治经既非为猎取功名,亦非用以著述传世,而只是为了延续一种传统,使诗礼世家薪火相传,生生不息。

当然,孔氏读书的目的主要还在于济世化民,为国所用,孔子当时就是这么做的。所以,弘扬家学传统的结果乃是造就了大批社会有用之才,即以科举通籍者而言,如唐宋时临江孔氏,四十代绩,登唐进士,任吉州军事推官;子明昌,唐昭宗光化三年进士及第,长孙瑄,宋太祖乾德元年登南唐进士,官陵阳太守;次孙琼,与兄瑄同榜进士;孙玹,登南唐进士,官著作郎;重孙儒,宋太宗雍熙间以《春秋》中举,任职衡阳;重孙侨,端拱间以《春秋》登南唐进士;重孙信,进士及第,官濠州太守;重孙俸,五举进士登科,为抚州民曹参军;重孙僎,中举人,其子温基以《书经》中举,后登进士;俸子札,进士及第,官御史中丞,朝奉大夫;儒之孙硕,明《春秋》,举进士。四十六代延之,与子文仲、武仲、平仲、和仲父子五人皆登进士第,时人称文仲、武仲、平仲为“三孔”。族中又有孔源、孔淑、孔滋相继登第,乡里亦号“三孔”。他们大多为官任职,造福一方。而在诸多孔氏官员中,任教授、学正、教谕、训导、掌教习者,尤不胜枚举,如平阳孔氏,五十三代景行,庆元府教授;潼孙,建康路教授;萧,金坛县教谕,建康学正。五十四代思璘,永嘉县教谕;思定,南康路教授;思退,太平路教授;思俊,勤县教谕,太平路学正,终宜兴教授。五十五代克林,金华县教谕,处州蜀峰书院山长,建宁路教授;克,永新州学正,龙溪书院山长,长江州路教授;克益(原名友益),大都路教授;克齐,黄岗书院山长,升路学教授;克镇,信州原道书院山长。他们由于职业的关系,无不以传播带有孔氏家学色彩的阙里礼乐文化为己任。有些即使不能任职外地,亦以塾师自任,教书乡里,以求无愧孔氏子孙。

有鉴于此,予在曲阜师范大学孔子研究所策划《阙里丛书》、起草《编纂缘起》与《拟目》时即沉浸于儒家典籍与阙里文献,访于山林野老及林庙故物,并逐渐认识到孔氏家学与儒学实同源而异流,儒学成为官方哲学后,孔氏家学仍护守着既往的传统,特别是宋元以来由于官方哲学“六经注我”式的任意发挥,已大失原始儒学本真,致使某些学者不得不向孔氏家学中去寻正宗。同时,孔氏子孙外出为官,在传播正宗儒学的同时,也吸纳融合了官方哲学,使其成为兼具二者优长的孔氏儒学——孔氏家学。所以,从某种意义上说,结撰《孔子世家艺文志》,总结清理孔氏著述,就是在拓展传统儒学研究空间,发掘孔氏家学文化遗产,将氏族“血统”儒学注入官方“道统”儒学,老树新花,使其在新形势下发扬光大。但孔氏家学具有较强的封闭性和独特的传承方式,外界很难一窥究竟,以致有关研究工作目前尚停留在初始阶段,这与全球性的孔子儒学热形成强烈反差,直接影响着儒学和孔氏家学研究的深入开展,是一种极不正常的现象,于是本人萌生了要在孔氏家学研究领域作番耕耘、略尽绵薄的念头,并私下拟定了一个写作计划,即先写一本《孔子世家艺文志》奠个基础,借以检阅二千多年间孔氏著述之实绩;再写一本《孔府姻亲撰述考》,概观阙里礼乐文化与各地姻亲区域文化相互渗透与影响;之后再编一本《谒庙颂圣文萃》,汰其空洞应酬,取其征实有用之文,以进一步认识和感受各地文人骚客的不同文化特质。然后再在此基础上加以深入探讨,展开一系列的专题研究,以期对传统儒学研究领域有个较大突破,孰料竟拖至二十几年后才出这第一本。

当然,即使这第一本,因是为千年世家写《艺文志》亦属不易,主要原因在于:一是考辨梳理难。孔氏述作始自周秦,儒家以孔子为鼻祖,从"六经"、"九经"到"十三经",皆与孔子有关联,而古籍书目向不明署,征诸传本,虽称出自孔氏,但早非原貌,如《论语》,学人皆知非孔子所手著,而是由弟子、再传弟子,甚至三传、数传弟子记录整理而成,然没有孔子,何来《论语》?《春秋》普遍认为孔子作,左丘明恐弟子各安其意,以失其真,而为作传;后又有公、穀二家。孔继汾以为"左氏亲受经先圣,而公、穀实子夏弟子,授受相承,皆有端绪,故传说虽有不同,要皆依附圣经,非由臆说"(《阙里文献考》卷三十一)。《孔子家语》更是问题多多,收与不收,疑似之间,如何处理,煞是费心。二是孔氏源远流长,枝繁叶茂,广泛分布于山东、浙江、江苏、江西、河南、河北、福建、安徽、广东、广西、湖南、湖北、山西、陕西、甘肃、青海、吉林、黑龙江、云南、贵州、四川、台湾,全国二十多个省份,甚至韩国及东南亚各国,即使一省之中,亦复散居多处。所以,欲将网罗无遗,诚非易事。况且,孔氏诗礼传家,著述极富,或登诸国史,或见于方志,家乘、传记,歧载纷呈,错综复杂。三是孔姓并非都是圣裔,明代《阙里世系图题辞》即称"当时列国如卫有孔达、陈有孔宁,郑(穆)公之子十三人,其一曰公子喜,字子孔,后为孔氏;其二曰公子志,字士孔,亦为孔氏"。后世更因历代王朝优渥圣裔,屡有假冒者,五代时即有洒扫户孔末剪灭圣裔、冒宗窃爵之事。明清之际复有孔弘业管户盗卖《家谱》给泰安住人,得银六十两。康熙五年,遂有泰安王小小,一名王扛子者,冒充圣裔,取名孔贞魁,交上谱资,编入新谱,后被人评告,据实究办。而民国《萧山县志稿·选举表》也有举人孔毓美"本姓李"的记录,故同是孔氏,是真是假,亦须辨明。且真者何支何派、何人之后?加之各地孔氏多有重名,如滕阳户有孔广禧,字雨亭,八品执事官;盛果户也有孔广禧字雨亭,为执事官者。似此,稍不留意,极易混淆。更有谱名、榜名、原名、讳改,是甲是乙,一时实难下断,凡此皆需搞清弄明,此难之三也。虽说如此,然"知之者不如好之者,好之者不如乐之者"(《论语·雍也》)。予竟锲而不舍,将其完成,且除体例方面极得友人赞许,著录考证方面亦不乏可述之处,兹

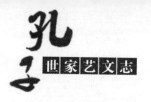

试举一二如下。

一、抉幽发微，广搜博采，较以往著录多所突破，特别是一些若隐若显、若存若亡的著述，如明阙里文献学家孔弘干《孔门金载》、《孔氏文献集》，六十七代衍圣公孔毓圻《兰堂遗稿》，六十八代衍圣公孔传铎《安怀堂全集》，著名诗人、戏曲家孔尚任原撰、顾彩改编《南桃花扇》等皆重现于世，得以进一步确认与重新著录。同时增补了大量正史、方志、公私藏目不见著录的圣裔著述，如衍圣公孔传铎为著述大家，《清史稿艺文志及补编》仅载《圣门乐志》、《申椒集》两种，《清史稿艺文志拾遗》博采群籍，也不过十一种，而本书著录多达四十种；清代诗人孔继鑅，旧目著录其书最多不过六、七种，此书列目至十八种，加上题跋书籍，共计二十二种，超出以往两倍，而且，其中如孔传铎《御纂宸订红萼轩书目》、《经史子集》、《学步唱和集选》、《词粹》、《今词选》，孔继鑅《孔北海年谱》、《孔氏文征》、《孔氏文征别录》、《孔氏族谱是政堂支谱》、《心向往斋锄余集》、《湖海集》、《归鲁吟》、《江上繁箱集》、《杜词文杂著》，俱为重要著述。又如南海岳雪楼孔继勋、孔广陶父子以藏书三十三万卷名于世，所抄珍籍上千帙，校刊经史诗文杂著亦复不少，然其自身著述反多不为人知，书目著录，寥寥几种，实际却是著述大家，本书据《家谱》、《硃卷》等搜集到二人著述三十余种。其中如孔广陶辑《王铁仙缩摹秦汉瓦当印谱》，堪补印史之缺，具有重要史料价值，所引各书序跋对研究其著述始末、家族盛衰、地方变迁尤具参考价值。清孔毓珣为一代名臣，历官两广总督、兵部尚书兼都察院右副都御史，总督江南河道，诰授光禄大夫，卒谥"温僖"，生前奏疏甚多，后人编为《温僖公奏疏》四册，清华大学图书馆藏有抄本，而《清史稿艺文志及补编》、《中国古籍善本书目》及《中国古籍总目》等俱不见录。他如宝应孔传珠著有《原耻》，孔广稷著有《四分历谱》、《达斋诗集》，其人其书亦俱不见书目著录，本书则据孔昭案《会试硃卷履历》加以补著。另据民国《孔子世家谱》与孔昭晋《硃卷履历》，清江苏吴县孔继璙撰有《玉泉文集》及《栖月轩课艺》十二卷、《栖月轩吟稿》十卷、《栖月轩历试存草》二卷、《二十四孝启蒙试帖》一卷，各书既不见传本，亦未见书目著录。孔昭乾为光绪九年进士，钦点翰林院庶吉士，散馆授刑部主事，赠员外郎，著有《海外鸿泥日记》四卷、《英政备考》二卷、《印政备考》二卷，及《光绪己卯科江南乡试硃卷》、《光绪癸未科会试硃卷》各一卷，其书亦多不见书目著录。清代桐乡支孔氏，作者甚众，其中不乏名家要籍，且仅女诗人就有十余位，有的还擅词曲，著有传奇，而《家谱》竟全无著录。又如牟平孔氏，六十四代提督山西学政、翰林院检讨孔尚先，尚先子衍似，衍似子兴筠，兴筠子毓璠、毓瑶，毓璠子传莘，毓瑶子传藤，传莘子继型、继堂，继型子广金，均有著述；毓璠孙继培，及六十七代毓秀，六十九代继绪，七十代广甲，七十二代宪洛等，亦俱有著述，然以往书目著录多未见原书，致多疏漏与不确，本书则力矫其失，咸依原帙。

孔继涵是入选《清儒学案》的著名学者，尤以微波榭选刊与诗词算学著称于世，然绝少有人知其能制曲并有作品《春歌》传世。予早年游京师，至北大查阅其《馆藏古籍善本书目》，见其集部词别集著有《红桐书屋词集附录》一卷，孔氏藤梧馆誊稿本，遂索阅此书，但见其书端页首行题"红桐书屋词集附录"，次行题"春歌"二字。内有"醉春风"、"普天乐"、"朝天了"、"四边静"、"脱布衫"、"小梁州"、"石榴花"、"斗鹌鹑"、"鲍老儿"、"满庭芳"、"耍孩儿"、"四煞"、"三煞"、"二煞"、"煞尾"诸曲，并有宾白科介，末云："蛾眉自古酿深冤，鹦鹉跟前也怕言。如何轻把沉沉恨，写在招冤第二帋。"其显为北调戏曲，而非词集。然古今曲目，如《古典戏曲存目汇考》等绝不见录，因知曲阜孔氏经师制曲，广林以前已有其人也。又如《中国古籍善本书目》经部春秋总义类等著有孔广森《春秋公华经》一书，书名很奇特，归类也牵强，征诸《山东通志》、《续修曲阜县志》、《曲阜清儒著述记》，俱无其书。己丑岁杪，予应山东省古籍保护中心之邀，对曲阜文管局档案馆提交的包括本书在内的多部孔广森手稿进行鉴别定级，始稍窥庐山真面，书为稿本，一册无格，内题"春秋公羊经 孔广森谨案"。凡每条先经后传，次广森案语，体例略同《春秋公羊通义》，而持与相校，内容则又大不相同，全然另一著作，遂据改题《春秋公羊考释》一卷，并撰写提要，申报第二批国家珍贵古籍名录，《山东省珍贵古籍名录》（第一批）亦据著录。至此，载于《中国古籍善本书目》流行几十年的所谓《春秋公华经》，终得是正，其原来类属亦得随之而改。另外，该馆所藏的孔广森《礼服释名》底稿本，亦不见《中国古籍善本书目》等著录。又如青岛市图书馆藏有清孔宪毂《春风坐余草》不分卷，稿本四册，《山东文献集成》影印此书时亦如此题。其实，其中有三册为《片石山房吟稿》，只因与《春风坐余草》合装，且卷端书名下无题署，遂被混为一书，但题《春风坐余草》不分卷，稿本四册，致使《片石山房吟稿》长期湮没不彰，不为人知，反使本书成为第一个著录者。

孔兴训《玉华洞志》，宣统《山东通志·艺文志》云"见《四库存目·陈文在〈玉华洞志〉提要》，《传是楼书目》作三卷。"《四库全书总目·存目》"玉华洞志"条谓"明万历壬辰邑令海阳林熙春始为《志》，顺治甲午邑令曲阜孔兴训重修，岁久版毁。康熙乙未，文在又复修之。"考《中国古籍善本书目》此书无载，《曲阜志》、《阙里文献考》亦无其人其书，《孔子世家谱》虽载其人，却语焉不详。惟康熙《赣州府志》卷三十四郡名宦传谓孔兴训，字觉所，山东曲阜至圣裔，筮仕将乐令，辑《玉华洞志》，以文翰自喜，康熙甲辰守赣，居官九年，民至今思之。然乾隆《将乐县志》并无记载，原书是否尚存，不得而知。续经多方查考，始知中国科学院图书馆藏有此书，遂急往查阅。其书卷端题

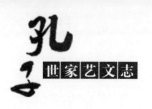

"尼山孔兴训觉所纂定;玉华萧梦瑚尔达、廖椿大年参订",惜无序言题跋详其缘起,于是又找来雍正增刻康熙本《玉华洞志》仔细翻阅,书前亦未见孔序,幸于其卷二"前序"得之,因加缮录,使成一完整著录。再如,上海图书馆藏有清嘉庆间刻本孔传纶《嘉庆己巳恩科会试硃卷》,内仅存《得天下有道其民斯得天下矣得其民有道得其心斯得民矣》一文,缺科份与履历,传纶履历遂成空白。本书先考《明清进士题名碑录索引》清嘉庆己巳恩科,见有孔传纶,钱塘人,二甲十四名,会元,证诸《杭州府志·选举》亦相吻合。再考钱塘孔氏,知为衢州派杭州支。又考英和《恩福堂笔记》卷下云:"余三主礼闱……己巳科,公定江苏省会元,已三日矣。青阳王文僖公忽执浙江省卷欲易之,而同事皆不欲易,文僖公曰:'江苏卷,文三篇诚足以之冠多士,惟试律及经艺策对不若浙江卷,以之易江苏卷,诸公不必复疑。'顾元熙遂为第二人,孔传纶列榜首矣。"又据唐鉴《唐确慎公集·朝议大夫福建知府孔君墓志铭》,知传纶先人,宋南渡时迁于江南,遂家于浙。而其"兄弟四人,皆铮铮不诡于俗。君天性淡定,寡言笑,虚怀雅度,不与物竞,历官翰林、御史,不自为名,居钝避猾,敛智为愚,而于天下事,若在指掌中"。"君以会试第一成进士,改庶吉士,授编修,考选御史,时四川文武吏,多假军功冒滥议叙,奏核之。前后典试三省,俱称得人,京察记名,简放福建知府。过杭州省亲,病十余日,于嘉庆二十五年某月某日卒,年四十二"。一纸孤文,经过查核考证,亦成一丰富完整著录。他如大量秘本题跋与诗文摘录亦皆足增重本书,提升其学术参考价值。清昆山孔继泰著有《鹤坡诗钞》,书不见传,集外残佚,亦难觅踪,本书特据乾隆刻本《考卷应制诗清言》及国家图书馆藏清乾隆三十四年钱氏通经楼抄本《元和郡县图志》补著诗文二则。南开大学图书馆藏有孔尚任著《续古宫词》一卷,清康熙孔氏介安堂刻本,书为徐乃昌旧藏,钤有"南陵徐乃昌校勘经籍记"、"积学斋徐乃昌藏书"朱文长方印,八行二十字,白口单边,版心有"介安堂"三字。然考旧载,汪蔚林《孔尚任诗文集·孔尚任著作目录》著录此书云"未见",陈万鼐《孔尚任著述记》题《宫词百首》称"佚",袁世硕先生《孔尚任年谱》谓"疑未曾刊行",并于《后记》中说:"《续古宫词》十二首,可能就是《宫词》百首的一部分,也可能是百首以外的续作……但不知是否还有全帙存在。"邓之诚《清诗纪事初编》孔尚任小传云:"昔从估人见《长留集》三卷、《拟古宫词》一卷,惜未得之。"其所谓《拟古宫词》,正即此书之误题。诸家记述,如此扑朔迷离,俱因未睹原帙,凭意揣测。而新出版的《孔尚任全集辑校注评》亦不知世有此书,将其漏掉,故本书特予全文迻录,以供读者赏析。

二、释疑补缺,订误辨讹,是正古今著录所在多有,如国家图书馆藏有明刻残本《宁仪孔氏家志》,此书是现存较早的孔氏文献之一,历经《续修四库提要》撰稿人与赵万里、冀淑英等前辈学者的鉴别著录，均不知其为何人纂修，《中国家谱总目》《中国古籍总目》等亦无从知晓，而本书则经长篇考证，认定其出于宁陵派孔子六十三代孙孔贞有、孔贞右之手，百年缺憾，遂得弥补。《山东文献集成》是一部质量上乘的大型地方文献丛书，出版以来深受社会好评，本人身为编辑成员，除有《孔子故里著述考》供其参考，尚应主持人之请，开列曲阜学人著述要目四十余种供其选刊，惟惜著录方面个别地方未从予意，如选入第一辑的《海岱人文》收有颜氏诗集三十余种，其书先是题"曲阜孔广栻辑"，后又改为"曲阜颜崇槼辑，曲阜孔广栻补辑"，而本人则认为俱属不妥，以为其书必非孔、颜二氏知情人所为，不然，孔宪彝定于《阙里孔氏诗钞》《曲阜诗钞》诗人小传中有所叙及，《续修曲阜县志》《曲阜清儒著述记》，甚至宣统《山东通志》及孔广栻诗文集也不应毫无反映。若出二氏，尤其像颜崇槼、孔广栻这样较知名的学者，编排其书，定不致如此前后失序，更不会将鼎鼎大名的颜光敏漏掉，徒贻口实于世人。其实，早在民国二十六年，屈万里先生等编纂《山东省立图书馆善本书目》时此编已明题"清王懿荣辑"，并于条下小字注云："清福山王氏汇辑微波榭抄订底本"。此不仅与予平日考察完全相合，即与民国二十一年王献唐跋孔广栻《藤梧馆金石题咏集录》"前见《海岱人文》先生集抄各书"的说法也不相悖。因为，王先生说的是《海岱人文》先生集抄各书，亦即《海岱人文》所收各种"微波榭抄订底本"，而非先生集抄《海岱人文》之各书。二位乡前辈之著录距王氏过世仅二三十年，相去未远，文献足征，所以，称此编为"清福山王氏汇辑微波榭抄订底本"是完全可信的，故本书从之。又如《清史稿》孔毓珣传称毓珣为"孔子六十六世孙"，"父恩洪"，其说俱误。据《孔子世家谱》，毓珣实为孔子六十七代孙，父兴洪，字起度，号涵万，历任陕西分守平庆道、江南分守江镇道、福建按察使司按察使，以子毓珣贵，封光禄大夫（见史部《温僖公奏疏》条）。而《晋书》孔衍传谓"祖文，魏大鸿胪"似亦未妥。考二十代大鸿胪文，未见有后。衍祖实为乂，字元傃，官魏谏议大夫。乂有子三人，父毓，乃其长子也（见集部《孔衍集》条）。又如孔传来《太极图浅说》条谓《孔子世家谱》称其父毓瑾为"乾隆壬午科副榜"，"壬午"为乾隆二十七年，此时传来已中举十年，征诸《柘城县志》，知"壬午"实为"壬申"之误。清孔衍樟撰有"大易中庸一贯图心性等论"九篇，《续修曲阜县志》《曲阜清儒著述记》均著录，《孔子世家谱》衍樟传但称其为"举人"，《著述记》谓"晚举于乡"，似皆不详举于何时，而本书则据宣统《山东通志·举人表》，考定衍樟为康熙五十九年庚子科举人。《三肄堂诗草》的作者孔毓昌，《孔子世家谱》称其"字钟文，号赓言，雍正癸卯科举人"，《著述记》称其"字赓言，雍正甲辰举人"。"癸卯"为雍正元年，而"甲辰"为雍正二年，二者未免歧异。然考宣统《山东通志·举人表》，毓昌实为"雍正二年甲辰科"，乾隆《曲阜县志》亦云"甲辰补行正科"，故从之，作雍正二年。孔传科任职一事，《孔子世家谱》谓官"河南扶沟县知县"，《著述记》称其"官宁津县知县"，二者所记似相抵牾，而考二《县志》所载，传科实于二县皆有任职，即乾隆十八年任宁津县知县，二十八起任扶沟县知县，二书不过各据所知罢了。又如广东中山图书馆藏有清黄培芳撰《岭海楼诗钞》四卷，《清人别集总目》据以著录题"孔继昌抄"，《广东文献综录》据以著录题"孔继堂抄"，因未睹其书，未敢遽定孰是孰非，故本书二者皆不从，而是根据本人考证改题"孔继勋抄"。

湖南省图书馆藏有《菰中随笔》一卷，卷端题"东吴顾炎武亭林著"，末镌"后学阙里孔昭薰较刊"。书前有何焯庚午仲秋序，并清张穆道光庚子十月十二日、叶启发辛未二月、叶启勋辛未十月二十三日手跋。启发称"此阙里孔昭薰较刊《菰中随笔》一卷，护页有平定张石斋穆题记，云亭林《随笔》一卷，真迹存曲阜孔氏，近始付梓"。其书《中国古籍善本书目》子部已著录，另著国家图书馆藏本，无题跋；二本著录同《北京图书馆古籍善本书目》、《湖南省古籍善本书目》，皆题"清乾隆孔氏玉虹楼刻本"，不分卷。湖南本收入《四库全书存目丛书》，版本题署同《中国古籍善本书目》，而《四库存目标注》据以著录复题"清乾隆曲阜孔昭薰玉虹楼刻本"。旧目中《古书经眼录》著录此刻亦题"乾隆间阙里孔昭薰玉虹楼校刊"。然其书既为昭薰校刊，便不得为乾隆本矣。因昭薰生于乾隆五十七年十一月，距嘉庆即位不过三年，亦即乾隆朝时，薰才三岁，未识之无，如何校刊此书？征诸张穆道光二十年跋"近始付梓"一语，核其书中避讳之字，其书似应作道光刻本。衡诸以往，昭薰所刻之书亦大都在道光一朝。又如《四库采进书目》等著录《道统图》题"明孔对寰、吕兆祥同注"，《中国古籍总目》、《国家图书馆普通古籍总目》著录西谛旧藏明崇祯本《圣迹图》题"明孔对寰绘"，是皆不知"对寰"为衍圣公孔胤植号也。又如本书史部家谱类著录精抄明刊《孔氏族谱》有孔思模序，文中提及其《东家举要》一书，此书不见书目著录，《阙里文献考》云孔思敬有《孔子世家谱》卷佚，而无思模之名，不知思敬原名思模，另有《东家举要》一书。故一直以来，很少有人知道历史上曾有《举要》一书，及思模、思敬为一人，揆其原因，盖思敬为南宗，故北《谱》不得其详。民国大《谱》思敬传但称"元末与弟以义兵保障乡里"，其实，据《南宗考略》，思敬为官有政声，任西安教谕时，尝至阙里拜谒陵庙，会叙宗族。南还之日，衍圣公孔希学、曲阜县令孔克伸、兖州知府卢熊，各以诗赠行。阙里宗人、松江府学教授孔思言无子，思敬特以少子克信嗣之。又如元大德九年太平路学刻本《汉书》有孔文声题记一则，屡被书目文献提及，惟孔氏身世籍贯，多不能详，《天禄琳琅书目》即称文声"无考"，《全元文》误注文声为"今山西临汾"人，而据予考察，所谓孔文声，实即孔文升。文升谱名思退，字退之，一作文声，字山竹，平阳派建康路教授潼孙长子，孔子五十四代孙，官太平路教授，将仕郎，嘉兴路知事，泰定三年，以承事郎任建康止元县尹，赘居溧阳沈氏，家富藏书，所撰《阙里谱系》赵孟頫为之序。

此外，书目著有清孔绍尧《性安文集》、《国民政府新法令》、《现代对于孔子之各方言论》等书，上海图书馆藏清光绪间刻孔绍尧《光绪癸卯恩科江西乡试硃卷》履历称其"派庆云，字维钦，号性安"。《孔子世家谱》无孔绍尧，而有孔庆云，字维钦，号性安，不云曾名绍尧，但字、号与《家谱》相符，中举时间与《乡试硃卷》相合，遂认定为同一人。光绪甲午科浙江乡试硃卷中有题"孔昭冕"者，经考昭冕原名铸颜，谱名昭瀛。国家图书馆藏有清康熙间刻本《康熙癸未科会试荐卷》一卷，《中国古籍总目》据以著录，题"康熙四十二年癸未科会试荐卷一卷，孔幼仪撰"。考《明清进士题名碑录索引》，幼仪，江南高淳人，另作参见云："毓仪 见孔幼仪"；《高淳县志》乡宦传谓孔毓仪，字端蒙，号北园，癸未成进士，授中书舍人，知直隶丰润县。而据《孔子世家谱》毓语传，"幼仪"乃其榜名，谱名毓语，字钟义，奉旨改名毓仪，号北园，又改字端蒙。上海图书馆藏有孔广彪《同治癸酉科顺天乡试硃卷》一卷及孔广钟《光绪庚辰科会试硃卷》一卷。广钟缺履历。广彪，据《硃卷》履历，父继琳，字仲球。《家谱》称继琳有子二："广熙、广煦"，与《硃卷》所载不合。又考《吴县志》昭乾传，云"从父广彪，元和籍，光绪庚辰进士。昭乾己卯举人，癸未科进士，连翩科第，荣冠里闾"。然考《明清进士题名碑录索引》未见有彪名。据予考证，以为广钟即广彪，广彪即广熙，亦即同治十二年顺天乡试之广彪、光绪六年会试之广钟，与《家谱》所载之广熙实为一人，而非二人、三人也。又如，《中国家谱总目》著有广东中山图书馆藏《中山潭洲孔氏宗谱》一书，清孔昭莱主修；上海图书馆藏有清孔昭莱《光绪戊子科顺天乡试硃卷》一卷，履历称其"系广东广州府属内香山县圃都一图九甲民籍"。书作者，一为"潭洲"，一为"香山县圃都一图九甲"，鉴于孔氏重名现象十分普遍，一时很难判定究竟一人，还是二人，为了搞清弄明，予曾历考十四世，始获解决。

傅增湘《藏园群书经眼录》、《藏园订补郘亭知见传本书目》著录蒋汝藻藏旧写本《小亨集》分别题"孔荭谷继涵抄目"、"孔继涵手写目录"，然考罗振常《善本书所见录》其书补目附注，云"嘉庆三年微波榭录"。"嘉庆三年"，继涵早已去世，因知此补目者定为其子孔广栻也。又如《中国家谱总目》著有清孔广余纂修、雍正五年刻《孔氏敦本堂支谱》一书，经予考证，认为其所谓"孔广余"必为"孔庆余"之误，"雍正五年"应是"光绪五年"。青岛市图书馆藏有清孔宪毂蓝格稿本《春风坐余草》一卷，泉民主人记云："此稿册《春风坐余草》，孔宪谷手订诗稿，红谷之小弟，世无刊本，真墨迹可贵。"

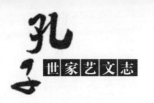

题记竟将宪毂之曾祖孔继涵误为其小弟。清道光六年顾沅赐砚堂刻有清顾沅辑、孔继尧绘《圣庙祀典图考》一书，《东北地区古籍线装书联合目录》史部政书类著录此本，书名略同，而列其子目云："《依园诗略》一卷，（清）方登峰撰；《星砚斋存稿》一卷，（清）方登峰撰；《垢砚吟》一卷，（清）方登峰撰；《陆塘初稿》一卷，（清）方式济撰；《出关诗》二卷，（清）方式济撰；《龙泌纪略》一卷，（清）方式济撰。"此著甚谬，考其所列各目，实为《述本堂诗集》所收书，且若真如所列，又何能入"史部政书类"？又如清康熙举人孔元祚曾参与编纂康熙《长乐县志》，其书广东省立中山图书馆等有藏，《中国地方志联合目录》、《中国古籍总目》等据以著录成题"清康熙二十六年刻本"，《广东省立中山图书馆藏稀见方志丛刊·前言》介绍此书亦谓"刊于康熙二十六年，记事止于是年。"不知其卷六补有康熙三十年事，且崇祯皆作"崇正"，弘治皆作"宏治"，万历皆避"历"字。又如《中国古籍善本书目》经部群经总义类著有曲阜文管会藏孔广森稿本《十三经札记》一书，经查阅，其书主要内容虽为考释《公羊》、《大戴》以下诸经传，但并非全系经传，中有释《管子》等作，故将改题《读书札记》，归入子部儒家。孔广陶编有《岳雪楼书画录》五卷，此书《续修四库全书》子部艺术类有收，云"据南京图书馆藏清咸丰十一年刻本影印"，其实本书无"咸丰十一年刻本"，而是《续修四库全书》编纂者误陈氏辛酉序为刊刻年，不知书前另有光绪己丑即清光绪十五年刻书牌记。民国二十二年苏州文新公司铅印本《吴县志》八十卷系曹允源、孔昭晋等纂修，《中国地方志联合目录》著录此《志》题"曹允源、李根源纂"，《中国古籍总目》著为"［乾隆］吴县志八十卷，曹允源、李根源纂，民国二十二年苏州文新公司铅印本"，皆未妥。又如清孔兴筠著有《萝月山房稿》一卷，《南开大学图书馆馆藏线装书目录》（集部别集分册）著录馆藏抄本，作者题为"孔兴韵"；《清人别集总目》据以著录，复将书名误作《梦月山房稿》。又如清孔毓瑶《绿雪山房诗集》一卷，《南开大学图书馆馆藏线装书目录》（集部别集分册）著有馆藏抄本，《清人别集总目》据以著录，题《绿雪山房诗钞》，"孔敏瑶撰"，"敏"字当为形近致误；宣统《山东通志》复据《府志》著录此书不题卷数，作者误为"孔毓璠"。他如《小忽雷》，《清志补编》一书二见，一题孔尚任撰，一题顾彩撰；孔贞运《敬事草》，《中国古籍善本书目》亦两列其书。类似例子，俯拾即是，不胜枚举，寻常著述、大型书目或不能免，而让人不解的是一些宗师巨匠著录孔氏亦频频出错，如《国立中山大学图书馆周刊》1929 年 2 月第 6 卷第 5、6 期合刊载顾颉刚、陈槃《曲阜孔广森及其家族的著述》不过一篇短文，却有错误十多处，文中除某些字误，还误将孔广林《通德遗书所见录》列之孔广森名下，并称广林为广森弟；误将孔衍璐《庙庭礼乐典故》为"孔兴灿著"，称兴灿为"五十九代衍圣公第四子"。又著孔贞瑄之书为《聊园文集》、

《诗略操缦》、《新说大成》、《乐律全》,孔继涵《解勾股粟米法释数》为《勾股粟米法》一卷、《释数》一卷。似此均于有关条下加按注明,以正视听。

三、甄其版本异同,别其篇目繁简,愚者一得随处可见,如清孔传铎著有《红萼词》二卷,其书中国科学院图书馆、北京大学图书馆分别藏有清康熙刻本。科学院本,前有顾彩序,黄郑琚丙戌序,传铎自识。北大本,三序之外,复有宋荦、陈于王二序。张宗祥铁如意馆抄本,于二本诸序外复有休宁汪芳藻一序,书前张氏题记称其录自稿本。又如国家图书馆藏有清孔传铎撰清孔氏红萼书屋抄本《申椒二集》,正文凡九十五叶,又补遗二叶,无序跋目录,卷端题"阙里孔传铎牗民著,梁溪顾彩天石订,宛平陈于王健夫参"。有"红萼书屋"朱文长方印、"孔氏家藏"朱文正方印。收诗自《煌煌京洛行》、《花朝雅集》至《哭叔父四首》,约数百首,其中,有些篇目注有"删去"二字。经与所著《绘心集》比对,发现除注有"删去"的四十六首不见于《绘心集》外,其余篇目与《绘心集》所收实无不同,惟《绘心集》分为二卷,序次秩然,而此编既不分卷,又乏伦次。然其书后《补遗》所收之《闺情》(句用调名)至《入都门次前韵》九首,则为《绘心集》所无。清孔继浩《耀尘集》今有两本,一为中国科学院图书馆藏纫佩斋本,一为山东师范大学图书馆藏漱六轩本,书皆二卷,行字亦同,予尝持山师藏本与纫佩斋本相较,见其不惟篇目多近一倍,且多张予定、崑泉、胡锦三序,及孔继浩、袁鉴二跋,因知山师所藏漱六轩本为足本,余非全稿。

宋孔文仲等《清江三孔集》所传各本名题不一,篇卷有别,然多非完帙,《全宋文》、《全宋诗》所收亦复不全,齐鲁书社所出之整理本乃据四十卷残本,不知北京大学、济南市图书馆皆藏有四十卷手抄足本,至为可惜。北大四十卷本,张剑尝与明抄残本比对,据《文献》2003 年第 4 期所撰《现存清江三孔集版本源流略考》一文介绍,与予所见济南市馆藏本基本相合,但同中有异。惟惜济南馆藏本久居"深闺",其《馆藏古籍书目》亦未收录,故外间无人知有此书者。此本为民国海昌沈懋祺补抄旧抄本,书题《临江三孔集》,二函十二册,其来源有三,一是宫氏原藏旧抄三十四卷,二是沈氏据胡刻补抄孔常父文,三是沈氏据明抄缮录孔毅父文。

清华大学图书馆藏清孔传钺《孔节倩诗稿》,《清华大学图书馆藏善本书目》著为"清道光间孔纹江抄本",一函二册,书为《阙里孔氏诗钞》选诗底本,孔氏原装,有清孔宪彝、孔宪纬等人题记。封皮有"诗稿"、"孔纹江手抄"二行。考"孔纹江"为四川开县知县候选主事孔昭煜第三子孔宪毅,宪毅字纹江,号苏巷,监生,河南候补,道光九年六月二十二日生,同治十三年三月十二日卒,年四十六,与户部江西司员外郎、吏科掌印给事中、广东肇阳罗道孔宪毅系同胞兄弟。然其书既为纹江手抄,却有宪彝道光丁

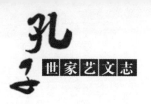

酉(十七年)题记,丁酉年,纹江尚不满九岁,证诸各家题记与正文字迹,此帙当为纹江之父孔昭焜所抄,封皮"诗稿"、"孔纹江手抄"二行,应是后人随意题写,不足为凭。孔宪纬跋谓"此家节倩吏部诗也。吏部殁后,集稿散失,其门人从叔父手抄是册,乃搜罗故纸所得,然仅十之一二,其他佳构定必美富,惜未能遍搜"。所言与予所考正合,这就对重新认识这部书的价值提供了珍贵依据。凡此均为其他书目所不及。

书目误著所在多有,姑且不论,即以原帙而言,有的书虽不题何人所撰,予固知其必为某人书,如《皇清诰封衍圣公夫人显妣何太夫人行述》;有的书虽明题某人名,予知绝非其人作,如《阙里圣庙记》,凡此种种,皆赖平日积累与考证之功。正文优处或略如上述,而所附资料又何尝不是,如"附录三"所载朱熹为同安主簿时,过莆田,更别郏县派福建莆田孔宜支圣裔版籍、恢复待遇等事,既可补《朱熹年谱》之缺,亦可概见朱子有功于孔氏,不独经学儒术也。

虽然如此,但像这样一部筚路蓝缕、头绪纷纭的书稿,以一人有限之薄力,经纶二千年孔氏之著述,而欲做到无可商榷,不留遗憾,也是不现实的,况且限于条件,无法尽如所愿。因此,书中一定还存在着这样那样的不足之处,恳请绩学博闻之士有以教之,以便今后改进。至于其间由于征考需要偶有未为时贤讳者,亦望各位道友鉴谅。

例　言

　　一、此书是一部孔氏氏族文献专著,旨在系统清理孔氏历史文化遗产,全面反映孔氏艺文之盛,网罗废坠,荟萃遗佚,传书传人,人书并重。故本书自动笔以来,广泛参考吸收了《孔子故里著述考》及有关族谱家乘、地方文献、历代史志、各类传记、诗文题跋、档案、墓志、硃卷、公私藏目等相关内容,旁搜远绍,穷考力索,但凡孔子至民国间的圣裔著述,无论藏目失收之秘本,抑或志乘缺载之遗著,见者必采,援以立目。孔子编辑整理的儒家经典,如《易》、《书》、《诗》、《礼》、《春秋》、《孝经》等亦皆入录。"春秋三传"虽各具撰者,但所释经文皆与孔子有关,不可离经而言传,况所传文本,又多经传合一,故亦列入。他如《论语》、《家语》等有争议的儒学典籍,佚名、缺名、撰者不详的孔氏文献、阙里史传,亦皆尽量采收,宁存其疑,勿失之缺。此外,《曲阜孔府档案史料选编》是研究孔氏家族和明清民国间政治经济情况的宏编巨制,虽成编于当代人之手,但内容全系明清及民国档案原文,故亦酌加收录。惟有些现代人物著述,不收可惜,收则有失限断,如北京四大名医之一孔伯华(繁棣)其卒已至新中国成立后,民国工商、财政部长孔祥熙其卒更是晚至 1967 年,似此只能变通酌收,略如孔德成先生仅收其民国《孔子世家谱》等,离家去台后著述从略一样,不复求其搜罗无遗矣。他如孔昭铭纂有《南宗孔氏萧山砾山分支宗谱》,同时著有《保险法》、《保险学》、《交易所法》、《信托业》、《公司财政》、《日本现代人物传》、《日本之战时财政》、《日本之战时资源》等著作。其《保险学》等,以其时间晚近,且多属新兴学科而非传统门类,故不拟烦琐立目,仅在其《南宗孔氏萧山砾山分支宗谱》条备列其名,并于《索引》中加以参见,使其既有所区别,又不致湮没不彰。又有些作者,《阙里孔氏诗钞》载其作品而未见结集,弃之可惜,遂制为"余录",附于别集类末。另外,孔府旧藏各地钤印备案的孔氏支谱不下千数百件,一时限于条件,无法一一立目,详为著录,故亦于家谱类末制为"余录",述其大概,以资读者参考。而对世系莫明、支派不清的孔姓作者,除非早已见诸孔氏志乘邑籍者,一般列为"待考",编入"外编"。全书凡正式著录作者 700 余人,著述 2000 余种,外加附带叙及、及编入"外编"、"附录"的孔姓人士,与家谱"余录"所列孔氏谱牒,共约有 3000 余位人士,3000 余种著述,可谓大观矣。阙里孔氏号称"天下

第一家"，司马迁尝撰《孔子世家》予以表彰，孔氏荣之，名其谱曰《孔子世家谱》，本书亦复因之，取名《孔子世家艺文志》。

二、孔氏奉孔子为始祖，千支百派皆由孔子而衍生，故本书首冠孔子像与《孔子年谱》，以立其标牌，树其根干，然后序列孔子及后裔著述，并以经、史、子、集、丛相统纳；其间作者除少数不可考者，均注以世系，标明孔子多少代孙。继之为"外编"，首列"孔氏学者校抄题跋书录"，以便孔继涵父子等校抄题跋之籍，既不与己之著述相混，亦可借以从容著录；其次为"待考孔氏著述要录"，作为存疑与补充。又孔氏文献有不出孔氏之手者，为完善书之内容，复编为"他姓编撰孔氏文献选录"，以期为孔氏研究拓展延伸提供线索。封建社会氏族重大宗，孔氏袭爵尤其如此，因撰"孔氏承袭嫡裔享年、婚嗣、封赠考"及"曲邑二十派六十户派祖、户祖考"加以系统叙述。迁徙裔孙为一支之始祖，在孔氏家族发展演变史上占有不可或缺的历史地位，又鉴于支派子孙中有虽具功名却以未曾著述不得载列本书者，故复撰"孔氏外迁支派始祖及著闻子孙考"附后，以与始祖《孔子年谱》等遥相呼应，庶几体例精且备，孔氏之书与人并传矣。

三、本书既分正编、外编、附录诸项，正编无疑为一书之主体，内容亦较其他部分为庞杂，故经、史、子、集、丛五部之下，复据需要析为若干门类，并略依作者时代先后序次其目。其中个别著述较多、头绪烦杂的门类，如史部家谱类、集部别集类等，为免凌乱，各又分作若干块。惟其划分，亦各有凭，如以家谱而言，清代以前旧谱牒数量相对较少，故不论南宗北派，统以时代先后排列；而清及民国时期宗谱户谱渐多，故先孔氏总谱或宗谱，次各户支谱；而清代及民国各派支谱，则略依《孔子世家谱》支派先后排序，而非户籍所在地；派属不清者，暂按谱籍附诸有关支派，或置于板块末尾，以俟后考。又因本书系氏族专籍，考虑到父兄、夫妻之间，彼此唱和、互为师友，集中一处，易窥授受源流，因此，对有些比较密集的部类，如集部别集类等，排序时，在影响不大的情况下尽量加以集中，或排于邻近，如七十二代衍圣公孔宪培与夫人于氏都有著述，宪培有《凝绪堂诗稿》，于氏有《就兰阁遗稿》；宪培乾隆五十八年卒，于氏道光三年殁，二者相去三十年，若单论生卒，其间势必相隔多人，读起来不便，看起来别扭，似此即不复以生卒为绳墨也。乡、会试硃墨卷，文章为主体，履历乃附属，《中国古籍总目》将其归之史部传记类，未免喧宾夺主，况有《中国古籍善本书目》垂范在先，故弃而不从，仍入集部别集。又鉴于孔氏文献中有些既非方志又非家谱，如《孔氏祖庭广记》、《孔氏实录》、《阙里志》等，旧目著录时，或列谱牒、或入传记、或列论语、或入地理，很不一致，故特设"阙里文献类"，相关著述俱入此类。

四、本书著录以传本与书目所载为基本依据。有些书虽不见于旧目，或者说历史上原无其书，乃是由后人汇辑其嘉言懿行而成，如冯云鹓《圣门十六子书》中之《子思子书》。汉孔安国、孔光等虽有著述，但不曾结集，零章残篇荟见于清严可均《全上古三代秦汉三国六朝文》中，台版《中国历代诗文别集联合书目》遂据列目，有的甚至为《续修四库全书提要》等提要书目所采收，此亦酌加收录。而对后世辑本，倘系孔氏辑佚他氏著作，如孔广林辑郑玄各书等，以辑本立目；若系他氏拾遗孔氏原书或不宜作附注处理者，如《小尔雅佚文》等，则另立条目。一书内容抽出单刻或编入丛书者，如孔继汾《丧服表》、孔广森《周易厄言》等，以及有重要文献校勘价值的抄稿本，如济南市馆藏四十卷本《临江三孔集》、中科院馆藏《耀尘集》等，亦单独立目。但对《圣门十六子书》中所收之子思《年谱》则不再做分析著录，虽然《中国历代人物年谱考录》等已著录在前，而在本书实无必要。至于有的书目将孔继汾《阙里文献考》书末之《辨讹》析出，另著"《阙里文献考辨讹》一卷"之类，亦所不取。

五、本书著录格式一般分为书名、作者、考释、版本四项，每项各另起行，凡亡佚之书有辑本者，视其情况，或缀于条末，或单独立目；录自《中国古籍善本书目》《北京图书馆善本书目》《北京图书馆古籍善本书目》的著述，若无其他考释内容，或《中国历代诗文别集联合书目》据《全上古三代秦汉三国六朝文》等总集著录题卷的诗文集，虽有考释文字，一般也不再另列版本。而对"十三经"等版本，注家众多、流传较广的典籍，则择要列之，指明何本为善。另外，经、子二部中，有些书因考辨材料太多，引用时，只能根据需要简约其文，而不复一一标注省略号，必要时惟将整段引起，以免与其他文字相混。又书内引文如有缺字或模糊难辨者，以"□"标出；对其中个别误字，如"盖"误为"益"、"氏"误作"民"之类，则径自改之，不再注明。又引文中偶有涉及农民起义，称为"贼"、"寇"、"匪"者，考虑到征文考献，贵在忠于原著，故未做改动处理。又根据需要，行文中有加"按"或"才按"者，加"才按"者，一般前面引文出现过"按"字，为恐相混，并无特别意义。现代影印各书，出版日期以公元纪年有用阿拉伯数字者，有不用阿拉伯数字者，本书版本项为使统一，一律改用阿拉伯数字。而考释引述，则一仍其旧。又书内所收作者中有生、卒于阴历某年十二月某日者，括注公元纪年时，换算成阳历，应是下年的元月某日，但若那样处理，会与《历史年代表》不合，易使读者生疑，故仍维持旧有做法，在此略作说明。

六、本书著录事项广泛涉及书名、卷数、存佚，作者姓名、朝代、字号、所属支派（户）某人之子、孔子多少代孙，以及科第、官职、谥号、封赠，著录依据、文本特征、卷端题署、藏家印鉴、各书著录之异同、诸家题跋与内容，与夫作者之身世经历、学行交游、父祖状况、生卒享年、作品得失、现存版本，以及重要文本藏所或所在丛书等信息。

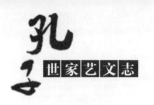

而名家遗作尤多关注，不厌其详，或详列篇目，以备稽考，或引录原文，以见其概。前者如孔融《孔北海集》、孔丽贞《藉兰阁草》，后者如孔兴筠《萝月山房草》、孔广杕《藤梧馆诗钞》等等。个别孤本遗作甚至整体移录，如孔尚任《续古宫词》百首，俨然书中书也；其所纂《莱州府志》收录之遗文遗诗，也被一一辑录。他如《中国历代诗文别集联合书目》据《全前汉文》著录的孔鲋《孔鲋集》等零章散句，亦复无烦他求。孔继涵平生致力著述校勘，其所撰辑与校抄题跋之书，本书搜罗至170余种，校语题记，多赖完整保存。

七、书内所著若一人有多种著述，或其著述遍布各类，只在首条著者项简介作者，如孔颖达只在易类《周易正义》、孔广森只在易类《周易厄言》著者项介绍，以后各条及其他部类但云：颖达有《周易正义》，本部易类或经部易类已著录；广森有《周易厄言》，本部易类或经部易类已著录，意在提示读者二人简历已于易类该条介绍，可参看。但若遇一人多种著述接连著录，则只在首条注明，以下各条径题某代某人撰，如集部别集类孔尚任、孔传铎各种诗文集等。惟孔子除于首条作一般性介绍，另编《年谱》冠首，以示本书所收之由出，孔氏裔孙所自来也。但若系编辑、注释他姓人士著作，或与他姓人士同编合撰，他姓人士一般不作介绍，惟涉及有功儒学、从祀孔庙的"先贤"、"先儒"，如董仲舒、郑玄等，则于文中适当简介，注明从祀时间。有些跨朝代的作者，一般视其情况，归入事迹、著述产生的朝代，如衍圣公孔克坚享年五十有五，卒于明洪武三年，而事迹却在元朝，虽然以往载籍皆列明人，此则归之元代。孔胤植由明入清，卒于清顺治四年，享年五十六，其著述悉为明时所撰，以往载籍虽多列清人，此则改列明人。

八、为节省篇幅，便于行文，书中还将一些征引较为频繁的书籍，如《汉书艺文志》、《隋书经籍志》、《旧唐书经籍志》、《新唐书艺文志》、《宋史艺文志》、《明史艺文志》、《清史稿艺文志及补编》，分别简称为《汉志》、《隋志》、《旧唐志》、《新唐志》、《宋志》、《明志》、《清志》。乾隆《曲阜县志》简称《曲阜志》，民国《续修曲阜县志》简称《续修县志》，《曲阜清儒著述记》简称《著述记》。《山东通志·艺文志》、《兖州府志·典籍志》、《曲阜志·类记·著述》、《续修县志·艺文志·著述》、《阙里文献考·孔氏著述》引用时，一般径称《山东通志》、《兖州府志》、《曲阜志》、《续修县志》、《阙里文献考》。《隋书经籍志考证》简称《隋志考证》，《文献通考·经籍考》简称《文献通考》。《辽金元艺文志》为后人所补撰，各有若干种，征引时各冠作者于前，而书名略为简化，如钱大昕《补元志》，倪灿、卢文弨《补元志》等。《补晋史经籍（艺文）志》亦有多家，故在引用处理上同《辽金元艺文志》。《续修四库总目提要》，予参有两种，一是王云五主编、台湾出版的《续修四库全书提要》铅印本，二是中科院图书馆整理、大陆出版的《续修四库全书总目提要》稿本影印本，前者先出而不全，予先参之，后见影印稿本全帙，复增补所缺条目，为便区别，行文中前者一仍原称，后者则作"稿本《续修四库提要》"或"《续修四库提要》"。孔德成等纂《孔子世家谱》，根据需要有时径称《孔子世家谱》，或民国大《谱》、民国《谱》；孔德墉主编的新修《孔子世家谱》简称时加"新修"二字。"北京图书馆"后改名"中国国家图书馆"，对此，书中行文一般使用新名（简称"国家图书馆"），而旧出版物则仍用原称，如《北京图书馆善本书目》等。曲阜孔府藏书，开始由"曲阜文管会"管理，继有"曲阜文物局"、"曲阜文管局档案馆"等名目，故书中称谓，不尽划一。

九、本书编有书名、著者两种《索引》，考虑到读者查阅此书多从某一著者入手的客观需要，故稍事变通，先列"著者"，次排"书名"。又以本书为一姓之专籍，所收俱为孔氏，且明清以来，孔姓辈字由皇帝赐赠，族人咸知遵依，加之圣裔大都学养深厚，才俊众多，一辈之中如"继"字辈、"广"字辈、"昭"字辈等，往往多达六、七十人以上，苟用"四角号码"排列著者，反不如用笔画更为明了易检。同时，为使作者全部著述集中统一，对因故改名与不合谱辈者，如明末衍圣公孔胤植，清代讳改其名，书目著录或作"孔衍植"，或作"孔允植"，或名号不分径题"孔对寰"，此则一律还原为"孔胤植"。又由于古代交通不便，外迁孔氏取名往往与阙里谱辈不合，如清顺治六年进士孔衍洙，原名孔自洙，《明清进士题名碑录》与顺治《延平府志》修志自署均题"孔自洙"，后阙里修谱，为统一派辈改为"孔衍洙"。又如明孔弘干，清人避改为孔宏干；清末举人孔庆云著书喜用榜名"孔绍尧"，世人但知"孔绍尧"，而不知正名"孔庆云"，凡此皆据《家谱》，取其正名或首次出现的姓名为索引编排对象，原名、他称作参见。又如孔宪彝的父亲孔昭杰，初名孔昭辰，其著述亦多署"孔昭辰"，惟志乘多作"孔昭杰"，而予之著录，又多据志乘书目，因取"孔昭杰"立目，"孔昭辰"作参见。"孔子"一称，为历代所沿用，本书因之，用作著者，凡与其相关的典籍，一并列其名下，且不注著述形式于书后，其《索引》编排，以正名作参见。至于正文中出现的有检索价值的人名、书名，亦以列目参见的办法排列其中，俾使读者任从某名检索。而其《著者索引》不仅按著录顺序集合了每位作者在书中的全部著述，并且还分别注有朝代、所在页码和著述形式（作、传、撰、合撰、等撰、编辑、注解、纂修、鉴定、参订等），俨然一孔氏著述简目，既可配合正文作为辅助，亦可独立成篇单独浏览。

十、制作专题书目，搜求之难，著录之艰，早为业内人士所熟知，而为千年文化世家作《艺文志》尤其如此。孔氏代远族繁，迁徙变动甚大，后裔子孙或为官某地，爱其风俗淳厚，山水佳丽，就地安家；或一生为官清廉，卒于任所，子侄扶柩归里，贫不能至，葬身异域;或时势不靖,遭遇祸乱,避难他乡,不复返里。有的甚至几经迁徙,辗转多地,故孔氏一族,分布极广,情况十分复杂,有的同在一地却属不同支派,有的彼此遥隔万里则系出一户。又一户之中,或甲某无后,过继乙子为嗣;或因缺乏沟通,取名相重至数见;或入庠、为官各有其名,一人更名再而三。故欲要查考原帙近万页的民国《谱》,或80巨册、收录约190万人的新修《谱》,落实某人系何支何派,某人其父祖为谁,无异于大海捞针,有时遍检其书,终无所得,更以日后疑其粗心,不惜重来一遍。或幸有所获,其书是存是佚,应归何类,是抄是刻,抄刻情况如何,版本孰优孰劣,其书究藏何处等等,其耗时费力,个中滋味,有不足为外人道者。难则难矣,然予既撰此书,仍冀网罗齐备,体例精善,编排得当,著录详明。虽有不至,心向往之。

目　录

上　册

易类

■ 周易十卷 存

相传(周)孔子传。孔子名丘,字仲尼,先世为宋国贵族,官至大司寇。详见《年谱》。

孔子"删述六经,垂宪万世",三代文化,赖以传承,被封为"至圣先师"。征诸古代载纪,孔子于《易》、《书》、《诗》、《礼》等所谓"六经",确乎做过系统整理与深入研究,尤其《周易》,下过很大工夫。《庄子·天运篇》云:"丘治《诗》、《书》、《礼》、《乐》、《易》、《春秋》六经,自以为久矣,孰知其故矣。"又云:"吾求之于阴阳,十有二年而未得。"《史记·孔子世家》谓:"孔子晚而喜《易》,序《彖》、《系》、《象》、《说卦》、《文言》,读《易》,韦编三绝。"《汉志》称:"伏羲始作八卦,周文王重《易》六爻,作上下篇。孔氏为之《彖》、《象》、《系辞》、《文言》、《序卦》之属十篇。故曰《易》道深矣,人更三圣,世历三古。"《隋志》云:"孔子为《彖》、《象》、《系辞》、《文言》、《序卦》、《说卦》、《杂卦》,而子夏为之传。及秦焚书,《周易》独以卜筮得存,唯失《说卦》三篇。后河内女子得之。"《经典释文》云:"孔子作《彖辞》、《象辞》、《文言》、《系辞》、《说卦》、《序卦》、《杂卦》,是为'十翼'。班固曰:'孔子晚而好《易》,读之韦编三绝,而为之传。'"按:孔子赞《易》作《传》,汉代以还,史不绝书,而北宋以后渐有异调,逮于民初,疑伪风盛,然仍有笃信旧说者。近年随着马王堆帛本《易》书(其中不乏记载孔子说《易》的篇章)的出土,此问题之讨论重被掀起,学者以此为据,参以他证,对其作了较深入的研究,取得不少成果,然迄无定论。马王堆帛书《易传》其目有《二三子问》、《系辞》、《易之义》、《要》、《缪和》、《昭力》六题,但据分篇墨钉标符所示,《缪和》、《昭力》应为一篇,实为五篇。据黄沛荣《易学乾坤·孔子与周易经传之关系》统计,原见于今本《易传》之《系辞》、《文言》二篇引称"子曰"者凡三十条,而新出帛《易》中《二三子问》、《易之义》、《要》、《缪和》、《昭力》五篇引称"子曰"、"孔子曰"、"夫子曰"者则有一百零五条(某些条文尚有争议)之多。其书虽为问答体,非孔子自著,但却是孔子说《易》之记录,足证载籍中孔子作《传》之说必有据依。且《论语·颜渊篇》讲崇德,《系辞传》也讲崇

德，思想亦颇吻合一致。又，《周易》也有今古文之分，今文为汉田何所传，古文为汉费直所传。今所传本为古文《易》，此书汉代始有注。郑玄《注》早佚，今能见到的旧注有魏王弼《注》。王《注》本，国家图书馆藏有宋刻本（卷八、卷九为韩康伯注，明毛晋旧藏，董其昌等观款题跋），书凡十卷。十二行二十一字，白口，左右双边。书内除上下经传，《系辞》《说卦》《序卦》《杂卦》俱在。唐代又有李鼎祚《集解》，采子夏、孟喜等三十五家之说，补康成之逸象，于汉学多所发明。后世以《易》著者，宋有程颐、朱熹，元有吴澄，清有惠栋、江藩、李松林、姚配中、焦循、孙星衍等。

是书今有马王堆帛书本（《系辞》《二三子问》《易之义》《要》《缪和》《昭力》凡六题五篇，其中《系辞》与今本相较，除文字有错、讹、脱、衍及缺"大衍之数五十"一章外，内容并无不同，其余各篇则不相合）见《孔子集语校补·补遗九种》（齐鲁书社1998年10月版），又有2002年3月上海古籍出版社《续修四库全书》马王堆帛书《周易经传释文》本，及唐写本残卷，见《鸣沙石室古籍丛残》影印本第一册。又国家图书馆藏董其昌等跋宋刻本，宋淳熙抚州公使库刻递修本（有抄配），元相台岳氏荆溪家塾刻本；2003年5月北京图书馆出版社《中华再造善本》影印元相台岳氏荆溪家塾本；台北"国立中央图书馆"藏南宋建阳刊纂图互注十一行本（题宋程颐点校），明万历二十年刻明杨时乔编辑本，明末倪元璐手写本（皆白文二卷），杨守敬手跋影抄日本藏古写本；广东省立中山图书馆藏明赵府味经堂刻本（九卷，王弼注，另有《略例》一卷）；又明嘉靖刻本，明万历元年书林熊冲宇种德书堂刻本，明崇祯十三年锡山秦氏求古斋刻本，明刻本（不分卷）；清康熙中内府刻本，清康熙间李光地等奉敕编《篆文六经四书》本，清乾隆间武英殿刻满汉合璧本，清内府刊满文本，及《五经》本、《八经》本、《九经》本，各种《十三经注疏》本（详后《周易正义》条）、现代译注本等。

■ 周易注十二卷　存

（汉）郑玄撰，（清）孔广林辑。广林原名广枋，字丛伯，号幼髯，自号赘翁，大宗户内阁中书军机处行走、户部广西司主事继汾长子，孔子七十代孙，署太常寺博士。

是书据《中国丛书综录》著录。按：郑玄字康成，高密人，遍注群经，集汉代儒学之大成，唐贞观二十一年从祀孔庙。其《周易注》，盖取费直古文，将彖、象与经文合于一处，使学者"寻省易了"。原书早佚。后世书目著录其书，凡《隋志》作九卷，《七录》作十二卷，两《唐志》《经典释文》并作十卷。辑其佚者宋有王应麟，清有惠栋、袁钧、黄奭诸家，然未有如广林此书之完者。广林一生，专治郑学，辑录郑玄佚著，凡十八种，七十二卷，名曰《通德遗书所见录》或称《郑学十八种》，此书即其中之一。阮元尝称赞广

· 4 ·

林,谓海内治经之人,无其专勤。

是书今有清光绪十六年山东书局刻《通德遗书所见录》本;国家图书馆藏清抄《郑学十八种》本,清叶志诜、赵之谦校跋清抄《郑学十八种》本;北京大学图书馆藏叶志诜(《善目》云李盛铎)校清抄《郑学十八种》本等。

■ 续朱异集注周易一百卷 佚

(梁)孔子祛撰。子祛,居会稽山阴,官国子助教,迁西省学士,累迁中书通事舍人。

是书见郑樵《通志·儒林·孔子祛传》。《曲阜志》:"邑人之述《易》者,梁有《续朱异集注周易》一百卷,步兵校尉孔子祛撰。佚。"按:此书不见于隋、唐等《志》。据《梁书》本传,子祛尝助中书舍人贺琛撰录《梁官》。梁高祖撰《五经讲疏》及《孔子正言》,专使子祛检阅群书,以为义证。事竟,敕子祛与右卫朱异、左丞贺琛于士林馆递日执经。凡著《尚书义》二十卷,《集注尚书》三十卷,《续朱异集注周易》一百卷,《续何承天集礼论》一百五十卷。按:《隋志》注云:"侍中朱异《集注周易》一百卷,又《周易集注》三十卷,亡。"是朱氏原书与子祛所续,皆佚而不传。子祛,《孔子世家谱》、《阙里文献考》不载其人,世系待考。朱异字彦和,钱塘人,遍注五经,尤明《易》、《礼》。

■ 周易正义(又名周易注疏、周易兼义)十四卷 存

(唐)孔颖达等撰。颖达字仲达,一作冲远,北齐青州法曹参军、赠青州别驾金乡郡公安子,孔子三十二代孙,居冀州衡水,官至国子祭酒,卒赠太常卿,谥曰"宪"。

是书,《旧唐志》、《宋志》等著录。《新唐志》此书作十六卷,《直斋书录解题》同《馆阁书目》作十三卷,《四库全书总目》作十卷,今本又有作九卷者,盖刊刻时有所分合耳。此书初名《义赞》,后诏改《正义》。今传本又有题《兼义》、《注疏》者,乃同书异名,各成源流。向来言《易》者,多溺于象占之学,至王弼始将扫弃,畅以义理。颖达以西汉丁、孟、京、田,东汉荀、刘、马、郑,更相祖述,非有绝伦,唯王弼之《注》,独冠古今,遂取以疏证。其上、下经用王《注》,《系辞》以下用韩《注》。唯其诠释文句,多用空言,不如其它经《正义》,根据典籍,源委灿然,此亦由王《注》扫弃旧文,无可证所致,非颖达之过也。《书录解题》按曰:"《五经正义》,本唐贞观中颖达与颜师古等受诏撰《五经义赞》,后改为《正义》,博士马嘉运驳正其失。永徽二年,中书门下于志宁等考正增损,书始布下。其实非一手一足之力,世但称'孔疏'尔。其说专释一家注文为正。"《曲阜志》云:"《唐志》有《周易正义》十六卷(《旧唐志》、《宋志》作十四卷),国子

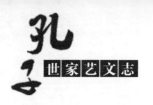

祭酒孔颖达与颜师古等奉诏所撰。序称:江南《义疏》有十余家,辞尚虚诞,皆所不取,惟王弼之学,独冠古今。以弼为本,而采诸说附益之。"才按:颜师古,详见《孔子故里著述考》有关著录。于志宁,字仲谧,洛阳人,唐高宗时拜太子太师,同中书门下三品,卒谥定。是此书乃由众人合作(详见《新唐志》),经于氏订正,并长孙无忌及诸儒刊定。其《疏》本来单行,宋人为便阅读,始将经、注、疏合刻于一书。

是书题《周易正义》者有:宋刻本,民国二十四年北平人文科学研究所影印傅氏双鉴楼藏影宋监本;台湾《无求备斋易经集成》影印宋刻本;国家图书馆藏清翁方纲、傅增湘跋宋刻递修本,2002 年 3 月上海古籍出版社《续修四库全书》影印本,2003 年 8 月北京图书馆出版社《中华再造善本》影印本;嘉业堂重刻宋单疏本(附校记二卷);《四库全书》本;1983 年台北商务印书馆影印台北"故宫博物院"藏本等。题《周易兼义》者有:宋刻本(有《音义》一卷),宋刻本(有《略例》一卷);元刻明修《十三经注疏》本(宋刻十卷,此九卷,外附《音义》、《略例》各一卷),明万历十四年北京国子监刻《十三经注疏》本,明崇祯四年毛氏汲古阁刻《十三经注疏》本,明永乐二年刻九卷本(有《经典释文》、《略例》各一卷),清阮元重刊宋本《十三经注疏》本,2000 年 12 月北京大学出版社《十三经注疏》整理本(李学勤主编);清嘉庆三年金闾书业堂刻本,清嘉庆二十年南昌府学刻本,清道光六年南昌府学刻本,清光绪十八年湖南宝庆务本书局刻本,清光绪二十二年苏州书局刻八卷本;《四部备要》本等。题《周易注疏》者有:国家图书馆藏清陈鳣跋宋两浙东路茶盐司刻宋元递修本(有抄配),2002 年 3 月上海古籍出版社《续修四库全书》影印本;日本足利学校遗迹图书馆藏原陆游等藏陆子通手跋南宋初期刻本;山西省图书馆藏清张穆校清乾隆十二年武英殿刻《十三经注疏》本(十三卷,有《略例》一卷);《摛藻堂四库全书荟要》本(有《略例》一卷);《古逸丛书三编》影印宋刻本等。

■ 易字读一卷 _存

(唐)孔颖达正义。

是书,《中南、西南地区省、市图书馆馆藏古籍稿本提要》(附钞本联合目录)载有湖北省图书馆藏民国抄本(一册),题魏王弼、晋韩康伯注,唐孔颖达正义。兹据著录。

■ 玄谈六卷 _佚

(唐)孔颖达撰。

是书,《宋志》、《四库阙书目》、《曲阜志》等皆著录。《秘书省续四库书目》此书不著撰人。《中兴馆阁书目》是书题一卷。《经义考》:"《周易玄谈》六卷,佚。董真卿曰:'颖达与颜师古等同撰《周易正义》,又撰《玄谈》六卷。'按:《绍兴书目》有之。"

易正义补阙七卷 佚

(唐)孔颖达撰。

是书,《宋志》、《曲阜志》等均著录。《四库阙书目》作《周易正义补阙》七卷。

大衍说一篇 佚

(宋)孔旼撰。旼字宁极,郑县派世袭国子监学正良相子,孔子四十六代孙,嘉祐四年,召为国子监直讲,不赴,迁光禄寺丞,卒赠太常丞。

《曲阜志》:"宋光禄寺丞孔旼有《大衍说》一篇、《太玄图》一卷,俱佚。"兹据著录。按:旼,嘉祐五年六月卒,年六十七。王安石为作《墓志铭》,云:"先生博学,尤喜《易》,未尝著书,独《大衍》一篇传于世。考其行治,非有得于内,其孰能致此耶?"《宋史·隐逸传》:"孔旼字宁极,孔子四十六代孙,隐居汝州龙兴县龙山之滍阳城。性孤洁,喜读书。荐授秘书省校书郎。致仕数年,召为国子监直讲,辞不赴,即迁光禄寺丞,顷之,起知龙兴县,复辞。卒,赠太常丞。晚年惟玩《周易》、《老子》,他书亦不复读。为《太玄图》张壁上,外列方州部家,而规其中心,空之无所书。曰:'《易》所谓寂然不动者,与此无异也。'"《孔子世家谱》称其"与韩持国、二程先生常相往来,清风高节,啧啧人间。"其书《经义考》亦著录。

易经代言无卷数 佚

(明)孔承倜撰。承倜字永冠,号冲亭,官庄户赠文林郎保定知县彦道第三子,孔子六十代孙,历官荆藩长史。

是书,《曲阜志》、《阙里文献考》著录,皆云"卷佚"。《曲阜志》孔承倜传谓其初任直隶保定知县,终荆藩长史。居官清白。笃信阳明之说。宦迹所至,即开馆会生徒,讲良知之学。著《易》、《诗》、《书》、《四书代言》、《中庸孔庭续问》、《四事请教录》、《日言》、《梦解日月篇》、《天理说》、《天人直指图》、《荆藩辅政录》等书。按:承倜学有渊源,考其家世,廉吏学士,荟萃一门。祖公珏,字栗文,号月湖,太学生,授曲阜世尹,廉介自持,爱民如子。父彦道,字朝克,号晓山,博学工诗,尤精鲁公书法,一时孔庙碑石,多出其手。从父彦述,字朝谦,号小川,太学生,授山西泽州州判。兄承作、承伙,俱三氏学录。堂兄弟承仍,字永袭,号庄亭,岁贡,唐府教授,从邹颖泉先生讲良知之学;承

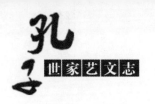

僬,字永捷,号莱亭,岁贡,历齐东益都训导、保定府大宁卫教授。他如子侄辈,亦皆不负所学,多所成立。《桃花扇》作者孔尚任,即其仲兄后裔。

■ 易解无卷数　未见

（明）孔尚可撰。尚可一作四可,字愿之,号成吾,平阳派增生贞慎从子,孔子六十四代孙,历官北京东城兵马司,江西建昌府照磨,上林苑典簿。

是书,《江苏艺文志》据《高淳县志》文学传著录,尚可作"四可"。《孔子世家谱》尚可传亦载之,称其书行世,然未见公私藏书目著录。

■ 周易达传十二卷　未见

（明）孔鼎撰。鼎一名胤雅,字正叔,号桂山,又号楷园,新城支尚举子,孔子六十五代孙,诸生。

是书,《江西通志·艺文志》据《建昌府志》著录。孔鼎《楷园文集自序》谓"甲申乙酉,值国大故,文献凋谢,乃入山作野人,庭芜覆门,草在窗下,静而对之,千千然也。于是,搜《周易》之遗编,得数十种,删谬订讹,上证宣圣十翼,曰《楷园周易达传》,分十二卷。"所记与《志》书著录正合。按:鼎,孔氏大《谱》失载,《新城县志》先正传略云:孔鼎,字正叔,明季为郡学弟子员,国亡,弃诸生,筑室须眉峰下,隐居力学,研探《易传》,及天官、地理之学。宁都魏禧授徒新城,鼎从山中出,相见时,鼎年六十有七,长禧已倍,而心奉为严师。又彭士望《孔正叔传》曰:孔鼎"字正叔,一名胤雅,新城人,本至圣裔,宋建炎间,中散大夫传与从子衍圣公端友扈高宗南渡,居衢州,再传迪功郎莘夫宦临川,遂家焉。又三传温宠,教授于新城之贤溪里,乃居宏村,是为宏村孔氏。中散其始迁之祖也。又十二传为鼎父尚举,盛德为乡里所推崇。崇祯间,邑令谭梦开称为孝友先生,颜其堂曰'真君子'。甲申五月,尚举闻闯贼陷京师,呼语鼎曰:汝读《论语》,大节不可夺,须体验令志气安定,他日始不为违背君父之事。鼎于是即弃诸生,筑室须眉峰桂山之阳。研探易传史鉴天官地理岐黄吐纳之学,为书八十余卷,名《楷园集》。中间指切世事,哀时闵俗,不轻以示人,日与故旧放迹山水间,吟咏自适,无故不一至城市……"

■ 大易阐注无卷数　未见

（清）孔贞文撰。贞文字方征,一说字用征,衢州派临川支,孔子六十三代孙,明天启元年领乡荐。

是书，《江西通志·艺文志》经部易类据《临川县志》著录。康熙《抚州府志》隐逸传云："孔贞文，字用征，宣圣六十三代孙，其先四十七代祖自兖如衢，自衢如临，至贞文复十六世。领天启辛酉乡荐，时文年甫壮即务修名饬检。崇祯初，执政句容……革命后，家室化离，改筑灵谷丰溪，布席讲《易》。晨烟午举，陶然自适。至于登高临流，把酒分韵，则又未尝一让少年。所著《大易阐注》，以课诸孙。别有《友石居诗集》杀青未半而卒，生平小作愤愧牢骚语，尤人所难。"

■ 易解无卷数 未见

(清)孔尚豫撰。尚豫，衢州派句容支万历进士、翰林院检讨贞时子，孔子六十四代孙。

是书，《江南通志·艺文志》著录。《句容县志》卷九贞时传谓"子尚豫能文章，熟当世之务，著《贻书堂类稿》"。不云有此书。

■ 易经系辞讲义 未见

(清)孔尚任撰。尚任字聘之，又字季重，号东塘，别号岸堂，自称云亭山人，官庄户明崇祯癸酉科举人贞璠第三子，孔子六十四代孙，康熙二十三年以讲经称旨，授国子监博士，迁户部员外郎。

《幸鲁盛典》：康熙幸鲁，"遣翰林院掌院学士常书、侍读学士朱玛泰至曲阜，会同衍圣公孔毓圻于孔氏子弟内选举讲书二人，令撰次应讲经书经义进呈。孔毓圻举监生孔尚任、举人孔尚铉应诏讲书。"孔尚任《出山异数记》亦记此事云："任以貌小儒生，选侍经筵，虽惧隃越，然分不敢辞。但不知撰何经义，乃称大典？常公出示二黄封，乃《大学》圣经首节、《易经系辞》首节。于是抚几案，给笔札，不移晷，而《大学讲义》成。张公旁睨云：'《讲义》是矣，后段颂圣，似不可少者。'任应声补足。常公又促撰《易义》，任谢云：'诗乃专家，《易》则未习也。'朱公哂云：'未贯五经，何言博学耶？'任愧谢。又勉撰《易义》。即脱稿，烛尚未跋。朱公读完，拍任肩曰：'名下固无虚士！'即缮写封缄。又云：翰林院掌院学士孙公在丰传旨云：所撰《讲义》虽好，但有数字未妥，即令改易，一一指示其应改处，隐有拮痕，盖出睿鉴也。更拟数字，呈御览。讫。孙公手誊《讲义》二本，云：'此设御案者。'又命一中翰誊二本，云：'此设讲案者。'任不及俟誊完，别孙公入城，夜已三更矣。"按：此《讲义》盖寡不成册，故不见录。然蒋瑞藻《小说考证》引《顾曲麈谈》则谓：尚任"平生著作甚富，所作经筵讲义，为一时台阁所不及，圣祖尤器之，故以一国子生员，不数载而至部曹，皆文字契合之因也。"尚任固以文学

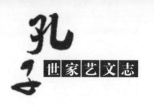

名家,世人但知其《桃花扇》、《湖海集》,不知其于经学亦复有得,且有撰述,故表而出之,考著于此。

■ 大易中庸一贯图心性等论九篇　未见

(清)孔衍樟撰。衍樟字载远,官庄户庠生尚焴长子,孔子六十五代孙,康熙五十九年举人,以孝闻。

是书,《续修县志》、《著述记》俱著录。《著述记》云:"孔衍樟,字载远,少孤贫力耕,养母以孝闻。性好学,夜焚薪照读,尤邃于《易》。自谓学之三十年无知者。晚举于乡,家居教授,以廉隅自厉。母殁,家不举火者七日,哀毁灭性,五月而卒,遗命妻子,以衰经敛。著大易中庸一贯图心性等论九篇。"《孔子世家谱》云:"衍樟号载远,举人。子一:兴洙。"按:《著述记》称衍樟"晚举于乡",《世家谱》但云"举人",似皆不详举于何时。今考《山东通志·举人表》,知衍樟乃康熙五十九年庚子科举人。

■ 易经天心集无卷数　未见

(清)孔尚儒撰。尚儒字宁国,岭南派香山支贞固子,孔子六十四代孙,国学生。

是书据孔昭莱《乡试硃卷履历》著录,未见传本与书目著录。

■ 易义旁通无卷数　未见

(清)孔兴份撰。兴份,吴县支,孔子六十六代孙。

是书,《江苏艺文志》据同治《苏州府志》著录。按:《孔子世家谱》江苏吴县支不载兴份其人,未详其父祖家学如何?

■ 太极图浅说四卷　未见

(清)孔传来撰。传来字云鹤,号麟亭,宁陵派乾隆十二年副贡毓瑾第三子,孔子六十八代孙,乾隆十七年恩科举人,特授裕州教谕。

《孔子世家谱》三集宁陵派:"六十八代传来,字云鹤,号麟亭,乾隆壬申恩科举人,特授裕州教谕。遇岁凶荒,曾捐俸以济贫。著有《铭心录》四卷、《太极图浅说》四卷、《忘洛文集》两卷。"兹据著录。按:《孔子世家谱》称其父毓瑾为"乾隆壬午科副榜","壬午"为乾隆二十七年,此时,传来已中举十年,似悖常情,证诸《柘城县志》,知"壬午"实为"壬申"之误也。"壬申"为乾隆十七年。

■ 周易卮言一卷　存

(清)孔广森撰。广森字众仲,一字㧑约,号顨轩,大宗户内阁中书军机处行走、户部广西司主事继汾次子,孔子七十代孙,乾隆三十六年进士,官翰林院检讨。

是书据《无求备斋易经集成》著录。按:此乃将广森《经学卮言》卷一析出编入丛书者。《经学卮言》,群经总义类有著录,可详参。

是书今有1976年台北成文出版社《无求备斋易经集成》本。

■周易述翼(一名周易述翼集注)无卷数、周易观家祖翼无卷数 未见

(清)孔广然撰。广然字充皆,号吾门,滕阳户德州学正继宋第三子,乾隆己酉拔贡,乙卯恩科举人,齐河县教谕。

二书据《孔子世家谱》孔广然传著录。按:广然,《续修曲阜县志》"仕籍"有其名,而无其书。《续滕县志》、《山东通志》但著《周易述翼》,亦不题卷数。《山东志》曰:"其书力排朱子以占言易之说。又谓濂溪《太极图说》添入无极、五行,以动静分属阴阳;尧夫以天地定位三章凿分先天后天,皆与易不合。见《王文直公遗集》。"又《滕县志》卷九孔氏传:"广然治诸经,研精抉奥……以天下事物动静之理返之伏羲之象,征之文周夫子之辞,学之二十余年,乃敢萃先儒传注,参观深思。其本翼以解象词者,取之;其背翼而逞臆说者,汰之,参以己说,名曰《周易述翼集注》。又抄三圣本文序之,名曰《周易白贲》……任齐河县教谕,年六十八致仕,卒。"因知《周易述翼》为荟萃众家之书,而《周易白贲》不见他书著录,盖抄录之文,不足以言著述也。

■太极易图合编三卷 存

(清)孔传游撰。传游字道南,肥城支,孔子六十八代孙,岁贡,官沂水训导。

是书,《易庐易学书目》著有山东省图书馆藏清道光三年刻本,三册一函,九行十八字,白口,四周双边,单鱼尾。内封题"太极易图合编/何大宗师鉴定/道光三年新镌/沂水学藏板"。卷首题:"太极易图合编上卷;原籍阙里孔传游道南著,沂水王瑞庭六声、王元吉庆亭编次,族侄继岑岚峰校阅,胞侄继容仲晦、继宏裕亭敦刊。"前有道光三年山东督学使道州何凌汉序,道光癸未九月嵎阳李允升序,道光壬午原州刘曾序,及传游道光三年自序,并目录。传游自谓"辄不自揆,融周子图为一,而略易其黑白,参古图加两小晕,别为式如左。若与造化流行自然之妙不相悖者,名曰《太极阴阳图》,仍录原图,及所取证凡二十六图。各有发明,为二卷。又推广河洛八卦之义,杂引程诗、附以管见为一卷,三卷相为表里,故合为一编,帖成未敢问世。癸未春,宗师云门何老夫子岁试按临沂郡,公余呈阅,既见推许,又蒙是正,命付剞劂氏。是书也,斯文之统

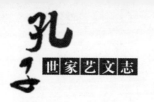

不敢妄议,惟辞义简易反覆如指诸掌,志道者,或有取焉。庶几入门升阶之一助云尔。"又刘序略云:"道南孔先生,至圣先师六十八世孙也。家学渊源,博而能精,尤邃于易及性理,既著太极阴阳一图,惧其无征而不信也。于是,网罗旧闻,博综百家,上遡河洛,下逮医卜,远推躔度之速迟,近考性情之隐显,以及律吕之精、鬼神之奥、加减乘除之术算,靡不统之有宗,会之有元。详说反约,勒成二卷为上篇。又著《诗说》一卷,发上卷引证之意为下篇。壬午六月,予自都门来游东莞,先生适司铎是邑,暇日出是集,嘱予为序。予受而读之,其义近而远,其说浅而深,天地民物之原,修齐治平之理,殚于是矣。学者能明先生之书,则能明濂溪之书,并能明羲、文、周、孔之书,斯道之真传,由是而得也。"按:此书《东北地区古籍线装书联合目录》著有吉林大学图书馆藏清道光间刻《致远堂全集》本。《山东通志》此书与《文象衍义》、《大衍新法》合并著录,不题卷数。《肥城县志》传游传,此书亦不著卷数,云:孔传游,字道南,岁贡生,任沂水训导。勤于著述,制艺以王、钱为宗,著《制艺指掌录三刻》,与泰安赵仁圃相国《制艺纲目》相发明。经学尤邃于《易》,著《太极易图合编》、《文象衍义》、《大衍新法》,又有《学庸阐要》、《论语发微》、《韵学入门》诸书。又考《县志》传游前有孔传中字道源者,孔《谱》载其人,乃六十七代毓良长子,次子传远,而无传游之名。又见簧门户肥城支有传游其人,乃毓平长子,无字号事迹,子一,名继宫,亦觉不合。

是书今有山东省图书馆等藏清道光三年刻本,清道光间刻《致远堂全集》本等。

■ 易图后编一卷 存

(清)孔传游撰。

是书,《东北地区古籍线装书联合目录》著有吉林大学图书馆藏清道光间刻《致远堂全集》本。考《肥城县志》传游传无《易图后编》,而有《文象衍义》,此《易图后编》或即《文象衍义》之异本。俟考。

■ 文象衍义无卷数 未见

(清)孔传游撰。

是书,《山东通志》据《县志》著录。《肥城县志》传游传称传游经学尤邃于《易》,著《太极易图合编》、《文象衍义》、《大衍新法》。此与收入《全集》之《易图后编》或为同书异名。

■ 周易肌测无卷数 未见

（清）孔宪庚撰。宪庚字和叔，号经之，大宗户盐城县知县昭杰第三子，孔子七十二代孙，道光二十九年拔贡，候选训导。

是书，《孔子故里著述考》据《经之文钞·周易肛测叙》著录，其《叙》云："《周易肛测》曷为而作也？为申明一卦之象，乃周公所系之辞也。其目有三：曰卦象辞也、卦象传也、爻象传也。不录彖辞、爻辞暨彖传、文言、系辞诸传者，曰朱子《本义》已各自为篇也。卦象、爻象传不分上下何也？曰毋庸分也。朱子作《本义》，以不足'十翼'之数，故分上下也。今既别卦象、爻象之传为二，已足'十翼'之数也。其曰卦象、爻象者何也？曰'天行健'以下，先儒谓之大象；'潜龙勿用'以下，先儒谓之小象。易大象为卦象，易小象为爻象，便后人之玩读也。朱子作《本义》，析为十二篇，所以存汉儒篇目之旧也。余录此篇第于中另提出象辞一篇，以复经文之旧，仍然述而不作也。其不加训诂何也？曰易道广大，义理、图书、象数、变占，不可偏废也。自汉迄宋，诸儒注说，宜参观而互考也。如专以义理言易，则程《传》、《本义》为最精也。昔我夫子读《易》，韦编三绝，而后成'十翼'之传也。今余录经之年五十有六，已过加年学《易》之时，于《易》道尚茫乎未之有闻也，不禁憬然思而惕然惧也。抄录既竟，因述大旨以志缘起也。纪其岁时，则在大清同治四年旃蒙赤奋若陬月人日也。自序为谁？孔子七十二代孙宪庚也。"按：此书未见传本。考《经之文钞》又有《钞易读本自叙》，略云："《周易》经文三卷、传文十卷，孔子七十二代孙宪庚读本也。其书原本朱子《本义》，分抄，经自为经，传自为传。惟经文彖与爻分，又多《象辞》一卷，《象传》不分上下经，而以卦象、爻象分编，与《本义》稍别，然经传各殊，其所以存古文之旧者，其义一也。"盖为便读而分抄，无关著述之旨，附此不另著。

■ 简贯易解四本 未见

（清）孔庆翰撰。庆翰字芸阁，号励臣，大宗户三品执事官林庙举事代理孔庭族长宪留长子，孔子七十三代孙，官从九品。

是书据《续修县志》著录，《孔子世家谱》亦载之，云："七十三代庆翰辑有《简贯易解》四本，《续邵尧夫经世绪》一本。"未见传本。

■ 周易史论二卷首一卷末二卷 存

（清）孔广海撰。广海字仙洲，北公户阳谷支乡饮大宾继温长子，孔子七十代孙，光绪二年丙子科举人，大挑二等，署即墨训导、滨州学正，实任东平州学正。

是书，山东大学图书馆等藏有民国二十一年十二月上海国光印书局铅印本，一册

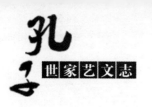

一函。首为序图,凡二十一叶;次为上经三十卦,五十叶;次为下经三十四卦,四十三叶;次为周易系辞上、下传,各十二章,共十叶;次为周易说卦传十一章与序卦、杂卦传、卷末,共八叶;次为跋文。封面为民国壬申孙济冈、王华芸分别署题。内题:"周易史论;阳谷孔广海仙洲原本,胞侄昭蘪荷生、昭苹兰生、昭芬馥生对正,昭苅挺生、昭芸荔生监印"。前有民国二十一年阳谷县孙昭崙序、寿张县丁酉科拔贡崔雅籥序,二十年三月门生孙昭崙序,清光绪十九年十一月孔广海自序(时年六十一岁),弟广津民国十一年五月序;后有民国十一年五月学生朝城魏守谦跋,民国二十年门生孙昭崙跋,民国二十年侄昭芬跋,侄昭苹、昭苅跋。其中,广海序乃写书序,而非刻书序,文云:"向曾与徐生肇铭集《易经读本》一部,同学爱之,几于家置一编。后又得《易经旁训》,于行间添史事,于上幅添卦论,推积密满,不能容字,意遂止。刘生桂府暨其弟桂芬,癖嗜予之所为,拙稿一出,辄行缮写,小楷多空,能容字矣,致令予兴勃发,又取而畅通之,仍名曰《周易史论》。因念诗书之缘,昔日惟肇铭相共为多,今日惟桂府兄弟相助实多也。肇铭官河南十余年,不得相见,梦寐难忘,赖与桂府等晨夕相劘,犹堪自慰。并为李生之湄、赵生翠峰、魏生永修、魏生建功、顾生金城、袁生学滨、李生锡岱、孙生昭崙、高生培英、阎生寿林,论学《易》之法,先看伏羲画卦次序,太极生两仪,两仪生四象,四象生八卦,八卦生六十四卦,再看朱子《本义》及程《传》,然后参之以此,反诸身而实体之,默而成之,存乎德行,神而明之,存乎其人……此卷尚缺首尾,乙未冬,与阎生寿林、温生化纯、儿昭羣、孙宪螭、宪蟷补成之。遂为世学斋'十三经读本'第一。"又广津序云:"先大兄承祖父之训,专力于经,故《十三经》皆有读本,而《周易史论》尤其一生心血之所在也……先兄是书于每爻之下,皆举史事以征之;每卦之后,皆采众说以论之,俾学者因史事以定其爻之臧否。因总论以尽其卦之义理,而六十四卦三百八十四爻之旨,胥可燎如指掌矣。"又魏守谦跋:"《周易史论》一书,阳谷孔大太老师手泽也。大太老师一生著书甚多,是书之外,有《四书提纲》一卷,《书经未》六卷,《诗经未》二卷,《读史先》一卷,《县志采访未誊草》八卷,《周礼》、《仪礼》、《尔雅》、《孝经》读本共八卷。谦与弟守晋,前从荷生大老师时,恨未能一概抄出,仅将是书抄完,兹从馥生老师读于家,入学后,老师即讲是书,而同学刘广仁、钟玉成、吴心义、钟宝琳等皆欲抄录,未能也。适周兄殿邦、宋兄超群,发起石印之说,学中无不同词称善。遂商及现从大老师受业者田尚纯、尹广鉴诸兄,从荔生四老师受业者刘文华、王建侯诸兄,及宪螭师兄之门人,无不跃跃欲从,乃托薛兄凌汉朝城石印局议定,共印百余部,期于各藏一编。非敢谓谦等能读是书也,而中心好之,聊以免同学缮写之劳,且以广大太老师易学之传云尔。"又昭芬跋:"先伯所著《周易史论》,十年前,芬曾命门生魏守谦等从石印局印百余部,尔时,学生久已各守一编矣。今春馆于本邑城南白家岭吕君敬怀修之堂,开馆讲《易》,惟田生尚箴、温生化沾、王生存重,与小儿宪珏、宪玺有是书……适有先伯门下士孙兄亦山者,年逾知命,家道薄弱,以真诚好古之雅意,动欲广师传之热心,慷慨捐资,自上海书局又印是书一千部,不惟芬感颂无既,而诸生闻之,亦皆欣欣幸免缮写之劳矣。"按:是书《东北地区古籍线装书联合目录》著录东北师大藏民国二十年上海明善书局铅印本,作一卷,《山东省图书馆馆藏易学书目》著录上海明善书局铅印本,作民国二十一年,不分卷。《孔子世家谱》广海传此书作二卷,谓:广海,字仙洲,光绪丙子科举人,大挑二等,署即墨训导、滨州学正,实任东平州学正。著有《周易史论》二卷,《诗经末》二卷,《书经末》六卷,《四书提纲》四卷,《读史先》一卷,《周礼》、《仪礼》、《尔雅》、《孝经》读本共八卷,《县志采访未誊草》八卷,纂修《莘县志》八卷,已梓。广海,清光绪二十九年(1903)卒,年七十一。

是书今有民国十一年朝城石印局石印本,民国二十一年上海国光印书局铅印本等。

书类

■ 古文尚书四十六卷 存

相传（周）孔子删定。孔子见本部易类《周易》。

《汉志》：《尚书古文经》四十六卷。注云："为五十七篇。师古曰：孔安国《书序》云：凡五十九篇，为四十六卷。承诏作传，引序各冠其篇首，定五十八篇。郑玄《叙赞》云：后又亡其一篇，故五十七。"《志》又云："书之所起远矣，至孔子纂焉。上断于尧，下讫于秦，凡百篇，而为之序，言其作意。"又云："《古文尚书》者，出孔子壁中。"《史记·孔子世家》云："孔子追迹三代之礼，序《书传》，上纪唐虞之际，下至秦缪，编次其事，故《书传》、《礼记》自孔氏。"又《史记·儒林列传》："孔氏有古文《尚书》，而安国以今文读之，因以起其家。逸《书》得十余篇，盖《尚书》滋多于是矣。"又刘歆《移让太常博士书》："孔子自卫反鲁，然后乐正，《雅》、《颂》乃得其所；修《易》、序《书》，制作《春秋》，以纪帝王之道。"又云："时汉兴已七八十年，离于全经，固已远矣。及鲁恭王坏孔子宅，欲以为宫，而得古文于坏壁之中，逸《礼》有三十九篇，《书》十六篇，天汉之后，孔安国献之，遭巫蛊仓卒之难，未及施行。"兹参据著录。按：顾实《汉志讲疏》谓"此孔壁《古文尚书》，孔安国所献也。师古引伪孔安国《书序》，妄也。桓谭《新论》曰：'《古文尚书》，旧有四十五卷，为五十八篇。'（《御览》六百八引）刘向《别录》亦曰五十八篇（王应麟《考证》引），数与班《志》微异者，卷即因篇而殊名也。于今文同有之二十九篇，加得多古文十六篇，此《新论》所以曰四十五卷也。于今文同有之二十九篇中，出《康王之诰》于《顾命》。是为三十，加多十六篇，此班《志》所以曰四十六卷也。十六篇中《九共》为九，三十篇中，《盘庚》、《泰誓》各为三，是为五十八，此《新论》、《别录》所以皆曰五十八篇也。《武成》逸篇亡于建武之际，班据见存，此班《志》所以曰为五十七篇也。"此书，《隋志》以下多作十三卷，唯《宋志》二卷，似漏一"十"字。盖孔子即观书于周室，得虞、夏、商、周四代典籍，删取善者，定为《尚书》。汉代以还，口授壁藏，同源异流，以口授者为今文，孔壁书为古文。伏生所传，以隶写之，隶书为当时通行文字，故曰"今文"；孔壁所藏为科斗文，其字相传为仓颉所制，故曰"古文"。而到唐代，隶书成了"古文",世所通用的俗字被称为"今文"。故"古文"、"今文"只是相对而言。又孔子旧本盖用古籀,且篇数比伏生之本为多。今本《古文尚书》,非《史记》、《汉书》所称之书,而是晋代梅赜所上之伪书。现行的《十三经注疏》本及《四部丛刊》本等,即以所谓伪《古文尚书》二十五篇,杂以《今文尚书》三十三篇(《今文尚书》三十四篇,去《泰誓》三篇,分《尧典》下半为《舜典》,而另加篇首二十八字,又分《皋陶谟》下半为《益稷》,故为三十三篇),共五十八篇,各附以孔安国《尚书传》而成。然梅氏去古未远,当有所本,故学者虽知其伪而仍重其书。《尚书》注本甚多,孔颖达《正义》之外,南宋蔡沈《书集传》、元金履祥《尚书注》、清江声《尚书集注音疏》、孙星衍《尚书今古文注疏》等,皆称要籍。

现存诸本题《古文尚书》者有唐写本残卷(《鸣沙石室佚书》影印本第一册),唐开成石经缩刻本,清李光地等奉敕编《篆文六经四书》本,清乾隆间武英殿刻满汉合璧本,上海图书馆藏杨守敬、叶景葵跋杨氏邻苏园抄本(十三卷,题孔安国传),河南省图书馆藏清乾隆三十九年抄本(十一卷,题郑玄注,王应麟辑),上海图书馆藏翁方纲跋清抄本(十一卷,题署同前),清马国翰辑本三卷(见《玉函山房辑佚书》)。又宋刻十三卷本(书名但题《尚书》)及各种铅印本、译注本等。

■ 今文尚书二十九卷 佚

相传(周)孔子删定,(汉)伏生传授。

《汉志·书类》:《经》二十九卷。注云"大小夏侯二家,欧阳经三十二卷。师古曰:此二十九卷,伏生传授者。"《隋志》:"孔子观书周室,得虞、夏、商、周四代之典。删其善者,上自虞,下至周,为百篇,编而序之。遭秦灭学,至汉,唯济南伏生口传二十八篇。又河内女子得《泰誓》一篇,献之。"康有为《孔子改制考》:"《书》旧有三千余篇,百二十国,今二十八篇,孔子作,伏生所传本是也。"朱彝尊《经义考》按云:"《史记》、《汉书》俱称伏生以二十九篇教于齐鲁之间,司马氏,班氏,古之良史,不应以非生所授之《泰誓》杂之其中也。故王肃云《泰誓》近得,非其本经。窃疑生所教二十九篇,其一篇乃百篇之《序》,故马、郑因之,亦总为一卷。惟缘《艺文志》云:经二十九卷。后儒遂以《泰誓》篇混入尔。或又以《武成》为今文,尤缪。"兹参据著录。按:《论衡·须颂篇》云:"问说《书》者:'钦明文思'以下,谁所言也?曰:'篇家也。''篇家谁也?''孔子也。'"此之"篇家"同《史记·孔子世家》"序《书传》,上纪唐虞之际,下至秦缪,编次其事"甚相吻合,都是编次之义。又《正说篇》云:"盖《尚书》本百篇,孔子以授也。遭秦用李斯之议,燔烧《五经》,济南伏生抱百篇藏于山中。孝景皇帝时,始存《尚书》。伏生已出山中,景帝遣晁错往从受《尚书》二十余篇。伏生老死,《书》残不竟,晁错传于倪宽。至孝宣皇帝之时,河内女子发老屋,得逸《易》、《礼》、《尚书》各一篇奏之,宣帝下示博士,然后《易》、《礼》、《尚书》各益一篇,而《尚书》二十九篇始定矣。"才按:伏生藏本盖系古体,生徒研习不便,遂译成当时流行的隶书,亦即所谓的《今文尚书》。今文之事始自西汉,然当时并无此称。《汉志》著《尚书古文经》四十六卷,经二十九卷,亦无"今文"二字。所以如此,盖因"今文"乃时文,无需标出。所以,在古代文献中,"今文尚书"一词要比"古文尚书"晚得多。河内女子得书之事,未必可信,即有其事,亦必不在伏生口授二十九篇之中,朱彝尊所言是也。《今文尚书》,今有《玉函山房辑佚书》本,民国元年成都存古书局写刻本等;另有专著清人陈乔枞《今文尚书经说考》三十三卷,辑录旧籍有关解说,足资参考;近人简朝亮《尚书集注》三十五卷,对检寻《尚书》逸文颇为有用。

■ 书序(一名百篇书序)一卷　佚

相传(周)孔子作。

是书据《经义考》等著录。《汉志》云:"书之所起远矣,至孔子纂焉。上断于尧,下讫于秦,凡百篇,而为之序,言其作意。"《隋志》云:"孔子删其善者,上自虞,下至周,为百篇,编而序之。"陆德明《经典释文》云:"《书》者,本王之号令,右史所记。孔子删录,断自唐虞,下讫秦穆,典、谟、训、诰、誓、命之文凡百篇而为之序。"又云:"马、郑之徒百篇之序总为一卷,孔以各冠其篇首,而亡篇之序即随其次第,居见存者之间。"《经义考》引孔颖达曰:"《书序》,郑玄、马融、王肃并云孔子所作,依纬文也。百篇凡六十三序。"才按:考孔子作序之说,始自《汉志》。而《汉志》则附会《史记》。《史记》云"孔子次《春秋》,序《尚书》"。其"序"一词实为编次之意,并非即指撰作序言。后人多袭其说。不过,亦有认为刘歆或卫宏伪作者,盖也有数说。然揆诸实际,似称其后人伪托更觉稳妥。今传《书序》篇目与篇数,同《尚书》不符,虽号称"百篇",实止八十一个篇目、六十七条序文,其百篇之数,乃由原篇分解凑成,已非其旧。是书清任兆麟有选辑本,载《述记》;清观頠道人编《孔壁书序》本,见《闽竹居丛书》。宋蔡沈又有《书序注》一卷,载见《五经补纲》,可参考。

■ 古文尚书十三卷　存

旧题(汉)孔安国传。安国字子国,文帝博士忠次子,孔子十一代孙,武帝时征拜博士,官至临淮太守。宋咸平三年追封"曲阜伯",明嘉靖九年改称"先儒孔子"。

　　是书,《隋志》、两《唐志》、《经典释文序录》、秦氏《补晋志》等皆著录。《宋志》此书二卷,另著"《尚书》十二卷,汉孔安国传"。《郡斋读书志》:"《尚书》十三卷,右本古文孔安国传五十九篇。"《直斋书录解题》:"《尚书》十二卷、《尚书注》十三卷,汉谏议大夫鲁国孔安国传。"《文渊阁书目》有《尚书孔传》一部六册阙,又一部三册阙。北京大学图书馆藏宋刻本《尚书》十三卷,自《尧典》至《秦誓》凡三十二篇,篇下均题"孔氏传",似非"古文"。《曲阜志》云:"孔壁全经出,较之伏生多十六篇,临淮太守孔安国奉诏作传,以隶写古,增多伏生二十五篇,复出《舜典》以下五篇,得五十八篇并序一篇,为《传》十三卷(《宋志》十二卷)。《隋志》作《古文尚书》十三卷、《今字尚书》十四卷。《宋史》又有《古文尚书》二卷(孔安国隶),又作《古文尚书音》五卷。以巫蛊事起,未列学官。晋永嘉之乱,《今文尚书》并亡,而安国古文始大显。"《百川书志》此书于孔安国《书序》外,复有《后序》一卷。孔安国《尚书序》云:"承诏为五十九篇作《传》。于是遂研精覃思,博考经籍,采摭群言,以立训传。约文申义,敷畅厥旨,庶几有补于将来。《书序》序所以为作者之意,昭然义见,宜相附近,故引之各冠其篇首,定五十八篇。既毕,会国有巫蛊事,经籍道息,用不复以闻。传之子孙,以贻后代。"《经典释文》谓"《艺文志》云:'安国献《尚书传》,遭巫蛊事,未列于学官。'范晔《后汉书》云:'中兴,扶风杜林传《古文尚书》,贾逵(字景伯,扶风人,左中郎将、侍中)为之作训,马融作传,郑玄注解,由是《古文尚书》遂显于世。'案:今马、郑所注并伏生所诵,非古文也。孔氏之本绝,是以马、郑、杜预之徒皆谓之《逸书》。王肃亦注《今文》,而解大与《古文》相类,或肃私见孔《传》而秘之乎? 江左中兴,元帝时豫章内史枚赜(字仲真,汝南人)奏上孔传《古文尚书》。亡《舜典》一篇,购不能得,乃取王肃注《尧典》从'慎徽五典'以下分为《舜典》篇以续之,学徒遂盛。"才按:《汉志》叙《古文尚书》但称"安国献之",而不云作《传》,亦不云"献《尚书传》"。《释文》始增一"传"字。此书原本久佚,至东晋梅(枚)赜忽有孔安国传《古文尚书》五十九篇之献,南齐姚方兴又上《舜典》孔《传》一篇,外加经文二十八字,前人考辨,多揭其中之伪,如注《禹贡》瀍水出河南北山一条,积石山在金城西南羌中一条,地名皆在安国之后。清代阎若璩撰《尚书古文疏证》,胪列其伪,昭然无隐。然伪孔《传》自有其渊源,且所附益,多为旧训,不谓无稽,故唐初孔颖达奉诏撰著《尚书正义》,仍以梅赜所献孔《传》为宗。

　　是书今有北京大学图书馆藏宋刻本(书名但题《尚书》),2006 年 4 月北京图书馆出版社《中华再造善本》影印本,2011 年 9 月山东大学出版社《山东文献集成》第四辑影印本;国家图书馆藏宋刻残本(存卷五至十三,题《纂图互注尚书》),台北"国立中央图书馆"藏宋乾道淳熙间建安王朋甫刻本,上海图书馆藏杨守敬、叶景葵跋杨氏邻苏

园抄本,台北"国立中央图书馆"藏杨守敬手校并跋影抄日本藏古写本,北京大学图书馆藏日本抄本,河北大学图书馆等藏明刻本(书凡七卷,有《音释》一卷),日本庆长元和间活字印本,清乾隆四十八年武英殿刻本。又《四库全书》本,《四部丛刊》本,《四部备要》本,《仿宋相台五经》本,《袖珍十三经注》本(作六卷),《十三经古注》本(作二十卷),《袖珍古书读本》本,《摘藻堂四库全书荟要》本,《择是居丛书初集》本,及各种《十三经注疏》本(详后《尚书正义》条),2002年3月上海古籍出版社《续修四库全书》影印复旦大学图书馆藏1939年日本京都东方文化研究所影印旧写本(有俞樾八十五岁时跋),现代译注本等。按:日本另有古写本,影宋本,天明八年刻本,活字印本等。

■ 尚书孔氏传十三卷 存

(汉)孔安国撰。

是书,《清华大学图书馆藏善本书目》著有清刻本,三册一函,八行十七字,小字双行,白口,四周双边。此外,另见《杭州大学图书馆线装书总目》著有清代坊刻本《书经》二十卷,三册,题汉孔安国传。附此不另著。

■ 古文尚书残卷 存

(汉)孔安国传。

是书,稿本《续修四库提要》著录敦煌卷子本,云:"敦煌本《古文尚书》,巴黎国家图书馆藏残卷五,共十七篇有半。甲卷为《夏书》四篇(《禹贡》至《胤征》。著录在二五三三号),乙、丙卷为《商书》七篇(《盘庚上》至《微子》。著录在三六七零与二五一六号)丁、戊卷为《周书》六篇(《洛诰》至《蔡仲之命》。著录在二七四八号。又《秦誓》,在二九八零号。又《顾命》残片九行半),皆天宝三年卫包未改字以前之原物也。按:经今古文之争,以《尚书》为最烈,汉有孔壁之古文,晋有梅赜之伪帙,唐天宝三载,卫包奉诏改以今字,五代两宋以来,隶古之传既失,郭、薛之伪斯出。清代乾嘉以降,文字之学,踔越前古,然疑者非之,信者是之,盖由莫睹隶古之真,仅据郭薛所传,以伪证伪,宜乎治丝而愈纷之也……故虽系残编坠简,其重要有不能言喻者。今日本所藏《古文尚书》旧写本,亦同时大出,且可配为全书。然此敦煌写本,其时代有更在日写本以上者,故并为著录,学者得互观焉。"按:此书,《提要》未署安国之名,然书后《索引》已自归于安国名下。他如《中国丛书广录》著录《罗雪堂先生全集》本,云"《隶古定尚书》残三卷(存卷三、五、十一),汉孔安国传。"又"《尚书》残一卷(存卷十一)附《校勘记》一卷《隶古文尚书顾命残本补考》一卷,汉孔安国传。《校勘记》,蒋斧撰;

《补考》,罗振玉撰。"是均署孔安国传。

是书今有法国巴黎国家图书馆藏敦煌卷子本;民国三十六年《敦煌秘籍留真新编》影印本;1969 年至 1976 年台湾文华出版公司、大通图书公司《罗雪堂先生全集》影印敦煌卷子本(罗氏各撰有《校记》)等。

■ 古写隶古定尚书残卷一卷　存

(汉)孔安国传。

是书,稿本《续修四库提要》著录《云窗丛刻》本,云:"是篇为隶古定《尚书》残卷,发见于敦煌石室者。是《周书·洪范》、《旅獒》、《金縢》、《大诰》、《微子之命》五篇。其中间有残佚,就其存者以校《史记·宋世家集解》所引孔传,十合八九。经文中,如彝伦逌斁,与《汉书·五行志》引合;思曰睿,与《诗》郑笺引合;于其亡好,与《宋世家》引合……又取卷中之孔传以校《正义》所据宋本尤多相合。可补阮氏《校勘记》所未及。更取宋季宜《书古文训》及日本山井鼎《七经孟子考文》,则与《考文》多合,与薛书多不合,知薛书乃伪托也。"按:《中国丛书综录》此书作《尚书》残一卷(存卷七),汉孔安国传。

是书今有民国三年上虞罗氏《云窗丛刻》影印日本抄本,1969 年至 1976 年台湾文华出版公司、大通图书公司《罗雪堂先生全集》影印本等。

■ 影写隶古定尚书残卷一卷　存

(汉)孔安国传。

是书,稿本《续修四库提要》著录《云窗丛刻》本,谓"是卷始《尚书·盘庚上》第九,至《尚书·微子》第十七,即《古文尚书》第五卷也。盖罗振玉据敦煌本《隶古定尚书》残本,校日本所传古写开元以前《古文尚书》真本。日本本存《盘庚上》至《微子》,凡九篇。敦煌本缺《盘庚上》及《盘庚中》之上半,因就两本之存者以相勘,如高宗梦得说,二本并作,与《一切经音义》所引合。旁招俊乂,二本并作畯。按:《释文》云:俊又作畯。考之古金,畯民、畯正,其字皆从田字旁,则作畯者是……凡此皆二本胜于宋以来各本者。后有振玉跋,谓此日本本为卫包未改字以前真本,殆可信也。"按:是书,《中国丛书综录》作《尚书》残一卷(存卷五),汉孔安国传;《中国丛书广录》著录《杨守敬集》本,作《影写隶古定尚书商书》残卷(刘先枚整理)。

是书今有民国三年上虞罗氏《云窗丛刻》影印宜都杨氏景写日本抄本,1969 年至 1976 年台湾文华出版公司、大通图书公司《罗雪堂先生全集》影印本,1988 年起湖北

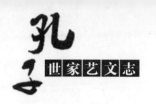

人民出版社、湖北教育出版社《杨守敬集》整理本等。

■ 写定尚书一卷　存

（汉）孔安国传，（清）吴汝纶写定。

是书，山东大学图书馆藏有清光绪十八年桐城吴氏家塾刻丁山批校本，一册，八行十七字，黑口，无格。书共八十三叶。后有吴氏清光绪十三年七月序记，略云："自汉氏言《尚书》有今文古文，其别由伏、孔二家。二家经皆出壁中，皆古文而皆以今文读之。欧阳、夏侯受伏氏读，不见其壁中书。壁中书本古文，以传晁错，入中秘，自是今文始盛行。吾疑安国与其徒亦故用今文教授，孔氏所由起其家，用此，二家之异，在篇卷多寡耳，不在文古今也。"

是书今有山东大学图书馆等藏清光绪十八年桐城吴氏家塾刻本。

■ 今字尚书十四卷　残

（汉）孔安国传。

是书，《隋志》著录十四卷。稿本《续修四库提要》著录敦煌卷子本作《唐代今字尚书》残卷，云："敦煌本《今字尚书》残卷三：甲卷为《尧典》，乙卷为《禹贡》，并残缺，不成完篇。丙卷为《周书》，起《多方》，讫《立政》后题。甲乙两卷为唐高宗以前写本，乙卷基字缺笔，为玄宗时写本，卷内古字不但无几，直等于无。但并为天宝三载卫包未改今文以前之古卷。然则天宝以前，固有今文也。阮元《尚书校勘记序》已言之矣。阮氏之言曰：'天宝三载，诏集贤学士卫包，改古文从今文。说者谓今文从此始，古文从此绝，殊不知卫包以前，未尝无今文，卫包以后，又别有古文也。《隋书·经籍志》有《今字尚书》十四卷，是隋以前已有今文矣。盖变古文为今文，实自范宁始。宁自为《集注》，后之传写孔《传》者，从而效之，此所以有今文也。'溯自壁书既发，孔安国以今文读之，盖因隶书既行，不尔则一般人不能读也，初唐欧、虞既出，楷法大行，玄宗改古文从今文，盖隶书既死，不尔则一般人不能读也。阮氏谓今文始自范宁，亦不必专有所指名。盖六朝至唐，由隶变楷，在书法进化上，为自然之趋势，特以此经独有古文之名，学者狃于师承，递相传写，故字体之变化为独缓，然卫包以前必非昔时经本之旧矣。此三卷可为天宝以前民间私改古文为今文之代表。卷中文字，既不尽合于古文，亦有未符于今字。然实上承古文之绪，下启今字之端，其意义在经学史上，为别开生面之记载，亦足晞矣。"

是书今有唐写残卷本，民国三十六年《敦煌秘籍留真新编》影印本等。

■ 尚书音五卷　佚

题(汉)孔安国等撰。

《隋志》注:"梁有《尚书音》五卷,孔安国、郑玄、李轨、徐邈等撰。"《曲阜志》:"临淮太守孔安国又作《古文尚书音》五卷。"《经典释文》云:"为《尚书音》者四人(孔安国、郑玄、李轨、徐邈。案:汉人不作音,后人所托)。"吴承仕《经典释文序录疏证》按云:"建安以前不行反语,孔安国更不得有作《音》之事。此皆后人依义作之,非孔等自作。若李、徐以下,固尝专撰音书矣。说详《经籍旧音序录》。"

■ 尚书注　佚

(汉)孔安国撰。

是书,《太平御览》尝引录,未见书目载及,或即孔《传》佚文也。

■ 尚书郑注十卷　存

(汉)郑玄撰,(宋)王应麟辑,(清)孔广林增订。广林有辑《周易注》,本部易类已著录。

是书,《中国丛书综录》、《山东文献书目》等著录。按:此书《学津讨原》本首有广林自序及张海鹏后序。自序略云:此书以篇分,不以卷分,凡十卷。其中,有《书序》一卷、《书赞》一卷,《典谟》以下共八卷。周中孚《郑堂读书记·补逸》著之,云:"幼鬈以伯厚所辑,旧多遗漏舛讹,因取经疏、史注、《水经注》,及诸类书所引,搜罗补正,重定卷次,用意良为勤笃。自序称《古文尚书郑注》见于《后汉书》。其书凡三十四篇,并序为三十五,而史志并云《书注》九卷,未审何人所定,其如何别卷,亦不可考,因以己意分之,而以《书赞》别为一卷附其后,凡十卷云。张若云(海鹏)后序云:郑氏遗书,惟《毛诗笺》、《三礼注》为原本,其他皆出后人掇摭成编。孔君复集其大成。自《周易注》而下,总录一十八种,凡七十一卷,题曰《郑学》,盖是编仅其中之一种也。"稿本《续修四库提要》据《郑氏遗书》本著录,题孔广林辑。略称是书用王应麟本别取经疏、史注、《水经注》诸书搜缀而广之,其中,如"金曰于"以下四十余条,补其缺文者尤多。至王氏原误者,如"内于大麓"句下引麓者录也三十八字,"栗而宽九"句下引宽谓度量宽宏百一十九字,"厥土赤埴坟"句下引埴黏土也、天惟五年须夏之子孙句下多引是须暇五年之事也八字,俱非郑注。《金縢序》引凡藏秘书藏之于匮,必以金针其表,乃纳策于金縢之匮中注也,而置之于序,李调元所未尽纠正者,广林皆不蹈其失。惟"度西曰昧谷"注下忽厕以寅饯纳日四字,乃下一条之题也。"女子时下"缺观厥刑于二女六

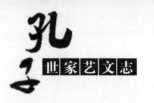

字，当是写刊时之偶误。此书，张海鹏刊于《学津讨原》中时在嘉庆九年。

是书今有清嘉庆十年张氏照旷阁刻《学津讨原》本，清光绪十六年山东书局刻《通德遗书所见录》本，清光绪中定州王氏刻《郑学汇函》本，民国二十四年至二十六年上海商务印书馆《丛书集成初编》铅印本，国家图书馆藏清抄《郑学十八种》本，北京大学图书馆藏清抄《郑学十八种》本等。

■ 尚书大传注三卷　存

（汉）郑玄撰，（清）孔广林辑。

是书，《山东通志》、《续修四库全书提要》等皆著录。《中国丛书综录》此书作四卷。其书无序例，卷一、卷二为传注，卷三为略说。末附序目。分篇悉依《隋志》之旧。《序录》云：郑君序《大传》云凡四十一篇，玄铨次为八十三篇，盖注文繁多，编简积重，每篇分为上下，凡八十二，加《序目》为八十三。其所引传注，俱注出处。唯讹漏太多，不尽人意。如"遂践奄"一条，本应在《大诰篇》，而广林入之《成王政》；"祭之为言察也"一条，《太平御览》引作《周传》，而广林入之《略记》。诸如此类，不一而足。然本书固有其可取者，清陈寿祺辑《尚书大传》，多从此书。按：《续修四库提要》注其所据版本云"学津讨原本"，又《提要》谓"分篇悉依《汉志》之旧"，殊为失考。今考《学津讨原》实无此书，郑玄之书亦不得入《汉志》。

是书今有清光绪十六年山东书局刻《通德遗书所见录》本，国家图书馆藏清抄《郑学十八种》本，北京大学图书馆藏清抄《郑学十八种》本等。

■ 尚书中侯郑注五卷　存

（汉）郑玄撰，（清）孔广林辑。

是书，《山东通志》、《续修四库全书提要》、《中国古籍善本书目》等俱著录。《中国丛书综录》此书入谶纬类。按：据《书纬》记载，孔子得黄帝以下书，凡三千二百四十篇，定可以为法者，百二十篇。以百二篇为《尚书》，十八篇为《中侯》。广林是书亦得十八篇之目，而依《隋志》分作五卷。唯昧于原次所在，不标第几。其中不能考知应附何篇者，凡七条，另录于后。其篇目出处，详注书后，唯《题期》、《立象》二篇无注。广林序称：《中侯》文，及郑君《注》，散见群籍，尚可窥其大略，特为编次，先后不可复考。《山东志》此书五卷之外，又著《序目》一卷。

是书今有清乾隆刻本，清嘉庆八年谢震采朱山房刻本，清嘉庆十年张氏照旷阁刻《学津讨原》本，清光绪十六年山东书局刻《通德遗书所见录》本，国家图书馆藏清抄

《郑学十八种》本,北京大学图书馆藏清抄《郑学十八种》本,上海图书馆藏清赵之谦批清抄本等。

■ 尚书义问三卷 佚

(晋)孔晁撰。晁,泰始初为五经博士,世系不详。

《册府元龟》:"晁为五经博士,撰《尚书义问》三卷,又注《春秋外传国语》。"文廷式、吴士鉴《补晋志》《山东通志》《曲阜志》遂据著录。按:《隋志》谓"梁有《尚书义问》三卷,郑玄、王肃及晋五经博士孔晁撰。"《旧唐志》有《尚书答问》三卷,王肃注。《新唐志》有《王肃孔安国问答》三卷。丁国钧《补晋志》此书作者题署同《隋志》。黄逢元《补晋志》疑郑、王、孔三氏各一卷。《经义考》此书按云:"《唐志》有《尚书问答》三卷,当即《隋志》之《义问》,孔晁采郑康成及肃,参以己见者也。"侯康《补后汉志》曰:"《唐志》又有《王肃孔安国问答》三卷,《经义考》谓当即《隋志》'义问'是也。盖孔晁讹为孔安国耳。"又云:"《经义考》谓此书乃孔晁采郑康成及肃,参以己见者,则当属之孔晁,不属郑、王,然无显证,故录之。"《隋志考证》按云:"王肃《圣证论》中附马昭驳、孔晁答、张融评,晁朋于王,盖王之及门弟子也。王之弟子有孔猛者,孔子二十二世孙。晁,不知其世系,孔继汾《阙里文献考》亦不载其人,所撰有《逸周书注》,见《唐志·杂史类》。"蒋善国《尚书综述》谓:"《隋志》载《七录》:《尚书义问》三卷,就是唐《经籍志》的《尚书答问》三卷,也就是唐《艺文志》的《王肃孔安国问答》三卷,是孔晁举郑、王两家《尚书》说,参以己意作成的,集郑、王说各一卷,末附己见一卷,共为三卷,因而书名虽有《义问》《答问》《问答》的不同,撰者虽有三人、二人、一人的分别,可是实系一书,内容都是《尚书》问答,卷数都是三卷,撰者都是孔晁根据王肃说来难郑学的作品。"又清代王鸣盛、姚振宗,近人范寿康等皆称孔晁为王肃"门弟子",若其说不妄,则此书难免门户之见。孔晁,《孔子世家谱》无其人。

■ 尚书义二十卷 佚

(梁)孔子祛撰。子祛有《续朱异集注周易》,本部易类已著录。

是书见《梁书》及郑樵《通志》孔子祛传。《梁书》云:"孔子祛通经术,尤明《古文尚书》,初为长沙嗣王侍郎,兼国子助教,讲《尚书》四十遍,听者常数百人。高祖撰《五经讲疏》及《孔子正言》,专使子祛检阅群书,以为义正。子祛凡著《尚书义》二十卷,《集注尚书》三十卷。"按:此书《曲阜志》《经义考》等皆著录。康熙《山阴县志》人物志子祛传但云"自撰注《尚书》及《尚书义》"。

■ 集注尚书三十卷 佚

(梁)孔子祛撰。

是书据《经义考》著录。郑樵《通志》孔子祛传:"孔子祛,会稽山阴人也。少孤贫好学,耕耘樵采,常怀书自随,投闲则诵读,勤苦自励,遂通经术,尤明《古文尚书》。为兼国子助教,讲《尚书》四十篇,听者常数百人。为西省学士,助贺琛撰录,书成,兼司文侍郎,不就。累迁兼中书通事舍人,加步兵校尉。武帝撰《五经讲疏》及《孔子正言》,专使子祛检阅群书,以为义证。事竟,敕子祛与右卫朱异、左丞贺琛于士林馆递日执经,后加通直正员郎,卒官。凡著《尚书义》二十卷、《集注尚书》三十卷、《续朱异集注周易义》一百卷、《续何承天集礼论》一百五十卷。"按:此书与前著《尚书义》,隋、唐《志》、《阙里文献考》皆不载。《曲阜志》但著《尚书义》,而无此书。

■ 尚书正义(又名尚书注疏)二十卷 存

(唐)孔颖达等撰。颖达有《周易正义》,本部易类已著录。

《旧唐志》:《尚书正义》二十卷,孔颖达撰。《新唐志》:《尚书正义》二十卷,国子祭酒孔颖达、太学博士王德韶、四门助教李子云等奉诏撰,四门博士朱长才等覆审,太尉扬州都督长孙无忌、太常博士柳士宜、孔志约等刊定。《中兴书目》:《尚书正义》二十卷,永徽四年长孙无忌等承诏刊定。《宋志》:孔颖达《正义》二十卷。《文渊阁书目》:《尚书孔颖达正义》一部十五册完全。《曲阜志》:唐贞观中孔颖达与颜师古等奉诏作《尚书正义》二十卷。兹参据著录。《郑堂读书记》谓:"《汉志》载《尚书古文经》四十六卷,注云:为五十七篇。又载《经》二十九篇,注云:欧阳经三十二卷,此伏生传授者,即今文也。本无孔安国作传之事,历东汉、魏、晋,古文已亡,东晋初,豫章内史梅赜增益今文为五十八篇,各为之传,托名孔安国,上之于朝。自宋吴棫、朱子,元赵孟頫、吴澄,明梅鷟,归有光,国朝阎若璩、惠栋、王鸣盛、宋鉴诸家,递有论辨,其事愈明。然其书在当时盛行于江左,至隋文帝平陈后,而河北学者亦宗之。故陆元朗著《释文》,蔡大宝诸人著《正义》,俱为伪孔而设,冲远等亦遂因之,以为疏焉。《隋志》载《古文尚书》十三卷,孔安国传。《释文》、新旧《唐志》、《崇文目》、《读书志》、《书录解题》、《通考》俱同,《宋志》作十二卷,字之误也。新旧《唐志》又别载《尚书正义》二十卷,俱注明冲远以下诸人刊定。《崇文目》、《读书志》、《书录解题》、《通考》、《宋志》俱同。然《正义》原本,系得摘经文及传之起止为之,至宋代始并而刊之也。《释文》于《尚书》止载梁费甝《义疏》一种,而冲远原序称为《正义》者蔡大宝、巢猗、费甝、顾彪、刘焯、刘炫六家(俱见《隋志》),而独推重二刘。盖其书实据二刘之疏为蓝本,初无难事,即以第二卷'鞭作官刑'疏有'大隋造律'语,尚属二刘原文,而仍不改,可知当时诸人,亦未见有矜心作意于其间矣。不过,刘《疏》久佚,不得不有取于此《疏》耳。《朱子语录》谓《五经疏》,《易》、《书》为下,然《书疏》中所引古书古注,终足以资后人之考证,不似《易疏》之空衍也。故虽为伪孔而设,尚不苟于采择,是则伪孔可废,而是《疏》终不得与之并废矣。"又《山东通志》引江藩云:"孔颖达为《正义》取伪孔书,自此以后,马、郑之《注》皆亡。"才按:据董康《书舶庸谭》,日本藏一宋椠单疏本,半叶十五行,行二十四字,称前有端拱元年三月孔维等序;杨守敬《日本访书志》亦载此本,谓首孔维上《校勘正义表》。列衔凡九人。其上《表》(序)似为合刻本所不收。又见国家图书馆藏黄唐跋宋两浙东路茶盐司刻本,书序与卷一、卷二、卷六作"尚书正义",卷三及卷七以下题"尚书注疏",卷十七甚至端题"正义",尾题"注疏"。盖是书本出众手,而由颖达总其成而序之。始称《义赞》,后诏改《正义》,或称《注疏》,其实一也。此书以所谓伪孔《传》为底本,对六朝以来各家义疏加以汇总、阐释,而尤以二刘旧疏采用最多。稿成之后,马嘉运尝驳正其失,高宗时,又有于志宁等加以增损,方定稿刊行。本书所注之文虽称伪作,但却保存了散佚已久的二十八篇汉代"今文",名物故训,赖此以考。

是书今有国家图书馆藏杨守敬跋宋两浙东路茶盐司刻本(卷七至八、十九至二十配日本影宋抄本),2002年3月上海古籍出版社《续修四库全书》影印本,2003年5月北京图书馆出版社《中华再造善本》影印本;日本足利学校遗迹图书馆藏宋孝宗年间刻本;日本宫内厅书陵部藏宋光宗年间单疏刊本,日本昭和四年大阪每日新闻社影印宋刊单疏本(附日本内藤虎次郎撰《解题》一卷);日本天理市图书馆藏原傅增湘等旧藏金刻残本(二卷);日本弘化四年影印宋刊本;国家图书馆藏蒙古刻《尚书注疏》本(卷三至六配清影蒙古抄本),2004年11月北京图书馆出版社《中华再造善本》影印本;又明刻本,民国五年吴兴刘氏嘉业堂刊单疏本(附刘承幹撰《校勘记》二卷),元刻明修《十三经注疏》本,明嘉靖李元阳刻《十三经注疏》本,明万历十五年北京国子监刻《十三经注疏》本,明崇祯五年毛氏汲古阁刻《十三经注疏》本,清乾隆四年武英殿刻《十三经注疏》本,清阮元重刊宋本《十三经注疏》本,2000年12月北京大学出版社《十三经注疏》整理本(李学勤主编),及《四库全书》本,《四部备要》本,《四部丛刊》本,《摛藻堂四库全书荟要》本,《择是居丛书初编》本等。

■ 书说十三卷 佚

(宋)孔武仲撰。武仲字常父,一作常甫,临江派尚书司封郎中延之次子,孔子四

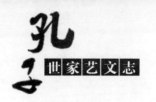

十七代孙,仁宗嘉祐八年进士,累迁礼部侍郎,以宝文阁待制知洪州。

是书,《宋志》等有著录。《阙里文献考》谓:"四十七代孙宋礼部侍郎武仲有《书说》十三卷。"《山东通志》云:"《书说》十三卷,孔武仲撰。武仲字常父,孔子四十六世孙,举进士为礼部第一,历官礼部侍郎。是书见《宋志》。朱彝尊云:'诸家藏书目均无之,疑其佚久矣。康熙乙亥三月,西吴书贾《目》中有抄本(二册),极索之,云于正月鬻之松江张姓者,叩其名字,不知,无从访获,为之惘然。'武仲又有《禹贡论》一篇、《洪范五福论》一篇,俱见《经义考》。"按:康熙《西江志·经籍志》此书作二十卷,不知何据?其书虽久佚,但尚可借宋黄伦《尚书精义》窥其一斑。《文津阁四库全书提要汇编·经部·尚书精义提要》称:"其书荟萃诸说,依经胪载,不加论断,间有同异,亦两存之。其所征引,自汉迄宋,亦极赅博……其他如杨氏绘……孔氏武仲、孔氏文仲、陈氏鹏飞、孙氏觉、朱氏震、苏氏洵、吴氏孜、朱氏正大、苏氏子才等,当时著述,并已散佚,遗章剩句,犹得存什一于是编。"又《山东通志》云武仲为"孔子四十六世孙",不确。兹从《孔子世家谱》。另外,《孔子世家谱》武仲传称其"仁宗至和八年进士";"著有诗书论语金华讲议杂文共百余卷",亦不确。考武仲考取进士在嘉祐年,而非至和年,且"至和"年号只有三年。而"诗书论语金华讲议杂文共百余卷"一语,尤不讲究。

■禹贡论一篇、洪范五福论一篇　存

(宋)孔武仲撰。

二篇据《经义考》著录。今考其文,《豫章丛书》本等《宗伯集》俱有载。

■尚书集解十四卷　未见

(宋)孔武仲等撰。

《文献通考》:"《尚书集解》十四卷。晁氏曰:'皇朝顾临、蒋之奇、姚辟、孔武仲、刘敞、王会之、周范、苏子才、朱正夫、吴牧所撰。后人集之为一编,然非全书也。'"兹据著录。按:《经义考》谓"是书所集,相传凡二十家,晁氏所未及者:司马光、王安石、黄通、杨绘、陆佃、李定、苏洵、胡瑗、张晦之、程颐。"

■书经什文无卷数　佚

(宋)孔习周撰。习周,平阳派延子,孔子五十代孙,官洪州文学。

《孔子世家谱》平阳派:"五十代习周,宋绍兴间,三领江浙乡荐。乾道年,敕授洪州文学。著《四书详解》、《书经什文》行于世。子三:庆夫、萃、焕。"兹据著录。按:今

考《宋志》、《文渊阁书目》、《千顷堂书目》、《四库采进书目》此书俱无载，《家谱》虽称
"行于世"，实早亡佚。又据《孔子世家谱》，习周祖文义，字洪夫，博学工诗，征辟不就。
习周幼受熏陶，长攻经史，得其益者，正复不少。

■ 书纂二卷 佚

（宋）孔元忠撰。元忠字复君，苏州武德大夫道子，孔子五十一代孙，庆元二年丙
辰科进士，官金坛知县，通判常州、临安府，历知徽州、抚州、处州。

刘宰《漫塘文集·故长洲开国寺丞孔公行述》："公讳元忠，字复君，孔圣之裔，世
远族分，莫详其谱……其所为书曰：《豫斋集》二十卷、《论语钞》十卷、《祭编》五卷、
《编年通考》七十三卷、《书纂》二卷、《考古类编》四卷、《纬书类聚》二卷，藏于家。"兹
据著录。按：今考其书，《宋志》、《苏州府志》、《文渊阁书目》、《经义考》、《四库采进书
目》等俱无载，盖佚久矣。

■ 尚书解无卷数 佚

（宋）孔梦斗撰。梦斗一名之斗，旧名梓，字元极，号愚斋，平阳派庆夫子，孔子五
十二代孙，景定三年进士，官庆元府通判。

《曲阜志》：庆元府通判孔梦斗有《尚书解》（卷佚）；又《阙里文献考》：五十二代孙
宋庆元府通判梦斗有《尚书解》（卷佚）。兹据著录。未见传本。

■ 尚书本义无卷数 未见

（宋）孔梦斗撰。

是书，《两浙著述考》据乾隆《温州府志》及《温州经籍志》著录，《孔子世家谱》梦
（之）斗传称其书"行世"，然历考公私藏目绝不见载，《曲阜志》、《阙里文献考》亦未述
及，或即前著之《尚书解》也。

■ 尚书大义无卷数 佚

（元）孔思植撰。思植字贞卿，平阳派宋迪功郎淇孙长子，孔子五十四代孙。

《孔子世家谱》平阳派："五十四代思植，字贞卿，元大德八年进《尚书大义》，以圣
人子孙授庆元路教授，将仕郎，建康路录事。子一：克烱。"兹据著录。考其始迁祖桧
避五季孔末之乱，家于温州平阳。思植兄弟二人，弟思栩，博才多艺，官教谕。植子克
烱，全宁路教授。

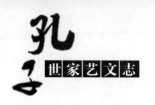

■ 书经代言 佚

（明）孔承倜撰。承倜有《易经代言》，本部易类已著录。

是书，《曲阜志》、《阙里文献考》著录皆称"卷佚"。《山东通志》亦著其书。

■ 书笺六十卷 未见

（明）孔衍学撰。衍学一名心学，字养邃，河北新城支，孔子六十五代孙，嗜学不仕。

是书据《大清畿辅书征·保定府二》著录。《书征》谓孔衍学，一名心学，字养邃，新城人，游定兴鹿善继之门，留心经术，尤精理学，为孙奇逢所推许。详师儒陈铉传。并著录《书笺》六十卷，云：《新城县志》：衍学嗜学不仕，夏峰取节录中载其智略，海内传之。按：考道光《新城县志·义行·衍学传》此书作"《书笺》六十余策"，近是。

■ 禹贡锥指摘要无卷数 未见

（清）孔广琳撰。广琳字京周，兴国支，孔子七十代孙，道光二十四年恩贡。

是书见宣统《兴国县志》存目。按：广琳，《兴国县志·文学》有传，然考《孔子世家谱》，则屡查不获。今见平阳派二支，有五十四代思仪，原名文学，元顺帝至正二十五年携眷由温州平阳任胡广兴国路永兴教授，会陈友谅兵变，欲返平阳不克归。遂家于兴国，今改阳新县。子三：克仁、克宽、克正。又克正传云：克正字尧夫，秉质清高，赋性明哲。后因兄从明太祖起义，公惧有祸，遂隐于新潭南桐埠左，及明朝定鼎，即置产而永居兴国焉。子二：希志、希忠。未知广琳是否出自该支？其支后裔，又有迁居孝感、安陆等县者。

■ 书经末六卷 未见

（清）孔广海撰。广海有《周易史论》，本部易类已著录。

是书据《孔子世家谱》卷四十八孔广海传著录。传谓广海"著有《周易史论》二卷，《诗经末》二卷，《书经末》六卷，《四书提纲》四卷，《读史先》一卷，《周礼》、《仪礼》、《尔雅》、《孝经》读本共八卷，《县志采访未誊草》八卷，纂修《莘县志》八卷，已梓"。按：其门生孟继桄《举人孔仙洲先生教感碑》云：先生尝自谓畏客如虎，贪书似狼。盖有所乐于中也。凡得诸心者，悉著之策。始犹间入行间，久则十三经、廿四史各有专本，力扫前人旧解，于宽缓凌乱者，则直截之、晓畅之、亲切之，语人曰：非敢菲薄前人也，聊以尽吾心耳。故人之茫如捕风，寻旧解数日而犹扞格不通者，一经先生之指示，而古人之事、之情、之神，无不穷形尽象而出，或谓刘匡解经不过如是，康成说书无乃若此，盖其所得者深也。年四十四举孝廉，朝考得二等，选教职。入仕后，奉公勤公事外，仍以读书课徒为业，及门不下三百余人，成名者亦百余人，类皆于先生之教各有所得。先生年逾古稀，犹灯下时作绳（蝇）头小楷，盖自束发至易簣，七十载如一日也。其得诸己者深，故及于人者远。孔子曰：学不厌、诲不倦，先生有之。又曰：得见有恒者斯可矣，先生其庶几乎！先生昆仲二　　侄七：昭蕖，副榜；昭苯，增生；昭芬，庠生。余皆俊秀业读，未可量也。于此见先生家学渊源，四世书香俱有显名，其所来，岂偶然哉。才

按：其文广海所著各书书名"末"均作"未"。

诗类

■ 诗经三百零五篇 存

相传(周)孔子删定。孔子见本部易类《周易》。

《史记·孔子世家》:"古者《诗》三千余篇,及至孔子,去其重,取可施于礼义,上采契、后稷,中述殷周之盛,至幽、厉之缺,始于衽席,故曰'《关雎》之乱以为《风》始,《鹿鸣》为《小雅》始,《文王》为《大雅》始,《清庙》为《颂》始。'三百五篇孔子皆弦歌之,以求合《韶》、《武》、《雅》、《颂》之音。礼乐自此可得而述,以备王道,成六艺。"又云:"孔子语鲁大师:'吾自卫反鲁,然后乐正,《雅》、《颂》各得其所。'"《汉志》云:"孔子纯取周诗,上采殷,下取鲁,凡三百五篇。遭秦而全者,以其讽诵,不独在竹帛故也。汉兴,鲁申公为《诗训故》,而齐辕固、燕韩生,皆为之传。或取《春秋》,采杂说,咸非其本义。与不得已,鲁最为近之。三家皆列于学官。又有毛公之学,自谓子夏所传,而河间献王好之,未得立。"《经典释文》:"古有采诗之官,王者巡守,则陈诗以观民风,知得失,自考正也。动天地,感鬼神,厚人伦,美教化,移风俗,莫近乎诗。是以孔子最先删录。既取周诗,上兼商颂,凡三百十一篇(毛公为故训时已亡六篇,故《艺文志》云三百五篇)。以授子夏,子夏遂作序焉。"兹参据著录。按:关于孔子删《诗》,后人多疑其说,因今之传本,屡经后人修改润色,或长期口耳相传,早非原貌之旧。郭沫若《奴隶制时代》谓:"《诗经》是很可以'怀疑'的。虽然不能说是'后人伪造',但必然是经过后人修改润色,整齐划一的东西。例如从时代来讲,从周初至春秋末年,有五六百年之久;从地域来讲,从黄河流域至长江流域,包含着二十来个国家;从作者来讲,《国风》取自各国民间,《雅》、《颂》取自朝廷贵族;但《诗》的体裁大体上是一致的,用韵也是一致的,而在《国风》中竟找不到多少民间方言。《诗经》毫无疑问是经过删改的。古人说'孔子删《诗》',我看不单纯是孔子一人,那是经过先秦儒家不少次的删改和琢磨的。"诗有齐、鲁、韩、毛四家,毛最晚出。齐、鲁、韩三家为今文诗学,西汉时立有博士,魏晋以后逐渐衰亡。"毛诗"为古文诗学,东汉以后渐渐盛行,尤其经郑玄注、孔颖达疏,收入《十三经注疏》后,更是盛传不衰,先秦古诗,赖以考见。

是书今有台北"国立中央图书馆"藏邓邦述手跋明刊四卷本。其题《毛诗》者有明广阳陈儒刊不分卷本;又郑玄笺明刻七卷本,清刻二十卷本,日本旧活字本;《故训传》六朝写本残卷,唐写本残卷,见《鸣沙石室古籍丛残影印本》第二册;又有宋刻二十卷本,清刻三十卷本,国家图书馆藏清抄不分卷本;又《四库全书》本,《四部丛刊》本,《四部备要》本,《摛藻堂四库全书荟要》本,《仿宋相台五经》本,《十三经读本》本,及各种《十三经注疏》本(详后《毛诗正义》条)、现代译注本等。

■ 毛诗谱一卷　存

(汉)郑玄撰,(清)孔广林辑。广林有辑《周易注》,本部易类已著录。

是书据《中国丛书综录》著录。按:此书辑《诗正义》所引凡十六条。广林《序录》称:迄于今所可见者,唯《诗正义》所载十六《谱》并《谱序》一篇,又皆仲达节录,故他处《正义》及《释文》诸所引者,多出十六篇之外。《释文》引《谱》云:孟仲子,子思之弟子。解延年,齐人。然则《谱》风、雅、颂而外,必尚有师授源流谱,前籍无闻,不敢臆为之说。

是书今有清光绪十六年山东书局刻《通德遗书所见录》本;国家图书馆藏清抄《郑学十八种》本;北京大学图书馆藏清抄《郑学十八种》本;福建省图书馆藏清抄《郑学十八种》本等。

■ 毛诗音　佚

孔氏撰。氏名系不详。

《经典释文序录·注解传述人》:为《诗音》者九人,郑玄、徐邈、蔡氏、孔氏、阮侃、王肃、江惇、干宝、李轨。《经义考》诗五遂据著录,云:"孔氏失名《毛诗音》,佚。"兹参据著录。按:陆德明云:"蔡氏、孔氏,不详何人?"然据是书之序次,孔氏似为汉魏间人。又考《隋书·经籍志》诗类,称"梁有《毛诗音》十六卷,徐邈等撰。《毛诗音》二卷,徐邈撰。《毛诗音隐》一卷,于氏撰,亡。"予以为其《毛诗音》十六卷中,应含孔氏一家,因徐氏书仅二卷。

■ 毛诗正义(又名毛诗注疏)四十卷　存

(唐)孔颖达等撰。颖达有《周易正义》,本部易类已著录。

是书,《旧唐志》、《宋志》、《曲阜志》、《山东通志》等皆著录。《新唐志》著录此书,云:"孔颖达、王德韶、齐威等奉诏撰,赵乾叶、四门助教贾普曜、赵弘智等覆正。"《崇文

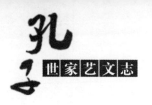

总目》："《毛诗正义》四十卷。唐国子祭酒孔颖达撰,太尉长孙无忌诸儒刊定,国朝端拱初国子司业孔维等奉诏是正。诗学之家,此最为详。"《郡斋读书志》："《毛诗正义》四十卷,唐孔颖达等撰。据刘炫、刘焯《疏》为本,删其所烦而增其所简云。自晋室东迁,学有南北之异。南学简约,得其英华;北学深博,穷其枝叶。至颖达始著《义疏》。混南北之异,虽未必尽得圣人之意,而刑名度数亦已详矣。自兹以后,大而郊、社、宗庙,细而冠、婚、丧、祭,其仪法莫不本此。元丰以来,废而不行,甚无谓也。"《直斋书录解题》："《毛诗正义》四十卷,唐孔颖达与王德韶等撰。专述毛、郑之学,且备郑《谱》于卷首,盖亦增损刘焯、刘炫之《疏》而为之也。"《郑堂读书记》则谓其"惜未能尽得郑氏笺诗之意,徒分毛以为云云,郑以为云云,而不知郑实申毛,而非改毛也。又不知郑虽改毛,然皆有根据,非同后人之臆见也。甚至王肃难郑之说,亦并载《疏》中,无所可否,岂尚仍二刘之原本,而不加以刊落耶?然自孔氏《疏》以后,大而郊、社、宗庙,细而冠、婚、丧、祭,其仪法莫不本此,固不得过于求全责备,而反启后人废《疏》之渐矣。"按:自唐迄今,《诗》有二本,一是开成《石经》本,一是《注疏》本,二本经文小有异同,而以《注疏》本校之,疏与经文又自为异同,两不相应,知其经文尝经后人改订。

　　是书今有敦煌唐写本残卷(存《大雅·民劳篇正义》三十六行,日本京都帝国大学文学部影印唐抄本残一卷(存卷十一,载第一集)。又有日本武田科学振兴财团杏雨书屋藏宋绍兴九年单疏残刻本,国家图书馆等藏元刻明修本(题《附释音毛诗注疏》二十卷),各种清刻本,及元刻明修《十三经注疏》本,明闽刻《十三经注疏》本,明北京国子监刻《十三经注疏》本,明毛氏汲古阁刻《十三经注疏》本,清乾隆四年武英殿刻《十三经注疏》本,清阮元重刊宋本《十三经注疏》本,《四库全书》本,《摘藻堂四库全书荟要》本,《四部备要》本,1935年上海商务印书馆《万有文库》本,1936年上海商务印书馆《国学基本丛书》本,2000年12月北京大学出版社《十三经注疏》整理本(李学勤主编)等。

■ 宋椠本毛诗正义残本三十三卷 存

　　(唐)孔颖达等撰。

　　是书,稿本《续修四库提要》据昭和十一年日本东方文化学院影印本著录,略云:"按群经注疏,以单疏本为最古,八行注疏本次之。顾单疏本刊于北宋,覆于南宋,传世绝罕。此本藏日本内藤湖南家,昭和十一年,东方文化学院选集良工,假摹影印,板式若一,点画无讹,纸幅标题,咸存旧式。此数百年孤行之宝,得以流播,弥可珍也。其书都凡四十卷,卷数与孔氏自序及诸家著录悉同。惜首七卷原缺,今所存者,惟自卷第八至卷第四十,凡三十有三卷。分装十七册。又原本卷第十之第二十一页、卷第十五之第三十二页以下,疑当缺二页;卷第三十二之第三十五页、卷第三十七之第四第五两页,亦均缺佚。板式高七寸四分,广五寸,每半页十五行、行二十五六字不等。首行题《毛诗正义》卷第几,次行题唐国子祭酒曲阜县开国子臣孔颖达等奉敕撰定。敕字以下另行。卷第四十末,有端拱初刻,及绍兴覆雕衔名。取其列衔与《崇文总目》及《玉海》证之,正相符合。按:内藤氏《恭仁山庄四宝诗》云:'白首名场甘伏雌,保残守缺慕经师。收来天壤间孤本,宋椠珍篇单疏诗。'夫以单疏本传世之稀,则此鲁殿灵光之存,固宜乎内藤氏之爱玩珍惜,如膺九锡也。"

是书今有日本昭和十一年东方文化学院影印宋绍兴九年覆刻本。

■ 附释音毛诗注疏二十卷 存

(唐)孔颖达等疏。

是书,《日藏汉籍善本书录》著录日本足利学校遗迹图书馆藏宋建安刘叔刚一经堂刊本,题"(汉)郑玄笺、(唐)孔颖达等疏。"书共三十册。十行十八字,小字双行,行二十三字,线黑口,双鱼尾。又著有静嘉堂文库藏元覆宋一经堂刊本(明正德年间递修本),题:"(汉)毛亨传、郑玄笺、(唐)孔颖达等疏、陆德明释音。"亦三十册。

■ 诗说二十卷 佚

(宋)孔武仲撰。武仲有《书说》,本部书类已著录。

是书,《宋志》、《山东通志》、《西江志》、《经义考》、《阙里文献考》俱著录。《曲阜志》此书无载。《新淦县志·艺文志》将武仲《诗说》、《书说》、《论语说》混著为《诗书论语》。

■ 诗经代言 未见

(明)孔承倗撰。承倗有《易经代言》,本部易类已著录。

是书,《山东通志》、《曲阜志》、《阙里文献考》皆著录,《曲阜志》、《阙里文献考》称其"卷佚"。

■ 诗经便览无卷数 佚

(明)孔贞慎撰。贞慎号少峰,平阳派庠生闻镗长子,七品衔宏璋孙,孔子六十三代孙,增生。

是书,《江苏艺文志》据乾隆《高淳县志》本传著录,传云:"孔贞慎,字用礼,嘉靖间

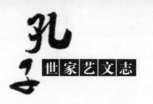

诸生。品行高洁,学问渊深。著有《诗经便览》、《三书论目》、《史纲私议》、《春秋阐微》、《古文选》等书,卷帙多逸,惟《诗集》与《史纲》犹存。"《孔子世家谱》平阳派贞慎传亦著此书,云:"贞慎,号少峰,增生。品行高洁,学问渊深。著有《诗经便览》、《史纲》等书。"又载其父闻镗,号三峰,庠生,幼年奇异,学具天人,士林宗之。嘉靖间,蒙江西布政司邢题赠"三湖俊杰"匾额。

■ 毛诗日知录无卷数　佚

(明)孔尚望撰。尚望宦名一望,字翘惟,号见我,平阳派临海县丞贞忱长子,孔子六十四代孙,邑庠生。

是书,《江苏艺文志》据乾隆《高淳县志》著录,作者作"孔一望"。《孔子世家谱》平阳派二支:"六十四代尚望,字惟翘,号见我,庠生。治《诗经》,著四书、毛诗《日知录》行于世。公懿行,载邑志。"兹参据著录,未见传本。按:又考其父孔贞沈,号仰山,由庠生入太学,授鸿胪寺鸣赞,升台州临海县丞,政绩可纪,又升江口宁州同知,致仕。有子二人,尚望为长子。次子尚德,宦名一德,字宁之,号景亭,由例贡授光绿寺监事,孝亲敬兄,尚义轻财,行载邑志。

■ 诗经文稿　未见

(清)孔毓玑撰。毓玑字象九,号秋岩,别号岱云,平阳派邑诸生兴纲长子,孔子六十七代孙,康熙四十八年己丑科进士,官浙江衢州常山县知县,诰授文林郎。

《孔子世家谱》平阳派孔毓玑传:毓玑"天性孝友,清康熙己卯登贤书,己丑会(成)进士,任浙江衢州常山县知县,庚子分校浙闽,诰授文林郎,著有《诗经文稿》、《秋岩文集》"。兹据著录。按:此书未见传本,不详是否为研诗之文,《江苏艺文志》著有其《诗古文稿》,或正此书,而孔《谱》误载。暂入此类,以俟后考。

■ 诗声类十二卷、声类分例一卷　存

(清)孔广森撰。广森有《周易厄言》,本部易类已著录。

是书,《清志》及《补编》、《山东通志》、《续修县志》、《著述记》、《贩书偶记》、《续修四库全书提要》、《中国丛书综录》等皆著录。《清志补编》、《山东志》、《续四库》此书入诗类,《清志》、《贩记》、《丛书综录》入小学类。《续修县志》"分例"作"分系"。《续四库》云:"是书盖取魏李登《声类》之名,大旨以书有六,谐声居其一。偏傍谓之形,所以读之谓之声,声者从其偏傍而类之者也。其中分阳声:原即元、丁即耕、辰即

真、阳、东、冬、缓即侵、蒸、谈九类;阴声歌、支、脂、鱼、侯、幽、宵、之、合九类。惟主阴阳,不分唇舌喉齿牙,惟言偏傍,不言字母等韵,虽自称幸生陈季立、顾宁人之后,既已辨去叶音之惑,而识所依归,近世又有段氏《六书音均表》出,藉得折衷诸家,从其美善。然此书实多发顾、段两家所未发。至论入声自缉合等闭口音外,悉当分隶自支至之七部,而转为去声,尤非前人所有。李慈铭《越缦堂日记》谓是编近时上虞朱亦栋、当涂夏燮颇讥之,今览其书,推之于后,往往见其未密,而论三代秦汉古音,实为独得要领。李氏斯评洵确论也。《分例》:《通例》十门,《别例》十三门,《杂例》四门,凡举式百有三十,亦殊精密,故附著焉。"按:此书为《孔氏所著书》第三种,初刊于乾隆五十七年。《续四库》介绍广森,称其为"孔子六十八代孙",误。

是书今有清乾隆五十七年曲阜孔广廉谦益堂刻本;清嘉庆二十二年曲阜孔氏仪郑堂刻《顨轩孔氏所著书》本,1983年中华书局影印《顨轩孔氏所著书》本(收入《音韵学丛书》,前有周祖谟《前言》);清光绪刻《皇清经解续编》本;台北"国立中央图书馆"藏清郑晓如批点稿本《曲阜郑氏遗书》本;山东省博物馆藏稿本《单县时氏音学遗著二十三种》(封题"毛诗声类、诗声分例合编",有时庸劢批并跋)本,2006年12月山东大学出版社《山东文献集成》第一辑影印稿本《单县时氏音学遗著二十三种》本(二编各题一卷);民国十三年成都贲园刻本等。

■ 读诗得间录一卷 存

(清)孔传莘撰。传莘字笠园,牟平派文选司主事、验封司行走毓璠第三子,孔子六十八代孙,庠生。

是书,《增修登州府志·艺文考》著录,云:"《读诗得间录》,宁海孔传莘著。传莘字笠园,诸生。以清人之轴宜与硕人之轴义同,角枕锦衾据《周礼·玉府》及《丧大记》为诸侯敛服,武丁孙子,武丁宜指汤言,皆为有见。"《山东通志》、《牟平县志》、《孔子世家谱》传莘传亦著其书。按:是书,烟台图书馆有清抄本,一册,毛装,无格。九行二十六字,小字双行同。书自《周南》以下皆有释,间有增改,其书卷首题"孔传莘著",云:"余昔以《毛诗》训诸子,得间则剖析其义,而未遑笔录,今老矣,恐其忽而忘焉。乃辑此篇授之。笠园老人书。"此外,又见人大图书馆藏民国《牟平县志》清样校对本艺文著述中有其《读书得间录》而无此《读诗得间录》,与定本异,似即本书之误著,附此不另著。

是书今有烟台图书馆藏清抄本,南开大学图书馆藏清抄《诗述》载录本。

■ 诗均指略一卷 存

（清）孔继型撰。继型字式甫，号梅庄，别号锄月农，牟平派庠生传莘长子，孔子六十九代孙，庠生。

是书，《山东通志》著录不题卷数，民国《牟平县志·艺文志》此书作《诗韵指略》。按：此书烟台图书馆藏有清抄本，一册，九行二十六字，小字双行同，毛装，无格。原题"孔继型著"。正文首"阳声七部"。卷前冠文云："依诗为均，略注古音，不注者，读如上字（如田读陈，猗兮读阿），古四声合用，阳部入声，皆阴部去声，稍短者，或总注一二，或分注重复，取叶也。字兼数声，则不重出。式甫识。"又《孔子世家谱》继型传等亦载此书。

是书今有烟台图书馆藏清抄本，南开大学图书馆藏清抄《诗述》载录本。

■ 诗述十卷首二卷 存

（清）孔继堂撰。继堂字廉甫，号恕斋，牟平派庠生传莘次子，孔子六十九代孙，诸生。

是书，南开大学图书馆藏有清抄本，九行二十二字，无格，然有目录。目录页钤有"安平彭氏收藏金石书画印"、"彭氏紫符"朱白文等印，知其为烟台彭紫符旧藏。是书卷首分上下，上收《小序》，孔氏《正义序》，郑氏《诗谱序》、《毛诗大序》、《凡例》、《诗学源流》；下收其祖孔传莘《读诗得间录》、父孔继型《诗均指略》（二书详前著录）。卷一为《诗·国风》、《周南·关雎》及《召南·鹊巢》，以下各得篇目若干，共十卷三十一目。前有同治三年二月继堂《诗述小序》，署"山左孔继堂廉甫谨书于牟平述经轩"，序云："诗言志，见于虞书，盛于周，自孔子删定，汉儒尊之为经，传者四家，齐辕固生传齐诗，鲁申生传鲁诗，燕韩婴传韩诗，惟毛公诗传晚出，厥后，三家诗亡，独存毛传。发明毛传者众，独存郑笺。唐有陆释、孔疏，前此义疏尽废。至宋诸说具备，朱子集传独行。堂幼奉庭训，习专经，谨载《读诗得间录》于前，会合诸家，述成先志，非敢问世，聊藏筐笥训童蒙，故略叙经传始末，及此书所由成，弁其首云。"按：收藏者彭紫符，精岐黄，喜收藏。去世后，家人将其平生所藏包括牟平孔氏稿抄本在内的大部分古籍悉数捐给烟台图书馆，此与孔继型、孔广金诸诗集乃散出者，虽分贮异地，幸赖神物护持，保留至今，且俾予著入本书，重显于世。又考此书《中国古籍善本书目》已收，而《山东通志》则与其《诗经古韵》合并著录，《牟平县志·艺文志》将其著为《诗序》，《孔子世家谱》继堂传其书不著卷数。

是书今有南开大学图书馆藏有清抄本。

■ 诗经古韵四卷 存

(清)孔继堂撰。

是书,《牟平县志·艺文志》有著录。《山东通志》经部诗类此书与其《诗述》合并著录;《贩书偶记续编》经部诗类著录此书原稿本,题曲阜孔继堂撰。按:此书,北京大学图书馆藏有稿本,一函五册,无序跋印记,正文大字,释文小字双行;山东省图书馆亦藏稿本五册,无格,字数不一;烟台图书馆所藏稿本为三册,半叶几行,人字不一,小字双行,行二十三字,序页及目录页分别钤有:"述古轩主人"白文正印,"戎马生涯"白文正印,"彭紫符印"朱文正印,"安平彭氏收藏金石书画印"朱文正印,"博陵彭志信之章"朱文正印,"彭氏紫符"白文正印。又书衣"府志总局采录"朱文印。此书前有同治八年孔继堂序。一册上护页书签写道:《诗经古韵》,廪生孔继堂述。三本,四卷。第一本六十六页,第二本四十页,第三本六十五页;每册护叶钤"府志总局采录"。知为志局用书底本。三家所藏未知是否有《偶记续编》所著本。又考《孔子世家谱》,继堂属牟平派,盖先世外迁,不忘祖庭,著书仍署祖籍也。

是书今有北京大学图书馆藏稿本,山东省图书馆藏稿本,烟台图书馆藏稿本。

■ 诗经末二卷 未见

(清)孔广海撰。广海有《周易史论》,本部易类已著录。

是书据《孔子世家谱》广海传著录。按:《阳谷县志》卷十四载胞侄孔昭蕖撰《孔仙洲先生行状》,述其学行云:先生本圣裔,其居于谷者,自曲阜迁来者也。先生祖、父,俱以教读重于时。先生质钝而嗜读,年五岁,其祖慎先公即授以书,口讲指画,寝食与俱,不下楼者十二年。经子之外,兼通类书,若《人物串珠》、《广事类赋》等书,无不成诵者。年十七,应童子试,以县试第一入泮,旋食饩,连冠军者九,文名大噪,而踵门求教之士,亦日益众矣。年四十四,登光绪丙子科贤书,三赴礼部不售,乃以己丑大挑二等就教职。六十五岁,署即墨训导,次年,署滨州学正,至授东平学正,年已六十八矣。居官二年,受病归。光绪二十九年正月十四日卯时卒。年七十有一。先生一生,无不读之日,每日昧爽,起盥洗,至亲所退,即端坐闭目凝神,或开口朗诵,自朝至夕,不床卧,无惰容,七十载如一刻也。读书之法以专一为课程,以无间做工夫,以力求心得为目的。总之,务精不务多。每读一经,必预将经中若干篇、篇若干章,算明分号配日记于册,以后,按次读去,不增减、不耽误,偶有事故补于后。其读熟书亦准此。故每岁自元旦拜节毕,众方作醵,先生即开读。年终除夕,举家欢忙,先生读声犹不辍。辛酉之乱,贼党慕先生名,欲延为谋主,知其不可,突来胁以绳与刀,先生厉声曰:请先生须以

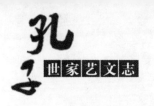

礼，绳刃胡为者？贼惭而退，读如故。避乱寿城，择庙中隙地以读。居官不染宦派，公务余读以低声。先生于教读外无所知，不喜应酬，客来学，寒暄外，恒闭目不作一语。或移时诵声大作，尝自谓畏客如虎者，吾也。客初不堪，久之，知其心亦不怪。然与同志谈，或虚心求教者，则批却导窾，历终日不倦。得病后，读不成声，犹恋恋不能舍。每戒子弟速将书持去，曰："勿令我见。我见，虽欲止，奈书引我何？"凡读有所得著之策，始则间入行间，久则经史各为专本。年七十，灯下时作蝇头小楷，书所谓无不读之日者，此也。教人，则师弟打成一家，弟治某经，师即以身率之，而诸生亦各守课程作工夫。教人为文，则先分三大意以布局，后分六小意，更破小小意，自首至尾不凌乱、不合掌，将通篇局面，绘图作模以示人，故门生破壁飞去者有之，得选拔录优贡者有之，其采芹食饩者，不可胜纪也。所著有《四书提纲》一卷，《周易史论》二卷，《书经末》六卷，《诗经末》二卷，《读史先》一卷，《县志采访未誊草》八卷，《周礼》、《仪礼》、《尔雅》、《孝经读本》共八卷，藏于家……先生讳广海，字仙洲，胞兄弟三人，先生居长。次广沐，登戊子科经魁，先先生没。三广津，优禀生，俱以文名于世，时号"孔氏三兄弟"云。先生娶孟氏，诰授孺人。子一：昭搴，增生，先先生卒。女二，长适徐，次适张。孙二：宪螭、宪螳，俱幼。按：《阳谷县志》、魏守谦《周易史论》跋等，书名"末"多作"未"。

■ 诗经备考一卷 未见

（清）孔广沐撰。广沐字芷湖，北公户阳谷支乡饮大宾继温次子，孔子七十代孙，光绪十四年戊子科举人，主讲莘县先觉书院、张秋安平书院。

《孔子世家谱》北公户阳谷支："七十代广沐，字芷湖，光绪戊子科举人，主讲莘县先觉书院、张秋安平书院。著有《诗经备考》一卷、《读鉴提要》十二卷、《手批唐诗》二卷、《仲学斋课徒草》二卷、《留正集文稿》二卷、《赋学留正》二卷、《盆都咏兴》二卷。"兹据著录。按：广沐卒后，门生张舒兰尝撰《举人孔芷湖先生教感碑》，略云：先生没八年矣，门生百四十人，成名者亦几半，时忆先生教，不论从学年久、暂学，无浅深，莫不感泣下也……先生弱冠馆于乡，恒勤恳不忍倦，后游署学，历主讲许州莘恩、张秋书院，昼夜纳百卷，批评点窜，罔不详且尽，故所成立，易捷以广，易精以深。兰不时思其造，初华中实，晚则坚凝以浑厚，或谓王、唐、归、胡之亚，或谓国初诸名公之选，当耶，否耶？为人外宽和，而内严明，复谦虚深沉不自伐。以事问，预断而中，或挟盛怒至于前，经譬解一二，意自消异。不违俗同，不伤雅，乡谥"正达"，是耶，非耶？一生不务名，制艺外少著述，惟留有《诗经备考》一卷、《读鉴提要》十二卷、《手批唐诗》二卷、《仲学斋课徒草》二卷、《留正集文稿》二卷、《赋学留正》二卷、《盆都咏兴》二卷藏于世。

周礼类

■ 答周礼难一卷 存

（汉）郑玄撰，（清）孔广林辑。广林有辑《周易注》，本部易类已著录。

是书据《中国丛书综录》著录。《山东通志》云：“《答临孝存周礼难》，郑玄撰。见《后汉书》本传。贾公彦《序周礼废兴》云：‘郑玄遍览群经，知《周礼》者，乃周公致太平之迹，故能答林硕之论难，使《周礼》义得条通。’广林辑六条为一卷，其序云：‘元圣之灵不能庇其遗文，使不亡佚，可慨也夫。’”按：临孝存，《郑志》作“临硕”，《正义》“临”作“林”。是“临”与“林”通，“硕”为其名。《经典释文序录疏证》谓“郑氏治《礼》，既答临孝存难以御外侮，复著《三礼目录》以明枢要”。郑玄《答临孝存周礼难》，辑其佚者，广林之外，尚有袁钧、黄奭、王仁俊等人，皮锡瑞撰有《疏证》一卷，俱可参考。

是书今有清光绪十六年山东书局刻《通德遗书所见录》本，国家图书馆藏清抄《郑学十八种》本，北京大学图书馆藏清抄《郑学十八种》本，福建省图书馆藏清抄《郑学十八种》本等。

■ 考工车度记一卷 存

（清）孔继涵撰。继涵字体生，一字诵孟，号荭谷，别号南洲，大宗户圣庙三品官传钲子，孔子六十九代孙，乾隆三十六年进士，官户部河南司主事，充《日下旧闻》纂修官。

是书，《续修县志》、《著述记》有著录。翁方纲《皇清诰授朝议大夫户部河南司主事孔君墓志铭》亦载之。按：此书《中南、西南地区省、市图书馆馆藏古籍稿本提要》（附钞本联合目录）著有重庆市图书馆藏民国后思适斋红格抄本；又有山东省图书馆藏民国二十三年山东省立图书馆抄本。

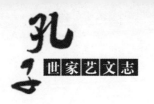

■ 补林氏考工记一卷 存

（清）孔继涵撰。

《双行精舍书跋辑存续编》："曲阜孔荭谷《微波榭遗书》已刻行,内《杂体文稿》七卷,缺第四卷,别于书后刻《同度记》、《长行经》二种,题作'微波榭遗书之四'以补之,前后失次,亦无序跋。顷见《遗书》底本增出第八卷,别有第四卷,除原刻二种外,尚有《考工车度记》、《补林氏考工记》、《解勾股粟米法释数》三篇,均未刻入,证之全书校改题署字迹,为张瘦铜埙编次。四卷所遗末二篇,似未写定,然前篇及第八卷,则不应脱漏,殆《遗书》当时并未刻竣,故一切序跋并未列入,即如《红桐书屋诗集》,余藏有瘦铜先生序文手稿,原集竟未刊入可证也。兹就未刻各卷,分别录出,其《同度记》二篇,亦附入四卷,俾全其数,题曰《红桐书屋未刻稿》。二十年十月双十节后二日王献唐记。"兹据著录。按:考宋林希逸有《鬳斋考工记解》,继涵所补盖即其书,《续修县志》、《著述记》题《补杜氏考工记》一卷,书名未确。

是书今有山东省图书馆藏民国二十三年山东省立图书馆抄《红桐书屋未刻稿》本。

■ 周官肒测六卷叙录一卷 存

（清）孔广林撰。广林有辑《周易注》,本部易类已著录。

是书,《清志》等有著录。《续修县志》、《著述记》、《阙里孔氏诗钞》广林传作《周礼肒测》七卷"。《山东通志》书名"周"误为"用",并云:"是书为《孔氏说经稿》之第一种(其《说经稿》凡六种,皆光绪庚寅山东书局所刊),不列全经,但载所释之经文。自序略云:乾隆甲午家大人将校《十三经》定本,刊藏敦本家塾,先勘梓《周官》经,广林承命校雠,于订正讹脱外,更参考义训,有疑者,窃以己意测之。按广林,继汾子也。"又,稿本《续修四库提要》著录山东书局刊本作七卷,略谓其书以核郑注失经义者为主,而其辨正皆有根据义理,洵可谓《周官》之功人也。

是书今有曲阜文管局档案馆藏稿本;清光绪十六年山东书局刻《孔丛伯说经五稿》本,2002年3月上海古籍出版社《续修四库全书》影印本等。

■ 周官联事二卷 未见

（清）孔广栻撰。广栻字伯诚,号一斋,大宗户户部河南司主事继涵长子,孔子七十代孙,乾隆四十四年己亥科举人。

是书,《续修县志》、《著述记》皆著录。《孔子世家谱》小传同。《山东通志》据《山左诗续钞》著录,称"孔继涵撰",似未妥。《续修县志》尝云:"继涵之著述,多已版行。惟搜集诸家解麟经书,厥绪未竟,广杖乃踵而成之。"此书未见传本,不能确知究为谁作,或即"踵而成之"者也。

■ 周礼读本　未见

(清)孔广海撰。广海有《周易史论》,本部易类已著录。

是书,与其《仪礼》、《尔雅》、《孝经读本》共八卷。魏守谦《周易史论跋》:"大太老师一生著书甚多,是书之外,有《四书提纲》一卷,《书经未》六卷,《诗经未》二卷,《读史先》一卷,《县志采访未誊草》八卷,《周礼》、《仪礼》、《尔雅》、《孝经读本》共八卷。"《孔子世家谱》记载同。兹据著录。

仪礼类

■ 礼古经五十六卷、经十七篇

相传（周）孔子删定。孔子见本部易类《周易》。

《山东通志》："《礼古经》五十六卷《经》七十篇（刘敞谓'七十'当作'十七'），《汉志》曰：'《礼古经》者，出于鲁淹中及孔氏、学七十篇文相似，多三十九篇。'刘敞曰：'读当云《礼古经》者出于鲁淹中及孔氏，孔氏，则安国所得壁中书也；学七十篇，当作与十七篇，文相似，五十六卷除十七，正多三十九也。'《六艺论》云：'其十七篇，与高堂生所传同，而字多异。'《仪礼疏》云：'孔子宅得古《仪礼》五十六篇，其字皆篆书，是古文也。'"《曲阜志》："《礼器》云：'《经礼》三百，《曲礼》三千。'《汉书·艺文志》载《礼古经》五十六卷《经》十七篇（后氏、戴氏。十七本作七十，临江刘敞乙为，十七计其篇数则然，朱子从之）。后孔氏壁中出古文《仪礼》五十六篇，内十七篇与汉初高堂生所传《士礼》十七篇文相似，外多三十九篇，而《古经》出鲁淹中者，亦五十六篇，河间献王得而献之。"按：《仪礼》两汉前但称《礼》。《论语》、《左传》、《国语》、《孟子》、《荀子》等所引之《礼》，盖皆今之所谓《仪礼》。《汉书·景十三王传》以《礼》与《周官》、《礼记》并言。许慎《说文》、郑玄《诗笺》及《三礼注》凡引《仪礼》之文，但举篇名，皆曰《礼》而不曰《仪礼》。孔颖达《礼记正义序》有"威仪"、"动仪"、"曲礼"、"古礼经"等名称，而所谓"曲礼"实即"事礼"。郑玄注云："曲，犹事也。事礼谓今体也。其中事仪三千。"贾公彦疏："言仪者，见行事有威仪；言曲者，见行事有屈曲，故有二名也。"皮锡瑞《经学通论》云："汉所谓《礼》，即今十七篇之《仪礼》，而汉不名《仪礼》，专主经言，则曰《礼经》。"盖汉儒因见书中有《士冠》、《士昏》、《士相见》、《士丧》诸篇名，以为所记皆士之礼，故又名之曰《士礼》。《史记·儒林传》称："于今独有《士礼》，高堂生能言之。"《汉志》亦云："汉兴，鲁高堂生传《士礼》十七篇。"是此《礼》异称虽多，讫于两汉，并无《仪礼》之名。宋张淳《仪礼识误序》谓："学者见十七篇中有仪有礼，遂合而名之耳。"贾公彦疏以为《仪礼》与《周礼》之别在于"《周礼》言周不言仪，《仪礼》言仪不言周，题号不同者，《周礼》别夏殷，故言周，《仪礼》不言周者，欲见兼有异代之法。"关于《仪礼》之作者,历来有二说:一是古文学派之"周公所制"说。孔颖达《礼记正义序》谓:"《礼记·明堂位》云:'周公摄政六年,制礼作乐,颁度量于天下。'但所制之礼,则《周官》《仪礼》也。"贾公彦《仪礼疏》亦谓《周礼》《仪礼》,"同是周公摄政六年所制。"二是今文学派之"孔子删定"说。皮锡瑞《经学历史》云:"《仪礼》十七篇,虽周公之遗,然当时或不止此数,而孔子删定;或并不及此数,而孔子补增,皆未可知。观'孺悲学士丧礼于孔子,士丧礼于是乎书'(事见《檀弓》),则十七篇亦自孔子始定。"二说以后者近是。今考《礼记·礼运篇》记孔子告子游之言,曰:"达于丧、祭、射、乡、冠、昏、朝、聘。"又曰:"其行之以货力、辞让、饮食、冠、昏、丧、祭、射、乡、朝、聘。"《昏义篇》言:"夫礼始于冠,成于昏,重于祭,尊于朝、聘,和于乡、射,此八者礼之大体也。"所言与《仪礼》内容相合。盖孔子删定成书,以授弟子。考《仪礼》十七篇,汉初由高堂生传于后仓,仓再传于戴德、戴圣、庆普,三家并立学官。汉代所传《仪礼》有大戴、小戴、刘向别录三种本子,三本篇次各不相同,《十三经注疏》本,系从别录出。《礼古经》五十六篇中的其他三十九篇,因未得礼堂写定,传于其人,梁以前已亡佚。十七篇版本详后《仪礼》条。

■ 逸礼三十九篇 佚

《山东通志》:"《逸礼》三十九篇。刘歆《移让太常博士书》曰:'鲁恭王坏孔子宅,欲以为宫,而得古文于坏壁之中,《逸礼》有三十九。天汉之末,孔安国献之。'《仪礼疏》云:'绝无师说,在于秘馆。《七录》云皆亡。'《困学纪闻》云:《逸礼》、《中霤》在《月令注疏》;《迁庙》、《衅庙》见《大戴记》。又云:《天子巡狩礼》、《朝贡礼》、《王居明堂礼》、《烝尝礼》、《朝事仪》见于《三礼注》;《学礼》见于《贾谊书》;《古大明堂之礼》见于蔡邕《论》。虽寂寥片言,断圭碎璧,犹可宝也。"阎若璩《尚书古文疏证》云:"汉兴,高堂生传《礼》十七篇,孔壁出多三十九篇,谓之《逸礼》。平帝时王莽立之,旋废,犹相传至东汉,郑康成注《三礼》曾引用之,《天子巡狩礼》云云,《中霤礼》、《烝尝礼》、《军礼》、《朝贡礼》、《禘于太庙礼》、《王居明堂礼》,及《奔丧礼》各云云,凡二十五条,为篇名者八,吴草庐《逸经》仅及其三。"按:考后世辑此书者,盖元有吴澄《仪礼逸经》八篇,佚名《仪礼逸经》十八篇,汪克宽《经礼补逸》九卷;又明湛若水《仪礼补逸经传测》一卷,清诸锦《补飨礼》一卷,民国刘师培《逸礼考》一卷。此外,蔡德晋《礼经本义》尚附草庐所辑《逸礼》八篇。综合诸家,共得篇目十余篇。

■ 仪礼(又名士礼)十七卷 存

（汉）高堂生传。

《山东通志》："《士礼》十七篇。《汉志》曰:汉兴,鲁高堂生传《士礼》十七篇。《释文序录》云:即今之《仪礼》也。"按:《史记·儒林列传》云:"于今独有《士礼》,高堂生能言之。"《曲阜志》高堂生传谓:"谢承云:字伯,汉初为博士,传《士礼》。《礼》自孔子时,而其经已不具,及秦焚书,散亡益多,独《士礼》十七篇,高堂生能言之。后又有《古经》出鲁淹中,五十六篇,内惟十七篇与高堂生所传不殊。"又《六艺论》称《汉书·艺文志、儒林传》云:"传《礼》者十三家,唯高堂生及五传弟子戴德、戴圣名在也。"参见前《礼古经》条。

是书今有台北"国立中央图书馆"藏元昭武谢子祥刻本(附《旁通图》一卷),元昭武谢子祥刻明修本。郑玄《注》有:宁波天一阁博物馆藏明刻本;国家图书馆等藏明正德十六年陈凤梧刻本;上海图书馆藏清潘主兰校并跋明正德十六年陈凤梧刻本;国家图书馆藏清张敦仁校并录清顾广圻、段玉裁校明嘉靖吴郡徐氏刻《三礼》本,吴庠跋并录清顾广圻校明嘉靖吴郡徐氏刻《三礼》本;南京图书馆藏清丁丙跋明刻本;清嘉庆二十年黄氏读未见书斋刻《士礼居丛书》本(有校录一卷);《四部丛刊》影印明徐氏翻宋本;《袖珍十三经古注》本;《丛书集成初编》本等。贾公彦《疏》有:明嘉靖间常州知府应槚刻本,国家图书馆藏清黄氏士礼居影宋抄本(存卷一至三十一、三十八至五十,共四十四卷),清影宋抄本(存卷一至三、二十八至三十一,共七卷);清嘉庆十一年张敦仁刻本;清汪士钟翻宋本;《四部丛刊》影印汪士钟翻宋本;《四部备要》本等。陆德明《音义》有:明嘉靖应槚刻本,明嘉靖刻本,明刻本,明刻清康熙校补本,又元刻明修《十三经注疏》本,明闽刻《十三经注疏》本,明北京国子监刻《十三经注疏》本,明毛氏汲古阁刻《十三经注疏》本,清乾隆四年武英殿刻《十三经注疏》本,清阮元重刊宋本《十三经注疏》本,2000年12月北京大学出版社《十三经注疏》整理本(李学勤主编)及各种今注今译本等。

■ **丧服变除一卷** 存

（汉）郑玄撰,（清）孔广林辑。广林有辑《周易注》,本部易类已著录。

是书,《山东通志》著录,云:"新、旧《唐志》卷数同。孔广林、马国翰俱有辑本一卷。马所辑羼以戴氏《变除礼》文,不及广林之矜慎。广林《序录》云:'今存者无几,而于既袭三称,乃云扱上衽,即与戴《传》云始死扱上衽不同,则其它不合者,盖亦多矣。惜不可得见其全也。'"

是书今有清光绪十六年山东书局刻《通德遗书所见录》本,国家图书馆藏清抄《郑学十八种》本，北京大学图书馆藏清抄《郑学十八种》本，福建省图书馆藏清抄《郑学十八种》本等。

■ 凶礼一卷 佚

（晋）孔衍撰。衍字舒元，征南军司马毓子，孔子二十二代孙，明帝在东宫，领太子中庶子，出为广陵太守。

是书，《隋志》、《山东通志》、《曲阜志》，及丁国钧、文廷式、吴士鉴、黄逢元、秦荣光五家《补晋志》等俱著录。《山东志》此书入"仪注类"，孔衍误为"孔传"。《经义考》载之，称佚。《阙里文献考》云："先圣二十二代孙晋广陵太守衍有《凶礼》一卷，今亡不可见，疑非古经也。"按：此书，清马国翰《玉函山房辑佚书》有辑本一卷，序云："《隋志》载《凶礼》一卷，《唐志》不著录，佚已久。《通典》引《宗庙藏主室议》、《乖离论》、《禁招魂葬论》凡三篇，皆言丧葬事，《凶礼》之遗文也。据而录之。"稿本《续修四库提要》著录马氏辑本，称衍为孔子二十一世孙。略谓："今观其论别庙有非正之嫌，似若降替，不可以行。论父子乖离，虽终身不知存亡，无缘更重于三年之丧。其说皆极明通。又论招魂而葬之非，亦能持之有故，言之成理，则其书存者虽少，固亦足以补贺氏《要记》之所未逮已。"又，《晋书》本传云：衍少好学，年十二，能通《诗》、《书》。中兴初，与庾亮俱补中书郎。经学深博，又练识旧典，朝仪轨制多取正焉。虽不以文才著称，而博览过于贺循，凡所撰述，百余万言。

■ 集注丧服经传一卷 佚

（晋）孔伦撰。伦字敬序，全椒令奕长子，孔子二十五代孙，居会稽，官黄门侍郎。

是书，《隋志》、《山东通志》、《曲阜志》，及清丁国钧、文廷式、秦荣光、吴士鉴、黄逢元五家《补晋志》等皆著录。《阙里文献考》云："二十五代孙晋黄门郎伦《集注丧服经传》一卷，今亡不可见。"按：此书，清马国翰《玉函山房辑佚书》有辑本一卷。序云："孔氏《集注》，隋、唐《志》并著录一卷，今佚。杜佑《通典》引四事，《释文》引一事而已。"稿本《续修四库提要》据以著录，谓"陆德明《经典释文序录》云：孔伦字敬序，会稽人，东晋庐陵太守，集众家注。《隋书经籍志》、《唐书艺文志》并著录一卷。今佚。止杜佑《通典》引四事、《释文》引一事而已，马国翰据而辑录。今观其注，如缌麻章夫之姑、姊妹之长殇，马融以为礼三十乃娶，而夫之姊殇者，关有畏厌溺者。伦驳其说云：盖以为违礼早娶者制，非施畏厌溺也。简当不支，深得古圣人委曲层折之精心，惜不得全注而玩索之也。"

■ 仪礼注一卷 佚

（晋）孔伦撰。

是书，《新唐志》、《曲阜志》及秦荣光《补晋志》俱著录，《经义考》载之称"佚"。按：疑此即《隋志》所著之《集注丧服经传》，以《唐志》著录未明，而误为二书。

■ 礼仪器制改释五十八卷 残

（清）孔广森撰。广森有《周易厄言》，本部易类已著录。

是书，曲阜文管局档案馆藏有手稿本，书存卷一至四十九，共八册，行字不一，无格，中有涂乙勾划，并于左上角以朱笔标注篇名，《中国古籍善本书目》据以著录，但称"稿本"。书内计有《宝礼相见仪》、《宫室制》、《器度制》、《吉服制》、《嘉礼》、《军礼师田仪》、《乐制》、《丧仪》、《凶礼》、《恤仪》、《学仪》、《家庭仪》等，每篇各冠目录于首，篇后为条多寡不等。如《宝礼相见仪》之一为"天子适诸侯"，之三为王聘诸侯、诸侯聘于天子、锡命，之七为燕见于君、君使于臣、臣使于君、君赐于臣，《学仪》之一分大学、小学、乡学，《家庭仪》之一分世子礼、子事父母礼、妇事舅姑礼，之二分后妃进御、妻妾御见、居处礼、盥沐礼等等。

是书今有曲阜文管局档案馆藏孔广森手稿本。

■ 仪礼肊测十七卷叙录一卷 存

（清）孔广林撰。广林有辑《周易注》，本部易类已著录。

是书，《清志补编》、《续修县志》、《著述记》等皆著录。《山东通志》称此书为"《孔氏说经稿》之二，亦但出所释经文。自叙略云：校《周官》毕，即从事《仪礼》，勘磨之下，恨不得唐宋以前诸家注说，一为互证，凡有疑义，辄不自揣，以所亿测之，得若干条，笔而存之，仿郑君目录，而为之录。每篇之断章分节附著焉。"又，稿本《续修四库提要》著录道光刊本，并辨《仪礼》经文"若有诸公"之语云：此"本不定之词。即如士会为晋狐卿，亦只曰范武子、随武子，并无'公'之称。郑注既未可据，而《正义》所引解释纷纷，有如聚讼，似不如证为畿内诸侯，是书于此亦未言及，但其他发明新义颇多，不可谓非郑、贾之功人也。"

是书今有曲阜文管局档案馆藏稿本；清道光间曲阜孔氏家刻本；清光绪十六年山东书局刻《孔丛伯说经五稿》本，2002 年 3 月上海古籍出版社《续修四库全书》影印本等。

■ 仪礼士冠礼笺一卷　存

（清）孔广林撰。

是书，《山东通志》等著录。《续修县志》、《著述记》皆作《士冠笺》一卷。是书附《孔氏说经稿》后，广林自识其书，略云："自既冠即研究淹经，仿郑笺《毛传》为《仪礼笺》，增所未备，申所未显，更辨其所可疑，而《经》中仪节及礼辞之未具者，参考互证，亦补于篇。紬绎有年，具皆草创，不意《士冠笺》甫脱稿，遭家多故，遂中辍，岁月蹉跎，至今年近七十，乌能复理前业为哉。兹录所成《士冠笺》一篇，附《说经五稿》之后，识此以示儿曹云。"

是书今有曲阜文管局档案馆藏稿本《孔丛伯说经五稿》附录本，清光绪十六年山东书局刻《孔丛伯说经五稿》附录本等。

■ 仪礼读本　未见

（清）孔广海撰。广海有《周易史论》，本部易类已著录。

是书，据《孔子世家谱》广海传、魏守谦《周易史论跋》著录。其书与《周礼》、《尔雅》、《孝经读本》，共八卷。未见传本。

■ 仪礼钞无卷数　未见

（清）孔广然撰。广然有《周易述翼》，本部易类已著录。

是书，据《续滕县志》艺文志著录，未见传本与他书著录。

礼记类

■ 记百三十一篇

《汉志》:《记》百三十一篇,注云:"七十子后学者所记也。"《隋志》云:"汉初,河间献王又得仲尼弟子及后学者所记一百三十一篇献之,时亦无传之者。至刘向考校经籍,检得一百三十篇,向因第而叙之。而又得《明堂阴阳记》三十三篇,《孔子三朝记》七篇,《王氏史氏记》二十一篇,《乐记》二十三篇。凡五种,合二百十四篇。戴德删其烦重,合而记之,为八十五篇,谓之《大戴记》。而戴圣又删大戴之书为四十六篇,谓之《小戴记》。汉末,马融遂传小戴之学。融又足《月令》一篇,《明堂位》一篇,《乐记》一篇,合四十九篇。而郑玄受业于融,又为之注。今《周官》六篇,古经十七篇,《小戴记》四十九篇,凡三种。唯郑《注》立于国学,其余并多散亡,又无师说。"《汉志考证》云:"今逸篇之名可见者有《三正记》、《别名记》、《亲属记》、《明堂记》、《曾子记》、《礼运记》、《五帝记》(《白虎通》)、《王度记》(《礼记注》、《礼记》、《周礼疏》、《白虎通》、《后汉·舆服志注》)《王霸记》(《夏官注》)《瑞命记》(《文选注》、《论衡》)《辨名记》(《春秋疏》)《孔子三朝记》(《史记》、《汉书注》)《月令记》、《大学志》(蔡邕《论》)。《杂记正义》云:案《别录》:《王度记》云,似齐宣王时,淳于髡等所说也。"《史记·孔子世家》称:"《书传》、《礼记》自孔氏。"《经典释文》谓:"《礼记》者,本孔子门徒共撰所闻以为此记,后人通儒各有损益,故《中庸》是子思伋所作,《缁衣》是公孙尼子所制。郑玄云:《月令》是吕不韦所撰。卢植云:《王制》是汉时博士所为。"孔颖达《礼记正义序》以为"其余众篇皆如此例,但未能尽知其所记之人也。"又云:"《礼记》之作,出自孔氏。但正礼残缺,无复能明,故范武子不识殽烝,赵鞅及鲁君谓仪为礼。至孔子没后,七十二之徒共撰所闻,以为此《记》。或录旧《礼》之义,或录变礼所由,或兼记体履,或杂序得失,故编而录之以为记也。"廖平《今古学考》以为:《礼记》有先师经说,亦有子史杂抄,除解说今文《仪礼》外,且有不少篇目述及古文《逸礼》(如《明堂位》、《投壶》)及《周礼》(如《玉藻》、《深衣》)、《左传》(如《祭法》、《曲礼》、《檀弓》、《杂记》)、《孝经》(如《祭仪》)等古籍者,实为一混淆今古文学之书籍。才按:《礼记》,内容繁杂,盖汇众人所记,而成一礼学丛书。《记》百三十一篇乃稍古之丛书,二戴《记》为晚出节本之丛书。《礼记》,顾名思义,是关于《礼》的杂记,其中,不乏采自它书者。仲长统云"《周礼》是经,《礼记》为传",其言近之。《隋志》称:刘向考校经籍,共得二百十四篇,戴德删其烦重,谓之《大戴记》,戴圣又删大戴之书,谓之《小戴记》。后人多袭其说,据为典实。而《曲阜志》等则认为:二戴既与庆普同为武宣时人,岂能删哀平间向、歆所校之书? 全十二戴撰《记》,实不相谋。《六艺论》云:"戴德传《记》八十五篇,则《大戴礼》是也;戴圣传《礼》四十九篇,则此《礼记》是也。"是并非小戴删大戴之书。诸书皆以为《礼记》出自孔氏,成于弟子后人。而张揖《上广雅表》则云:"鲁人叔孙通撰置《礼记》,文不违古。"陈寿祺《左海经辨》谓"稚让(张揖字)之言,必有所据。"又云:"百三十一篇之《记》,第之者刘向,得之者献王,而辑之者盖叔孙通也。"考叔孙通,汉初尝助高祖制定朝仪,撰有《汉仪》,但却不及撰辑《礼记》之事,缀此聊备一说。

《汉志》所载百三十一篇《记》,大多失传。今所传《礼记》,有敦煌残卷本,见《鸣沙石室古籍丛残》影印本第三册;唐开成石经本。又有明刻本(不分卷),明嘉靖十年东汇张氏刻本(六卷),明庄襈刻本(三十卷,存卷十六至三十),台北"故宫博物院"藏清乾隆五年蒋蘅手写本。郑玄《注》本有国家图书馆等藏宋刻本;国家图书馆藏清黄丕烈等跋宋刻递修本(二十卷,存卷五至八、十一至十五,共九卷);国家图书馆藏宋婺州义乌蒋宅崇知斋刻本(二十卷,存卷一至五),2006年12月北京图书馆出版社《中华再造善本》影印本;国家图书馆藏清顾广圻跋宋淳熙四年抚州公使库刻咸淳九年高梦炎重修本,2003年7月北京图书馆出版社《中华再造善本》影印清顾广圻跋宋淳熙四年抚州公使库刻咸淳九年高梦炎重修本,清嘉庆十一年张敦仁影刻宋淳熙四年抚州公使库本(附考异二卷);台北"国立中央图书馆"藏宋淳熙四年抚州公使库刻绍熙至淳祐间递修本(存卷三至五、卷十六至卷二十);又明嘉靖徐氏刻《三礼》本,明崇祯十一年常熟汲古阁刻本,清乾隆四十八年武英殿刻满汉合璧本,清永怀堂刻四十九卷本等。陆德明《释文》本有国家图书馆藏宋刻本(存卷五至二十),国家图书馆藏宋刻本(存卷一至十六,清翁同书跋),国家图书馆藏宋刻本(存卷二十),国家图书馆等藏宋刻本(存卷六至八),国家图书馆藏宋刻本(存卷十六、十九),台北"国立中央图书馆"藏日本古活字本,杨守敬手跋影写日本古抄本等。郑玄《注》、陆德明《音义》本有国家图书馆藏宋余仁仲万卷堂家塾刻本,2006年6月北京图书馆出版社《中华再造善本》影印宋余仁仲万卷堂家塾刻本;台北"国立中央图书馆"藏袁克文手跋南宋绍熙间建安刻本;国家图书馆藏清钱天树等跋宋刻本(附举要图一卷);上海图书馆藏杨守敬跋宋刻本;南京图书馆藏清丁丙跋宋刻本(存卷九至十);国家图书馆藏李盛铎跋宋刻本(存

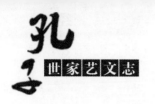

卷六至八)；《四部丛刊》影印宋刻本，及各种《十三经注疏》本、今注今译本等。

■ 礼记正义（又名礼记注疏）七十卷 存

（唐）孔颖达等撰，颖达有《周易正义》，本部易类已著录。

是书，《旧唐志》、《宋志》、《山东通志》、《曲阜志》、《阙里文献考》等皆著录。《新唐志》云："孔颖达、国子司业朱子奢、国子助教李善信、贾公彦、柳士宣、范义頵、魏王参军事张权等奉诏撰，与周玄达、赵君赞、王士雄、赵弘智覆审。"《四库全书总目》著录内府藏本，作《礼记正义》六十三卷，汉郑玄注，唐孔颖达疏。并云："贞观中，敕孔颖达等修《正义》。乃以皇氏为本，以熊氏补所未备。颖达序称：熊则违背本经，多引外义，犹之楚而北行，马虽疾而去愈远。又欲释经文，惟聚难义，犹治丝而棼之，手虽繁而丝益乱也。皇氏虽章句详正，微稍繁广。又既遵郑氏，乃时乖郑义。此是木落不归其本，狐死不首其丘。此皆二家之弊，未为得也。故其书务申郑《注》，未免有附会之处，然采撷旧文，词富理博，说《礼》之家，钻研莫尽。譬诸依山铸铜，煮海为盐。即卫湜之书尚不能窥其涯涘，陈澔之流益如莛与楹矣。"其序又称："大小二戴，共氏而分门；王郑二家，同经而异注。爰从晋宋，逮于周隋，传《礼》业者，江左尤盛，其为《义疏》者甚多，唯皇甫侃、熊安生见于世，然皇甫为胜，今据以为本，其有不备，则以熊氏补焉。"《山东志》引《东塾读书记》曰："孔冲远于《三礼》，惟疏《礼记》，而实贯串《三礼》及诸经。有因《礼记》一二语，而作《疏》至数千言者，元元本本，殚见洽闻，非后儒所能及矣。又云：孔《疏》非但详于考典制，其说性理亦甚精。"《郑堂读书记》称其"文证详悉，义理精审，翦其繁芜，撮其机要，于皇、熊二家之弊，革除殆尽，无论卫湜《集说》之博，陈澔《集说》之约，皆当退避三舍，即贾氏《周礼》、《仪礼》二疏，尚不能及其邕茂条达也。"

是书今有日本东洋文库藏唐写本残卷（存卷五《曲礼》上下）；日本甲斐身延山久远寺藏宋绍兴乾道间刻残本（存卷六十三至七十）；国家图书馆藏清惠栋等跋宋绍熙三年两浙东路茶盐司刻宋元递修本，又张元济跋宋绍兴三年两浙东路茶盐司刻宋元递修本（存卷三至四、十一至十八、二十四至二十五、三十七至四十二、四十五至四十八、五十五至六十，共二十八卷）；日本足利学校遗迹图书馆藏宋绍熙三年两浙东路茶盐司刻日本万寿寺僧一华补写本；清乾隆六十年和珅影宋刻本；民国十六年南海潘氏影刊宋绍熙刊八行本；日本昭和四年东方文化学院影印甲斐久远寺藏宋刊单疏本（存八卷）；日本昭和五年东方文化学院影印宋淳化刊残存本（存第六十三至七十卷）；台北"国立中央图书馆"藏元刻明正德间修补十行本。又元刻明修《十三经注疏》本，明嘉靖李元阳刻《十三经注疏》本，明闽刻《十三经注疏》本，明国子监刻《十三经注疏》本，明毛氏汲古阁刻《十三经注疏》本，清乾隆四年武英殿刻《十三经注疏》本(有《考证》六十三卷，一本清孔继涵校跋)，清阮元重刊宋本《十三经注疏》本，2000年12月北京大学出版社《十三经注疏》整理本(李学勤主编)及《四部备要》本等。

■ 檀弓辑注二卷 存

(唐)孔颖达疏。

是书，《中国丛书广录》著录明万历三十二年刻《檀弓考工记辑注》本，题汉郑玄注、唐孔颖达疏。按：《中国古籍善本书目》不著此书，此盖由《礼记注疏》中之《檀弓》上下二卷抽出单行者，非颖达别有其书也。

■ 礼记撷藻一卷 存

(清)孔传铎撰。传铎字振路，号牖民，又号静远，别号红萼主人，袭封衍圣公孔毓圻长子，孔子六十八代孙，雍正元年袭封衍圣公，诰授光禄大夫。

是书有乾隆十年孔氏家刻本，九行十八字，黑口，左右双边，单鱼尾。无序目。卷端题"阙里孔传铎振路校辑"。内收《曲礼上》、《曲礼下》、《檀弓上》、《檀弓下》、《王制》、《月令》、《曾子问》、《文王世子》、《礼运》、《礼器》、《郊特牲》、《内则》、《玉藻》、《明堂位》、《少仪》、《学记》、《乐记》、《杂记下》、《祭法》、《祭义》、《祭统》、《经解》、《仲尼燕居》、《孔子闲居》、《表记》、《缁衣》、《问丧》、《三年问》、《投壶》、《儒行》、《昏义》、《乡饮酒义》、《射义》、《聘义》，凡三十四目。后有其子孔继汾跋，略云："《礼记撷藻》一书，先子之所手辑也。雍正癸丑、甲寅间，汾犹在总角，授《礼记》甫肄业《曲礼》、《檀弓》，先子于青灯训课之余，出此书以示，帖不过数十页，汾请曰：《礼经》凡四十九篇，此书其能备矣乎？先子曰：备矣。不及其所以然也。诵之旬日而讫，但喜为文之寡，颇便于强记，亦不甚知其书之善也。及今观之，如见全经焉。所为片片是香，寸寸是宝，然后知此书之备，并不同于饾饤之为，且识先子之所以教汾者，于此得其概也。今岁检家藏书籍，得此刻，因曰：幸矣。以公天下后学，为曲台之津梁可乎。乃述先子编辑之由，及汾所以受教之始，著于篇末。乾隆十年夏六月中浣男继汾跋。"按：此书，《山东通志》、《曲阜志》、《阙里文献考》、《著述记》等皆著录。《著述记》谓："传铎勇于读书，工文词，尤究心濂洛关闽之学，精于《三礼》。凡祖庙中一器一物，无不详加订正。又以审乐尤难于考礼，乃博求律吕之书，冥搜默契，至忘寝食，久之，始有所得，恍然曰：钟律正，则无不正，而欲正钟律，在得其中声而已，此即人心喜怒哀乐未发之中，然求于空虚，则无凭；用以私智，则近凿；泥于器物，则失真。典午而下，多求之金石；

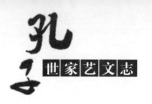

梁、隋以后,多求之秬黍。至王朴则专于累黍,而不复考之金石。夫金石有古今,而秬黍有长短,皆不可尽信,惟用蔡氏更造浅深之法,以理合数,以数合器,以器求声,而黄钟可得,大乐可成,所谓中为大本,由心而生也。九年引疾,替爵于长孙广棨,年六十三卒。著有《礼记摘藻》一卷……"

是书今有中国科学院图书馆藏清乾隆十年曲阜孔氏家刻本,2000年1月北京出版社《四库未收书辑刊》影印本。

■ 礼记注疏补缺一卷　存

(清)孔广森撰。广森有《周易厄言》,本部易类已著录。

是书,《中国古籍善本书目》著有曲阜市文管会即今曲阜文管局档案馆藏稿本。书凡一册,行字不一,有朱笔标注,卷端不题名氏,杂入广森其他书稿中。书自第五卷第十二号第十四行补起,短者仅三二字,也有大段补入者,如第十九卷第二十五号第九行以下缺"不可葬于成人之墓,故用土周而葬于园中也。遂舆机而往者。舆,犹抗也;机者,以木为之,状如床,无脚及轵簀也。先用一绳直于中央,系著两头之栒。又别取一绳系一边……"云云。其文长达千百言。

是书今有曲阜文管局档案馆藏稿本。

■ 礼记天算释一卷　存

(清)孔广牧撰,广牧字京谷,号力堂,大兴籍宝应支刑部主事继鑅子,孔子七十代孙,太学生,荫袭知县,例授文林郎。

是书,《清志》、《山东通志》等著录,《续修县志》缺载,民国《宝应县志》艺文志不著卷数。稿本《续修四库提要》著录光绪小字本,略云:"是书虽一卷,而引证详善,推测精密,阳湖恽莙耘观察,读而好之,因刊入所辑丛书中。前有光绪七年吴昆田及宝应刘恭冕二叙。末有其子昭寀跋。凡《礼记》本文之有关天文算术,皆取掇其文而释证之。先引原文,次为释曰。首《曲礼》,次《王制》,次《月令》,次《曾子问》,次《礼运》、《礼器》、《玉藻》、《大传》、《祭统》、《乡饮酒仪》。其中,天文历法,多于算术,而以《月令》、《王制》两章所释甚精,不仅有关天文算术,并有裨历法典章。其说多引经史,而以《史》、《汉》历志,及《周髀》、《五经算术》等书为本,以数治历,以史考制,不附会,不迷信,诚可谓精核简当之著矣。其《王制篇》释文,以开方乘方法测量田里,复考订周尺之制,谓六国时多变法乱度,致后来言典制者,多弗能明,亦具卓识。是篇多采梅氏《赤水遗珍》,以乘积证方田,简捷与梅氏同。又与郑注相证,要之,是书虽一小册,而引证精博,可称天算之杰著。可供研讨经史者之参考。凡释文中,均采经史天算诸书之说,再附己见而论列之,其有中法所弗备者,更兼取西人之术,简晰详明,惜天不永年,使《礼记》之疏,仅成于此。"按:昭寀跋之曰:"《礼记天算释》一卷,先君子所手编也。今父执同邑刘叔俛先生来函,拟谋诸恽菘云观察授梓,俾先人遗书,得早行世,亟缮稿邮寄,感泗交并。"又刘恭冕序称:"初,力堂欲为《礼记》作疏,因《记》文浩博,难以兼举,遂区分数类,将次第纂成,合为一《疏》,不幸早诉。所著书多未卒业。兹卷乃其所先成者。"

是书今有清光绪九年刻《咫进斋丛书》本,2011 年 9 月山东大学出版社《山东文献集成》第四辑影印本;清光绪中刻民国九年汇编重印《广雅书局丛书》本,清光绪中刻《皇清经解续编》本,清光绪中刻《正觉楼丛刻》本,清光绪七年刻《李氏丛刊二十二种》本,民国间《丛书集成初编》铅印本等。

■ 礼记郑读考四卷 _{未见}

（清）孔广牧撰。

是书据《清志》著录。民国《宝应县志·艺文志》不著卷数,《山东通志》、《续修县志》等不载此书,亦未见传本。《国史馆儒林传稿》载云:"广牧承其父赠太仆继镳家学,于书靡不窥。少时著《汉石经考异》、《礼记天算释》、《礼记郑读考》、《先圣生卒年月日考》诸书。"民国《宝应县志》卷十三忠义传:孔广牧,字力堂,曲阜人,继镳子,自广牧始入邑籍。少承家学,著《汉石经考异》、《礼记天算释》、《礼记郑读考》、《先圣生卒年月日考》诸书。诗学建安黄初,兼工倚声。二十后,从事务本之学,近里著己,以真知允蹈为归,作实践箴以自勖。性孝友……父死军中,广牧思复仇不可得,应陈总兵聘宿迁道山阳,异母姊以贫苦告,箧衍一无长物,遂解裘以赠。时初春寒冽,甫入戎幕,贼骑麕至,薄絮登陴七昼夜,感寒疾卒,年未三十。

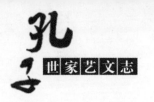

大戴礼记类

■ 孔子三朝记七篇　存

《汉志》:《孔子三朝》七篇。师古曰:"今《大戴礼》有其一篇,盖孔子对鲁哀公语也。三朝见公,故曰《三朝》。"《山东通志》等据以著录,入论语类。《兖州府志》此书作《孔子三朝语》。《三国志·秦宓传》云:"昔孔子三见哀公,言成七卷,事盖有不可嘿嘿也。"注云:"刘向《七略》曰:孔子三见哀公,作《三朝记》七篇,今在《大戴礼》。臣松之案:《中经簿》有《孔子三朝》八卷,一卷目录,余者所谓'七篇'。"顾实《汉志讲疏》云:"《孔子三朝》七篇。存。此在《礼记》中而复别出者也。沈钦韩曰:'今《大戴记》:《千乘》(第六十七)、《四代》(六十八)、《虞戴德》(六十九)、《诰志》(第七十)、《小辨》(七十四)、《用兵》(七十五)、《少闲》(七十六)七篇。颜籀仅云有一篇,彼盖未见《大戴记》也。'"宋王应麟所见略同。王聘珍《大戴礼记解诂》谓"此七篇亦七十子后学者所记,原在古文《记》二百四篇之中,故《大戴》采而录之。自刘氏《七略》乃别出于论语类中,亦如《曾子记》别出于儒家类也"。又云:"古文者,孔子壁中书也。"又阮元序王氏《解诂》引其说云:"《三朝记》、《曾子》乃刘氏分属九流,非《大戴》所裒集也。"按:此书马国翰辑本一卷外,又有顾宗伊《孔子三朝记辑注》五卷,可参考。

■ 孔子三朝记大戴礼疏八卷　存

(北周)卢辩原注,(清)孔广森补注,洪颐煊增注,周寿彝汇参。广森有《周易厄言》,本部易类已著录。

是书,《中国科学院图书馆藏中文古籍善本书目》经部礼类著有中国科学院图书馆藏清稿本,二函八册。

■ 大戴礼记补注十三卷序录一卷　存

(清)孔广森撰。

是书,《清志》、《山东通志》、《续修县志》、《著述记》、《郑堂读书记》等皆著录。

按：此书传本甚多，曲阜文管局档案馆所藏，乃其手稿本。予曾受山东省古籍保护中心委托，对孔广森多部遗稿予以鉴定，并代为填写国家二批、山东省首批《珍贵古籍名录申报书》申报说明。因见此本行字不一，无格，内有梁履绳乾隆五十七年《序录》，云："乾隆辛亥余至曲阜，长夏无事，从孔㧑轩太史之令子昭虔索观遗书，著述甚富，共六十卷，此书其一斑也。并有手录净本。余因乞其《大戴补注》草稿以归，偶尔翻阅，如见其人。近闻令子入泮，岂非绩学之报耶！"《山东志》著录孔氏刻本谓"是书为《㧑轩孔氏所著书》"之第二种，刊于乾隆甲寅。《序录》略云：《大戴》全篇八十有五，今所存见，劣及四十，文句讹互，卷帙散亡，北周仆射范阳公卢辩景宣始为之注，大义虽举，微言仍隐。广森不揣浅闻，辄为补注，更厘亥虎，参证邪谷。其第一、第二、第七、第九、第十二，凡五卷。旧注既逸，稍以己意，备其古训云尔。"阮元序其书，称其"博稽群书，参会众说，为《注》十三卷，使二千余年古经传，复明白于世。用力勤，而为功巨矣。元从检讨之嗣昭虔得观是书，检讨之弟广廉乃于乾隆五十九年春付刻。因为之序"。《郑堂读书记》亦据《㧑轩孔氏所著书》本，谓其"较之卢抱经、戴东原合校订本，弥觉用力勤，而为功巨矣。书成而㧑轩殁，稿藏于家，至乾隆甲寅，其弟广廉始付诸梓，阮云台师为之序。同时，汪少山（煦）亦撰有《大戴注补》，其条例与此本相似，而远逊其精确，然亦为《大戴》学者所当参观也"。又《孙氏祠堂书目》此书作者误为孔广林；《江苏省立国学图书馆现存书目》著有"赵雯门校藏本"一部，不云是抄，是刻。

是书今有曲阜文管局档案馆藏孔广森手稿本，清乾隆五十九年曲阜孔广廉刻《㧑轩孔氏所著书》本，又清嘉庆五年刻本，清姚椿批校清刻本，清同治十三年淮南书局刻本，《畿辅丛书》本，《皇清经解》本，《丛书集成初编》本，《国学基本丛书》本（附王树枏《校正》十三卷），《十三经清人注疏》本（附王树枏《校正》、孙诒让《斠补》），及宁波天一阁博物馆藏清丁授经校注并跋清抄二卷本，日本辑印《昌平丛书》本等。

■ 大戴礼管笺十三卷首一卷　存

（清）孔广森补注，丁宗洛笺。

是书，国家图书馆藏有清道光十八年海康丁氏刻本。

■ 夏小正注解二卷　未见

（清）孔昭孔撰。昭孔字唯明，号味茗，平阳派广居次子，孔子七十一代孙。

是书，《江阴县续志·艺文志》、《江阴艺文志》据《蝼庐诗钞》著录。道光《江阴县志》孔广居传："子昭孔，字味茗，性古淡，亦以铁笔名。"按：李兆洛《微明孔君墓志铭》

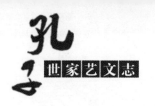

此书作一卷,云:君讳昭孔,字微明,亦曰昧茗,江阴华墅镇人,系尼山七十一世。其四十二世桧自鲁迁浙,五十一世晕,宋绍兴中官江阴,因家焉。仍世清素。考讳广居,能诗文,通许氏《说文解字》学,著《说文疑疑》十卷,工刻石,佣其艺以自给,贤者争客之。浙东西艺苑家称"瑶山先生"者也。君少以贫,故不能从师。从伯兄治农圃,甚勤敏。瑶山先生器之,令辍耕而从游,课以许氏书,随讲解,辄贯穿,夜分伺父寝,篝灯诵《五经》、四子《书》,乃旁及子史百家,皆能通其大意,以是继父业,称重诸公间……以佣于碑帖刻作,故多居武林,暇即穷搜南北峰岩谷之胜,虽险远必至,皆游迹所不及,往往流连竟日,人莫测也。辛卯五月,偕友游云栖,觉足疲,遂留宿,叹曰:精力顿至此耶!意不自得,顷之,柳生其左胛,竟不治,以七月十一日捐馆于武林寓舍,年六十有三。予少时曾谒瑶山先生于其居,摩挲所谓瑶山者,因乞得先生篆书楹帖。道光三年,来主暨阳讲席,始与君契厚,岁必一再见。予与君及刘鹅峰衡同己丑生,交相善也。戊子岁,邀二君饮辈学斋甚欢,且曰:阅十年当更举是觞,知谁健者。越明年,而鹅峰奄逝,今君又继之,人生几何,行自念矣。君娶于邹,生二子一女而鳏。君年方壮,不再娶。长子宪三。次殇。女适士族。宪三常相从,刻字简雅如父祖,亦能不戚戚于贫贱者。君所著《说文疑疑续三十条》、《夏小正考正》一卷皆已刻。杂古文及随手条记数卷,宪三方属予整次而传之。以道光十三年二月朔日葬君于所居北砂山之北麓。按:据此知昭孔又作字微明,清乾隆三十四年(1769)生,道光十一年(1831)七月十一日卒,年六十三岁。

■ 夏小正考正一卷　未见

(清)孔昭孔撰。

是书,《江苏艺文志》据李兆洛《养一斋文集》著录,参见前条。疑即《江阴县续志·艺文志》、《江阴艺文志》据《蠊庐诗钞》著录之《夏小正注解》。

三礼总义类

■ 鲁礼禘祫义一卷 存

（汉）郑玄撰，（清）孔广林辑。广林有辑《周易注》，本部易类已著录。

是书据《中国丛书综录》著录。《山东通志》云："《鲁礼禘祫义》，郑玄撰，见《后汉书》本传。《诗》、《礼正义》、《魏志》、《魏书》、《唐书》、杜佑《通典》引其文，俱作《禘祫志》。孔广林、马国翰皆有辑本一卷。马本多《诗正义》两条。其'太王王季'一条，孔本据《礼》书，马本据《通典》。'无穆王也'下多三十九字，至马所引'天子祭圜丘'一条，出《魏书·礼志》，但云：玄解'禘'，无《禘祫志》之名，故孔本无之。"

是书今有清光绪十六年山东书局刻《通德遗书所见录》本；国家图书馆藏清抄《郑学十八种》本，北京大学图书馆藏清抄《郑学十八种》本，福建省图书馆藏清抄《郑学十八种》本等。

■ 三礼目录一卷 存

（汉）郑玄撰，（清）孔广林辑。

是书据《中国丛书综录》著录。《山东通志》："《三礼目录》一卷，郑玄撰。孔广林有辑本一卷，其《序录》云：《礼序》及《目录》并见《仪礼》。《周官疏》、《礼记正义》、《隋志》、《唐志》并云：《三礼目录》一卷。《礼序》不著目。广林谨案：《录》者，录经题之义例；《序》者，序训故之指归。《录》在《目》下，《序》则弁端，知《三礼目录》七十二篇前冠《礼序》以总会之，《序》与《录》固毗连焉，特以目录标题耳。"才按：今考《敦煌杂录》下辑殷字四十三号，有《礼记目录》一种，似即郑文。

是书今有清光绪十六年山东书局刻《通德遗书所见录》本，国家图书馆藏清抄《郑学十八种》本，北京大学图书馆藏清抄《郑学十八种》本，福建省图书馆藏清抄《郑学十八种》本等。

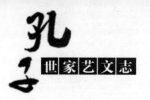

■ 续何承天集礼论一百五十卷　佚

（梁）孔子祛撰。子祛有《续朱异集注周易》，本部易类已著录。

《梁书》本传："子祛与右卫朱异、左丞贺琛于士林馆递日执经。凡著《尚书义》二十卷、《集注尚书》三十卷、《续朱异集注周易》一百卷、《续何承天集礼论》一百五十卷。"兹据著录。按：郑樵《通志·儒林·孔子祛传》亦载此书。考何氏《礼论》，《隋志》著录三百卷，《经义考》引王方庆曰："晋末，礼乐扫地，无复旧章，军国所资，临时议定。宋何承天纂集其文，为《礼论》。"又考承天为刘宋时郯人，累官御史中丞，其书，隋、唐《志》均著录，马国翰辑其佚为一卷，收入《玉函山房辑佚书》。子祛书久佚，未见辑本传世。

■ 礼廷合稿无卷数　未见

（明）孔承庆撰。承庆字永祚，袭封衍圣公孔彦缙长子，孔子六十代孙，年三十一，未及袭封而卒。景泰六年赠袭封衍圣公。

是书，《续文献通考经籍考·仪注》著录，云："景泰中，衍圣公孔承庆著。"未见他书著录与传本。

■ 慎终集　未见

（清）孔继浩撰。继浩字体充，号义壑，又号愚斋，大宗户袭封翰林院五经博士传铎长子，孔子六十九代孙，至圣庙四品执事官，署曲阜县世职知县，即用州同知。

是书据继浩《耀尘集》卷下《慎终集自叙》、《跋慎终集后》著录。按：其书未见传本与书目著录。《自叙》略云："丁卯岁秋，遭季父丧，仆谬为志焉。随手汇录，宗《文公家礼》为纲目，遵我朝《律例》定服制，准古宜今，分条晰缕，弗厌烦琐，平近无文，总冀开卷了然，以备一时之考核。初不亿，辄积成帙，因颜之曰《慎终集》。固安敢望复乎古，聊存告朔饩羊云。"

■ 孔氏家仪十四卷外卷一卷家仪答问四卷续篇三卷外篇一卷　存

（清）孔继汾撰。继汾字体仪，号止堂，袭封衍圣公传铎第四子，孔子六十九代孙，乾隆十二年丁卯科举人，官内阁中书军机处行走，户部广西司主事，敕授承德郎。

是书有清乾隆三十年孔氏家刻本，书凡十二行二十五字，小字双行，行三十七字，黑口，左右双边。其中，《家仪》卷首题"敕授承德郎原任户部广西清吏司主事孔子六十九代孙继汾编次"。卷四分上、下。下为《丧服表》，上为《丧服》，又有《丧服补录》

一叶，外卷为《殇服表》。二《表》后被析出单刻，已著录。此书有钱塘江衡序，云："自汉至我朝，诸儒辈出，则有《家诫》、《家训》、《家仪》、《家范》诸书，皆修明先师之教者也。而朱子《家礼》，尤为圭臬，遥乡僻壤，悉宝是书。然为村学究所改窜，往往遗误后人。阙里孔止堂忧之，检寻家牒，核诸礼经，验所已行不悖先师之教者，条举而件系之，名曰《孔氏家礼》。予以顽钝陋质，岁在壬午，获登诗礼之堂，因读是书，而知止堂无负也。止堂著有《阙里文献考》若干卷，进呈御览，复辑家礼，达于冠婚、丧祭，使四方讲礼者，得有所折衷焉。有为之说者曰著，诚去伪礼之经也。是'仪'也，不可谓'礼'。止堂亦谦不自信，辄更名其书曰《孔氏家仪》。继汾自谓'既冠以后，迄今二十年中，涉阅吉凶诸事变易已非一端，其变而从古者固多，变而从俗者亦时不免，窃有志焉。欲及今犹有可以考见先型者，编为一书，俾子孙知所守法。'"其书撰毕后，继汾意犹未尽，故又著《答问》四卷（题"阙里孔继汾著"）。凡卷一为《总序》与《答吉礼》，共十六章；卷二、卷三为《答凶礼》，共三十三章；卷四为《答嘉礼》，共十二章。又续篇上《答吉礼》九章，续篇中《答凶礼》十六章，续篇下《答嘉礼》一章，外篇《答殇服》四章。惟此编梓后遭禁，《清代禁毁书目》将其列为"应毁孔继汾悖妄书目"。关于《孔氏家仪》遭禁一事，孔府档案有《奏折》详记，略云："奏为请旨事。窃臣前于查勘河工时，据布政使冯晋祚具禀，据曲阜原任四品执事官孔继戍禀称，革职捐复主事孔继汾著《孔氏家仪》一部，内有增减《会典》服制，并有'其今之显悖于古者'，'于区区复古之苦心'字样。职阅之心寒，不敢不据实禀明等情。并粘签呈送《孔氏家仪》一本到司。理合据情转禀等因。臣以孔继汾本非安分之人，查阅所著《家仪》语多狂妄，恐尚有违悖之处，即饬两司再行逐佃磨勘。一面飞饬曲阜县查取板片，取传唤孔继汾赴省讯取确供。具报去后，兹据布政使冯晋祚、署按察使陈守训具禀内称，遵即传唤孔继汾并查起板片到省。据孔继汾呈出《家仪》一部，核与孔继戍呈首原书互有不同，且多挖改之处，并少《问答》四卷。当即率同济南府知府邵庚曾、沂州府知府高天风，详细核对，严行讯究。据孔继汾供称，《家仪》一书系于乾隆二十七年前衍圣公孔昭焕续娶时，咨问仪注，彼时有浙江人江衡劝继汾何不将家庭吉凶诸事俱撰成仪注，是以纂辑此书，于三十年刻成。不过记载家庭仪节，俗间通行之事，原不关系朝廷典制。惟服制一项必应遵照律令，而律文以简该繁，原有待人推原比照之处。俗人不尽通晓，往往疑不能决，故此书于嫡孙条内申明不善于读律者，恐失律意之语，间有窃取钦定《仪礼》、《仪疏》之处，因《义疏》系钦颁之书，故敢与律参用。书刻成后，每自己见文理未协之处，即行更正，故近年刷印之本，与旧本略有不同，其镌改先后年月不能记忆。自序内'今之显悖于古者'一句，说底是家庭现今行事有显悖古昔祖风之处。凡书内'古今'二字，都是

指今俗古俗，并非指斥今制有干违悖。后来自思，此句就是下文俗之万万不可从者，文意犯复，所以改过，并非因知继成呈首故行挖改。《家仪》之外原有《答问》四卷，因俗行失礼之事，正书注内未经说完者，又别论之，备人采择。本与《家仪》各行，不常刷印送人。上半年因修改《家谱》，曾将《答问》板改用数块，是以不全。至继成去年曾因太常博士悬缺，继成图得此缺，前衍圣公不允，咨补继汾之子广册。想因此诬首等语。诘以《会典》律例法令赅备，当永远遵行。今书内词气字句狂谬之处甚多，明系妄生议论，指斥功令，狂悖已极，何得炎展。据孔继汾供称，继汾世受国恩，身登仕版，何敢萌狂悖之心。当初做这书时，并不是无端要议论服制，因家庭之间遇有丧事就要穿服，不得不考较一番。俱系于律内推求，并非于律外添设。如服制四条内从继母嫁一条，原是遵的律图，本生庶母一条，原有例可比，照乳母及嫁女无夫与子两条，亦原本钦定《义疏》。不过要发明律意，并不敢议律妄作，求详情等语。复将签出各条逐一指讯，虽据剖辩登答，俱属强词夺理。"按：书因遭禁，外间绝少见到，或见非足本，故前人著录时，往往不能详确，如《贩书偶记》此书不列《孔氏家仪》外卷一卷，及《家仪答问》续篇三卷、外篇一卷；《山东通志》、《曲阜志》、《著述记》甚至略去《答问》不著。《曲阜志》著录《孔氏家仪》仅一卷，《山东志》未审，据以著录，亦为一卷。

是书今有曲阜师范大学图书馆等藏清乾隆三十年曲阜孔氏家刻本，1989年山东友谊书社《孔子文化大全》影印本（书后有黄立振《孔氏家仪禁毁及作者罹难经过考》一文），2004年《四库禁毁书丛刊补编》影印本等。

■ 阙里仪注三卷 存

（清）孔继汾撰。

是书有清乾隆三十四年曲阜孔氏家刻本，书分上中下三卷，半叶十行、行十九字，满格二十，左右双边，黑口。前有继汾乾隆三十四年序。内题"孔子六十九代孙承德郎原任户部广西清吏司主事继汾敬录"。《贩书偶记》、稿本《续修四库提要》据以著录。《曲阜志》、《著述记》其书无载。《山东通志》（《阙里祭仪录》之一）入史部政书类，云："是书卷首载乾隆己丑继汾自序，略云：上年继汾撰次《勚仪纠谬集》成，宗子采用其说，更正时享之期与释奠。异日，因大簿正祭器，丰其品物，考其剂量俎豆间，孔庶孔硕，郁郁乎盛矣。继汾复进而言曰：'仪注尚无成式，宜审定校刊，以资赞唱。'宗子曰'善'。继汾乃考录旧仪，删繁正误，为《仪注》十有五篇（上卷：《释奠》四篇、《释菜》两篇，为《仪注》上；中卷：《时享》三篇、《常荐》三篇、《诞辰》一篇、《墓祭》一篇；《行香》、《告祭》及各书院总载一篇，为《仪注》下）。并取祭品、祭器，撮其大要，别叙品式六篇,以附其后(下卷:祭品、祭器,分总载,《释奠》、《释菜》、《时享》、《常荐》,又林庙及书院等祭,总载六篇)。请宗子付典籍官,俾生徒卒业焉。据本书。"

是书今有曲阜师范大学图书馆等藏清乾隆三十四年孔氏家刻本。

■ 勘仪纠谬集三卷 存

(清)孔继汾撰。

是书,《曲阜志》、《著述记》、《贩书偶记》及稿本《续修四库提要》等皆著录。《山东通志》此书(《阙里祭仪录》之二)入史部政书类,云:"是书卷首载乾隆戊子继汾自序,略云:继汾自幼年入庙,考询名物,究厥本原,往往有疑而未安者,退而参诸经籍,证以宪章,得失昭然判也。间一就正于宗耆族彦,幸闻者不甚以为非,而宗子亦乐从其说。如迎神送神,不参以俗乐;崇圣、启圣,并先大成;酌献、墓祭,不用中元;常荐,省腊八而增岁暮;释奠,香帛特送庙庭不入粢盛之数。凡此之类,皆已见诸施行,且属以发凡起例,遂竟所欲言,以资商榷。用是,缘宗子之意,著为此《集》,名曰《勘仪纠谬》。随事论列,得若干条。其中,未更正者,固直抉舛误,即已更正者,亦必仍详故事。兹事体大,恐所论尚未尽,他日,续有所得,须别录,以附其后。故书无体例,不加诠次,第约为三卷。一曰《祭仪》,凡四十一条;二曰《祭品》,凡二十一条;三曰《祭器》,凡十二条,又附论八条,以综其大要云。据本书。"按:此书版式同《阙里仪注》,亦上中下三卷,书前另有衍圣公孔昭焕乾隆己丑序。

是书今有曲阜师范大学图书馆等藏清乾隆三十四年曲阜孔氏家刻本。

■ 阙里祭仪录六卷 存

(清)孔继汾撰。

是书,中国科学院图书馆藏有清乾隆三十四年刻本,有乾隆三十四年继汾自序,书共四册,与《文庙乐舞全谱》合函。内含《阙里仪注》三卷,《勘仪纠谬集》三卷,详前著录。

■ 文庙佾舞仪式(一名文庙礼乐器歌章舞谱图式) 存

(清)孔继汾编绘。

是书,《北京大学图书馆馆藏目录》史部政书类仪制之属著有清光绪四年梧州府学刻本,一册一函。半叶十二行,行二十四字,白口,四周双边,单黑鱼尾,版框高19.4厘米,宽13.6厘米,封面题:"光绪四年重镌/板存梧州府学署。"又见有清同治六年宝

翰楼刻本,一册一函,白纸精印,插图绘刻细腻,书板框以红色纹饰,朱墨相映。

■ 丧服表一卷附殇服表一卷　存

(清)孔继汾撰。

是书见有清光绪元年胡氏刻本,内题:"阙里孔继汾辑,永康胡凤丹月樵甫校刊。"前有胡凤丹光绪元年十二月序,后有钱塘梁履绳跋及汪曾唯同治甲子跋。梁氏云:"外舅止堂先生辑《孔氏家仪》,言凶礼者特详,所列《丧服表》,稽古礼,遵时制,纵横求之,昭昭然白黑睹矣。又以殇服世多不举,别为《表》一篇。余以二《表》便人检阅,重付之梓。若讲礼者,思博考而遍识焉,则自有孔氏之全书在。"又汪氏云:"丧服之制废,亲亲之谊失。止堂先生所辑两《表》,至明且备,乾隆间处素先生重付之梓。道光初,余家振绮堂复校刊之,以广其传。劫后板毁,于残书中检得此册,洵可为斯世式也。"按:稿本《续修四库提要》著录此书但题《丧服》一卷,略云:"继汾尝辑《孔氏家仪》一书,言凶礼者特详,是《表》为其中之一,遵古礼以损益时制,五等之服著表者三百九十有一,降服及袒免者又百一十有七。比类疏通,颇为详明。又以律无殇服,外革也。朝礼因往代,凡吉凶诸礼著于令典者,原有略有详,因为《殇服表》一卷,次于《丧服》之后。两《表》至明且备,颇便检阅,是以梁履绳为之单刻行世云。"是书《山东通志》、《续修县志》、《著述记》、《山东文献书目》等俱无载。

是书今有中国科学院图书馆藏清光绪元年胡氏退补斋刻本,2002年上海古籍出版社《续修四库全书》影印本等。

■ 丧祭仪节　未见

(清)孔继汾撰。

是书,《孔子故里著述考》据《孔府档案史料选编·东抚为查办孔继汾一案请旨奏折》著录,《折》云:"尚有伊所著《阙里文献考》一部,《阙里仪注》附《勔仪纠谬集》三卷,《丧祭仪节》一本,《乐舞全谱》一本,《孔氏家仪》两本。"

■ 读礼偶识一卷　存

(清)孔继涵撰。继涵有《考工车度记》,本部周礼类已著录。

是书据《北京大学图书馆藏古籍善本书目》经部三礼总义类著录。书为清孔氏藤梧馆稿本,一册,原系李木斋盛铎氏麟嘉馆旧藏,有"麟嘉馆印"、"北京大学藏"朱文方印。书前有"微波榭刻"四字,并戴震《考工记图》下。有朱批。次为抄稿数页,前有目录,黑格,书口下方有"藤梧馆"三字,十一行,行二十八至三十一字不等,中有"继涵案",以上乃书前部分。后半始为《读礼偶识》,手写,无格,十四行三十二字,无序跋,共约三十叶。册中有一空页题"乾隆辛丑闰五月",似为写作日期,"乾隆辛丑"为乾隆四十六年,继涵时年四十三岁。又考《木犀轩收藏旧本书目》著录此书,云:《读礼偶识》不分卷,清戴震撰,孔荭谷抄本,一册。似未确。

是书今有北京大学图书馆藏清孔氏藤梧馆誊清稿本。

■ 礼学卮言六卷 存

(清)孔广森撰。广森有《周易卮言》,本部易类已著录。

是书,《清志》《山东通志》《郑堂读书记》《玉函山房藏书簿录》等皆著录。《续修县志》《著述记》作《礼记卮言》。《山东志》云:此书为"《㛆轩孔氏所著书》"之第四种也。刊于嘉庆癸酉。卷一释庙寝堂室及国学所在之地;卷二释禘郊之义、殷周庙数、天子诸侯门数、军乘之制、礼服之名,皆举《三礼》中聚讼之端说之;卷三杂释《周礼》;卷四杂释《仪礼》;卷五杂释《小戴礼》;卷六曰《周礼郑注蒙案》。其说禘郊、庙制,皆申郑义。五门,则据《毛诗》以驳先后郑之误。《郑注蒙案》,则取郑注之。以汉法况周事者,旁引史籍,以申证之。足补王、惠二家之阙"。《郑堂读书记》云:"㛆轩《三礼》之学,尤号专门,故于所著《经学卮言》外,别自为书。《自序》称:郑君注《官》《礼》,多引汉法以说周事,贾氏皆略而不说,或说之而反致乖错,良由治经者专习笺训,鲜复旁涉史籍,每细读两汉《纪》《传》及卫宏、应劭之书,时与注事互相证明,得若干事,辄识录之。贾疏《仪礼》,疏陋相同,唐世古学全湮,若《仪礼》古今文之殊,《周礼》故书之异字,杜、郑之异读,《疏》既忽焉不讲,《释文》亦莫能发明云云。因撰是编。凡礼仪庙寝异制图说、匠人世室明堂图解、辟雍四学解一卷,论禘、论郊、九庙辨、五门考、军乘考、礼服释名一卷,《周礼杂义》一卷,《仪礼杂义》一卷,《小戴礼记》一卷,《周礼郑注蒙案》一卷。其书,如《周礼古义》,可补王氏《汉制考》、惠氏《礼说》之阙;《仪礼》诸条,足正贾《疏》望文生解之失;《小戴杂义》,亦所以补孔《疏》之不及,盖非精研郑学,不能如此之精博也。"

是书今有清嘉庆间曲阜孔氏仪郑堂刻《㛆轩孔氏所著书》本(书末署"嘉庆十八年孟春男昭虔恭校"),2002年3月上海古籍出版社《续修四库全书》影印本;《指海》本,《皇清经解》本等。

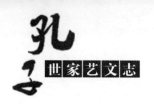

■ 礼服释名一卷　存

（清）孔广森撰。

是书见有曲阜文管局档案馆藏底稿本，封面、首页均题是名。首为"大裘冕"，十行二十字，小字双行，行字不等，无格，有涂改。其兄广林《吉凶服名用篇》叙云："乾隆辛卯，仲弟广森以所辑《礼服释名》问于余。余嘉其用意之勤，而惜其未能该洽，用是，反覆经传，紬绎注疏，通修吉凶衣服，缀为八篇，取《周官·司服》辨其名物与其用事之文，题曰《吉凶服名用篇》。"广林所指《礼服释名》，当即此本。读此，兄弟师友之情谊，《礼服》《吉凶》二书之渊源，于此俱可见矣。此书又见其《顨轩经说》卷八，《礼学卮言》中亦有《礼服释名》一篇，与论禘、论郊、九庙辨、五门考、军乘考共一卷，似也蓝本于此。是帙未见单刻与书目著录。

是书今有曲阜文管局档案馆藏孔广森底稿本。

■ 禘祫觿解篇一卷　存

（清）孔广林撰。广林辑有《周易注》，本部易类已著录。

是书，《清志》《山东通志》《续修县志》《著述记》、稿本《续修四库提要》等皆著录。此书为《孔氏说经稿》之四。《山东志》谓：卷首有《叙》，略云：祭之别十有二，其尤汩乱纷挐，胶轕而不可解者，莫甚"禘祫"。窃取汉氏以来诸君子"禘祫"之说，考诸《戴记》，证以《三传》，而折衷于《周官》经，笔为《解》二十篇。"觿解"者何？取解结之义云尔。

是书今有曲阜文管局档案馆藏稿本《孔丛伯说经五稿》本，清光绪十六年山东书局刻《孔丛伯说经五稿》本等。

■ 明堂亿一卷　存

（清）孔广林撰。

是书，《清志》《山东通志》《续修县志》《著述记》皆著录。按：此书为《孔氏说经稿》之五。凡四十三条，逐条设问，而称"广林亿"以明之。二十四条，附图一；三十条，附图二。卷首有《叙》，略云：魏晋以后，南齐、梁、隋议"明堂"者独众，而九室五室，迄未有能出汉儒之范围者，用是，紬绎遗经，独辟新义，与仲弟广森朝夕考证，亿其规制，虽于古制未敢谓不差累黍，而以校汉、魏、齐、梁、隋、唐诸家所说，倘或得之。《山东志》谓"广林说明堂，仍主五室，而以九室之说为诞妄不经。"

是书今有曲阜文管局档案馆藏稿本《孔丛伯说经五稿》本，清光绪十六年山东书局刻《孔丛伯说经五稿》本等。

■ 吉凶服名用篇八卷叙录一卷　存

（清）孔广林撰。

是书，《山东通志》、《续修县志》、《著述记》等著录。稿本《续修四库提要》著录山东书局刊本作九卷，称"是书未辑戎服一类，仅于下服下列兵服数种，似嫌缺漏，但于诸经言衣服者，搜辑已多，且以类相从，颇为明析，洵便后学之检考也"。按：此书为《孔氏说经稿》之三。凡《冠冕》一、《冕服》二、《裘服》三、《下服》四、《妇服》五、《凶服》六、《吉服用事》七、《凶服用事》八，末为《自叙》，略云：乾隆辛卯，仲弟广森以所辑《礼服释名》问于余。余嘉其用意之勤，而惜其未能该洽，用是，反覆经传，绅绎注疏，通修吉凶衣服，缀为八篇。取《周官·司服》辨其名物与其用事之文，题曰《吉凶服名用篇》。

是书今有曲阜文管局档案馆藏稿本《孔丛伯说经五稿》本，清光绪十六年山东书局刻《孔丛伯说经五稿》本等。

乐类

■ 乐经 佚

《汉志考证》："元始四年立《乐经》。《三礼图》云：旧《图》引《乐经》云黄钟磬云云。《周礼》磬氏疏案：《乐》云：磬前长三律二尺七寸，后长二律尺八寸，与《三礼图》所引同。今《乐经》亡传，莫知谁作。"《经义考》云："《乐经》，《隋志》四卷，佚。"并引王昭禹曰："孔子曰：吾自卫反鲁，然后乐正，《雅》、《颂》各得其所。是《诗》与乐相须，不可谓乐无书。《乐记》，则子夏所述也。"邵懿辰《礼经通论》云："乐之原在《诗》三百篇之中，乐之用在《礼》十七篇之中。而《诗》三百篇，《礼》十七篇，皆为孔子所整理删订。"按：《汉志》又有《乐记》二十三篇，《考证》引"沈约云：《乐记》取《公孙尼子》。《史记正义》云：《乐记》，公孙尼子次撰。"又引《礼记正义》云："《乐记》者，记《乐》之义。"公孙尼，孔门弟子，知其亦为发挥仲尼之旨而作。原书久佚，清马国翰、任兆麟各有辑本一卷，分别收入《玉函山房辑佚书》及《述记》中。此外，明李文察、清俞樾分别有《乐记补说》二卷、《乐记异文考》一卷。详见《孔子故里著述考》。

■ 琴操三卷 佚

(晋)孔衍撰。衍有《凶礼》，本部仪礼类已著录。

是书，《隋志》、《旧唐志》、《崇文总目》、《山东通志》等俱著录。《宋志》、《曲阜志》、《阙里文献考》作《琴操引》三卷，《新唐志》此书二卷。《直斋书录解题》题一卷，不著撰人，入子部音乐类，谓："《中兴书目》云：晋广陵守孔衍以琴调《周诗》五篇、古操、引共五十篇，述所以命题之意。今《周诗》篇同而操、引财(才)二十一篇，似非全书也。"《崇文总目》："《琴操》三卷，原释晋广陵相孔衍撰。述诗曲之所从，总五十九章（见《文献通考》）。陈诗庭云：此作三卷，疑即五十篇本也。然云总五十九章，则又小异。"《隋志考证》引王谟《汉魏遗书钞》曰："此书宋世犹存，今未见传本，惟《初学记》载有诗歌五曲、十二操、九引，与陈氏《周诗》五篇、操引二十一篇篇数悉合。今一据以为本，而以他书所引《琴操》事辞，逐条编次。'许由'以下二十九条，亦当在古操引五十篇中,此于孔氏原书体例虽不必合,然其大概亦有可采。今并抄出,凡五十七条。"
是不见虎贲,犹见中郎也。

■ 大元乐书无卷数　佚

(元)孔思逮撰。思逮字进道,一说字惟道,华店户秘书省著作佐郎淑第三子,孔子五十四代孙,官人常礼仪院判。

是书,《山东通志》《曲阜志》《阙里文献考》等皆著录。《千顷堂书目》:孔思道《大元乐书》,注云:"孔子裔孙,字进道,由常州教授历官太常礼仪院判。"倪灿、卢文弨《补元志》著之略同。孔尚任《孔子世家谱》亦著其书,称其为曹州教授,授承事郎、曲阜尹,历太乐署丞,升署令,再升奉直大夫,两考,调太常礼仪院判。《曲阜志·列传》云:"孔思逮以宣圣庙礼乐废缺,言于礼部曰:阙里,四方之所瞻仰也。今释奠行礼无大成,雅乐不称,如蒙制造,发下本庙,以修祭祀,庶尽事神之礼,传之万世。上以新圣朝崇尚之规,下以慰四方瞻仰之意。中书省用其言,移江浙行省制造,运赴阙里。后为曲阜尹,历大乐署署丞、署令,升太常礼仪院判。著《大元乐书》。"书不见传,亦无辑本。今考思逮,凡兄弟七人,俱有职衔。长兄思遵,字从道,三氏学教授,渭川主簿,江陵录判,安陆府知事,嘉祥尹,征按察使。二兄思通,字宏道,恩州教授,历官临颖县尹、陕西儒学提举、河中府判等。大弟思迪,字凝道,太学生,历官安庆录事,至治间擢光山县尹、太常礼仪院判,同知礼仪院事。二弟思永,字常道,庙学正,东平路同知。三弟思礼,字安道,林庙司乐,迁内台管勾。四弟思立,字用道,累官中书参政知经筵事,提调国子监。惜皆无著述可纪。

■ 大成乐律全书一卷　存

(清)孔贞瑄撰。贞瑄字璧六,一字用六,号聊园,一号历洲,晚号聊叟,终吉户庠生闻商子,孔子六十三代孙,顺治十七年举人,官大姚县知县。卒,乡谥"恭惠"。

是书,北京大学图书馆藏有清康熙刻本,半叶十一行、行二十二字,白口,左右双边。书题"孔贞瑄历洲纂"。内有《大成乐律全书序图说》《操缦新说》《先儒要旨》(附淄川唐赓尧《原论》)《瑟谱客窗夜话》(附康熙辛未仲夏溪阳范承都序)《瑟筝通论》等内容。前有瀛州宫梦仁(定山氏)原序、康熙癸巳清和中浣侄尚先《重订大成乐律序》并《再识》、辽海宋义立(敬止)原序。尚先序略云:"吾叔历洲官济南博士时,以学使定山宫先生命董修乐,乐成,奏于庙,一时称盛。遂缵缉成书,刊布四方。壬辰夏,余视学三晋,叔携其新订一编授余曰:此吾数十年已成之书,今从参订考正后,将使前

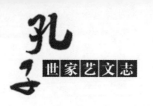

之公诸海内者不至以讹传讹……叔年八衰,自济历滇,大阐厥学,已使乐之缺者全、紊者序矣。兹复依律审音,心解而重订之,阐讳其失,宁为传信,无为传疑也。"又《再识》云:"此书,淄川唐豹岩太史载入《山东省志》,闽中丁燕水先生修《云南通志》亦采入礼、乐、艺文志,范大司马眉山公刊《琴瑟合璧》行世,本此,不独瑟调失传复得,其言律吕多出独见,为前所未发,纵不敢上质于太常,亦当珍为孔氏藏书,增入《阙里志》,以永其传也。"按:此书,《清志》、《曲阜志》、《阙里文献考》、《著述记》等皆著录。《四库全书总目》、《山东通志》作《大成乐律》,无"全书"二字。《四库总目》谓:"是编乃贞瑄为济南教授时作。推洞箫七调,以明三分损一上生下生之旨,尤详于《琴瑟谱》。其节奏大概本之阙里庙中。其辨郑世子瑟以合宫命之,别于旋宫之说,有五不可通。颇多订正。然谓乐亡而求诸俗,至以筝为瑟之遗制,未免乱郑声于雅乐矣。"

是书今有清康熙五十二年刻本,1997 年齐鲁书社《四库全书存目丛书》影印本,2002 年上海古籍出版社《续修四库全书》影印本。

■ 操缦新说一卷　存

(清)孔贞瑄撰。

是书,《曲阜志》、《阙里文献考》、《著述记》皆著录。《山东通志》"大成乐律"条按谓:"《阙里文献考》、《曲阜志》均别载《操缦新说》一卷,今考之此书,则《操缦新说》即《乐律图说》之一。其以筝为瑟之遗制,亦即此篇之说,非别有书也。《考》、《志》均误。"才按:《通志》所言不谓无见,此正《大成乐律全书》析出者。其文又见作者《聊园文集》,文共六叶,持与《乐律全书》中之《操缦新说》相校,内容悉同,故权作版本之一著之。又考《国立中山大学图书馆周刊》1929 年 2 月第 6 卷第 5、6 期合刊载顾颉刚、陈槃《曲阜孔广森及其家族的著述》竟于贞瑄著述书名分辨不清,著为《聊园文集》、《诗略操缦》、《新说大成》、《乐律全》。

是书今有清康熙五十二年刻《大成乐律全书》本,康熙五十年汇刻《聊园文集》本。

■ 律吕管见无卷数　未见

(清)孔尚任撰。尚任有《易经系辞讲义》,本部易类已著录。

孔尚任《与颜修来书》:"弟放废人,留心四大妙理,颇能证五行之杂。前亲家教我云:'奈天有五心,人有五脏何?'弟细心体会,亦颇能为驳语,暇当缮录,并《律吕管见》一并呈教。"兹据著录。按:是书陈万鼎《孔尚任著述记》称"佚",袁世硕《孔尚任年谱》云"未见,待访"。

■ 圣门乐志不分卷 存

（清）孔尚任纂，孔尚忻辑。尚忻号霁窗，盛果户庠生贞烜子，明天启进士吏礼两科给事中闻诗孙，孔子六十四代孙，恩贡生，官四氏学录。

是书，《首都图书馆古籍善本书目》著录清康熙刻本，与孔传铎辑《圣门礼志》合共四册，均题不分卷，半叶十行，行二十二字，白口，左右双边间四周单边，单黑鱼尾。《东北地区古籍线装书联合目录》著录大连市图书馆藏清刻本略同。《中国古代音乐书目》（初稿）著录中央音乐学院中国音乐研究所藏清康熙刻本作一卷，孔尚任辑。《山东通志》、《曲阜志》、《阙里文献考》、《著述记》著录此书题孔尚忻编；《曲阜志》、《阙里文献考》此书入史部，《曲阜志》尚忻误为"尚竹"。《山东志》云："是书卷端上题曰：孔东塘先生纂，下题曰：尚忻汇辑。盖尚任旧有此编，而尚忻重加排类者也。前有康熙丙申孔衍治序，为目凡十有四，曰：音器谱法、歌章四曲、迎风䓕曲、朝元歌、引导乐图、就位式、转班法、奏乐位次图、舞谱、乐器图、乐器名义、建官历履、乐舞生历履、乐学条规。光绪戊寅新泰训导孔宪兰复校刊之。"按：康熙原帙未寓目，重刊本旧志序但云尚忻汇为专书，不曾言及尚任纂辑此帙事。文云："古乐沦亡久矣，后之君子辨器以审音，审音以知乐，播之管弦羽籥，而仿佛箫韶之遗响者，其惟大成乐乎。学士大夫诵法先王，考稽莫据，幸而登阙里之堂，声容可接，名物灿然，于唱叹舞蹈间，如对古人，所谓闻乐知德者，岂非兴感之一助乎。朱文公于圣庙乐器，备考三代遗制，铸造精密，於知潭州日，申之省部，乞为颁行，崇文馆印刻图式，颁行诸路。当日各学宫乐器，最为近古，则朱文公之为功巨也。及我兴朝，诏修乐器，考据详明，超轶往代，爰命天下学宫，选俊秀，习俗舞，又敕文武各官，每逢丁祭，一体入庙，则凡躬与祀典者，不可不留意声音，殚心名物，窥其美善，以仰承陶淑万邦之雅化也。从父霁窗，任家学於庙庭，乐音有摄理之责，公余汇乐志为专书，公之儒林，俾得寓目了然，不至茫无考据，其亦诸君子知乐之一助乎。若夫制器协律，备极精微，于以格神人、和上下，则又在司其事者矣。赐进士出身吏部观政六十五代孔衍治靖轩甫谨序。康熙岁次丙申仲春之吉。"又，《著述记》谓尚忻"偕兄尚任讲求礼乐，辑《礼志》一卷、《乐志》一卷"当即此书，兹参据著录。

是书今有首都图书馆等藏清康熙曲阜孔氏刻本，清光绪四年曲阜孔宪兰校刊本，国家图书馆藏旧抄本等。

■ 圣门乐志一卷 存

（清）孔尚任原纂，孔继汾原录，孔宪彀录。继汾有《孔氏家仪》，本部三礼总义类已著录。宪彀字玉双，号阆仙，大宗户四川开县知县候选主事昭煜长子，孔子七十二代

孙,咸丰六年丙辰科进士,改翰林院庶吉士,历官户部江西司员外郎、吏部掌印给事中、广东肇阳罗道。

是书有清光绪丁亥年阙里砚宽亭重刊本,书前有孔衍治(靖轩)康熙丙申仲春序,后有孔继汾乾隆三十年孟冬跋。内容计有音器谱法、音谱、钟鼓齐鸣、钟磬谱、歌声谱、琴谱、瑟谱、笙谱、埙谱、篪谱、凤箫谱、双管谱、洞箫谱、笛谱、乐章、朝元歌、引道图、旌节、就位式、转班法、转班鼓谱、奏乐图、舞谱、乐器图、乐器名义、建官,凡二十六目。按:《续修县志》、《著述记》谓孔宪彀"参订圣门礼、乐《志》各一卷",此即其一也。又《山东文献集成》第三辑此本题"孔尚忻撰",与本书题署不符,且尚忻之书刻于康熙,此则有乾隆时期之内容。

是书今有清光绪十三年曲阜孔氏砚宽亭刻本,1989 年《孔子文化大全》影印本,2009 年 9 月山东大学出版社《山东文献集成》第三辑影印本。

■ 圣门乐志一卷　存

(清)孔传铎辑。传铎有《礼记摘藻》,本部礼记类已著录。

是书有清活字本,四册一函,每半叶十行、行二十二字,白口,左右双边。内题:"袭封衍圣公孔传铎振路汇辑,世袭翰林院五经博士孔传鏋西铭、世袭太常寺博士孔继泰汇如阅正,曲阜县世职知县孔毓琚季玉、孔颜曾孟四氏学学录孔衍淖浴洧参订,候选训导孔衍法学易同较。"有音器谱法、歌章四曲等目,并乐器演奏等图。按:考《江苏省立国学图书馆现存书目》史部政书类仪制之属,此书著有清康熙刻本;《东北地区古籍线装书联合目录》著录吉林省图书馆等藏清康熙五十五年刻本作《圣门礼志乐志》一卷、《圣贤像赞》四卷。稿本《续修四库提要》著录北平图书馆藏旧抄本,谓"传铎字振路,一字霁窗,孔子六十四代孙,顺康间袭封衍圣公。是书前有康熙丙申其从侄衍治序,略称:从父霁窗任家学于庙庭,乐音有摄理之责,公余汇《乐志》为专书,公之儒林,俾寓目了然,不至茫无考据,盖为汇集圣庙祀典乐事而作也。书中分目曰:音器谱法、歌章四曲、迎凤辇曲、朝元歌、引导乐图、就位转位式、舞谱、乐器图、乐器名义、建官历履等……考孔子祀典用乐,昉于刘宋,下逮宋元,尊崇益甚,惟所备乐器,皆云从古,实则其中颇有糅杂,唐宋以来古乐亡佚,器已非旧,遑言歌章,惟存之用考祀典沿革,则固有可言矣。"此抄本未见《中国古籍善本书目》及他书著录,或已无存。至谓"传铎,一字霁窗,孔子六十四代孙,顺康间袭封衍圣公,前有从侄衍治序云云"未免失考。考"霁窗"乃尚忻字,与传铎无干;传铎为孔子六十八代孙,而非六十四代;传铎袭封衍圣公在雍正元年,而非"顺康间";衍治为传铎族祖,而非从侄。其误题讹释,未足深辨。

详参前著孔尚任、孔尚忻《圣门乐志》。

是书今有清康熙间曲阜孔氏刻本,清木活字本。

■ 文庙乐舞全谱二卷附录一卷 _存

(清)孔继汾编。继汾有《孔氏家仪》,本部三礼总义类已著录。

是书据《山东通志》著录。《曲阜志》、《著述记》不著附录一卷。《贩书偶记》云:"《钦定文庙乐谱》一卷《舞谱》一卷附录一卷,阙里孔继汾辑,乾隆三十年刊。"按:是书凡九行十九字,黑口,左右双边,双鱼尾。卷末有继汾乾隆乙酉跋,略云:"依《律吕正义》内图谱敬绘,刊成《乐谱》一卷、《舞谱》一卷,缘乐章中字,曲阜人多讹读,谨逐加音释,与《乐县舞佾图》、《旋宫声字图》,及阙里旧有之《鼓谱》、《导引乐谱》别为一卷,附录于后,而志其颠末云。"《山东志》谓《导引乐谱》中载乐歌五章,继汾所拟也。

是书今有清乾隆三十年曲阜孔氏家刻本;清乾隆三十四年《阙里仪注》附录本;清光绪十三年重刊《圣门乐志》附录本,1989年《孔子文化大全》影印本等。

■ 钦颁文庙乐谱一卷 _存

(清)孔继汾撰。

是书,国家图书馆馆藏目录著录清乾隆间曲阜孔氏刻本,云二册,插图。九行十九字,黑口,左右双边,单鱼尾。亦《文庙乐舞全谱》之一种,参上著录。

■ 律吕考略三卷 _{未见}

(清)孔毓焞撰,毓焞字如霆,号友梅,晚号绹斋,大兴籍乾隆辛酉科拔贡觉罗官学教习兴柱子,孔子六十七代孙,流寓宝应,乾隆三十六年顺天副榜,历官直隶州州判,例授征仕郎,诰赠朝议大夫,南河同知,升用知府。

稿本《续修四库提要·绹斋随笔》条:"毓焞字如霆,晚号绹斋,曲阜人,流寓宝应。乾隆辛卯副贡,就州判职,年六十一丧母,为《忆母病源记》,沥指血书之。殁后举孝子。学无门户,以躬行实践为宗。晚肆力于六经、性理诸书,随手札记,多所发明,著《人谱续》若干卷、《律吕考略》三卷、《绹斋随笔》二卷、《文集》六卷、《诗集》四卷、《乌啼集》四卷,皆未刊。"兹据著录。按:《清志》此书作一卷。未见传本。

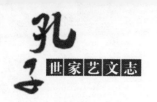

春秋及左传类

■ 春秋古经十二篇经十一卷 存

相传(周)孔子作。孔子见本部易类《周易》。

是书，《山东通志》不题作者，云："《汉志》著录，注云：公羊、穀梁二家。《四库提要》曰：考《汉志》之文，既曰《古经》十二篇矣，不应复云《经》十一卷。观公、穀二《传》，皆十一卷，与《经》十一卷相配，知十一卷为二《传》之经，故有是注。徐彦《公羊传疏》曰：《左氏》先著竹帛，故汉儒谓之古学，则所谓《古经》十二篇，即《左传》之经，故谓之古。刻《汉书》者误连二条为一耳。按：《左传》古经因十二公为十二篇，《公》、《穀》经文则合闵公于僖公，故十一卷。《诗正义》云：三《传》之文不与经连。《曲阜志·著述·春秋类》："周室衰微，乱贼接迹，孔子笔削鲁史，拨乱世反之正，百王之法度、万世之准绳，皆在此书。故程子以谓五经之有《春秋》，犹法律之有断例也。"按：孔子作《春秋》，最早见于《孟子·滕文公下》。据记载，哀公十一年冬，孔子自卫反鲁，十四年春，西狩获麟，乃因史记作《春秋》，上起隐公，下讫哀公十四年，勒成十二公之《经》。《史记·孔子世家》谓"至于为《春秋》，笔则笔，削则削，子夏之徒不能赞一辞。弟子受《春秋》，孔子曰：'后世知丘者以《春秋》，而罪丘者亦以《春秋》。'"杜预《春秋左传集解序》云："左丘明受《经》于仲尼，以为《经》者不刊之书也，故《传》或先《经》以始事，或后《经》以终义，或依《经》以辨理，或错《经》以合异。"《文献通考》曰："《春秋古经》，虽《艺文志》有之，然夫子所修《春秋》，其本文世所不见。而自汉以来所编《古经》，则俱自三《传》中取出经文，名之曰'正经'耳。"《汉书窥管》引王观国曰："《志》文：《春秋古经》十二篇，《左氏传》三十卷。盖古本《春秋》经自为一帙，至左氏作《传》三十卷，自为一帙。杜预作《春秋经传集解》，乃分经文之年而居《传》之首，于是不复有古经《春秋》矣。"钱大昕《汉书考异》称："汉儒传《春秋》者，以左氏为古文，公羊、穀梁为今文。称《古经》，则知其为左氏矣。左氏《经》、《传》本各单行，故别有《左氏传》。"《汉志讲疏》："《春秋古经》十二篇。存。此《左氏春秋》古文经也。《经》十一卷(公羊、穀梁二家)。存。此公羊、穀梁二家《春秋》今文经也。"《郑堂读书记》著录

《春秋左传古经》十二卷,谓"三家《经》卷数不同,而皆《经》、《传》各自为书,故《汉志》复载《左氏传》三十卷,《公羊传》十一卷,《穀梁传》十一卷。自何氏注《公羊》,析《经》文冠某事之首,而无《传》者依次附入,范氏注《穀梁》亦因之,至杜氏又取《古经》分年,冠于左氏某年《传》首,于是,三家之专《经》,均不可得见。而唐以后人之说经,大抵《春秋三传》束高阁,独抱遗经究始终者,其所谓《遗经》,即从《左传集解》本录出,而参以公、穀《经》文,非能专守左氏一家之《经》也。"后世《经》、《传》一体,相辅而行,三《传》版本甚多,详参有关条目,白文无注本,一般收入丛编,此不繁举。

■ 春秋左氏传三十卷 存

相传(周)左丘明作。

左丘明,姓左丘,名明。一说姓左,名丘明;又说姓丘,名明,左为官称。鲁太史。宋真宗大中祥符二年封"瑕丘伯",徽宗政和元年改封"中都伯"。其书为先秦著作争议较少者,期间,虽亦经后人编订,个别地方杂有"秦人之语",但历代著录,歧异不大。《汉志》:《左氏传》三十卷。左丘明,鲁太史。《隋志》:《春秋左氏传》三十卷,王肃注。又有董遇《章句》三十卷。两《唐志》同《隋志》,另有杜预《注》,贾逵《章句》、《解诂》各三十卷。《新唐志》贾逵《章句》作二十卷,"二"似三之误。《宋志》但著杜预《春秋左氏经传集解》三十卷。盖杜注一出,而众书遂亡。《汉志讲疏》转引汉人引古本《孔子家语·观周篇》云:"孔子将修《春秋》,与左丘明乘如周,观书于周史,归而修《春秋》之经,丘明为之传,共为表里。"桓谭《新论》曰:"《左氏传》之与经,犹衣之表里,相待而成,有《经》而无《传》,使圣人闭门思之,十年不能知也。"王充《论衡》曰:"《春秋左氏传》者,盖出孔子壁中。孝武皇帝时,鲁共王坏孔子教授堂以为宫,得佚《春秋》三十篇,《左氏传》也。公羊高、穀梁真、胡母氏皆传《春秋》,各门异户,独《左氏传》为近得实。"按:盖此书本称《左氏春秋》,《左传》乃西汉刘歆以后之名词。《史记·十二诸侯年表》称"左丘明惧弟子人人异端,各安其意,失其真,故因孔子史记具论其语,成《左氏春秋》。"屈万里《先秦文史资料考辨》以为:这部书虽是因孔子史记而作,但它只是"具论其语"(把史事作详细地叙述),并不是解经之作,所以不叫作《左氏传》,而叫作《左氏春秋》。这可以从以下几点得到证明:一、有无经之传。如隐公三年冬"郑伯之车偾于济"。二、有有经而不释经之传。如隐公五年经:"初献六羽。"《左传》只述羽数,不似传体。三、释不书于经之传。如隐公元年《左传》:"夏四月,费伯帅师城郎。不书,非公命也。"其书授受,源远流长(详见孔颖达《疏》引刘向《别录》文及《汉书·儒林传》等)。西汉平帝时和东汉光武帝时曾立于学官。东汉贾逵、服虔等曾为作注,

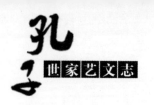

惜久佚不传。嗣经西晋杜预为作《集解》，始大行于世。后世三《传》学，以《左传》为盛。《左传》现有多种校注本，其中以中华书局版杨伯峻《春秋左传注》较为通行。

是书今有国家图书馆藏宋刻残本（题《春秋经传》，存十六至十九、二十四至三十，共十一卷），宋刻残本（存六至七、十二、十六、十九，共五卷）；北京大学图书馆藏明刻本；上海图书馆等藏明弘治十五年陈理刻本；北京师范大学图书馆等藏明万历十六年贺邦泰刻本；国家图书馆藏王大隆跋清抄题宋王应麟辑本，又清陈鳣、吴骞、吴昂驹校补清抄清惠栋补辑本，宋刻杜预《集解》残本（存一至十三、十九至二十四、二十七至三十，共二十三卷），宋抚州公使库刻递修《集解》本（存一至二、十九，共三卷），宋嘉定九年兴国军学刻本（存卷二十二），明天放庵刻《集解》本；国家图书馆藏宋刻唐陆德明《释文》本（另一本有宋李厚《春秋总要》一卷），李盛铎、周叔弢跋宋鹤林于氏家塾栖云阁刻元修本（存一至九、十一至三十，共二十九卷）；上海图书馆藏宋刻残本（存一至十五、二十四至三十，共二十二卷），宋刻残本（存九至十，二卷）；国家图书馆藏宋刻残本（卷十至十三配另一宋刻本，存一至十五卷），宋龙山书院刻《纂图集解》本（有蜀冯继先《春秋名号归一图》二卷）；南京图书馆藏宋刻《监本纂图集解》本；国家图书馆藏宋刻《监本纂图集解》本（存二、二十二至二十三，共三卷）；上海图书馆藏宋刻《东莱先生吕成公点句》本；湖南省图书馆藏宋刻《京本点校》本（存十六至三十，共十五卷）；上海图书馆藏宋刻"婺本"本（存二至七、十五至十九、二十三、二十五至二十六，共十四卷。另一本，存二十九，一卷）；国家图书馆藏元岳氏荆溪家塾刻本（卷十九至二十配明刻本，有冯继先《春秋名号归一图》二卷，年表一卷）；又明刻本（有冯继先《春秋名号归一图》二卷），明刻陆氏《释文》本，明万历八年金陵亲仁堂刻本，明万历十五年刘怀恕刻《春秋战国评苑》本，明万历十六年世泽堂刻本，明万历刻本（有明凌稚隆《评林测义》），明崇祯永怀堂刻《十三经古注》本，明弘治十九年宗文堂刻本，明嘉靖二十四年书林宗文堂、郑希善刻本，明刻残本（宋林尧叟音注，存十二至三十，共十九卷），明崇祯刻本，明崇祯刻明钟惺评本，清康熙刻本；以及《袖珍十三经注》本，《仿宋相台五经》本，《四库全书》本，《四部丛刊》本，《四部备要》本，《袖珍古书读本》本，《正谊斋丛书》本，《五经四书》本，各种《十三经注疏》本（详后《春秋正义》条）。又 1977 年上海人民出版社校点本，1978 年上海古籍出版社《春秋经传集解》校点本，1981 年中华书局《春秋左传注》本等。

■ 古文春秋左传贾服注十二卷 存

（元）王应麟辑，（清）孔继涵签补。继涵有《考工车度记》，本部周礼类已著录。

是书，台北"国立中央图书馆"藏有旧抄本。按：考汉儒注《左传》者自贾谊以下，计有十数家，而尤以贾逵、服虔二家为最备，故学者多并称之。后以唐人孔颖达等作《春秋正义》遵依杜氏，贾、服等注遂见衰亡。然其遗说见诸《史记集解、索隐》，各经《正义》，《文选》李注等称引者尚复不少，故王氏辑有此书，清儒采撷尤备，乾隆时，圣裔学者孔继涵因就此本为作签补。

■ 春秋左氏删（一名左氏传义诂）三十一卷　佚

（汉）孔奇撰。奇字子异，宁乡侯、大司马永次子，孔子十六代孙，居扶风茂陵，处士。

是书据《山东通志》著录。清钱大昭《补续汉书艺文志》、侯康《补后汉书艺文志》、顾櫰三《补后汉书艺文志》此书皆作三十卷。清姚振宗《后汉艺文志》作《春秋左氏传义诂》。《曲阜志》云："处士孔奇撰《左氏义诂》，未毕而殁，宗人子通为校其篇目，并序答问，凡三十卷。旧《志》稿又有孔奇《春秋左氏删》一卷"。《阙里文献考》称"子通《谱》失之，名系不可考。"又谓："十六代孙处士奇撰《左氏义诂》，未毕而殁。《经义考》云：孔氏奇《春秋左氏删》二十一卷，佚。注曰：一名《左氏传义诂》。"《后汉书》："孔奋字君鱼，扶风茂陵人，少从刘歆受《春秋左氏传》，歆称之。弟奇博通经典，作《春秋左氏删》。"又《孔丛子》卷七《连丛子下·左氏传义诂序》云："先生名奇，字子异，其先鲁人，即褒成君次孺第二子之后也（孔霸字次孺，宣帝时为大中大夫，以选授皇太子经。元帝即位，赐爵关内侯，号褒成君。生四子：长曰福，第二子捷，第三子喜，第四子光。奇，捷之后也）。家于茂陵。以世学之门，未尝就远方师也。唯兄君鱼少从刘子骏受《春秋左氏传》，其于讲业最明，精究其义，子骏自以才学不若也。其或访经传于子骏，辄曰：幸问孔君鱼，吾已还从之咨道矣。由是，大以《春秋》见称当世（孔奋字君鱼，霸之曾孙。少从刘歆受《春秋左传》，歆称之，谓门人曰：吾□从君鱼受道矣。后为武都太守，□奇游□洛阳，以奇经明当仕，上病去官，守约乡间，卒于家。奇通传经典，作《春秋左氏删义》，言删定其义也）。王莽之末，君鱼避地至大河之西，依大将窦融为家，常为上宾，从容以论道为事。是时，先生年二十一矣。每与其兄议学，其兄谢服焉。及世祖即祚，君鱼乃仕，官至武都太守，关内侯，以清俭闻海内。先生雅好儒术，淡忽荣禄，不愿从政，遂删撮《左氏传》之难者，集为《义诂》，发伏阐幽，赞明圣祖之道，以祛后学，著书未毕，而早世不永，宗人子通痛其不遂，惜兹大训不行于世，乃校其篇目，各如本第，并序答问，凡三十一卷。将来君子倘肯游意，幸详录之焉。"《山东志》按云："《连丛》所序与范《书》所载，实一书。《经义考》于《左氏删》条注云一名

《左氏传解诂》是也。《曲阜志》两列其目,恐非。"才按:《经义考》此书作"二十一卷"疑为字误。《阙里文献考》书名《义诂》误为《义诘》。《山东志》引《经义考》书名不符。《孔氏祖庭广记》称孔奇字侯永之子亦不确。严可均《全后汉文》谓孔通为太师孔光族曾孙,更是臆测之语,非别有所据也。

■ 左氏说一卷　佚

(汉)孔嘉撰。嘉字山甫,太守、封关内侯奋子,孔子十七代孙,居扶风茂陵,官城门校尉。

是书据《曲阜志》、《阙里文献考》著录。《山东通志》、《经义考》、钱大昭《补续汉志》、侯康《补后汉志》、顾櫰三《补后汉志》、姚振宗《后汉志》等,此书均不标卷数。《后汉书·孔奋传》:"奋晚有子嘉,官至城门校尉,作《左氏说》云。"章怀太子注:"'说'犹今之疏也。"《册府元龟·学校部》亦载其事。《经典释文》曰:"侍中孔嘉字山甫,扶风人。"《四库全书总目》云:"言《左传》者,孔奇、孔嘉之说,久佚不传。"按:考孔嘉世代校书诂经,高祖霸,字次孺,从夏侯胜治《尚书》,汉昭帝征为博士,宣帝时以大中大夫授太子经,迁詹事,出为高密相。元帝即位,以帝师拜太师,赐爵关内侯。曾祖捷,官诸曹校尉。祖永,侍中,五官中郎将,平帝元始五年,与刘歆等治明堂辟雍。父奋,字君鱼,少从刘歆受《春秋左传》,讲业最精,歆自以为不及。从父奇,好儒术,著有《春秋左氏删》三十一卷。参前著录。

■ 箴左氏膏肓一卷　存

(汉)郑玄撰,(清)孔广林辑补。广林有辑《周易注》,本部易类已著录。

是书据《中国丛书综录》著录。《山东通志》此书与《起废疾》、《发墨守》合并著录,谓:"孔广林云:《隋志》郑君书不著目,但于《废疾》下注云:郑玄释。而《膏肓》、《墨守》并不注。《四库提要》云:此本凡《箴膏肓》二十余条,《起废疾》四十余条,《发墨守》四条,并从诸书所引,掇拾成编,不知出自谁氏。案孔广林亦有辑本各一卷。《膏肓》缺箴语九条,广林以意补之。"又《藏园订补郘亭知见传本书目》诸编亦合并著录,作者误为"孔广森集本"。此与王重民《中国善本书提要》称孔继涵《阙里文献志》、韩仲民《中国书籍编纂史稿》称孔森《通德遗书所见录》相类,乃知专则易精,泛则必疏。书目著录欲使无误,难矣!

是书今有清光绪十六年山东书局刻《通德遗书所见录》本,国家图书馆藏清抄《郑学十八种》本,北京大学图书馆藏清抄《郑学十八种》本,福建省图书馆藏清抄《郑学十八种》本等。

■ 春秋杂议难五卷 _佚

（汉）孔融撰。融字文举，都尉宙第四子，孔子二十代孙，官少府，拜大中大夫。

是书见《隋志》注。《经义考》："孔氏融《春秋杂议难》，《七录》五卷。佚。"《山东通志》、《曲阜志》、《阙里文献考》等俱因之。按：清顾櫰三《补后汉志》此书作《左氏杂义难》。清姚振宗《后汉志》此书入"春秋总义类"。另外，《旧唐志》有《春秋杂义》五卷，疑脱一"难"字，不注撰人。《新唐志》著《杂义难》五卷，亦不注撰人。

■ 左氏训注十三卷 _佚

（晋）孔衍撰。衍有《凶礼》，本部仪礼类已著录。

《阙里文献考》："二十二代孙晋广陵太守衍有《左氏训注》十三卷、《公羊集解》十四卷、《穀梁训注》十四卷（旧《志》稿十三卷）。"《曲阜志》同。兹据著录。按：二书著录盖本《新唐志》。《新唐志》但称"孔衍《训注》十三卷"，未冠"左氏"二字。《阙里志》称孔衍，少好学，经学深博，练识旧典，朝仪轨制，多取定焉。凡所著述百余万言。

■ 春秋正义（又名春秋左传注疏）三十六卷 _存

（唐）孔颖达等撰。颖达有《周易正义》，本部易类已著录。

《旧唐志》：《春秋正义》三十七卷，孔颖达撰。《新唐志》：《春秋正义》三十六卷，孔颖达、杨士勋、朱长才奉诏撰。马嘉运、王德韶、苏德融与隋德素覆审。《宋志》：孔颖达《春秋左氏传正义》三十六卷，《公羊疏》三十卷。《山东通志》、《兖州府志》著录此书，作者从《旧唐志》，题卷同《新唐志》。《曲阜志》、《阙里文献考》作《左传正义》，亦三十六卷。国家图书馆藏宋庆元六年绍兴府刻宋元递修本，前序与版心题"春秋正义"，卷端作"春秋左传正义"。书凡三十六卷，八行十六字，小字双行，行二十二字，白口，左右双边。《四库全书总目》此书著录内府藏本作《春秋左传正义》六十卷，题周左丘明传、晋杜预注、唐孔颖达疏。并谓"言《左传》者，孔奇、孔嘉之说，久佚不传。贾逵、服虔之说，亦仅偶见他书。今世所传，唯杜《注》孔《疏》为最古。杜《注》多强经以就传，孔《疏》亦多左杜而右刘（案刘炫作《规过》以攻杜《解》，凡所驳正，孔《疏》皆以为非）。是皆笃信专门之过，不能不谓之一失。然有《注疏》而后左氏之义明，左氏之义明而后二百四十二年内善恶之迹一一有征。后儒妄作聪明，以私臆谈褒贬者，犹得据传义以知其谬。则汉晋以来藉左氏以知经义，宋元以后更藉左氏以杜臆说矣。传与

《注疏》，均谓有大功于《春秋》可也。"《郑堂读书记》据武英殿刊《十三经注疏》本，题《春秋左传注疏》六十卷，晋杜预注、唐陆德明音义、孔颖达疏。云：《四库全书》著录，作《春秋左传正义》，从颖达《序》也。按《汉志》载《春秋古经》十二篇，《左氏传》三十卷。是经与传各自为帙。自元凯（杜预字）分经之年与传之年相附比，其义类各随而解之，名曰《经传集传（解）》。《隋志》作三十卷，盖经、传及《注》虽并为一，而卷第仍不改其旧也。自宋庆元间吴兴沈中宾又合《经注》及《疏》为一书，以卷帙重大，编成六十卷，而后之刊《注疏》者皆从之焉。左氏之学，兴于贾逵、服虔、董遇、郑众、颖容诸家，元凯承诸儒之后，亦专修丘明之《传》以释《经》，寻端究绪，舍短录长，大而天官地理，细而名物典文，罔弗剖析微渊，敷畅旨趣，是以学左氏者，称丘明为孔子素臣，称元凯为丘明功臣，虽偏私党护，间有瑕疵，如崔灵恩、卫冀隆所难，刘炫所规，然亦犹夫范升摘左氏之违，何休祖李育之议，朽壤一撮，曾不足以轻重泰山也。故晋、宋传授以至于唐，其为义疏者，则有沈文阿、苏宽、刘炫诸人，而炫意在矜伐，性好非毁，规杜氏之失，凡一百五十余事，义又浅近，然比诸义疏，犹有可观。冲远因奉敕删定，据以为本，其有疏漏，以沈氏补之，若两义俱违，则断以己意，如炫之妄说错乱，固无有焉，虽不能无所回护，然不容习杜义而攻杜氏也。故说《春秋》者，必以是《疏》为根柢矣。才按：予读先秦典籍，每见羼有后人之语，惟此书则较纯粹。孔颖达撰《五经正义》，亦尤以此书为人称道。其书以杜预《集解》为依据，搜罗杜预《释例》，贾、服旧注，以及沈文阿、苏宽、刘炫等人义疏，复参引《三礼》、《公羊传》、《榖梁传》，以及《尔雅》等书，注释详备，终成《春秋左传》学之津梁。又，稿本《续修四库提要》著有孔颖达《敦煌写本校春秋正义衔名》一卷（影印本），全系衔名，而孔居第一。附此不另立目。

是书今有国家图书馆藏宋庆元六年绍兴府刻宋元递修三十六卷本，2002 年 3 月上海古籍出版社《续修四库全书》影印本，2003 年 7 月北京图书馆出版社《中华再造善本》影印本；日本足利学校遗迹图书馆藏宋建安刘叔刚一经堂刻本（题《附释音春秋左传注疏》六十卷）；国家图书馆藏宋刘叔刚刻六十卷残本（存一至二十九）；日本静嘉堂文库藏元覆刘叔刚刻本；又元刻明修《十三经注疏》本，明嘉靖李元阳刻《十三经注疏》本，明闽刻《十三经注疏》本，明北京国子监刻《十三经注疏》本，明毛氏汲古阁刻《十三经注疏》本，清乾隆四年武英殿刻《十三经注疏》本，清阮元重刊宋本《十三经注疏》本（附《校勘记》六十卷），2000 年 12 月北京大学出版社《十三经注疏》整理本（李学勤主编）；及《四库全书》本，《摛藻堂四库全书荟要》本，《四部备要》本，《四部丛刊续编》本，《嘉业堂丛书》本（存卷一至九、三十四至三十六，附《校勘记》二卷），日本昭和六年东方文化学院影印宫内省图书寮藏景抄正宗寺单疏本，日本昭和六年东方文丛影印十八卷本等。

■ 春秋左传本末二十册　未见

孔充撰。充,时代、世系均不详。

明叶盛《菉竹堂书目》:孔充《春秋左传本末》二十册。按:此书未见他书著录。孔充亦不见于史传、志乘及《孔子世家谱》,疑为字误。录此俟考。

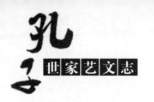

春秋公羊传类

■ 春秋公羊传十一卷 存

旧题(周)公羊高撰。

公羊高,齐人,相传子夏弟子,唐时从祀孔庙,宋封"临淄伯"。《汉志》:"《春秋古经》十二篇、《经》十一卷。注云:公羊、穀梁二家。又《公羊传》十一卷。注云:公羊子,齐人。师古曰:名高。"并云:其事实皆形于《传》。及末世,口说流行,故有公羊、穀梁、邹、夹之《传》。四家之中,公羊、穀梁,立于学官,邹氏无师,夹氏未有书。《经义考》春秋三:公羊氏高《春秋传》,《汉志》十一卷,存。《阙里文献考·孔氏著述》云:"《春秋》鲁史也。东周之世,世衰道微,臣弑其君者有之,子弑其父者有之,先圣惧焉。以鲁周公之国,礼文备物,史官有法,故与左丘明观其'史记',据行事,仍人道,因兴以立功,就败以行罚,假日月以定历数,藉朝聘以正礼乐,有所褒讳贬损,不可以书见,口授弟子,弟子退而异言,丘明恐弟子各安其意,以失其真,故论本事而作《传》。及口说行,又有公羊、穀梁之《传》。左氏亲受经先圣,而公、穀实子夏弟子,授受相承,皆有端绪,故传说虽有不同,要皆依附圣经,非由臆说。"《山东通志·艺文志》:"《公羊传》十一卷,《汉志》著录,注云:公羊子,齐人。颜师古曰:名高。戴宏《序》云:子夏传与公羊高,高传与其子平,平传与其子地,地传与其子敢,敢传与其子寿。至汉景帝时,寿乃共弟子齐人胡毋、子都著以竹帛。《公羊疏》云:胡毋生题亲师,故曰公羊,不说卜氏。《六艺论》云:公羊善于谶。《穀梁疏》云:谓黜周王鲁及龙门之战等是也。《困学纪闻》云:公羊子,齐人,其传《春秋》多齐言。"又据《汉志》著录《公羊外传》五十篇,《公羊章句》三十八篇,《公羊杂记》八十三篇,俱不注撰人。并引《三史拾遗》曰:汉时,《公》、《穀》二家皆有《外传》,其书不传,大约似《韩诗外传》。又云《公羊章句》,或即胡毋生之所撰欤?《公羊杂记》盖亦胡毋氏之书矣。《四库全书总目》著录内府藏本《春秋公羊传注疏》二十八卷,题"汉公羊寿传,何休解诂,唐徐彦疏。"案云:"今观《传》中有'子沈子曰'、'子司马子曰'、'子女子曰'、'子北宫子曰',又有'高子曰'、'鲁子曰',盖皆传授之经师,不尽出于公羊子。《定公元年传》'正棺于两楹之间'二句,《穀梁传》引之,直称'沈子',不称'公羊',是并其不著姓氏者亦不尽出公羊子。且并有'子公羊子曰',尤不出于高之明证。知《传》确为寿撰,而胡母、子都助成之。旧本首署高名,盖未审也。"又云:"三传与经文,《汉志》皆各为卷帙。以《左传》附经始於杜预,《公羊传》附经则不知始自何人?观何休《解诂》但释传而不释经,与杜异例,知汉末犹自别行。今所传蔡邕《石经残字公羊传》,亦无经文,足以互证。今本以传附经,或徐彦作《疏》之时所合并钦?彦《疏》,《文献通考》作三十卷,今本乃止二十八卷,或彦本以经文并为二卷,别冠于前,后人又散入传中,故少此二卷,亦未可知也。彦《疏》,《唐志》不载。《崇文总目》始著录,称不著撰人名氏,或云徐彦。董逌《广川藏书志》亦称世传徐彦,不知时代,意其在贞元、长庆之后。考《疏》中'邲之战'一条,犹及见孙炎《尔雅注》完本,知在宋以前。又'葬桓王'一条,全袭用杨士勋《穀梁传疏》,知在贞观以后。中多自设问答,文繁语复,与邱光庭《兼明书》相近,亦唐末之文体。董逌所云,不为无理。故今从逌之说,定为唐人焉。"《郑堂读书记》著录武英殿刊《十三经注疏》本,略云:休字邵公,任城樊人,司空掾,历谏议大夫。邵公《解诂》既并经文而释之,是分《经》附《传》,昉于邵公。后人习见《注疏》第一卷隐公元年经文无邵公注,皆误称邵公亦但释《传》也。使邵公别有《春秋经注》本,则《隋志》岂得不载乎?何时之人尚梦梦也。其注释文作十二卷,新、旧《唐志》俱作十三卷,《崇文总目》作二十二卷,《读书志》、《书录解题》、《通考》、《宋志》仍俱作十二卷,知二《唐志》"二"误为"三",《崇文总目》又误衍上"二"字也。邵公为董胶西四传弟子,本胡母、子都条例以作《解诂》,尤邃于阴阳五行之学,多以谶纬释《传》。魏晋以后,说《公羊》者益稀,故徐氏罕所征引,只确守何《注》,疏通证明。晁氏称其援证浅局,出乎近世,然核其文章,似六朝人,且不似唐人,而何论乎宋代?王西沚鸣盛亦以作疏之人,即《北史》之徐遵明。考《隋志》载《春秋公羊疏》十二卷,不著名氏,西沚所云,不为无见也。惟是董彦远已讹其为唐人,相沿六百余年,不得改属子判所作也。才按:以《汉志》等著录不明或不同,致诸家各有异辞,而审较其说,似《四库总目》谓其不尽出于公羊子,尤不出于高者近是,而谓《经》、《传》各为卷帙,何休《解诂》但释《传》不释《经》近非;《读书记》谓《解诂》并经文而释之,标卷诸书有衍误近是,而谓作疏之人,即《北史》之徐遵明近非。是否如此,尚待博雅是正,限于篇幅,此仅举而存其概。又考公羊之学,汉时立为博士,讲习甚盛,据《经典释文》等,胡母生、子都以下,有赵人董仲舒,及弟子兰陵褚大,东平赢公,广川段仲温、吕步舒。赢公守学,不失师法,授东海孟卿、鲁人眭弘,眭弘授东海严彭祖与鲁人颜安乐,故东汉公羊有严、颜之学。弘弟子百余人,常曰:"《春秋》之义在二子矣。"二子复各有传授,至休作《解诂》,其学遂大行。严、颜《公羊

春秋》，书久失传，佚文载见《玉函山房辑佚书》及《续编》，可参阅。

是书何休《经传解诂》（十二卷）本有国家图书馆藏宋淳熙抚州公使库刻绍熙四年重修本，2003 年 5 月北京图书馆出版社《中华再造善本》影印本；国家图书馆藏清黄彭年等跋宋绍熙二年余仁仲万卷堂刻本，2003 年 5 月北京图书馆出版社《中华再造善本》影印本。徐彦《公羊疏》本有国家图书馆藏宋刻元修本（存卷一至七），2004 年 6 月北京图书馆出版社《中华再造善本》影印本；日本静嘉堂文库藏原陆心源皕宋楼等旧藏金刊明递修本；日本京都大学人文科学研究所东洋学文献中心藏金刊明正德至隆庆间递修本；日本东京大学东洋文化研究所藏金刊明递修本；南京图书馆藏元刻本（存卷五至六，十五至十六，二十一至二十二，二十五至二十八，共十卷）；国家图书馆等藏元刻明修本；南京图书馆藏清丁丙跋元刻明修本；南京图书馆藏清丁丙跋明刻（二十卷）本；明孙鑛、张榜评明刻（十二卷）本；明天启元年闵齐伋刻闵氏裁注（十二卷）本。又元刻明修《十三经注疏》本，明嘉靖李元阳刻《十三经注疏》本，明万历二十一年北京国子监刻《十三经注疏》本，明崇祯七年毛氏汲古阁刻《十三经注疏》本，清乾隆四年武英殿刻《十三经注疏》本，清阮元重刊宋本《十三经注疏》本，2000 年 12 月北京大学出版社《十三经注疏》整理本（李学勤主编），以及《四库全书》本、《摛藻堂四库全书荟要》本、《四部丛刊》本、《四部备要》本、《十三经读本》本及各种现代整理本等。

■ 春秋公羊训诂　佚

（汉）孔骧撰。骧字子仲，诸生卬（一作邛）子，孔子十三代孙，举博士，官至弘农太守。

是书据《汉志拾补》著录。《曲阜志》、《阙里文献考》作《公羊训诂》，并云"卷佚"。《史记·孔子世家》："安国为今皇帝博士，至临淮太守，早卒。安国生卬。卬生骧。"《阙里文献考·子孙著闻者考》曰："安国孙骧精《春秋三传》，著《公羊训诂》"。又本书《孔氏著述》曰："孔子十三代孙汉弘农太守骧有《公羊训诂》，卷佚"。姚振宗《汉志拾补》按曰：太史公尝从孔安国问《古文尚书》，而《世家》叙其世系，至其孙骧而止，是骧与史公同时而稍后者。宋孔传《东家杂记》称骧为博士，而《儒林传》不载其人。

■ 发公羊墨守一卷　存

（汉）郑玄撰，（清）孔广林辑。广林有辑《周易注》，本部易类已著录。

是书据《中国丛书综录》著录。《山东通志》此书作《发墨守》，与《箴膏肓》、《起废疾》合并著录。孔广林云：《隋志》，郑君书不著目，但于《废疾》下注云：郑玄释。而

《膏肓》、《墨守》并不注。

是书今有清光绪十六年山东书局刻《通德遗书所见录》本，国家图书馆藏清抄《郑学十八种》本，北京大学图书馆藏清抄《郑学十八种》本，福建省图书馆藏清抄《郑学十八种》本等。

■ 春秋公羊传集解十四卷　佚

(晋)孔衍撰。衍有《凶礼》，本部仪礼类已著录。

是书据《山东通志》著录。《隋志》注：《春秋公羊传》十四卷，孔衍集解。《旧唐志》：《春秋公羊经传集解》十四卷，孔氏注。《新唐志》：孔氏《公羊集解》十四卷。《兖州府志》：《春秋公羊集解》十四卷，晋庶子鲁国孔衍传注。《曲阜志》：晋广陵太守孔衍有《公羊集解》十四卷。可见各家著录，略有异同。此外，《阙里文献考》、各家《补晋志》亦皆著其书。惟孔衍所据本与何休《解诂》互有异同。清王仁俊辑孔衍佚文为《春秋公羊孔氏传》一卷，收入《玉函山房辑佚书续编》中。

■ 公羊疏三十卷　佚

题(唐)孔颖达撰。颖达有《周易正义》，本部易类已著录。

《宋志》：孔颖达《春秋左氏传正义》三十六卷，《公羊疏》三十卷。《曲阜志》、《阙里文献考》遂据著录，将之归于颖达名下。而严可均《铁桥漫稿》则以为此《疏》北齐人撰，即《隋志》著录本。唐代不录，宋代复出，以卷太大，分为三十卷。王鸣盛谓书作者即《北史》之徐遵明。也有称徐彦者。书目著录多不著名氏，似非颖达书，俟考。

■ 公羊春秋经传通义十一卷序一卷　存

(清)孔广森撰。广森有《周易卮言》，本部易类已著录。

是书，《清志》、《续修县志》、《郑堂读书记》、《续修四库全书提要》等皆著录。《清志》作《春秋公羊通义》，《著述记》及《续修县志》书名无"经"字。《中国丛书综录续编》著录《经学辑要》本作《孔氏春秋公羊通义》十二卷叙一卷。此为广森《㧑轩孔氏所著书》第一种，书前有其弟广廉嘉庆十七年《校刊公羊春秋通义叙略》及阮元嘉庆三年序。广廉序云："《公羊春秋通义》并《自叙》，凡十有二卷，前翰林检讨仲兄㧑轩先生所纂，广廉手校录付椠人，以岁在壬申夏五月鸠工，冬十一月藏事，盖至是而夙愿始克偿矣。先生丙午将返道山之前数夕，语广廉曰：'余生平所述，讵逮古人，《公羊》一编，差堪自信。藐孤成立，尚不可知。千秋之托，将在吾弟。'乌虖！人之云徂，言犹在耳。

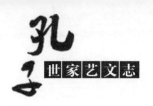

岁序流易,身世浮沉,计曩昔已版行者,则有《大戴礼记》、《诗声类》二书,而属意之作,翻在所后。"《续修四库提要》谓:"广森少受经于戴震,为《三礼》及《公羊春秋》之学,以《解诂》(汉何休《春秋公羊解诂》)精奥,然不无承讹率臆,于是,综览诸家,兼采《左》、《穀》,撰《春秋公羊通义》十一卷、序一卷。"《郑堂读书记》云:"巽轩以《公羊》何氏《解诂》,体大思精,词义奥衍,亦时有豕讹率臆,未能醇会《传》意,因即原注,存其精粹,删其支离,破其拘室,增其隐漏,旁通诸家,兼采《左》、《穀》,择善而从,撰成是编。其分类悉仍旧第,故以闵公附庄公卷,而自叙一卷,退列于后,遵古例也。凡诸经籍,义有可通于《公羊》者,多著录之。他如何氏所据,间有失者,多所裨损,使是非之旨,不谬于圣人。其于《公羊》一家之学,真可谓粹然无瑕疵矣。昔韩退之《遗殷侑书》称近世公羊学几绝,何氏注外,不见他书,圣经贤传,屏而不省,要眇之义,无自而寻。非先生好之乐之,味于众人之所不味,务张而明之,其孰能勤勤拳拳若此之至,固鄙心之所最急者,吾于是书亦云。前有嘉庆戊午阮云台师序,越十五载壬申,其弟静吾(广廉)校椠既竣,复为叙略。"

是书今有清嘉庆间曲阜孔氏仪郑堂刻《㢑轩孔氏所著书》本,2002 年 3 月上海古籍出版社《续修四库全书》影印本;清刻《皇清经解》本等。

■ 孔氏春秋公羊通义二卷 存

(清)孔广森撰。

是书见湖南省社会科学院图书馆藏稿本《仲轩群书杂著》。按:《中国丛书广录》又著有清光绪十三年点石斋石印袖珍《经策通纂》本《公羊通义》一卷,清光绪二十五(六)年上海点石斋石印《经学辑要》本,不题卷数。今考《经策通纂》一书,乃由《经学辑要》、《策学备纂》两部分组成。《辑要》系经学丛书,《备纂》为综合类编,《广录》所著显有不妥,《经策通纂》本实即《经学辑要》本。此本内题"曲阜孔检讨广森著",书末有广森乾隆四十八年孟冬甲子所撰自序。

■ 春秋公羊考释一卷 存

(清)孔广森撰。

是书,曲阜文管局档案馆藏有稿本,一册,无格,十行二十字,小字双行同。内题"春秋公羊经;孔广森谨案"。文云:"'秋七月,天王使宰咺来归惠公、仲子之赗(隐公元年)。'传曰:'其言来何?不及事也。其言惠公、仲子何?兼之。兼之,非礼也。何以不言及仲子,仲子微也。'谨案:'文五年,王使荣叔归含且赗,不言来,知来归者不及事之辞。《荀子》曰:送死不及枢尸,吊生不及悲哀,非礼也(左氏说同。唯以呾名为贬,非是。例见后)。诸侯不再娶,仲子虽有手文之表,非正嫡也。礼,庶子(为)君,为其母筑庙,于子祭,于孙止。仲子之宫,不合于惠宫,则仲子之葬,不袝于惠公可知。故曰仲子微也。文九年……'"盖每条先经后传,次广森案语,体例略同《春秋公羊通义》,而持与相校,内容则大不相同,全然另一著作。又考此书,《山东通志》《续修县志》《著述记》等俱无载,《中国古籍善本书目》等著录此书,误为《春秋公华经》,列经部春秋总义类。己丑岁杪,予应山东省古籍保护中心之邀,对包括本书在内的多部孔广森手稿进行鉴别定级,方据改题重著,并撰写提要,申报国家二批珍贵古籍名录。《山东省珍贵古籍名录》(第一批)亦遂据著录。

是书今有曲阜文管局档案馆藏稿本。

■ 公羊释例三十卷　未见

(清)孔广铭撰。广铭字文箴,孔子七十代孙,避乱汉中,黄鼎延之入幕,以功授通判。

是书,《书目答问补正》著录,云未刊。按:沃丘仲子《近代名人小传·儒林》孔广铭传谓"孔广铭字文箴,曲阜人,父官甘肃,殁于官。时回乱炽,关陇皆被兵,流徙兵间者凡十年。后避地至汉中,黄鼎适督汉南军防,值于废寺中,见所为书若柳公权,异之,叩所学,则诵《史》《汉》《庄》《骚》,滔滔滚滚,更钦其博,遂延入幕,以功授州判,发蜀。及鼎阵殁,乃之官。驻蒙大臣崇纲调司文檄,历荐擢同,治逾四年还蜀,竟卒。尚未赴朝谒也。学无师承,皆冥心独造。初从俗师学,所知者若《五经备旨》之类而已。后于旧肆得《说文解字》《易》《书》《诗》三经注疏,其义皆夙所未闻,少少习之,而苦不得解。一日,复得江藩所为《经学入门》,惊喜过望,循其序进,然亦未全焕然。及入秦州,馆张氏灌园,藏书之富冠洮陇,居五年,遂博通诸书,而未遑著述也。及去西藏,文书甚简,则发其心得为《公羊释例》三十卷、《孟子义疏》二十八卷、《五经异义疏证》二十卷。《庄子义训》《前汉书考证》,皆未成书。诸书,义证赅洽,而家法不紊。虽公羊学亚于湘绮,而附益何学,引申精畅,间亦有湘绮所未逮者……濒殁,吾往问疾,相见,唯言族人广森为《公羊通义》,间杂肤俗,故为《释例》以补正其失,是书必付梓。时予将随家大人入宁远,明年还,则书已为其僚婿陈某者挈之去,今不知归何所,负吾老友者至矣。"因知此帙乃为补正孔广森之书而作,惜未刊传,无由一睹所学。

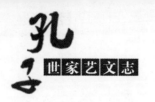

春秋穀梁传类

■ 春秋穀梁传十一卷 存

旧题(周)穀梁赤撰。

赤,旧说一名淑,字元始,又名寘或喜,子夏门人,与秦孝公同时。宋真宗大中祥符二年封"龚丘伯",徽宗政和元年改封"睢陵伯"。是书,《汉志》、《山东通志》、《兖州府志》、《曲阜志》等皆著录。《经义考》作《穀梁赤春秋传》。按:穀梁子之名,旧多异称,综合各家,凡桓谭《新论》、应劭《风俗通》、蔡邕《正交论》、陆德明《经典释文》作"赤";《尸子》、阮孝绪《七录》作"淑";杨士勋《春秋穀梁传疏》作"俶";颜师古《汉书注》作"喜";钱大昭《汉书辨疑》作"嘉";王充《论衡》作"寘"。前后有六名之多。有人以为"淑"之于"俶","喜"之于"嘉",当属形误。如此也有四名之异。皮锡瑞《经学通论》谓:"《风俗通》云:'穀梁子名赤,子夏弟子(案:'弟子'当作'门人')。'糜信则以为秦孝公同时人,阮孝绪则以为名俶,字元始,《汉书·艺文志》颜注云名喜,而《论衡·案书篇》又云穀梁寘。岂一人有四名乎?抑如公羊之祖孙父子相传,非一人乎!"《先秦文汇》以为:"皮氏疑其亦如公羊氏之之高、平、地、敢、寿家世传业,非为一人,颇为得之。但此四人孰先孰后,则已不可深考矣。惟徐彦《公羊传疏》称:'穀梁赤是著竹帛者题其亲师,故曰《穀梁传》。'则又当为传其学者所作。又隐五年九月'考仲子之宫,初献六羽'一条,《穀梁传》称'穀梁子曰',《传》如系穀梁自作,不应自引己说。"又吴承仕《经典释文序录疏证》曰:"朱与赤声相近,寂寞之寂前历反,赤音昌石反,是其比;朱又与喜声近,饎昌志反,字亦作俶,与饎同音;寘即寘之异文,寘、喜同部。赤、淑、俶、寘、喜五文声转通作,故字异而人同。《汉书》颜《注》本或作'嘉',则喜形之讹也。皮锡瑞曰:'一人岂有四名,抑如公羊之祖孙父子相传非一人乎?'不明声类而妄为说,其过弘矣。"又云:"《穀梁》之学,江公受于申公。史不言申公师,唯杨士勋《疏》称穀梁赤受经于子夏,为经作传,传孙卿,孙卿传鲁人申公。然糜信称穀梁子与秦孝公同时,申公之年,又不得逮事孙子。授受疏阔如此,盖已难质言矣。《儒林传》又云:'宣帝即位,闻卫太子好《穀梁春秋》,以问韦贤、夏侯胜、史高,皆鲁人也,言穀梁子本鲁学,公羊氏乃齐学也,宜兴《穀梁》。'按:《穀梁》文辞淡泊,又无非常异义可怪之论足以哗世取宠,故授受不如二家之盛。中兴之初,行世者五家。《贾逵传》云:'逵虽为古学,兼通五家《穀梁》之说。'《注》以尹更始、刘向、周庆、丁姓、王亥等当之是也。"此《传》盖本由穀梁子所作,历经长期口耳相传,于西汉时著录成书。孝宣、光武、魏文世,曾立博士。《尸子》云:"穀梁俶传《春秋》十五卷",而《汉志》止十一卷,或为后师所刊落,《新语·道基篇》所引《穀梁传》不见丁今本《穀梁传》,即其明证。又《汉志》所著《穀梁传》,本与《经》别为一帙,今本未审合并于何时?晋范宁《春秋穀梁传集解》经、传并释,或即范宁之所合。此后,《经》、《传》一体,唐陆德明为作《音义》,杨士勋作《注疏》,后编入《十三经注疏》。大行于世。

是书今有上海图书馆等藏明刻本,故宫博物院图书馆藏明末刻本,中山大学图书馆藏清陈澧批校清乾隆五十八年同人堂刻本;杨士勋《穀梁疏》本有北京大学图书馆藏清陈鳣校并跋明抄本(存卷六至十二,七卷),国家图书馆藏清季锡畴跋清咸丰七年瞿氏恬裕斋抄本(存卷六至十二,七卷);监本附音《注疏》本有南京图书馆藏元刻本(存卷十七至十八,二卷)。又有北京大学图书馆等藏明闵齐伋天启元年自刻三色套印本(闵齐伋裁注,有考一卷),元刻明修《十三经注疏》本,明嘉靖李元阳刻《十三经注疏》本,明万历二十一年北京国子监刻《十三经注疏》本,明毛氏汲古阁刻《十三经注疏》本,清乾隆四年武英殿刻《十三经注疏》本,清阮元重刊宋本《十三经注疏》本,2000年12月北京大学出版社《十三经注疏》整理本(李学勤主编),以及《四库全书》本,《摛藻堂四库全书荟要》本,《四部丛刊》本,《四部备要》本,《古逸丛书》本,《湖北先正遗书》本,《丛书集成初编》本,《十三经读本》本,各种现代注译本等。

■ 春秋穀梁传训诂 佚

(汉)孔骃撰。骃有《春秋公羊训诂》,本部春秋公羊传类已著录。

是书,《汉志拾补》、《曲阜志》、《阙里文献考》著录,皆称卷佚。《汉志拾补》按谓:"《隋志》于孔衍《集解》之外,别有《春秋穀梁传》五卷,注云:孔君揩训,残缺。梁十四卷。次汉人段肃之后,晋人范宁之前,疑即骃书。"非是。参后孔晁《春秋穀梁传》条。

■ 释穀梁废疾一卷 存

(汉)郑玄撰,(清)孔广林辑。广林有辑《周易注》,本部易类已著录。

是书据《中国丛书综录》著录。《山东通志》此书作《起废疾》,与《箴膏肓》、《发墨守》合并著录。孔广林云:《隋志》,郑君书不著目,但于《废疾》下注云:郑玄释。而

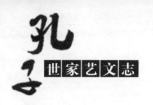

《膏肓》、《墨守》并不注。

是书今有清光绪十六年山东书局刻《通德遗书所见录》本,国家图书馆藏清抄《郑学十八种》本,北京大学图书馆藏清抄《郑学十八种》本,福建省图书馆藏清抄《郑学十八种》本等。

■ 春秋穀梁传训注十四卷 佚

(晋)孔衍撰。衍有《凶礼》,本部仪礼类已著录。

是书据《山东通志》、文廷式《补晋志》等著录。《隋志》此书作《春秋穀梁传》,两《唐志》作《训注》十三卷,《经典释文》、秦荣光《补晋志》作《集解》十四卷,丁国钧、黄逢元二家《补晋志》作《传注》十四卷,《曲阜志》、《阙里文献考》作《穀梁训注》十四卷,名有详略,实则一也。《隋志考证》:"孔继汾《阙里文献考》云:'先圣二十二代孙晋广陵太守衍有《左氏训注》十三卷、《公羊集解》十四卷、《穀梁训注》十四卷。《唐志》十三卷。'按:此云《左氏训注》十三卷,本《志》及《释文》、《唐志》皆不载,或其《家传》中有之。"《郡斋读书志》范宁注《春秋穀梁传》条云:"自汉魏以来,为之注解者,有尹更始、唐固、糜信、孔演、江熙等十数家,而范宁以为皆肤浅,于是帅其长子参、中子雍、小子凯、从弟邵及门生故吏,商略名例,博采诸儒同异之说,成其父汪之志。尝谓《三传》之学,《穀梁》所得最多,诸家之解,范宁之论最善。"此所谓"孔演",当即孔衍之误。

■ 春秋穀梁传十四卷 佚

(晋)孔晁揹训。晁有《尚书义问》,本部书类已著录。

《隋志》:"《春秋穀梁传》五卷,孔君揹训,残缺。梁十四卷。"列晋孔衍、徐邈之后,范宁以前。吴士鉴《补晋志》此书题孔晁《穀梁传指训》五卷,丁国钧、秦荣光二家《补晋志》题孔君指训十四卷。按:"孔君",《隋志》不载其名。《隋志考证》引严可均《全宋文编》曰:"孔默之,鲁国鲁人,元嘉初为尚书右丞,兼散骑常侍,转左丞。寻出为广州刺史,以赃免。有《春秋穀梁传注》。《隋志》有孔君揹训《穀梁传》五卷,残缺。梁十四卷。未知即此否?"又引吴县余萧客《古经解钩沉叙录》曰:"孔晁《穀梁传指训》五卷。《隋志》、《通志》俱作孔君,不言名,而程端学《春秋本义》十四卷引孔晁《指训》。"又引丁国钧《补晋志》曰:"孔君不详何人?余萧客《古经解钩沉》二十三引孔晁《指训》言:阳气伏于阴下,见迫于阴,故不升,以至地动云出。《春秋本义》是则孔君为晁无疑。"兹参据著录。

■ 穀梁注一卷 佚

（刘宋）孔默之撰。默之，秘书监粲次子，孔子二十六代孙，居会稽。元嘉初为尚书右丞，兼散骑常侍，转左丞，出为广州刺史。

是书，《山东通志》、《曲阜志》、《阙里文献考》皆著录。《阙里文献考》谓："默之好儒学，注《穀梁春秋》。"严可均《全宋文编》谓其有《春秋穀梁传注》。并云："《隋志》有孔君措训《穀梁传》五卷，残缺，梁十四卷。未知即此否？"按："孔君"《隋志》虽木确指，但所序已列晋人，与刘宋孔默之无干，故严氏此疑，似不必矣。

春秋总义类

■ 战杀例补一卷、世族谱补一卷 存

（晋）杜预撰，（清）孔继涵辑。继涵有《考工车度记》，本部周礼类已著录。

是书，《东北地区古籍线装书联合目录》著有辽宁省图书馆藏清乾隆间孔氏稿本。

■ 春秋规过 未见

（隋）刘炫撰，（清）孔广栻序。广栻有《周官联事》，本部周礼类已著录。

《著述记》："孔广栻著有《周官联事》二卷、《藤梧馆诗钞》八卷，校刻《春秋世族谱》、春秋地名、人名《同名录》、《春秋闰例日食例》、《左国蒙求》、《国语解订讹》，又手序隋刘炫《春秋规过》、唐卢同《春秋摘微》、陈子昂《春秋折衷论》。"兹据著录。其书，各家书目多不见录。

■ 春秋摘微一卷 存

（唐）卢仝撰，（清）孔广栻辑。

是书，《中国古籍善本书目》经部春秋总义类著有国家图书馆藏清抄本。书凡十行二十字，共一册十八个半叶，无格，亦不标页码。前有广栻乾隆四十八年序记，曰："乾隆丙申抄得自《永乐大典》辑出杜谔《春秋会义》，内引卢氏《摘微》颇多，惜缺僖公自十五年以后、襄公自十七年以后，二公共缺三十五年，暇日抄为一帙，凡得五十九事，缺十七事。又《会义》引祖冲择之《摘微》后一则，云：《易》始于乾坤，天地之极也。《诗》始于夫妇，人伦之本也。《书》始于尧舜，善其禅也。《春秋》始于桓，诛其篡也。盖亦嗣卢氏之意者。附识之于序。癸卯秋七月既望阙里孔广栻识于欣欣亭。"按：考卢书原为四卷。《续修县志》、《著述记》著之，云手序此书。《著述记》卢仝误作"卢同"，而卢同，另有其人。又其父继涵也有录本，见本书附录一。

是书今有国家图书馆藏清抄本。

■ 春秋折衷论一卷　存

（唐）陈岳撰，（清）孔广杋辑。

是书，《中国古籍善本书目》经部春秋总义类著有国家图书馆藏清抄本。按：《续修县志》、《著述记》均谓广杋手序陈子昂《春秋折衷论》，著录未确。又，陈氏此书原为三十卷，盖以《三传》异义，折衷其是非，使归统一。

■ 春秋书法无卷数　佚

孔氏撰。氏，名系不详。

《经义考》春秋二十五："孔氏《春秋书法》，佚。"兹据著录。按：朱氏著录此书，不云何据？而列《宋志》所载各书之间，然《宋志》无其书。考后之书目，见《千顷堂书目》有明高允宪等《春秋书法大旨》一卷，明石光霁《春秋书法钩玄》四卷，未见有著此书者。

■ 介之推不受禄论二篇　存

（宋）孔武仲撰。武仲有《书说》，本部书类已著录。

《经义考》春秋四十三："孔氏武仲《介之推不受禄论》二篇，存。"兹据著录。按：今考武仲《宗伯集》卷十四，其文有载，云："介之推事，见于《庄子》、《史记》及《左氏传》，其说，详略不同。总之，合于《传》者为可信矣……"由此可觇其著述意趣矣。

二篇今有明刻《清江三孔集》本，《豫章丛书·清江三孔集》本等。

■ 春秋本末三十卷　未见

（元）孔克坚等奉敕撰。克坚字璟夫，孔子五十五代孙，袭封衍圣公思晦子，元至元六年袭封衍圣公，进位中奉大夫，累迁国子祭酒。

是书，《国史经籍志》卷一制书类著录，列明人。又《国史经籍志补》经部据《传是楼》云："明孔克坚等编《春秋本末》，二册，抄本，不全。"按：此书未见传本，"克坚"疑为"克表"之误，录此俟考。

■ 春秋阐微无卷数　佚

（明）孔贞慎撰。贞慎有《诗经便览》，本部诗类已著录。

是书，《江苏艺文志》据乾隆《高淳县志》本传著录，称：贞慎著有《诗经便览》、《三书论目》、《史纲私议》、《春秋阐微》、《古文选》等书，卷帙多逸，惟《诗集》与《史纲》犹

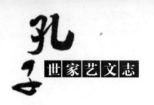

存。《孔子世家谱》三集贞慎传仅载《诗经便览》、《史纲》，而无此书。

■ 春秋尊义无卷数 佚

（清）孔尚豫撰。尚豫有《易解》，本部易类已著录。

是书，《江南通志·艺文志》著录，未见传本与其他书目著录。

■ 春秋三传合纂十二卷 存

（清）孔传铎撰。传铎有《礼记摘藻》，本部礼记类已著录。

是书，《山东通志》、《曲阜志》、《阙里文献考》、《著述记》等俱作《三传合纂》。《山东志》云："是书见《山左诗汇钞》所载孔宪彝《红萼轩印歌》自注。"是未亲见其书也。按：此书，曲阜师范大学图书馆有藏，一函六册，无刻书年月，白口，左右双边，九行二十字，有朱墨圈点。版心镌《三传合纂》及卷数、页码。每卷皆题："阙里孔传铎静远批阅"。内封署："春秋三传合纂/阙里奎文阁藏板"。无后跋、牌记。前有晋杜预《春秋左传序》、汉何休《春秋公羊传序》、晋范宁《春秋穀梁传序》及孔传铎《春秋三传合纂凡例》。《凡例》共六条，末署"素王孙传铎识"。略云："《春秋左传》、《公羊》、《穀梁》，列在《十三经》，固非后学所能去取，但习古文者全读则太为浩繁，录其尤以资呫哔，固无害也。岂敢云删，亦岂敢云选。诸家所选《三传》，各自为帙，愚意读书贵在论世，系之编年，而以圣经为纲，三《传》为目，参伍错综其间，则世故之变，一览了然，而三子意见之同异、文章之变化亦可见矣。兹编有三《传》俱录者，有录《左》而不录《公》、《穀》者，有录《公》、《穀》而不录《左》者，有录《公》与《穀》去一存一者，惟经文则全录。《春秋》以鲁为经，诸国为纬。左氏则不然。愚尝观其大意，盖以晋为全书之主脑，而诸国为旁及焉。故其传晋事独详，霸业之兴衰，执政之得失，无不三致意焉。其叙他国之事，精采亦不及也。昭公以后，晋伯始衰，而左氏之文亦不逮前矣。此余臆见，未知然否？一、三《传》所载经文互相乖异，或一人而名字各别，或一字而音画不同，后学罔能定其是否。今经文大书，悉照监板《十三经·春秋》字样，其《传》中人名仍照本传，异同庶有所折衷也。"

是书今有曲阜师范大学图书馆等藏清康熙间曲阜孔氏刻本。

■ 春秋地名考不分卷 存

（清）孔继涵撰。继涵有《考工车度记》，本部周礼类已著录。

是书，北京大学图书馆藏有清稿本，一函六册，半叶十行，行二十一字。有"锡生"、"王恩镂印"等印记。卷中有"乾隆癸卯八月六日孙承位抄"一行。卷首有自序,云:嗣杜氏为春秋地名之学,存于今者,莫最于宋程公说《春秋分记》之《疆理书》。程氏全取杜氏地名,证以宋之州县,取杜氏所疑所阙者,别而出之,列诸国后。至顾栋高《大事表》,高士奇所刊徐善(敬可)《地名考略》,马骕《事纬》之《地名谱》,惠栋《左氏补注》,皆未获见释例之书,故多创始之繁,而且嫌卷帙之富,益叹古人著述之善。因取经传中与地名相涉而杜氏所未及者,暨杜氏所阙及杜之讹者附之后。乾隆癸卯秋八月孔继涵识。按:《山东通志》、《续修县志》、《著述记》此书不见著录。《中国古籍善本书目》经部春秋总义类著录国家图书馆藏清抄本一卷,与其子广栻《春秋地名同名录》、《春秋人名同名录》合一帙,而无此本。

是书今有北京大学图书馆藏清乾隆四十八年清稿本。

■ 春秋闰例日食例 未见

(清)孔继涵撰。

是书,《山东通志》据《山左诗续钞》著录,未见传本。《书目答问补正》载之,亦云未见传本。《续修县志》孔广栻传称:"其父之著述多版行,惟搜集诸家解麟经书,厥绪未竟,广栻乃踵而成之。校刻《春秋世族谱》、《春秋地名》、《人名同名录》、《春秋闰例日食例》、《左国蒙求》、《国语解订讹》。"据此,其书似已刊行。

■ 列国事语分类考释一卷 存

(清)孔广森撰。广森有《周易厄言》,本部易类已著录。

是书系广森春秋学著作手稿,现藏曲阜文管局档案馆,一册,无格,亦不题作者名氏。首页左上朱书"即位例"三字,此页凡十二行二十八字,次为"书首事例",以下行字不等。按:此书,早年尝见山东省图书馆古籍部《全省善本书目著者目录(卡片)》有此目,稿本《中国古籍善本书目》小学类亦加著录,不知为何《中国古籍善本书目》出版时未作保留。他如《山东通志》、《续修县志》、《著述记》及《山东文献书目》亦俱不见载。

是书今有曲阜文管局档案馆藏孔广森手稿本。

■ 春秋地名同名录一卷、春秋人名同名录一卷 存

(清)孔广栻撰。广栻有《周官联事》,本部周礼类已著录。

《中国古籍善本书目》经部春秋总义类:"《春秋地名考》一卷,清孔继涵撰;《春秋

地名同名录》一卷、《春秋人名同名录》一卷,清孔广栻撰。清抄本。"兹据著录。按:
《山东通志》,《春秋地名同名录》、《春秋人名同名录》二书混作《春秋地名人名同名
录》,与《春秋闰例日食例》、《左国蒙求》合并著录,题孔继涵撰,显为不妥。此盖即所
谓继涵厥绪未竟,广栻踵而成之者也。《续修县志》、《著述记》亦如《山东志》,混二编
为一书,殊违著录体例。

　　是书今有国家图书馆藏清抄本(《春秋地名同名录》另一抄本有补遗一卷;《春秋
人名同名录》另有单抄本;又一抄本,与《春秋世族谱》、《春秋世族谱考》合帙,并藏国
家图书馆)。

■ 春秋释例世族谱补缺一卷释例补遗一卷长历考一卷 　存

(清)孔广栻撰。

　　是书据《中国古籍善本书目》经部春秋总义类著录。《山东通志》、《续修县志》、
《著述记》等不载其书。按:卢文弨《抱经堂文集·孔百城补杜氏释例世族谱序》(甲
辰)云:"杜当阳既为《春秋左氏经传集解》三十卷,又著《释例》四十卷,其《长历》本之
刘洪《乾象历》;《地名》本之《泰始郡国图》;《世族谱》本之古史官《世本》。今惟《集
解》盛行,而《释例》几隐,《隋志》仅十五卷,疑亦未全之书。曲阜孔农部荭谷访得《长
历》、《地名》两种善本,先梓以公诸世,而《世族谱》则残缺特甚,长公孝廉百城广栻有
意补之。凡二十九国,又小国四十四国,其末以古人名谱终焉。所采辑多据孔氏《正
义》,他若冯氏之《名号归一图》、并近代马氏之《世系图》、《名氏谱》、程氏之《春秋分
记》,虽皆不能无所失,然亦择其者而从之。于是,此书乃粲然复明于世。百城索余
序,诺之有日,不果作。今忽闻农部君新弃养,其志业之未竟者,深有赖于后之人。此
书亦其一也,因亟序而归之。"所指当即此书。

　　是书今有国家图书馆藏孔氏稿本。

■ 春秋世族谱一卷、春秋世族谱考一卷 　存

(清)孔广栻撰。

　　《中国古籍善本书目》经部春秋总义类:"《春秋世族谱》一卷、《春秋世族谱考》一
卷、《春秋人名同名录》一卷,清孔广栻撰。清抄本。"兹据著录。按:其《春秋人名同名
录》前已著录,而《春秋世族谱》,似即《续修县志》、《著述记》所谓"校刻"者。

　　是书今有国家图书馆藏清抄本(《春秋世族谱》另有清单抄本,亦藏国家图书馆。
又有北京大学图书馆藏清乾隆四十八年芳杜轩抄本,有附录一卷)。

■ 春秋土地名考一卷补遗一卷疏引土地名一卷土地名考异一卷　存

(清)孔广杕撰。

是书,《中国古籍善本书目》经部春秋总义类据国家图书馆藏清抄本著录。按:此书《山东通志》、《续修县志》、《著述记》等皆无载。

■ 春秋贯玉无卷数　未见

(清)孔继慈撰。继慈,平阳派郡庠生传缶第三子,州判继惠弟,孔子六十九代孙,庠生。

《孔子世家谱》三集平阳派:"六十九代继慈,庠生,著有《春秋贯玉》、《学庸会要》行世。"兹据著录。未见传本。

■ 春秋集成无卷数　佚

(清)孔广业撰。广业,孔子七十一代孙。

是书,《江苏艺文志》据同治《续纂江宁府志》著录。按:考广业,平阳派有多人,似皆不符,其中有嘉庆二十三年岁贡生、候选训导者,有撰著《存心堂制艺》者。此外,《江苏艺文志》又据《金陵通传》卷八著其《辟佛文》一目。《辟佛文》似以儒学辟佛理,若加归类,宜列子部儒家,而非佛教。附此不另著。

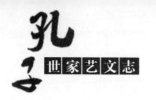

论语类

■ 论语二十篇 存

（周）孔子弟子记录。

《汉志》：《论语》古二十一篇，注曰：出孔子壁中，两《子张》。如淳曰：分《尧曰篇》后子张问何如可以从政已下为篇，名曰《从政》。又有《齐》二十二篇，注曰：多《问王》、《知道》。如淳曰：多《问王》、《知道》，皆篇名也。又有《鲁》二十篇、《传》十九篇，师古曰：解释《论语》意者。《隋志》有郑玄注《论语》十卷，注曰：梁有古文《论语》十卷，郑玄注。又王肃、虞翻、谯周等注《论语》各十卷，亡。又有《论语》九卷，郑玄注、晋散骑常侍虞喜赞等。两《唐志》有郑玄、王肃、李充、梁觊、袁乔、尹毅《论语》注各十卷，郑玄注、虞喜赞十卷，宋明帝补卫瓘《注》十卷，孟厘《注》九卷，何晏、孙绰、江熙《集解》各十卷等。《宋志》有何晏《集解》、皇侃《疏》等。《山东通志》据《汉志》著录《鲁论语》二十篇、《传》十九篇。按：邢昺《论语注疏序》云"汉中垒校尉刘向言：《鲁论语》二十篇，皆孔子弟子记诸善言也。"《汉志》谓："《论语》者，孔子应答弟子时人及弟子相与言，而接闻于夫子之语也。当时弟子各有所记，夫子既卒，门人相与辑而论纂，故谓之《论语》。"王充《论衡》云："《论语》者，弟子共纪孔子之言行。"《隋志》云："《论语》者，孔子弟子所录。孔子既叙《六经》，讲于洙泗之上，门徒三千，达者七十。其与夫子应答，及私相讲肄，言合于道，或书之于绅，或事之无厌。仲尼既没，遂缉而论之，谓之《论语》。汉初，有齐、鲁之说。其齐人传者，二十二篇；鲁人传者，二十篇。齐则昌邑中尉王吉、少府宗畸、御史大夫贡禹、尚书令五鹿充宗、胶东庸生；鲁则常山都尉龚奋、长信少府夏侯胜、韦丞相节侯父子、鲁扶卿、前将军萧望之、安昌侯张禹，并名其学。张禹本授《鲁论》，晚讲《齐论》，后遂合而考之。删其烦惑，除去《齐论·问王》、《知道》二篇，从《鲁论》二十篇为定，号《张侯论》，当世重之。周氏、包氏，为之章句，马融又为之训。又有古《论语》，与古文《尚书》同出，章句烦省，与《鲁论》不异，唯分《子张》为二篇，故有二十一篇。孔安国为之传。汉末，郑玄以《张侯论》为本，参考《齐论》、《古论》而为之注。魏司空陈群、太常王肃、博士周生烈，皆为义说，吏部尚书何晏又为集解,是后诸儒多为之注。《齐论》遂亡。《古论》先无师说,梁、陈之时,唯郑玄、何晏立于国学,而郑氏甚微。周、齐,郑学独立。至隋,何、郑并行,郑氏盛于人间。"《经典释文》云:"《鲁论语》者,鲁人所传,即今所行篇次是也。常山都尉龚奋、长信少府夏侯胜、丞相韦贤及子玄成、鲁扶卿(郑云扶先,或说先先生)、太子少傅夏侯建、前将军萧望之并传之,各自名家。安昌侯张禹受《鲁论》于夏侯建,又从庸生、王吉受《齐论》,择善而从,号曰《张侯论》,最后而行于汉世。"其叙汉代《论语》传述,与《隋志》略有异同。《先秦文汇》称:汉末,郑玄以《张侯论》为本,参考《齐论》、《古论》而为之注。至此,齐、鲁、古三家之别为之而灭。魏何晏复杂采汉魏经师如孔安国、包咸、周氏、马融、郑玄、陈群、王肃、周生烈八家之说,并下己意而为集解,正始中上之,盛行于世。梁皇侃以之去取,兼采六代诸儒之说,为《义疏》十卷。汉晋经学,赖此以存。但陈振孙《直斋书录解题》已不著录,知此书之失,当在南宋。惟唐时旧本流传海外,康熙九年日本山井鼎等作《七经孟子考文》,自称其国有是书。乾隆三十六年汪鹏至日本见之,始购以归。故《四库全书》及鲍廷博之《知不足斋丛书》均已收之。宋邢昺于真宗咸平二年奉诏改定旧疏,大抵剪皇氏之枝蔓,而稍傅以义理,颁列学官,成为《十三经注疏》中之定本。又朱熹辑宋儒二程、张载、范祖禹、吕希哲、吕大临、谢良佐、游酢、杨时、侯仲良、尹焞、周孚先、胡寅、洪兴祖诸人之说,名曰《集注》,堪与《集解》相抗衡,列为四子书之一,尤通行于世。赵顺孙之《纂疏》乃疏《集注》者,所辑考亭之后学有黄干、蔡沈等十三家之说,可谓能集理学家《论语》说之大成矣。清人注疏则以刘宝楠《正义》最称精审,皈依《集解》,訾謷《集注》,凡汉唐石经、皇侃《义疏》、陆德明《释文》,苟有异谊,兼收并蓄,且采毛奇龄《论语稽求》、翟灏《四书考异》、冯登府《论语异文疏》及汉唐人著述所引《论语》之不同者,以资考校。旁搜博辩,可谓能汇汉学之大观。总之,现存《论语》之注本,盖以何晏《集解》为最古,朱熹《集注》为最精,刘宝楠《正义》为最博。嗣后,又有程树德《集释》,荟萃贯串前人训诂注疏,引书至六百八十种,现已列入中华书局《新编诸子集成》第一辑,可与刘氏《正义》互资为用。此外,又有各种注译本,其中,尤以杨伯峻《论语译注》最为流行。又按《论语》一书,汉唐人多以为孔子弟子记录(其中,有笼统言之者,有指列其名者),而柳宗元《论语辨》却称其"所记独曾子最后死,盖乐正子春、子思之徒与为之尔。"朱熹《论语序》复引程子说云:"《论语》之书,成于有子、曾子之门人,故其书独二子以称。"考《论语》中以子称者,尚有冉求、闵损,然惟有若、曾参始终称子。又所记孔子弟子,均书其字,而《子罕·太宰章》书"牢曰",《宪问》首章书"宪问",皆称名而不举姓,《先秦文汇》以为此二章当系琴牢、原宪二子所记之原文。又书中所记鲁哀公、季康子、子服景服诸人,皆举其谥,诸人

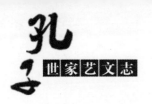

之死,皆在孔子卒后;又记及曾子临终之言,曾子在孔门中齿最幼,其卒年更远后于孔子。可见此书同样非成于一时一人之手,盖先是诸弟子各有所记,而后或由有子、曾子之徒增订成书。有子名若,字子有;曾子名参,字子舆,皆为孔子弟子,鲁国人。

是书今有1973年河北定州汉墓出土竹简本(据学者研究,其本属《鲁论》系统,亦出儒师传授;河北省文物研究所定州汉墓竹简整理小组编有《定州汉墓竹简论语》一书)。另外,郑玄注、何晏集解、皇侃疏,均有唐写残卷,分别见《鸣沙石室佚书影印本》第一册、《鸣沙石室古籍丛残影印本》第三册及《敦煌秘籍留真新编影印本》;并有清光绪十五年德傅云龙依唐卷子何晏集解本刊本。郑玄注又有新疆维吾尔自治区博物馆藏唐景龙四年卜天寿写本(不分卷,存四篇);何解、邢疏本,日本静嘉堂文库藏有元泰定四年刊明正德递修本(二十卷,六册),台北"国立中央图书馆"藏有元刊明正德间修补十行本,及近人阮暗手跋明熊九岳等校刊本;又国家图书馆藏明抄本;明刻本;明锡山秦氏求古斋刊本(作二卷);日本明治六年刊本;台北"故宫博物院"藏清乾隆五年蒋蘅手写本(作二卷);清乾隆间武英殿刻满汉合璧本(作二卷)。何晏集解本有宋刘氏天香书院刻本,元岳氏荆溪家塾刻本,宋刻元明递修本(存卷十一至二十),元刻明修本,清乾嘉间鲍廷博刻《知不足斋丛书》本,清王亶望刻本,日本大正五年据天文版影刊本。另有清康熙间李光地等奉敕编《篆文六经四书》本,清光绪十二年石印吴大澂篆书本(白文无注)。及元刻明修《十三经注疏》本,明北京国子监刻《十三经注疏》本,明闽刻《十三经注疏》本,明毛氏汲古阁刻《十三经注疏》本,清乾隆四年武英殿刻《十三经注疏》本,清阮元重刊宋本《十三经注疏》本,2000年12月北京大学出版社《十三经注疏》整理本(李学勤主编);与《四库全书》本,《四部备要》本,《四部丛刊》本,《古逸丛书》本,《天禄琳琅丛书》本,《袖珍十三经注》本,《古经解汇函》本,《丛书集成初编》本,及1980年中华书局《论语译注》等各种译注本、外语译本等。

■ 论语义疏三卷　佚

(秦)孔鲋撰。鲋后名甲,字子鱼,魏安厘王相、封鲁国文信君斌长子,孔子九代孙,始皇元年,召封鲁国文通君,拜少傅;陈涉为楚王,征为博士。

是书,《汉志拾补》等据《册府元龟》征引著录。《经义考》、《山东通志》、《曲阜志》亦据著录,作二卷。按:此书仅见于《册府元龟·学校部》,汉、隋诸《志》均无著录,故《汉志拾补》以为"甚可疑"。孔尚任《孔子世家谱》载李斯议焚书,鲋闻陈余说将灭先王之籍,惧招祸患,遂藏《论语》、《尚书》、《孝经》等书于祖堂旧壁中。亦不云有此书。又徐广、宋咸及《山东志》等称鲋为孔子八世孙,或称鲋为楚人、为陈人,均属不妥。究其原因,或以其尝聘于楚,卒于陈故也。

■ 古文论语训二十一篇 佚

（汉）孔安国撰。安国有《古文尚书》,本部书类已著录。

是书据《山东通志》著录,《汉志拾补》作孔安国《古论语传》;《经义考》作孔氏安国《古论语训》;沈家本《古书目三种》作《论语孔安国注》;《曲阜志》作《论语训解》一篇,篇数疑脱"二十"二字或"十"字。《阙里文献考》云:"《论语》,汉时有齐、鲁之说,《鲁论》二十篇,《齐论》多《问王》、《知道》二篇,为二十二篇。后孔壁古文出,章句繁省,与《鲁论》不异,惟分《尧曰篇》子张问从政以下别为《从政篇》,为二十一篇。十一代孙安国为之传,卷佚。"何晏《论语集解序》云:"《古论》,唯博士孔安国为之训解,而世不传。"《经义考》引宋姚勉曰:"《六经》之传行于世者,《诗》、《礼》笺注自郑康成,始于东汉;《易》、《春秋》注自王弼、杜预,始于魏晋;出西汉者,独孔安国《书传》耳!然安国《书传》本出伪托。惟《论语集解》中所引孔氏训,则解经首功矣。"《汉志拾补》称:"何晏《集解》首列孔安国一家,则其书魏晋时尚存,其云'世不传'者,谓世未传习,时盛行《张侯论》故也。嘉兴沈涛作《论语孔注辨伪》,谓《论语训》、《孝经传》,识者皆疑其伪,因而掊击之。然自汉魏以来相传未可与梅赜伪《孔传》比,故仍从旧文录之。"《古书目三种》谓:"《古论语》与《尚书》、《孝经》同出壁中,孔安国皆得之,故皆为之传。《释文》云:'何晏集孔安国、包咸、周氏、马融、郑玄、陈群、王肃、周生烈之说,并下己意,为《集解》。'今《集解》所采孔说极多,乃云'世不传',何欤?抑世不传者,谓世无传授之人,非其书不传欤?《隋志》以下不著录,则其书已亡,真不传矣。"按:盖以安国原书久佚,不惟书目著录各异,古籍称引亦很不一,如《世说新语》刘孝标注、《文选》李善注所引此书作《论语注》,《一切经音义》则称《孔注论语》。清马国翰辑其佚为十一卷,序云:"案《孔子家语·后序》云:'天汉后,鲁恭王坏夫子故宅,得壁中诗书,悉以归子国。子国乃考论古今文字,撰众师之义为《古文论语训解》十一篇。'隋、唐《志》皆不著录,仅见何晏《集解》所引,辑其散佚,并以皇侃疏本、高丽本与邢昺疏本文字异者参定,以复其旧。《史记》、《说文》引称皆古文,亦据采入,仍其篇目,为十一卷。"其辑本收入《玉函山房辑佚书》,题《论语孔氏训解》。此外,王仁俊、龙璋亦各有辑本一卷,分别收入《玉函山房辑佚书续编》、《小学蒐佚》。龙本详后著录。

■ 孔注论语一卷 存

（汉）孔安国撰,（民国）龙璋辑。

是书,《中国丛书综录》著录,稿本《续修四库提要》亦著录,略云:"案安国注《论语》,《汉书艺文志》、《隋书经籍志》皆未著录,惟《家语》载汉孔安国撰《古论语训》二十一篇耳。特《家语》为王肃伪作,故宝应刘台拱、海宁陈鳣、武进臧镛堂均疑此书亦伪。然未敢讼言攻之也。至嘉兴沈涛纂《辨伪》一书,列举五证,颇为精核,然其所见者,大抵从何晏《集解》中搜采而成,故其说谓'为平叔(何晏字)思有以难郑,而恐人之不信之也。于是,托于西京之博士、阙里之裔孙,以欺天下后世云云。'书中'禘自既灌',涛谓'灌'通作'祼',今以是编证之,则是编与涛所见固自不同,是编固云'祼'与'灌'同训,其原文本作'祼'也。又其余涛所见,与是编同者,不过三数解,余则涛有而此无,或此有而涛无。窃疑何晏系采集孔、包、周、马、郑诸家之说,而以己意折衷之。或有所羼乱,流传过久,孰为孔,孰为包,原书已亡,无从取证,后世因安国之注《论语》,不见于《史记·孔子世家》、《汉书·儒林传》,而又与伪《古文尚书》同出,因《尚书》之伪,遂并而疑之,不知《隋志》虽未著录,而其《论语叙录》称'又有《古论语》,章句繁省,与《鲁论》不异,惟分《子张》为二篇,故有二十一篇。孔安国为之传云云。'"又谓:"是编固不得谓之为伪书矣。汉代学官,《齐论》、《鲁论》、《古论》,三家并立,兼采异说,以备参考,今表而存之,亦古人诸家并存之义也。"

是书今有民国攸县龙氏《小学蒐佚》铅印本。

■ 论语注十卷 存

(汉)郑玄撰,(清)孔广林辑。广林有辑《周易注》,本部易类已著录。

是书,《中国丛书综录》等著录。《山东通志》谓:"陆《音义》云:'郑校周之本以《齐》、《古》读正,凡五十事。'孔广林、马国翰俱有辑本十卷。"

是书今有清光绪十六年山东书局刻《通德遗书所见录》本,国家图书馆藏清抄《郑学十八种》本,北京大学图书馆藏清抄《郑学十八种》本等。

■ 论语篇目弟子一卷 存

(汉)郑玄撰,(清)孔广林辑。

是书据《中国丛书综录》著录。《山东通志》:"《论语孔子弟子目录》一卷,郑玄撰。见《隋志》。《唐志》作《论语篇目弟子》。孔广林、马国翰俱有辑本一卷,孔本标目依《唐志》,马本从《隋志》。"

是书今有清光绪十六年山东书局刻《通德遗书所见录》本,国家图书馆藏清抄《郑学十八种》本,北京大学图书馆藏清抄《郑学十八种》本,福建省图书馆藏清抄《郑学十八种》本等。

■ 论语注十卷 _佚

（刘宋）孔澄之撰。澄之字仲渊，孔子二十六代孙，居会稽，官新安太守。

是书据《曲阜志》著录。《隋志》注："梁有晋国子博士梁觊、宋新安太守孔澄之、齐员外郎虞遄及许容、曹思文注各十卷。亡。"《经典释文》：孔澄之《注》十卷。注云："字仲渊，会稽人，宋新安太守。"《册府元龟》："孔澄之，字仲渊，为新安太守，著《论语》十卷。"《经义考》："孔氏澄之《论语注》。《七录》十卷，佚。"按：考《孔子世家谱》、《阙里文献考》不载孔澄之其人其书，澄之或为淳之族兄弟。

■ 论语说十卷 _佚

（宋）孔武仲撰。武仲有《书说》，本部书类已著录。

是书，《宋志》、《山东通志》、《西江志》、《经义考》、《阙里文献考》等俱著录。《阙里文献考》："武仲，元祐初，历秘书省正字、校书，集贤校理，著作郎，国子司业。尝论科举之弊，诋王氏学，请复诗赋取士，又欲罢大义，而益以诸经策，御试仍用三题。所著《诗》、《书》、《论语》、《金华讲义》、《内外制奏议》、杂文，共百余卷。"

■ 论语说 _佚

（宋）孔元忠撰。元忠有《书纂》，本部书类已著录。

是书见刘宰《漫塘文集·故长洲开国寺丞孔公行述》，《行述》谓"侍郎叶公适，初为部从事，一见公所著《论语说》，深加叹赏。"然考《宋志》、《苏州府志》、《经义考》、《四库采进书目》等，其书俱无著录。

■ 论语钞十卷 _佚

（宋）孔元忠撰。

刘宰《漫塘文集》卷三十五《故长洲开国寺丞孔公行述》："公讳元忠，字复君，孔圣之裔，世远族分，莫详其谱……其所为书曰：《豫斋集》二十卷、《论语钞》十卷、《祭编》五卷、《编年通考》七十三卷、《书纂》二卷、《考古类编》四卷、《纬书类聚》二卷，藏于家。"兹据著录。

■ 论语集说 _佚

（宋）孔元龙撰。元龙初名捴，字季凯，一作伯凯，衢州派迪功郎璞长子，孔子五十

学庸类

■ 中庸说二篇 佚

相传(周)孔伋作。伋字子思,鲤子,孔子孙。宋徽宗崇宁元年封为"沂水侯",度宗咸淳三年加封"沂国公";元文宗至顺元年加赠"沂国述圣公";明世宗嘉靖九年改称"述圣子思子"。

《汉志》:《中庸说》二篇。师古曰:"今《礼记》有《中庸》一篇,亦非本礼经,盖此之流。"《山东通志》:"《中庸说》二篇,《汉志》著录,不注撰人。颜师古注云:今《礼记》有《中庸》一篇,亦非本礼经,盖此之流。按:《礼记·中庸》,郑《目录》以为孔子之孙子思伋作之。颜注谓'盖此之流',则不以《中庸说》为子思所作之《中庸》矣。《经义考》载王祎云:'《中庸》古有二篇,见《汉艺文志》,而在《礼记》中者,一篇而已。'周寿昌云:'今一卷,此二卷者,编次各异也。'二说皆以《礼记·中庸》,即《汉志》之《中庸说》,与颜注异。而晁说之《中庸解跋》云:'《汉艺文志》礼家有《中庸说》二篇,今莫知其为何书也。'则亦不以为子思之书矣。考郑《目录》谓《中庸》于《别录》属通论,通论于说为近,疑《中庸》原有'说'字,而小戴删之,《汉志》所题为本名,非两书也。其篇数之不同,当从周说。"顾实《汉志讲疏》云:"《中庸说》二篇。亡。以《志》既有《明堂阴阳》,又有《明堂阴阳说》为例,则此非今存《戴记》中之《中庸》,明也。"才按:此书《汉志》不著作者,颜师古也未注及,然考《史记》、《孔丛》诸书俱称子思作《中庸》。《史记·孔子世家》亦云:"孔子生鲤,字伯鱼。伯鱼生伋,字子思,年六十二。尝困于宋。子思作《中庸》。"《孔丛子·居卫篇》载子思既免宋困,曰:"文王厄于羑里作《周易》,祖君屈于陈、蔡作《春秋》,吾困于宋可无作乎? 于是,撰《中庸》之书四十九篇。"孔尚任《孔子世家谱》等也有类似记载。而俞樾《湖楼笔谈》谓:"子思作《中庸》,汉时已有此说,太史公亦信之。然吾谓《中庸》或孔氏之徒为之,而非子思所自为也。《中庸》盖秦书也。何以言之? 子思之生,当鲁哀公时;其殁也,当鲁穆公时,是春秋之末战国之初。当是时,天下大乱,国自为政,家自为俗,而《中庸》乃曰:'今天下车同轨,书同文,行同伦。'此岂子思之言乎? 吾意秦并六国之后,或孔氏之徒传述绪言而为此书。"《古史辨》(四)载冯友兰《〈中庸〉的年代问题》,谓《小戴礼记》之《中庸》中段部分"似为子思原来所作之《中庸》,即《汉书·艺文志·儒家》中之《子思》二十三篇之类(此亦不过就其大概言之,其实中段中似亦未尝无后人附加之部分,不过有大部分似为子思原来所作之《中庸》耳)。首末二段,乃后来儒者所加,即《汉书·艺文志》'凡礼十三家'中之《中庸说》二篇之类也。'今天下车同轨'等言,皆在后段,更可见矣。《中庸说》之作者,名其说为《中庸说》,必系所谓'子思之儒';但其中又发挥孟子之学说,则又为所谓'孟氏之儒'。盖二派本来相近,故《荀子·非十二子篇》以之为一派也"。对此,郭沫若《十批判书》则以为:"故如冯氏所论,实不足以否定子思的创作权。不过《中庸》经过后人的润色窜易是毫无问题的,任何古书,除刊铸于青铜器者外,没有不曾经过窜易与润色的东西。但假如仅因枝节的后忝或移接,而否定根干的不古,那却未免太早计了。"郭老此言,真乃千古不刊之论。考《礼记》中之《中庸》固非《汉志》所载《中庸说》,或如颜师古所说"盖此之流"。然南宋朱熹特将摘出,为作章句,与《大学》、《论语》、《孟子》合称"四子书",集注而传于世。而序之曰:"《中庸》何为而作也?子思子忧道学之失其传而作也……若吾夫子,则虽不得其位,而所以继往圣、开来学,其功反有贤于尧、舜者。然当是时,见而知之者,惟颜氏、曾氏之传得其宗。及曾氏之再传,而复得夫子之孙子思,则去圣远而异端起矣。子思惧夫愈久而愈失其真也。于是,推本尧、舜以来相传之意,质以平日所闻父师之言,更互演绎,作为此书,以诏后之学者。盖其忧之也深,故其言之也切;其虑之也远,故其说之也详。"

■ 戴记旧本大学一卷 存

(汉)郑玄注,(唐)孔颖达疏。颖达有《周易正义》,本部易类已著录。

是书,《中国古籍善本书目》经部四书类著有湖南省图书馆藏明万历刻本。

■ 中庸补注三卷 未见

(明)孔谔撰。谔字贞伯,终吉户赠文林郎、监察御史希麟子,孔子五十七代孙,永乐六年举人,七年特赐进士,历官监察御史,河南按察司佥事。

是书,《山东通志》、《曲阜志》、《阙里文献考》等皆著录,《明志》、《千顷堂书目》此书作一卷。《曲阜志》孔谔传:"谔嗜性理之学,于诗赋尤工。所著有《中庸补注》三卷,书进秘府。又有《舞雩春咏诗集》二十卷。"

■ 中庸孔庭续问一卷 未见

（明）孔承倜撰。承倜有《易经代言》，本部易类已著录。

是书，《山东通志》、《曲阜志》、《阙里文献考》皆著录。未见传本。

■ 学庸正解 未见

（明）孔尚严撰。尚严字乾山，孔子六十四代孙，管理户事。

是书，《曲阜志》、《阙里文献考》著录皆称"卷佚"。按：此书未见传本，尚严亦未见《家谱》各户载及，俟考。

■ 楷园增删大学衍义补七卷 未见

（明）孔鼎撰。鼎有《周易达传》，本部易类已著录。

孔鼎《楷园文集自序》："甲申乙酉，值国大故，文献凋谢，乃入山作野人，庭萝覆门，草在窗下，静而对之，千千然也。于是，搜《周易》之遗编，得数十种，删谬订讹，上证宣圣十翼，曰《楷园周易达传》，分十二卷。博采《性理四书大全》及诸先贤名集，以□考亭绝业曰《楷园四书达注》，亦分十二卷。凡天经地纬、轩岐河洛、禽奇诸家之学，亦杂著三十余卷，录□天下国家硕□教授学者，曰《楷园增删大学衍义补》，漱粹分七卷。"兹据著录。

■ 大学正文约注一卷 存

（清）孔贞瑄订录。贞瑄有《大成乐律全书》，本部乐类已著录。

是书，山东省博物馆藏有清康熙三十八年刻本，八行二十字，白口，四周单边。内封镌"大学正文约注/聊园订录/世袭五经博士较刊/袭封衍圣公鉴定"。前有衍圣公孔毓圻序，孔贞瑄康熙己卯序。后有孔尚任序。按：此书《山东通志》据本书著录题"孔贞瑄订刊"，云："贞瑄在滇得钞本《四书约注》，相传为秦中十县令所共撰，不著名籍。贞瑄手录而改正之，加'正文'二字。仅刊此本，《中庸》、《论》、《孟》，均未刊。其述言云：《约注》定本格物传：先物有本末，次知止，终听讼。以此谓知之至也结焉。盖尚宗蔡氏之说也。愚意亦以蔡说为长，故备录而重校之。又云：《约注》加之以'正文'，本于方正学题郑仲辨篆书。"《山东文献集成》影印此书题"孔贞瑄撰"。毓圻序曰："开天之圣人立极，继天之圣人垂统。立极者主作，垂统者主述。'述而不作'之言非谦也，运会使然耳。圣祖集千圣之大成，删定六经，皆所以明统也。道统莫详于《中庸》，治统莫全于《大学》。书全，故传也；传而不全，不几贻千古之憾乎。据顾氏《通考》,《大学》古本,《石经》与《戴记》异;宋儒叙次,二程与朱子异,盖竹简易于错乱。汉去古未远,说经者辈出,未尝谓一传尽亡也。稽古阙疑若此,其慎矣。至宋又复千余年,文献莫征,持论家异而户殊,圣贤之微言自在,固无害于经传。然参考互证,博雅君子所不废也。此《约注》一书大有功于后先,而不容终湮也。余猥嗣宗祧,主祼酋典,守祖宗经训,如《家语》、《丛子》、《谱》、《志》之版,镉之金匮石室,罔或散落,常复购求异书轶文,以广见闻,况先圣之要书,为举世所服膺研究而不能尽者,有人焉,探微抉奥,为之表章而发明之,可澹然任其显晦乎?用是命族髦较订,而授之梓,以永其传,亦曰东家旧业,所应为。是述也,而非矜著作,逞独见,要名誉于士林者等尔。"又孔尚任《大学正文约注后序》云:"程子曰:《大学》,孔氏之书也。经曰圣经,传为贤传,秦焰之所不及,简虽错乱,文无阙落,自《石经》、《戴记》,古本不同,诸家叙次互异,至紫阳谓亡格致传,而以意补之,遂令千百世有不见全书之憾,非裔人之责与历元明诸名儒董车宋方之流,疑议颇悉。聊园闻其说甚稔,而未识所决从,及在滇海得《四书约注》一编,其叙次《大学》,专宗《蒙引》蔡虚斋之说,与诸儒之论适合。手录以归。质于经学士大夫,佥称其确,竞相传写,奈无副本,恐久或讹失,乃请宗公鉴定,世子及五经翰博,同为较订,谋藉手剞劂,将与《家语》、《丛子》同藏奎文阁中,以永其传。余惟孔氏书,孔氏修之,偶有疑误,孔氏正之,亦其宜尔。其《中庸》、《语》、《孟》之全注,俟宿学通儒之考订继举焉。至启蒙制艺,仍用晦庵定本,亦两无嫌焉耳。谨跋。阙里孔尚任东塘书于石门山房。"按:尚任此序不署何年,而称"书于石门山房"。然考三十八年此书刊刻时,尚任正在京任职,似有不符。又考贞瑄自滇归里为康熙三十四年乙亥,因知此序之撰,当在三十四至三十八年之间。

是书今有山东省博物馆藏清康熙三十八年曲阜孔氏刻本,2009年9月山东大学出版社《山东文献集成》第三辑影印本。

■ 大学讲义 未见

(清)孔尚任撰。尚任有《易经系辞讲义》,本部易类已著录。

《幸鲁盛典》:康熙幸鲁,"遣翰林院掌院学士常书、侍读学士朱玛泰至曲阜,会同衍圣公孔毓圻,于孔氏子弟内选举讲书二人,令撰次应讲经书经义进呈。孔毓圻举监生孔尚任、举人孔尚铉应诏讲书"。又孔尚任《出山异数记》云:"任以貌小儒生,选侍经筵,虽惧陨越,然分不敢辞。但不知撰何经义,乃称大典?常公出示二黄封,乃《大学》圣经首节、《易经系辞》首节。于是抚几案,给笔札,不移晷而《大学讲义》成。张公旁睨云:'《讲义》是矣,后段颂圣,似不可少者。'任应声补足。"又云:"翰林院掌院学

士孙公在丰传旨云:所撰《讲义》虽好,但有数字未妥,即令改易。——指示其应改处,隐有揩痕,盖出睿鉴也。更拟数字,呈御览,讫。孙公手誊《讲义》二本,云'此设御案者'。又命一中翰誊二本,云'此设讲案者'。任不及俟誊完,别孙公入城,夜已三更矣。"兹据著录。按:尚任以文学名家,世人但知《桃花扇》、《湖海集》,殊不知其经学亦渊源有自,涉笔成文。此篇与易类所著《易经系辞讲义》均不见旧目著录,今表而出之,特为孔氏艺文存一掌故,为尚任著述增一门类耳。

■ 大学指掌一卷、中庸指掌三卷 存

(清)孔昭杰撰。昭杰有《论语集注》,本部论语类已著录。

是书,《贩书偶记》据道光丙戌阙里刊巾箱本著录,题孔昭辰撰。昭辰即昭杰。《续修县志》、《著述记》此书作《学庸指掌》,不著卷数。《山东通志》:"《学庸指掌》三卷,孔昭辰撰。昭辰晚名昭杰。是书刊于嘉庆戊辰,昭辰自《志》略云:'博取众说,折衷旧闻,集其浅而易明、简而尤要者,分疏栉比,抄录成卷,以为家塾讲贯之资。越两月而稿成,名之曰《学庸指掌》。'"

是书今有清嘉庆十三年曲阜孔氏刻本,清道光六年曲阜孔氏刻巾箱本等。

■ 学庸阐要三卷 存

(清)孔传游撰。传游有《太极易图合编》,本部易类已著录。

是书,《清志拾遗》著有山东省博物馆、山东省图书馆藏《致远堂全集》本。按:经调查,二馆所藏实为同一本,书藏山东省博物馆,山东省图书馆无其书。《东北地区古籍线装书联合目录》著录吉林大学图书馆藏清道光刻《致远堂全集》本,作《大学阐要》二卷、《中庸阐要》一卷。《山东通志》经部四书类此书与其《论语发微》合并著录,不题卷数。

■ 学庸会要无卷数 未见

(清)孔继慈撰。继慈有《春秋贯玉》,本部春秋总义类已著录。

是书据《孔子世家谱》继慈传著录。传称其书"行世"。

■ 学庸一贯录无卷数 未见

(清)孔广循撰。广循字雅山,孟村户七品执事官继河次子,孔子七十代孙,恩贡生。

是书据《续修县志》著录。未见传本。《孔子世家谱》:"七十代广循,字雅山,性聪

颖,幼承庭训,博极群书,老而不倦。早岁入庠,旋食廪饩。清文宗临雍,以学行兼懋,选送陪祀,蒙赐恩贡,无意进取。归里设教,生徒济济,多所成就。著有《学庸一贯录》。(《家谱》)自乾隆后,两届甲子大修,均未重修。公谓世愈远,纂愈难。乃倡修本户支谱。年七十二而卒。子二:昭焯、昭卓。昭卓出嗣。"按:昭焯、岁贡生,候选训导;昭卓,咸丰辛亥恩科举人。

■ 中庸讲义一卷 存

(清)孔祥霖撰。祥霖字少沾,号恫民,一号达吾,又号北屏,大宗户署翰林院五经博士繁渥次子,孔子七十五代孙,同治十二年癸酉科拔贡,光绪三年丁丑科进士,改翰林院庶吉士,授编修,出为河南提学使,湖北学政,乙酉科顺天乡试同考官,己丑恩科甘肃正主考。

是篇载见《孔教会杂志》1913 年第 1 卷 11 期。

孟子类

■ 五臣解孟子十四卷 佚

（宋）孔武仲等撰。武仲有《书说》，本部书类已著录。

是书，《山东通志》著录，谓："《五臣解孟子》十四卷，孔武仲其一也。晁公武云：'皇朝范祖禹、孔武仲、吴安诗、丰稷、吕希哲，元祐中同在经筵所进讲义。贯串史籍，虽文辞微涉丰缛，然观者咸知劝讲自有体也。'"按：考"五臣"武仲之外，范祖禹字淳甫，成都华阳人，嘉祐进士，元祐时，官给事中、翰林侍讲学士；吴安诗，建州浦城人，元祐时谏官、起居郎；丰稷字相之，鄞人，举进士，累官御史中丞；吕希哲字原明，寿州人，元祐中为崇政殿说书。

■ 孟子摘要 未见

（清）孔昭杰撰。昭杰有《论语集注》，本部论语类已著录。

是书，《续修县志》、《著述记》皆著录。未见传本。

■ 论孟注辑要 未见

（清）孔昭杰撰。

是书，《山东通志》著录，题孔昭辰撰，云："有刊行本，见《躬耻斋文集》。"按：此书，《续修县志》、《著述记》无载，审其名，当与前著《摘要》相类。按：昭杰初名昭辰。

■ 孟子义疏二十八卷 未见

（清）孔广铭撰。广铭有《公羊释例》，本部春秋公羊传类已著录。

是书见沃丘仲子《近代名人小传》孔广铭传。《中国人名大辞典》广铭传此书不著卷数，云未完成。

四书类

■ 四书详解无卷数 佚

(宋)孔习周撰。习周有《书经什文》,本部书类已著录。

《孔子世家谱》三集平阳派:"五十代习周,宋绍兴间,三领江浙乡荐。乾道年,敕授洪州文学。著《四书详解》、《书经什文》行于世。"兹据著录。按:《家谱》谓其"行于世",然考《宋志》、《文渊阁书目》、《千顷堂书目》、《四库采进书目》俱无著录,可见不传久矣。

■ 四书正义无卷数 佚

(元)孔潼孙撰。潼孙字宗善,号约斋,平阳派国子监丞之敬仲子,孔子五十三代孙,历国子上舍、建康路教授。

是书据《孔子世家谱》潼孙传著录。按:《平阳县志》人物志潼孙传不云有著述,谓:潼孙字宗善,号约斋,始家于杭。宋德祐末,为建康路学教授,时元兵渡江,道梗不可南,因又家焉。至元二十八年,以官事赴大都,道卒临清。子文升,字退之,扶柩归葬建康,而诸孤长者方十岁,少者未离乳抱,家贫累众,不能复归温州,既又娶于溧阳,携诸孤就外氏以居,遂为溧阳人矣。仕元太平路学教授,嘉兴路知事,上元县尹。

■ 四书讲义无卷数 佚

(元)孔思璘撰。思璘原名士璘,字玉卿,平阳派从政郎、礼兵部架阁景行子,柳城县令之强孙,孔子五十四代孙,永嘉县教谕。

《孔子世家谱》三集平阳派:"五十四代思璘,原名士璘,字玉卿,国子监,永嘉县教谕。著有《四书讲义》。子二:克林、克。"《温州经籍志》卷六据雍正《浙江通志》二百四十二著录,云:孔氏士璘《四书讲义》,佚。《两浙著述考》亦称"今佚"。兹参据著录。按:苏伯衡《苏平仲集·故元温州路同知平州阳事孔公墓志铭》云:公之曾大父曰景行,宋从政郎,主管礼兵部架阁文字,架阁之子曰士璘,元永嘉县学教谕,后以子贵赠

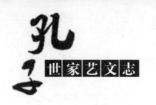

从仕郎、曲阜县尹。曲阜之子曰，以承务郎、松江府判官致仕。乾隆《平阳县志》卷十三荐举：孔士璘字玉卿，延祐间授永嘉教谕。又按：今考其父景行，字宗成，宋太学上舍，度宗临雍，赐进士出身，授修职郎，庆元府教授，从政郎，礼兵部架阁。长子克林，字鲁茂，金华县教谕，处州蜀峰书院山长，建宁路教授，将仕郎，缙云县主簿。二子克，字子静，永新州学正，龙溪书院山长，江州路教授，将仕郎，湖口县主簿。

■ 四书代言 _{未见}

(明)孔承偁撰。承偁有《易经代言》，本部易类已著录。

是书，《山东通志》、《曲阜志》、《阙里文献考》著录，皆称"卷佚"。

■ 三书论目无卷数 _佚

(明)孔贞慎撰。贞慎有《诗经便览》，本部诗类已著录。

是书，《江苏艺文志》据乾隆《高淳县志》本传著录。传称其著有《诗经便览》、《三书论目》、《史纲私议》、《春秋阐微》、《古文选》等书，卷帙多逸，惟《诗集》与《史纲》犹存。《孔子世家谱》三集平阳派贞慎传但著其《诗经便览》、《史纲》，不云有此书。

■ 四书日知录无卷数 _{未见}

(明)孔尚望撰。尚望有《毛诗日知录》，本部诗类已著录。

是书，《孔子世家谱》尚望传载之，称其"行于世"。《江苏艺文志》据乾隆《高淳县志》卷十九本传作者题"孔一望"，云孔一望，明高淳人，邑庠生，事嫡母至孝，性好施予。万历三十六年大水，出谷赈饥，邑人德之。撰《毛诗日知录》、《四书日知录》。

■ 四书达注十二卷 _{未见}

(明)孔鼎撰。鼎有《周易达传》，本部易类已著录。

是书据《江西通志·艺文志》著录，未见传本。按：孔鼎《楷园文集》载其自序云：甲申乙酉，值国大故，文献凋谢，乃入山作野人，庭萝覆门，草在窗下，静而对之，千千然也。于是，搜《周易》之遗编，得数十种，删谬订讹，上证宣圣十翼，曰《楷园周易达传》，分十二卷。博采《性理四书大全》及诸先贤名集，以□考亭绝业曰《楷园四书达注》，亦分十二卷。

■ 四书讲义二卷 _{未见}

(清)孔兴纲撰。兴纲字元常，号蓼园，平阳派衍麟长子，尚颜嗣孙，孔子六十六代孙,邑诸生。

是书,《江阴县志》、《江阴艺文志》、《江苏艺文志》俱著录,民国《孔子世家谱》三集平阳派兴纲传此书不著卷数,未见传本。

■ 东林讲义二卷 _{未见}

(清)孔兴纲撰。

是书,《江阴艺文志·校补》、《江苏艺文志》(无锡卷)分别据《浙江通志》、《江南通志》著录,《江阴县志》、《孔子世家谱》不著此书,疑即前著《四书讲义》。

■ 四书约注无卷数 _{未见}

(清)孔贞瑄撰。贞瑄有《大成乐律全书》,本部乐类已著录。

《孔子世家谱》:"六十三代贞瑄,罢归,构聊园以自乐。著《聊园文集》、《诗略》、《四书约注》、《操缦新说》、《大成乐律全书》、《滇记》、《黔记》、《泰山纪胜》、《缩地歌》等书。事迹载山东、云南两省《志》。"兹据著录。按:此书相传为秦中十县令所共撰,贞瑄录而正之,其中,《大学》已付梓,《中庸》、《论》、《孟》均未刊。参见学庸类《大学正文约注》。

■ 四书讲义六卷 _{未见}

(清)孔兴治撰。兴治字麟祥,号朴庵,大宗户廪贡生衍铉次子,孔子六十六代孙,康熙三十七年拔贡生,官郯城教谕。

是书,《曲阜志》、《阙里文献考》皆著录。未见传本。按:《阙里文献考》孔氏著述四书类云"六十六代孙进士兴治有《四书讲义》六卷",《曲阜志》类记著述袭其说,亦云"进士孔兴治有《四书讲义》六卷"。二书俱称兴治为进士。然考二书学校进士门及《山东通志·进士表》、《明清进士题名碑录》实无其人,而《曲阜志》、《阙里文献考》学校拔贡门康熙三十七年,则俱列其名,因知二书《著述》为误注。又《孔子世家谱》称其"丁丑拔贡",亦欠确。"丁丑",乃康熙三十六年。

■ 四书辩义无卷数 _{未见}

(清)孔传心撰。传心字振微,平阳派毓庆三子,孔子六十八代孙。

《孔子世家谱》三集平阳派:"六十八代传心,字振微,学问精邃,著有《四书辩义》。"兹据著录。按:考传心乃出身书香之家,祖兴仲,字亚胄,博洽经史,尚义疏财。有子三人:毓赓、毓庠、毓庆。伯父毓庠,字钟敬,博淹群书,著有《博弈论》、《戒子弟》、

本书已著录。

■ 四书晰疑六卷　未见

（清）孔毓芬撰。毓芬字高建，号仁圃，又号景山，岭南派南海支兴儒子，孔子六十七代孙。

是书，民国《南海罗格孔氏家谱》艺文著录，该《谱》毓芬传谓"毓芬平生精探理窟，四子书中有疑义，手自注解，其启迪后人甚多，著有《四书晰疑》六卷，《经义约旨》二卷"。

■ 瓠经堂四书指迷无卷数　未见

（清）孔继培撰。继培字笃堂，牟平派署贵溪县知县传芬子，孔子六十九代孙，庠生。

是书据《山东通志》、《牟平县志》著录。《孔子世家谱》二集牟平派："六十九代继培，字笃堂，庠生。著有《瓠经堂四书指（迷）》。"按：考《牟平遗香集》收其诗五首，小传未云有著述，称其早岁攻帖括，屡领乡荐，不见售于主司，遂纵情吟哦，豪饮弄笛以为乐，卒年甫逾壮，惜哉！又继培为传芬独子。传芬字芳谷，原任江西万安县县丞，调署贵溪县县丞，保举知县，署理贵溪县知县，例授修职郎。

■ 四书提纲四卷　未见

（清）孔广海撰。广海有《周易史论》，本部易类已著录。

《孔子世家谱》孔广海传："广海著有《周易史论》二卷，《诗经末》二卷，《书经末》六卷，《四书提纲》四卷，《读史先》一卷，《周礼》、《仪礼》、《尔雅》、《孝经读本》共八卷，《县志采访未誊草》八卷，纂修《莘县志》八卷，已梓。"兹据著录。按：魏守谦《周易史论》跋，此书作一卷，云："大太老师一生著书甚多，是书之外，有《四书提纲》一卷，《书经末》六卷、《诗经末》二卷、《读史先》一卷、《县志采访未誊草》八卷、《周礼》、《仪礼》、《尔雅》、《孝经读本》共八卷"。

■ 四书索间无卷数　未见

（清）孔昭忠撰。昭忠字荩臣，鲁山派尼山学录广赐长子，监生继儒孙，孔子七十一代孙，邑庠生。

《孔子世家谱》三集河南鲁山派："七十一代昭忠，字荩臣，邑庠生，性至孝，善事继母……尤博学多识，精于地理，著有《四书索间》一部。"兹据著录，未见传本。

■ 四书大义辑要十卷 未见

(清)孔祥霖撰。祥霖有《中庸讲义》，本部学庸类已著录。

是书据《续修县志·艺文志》著录。其《人物志》称其"少习举业，不事帖括，尤嗜程朱之学，凡子史百家、汉宋以来诸儒学案，靡不探赜索隐、博淹旁通，并于古今学术治理，洎泰西之政法、文艺，皆有领会。著有《四书大义辑要》十卷，《经史孝说》十二卷，《东游条记》二卷，《强自宽斋杂著》数卷，《忏庐联语》一卷，均未刊。"按：此书未见传本。《孔少沾先生兴学纪念碑》云："吾邑孔氏多经师，如荭谷之于《三礼》，粟轩之于《公羊》，尤著者也。有清末造，欧学风驰，而以新知识饷馈来学，融会中西，俾不拘于一是者，则自我少沾先生始。先生以圣哲后裔，早岁腾达，屡持文柄，皆称得人，尤留心于经世之学。"

■ 四书实义丛钞 未见

(清)孔祥霖撰。

《续修县志》卷七孔祥霖《四书实义丛钞序》云："自朱文公表章四子为一书，由宋元明至今，人人诵习之、讨论之，一若布帛菽粟，而不可离也。祥霖不敏，读《四书》有年矣，亦第以之资帖括，而课诸虚耳。程子云：'科举不患妨功，惟患夺志。'诚有慨乎！其言之泊乎百过丛于一身，人以为不读书之过，我自知为不善读书之过，乃稍稍去虚而之实焉。闲尝以清献为宗，而兼参之顾亭林、张杨园、李榕村、王而农、李二曲、陆桴亭、张孝先、汤潜庵、张蒿庵、胡石庄、张武承、汪双池、姚姬传、陈榕门、刁蒙吉、韩理堂、魏贞庵、熊敬修、陈沧洲、杨宾时、李恒斋、方灵皋、陆朗夫、阎怀庭、王襄三、阴静夫、陈确庵、曹陶庵、张佩葱、沈石长、雷翠庭、凌渝安、赵松伍、蔡葛山、耿逸庵诸先生之经说，或连篇累牍，或只词片语，苟于《四书》实义相发，无不随时抄录，以蕲博观约取，有所观感而生向善之心也。"又云："如祥霖之网罗旧闻，为补过计，安敢窃比于前贤，积写五年，裒然成帙，钞既成，不可以不志吾过。"兹据著录。按：此书，本书《艺文志》不载，疑即前著《四书大义辑要》，盖抄撮诸家经说之有"实义"者而成。

孝经类

■ **孝经一卷** 存

一说(周)孔子作。孔子见本部易类《周易》。

《史记·仲尼弟子列传》："曾参,南武城人,字子舆,少孔子四十六岁。孔子以为能通孝道,故授之业。作《孝经》。"《孔子家语·七十二弟子解》："曾参,志存孝道,故孔子因之以作《孝经》。"何休《春秋公羊传序》："昔者,孔子有云:吾志在《春秋》,行在《孝经》。"陆德明《经典释文序录》云:"《孝经》者,孔子为弟子曾参说孝道,因明天子庶人五等之孝、事亲之法。"又云:"《孝经》虽与《春秋》俱是夫子述作,然《春秋》周公垂训,史书旧章,《孝经》专是夫子之意,故宜在《春秋》之后。《七志》以《孝经》居《易》之首,今所不同。"《隋书·经籍志》云:"孔子既叙《六经》,题目不同,指意差别。恐斯道离散,故作《孝经》以总会之。明其枝流虽分,本萌于孝者也。遭秦焚书,为河间人颜芝所藏。汉初,芝子贞出之,凡十八章。而长孙氏、博士江翁、少府后苍、谏议大夫翼奉、安昌侯张禹,皆名其学。又有古文《孝经》,与古文《尚书》同出。而长孙有《闺门》一章,其余经文大较相似,篇简缺解。又有衍出三章,并前合为二十二章,孔安国为之传。至刘向典校经籍,以颜本比古文,除其繁惑,以十八章为定。郑众、马融并为之注。又有郑氏注,相传或云郑玄。其立义与玄所注余书不同,故疑之。梁代,安国及郑氏二家,并立国学,而安国之本亡于梁乱。陈及周、齐,唯传郑氏。至隋,秘书监王劭于京师访得孔《传》,送至河间刘炫。炫因序其得丧,述其议疏,讲于人间。渐闻朝廷,后遂著令,与郑氏并立。儒者喧喧,皆云炫自作之,非孔旧本,而秘府又先无其书。又云:魏氏迁洛,未达华语。孝文帝命侯伏侯、可悉陵,以夷言译《孝经》之旨,教于国人,谓之《国语孝经》。"按:自汉迄于隋唐,皆以《孝经》为孔子所作,而五代以后,始有异说。晁公武《郡斋读书志》以为曾子弟子所作;王应麟《困学纪闻》引冯椅说,以为曾子弟子子思所作;毛奇龄《孝经问》以为七十子之徒所作;朱熹《孝经刊误后序》引汪应辰语,以为后人附会而成;姚际恒《古今伪书考》以为汉儒所伪造。而姚鼐《惜抱轩文集》折衷诸家曰:"《孝经》,非孔子所为书也,而义出于孔氏,盖曾子之徒所述者耳。朱子疑焉,为之刊误。夫古经传远,诚不能无误也,然朱子所刊,亦已甚耳。夫其书有不可通者,非本书之失,后人离合其章者之过,而文有讹失,不能明也。"其古代文本,陈国庆《汉志注释汇编》谓有四种:一、古文本,出孔子宅中者,凡二十二章,亡于梁代。二、隋代后得古文本,《隋志》谓王劭于京师访得古文《孝经》孔安国传,以送河间刘炫者,自唐以后其书已亡。三、清代后得日本古文本,亦附有孔安国传,学者多认为日本人所伪造,今尚存,即鲍氏《知不足斋丛书》所刻者。四、今文本,汉初颜贞所献(晁公武曰:千八百七十二字),凡十八章,今存,即《十三经注疏》所据之本。其实,尚有《隋志》所载之孝文帝时"以夷言译《孝经》之旨"的《国语孝经》本未加列举。又顾实《汉志讲疏》曰:严可均有郑注辑本,皮锡瑞有《孝经注疏》,均精善。清《四库》著录《孝经正义》三卷,唐玄宗注,宋邢昺疏,今通行本也。玄宗注本,现日本宫内厅书陵部藏有宋天圣明道年间刻本,国家图书馆藏元相台岳氏荆溪家塾刻本(《中华再造善本》据以影印)等。

是书今有明刻本,明新刊明大字本,明嘉靖三十四年益藩刻明朱氏篆写本,清顺治十三年内府刻本,清雍正五年武英殿刊满汉合璧本,清乾隆四十七年陈氏裕德堂刻本(郑玄注,清陈鱣辑),清乾隆五十三年国子监石拓本,清咸丰六年武英殿刊满汉合璧本;台北"故宫博物院"藏清乾隆五年蒋蘅手写本,上海图书馆藏周广业跋清乾隆五十年周广业抄本(郑玄注),广东中山图书馆藏清陈澧批校清抄本(题《孝经郑氏解》,清臧庸辑),国家图书馆藏元岳氏荆溪家塾刻本(唐玄宗注,陆德明音),清初影元抄本,清影元刻本,清季锡畴、王振声跋清影元抄本,元泰定三年刻本(唐玄宗注,宋邢昺疏);江西乐平县图书馆藏元泰定三年刻明修本;上海图书馆藏明刻本(唐玄宗注);清光绪十一年苏州振新书局石印吴大澂篆书本(白文无注)。又元刻明修《十三经注疏》本,明嘉靖李元阳刻《十三经注疏》本,明北京国子监刻《十三经注疏》本,明毛氏汲古阁刻《十三经注疏》本,清乾隆四年武英殿刻《十三经注疏》本,清阮元重刊宋本《十三经注疏》本,2000年12月北京大学出版社《十三经注疏》整理本(李学勤主编),及《九经正文》本、《宋刊巾箱八种》本、《宝颜堂秘籍》本、《九经》本、《格致丛书》本、《四部丛刊》本、《古逸丛书》本、《四库全书》本、《四部备要》本,各种现代译注本,外译本等。

■ 古文孝经一卷 ^存

(汉)孔安国传。安国有《古文尚书》,本部书类已著录。

《隋志》:"《古文孝经》一卷,孔安国传。梁末亡逸,今疑非古本。"《旧唐志》:"《古文孝经》一卷,孔子说,曾参受,孔安国传。"又"《古文孝经》一卷,刘邵注"。《新唐志》:"《古文孝经》孔安国传一卷。刘邵《注》一卷。"兹据著录。按:《汉志》著有《孝经古孔氏》一篇。注云："二十二章。师古曰：刘向云古文字也。《庶人章》分为二也，《曾子敢问章》为三，又多一章，凡二十二章。"《宋志》、《经义考》皆作《古文孝经》。《山东通志》于《孝经古孔氏》后复据《隋志》著录《古文孝经传》一卷，题孔安国撰。《曲阜志》、《阙里文献考》略云：《孝经》者，孔子为曾子陈孝道，曾子与门人所记也。凡十八章。其后，孔壁《古文》出，为二十二章。孔安国作《传》一卷。《崇文总目》："《古文孝经》一卷，汉侍中孔安国注。班固《艺文志》有《孝经古文孔氏》一篇，二十二章，本出屋壁中，前世与郑康成注并行，今孔注不存，而隶古文与章数存焉。"《山东志》引《家语·后序》云："安国为《古文孝经传》二篇，壁中科斗本也。"许冲《进〈说文〉表》云："慎又学《孝经》孔氏古文说。《古文孝经》者，孝昭帝时，鲁国三老所献，建武时，给事中议郎卫宏所校。"桓谭《新论》云："《古文孝经》千八百七十二字，今异者四百余字。"《隋志》云："《古文孝经》，与《古文尚书》同出。而长孙有《闺门》一章，其余经文大较相似，篇简缺解。又有衍出三章，并前合为二十二章，孔安国为之传。梁代，安国及郑氏二家，并立国学，而安国之本亡于梁乱。陈及周、齐，唯传郑氏。至隋，秘书监王劭于京师访得孔《传》，送至河间刘炫。炫因序其得丧，述其议疏，讲于人间。渐闻朝廷，后遂著令，与郑氏并立。儒者喧喧，皆云炫自作之，非孔旧本，而秘府又先无其书。"按：《孝经》经唐明皇御注颁行，孔《传》更趋衰微，亦益发引起后人怀疑。其实，此书并未亡绝，彼时在东邻日本，仍有流传，其胆泽城遗址发掘出土的八世纪中后期漆纸日写本《古文孝经》，即有孔安国传，《传》文为双行，夹缀于经文句间（详参李学勤《日本胆泽城遗址出土〈古文孝经〉论介》，载《孔子研究》1988 年第 4 期）。另外，清乾隆年间，汪翼沧东至日本，于长崎澳得日人太宰纯刊《古文孝经》孔传，歙县鲍廷博刻入《知不足斋丛书》，后又编入《四库全书》。太宰纯刊《古文孝经》，山东大学图书馆有藏，书凡九行十八字，白口，左右双边，单鱼尾，版心下镌"紫芝园"三字。内题："孝经；（汉）鲁人孔安国传，（日本）信阳太宰纯音"。前有太宰纯享保十六年（1731）十一月序，略云："予尝试检其书，古人所引孔安国《孝经传》者及明皇御注之文，邢昺以为依孔《传》者毕有，特有一二字不同耳，得非传写之互讹乎？先儒多疑孔《传》以为后人伪造者，予独以为非。经曰：'身体发肤受之父母，弗敢毁伤，孝之始也。'诸家解皆以为孝子不得以凡人事及过失毁伤其身体。孔《传》乃以为刑伤。盖三代之刑有剕、刵及宫，非伤身乎？荆非伤体乎？髡非伤发乎？墨非伤肤乎？以此观之，孔《传》尤有所当也。王仲任亦尝诵是经文，而曰：孝者怕入刑辟刻画身体，毁伤发肤，少德泊行不戒慎之所致也。合而观之，可以见古训焉。如从诸家说，则忠臣赴君难者不避水火兵刃，节妇有断发截鼻者，彼皆为不孝矣。是说不通也。余故曰孔《传》者，安国所作无疑也。或曰《尚书》

之文奇古难读,安国传之其言甚简,《孝经》之文平易,安国传之乃不厌繁文,何也?曰:传《尚书》者为学士大夫也,故不尽其说,使读者思而得之;传《孝经》者为凡人也,故丁宁其言,以告谕之,此其所以不同也。"

是书今有日本爱知县猿投神社藏后鸟羽天皇建久六年写本(首题"古文孝经;孔安国"),日本武田科学振兴财团杏雨书屋藏四条天皇仁治二年写本,日本京都市三千院藏后宇多天皇建治三年写本,日本后阳成天皇至后水尾天皇庆长年间敕版刊印本,日本灵元天皇贞享五年京都西村七郎兵卫、大阪森田庄太郎刊印本,台北"国立中央图书馆"藏黎经诰手跋传抄日本宽政十二年刊足利本,以及天津图书馆藏清傅以礼、姚凤生跋明万历三年文元发抄本,北京大学图书馆藏日本抄本,山东大学图书馆藏日本享保十七年刻本,日本文化十二年嵩山房重刊本。又《知不足斋丛书》本,《四库全书》本,《佚存丛书》本等。

■ 敦煌写本古文孝经残卷一卷　存

旧题(汉)孔安国注。

是书,稿本《续修四库提要》著录影印贞观写本,略云:按《孝经》原有今文、古文二本,今文称郑玄注,古文称孔安国注,唯其书出自刘炫,《隋志》已斥言其伪,盖亦古文书传,出自梅颐,而托名安国之类也。唐玄宗开元七年三月,诏儒臣质定,刘知幾主古文,司马贞主今文,于是,今文行而古文传习者渐稀。阅三年,开元十年六月,玄宗自注《孝经》,颁天下及国子学。天宝二年五月,重注,亦颁天下。天宝四载九月,以御注刻石太学,是谓《石台孝经》。御注行而孔郑两家并废矣。此写卷首尾均轶,见存之文,自《三才章第七》则"天之明因地之利以顺天下"句起,至《圣治章第九》"以养父母日严"句止。"民"字均缺笔,"治"字不讳。其为贞观遗物,不问可知。持与覆宋本《孝经》相校,文字颇有同异,如《三才章第七》:先王见教之可以化天下,今本"天下"作"民也";道之以礼乐而民和穆,今本"道"作"导","穆"作"睦"。《孝治章第八》:治家者不敢失于臣妾之心,今本夺"之心"二字。《圣治章第九》:天地之性,人最为贵。今本夺"最"字。盖异同之处,大抵写本之意较长。然则此戋戋残篇,无论其为前乎石台经文仅存之旧注,不容以断滥而无视其价值,即以文字而论其正缪补阙之功,夫亦何可少耶?原写卷现存法京巴黎国家图书馆,编目为三三八二号,其原寸盖倍蓰于常帙云。

是书今有法国巴黎国家图书馆藏敦煌写本,1986 年台北新文丰出版社《敦煌宝藏》影印本,2002 年上海古籍出版社《续修四库全书》影印本等。

■ 孝经孔传一卷 存

（汉）孔安国撰。

是书，《中国丛书综录续编》著有清吕鸣谦辑清光绪十九年双枫吕氏刻《孝经五种汇编》本。

■ 孝经直解一卷 存

（汉）孔安国注。

是书，《台湾公藏普通本线装书目书名索引》著有台北"故宫博物院"藏日本抄本。按：此书疑即前著孔安国传《古文孝经》。

■ 孝经注一卷 存

（汉）郑玄撰，（清）孔广林辑。广林有辑《周易注》，本部易类已著录。

是书据《中国丛书综录》著录。《山东通志》云："萧山王谷睢曰：'《孝经》郑注久佚，武进臧镛堂辑录为一卷，日本国冈田字挺之于其国所传《群书治要》中得不完本，亦辑为一卷，临海洪颐煊复采《释文》、邢《疏》，为《补证》一卷，凡三本，鲍氏廷博并刻于《知不足斋丛书》。'按：是书孔广林亦有辑本。《邵亭书目》又载有严可均辑刻本。"

是书今有清光绪十六年山东书局刻《通德遗书所见录》本，国家图书馆藏清抄《郑学十八种》本，北京大学图书馆藏清抄《郑学十八种》本，福建省图书馆藏清抄《郑学十八种》本等。

■ 孝经注一卷 佚

（晋）孔光撰。光字文泰，世次不详。

是书，《隋志》注及两《唐志》、《山东通志》等著录。《经义考》："孔氏光《孝经注》，《七录》一卷。佚。"《曲阜志·类记》著述孝经类但云"孔光作注一卷"，不注朝代。《阙里文献考》云"十四代孙汉太师博山侯光注《孝经》一卷"。《兖州府志》此书列孔安国后、王肃前。《册府元龟》谓"孔光注《孝经》一卷，至太傅卒"。似皆以为汉孔光。《孔子世家谱》不载晋孔光，而有汉孔光，但不云有是书。惟《经典释文叙录·〈孝经〉注解传述人》云："孔光，字文泰，东莞人。"列刘宋荀昶、何承天之间。与《隋志》列晋殷叔道、车胤后，荀昶前意同，皆以为其为晋宋间人。清文廷式、吴士鉴二家《补晋志》遂据收录。又《经典释文叙录》称其"东莞人"，然考《东莞县志》并无其人。因考著于此，以俟博雅。

■ *孝经义疏* 佚

（唐）孔颖达撰。颖达有《周易正义》，本部易类已著录。

是书，《新唐志》、《山东通志》、《曲阜志》、《阙里文献考》、《经义考》等皆著录。《山东志》曰："《旧唐书》本传云：'庶人承乾令撰《孝经义疏》，颖达因文见意，更广规讽之道，学者称之。'《新唐志》标目同。注云：卷亡。《新唐书》本传作《孝经章句》，与《志》不合，兹依《旧书》标目。"

■ *孝经读本* 未见

（清）孔广海撰。广海有《周易史论》，本部易类已著录。

是书见《孔子世家谱》孔广海传与魏守谦《周易史论》跋。其与《周礼》、《仪礼》、《尔雅》读本共八卷。未见传本。按：考广海作品未结集，见光绪《阳谷县志》收有其《阳谷齐鲁考》、《阳谷水利说》、《创修考院碑记》（光绪十三年）、《咸丰同治年间屡次遭劫记》、《葬孟公首骨说》、《庠生乡饮大宾孔听斯先生墓碑记》（题"长男举人广海谨述"）等文，光绪《莘县志》载其《志成纪事》长诗一首。一并附记于此。

小学类

■ 尔雅三卷 存

一说（周）孔子所增。孔子见本部易类《周易》。

张揖《进广雅表》："昔在周公，六年制礼以导天下，著《尔雅》一篇以释其意义。传乎后嗣，历载五百，坟典散落，唯《尔雅》恒存，是以知周公所造也。今俗所传三篇《尔雅》，或言仲尼所增，或言子夏所益，或言叔孙通所补，或言沛郡梁文所考。皆解家所说，先师口传，既无正验圣人所言，是故疑不能明也。"又《郡斋读书志》："《尔雅》三卷，右世传《释诂》，周公书也。仲尼、子夏、叔孙通、梁文增补之，晋郭璞注。《艺文志》独以《尔雅》附孝经类，《经籍志》又以附论语类，皆非是。今依《四库书目》，置于小学类之首。"兹据著录。按：《大戴礼·孔子三朝记》云："哀公曰：寡人欲学小辨，以观于政，其可乎？孔子曰：《尔雅》以观于古，足以辨言矣。"《西京杂记》："郭威字文伟，茂陵人也。好读书，以谓《尔雅》周公所制，而《尔雅》有'张仲孝友'，张仲，宣王时人，非周公之制明矣。余尝以问扬子云，子云曰：'孔子门徒游、夏之俦所记，以解释六艺者也。'家君以为《外戚传》称'史佚教其子以《尔雅》，《尔雅》，小学也'。又记言：'孔子教鲁哀公学《尔雅》。'《尔雅》之出远矣。旧传学者，皆云周公所记也，'张仲孝友'之类，后人所足耳。"《先秦文汇》谓："是书非著于一人之手，亦非成于一时，盖创始于周公，而陆续增补于诸家也。惟《四库简明目录》云：'《尔雅》乃录诸书训诂名物之同异，自为一书，所采者不仅经义，并旁及《楚辞》、《庄子》、《列子》、《穆天子传》、《管子》、《吕氏春秋》、《山海经》、《尸子》、《国语》诸书，盖亦《方言》、《急就》之流。其成书亦当在毛亨以后，武帝以前。太抵小学家缀辑旧文，递相增益，周公、孔子皆依托之词。'康有为因而疑出刘歆伪造。不知《大戴记》及扬子《方言》已有论及，《七录》尚载犍为文学（《经典释文》以为汉武帝时人）有《注》三卷，皆在刘歆以前。梁启超以为：不过秦汉间经师诂经之文，盖为《记》百三十一篇中之一篇或数篇，大戴曾采录之。是则《简明目录》及梁氏之否定《释诂》为周公所作，并无真凭实据。然而，如《释训》篇中之'如切如磋，道学也；如琢如磨，自修也'至'民之不能忘也'一段，则显然为后学者窜入《大学》成文矣。要之，以周公作《释诂》造其端，七十子又为解释《六经》而增加《释言》、《释训》等篇，秦汉间经师更递相补益而成书耳。"其说近是。盖孔子既授诸经于弟子，复解惑释疑以答其问，当时，七十子或各有所记，至汉代经学昌盛，儒生为研读之便，遂将周公《释诂》并七十子所记，以及秦汉经师解经之语足补其未备者，汇为一书。此书，《汉志》三卷二十篇，今所传本止十九篇，然考诸书所引，并无缺篇，则《汉志》盖合序篇言之(《毛诗正义》有征引)。另外，此书既为解经之作，故无所谓授受源流。汉文帝时曾一度置博士，唐宋时期成为《十三经》之一。历代注释此书者不乏其人，而其中以郭璞注、邢昺疏，亦即《十三经注疏》本最为通行，以清邵晋涵《尔雅正义》、郝懿行《尔雅义疏》较为重要。宋代郑樵亦有注本，明汲古阁刊，三卷外复有后序一卷，俱可参考。

　　是书今有唐写残本一卷(存卷中)，见《敦煌秘籍留真新编》；日本静嘉堂文库藏陆心源皕宋楼等旧藏明海翁手跋北宋刊宋元修补本；国家图书馆藏清顾广圻跋宋刻本，2002 年 12 月北京图书馆出版社《中华再造善本》影印本；上海图书馆藏清影宋抄本；国家图书馆藏元雪牕书院刻本(又一本，清臧庸等校跋)，国家图书馆藏元刻本(有抄配)，2006 年 10 月北京图书馆出版社《中华再造善本》影印本；宋刻宋元明初递修公文纸印本；元仿宋刻本，元刻明修本；清姚晼真跋明刻本，明景泰七年马谅刻本，明嘉靖四年张景华、黄卿刻本，明嘉靖四年许宗鲁宜静书堂刻本，明嘉靖十七年吴元恭刻本，清江标、叶德辉跋明刻本，又李盛铎跋明刻本，明刻本，明天启六年郎氏堂策槛刻五雅本，明末刻本(附《小尔雅》一卷)，元刻明修《十三经注疏》本，明嘉靖李元阳刻《十三经注疏》本，明崇祯元年毛氏汲古阁刻《十三经注疏》本，清乾隆四年武英殿刻《十三经注疏》本，清阮元重刊宋本《十三经注疏》本，2000 年 12 月北京大学出版社《十三经注疏》整理本(李学勤主编)，清乾隆十年三乐斋刻本；清乾隆二十九年曲阜孔继汾刻本，清乾隆五十一年金阊书业堂刻本，清嘉庆十一年顾广圻思适斋刻本；清崇德书院刻本，《四库全书》本，《古逸丛书》本，《四部丛刊》本，《四部备要》本，及各种现代校注本等。

■ 小尔雅一卷　存

　　(秦)孔鲋撰。鲋有《论语义疏》，本部论语类已著录。

　　是书，《宋志》、《崇文总目》、《中兴书目》、《经义考》、《山东通志》、《曲阜志》等皆著录。按：此书，《汉志》列孝经类，不著撰人；《隋志》列论语类，有李轨解一卷；两《唐志》但著李轨解。《郡斋读书志》云："《小尔雅》一卷，孔氏古文也。见于孔鲋书。"王应麟《汉志考证》："《小尔雅》一篇，孔鲋撰。十三章，申衍诂训，见《孔丛子》。李轨解一卷。"又《困学纪闻》云："《大戴记》之《夏小正》；《管子》之《弟子职》；《孔丛子》之《小尔雅》，古书之存者，三子之力也。"《直斋书录解题》谓："《汉志》有此书，亦不著名氏。《唐志》有李轨《解》一卷，今《馆阁书目》云孔鲋撰。盖即《孔丛子》第十一篇也，曰《广诂》、《广言》、《广训》、《广义》、《广名》、《广服》、《广器》、《广物》、《广鸟》、《广兽》凡十章，又《广度》、《量》、《衡》为十三章。当时好事者抄出别行。"钱大昕《汉书考异》曰："李善《文选注》引《小尔雅》皆作《小雅》。此书依附《尔雅》而作，本名《小雅》，后人伪造《孔丛》，以此篇窜入，因有《小尔雅》之名，失其旧矣。"《四库全书总目》称："其书久佚，今所传本，则《孔丛子》第十一篇抄出别行者也。"又曰："汉儒说经皆不援及，迨杜预注《左传》始稍见征引，明是书汉末晚出，至晋始行，非《汉志》所称之旧本。"沈钦韩《汉书疏证》云："班氏时，《孔丛》未著，已有《小尔雅》，亦孔氏壁中文，不当谓其从《孔丛》抄出也。"《郑堂读书记补逸》著录《五雅》本，云"旧题楚孔鲋撰，宋宋咸注。"按曰："《孔丛子》一书，乃缀合孔氏之遗文以成者，是编亦刺取以入之，宋人从之录出，以《孔丛子》题孔鲋撰，故此书亦署鲋名，不知其书在《孔丛子》之前，而唐以前诸书征引，并无称鲋撰者，此考证家所当急为著明者也。《孔丛子》有宋咸注，故此书亦载之，然其注惟此本为最多。《说郛》及《汉魏丛书》本，则其注更遭删削，仅存一二，并咸名亦不存焉。至子鱼终仕于陈涉，而三本俱沿《孔丛子》旧题，为汉人，更为误中之误，故今皆正之，并补列宋咸之名云。"周氏所论极是。考孔鲋，乃周、秦时人，《孔丛子》称其"生于战国之世，长于兵戎之间"，孔尚任《孔子世家谱》云"陈涉为楚王，征为博士，凡六月，卒于陈。年五十七。"据此，鲋约生于公元前264年，卒于公元前208年，是孔鲋卒时，汉朝尚未建立，何自宋以来著录其书辄署以汉？称鲋为汉人固无道理，而如《通志·艺文略》等署"楚孔鲋"，亦觉无当。"楚"乃周朝时一诸侯国，与三国鼎立时之魏、蜀、吴有所不同。一书之中，既按朝代序次，又以国名题署，有悖著录体例。故本书于其著述皆以"秦"署之，庶几不谬。又《山东志》引明詹景凤《书后》，称之"广释字义，旁搜名物。言约而事不泛，旨近而便于俗，于小学尚矣"。而清戴震《书后》则曰："《小尔雅》一卷，大致后人皮付掇拾而成，非古小学遗书也。如云'鹄中者谓之正'，则正鹄之分，未之考矣。'四尺谓之仞'，则'筑宫仞有三尺'，不为一丈，而为及肩之墙矣。'浍深二仞'，无异洫深八尺矣。其解释字义，不胜枚数以为之驳正。故汉世大儒，不取以说经，独王肃、杜预及东晋枚赜奏上之，《古文尚书》孔《传》颇涉乎此。或曰：《小尔雅》者，后人采王肃、杜预之说为之也。"可见今本有舛迕，已非原书之旧，然若据以说是后人采王肃、杜预之说为之，或如康有为《新学伪经考》所云，为刘歆伪撰，恐亦非是。此书，清代莫栻有《广注》四卷，葛其仁有《疏证》五卷，胡承珙、胡世琦分别有《义证》十三卷,王煦有《疏》八卷,宋翔凤有《训纂》六卷,并可参考。

是书今有日本东北大学附属图书馆狩野文库藏明刊本,东京大学总合图书馆藏明万历年间钱塘胡文焕校刊《尔雅》附录本;明正德、嘉靖间顾元庆刻《顾氏文房小说》本,1997年齐鲁书社《四库全书存目丛书》影印《顾氏文房小说》本;明嘉靖间刻《四十家小说》本;明刻《广汉魏丛书》本;明末与《尔雅》合刻本;明万历刻《百家名书》本;明天启六年郎氏堂策槛刻《五雅》本;明刊明吴琯校本。又有《绫百川学海》本,《金声玉振》本,《增订汉魏丛书》本,《说郛》本,《广说郛》本,《稗统》本,《龙威秘书》本,《艺苑捃华》本,《汉魏小说采珍》本,《古今逸史》本,《格致丛书》本,《丛书集成初编》本,《景印元明善本丛书十种》本,《秋圃丛钞》(一名《杞菊斋藏书》)本,《秘书二十八种》本(《台湾公藏普通本线装书目书名索引》著录台北"故宫博物院"藏《秘书二十一种》本题十二卷),《一瓻笔存》本,台湾商务印书馆《景印岫庐现藏罕传善本丛刊》本等。

■ 小尔雅佚文一卷 　存

(秦)孔鲋撰,(清)王仁俊辑。

是书,《中国丛书综录》著录《经籍佚文》本,题"汉孔鲋"。

■ 小学集略七卷补一卷 　存

(清)孔继涵辑。继涵有《考工车度记》,本部周礼类已著录。

是书,《中国古籍善本书目》著有复旦大学图书馆藏稿本,书凡一册,无序跋目录。前有《凡例》云:"一、《唐选举志》载《三苍》及《国语》、《尔雅》、《说文》、《字林》,并列学官,是知《苍雅》之学,唐人最重,至宋浸微,故隋、唐《志》所载小学诸部,《宋艺文志》止存十一,今所存者,又不逮十一矣。用是搜厥散亡,凡汉唐以来诸书所引者,悉为类集。若《隋志》载《苍颉》二卷,今录一卷。《隋志》载《通俗文》一卷,今录一卷,于全书几及过半,其不成卷者,皆编入杂录中。二、所集诸书各自为帙,其前后之次,略依《尔雅》释诂、释言、释训、释亲、释宫、释器、释乐、释天、释地、释丘、释山、释水、释草、释木、释虫、释鱼、释鸟、释兽、释畜十九门之序,每一门内,则又依所引书前后之序,其于《尔雅》无类可归者,若《春秋公羊》释文云:《苍颉篇》彀作羾,《尔雅·释训》释文云:《苍颉篇》煤音罕之类,均附于各门之后。三、每类中引经史子集各注,一以注家时代为序,如隋萧该《汉书音义》,今编在唐陆德明《经典释文》之前,不复依四部编次。他若唐司马贞《史记索隐》、张守节《史记正义》编在颜师古《汉书注》之后,李贤《后汉书注》编在宋宋祁《前汉书》校本之前,不拘《史》、《汉》先后,亦此例也。"其书《集略》

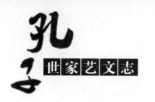

部分,首为序录,次卷一《仓颉篇》,附苍颉解诂;卷二《三苍训纂》,《三苍解诂》,附《三苍解诂》、《三苍训诂》;卷三《通俗文》;卷四《埤雅》;卷五《声类》;卷六篆文;卷七字书。《集略补》收有《辨释名》、《凡将篇》、《古文官书》、《劝学》与《圣皇篇》、《字诂》、《杂字》、《杂字解诂》、《新字解诂》、《韵集》、《字苑》、《字指》、《纂要》、《文字集略》、《字统》、《韵略》、《文字归指》、《音谱》、《证俗音》、《古今字音》、《开元文字音》、《韵海镜源》与《异字苑》、《字类》、《字湜》、《声谱》、《证俗文》、《韵谱》、《韵学集成》、《异字音》、《古今字谱》、《文字辨疑》等篇目,篇前各冠《序录》。

是书今有复旦大学图书馆藏稿本。

■ 韵学入门一卷　存

(清)孔传游撰。传游有《太极易图合编》,本部易类已著录。

是书,《东北地区古籍线装书联合目录》著有吉林大学图书馆藏清道光间刻《致远堂全集》本,《肥城县志》传游传,此书不题卷数。

■ 说文疑疑二卷　存

(清)孔广居撰。广居字千秋,号尧山,以字行,平阳派继承长子,孔子七十代孙。

是书,稿本《续修四库提要》、《江阴县续志·艺文志》、《江阴艺文志》等皆著录。《清志》等有附录一卷,盖"昭孔谓三十四则"也。兹析出另著,详参后条。《江苏艺文志》按谓:李兆洛《养一斋文集》卷十三《孔君墓志铭》此书作十卷。道光《江阴县志》人物传:"孔广居,一名千秋,字尧山,工诗,究心六书之学,善篆隶,工铁笔,著有《说文疑疑》行世。尝辟生圹,自撰《志铭》,属梁同书书之,手自刻石。子昭孔,字味茗,性古淡,亦以铁笔名。"《孔子世家谱》广居传称其字千秋,子二:昭昭,昭孔,出嗣。不云有此书。《续四库提要》据《许学丛书》本著录,称其"以《说文解字》中颇有疑义,积成二册,补遗订坠,时发前人所未发。而好奇太过,读书不多。《论六书次第》,则舍许而从班,论音韵依顾氏十部之例,不知形声之相从,四声之正转,四声之相转,古音之相通,而泥《等韵》切音之法。据石鼓之误文,而未见精拓;考日月之象形,而致疑许篆。学陋心粗,妄以意说。吴县雷浚尝谓:许学自唐李氏阳冰至故明赵氏宧光为一派。赵氏长笺,于许意十不得一,赵本书家,非小学经学家也。本朝乾嘉诸老为一派。惠征君提唱许学,江、段、桂踵起著书。此外诸家,有鲁、卫、邾、莒之别,同为许氏功臣。近又别出一派,用钟鼎文校许书,其极意处,几欲驾许而上之。旧艺野言,并为一谈,在所宜屏。若广居者,虽自称段氏玉裁、江氏声皆所亲炙,意欲净许,蔽实踵赵,固难阂所云善野言而怪旧说者矣"。按:尝阅光绪《许学丛书》本,其书凡上下二卷,卷端署"江阴孔广居稿,锡山袁宫桂阅"。后附昭孔谓三十四则一卷。俱九行二十字。首有广居乾隆五十二年、五十五年自叙二文。其一称"岁丁未,课子昭孔读《说文》,因摘所疑,积成二册"。内有昭孔疑释之文,所谓"昭孔谓"者十数条。后有金匮杨揩撰《孔千秋小传》,略谓:孔千秋名广居,以字行。本东鲁七十世裔……通六书,工篆隶,尤善摹秦汉印章。其丁古今字体,洞瞩原委,与之言,娓娓不倦,所著《说文疑疑》二册,多发前人所未发。偶作小诗,亦清□可喜。顾家甚贫,资铁笔以治生,岁游三吴间,人多以艺士待之,而千秋亦忍而以艺士自待,可慨也已。尝游锡之市,见古铜印一,文曰"孔千秋印",不觉狂喜叫绝,卒典卧具购得之。后数年,晤语及此,犹快然自得也。千秋所摹印,其款识用汉隶,或千秋,或山桥,或乐山,或尧山,或瑶山,或瑶珊,大抵刻款者都其得意笔也。又张炳翔光绪癸未仲秋跋:先生为乾嘉时布衣,自长寿镇迁居华墅之沙山,敦行好古,一日,市中见汉铜印一方曰"孔千秋",遽解襆被易之归,遂自署"千秋"。又得奇石尺许,峦壑甚美,文征仲刻"瑶山"二字其上,因自号"瑶山"。金石刻画,尤其所长,毕氏《经训堂帖》,多出其手。子昭孔,字唯明,号味茗,亦工铁笔。书中间附其说,有陕客某携徐散骑临《碣石颂》真迹求售,因价昂,留一宿,钩出还之,其好古之勤如此。味茗子宪三,字省吾,与同里吴君子重俊友善。省吾之子庆鋈为申耆先生弟子,有声庠序,早世。庚申之劫,全家被难,孔氏已无传人矣。殊可悯也。考广居,生于雍正十一年(1733)年,卒于嘉庆十七年(1812)后,年八十余岁。

是书今有清嘉庆七年孔氏诗礼堂刻本;清光绪长洲张炳翔仪鄦庐刻《许学丛书》本,《丛书集成初编》影印《许学丛书》本(按:《中国丛书综录续编》作《许氏丛书》,仪许庐刊本)等。

■ 昭孔谓一卷 存

(清)孔昭孔撰。昭孔有《夏小正注解》,本部大戴礼记类已著录。

是书据清光绪刻《许学丛书·说文疑疑》附录本著录,书凡三十四则。其父《说文疑疑》,乃丁未年课昭孔读《说文》时作。内有"昭孔谓"多条,如卷上"居"字、"斲"字,卷下"累"字、"奇"字,都不下十余则。另汇其三十四则附后,为一卷。乃昭孔疑释之文。《说文疑疑·凡例》亦言:"小儿昭孔,胸无点墨,强读古书,扪龠叩槃,都无是处。然质问之时,或近于理,亦不忍没其千虑之一得,俱以'昭孔谓'三字别之。"按:此书,《江苏艺文志》作《说文疑疑续》一卷。《许学丛书》本,此书有名题而无作者,《北京图书馆古籍善本书目》著录本书,有作者不标名题。云:《说文疑疑》二卷,清孔广居撰,

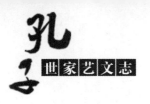

附一卷,清孔昭孔撰,清嘉庆七年诗礼堂刻本,二册,八行二十字,白口,左右双边。

是书今有清嘉庆七年孔氏诗礼堂刻《说文疑疑》附录本;清光绪长洲张炳翔仪鄹庐刻《许学丛书·说文疑疑》附录本,《丛书集成初编》影印《许学丛书·说文疑疑》附录本。

■ 分韵与稽十八卷　未见

(清)孔继璩撰。继璩字玉泉,号也鲁,吴县支嘉庆九年举人候选知县传洛长子,孔子六十九代孙,府庠增贡生。道光甲午科堂备卷,例授修职郎,驰赠承德郎,翰林院庶吉士,加三级,刑部主事,知府衔,覃恩加二级,驰赠朝议大夫。

是书据孔昭晋《硃卷履历》著录,未见传本及《孔子世家谱》记载。

■ 分韵启蒙五卷　未见

(清)孔昭坤撰。昭坤字安邦,衢州派兴国支广琳子,孔子七十一代孙。

是书,《湖北艺文志·补遗》据《兴国续志》著录。《湖北书征存目》著录同。按:昭坤,《孔子世家谱》屡查未获。惟见平阳派二支五十四代思仪有子三人:克仁、克宽、克正。克正字尧夫,因兄从明太祖起义,惧祸,隐于新潭南桐埠左,及明朝定鼎,即置产而永居兴国焉。子二:希志、希忠。未知昭坤是否出自此支?

■ 楷隶辨　未见

(清)孔广泰撰。广泰字企华,一说字叔琴,吴县支国学生继栋次子,孔子七十代孙,邑庠生。

《孔子世家谱》江苏吴县支:"七十代广泰,字企华,邑庠生,工吟咏,精《说文》,著有《楷隶辨》。子一:昭镛。"兹据著录。未见书目著录与传本。

■ 尔雅读本　未见

(清)孔广海撰。广海有《周易史论》,本部易类已著录。

是书据《孔子世家谱》孔广海传、魏守谦《周易史论跋》著录。其书与《周礼》、《仪礼》、《孝经》读本共八卷。未见传本。

■ 拼音识字表一卷　存

(清)孔繁社撰。繁社,孔子七十四代孙。

是书,中国科学院图书馆等藏有清光绪三十年文升斋刻本,一册一函。《贩书偶记》经部小学类音韵之属亦著此书。

■ 官话讲义（一名国语讲义）一卷　未见

（民国）孔广燮撰。广燮字理昌，号赞廷，岭南派候选县丞继扬次子，孔子七十代孙，国学生，钦加五品衔，诰授奉政大夫，罗格官洲围团保局副局长、南海紫洞警察第十六分区长，充广州总商会交际员、广州商务国语馆教职员。

孔广燮《官话讲义序》："古者，邻国相望，鸡狗之声相闻，其民老死不相往来，各率其语言，安其俗而乐其业，无所谓官音也。自中外交通，五方杂处，由大地而观，不特彼国与此国言语不通，即彼省与此省言语亦不通，何由达其志，而通其欲，故迩来学英语者日益众。然英语通于外国，国语达于中邦，由本而末，即近而远。是则国语一科，无论为士、为农、为工、为商，均宜讲求者也。仆生长于湘，壮游剑南，复游岭右，旋粤后，每以不通官音为吾粤虑，焦虑万分，欲国语普及于吾粤，又苦于无教授之善法，遂入粤垣师范国语研究所，研究法门。毕业以来，不忖愚昧，历学堂担任国语科学，深冀吾粤人人之晓通官音耳。去岁之秋，又值粤省自治研究所聘当国语教席，逐日另编《讲义》，以便教授。原夫国语名曰'官音'，为各省语言标准。然就省言语而论，有与官音相近六七者，四五者，二三者，惟粤闽为最不相近。仆粤人也，以齐人而传楚语，未免陨越之虞；仅就平日所习闻者，表而出之，研究所诸同学，称便不已。毕业后，另设官话讲习所，专力讲。爰将《讲义》编次成帙，以便披览。伏望世之君子有以订正焉，幸矣。宣统二年南海罗格孔赞廷序于广东公立官话讲习所。"按：此书，民国《南海罗格孔氏家谱》广燮传作《国语讲义》。兹参据著录。

■ 中华民国最新字典　存

（民国）葛天爵、孔宪彭等编。宪彭，萧山支，孔子七十二代孙。

是书，《民国时期总书目》有著录，题：（中华民国）《最新辞典》（上、下册），葛天爵、孔宪彭、张瑞年编校，上海会文堂新记书局 1922 年 6 月初版，1929 年 11 月 16 版，石印，2 册（875 页），32 开。称其书约收常见字一万余。按干支分 12 部。反切注音。有释义。笔画检字。书前有序，书末有补遗。

■ 共和新论说启蒙四卷　存

（民国）孔宪彭撰。

是书今有民国二十四年六月上海会文堂新记书局石印本，全四册。此为该书第五

十二次印刷。本编为自修用书。书前有自序云："民国立，共和成，四万万同胞，尽是新国民。既称新国民，应有新知识，吾于是编《新论说》。"其撰编旨趣于此不难窥见。

■ 初学论说必读 存

（民国）孔宪彭撰。

是书今有民国初年上海会文堂书局石印本。

群经总义类

■ 驳五经异义十卷　存

(汉)郑玄撰,(清)孔广林辑并补正。广林有辑《周易注》,本部易类已著录。

是书据《中国丛书综录》著录。《山东通志》此书著为一卷并补遗一卷,云:"《四库提要》曰:'考《后汉书·许慎传》称:慎以五经传说臧否不同,于是撰为《五经异义》传于世。《郑玄传》载:玄所著百余万言,亦有《驳许慎五经异义》之名。《隋书·经籍志》有《五经异义》十卷,后汉太尉祭酒许慎撰。而不及郑玄之驳议。《旧唐书·经籍志》:《五经异义》十卷,许慎撰,郑玄驳。《新唐书·艺文志》并同。盖郑氏所驳之文,即附见于许氏原本之内,非别为一书,故史志所载,亦互有详略,至《宋史·艺文志》遂无此书之名,则自唐以来失传久矣。'案:孔广林亦有辑本,分十卷。其《叙录》云:'许君专为古学,取义多从《古文尚书》、《春秋》说。案:古文者,以出自孔壁,字形科斗得古名,诂训、传释仍汉世说经家为之,今学岂尽失古学? 亦岂尽得郑君所以有《驳异义》之作矣。"

是书今有清光绪十六年山东书局刻《通德遗书所见录》本,国家图书馆藏各种清抄《郑学十八种》本,北京大学图书馆藏清抄《郑学十八种》本,福建省图书馆藏清抄《郑学十八种》本等。

■ 六艺论一卷　存

(汉)郑玄撰,(清)孔广林辑。

是书据《中国丛书综录》、稿本《续修四库提要》著录。《山东通志》:"《六艺论》一卷,郑玄撰。是书,孔广林、马国翰俱有辑本一卷。广林《叙录》云:徐彦云郑君先作《六艺论》讫,然后注书。盖《六艺论》者,犹注书纲领也。《六艺论》大较有四:首叙原始,次论指趣,次叙师承,终述作注之意。《论语》,郑君既为之注,宜亦有论无闻焉尔。"按:此为广林《通德遗书所见录》之首篇。

是书今有清光绪十六年山东书局刻《通德遗书所见录》本,国家图书馆藏各种清

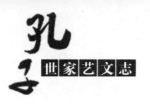

抄《郑学十八种》本,北京大学图书馆藏清抄《郑学十八种》本,福建省图书馆藏清抄《郑学十八种》本等。

■ 郑志八卷　存

(魏)郑小同编,(清)孔广林辑。

是书,《中国丛书综录》、《中国古籍善本书目》等皆著录。《山东通志》据《隋志》著录郑书作十一卷,并云:"孔广林依本传辑为八卷。《补三国艺文志》曰:钱东垣曰《郑志》当是郑君晚年定论。何以知之?本传言:赵商等自远方来就学,在何进辟召之后,时年六十。兹则商所问者十居其四,是在六十岁以后也。又诸弟子所问,引《易注》者二,是在《易注》已成之后也;引《书赞》者一,《书注》者四,是在《书赞》、《书注》已成之后也;引《诗笺》者十二,是在《诗笺》已成之后也;引《周礼注》者十七,《礼记注》者七,《仪礼注》者一,是在《三礼》注已成之后也;引《论语》者一,《禘袷志》者一,《驳五经异义》者三,是在《论语注》、《禘袷志》、《驳异义》已成之后也。答刘炎问《关雎》,则云《论语注》人间行已久。答灵模问'匪革其犹',则辨《诗笺》与《礼注》不同之故,可知晚年定论,犹足模楷百世矣。"

是书今有清乾隆三十九年曲阜孔氏古俊楼刻本,清光绪十六年山东书局刻《通德遗书所见录》本,北京图书馆藏各种清抄《郑学十八种》本,北京大学图书馆藏清抄《郑学十八种》本,福建省图书馆藏清抄《郑学十八种》本等。

■ 圣证论十二卷　佚

(魏)王肃撰,(晋)马昭驳,孔晁答,(南齐)张融评。晁有《尚书义问》,本部书类已著录。

是书,清文廷式、秦荣光、黄逢元三家《补晋志》皆著录。隋、唐《志》著录此书但题王肃撰,不云马驳、孔答、张评。文廷式《补晋志》谓此书"《唐志》十一卷。马国翰《辑佚书》得四十余节为一卷(《通典》七十一引之。《御览》三十七引《圣证论》曰:孔晁云:'能吐生百谷谓之土')"。王应麟《困学纪闻》云:"王肃《圣证论》讥短郑康成,谓天体无二,郊丘为一。禘是五年大祭先祖,非圜丘及郊;祖功宗德,是不毁之名,非配食明堂。皆有功于《礼》学,先儒韪之。《圣证论》今不传,《正义》仅见一二。臧琳《经义杂记》云唐人义疏及杜氏《通典》皆引之。《周礼》'媒氏'疏载王肃、马昭、张融、孔晁四人论难较他书为详。《唐书·元行冲传》也载其事。"盖其书宋代已佚,清王谟、马国翰各有辑本一卷,分别收入《汉魏遗书钞》和《玉函山房辑佚书》。

■ 五经正义（又名五经义训）二百二十三卷 　存

（唐）孔颖达等撰。颖达有《周易正义》，本部易类已著录。

《伪书通考·经总类》：《五经正义》，唐孔颖达撰。称"误认撰人"。云："《唐书·艺文志》有《周易正义》十六卷，注曰：'国子祭酒孔颖达、颜师古、司马才章、王恭，太学博士马嘉运，太学助教赵乾叶、王谈、于志宁等奉诏撰；四门博士苏德融、赵弘智覆审。'《尚书正义》二十卷，注曰：'国子祭酒孔颖达、太学博士王德韶、四门助教李子云等奉诏撰；四门博士朱长才、苏德融，太学助教隋德素，四门助教王士雄、赵弘智覆审。'《毛诗正义》四十卷，注曰：'孔颖达、王德韶、齐威等奉诏撰；赵乾叶、四门助教贾普曜、赵弘智等覆正。'《礼记正义》七十卷，注曰：'孔颖达、国子司业朱子奢、国子助教李善信、贾公彦、柳士宣、范义頵、魏王参军事张权等奉诏撰；与周玄达、赵君赞、王士雄、赵弘智覆审。'《春秋正义》三十六卷，注曰：'孔颖达、杨士勋、朱长才奉诏撰；马嘉运、王德韶、苏德融与隋德素覆审。'顾炎武曰：'今人但知《五经正义》为孔颖达作，不知非一人之书也。《新唐书》颖达本传：初，颖达与颜师古、司马才章、王恭、王琰受诏撰《五经义训》百余篇，其中不能无谬冗，博士马嘉运驳正其失，诏更令裁定，未就，永徽二年，诏中书门下与国子三馆博士宏文馆学士考正之。于是，尚书左仆射于志宁、右仆射张行成、侍中高季辅就加增损，始布天下。（《日知录》）"《旧唐书》颖达本传云："先是，与颜师古、司马才章、王恭、王琰等诸儒受诏撰定《五经》义训，凡一百八十卷，名曰《五经正义》。太宗下诏曰：'卿等博综古今，义理该洽，考前儒之异说，符圣人之幽旨，实为不朽'。付国子监施行，赐颖达物三百段。时又有马嘉运驳颖达所撰《正义》，诏更令详定，功竟未就。"又本书《儒学上》："太宗又以经籍去圣久远，文字多讹谬，诏前中书侍郎颜师古考定《五经》，颁于天下，命学者习焉。又以儒学多门，章句繁杂，诏国子祭酒孔颖达与诸儒撰定《五经》义疏，凡一百七十卷，名曰《五经正义》，令天下传习。"按：《五经正义》非颖达一人撰作，史有明载，毋需深辨。盖其书体大思精，非一人才力可及，当时，诏孔颖达等撰定此书，以颖达总领其事，任总编纂，他人助其成。后世书目以其专属颖达，固有不确，但如《伪书通考》谓其"误认撰人"，亦非是，后世官修御纂之书类皆如此，不足怪。诸经《正义》为卷不一，兹据《十三经注疏》本题卷，考述文字及版本情况，业已详著有关各类，兹不复赘。

■ 十三经序录一卷 　存

（唐）孔颖达等撰。

是书，《中国丛书综录》经部群经总义类著有《经史百家序录》本。

■ 校勘五经正义一百八十卷　佚

（宋）孔维等撰。维字为则，宁陵派倚子，孔子四十四代孙，流寓雍丘，乾德四年进士，官至国子祭酒。

是书，《经义考》群经类、《曲阜志》礼类皆著录。《玉海·周易正义》条注云："宋朝端拱元年十月，祭酒孔维等校正。按：《宋史》本传："维通经术。受诏与学官校定《五经疏义》，刻板行用，功未及毕，被病，上遣太医诊视，使者抚问。初，维私用印书钱三十余万，为掌事黄门所发，维忧惧，遽以家财偿之，疾遂亟，上赦而不问。维将终，召其婿郑革口授遗表，以《五经疏》未毕为恨。"又据孔《谱》，维为三十六代蒙之后，自三十六代至五十四代多单传，事迹多缺略，有族弟渭，大中祥符元年，以进士赐同三传出身。

■ 宋校勘五经正义奏请雕版表一卷　存

（宋）孔维等撰，（民国）缪荃孙录。

是书，《中国丛书综录》、《中国丛书综录续编》分别据《艺风堂读书志》、《艺风堂汇刻》本著录。按：乾隆《杞县志》孔维传云：维字为则，雍邱人，乾德四年，九经及第。开宝中，为考试官。太宗即位，擢授太子左赞善大夫。太平兴国中，拜国子《周易》博士，迁《礼记》博士。七年，使高丽，王治问礼于维，维对以君臣父子之道，升降等威之序，治悦称之，曰：今日复见中国夫子也。雍熙三年，擢为国子司业，赐金紫，会将有事于耤田，维起《周礼》至于《唐书》，凡沿革制度并录之以献，观者称其博。又上书请禁原蚕以利国马，直史馆乐史驳之，维复抗疏论辨，为依《周礼》禁原蚕为当，上虽不用维言，而嘉其援引经据，以章付史馆。耤田毕，拜国子祭酒。淳化初，兼工部侍郎。二年卒，年六十四。维号通经术，颇以经术受知太宗，求为司业，即以授之……又受诏，与学官校定《五经疏义》刻板行世，功未及毕，被病将终。召其徒郑革口授遗表，以《五经疏》未毕为恨。景德四年，录其孙禹圭，同学究出身。

■ 五经正义无卷数　佚

（元）孔潼孙撰。潼孙有《四书正义》，本部四书类已著录。

《孔子世家谱》三集平阳派："五十三代潼孙，字宗善，号约斋，国子上舍。德祐末，除建康路教授。著五经、四书《正义》。至元二十八年，以公事赴大都，卒于临清驿，葬于驿之后原。明年三月，复以公之衣冠葬金陵雨花山。子四：思退、思升、思得、思昱。"兹据著录。按：考潼孙一支，代有闻人，有些已见著录，其父之敬，原名贵敬，字伯让,宝庆二年进士,授国子监丞。尝奉诏进香阙里。未见著述传世。

■ 群经类要无卷数 佚

（明）孔克表等撰。克表字正夫,平阳派士璧子,孔子五十五代孙,元至正八年进士,洪武六年官翰林修撰。

是书,《千顷堂书目》等著录。《续文献通考经籍考》"克表"误为"克坚"。《曲阜志》礼类:"明孔克表于洪武中奉诏注释《群经类要》。"《经义考》群经类:"孔氏克表等《群经类要》,未见。黄虞稷曰:'明太祖命儒臣孔克表、刘基、林温等,以恒言注释群经,使人易通晓,亲解《论语》二章,以为之式。克表等承命释《五经》、《四书》以上,赐今名。'"民国《平阳县志·经籍志》此书题孔克表奉敕撰,宋濂序。按:克表履历,孔《谱》、志《传》,若隐若显,《平阳志》撮述诸书所载,谓克表,字正夫,孔子五十五世孙,克烈之从兄弟也。父士璧,不仕。克表登至正八年进士第,授建德路录事,乞养归里,服除,改镇江路录事,转瑞安州判,迁永嘉县尹。时群盗蠭起,温州与方国珍为邻,数被寇扰。克表陈安边数十策,不报,遂弃官。明洪武初,诏求人才,以子希靖应除武陵县丞。六年,复行察举郡县,上克表学行,召对文华殿,帝与语经史,并称旨,拜翰林院修撰,兼国史编修官,秦王府说书。寻帝选国子生蒋学等为给事中,举人张唯等为编修,肄业文华堂,命克表与赞善大夫宋濂、正字桂彦良为之师。又以经书注释言人人殊,令取诸经要言,以恒言释之,手疏二章,赐克表为例。克表承诏,与御史中丞刘基、秦王府纪善林温,条摭所闻,裁纂以上,赐名《群书类要》。未及,以侍食失仪,下刑部狱,不食而卒,年七十二。按:克表未见有集,《全元文》卷一七八六有其《唐韩滉五牛图跋》、《潞州庙学记》二篇,可参阅。

■ 五经文字疑一卷 存

（清）孔继涵撰。继涵有《考工车度记》,本部周礼类已著录。

是书,《中国丛书综录·群经总义类》、《续修四库提要·五经总义类》等皆著录。《清志》、《曲阜志》此书入小学类。《曲阜志》云:"户部主事孔继涵有校订张渗（参）《五经文字疑》一卷。"《续修四库提要》著录《微波榭遗书》本,谓"继涵刻有《微波榭遗书》,是编即其《遗书》中《五经文字》所附之一种也。书之分卷,一如《五经文字》原册,即分上、中、下三卷。《五经文字》与《九经字样》,原附刊于开成石经之后,嘉靖乙卯地震,二刻与石经并损。西安王尧典等,乃按旧文,集其缺字,别刊于石经碑旁,以便摹补,然多讹误,殊不足据。乾隆中叶,扬州马日昶,得宋拓本摹刻,始有完本。孔氏因

石既损坏,补缺又舛,乃取马本,校补石刻损字,遂有是作。凡石刻阙字,据马本增补者,悉著于篇,以明其所本。其石刻损字,马本可补,而因疑不敢即据以补入者,亦悉著之于篇,存以俟考,用备参证,而代校勘,故附于所刊《五经文字》之后,别自为编,而以'疑'名其书焉。据是编以校其所刊《五经文字》,乃知其所增补,无一不有所本,而于马本可补原石之损字,因疑□阙,尤为不苟。其核订之善,于是编可以征之,不惟戴东原推其精审,严可均讥其改窜,两家持论,孰是孰非,可据是编从而新定,其石刻《五经文字》损字,凡王补马本之异同,孔刊增补之取舍,亦可据是编一一从而考索也。"按:《戴震文集·重刊五经文字九经字样序》云:"唐国子司业张参《五经文字》,初书于屋壁,日久剥坏,乃更土涂,以木版关其背,使负墉相比,而书其表,语详刘禹锡《国学新修五经壁记》。及开成二年,国子监《九经》石壁成,翰林勒字官唐玄度复拾补参所略,为《九经字样》。二书即列《石经》之后。今石刻具存,字多损阙,末有庸妄人补字。乾隆戊子冬,曲阜孔君体生谓拓本不能家有其书,遂雕印成帙,又详加考正,别自为卷附焉。前此祁门马氏新刊版本,识诸末云:'旧购宋拓《石经》中有此,因依样缮写,雕版于家塾,庶广其传。'孔君语余曰:'马氏本虽完善,然以石刻校之,有字画尚存,而其本改易者,岂石刻有异欤?不然矣。又其本脱去'罤'字注十有九字,'螯'字并注凡八字,余亦时涉讹舛。'余闻而知孔君用心之审慎,其留意于小学也,好之深是以能辨之详如此。孔君好古而知所从事,能去华取实于世之所不讲。余读是本,核订精审,不徒有功小学而已,治经之儒,先欲识字,其必自此书始。"

是书今有清乾隆中曲阜孔氏刻《微波榭丛书》本,清道光十五年朝邑刘际清等刻《青照堂丛书》本。

■ 九经字样疑一卷 存

(清)孔继涵撰。

是书,《清志》、《曲阜志》著录,入小学类。《曲阜志》云:"户部主事孔继涵有校订张渗(参)《五经文字疑》一卷、唐元庆(玄度)《九经字样疑》一卷。"《江苏省立国学图书馆现存书目》经部文字音义之属:《五经文字疑》一卷附《九经字样》一卷、《九经字样疑》一卷,唐唐玄度,清孔继涵,乾隆孔氏红桐书屋刊本。《续修四库提要》其书入五经总义类,云:"是编系与《五经文字疑》同时所作,故编中于石刻缺文,据马本增者著之。于石刻缺文,马本不缺,疑而不据以增补者亦著之,一如《五经文字疑》之例。而附于原书之后,名之以'疑',亦与《五经文字》并同焉。《五经文字疑》,其核订号称'精审'。是编据开卷所记,牛部石经作凡五字,马氏本作凡六字,石经误也。今仍之,附证于此。其于石刻原刻五字，明审其为六字，而其据刊之本，仍依石刻五字，但记马氏作六之不误于编中，以备读者之参考，而不据之以改原刻。其不轻改窜于此可见，其用意矜慎，尤于此可征。是其核订，又与《五经文字疑》同一精审。编中校订，虽仅寥寥数则，不及《五经文字疑》之什一，而核订攸关，要亦考索石刻《九经字样》之缺字者，在所必资也。"又继涵乾隆三十三年《五经文字疑》《九经字样疑》自跋云："古之小学，洒扫步趋，言语书数皆是，谓童而习之，白首弗敢畎失，故志《艺文》者，载于六经之末，尊之与经等也。自后之学者不察，小学之义，相与小之，比于壮夫不为，遂为庋阁物，岂非以极烦重之事，而被以极不美之名而使然与？与我夫子下学上达之旨，未免或戾。余谓小学之亡，数与理兼，汉承三代后，为吏人者，初有试，继有劾，犹有柱下遗意，《急就》《元尚》《说文》等书竞出，人相沿习，则有点画秀异者，群目为超，而波磔之说兴。于是，流为省复为单，移密补疏之弊，而小学亡。物之盛衰，迭相倚矣，岂不然与？至唐以诗赋课士，而博学宏辞科重，虽设书学博士，寔为苟贱不材者所居，故张参《五经文字》，其孙虽为刊石，当时亦不甚重，降及有明，易以制义，犹诗赋也。故嘉靖乙卯地震，石经损缺，西安王尧典为补缺小碑，尽属缪鳌，故曰小学之亡，亦理所必至也。壬午小除夕，秀水朱伯承、东吴张吟芗，坐于桐庭，适有以开成《九经》九十余册求售者，仅《诗》《书》《左氏传》《穀梁传》《小戴记》《论语》《孝经》《尔雅》完善耳，伯承劝余留之，且有雠经之约。遂取顾高士亭林《金石文字记》校之，因指集中讹以侯疆侯以为疆字，翻谓经误，叹淹博如顾氏，未免有此。岁莫无资，是约遂已。念朱检讨锡鬯跋，云《五经文字》独无雕本，为一阙事。转从售者假是册归，手抄之，初为装潢家割去，损本尽以补缺，纂易之又阙弓部下十部，空居无书，每翻一过，辄一快悒。后六年，薄游京师，阅琉璃厂书肆，得扬州马氏镌本，喜好事者先有其人，归校所抄残本，又颇不合。曾与陈竹厂相语，竹厂是秋被放，复自南来，假得《石经》全本，攍载相示，千里借书，非自为也。此痴如何？《五经文字》《九经字样》十纸，补缺别为二小纸，发箧陈书，凡所补舛讹，悉见顾氏《日知录》云。余至关中，洗刷元石，其有一二可识者，显与所补不同。想间关陕右，扪摸残碑，必不能如索靖碑下，坐卧三日。况穹碑丈余，必不能夤缘升降，逐处详审违戾，故不能一一相指。今余所不获有者，既可相假，复获镊本于都中，又来拓本于杭郡，皆非意计事也。失今不为，恐石将日泐，而好古之士或未能睹，是数本不将遂成阙事耶？遂藏厥事，仍所阙所补，悉附于后。为《五经文字疑》《九经字样疑》一卷，并识其始末如斯，为书四卷，而起讫七年，获兼本于南北四千余里外，考订之难，信为难也。"按：拙著《孔子故里著述考》《五经文字疑》《九经字样疑》，乃据丛书著录，此为中国科学院图书馆藏乾隆三十三年曲阜孔氏红桐书屋单

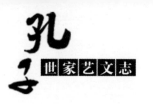

刻本,前者十八叶,后者仅二叶,书凡九行二十字,白口,左右双边,版心下镌"红桐书屋"四字。此跋不见于《微波榭遗书》本,故不惮其烦,详录于上。

是书今有中国科学院图书馆藏清乾隆三十三年曲阜孔氏刻本,2000年1月北京出版《四库未收书辑刊》影印本;清乾隆中曲阜孔氏刻《微波榭丛书》本;清道光十五年朝邑刘际清等刻《青照堂丛书》本。

■ 经学卮言六卷 存

(清)孔广森撰。广森有《周易卮言》,本部易类已著录。

是书,《清志》、《山东通志》、《续修县志》、《著述记》、《郑堂读书记》、《续修四库全书提要》等皆著录。此书为《顨轩孔氏所著书》之第五种,凡《周易》、《尚书》、《论语》、《孟子》、《左传》各一卷,《毛诗》、《尔雅》共为一卷,次《尚书》后。《续修四库提要》谓:"其书虽不及其《礼学卮言》精要,但也不乏名解。如'江汉浮浮,武夫滔滔'一条,言江汉之广大,武夫之众强所不待言,故《传》转以江汉众强似武夫,武夫广大似江汉,互释之。盖滔滔、洸洸皆本形容水之辞。推原诗意,是欲以江汉比武夫也。古之善于说经者如此,恐后学漫以为转写交误,特拈而申之。此尤足以正王引之《经义述闻》据《风俗通义》改易经文之非。其它解释,也能根据古训,陈述己意,虚心求是,而不杂以门户之见。"《郑堂读书记》曰:"曲阜孔氏经学,自冲远撰《正义》以后,历千有余岁,而顨轩远绍之。录其著书,自《大戴补注》、《公羊通义》外,广及诸经。凡《周易》三十一条,《尚书》三十四条,《毛诗》四十六条,《尔雅》二十条,《论语》二十七条,《孟子》二十六条,《左传》三十四条。《三礼》别自为书。后有自识,称治经贵有家法,凿空臆说,悉痛自删汰,而于《春秋》,壹守公羊师说,左氏于经,岂无所当,顾贾、服旧学,已为杜征南所汩。故此卷于说经义例,罔敢置议,略识其诂训肤末,附诸他经所得,汇为一编云尔。"按:王绍兰《王南陔先生杂记》(未刊稿)有《读经学卮言》,对此略有辩难。

是书今有清嘉庆二十二年曲阜孔氏仪郑堂刻《顨轩孔氏所著书》本,2002年上海古籍出版社《续修四库全书》影印《顨轩孔氏所著书》本;及《指海》本,《皇清经解》本。

■ 经学卮言一卷 存

(清)孔广森撰,焦廷琥编。

是书,《中国丛书广录》著有湖南省社会科学院图书馆藏稿本《仲轩群书杂著》本。按:此书仅一卷,或节录原书而成,以未见其书,终难获其详也。

■ 顨轩经说十卷 　缺

（清）孔广森撰。

《中国古籍善本书目》经部群经总义类："《顨轩经说》十卷，存六卷（一至五，八），清孔广森撰，稿本。"书藏曲阜市文管会，即今曲阜文管局档案馆，共五册，半叶九行、行二十一字不等，无格。前有目录，并题记"起四月尽闰月，凡二百三十六条"，"广森"白文方印、"撝约"朱文方印。据目录，内凡《易案》十一事，《尚书案》十事，《诗案》十九事（以上卷一）；《周礼案》十九事，《仪礼案》十八事，《礼记案》二十二事（以上卷二）；《春秋案》六十事（卷三）；《公羊案》二十事，《左氏案》二十四事，《穀梁案》六事（以上卷四）；《论语案》六事，《孟子案》四事，《尔雅案》六事（以上卷五）；《仪礼庙寝异制图说》、《匠氏世室明堂图解》（以上卷六）；《禘说》、《郊说》、《昭穆论》、《七庙九庙辨》、《祔辨》、《辟雍四学解》、《五门考》、《军乘考》（以上卷七）；《礼服释名》（卷八）；《周易互卦图义》、《武成日谱》、《大诰考》、《诗四始五际谱》、《太初元年识异》、《郑注汉制疏证》（以上卷九）；《毛诗东冬蒸侵声类篇》（卷十）。按：其卷八《礼服释名》该馆另有单稿本，本部三礼总义类已著录，可详参。

是书今有曲阜文管局档案馆藏孔广森手稿本。

■ 孔丛伯说经五稿三十六卷附录一卷 　存

（清）孔广林撰。广林有辑《周易注》，本部易类已著录。

是书，《中国丛书综录》、《中国古籍善本书目》等著录。《山东通志》作《说经五稿》三十六卷附《说经未竟稿》一卷；《书目答问补正》著录"光绪庚寅济南局刻本"，又有《孔丛伯遗书八种》之目。《续修四库全书提要》此书作《孔氏说经五稿五种》，入子部自著类，云："《说经稿五种》，均系研讨《三礼》者，第一种为《周官肊测》，乃其父继汾将校《十三经》定本，刊藏敦本家塾，广林承命校勘，因于订正讹脱外，更参考义训，有疑者辄以己意测之。书内不列全经，但载所释之经文。次为《仪礼肊测》，盖广林于《周官》校毕后，即从事此经，遇有疑义，即意测而笔存之，仿郑君《目录》，而为之录，每篇之断章分节附注焉。全书亦但出所释经文。次曰《吉凶礼名用篇》，乃因其弟广森所辑《礼服释名》，未能该洽，用是反覆经传，紬绎注疏，通修吉凶衣服，缀为八篇，取《周官·司服》辨其名物与其用事之文，因题此名。次曰《禘祫觿解篇》，乃得汉氏以来诸君子禘祫之说，考诸《戴记》，证以《三传》，而折衷于《周官》经，笔为《觿解》二十篇。次为《明堂亿》，乃广林紬绎群经，独辟新义，与弟广森朝夕考证，亿其规制，仍主五室，而以九室为诞妄。全书共四十三条，逐条设问，而称'广林亿'以明之。末附《仪礼士

冠礼笺》一卷,广林研究淹经,欲仿郑笺《毛传》而为之笺,增其所未备,申所未显,辨其所可疑,参考互证,补其所未备者。"按:《士冠礼笺》作于嘉庆十七年十一月,广林年近七十。又《山东志》著录此书所附《说经未竟稿》,似即《仪礼士冠礼笺》,然《青岛市图书馆古籍书目》著录该馆所藏清刻本《孔丛伯说经五稿》,子目既有《说经未竟稿》,又有《仪礼士冠礼笺》,未知是否为异本? 又是编所收各书,已分别著于"周礼"、"仪礼"、"三礼总义"诸类,可详参。

是书今有曲阜文管局档案馆藏稿本;清光绪十六年山东书局刻本,2007 年 12 月山东大学出版社《山东文献集成》第二辑影印山东书局刻本;杭州大学图书馆藏清抄本等。

■ 北海经学七录八卷 存

(清)孔广林撰。

是书,《贩书偶记》、《中国善本书提要》等皆著录。《续修四库全书提要》此书作七卷;《增订四库简明目录标注》著录孔继涑古俊楼本,作八篇。《山东通志》此书不著卷数,谓"广林《通德遗书所见录后记》云:'读注疏、诸史及前代名人著述,凡有郑君义训,见即各依其所著书类录之。岁在甲午,辑《易注》、《书注》、《驳异义》、《箴膏肓》、《发墨守》、《释废疾》、《郑志》,为《北海经学七录》。'光绪丙戌孔宪琴跋云:'伯祖丛伯公著有《北海经学七录》,刊自乾隆甲午,迄今百有余年,海内穷经之士,时有来刷印者,皆因书板残缺,未暇补刻,是以世少全书。今年秋,宪琦弟、庆元、庆豫两侄,商之于予,检家藏旧本而修整之,以广流传。'(据本书不全本)"又《续修四库提要》著录乾隆甲午写刻本,曰:"是书即《郑志》也。按:《四库》著录《郑志》三卷,无辑人名氏,题魏侍中郑小同撰,与此不同。广林盖本之《后汉书》郑玄本传及刘知几《史通》,视库本为有据,各条下具注出处,亦胜库本。以较库本,互有详略,即两本共收者,亦互有异同。亦有库本在'毛诗类'中,而此入之'周礼',库本在'周礼类'中,而此入之'仪礼'者。标题之不一者亦有之。按:是本刊于乾隆三十九年,库本颁行,尚在其后,而馆臣乃未见是本取以相校,甚属可怪。读者取两本而合观之,从而补遗订误,于治郑学者不无裨也。"王重民《中国善本书提要》著录清乾隆间刻本,曰:"卷内题'乾隆甲午古俊楼校刊'。按:此仅刻《郑志》,为《北海经学七录》第七种。有眉校,据笔迹知出卢文弨手。按:此书后编入《通德遗书所见录》,为第十七种。乾隆四十五年卢文弨有《与孔㳽谷书》,索是书刻本(《抱经堂文集》卷二十),并为校正若干条。持验此本,其误俱在;持校《所见录》本,则大概改从卢说。此本校语与书札中所举,不相重覆,疑为抱经再校本,未录别纸,既以原书致孔氏,故校语措辞颇委婉。再校阅《所见录》本,又复大致改从矣。抱经《致蒗谷书》云:'令侄丛伯所辑《郑志》,极佳,在诸本中最有条理,且点画亦致不苟,几与相台岳氏所刻诸经相伯仲。'《答临孝存周礼难》,此本附《周礼》后,《所见录》本另刻为第八种。卷三十六抱经为校'集'字一条,《所见录》本亦已改从其说。"《嘉业堂藏书记》著录校刻本,云:"此本为先生自刻,抱经手校,精美莫比,破例收之。陈氏手跋曰:'甲辰春中,访卢檠斋学士于杭之抱经堂。学士时自晋阳归,以是《录》见遗,盖曲阜孔蒗谷农部新刻本也。并借得学士手校本临之。是日适蒗谷赴到,为之怃然。吴骞记。是岁闰三月,鱣又从槎客先生借得,校录于武原倪氏六十四砚斋,并临跋语于左。此本为丁小雅广文所赠。'"又《拜经楼藏书题跋记》以为此书为孔继涵所录,误。

是书今有清乾隆三十九年曲阜孔氏古俊楼刻本,清光绪十六年山东书局刻《通德遗书所见录》本。

■ 通德遗书所见录(一名郑学十八种)七十二卷 存

(清)孔广林撰。

是书,《山东通志》著录,谓:"所辑皆郑氏经学佚书,凡十八种。广林《叙录》略云:取经史诸子,以及先儒名家著述,搜罗缀辑,补漏正舛,引而广之,录《六艺论》第一(一卷);《周易注》第二(十二卷);《尚书注》第三(十卷);《中候注》第四(六卷);《书大传注》第五(四卷);《毛诗谱》第六(一卷);《三礼目录》第七(一卷);《答周礼难》第八(一卷);《鲁禘祫义》第九(一卷);《丧服变除》第十(一卷);《箴左氏膏肓》第十一,《发公羊墨守》第十二,《释穀梁废疾》第十三(各一卷);《论语注》第十四(十卷);《论语篇目弟子》第十五(一卷);《驳五经异义》第十六(十卷);《郑志》第十七(八卷);《孝经注》第十八(一卷),凡七十一卷,都为一集,题曰《郑学》。既而幡然曰:嘻,过矣。郑君之学,有经焉,有纬焉。是编也,纬学自《中候》而外,概未之及。其经学,若《丧服记》、《天文七政论》,及《唐艺文志》所载《孟子注》七卷,皆莫能得其一二,而曰'郑君学'俱在于斯乎?夫亦惟是,即目中所经见者,录备遗忘云尔,乃改题曰《通德遗书所见录》。表颠末,别义例,撰目录如左,为第七十二卷。"王重民《中国善本书提要》曰:"《所见录》有嘉庆十八年《后记》,云:'岁在甲午(乾隆三十九年)辑《易注》、《书注》、《驳异义》、《箴膏肓》、《发墨守》、《释废疾》、《郑志》为《北海经学七录》,自是日积月累,前后共得十有八种。丁酉春(四十二年)汇为一集,叙而录之,题曰《通德遗书所见录》。凡七十二卷。'然自乾隆四十二年以后,尚递有增补,盖广林业之,死而后已

也。"孔宪彝《阙里孔氏诗钞》称其"博雅好古,专治'郑学'。生平著作一百三十二卷,凡四十四万五千余言,年二十六即绝意进取。芸台相国尝谓:海内治经之人,无其专勤。"按:《中国古籍善本书目》经部总类著有多种清抄本,皆题《郑学十八种》,"汉郑玄撰,清孔广林辑"。其中,北京大学藏本,凡一函六册,半叶九行,行二十字。有巴陵方氏传经堂藏书印、方功惠藏书印。末题:"嘉庆六年岁在辛酉夏六月偕俞理初之合借于后孙公园研山草堂,汉阳叶志诜记"与《善目》称"李盛铎校"不合。又见《中国嘉德2008秋季拍卖会古籍善本》有清孙星衍抄校本,八册,半叶九行,行十九、二十字不等,卷首钤有"东方廉使"朱文正方印,"丁未对策上第"白文正方印,"孙氏伯渊"白文正方印,"南陵徐乃昌校勘经籍记"朱文长方印。前有清嘉庆五年孙氏手跋,称"曲阜孔幼髯名广林,作《郑学十八种书》,附叙录于后,所集各经注,俱增多于前人王伯厚及近人辑录本,编次体例又善,惜尚未刊,因录为八册……"书内手校,朱墨灿然。其编内诸书已详著各类,可参见。另,《国立中山大学图书馆周刊》1929年2月第6卷第5、6期合刊载顾颉刚、陈槃《曲阜孔广森及其家族的著述》及吴枫《中国古典文献学》以此编归之孔广森著述,《曲阜孔广森及其家族的著述》称广林为"广森弟",稿本《续修四库提要》著录此书称广林"官至刑部主事",韩仲民《中国书籍编纂史稿》云"孔森《通德遗书所见录》",皆误。

是书今有清光绪十六年山东书局刻本,2006年12月山东大学出版社《山东文献集成》第一辑影印山东书局刻本;国家图书馆藏各种清抄本(其中,清叶志诜、赵之谦校并跋本第八种、十五种书名与他本略异);北京大学图书馆藏叶志诜校清抄本;福建省图书馆藏清赵在翰校清抄本(存十三种三十卷);《中国书店三十年所收善本书目》著录清乾隆孔氏手抄本(有"钱江何氏梦华馆藏"、"劳权之印"、"何印元锡"等印,竹纸四册)等。

■ 经义约旨二卷 <small>未见</small>

(清)孔毓芬撰。毓芬有《四书晰疑》,本部四书类已著录。

是书,民国《南海罗格孔氏家谱》艺文著录,并载何汝龙跋云:"后人多以训诂笺注见称,然必能揭圣之心,抉经之旨,然后为古人著作功臣。孔公仁圃《经义约旨》之作,提要钩玄,洵足羽翼经传。至其《四书析疑》六卷,凡一章一节之义有可疑群相聚讼者,必悉心剖白。取朱子《或问》、《语录》,王巳山《汇参》,任钧台《约旨》诸书,统贯而析其中,使可疑者如拨云雾而见青天也。虽藏诸家,以示子孙,然见之者,餍心切理,昭然若发矇焉。所谓古人著作之功臣,是耶,非耶?"

■ 十三经讲义稿无卷数 未见

（清）孔继枋撰。继枋字荫寰，号朴谷，滕阳户尼山学录、候选州同传沂三子，孔子六十九代孙，岁贡生，候选训导。

《续修县志·艺文志》："孔继枋著有《映槐堂诗集》二卷、《十三经讲义稿》。"兹据著录。按：考此书《人物志》，继枋未见有传。《著述记》、《孔子世家谱》继枋传但著《映槐堂诗》，不云有此书。《家谱》称其"博学兼工诗文，尤乐汲引后进，宗党赖以腾达者甚众。先世公立义学，后被侵削，力为清厘，延师训课，寒士至今赖之"。《增补孔庭摘要》载继枋，有此书而无《映槐堂诗》，云："六十九代继枋，字载文，洙泗学录，著有《十三经讲义稿》传世。"其字号、职名宛似二人，俱不相符。又考滕阳户继枋凡兄弟四人。长兄继宋有著录。仲兄继本与弟继楯皆庠生。从父传瀛，字翰青，号芳州，廪贡生，诰授奉政大夫，直隶定州知州，历官四氏学教授，直隶饶阳县知县，涿州知州。

■ 玉书经解二十卷 未见

（清）孔继麟撰。继麟，贵州兴义支，孔子六十九代孙。

是书，民国《贵州通志·艺文志》群经总义类据《兴义府志》著录，注云：继麟，普安人，《人物志》有传。然考《孔子世家谱》兴义县支，未见继麟之名。

■ 五经异义疏证二十卷 未见

（清）孔广铭撰。广铭有《公羊释例》，本部春秋公羊传类已著录。

是书见沃丘仲子《近代名人小传》孔广铭传。《中国人名大辞典》广铭传此书不著卷数，云未完成。

■ 五经详注 未见

（清）孔昭晙撰。昭晙字寅谷，号子明，一号子朴，又号少山，衢州派国学生广烈长子，孔子七十一代孙，同治九年庚午科优贡。

是书见《孔氏南宗考略》近代名贤事迹考，略云：昭晙，字寅谷，号少山，少贫嗜学，博通经史。学政瞿鸿機尝访谒之，有"品学两优，不愧为圣人后裔"之誉。著有《小山课子文》、《五经详注》、《史鉴详批》等书。

石经类

■ 石经记一篇 _存

（清）孔继涵撰。继涵有《考工车度记》，本部周礼类已著录。

是书，《山东通志·艺文志》著录归入史部目录类，并引《金石学录》云："所著《微波榭遗书》内《宋石经记》一篇，几及三千言，考证最详，言《石经》迁徙变置者五，其残缺散佚，皆由于此，非杨璡取之去也。"按：此篇载孔继涵《微波榭遗书·杂体文稿》卷三，全名为《宋太学石经记》，记南宋太学高宗御书《石经》残碑。盖有感于朱彝尊考《石经》，于《光尧阁石经》载洪迈、曾惇等说，未能于刊刻后先、字行增损、碑数移置、废茸，通核折衷，遂著此篇，详加考核，亦治《石经》者所当悉心浏览也。

■ 汉石经残字证异一卷 _存

（清）孔广牧撰。广牧有《礼记天算释》，本部礼记类已著录。

是书，《续修四库全书提要》据家刻本著录。《清志》经总义类、《清志补编》金石类、《贩书偶记》石经类著录此书，均二卷，中国科学院图书馆馆藏目录著录民国抄本，亦二卷。民国《宝应县志》艺文志此书不著卷数。《续修四库提要》曰："是书卷首有仪征刘寿曾序，云：'汉熹平一字石经，有关经典文字甚巨，就残字稍完备者论之，《尚书》则在东晋古文未出以前也；《诗》则齐、鲁、韩三家并存，而以鲁为主也；《公羊》则兼严、颜之异同也；《论语》则皇、邢未作《疏》以前本也，单文只字之留，每异于六朝晋唐诸本。可以由隶变上推篆籀，下正俗别，音训句读，多赖以存，为表微扶佚之助，石经之学，盖莫古于熹平矣。'其言是也。此编即取《熹平石经》，字异于他本者，条举件系，疏通证明，凡师授之殊，古今文之别，通假之歧，转写之讹，颇能精审别白，衷于一是。"才按：《中国历代艺文总志》经部石经类于此书之外又著《仪礼石经校勘记》四卷，云："清孔广牧撰。（《续四库》）按：《清史志》作《石经仪礼校勘记》。"今考《续修四库提要》与《清志》，其书实为阮元撰，《艺文总志》题"孔广牧撰"，误也。兹附辨于此。

是书今有清孔氏自刻本，中国科学院图书馆藏民国原东方文化图书馆传抄本（《贩书偶记》著一传抄本，云首有光绪三年冬十二月姻后学仪征刘寿曾序）等。

谶纬类

■ 河图洛书三十篇 佚

一说（周）孔子等增演。孔子见本部易类《周易》。

是书，《汉志拾补》著录不题作者。《隋志》云："孔子既叙《六经》，以明天人之道，知后世不能稽同其意，故别立纬及谶，以遗来世。其书出于前汉，有《河图》九篇，《洛书》六篇，云自黄帝至周文王所受本文。又别有三十篇，云自初起至于孔子，九圣之所增演，以广其意。"又曰："梁有《河图》、《洛书》二十四卷，目录一卷，亡。"《汉志拾补》按曰："《经义考·谶纬篇》辑《河图》篇目之散见诸书者，有《括地象》等，凡三十二；《洛书》篇目，有《甄曜度》等六。明孙瑴《古微书》辑《河图》十篇，《洛书》五篇。"兹参据著录。

■ 七经纬三十六篇 佚

一说（周）孔子作。

是书，《汉志拾补》著录不题作者。《隋志》云："又有《七经纬》三十六篇，并云孔子所作，并前合为八十一篇。"《后汉书·樊英传》注曰："七纬者，《易纬》：《稽览图》、《乾凿度》、《坤灵图》、《通卦验》、《是类谋》、《辨终备》也；《书纬》：《璇机钤》、《考灵耀》、《刑德放》、《帝命验》、《运期授》也；《诗纬》：《推度灾》、《记历枢》、《含神务》也；《礼纬》：《含文嘉》、《稽命征》、《斗威仪》也；《乐纬》：《动声仪》、《稽耀嘉》、《汁图征》也；《孝经纬》：《援神契》、《钩命诀》也；《春秋纬》：《演孔图》、《元命包》、《文耀钩》、《运斗枢》、《感精符》、《合诚图》、《考异邮》、《保乾图》、《汉含孳》、《佑助期》、《握诚图》、《潜潭巴》、《说题辞》也。"《汉志拾补》按曰："《七经纬》三十六篇，章怀太子所举止于三十五，尚缺其一。又范书《党锢·魏朗传》注云：'孔子作《春秋纬》十二篇，此乃十三篇，亦彼此不相合，盖残缺之余，约略纪载，皆非汉时之旧矣。'《经义考》所载篇目，凡《易纬》二十八种，《书纬》九种，《诗纬》五种，《礼纬》八种，《乐纬》五种，《春秋纬》二十九种，《孝经纬》二十七种，并出章怀所举之外，或是三十六篇中篇目，或后人

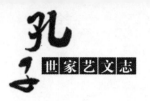

辗转附讬,无以详知。"《直斋书录解题·谶纬类·乾坤凿度》条曰:"谶纬之说,起于哀、平、王莽之际,以此济其篡逆,公孙述效之,而光武绍复旧物,乃亦以《赤伏符》自累,笃好而推崇之,甘与莽、述同志。于是佞臣陋士从风而靡,贾逵以此论《左氏》学,曹褒以此定汉礼,作《大予乐》。大儒如郑康成,专以谶言经,何休又不足言矣。二百年间惟桓谭、张衡力非之,而不能回也。魏、晋以革命受终,莫不傅会符命,其源实出于此。隋、唐以来,其学浸微矣。考《唐志》犹存九部八十四卷,今其书皆亡。惟《易纬》仅存如此。及孔氏《正义》或时援引,先儒盖尝欲删去之,以绝伪妄矣。使所谓《七纬》者皆存,犹学者所不道,况其残缺不完,于伪之中又有伪者乎!姑存之以备凡目云尔。《唐志》数内有《论语纬》十卷,《七纬》无之。《太平御览》有《论语摘辅像撰考谶》者,意其是也。《御览》又有《书帝验期》、《礼稽命曜》、《春秋命历序》、《孝经左右契》、《威嬉拒》等,皆《七纬》所无,要皆不足深考。"才按:考纬书,东汉、六朝时期颇为风行,后因隋炀帝禁毁而不传。明孙毂《古微书》辑《七纬》四十五篇,清黄奭《黄氏逸书考》辑《七纬》五十七篇,清马国翰《玉函山房辑佚书》辑《书》、《诗》、《礼》、《乐》、《春秋》、《孝经》六纬三十八篇,殷元正、陆明睿《纬书》辑《易》、《书》、《诗》、《礼》、《乐》、《春秋》六纬三十一篇,《四库》辑《易纬》八篇。另有赵在翰《七纬》、乔松年《纬攟》,搜辑亦较齐备,均可参考。

■ 纬书类聚二卷 佚

(宋)孔元忠撰。元忠有《书纂》,本部书类已著录。

是书据刘宰《漫塘文集·故长洲开国寺丞孔公行述》著录,《行述》称其"所至辟一室,环以图史,退食即覃思其间。凡唐艺文目所存于世者与国朝之书,搜罗殆尽,即所居建书楼以储之,研究无虚日。故洽闻强记,为世所重。鸿禧之命既下,目眚亦良极,始废书却客,名燕居之室曰'静乐',以静观天地万物之变……其所为书曰:《豫斋集》二十卷,《论语钞》十卷,《祭编》五卷,《编年通考》七十三卷,《书纂》二卷,《考古类编》四卷,《纬书类聚》二卷,藏于家"。

正史类

■ 孔氏汉书音义钞二卷 佚

孔文祥撰。文祥,世系不详。

是书,《隋志》不载,而《新唐志》、《通志·艺文略》俱著录,《国史经籍志》亦列其目。《旧唐志》著录,"祥"作"详";《史略》此书作"一卷"。《曲阜志》云:"今考邑人之修正史者,孔文祥《汉书音义钞》二卷"按:此书似宋时已亡,《旧唐志》列南朝齐陆澄之后、梁韦稜以前,因知文祥亦齐梁间人也。

■ 前汉书考证 未见

(清)孔广铭撰。广铭有《公羊释例》,经部春秋公羊传类已著录。

是书见沃丘仲子《近代名人小传》儒林传与《中国人名大辞典》孔广铭传。二书皆云未完成。

■ 梁史若干卷 未见

(唐)孔绍安撰。绍安,陈散骑常侍奂长子,孔子三十三代孙,居会稽,与孙万寿皆以文辞称,时称"孙孔"。隋大业末为监察御史,唐初拜内史舍人。

是书,《曲阜志》、《阙里文献考》皆著录。《旧唐书》本传曰:"孔绍安,越州山阴人,陈史部尚书奂之子。少与兄绍新俱以文词知名。十三,陈亡入隋,徙居京兆鄠县。闭门读书,诵古文集数十万言,外兄虞世南叹异之。绍安因侍宴,应诏咏《石榴诗》曰:'只为时来晚,开花不及春。'时人称之。寻诏撰《梁史》,未成而卒。有文集五卷。"又本书《令狐德棻传》:"司典序言,史官记事,考论得失,究尽变通,所以裁成义类,惩恶劝善,多识前古,贻鉴将来。兼中书令封德彝、中书舍人颜师古可修隋史,大理卿崔善为、中书舍人孔绍安、太子洗马萧德言可修梁史。"《曲阜志》绍安传:"孔绍安,大业末为监察御史,唐初拜内史舍人,奉诏撰《梁书》,未成而卒,有文集五十卷。"《阙里文献考》绍安传:"绍安,先圣三十三代孙,居会稽。陈散骑常侍奂之子也。绍安与弟绍新

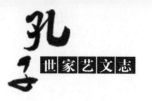

早知名,陈亡,客居鄂。励志于学,召撰《梁史》,未成而卒,有文集五十卷。"

■ 隋书八十五卷 存

(唐)颜师古、孔颖达等撰。颖达有《周易正义》,经部易类已著录。

《新唐志》:"《隋书》八十五卷、《志》三十卷(通行本全书共八十五卷),颜师古、孔颖达、于志宁、李淳风、韦安化、李延寿与德棻、敬播、赵弘智、魏徵等撰。"兹据著录。

按:此书《宋志》、《中兴馆阁书目》题颜师古撰,《旧唐志》、《崇文总目》题魏徵等撰。《山东通志》云:《隋书》五十五卷,颜师古、孔颖达撰。《曲阜志》曰:颜师古注《汉书》一百二十卷,师古又与孔颖达撰《隋书》八十五卷、《志》三十卷。《阙里文献考》谓今考孔氏修正史者,三十二代孙颖达有《隋史》八十五卷、《志》三十卷。《旧唐书·孔颖达传》称:"颖达迁太子右庶子,仍兼司业,与魏徵撰成《隋史》。"又《昭陵碑录》载孔颖达碑云:"十年,奉敕共秘书监郑公修《隋书》。良直著乎青史,微婉表于丹书,跨固超迁,含刘孕谢。"《史通·古今正史》云:"皇家贞观初,敕中书侍郎颜师古、给事中孔颖达共撰成《隋书》五十五卷,与新撰《周书》并行于时。"《文献通考·经籍考》云:"晁氏曰:初,诏颜师古、孔颖达修述,征总其事,序、论皆征自作。复又诏于志宁、李淳风、韦安仁、李延寿同修五代史志。无忌上之,诏篇第入《隋书》,人亦号《五代史志》。《天文》、《律历》、《五行》三志,淳风独作。陈氏曰:十《志》,高宗时始成上,总梁、陈、齐、周之事,俗号《五代志》。夹漈郑氏曰:按《隋志》极有伦理,而本末兼明,可以无憾,迁、固以来,皆不及也。正为班、马只事虚言,不求典故实迹,所以,三代纪纲,至迁八《书》、固十《志》,几乎绝绪,虽其文彩洒然可喜,求其实用则无有也。观《隋志》所以该五代,南北两朝纷然淆乱,岂易贯穿?而读其书,则了然如在目。良由当时区处,各当其才。颜、孔通古今,而不明天文、地理之序,故令修《纪》、《传》,而以十《志》付之志宁、淳风辈,所以粲然具举。"《四库全书总目》云:"贞观三年,诏征等修《隋史》,十年,成《纪》、《传》五十五卷。十五年,又诏修梁、陈、齐、周、隋《五代史志》,显庆元年,长孙无忌上进。据刘知幾《史通》所载,撰《纪》、《传》者,为颜师古、孔颖达,撰《志》者,为于志宁、李淳风、韦安仁、李延寿、令狐德棻。案:宋刻《隋书》之后,有天圣中校正旧跋,称同修《纪》、《传》者,尚有许敬宗;同修《志》者,尚有敬播。考《史通·古今正史篇》称太宗以梁、陈及齐、周、隋氏,并未有书,乃命学士分修,仍以秘书监魏徵总知其务。始以贞观三年创造,至十八年方就。合为五代《纪》、《传》,并《目录》,凡二百五十二卷。书成,下于史阁,惟有十《志》,断为三十卷。寻拟续奏,未有其文。太宗崩后,刊勒始成其篇第,编入《隋书》,其实别行,俗呼为《五代史志》云云。是当时梁、陈、齐、周、隋五代史,本连为一书,十《志》即为五史而作,故亦通括五代,其编入《隋书》,特以隋于五史居末,非专属隋也。后来,五史各行,十《志》遂专称《隋志》,实非其旧。乃议其兼载前代,是全不核始末矣。"《山东志》云:"案:今《四库》本八十五卷者,以于志宁、李淳风等所撰十《志》三十卷,合纪、传为一编也。《正史篇》谓十《志》篇第虽编入《隋书》,其实别行。《旧唐志》载《隋书》八十五卷,盖志与纪、传之合,自五代时已然矣。《宋志》卷与《唐志》同,而但标师古之名,则名实不相符合,兹依《史通》标目,纪实也。"《陔余丛考》云:"《隋书》最为简练,虞世南在贞观时,宠遇甚优,而其兄《世基传》内,直书罪恶,不能稍掩,尤见史笔之严也。"

是书今有国家图书馆藏宋刻递修本(沈曾植题款,存卷一至九、十三至十五、十九至二十六、三十二至七十六,共六十五),又宋刻本(存卷二十四至二十五、八十三至八十五,共五卷);上海图书馆藏宋刻本(存卷十一),国家图书馆藏元大德饶州路儒学刻明正德十年重修本,南京图书馆藏清丁丙跋元大德饶州路儒学刻明正德十年重修本;国家图书馆藏元大德饶州路儒学刻明正德嘉靖递修公文纸印本,元大德饶州路儒学刻明正德嘉靖递修本,元至顺三年瑞州路儒学刻明修本,李盛铎跋元至顺三年瑞州路学刻明修配补本,清蒋衡跋元至顺三年瑞州路学刻明修本(存卷一至十五)。明万历二十二年至二十三年南京国子监刻明清递修本,明万历二十六年北京国子监刻本(存八十二卷),明崇祯八年毛氏汲古阁刻本,清乾隆四年武英殿刻本,1973年8月中华书局校点本(此本以宋小字本与元十行、九行本互校,并参以宋明清民国各时期不同版本而成,是目前最完备、通行的本子)等。又有《四库全书》本,《四部备要》本,《百衲本二十四史》本,1986年12月上海古籍出版社《二十五史》本等。

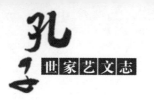

编年类

■ 汉魏春秋九卷　佚

（晋）孔衍撰。衍有《凶礼》，经部仪礼类已著录。

是书，《山东通志》、《曲阜志》、《阙里文献考》俱著录。《隋志》、《通志·艺文略》、《史略》此书题"孔舒元撰"。《隋志考证》曰："《晋书·孔衍传》：衍字舒元。《新唐志·杂史类》有孔衍《汉春秋》十卷，《后汉春秋》六卷（《旧唐志》六卷外，又有《后汉春秋》十四卷），《后魏春秋》九卷。《汉书·明帝纪》（才按：实为《后汉书·明帝纪》）注引：帝时升庙立，群臣中庭北面，皆再拜，帝进爵而后坐。《太平御览·兵部》：'大驾'，公卿奉引，太仆执辔，大将军陪乘。光武东京郊祀。'法驾'，则河南尹奉引，奉车都尉执辔，侍中参乘。二事并题《汉春秋》。《魏志·武纪》注：天子命公得承制置诸侯守相诏；《三少帝纪》注：诏王肃册命太傅为丞相，上为辞让，又加九锡礼，复辞不受；《楚王彪传》注：赐彪玺书；《蜀志·先主传》注：刘琮乞降；《黄权传》注：权答文帝语；《刘璋传》注：许负明雌亭侯；《文选·三国名臣赞》注：魏帝讨司马昭；《北堂书钞·武功部》：孙权以妹妻先主；《御览·人事部》：许褚勇力绝人，号曰'痴虎'。又，庞淯母娥为父报仇；《饮食部》：明帝殡郭后如甄后。共十一事，题《汉魏春秋》。孔衍，或作'演'。"沈家本《古书目三种·孔衍〈汉魏春秋〉》："案《隋志·古史类》：《汉魏春秋》九卷，孔舒元撰。《晋书·儒林·孔衍传》：衍字舒元，凡所撰述，百余万言，而不序所著之书名。《新唐志》：孔衍《汉春秋》十卷、《后汉春秋》六卷、《后魏春秋》九卷。《旧志》，《后汉》六卷外，又有《后汉春秋》十四卷。是其书断代分卷，故《唐志》分列为三书，其总名为《汉魏春秋》，实一书。惟《隋志》止九卷，而《唐志》分卷如此之多，为不可考耳。《后汉书·明纪》注及《御览》引光武郊祀事，所称汉事，并题《汉春秋》，此断代分卷之证。裴《注》所引多魏事，题《汉魏春秋》，则用其总名。章宗源曰：衍或作'演'。"才按：考《新唐志》乃据唐《开元四库书目》纂录而成。《开元书目》为记录开元藏书之盛的国家书目（《新唐志·艺文一》称"藏书之盛，莫盛于开元，其著录者，五万三千九百一十五卷，而唐之学者自为之书者，又二万八千四百六十九卷"），且大部分书籍，宋初尚存,如孔衍之书即屡被征引。所以,《新唐志》之著录自有所本。沈家本谓其所引三书"实一书",乃推测之辞;而所谓"《旧志》,《后汉》六卷外,又有《后汉春秋》十四卷。"亦属失考。"汉魏春秋"两《唐志》无此名,似为各书之泛称,然证诸《隋志》标卷,却又与之不符,或传抄致误。又,章宗源谓衍"或作'演'",沈家本复引其说。今考《孔氏祖庭广记》,衍与演,实为二人。衍字舒元,演字舒光,皆孔子二十二代孙。是章氏误会在前,沈氏沿袭在后也。

■ 汉春秋十卷　佚

(晋)孔衍撰。

是书,两《唐志》著录,《通志·艺文略》、《史略》、《兖州府志》、《曲阜志》、《阙里文献考》亦据著录。其书宋代亡佚,《后汉书·明帝纪》注及《太平御览·兵部》俱有征引。详参前《汉魏春秋》条。

■ 后汉春秋六卷　佚

(晋)孔衍撰。

是书,两《唐志》著录,《通志·艺文略》、《史略》、《兖州府志》、《曲阜志》、《阙里文献考》亦据著录。详参《汉魏春秋》条。

■ 魏春秋九卷　佚

(晋)孔衍撰。

是书据《曲阜志》、《阙里文献考》著录。两《唐志》此书作《后魏春秋》。罗士琳《校勘记》以为"后"字乃衍文。参见《汉魏春秋》条。

■ 编年通考七十三卷　佚

(宋)孔元忠撰。元忠有《书纂》,经部书类已著录。

是书见刘宰《漫塘文集·故长洲开国寺丞孔公行述》,略谓:元忠字复君,孔圣之裔,世远族分,莫详其谱……所至辟一室,环以图史,退食即覃思其间。凡唐艺文目所存于世者与国朝之书,搜罗殆尽,即所居建书楼以储之,研究无虚日。故洽闻强记,为世所重。鸿禧之命既下,目昏亦良极,始废书却客,名燕居之室曰"静乐",以静观天地万物之变……其所为书曰:《豫斋集》二十卷,《论语钞》十卷,《祭编》五卷,《编年通考》七十三卷,《书纂》二卷,《考古类编》四卷,《纬书类聚》二卷,藏于家。按:此书为元忠重要著作,惟不见书目著录,未详内容如何?

■ 通鉴纲目附释 未见

（明）孔克表撰。克表有《群经类要》，经部群经总义类已著录。

是书，《千顷堂书目》、《温州经籍志》、《两浙著述考》等均著录。《文渊阁书目》六有孔克表《通鉴纲目音训》一册，阙，当即是书刊本，而标题小异者。《菉竹堂书目》有"孔克表《纲目音训》一册"，《秘阁书目》有"孔十兄表《纲目音训》一"，实皆类《文渊阁》所著。其"孔十兄表"即孔克表，"十兄"为"克"之拆字也。按：其书未见传本，明宋濂《翰苑续集》载其书序云："新安子朱子既释诸经，患史学失褒贬之义，无以示劝惩，亲为《通鉴提要》，以授弟子天台赵师渊几道，使著其目。凡例盖一十九门，总一百三十又三条。凡下有目，目下有类，至详且悉也。师渊遂据《提要》为《纲目》五十九卷，朱子重为之审定，故其中亦颇与《凡例》弗合。书既成，流布四方，《凡例》则知者绝少，博学如王文宪公柏，仅获一见于五十余年之后，他固可知已。所以，尹起莘之著《发明》，刘友益之解《书法》，皆想像而为之辞。徐而察焉，或有未慊于人心者。永嘉孔君克表，殊窃病焉。于是，历考义例异同，凡朱子微意，先儒有未发者，及发之而未当者，皆备疏其纲之左。《目》中音义、事证及名物、度数之属，亦不可不知，仍取史炤、胡三省、王幼学三家，会粹群书而折衷之，通成若干卷，名曰《通鉴纲目附释》云。濂闻作史者，实原于《春秋》，虽立言有不同，其编年纪事则一。而已释《春秋》者，不翅数百家。史固非经也，有疑难而不能通者，其尚可略之乎？司马迁《史记》注者一十又四，班固《汉史》亦至三十，迄今犹未已也。况朱子上取法《春秋》，大经大法，皦如日星，文宪公至称为续经之作，其又可与诸史例论之乎？孔君之留心于此，诚可谓贤也已。抑又闻是书之成，卷帙浩繁，不能无舛讹。李心传谓唐肃宗时直脱二年之事，武德八年以后迄于天祐之季，甲子多差。而周公瑾所疏为尤多，盖又不止乎此也。将师渊不暇察邪？抑朱子春秋高而未及悉正之邪？孔君尚有以刊定之，庶几为《纲目》之忠臣也欤？濂侍讲禁林，孔君来为修撰，出以相示。濂为之惊喜，且谓其书世决不可无，特为序于首简。彼穿凿性命，簸弄词章，而无益于人者，视此其亦知愧哉！孔君字正夫，克表其名也。宣圣五十五代孙，至正戊子进士，博通六籍，而文又称之。士林咸推为巨擘云。"又民国《平阳县志》人物志称：克表登至正八年进士第，授建德路录事，乞养归里，服除，改镇江路录事，转瑞安州判，迁永嘉县尹。时群盗蠡起，温州与方国珍为邻，数被寇扰。克表陈安边数十策，不报，遂弃官。明洪武初，诏求人才，以子希靖应，除武陵县丞。六年，复行察举郡县，上克表学行，召对文华殿，帝与语经史，并称旨，拜翰林院修撰，兼国史编修官，秦王府说书。克表博览多闻，尤精于史学，尝著《通鉴纲目附释》，以示宋濂,濂读之,叹为伟作,特为序于首简。克表曾奉使朝鲜,或曰官礼部尚书。希靖字士宁。次希晔、希蕴、希嘉、希元。

■ 明光宗实录八卷、明熹宗实录八十七卷　存

(明)叶向高、孔贞运等纂修。贞运字开仲,衢州派句容支四川隣水县主簿闻敕次子,孔子六十三代孙,万历四十七年进士,授编修,历官礼部、户部尚书,东阁大学士,太子太傅。

二编有中研院史语所校印《明实录》本。《光宗实录》,前有天启三年御制序及进书表、纂修凡例。《熹宗实录》全称《大明熹宗达天阐道敦孝笃友章文襄武靖穆庄勤悊皇帝实录》,有目录,缺御制序及进书表、纂修凡例,以及卷四十三至五十四与卷八十五。《江苏艺文志》"熹宗实录"误为"嘉宗实录"。贞运纂修两朝《实录》,见于《明史》卷二百五十三贞运传,云:"贞运,句容人,至圣六十三代孙也。万历四十七年以殿试第二人授编修。天启中,充经筵展书官,纂修两朝《实录》。庄烈帝嗣位,贞运进讲《皇明宝训》,称述祖宗勤政讲学事,帝嘉纳之。崇祯元年,擢国子监祭酒,寻进少詹,仍管监事。二年正月,帝临雍,贞运进讲《书经》。唐贞观时,祭酒孔颖达讲《孝经》,有释奠颂。孔氏子孙以国师进讲,至贞运乃再见。帝以圣裔故,从优赐一品服。"兹参据著录。

二编今有国家图书馆藏明史馆经格抄《明实录》本,中研院史语所校印本(附有校勘记)等。

■ 通鉴纪年歌一卷两朝实录　存

(清)孔传游撰。传游有《太极易图合编》,经部易类已著录。

是书,《东北地区古籍线装书联合目录》著有吉林大学图书馆藏清道光刻《致远堂全集》本。《山东通志》、《肥城县志》不载此书。

■ 读鉴提要十二卷　未见

(清)孔广沐撰。广沐有《诗经备考》,经部诗类已著录。

是书据《孔子世家谱》广沐传著录。张舒兰《举人孔芷湖先生教感碑》同《世家谱》。未见传本。

■ 钞鉴便览八卷　未见

(清)孔昭菓撰。昭菓字荷生,北公户阳谷支光绪戊子科举人广沐长子,孔子七十

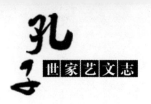

一代孙,优廪生,光绪二十八年壬寅科副榜。

是书据民国《孔子世家谱》昭藻传著录。未见传本。

■ 史鉴详批 _{未见}

(清)孔昭晙撰。昭晙有《五经详注》,经部群经总义类已著录。

是书据《孔氏南宗考略》近代名贤事迹考著录。未见传本与书目著录。

别史类

■ 逸周书（一名汲冢周书）十卷　存

（晋）孔晁注。晁有《尚书义问》，经部书类已著录。

是书，各家著录不尽一致。《隋志·杂史类》：《周书》十卷。注云："汲冢书，似仲尼删书之余。"《日本国见在书目》：《周书》八卷，汲冢书。章宗源曰：按此亦孔晁注本。《旧唐志·杂史类》：《周书》八卷孔晁注。《新唐志·杂史类》：《汲冢周书》十卷，又孔晁注《周书》八卷。《宋志·经部·书类》：《汲冢周书》十卷，晋太康中，于汲郡得之，孔晁注。《崇文总目》杂史类：《周书》十卷孔晁注。《史略》：《周书》十一卷，"竹书"内书，晋孔晁注。《山东通志·艺文志·别史类》：《周书注》八卷孔晁撰。并云："是书《隋志》题《周书》十卷，不云晁注。《文渊阁》著录本亦十卷，题曰《逸周书》。新旧《唐志》载晁注八卷。兹依以标题。《郡斋读书志》曰："《汲冢周书》十卷，右晋太康中汲郡与《穆天子传》同得。晋孔晁注。盖孔子删采之余，凡七十篇。然也有记录失实，以误后世者。"《直斋书录解题》曰："《汲冢周书》十卷，晋五经博士孔晁注。太康中，汲郡发魏安厘王冢所得竹简书，此其一也。凡七十篇，《序》一篇在其末，今京口刊本，以《序》散在诸篇，盖以仿孔安国《尚书》。相传以为孔子删书所余者，未必然也。文体与古书不类，似战国后人依仿为之者。"《文献通考·经籍考》曰："巽岩李氏曰：隋唐《经籍》《艺文志》皆称此书得之晋太康中汲郡魏安厘王冢，孔晁注解，或称十卷，或八卷，大抵不殊。按此则晋以前初未有此也。然刘向、班固所录，并著《周书》七十一篇，且谓孔子删削之余。而司马迁记武王克殷事，盖与此合。岂西汉世已得入中秘，其后稍隐，学者不道，及盗发冢，乃幸复出邪？篇目比汉但缺一耳，必班、刘、司马所见者也，系之汲冢，失其本矣。书多驳辞，宜孔子所不取，抑战国处士私相缀辑，托周为名，孔子亦未必见章句，或脱烂难读，更须考求，别加是正云。"章学诚《文史通义》曰："《逸周书》七十一篇，多官礼之别记与《春秋》之外篇，殆治《尚书》者杂取以备经书之旁证耳。"沈家本《古书目三种》曰："陈振孙以为战国后人所为，似非无见。然《左传》引《周志》：'勇则害上，不登于明堂。'又引《书》'慎始而敬终，终乃不困。'又引《书》'居安思危'。

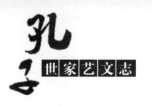

又称'周作九刑'，其文皆在今《书》中，则春秋时已有之，特战国以后又辗转附益，故其言驳杂耳！究厥本始，终为三代之遗文，不可废也。"《四库全书总目》著录内府藏本，曰："旧本题曰《汲冢周书》，考《隋经籍志》、《唐艺文志》俱称此书以晋太康二年得于魏安厘王冢中，则汲冢之说其来已久。然《晋书·武帝纪》及荀勖、束晳《传》载汲郡人不准所得竹书七十五篇，具有篇名，无所谓《周书》，杜预《春秋集解后序》载汲冢诸书亦不列《周书》之目，是《周书》不出汲冢也。考《汉书·艺文志》先有《周书》七十一篇，今本比班固所纪惟少一篇，陈振孙《书录解题》称'凡七十篇，《叙》一篇在其末。京口刊本始以《序》散入诸篇。'则篇数仍七十有一，与《汉志》合。"又曰："郭璞注《尔雅》称《逸周书》，李善《文选注》所引亦称《逸周书》，知晋至唐初，旧本尚不题'汲冢'，其相沿称'汲冢'者，殆以梁任昉得竹简漆书不能辨识，以示刘显，显识为孔子删书之余。其时《南史》未出，流传不审，遂误合汲冢、竹简为一事，而修《隋志》者误采之耶！"《隋志考证》引朱右曾《序》曰："其书存者五十九篇，并《序》为六十篇，较《汉志》篇数，亡其十有一焉。注之者，晋五经博士孔晁。唐初孔氏《注》本亡其二十五篇，师古据之以注《汉志》，故云：今其存者四十五篇。师古之后又亡其三，故今孔《注》只有四十二篇也。然晋、唐之世，书有二本，刘知幾《史通》不言有所缺佚，与师古说殊。《唐艺文志》：《汲冢周书》十卷，孔晁注《周书》八卷，二本并列，尤明证也。其合四十二篇之注于七十一篇之本，而亡其十一篇者，未知何代？要在唐以后矣。"《少室山房笔丛》曰："案《逸周书》共七十篇，汉时仅存四十五篇。今《周书》十卷，其七十篇之目并存，而缺《程寤》、《秦阴》、《九政》、《九开》、《刘法》、《文开》、《保开》、《八繁》、《箕子》、《耆德》、《月令》十一篇之文。"《郑堂读书记·补逸》谓此书"唐时仅存四十五篇，而今本目录仍其七十篇，并末序为七十一，内有录无书者十一篇，则存者乃有五十九篇，及末序一篇，较之唐转多十四篇，故谢金圃（墉）称其颇有为后人羼入者，篇名亦大率俗儒更易，必有妄为分合之处，其次序亦未确当，若《太子晋》一篇，尤为荒诞，体格亦卑弱不振，不待明眼人始辨之也。"按：考此书《汉志》入六艺略书家类，后人汇辑经部书籍亦多收之，如正、续《经解》等；又有入史部者，如《四库全书》之类。其书，《左传》引作《周志》，《汉志》著录作《周书》。其称《逸周书》者，实昉于东汉许慎《说文解字》"祡"、"翰"等字之引述。段玉裁以为许君谓之《逸周书》，亦以别于称《尚书》之《周书》，免学者惑也。桂馥《说文义证》引王聘珍之说略同，皆以为"逸"字为许慎所加。而严可均《说文校补》则云：今此云"逸"者，缘校者于《尚书》改用唐、虞、夏、商、周等名，而《周书》与《周书》无别，因复加"逸"于《周书》之上。亦有未尽加者，如"芌"下、"獂"下引《周书》，尚不云"逸"也。是严氏又以为"逸"字为校者所加。二说虽有小异,但皆以"逸"字之加,为便区别,并无深意耳。又书内各篇或注或不注,其不注者疑即孔注缺佚补以汲冢竹书者,宋人校刊时,遂以"汲冢"冠之,题曰《汲冢周书》。又清郝懿行有《汲冢周书辑要》一书,内每引孔注以为说。其乾隆五十五年郝氏自序,谓:《周书》七十一篇,或以孔子删削之余,或谓周之逸书,独巽岩李氏疑为战国处士私相缀续,托周为名。此言近得其实矣。然先儒有云:六经而下,求其文字近古,有裨于性命谊德文武政教者,无逾于此书。

是书,题《汲冢周书》者有国家图书馆藏清王振声跋元至正十四年嘉兴路儒学刻本(前有至正甲午四明黄玠序),2005年1月北京图书馆出版社《中华再造善本》影印本;上海图书馆藏元至正十四年嘉兴路儒学刻明修本,明初刻本;明嘉靖二十二年章檗刻本,明姜士昌刻本,明刻本,明刻《三代遗书》本,明万历蔡文范刻《五经翼》本,明万历何允中刻《广汉魏丛书》本(嘉庆本有校正补遗附录各一卷),《增订汉魏丛书》本,明天启刻《快阁藏书》本,明吴琯刻《增定古今逸史》本,明刻《钟敬伯评秘书十八种》本,清康熙七年刻汪士汉辑《秘书二十一种》本,嘉、道、同三朝刻汪士汉编《秘书二十八种》本,清康熙刻清许克勤、胡玉缙校跋本,《四部丛刊》本,《四部备要》本等。作《逸周书》者,有河南省图书馆藏明刻本,明万历程荣刻《汉魏丛书》本,明张邦翼辑《汉魏丛书钞》本,明吴世济编《汉魏丛书钞》本,清乾隆五十一年卢文弨刻《抱经堂丛书》本,国家图书馆藏清抄本,山东师范大学图书馆藏清光绪沈氏抱经楼抄《沈氏抱经楼钞本丛书》本,《四库全书》本,《知服斋丛书》本,《丛书集成初编》本;作《周书》者有明刻《先秦子集六种》本等。

■ 逸周书选要一卷　存

(晋)孔晁注。

是书,《中国丛书广录》著有清嘉庆十年青藜刻清□□编《新刻四种必读》本。

■ 逸周书补注二十二卷首一卷末一卷　存

(晋)孔晁撰,(清)陈逢衡补注。

是书,《中国丛书综录续编》著有清嘉庆十五年至道光二十三年江都陈氏读骚楼刻《陈氏丛书》本。又1985年北京中国书店影印本。

■ 逸周书管笺十卷　存

(晋)孔晁注,(清)丁宗洛笺。

是书,清华大学图书馆馆藏目录著有清道光五年海康丁氏刻本,四册一函。按:《中国古籍总目》著录国家图书馆等藏本其书作"清道光十年迁园刻本",《管笺》十卷之外,另有《疏证》一卷、《提要》一卷、《集说》一卷、《摭订》三卷。书共八册。十行二十二字,白口,四周双边。按:考清代以来研治此书者尚有唐大沛《逸周书分编句释》、郝懿行《汲冢周书辑要》、朱右曾《逸周书集训校释》、刘师培《周书补正》、孙诒让《周书斠补》等著作,附此不另著。

■ 周书王会篇一卷 存

(晋)孔晁注,(宋)王应麟补注。

是书,国家图书馆馆藏目录著有元至元六年庆元路儒学刻明初修本,一册,题《周书王会补注》,(宋)王应麟撰。《中华再造善本》据以影印。首都图书馆馆藏目录亦据元至元六年庆元路儒学刻补修本著录,题《周书王会》一卷,(晋)孔晁传,(宋)王应麟补传。半叶十行,行二十字,小字双行同,白口,左右双边,双鱼尾。有刻工青、端等。兹参据著录。

■ 逸周书王会解一卷 存

(晋)孔晁撰,(清)胡启释。

是书,《古书经眼录》古史类著有嘉庆间姚江书院刻本。按:考清代以来研治此篇者尚有庄存与《周书王会篇补注》、何秋涛《王会篇笺释》、刘师培《周书王会篇补释》等著作,附此不另著。

■ 汉尚书十卷 佚

(晋)孔衍撰。衍有《凶礼》,经部仪礼类已著录。

是书,两《唐志》皆著录,《通志·艺文略》、《山东通志》、《兖州府志》、《曲阜志》、《阙里文献考》亦载之。惟《唐志》此书入杂史类,《通志略》入正史类。兹从《山东志》列此。刘知幾《史通·六家》曰:"自宗周既殒,《书》体遂废,迄乎汉魏,无能继者。至晋广陵相鲁国孔衍,以为国史所以表言行,昭法式,至于人理常事,不足备列。乃删汉魏诸史,取其美词典言,是为龟镜者,定为篇第,纂成一家。由是有《汉尚书》、《后汉尚书》、《汉魏尚书》,凡为二十六卷。"又曰:"《尚书》之所记也,若君臣相对,词旨可称,则一时之言,累篇咸载。爰逮中叶,文籍大备,必剪截今文,模拟古法,事非改辙,理涉守株。故舒元所撰《汉》、《魏》等书,不行于代也。"按:据刘氏之言,诸书唐时尚存于世，然不知何以既不见于《隋志》，亦未见引述。《宋志》、《崇文总目》以下无复著录，可知其书久佚。

■ 后汉尚书六卷 佚

（晋）孔衍撰。

是书，两《唐志》、《通志·艺文略》、《山东通志》、《兖州府志》、《曲阜志》、《阙里文献考》等皆著录。参见前《汉尚书》条。

■ 魏尚书十卷 佚

（晋）孔衍撰。

《隋志·史部·杂史类》："《魏尚书》八卷，孔衍撰。梁十卷，成。"《新唐志》：孔衍《后魏尚书》十四卷。《旧唐志》误魏为"汉"，亦十四卷。《通志·艺文略·正史·三国志类》著录同《隋志》。《山东通志·艺文志·别史类》："《汉尚书》十卷（《唐志》）、《后汉尚书》六卷（《唐志》）、《魏尚书》八卷（《隋志》），孔衍撰。"《曲阜志》、《阙里文献考》亦作《魏尚书》十四卷。《隋志考证》曰："《唐书·艺文志》：孔衍《汉尚书》十卷、《后汉尚书》六卷、《后魏尚书》十四卷。按此题'后魏'，沿旧《志》之误，当为'汉魏'，与前《汉魏春秋》之名相同。《史通》亦云《汉魏尚书》。"又曰："按《隋志》注云，《魏尚书》，梁十卷，合两《汉》十六卷，与《史通》二十六卷正符。《新唐志》十四卷，'四'字误增。"才按：其言甚是，兹从之著录。此书《曲阜志》、《阙里文献考》沿其旧误题十四卷，固为失考，而《兖州府志》作"六卷"，不知又复何据？

■ 函史纂要十四卷 未见

（明）孔鼎撰。鼎有《周易达传》，经部易类已著录。

孔鼎《楷园文集自序》："甲申乙酉，值国大故，文献凋谢，乃入山作野人，庭萝覆门，草在窗下，静而对之，千千然也……考观天人贞一之统，察古今连合之变，王路隆污道术善败之故，《函史》备焉，帖括家苦繁富废读，暇中摘抄示儿曰《函史纂要》，约十四卷……"兹据著录。未见传本。

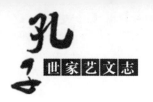

杂史类

■ 春秋外传国语二十卷　佚

（晋）孔晁注。晁有《尚书义问》，经部书类已著录。

是书，《隋志》、《曲阜志》等著录。《新唐志·春秋类》作孔晁《国语解》二十一卷。《旧唐志》韦昭注后，又有二十一卷，不著注解人，似即晁书。文廷式《补晋志》曰："《礼·玉藻正义·鲁语》云：'大采朝日，少采夕月。'孔晁云：'大采谓衮冕，少采谓黼衣。'又《楚语》云：'天子举以太牢，祀以会。'孔晁云：'四方来会助祭也。'马国翰据《左传正义》、宋庠《国语补音》辑此书，得三十九为一卷。此二条，是其所遗。"又范希曾《书目答问补正》云："黄奭辑《国语》古注，有郑众、贾逵、唐固、王肃、孔晁五家，在《汉学堂丛书》内。"按：马氏辑本，收入《玉函山房辑佚书补遗》。黄氏所辑，又见于《黄氏逸书考》。

■ 国语订讹二卷附录一卷　未见

（清）孔继涵撰。继涵有《考工车度记》，经部周礼类已著录。

《古书经眼录》古史类："《国语订讹》二卷，清曲阜孔荭谷撰，附录一卷（惠《九经古义》所引《国语》），定县王寿彭据曲阜孔氏微波榭抄本重抄。"兹据著录。按：《山东通志》据《国史儒林传稿》作《国语解订讹》，不著卷数。《著述记》称"孔广栻自经传子史至杂家，靡不研究，其父（孔继涵）之著述多版行，惟搜集诸家解麟经书，厥绪未竟，广栻乃终之。校刻《左国蒙求》、《国语解订讹》云云。"按：此书《中国古籍善本书目》无载，不知今落何处？

■ 国语解订讹一卷、惠栋九经古义所引国语一卷　存

（清）孔广栻撰辑。广栻有《周官联事》，经部周礼类已著录。

《中国古籍善本书目》史部杂史类："《国语解订讹》一卷，清孔广栻撰，《惠栋九经古义所引国语》一卷，清孔广栻辑，稿本。"兹据著录。按：据《北京图书馆古籍善本书

目》,此书一册,半叶十行二十一字,小字双行同,红格,白口,四周双边。其书似续继涵《国语解订讹》者。

■ 春秋时国语十卷 佚

(晋)孔衍撰。衍有《凶礼》,经部仪礼类已著录。

是书,《新唐志》、《通志·艺文略》、《山东通志》、《曲阜志》、《阙里文献考》等皆著录。《旧唐志》作《春秋国语》。刘知幾《史通·六家》谓"孔衍又以《战国策》所书,未为尽善,乃引太史公所记,参其异同,删彼二家,聚为一录,号为《春秋后语》。"又云:"始衍撰《春秋时国语》,复撰《春秋后语》,勒成二书,各为十卷。今行于世者,唯《后语》存焉。"可知此书唐时已佚,《唐志》所录,盖据旧目。

■ 春秋后语十卷 残

(晋)孔衍撰。

是书,《宋志·别史类》、《崇文总目》杂史类、《中兴馆阁书目》别史类等著录。《新唐志》、《通志·艺文略》、《山东通志》、《曲阜志》、《阙里文献考》作《春秋后国语》。《旧唐志》但载《春秋国语》十卷,不知是《春秋时国语》,抑或《春秋后语》之误题?《史通·六家》称"孔衍又以《战国策》所书,未为尽善,乃引太史公所记,参其异同,删彼二家,聚为一录,号为《春秋后语》。除二周及宋、卫、中山,其所留者,七国而已。始自秦孝公,终于楚、汉之际,比于《春秋》,亦尽二百三十余年行事。始衍撰《春秋时国语》,复撰《春秋后语》,勒成二书,各为十卷。今行于世者,唯《后语》存焉。"王重民《敦煌古籍叙录》云:"孔衍是书,据诸家所述则纪录七国,都为十卷。今所存仅二三残卷,其分卷大略,尚可考见。是书著录《秦语》之外,另有《赵语》、《魏语》。"又著录"略出本"云:"孔衍《春秋后国语略出》残卷,巴黎图书馆藏。前端残阙,而中间每篇出书题及撰人名,计存《赵语》第五,《韩语》第六,《魏语》第七,《楚语》第八凡四卷,后有番书尺许。"又云:"此书纪述七国,总为十卷,而是残卷,则仅百四十八行,已有赵、韩、魏、楚四国,纪事简略,殆已得全书之半。初以为疑,及以予所藏《秦语》及巴黎所藏《魏语》两残卷校之,则详略大异,盖彼二卷为衍原书,此则删节之本,唐人所谓'略出'者也。此书亡佚于宋元之际。"又云:"章氏《隋书经籍志考证》谓'《御览》所引未知为衍本注,抑李昉等所增'。予案:以是证之,知《御览》所引,确是《后语》原注,非李昉等所增也。"兹参据著录。

是书今有敦煌残卷四卷(存卷五至八),见《鸣沙石室佚书初编》及台版《罗雪堂先

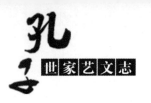

生全集》。另外，《说郛》载有一卷。清人刘学宠、王谟、黄奭、王仁俊各有辑本一卷，分别收入《青照堂丛书》、《汉魏遗书钞》、《汉学堂丛书》、《黄氏逸书考》、《玉函山房辑佚书续编》。又1993年12月齐鲁书社出有王恒杰《春秋后语辑考》，书前有张政烺序。其书广征敦煌卷子和传世古籍，是目前所见较完备的辑本。

■ 春秋后国语残本六卷 存

（晋）孔衍撰。

是书，稿本《续修四库提要》据敦煌卷子本著录，略谓"唐时是书颇行于世，至北宋而渐微，姚宏曾据以勘正《国策》，然自记谓访之数年方得；朱彝尊《经义考》引杨宗吾语，宋乾道中，南诏使者见广南人言，其国有《五经广注》、《春秋后语》，均足证南宋初年，是书传本之罕遘。元吴师道《国策识语》谓：《后语》今不可得，赖姚本得见一二，则盖亡于宋元之际也。今石室洞开，秘本尽出，是书残简，重现人间。巴黎国家图书馆所藏，有《秦语》、《赵语》上下、《魏语》各一卷，又略出本一残卷，存《赵语》第四之后半、《赵语》第五、《韩语》第六、《魏语》第七、《楚语》第八，凡四篇有半，而罗振玉亦得《秦语》卷第一。又按伦敦所藏敦煌书目，尚有《春秋后秦语下》，又有《春秋后语注》，存《楚》第八、《燕》第十，则此书之卷第可考者：卷一、二、三为《秦语》（巴黎藏《秦语》卷有'孟说秦语中第二'一行，知《秦语》原分上中下三卷），卷四、五为《赵语》，卷六为《韩语》，卷七为《魏语》，卷八为《楚语》，卷十为《燕语》，则卷九为《齐语》无疑矣。伦敦所藏三卷，禁人传抄，不得据以著录云云。"参见前条。

是书今有法国巴黎国家图书馆等藏敦煌卷子本，1993年12月齐鲁书社《春秋后语辑考》本等。

■ 国志历五卷 佚

（晋）孔衍撰。

是书，两《唐志》杂史类著录。《山东通志》、《曲阜志》、《阙里文献考》亦载之。《通志·艺文略》此书入"运历类"。《太平御览》尝引其书，知其亦亡于宋代。

■ 长历十四卷 佚

（晋）孔衍撰。

是书，《曲阜志》、《阙里文献考》皆著录。《新唐志》："孔衍《国志历》五卷《长历》十四卷《千年历》二卷"。《旧唐志·杂史类》此书列诸葛忱《帝录》后，不著撰人姓氏，

《通志·艺文略·运历类》也不著撰人姓氏。考《隋志》，此书无载。《新唐志》虽与孔衍《国志历》并列著录，然考其著录体例，一人多种著作并录时，辄于第二种书名前冠一"又"字，如"葛洪《史记钞》十四卷，又《汉书钞》三十卷"；"孔衍《春秋时国语》十卷，又《春秋后国语》十卷"等。而此书前却无"又"字，故《曲阜志》、《阙里文献考》虽据著录，然仍难即定为衍书。姑录此俟考。

■ 千年历二卷 佚

（晋）孔衍撰。

是书，《曲阜志》、《阙里文献考》据《新唐志》著录。未知是否为衍书？参见前条。

■ 洙南野史 佚

题（宋）孔传撰。传原名若古，字世文，晚号杉溪，嘉祐进士、左中散大夫、上柱国会稽县开国伯舜亮季子，衢州派始祖，孔子四十七代孙，官至右朝议大夫、知抚州军州事、兼管内劝使，封仙源县开国男。

是书见《孔氏南宗考略》孔传传，略谓：传博极群书，尤精《易》理，家居授徒千人。以功进秩右谏议大夫，改知抚州军州事，兼管内劝农使。历中散大夫，借紫，封仙源县开国男，食邑三百户。卒年七十五。著有《杉溪集》、《续白氏六帖》、《续尹植文枢纪要》，撰《东家杂记》、《洙南野史》等书。兹据著录。按：此书别不见录，或即孔洙《江南野史》之误载。

■ 江南野史一卷 佚

（元）孔洙撰。洙字景清，一说字恩鲁，号存斋，袭封衍圣公万春子，孔子五十三代孙，居衢州，宋理宗绍定四年袭封衍圣公，宋亡封罢。元世祖时，改封国子监祭酒，承务郎，兼提举浙东学校事，与护持林庙。

《两浙著述考·杂史类》："《江南野史》一卷，（元）衢县孔洙撰。洙，字思鲁，号存斋，淳祐元年袭封衍圣公。宋亡，居西安，遂占籍焉。《衢县志·人物》有传。此书据《嘉靖衢志·山川纪》，惜其书不传。"按：此书，《曲阜志》、《阙里文献考》俱不见载。《阙里文献考》卷八孔洙传云："五十三代洙，字景清，宋理宗绍定四年袭封衍圣公，通判吉州，宋亡归元。元世祖议孔氏子孙当立者，或言孔氏子孙寓衢者，乃其宗子。至元十九年冬十一月，召至阙，劳问，洙逊于居曲阜者，帝嘉之曰：'宁违荣，而不违亲，真圣人后也。'遂命为国子祭酒、承务郎，兼提举浙东学校事，与护持林庙玺书，敕给俸禄，

秩满再授奉训大夫、儒学提举。年六十一卒，无嗣。自端友至洙，袭封于衢者，盖六世云。"兹参据著录。《两浙著述考》称洙"淳祐元年袭封衍圣公"，误。

史表类

■ 中西四千年纪历 存

（民国）孔昭焱编。昭焱字熙伯，又字希白，岭南派南海南村房支，孔子七十一代孙，光绪丙午科副贡，早年师事康有为，任广西财政厅厅长、司法部次长等职。

是书，北京大学图书馆馆藏目录著有清光绪二十三年曼木草堂刻本，二册一函，十一行二十五字，小字双行同，黑口，四周单边，有"光绪二十三年孟秋开镂／南海桂垣检"牌记，及卷后"粤东省西湖街成文堂刊印"字样。书为历史年表。按：尝见梁启超致孔次长函二通，开头均称"希白大弟"。又考昭焱民国二十二年尝跋乃师康有为年谱《我史》，称"昔先师在日，余闻孝高学长藏有先师自订及手写年谱一册"云云，末署"弟子孔昭焱敬志"。

史抄类

■ 南北史意撼不分卷　存

（清）孔广栻辑。广栻有《周官联事》，经部周礼类已著录。

是书，《中国古籍善本书目》、《北京图书馆古籍善本书目》史部史抄类著录稿本，一册，十二行，大小字不等，蓝格，白口，四周双边。书藏国家图书馆。

■ 左国蒙求不分卷　存

（清）孔广栻撰。

是书，《中国古籍总目》著有国家图书馆藏稿本。按：《山东通志》据《山左诗续钞》著录本书，题其父孔继涵撰，误。

■ 读史格言　未见

（清）孔昭杰撰。昭杰有《论语集注》，经部论语类已著录。

是书，《续修县志》、《著述记》等著录。《山东通志·艺文志·史抄类》云："《读史格言》，孔昭辰撰。是书见《知非录》。"按：昭杰初名昭辰。其书未见传本。

传记类

■ 晋建武咸和咸康故事四卷　佚

（晋）孔愉撰。愉字敬康，谥曰"贞"，吴侍中选曹尚书恬子，孔子二十五代孙，居会稽，与同郡张茂伟康、丁潭世康，号称"会稽三康"，官尚书左仆射，出为会稽内史。

是书，两《唐志》、《通志·艺文略》著录，入史部故事类；《隋志》作《晋咸和咸康故事》，入史部旧事类。《旧唐志》一本，"愉"作"俞"。《阙里文献考》曰："古者朝廷之政令，百司奉之。藏于官府，各修其职，守而弗忘。《春秋传》曰：吾视诸故府，则其事也。二十五代孙晋余不亭侯孔愉有《晋建武咸和咸康故事》四卷。"《隋志考证》曰："本《志》但题'咸和咸康'，两《唐志》则并题'建武'，盖东晋元、明、成三朝之故事，与前之建武已来故事三卷大抵略同，惟此多一卷耳。本传不载是书，当是官尚书时所集录。"

■ 孔氏家传五卷　佚

佚名撰。

是书，《隋志》著录。《通志·艺文略》作《孔子家传》，亦五卷。《隋志考证》曰："《世说·言语篇》注、《后汉书·孔融传》注、《太平御览·人事部》并引《孔融家传》，皆记融事。《艺文类聚·杂器物部》引融'座上客常满，樽中酒不空'语。《北堂书钞·酒食部》：融每旦以饘一盛鱼一首以祭，并作《孔融别传》。案：《晋书》载孔愉、孔汪、孔安国、孔祗、孔坦、孔严、孔群、孔沈诸列传，云会稽山阴人，其先世居梁国。曾祖潜，太子少傅，汉末避地会稽，因家焉。祖竺，吴豫章太守；父恬，湘东太守；从兄侃，大司农；俱有名江左。又《南史》有孔靖、孔琇之、孔奂、孔琳之、孔顗列传，亦会稽山阴人。疑此五卷是会稽孔氏。《晋书》、《南史》之所取资者。"才按：《曲阜志·阙疑编》谓"孔愉以下虽多居会稽，亦犹今之寄籍云尔，故依旧《志》各书入之。"此书，虽不能确考作者为谁？但既为显扬门第作《家传》，谅其不出孔氏所为。故录以存考。

■ 陆先生传一卷 ^佚

（南齐）孔稚珪撰。稚珪一名珪之，字德璋，光禄大夫灵产子，孔子二十九代孙，居会稽，官太子詹事加散骑常侍。卒，赠金紫光禄大夫。

是书，《隋志》史部杂传类著录。《阙里文献考》云："稚珪，《南史》作珪，字德璋，先圣二十九代孙。《谱》云：吴兴太守琇之从兄弟也。居于会稽，累迁太子詹事。"又本书《孔氏著述》云："自汉阮仓作《列仙图》，刘向典校经籍，作《列仙传》，由是，志奇好异之士，往往推其本源，作为传记，前史谓之杂传。盖亦史官之末事也。二十九代孙齐散骑常侍稚珪有《陆先生传》一卷。"按：《云笈七签》卷五《宋庐山简寂陆先生》称其"讳修静，以元徽五年三月二日潜化，有诏谥曰'简寂先生'。门人得道者，孙游岳、李果之最著。后孔德璋与果之书论先生云：'先生道冠中都，化流东国，帝王禀其规，人灵宗其法。而委世潜化，游影上元，微言既绝，大法将谢。法师禀神定之资，居入室之品，学悟之美，门徒所归，宜其整缉遗踪，提纲振纪，光先师之余化，纂妙道之遗风，可以导引末俗，开晓后途者矣。'"《隋志考证》曰："《云笈七签》载《简寂陆先生传》，其即是《传》欤？"是否此《传》，或有待定，然其所传之人为陆修静却无问题。考《南齐书·高逸传》：修静，吴兴人，早为道士，置馆庐山。稚珪父灵产，有隐遁之怀，事道精笃。稚珪也受道法。宜其为之作传。

■ 姓氏谱二百卷 ^佚

（唐）孔志约等撰。志约，国子祭酒颖达次子，孔子三十三代孙，历官朝请大夫，太子洗马，礼部郎中。

《新唐志·史部·谱牒类》："《姓氏谱》二百卷，许敬宗、李义府、孔志约、阳仁卿、史玄道、吕才撰。"《山东通志》此书列传记类。兹参据著录。按：此书《旧唐志》题"许敬宗撰"，《通志·艺文略》题"吕才等撰"。《阙里文献考》谓："魏晋谱系之书渐广，迨西晋丧乱，百宗荡析，冠冕舆隶混为一区，不可遽知。是以周齐而还，谱牒之学益贵于世。三十三代孙志约，唐时为礼部郎中，能明其学，尝与许敬宗等撰《姓氏谱》二百卷。"《旧唐书·李义府传》云："贞观中，太宗命吏部尚书高士廉等修《氏族志》，勒成百卷，升降去取，时称允当，颁下诸州，藏为永式。义府耻其家代无名，乃奏改此书，专委礼部郎中孔志约、著作郎杨仁卿、太子洗马史玄道、太常丞吕才重修。志约等遂立格云：'皇朝得五品官者，皆升士流。'于是，兵卒以军功致五品者，尽入书限，更名为《姓氏录》。由是，搢绅士大夫多耻被甄叙，皆号此书为'勋格'。义府仍奏收天下《氏族志》本焚之。"又《新唐书·高俭传》云："高宗时，更以孔志约等十二人刊定之，裁广类例,合二百三十五姓,二千二百八十七家,帝自叙所以然。以四后姓、酅公、介公及三公、太子三师、开府仪同三司、尚书仆射为第一姓,文武二品及知政事三品为第二姓,各以品位高下叙之,凡九等,取身及昆弟子孙,余属不入,改为《姓氏录》。"因知此书又有《氏族志》、《姓氏录》等称。

■ 姓氏杂录一卷　未见

（唐）孔至撰。至字惟微,礼部侍郎、卫州刺史若思子,孔子三十六代孙,官著作佐郎,从父在衢州遭兵未归,遂寄居河南鲁山县,为鲁山派祖。

是书,《新唐志》史部谱牒类著录。《曲阜志》同《新唐志》。《宋志》此书作《姓名古今杂录》。《通志·艺文略》、《国史经籍志》作者误为"孔全"。《山东通志》此书入子部类书类。《阙里文献考》曰:"三十六代孙唐著作郎至有《姓氏杂录》一卷,又与韦述等撰《百家类例》三卷。"《中兴馆阁书目辑考》云:"《姓氏古今杂录》一卷,孔至（撰）。载氏族冠冕昏姻之盛,又以方数甲乙纪之。（《玉海》五十）按《唐志》无'古今'二字,《宋志》'氏'作'名',误也。"《新唐书·路敬淳传》云:"唐初,姓谱学唯敬淳名家。其后柳冲、韦述、萧颖士、孔至各有撰次,然皆本之路氏。"又《柳冲传》云:"唐兴,言谱者以路敬淳为宗,后有李公淹、萧颖士、殷寅、孔至,为世所称。"按:据《中国人名大辞典·附录》"贺敦"条,此书1921年臧励和撰《姓氏考略》尚加征引,《中国古籍善本书目》等则不见著录,未知其书尚存否?

■ 百家类例三卷　佚

（唐）孔至撰。

是书,《曲阜志》、《阙里文献考》等著录。《山东通志》此书入子部类书类,《新唐志》史部谱牒类此书不著撰人。《宋志》史部谱牒类著"韦述《百家类例》三卷",《中兴馆阁书目》谱牒类其书一卷,亦云"韦述撰"。考《新唐书·儒学中》,"至,字惟微。历著作郎,明氏族学,与韦述、萧颖士、柳冲齐名。撰《百家类例》,以张说等为近世新族,剟去之。说子均方有宠,怒曰:'天下族姓,何豫若事,而妄纷纷耶?'均弟素善至,以实告。初书,示韦述,述谓可传,及闻均语,惧,欲更增损,述曰:'止!丈夫奋笔成一家书,奈何因人动摇?有死不可改。'遂罢。时述及颖士、冲皆撰《类例》,而至书称工。"知韦述等别有其书,《宋志》、《馆阁书目》作韦述撰,并非误题矣。

■ 孔子编年三卷　未见

（宋）孔传撰。传有《洙南野史》，本部杂史类已著录。

是书，《山东通志》、《兖州府志》、《曲阜志》、《衢州府志》等皆著录。《郡斋读书志》云："《孔子编年》三卷，右皇朝孔传取《左氏》、《国语》、《公羊》、《史记》及他书所载孔子事，以年次之，自生至卒。"明陈第《世善堂藏书目录·史类·编年》于《孔子编年》五卷后又著《孔子编年》三卷，不著撰人，似即此书。《阙里文献考·孔氏著述·子部·儒家》：四十七代孙传有《孔子编年》三卷。又孔传传云："传博极群书，尤精《易》学，操行介洁，不为利诱势忧，宋建炎中随宗子端友南渡，居于衢。进《续白氏六帖》、《文枢要记》，书送秘书省。晚号杉溪，有《杉溪集》及《孔子编年》、《东家杂记》等书。"《孔子世家谱》载之略同。按：此书未见传本。《中国简明古籍辞典》称有嘉庆二十三年孙培翠校注本，盖误将胡仔《孔子编年》为此书也。

■ 文枢要记无卷数　佚

（宋）孔传撰。

是书据《山东通志》、《曲阜志》著录。《衢州府志》此书作《续严氏文枢类要》，入子部道家类，《孔氏南宗考略》复作《续尹植文枢纪要》，然皆无卷数。《宋志》不载此书。《兖州府志》云："孔传，字世文，道辅孙也。精于易学，操行介洁，建炎初与孔端友南渡，寓居衢州，率族人拜疏阙下，叙家门故事。尝知邠州，锄强扶弱，吏民畏服。知陕州，平鼎澧寇，以功知抚州、建昌。进《续白氏六帖》、《文枢要记》，诏送秘书省。所著有《东家杂记》、《杉溪集》。官至中散大夫。"明凌迪知《万姓统谱》也称其书"诏送秘书省"。然遍考各家书目均不见载，或宋时已亡。

■ 素王世纪十二卷　未见

（元）孔元敬撰。元敬字忠卿，济兖单三州宣课提领蠹三子，孔子五十一代孙，历官承事郎、兴化路经历。

是书据《山东通志》著录。《曲阜志》此书不著卷数。《阙里文献考·孔氏著述》：五十一代孙元兴化路经历元敬有《素王世纪》十二卷。又元敬传云："元敬比长，奋志励学，不与庸常伍。生平以纂述祖德为事，征求文献，撰成《素王世纪》十二卷。"又孔尚任《孔子世家谱》曰："五十一代元敬，字忠卿，行省辟为江东宣慰司照磨，改池州青阳尹，政孚人和。调福建闽海道。未几，授从仕郎、邵武路经历，迁承事郎、兴化路经历，引年致政。著《素王世纪》十二卷。年七十卒。"按：此书刻件未见，北京德宝2008

年1月古籍文献暨书画迎春拍卖会《图录》载有旧抄本《素王事纪》一册,不著撰人,称书中有《神庙位次图》、《祀事陈列图》和人物绣像数幅,并选孔子鲁司寇像一幅,描绘细腻,神态自然。惜非完帙。另,《秘阁书目》、《菉竹堂书目》亦著有《素王事纪》四册,不著作者姓氏,《千顷堂书目》别有《素王事实》四卷,疑即二《目》所著之书异本。审其书名,《素王世纪》似为谱牒,而《素王事纪》应是传记。

■ 荆潘辅政录一卷　未见

(明)孔承倜撰。承倜有《易经代言》,经部易类已著录。

是书据《山东通志》著录。《曲阜志》此书不著卷数。《阙里文献考》入子部儒家类。未见传本。

■ 圣贤图像、圣迹图　未见

(明)孔弘干编。弘干避清讳改宏干,字以象,号振斋,文献户承懿子,孔子六十一代孙,官鲁王府纪善。

明吕元善《圣门志》卷三下:"孔弘干,字以象,六十一代,任鲁府审理正,进阶奉议大夫,留心家门典故,所著有《孔门金载》、《文献集》、《桥梓联篇》、《淳庞风味》、《谈柄》、《圣贤图像》、《圣迹图》等书行于世。"兹据著录,未见传本与书目著录。

■ 圣迹图不分卷　存

(明)孔弘复订。弘复字以诚,号桂窗,官端户赠奉直大夫济宁州知州承英长子,孔子六十一代孙,万历元年,考授曲阜世尹;二十四年,加都转盐运同知、东昌府通判,诰封中宪大夫。

是书,《四部总录艺术编·补遗》著有明万历二十年刻本,称"未题编者名氏";《明代版画书籍展览会目录》亦著有北京傅氏碧蓴馆藏万历二十年刻本,书凡一册,绵纸,未题编者与画人名氏,全图单面方式,江苏金陵派,未题镌工名氏。因据著录。按:《山东通志》、《曲阜志》、《阙里文献考》不载此书。

■ 复圣图赞不分卷　存

(明)孔贞教编。贞教字用宽,号敬修,仙源户岁贡赠登仕郎京卫武学教授闻耀长子,孔子六十三代孙,廪生,万历二十二年,考授曲阜世尹;四十三年,升京卫武学教授。

是书,《韩国所藏中国汉籍总目》史部传记类著有"国立中央图书馆"藏明刊本,题明孔贞教等编,四十五折,八十九面。按:山东师范大学图书馆亦藏此刻,书共一册,计

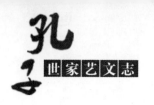

有防山佳城图、桓山乌音图、知御图、言志图、问贤图、仰高图、游景山图、执辔图、鼓琴自娱图、哀公往吊图、登泰山图、问成人图、问为邦图、从厄陈蔡图、□鼎图、赠别子路图、告子路图、悼道图、用舍行藏图、问仁图、知十图、问友图、用礼图、不惰图、庶几图、游农山图、问为身图、坐忘图、无□不说图、四友图、不违图、□舜图、门人厚葬图等,共三十九幅,凡每图一事,旁注以文,略仿《圣迹图》式。前有常州府学生蒋一梅题词、洛阳李士登语赞,及孔贞教万历乙巳冬十月既望序。题词、语赞皆十六行十四字,贞教序亦十六行,惟行字不定。无格,亦无目录。蒋氏题云:"余师孔先生以曲阜令莅教晋陵,则二三子从之游也,所闻《阙里志》与先圣往迹甚具矣。既乃出所为《复圣图赞》示予,予得而寓目焉,大都取典籍所载颜氏绪言遗行,汇聚而表章之……"按:此书,《山东通志》、《曲阜志》、《阙里文献考》等俱无载。

是书今有山东师范大学图书馆等藏明刻本。

■ 宁仪孔氏家志 残

(明)孔贞有、孔贞右纂。贞有字用亨,宁陵派恩赐寿官闻过长子,孔子六十三代孙,廪膳生。贞右,字用坤,闻过次子。

是书,《国家图书馆普通古籍总目·传记门》题"明佚名纂",残存二卷:卷四至五。书名据书签题。《中国家谱总目》、《中国古籍总目》史部著录此本不详纂修者,稿本《续修四库总目提要》亦据此本著录,云:"《宁仪孔氏家志》存二卷,明末刻本,不详编修人名氏。此残本仅存四、五两卷,第四卷皆河南宁陵、仪封两县孔氏后裔所上褒崇圣裔、优免差役、请祭赐田、请免赋役等各种封奏,及金元以来设置国子监学正以奉祀先圣等公文。第五卷皆明代人士赠宁仪两县孔氏后裔诗文等。此书既缺首二三卷,而五卷以后尚有几卷亦不可知,则全书体例如何,无由得知。按:宁陵孔氏乃孔子卌三代嫡孙德伦,于唐武德九年由绍圣侯改封褒圣侯,后及贞观十一年,辽海未平,山东凶荒,诏德伦随朝会封于宁陵,因敕修圣庙,钦赐祭田,而令之居于宁陵焉。后德伦卒,即葬县北楮堌村。子二,崇基袭侯爵。子叹世守庙田坟墓,及金人取下,世袭褒圣侯端友随高宗南渡,转封于衢州,端友弟操,金人以衍圣公封于鲁。元明因之。子叹后裔类同编氓矣,然家庙祭田尚如其旧。明洪武初年,因避黄河水灾,流寓仪封县崇化乡,正统年间徙建圣庙于仪封城内。嘉庆(靖)十四年复设世袭国子监学正,立守庙祀。嗣是而后,相沿未改,此宁仪两县孔氏转徙之由来也。俟得全书再详论其体例焉。"才按:考《仪封县志·艺文志·书目》不载此书,而有明邑令申佳荫《孔子家志后序》,略云:"阙里孔祀,万代阐扬,而宁仪一系,与浙衢俱荷异数。元世祖有文学诏,而授孔秀为仪封簿,宦而附籍,盖亦曰先圣振铎之所在焉。且展卷而仁义道德之英爽宛然,展卷而六十四代之血脉井然,展卷而累朝之殊恩隆遇、敕制命诰犁然,展卷而昔人之奏疏文移、碑铭序志秩然,典而核,详而有则,虽家乘,洵信史哉。昔夫子言夏殷之礼,而致慨于文献无征,今日者,国学君与数十子衿辈英英振起,而献足矣。《宁仪》一志,与《孝思录》、《英叶集》诸篇并传而文足矣。足则能征,征则悠远。子子孙孙勿替引之,故宜与阙里大宗并弗坠于万万世也。"惜亦不云何人所纂,今考《孔子世家谱》宁陵派六十三代贞有传,云:"贞有字用亨,廪膳生,博览经书,而无仕心。兄弟三人尝叹曰:吾圣裔后,今世官缺,何时复兴? 是可忧也。遂杜门不出,遵志典,括旧章,以修家乘。未几,世官补,祭田复,于藏书修《谱》之初心,庶几慰焉。"二弟贞右,"字用坤,与长兄纂修家乘。"三弟贞尤,"字用中,庠生,赠封登仕郎,国子监学正。潜心经史,无意仕进。"然皆不注生于何时? 又考其父闻过,"字知益,一生乐看经史,得古人之格言善行,必语其子孙曰:此圣人之心法也。汝当勉之。万历时,恩赐寿官,年八十八卒。"据此推知,贞有等与本书之纂,时间颇相符合,故定其作者为贞有兄弟可也。又《重刻宁陵县志》卷十一张皙《褒圣侯传》于此支迁徙述之甚详,堪补《家谱》之缺。文云:宁陵东北楮堌村距邑二十五里,有褒圣侯墓,旧《志》止载其修墓碑文,其来历俱未悉也。今考《阙里志》、《宁仪志》并孔氏《家谱》,始知侯为至圣三十三代承嗣嫡孙,世居阙里,唐贞观间,因避辽海兵乱,奉敕迁宋,遂家于宁北楮堌村,终而葬焉。历五世,至宪宗元和十三年,东平兵解,三十八代孙惟晸始归曲阜,此侯之所由来也。侯讳德伦,孔子三十三代孙也。世袭封于曲阜,初袭绍圣侯,仍隋封也。至唐高宗武德九年改封褒圣侯,暨太宗贞观十一年诏朝会同三品,食邑千户,此后世召孔氏子孙朝会之始。时辽海兵乱,恐残毁圣裔,诏迁于宋,暂避其锋,以孔子之先为宋人也。遂南渡黄河,居宁陵之楮堌村,敕建家庙,钦赐祭田,侯卒,即葬其地。子崇基,中宗嗣圣十二年袭封,神龙元年,制授朝散大夫,陪祭朝会,卒,附葬于父墓侧。子璲之,玄宗开元五年袭封,特授四门博士,郡主府文学,蔡州长史,二十七年改封文宣公,兼除兖州长史,迁都水使者,卒,亦附葬于宁。子萱,袭封公兼兖州泗水令,卒,亦附葬于宁。子齐卿,袭封,兼除兖州功曹,转青州司兵参军,时遭叛乱,死于王事,仍还葬于楮堌村。子惟晸,袭封,宪[宗]元和十三年,东平兵解,奉敕归鲁,主林庙祀事。宁陵林墓、祭田,皆次子惟一主摄。明嘉靖间,始诏荫孔承寅国子监学正,世世主侯墓祀(今城东北二十五里有孔家集,即侯墓地也)。又《书褒圣侯传后》:今上康熙三十二年癸酉,圣裔国子监学正孔讳毓璋,以《宁仪孔氏家志》来示图宁。谨按:……惟一父名炯,炯之父蕴,蕴之父贤,贤之父子叹,子叹,则崇基之介弟,侯德伦之仲子也。张《传》以惟一为齐卿次子,得非考之不得其详欤? 然而,今主

祀之学正则居仪封者何？盖自惟一，十五传而至秀，元世祖始授为仪封簿，尝置田宅于仪。又再传而至克文，因宁陵之楮堌村屡遭兵火灾变，亦置田十数顷于仪，春冬居宁，秋夏在仪。其子希先，当元末避兵水，因葬父仪封新桥村，遂家之。然犹往来宁陵，祭扫不缺。明洪武十六年，偕希祯修墓立石，而庙犹在宁，再传至公镒，正统元年，始奉诏徙庙建于仪封城内，传族侄彦纪、纪子承寅，得衍圣公劄，于仪立林庙。嘉靖间，寅比衢州彦绳例，乞恩愿得衣冠奉祀事，上嘉其请，授国子监学正，世袭至今不废。兹参据著录。

是书今有国家图书馆藏明崇祯间刻残本。

■ 道统图二册 未见

佚名撰，(明)孔胤植、吕兆祥同注。胤植字懋甲，号对寰，赠衍圣公尚坦子，袭封衍圣公尚贤嗣子，孔子六十五代孙，明天启元年袭封衍圣公，官太子太傅。清人为避世宗讳，将《家谱》"胤"字辈一律改为"衍"，胤植遂作"衍植"。又有作"允植"，或"荫植"者。

是书，《浙江采集遗书总录简目》著录刊本二册，谓"不著撰人，明圣裔孔对寰、吕兆祥同注"。按：《中国古籍善本书目》等不著此书。考《四库总目提要·史部·传记类存目》著录浙江巡抚采进有《道统图赞》一卷，云："不著撰人名氏。据卷首樊维城序，盖衍圣公家所刻。维城为万历己未进士，则此书出于明季也。即《圣迹图》旧本，而前增以伏羲、神农、黄帝、尧、舜、禹、汤、文、武、周公十像，后附以颜、曾、思、孟林庙八图。虽以《图赞》为名，而仅图前有说数行，无所谓赞，尤不可解。"《明志补编》据《续文献通考经籍考》著录，亦题一卷，"不著撰人名氏"。惟《浙江采集简目》著录刊本为二册，此仅一卷，似与不符。然考明季海盐吕兆祥因纂诸圣《志》，素与衍圣公孔胤植及樊维城有交往，如吕氏重修《三迁志》，即蒙胤植撰序弁首，所纂《东野志》，亦有樊维城崇祯元年序，故二人同注（即图前注文）一书，樊氏为之作序，则是完全可能。其《道统图》与《道统图赞》似亦真为一书。《道统图》乃绘历代圣人相承，与《明志补编》据《续文献通考经籍考》所著《圣贤图赞》不同。《圣贤图赞》顾名思义，应包括孔子弟子等诸贤在内。古时圣贤皆有名有姓。凡书名冠"圣贤"者，必有孔子弟子诸贤之内容。

■ 圣迹图一卷 存

(明)孔胤植辑。

是书，山东省博物馆等藏有明崇祯二年刻本，左图右文，单鱼尾。前有：赐进士第光禄大夫左柱国少师兼太子太师吏部尚书中极殿大学士知制诰两朝实录总裁经筵日讲官蒲州韩爌崇祯二年仲春序（文末有"韩爌之印"、"大学士章"大印二方）及《目录》。书共四十四叶，其中，序文（半叶五行，行十字）六叶，目录一叶，图三十七叶。计有：至圣先师赞、祷尼山图、麟吐玉书图、二龙五老图、空中奏乐图、为儿戏图、为委吏图、昭公赐鲤图、为乘田吏图、学琴师襄图、问礼老聃图、在齐闻韶图、晏婴阻封图、退修诗书图、为中都宰图、诛少正卯图、齐鲁会夹谷图、归田谢过图、堕三都图、齐人归女乐图、孔子去鲁图、围匡图、击磬图、同车次乘图、习礼树下图、临河而返图、灵公问陈图、子路问津图、在陈绝粮图、子西阻封图、西狩获麟图、删述六经图、天降赤虹图、梦奠两楹图、子贡庐墓图、汉高帝祀太牢图。每图事迹之外附以注释。如《为中都宰图》，"思圣堂：在山东兖州府汶上县堂之西，孔子为中都宰，即此地也。宋元祐三年，县尹周师忠建，今城内坊上有'中都古治'四字。准字池：在汶上县堂上，相传孔子为宰时所置，以□为之。"又如《齐鲁会夹谷图》，"夹谷山：在山东济南府淄川县西南三十里，旧名视其山，即定公会齐景公、孔子摄行之所"等。韩氏序云："俄，对寰出其高流能绘不失圣贤气韵《圣迹图》一卷，凡三十六图，每图之下，对寰与吕生兆祥各采摭《年谱》事迹，备为笺注，使人一披览间，何翅声应口答，若见当时征轮使辔缨舄堂皇，不与春秋限隔也者。此夫子毕生之景光、始终之境界，莫不此焉攸寄。故观其祷尼山、绂麟角，庭揖五老，音乐奏空，诞育天纵之贞符也；鼓操知文王，诣聘问周礼，三阅月而闻韶，身为礼乐之根宗也；自委乘而为宰，诛少正而堕都，还龟阴田以谢其过，小试行道之作用也；婴阻西泥，去鲁临河，陈、匡、郑、宋，问津击磬，彼自道绝于皇王，此亦何伤于日月。至若退修删述，麟绝笔而虹告备，则夫子用之垂宪万世者哉。圣公孝思，因图见祖，更副天下有目之怀，而谏议大行，赞宏□略，其必点笔烟麟，庶慰此图之后。"按：此帙绘图传神，信出妙手。《中国古籍总目》、《国家图书馆普通古籍总目》著录西谛旧藏本题"（明）孔对寰绘"。不知"对寰"乃作者号也。

是书今有山东省博物馆等藏明崇祯二年曲阜孔氏刻本，山东师范大学图书馆等藏民国十二年天津曹锟重摹本等。

■ 述圣图一册 存

（明）孔胤植辑，（清）孔毓埏重刊。毓埏字宏舆，袭封衍圣公兴燮次子，孔子六十七代孙，康熙十八年袭封翰林院五经博士。

是书，《山东通志》著录。《国家图书馆普通古籍总目》著录民国间影印本（一册），题"孔毓埏撰"，并注云："孔伋（前483—前402），即子思，孔子之孙。"《阙里文献

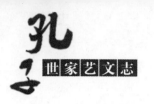

考》载有毓埏此书序，谓"惟千圣之道，大备于我圣祖，而我三世述圣祖，因以《中庸》之书，阐性教，发诚明，由夫妇造端，以底至诚至圣，功极乎位育参赞，道归于无声无臭，使圣祖未发之旨，如揭日月而行江河，岂非圣圣继承，相得益彰哉。是以历代崇儒重道之君，特建元公以主杏坛之郾，复设博士以主中庸书院之祀，至我朝而优礼有加，薪传勿替，煌哉巨典，诚子孙世世永赖者也。埏以己未岁袭五经博士，自顾幼冲，学识未广，夙夜兢兢，惟恐坠前人之业，每于披览坟籍时，取《述圣图》一册薰置上座，亦谓对越祖先，则非圣之书不敢读，非圣之言不敢言，庶几乎克念吾祖而无忘也。然此《图》始于我先宫傅对寰公，迄今五十余年矣，梨枣蠹蚀，笔画漫漶，贤亲之谓何其听之也。用是，重选妙手，依旧临摹，而授之梓人，虽不敢谓报祖功而酬宗德者，即在乎是，但我三世祖阐扬中道之迹，灿若日星，予小子远继近求之私，或借此以告一端云尔。"知其乃摹绘前《图》而异其名者也。

是书今有国家图书馆等藏民国间影印本。

■ 震泽见闻录无卷数 　未见

（清）孔兴份撰。兴份有《易义旁通》，经部易类已著录。

是书，《江苏艺文志》据乾隆《震泽县志》著录。未见传本与史志著录。

■ 出山异数记一卷 　存

（清）孔尚任撰。尚任有《易经系辞讲义》，经部易类已著录。

是书，《山东通志》、稿本《续修四库提要》据《昭代丛书》本著录，《山东志》曰："康熙甲子冬，驾幸阙里祀孔子，命尚任进讲经义。上遍览圣迹，幸孔林，尚任以讲书官引驾，奏对称旨，授国子监博士。次年乙丑赴京作此以纪恩遇。新安张潮跋云：'驾幸阙里，史馆中既有《幸鲁盛典》以恭纪之矣。然吾辈伏处菰芦，亦何从得见之乎？今东塘先生自以其所躬被之恩，特详记其始末，俾读书衡泌者，咸不啻躬逢其盛。此不独先生一己之异数，实吾道之异数也。'"又张潮《题辞》云："（康熙）戊寅冬，先生以所记《出山异数》相邮示，因备知圣朝尊师重道之隆与君臣遇合之雅。"

是书今有清康熙间新安张潮编刻《昭代丛书》本，1994年上海书店《丛书集成续编》影印《昭代丛书》本；曲阜师范大学图书馆藏旧抄本（后有"康熙乙丑三月二十八日孔尚任私记。载《大清会典》"等字）；济宁市文管局藏清抄本（白棉纸，封题"出山记"）；又有1994年9月济宁市新闻出版局准印《孔尚任佚文遗墨》本等。

■ 人瑞录一卷　存

（清）孔尚任撰。

是书，《山东通志》、《四库全书总目》、《郑堂读书记·补逸》俱著录。《曲阜志》、《阙里文献考》、《著述记》此书失载。按：是书乃应张潮之请而作。内记康熙二十七年天下奏报寿民自七十至百岁以上者，统三十七万有奇，以著太平生息之盛。张潮《尺牍偶存·寄复孔东塘主政札》云："附有恳者，往岁圣驾南巡，颁赐天下老人衆吊。鄙意欲将百岁老人照京、省次第，某省、某姓名，系何郡县人，其九十、八十者附于其后，名曰《人瑞录》，亦可为《昭代丛书》之一种。敬烦先生传谕户曹贵役，详考备录寄来，其编录即借光台衔，何如？"又《寄孔东塘户部》云："曩日亦曾奉渎，迄今未蒙见示，当是前札误付洪乔。今选刻《昭代》乙集，仍望先生特谕贵衙门该役遍检各省册籍，抄录成书，其编辑借光台讳，想亦老世台之所乐为者也。"

是书今有清康熙间新安张潮编刻《昭代丛书》本，1996年齐鲁书社《四库全书存目丛书》影印本，1994年上海书店《丛书集成续编》影印本。又1962年中华书局《孔尚任诗文集》本等。

■ 四氏学录无卷数　未见

（清）孔尚任撰。

是书，《曲阜志》、《阙里文献考》皆著录。按：此书未见传本。考尚任撰有《孔颜曾孟四氏学教授升例碑记》（见《文史论集》1981年第二辑），或即书中之内容。

■ 木皮散客传一卷　存

（清）孔尚任撰。

是书据《中国丛书目录及子目索引汇编》著录。按：此书所传"木皮散客"，系邑人贾应宠。应宠字思退，号凫西，自号木皮散客，著有《周易浅解》等书，《孔子故里著述考》已著录，可参阅。尚任自序其书，称"木皮散客喜说稗官鼓词。木皮者，鼓板也，嬉笑怒骂之具也。说于诸生塾中，说于宰官堂上，说于郎曹之署。木皮随身，逢场作戏。"

是书今有北京大学图书馆藏手抄《闲情逸致四种》本。又1962年8月中华书局《孔尚任诗文集》本等。

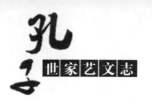

■ 雪谷府君行述一卷 _存

（清）孔衍注等撰。衍注，终吉户户部江南司主事尚鉝次子，孔子六十五代孙，庠生。

是书，《北京图书馆古籍善本书目》《中国古籍善本书目》等分别著有国家图书馆藏清康熙三十六年刻蓝印本，一册，九行二十字，白口，四周双边。按：传主尚鉝，字立之，又字三立，号雪谷，康熙十一年壬子科举人，甲子年，皇上幸鲁，与孔尚任讲经称旨，授国子监学正，迁户部江南清吏司主事，敕封承德郎。卒后，孔尚任为撰《墓志铭》。鉝有子五人，长子衍派、三子衍润，均为庠生。另据载，鉝有别墅于邹鲁间，地名小雪，湖山最胜，暇登其峰，俯其谷曰："可以老我矣，遂自号雪谷"。日与二三挚友，携村醪，看闲云，常怀南瞻峄峰之秀，北仰岱岳之巍。跻峰涉涧，悠悠抒怀。又考终吉一户，清初称人材数，孔贞瑄、孔尚任其尤著者，即以尚鉝家世论，如祖闻默，字知识，号诣元，礼部儒官。父贞堪，字用舆，又字冒生，号退斋，廪生，考授曲阜世尹，丁忧致仕，时与乡人结文酒会，流风善政，人人诵之。大弟尚铃，号金鉴，以陪祀恩贡，任浙江龙泉县知县；二弟尚钰，字粹之，又字其相，号兰皋，任江西宁州府同知；三弟尚铣，字昭之，号潜庐，岁贡，任博平教谕，升直隶蔚县令。其亦功名一门也。

是书今有国家图书馆藏清康熙三十六年刻蓝印本。

■ 至圣先师年谱三卷首一卷末一卷 _存

（清）杨方晃撰，孔兴耀、马恒世订正。兴耀字介融，一作介耀，宁陵派庠生衍惠长子，孔子六十六代孙，康熙三十八年己卯科举人，官直隶磁州学正。

是书，有清乾隆二年存存斋刻本，九行二十二字，白口，四周单边，版心下镌"存存斋"。卷端题："至圣先师孔子年谱；磁州杨方晃编释，太史盐官俞鸿馨尹思先生鉴定，磁学圣裔孔兴耀介融氏、沈阳马恒世健庵氏订正，同邑孙濂、宁仪孔毓彬、同邑张埙全校、同邑邵日新敬书"。前有俞鸿馨、李光型序，及己酉举人拣选知县兼理河南孔庭族长事务年家眷世弟仪封孔兴甲序，赐进士出身彰德府儒学教授年家眷世弟孔传心序，世袭国子监学政（正）加一级主宁仪庙林祀事六十八代宗子孔传钧（元辅）序，杨方晃雍正十二年自序并目录。后有乾隆二年邵日新跋与捐刻姓氏。姓氏中有圣裔孔衍泽、孔衍谱、孔衍志、孔兴诰、孔毓彤、孔毓琚、孔传鏐、孔传锟、孔继唐、孔继浩。卷首另有孔子像及图多幅。传钧序曰"余不敏，忝主宁仪庙林。甲寅九月，叔祖孝廉莲庵公，自滏阳学署寄至《圣祖年谱》四册，封识唯谨，稽首开读，知为磁鹤巢老人杨君手编。其书有始有卒，汇群言之分见，考当日之真踪，不禁跃然喜曰：'是余之志也夫，是余之志也夫.’余维夫恭详圣迹,余孔氏子孙之责也,乃老人竭十五年之心血,取《史·世家》及阙里旧《谱》,力为订正,殷殷以余孔氏应有之志为其志,即兢兢以余孔氏应任之责为其责,其慕道之诚切,良可敬矣。况其识皆卓识,论皆快论,足称有功圣门者哉。余家乘,去年奉旨增修,而圣祖《年谱》,旧附《阙志》,仅存其略,无遗无误,应以此本为善。”按:此书,《中国历代人物年谱考录》等有著录,《清志》、《四库全书总目》此书题作《孔子年谱》五卷。《四库总目》谓:“是书中三卷为《年谱》,以天、地、人分纪之。其前一卷曰《卷首》,末一卷曰《卷尾》。中间于《史记·世家》、《历聘纪年》、阙里旧《志》诸书,颇有纠正。然注太冗琐,又参以评语,皆乖体例。至《卷首》本《祖庭广记》作《麟吐玉书图》,殊未能免俗。《卷尾》泛引杂史,为身后异迹。如鲁人泛海见先圣,七十子游於海上,及唐韩滉为子路转生诸事,连篇语怪,尤属不经矣。”按:此书在《孔子年谱》类著述中,正讹补缺,素称详赡。《总目》讥其“冗琐”,有“乖体例”,实无必要。予早年编校《孔子年谱选编》,此书即被选入。又考他姓写孔氏,或与孔氏为僚友、为姻亲,或与孔氏为同邑、称同年,以得藉孔氏家乘,而资考订。如方晃乃磁州人,兴耀官磁州学正,因得订正其书。序作者孔兴甲,字开先,号天育,宁陵派尼山书院学录衍振长子,雍正己酉科举人,乙卯山东同考试官,丁巳会试,授河南永宁县教谕。孔传心字道瞻,号东村,息鄹户河南支廪生毓万长子,雍正七年己酉科举人,庚午科进士,任彰德府教授。姓氏中所列孔衍泽为盛果户尚恒子,字沛也,号惕庵,曲阜世职知县,授文林郎。

是书今有清乾隆二年存存斋刻本,1989 年 7 月山东友谊书社《孔子文化大全》影印本(与清曹之升《孟子年谱》合订),首都图书馆藏曲阜郭日新(疑为邵日新)抄本等。

■ 圣贤像赞四卷　存

(清)孔传铎辑。传铎有《礼记摘藻》,经部礼记类已著录。

是书,《东北地区古籍线装书联合目录》著有吉林省图书馆等藏清康熙五十五年刻本,与《圣门礼志乐志》同著。按:其书《山东通志》、《曲阜志》、《阙里文献考》、《著述记》、《山东文献书目》等俱无载。

是书今有吉林省图书馆等藏清康熙五十五年刻本。

■ 孝行录无卷数　未见

(清)孔兴持撰。兴持字川来,孔子六十六代孙,贡生,海丰县教谕。

是书据《续修县志》著录。《增补孔庭摘要》云:“六十六代兴持,字川来,贡生,海

而衰中间事实,自叙《年谱》,录示诸儿"。可知此谱始撰于嘉庆十一年秋,而初成于十二年,其后又续有所记,至嘉庆十九年(六十九岁)止。谱内记有兖州地区当年时令节气、运历,有近六十年的天文气候资料可采。

是书今有国家图书馆藏稿本(乌丝栏,半叶十行,二册);首都图书馆藏稿本(二册),又民国抄本(一册)。

■ 行唐纪政无卷数　未见

(清)孔传薪撰。传薪字楚翘,号雪樵,衢州派庠生毓璋长子,孔子六十七代孙,乾隆五十四年己酉拔贡,考取正白旗教习,授安徽太平县教谕,历官武昌、直隶行唐、任邱等县知县。

是书,《续纂句容县志·艺文志》书目史类据《孔氏家乘》著录。《江苏艺文志》著录此书称"佚"。《续句容县志》人物传亦著此书,略云:孔传薪字伯曼,一字雪樵,乾隆己酉选拔贡生,充正白旗教习,授安徽太平县教谕,升任湖北武昌县知县,历官直隶行唐、任邱等县知县。传薪学问淹博,精楷法,善绘事,尤工兰竹,名重都门。性嗜金石,遇佳者,虽典衣必购,所居斑驳陆离,皆古物也。后卒于其子江陵任所。著有《行唐纪政》、《梦松居士诗稿》。

■ 建国勋臣谱十八卷　存

(清)孔继尧撰。继尧字砚香,号莲乡,衢州派昆山支,孔子六十九代孙,善绘事。

是书,台湾《"国立中央图书馆"善本书目》史部传记类著有稿本,书凡十八册。

■ 孔孟圣迹图二卷　存

(清)顾沅辑,孔继尧绘。

是书,山东省图书馆有藏,绘图精细,释文九行十九字,白口,左右双边,与《圣庙祀典图考》均为清道光六年顾沅赐砚堂编刻。《东北地区古籍线装书联合目录》此书与《祀典图考》同入史部政书类,稿本《续修四库提要》此书但题《圣迹图》,俱二卷。详参《圣庙祀典图考》条。

■ 吴郡名贤图传赞二十卷　存

(清)顾沅辑,孔继尧绘。

是书,国家图书馆藏有清道光间长洲顾氏刻本,八册,十二行二十六字,白口,左右双边,单鱼尾。稿本《续修四库提要》著录清道光八年刻本,书名无"传"字,题长洲顾沅湘舟编纂,玉峰孔继尧画像,娄东张应麟汇传。谓是编共列名贤五百七十人,统乡贤、名宦、寓公,均称曰吴郡,各占一页,阳为绘像,阴列传赞。实吴中一大著作。

是书今有清道光间刻本,清道光间《顾刻三种》本。

■ 吴郡名贤图传赞不分卷 _存

(清)顾沅辑,孔继尧绘。

是书,《中国古籍善本书目》史部传记类著录南京图书馆藏清道光彩绘本,绘者继尧作"继垚"。台北"国立中央图书馆"馆藏目录著录所藏清道光九年长洲顾氏刻本其书作二卷,疑即前书,而误著卷数。

■ 五百名贤传八卷 _存

(清)顾沅辑,孔继尧绘。

是书,稿本《续修四库提要》著录苏州沧浪亭本,略谓:"沅字湘舟,博学好古,搜罗吴中先贤三百余人,倩孔继尧绘像,藏于家。安化陶树抚吴,复与郡人搜访,旁及名宦、流寓,共得五百余人。人系以赞,并镌诸石。汤金钊、朱方增、梁章巨等均有跋。咸丰兵燹,祠宇荡然,同治十二年,郡人恩锡重修,于像之缺者,依原本补镌,又增入百五十二人,即今所流传本也。"按:考《内蒙古线装古籍联合目录》亦著拓本,题《沧浪亭吴中先贤像赞》。另外,台湾中研院史语所傅斯年图书馆有墨拓本《五百名贤图》不分卷;国家图书馆藏有拓本八册,馆藏目录据题跋著为《吴郡名宦先贤遗像》。

是书今有旧拓本。

■ 孔母袁太夫人行述一卷 _存

(清)孔庆镕、孔庆銮等撰。庆镕字陶甫,号冶山,袭封衍圣公宪培嗣子,孔子七十三代孙,乾隆五十九年袭封衍圣公,诰授光禄大夫。庆銮字晓坡,号南池,庆镕胞弟,正一品荫生,嘉庆十六年,官刑部直隶司员外郎,诰封奉直大夫。

是书,《中国古籍总目》史部传记类著录上海图书馆藏清道光间刻本,庆镕误为"庆熔"。按:传主袁氏,长山人,刑部员外郎守铨次女,因长子庆镕过继伯父衍圣公孔宪培为嗣而貤赠衍圣公夫人,清乾隆二十四年(1759)八月初七日生,道光十四年(1834)二月十六日卒,年七十六。

■ 孔北海年谱无卷数 <small>未见</small>

（清）孔继鑅撰。继鑅字宥函，号廓父，大兴籍桃源县、宝应县管河主簿传坤子，孔子六十九代孙，道光十六年进士，官刑部主事，改南河同知，卒赠太仆寺卿。

是书见昭寀《会试硃卷》履历，未见传本与《中国历代人物年谱考录》等书著录。按：继鑅才高学赡，著述甚富，惜其早殉国难，家庭屡遭不测，手稿大半散佚。府、县修《志》，志局采访未及，故《淮安府志》继鑅传等俱不云有此书，但谓继鑅字宥函，曲阜至圣裔，自京师迁清河。父传坤，仕南河主簿。继鑅生而颖异，四岁知书，能读陶诗，十五为和陶诗，有停云之作，为耆宿所称赏。于书无所不读，科举之学，非所好也。制义，一览辄弃置。届试期，任取名作仿效之，规模意趣无不合，见者疑为宿构。道光丙申成进士，用刑部主事。性至孝，无兄弟，居京师年余，思亲心切，急归，以家在河上，改官南河同知，为养亲计……继鑅能文章，好为古歌诗，师事山阳潘德舆，与同郡鲁一同、宜黄黄爵滋、歙徐宝善、益阳汤鹏、建宁张际亮、汉阳叶名澧，以气节相尚，赋诗酬倡，一时京师坛坫称极盛焉。知天下将乱，每语人曰：吾当死国。际亮号为善相人，熟视曰：君殆不免……负性磊落，不事家人生产，中年为一姻娅毁其赀尽，至货居宅以偿负，不介于怀。著有《心向往斋和陶诗》，《壬癸诗录》，皆锓版，其他作甚多，藏于家。

■ 自责篇□卷、备忘录□卷 <small>未见</small>

（清）孔继鑅撰。

二书据《桐城文学撰述考》著录。《心向往斋集》与府、县《志》继鑅传均无载，似为杂著杂记类专籍，未见传本，录此俟考。

■ 知非录一卷 <small>存</small>

（清）孔昭杰撰，孔宪阶、孔宪彝、孔宪庚同注。昭杰有《论语集注》，经部论语类已著录。宪阶字升伯，号星庐，昭杰长子，孔子七十二代孙，直隶景和镇巡检，加六品衔。宪彝字叙仲，号绣山，一号秀珊，又号韩斋，别号诗愚，昭杰次子，孔子七十二代孙，道光十七年丁酉科举人，官内阁侍读。宪庚有《周易肊测》，经部易类已著录。

是书有清咸丰刻本，白口双边，十行二十一字，注文小字双行。内题"阙里孔昭杰俊峰编；男宪阶、宪彝、宪庚仝谨注"。书内自乾隆庚子一岁叙起，至壬子七十三岁止。前有昭杰自叙，末有宪阶等跋。昭杰叙曰："余碌碌无能，行年六十矣。顾念生平，有感于'伯玉知非'之语，爰著是录，编年纪事，词达而已。天假之年，当有续作，儿辈他日以为年谱可也，即以为行述亦无不可也。道光己亥仲冬三百有六十四庚子日俊峰氏书于拜经书屋。"按:此书《续修县志》、《著述记》、《贩书偶记》、《续修四库全书提要》等皆有著录,《中国历代人物年谱考录》昭辰误为"昭展"。《山东通志》题孔昭辰撰,云"是书刊于咸丰壬子,昭辰子宪彝等跋云:'府君生平居官行已、学问文章为前辈所推重、后生所钦服者,不可悉数,何可不戡香崖略,以备大君子采择。第思府君在日,常谓不孝等曰:吾所撰《知非录》,实年谱也。汝等不得更作行述。谨案:是《录》按年纪载,诰质事实,不孝等虽欲赘述　辞,乌能仿佛万一哉!爰录是册,谨即所知者,敬注于下。'"《续修四库提要》曰:"是《录》自乾隆庚子一岁起,至咸丰壬子,七十三岁三月止。逾一月卒。其子宪阶、宪彝、宪庚,复据所知,补注其下。大抵述居官政绩,及家人生育婚嫁仕官诸事。其六十岁时,预立遗嘱数条,以为治命,亦达观之士也。"《近三百年人物知见录》称"《知非录》,一题《孔俊峰先生知非录》,是谱始编于道光十九年,其后连年续补,自记应试、仕历及家事,于盐务所记较多,惟语焉不详,难供参考。"又按:昭杰中举时间,《中国历代年谱考录》、《近三百年年谱知见录》此条分别作"嘉庆三年"和"嘉庆七年",今考其书实为嘉庆六年(辛酉),嘉庆三年虽被取中,却以额满见遗;嘉庆七年乃参加会试时间。《续修县志》称其"乾隆辛酉举乡魁",尤觉其谬。"乾隆辛酉"为乾隆六年,昭杰生于乾隆四十五年,岂有离出生还有四十年就举乡魁之理?

是书今有清咸丰二年曲阜孔氏刻本,1999 年 4 月《北京图书馆藏珍本年谱丛刊》影印本。

■ 孔氏节行传一册　未见

(清)孔昭升撰。昭升字东晓,衢州派句容支昭秉族弟,孔子七十一代孙,廪贡生,举道光元年孝廉方正。

光绪《续纂句容县志》卷十人物传:"昭秉族弟昭纬,字东山,善绘事。昭升字东晓,廪贡生,工书法,居笔架冈,能文工诗,举道光元年孝廉方正,兵燹后,念族人云亡,伤悼不已,乃即本支有节行者,录为一册以纪之。"兹据著录。

■ 毕太夫人行述一卷　存

(清)孔繁灏撰。繁灏字文渊,号伯海,袭封衍圣公庆镕子,孔子七十四代孙,道光二十一年袭封衍圣公,诰授光禄大夫,晋太子太保,谥"端恪"。

是书,稿本《续修四库提要》据道光刊本著录,谓"太夫人为两湖总督毕沅女,适衍圣公孔庆镕。其姑于太夫人,大学士金坛于敏中女也。沅为敏中门下士,巡山东时,诣谒林庙,并拜于太夫人,因订婚焉。沅殁,家被查抄,太夫人才八岁。婚后,迎养其母于阙里……繁灏为太夫人出。是篇述太夫人懿行及他琐事甚备,然可传者,则在其家世也。"按:此书,《山东通志》《续修县志》《著述记》等皆无载。

是书今有清道光间曲阜孔氏刻本。

■ 北游日记二十卷　未见

(清)孔继勋撰。继勋原名继昌,又名继光,字开文,号炽庭,又号伯煜,岭南派罗格支钦加布政使衔、叠赠荣禄大夫传颜长子,孔子六十九代孙,道光十三年进士,授翰林院编修,充国史馆协修,丙申科殿试收卷官,丁酉科顺天乡试同考官,叠赠荣禄大夫。

是书据民国《南海罗格孔氏家谱》艺文著录,同治《南海县志·艺文略》史部杂记类著录此书不题卷数。其书未见传本,《家谱》艺文载其友廖甡同治元年及子广陶咸丰十年九月序跋,廖氏谓"编修炽庭孔君,甡数十年性命道义之交,群推经世才者……甡读之终卷,觉三十年前与炽庭聚京邸数晨夕,商榷经世之务,窃然而深怀,翛然而远志,如闻其声,如接其容,虽年近八十老而健忘,手此卷犹前日事也。"广陶云:"昔李义府有《宦游记》,陆务观有《入蜀记》,不过记其政事,记其遨游,而凡处己接物之端,仍未寓省察观感之意。我先大夫自乡荐至通籍劳车马者十六年,由供职至南归勤王事者又九载,事无巨细,悉笔而识之,于古人日有记、月有效、岁有得之规,窃体是也。岁月既深,卷帙益夥。夷氛初起,遗迹尽亡,其后长兄广镛搜得末卷,授陶敬藏,不料,往岁破城,又被刬去。今夏忽于败簏中捡得数卷,自道光壬辰至丁酉,六年无阙。其中,记廷试召对者,纪君恩也;记师友缔交者,重古谊也;记论文作字者,律课程也;记舟车风雪者,志行路也。恭读之下,如对音容,遗范之存,知所遵守。嗟夫!昔骤然而失之,今偶然而获之,昭昭先灵,其示我也。彼所谓禹穴奇书、石渠秘策,得之亦何足语此耶!"

■ 内阁汉票签中书舍人题名不分卷　存

(清)孔宪彝辑。宪彝有《知非录》注,本部本类已著录。

是书据咸丰十一年刻本著录。其书凡一册一百零七叶,半叶八行、行二十一字,小字双行,行字同。白口双边。姓名大字,里贯、爵秩小字。与鲍康《续编》《内阁撰拟文字》《皇朝谥法考》共一函。书前有咸丰十年华亭张祥河序、长洲彭蕴章序,及咸丰十一年孔宪彝、歙鲍康序。康称"二百年来,《题名》一编阙焉未备。盖道光二年,先子坚兄直班时,直庐不戒于火,册籍荡然无存,诸先辈苦无从排纂,或搜辑而未克成书,遂至今以为憾。咸丰九年秋,孔绣山前辈官侍读,独锐意成之,商诸曾笙巢前辈,招同陆步衢、江蓉舫、叶仲方、何介夫、袁杏邨、吴桐云、方子严诸前辈,陈莲舫、汪泉孙诸同官,于各省志书、各家文集谱录,及国史馆所存爵秩全览,逐加采录。未几,诸公或缘事出都,或应官鲜暇,迨次年八月,绣山前辈亦以公务益纷,不获编次,因属康总其成焉。"按:此书,《山东通志》、《续修县志》、《著述记》皆不载。《桐城文学撰述考》、《山东文献书目》此书作一卷,并《续编》属宪彝。宪彝博学多能广交往。《著述记》称其"少师事李宗传,为桐城古文学。又从盛大士、阮元游,学益进。居京师久,时与魏源、曾国藩、何绍基、苏廷魁、严良训、彭蕴章诸耆宿切劘讲习,往往一会至数十人,宜其学之无不通,而诗文之体无不备也。并娴绘事,尤工写兰,海内外争相购致。"

是书今有清咸丰十一年直房刻本,清咸丰十一年刻清同治光绪增修本等。

■ 管彤撰美无卷数　未见

(清)孔宪彝辑。

是书据《桐城文学撰述考》著录。《续修县志》、《著述记》不载其书,未详内容如何? 录此俟考。

■ 周文忠公[天爵]事状祭文合一卷　存

(清)孔宪庚撰。宪庚有《周易肊测》,经部易类已著录。

是书,《中南、西南地区省、市图书馆馆藏古籍稿本提要》(附钞本联合目录)著有湖南省图书馆藏清抄本(一册)。

■ 先圣生卒年月日考二卷　存

(清)孔广牧撰。广牧有《礼记天算释》,经部礼记类已著录。

是书,《中国历代年谱总录》、《中国历代人物年谱考录》等著录。《杭州大学图书馆线装书总目》著录清光绪十九年刻本作《孔子生卒年月日考》,孔广牧编;《清志》、民国《宝应县志》艺文志作《先圣生卒年月考》,俱二卷。《续修县志》此书作一卷,广牧误为"广枚";《山东通志》、稿本《续修四库提要》著录《皇清经解续编》本亦题一卷。《山东志》曰"是书刊入《皇清经解续编》。于生卒年月日,皆条列众说于前,末复折衷众说,断以己意。其考一案语云:'先圣之生年从《史记》,月从《穀梁》,日从《公羊》、《穀梁》。'其考二案语略云:'左氏续经、《孔丛子·诘墨》、《孔子家语》、太史公书皆以为先圣卒于鲁哀公十六年,由是岁上溯之襄公二十二年,实七十三。算谓为年七十四者,盖从襄公二十一年起算,失之。若钱氏大昕弥缝七十三、七十四二说,牧亦未敢以为然也。至《三国志》、《盈川集》、《元和姓纂》、《合璧事类》,以为年七十二,此陆元郎

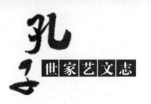

所弃,未足为信。杜征南《长历》谓是年四月十八日有乙丑,无己丑。吴氏程以《大衍》推之,定为十一日己丑,订正之力,拨云雾而见青天。《三才图会》谓为四月初四日,尤非。其或谓午时卒者,殆无足辨云。'"按:此书,予曾见一师石山房景钞本,前有广牧《上衍圣公启》云:"综厥始终,庸为参订,谨成《先圣生卒年月日考》一通。楗书未读,敢夸圭撮之知能?家法常垂,尚冀春秋之笔削。卮言无当,藻鉴轻尘,伏候化裁,无任战越。"又有仪征刘贵曾跋,称其书"演校精博,可释千古之疑。先生谓《公羊传》'十有一月'四字皆衍,贵曾以《三统》、《四分》推之……益服先生之说为特识也。"

是书今有清光绪四年浙江书局刻本,清光绪五年刻本,清光绪八年师石山房影钞本(宝应刘岳云算校,旌阳汤明林写刻),清光绪十四年刻《皇清经解续编》本,清光绪十五年刻《广雅书局丛书》本,1994年上海书店《丛书集成续编》影印《广雅书局丛书》本,清光绪十九年浙江书局重刊本等。

■ 鸿爪日记二十卷　未见

(清)孔广陶撰。广陶字鸿昌,一字季子,号少唐,岭南派南海支翰林院编修继勋三子,孔子七十代孙,太学生,官刑部郎中,诰封奉政大夫。

是书,民国《南海罗格孔氏家谱》艺文著录,其书广陶传亦云著有《云山得意楼文钞》二卷、《得意楼诗草》十卷、《三秋随笔》四卷、《鸿爪日记》二十卷……

■ 穗城滋蔓录二卷　未见

(清)孔广陶撰。

是书,民国《南海罗格孔氏家谱》艺文著录,并载咸丰十一年郑献甫序云:"纪一方之书止载一事之变,无名氏之《保越录》是也;纪一人之行止载一年之事,陆放翁之《入蜀记》是也。以年月为经,以事变为纬,合此二例,创为一编,则元人王鹗之《汝南遗事》是也。其书有纲有目,有言有事,非稗史,非杂记,又非地志,自天兴二年六月,讫三年正月,可按日而次第以考事。盖汝南受围,皆王鹗亲见,是以详且明若此,不独具时事本末,并可备史官采择,其为体例善矣。穗城之变,纷纷扰扰,始于佛山,至今谈者犹色变。而传者多口述,言人人殊。友人孔少唐部郎著有《穗城滋蔓录》纪此一事,其书不过二卷,自咸丰四年六月陈开滋事始,至五年七月甘仙被获止。同治改元,适余漂流居此,出其书见示,非仿汝南旧例,而正得王鹗遗意。有纲有目,有言有事,而无讥刺诬罔讹传之失,虽短书,具深意矣。每叹元二年间,贼起吾乡,蔓延海宇,所当著录者尤众,而余以落拓书生,流亡作客,回忆苍黄各状,鹤唳在耳,鱼骇在目,鸽怖在心,竟不能执笔一一纪略,为可愧也。因还其书,僭志其首。"

■ 孔子生卒考一卷 存

(清)孔继藩撰。继藩字惠畴,南海支,孔子六十九代孙,诸生。

是书,《中国历代人物年谱考录》《国家图书馆普通古籍总目》著有清光绪十六年刻本,《清史稿艺文志拾遗》史部传记类亦著其书。书凡一册,九行二十二字,小字双行同,白口,四周单边,国家图书馆等皆有藏。另见收于线装书局《中华历史人物别传集》。按:尝考同治《南海县志》,其题署称绘图有"生员孔继藩",当即此人。此外,北京大学图书馆藏有清邹伯奇绘、孔继藩校《皇舆全图》一册,清同治十三年广州冯焌光印本,凡六十六幅。据《广东文征作者考》,继藩为伯奇弟子,精天算之学,伯奇以女弟妻之。附此不另著。

是书今有国家图书馆等藏清光绪十六年刻本。

■ 颗轩年谱无卷数 未见

(清)阙名编。

是书,《中国历代人物年谱考录》著录,称有"传抄本《待访》按:此本曾见,失录藏家。"才按:此书未见志目著录,或出孔氏,亦未可知。故录之以俟后考。

■ 历代帝王总记一卷 未见

(清)孔宪遼撰。宪遼字仪鸿,号逸泉,亦曰柳泉,大宗户太常寺诰赠奉直大夫昭燕子,孔子七十二代孙,道光时廪生,圣庙四品官。

是书,《续修县志》、《著述记》皆著录。《著述记》云:"孔宪遼,字仪鸿,号逸泉,亦曰柳泉,专治史学,于往代谱牒尤精心切究,辑有《历代帝王总记》一卷。"

■ 西征日记二卷 未见

(清)孔宪采撰。宪采原名宪庄,字敬持,号雅六,一说号果庵,桐乡县支邑增生昭勋次子,孔子七十二代孙,廪贡生,候选训导,历署景宁、庆元、分水县教谕,景宁、丽水县训导,敕授修职郎。

是书,《乌青镇志·著述》著录,并载其自跋云:"《西征日记》,风樯轮铁间纪程之作,间及胜境古迹、风土人情,而不能详。纪游之诗,亦附及一二,兴之所至,矢口成吟,率易不足存稿,又不忍抛弃,故附存于此,供旅游者之嘻噱耳。分上下两卷,暇时展阅,雪泥鸿爪,宛然在目也。"末署"同治上元甲子秋七月下浣八日遇安主人跋"。按:《两

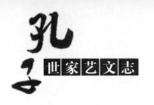

浙著述考》此书作《两征日记》,云:"陆以湉曰:雅六尝游秦中,历主古莘、文昌、岷阳书院讲席,因撰此书,备载游迹。"

■ 圣迹图不分卷 存

(清)孔宪兰摹刊。宪兰字芳谷,号谢庭,华店户至圣庙七品执事官昭刚次子,孔子七十二代孙,同治元年壬戌科举人,辛未大挑二等,历官巨野教谕,新泰训导。

是书,《山东通志》、《续修县志》、稿本《续修四库提要》、《台湾公藏普通本线装书目书名索引》等皆著录。按:此书以连环画形式反映孔子生平,从颜母祷于尼山,至孔子殁后弟子庐墓,凡收图百余幅,每图皆配以文,线条流畅,图文并茂。《山东志》称此书"册首有同治甲戌宪兰《新刊圣迹图记》一篇,略云:'粤自圣迹殿建设以来,历世增修,至圣先师诞降之初、历聘之终,言行问答之故事,常变顺逆之遭逢,无不详明切究,绘为全图,镌刻于石,以垂永久,积月成岁,不能无薄蚀,恐年湮代远,迹像愈考证无从,用敢付之梓人,依旧绘图,施诸梨枣,庶至圣先师之事迹愈久愈新,亦弥远弥盛,非徒广见闻也。窃愿守遗范焉。'"《续修四库提要》谓"统观其书,自祷尼山,至汉高过鲁修祠,通二十九事。图首并附序事及赞词,若能常玩其图、考其实、诵其赞,宛然如身生其时、亲历其地,而聆乎木铎之余音者。考明代张楷,曾刻是图,仅二十事,流传极少,与此册异同若何,不得而详矣。"按:"圣迹殿"以圣迹图刻石而闻名,位于曲阜孔庙九进院落内,由巡按御史何出光于明万历间主持修建。

是书今有国家图书馆等藏清同治十三年曲阜孔氏刻本。

■ 圣贤像赞不分卷 存

(清)孔宪兰增补。

是书,《山东通志》、《续修县志》皆著录。《山东志》谓"宪兰以明吕维祺刊本岁久漫漶,光绪戊寅重刊此本,而增列国朝复祀、增祀、从祀诸儒姓氏于原目之后,卷端恭录御制赞,国朝人所作赞亦间补入焉。"按:考此书乃冠洋子绘纂,孔宪兰增补序刊。凡四册一函,书前有明崇祯五年吕维祺旧序,并宪兰《重刻圣贤像赞序》,宪兰云:"冠洋子《圣贤像赞》一书,其有裨于世道儒风者,良匪浅鲜,特镂自前明,楮印半多漫漶,亟宜及时修辑,以永流传。爰与同年胡敬斋兄暨书之族兄,再三筹酌,遴选妙手,依旧重摹,付诸梨枣,藉志羹墙。"内有孔尚任、孔继汾、孔宪培赞文若干首。

是书今有国家图书馆等藏清光绪四年曲阜会文堂重刻本。

■ 孔祥珂起居日记一卷 残

(清)孔祥珂撰。祥珂字君则,号观堂,袭封衍圣公繁灏长子,孔子七十五代孙,同治二年袭封衍圣公,谥"庄悫"。

是书见孔府档案第1309卷,全称《七十五代衍圣公孔祥珂起居日记》。书藏曲阜文管局档案馆。骆承烈等《孔府档案选》(中国文史出版社2002年12月出版)摘有部分内容,可窥一斑。

■ 孔氏家乘 未见

(清)孔传荣等纂。传荣字耕云,衢州派句容支毓恺子,孔子六十七代孙,邑诸生。

光绪《续纂句容县志》卷十人物传:"传荣字耕云,邑诸生,性鲠直,不为利诱。光绪壬午,孔氏汇纂《家乘》,偕族人广浩、广余,往方山一带咨访源流,不惜劳瘁。"又此书卷十八《艺文志》尝据《孔氏家乘》著录孔传薪《行唐纪政》、《梦松居士诗稿》等著作,因知其书行世,然不见于《续志》艺文。

■ 祖述志闻 未见

(清)孔宪达撰。宪达字尊三,南宗派杭州支昭焯子,孔子七十二代孙,邑庠生,主敷文书院祀事。

《孔氏南宗考略》:宪达,字尊三,兴燧裔,邑庠生,光绪二十三年,派主杭州敷文书院祀事。好学不倦,年四十,毕业于浙江法政学堂。民初,历任吴兴、绍兴等处地方法院典簿,处事廉明,朋侪钦敬。卒年四十七。著有《发蒙初阶》、《祖述志闻》若干卷。兹据著录,未见传本。

■ 倡建广东全省孔氏合族家庙捐册不分卷 存

纂修者不详。

是书,《中国家谱总目》附录著有广东省佛山市图书馆藏民国红格抄本,一册。书名据书签题。是为广东番禺南村与龙伏两派合修捐册。南村始迁祖本仁,宋代自神安定居南村。龙伏系始迁祖阜斋,迁居番禺龙伏乡。按:此册当为粤省孔氏所撰,录此俟考。

■ 海外鸿泥日记四卷 未见

(清)孔昭乾撰。昭乾字伯南,号樛园,又号九缘,别号经鉏,吴县支庠生广渊长

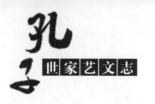

子,孔子七十一代孙,光绪五年举人,九年成进士,朝考一等,钦点翰林院庶吉士,散馆,授刑部主事,赠员外郎。

孔昭晋《硃卷履历》:嫡堂兄昭乾,府庠优廪生,光绪己卯科举人,庚辰科会试,挑取国史馆誊录,癸未科进士,翰林院庶吉士,国史馆协修,刑部江西司主事,钦派英法两国游历官,采访过劳,病故伦敦。奉旨议恤。著有《海外鸿泥日记》四卷,《英政备考》二卷,《印政备考》二卷。兹据著录。未见传本。

■ 孔子朱子安子年谱无卷数 存

(清)孔令贻编。令贻字谷孙,号燕庭,袭封衍圣公祥珂子,孔子七十六代孙,光绪三年袭封衍圣公,诰授光禄大夫。

《韩国所藏中国汉籍总目》:"《孔子朱子安子年谱》,孔令贻编,晋州砚山道统祠刻本。残存一册,四周双边半郭,十行二十二字,花纹鱼尾,刊记:乙卯秋合刊藏板于晋州砚山道统祠;藏本:安子年谱刊本,龙仁大藏。"又《东北地区古籍线装书联合目录》著录辽宁省图书馆藏本不题编者,云:"《孔子编年朱子年谱安子年谱合刻》,一九一七年朝鲜晋州砚山道统祠刻本。"正即此书。兹参据著录。按:考《中国历代人物年谱考录》正编卷六著录《紫阳年谱》版本,云"有孔令贻序,约明万历年间刊,光明阁藏板。"乃属误记。明万历间本如何刊有清末孔令贻序?

是书今有辽宁省图书馆等藏1917年朝鲜晋州砚山道统祠刻本。

■ 孔令贻起居日记一卷 存

(清)孔令贻撰。

是书见孔府档案第1310卷,全称《七十六代衍圣公孔令贻起居日记》。书未刊行。其女孔德懋《孔府内宅轶事》及骆承烈等《孔府档案选》引有部分内容,如壬辰年(光绪十八年)七月廿一:……上房恶妇作乱。廿二:……连日生大气。八月十九:……日夕独斟,未拜寿。廿三:……一日未出门,闷坐。九月五日:……一日未出门,闷坐、生气。可见作者虽贵为圣公,无奈夫妻不睦,心情落寞,此与其所作《万空歌》恰相吻合。歌词云:"南来北往走西东,看得人生总是空。天也空、地也空,人生渺渺在其中。日也空、月也空,东升西坠为谁功。田也空、土也空,换了多少主人翁。房也空、屋也空,转眼荒郊土一封。妻也空、子也空,黄泉路上不相逢。金也空、银也空,死后何曾在手中。官也空、职也空,数尽孽随恨无穷。车也空、马也空,物存人去影无踪。世上万般快意事,时移兴过总是空。"

是书今有曲阜文管局档案馆藏档案本。

■ 陶氏日记一卷　存

（民国）孔令贻室陶文潽撰。陶氏，绍兴籍，袭封衍圣公令贻室，大名府知府陶式鋆第五女，诰命一品夫人。

是书见曲阜文管局档案馆藏孔府档案第6633卷，全称《七十六代衍圣公夫人陶氏日记》。记1919年至于1927年陶氏主持孔府府务期间之事。对了解孔府世袭贵族末期的生活状况、有关事件和陶氏本人，甚具参考价值。《日记》由府内书役代笔。骆承烈等《孔府档案选》有摘录。按：陶氏为人干练，其夫孔令贻死后，孔府上下，事无巨细，皆由其料理。在孔府社会地位发生根本动摇的情况下，陶氏仍时时以不坠家风为念，兴学校，办教育，修乐器，补书版，种种丕绩，巾帼不让须眉。这从《日记》所记修整乐器、购置图书等情况便可窥见一斑。记称：民国九年（1920）九月八日，整理古乐，延聘教员，招生二十人，在金丝堂设乐舞讲习所，开学教演。民国十年（1921）六月，整理庙内乐器，将琴瑟等一律见新。添乐舞生祭服八十四件。民国十一年（1922）三月，饬书房清理案卷，编号列册。五月，令族长传谕六十户首调查各户世系，选册呈送，预备修谱。七月，饬书房整理书籍。八月，买《图书集成》七百余本，并府内原有之一千余本一并装箱保存。十二月，买《山左金石志》四套。民国十三年（1924）二月，买《玉虹楼帖》三套及《山左金石志》、《西清古鉴》等书。三月，买《祖庭广记》一部及《佩文诗选》、《通鉴纪事》、《五子进思录》、《渊海汇涵》等书。六月，买大版《诗经》、《书经》、《易经》各二套。十一月，买《裘文达公集》一部、《律吕大全》一部。又《孔氏族谱》明天启年五本、清康熙年十本、乾隆年十二本。民国十四年（1925）四月，访匠检点《幸鲁盛典》书版，并修补之。

是书今有曲阜文管局档案馆藏档案本。

■ 历代帝王建都改元录、各朝伪国据地记年略　未见

（民国）孔庆堃撰。庆堃字静方，号厚如，终吉户七品执事官宪楷长子，孔子七十三代孙，述圣奉祀官。

《孔子世家谱》："庆堃，字静方，号厚如，由府案第一名入库。以后科举废，学堂兴，清鼎迁，民国立，专尚西法，不重圣道，全国孔氏见此，因合修族谱，监修数年，任述圣奉祀官。著有《历代帝王建都改元录》及《各朝伪国据地记年略》。"兹据著录，未见传本。按：另据本《谱》，其祖孔昭参，字灿西，号星桥，恩生，咸丰末年，殉捻军之难，事颇壮烈。附志于此，以备征考。

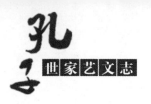

■ 圣迹图一卷 _存

（民国）孔庆塘辑。庆塘原名庆彩，字文池，滕阳户七品执事官宪矩第三子，孔子七十三代孙，陆军中将，追赠陆军上将衔。

是书，《国家图书馆普通古籍总目》著有清宣统元年石印本，线装一册。按：庆塘以武著，不以文显，《孔子世家谱》庆塘传不载此书，云：七十三代庆塘，原名庆彩，字文池，北洋武备学堂第一班毕业，选派旅顺实习炮术，期满，派赴德国留学，专研炮理，故于军事学尤绩于炮。庚子之役，适隶聂忠节公麾下，充武卫前军炮队督操兼炮队营管带，与联军对垒，大势既去，犹与强敌相拒月余，用炮精确，敌所赞服。及两宫西幸，扈驾有功，钦赐飞虎旗四面，擢武卫前左两军营务处。和成，调充山西常备军左翼统领。未几，护理大同镇总兵，时巨匪刘天佑横行河套，屡挫官军，奉命进讨，数日底定，口碑至今，诰授"振威将军"。袁项城久欲延致，丙午，调赴北洋，总办军械。己酉，云贵总督李经义奏调云南，署理临元镇总兵。辛亥，补授普洱镇总兵。同年，袁项城派赴山东，充全省前敌营务处兼统中路巡防，署理兖、沂、曹、济黄运河兵备道，情笃桑梓，每以苏鲁界上，土匪出没，思一举廓清，而恨无机遇，至是，深喜以为得遂平生之愿，逆首李福荫及其余股匪在滕、峄、沛各县者，爰得相继歼灭。《滕阳户族谱》历久失修，捐廉续修，族人公赠"敦睦情深"匾额。癸丑，江苏都督冯国璋调参戎幕，兼长军械官地两局。补陆军中将，累受"文虎"、"嘉禾"各等勋章。戊午，冯代总统调总统府咨议，补将军府参军。是年十月，因劳病故，追赠"陆军上将"衔，给治丧费千圆，徐大总统颁"绩著旗常"匾额。滕、峄、沛各县士绅公赠"靖难涤氛"匾额。乡谥曰"庄惠"。按：庆塘，《续滕县志》人物志补遗有传。

是书今有国家图书馆等藏宣统元年石印本，线装书局《中华历史人物别传集》影印本。

■ 清授光禄大夫少沾府君事略一卷 _存

（民国）孔令侃撰。令侃字稚闇，号英如，大宗户河南提学使祥霖第五子，孔子七十六代孙，监生，河南法政学堂毕业，荐任职任用五等嘉禾章，安徽安庆茶叶税局局长。

是书，北京大学图书馆馆藏目录著录民国六年铅印本，线装一册，不题卷数。书内所记其父孔祥霖生平轶事，足补志乘之未备。按：祥霖，本书有著录，详参相关条目。

■ 孔氏南宗考略二卷 _存

徐映璞撰，孔繁英参订。繁英，南宗七十四代奉祀官繁豪弟，七十五代奉祀官祥楷生父。

是书，《国家图书馆普通古籍总目》著录民国三十七年铅印本（一册）题徐镜泉撰，孔繁英订。注云："山东曲阜南宗孔氏"。按：此书共二卷，三万余言。其卷一有姜卿云民国三十五年序、徐映璞民国三十五年序目、孔子生卒年月考、孔子历代封谥考、北宋以前圣裔考、南渡以后世系考（附北宗世系考）、圣系支派考、衢州家庙考、衢州家塾考、杭州敷文书院考、庙塾历代碑碣考、祭器乐器考；卷二为宋代名贤事迹考、元代名贤事迹考、明代名贤事迹考、近代名贤事迹考、圣泽遗闻考，及驻杭执事官七十三代孙孔庆臣民国三十七年跋，引用书目并正误表。徐氏自谓其书"爰采摭正史及省、府、县《志》，碑碣档案，野史轶闻，以及父老传说，偶有异同，辄复侧引旁征，折衷是一。原拟《孔氏南宗考》，嗣以牵涉过于繁重，乃节其芜蔓，加'略'字于下，庶几名实相副。"姜氏称"南宗纪述，素乏专书，得此一篇，亦足以知其梗概矣。"《中国家谱总目》以此书类似谱牒，遂据著录。

是书今有国家图书馆等藏民国三十七年铅印本。

■ 孔子圣迹图不分卷　存

孔德成等编。德成字玉汝，号达生，袭封衍圣公令贻子，孔子七十七代孙，民国九年袭封衍圣公，二十四年，改赠大成至圣先师奉祀官。去台后，历任台湾大学、台湾师范大学、辅仁大学、东吴大学、中兴大学教授，考试院院长等职。

是书，《台湾公藏普通本线装书目书名索引》著有 1957 年台湾"中国文教出版社"影印本。《山东文献书目》据以著录误为 1951 年印本。

■ 孔德成青年时期读书日记三卷　存

孔德成撰。

是书见曲阜文管局档案馆藏孔府档案第 8276、8277、8288 卷，全称《七十七代衍圣公孔德成青年时期读书日记》，凡二十件，五百九十页。主要记载作者 1931 年到 1936 年，亦即孔德成十一岁至十六岁期间学习、生活情况，及所作诗文。《日记》乃应老师要求而作，似流水账，未经编次，亦未刊印。女兄孔德懋《孔府内宅轶事》及骆承烈等《孔府档案选》摘有部分内容，兹择举一二如下，记曰：民国二十一年（1932）十月十日，星期一，早七点半起，盥漱毕，上课，受《礼记》一号，自"殷人作誓而民始畔"至"合矣乎"。九时用早点，写小字六行。受《左传》一号，自"兵车十七乘"至"不以可乎"。有孙桐萱师长陪德国全权公使陶德曼来谒圣庙，并在此用饭即去……民国二十二年

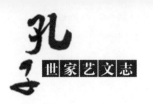

（1933）二月二十三日，星期五，早七时起，盥漱毕，受《礼记》一号，自"孔子曰"至"燕则养首"。九时记日记，用早点，写小字六行，受《左传》一号，自"有穷后羿灭之"至"遂弗视"。温《诗·大雅·常武》一篇、《礼·郊特牲》三张。十二时下学。午饭后一时至校，写大字三张、对联一付，受《左传》一号，自"贾辛将适其县"至"女遂不言不笑夫"，受《文选·报孙会宗书》一号。温《左传》"僖公十六年"三张、《下孟》三张、《论语·里仁》一篇。五时下学。晚饭受《说文》一小时。八时记典。十时寝。是日微阴，寒暑表六十四度。……民国二十四年（1935）八月二十九日，星期三，受《礼记》、《文选》各一号、《左传》二号，温《诗经》、《礼记》、《左传》各一号。写小字六行，大字三张，《残荷》一首（幸中国复旧德也）：回首茫茫世如何，只看河里数枝荷。虽残犹可发新叶，傍晚萧萧雨声多。十时寝。是日阴，寒暑表七十八度。……三十一日，星期五，受《礼记》、《文选》各一号，温《左传》、《诗经》、《礼记》各一号。写小字六行，大字三张，《晚凉》一首：西山日已落，庭前已渐昏。寒光扫竹影，秋色夜半园……

　　是书今有曲阜文管局档案馆藏档案本。

阙里文献类

■ 阙里祖庭记三卷 存

（宋）孔传撰。传有《洙南野史》，本部杂史类已著录。

是书，《宋志》、《山东通志》、《阙里文献考》等著录，《两浙著述考》亦载之。按：《曲阜志》此书作《阙里祖庭杂记》，其它载籍及孔传本人也如此称。《爱日精庐藏书志》云："宣和六年，先圣四十七世孙传撰《祖庭杂记》，梦得合为一书。"又《十驾斋养新录》曰："传于宣和六年尝撰《祖庭杂记》，其书虽不传，犹略见于孔元措《祖庭广记》中。"《阙里文献考》载孔传自序亦曰："先圣没，逮今一千五百余年，传世五十，或问其姓（族），则内求而不得；或审其家，则舌举而不下，为之后者，得无愧乎？传窃尝推原谱牒，参考载籍，则知郑有孔张，出于子孔；卫有孔达，出于姬姓，盖本非子氏之后，而徙居于鲁者，皆非吾族。若乃历代褒崇之典，累朝班赉之恩，不可枚举，以至验祖壁之遗书，访阙里之陈迹，荒墟废址，沦没于春芜秋草之中。鲁尚多有故老，世世传之，将使闻见之所未尝及者，如接于耳目之近。于是纂其轶事，缀所旧闻，题曰《孔氏祖庭杂记》。好古君子得以观览焉。"《孔氏祖庭广记》、《爱日精庐》也载此序，文字略有出入，末署"时宋宣和六年岁次甲辰三月戊午曲阜燕居申（一作中）申堂记"。据此，其书似应为《祖庭杂记》，且已不传，然《山东省志·孔子故里志》却分明载有宋乾道二年泉南郡庠刻本，名题同《宋志》，惜未注藏所，或为孔府秘藏，不轻示人也。

是书今有宋乾道二年泉南郡庠刻本。

■ 东家杂记二卷 存

（宋）孔传撰。

是书，《宋志》、《郡斋读书志》、《直斋书录解题》、《文渊阁书目》、《四库全书总目》、《郑堂读书记》及《山东通志》、《曲阜志》、《阙里文献考》、《衢州府志》等皆著录。《四库总目》称"是编成于绍兴甲辰（才按：（甲辰）应为甲寅）。上卷分九类：曰姓谱，曰先圣诞辰讳日，曰母颜氏，曰娶亓官氏，曰追封谥号，曰历代崇封，曰嗣袭封爵沿改，曰改衍圣公，曰乡官。下卷分十二类：曰先圣庙，曰手植桧，曰杏坛，曰后殿，曰先圣小影，曰庙柏，曰庙中古碑，曰本朝御制碑，曰庙外古迹，曰齐国公墓，曰祖林古迹，曰林中古碑。其时去古未远，旧迹多存，传又生长仙源，事皆目睹，故所记特为简核。前有《孔子生年月日考异》一篇，末题'淳祐十一年辛亥秋九月戊午朔去疾谨书'。末有《南渡庙记》一篇，题'宝祐二年二月甲子汝腾谨记'。二人宋宗室子，故皆不署姓。去疾称旧有尹梅津跋，此本无之，而后有淳熙元年叶梦得跋。盖三篇皆重刻所续入也。"《十驾斋养新录》谓"传于宣和六年尝撰《祖庭杂记》，其书虽不传，犹略见于孔元措《祖庭广记》中。此则从思陵南渡以后，别为编辑，改《祖庭》为《东家》者，殆痛祖庭之沦陷，而不忍质言之乎。考四十九代孙玠袭封衍圣公，其时传已称本家尊长，而卷中所述《孔氏世系》，讫于五十三代孙洙。计其时代，当在南宋之季，盖后来别有增入矣。卷首《杏坛图说》，与钱遵王所记正同。又有《北山移文》、《击蛇笏铭》、《元祐党籍》三篇，恐皆后人妄增，非传意也。卷中'管勾'之勾皆作'勼'，避思陵嫌，名间有不缺笔者，元初修改之叶。辨宋板者，当以此决之。"《双行精舍书跋辑存续编》著录清嘉庆爱日精庐影宋刻本（许瀚校）曰："此书宋椠原本，旧藏黄氏百宋一廛，今归瞿氏铁琴铜剑楼。世文初于宣和六年撰《祖庭杂记》，及随高宗南渡后，依旧本增订，别为是书，故世文叙文与《祖庭广记》所引相同，而书名年号各异，原目由'姓谱'至'乡官'凡九类，其书亦只此数。今本《杏坛图说》（此本缺）及《北山移文》、《击蛟笏铭》、《元祐党籍》并《袭封世系》宗翰等叙，皆出后增，疑即淳熙间宣圣五十代孙拟所为。其宋椠原本，未窥全豹，仅见瞿氏所印书影。《杏坛图说》及拟《跋》二叶，与《杂记》原文一叶，字体完全不同，又疑拟就原版于淳熙五年增刻印行，然《杂记》一叶，笔画体制，似出松雪，又近元椠，未见原书，终未敢定。至《袭封世系》一篇，标题明署续添，其为后补甚显。先是元丰八年宗翰刻《家谱》所补世系，殆又《家谱》古本之增订者也。"又钱曾《读书敏求记》称"壬戌冬日，叶九来过芳草堂，云有宋椠本《东家杂记》，因假借缮写。此书为先圣四十七代孙孔传所编。首列《杏坛图说》，记夫子车从出国东门，因观杏坛，历级而上，顾弟子曰：'兹鲁将藏文仲誓将之坛也。'睹物思人，命琴而歌。其歌曰：'暑往寒来春复秋，夕阳西去水东流。将军战马今何在，野草闲花满地愁。'考诸家《琴史》俱失载。附录于此，详其语意，未知果为夫子之歌否也。"按：考七言诗始于汉代民间歌谣，孔子之时无此体，孔子亦不当有此等诗句。此歌显系伪托。又钱曾所见本三卷，盖含赵去疾《孔圣生年月日考异》一卷。

是书今有国家图书馆藏宋刻递修本（明袁则明、清黄丕烈、钱大昕跋），2006年12月北京图书馆出版社《中华再造善本》影印本；清初毛氏汲古阁影宋抄本，国家图书馆藏清影宋抄本,上海图书馆藏清影宋抄本,清影宋抄附赵去疾《孔圣生年月日考异》本,清爱日精庐影宋本,1990 年 9 月山东友谊书社《孔子文化大全》影印爱日精庐影宋本;明刻附赵去疾《孔圣生年月日考异》本,明刻黑口本;清张蓉镜家抄本;国家图书馆藏清抄本(三种),台北"国立中央图书馆"藏抄本。又有《四库全书》本,清咸丰《琳琅秘室丛书》本(附胡珽《校讹》一卷),清光绪《琳琅秘书丛书》本(附胡珽《校讹》一卷、董金鉴《续校》一卷《补校》一卷),及《丛书集成初编》本等。

■ 东鲁杂记无卷数 佚

(宋)孔庆夫撰。庆夫字寿卿,平阳派洪州文学习周长子,孔子五十一代孙。

《孔子世家谱》三集平阳派:"五十一代庆夫,字寿卿,性至孝,兼通经史,著有《东鲁杂记》。子一:之斗。"兹据著录。按:此书盖亦感念祖庭而作,但与孔传所撰非一系列。平阳孔氏,乃五季避孔末之乱至温州平阳者,与孔传南渡居衢者不相关涉。考其始迁祖为四十二代桧。桧有子三人:演、浨、泗。庆夫为浨之后。此书盖早佚,故《宋志》、《文渊阁书目》、《千顷堂书目》、《四库采进书目》等绝不见录。

■ 续编祖庭广记 佚

(金)孔环撰。环,中散大夫直秘阁京东转运司提举东岳庙赐金紫端节长子,孔子四十九代孙,官承事郎,开封府祥符县主簿,迁将仕郎,曲阜县主簿。

是书据孙德谦《金艺文略》史部谱牒类著录。《曲阜志》:"金主簿孔环撰《祖谱》,又《祖庭广记》。"《阙里文献考》云:"自四十七代孙宋知抚州传始撰《东家杂记》二卷、《阙里祖庭记》三卷,其后,四十九代孙环广其书为《祖庭广记》。"孔尚任《孔子世家谱》云:"四十九代环,金承事郎,开封府祥符县主簿。熙宁皇统五年,以将仕郎任曲阜主簿。尝续纂《族谱》、《广记》诸书。"又《丛书集成初编》本《孔氏祖庭广记》卷三引孔环书跋曰:"叔祖父昔年编此既成,欲镂板藏于祖庭,值建炎之事,庙宇与书籍俱为灰烬。后二十余年,或见于士大夫家,皆无完本,甚可惜。环宣和间,尝预检讨,辄因公暇,考诸传记,证以旧闻,重加编次,仅成完书,比之旧本,又取其事系于先圣,而非祖庭者,及以圣朝,皆纂集而附益之,遂镂板流传,非特成叔祖父之志,将使历代尊师重道优异之典,昭昭可见,不其趫欤!正隆元年丙子岁五月甲午初一日辛丑朔四十九代孙环谨识。"按:其书早佚,而体制规模略见于孔元措《孔氏祖庭广记》。

■ 孔氏祖庭广记十二卷 存

（金）孔元措撰。元措字梦得，袭封衍圣公赠光禄大夫摠长子，孔子五十一代孙，金章宗明昌二年袭封衍圣公，哀宗天兴二年授光禄大夫，太常卿。

是书，龚显曾《金志补录·传记类》、孙德谦《金艺文略·谱牒类》、《山东通志》、《郑堂读书记》、稿本《续修四库提要》传记类等皆著录。《曲阜志》、《阙里文献考》此书缺载。按：其书见有蒙古刻本，凡十一行二十字，小字双行同。其所立门类，有新编，有创增，而于旧事，续补，亦均注明，并开列"编类检阅书籍"《周礼》、《左传》以下三十余种。元措序曰："先圣传世之书，其来久矣，由略积详，愈远而益著。盖圣德宏博，殆有不可掩者，爰自四十六代族祖知洪州军州事柱国纂集所传，板行四远，于是乎有《家谱》，尚冀讲求，以俟他日。逮四十七代从高祖、邠州军州事朝散，克承前志，推原谱牒，参考载籍，摘拾遗事，复成一书。值宋建炎之际，不暇镂行。至四十九代从祖、主祥符县簿承事，惧其亡逸，证以旧闻，重加编次，遂就完本，布之天下，于是乎有《祖庭记》二书并行。凡缙绅之流，靡不家置，获览圣迹，与夫历代褒崇之典，奕叶继绍之人，如登昆仑而披日月，咸快瞻仰。比因兵灾阙里家庙，半为灰烬，中朝士大夫家藏文籍，多□散没，岂二书独能存欤？元措托体先人，袭封世嗣，悼斯文之将泯，恐祖牒之久湮，去圣愈远，来者难考。乃与太常诸公，讨寻传记及诸典礼，于二书之外，得三百二事，皆往古尊师之懿范，皇朝重道之宏规，前此所未见闻者，于是增益二书，合为一编，及图圣像、庙宇、山林、手植桧等，列于篇首，题曰《孔氏祖庭广记》。其两汉以来，林庙碑刻，旧书止载名数，今并及其文而录之。盖虑久而磨灭不可复得，且先圣生于周灵王二十一年庚戌，迄今凡一千七百七十八岁，其间经世变乱，不知其几，而圣泽流衍，无有穷已，固不待纸传而可久也。然所以规规为此者，特述事之心不得不然。是书之出也，不惟示训子孙修身慎行，不坠先业，流芳万古，是亦学者之光也。正大四年岁次丁亥十月望日资政大夫袭封衍圣公知集贤院兼行太常丞五十一代孙元措谨记。"又张行信序云："古之君子皆论撰其先祖之德，明著之后世，盖先世有美而不知者不明也，知而不传不仁也。明足以见，仁足以显，然后为君子。故素王之孙、穆公师子思，首论祖述宪章之道；魏相子顺，称相鲁之政化；汉博士子国，复推明所修《六经》垂世之教，当世莫不贤之。自梦奠两楹之后，迄今千七百载，传家奉祀者，数赢五十，继继公侯，象贤载德，如联珠叠璧，辉映今古，于乎休哉！圣人之泽，流光如此，后之人，能奉承不坠又如此，宜有信书，广记备言，显扬世美，以示于将来，传之永久。于是，袭封资政公因《家谱》、《庭记》之旧，质诸前史，参以传记，并录林庙累代碑刻，兼述皇统、大定、明昌以来崇奉先圣故事,博采详考,正其误,补其阙,增益纂集,共成一书,凡一十二卷,名曰《孔氏祖庭广记》。应祖庭事迹,林庙族世,古今名号,典礼沿革之始末,并列于篇,粲然完备,于国则累朝尊师重道之美,靡所不载;于家则高曾祖考保世承祧之美,靡所不扬,故先圣配天之德,愈久而愈彰。噫!若资政公者,可谓仁明君子能世其家者也。资政公尝以书示予,予敛衽观之,既钦仰其世德,又嘉公之用心,得继志述事之义,乃磨钝雕朽,为之题辞焉。正大四年岁次丁亥十月丁未朔资政大夫前尚书左丞致仕张行信。"《山东志》曰:"《士礼居藏书题跋记》载钱大昕题云:前载元丰八年四十六代孙宗翰《家谱旧引》、宣和六年四十七孙传《祖庭杂记旧序》,《家谱》与《杂记》本各自为书,梦得始合为一,复增益门类,冠以图象,并载旧碑全文,因《祖庭》之名而改称《广记》,盖仙源之文献,至是始备。书成于金正大四年丁亥,张左丞行信为之序,镌版南京,此则蒙古壬寅年元措归阙里后重雕之本也。壬寅为元太宗六皇后称制之年,金之亡已十载矣。蒙古未有年号,但以干支纪岁,在宋则为淳祐二年也。此书世无传本,兹于何梦华斋见之,纸墨古雅,字画精审,予所见金元椠本,未有若是之完美者。向尝据汉、宋、元石刻证圣妃当为'并官氏',今检此书,'并官氏'屡见,无有作'开'字者。自明人刻《家语》妄改为'开',沿讹到今,莫能更正,读此益信元初旧刻之可宝。又黄丕烈《识》云:余收书郡故家,得宋椠本《东家杂记》,自谓所收较遵王为胜,惟《祖庭广记》仅从《素王事记》见其摘录数条,仍以未见全书为憾。今夏五月,余自都门归,钱唐何梦华亦新自山东曲阜携眷属侨寓于吴中。何固孔氏婿也。其箧赠中有元版《孔氏祖庭广记》五册,装池古雅,签题似元人书,因出以相示,余诧为惊人秘笈,盖数年来所愿见而不得者,一旦见之,已属幸事,乃梦华稔知宋椠本《东家杂记》已在余处,谓此书是两美之合,爰割爱投赠,赠书之日,适梦华将返杭,余赠以行资三十金,今而后,士礼居中如获双璧矣。余检《菉竹堂书目》有《孔子实录》五册,《文渊阁书目》有《孔子实录》一册。伏读《四库全书提要·传记类存目》有云《孔氏实录》一卷,《永乐大典》本,不著撰人名字,末一条云'大蒙古国领中书省耶律楚材奏准皇帝圣旨,于南京特取袭封孔元措令赴阙里奉祀。'此书或即元措所撰欤?今取证是书,与之悉合,方悟向来藏书目所云《孔子实录》、《孔氏实录》,即此《孔氏祖庭广记》也。特所记册数、卷数多寡不同,或有完缺之异尔。"又龚显曾《金志补录》引《十驾斋养新录》曰:"倪《志》有孔元祚《孔氏续录》五册,注云:'孔子五十一代孙'。予尝见元初刻本,名《孔庭广记》十二卷,乃孔子五十一代袭封衍圣公元措所撰,盖即是书,改'措'为'祚'。"按:观倪《志》所载孔元祚《孔氏续录》当即《孔氏实录》。《孔氏实录》,曲阜文管局档案馆藏有明抄残本(详后著录),黄丕烈、钱大昕以为孔元祚《实录》(《续录》)即孔元措《祖庭广记》,乃属臆断,元祚书"编于延祐

间"，元措书成于正大四年，二者相去近百年。其《永乐大典》本末一条文字，为书中旧文，未足为凭。盖此等书籍，率由旧本增益而成，旧本内容见于新编，十分正常。征诸曲阜孔府档案《续修江西临江孔氏支谱》明朝优免赋役帖："随于《祖庭广记》并《孔氏实录》碑刻内，查得孔绩系孔子四十代孙"等语，尤足证二书各自为编，并行于世。惟以二子之精博谨慎，似不应有此失。又此书与《东家杂记》本属一脉相承、同一体系，而《中国古籍善本书目》却此书列"宗谱"，彼书入"别传"，旧书目亦大都类似，其实，此类书籍既别于谱牒，亦异于一般志书，而又二者内容兼而有之，故设本类以统纳。

是书今有国家图书馆藏蒙古乃马真后元年孔氏刻本（清钱大昕、瞿中溶、黄丕烈、邵渊耀跋，孙星衍、吴翌凤题款），1989 年 7 月山东友谊书社《孔子文化大全》影印本，2005 年 1 月北京图书馆出版社《中华再造善本》影印本；又清影蒙古抄本；北京大学图书馆藏清嘉庆间影抄蒙古刻本，北京师范大学图书馆藏清影蒙古抄、佚名录钱大昕跋本，湖南省图书馆藏清影蒙古抄、佚名录钱大昕跋本，国家图书馆藏清抄本，北京大学图书馆藏清抄本，上海图书馆藏清抄本；及《四部丛刊续编》本，《续古逸丛书》本，清咸丰《琳琅秘室丛书》本（附胡珽《校讹》一卷），清光绪《琳琅秘室丛书》本（附胡珽《校讹》一卷、董金鉴《续补校》一卷），《丛书集成初编》本，台湾广文书局《笔记丛编》本等。

■ 续祖庭广记　佚

（金）孔璠撰。璠字坚老，端楑子，孔子四十九代孙，官行台都事，权主祀事。

《曲阜志》："金权袭封衍圣公孔璠撰《续祖庭广记》，元翰林院检阅孔洊纂之。"《阙里文献考》："自四十七代孙宋知抚州传始撰《东家杂记》二卷、《阙里祖庭记》三卷，其后，四十九代孙环广其书为《祖庭广记》，元行台都事、权主祀事璠续之（二书卷并佚），五十三代孙洊又加增续，为书二十卷。"孔尚任《孔子世家谱》云："四十九代璠，字坚老，金章宗明昌四年以袭封年幼省委权袭封衍圣公，管勾祀事。尝续《祖庭广记》。"兹参据著录。

■ 孔圣图谱三卷　未见

（元）孔津刻。津字世鲁，改名楷，字鲁林，衢州派承事郎兖州同知之言子，孔子五十三代孙，官承德郎，遂昌、崇安二县县尹。

《内阁书目》：《孔圣图谱》三卷，孔津刻。倪灿、卢文弨《补元志》："孔津《孔圣图谱》三卷，孔子五十三代孙。"兹据著录。按：《秘阁书目》此书不题撰人，《菉竹堂书目》有《孔子图谱》三册,亦不著作者姓氏。钱大昕《补元志》云:"《孔圣图谱》三卷,大德间,孔子五十三代孙泽刊。"《山东通志》从之。《曲阜志》、《阙里文献考》不载其书。《中国历代人物年谱考录》题《孔子图谱、年谱、编年》三卷,孔津编。盖"津"、"泽"形近致误。今考《孔子世家谱》,津、泽皆有其人,而皆不言有此书。泽字世恩,有隐德,无传。津,字世鲁,先为南宗衍圣公洙嗣,改名楷,后以弟继兄,宗法不顺,乃改立长子思许为洙后。任常州通判。时,丞相答刺罕以孔氏子孙特升承德郎,遂昌县尹,再授崇安县尹,致仕。根据二人情况,证诸《孔氏南宗考略》孔津传之"得与曲阜五十三代秘书省著作郎淑参订南北宗图,合为一本"等记载,知其为孔津所刻无疑,钱大昕《补元志》、《山东通志》题"孔泽刊",误。

■ 增续祖庭广记二十卷 未见

(明)孔泾撰。泾字世清,深泽教谕之谨长子,孔子五十三代孙,息鄹户开户祖,至正十年进士,仕元,官翰林国史院检阅。

是书据《阙里文献考》著录,《曲阜志》亦载之。按:此书盖增续孔璪《续祖庭广记》而成,似未付梓,也未见传本。《兖州府志·艺文志》载有泾撰《圣桧记》,似即书中文,文云:"按祖桧前修记枯荣异常,因有感焉。盖天地之否泰,日月之薄蚀,圣教之兴衰,世道之理乱,今昔皆然。木之春荣秋枯,四时常理,虽龆童亦知其然。夫天地之运化,昼夜之旋转,虽老于推测,不能定其真,而况龆童乎!圣道之蕴奥,虽颜子之善形容,不过仰高钻坚,瞻前忽后,及乎墙之数仞,不得其门而入者,如探沧海之本源,莫知其涯际矣。手植之桧,历周秦汉晋几千岁,至怀帝永嘉三年己巳而枯,枯三百九年,子孙守之,不敢有毁;至隋恭帝义宁元年丁丑复生,生五十一年,至高宗乾封二年丁卯再枯,枯三百七十有四年,至宋仁宗康定元年庚辰再荣,至金宣宗贞祐二年甲戌罹于兵燹,枝干无遗;后八十一岁甲午,是为元世祖至元三十一年,故根重发,至我皇明洪武二十二年己巳,凡九十年,其高三丈有奇,围仅四尺,根本枝叶,凌云而盛,纹理复左旋,与故本无异,详其理,似有关于世道之理乱,其始枯也,晋兆五胡之乱;其复生也,有唐贞观之治;再枯于乾封丁卯,武后窃政之兆兴,自后玄宗幸蜀,乱亡相继,以及五代;再荣于康定,有宋三百余年,九儒之兴,罹于贞祐之火,胡运将更,重发于至元甲午,七十四年,中原文物兆开,是为洪武之治。庙中古桧,数多翠色参天,惟此本异于寻常万万,圣人手泽,盖有系于纲常名教,芘覆斯文,甄陶万品,岂惟宗枝之盛哉!将见与天地国家同悠久无疆。予感导江张翌夫之言,因以识之。"知张氏与泾同为入明之人也。又孔尚任《孔子世家谱》谓"五十三代泾,字世清,元登进士第,仕兴化路学正,历温州、平阳

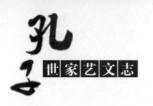

教授,将仕郎,绍兴路知事,选授承事郎、翰林国史检阅官。洪武戊申,以贤良官随例居临濠,宗子克坚奏请释还乡里,为家庭宗(族)长。俞(谕)允,召见称旨,面赐藤拐一枝,令永远遵守,主领家政。晚年订正《祖庭广记》,有功宗门,年七十六卒。"

■ 孔氏实录十四卷 残

(明)孔元祚撰。元祚字福卿,孔子五十一代孙,将仕郎,深泽主簿,孔庭族长。

是书,《中国古籍善本书目·传记类·家传》著有曲阜文管会藏明抄残本,存一、二、六、七、八五卷。书高35厘米、宽23厘米,九行十九字,小字双行同,黑口,四周双边,有图。内题"五十一代孙元祚编次;宜兴府儒学教授濠梁施泽之校定"。据书前目录,卷前计有:夫子小影像,凭几像,乘辂像,尼山图,防山图,颜母山图,鲁国北城图,宋阙里庙制图,金尼山庙制图,金阙里庙制图,手植桧图,鲁国图,与《孔氏祖庭广记》书前所载无殊。卷十三、十四均为"庙中历代碑记",卷十四凡收前汉碑二,后汉碑十一,及先圣祠坛前,族孙碑铭。按:《曲阜志》、《阙里文献考》此书无载。龚显曾《金志补录》、《四库存目提要》著录永乐大典本作一卷,不著撰者。《千顷堂书目》经部论语类、倪灿、卢文弨《补元志·史部·传记类》著为施泽之《孔氏实录》十二卷,另著孔元祚《孔氏续录》五册,注云:"编于延祐间"。是将本书校定者"施泽之"误为纂辑人矣。据《中国古籍版刻辞典》,施泽之系元延祐间杭州地区刻字工人,曾参刻过《碛砂藏》中《大般若波罗密多经》、《大宝积经》,及《宋史》、《金史》、《国朝文类》等书。而其所谓"编于延祐间"之五册《孔氏续录》,其实即此《孔氏实录》也。揆诸常理,孔元祚似不应于十四卷《实录》以外,另编一部五册《续录》。至于《山东通志·艺文志·孔氏祖庭广记》条引黄丕烈据永乐大典本末条文字,率尔下断,谓"向来藏书目所云《孔子实录》、《孔氏实录》,即此《孔氏祖庭广记》";钱大昕《十驾斋养新录》以为孔元祚《孔氏续录》五册即孔元措《祖庭广记》,而改"措"为"祚",予已于《孔氏祖庭广记》条详辨其非,兹不复缀。

是书今有曲阜文管局档案馆藏明抄残本。

■ 东家举要 未见

(明)孔思敬撰。思敬原名思模,字修道,一说名显,字文谟,衢州派五支世基长子,孔子五十四代孙。洪武三年,官衢州府学训导。四年,升西安县教谕。二十五年,改河南襄城县教谕。三十二年(建文元年),调福州罗源县主簿。永乐元年,奏对称旨,擢礼科给事中,辞疾不受,改国子学正。

明版《孔氏族谱》载思模洪武二十一年八月序,略云:"洪武己未,思模持谱,归拜林庙,修祀会族,得与五十六代衍圣公士行、祖庭家长五十三代世清翁、曲阜五十五代刚夫等辈,参究碑刻,□□宗次,子孙有未载及事迹阙略者悉补之,讹舛者正之,莠蓣苗辨,灿然在目。继而袭封府与曲阜县各移文至衢,特表尊祖敬宗之意,复书南渡□额及同宗图卷为别。其时,兖州府卢公熊,三氏教授胡公复性⋯⋯暨宗人自家长以下,皆为诗文以志之。是年之秋南还,即以宗子士行公所染庙颜刊以褐之,又欲取涛公旧《谱》,续以祖庭闻见,诚恐僭越,则所不敢,兹以《孔氏实录》、《纂要》等书,采摭统绪,始自先圣祖,下逮五十七世,从源至流,继承□系、名字、言行之当纪,及附典故、年爵之梗概,芟繁就简,编写成帙,题曰《东家举要》。俾后之人易于考求□嗣而辑□,不亦□乎。"兹据著录。按:其书未见书目著录与传本。

孔颜孟三氏志六卷提纲一卷 存

(明)孔公璜、孔公易等辑录。公璜字黼文,号北窗迂叟,蔡庄户三氏学录论第四子,成化十三年,以文行卓异,荐授三氏学录;公易,衢州派,成化间拔贡,邹县儒学训导,俱孔子五十八代孙。

是书,国家图书馆藏有明成化十八年张泰刻本,邑庠生赵环誊写,九行二十字,黑口,四周双边。前有明成化十八年刘濬序并图与目录。卷一为孔子年谱。按:此书各卷题署不尽一致,如卷一题"赐戊戌进士山东兖州府邹县知县肃宁张泰校正,乡贡进士山东兖州府邹学教谕永嘉刘濬编次,宣圣五十八代孙三氏学录阙里孔公璜辑录";卷二、卷三题"赐戊戌进士文林郎邹县知县肃宁张泰校正,前乡贡进士邹县儒学教谕永嘉刘濬编次,宣圣五十八代孙邹县儒学训导孔公易辑录";卷六题"钦赐戊戌进士山东兖州府邹县知县肃宁张泰校正,前乡贡进士山东兖州府邹县学教谕永嘉刘濬编次,宣圣五十八代孙山东兖州府邹县学训导东鲁孔公易辑录"。卷五辑录人改为丰城某氏,卷四也略有变动。刘濬序曰:"邹鲁之地,孔颜孟三氏之乡,古今学者诵诗读书,博文约礼,但知其概而已,然其出处世系之详,行事褒崇之典,若非亲造其地,体验之真,孰能知哉!三氏之《志》其可阙乎?于是,即近地委师儒,若宁阳教谕宋叔昭、峄县教谕吴伯淳暨濬滥等亦在委焉。以是考谱牒,述碑铭,阅古今,详传记,凡五易稿而得其七八矣。然家藏故典不能尽详。成化庚子,濬与伯淳各典文衡去,而毕公适亦已故。又三载,得宣圣五十八代孙三氏学学录孔公璜《祖庭广记》本,而《志》始备,尤未尽正⋯⋯"按:考孔公易,虽自属"东鲁",而《孔子世家谱》六十户并无其人,知其必非鲁籍。今检《阙里志》卷二十,公璜诗作前有"五十八代孙衢州公易《拜祖庭》"一诗,云:"孔

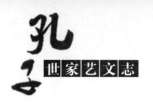

氏宗支一脉传,派分两地岂徒然。君臣大义扶持重,祖祢先茔护守坚。鲁北已承宗子爵,江南难舍旧家毡。百年有幸躬瞻扫,忠孝于今喜得全。"可证其为南宗孔氏无疑,其署"东鲁"者,示不忘本也。

是书今有国家图书馆藏明成化十八年张泰刻本,1996 年齐鲁书社《四库全书存目丛书》影印本。

■ 增修孔庭纂要十卷　存

(明)孔彦绳等撰。彦绳字朝武,衢州派袭封翰林院五经博士公诚子,孔子五十九代孙,正德元年,授翰林院五经博士。

是书,《中国历代人物年谱考录》著录,谓中国科学院图书馆、北京大学图书馆皆藏有明正德十六年当涂祝銮序刊本。此书卷一为《孔子世谱》,自序云:"今仿编年法,用《世家》、《年谱》参互考订。以姓谱引之于前,其诞生、事迹、卒葬之详则填注每岁之下,合而名之曰《世谱》。"并按云:"唐应韶有《孔庭纂要》十卷,书未见,疑为孔彦绳增修所据底本。"才按:考唐氏《孔庭纂要》,《千顷堂书目》有著录。《国家图书馆普通古籍总目》著录西谛旧藏明正德间刻本题"(明)佚名撰"。《日藏汉籍善本书录》著录日本尊经阁文库藏明正德年间刊本(增修)《孔庭纂要》十卷,题(明)黏灿、闵廷圭编撰。《中国古籍善本书目·史部·宗谱》据北京大学图书馆藏残本(一、二两卷)著录,不署撰人名氏,且不著科学院藏本,未详完残如何?此外,明《秘阁书目》、《菉竹堂书目》、《澹生堂藏书目》、《脉望馆书目》、《玄赏斋书目》亦均有《孔庭纂要》一书,惜亦不云何人所撰。《孔庭纂要》,清杨方晃撰《圣师年谱》多有征引。彦绳,为南宗的派,《西安县志》卷二十八有传,然其《经籍志》不列此书。

是书今有明正德十六年刻本。

■ 阙里志十五卷　存

(明)陈镐撰,孔弘干续修,孔承业刊刻。弘干有《圣贤图像》,本部传记类已著录。承业字永基,号守庵,防西户赠文林郎彦学次子,孔子六十代孙,嘉靖二十五年任曲阜县知县。

是书,《中国古籍善本书目》、《北京图书馆善本书目》史部地理类等著录。《阙里文献考》云:"明弘治间,学使陈镐纂述历代追崇圣贤之典及林庙古迹与夫旧事遗文,成《阙里志》十三卷,长沙李东阳为作《凡例》,其后,孔氏子孙屡有续辑,皆因是成书而附益之,增至二十四卷,是所谓阙里旧《志》者也。"按:镐字宗之,会稽人,尝官山东提学副使。此为陈氏旧《志》首次重修。《献征录》陈镐传谓镐"辑《洙泗志》,振发士习,诸生感其风谊,兴起成就者甚多。齐鲁间称名督学,必首推之。"知旧《志》尝名《洙泗志》也。

是书今有国家图书馆等藏明嘉靖三十一年曲阜孔承业刻本,书目文献出版社《北京图书馆古籍珍本丛刊》影印本;明嘉靖四十三年刻隆庆三年增修本(正文八卷,首一卷)等。

■ 阙里志十二卷 存

(明)陈镐撰,孔贞丛重修。贞丛字用茂,号茂所,华店户闻墅次子,孔子六十三代孙,历官曲阜知县、东昌府通判、都转盐运使。

是书,稿本《续修四库提要》、《中国古籍善本书目》等著录。《东北地区古籍线装书联合目录》著录明末刻本作《重修阙里志》。王重民《中国善本书提要·史部·传记类·族谱》:"《阙里志》十二卷,六册(国会),明万历间刻本,明孔贞丛撰。按此为陈《志》后第一次重修本,书成于万历三十七年,而卷内纪事有至崇祯二年者,皆后来所补也。此本盖为崇祯间修版后第一次刷印本,蓝印颇悦目,卷内有:'翼轮堂藏书记'、'加藤藏书印'等印记。李东阳序(弘治十八年)、黄克缵序(万历三十七年)、陈瑛序、朱颐𡐨后序。"才按:此为陈《志》第二次重修,王氏称为"第一次重修本",是不知此前尚有嘉靖本也。又万历三十七年刻蓝印本,清华大学图书馆、北京师范大学图书馆等均有藏。书凡九行二十一字,小字双行同,白口,四周单边。有刻工。

是书今有国家图书馆藏明万历三十七年曲阜孔氏刻蓝印本(存卷十至十三),明万历三十七年曲阜孔氏刻墨印本,明万历三十七年曲阜孔氏刻明崇祯修补本,明万历三十七年曲阜孔氏刻清顺治康熙修补本,日本宽文九年(1669)刻本,日本宽文十二年(1672)洛阳书林小松太郎兵卫刻本等。

■ 阙里志二十四卷 存

(明)陈镐撰,孔胤植重纂。胤植有《道统图》注,本部传记类已著录。

是书有明崇祯刻清雍正增修本,半叶十行、行十九字,白口单边。前有李东阳、杨士聪序,末有孔胤植后序(文末钤有"衍圣公图书"等三印)。李序云:《阙里志》,志阙里也。阙里者,吾孔子所居之地,道德政教之所从出,文献之所在。弘治甲子,重建阙里孔庙成,提学副使陈君镐有事于此,因举以属之,取所定《凡例》,稍加润饰,且以《孔氏实录》、《孔庭纂要》、《素王事纪》、《世家补》抄本考之,以备采择。陈君乃参阅孔氏所藏《祖庭广记》与凡遗碑断刻诸书所载,逾年而后成。"《四库全书总目》、《山东通志》等此书有著录。王重民《中国善本书提要·传记类·族谱》:"《阙里志》二十四卷,明崇祯间刻本,明孔胤植撰。按此本当为陈《志》第二次重修本。清孔继涵《阙里文献志》云:'陈镐纂述以后,孔氏子孙,屡有续辑,皆因其书而附益之,增至二十四卷,是所谓阙里旧志者'是也。书成于崇祯间,而卷内有清代康、雍间史事者,则以此本为雍正间刷印故也。"《四库总目》云:"阙里向无志乘,仅有《孔庭纂要》、《祖庭广记》诸书,弘治甲子重修阙里孔庙成,李东阳承命致祭,时镐为提学副使,因属之编次成《志》。崇祯中,允植重加订补,是为今本。以图像、礼乐、世家、事迹、祀典、人物、林庙、山川、古迹、恩典、弟子、撰述、艺文,分类排纂。而编次冗杂,颇无体例,如历代诰敕、御制文赞不入追崇恩典志,而另为提纲;碑记本艺文中一类,乃别增撰述一门,均为繁复。"才按:此为陈《志》第三次重修。王重民以为"第二次重修",是不知万历本前尚有嘉靖本。又其所谓"孔继涵《阙里文献志》"实为孔继汾《阙里文献考》,而引文亦有出入。另,《东北地区古籍线装书联合目录》此书作者作"孔永植",《江苏省立国学图书馆现存书目》志录之属此书题"会稽孔允植,明刊本",皆属不确。

是书今有明崇祯间曲阜孔氏刻本,明崇祯间曲阜孔氏刻雍正增修本,1989 年山东友谊书社《孔子文化大全》影印本,1996 年齐鲁书社《四库全书存目丛书》影印本等。

■ 孔门金载四十卷 残

(明)孔弘干撰。弘干有《圣贤图像》,本部传记类已著录。

是书,《中国嘉德 2008 秋季拍卖会古籍善本》第 2639 号著有明蓝格抄本,存一册(卷三十三)。十行二十字,白口,四周双边,双鱼尾,口下有"桧窗子录"四字;端署:"鲁纪善授承德郎六十一代孙阙里振斋孔弘干编次",有"竹垞"、"子孙世昌"朱文正印,及"长宜子孙"白文方印等藏印。疑为孔府旧藏散出者。按:《阙里文献考》谓"六十一代孙明鲁王府审理宏干有《孔门金载》四十卷",《山东通志》据以著录。《千顷堂书目》卢文弨补目此书作八卷;《孔子世家谱》、《曲阜志》载之不著卷数。《中国古籍善本书目》、《中国古籍总目》等此书不见著录。而《郑堂读书记·补逸·阙里文献考》条则有"《祖庭广记》、《金载》又病其芜"等语,知清道光中此书尚有完帙传世矣。

是书今有明蓝格残抄本。

■ 孔庭摘要无卷数 未见

(明)孔弘存撰。弘存一作宏存,字以操,号蕴元,一作蕴玄,小薛户管理户事承梁长子,孔子六十一代孙。官新城训导,家庭族长。

是书,《孔子故里著述考》据孔尚任《孔子世家谱》孔弘存传著录。传云:"弘存字以操,号蕴玄,任新城训导,致仕,年高德邵,特推为家庭族长。留心家门,著有《孔庭摘要》。"按:此书未见传本。民国《孔子世家谱》小薛户,弘存作宏存,亦著此书,称其"字以操,号蕴元"。

■ 东野志二卷 存

(明)吕化舜原辑,东野武旧订,(清)孔衍治增辑。衍治字虞臣,号靖轩,盛果户廪生尚悦次子,孔子六十五代孙。康熙四十八年进士,官吏部观政。

是书,曲阜师范大学图书馆藏有清刻本,二卷四册,半叶十行,行十八至二十一字不等,盖经多次补订刻印。内题"安阳吕化舜原辑,七十三代东野武旧订,圣裔孔衍治增辑,七十五代东野沛然续订,仙源顾龙标校正,七十六代东野枝盛增镌,七十七代东野兴辉参订"。书前有吕化舜崇祯元年序、方应祥序,末有黏本盛康熙元年跋序。书内记事至光绪年间。吕化舜序云:"吾宗冠洋藩理手撰《世系》附之《圣门》,预为世翰奉祀张本,而我弟太学圣符以谓不有《谱》、《志》,谁识源流之必归东野? 于是,搜考《史记·周本纪》、《鲁世家》,树为根干,爰附《世系》,明其枝条,足之以祀典、封诏、庙宇、祭田、碑碣、诗文,合为四卷。捐橐精梓,用副参藩未竟之志。"黏本盛跋序云:"余在垣中,旧有疏章,上言此事,岳祀既正,而周公之典有待,乃退而略采《周公世家》、东野氏《志》,辑其图像、艺文,汇为一书,用以表章先圣,为后学仿佛之万一。"又按:《四库全书总目》所据本、王重民所见本与此本不同。《四库总目》云:"《东野志》四卷,旧本题海盐吕兆祥撰,裔孙东野武订。考兆祥与武皆明末人。而是编二卷之末附录顺治、康熙中奏议,详载圣祖仁皇帝恩授东野沛然为五经博士。盖即沛然因兆祥旧《志》稍为续补也。前有吕化舜、方应祥原序。而粘本盛跋则作于康熙壬寅,陈良谟序则作于康熙丙寅,亦续刻所加也。"《中国善本书提要》著录明刻清印本,谓原题"海盐吕兆祥纂修,安福颜欲章、宣城濮阳春参考,兄吕濬、男吕逢时编次,裔孙东野武订阅。"又云"据黏本盛跋及卷内增补史料,知原本刻于崇祯元年,而一补于康熙元年黏本盛,再补于康熙二十五年陈良谟。"此本盖为第三次补修,时间约在雍正年间,审其纪事则更晚。又《四库》谓有陈良谟序,《善本提要》谓有樊维城序,二本在前,此本晚出却未收,故此本或由黏本直接发展而来。又考东野沛然,字郊霖,周公七十五代孙(《续修曲阜县志·补遗》称其为"周公七十三代孙",陕西户县《姬宗世谱序》亦作"七十三代",与本书题署不合),康熙二十四年袭翰林院五经博士,主祀事。康熙二十五年,曾至陕西

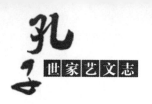

户县祭祖陵，并为户县《姬宗世谱》作序，另于二十九年勒石元圣庙《题请祭田礼生庙佃碑》等。枝盛，字郁文，沛然长子，康熙三十三年袭翰林院五经博士；兴辉，字丙南，号近庭，枝盛长子，雍正元年袭翰林院五经博士，皆主祀事。

是书今有清康熙间曲阜东野氏刻本，清康熙间曲阜东野氏刻雍正间递补本等。

■ 宗圣志十二卷　未见

（明）孔胤植辑。胤植有《道统图》注，本部传记类已著录。

是书，《清志》著录，作"孔允植撰"；《四库采进书目》附录二《浙江采集遗书总录简目》著录刊本题"孔允植辑"；《浙江省第四次汪启淑家呈送书目》题"明吕兆祥原著、原作国朝孔久植辑"，允误作"久"。按：是书未见原帙传世，山西省祁县图书馆藏有明崇祯刻清康熙增修本，收入《四库全书存目丛书》史部第七十九册，书凡半叶十行，行十九字，白口，左右双边。前有袭封衍圣公孔胤植崇祯二年己巳序，及丁宾、项梦原、樊维城、吕化舜等人序，又万历旧序。卷一题"海盐吕兆祥重修，曲阜孔胤植、句容孔贞运参考，兄吕维祺、男吕逢时编次"。卷二以下，参考、编次题署多不同。盖编次人统属吕氏。参考人则屡加更易。如卷二署"曲阜孔尚达、孔闻诗"，卷三署"曲阜孔闻谍、孔闻籍"，卷四署"曲阜孔弘毅、孔贞祚"。卷五以下又易为颜氏、孟氏及他氏。卷十二收有孔胤植、孔闻谍、孔尚钺、孔弘颐、孔弘毅、孔尚达、孔贞祚等人所作诗。其中，孔尚达字章甫，号望如，仙源户曲阜世尹贞教子，由岁贡任江西太和县教谕，硕德伟行，诗字俱臻神品。孔闻谍字观我，息鄹户太学生宏侃子，少工诗文，有鲁才子名，天启壬戌进士，授行人司行人，终河西道副使。孔闻籍，字知史，又字义绳，号碧宿，防西户招远县训导宏猷次子，天启乙丑进士，为行人，升至陕西西宁道，殉国难，赠朝议大夫，光禄少卿。祀于乡。孔贞祚，字用昌，号康寰，防西户四川剑州判闻上子，由恩贡知陕西汉阴县。胤植序曰："吾东鲁诸《志》，或特创，或增修，出吕藩参父子苦心勤手者，始自癸丑，至于己巳，十七年间成有二十余部，而《圣门》最先，《宗圣》极后，余幸握管已序其六，乃翰博君复快其家《志》之成，以弁言为请云云。"按：翰博君者，曾子六十三代孙翰林院五经博士曾宏毅也。

■ 阙里志二十四卷　存

（清）孔尚任撰。尚任有《易经系辞讲义》，经部易类已著录。

是书，宫衍兴《孔尚任佚文遗墨》有著录。《曲阜志·类记·著述》、《阙里文献考·孔氏著述》称其因明陈镐《阙里志》别撰新《志》。《山东通志》、《著述记》即题《阙里新志》。按：此书，孔府藏有金丝堂刻本，内署："太子少师袭封衍圣公孔毓圻鉴定，世袭翰林院五经博士孔毓埏参订，曲阜县世职知县孔兴认监修，林庙举事孔贞枚督刊，太学生孔尚任编纂"。其中有孔尚任《敕褒节孝朱氏传》、《敕褒节孝陆氏传》、《皇清敕封承德郎户部江南清吏司主事雪谷先生暨元配路安人合葬墓志铭》三篇，及康熙四十一年、四十五年的材料。孔尚任《出山异数记》记云："康熙壬戌秋，予家六十七代大宗衍圣公毓圻，束书加币，敦予出山，治其大人张氏丧。明年春，即延任祖庭，修《家谱》及《阙里志》……至甲子秋皆竣。"据此，尚任修《志》似为康熙二十一年（壬戌），然孔继汾《阙里文献考·叙考》则称"康熙丁丑，族祖聘之尝别纂新《志》，一变旧体，颇有增益，而芜杂傅会，失更过之，故其书久不行。"所记颇不相合。盖康熙二十三年，孔尚任只是对阙里旧《志》略作增益，自康熙三十六年，亦即《阙里文献考·叙考》所说之"丁丑"年，始对《阙里志》进行"一变旧体，颇有增益"的全面改编增辑工作，但书名一仍其旧，并无"新"字，所谓"新志"不过是为有别于旧《志》，沿用口头称谓而已。此书与《孔子世家谱》原系一体，二书互补为用，《孔子世家谱·修谱条例》云"《阙里志》与《家谱》原系一书，修《谱》既竣，即将余资增修《志》书，一例开销。"故治孔氏者，宜二书并用。又考本书监修孔兴认，字起宽，又字缄三，衍洪次子，廪生，两任世职知县，前后凡二十一年，明信无私，为人所称。

是书今有曲阜文管局档案馆藏清康熙曲阜孔氏金丝堂刻本。

■ 祖庭新记二十四卷

（清）孔尚任撰。

是书，汪蔚林《孔尚任诗文集·孔尚任著作目录》著录称"未见"，并云："据邓之诚先生云：'尚任有《祖庭新记》二十四卷'。按：宋、孔传有《阙里祖庭杂记》三卷，金、孔环有《祖庭广记》，孔璪有《续祖庭广记》，元、孔元措有《祖庭广记》十二卷，尚任此作，想与上列各书同类？"袁世硕《孔尚任年谱》此书作二十卷，云"孔尚任确有此书否？未敢遽定，录以备考。"才按：考新旧《阙里志》，与宋元时期各种《祖庭记》原系一脉相承，盖时代有不同，名称有演进，故"阙里"一词既出，"祖庭"一称遂废。窃以为此书即前著《阙里志》之讹传误载，邓之诚但云有此书，实未亲见，故今人在涉及此书时往往将信将疑，不能遽定，既不忍舍弃名人著述，又无法论证确有此书。

■ 圣门志、阙里志　未见

（清）孔尚忻序。尚忻有《圣门乐志》，经部乐类已著录。

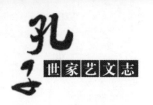

《增补孔庭摘要》:"尚忻世职学录有序《圣门志》、《阙里志》传世"。兹据著录。按:不知尚忻所序何本?《著述记》谓其"偕兄尚任讲礼乐,辑《礼志》一卷、《乐志》一卷",或即其《圣门礼》、《乐志》之误题。录此俟考。

■ 孔庭摘要无卷数 未见

(清)孔衍法撰。衍法字学易,号歇庵,别号学易道人,盛果户廪生尚悦长子,孔子六十五代孙,廪贡生。

《续修县志·艺文志》:"孔衍法著有《世泽堂文集》,纂定《孔庭摘要》"。兹据著录。按:《孔子世家谱》不载此书。光绪《增补孔庭摘要》:"六十五代衍法,字歇庵,学易道人,其别号也。岁进士。著有《世泽堂文集》,督修《族谱》,纂定《孔庭摘要》传世。"又,孔昭瑾《孔庭摘要序》云:"先太高高祖学易公纂修《摘要》,至我辈二百余载,未及增补此卷,而枣梨裂缺,模糊益甚,若不亟为修补,恐久不能永存。"是此书原本或已不存,而其内容大概略见于《增补孔庭摘要》。

■ 阙里纂要(一名孔圣阙里志合纂)四卷 存

(清)孔衍玬编集。衍玬字懋璧,号荆函,滕阳户金华府知府尚经次子,孔子六十五代孙,恩贡生,林庙举事,历任广东潮州府通判,累封承德郎。

是书,曲阜师范大学图书馆藏有清康熙刻本,封内题"孔圣阙里志合纂/竹林堂梓",右上有"邹鲁胜迹合备"诸字,及"古今书籍"、"圣贤精义"圆、方印。卷端题"阙里纂要;六十五代孙衍玬翁庵氏编集"。书末署"书林环峰堂重梓"。凡半叶九行十九字,无刻书年月,卷四记事至康熙二十六年。书共四卷。卷一包括圣源发祥类、谥封崇典类;卷二为阙里图绘类、礼乐图绘类;卷三为名贤配享类、山川古迹类;卷四为宠荫恩秩类。下有子目九十六。书前有衍玬自序(文有残缺),曰:"阙里之名何昉乎?以圣祖《春秋》笔削,道在素王,及门先贤尊称所居而比庭阙也。自道统散著《六经》,文献遥传诸史,函丈片地,万古垂芳。阙里之有《志》也,久矣!……玬自筮仕粤东,历署篆务,所至州邑,缙绅学士,倾盖之间,辄问杏坛故事,冀得一读遗书,其如群籍藏自家庙,万里舟车,汗牛莫载。又承缙绅诸公交刻谆请,愿闻其要。于是,捡所携祖庭诸书与阙里古《志》而合纂之。又绘山川各图共为一帙,曰《阙里纂要》。"按:另见山东师范大学图书馆藏本,亦竹林堂梓,列目四卷,书实七卷七册,前四卷与曲师藏本无别,后三卷皆配享人物传。《中国历代人物年谱考录》谓此书有康熙三十三年潮州书林环峰堂重刊本(广东中山图书馆藏),又有康熙七年刊本,待访。康熙三十三年刻本,《湖南省古籍善本书目》亦著其书,题不分卷。

是书今有清康熙七年刻本;清康熙潮州书林环峰堂重刻本等。

■ 杏坛圣迹四卷 存

(清)孔衍堉辑。

是书,《中国人民大学图书馆古籍善本书目》著录清康熙书林素位堂刻本,一函六册,九行十九字,白口,单鱼尾,四周单边或双边。有图五十余幅。卷末镌"书林素位堂重梓"。内辑孔子及诸先贤、先儒像赞、传记、孔氏后裔传记。中国科学院图书馆馆藏目录亦著此书,题:清康熙二十五年(1686)曲阜书林素位堂刻本,四册一函。按:此书未寓目,不知与前著《阙里纂要》异同如何? 录此俟考。

是书今有清康熙二十五年书林素位堂刻本。

■ 阙里文献考一百卷末一卷 存

(清)孔继汾撰。继汾有《孔氏家仪》,经部三礼总义类已著录。

是书,《郑堂读书记·补逸》、稿本《续修四库提要》、《贩书偶记》等著录,《著述记》、《孔子世家谱》亦载之。《山东通志》、《曲阜志》此书不标卷末一卷。按:此书,曲阜师范大学图书馆藏有乾隆二十七年刻本。其前十卷为世系考,卷十一至十三为林庙考,卷十四至十七为祀典考,卷十八为世爵职官考,卷十九至二十二为礼考,卷二十三至二十五为乐考,卷二十六为户田考,卷二十七至二十八为学校考,卷二十九为城邑山川考,卷三十为宗谱考,卷三十一为孔氏著述考,卷三十二至四十一为艺文考,卷四十二为圣门弟子考,卷四十三至七十二为从祀贤儒考,卷七十三至九十九为子孙著闻者考,卷一百为叙考,卷末为辨讹。书前有衍圣公孔昭焕序及《进书折子》。其序曰:"余每读家乘,至《孔丛》、《连丛》之篇,未尝不废书而叹也。先圣文章道德,备于《六经》,散见于百家传记,而论次于《史记·世家》,载籍极博,固无事我一家之私述为也。惟历世久远,子上、子家而下,显晦不常,至如敦尚儒术,代有褒崇,而史志详略异裁,非贯串而会通之,亦易见典章之因革,则是志乘之作,又当与史兼行,而不可忽者。叔祖止堂公《阙里文献考》书成,类别门分,薙繁辨误,言不越六十万,而二千三百余年之事,灿然大备,不曰《志》,而曰《考》。要之,《志》亦不外文献,即马氏之体裁,补龙门之阙佚,于以成一家言,追踪二《丛》,实有赖焉。"《郑堂读书记》云:"孔氏家乘,自宋以来,作者不一,以《东家杂记》为最古,然叙述甚略。《祖庭广记》、《金载》又病其芜。后有新旧两《志》、《复祖庭记》,尤为考据未精。又《新志》成于康熙丁丑,自后未经纂述,

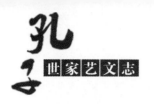

止堂因撰是书……卷末为附识一卷，不入卷数，则皆辨旧《志》之讹，其间门分类别，芟繁正误，条理整密，固非从前诸书所及也。书成于乾隆辛巳，曾进呈御览，至明年衍圣公（昭焕）为序。"此书刊行后，一时学者据为信史，清章宗源撰《隋书经籍志考证》于孔氏著述屡加征引；《孔子世家谱》称其"继往开来，功冠千古"，良有以也。

是书今有台北"国立中央图书馆"藏清乾隆二十七年曲阜孔氏刊"朱墨套印"本；清乾隆二十七年曲阜孔氏刻墨印本，1989 年山东友谊书社《孔子文化大全》影印本，2002 年上海古籍出版社《续修四库全书》影印本，2006 年 12 月山东大学出版社《山东文献集成》第一辑影印本；清光绪十七年湘阴李氏重刊本等。

■ 东国阙里志二卷附录一卷　存

（朝鲜）孔明烈编。明烈，高丽支孔子六十四代孙瑞麟裔孙。

是书，稿本《续修四库全书提要》著录朝鲜刊本，云：明烈，大司马瑞麟之裔孙。当元顺帝时，孔子五十三世孙衍圣公浣第二子昭，以翰林学士陪鲁卫王女大长公主下嫁于高丽恭愍王，昭临行感夫子居夷浮海之意曰：东国素称礼义邹鲁之俗者，盖以檀君、箕子，神圣之君相继而教化之故也。吾将因而居焉。乃率其妻皇甫氏而来，恭愍拜为门下侍郎平章事，封昌原伯。皇甫氏卒，无子。娶鲜女，生子帤。帤生，入李朝不仕，自号渔村。孔氏居东，世有达者，至六十二世孙瑞麟，字希圣，生于水原之文公山下，禀性正直，好读书。及长，学于寒暄先生之门，登中宗丁卯进士，旋擢庭试亚元，除司谏院正，以直言闻于时。抱道被抑，人称其高。殁后，至英宗朝时，赠吏曹判书，谥"文献"。即于所居水原华城创阙里祠，以祀孔子。其裔孙明烈，仿明陈镐《阙里志》例，撰《东国阙里志》二卷，实秉正祖之遗志，而撰辑是书者也。卷一分华城阙里祠、奉安圣像、御制文、赠谥筵说等十九目。卷三（二）分列圣朝授官恩泽录勋、御制诗、孔休岩谥状、行状等十三目。末附新罗王子献圣像事迹、余文安公献国学图事迹、孔渔村字说、渔村记、孔孤山行迹、华城阙里记等十八目。此均有关于东邦文献之掌故，而孔氏子孙且有乘桴于海者矣。按：考明烈，约朝鲜正祖年间（清乾隆四十一年至嘉庆四年）生，宪宗、哲宗年（约清道光、咸丰）间卒。才按：据《孔子世家谱》，昭为避丽朝光宗讳改名绍。瑞麟为孔子六十四代孙，而非六十二代；又考七十五代有明烈二人，未知有此书编者否？

是书今有朝鲜宪宗年间刻本。

■ 优复恩例一卷　存

（清）孔衍佩、孔兴善等汇集。衍佩，孔子六十五代孙。兴善，孔子六十六代孙。

是书有清光绪四年刻本，见《孔氏宗谱总录》卷四。书凡半叶八行、行二十四字。封题"阙里孔氏优复恩例"。内题："优复恩例；至圣裔孔衍佩、孔兴善，复圣裔颜绍伦、颜懋端，宗圣裔曾衍楚、曾衍格，亚圣裔孟毓王隆、孟传佩仝汇集；至圣裔孔毓全、孔继恒，复圣裔颜崇相、颜崇枋，宗圣裔曾贞任、曾衍相，业圣裔孟兴蔚、孟兴均、孟传锐仝汇阅。"其书乃四氏通录。书内记事，自汉高祖十三年至清嘉庆二十二年。嘉庆二十二年仅一条，盖为续刊时所增补。书前有长洲徐岩乾隆二十一年旧序，云："适《四氏优复恩例》稿成，群然请序于余，余应之曰：'圣人之泽，应自万世不斩耳，焉用是琐琐为也？'其中一最少年再拜为余言曰：'优复之例，自汉迄明，代有考记，所以彰君恩、昭祖德也。况我朝百年以来，遵师重道，超轶前古，定鼎之初，即沛恩纶，以故，部有颁行之成法，宪有饬禁之明文。凡属贤有司，莫不加意维持，以示优异，则厚德何可忘也。'余闻之，肃然念曰：'此固圣人后者责也。倘世远年湮，成例莫稽，致令神明苗裔，越在氓隶，亦未必非执事者羞。'因悉次是语为之序。"

是书今有清光绪四年孔氏刻《孔氏宗谱总录》本。

■ 续修优复恩例不分卷　存

（清）孔继善、孔昭铭等汇辑。继善，孔子六十九代孙。昭铭，孔子七十一代孙。

是书见有清刻本，内题："续修优复恩例；至圣裔孔继善、孔昭铭，复圣裔颜怀环、颜士璋，宗圣裔曾传正、曾继瑛，亚圣裔孟毓洪、孟广基汇辑；至圣裔孔庆藻、孔繁庚，复圣裔颜锡轩、颜振庚，宗圣裔曾继烈、曾继孚，亚圣裔孟广钦、孟广范、孟昭兰校对"。此书记历代王朝优渥孔、颜、曾、孟四氏例，上起汉高祖十三年，下迄清道光十九年，间附闵、仲、东野氏。书凡九行二十字。其书现有二种版本。一是清同治六年十二月孔衍祚序刊本；一是清光绪三十二年增补本。前者有衍祚序，谓"兹有族人孔继和、孔昭坊公同三氏士子颜士龙、颜士震、曾传德、孟继让等，恭援成例，仿照旧本，续修成幅，请序于余。"其所列续修人员与书前题署全然不同，未详何故？后者无孔衍祚序，而有徐岩乾隆二十一年旧序及同治六年衍圣公孔祥珂、翰林院五经博士颜承裔、五经博士孟广均诸序。祥珂序云："溯查乾隆丙子编成时，曾经徐兰谷先生弁其篇首……今岁适逢族人孔继善等……矢志续修。凡其已载，详慎校雠，凡所未载，恪遵添列，爰以彰君恩、昭祖泽，意犹昔也。"序末有印二方，及"三品首领官孔庆镗鉴刊"一行。按：该本较前本不仅书序不同，而且书末多出四页。四页行字异于原本，且无页码，中有光绪三十

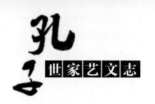

二年宁阳县举办巡警筹款诸事，盖为光绪末年所增补。

是书今有清同治六年刻本；清同治六年刻光绪三十二年增补本。

■ 阙里圣庙记不分卷 存

题(清)孔广陶述。广陶有《鸿爪日记》，本部传记类已著录。

是书，江苏真德拍卖公司2012首拍古籍专场著录此帙误作《阙里圣朝记》，黄纸，一册，尺寸22.8×14.8厘米，作者题"清孔广陶述"，版本题"清写本"。释文称"是书为清精写本，内容极其稀见，内有朱笔圈点，或为作者清稿。"半叶十二行，行二十七、八、九字不等，无格，书口上书"阙里记"，卷端题："阙里圣庙记；南海天南圣裔孔广陶述"。有"孔广陶印"白文方印。其文云："余向慕阙里，数十年于兹，尝形诸咏歌，永矢弗谖，迄今乃毅然行之。康熙戊辰二月初吉，附载粮艘，越月始抵济宁，陆行百里抵曲阜，是夕宿旅馆心斋焉。"按：考广陶生于清道光十二年(1832)，而此则称"康熙戊辰二月初吉，附载粮艘"，"戊辰"为康熙二十七年(1688)，二者相距一百四、五十年，只此一语，已知其伪，况《南海罗格孔氏家谱》等此书绝不见载。因辨附于此，以备稽考。

■ 增补孔庭摘要(一名世泽堂孔庭摘要)不分卷 存

(清)孔昭玺编集，孔昭璠参订。昭玺字文符，一字宝臣，号寿昌，别号宝文主人，优增生，洙泗书院学录。昭璠字鲁珍，优增生，七品执事官。二人俱孔子七十一代孙。

是书见有清光绪二十三年刻本，封皮署"世泽堂孔庭摘要"。内题："孔庭摘要；四氏学优增生兼洙泗书院学录昭玺编集，四氏学优增生兼执事府七品官昭璠参订"。书凡半叶九行、行二十字。书前有孔昭瑾光绪二十三年序及衍圣公孔令贻题诗，并冠孔子行教像于首。末有诸城彭寿题诗。书内计有本源、毓圣、年谱、生像、圣庙、章服、谥号、四配、十哲、两庑先贤、从祀先儒、桧树、圣林等四十余项。昭瑾序曰："粤自圣祖发祥以来，三千年，我家世钟名德，历代褒重之典，久而弥隆，为之后者，敷扬先烈，汇为成书，如《阙里志》、《圣门志》及《阙里文献考》、《文献通考》、《孔门金载》，以及今纂《幸鲁盛典》诸书。即一言一动之必详，一器一物之必悉，无非尽我祖功宗德之盛，而彰圣帝明王崇儒重道之风也。昭瑾先太高高祖学易公，纂修《摘要》，至我辈二百余载，未及增补此卷，而枣梨裂缺，模糊益甚。若不亟为修补，恐久不能永存，乃我弟文符，深念先人手泽，不忍剥落湮没也。故又编集此书，其意何居？盖文章道德，肇启玉书，俎豆衣冠，相沿百代，诚非博搜广记，不足悉我家庭之典故。然世之学，通一经列名胶序者，无不欲窥洙泗之渊源，仰宫墙之巍峻，顾无要，焉以示之，其能开卷而了然在目耶？此

《摘要》一书之所以不可缺也。先辈旧纂《摘要》,其书在国初,间有缺略,而本朝则未载。我弟文符任家学,课士之暇,同兄鲁珍增删是书,缺者补之,略者详之。而我朝盛典,特加详焉。将付剞劂,问序于余。余篝灯卒读,见其所载圣祖之生也,上自古初世系,下及子孙蕃衍,钜而制作事功,细而仪容符瑞,罔不备载。所载圣祖之没也,林庙谥号,历有尊崇,礼乐器服,代多典制,以至官爵之世及赐予之优渥,罔不毕备。可谓该矣!而帙不盈寸,非要其孰能之。"又彭氏题其书云:"孔庭掌故冠寰中,摘录成书记叙工。四氏学先宗国主,三千年上世家风,蔷薇手盥秋阳读,坛杏心沾化雨融。掩卷出门时怅望,岱峰高挂海云红。"按:此书《续修县志》有著录,云"孔昭玺著有《续孔庭摘要》","孔昭璠著有《参订孔庭摘要》"。《山东文献书目》此书题"孔令贻辑",未妥。

是书今有清光绪二十三年孔昭干、孔昭礼校刊本,1990 年 9 月山东友谊书社《孔子文化大全》影印本。

■ 阙里通考八卷　未见

(清)孔广霱撰。广霱字谔卿,号东篱,沂阳户四品执事官继坪三子,孔子七十代孙,光绪元年乙亥恩科举人,官大挑知县。

《孔子世家谱》:"广霱,字谔卿,号东篱,十一岁始就塾师,颖悟异常。读书十行并下,十六游泮水,十八食廪饩,光绪乙亥领乡荐,年甫二十,与其兄广警为实事求是之学,淹贯古今,博通天人……著《阙里通考》八卷、《弦歌草》诗集,均行于世。"兹据著录。按:《续修县志》、《著述记》此书无载。据《家谱》所言,其书似民国修《谱》时尚有流传,而历考有关书目,却俱不见记载,故其存佚无从考知。又考广霱凡兄弟三人,长兄广警,字惺鹤,岁贡生,候选训导,教读生徒,多所成就。二兄广謦,字唯堂,庠生,曾入玉牒馆供职有年,得保举以县丞用,分发湖北,候补到任。三人有所成就,皆赖其父继坪平时教导。继坪字春田,四品执事官,精医理,性孝友,工文词,尝训诸子曰:"读书是人生第一乐事,读书而无境遇累是第一有福人。"

■ 曲阜圣迹古迹择要略考不分卷　存

(民国)孔昭曾撰。昭曾原名栗,字又荃,号少云,旧县户河南商城等县知县广电子,孔子七十一代孙,清光绪十七年辛卯科举人,历任内阁侍读,广饶、招远县知事,中国孔学总会会长等职。

是书有民国石印本,一册二十七叶。半叶十行、行二十五字。书内题"曲阜孔昭曾少云氏著"。内容包括:帝王建都略考、少昊陵、启圣王林、至圣林、至圣庙、元圣庙、

复圣林、复圣庙、曲阜新旧城略考、山河考、曲阜各种古迹古物略考、孔氏世爵世职及圣庙圣府职官略考、孔氏本源、至圣谥号、至圣祀典、孔庭祭期。书前有庄陔兰序和昭曾自序。庄序云:"近年以来,中外人士游曲阜、志圣迹古迹者多矣,顾往往详于见闻而疏于考证,或杂以流俗无稽之说,不究其实,乃近于慢圣诬贤。至见闻所不及,则概付缺如,识者憾之。曲阜孔少云先生爰取《阙里志》及曲阜旧《志》诸书,首圣迹、次古迹,删繁撮要,汇为一编,俾览者无探索之劳,导游者获专对之益。且正流俗传闻之谬说,于以发思古之幽情,而坚尊圣之信念,其所系顾不重哉!"又,昭曾自序曰:"曲阜为农皞旧都,又系圣贤桑梓之乡,中外人士至曲阜瞻谒林庙者,络绎不绝。又况民初设立孔教总会,每年夏历八月二十七日,恭逢大成圣诞节,各处支分会到曲致祭者甚夥。现此会甫经改组,更名为'中国孔学总会'。尤应切实提倡进行昌明孔子学说,深虞至曲游览者,虽有导游员之引导,然询及古迹原始,多有茫然莫对,或传闻附会,深有憾焉。鄙人有鉴及此,爰在曲阜新旧《县志》、阙里新旧《志》、《阙里文献考》、《祖庭广记》、《孔丛》、《连丛》、《陋巷志》、《孔子家语》、《水经注》、《辞源》、《佩文韵府》,及《拾遗》、《曲阜碑碣考》、《圣迹导游录》及《史鉴》诸书,择要录之。但取简括,不求繁冗,俾阅者稍知梗概,此其大略也。挂一漏万之弊,自不能免,如欲探赜索隐、循流溯源,则就诸书详加参考,斯得之矣。"

是书今有民国二十七年曲阜鸿记印刷局石印本。

■ 曲阜孔府档案史料选编三编二十四册 存

张维华主编,孔繁银等分编。

是书系由孔府所藏近万卷档案材料中选录、整理而成之史料汇编。内容涉及孔氏家族事务、修谱祀典、历代封赠、租税徭役、纠纷刑讼、财务帐目、林庙管理,及朝廷政治、各种灾异、有关文书等。是研究孔氏家族及明清政治经济的珍贵资料。此书共分三编。第一编为《全宗分类目录索引》,由曲阜县文管会孔繁银等编;第二、三编分别为《明代档案史料》《清代档案史料》,由曲阜师范学院历史系、山东大学历史系、中国社会科学院历史研究所联合编辑。统共二十四册,1978 年末完稿。书前有本书顾问杨向奎先生所撰《前言》。据悉,留存下来的明清孔府档案,总数不下二十万件。新中国成立前,孔府只照《千字文》天、地、玄、黄、宇、宙、洪、荒粗分大类,别无细目,且散置各处,任其尘封霉烂。新中国成立后,曲阜文管会根据国家文物局指示,在国家档案馆的专家指导下,对所有档案进行了系统整理和妥善保护,至 1965 年共整理订成八千九百八十三卷(后又继续整理,至达九千余卷),并全部归类编号,上架入箱。存用两便。

而把这些档案用于历史研究工作,则始于 1962 年。先是原哲学社会科学部(现中国社会科学院)历史研究所,抄录了部分档案资料,进行专题研究。随后,历史研究所与曲阜县文管会、曲阜师院历史系合作,选录了大批孔府档案(主要是明档和 1840 年以前的清档),并初步完成分类、断句、逐件拟题等工作;再后,山东大学历史系与曲阜县文管会合作,选录了一批近现代档案资料;最后,曲阜县文管会又整理抄录出孔府档案全宗目录索引。1978 年,在山东省委宣传部领导下,由山东省社会科学研究所、曲阜县文管会、中国社科院历史研究所、山东大学、曲阜师范学院、山东省文化局、山东省出版局等有关单位组成了曲阜孔府档案史料编辑委员会,组织各单位专业人员成立编辑部,对上述选抄的档案资料进行统一校点,进一步加工整理,形成了这部《选编》。此书虽为今人所编,但书内所收全系明清文档,且《山东文献书目》收之在先,本书自不应屏之弗录,因缀类末,以备参考。

是书今有 1980 年至 1983 年齐鲁书社铅印本;1988 年山东友谊书社《孔子文化大全》影印软精装本,1989 年山东友谊书社《孔子文化大全》影印特精装(合订十二册)本。

家谱类

清前旧谱牒

■ 孔氏谱 佚

（晋）佚名撰。

是书，文廷式、秦荣光《补晋志》皆著录。《隋志考证》："《孔氏谱》，卷亡，不著录。"沈家本《古书目三种》："《孔氏谱》，孔义，附《仓慈传》。义，鲁国人。"按：裴松之《三国志·魏书·仓慈传》注："案《孔氏谱》：孔义字元俊，孔子之后。曾祖畴，字元矩，陈相。汉桓帝立老子庙于苦县之赖乡，画孔子象于壁；畴为陈相，立孔子碑于像前，今见存。义父祖皆二千石，义为散骑常侍，上疏规谏。语在《三少帝纪》。至大鸿胪。子恂字士信，晋平东将军卫尉也。"又刘孝标《世说新语·言语二》注："《孔氏谱》曰：'沈字德度，会稽山阴人。祖父奕，全椒令。父群，鸿胪卿。沈至琅邪王文学。'"又《汉书·孔光传》："孔子生伯鱼鲤，师古曰：'名鲤，字伯鱼。先言其字者，孔氏自为谱牒，示尊其先也。'"据此，是书南北朝时尚存，且非仅叙承袭者一人。孔义，乃孔子二十代孙，《孔氏祖庭广记》列"世系别录"。此书，唐代不再见引。考孔氏谱牒，渊源甚早，司马迁撰《孔子世家》历述孔子之后十余世，名字、世系、享年、官职，从容写来，凿然不紊，定有谱牒为依据。又此书，《曲阜志》、《阙里文献考》、《家谱》旧序皆不言及。

■ 孔子家谱一卷 佚

佚名撰。

是书，《通志·艺文略》著录，不题作者名氏。《秘书省续编到四库阙书目》亦著此书，叶德辉按云："《宋志》作《文宣王家谱》，云成铎撰。《玉海》五十引书目亦作《文宣王家谱》。《遂初目》作《孔子编年家谱》。"晁公武《郡斋读书志·阙里世系》条云："《唐艺文志》有《孔子系叶传》，今亡。其家所藏谱虽曰古本，止叙承袭者一人，故多疏略。"又，乾隆《孔子世家谱》宗翰传云："宗翰常以孔氏宗谱止载世袭，而遗支庶为缺典。"按：此《谱》或即宗翰重修所据家藏古本。叶德辉以《宋志》所著《文宣王家谱》、

《遂初堂书目》所著《孔子编年家谱》与本《谱》混为一书,恐未妥。

■ 阙里世系一卷 未见

(宋)孔宗翰撰。宗翰字周翰,龙图阁直学士、御史中丞道辅次子,孔子四十六代孙,嘉祐进士,历官刑部侍郎。

是书,《郡斋读书志》、《国史经籍志》、《兖州府志》、《曲阜志》等皆著录,《中兴馆阁书目》谱牒类作《阙里谱系》,亦一卷。孔继汾《阙里文献考》此书作《孔子世家谱》,称卷佚。其说未确。考"世家谱"一名,明以前无此称谓。《郡斋读书志》著录此书,称"其家所藏《谱》虽曰古本,止叙承袭者一人,故多疏略。宗翰元丰末知洪州,刊于牍。绍兴中,端朝者续之,止于四十九代。洪兴祖又以《史记》,并《孔光传》、《孔僖传》及太子贤注与《唐宰相世系》诸书校正,且作《年谱》列于卷首。"又《玉海》卷五十:"《中兴书目》:《阙里谱系》(一作'世系')一卷,元丰中,孔子四十六代孙宗翰刻而传之。绍兴五年,洪兴祖正其缺误,又作《先圣年表》列之卷首。成铎重定《文宣王家谱》一卷。"《曲阜志》云:"旧谱止载嫡裔,此乃合支庶而修之。"《孔子世家谱》宗翰传亦有类似记载。按:考孔氏早期谱牒,并非止叙承袭者。叙承袭一人者,始于唐恭之《孔子系叶传》,而非孔氏有谱始于《孔子系叶传》。又考此书,若存若亡,明《文渊阁书目》卷四、陈第《世善堂藏书目录·史类·谱系》均载此书。另据孔闻简《孔氏族谱序》,明天启年间,孔府尚藏残本,而今却不知下落,书或不存矣。然其《谱序》则载见于《孔氏祖庭广记》,文云:"家谱之法,世次承袭一人而已。疏略之弊,识者痛之。盖先圣之没,于今一千五百余年,宗族世有贤俊,苟非见于史册,即后世泯然不闻,是可痛也。如太常讳臧、临淮太守讳安国、丞相讳光、北海相讳融、兰台令史讳僖、议郎讳昱,才十数人,非见于汉史,皆不复知矣。魏晋而下,逮于隋唐,见纪者止百余人。按:议郎本传云:'自霸至昱,七世之内,至卿郡守者五十三人、列侯七人。'今考于传记,乃知所遗之多也。宗翰假守豫章,恩除鲁郡,将归之日,遂以旧谱命镂板,用广流传。或须[讲]求,以待他日。实(时)宋元丰八年十一月二[十][二]日。四十六代孙朝议大夫知洪军州州事兼管[勾][劝]农使充江南西路兵马钤辖柱国赐紫金鱼袋宗翰谨题。"按:此为孔《谱》首次刊印,此前皆以抄传。

■ 孔氏族谱 佚

(宋)孔端朝续修。端朝又名端木,字子工,新泰县令若升第八子,孔子四十八代孙。避兵南渡,赐上舍出身,官至国子博士。绍兴初,历秘书郎、著作佐郎、司对员外

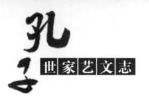

郎,终朝散郎,知临江军。

《郡斋读书志·阙里世系》条:"宗翰元丰末知洪州,刊于胶。绍兴中,端朝者续之,止于四十九代。"《阙里文献考·孔氏著述》:"《孔子系叶传》始于唐黄恭之,然止叙承袭一人,殊多疏略。宋元丰中,四十六代孙刑部侍郎宗翰病之,上自孔子,下止四十九代,作《孔子世家谱》,卷佚。四十八代孙宋国子博士端朝、四十九代孙金曲阜主簿环……皆相继续修(卷并佚)。"兹参据著录。按:继汾《阙里文献考》每称旧《谱》为《孔子世家谱》,然考明末以前其谱多题《孔氏族谱》,现存宋代手卷及明末刻本皆可佐证,故改题今名。又按:此谱久佚,而其序则载见《曲阜孔府档案史料选编·皖江孔氏支谱自叙》,文云:"端朝闻诸父祖云:吾家自五代乱离,宗族散走,死亡略尽,独袭封尚书讳仁玉守墓坟不去。幼子讳昂(勖)仕为侍郎。侍郎依庙为宅,家有赐书,以至祭器、御书、田园、服役皆上所赐。许任乡官,着在吏部[定]为成法。由是土人不以姓名称,止曰庙宅。族人无异居者。独安州族祖太子中舍讳[宗]简因官不归,遂家焉。宣和末,金人入寇,靖康丙午,群盗起,家所蓄藏,荡然云散。建炎丙(戊)申十月,端朝不得已去林庙南奔。明年丁(己)酉八月,蒙恩以孔氏子孙,特差徽州黟县令。后二年己(辛)亥四月赴官。六月,张琪犯徽州,黟之四境,焚杀一空。端朝与幼男奔山间,仅得不死。携上世诰敕,祖父遗书,生生之资皆失之矣。独此《谱》山中人得之,转以见归。此《谱》乃古本。顷叔祖贰卿,削去旁支,独载世袭。有识者惜之。今亡而更存,岂非天耶。因书以示子孙。绍兴二年岁次壬子五月朔四十八代赐进士第历秘书著作司勋员外朝散郎知临江军事端朝谨书。"孔涛辨曰:"按四十八代孙临江知军序云:'顷叔祖贰卿,削去旁支,独载世袭。有识者恤(惜)之。'贰卿盖指刑部侍郎宗翰也,四十六代别无为贰卿者。今观刑部公知洪州日,刊行旧谱,其序止言家谱疏略之弊,止序承袭者一人,识者痛之。又云:宗族世有贤俊,苟非见于史册,即后世泯然不闻,是可痛也。末云:今考传记,乃知所遗之多也。则是刑部公增入旁支,而所云削去旁支,独载世袭,旧自有其人,非出于刑部公。涛疑此久矣。当于临江公叙之叔祖贰卿下补一'谓'字,则得其实。且其上文,此《谱》乃古本及下文今亡而更存,岂非天耶,文意晓然。岂非原本传写器(尚)简,相仍不加考正耶。区区管见,未敢缀补,因著其说,以俟识者。五十三代孙承事郎[平]江路吴江州判涛辨疑。"按:今观元丰谱序,宗翰仅"以旧谱镂版,用广流传"。故涛辨宗翰非"独载世袭"之人是,"增入旁支"者非。

■ 孔氏族谱 佚

(宋)孔应得刊订。应得原名文在,字德夫,自号退学,衢州派迪功郎元龙(拚)子,孔子五十一代孙,赐同进士出身,历官端明殿大学士,谏议大夫,签书枢密院事,福建、江浙宣谕大使。

《阙里文献考·孔氏著述》谓:应得续修《孔子世家谱》,卷佚;《孔氏南宗考略》应得传云"编《家谱正误》,刊行。"兹据拟题,改为是名。按:此《谱》书早不存,亦未见旧目著录。明版《孔氏族谱》载该谱序云:"练塘洪先生守桐汭之日,敏政善数(教),纯用儒术,谱孔氏自泗沂而下至四十七世袭封,又作《先圣年谱》列于卷首,锓梓郡斋。章甫绚衢学先圣之道,欲沿其流而[渊]其源者,皆于是乎稽,非但孔氏子孙德练塘此编也。独惜自四十七世而后续刊者,讹误颇多,先祖景丛子尝欲刊而未果,今又数十年矣。应得蒙恩赞贰于兹,幸公务简静,因得考阅数月,乃以家庭所见闻,正续[刊]之误,绪成练塘美意,毕先祖素志。练塘所谱,祖阙里旧本,以历代史、诸家书、前世石刻,参互考订,精矣。应得不敢易一字。(时)景定三年八月旦日五十一代孙奉议郎添差通判广德军兼管内营田事应得拜手书。"其所谓"先祖景丛子",即孔璞也。璞,本书有著录,可参阅。《孔子世家谱》应得传不云有此书,而谓"应得字德夫,一名文在,宋理宗嘉熙二年补入太学。淳祐元年,驾幸太学,赐同进士出身,初任吉州太和县主簿,终资政殿大学士,谏议大夫,签书枢密院事,福建、江浙宣谕大使。年六十一,自号退学"。

■ 孔氏族谱手卷 残

(宋)孔宗乾、孔自能撰。宗乾,孔子四十六代孙,官至工部尚书。自能,孔子四十八代孙,历官国子祭酒。

是谱,《山东省志·孔子故里志》著有曲阜文管会藏手写长卷,纵33.5厘米,长1103.5厘米,孔府旧藏,原件残损,断为数片,1961年由北京荣宝斋修裱成卷。现存部分所记世系自孔子十六代孙至四十九代孙,内容有各支兄弟人数、名字、官职、功名等,卷首有窦仪、王十朋、范纯仁、洪迈、蔡元□、了翁(陈瑾)等人题序,卷尾有陈康伯、横浦居士(张九成)等人题跋,并有宋明道三年(1034)仁宗皇帝赐御史中丞孔道辅、元丰六年(1083)神宗皇帝赐工部尚书孔宗乾的二道圣旨。可见朱文印有八方,其中二方为"御用之宝"。年号可辨者有北宋开宝八年、明道三年、元丰六年,南宋绍兴三十二年、隆兴二年等。卷首还有设色画像一帧,疑为孔道辅像。卷后题有"孔氏族谱"等文字,因知此《谱》为宋工部尚书孔宗乾与其堂孙国子祭酒孔自能修撰。按:此《谱》为所知现存最早的《孔氏族谱》,未见旧书目著录,亦不见旧志记载,审其内容与宗翰等《谱》非同一个系统。宗乾、自能,支派待考。

是谱今有曲阜文管局档案馆藏手写本。

■ 孔氏族谱 佚

（金）孔环续修。环有《续编祖庭广记》，阙里文献类已著录。

《阙里文献考》："《孔子系叶传》始于唐黄恭之，然止叙承袭一人，殊多疏略。宋元丰中，四十六代孙刑部侍郎宗翰病之，上自孔子，下止四十九代，作《孔子世家谱》，卷佚……四十九代孙金曲阜主簿环……皆相继续修（卷并佚）。"《曲阜志》："金主簿孔环撰《祖谱》，又《祖庭广记》。"按：《文献考》、《曲阜志》名题皆欠妥，兹参据著录，改题今名。

■ 孔氏族谱 佚

（金）孔元措续修。元措有《孔氏祖庭广记》，阙里文献类已著录。

是书见《阙里文献考·孔氏著述》。按：此《谱》盖就宗翰旧本相继续修，未见旧书目著录与传本。《文献考》书名原题《孔子世家谱》，未确，兹改题今名。又考元措未见有集，《全元文》卷六收其《相国完颜宣昭告至圣文》、《手植桧刻圣贤像记》、《奏疏》等文，可参阅。

■ 孔氏族谱 佚

（元）孔鼐续修。鼐字器之，学究琇子，孔子五十代孙，避兵居汴，官济、兖、单三州宣课提领。

是书见《阙里文献考·孔氏著述》。按：此亦为宗翰谱本系统。未见旧书目著录与传本。《文献考》书名作《孔子世家谱》，未确，兹改题今名。

■ 阙里世系 未见

（元）孔淑撰。淑字世仪，赠嘉议大夫、礼部尚书之文次子，孔子五十三代孙，华店户开户之祖，官秘书郎，终濮州朝城尹，赠中奉大夫，河南、江北等处行中书省参政。

是书，《山东通志》、《曲阜志》俱著录。孔尚任《孔子世家谱》："五十三代淑，字世仪，元南台宪司照磨，入觐，授将仕郎、国子助教，迁从仕郎、秘书省著作佐郎，著元志，升承事郎、秘书郎，终承务郎、濮州朝城尹，年六十四卒，累赠中奉大夫，河南、江北等处行中书省参政，尝修《族谱》。"按：其书未见，明版《孔氏族谱》载有"五十三代秘书朝城宰《阙里世系图题辞》"，当即此书之序文。文曰："黄帝之子玄嚣生蟜极，蟜极生帝喾，帝喾生契，舜命为司徒，封于商，赐姓子氏。契生昭明，昭明生相土，相土生昌若，昌若生曹圉(圉)，曹圉(圉)生冥子，冥子生子振，子振生子微，子微生报丁，报丁生报乙，报乙生报丙，报丙生主壬，主壬生主癸，主癸生天乙，是为成汤，汤而下十六世，至帝乙，周成王以帝乙长子微子启国于宋。启卒，立其弟微仲衍，微仲衍生宋公稽，宋公稽生丁公申，丁公申生潘公共及炀公熙，潘公共生弗父何，弗父何生宋父周，宋父周生世子胜，世子胜生正考父，正考父生孔父嘉，孔父，其字也。孔父嘉生木金父，木金父生祈父，或曰睪夷父，五世亲尽，别为公族。祈父因以王父字为孔氏，而生子防叔，避宋华督之难，奔鲁，为大夫，因家于鲁(愚按：杜预于'昭公七年：孟僖子病不能相礼'传注云：'孔子六代祖孔父嘉为宋督所杀，其子奔鲁。'则木金父已为鲁人。《史记》《家语》《杂记》云自孔防叔奔鲁。其差可知)。防叔生伯夏，伯夏生陬大夫叔梁纥，叔梁纥生二子，长曰孟皮，或曰伯皮，次则先圣也。伯皮有子名忠，一名弗仲蔑，在七十二子之列，无嗣。此鲁阙里孔氏，出于子姓者也。当时，列国如卫有孔达、陈有孔宁，郑(穆)公之子十三人，其一曰公子喜，字子孔，后为孔氏；其二曰公子志，字士子孔，亦为孔氏(见郑樵《通志略·氏族谱》)，是皆与鲁之孔氏氏同族异。散布四方，非有谱系之可考者，悉非先圣之后。盖自汉以来，唯我先圣世有袭封奉祀，历代相承，家谱最备。逮五季丧乱，宗支垂尽，亦惟天幸，四十三代袭封尚书讳仁玉，独免其祸，护守林庙，已下族属，皆其所出。宋建炎二年，金陷袭庆(政和八年，升兖州为袭庆府)，四十八代袭封讳端友，避兵南渡(见《宋中兴圣政》)，遂与阙里宗族分而为二。当圣朝混一之初，宋故五十三代袭封洙首膺召命，还谒林庙，与今袭封公治暨诸族会，百年之分，一旦复合，实吾族之盛事。淑尝欲取南北谱牒校同异，以为定本，久未之遂。近叨职著庭，而房从侄遂昌县尹楷适以赴调寓京师，因相与参订，合为一图，将锓木以传不朽，复序本末大概，以识其端。噫！阙里正传，皆于是乎。在我后之人，宁可不□□所自邪。大德四年岁次庚子四月望日五十□□□□□识。"又按：考宋元时期，孔氏族谱每称《阙里世系》或《阙里谱系》，以突出阙里正宗正传，杜伪防乱。此书乃孔淑续修《孔氏族谱》，名或仍旧。《曲阜志》《山东通志》昧于此，本书之外另著所谓《孔氏族谱》，殊为失考。《阙里文献考·孔氏著述》称孔宗翰作《孔子世家谱》，孔淑等相继续修，亦为不确。前已详辨，兹从略。

■ 阙里谱系四卷 未见

(元)孔思退撰。思退原名文升，字退之，一作文声，字山竹，平阳派建康路教授潼孙长子，孔子五十四代孙，官太平路教授，将仕郎，嘉兴路知事。泰定三年，以承事郎任建康上元县尹，赘居溧阳沈氏。

是书，明陈第《世善堂藏书目录》著录，注云："孔文升，孔子五十四世孙。"《续文献通考经籍考》此书不著卷数，《秘阁书目》、《菉竹堂书目》并不著作者名氏。倪灿、卢文弨《补元志》云："孔文升《阙里谱系》，文升家于溧阳。"按：其书未见传本，惟赵孟頫所撰《阙里谱系序》见于《松雪斋集》卷下，文云："鲁国孔君文升以书抵仆，示以《阙里谱系》，求仆为之序，且自叙其家曰：文升之十二世祖讳桧，唐同光间，避乱自阙里来居温州之平阳。桧生奕，奕生源，源生实，实生丽水县丞会，会生平，平生达，达生公志，公志生处州司户参军师古，师古生炳，炳生贵敬，贵敬生潼孙，是为文升皇考，始家于杭。宋德祐末，职教建康。当是时，大兵渡江，道梗不可南，因又家焉。至元廿八年，以官事赴大都，道卒临清。文升忍死扶枢，归葬建康。而诸孤，长者方十岁，小者未离乳抱，家贫累众，不能复归温州。既又娶于溧阳，携诸孤就外氏以居，遂为溧阳人矣。窃惧久而忘其所自来，故切切然以《谱系》为急。仆尝谓：人之得姓，始皆一也，至其末流余裔，往往不知其所从来者，历年之多，迁徙之不常，而文献之不足征也。今孔君自曲阜而温，自温而建康，自建康而溧阳，凡三徙矣。其视温之族，已若温之视曲阜矣。数世之后，愈远而愈疏。《谱系》之作，其可缓乎……孔君清修好学，故能继绍先志，缵述《家谱》，使后世子孙知本支之传，愈久而不忘。夫礼者，所以教民不忘其所由生也。君子谓孔君，于是乎知礼。谨按：自先圣至平阳府君，凡四十二世，至文升凡五十四世，继自今，子子孙孙，修先世之志，勤勤以《谱系》为事，虽百世可知也。历年虽多，迁徙虽不常，尚何久而忘之之惧乎？君字退之，今为浙西廉访掾云。"又《高淳县志·流寓》其弟文昱传云："元孔文昱，至圣五十四世孙……元大德间，允西台请，覃恩圣裔，辟为浙西廉访使，主采石书院，与兄同纂曲阜平阳江南宗谱。"因知文昱亦曾参与修谱。考文昱，谱名思昱，字晦之，号迁邵，少孤，从长兄居溧阳。附此不另著。又考文升尝跋元大德九年太平路学刻本《汉书》，其文于书之刊刻始末，甚具参考价值。

■ 孔氏世系（一名孔氏世家）一卷　未见

（元）孔克己撰。克己，临江派平仲三子倬礼之后，孔子五十五代孙。

是书，《元志》、《千顷堂书目》谱牒类皆著录，列孔文升《阙里谱系》前；《江西通志·艺文志》著录此书作《孔子世家》一卷，列为宋人。今考《揭文安公全集》，见有《孔氏谱序》，所序正为此书，略云："《孔氏世家》一卷，其派之在江西而显者，是为临江三孔。孔之子孙曰克己者，是为先圣五十五世孙，由江西不远千里拜曲阜陵庙，且因以考订其谱牒，而收其所未续者，俟斯得与观焉。于是，悚然敬，肃然惧，进而告之曰：凡天下之受姓命氏，未有非圣贤之后者也，凡有尊祖敬宗之心，未有不知重其谱牒者也……

夫谱其谱者,尊祖之器也;道其道者,尊祖之实也。敬之勉之,勿徒抱其虚器,而号于众曰:吾先圣之子孙也。吾惧其有议其后者矣。子其慎之。天历二年二月丁酉后学揭傒斯敬书。"因知本谱又名《孔氏世家》。

■ 孔氏族谱　未见

(元)孔泾续修。泾有《增修祖庭广记》,阙里文献类已著录。

是书见《阙里文献考·孔氏著述》。此亦宗翰谱续修系列之一。未见旧书目著录与传本。《文献考》原题《孔子世家谱》,未确,兹改题今名。

■ 阙里谱系一卷　未见

(元)孔涛撰。涛字世平,衢州派西安县教谕纯长子,孔子五十三代孙,泰定进士,历官承直郎、潮州路总管府知事。

是书,钱大昕《补元志》、《浙江通志》、《西安县志》等著录,《阙里文献考·孔氏著述》载之,称为《孔子世家谱》。按:此书原本未见。明版《孔氏族谱》载有孔涛旧序残文,云:"吾家有谱旧矣。自练塘洪□□□□□□□□[刑]部侍郎旧谱,以历代□□□□□□□□□书,先伯祖资政枢密□□□□□□□□[四]十七代之后绪成之,是□□□□□□□□□亡又复数世□□□□□□□□□□□□□圣元混一,车书会同,五十三代秘书朝[城][宰][淑]□[五][十]四代崇安宰楷既订定宗支图本,分藏于家。□□□仲子太常院判思逮,皇庆间亦尝进彻□□□□一览,藏之秘府,独谱系未有全书为可憾。涛暇日不揆,祖练塘、退学所谱,摅以旧本《祖庭广记》,及朝城、崇安二宰所订图本,各随世次增入,钦录国朝褒崇之典,续于前纪,手写成帙,锓梓以传永□。呜呼!《广记》虽存,改刻多谬,《阙里通载》独□□□□赖氏外纪所载,略而不备,中亦不免有差互□□,所赖者,朝城、崇安所定《宗图》尔。若其他近日刊行诸书,各以私意而成者,俱无取焉。涛学浅分卑,僭越罪大,然继述之责有不容缓者,知我罪我,惟祖圣之灵在天,惟公论在万世。天历二年岁次己巳五月□日[五]十三代孙承事郎江路吴江州判官涛拜手谨书。"又孔思模序云:"至元间,五十三代袭封祭酒洙公,天历初,潮州知事涛公,皆由衢往谒祖庭,遂与袭封治及五十四代明道公考订宗枝,向之间隔者,依次类入,并录当时典章以还。涛公乃祖述练塘旧谱,手编成书,缦(锓)梓以传,仍题曰《阙里谱系》。"又元黄潜《黄文献公集·承直郎潮州路总管府知事孔君墓志铭》略谓:"君讳涛,字世平,姓孔氏……初,太尉世父既袭文宣之封,五世至端友,与中奉公同南旋,由端友至洙,袭衍圣之封者又五世。至元十九年秋

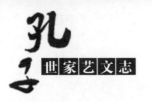

七月,有诏令洙赴阙,架阁公以族长被命与俱,中道而返,洙独入对。廷议俾仍嗣袭,洙力辞,乃以为国子祭酒,提举浙东学校。洙所居室,扁曰'存斋'。君惜其以存自号,而不能钦承德意,存其封爵,因自称'存存斋'云。君所为诗尚俊迈,文浑厚不事纤巧,有《存存斋稿》,未及诠次。惟《阙里谱系》一卷为成书。"又明版《孔氏族谱》载元至正十六年兵部尚书周伯琦序云:"右《阙里世谱》一帙,宣圣五十三代孙涛参考先生世□□所编者也。"据此,是书似又名《阙里世谱》。

■ 文宣王世系图 存

(元)孔思晦撰。思晦字明道,孔子五十四代孙,赠嘉议大夫、礼部尚书浣子,延祐三年袭封衍圣公,历任范阳、宁阳县教谕,谥"文肃",赠通奉大夫,河南、江北等处行中书省参知政事护军,追封鲁郡公。

是图,国家图书馆馆藏目录著有拓本一张,出版项云:元天历二年八月。按:此碑现存曲阜孔庙,碑高3.6米,宽1.44米,载孔子至四十二代孔氏大宗世系、名、字、官职或封赠。"四十二代"为孔光嗣。《曲阜志》称其"以斋郎授泗水主簿,遭唐末世乱,失爵,为洒扫户孔末所弑。孔末者,宋元嘉时蠲复鲁郡民供洒扫役孔景之后也。末见孔子后单衰多他徙,乘时不纲,谋冒圣裔,窃世爵,兼县令,遂计害光嗣。"《阙里文献考》孔思晦条:"旧初孔末之作祸也,我先世仅有存者。至是,其裔复冒称先圣后人,欲以乱我宗谱。公曰:是贼与吾宗为世仇,不辨,将益肆。于是,大会族人斥之,复刻宗谱于石,以垂永久焉。"考孔末剪灭圣裔、冒宗窃爵,乃孔氏家族史上之严重事件,孔氏谱牒皆详记其事,并撰有《嫡裔考》、《伪孔辨》、《内院真孔图》、《外院伪孔图》严加区别。然孔末子孙并不罢休,屡萌旧恶,如金有孔之仙其人,欲冒圣裔,四十九代族长孔玭因不从所请,遂一家十一人被害。元延祐四年,又有孔礼者,欲入庙拜祭,乱其宗谱,被孔思晦及族人"斥之",并立此碑石,刻宗谱于上,以绝其觊觎之念。此乃继绍圣四年肇建孔氏宗枝碑铭后又一次刻谱于石。又,《阙里文献考》云:"《孔子系叶传》始于唐黄恭之,然止叙承袭一人,殊多疏略。宋元丰中,四十六代孙刑部侍郎宗翰病之,上自孔子,下止四十九代,作《孔子世家谱》,卷佚……五十四代衍圣公及处士思敬……皆相继续修(卷并佚)。"按:孔思模序孔涛《阙里谱系》尝云:"至元间,五十三代袭封祭酒洙公,天历初,潮州知事涛公,皆由衢往谒祖庭,遂与袭封治及五十四代明道公考订宗枝,向之间隔者,以次类入……"明道公即思晦也。其所言修谱事,盖即指此,因涛谱前已著录,辨此不另著。

是图今有国家图书馆藏旧拓本,2001年齐鲁书社《石头上的儒家文献》(《曲阜碑文录》)附录本。

■ 孔子世家谱六册　未见

（元）缺名撰。

是书据明叶盛《菉竹堂书目》著录。按：《谱》以"孔子世家"名始于此书，惜其不著名氏，疑为元末明初孔氏后裔所纂，录此俟考。

■ 孔氏家谱一本　未见

（元）缺名撰。

是书，赵用贤《赵定宇书目》、赵琦美《脉望馆书目》、佚名《近古堂书目》等皆著录，《国史经籍志》著有《孔子家谱》一卷，不著作者姓氏，或即此书。按：《曲阜志》、《阙里文献考》不载其书，不详为何人所撰？考孔氏《家谱》，自宋以来皆由孔氏子孙递相纂续，故录此以俟后考。

■ 孔氏族谱　未见

（明）孔思敬续修。思敬（思模）有《东家举要》，本部阙里文献类已著录。

《阙里文献考》："《孔子系叶传》始于唐黄恭之，然止叙承袭一人，殊多疏略。宋元丰中，四十六代孙刑部侍郎宗翰病之，上自孔子，下止四十九代，作《孔子世家谱》，卷佚……五十四代衍圣公及处士思敬……皆相继续修（卷并佚）。"兹据著录。按：思敬为南宗，故北《谱》不得其详。民国大《谱》思敬传但称"元末与弟以义兵保障乡里"。其实，据《南宗考略》，思敬为官有政声，任西安教谕时，尝至阙里拜谒陵庙，会叙宗族。南还之日，衍圣公孔希学、曲阜令孔克伸、兖州知府卢熊，各以诗赠行。阙里宗人、松江府学教授孔思言无子，思敬以少子克信嗣之。又《文献考》称其人为"处士"，称其书为《孔子世家谱》，亦皆欠确，兹改题今名。另考《文渊阁书目》著有《孔氏族谱》一部一册阙，不知何人所修？兹一并附记于此。

■ 孔氏谱系　未见

（明）孔克仁纂修。克仁，句容支，孔子五十五代孙，由行省都事进郎中，终参议。

明天顺五年刻《宋学士先生文集辑补·孔氏谱系后题》云："神明之胄，莫盛于阙里孔氏，宜其文献有足征者……孔氏五十五代孙克仁，以谱图未备，有志于纂修之事，间请濂撰序，以冠篇端。濂恨读书不博，兼之老嬾多病，旧学废忘，无以究知其详，因略疏所闻，缀之卷末。孔氏孙子以学行知名者，代有其人，而克仁亦以文章家自显，幸为

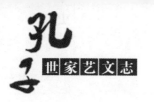

起其疵繆焉。濂既为孔君题《阙里谱系》一书，复谓之曰：'孔氏传至四十二代光嗣，遭孔末之难。末乃洒扫户孔景之后，欲冒袭封，于是，尽杀诸孔氏。时光嗣为泗水令，其妻张夫人生仁玉始九月，夫人遂秘养之，及长，再袭封，卒赠兵部尚书。兵部生四子，曰宜、曰宪、曰冕、曰勖。今之南北裔如曲阜之崇圣、苗孔二村所居，及若古一名传、端友、端朝之迁衢，端植之迁鄂，琯之迁抚，瓒之迁吴兴，皆其子孙，固不可以不谨其传，而于正外二支，尤所当明辨之也。颇闻前辈言，元贞二年二月，官中所定户版，阙里正支为户凡一十有二，分为五位。所谓五位者，则太子中舍、国子博士、中散大夫、侍郎、袭封也。若外院孔氏，乃阙里子孙洒扫户、每岁输入祭祀钱者，其为户凡三十有一，分为五院。所谓五院者，则宅上洙泗三传，文登、宁陵也。子宜述其事，庶几他日有所于考，而无泾渭混淆之患。'孔君曰：'此克仁之志，愿为我续书之。'辞不获命，复为附丽题识之左，以为后来纂修者之一助云。"兹据著录。按：克仁，《明史》本传称其句容人，谓由行省都事进郎中。尝偕宋濂侍太祖，太祖数与论天下形势及前代兴亡事。乾隆《句容县志》卷九人物志载其事。又宋濂《潜溪后集》卷十《故检校孔君权厝志》云："故奉议大夫、湖广等处行中书省检校官孔公讳瀛，字世表，宣圣五十三世孙。初家曲阜，四十七世曰传始迁衢。故事，孔子之后得补文学掾，公年二十，有司以名上。署昌国州学正，教授岳州，湖北廉访使者辟为书吏，除江浙等处儒学副提举，阶将仕郎。间乘马出，道逢宣政使，驺从甚都，公直前不避。使使人让之，公曰：'我真圣人之裔，官乃伪浮屠，岂应相避耶？'……湖南乱，公供亿军中，朝廷录其劳，授以今官。寻以使事入蜀，议连兵殄寇。至蜀，蜀乱……回鄂，鄂又乱……趋豫章，寻自豫章下九江，九江又乱，百具咸没，公被垢衣张长走，持孔氏南北《谱》惟恐失之。见者或曰：'迂人哉！'或曰：'此知本者也。'公一弗顾，转徙来金陵，依富川族孙克仁居……卒，时壬寅五月二十有一日，寿六十三……未卒十五日，与会稽梁君元亨，会饮克仁家。"

■ 孔氏世系 存

（明）孔彦缙立石。彦缙字朝绅，袭封衍圣公公鉴子，孔子五十九代孙，永乐八年袭封衍圣公，通篆书。仁宗时，赐正一品官服。

是谱，骆承烈《石头上的儒家文献》著有曲阜孔庙现存碑石，题"永乐七年孔氏族谱图示碑"。碑高3.8米，宽1.24米，明永乐七年建立。所载为四十三代至五十四代世系。碑前有一序，知明洪武年间又有孔末后人企图以伪乱真，故彦缙刻石予以辨明。考四十三代为孔仁玉。仁玉，孔末之乱，藐焉仅存，后世子孙皆其所出，被孔氏奉为"中兴祖"。又颜崇榘《种李园诗话》云："衍圣公孔彦缙，工篆书，顾谨中赠句云：'鲁

国名公篆法奇,悬针倒薤总相宜。'见朱谋垔《书史会要续》。"此外,彦缙又撰有《忠直
许君墓表》,收入《宁阳县志》艺文,可参阅。

是谱今有旧拓本,2001年4月齐鲁书社《石头上的儒家文献》(《曲阜碑文录》)附
录本。

■ 续修孔氏宗谱 未见

(明)孔克庸纂。克庸又名炯,字中夫,郏县派温岭支思仲次子,孔子五十五代孙,
洪武间官大名府知府。

是书未见书目著录,《孔子世家谱》克庸传亦不见载。吴小谦《温岭市江绾孔子后
裔考》,录有明正德《谱》克庸宣德二年二月序,曰:谨按:旧谱所载,上自黄帝,传至微
子启,封于宋。启卒,立其弟微仲,生宋公稽,历十四世。睾夷父始以王父字为氏,曰孔
氏。又三世,至叔梁纥,而生圣人。故序族以圣人为始祖。至三十八世讳惟,时为沧州
录事参军,宦游之闽。四十一世讳仲良,为莆田令。四十五世讳延集,以后晋天福五年
避兵于温州乐清之江绾里。建立圣庙奉祀,迄今五十八世矣。止共画为图,盖自四十
七世泗云公以前,一世止书一人,略记讳字、官爵、封谥,共为一图。以后,昆弟子孙,则
详书之。逮其子孙渐众,图画渐密,共为一图谱画。永乐二十二年甲辰,予自太学循例
归省,观谱图所载,有详此而略彼、录彼以遗此者,不可枚举,何也?由其族属既蕃,贫
富不均,婚娶有早暮,生子有迟速,故获录者悉载之,弗获者全遗之。其中,或赘继析
居,支分派别,日远日疏,生子则不能录其名,宗党岁时不能以期叙拜,讲论少长,遂至
不相识知,则失次弗问者,有相冒而弗避者焉。一旦适然相遇,几何相视,而不异于途
人也耶。若然,而欲睦宗族,敦孝悌,岂不难苟哉!欲以贵凌贱,以富挤贫,疑忌日生,
荆棘日长,则族谊寝薄,其弊有不可胜言者矣。今仍旧图,重辑成编,止以五世为一叶,
谓如甲为首,至戊为五世,成一叶。其次,以戊为首,至壬为五世,成一叶也。其后世,
又如甲一,甲二,甲则先从甲一,画至五世;次画甲二,如之其次,乙次、丙次;丁一,如甲
之图,画各五世而止。自兹已往,虽千百世,依法画图,边留其空隙,候其书填如此,则
子孙脉络分明,少长毕具,昭穆不紊,亲疏有序,按图观,皆了然在目。其果同宗者,虽
派剖星居,在所当亲;其偶同姓者,虽同乡共井,亦所当疏矣。岂有失次而弗问、相冒而
弗避者哉!其立法,每位下书字,其行第几,某人第几子,娶某氏,生子几人,女某适某
人,卒葬某地。死远方无归者,不书其事迹,官职亦书之。其有行实、墓志、碑碣、文传,
别录以附于后。其书法一依墓志,仿诸史氏直书,其若恐后子孙不察,惟知避讳为尊
敬,或止书俗称,而不得其真;或缺书默画,而不成文理,殊不知死者生无爵,死无谥,虽

子孙亦得而名之，况图讳欲着其实，而不可讳乎！尝观司马迁自叙谓"昌生毋怿，毋怿生喜，喜生谈。"班固自叙传谓"回生况，况生稚，稚生彪。"亦未见其有所讳也。后嗣子孙，有继书其谱，当以为法，勿致疑焉。

■ 昆阳孔氏世谱无卷数 未见

（明）孔铎撰。铎字公循，平阳派，孔子五十八代孙，永乐二十一年举人，历官国子助教，翰林院检讨。

民国《平阳府志·经籍》："《昆阳孔氏世谱》，明孔铎著"。兹据著录。按：根据孔氏派辈，其"孔铎"谱名应为孔公循，而非字公循。录此俟考。

■ 孔氏宗谱 存

（明）缺名纂。

《谱牒学研究》第 1 辑《孔姓宗谱和孔氏家族组织》介绍曲阜孔府所藏家谱资料云："成化年间刊修的《孔氏宗谱》中，详细地叙述了从鲁哀公十六年孔子病逝起，直到明成化十二年（1476 年），各朝帝王对孔氏及其子孙的封赏。乾隆时续修《孔氏家谱》，又补充了清朝皇帝对他们的恩典。孔氏宗谱中的此类长文表叙，今天看来，当然显得庸俗烦琐，但从保存资料的角度入眼，亦非完全无益。成化《孔氏宗谱》记录了洪武元年（1368 年）、六年（1373 年），太祖朱元璋在南京分别接见五十五代孙祭酒孔克坚、五十六代孙衍圣公孔希学的几次谈话，就很有意思……"兹据著录。按：文章未注此《谱》卷数及何人纂修，然就其叙述情况看，似与孔继汾所著各谱不是一个体系。此《谱》予未寓目，但见过另一抄本残卷，书前载有元至正十六年兵部尚书周伯琦序，洪武戊辰孔思模序，宋元丰八年孔宗翰序、绍兴二年孔端朝序（文末有孔涛按语）、绍兴五年洪兴祖序、景定三年孔应得序，元大德四年孔淑序（阙里世系图题辞）、天历二年孔涛序等，及洪兴祖《先圣年谱》，历代封赠优渥，《大元中书平章知院中丞祀宣圣庙记》，《朱元璋与孔克坚、孔希学父子对话碑》，明洪武元年、二年刽子（关于孔氏免去差役、林庙洒扫户等），王鸿绪奏为邪教诬罔至尊、侮嫚先圣事等。似据此书抄补而成。

是书今有曲阜文管局档案馆藏明成化刻本。

■ 阙里孔氏宗谱不分卷 存

（明）缺名纂。

是书，《上海图书馆馆藏家谱提要》著录抄本，二册，不题撰者名氏。云：书名据题跋题。记事至明弘治间。谱载图像、世系、敕命、诗文等。

是书今有上海图书馆藏抄本。

■ 孔氏族谱一册 未见

纂修人不详。

是书，《明书经籍志》姓氏类著录。按：此《谱》不题撰人姓氏，证诸以往，应系孔氏所自为。录此俟考。

■ 孔氏小宗谱无卷数 佚

（明）孔镛修。镛一作公镛，字韶文，号节菴，江苏吴县支永乐十六年进士、刑科给事中友谅长子，孔子五十八代孙，景泰五年甲戌科进士，历官广东高州知府，广东按察司副使，右副都御史，巡抚贵州，寻升工部右侍郎，谥"文忠"。

是书，《千顷堂书目》、《浙江通志》、《台州府志》、《温州经籍志》、《太平县志》等皆著录。《明志》及补附编不载其书，明焦竑《献征录·工部侍郎孔镛传》也不云有此书，略谓："公讳镛，字韶文，姓孔氏，宣圣五十八代孙也。元季，高祖克信，始自曲阜游学江南，阻兵不归，而居苏州。父友谅，举进士，知蜀之双流县。公幼孤好学……登甲戌进士第，初知都昌，分民户为九等，以均赋役，设仓于水次，以便收敛。"因治理有方，政绩突出，"特升广东按察司副使，赐玺书褒奖，俾仍守其地。"后又因平苗有功，"进阶食二品禄，赐文绮宝锒，寻升左布政使，莅事甫半月，升右副都御史，巡抚贵州，赐敕许便宜行事。公益殚心力清平……公清心介行，所至人望而爱之，咸知其为厚德君子也。故言出而人信之，事行而人无异议。今上初即位，公上章言。历任三十余年，无一任不在边方，冒触瘴毒，积湿成疾，乞致仕，上不允。既而，念公久劳于外，升工部右侍郎，召还，道浙河而卒于富阳舟中，弘治己酉九月三日也。享年六十有三。讣闻，遣官谕祭，命有司营葬事。"又曲阜孔府档案《吴县孔氏北宗分支谱》载翰林院侍读学士谢迁撰《工部右侍郎节庵孔公事实》于镛之功德记之甚悉，且与《献征录》互有异同。略云：镛少孤贫，励志笃学，年二十七登景泰甲戌进士第。□□立，敕所司选俊懿修《一统志》，公在选中。成化四年，升广东按察副使。后以母忧免，服阕，调广西按察副使，寻升按察使。以讨贼有功，朝廷论功行赏，赐公钞八百贯，段八匹，进食二品禄。莅使三年，升左布政使，转升都察院右副都御史，奉敕巡抚贵州。苗人詟服，疆圉以宁，军民感德，图象刻石于东庵，又作歌颂德，邻邦士大夫亦作诗叹美，贵州宣慰使宋然录而刊之，帙曰《贵阳颂》。今上即位，召公为工部右侍郎，道经浙江富阳而薨，是岁弘治己酉桂

秋八月一日寅时也。享年六十有三。讣闻,上遣官谕祭,敕命有司为营葬事。于苏州府吴县五都四图荐福九龙山坞麒麟穴,建立专祠,春秋二祭。按:公镛,本书之外未见有集。予泛滥群书,见乾隆《全州志》艺文上有其《湘山寺》一诗,云:"遥望湘山寺,林深草木稠。光明无量墙,壮观佛书楼。禅室笼香雾,湘江梦白鸥。流泉分太液,飞石出罗浮。庵晦日初敛,风清雨乍收。高松巢病鹤,疏竹唤痴鸠。碑古青苔蚀,芸香老麝游。甲亭舒远目,佳句继前修。忠耿思唐介,循良仰柳侯。我从天上去,吊古一迟留。"又考《孔子世家谱》江苏吴县支,镛作公镛,曾祖克信,字达夫,尼山书院山长;祖希安,字士宁,元至正间进士,官至陕西道监察御史,赠嘉议大夫,都察院右副都御史;父友谅一作谅,字信伯,永乐戊戌科进士,乡、会两魁,任翰林院,历刑科给事中,诰赠嘉议大夫,子二:公镛、公铎。其公镛传,事迹略同《明史》本传、《献征录》所载,亦不云有此书。惟称其"历升广西左布政使",或本之《明史》本传。然较之《献征录》、《吴县支谱》所载,则又觉不合。尝考《明进士题名碑录》、《献征录》、《孔公事实》、《明史》本传等载其父子,皆作"友谅"与"镛"。改"友谅"为"谅","镛"为"公镛",乃阙里大《谱》纂修时据辈而改,早期文献,无此称也。

■ 孔氏新谱 　未见

(明)孔承懿撰。承懿字永淑,号南坡,文献户成化戊子举人、知裕州事彦禄长子,孔子六十代孙,补诸生,以孝闻。

是书,《山东通志》、《曲阜志》皆著录。《阙里文献考·孔氏著述》:"《孔子系叶传》始于唐黄恭之,然止叙承袭一人,殊多疏略。宋元丰中,四十六代孙刑部侍郎宗翰病之,上自孔子,下止四十九代,作《孔子世家谱》,卷佚……五十四代衍圣公及处士思敬、六十代孙明处士承懿皆相继续修(卷并佚)。厥后时有增辑,然书只抄录,未有刻本。"按:此书未见传本,孔尚任《孔子世家谱》承懿传称其"核博群书,文名为时贤所推。留意宗门,尝叙族谱。年七十五卒。著有《南坡集》十卷。"民国大《谱》亦云其"尝叙族谱"。并其子宏干传,称干亦"尝续宗谱",所指当即本谱。附此不另著。

■ 梧塍孔氏世系总图 　未见

(明)孔贞成撰。贞成字茂卿,号竹泉,平阳派闻初次子,孔子六十三代孙。

《孔子世家谱》三集平阳派:"六十三代贞成,字茂卿,号竹泉,读《诗》、《书》,后为椽史,醇谨谐练,邑侯重之。忽有退休之志,遂终老邱园,曾绘《梧塍孔氏世系总图》,子孙世宝之。"兹据著录,未见传本。

■孔氏族谱 残

(明)孔胤植、孔弘颢等纂。胤植有《道统图》注,本部传记类已著录。弘颢字以修,号念初,官庄户荆藩长史承倜次子,孔子六十一代孙,岁贡生。

是书,曲阜师范大学黄立振先生藏有明天启二年残刻本,存卷一至三,内容自一代孔子至十二户六十二代孔闻泉。书凡半叶九行、行二十字,小字双行,白口,四周单边,单鱼尾。版心分别镌有书名、卷数、页码。此《谱》共分五十七户,凡五百零五叶,约十七万余字。其中,"一代"为孔子年谱。卷端题:"六十一代孙洙泗书院学录弘颙督刻;六十一代孙四氏家庠廪生弘颢校阅",并钤有袭封衍圣公印及曲阜县印。书前有六十五代孙袭封衍圣公孔胤植天启二年仲秋序(有印三,首为钦赐"谨礼崇德");六十二代孙曲阜县世职知县孔闻简天启二年四月《孔氏族谱叙》(有印二);六十一代孙孔弘颢天启二年仲春《孔氏宗传总论》;六十一代孙洙泗书院世职学录、管理林庙举事孔弘颙天启二年孟春序(首录宋孔宗翰《阙里孔氏谱系引》),及孔弘颢所撰《伪孔考》与《凡例》等,以上共十九叶。弘颙《谱系引》云:"载稽谱牒之设,盖以表氏族,而纪世系,垂诸永久,有如不免散失,则将焉用谱牒为?此我祖族谱之刊,所以有功宗门也。自时厥后,绍述纂修,虽不乏人,而刊布之事,寥寥无闻,宁非缺典乎?倾岁以来,宗盟废坠,射利之夫,往往私录《族谱》,转售异姓,冒认圣裔,紊淆宗系,其害殆有甚于兵燹焉者!颙无似,叨奉洙泗,滥摄家庭,目击其弊,有慨于中久矣。不揣庸陋,辄取而增修之,刊印成帙,散布诸宗,敢云媲美前人。惟是子姓世系,自兹以往,庶几不至散失云尔!复恐存其梓木,便于复印,未能尽杜转售之弊,乃通计合用,共若干帙,印造既完,即毁厥木,以示不可复得,其为虑诚深远矣。"又闻简《叙》曰:"孔氏之谱,乃世世作述承继之谱,又岂可与百家姓同类并目也哉!是谱创修于宋宗翰祖,残缺已久,余慨其亥豕,建议修葺,开局捐俸,实总其政;督工庀材,劝课惟勤,则学录摄举事泗洲公也。"又胤植序云:"谱昉于宗翰祖,悉出笔抄,因起不肖者之滋乱,今付之剞劂,无虑矣。其捐俸率成,实令尹临寰公讳闻简;督刻鸠工,则学录摄举事泗洲公讳宏颙,而篝灯纂叙,出诸生讳宏颢;手检阅者讳闻弦、闻谟、贞祚也。"又《凡例》云:"一、族谱之刻所以纪世系,防兵变也。若不严查真伪,其害有甚于兵火者。向蒙本县出示数条,极为详明,即有户头闻教等户报出孔弘秋义子孔闻送等数家,俱已裁革,犹恐不尽,此《谱》一出,倘有仍前弊端,许本户族人讦告到县,以凭重究,另行除名。若论兵变,尤为可惧,如六月十三日,妖贼寇城,几陷东门,人人期死,家家思逃,死者不可复生,逃者岂能复还。中兴祖之故事,弗难睹矣。此《谱》之所以不容于不急修者也。二、凡捐资数目并印谱数目,细细详开于后,散谱之数除公府、本县、转运各谱贰部外,不问捐资多寡,自壹两以上者,俱各散谱一部。谨将捐资并受谱之数开后:宗主对翁捐资伍拾两谱二部;县主临翁捐资拾两谱二部;旧县主敬翁捐资一两一部;司主茂翁捐资二两谱二部;四氏学养翁捐资一两谱一部;盐课司提举养静捐资一两谱一部;进士四可捐资一两谱一部;进士观我捐资一两谱一部;举人载寰捐资一两谱一部;圣泽书院奉祀生员太宇捐资三两谱一部;尼山书院学录赞寰捐资三两谱一部;洙泗书院学录泗洲捐资一两谱一部;四氏学廪生廷献捐资一两谱一部;四氏学庠生我虚捐资一两谱一部;四氏学庠生蕴华捐资一两谱一部;四氏学廪生征垣捐资一两谱一部。以上捐资七十九两。族长纯轩无捐资谱一部。有功于谱者十人,每人各谱一部:念初、凌华、后溪、士岩、几可、康寰、景防、沧田、位仪、怀珍。各户捐资二两者,户长、户举各一部;一两者,户长、户举共一部。一户闻兰、闻勇、贞利银二两,二户贞镇、贞一银二两(以下略)。以上四十二户共捐银伍拾叁两,内欠银拾壹两玖钱。此时,谱牒修完银无用处,领谱之日,将原欠银数交纳,公府以便发谱。外有十五户全无助资,亦备谱十五部,愿领谱者亦赴公府交银。卑庭发谱,银不敢妄收一分,谱不敢妄发一部。以上通共收银一百二十两零一钱,印谱九十八部。三、支销帐目,种种有据,岂敢妄废,谨将用数开后,共谱五百零五叶,刻正字十五万有奇,连重刻字共十七万有奇。写字工食,每字一百,银八厘;刻字工食,每字一百,银四分,共计银八十一两六钱。写刻人共十一名,自去年九月二十五日起至本年五月二十七日止,八个月,计工二千六百四十个,若照木匠包工,每日四分,亦该工价银一百五两有零,今止给银八十一两六钱,不为不省矣。火工一名,每月包工,银四钱五分,八个月,该银三两六钱;香油心红纸张、器皿等项共杂用银四两六钱;木匠包工一百五十个,年前九十工,每工四分,年后六十工,每工四分五厘,共银六两三钱;各工匠陆续犒劳,银四两八钱;买木银四两五钱;买太史连纸并篓纸共银九两;刷书人工食三两九钱二分;壳面连套共用银三两五钱。以上共用银一百二十一两八钱二分。四、用印信以杜诈伪,谱牒修完,捧至诗礼堂,每部各用公府、本县印信,家庭、林庙、关防印完,给散各户,每四仲大丁先一日,户头、户举各赍谱牒至庙,以备查验,如无印信,或印文不对,即系私谱,究治如律,如有不到者,即行革去,另选贤能管理户事,其谱即与新户首收掌。五、谱板印过即刮去字文,遂将此板交纳本县库内,以备公用,卑庭不敢私留一木。六、刷印谱牒于本年九月二十五日,候宗主、县主同至卑庭面看,刷印卷首一十四叶,每叶印完九十八张,其板即时刮毁,并无私弊,此白。"兹据著录。按:《阙里文献考》谓:"《孔子系叶传》始于唐黄恭之,然止叙承袭一人,殊多疏略。宋元丰中,四十六代孙刑部侍郎宗翰病之,上自孔子,下止四十九代,作《孔子世家谱》,卷佚。四十八代孙宋国子博士端朝……皆相继续修。厥后,时有增辑,然书只抄录,未有刻本。明天启间,六十五代衍圣公始重修锓板(是书卷佚)。此后,小修则书之,大修则刊之,皆以三十年为限。"又考序作者孔闻简,字知敬,号临寰,官曲阜县世职知县,天启二年,以功加东昌府通判。督刻人孔弘颙,字以昂,号泗洲,承偶长子,洙泗书院学录,兼家庭族举,提领林庙事。

是书今有曲阜师范大学黄立振藏明天启二年曲阜衍圣公府刻本(存二册)。

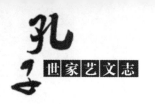

家谱类

清至民国宗谱户谱

■ 孔子世家宗谱二十三卷 未见

（清）孔兴燮纂。兴燮字起吕，号辅垣，袭封衍圣公胤植子，孔子六十六代孙，顺治五年袭封衍圣公，官太子少保，兼太子太保。

《著述记》："孔兴燮，字起吕，至圣六十六代孙，顺治五年袭封衍圣公，早孤，生母陶氏教育之，后又抚其子毓埏，圣祖幸鲁，闻其贤，御书'节并松筠'四字赐之。兴燮事母笃孝，十三岁袭爵，已凝重能自立，临事刚果有器识，尤日夜以继先人志为念，饬庙庭，修礼乐，俾复旧制，累晋太子太保。孔氏宗谱，明以前多散佚，孔氏子命名，旧有一定辈次，以序宗派、辨昭穆。明天启间，前衍圣公衍植增定十字，曰：兴、毓、传、继、广、昭、宪、庆、繁、祥，并重修家谱，后亦佚。至兴燮始纂定《世家宗谱》二十三卷。"兹据著录。按《续修县志·补遗》记载同《著述记》。孔继汾《阙里文献考》著录《孔子世家谱》，谓"国朝顺治甲午六十六代衍圣公、康熙甲子六十七代衍圣公皆举其事。顺治甲午重修《谱》二十三卷。"其《谱》未见传本，民国《孔子世家谱》卷首分别收有孔兴燮、孔衍淳顺治十年冬旧序。衍淳序曰："圣祖传其道于天下万世，盖亦传身于本支百世。传道者谱道，虽大小显微之道，皆其道；传身者谱身，虽玄闻云仍之身，皆其身，各有其本末源流焉。故谱道者上溯祖述，下明授受，历历不爽，凡百家之杂说，二氏之异端，举莫敢参，严之也。谱身者上溯宗祧，下明世系，历历不爽，凡他姓之影似，非种之嫌疑，举莫敢附，亦严之也。彼道谱人任之矣，身谱非后贤子孙责乎……按《谱》之修，创自周翰祖，至先宗主乃重修之，我宗主则继修之，其皆有忧患之心乎！谓夫支繁派异，亟考厘之；伪氏乱真，亟拣斥之；市利贩售，亟杜之；鲁鱼亥豕，亟核之。不宁唯是，著崇重之由，而详列其异数，则君恩可彰也；求家世之长，以衍无疆之历，则祖德可昭也；大宗领小宗，较然罔紊，则体统可肃也；至行芳躅，目击道存，则教化可兴也；天常人纪，是则是效，则风俗可厚也。内裨于家庭，外式于乡党，博达于政治，斯谱所关，岂细故欤？昔史迁作《世家》,后知圣人之位尊;韩子作《原道》,后知圣人之统正。谱系家乘,垂裕所在,又乌可以无作乎!是役也,聚族于谋,鸠工庀材,宗主总其成,余捐俸稍佐其事,既竣,漫识简端,而为之叙。"

■ 孔子世家谱二十四卷首一卷 存

(清)孔毓圻鉴定,孔尚任编次。毓圻字钟在,号兰堂,袭封衍圣公兴燮长子,孔子六十七代孙,康熙六年袭封衍圣公,官太子少师,谥"恭悫"。尚任有《易经系辞讲义》,经部易类已著录。

是书,首都图书馆馆藏目录著有孔府旧藏清康熙二十三年刻朱印本,二十册,四函。半叶九行,行二十或二十一字,注文小字双行,行字同,单黑鱼尾。钤有衍圣公"孔毓圻印"朱文印、"鲁国邹氏"白文印、"素王六十九代孙"朱文印、"阙里世家"白文印、"尼山后裔"朱文印,及"北平孔德学校之章"朱文印。卷首署:"太子少师六十七代袭封衍圣公孔毓圻鉴定;敕封儒林郎江南道监察御史六十五代孔衍靖、敕封文林郎原任武进县知县六十五代孔衍洪监修;钦设家庭族长六十一代孔弘依、钦设林庙举事六十三代孔贞枚督刊;太学生六十四代孔尚任编次;四氏学生六十六代孔兴钊校阅"。《谱》前有孔毓圻、孔兴认序及旧序若干与孔尚任题识,另有《修谱榜示》、《修谱条规》、《纂谱日号》、《刊谱字数》、《各户捐输》、《各项支销》等项,后有孔尚任跋。毓圻曰:"吾孔氏《家谱》,例六十年一修,而犹虑其远也,于前三十年,先为之正名定分,凡三十年中,百官族姓、仲叔季弟、幼子童孙,无不条分枝附,书之于册;再三十年,乃通前后之所纪,而核实以为《谱》。是必昭穆以辨之,世次以系之,文物以秩之,声明以发之,集成刻之于简,而外此者,不得与于祭,故修《谱》之始甲子,亦本之《春秋》春王正月之义云尔。吾先少保公所刻《谱》,则非甲子也,未及六十年也。是可无刻而竟刻焉者,仰见吾先少保恤乎悠乎,思深而远谋,以子姓日繁,涖更鼎革,恐有散佚播迁,而缪种之附会窥伺蔓难图也。不亟为厘正流传,将前三十年之人之事,无以信于后三十年之人之心,而适当甲午小修之期,遂镂版以藏庙庭,如九鼎既成,不若自避;六书既正,群鬼夜号。自《孔子世家》以后,四十六世祖创造刻谱以来,皆此物此志也。余小子今日得以因仍旧闻,发凡起例,原原本本,用溃于成,非先少保有以开之于先乎!昔马迁《史记·自序》,务推本其先人,史法也,亦家学也。是役也,余既敦请宗族巨人长德任纂局监修之事,其间裒辑考核,州次部居,则明经东塘名尚任实职其劳,而余(毓圻)则镜其成。既撤局,为一言以告宗人曰:吾圣祖生于周灵王二十一年庚戌,凡传二千三百六十余年,于今之岁,四十有甲子矣。唐末变乱,奸人篡宗,正裔殆尽,吾中兴祖貌焉仅存，不绝如线，卒以正位复爵，考其时，则后周祖幸阙里之岁也。中兴祖实生四子，仅二子获传，更十有三甲子兹，现在生齿得一万一千余人，使当中叶不罹变故，绵延至今，何可亿计？其纪于今者，三之一也。抑吾孔氏之有《谱》，正统系，杜奸冒，敦亲亲，长善善，孔氏之《春秋》也。推而大之，则天地之渊府、运数之勾股、治乱之疆索、道理之窟宅、人材之伏见、文明之隆替，胥于是乎在。孔子之道一日不息，则孔子之后一日不绝，仅存一人不为少，合生万人不为多，家乘也，实道统也。此余小子所以夙夜祗承缵述先少保之遗编，进族人于庭而告以《家谱》之义如此。若夫褒讥之微文，名义之大闲，文学政事之摭拾，孝子悌弟、义夫节妇、幽潜隐德之表彰，于《谱》第著其端，其详在《阙里志》中。康熙二十三年岁在甲子孟春之吉六十七代孙太子少师袭封衍圣公孔毓圻薰沐谨撰。"又兴认谓："宗法久泯于天下，而梗概犹存于吾族，大圣之泽，固将百世不迁者乎？程子曰：'欲收宗族，须明谱系'；黄氏曰：'古者设官，以奠系世，唐以前皆属于官，宋以后则家自为之'。是言也，皆所以明族谱之重也。我孔族有上公以承世统，则谱系之责非异人任，今公因谱牒之久未续，承先公之意而更新之，为昭为穆，同条同贯，俾宗人各知所自来，岂非敦睦之吉祥善事哉。"尚任跋其书曰："孔氏之有谱系，始于太史公《世家》，其后相继编述，仅载嫡长，合支庶而纂之，则四十六代祖侍郎公讳宗翰也。盖当中叶零替，寒灰渐燃，叹骨肉之无几，恐祸变之莫测，其难其慎，实有不得不纂者。今幸天祚神胄，螽斯繁飞，自中兴以还，于斯为盛矣。历代宗子，踵循旧典，六十年一刊修，迄于今，日增日盛，裒辑维艰。我宗主谋虑深远，刻刻以此为念，乃不鄙狂愚，委以重任，开修于壬戌之秋，竣事于癸亥之冬，用度浩繁，实愧厥心。但其间，名字之舛谬，支派之错讹，事迹之纷纭，官爵、里居、生卒之变迁，册籍互有参差，人数每多增减，改之又改，定未敢定。凡历两寒暑，无时不在书算丛杂、辨议喧聒之中，穷日讨订，待旦思维，心身耳目，殆有不能分给者矣。始而得其梗概，再而详其支委，又不知几易笔墨，而今始有成书，噫，难矣哉！幸赖我宗主燃犀鸿鉴，启我颛蒙，祗遵遗法，幸不辱命。我族众知用度之浩繁，而不知裒辑之维艰；知裒辑之维艰，而不知谋虑之深远。敢进一言曰：孔氏之谱系，孔氏之胞胎也，千脉万络，悉在包罗，痛则关痛，痒则关痒。凡非种之附者，痈也，患也；一本之传者，骨也，肉也。伪者辨之，真者收之，莘莘丽亿，同怀共膝，我高祖提携顾盼，有不辗然而喜者乎！富之教之，尚有赖于笃亲之君子。六十四代孙太学生孔尚任薰沐拜书。"又《修谱凡例（二十则）》云："一、《家谱》标题旧曰'孔氏族谱'，与编氓家乘何异？昔太史公叙孔氏世次，特称曰《孔子世家》，素王之尊等于侯国，此《家谱》所托始也。今即以为名。二、旧谱叙黄帝契汤至叔梁公，俱系于圣祖下，殊觉颠倒，今特别为《姓源》一卷，冠之于首，庶不昧发祥所自。三、叙圣祖历年事迹，旧曰《年谱》，今改称《年表》，亦别为一卷，以见圣人不同诸儒，亦窃取太史公年表、月表之义。四、《姓源》《年表》以下又分《世系》一卷，《中兴》一卷，二十派各一卷，共为二十四卷，视旧加详，纲举而目张矣。五、中兴至五十三代，共六十五公，有后者止二十公，即今二十派也。旧谱照常编叙，头绪繁多。今检无后者，附见于五十二代所生之下，特冠二十公为派首，使人知朝宗焉。六、卷中合计一宗分二十派，甲乙而次第之，则二十派一如同怀。又合计二十派分六十户，亦甲乙而次第之，则六十户一如同堂，此长幼有序，亦联属骨肉之意也。七、旧谱分户五十有七，户各不同，有同胞兄弟而窜入他户者焉，有异派族属而参入本户者焉，有兄弟同为一户，而一人忽另立一户者焉，独不思各派共宗一祖者，此大宗之义也；各派各宗其祖者，此小宗之义也。今乃不论一本，随意牵合，如造编氓之册，只以均丁众便检阅为事，而绝无亲亲系属之仁，原其故，必因恩怨之偶形，遂致亲疏之异等，此各户族属自为政者，初非纂修之过。今欲令其各自更正，实难遍喻。余辈既膺一日修明之任，而于应分应合者，一以笔墨从事。他日，按谱考稽，知同宗者俱相亲，同派者又相亲，同户者尤更相亲，孝弟之念有不油然而兴者乎。八、各派各本一宗，而为一派之所从出；各户亦各本一宗，而为一户之所从出，较前之亲疏乱合者，殊觉源流不紊。九、六十户既各自为宗，人数多寡，天伦已定，不必牵合他户，均其卷帙，如他日有家庭公务，但以现在人数另分等次可耳。十、某户某代共若干人，现在若干人，俱详书本户本代之下，以防私入，且知某次造谱，蕃衍几何？某次造谱，又倍增几何？会计其数，以为丽亿之庆。十一、凡于卷首大书第几派，不敢仍前直书某公之后，讳尊名也。十二、于各派之下大书第几户，又依祖居立一户名，以为区别，且使聚族而处者，不敢忘先世之遗泽。十三、前后编次，俱依旧法，而于先祖之大圣大贤者，增入历代封谥、祭祀诸典，以见吾族日昌日炽，有隆无替也。十四、卷内诸祖旧传，或益或损，或改或因，既不敢溢其美，又不忍没其实，只以简明切当如其人而止。旧谱省费删去爵号者，大半兹谱查核典故益之，数十居其八九。十五、诸祖事有不胜纪、德有不胜书者，则云详载某史某传，令读者自博坟典，备详始末，庶免遗美之憾。十六、近代诸公，名位功德媲美先世者，亦仿佛生平，约略数言，长者取之，短者略之，盖有《春秋》之微权焉。十七、诸宗方乘时有为者，止载其名爵，凡事迹概阙弗录，以俟身后论定，且免面谀之讥。十八、族众有位有德者，书名、书字，或书别号，其余只列一名，尊贤之等也，而激劝之道亦寓焉。十九、各代命名有一定之行，命字亦然，如公曰夫彦、曰朝承、曰永弘、曰以闻、曰知贞、曰用尚、曰之衍、曰懋，呼其字即知为某昭某穆，此祖宗成法也。今人有不遵家范，随意妄呼者，概不敢以入谱。查旧谱祖宗以来，必无如此者，岂愚无稽之臆说哉。二十、族属名字，一以家庭新颁格册为主，格册具三世历履，直

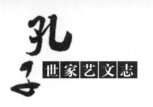
接天启甲子之谱。顺治甲午虽曾纂修,实多讹舛。凡格册所有者,前谱虽无必录;格册所无者,前谱虽有必去。盖以格册为各户之清造本人之实录,间有错遗,格册可照,操瓢者不任咎也。"按:此尚任谱论二十则,诸集均不见收,卷首孔尚任跋孔弘颢《宗派总论》旧集各本亦遗漏,文云:"《家谱》之纂,创始于余四十七代祖周翰公。垂四百余年,而余从曾祖念初公又缵其事,考核精确,编次详明,较前《谱》尤称美备。既竣事,又书《宗派总论》于首,俾读者因端竟委,溯流穷源,千百世而上,千百世而下,一宗不紊,万派悉真,其砥柱宗门,功诚伟矣。余既稍为增正,又附二图于后。一宗分二十派,二十派分六十户,按图而稽,洞若指掌。又恐南宗信程敏政之邪说,而敢于变乱宗法也,乃录五十八代祖辅文公《嫡裔考》;又恐外姓蹈孔末之故事,而敢于冒乱宗姓也,复录从曾祖泗洲公《伪孔辨》。凡嫡庶真伪,又各为一图,以便审正立法,可谓严矣。得斯《谱》者,世世守而勿替,庶不负今日惓惓之意也已。六十四代尚任附识。"又此书,《阙里文献考》有著录,《续修县志》《著述记》题《世家宗谱》,《中国古籍总目》史部二列其书,一著为二十一卷,清孔尚任纂修,清初刻朱印本,国家图书馆藏;一著为二十四卷首一卷,清孔尚任等纂修,清康熙二十三年刻本,上海图书馆藏,不知二本为一刻。

是书今有国家图书馆、首都图书馆、曲阜孔子博物院藏清康熙二十三年曲阜衍圣公府刻朱印本;1969年7月台北"国立中央图书馆"影印本,2006年北京燕山出版社《清代民国名人家谱选刊续编》影印本等。

■ 孔子世家谱二十二卷首一卷 存

(清)孔昭焕鉴定,孔继汾等编次。昭焕有《皇清诰封衍圣公夫人显妣何太夫人行述》,本部传记类已著录。继汾有《孔氏家仪》,经部三礼总义类已著录。

是书有清乾隆十年刻本,半叶八行、行二十一字,注文小字双行,白口,四周双边,单鱼尾。内钤衍圣公大印。题"鉴定:袭封衍圣公孔昭焕;鉴修:三品执事官阙里盛典纂修恩荫生孔传钲、世袭翰林院五经博士阙里盛典纂修孔继溥;提调:正一品荫生候选员外郎孔广柞、曲阜世职知县孔传松;编次:五品执事官孔传斌、候选知县孔继儒、恩贡生孔继汾、四氏学廪膳生员孔毓佶"。另有收掌二人,校阅四人,誊录二人,督刊三人,收发二人,供应二人。书前有孔昭焕、孔传松序,及孔宗翰、孔弘颢、孔胤植、孔闻简、孔兴燮、孔胤淳、孔毓圻、孔兴认等人旧序,并《榜示》《告示》《条规》《凡例》《刊谱字数》《各户捐输》《支销》等项。末有孔尚任旧跋与孔继汾、孔广柞跋。昭焕序曰:"家之有《谱》,犹国之有史也。史不信,则获罪于天;《谱》不信,则获罪于祖。《记》曰:'万物本乎天,人本乎祖。'故圣帝明王,兢兢乎、慎之!古者,奠系世、辨昭穆,掌之小史。唐宋以还,如夹漈所志氏族,三十有六,丝棼胶附,弊亦繁兴。惟我孔氏,以生民未有之圣祖,开律天袭地之道源,千委亿派,道日昌,则苗裔亦日盛也。其散处四方无论已,即世居东鲁者,今已二万有余人……我四十六世祖创刻《家谱》,既克踵《史记·世家》而详疏之,上自玄鸟之祥,迄于麟绂以降,数百年来,例为三十载小修,六十载大修。康熙甲子复经先恭悫公重加校订,致为精详,今适届大修之期,先公石门府君祇慎不逸,业于族人中夙钦才优德望者,拟延入局,輶车四出,采访支牒,亦渐汇齐,不幸先公早世,予小子冲龄恂慈,谬膺圣天子宠命,主邑庙庭。窃以礼莫大于尊祖敬宗,典莫大于修《谱》,重以先公未竟之志事,敢不肃将恪承,以蕲无忝于析薪负荷之意耶!爰与在局诸宗盟,同心懋力,复为之正本清源,条分缕析。信者,虽潜必录;疑者,非种必鉏。或以德行,或以政绩,或以文章,书之以垂激劝,而不敢稍有意见之参。始于乾隆甲子之春,告竣于乙丑之秋。既严且明,庶克称善成焉……"传松序曰:"自大宗之法废,而不闻尊祖;小宗之法废,而人莫知敬祢。则于同姓,有视如路人者矣。夫同姓也,而路人之,其又能敦本俗、行教化哉……人愈众,事愈繁,宗子惧其久而湮也,乃合多士,而更新之。详考核,别嫌疑,防紊乱。是役也,盖越寒暑而告竣焉。夫系往者,子道也;系来者,父道也。亲亲之谊,笃而欢欣;爱敬之心,著将见比闾族党间。祭祀歆其类,饮食合其欢,齿让得其序,坟墓得其族,姻友得其联,贫乏得其恤。继自今,继继绳绳,克念尔祖,无忝厥绪,于以化民成俗何有哉。"又,继汾跋曰:"孔氏之族谱也,大矣哉!以吾观当世名公巨卿、世家望族,非不甲第连云、冠盖相望,赫赫声势,耀于一时。然久之,流落散处,阒然无闻,虽本宗,绝不相识,孰是万室比居,本支联属,群昭群穆,灿然不淆,瓜瓞蕃斯,衍于莫替,上溯轩辕五千百年,了如指掌,如我孔氏者?况炙我先圣之休风,沐我皇朝之宏化,俾数万子孙咸为英才俊彦,彬彬然也。孔氏之族谱也,大矣哉!盖其为族也既繁,则其为《谱》也宜慎;其为《谱》也宜慎,则其为修也愈难。然则,当斯任者,必思骨肉之何以使相联,支派之何以使不紊,先德之何以使不坠,幽光之何以使克阐。何以使一本者,不至见遗;何以使非种者,不得窃冒,数者既得,修《谱》庶无忝乎。虽然,犹未也。记载其易舛错矣,文辞亦易汗漫矣,又当思夫何以使之核而当、简而该也。汾也,年方弱冠,学未渊通,尧峰侄孙狝以属在尊行,举此事以相嘱,而汾亦自忘谫陋,直任不辞。于是,考其异同,求其当可,虽旧所相沿,嫌不知避,辄改削之,定为《年表》、《列传》若干首。幸有环溪、维宪、体敬诸宗台,共为赏析,差寡过愆,若云终是书无可嗤议,又非己之所敢妄信也,然后知宗族蕃衍,修辑维艰,才识寡昧,重任难副,能不喟然而叹曰:孔氏之族谱也,大矣哉!"兹据著录。按:《续修县志》《著述记》此书不著卷数;《阙里文献考》题"二十三卷",盖计"卷首"在内。《中国古籍善本

是书，山东省图书馆藏有写本，一册二十叶。书为表格式。封题"孔子世系本末；光绪壬子春敬录"（有印二方）。书前有宪锟序，半叶八行、行二十四字。内容有世系表、二十派分六十户、流寓。中有粘贴。《世系表》下至孔令贻。材料皆采自旧《谱》，无可取。今据著录。按：《孔子世家谱》称"七十二代宪锟编有《孔氏世系表》付梓"，当即此书。然刊本未见，不知是否尚存？又考光绪无"壬子"年，"壬子"或为壬午之误。《山东文献书目》此书入史部传记类别传之属。

是书今有山东省图书馆藏手写本。

■ 阙里谱序不分卷 存

（民国）孔庆铀序刊。庆铀，大宗户宪磐长子，孔子七十三代孙，祖居曲阜东门里慎修堂，寄居汶上县城南新民店。

是书有民国刻本，不署编者名氏，疑即庆铀自编。书凡半叶九行、行二十三字。书前有孔庆铀民国二十一年序。书内计有孔宏颢《宗派总论》、孔尚任《附识》、孔公璜《嫡裔考》、孔宏颢《伪孔辨》，以及《嫡裔相承之图》、《内院真孔之图》、《外院伪孔之图》等，收文皆采自旧谱序，故名《阙里谱序》。

是书今有曲阜师范大学图书馆等藏民国二十一年孔氏序刊本。

■ 孔子世家谱一百零八卷首一卷 存

孔德成总裁，（民国）孔传堉等修，孔广彬等纂。德成有《孔子事迹图》，本部传记类已著录。传堉字美坡，息鄹户庠生毓芳次子，孔子六十八代孙，三等首领官，代理四氏学，兼林庙奉卫官，家庭族长，主祀春秋书院。广彬字文元，防西户乡饮介宾继正子，孔子七十代孙，原为七等执事官，助修族谱，服务六载，衍圣公特奖给四等执事官。

是谱有民国铅印本，共分四集：初集六十二卷，包括始祖孔子、中兴祖孔仁玉及鲁籍六十户；二集三十四卷，收载中兴祖以后流寓之支派；三集十卷，收载中兴祖以前流寓之支派；四集二卷，收录上代失叙各支。此《谱》共出版三百一十四部（零谱除外），每部凡一百五十四册，卷首有孔德成、孔传堉民国二十六年序及历代旧谱序（孔尚任序跋未收入），另有《卷次目录》、《修谱事宜》、《凡例》、《姓源》、《宗派总论》、《嫡裔考》、《伪孔辨》及其它有关资料。此次纂修全国合族大《谱》，是在家庭族长孔传堉等人的倡议和孔德成的支持下进行的，自民国九年公告修谱事宜，八年后才成立筹备处，十九年开始纂修，二十六年十一月底方告完成。参加此项工作的人员有六十六人，设立了由总裁、提调、监修、编次、校阅、收掌、文牍、书记、收发、庶务、会计、交际、督刊组成的庞大机构,其中,总裁由宗子孔德成担任,提调由孔传堉、孔繁朴等四人担任,监修由孔庆堃、孔令熙担任,编次由孔广彬、孔广梅等十三人担任。德成序云:"孔氏之有《谱》,自宋元丰始也。后六十年一大修,著为例,比清乾隆甲子重修,距今百数十稔矣。支派之蕃衍、人事之递嬗,年没世远,散漫无稽,斯可憾已!岁戊辰,乃承先母陶太夫人命,集族耆彦,公议重修,体例率旧,而所录加扩焉。盖旧《谱》以博采难周,仅志鲁籍六十户,时为之也。今则交通便而声气易达,爰举流寓外省者,并录之,因而兼以创矣。惟创也,而征集考核,以至编纂其繁迹有倍蓰于前者。故七历寒暑而始告成。呜呼!难已。"传堉序云:"披阅谱牒,历三甲子,迁延而未续纂,缺典也。全国族人,支繁派刖,散居而无联属,憾事也。惟然,则合修大《谱》之议,亟亟矣。民国戊辰秋,余与族人宪滢、繁朴倡修合族大《谱》,请于宗子,宗子韪之。于是,敦请族彦,推定临时职员,相于从事筹备焉。其于各地族人,披露以报章,号召以广告,不数月而声气通矣。筹备二载,端倪粗具,乃告庙开馆,时,庚午年十月十日也。阅七年,《谱》事藏。从此,缺典补,遗憾释矣。考我家乘,宋以前只具册写,自四十六代宗翰祖始创为刊印,至明弘治二年,首次重修,并定为六十年一大修、三十年一小修;大修以甲子为期,小修以甲午为期。清顺治十年,未及甲子又重修。迨后,康熙、乾隆两甲子均重修勿替,可谓极重视谱牒矣。惟四次重修,皆于六十户编纂加详,而流寓各支弗与焉。推其故,盖因当时交通未便,调查维难,又鉴于逆末之变,兢兢于杜奸冒、防伪入,宁从其缺,毋任其滥也。此次合修,虽曰绍述,究同创举,而风声所树,全国景从者,则以交通便利既异畴昔,民族团结复应时势之需要,而咸具同情。故用力省,而成功易,殆运会使然欤?从此,合远为近,万派归纳于一本,大宗领小宗,昭穆不紊。吾族人各本敬宗睦族之化,除畛域联为一体,谓非极美极盛之事乎?国之人有读是《谱》者,察其体制,辨其伦次,则宗法可资而考镜矣。而洙泗流泽之绵延、人文之孳息,亦得其大凡,足补国史所未及,或亦关心采择者之所乐闻也。然则,此《谱》之成,又岂独孔氏一族之幸哉!是役历十年之久,余始终佐其事,既竣,而谨为之序。"按:此《谱》编成后,正值抗战事起,外地族人多未领取,嗣经"文革"破坏,迄今仅存数部,所幸《孔子文化大全》、《山东文献集成》将其缩版影印,使其得以化身千百。

　　是书今有曲阜师范大学图书馆等藏民国二十六年曲阜孔府铅印本,1990 年山东友谊书社《孔子文化大全》影印本,2006 年 12 月山东大学出版社《山东文献集成》第一辑影印笔者藏《孔子文化大全》本。

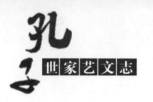

■ 东家嫡系小谱十卷齿序一卷　存

（清）孔继汾、孔广栌纂。继汾有《孔氏家仪》，经部三礼总义类已著录。广栌字京修，号省山，袭封衍圣公继濩次子，孔子七十代孙，正一品荫生。

是书，稿本《续修四库提要》据清乾隆刻本著录，不标卷数，题孔继汾撰。《山东通志》题署同。《中国家谱总目》、《中国古籍总目》史部著录沧州市图书馆藏清乾隆刻本作《孔氏东家嫡系谱》一卷，（清）孔昭焕等纂修。《孔子故里志·现存孔氏支谱简表》分别著有孔继汾乾隆二十八年修《东家小谱》与乾隆三十五年重修《嫡系小谱》，未详今藏何处？《著述记》谓孔继汾"癸未，与侄广栌共录《嫡系小谱》十卷，甲午重修之。"又云：孔广栌，"继濩次子，留心文献，供事庙庭，与修《宗谱》，咸资考订。"按：《故里志》云"三十五年重修"，"三十五年"为庚寅，与《著述记》所称"甲午"不符，"甲午"乃三十九年。其书未寓目，据道光《大宗支谱》孔庆镕序，衍圣公孔昭焕尝序其简端，"恒以有功家乘"称之。此外，道光本还载继汾原序，云："吾宗自中兴祖而下，聚处于邹、鲁间者，近二万余人。大修谱牒，常用甲子岁，而甲午之岁，复间以小修，支联派属，昭穆井然，谱法最为精善。顾昌平世胄，实大且蕃，若生卒年月，若配偶，若女息，未能备载，私窃憾焉。今远族既弗获周知，而五服以内尚可举数，爰于正《谱》之外，另与侄广栌共录《嫡系小谱》，仍约以十年为限，遇甲岁辄重修之。其书法，于主鬯者特详，重大宗也；于女息，辞从略，示杀也；凡媵妾，皆附其姓氏于所生子之下，正嫡庶，仍令不忘其所自出也；书生卒，而不及葬所祔于祖茔，世同兆也。既次系叶，更作《齿序》一卷，奠系姓，必以大宗小宗明长幼之节，宜引年也；诸代齿序，自六十九代以下，并虚其左，异日易以增也。以丹铅别存亡，便观览也。书既成，或谓汾曰：'此举，善则善矣，如弗广何？'汾应曰：'不然！宋以前，《孔氏系叶谱》止载承袭者一人而已，四十六代族祖、侍郎周翰公始合族为《谱》，所叙惟中兴祖以下，其流寓他方者，概弗及也。子孙踵事，遂成今《谱》。始而纪以五位，继称二十派，继又分五十四户，增为六十户，振振绳绳，日以众矣。其流寓者，亦各自谱其始迁祖以下，《谱》成，则来告于宗子，请钤印记，藏其副于祖庙，以去。若是者，殆不可胜纪。于是，孔氏族谱之大，举海内巨姓莫之敢轻拟焉。盖始而就曲阜近派，自成一《谱》，今殆合诸孔之《谱》，共如一《谱》矣。汾等此举，亦惟幸及其犹可知者笔之，使从此子孙似续，不复虑其或不及知，且得六十户之子姓皆用此例，各详谱其私亲，推而至于万室皆相知，又奚不广之憾？'言者称善。因粗述其意及例于篇，俾来者毋坠厥事云。"又考广栌能诗，遗集散佚，《阙里孔氏诗钞》收其诗三首。特附记于此。

是书今有河北沧州市图书馆等藏清乾隆二十八年曲阜孔氏家刻本。

■ 孔氏大宗支谱十四卷齿序一卷 存

（清）孔继汾纂。

是谱，《孔子故里志·现存孔氏支谱简表》作《嫡系小谱》，误为乾隆三十五年重修，且不云书藏何处？按：此《谱》乃因《嫡系小谱》改编而成，原帙未寓目，道光《大宗支谱》收有甲午（乾隆三十九年）重修《支谱》原序例，云："癸未之夏，继汾以吾家《宗谱》，止详昭穆派系，而不载众子姓之生卒，与其妻若女，故取五服以内及今犹可周知者，另为《嫡系小谱》。《谱》成，众兄弟善之，共出资刊印，且约阅十年即重修焉。继而思之，事必相循，而不至于有弊者，乃可以经久而勿坏。小《谱》虽较大《谱》书法为详，其实原无二也。今五服之内，彼此自不难洞悉，逮数传而后，服属既尽，断不能举室家姻娅，历历可指，复如今日。凡所以奠系姓、序昭穆，在各支既不能各立小宗以维之，而大宗之所以收族人者，亦不过与今日等也。设其间稍滋乖舛，与大《谱》弗合，则小谱几归于无用矣。又或有无知者，执小谱以正大谱，转足为大谱之累，是则，在今日为有功者，他日且获罪矣。言念及此，能无惧乎！故兹届重修之期，析小《谱》为《支谱》。凡所谱者，皆有服各支，他年属尽则已，以视向时创《谱》之例，似若稍隘，然若众支各就其本支可知者，自谱其支，分之则为《支谱》，合之可成大《谱》，究似隘而非隘也。且如此，则《支谱》与大《谱》并为传信之书，而大《谱》之修，年必六旬，《支谱》之修不越一纪，更有相资之益，诸远兄弟幸共谅其苦心也。夫爰抒所见，序于篇端，并列《凡例》如左：一、始祖至今，宗子及宗子之嫡子，通为一卷，题曰《孔氏大宗谱》。凡从前大宗绝系、小宗相承者，其已绝之系，皆止附载于其父祖格内，不复特书一格，既从简易，亦云统有所归也。惟大宗无嗣、小宗独子入继者，仍按世次别书其本生父祖于次方，以正世系（广林案：《大宗谱》四十六代以上，有与前《谱》不同者，依癸卯改正大《谱》更定故也）。二、《支谱》每支为一篇，各以始分支之支子所居，题曰：'孔氏某堂支谱'。惟今宗子之众子，均未成室，仍据宗子堂名，兄弟联为一篇（广林案：七十一代公，诸子虽未分居，久已成室，今亦分为《支谱》四篇）。三、书法，丈夫子则详，女子子则从略；丈夫子特书，女子子则各附于其父格内；妻各从其夫，妾则载其子格内之类，悉如原例（广林〔案〕：准江太夫人、陶太夫人之例，凡庶子承继祢之宗者，其生母备书生卒年月，否如原例。又旧因世祔祖茔，不书葬所，今先大人及十二叔父，俱各别营墓域，故特书葬某某新兆，其他未立新茔者，仍如原例。惟广林元配，向祔祖茔，不复启迁，则特书以别之）。四、凡殇者，不特书，止附载于其父格内；不成殇者，则并削之，女子子亦准此

例。五、原例，凡存者硃书，没者墨书，颇便观览，第须用套版，不甚便于重印，故今变其例，凡现存者，郭方圈于名氏外以别之。六、先世懿美，大《谱》既详之矣，兹不备录，《支谱》亦惟载生卒、官阶，不妄加一溢语，他时若有伟绩畸行，应立传者，亦止别附家传于卷末，备大《谱》采择，不可轻变谱格书法；若无可传者，并勿饰为浮词，汙秽简牍。七、凡历任多官，累晋阶秩者，并从简易，止书后官，叙其崇阶，不一一铺叙。八、齿序，所以明长幼之伦，仍如旧式，列为末卷。"兹参据著录。《续修县志》此书无载。

是书今有曲阜某氏藏清乾隆三十九年曲阜孔氏家刻本。

■ 孔氏大宗支谱十四卷齿序一卷 存

（清）孔广林重修。广林辑有《周易注》，经部易类已著录。

是书，哈尔滨师范大学图书馆等藏有清嘉庆元年刻本，内题"孔子七十代孙署太常寺博士广林敬录"或"纂录"。凡半叶十行、行二十字，内分四栏，黑口单边。广林自序其书曰："昔在癸未，先大人暨从兄省山先生纂《东家嫡系小谱》，诸父兄出资刊印，凡我亲支，莫不称善。比甲午重修，先大人虑他日属尽，弗克周知，恐难征信，因析为《支谱》，约以属尽之日止谱敦本一支，藏敦本家祠，俟宗子修《谱》时上之，谱馆非隩也，谨慎之道也。越若癸卯，先大人承七十二代公命，改正大《谱》，事既竣，即拟有事于《支谱》，乃明年，遭先大母徐太夫人丧；又明年，先大人有吴越之行，因循未果；又明年，先大人殁于武林。广林衔恤茕茕，继营家务，编纂之事，故未遑及，诸兄弟屡以为言，窃念先人成训，既义不容辞，且多历年所，亦事不可缓，曷敢不极卒我先人遗绪！先大人有言曰：'数传而后，服属既尽，断不能举室家姻娅，历历可指，复如今日，稍滋乖舛，则在今日为有功者，他日且获罪矣。'噫！斯言也，犹悬拟之云尔，乃迩年来，各支子姓生卒、戚党姓氏，已弗获洞悉，即叩之本支，竟不能言之，历历五属且然，况属尽乎！夫乃叹先大人识之高、见之明、虑之远也。兹故遵甲午之例，仍为《支谱》。所谱者，断自有服各支，至他日属尽，则止谱敦本一支。历谱大宗承袭之人，冠于前，庶不失先大人崇本敬宗之遗意焉。旧例遇甲岁重修，兹因上距甲午已二十余年，前《谱》几成废帙，故破例亟为排纂。嗣后，凡遇甲岁，辄重修之，书法悉如原例，小有变更者，附注原例本条左方中云。"按：《续修县志》《著述记》不载此《谱》。

是书今有哈尔滨师范大学图书馆等藏清嘉庆元年曲阜孔氏家刻本。

■ 孔氏大宗支谱十四卷齿序一卷 存

（清）孔昭薪重修。昭薪字孟翘，号克樵，大宗户廪贡生署太常寺博士广林长子，孔子七十一代孙,嘉庆二十三年戊寅恩科举人。

　　是书,《续修县志》《著述记》著录,无齿序一卷。《上海图书馆馆藏家谱提要》著录道光三年刻本,云"不分卷"。按:国家图书馆、曲师大等亦藏此本,封皮题"大宗支谱/道光年敦本堂孟翘二太爷修"。版式如旧,亦黑口单边,正文四栏,序文十行二十字,各《支谱》分计页码,是其书虽未标卷,却含分卷之意,故二书著录题此《谱》为十四卷,亦即《孔氏大宗谱》《孔氏凝祉堂支谱》《孔氏凝远堂支谱》《孔氏凝道堂支谱》《孔氏凝静堂支谱》《孔氏世泽堂支谱》《孔氏绳启堂支谱》《孔氏诒燕堂支谱》《孔氏敦本堂支谱》《孔氏谦益堂支谱》《孔氏克荷堂支谱》《孔氏博观堂支谱》《孔氏炊经堂支谱》《孔氏远秀堂支谱》各一卷,另有《孔氏支谱齿序》一卷。卷端题"孔子七十一代孙嘉庆戊寅恩科举人昭薪敬录"或"纂录"。书前有衍圣公孔庆镕与孔昭薪二序及乾隆《癸未修小谱原序》《甲午重修支谱原序例》、嘉庆《丙辰重修支谱原序》,庆镕序云:"我闻在昔,止堂族祖纂录《东家小谱》,先大父序其简端,恒以有功家乘称之。厥后,续修于乾隆甲午、嘉庆丙辰,屡经裁酌,义例精严,亦越于今。子姓滋生,既蕃且衍,伯叔云亡,亦复不少,至三党内外,里居姓氏,多无闻焉。兹者,克樵族祖缵承令绪,旧德绵延,其所望于继继绳绳者,意良厚也。距乾隆癸未,甲子环周,其间历世者三,修辑者四,谱法之详慎,诚尽善矣。庆镕添膺主鬯,夙夜冰兢,今岁春仲,恭陪临雍讲学,祇聆宸训,每以敦宗睦族为念,俾上得钦承帝命,下免获戾祖宗,实自所窃勉者焉,因编成而序其略如此。道光三年岁次癸未孟夏之吉孔子七十三代孙袭封衍圣公庆镕谨序。"昭薪序云:"昔先大父创录《东家小谱》,逢甲则修之,岁甲午重编,析为《支谱》,意綦详、法綦严也。先大人复于丙辰春,敬谨纂续,嗣值甲子之岁,例属重修,先大人积年遘疾,校雠未果。甲戌夏四月,先大人弃养,昭薪衔恤罔极,夙夜不遑,旋以家食维艰、浮沉身世,编纂之举,迁延于兹。溯《谱》之始也于乾隆癸未,迄今历一甲子,距丙辰重修,已春秋二十有七。子姓之存亡,戚党之姓氏,所不能周悉,致多舛错者,益复不鲜,若不亟为排纂,绍述前闻,旧《谱》亦将成废帙,昭薪之负咎弥深矣。宗别大小,原苏氏《世谱》之纪也;齿列长幼,因欧阳《年表》之次也。义例之裁度精善,先人所贻翼者,不至殷且远哉!昭薪谨勉刊校,聿备参稽,以道光三年夏四月为期,后仍遇甲岁辄重修之,书法、条例悉如丙辰重修之旧云。"按:昭薪能诗,《阙里孔氏诗钞》有其所作《庚辰赴试礼闱舟中和家鲁斋刺史传曾韵同余鉴堂来西峰孝廉作》,附此不另著。

　　是书今有国家图书馆等藏清道光三年曲阜孔氏家刻本。

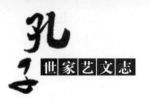

■ 孔氏大宗支谱十四卷齿序一卷 _存

（清）孔宪璜重修。宪璜字仲黼，号泾石，大宗户嘉庆戊寅恩科举人昭薪嗣子，孔子七十二代孙，道光二十三年癸卯恩科举人，候选知县。

《续修县志》："孔宪璜著有《丁未重修大宗支谱》"。《著述记》著录同。《上海图书馆馆藏家谱提要》著有四册，称"不分卷"。按：此书版式如旧，内题"孔子七十二代孙道光恩科举人候选知县宪璜敬录"或"纂录"。此为本《谱》第三次续修。兹参据著录。

是书今有国家图书馆等藏清道光二十七年曲阜孔氏家刻本。

■ 孔氏大宗支谱十四卷齿序一卷 _存

（清）孔宪璜纂修，孔庆余校补。庆余字积甫，大宗户道光辛卯恩科举人宪璜嗣子，孔子七十三代孙。

是书，《清志补编》题孔宪璜等编，不分卷；《国家图书馆普通古籍总目》题孔庆余纂，首都图书馆馆藏目录题孔庆余重修，二家均不著卷数。《上海图书馆馆藏家谱提要》著录残本，一册，亦不分卷，云：前有谱序、凡例，末有齿序。所收下至七十六代宗子。《山东通志》云："《孔氏大宗支谱》，孔宪璜编，宪璜嗣子庆余校补。是编卷首有同治癸酉衍圣公孔祥珂序，略云：'自止堂族祖创为《东家小谱》，后复析为《大宗支谱》，先人创之，后人因之。岁在己巳，泾石族祖正拟重修，事未竟而殁，其嗣子积甫族祖，克承先志，恪遵旧章，敬谨编辑。查《支谱》之修，凡无服者，《谱》中不载，示亲尽也。兹者，推原一本，亲睦为怀，念夫亲尽则止，例固应尔，情则甚歉。于是，依例推情，仍照道光丁未重修成式。《谱》中旧有者，存之；应补者，增之。'（据本书）按：《大宗支谱》，继汾创修于甲午，继汾之子广林重修于丙辰；广林子昭薪癸未又重修之，丁未宪璜又重修之。宪璜，昭薪嗣子也。己巳，宪璜复议重修，未竟而殁，庆余乃于癸酉续成之，即此编也。"稿本《续修四库提要》亦著此书，题孔宪璜、孔庆余编，不分卷，略云："书首以历代袭衍圣公爵者通为一卷，曰《大宗谱》。次各支《支谱》，由近及远，每支为一篇，各以始分支之支子所居题曰某堂'支谱'。全书用谱牒合一之法，不另立《世系图》。每页分代子孙顶贯于父祖之下，每一名后小字注其字号、官阶、生卒、婚配、子女等，但不书葬所，以世附祖茔也。其别营墓域者，则特书之。至先世懿美，固已详于大《谱》，亦不备录。其有伟绩畸行者，则另立家传，亦不轻变谱格。其历任多官、累晋阶秩者，止书后官，叙其崇阶，以从简易。又凡修谱时生存之人，概于名外围以方圈，以便观览。谱末更附《支谱·齿序》，盖以明长幼之伦者，先标某代，次书名氏，按序排列，名氏下更注以排行生年，其生存者亦概以方圈围之。书前有历次修谱序及《凡例》，又有七十五代衍圣公孔祥珂序。全书体例颇极谨严。先圣之后自不同于庶姓。孔氏虽世胄，然历代科甲则甚多，且儒者亦辈出。如继汾、广林、广森、继涑、继涵、广栻，均其小宗子也。"才按：此《谱》刊于清同治十二年(1873)，而《东北地区古籍线装书联合目录》著有吉林大学图书馆藏清道光二十七年刻同治光绪(续)刻《孔氏大宗族谱》，不题纂者与卷数，岂即本谱之续刊乎？又考《大宗支谱》一书，诸家多题"不分卷"，而揆其各支另起页码，实含分卷之意，况《著述记》等已明加著录，因据改题十四卷并齿序一卷，以符其实。

是书今有国家图书馆等藏清同治十二年曲阜孔氏家刻本。

■ 孔氏敦本堂支谱一卷 *存*

题(清)孔广余纂修。

《中国家谱总目》："[山东曲阜]孔氏敦本堂支谱一卷，(清)孔广余纂修。清雍正五年(1727)刻本，一册。谱起自孔子一世，止于七十六世。曲阜文物局。"按：此著谬甚。考《大宗支谱》，为孔继汾所创修，且继汾为敦本堂支祖。而"雍正五年"时，继汾才二岁，七十六世，更是远未出世，故世上不可能有此等《支谱》。且"广余"，敦本堂及大宗其它堂支均无其人，故所谓"雍正五年"，应是"光绪五年"；"孔广余"当为"孔庆余"也。庆余有校补《孔氏大宗支谱》，见前著录。

■ 孔氏大宗族谱不分卷 *存*

(清)缺名纂。

《东北地区古籍线装书联合目录》："(山东曲阜)孔氏大宗族谱不分卷，清光绪十八年活字本，大连市图书馆藏。"兹据著录。此《谱》未寓目，当亦大宗孔氏所自纂，录此俟考。

■ 孔氏大宗户分支谱不分卷 *存*

(清)孔文寅纂修。

是书，《中国家谱总目》著录曲阜文物局藏清抄本(存一册)。谓世系记自六十一代至七十四代。按：此《谱》书名未确，作者"文寅"亦非真名，而似字号。录此俟考。

■ 孔氏炊经堂支谱不分卷 *存*

(清)孔昭焜纂。昭焜字石藻，号堇生，大宗户署太常寺博士广闲长子，孔子七十

一代孙,嘉庆十八年癸酉科举人,实录馆校录,四川开县知县,历署井研、蓬溪、中江县事,候选主事,敕授文林郎,诰赠中宪大夫。

是谱有清道光刻本,内容有《孔氏炊经堂长支谱》、《次支谱》、《三支谱》、《四支谱》、《五支谱》,各《谱》前分别题有"昭焜敬录"或"昭焜纂录"四字。书后有昭焜道光十七年题识,略云:"先伯祖止堂农部,初为《东家小谱》,肇迹于乾隆癸未,越十年而复析为《支谱》,与同怀者约异日属尽,则只谱本支,以存慎众(重)。咸曰善!后幼髯从伯封君一修于嘉庆丙辰,克樵从兄孝廉再修于道光癸未。今距癸未又十有四年矣。户属之生齿日益繁,叩厥本支,且多不能周举以对者,吾欲一支之中,原为《支谱》,依雁行以次递,及厘为长支、次支、三支、四支、五支焉。编成,颜曰《炊经堂支谱》,仍先荫君当日旧名也。"按:炊经一支,继继绳绳,名士辈出,继涵、广栻、广根、昭恢、昭焜及子宪毂皆不负所学,名闻于时。

是书今有清道光十七年曲阜孔氏家刻本。

■ 孔氏炊经堂支谱不分卷 存

(清)孔宪毂纂。宪毂录有《圣门乐志》,经部乐类已著录。

是书有清光绪刻本,黑口双边,内分四栏。前半为《孔氏大宗谱》,记载自始祖孔子至七十六代衍圣公孔令贻;后半为孔氏炊经堂长支、次支、三支、四支、五支《谱》。每《谱》均题"孔子七十二代孙翰林院庶吉士户部江西司员外郎吏科掌印给事中广东肇阳罗道宪毂敬录"。书前有宪毂光绪二十六年序,半叶九行、行十六字。序云:"《孔氏族谱》由来已久,而大宗户之析为《支谱》也,则自六十九代族祖止堂公始也。其书法,丈夫子则详,女子子从略;丈夫子特书,女子子则各附于其父格内;妻各从其夫,妾则载其子格内;殇者不特书,只附载于其父格内;官阶科第亦不铺叙,务从简核,为例特善,并申之以服尽则止之约,以昭详慎。今我炊经一支,自六十八代松臬祖,以讫宪毂,盖五世矣。久思辑为《支谱》,用备大宗修《谱》采择,而服官中外,匆匆三十余年。虽与族人往复函询,究难详备,有志未果。今从弟汉良,综理祠事,因迩年生齿日蕃,内姻外戚,益衍益广,若不及时搜辑,汇为一帙,势将涣而无纪,用索各支生卒岁月、戚党名姓,详载无遗,颇为有功家牒。虽上载始祖,以讫今宗子,揆之古人大夫不敢祖诸侯之义,似失限断。惟止堂公旧《谱》成规可循,且数典不能忘祖。至封赠科名,间有未尽翔实画一之处,以无关宏旨,事属已成,亦不属其更正矣。所冀,凡我族人,念及世受国恩,身为圣裔,各宜守身安分,丕振家声,以无忝所生,有厚望焉。是为序。光绪二十六年岁次庚子仲冬之吉孔子七十二代孙宪毂谨序。"按:《著述记》载之,略谓"孔宪毂以大宗一《谱》，旧例服尽则止，乃率同圣庙三品官从弟宪留，依小宗五世而迁之义，别订《炊经堂支谱》一卷，参订《圣门礼》、《乐志》各一卷。"《孔子世家谱》、《续修县志》所记略同。是此《谱》之纂，其从弟宪留实任其劳。宪留，字汉良，号述曾，优廪膳生昭焯长子，附贡生，原任三品执事官、林庙举事，代理孔庭族长，诰奉通议大夫。特附注于此，以彰其美。

是书今有清光绪二十六年曲阜孔氏家刻本。

■ 孔子世家谱旧县户支谱二卷　存

(清)孔宪果等纂修。宪果字蒙泉，号硕痴，旧县户执事官昭宣长子，孔子七十二代孙，廪生。

是书，中国科学院图书馆藏有清光绪四年曲邑东关集文斋刻本，书签题《孔子世家谱》，封面题《孔子世家谱旧县户》，一册一函。其馆藏目录作《重修孔子世家谱》二卷。

■ 孔子世家谱沂北户支谱四卷　存

(清)孔广亮等纂修。广亮，沂北户继文子，孔子七十代孙，恩生。

是书有清光绪刻本，白口单边，八行二十四字，注文小字双行，每卷一册，共四册。第一册卷首版心镌"孔子世家谱"，系《孔氏宗谱总录》，内容包括《催谱告示》、《行辈告示》、《修谱禁约》、《历代封谥》、《累朝祀典》、《姓源》、《宗派总论》（内有咸丰八年孔昭康录孔尚任《附识》一文）、《孔氏分支图》（自四十四代始）、《孔氏分五位图》（自四十六代始）、《孔氏分二十派图》（自五十三代始）、《孔氏分六十户全图》（自五十六代始）、《嫡裔考》、《嫡裔相承之图》、《南宗相承之图》、《伪孔辨》、《内院真孔之图》、《外院伪孔之图》；第二册为《孔氏世官世系》，包括《世官考》（内附四氏、十哲并林庙异姓官）、《世系考》（附分支、五位、二十派、六十户并各处流寓考）、《汝南店北户宗派论》（附分五支考并分辨真伪述）；第三册版心鱼尾上镌"孔子世家谱"，下镌"沂北户"，为《孔子世家谱系》（自一代孔子至七十六代孔令贻）；第四册为《孔氏优复恩例》（记载历代优复恩例，并附四氏、十哲，以及庙佃两户礼生乐舞）。各册书名页均称"光绪四年仲秋敬梓，板藏诗礼堂"，且每册俱钤衍圣公大印。第四册另署纂校人。书前有衍圣公孔令贻与至圣庙三品执事官孔衍祚序，衍祚序云："去春，沂北户族人寄籍上蔡广闻携其先兄广东等所续《宗谱》来谒，余览其谱系，原出自五十五代克仲祖，元授河南上蔡县教谕，迁鄢陵主簿，承世袭曲阜县令，传子希绪公，爱蔡风土纯朴，携其子

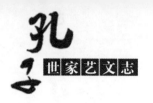

孙，遂家焉。历今十有余世、五百余载，族姓蕃衍，散居各处，理宜续修《族谱》，以重宗支，以衍嗣续等语。余方授之以大《谱》，令照续修，恭请钤印，存信阙里，以便备查。"按：广闻，五品执事官。衍祚，字绵斋，息鄹户三品首领官、家庭族长尚功长子，三品首领官，尼山学录，署林庙举事，兼孔庭族长。《中国家谱总目》著录此书作"［山东曲阜］孔子宗谱"，未确。

是书今有清光绪四年孔氏诗礼堂刻本。

■ 孔子世家谱鲁城户支谱 存

（清）孔昭琪续修。昭琪字含英，号琨圃，鲁城户广绍第三子，孔子七十一代孙，七品执事官，管理户事。

是书，曲阜孔府藏有清道光刻本，谱内《支派总考》载见《曲阜孔府档案史料选编》，云：沂州府莒州一支，乃至圣五十九代孙讳彦方，字子端，号坦斋，性好嗜学，惜屡困场屋，因贫素课塾沂郡，后世子孙茔葬沂地，遂家焉。有子三人：长承绣，居沂水杷山庄；次承纲，徙居莒州中支子（集）庄；三承纪，徙居日照方子庄。承绣、承纪别为序。承纲祖有子五人：长宏彩，次宏悉，居中支集庄；三宏坚，四宏贤，自中支集庄徙居凤凰山庄；五宏宽，自中支集徙居大小铺新庄。自乾隆五十三年岁次戊申，余族传荣等抱《谱》来归，续修清楚，迄今六十年矣。支分派别，丁繁散处，苟不重为修辑，保无支派之不淆乎？余自丙午年敬慎修辑，录缮详明，至己酉年清和月始告竣焉。我孔氏信以传信，不至疑以传疑，则子子孙孙勿替引之，庶于宗派有所考云。道光二十九年岁次己酉清和月至圣七十一代孙七品执事官兼管理户事孔昭琪字含英，号琨圃沐手谨序。

是书今有曲阜文管局档案馆藏清道光二十九年孔氏家刻本。

■ 西里马头溪孔氏谱一册 未见

（清）孔继钟、孔昭玉等纂。继钟，吕官户四川支长寿县传世长子，孔子六十九代孙。昭玉，孔子七十一代孙。

是书为吕官户四川《支谱》，民国《新修合川县志·艺文志》著录，题"清孔祥珂撰"，谓"祥珂字觐堂，孔子七十五代孙，父端恪公繁灏于清同治中卒，祥珂照例袭封衍圣公爵，光绪中卒。予谥庄悫。此书为其光绪二年特辑以颁各省圣裔者，前后皆钤有衍圣公紫色印。首为祥珂所题《孔子世家谱序》，序后署三品首领官兼家庭族长孔衍祚鉴定。其谱职有率领、总理、监修、校对、誊录、监刊等，殆亦有事为荣也。次《历代优免恩例》，自汉高祖至清乾隆五年十九条。《阙里六十户总录》有行辈，《告示》开具前定十字,下注表字之派,后定十字,如云又定十字,独未注有表字之派。次《入谱条例》《禁规》五则,皆山东曲阜县原文。次《合州孔氏支谱序》,为长寿孔继钟作,即前分职率领者也。次孔昭玉《支派自序》,次《蠲免恩例》行知公文,次《孔子世家谱》,乃不依据《史记》宋微子、孔子两《世家》,而别采晚出之伪《家语》……疑是此三县子孙据其相传旧谱而附加入川以后各代印成,请其钤印者。"按:既疑三县子孙据其相传旧谱而附加入川以后各代印成,请其钤印者,又何以署题"清孔祥珂撰"?盖各地孔氏大都纂有《支谱》,这些《支谱》几乎无一例外的冠大宗于卷首,以示所自来,并持其所修,请宗子弁言,钤印备查,以存信阙里。

■ 孔子世家谱林前户支谱不分卷 存

(清)孔传壁等纂,孔传镗监修。传壁字星墀,林前户陪祀监贡毓炘次子,孔子六十八代孙,五品执事官,孔庭族长。传镗,林前户毓芳次子,孔子六十八代孙,武生,管理户事。

是书有清刻本,无刻书年月,半叶八行、行二十一字,注文小字双行,书皮题"孔子世家谱",内封镌"孔子世家谱·林前户/曲邑东关集文斋刊"。此《谱》前半为《孔氏支谱卷首》及大宗谱,后半为林前户世系,始于四十三代中兴祖仁玉,止于七十四代繁桂。书前有孔传壁宣统元年《续修孔氏家谱序》《修谱凡例》及总理修谱事务名单,后有补遗三叶。据总理修谱事务成员名单,参与修《谱》者有:三品执事官兼族长孔兴瑸,三品首领官兼林庙举事孔庆镗,武庠生、管理户事孔传镗,佐理户事孔传烺,五品执事官孔传壁等。传壁序云:"我孔氏世代相沿、伦序不紊者,皆赖乎敬修谱系。经前代祖创建,以迄国朝乾隆间,昭昭可考。但自甲子大修后,已经百余年矣。数次兴修未成。我林前户于光绪七年,经前户首传镗续修一次,延至光绪戊申岁,适蒙大宗主派余充孔庭族长之任,无时不以敬宗收族为心。详阅我户《支谱》,其中多有错讹,如不及时改正,诚恐年久族繁,难免紊乱之敝。余日夜筹思,即约户首、举,同本户族人,逐一按户认真编查,勿使舛错,增入新丁,缮写草本,校阅无讹,遂付诸梓,暂成《支谱》,聊备大修,以免遗误。"又书后补遗说明云:"本户于光绪七年经户头传堂(镗)绪修《支谱》,遗漏二支,至本年绪修发刻之后,有本户广安会同户头继如、继言、继杭,按祖支查明,增入本户;昭环会同继才,按祖支查明增入,故付于此。"据其《修谱凡例》,凡有以下情况者不得入谱:一、义子者不准入《谱》,二、赘婿者不准入《谱》,三、再醮妇带来之子不准入《谱》,四、僧道者不准入《谱》,五、不孝不弟者不准入《谱》。凡流入下贱者、干犯名义者,俱不准入《谱》。按:考孔氏鲁籍各户,率皆有谱,一修数修,不胜枚

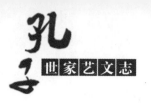

举,见于《孔府档案选编》的即有《孟村户支谱》、《滕阳户支谱》、《沂阳户支谱》等二十余部,限于条件,一时无法广加搜罗,据以详著。

是书今有清宣统间曲阜东关集文斋刻本。

■ 孔氏广文户济源县一支族谱 存

孔宪贵等纂修。宪贵,河南济源县支,孔子七十二代孙。

是书,《中国家谱总目》著有济源市花园街孔祥经藏1996年影印本,七册。书名据书名页题。书衣题"孔子世家谱"。谓:"五十四代思讷,元末迁居山西阳城。思讷孙希贤再迁济源,为始迁祖。"按:今考民国大《谱》广文户,思讷非迁居阳城,而是任山西晋宁路学正,后改太平县教谕致仕,归,行次阳城,卒于旅邸。子克诚,遂寄居阳城,后迁济源县三河村。其《谱》虽冠"广文"旧称,但子孙繁衍,已成独立支派,因此,仍依支派排序。又考纂修人孔宪贵,本支共有三位,均无事迹,未知谁是?又此帙不云影据何本?或为清末民国之古籍也。

■ 纸坊户太谷支孔氏宗谱六卷 存

(清)孔庆元等纂修。庆元,纸坊户太谷支,孔子七十三代孙。

是书,《中国家谱总目》著录上海图书馆藏清同治十二年抄本(六册),题《太谷孔氏宗谱》。谱籍山西太谷。《上海图书馆馆藏家谱提要》亦著此本,称不分卷。书名据书签题。一世祖宏问,原籍山东曲阜县洪川口,明朝中叶仕太原府交城县令,卒于任。子二:闻钦、闻美,以贫不克归里,一居交城,一居太谷正西三八甲。是为闻美迁居太古派谱。谱载阙里孔氏世爵大宗世系传、太谷孔氏世行传等。按:考太谷孔氏属鲁籍纸坊户,六十一代宏问,明成化时进士,历官晋省县令,终于山西交城任所。子闻钦、闻美因贫无力回鲁,遂家于晋。故据改题。

■ 纸坊户太谷支东西三十甲孔氏第四股家谱不分卷 存

(清)孔昭义等纂修。昭义,纸坊户太谷支,孔子七十一代孙。

是书,《上海图书馆馆藏家谱提要》著录清光绪四年孔昭让抄本(一册),据书签题名,无"纸坊户太谷支"六字。《谱》载世系。谱籍、始祖同上。

■ 孔子世家谱不分卷 存

(清)孔昭统等纂修。昭统,孔子七十一代孙,支派未详。

是书,《中国家谱总目》著录上海图书馆藏清嘉庆间刻本(二册),谱籍冠名"山东曲阜"。称书名据版心题。版心或题"孔氏支谱"。"是为祖居春秋鲁地之六十分户系传"。谱载序、姓源、凡例、世系图、世次等。才按：今考鲁地六十户，未见昭统其人其书，或著录有误，录此俟考。

家谱类

清至民国各派支谱

■ 萧山前孔孔氏宗谱八卷　存

(清)孔毓孝等纂修。毓孝字一顺，钱塘支兴溥次子，孔子六十七代孙。

是书，《东北地区古籍线装书联合目录》著有吉林大学图书馆藏清道光二十六年诗礼堂活字印本，六册。谱籍浙江萧山。《中国家谱总目》亦著此本，云书名据版心题。书签题"萧山苎萝孔氏宗谱"。始迁祖万善，新《谱》作"万山"，宋代人。

■ 萧山前孔孔氏宗谱八卷　存

(清)孔昭赓等纂修。昭赓字虞廷，钱塘支广德嗣子，广桧长子，孔子七十一代孙。

是书，《中国家谱总目》著有美国哥伦比亚大学东亚图书馆等藏清光绪二十九年诗礼堂木活字本，八册。书名据版心题。书衣题"萧山苎萝孔氏宗谱"。先祖同上。

■ 孔氏宗谱南宗世谱二十六卷　存

(清)孔昭桢、孔宪德等纂修。昭桢字干臣，钱塘支太学生广洫长子，孔子七十一代孙。宪德字小坑，昭庆第四子，孔子七十二代孙。

是书，《衢州孔氏南宗家庙志》载有民国七年孔氏诗礼堂刻本。谱籍浙江萧山。书共二十八册，半叶十二行，行二十二字，四周双边，单鱼尾；版心上镌"孔氏宗谱"，下有"诗礼堂"三字；内封刻"南宗世谱/民国戊午季夏重镌/诗礼堂珍藏"。凡卷一碑文、序文、家规，卷二诰命、传赞，卷三至十三世系，卷十四至二十六行传。前有七十一代孙孔昭桢民国七年六月《孔氏续修宗谱序》，略云："吾萧孔氏源分泗水，派衍三衢，历七十余世之多，计八百余家之众……"又书后跋谓："自四十八代祖端友公昆季扈跸南迁，由是支分衢、鲁。五十二世祖万山公由衢而之钱塘，由钱塘而之萧山，至六十二世祖五经博士闻音持谱来会合宗派云云。"此本序下钤有"丙字第 10 号闻道房收藏"朱文长方印，每册封面钤有"至圣南宗奉祀官审查之章"，亦朱文长方印。此《谱》自清乾隆五十七年重修,历经道光十八年、光绪二年、光绪二十二年以至本次,多次续修。按:《中国家谱总目》著录杭州市萧山区图书馆等藏本册数同。书名据版心、书签题为"孔氏宗谱"。云:始祖端思,南宋时宦居钱塘县(今属杭州市)定南乡。始迁祖沁,字心一,明代自定南乡迁居萧山县砾山南郑家塘村。

是书今有衢州市博物馆等藏民国七年孔氏诗礼堂刻本。

■ 南宗孔氏萧山砾山支谱二十九卷 存

孔昭衡纂修。昭衡字水樵,钱塘支郡庠生广心次子,孔子七十一代孙,曾任富萧战地难民救济委员会副主任委员,许贤乡乡长等职。

是书,《中国家谱总目》著有中央民族大学图书馆等藏1949年诗礼堂木活字本,二十九册。谱籍浙江萧山。书名据目录题。版心、书签题"孔氏支谱"。书名页题"南宗世谱"。六修本。先祖同上。

■ 南宗孔氏萧山砾山分支宗谱二十六卷 存

孔昭铭修。昭铭字涤盦,钱塘支武庠生广荣次子,孔子七十一代孙,浙江法政专门学校政治经济本科毕业,教育部选派国外留学,日本庆应大学经济学士,曾任商务印书馆《商业大典型》编辑主任,外交部科长,亚洲司研究室主任,及沪杭各大学教授等职。

是书,《东北地区古籍线装书联合目录》据吉林大学图书馆藏民国三十八年诗礼堂活字本著录,题[浙江萧山]《南宗孔氏萧山砾山分支宗谱》二十六卷,(民国)孔昭铭修。按:此书未寓目,疑即前谱。《孔子世家谱》昭铭传不云有此书,而谓著有《保险法》、《保险学》、《交易所法》、《信托业》、《公司财政》、《日本现代人物传》、《日本之战时财政》、《日本之战时资源》等书。今考其《保险法》有民国二十五年上海商务印书馆《实用法律丛书》本,《保险学》(与王效文合编著)有民国二十一年上海商务印书馆"职业学校教科书"本,《交易所法》有民国二十二年上海商务印书馆《新时代法学丛书》本,《信托业》有民国二十三年上海商务印书馆《商业小丛书》本,《公司财政》有民国二十二年上海商务印书馆《商业小丛书》本。另译有《交通地理学概论》(松尾俊郎著),民国二十六年上海商务印书馆印行。诸书皆自署"孔涤庵"。兹一并附此不另著。

■ 觉山孔氏宗谱二十四卷附一卷 存

(清)孔庆璋等主修。庆璋,萧山支,孔子七十三代孙。

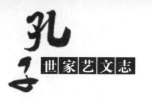

是书,《中国家谱总目》著有吉林大学图书馆等藏民国八年诗礼堂木活字本,二十九册。谱籍浙江萧山。书名据书签、目录、卷端题。版心题"孔氏家谱"。四十八世端友,字子交,南宋建炎二年自曲阜阙里南渡至浙江衢州。越五世至沕,字世川,葬萧山,子孙遂居萧山。卷一家规、谱序、源流、祭期,卷二世次,卷三补遗、杂文、传文、女传、谱跋,卷四至二十四世次、系图,附卷编序、启、简章、说帖、议决。按:《东北地区古籍线装书联合目录》著录吉林大学图书馆藏本,不著附一卷。按:此支与前著各谱显非一支。考沕为张曲户祖,尝任职江浙多年,惟民国大《谱》记载欠详明,不云葬于何地,庆璋亦不见于张曲户,录此俟考。

■ 太康孔氏族谱不分卷 存

(清)孔广恩等纂修。广恩,太康支,孔子七十代孙。

是书,《中国家谱总目》著有美国哥伦比亚大学东亚图书馆等藏清同治十一年世思堂刻本,二册。谱籍河南太康。始迁祖克常,字永夫,元末明初人。按:考民国大《谱》有广恩其人,继统次子,俱无事迹。疑广恩或为广思之误,广思字心田,号纳川,庠生,继忠次子。忠字良臣,道光八年,貤赠修职郎,通许县训导,三十年,敕封文林郎,河南彰德府教授。长子广益,字集斋,号绍虞,廪生,嘉庆戊辰恩科举人,历任河南彰德二府教授,截取知县,为太康县孔庭族正。

■ 广东中山潭洲孔氏宗谱三卷首一卷 残

(清)孔昭莱等主修。昭莱字鉴藜,一作鉴濰,别字小蓬,广东番禺支国学生候选布政使司经历、江西按察使司知事广龄次子,孔子七十一代孙,光绪十四年举人,官户部浙江司兼福建司主事,钦加员外郎衔,敕授儒林郎,诰授奉直大夫。

是书,《中国家谱总目》著录广东省立中山图书馆藏民国十九年纂修本(二册),作者不题朝代。存卷首、卷三。书名据卷端题。书衣、书根题"中山潭洲孔氏宗谱"。书名页题"广东中山潭洲乡大成堂家谱"。三修本。始迁祖公宽,字元祖,明代人。按:此《谱》未寓目,考始迁祖公宽有子二人,昭莱乃其次子彦裕之后。即:公宽生彦裕,彦裕生承举,承举生宏仙,宏仙生闻邦,闻邦生贞平,贞平生尚洪,尚洪生衍玉,衍玉生兴元,兴元生毓文,毓文生传声,传声生继隆,继隆生广龄,广龄生昭莱。另《广东文献综录》著有粤图藏民国十八年抄本[香山潭州]《孔氏宗谱》三卷,似即此《谱》。

■ 宁海州孔氏家谱　未见

(清)孔毓芳纂修。毓芳，牟平派，孔子六十七代孙。

是书，稿本《续修四库提要》据抄本著录，谓："毓芳，牟平人，事迹未详。牟平即今宁海也。宁海孔氏，系出阙里四十八代端孜。端孜子士元，于元至正初年，为牟平县尹，卒于官，子孙不能归，遂家焉。其后裔至为繁衍，散居四方，若东关五里头、城后等，皆其裔也。其《谱》十毁乱中毁失，止存草《谱》，清康熙间，五十九代尚先，因谱系所关甚大，欲与阙里合修，以事未就，仅叙城后一派。毓芳恪守前规，谨步后尘，阅世家之所记，考本族之所载，南宗、本宗，已各有图说，因将本支详其世代，稽其里居，以成孔氏全《谱》瓜瓞绵绵之意。是书于《谱》前标世纪之名，以至圣为一代祖，以次依世递推，每世记其代数、名讳、事迹等。四十八代以前，只记衍圣公嫡传，四十九代以后，先列衍圣公于首，即接载宁海一派子姓，至由宁海州分居各地，如孔家庄、官道南、城后等处。六十四代以后更有居周革庄、刘家庄、海北龙王堂、青石岭、紫现口、诸城长店铺等处者，亦皆载于《谱》内。各代无事迹者，只记生子，每代人丁，至为繁旺，然皆务农垦，营商贾，若登科甲、入仕途者，则至罕见矣。全《谱》叙至六十七代止，或系乾隆后抄本也。"按：考民国大《谱》牟平孔氏有三位毓芳，一为兴基长子，名下但云"子一：传薪"；一为兴邦三子，名下但云"赴北，子一：传盛"；一为兴峕子，名下但云"子二：传经、传德"，俱无字号事迹可考，未知其中是否有纂《谱》之人，录此俟考。

■ 牟平县孔氏次支谱书不分卷　存

孔宪洛纂修。宪洛字法东，牟平派拣选知县、莘县训导昭许长子，孔子七十二代孙，廪贡生，候选训导，仕清，充恭亲王府教授。

是书，《中国家谱总目》著有河北大学图书馆等藏民国二十一年铅印本，一册。书名据书签题。版心题"孔氏次支谱书"。始迁祖士元，字惟亨，元代人。按：民国大《谱》宪洛传不云有此书。

■ 孔家庄孔氏家谱不分卷　存

孔宪真纂修。宪真，牟平派，孔子七十二代孙。

是书，《中国家谱总目》著录栖霞铁口镇孔家庄孔宪海藏民国二十一年铅印本(一册)，冠谱籍"山东栖霞"。云"六十代宏立，明代自牟平县五里头村迁居栖霞县铁口镇孔家庄。"知其亦牟平派孔氏《支谱》也。

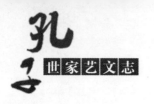

■ 孔氏宗谱（一名孔氏东家外史）不分卷 存

（清）孔宪文等纂修。宪文字有章，慈溪派昭亨次子，孔子七十二代孙，太学生。

是书，《上海图书馆馆藏家谱提要》著录题清光绪三十三年刻本，北京保利 2011年 6 月 3 日拍卖会古籍文献专场拍目作清光绪年精刻本，白纸四册，其"孔氏家乘图"页钤有"光绪乙巳季春七十二世裔孙字宪文号汉如修谱图章"朱文正印。"光绪乙巳"为三十一年。其谱谱籍为浙江桐乡，书名盖有二称，书签及世系作"孔氏宗谱"，传记卷端题"孔氏东家外史"。始迁祖公昉，约于明正统、景泰间自湖州东阡塘迁于桐乡青镇东园。谱内收录至七十五代，计有序例、孔子年谱、像赞、世系传、传记，"续修谱记"与历代衍圣公画像等内容。其人物传事迹之外，兼及著述，是一部较有参考价值的氏族文献。民国《乌青镇志》广平传等征引此书，径题"孔氏东家外史"。

■ 鄞东韩岭孔氏宗谱不分卷 存

（清）孔庆麟等纂修。庆麟，慈溪派，孔子七十三代孙。

是书，《中国家谱总目》著有宁波市天一阁博物馆等藏民国九年泗水堂木活字本，三册。谱籍浙江鄞州。书名据版心、书签、目录页题。三修本。始迁祖宏，行洪，明中叶自慈溪县樟桥村迁居鄞县韩岭村（今属东钱湖镇）。谱载谱序、凡例、家训、遗像、排行字、世系图、世次传。

■ 四明慈水孔后圣祠家谱草本二卷 存

纂修人不详。

是书，《上海图书馆馆藏家谱提要》《中国家谱总目》著有上图藏民国二十年孔昭萧积善堂抄本，一册。谱籍浙江慈溪。书名据书衣题。孔子四十九世裔琛，字李玉，行宗七，因宋室南渡，流寓奉化四明山。至五十一世文祐，字休征，号养高，始由奉化移居慈溪李碶，为慈溪庄桥支始祖。卷一序文、历代褒崇，卷二孔子编年、宗子世系传。内有范仲淹等人所撰序文。

■ 四明慈水孔氏三修宗谱二十卷首一卷附刊一卷 存

孔广鼐等纂修。广鼐，慈溪派，孔子七十代孙。

是书，《中国家谱总目》著有民国二十四年前圣祠木活字本，十六册。书名据目录题。版心、书签、书名页题"四明慈水孔氏宗谱"。先祖同上。卷首序例，卷一谱序、林庙图考、规训、姓源，卷二孔子年表、祀典，卷三艺文，卷四宗支世系图，卷五宗支世系传,卷六世系传,卷七家传、寿序,卷八至二十支派世系传。按:《上海图书馆馆藏家谱提要》著录此本但题《四明慈水孔氏宗谱》,《东北地区古籍线装书联合目录》著录吉林大学图书馆藏本作[浙江鄞县]《四明慈水孔氏三修宗谱》二十卷附刊一卷,《国家图书馆普通古籍总目》著录此本题孔传林等修,孔广蕭纂。

■ 肥南孔氏支谱十九卷首二卷　存

孔繁锦等纂修。繁锦,合肥支,孔子七十四代孙。

是书,《中国家谱总目》《国家图书馆普通古籍总目》著有国家图书馆藏民国五年忠恕堂木活字本,二十二册。谱籍安徽合肥。书名据书签题。版心题"孔氏支谱"。书名页题"安徽潜邑刘文魁梓敬镌"。始迁祖询,字若贤,国学上舍,明代人,住舒城,次子公鳖始迁合肥。

■ 阙里衍派湘乡孔氏支谱八卷　存

(清)孔继圣等主修。继圣,衢州派传教长子,孔子六十九代孙。

是书,《中国家谱总目》著有湖南省图书馆藏清乾隆六十年木活字本,八册。谱籍湖南湘乡。书名据书签题。版心题"圣裔谱牒"。书名页题"阙里分支圣裔谱牒"。湖广始祖克成,字定夫,又字集夫,号美田,元至正八年宦居湖北荆门。始迁祖彦易,字朝震,号魁赞,又号顺臣,行三,明天顺间徙居湘乡。

■ 孔子世家谱长善益宁支谱十六卷首一卷附录二卷　存

(清)孔宪教等纂修。宪教字法圣,号静皆,衢州派长支太学生昭邦嗣子,太学生候选县丞昭麒次子,孔子七十二代孙,光绪乙酉科举人,丙戌成进士,朝考一等,钦点翰林院庶吉士,晚年任孝廉书院山长。

是书有宣统三年木活字本,二十一册。谱籍湖南。封面题"孔子世家谱/长善益宁续修"。版心亦题"孔子世家谱"。卷首为新旧谱序、续修职名、旧职名、凡例、条规告示、目录、姓源、五王释奠诸仪、尼山防山图考。卷一有圣祖年表、图像考、林庙图考、历代褒崇之典、诣学之典、幸鲁之典、遗告之典、御制碑文、赋、序、赞、颂、诗、论、诏封等内容。卷二至卷九为世系,包括大宗世系,南宗世系,及本支世系。卷十祠志,卷十一优免、详劄、门牌,卷十二墓图,卷十三至十六为传记;末附流寓世系。按:四十七代若古,宋建炎初偕衍圣公端友随高宗南渡,寓衢州,是为南迁始祖。五十五代克成,原名诚,字集夫,元至正八年,由衢州任湖广荆门刺史,卒于任,子孙遂家于此。克成有四

子,分四房,裔孙散居于湖南长沙、善化、益阳、宁乡等处,此即四房后裔所修。此前,该支尝于乾隆、咸丰、同治年分别纂修,此为第四修。又考谱内世系,见记有本谱纂修人宪教"卒于癸丑年七月十三日辰时"之事,"癸丑"为民国二年,疑为后补。按:今考《上海图书馆馆藏家谱提要》著有长郡纂局纂修清宣统三年木活字本《孔子世家谱》残卷,存卷一、二、六、八,云"书名据书签、版心题。始祖传(若古)。始迁祖谟,元末明初自监利县太码河孔家潭迁湖南濒阳,旋迁长沙明道都新塘坪水口山。其后裔散居长沙、益阳、浏阳一带。存卷为世系传。"似即本支残谱,附此不另著。

■ 湘乡孔氏续修族谱九卷 存

(清)孔昭衡修。昭衡字显崇,号寿峰,衢州派国子监学录广璠次子,孔子七十一代孙,太学生。

是书,北京大学图书馆馆藏目录著有清光绪二十一年湘乡诗礼堂木活字本,九册,二函,有图及肖像,书名据书衣题。内封面背后牌记题"光绪乙未冬日广文户衍派湘乡续修",版心下有"诗礼堂"三字。按:《中国家谱总目》著录此本题"孔昭衡等主修",谓"先祖同上"。考民国大《谱》昭衡传但称其"字显崇,号寿峰,太学生",不云修谱事。又考其父广璠,字京理,号奂若,从九品职,道光十年,选补尼山书院,国子监学录。兄昭南,字显阳,号正元,贡生。时代与家庭条件俱相符合。因知此"孔昭衡"定为修谱之人。

■ 新城贤溪孔氏宗谱二十一卷 残

(清)孔祥纲纂修。祥纲,临江派,孔子七十五代孙。

是书,《中国家谱总目》著有福建省博物馆藏清宣统元年吴英秀堂刻本,二十一册。谱籍江西黎川。缺卷十五、十八。书名据书衣题。增补记事至清宣统三年。始迁祖均龙,宋代人。按:考民国大《谱》衢州派,均龙作均宠,字行善,迁居新城宏村。

■ 闽杭孔氏家谱五卷首一卷 存

(清)孔昭音等纂修。昭音,衢州派上杭支,孔子七十一代孙。

是书,《上海图书馆馆藏家谱提要》著录清光绪三十二年闽汀上杭县诗礼堂木活字本,书凡六册,书名据书签题。始迁祖新,世居江西临川县孔家渡九龙桥,元至治间新仕汀州,世乱路阻,因寓家上杭西门宣德方,占籍二图七甲。卷首序例、林庙事迹、典礼、祠记,卷一至五世系传。

■ 孔氏绿城湾重修宗谱一卷 存

(清)孔祥珂纂修。祥珂,衢州派四支,孔子七十五代孙。

是书,《中国家谱总目》著有美国国会图书馆等藏清同治十三年刻本,一册。谱籍江苏武进。书衣题"孔氏家乘"。始迁祖万有,宋代人。

■ 孔氏宗谱三十四卷 存

孔昭辉督修。昭辉,湖北浠水支广苾长子,孔子七十一代孙,庠生。

是书有民国十三年浠水阙里堂木活字本,三十二册,六函,书名据版心题。责任者、出版年据卷三十执事表。版心下印"百忍堂"。目录在卷三十执事表后。按:此书乃孔氏重要《支谱》之一,惜忘录何处?

■ 句容孔巷孔氏宗谱十二卷首一卷末一卷 存

(清)孔尚萃等纂修。尚萃字人初,号念劬,衢州派句容支东阁大学士太子太傅贞运次子,孔子六十四代孙,增生,官中书科中书舍人。

是书,《中国家谱总目》著有美国哥伦比亚大学东亚图书馆等藏清光绪九年刻本,二十一册。始祖传,世居曲阜阙里,宋建炎南渡,迁居衢州;传子端隐,官句容,卒,子瑄守墓居句容福祚乡之青城。瑄子撰,晚年复徙青城南三里处之许巷,后支派番衍,许巷亦随之更名孔巷。是瑄为句容始迁祖,撰为孔巷始迁祖。按:尚萃为清初人,系广沧先祖,《家谱总目》列此《谱》于广沧后,显为不妥;而题是《谱》为"光绪九年刻本",亦或有误,我疑所谓"光绪九年",或为康熙九年之误。

■ 句容孔巷孔氏家谱十三卷首一卷 存

(清)孔广沧等纂修。广沧字汇川,号清泉,衢州派句容支传举祠首奉祀生员继镗次子,孔子七十代孙,公举祠长。

是书,《上海图书馆馆藏家谱提要》著有清嘉庆元年刻本,八册,书名据书签、版心题。先祖同上。卷首序例、宗支世系图志,卷一至七世系传,卷八诰敕、恩荣,卷九至十一艺文,卷十二诗,卷十三墓图、续编传赞等。内有赵孟頫等诗文。按:考民国大《谱》广沧传,称其"二次续修家谱",此盖其一也。

■ 兴化孔氏支谱十二卷 存

(民国)孔宪荣纂修。宪荣字文孙,衢州派句容支昭森长子,孔子七十二代孙,清

光绪二十三年拔贡,宣统二年会考一等,初用礼部京官,后改学部。

　　是书,《上海图书馆馆藏家谱提要》著有清宣统元年木活字本,四册,书名据书签题。始迁祖宏贤,世居苏州,父承凤出外贸易,殁,卜葬于兴化东郊外,遂占籍焉。卷一孔氏本源考,卷二孔门纪要,卷三像赞、图考,卷四大宗世袭图,卷五流寓支派、服制图,卷六阙里世系传,卷七散寓世系传,卷八南渡世系传,卷九迁句世系传,卷十迁兴世系传,卷十一家传等,卷十二家箴、祭产。

■ 泰县孔氏支谱　未见

　　纂修人不详。

　　是书,陆铨《泰县著述考》著录未刊传抄本题《孔氏族谱》,云"未详"。并谓:"明先圣六十一世孔宏清由苏迁泰塘弯孔家庄,至八世分三支,其字派:宏闻贞尚衍兴毓传继广昭宪庆繁祥令德为贤友二十字,今已至令字,聚族以居,耕种自给。"因知其为苏州孔氏外迁《支谱》,遂据改题。

■ 孔氏族谱是政堂支谱　未见

　　(清)孔继鏷纂叙。继鏷有《孔北海年谱》,本部传记类已著录。

　　是书据孔继鏷《心向往斋集·是政堂支谱跋》著录,跋云:"阙里胄衍天下,表系载于大宗,不详所自出,枝叶夐曼,迷茫本根,有怅乎,莫之归矣。矧播迁流徙,侵寻患难者哉!从父春田公手此册于水火断烂之余,以授继鏷。自嘉庆庚午后,记传阙如于兹矣。其间,宅庐兆域,南北分暌,亲疏生聚,存亡绝续,旁错棼然。更如曾王母徐太孺人苦节存孤,王父孝子公居贫奉母,暨父名宦公刚廉悃愊,无负一官。藐然小子,其能讳不文之惭,而弗之纂叙也。旧谱一二存疑,略从厘正,其不及知,及知之弗审,谨俟吾宗之贤,加绳检焉。"按:据该《集》,其父名宦公,讳传坤,字静远,号五云,生乾隆四十二年二月十三日,卒道光三十年七月初七日,为孝子公仲子。又据其孙孔昭寀《会试硃卷》履历,继鏷一支,乃由顺天大兴迁至扬州府宝应县。而顺天孔氏,又何所自来?民国大《谱》失载,不可考。

■ 孔子世家谱长清县支谱四卷　存

　　(清)孔继虞等纂修。继虞字监唐,号乐萱,长清县支太学生传曾子,孔子六十九代孙,道光二十六年丙午科举人,钦加五品衔,历署曹州菏泽、冠县、肥城学正,宁阳县训导,候选知县。

是书,《中国家谱总目》著录美国哥伦比亚大学东亚图书馆等藏清同治十年刻本(二册)作[山东长清]《孔子世家谱》四卷,云"始迁祖沄,字云光,元代人。"按:民国大《谱》继虞传不云有此书。又考民国大《谱》,长清县支始迁祖为五十四代思盛,与之不合,录此俟考。

■ 孔氏宗谱 残

纂修人不详。

是书,《中国家谱总目》著有上海图书馆藏清道光十七年木活字本,一册(存卷七)。书名据版心题。谱籍浙江永康。始迁祖端躬,字子敬,号尝阐,宋建炎南渡,随父若钧自曲阜阙里奔台州,道经永康榉溪,父病卒,葬此,遂家焉。存卷为世系传。按:此书又著上图藏本支清光绪七年木活字本,一册(存卷六),亦不详何人所纂。附此不另著。

■ 孔氏宗谱永康支谱三十四卷 残

纂修人不详。

是书,《上海图书馆馆藏家谱提要》著录民国八年木活字本,作《孔氏宗谱》,不题卷数,凡三十册。上图此本为《永康支谱》,现存卷二至八、十二至二十六、二十八至三十四。书名据书签、版心题。卷十五版心卷次作十四,卷二十一作二十二。始迁祖同上。卷二至六世系图,卷七至二十六世系传,卷二十八艺文,卷二十九至三十一传记,余卷墓图。上海图书馆另藏有清道光十七年木活字本,一册,存卷七:世系传;《永康支谱》清光绪七年木活字本,一册,存卷六:世系传,俱不题纂人名氏。

■ 孔氏宗谱三十四卷 存

孔庆咸主修。庆咸,永康支,孔子七十三代孙。

是书,《中国家谱总目》著有民国八年木活字本,三十四册。书名据版心、书签、卷端题。先祖同上。卷一谱序、诰敕、遗像、家规、凡例、排行字、谱册字号、宅图、祀记,卷二至六世系,卷七至二十七世传,卷二十八序、记、诗、传,卷二十九传、略、状、赞,卷三十传、序、略、状、赞,卷三十一诗、传、序、略、状、赞,卷三十二古迹志、墓图,卷三十三至三十四墓图、祀产、约据、谱跋。磐安县盘峰乡榉溪村孔金良、磐安县大盘镇学田村孔松弟有藏。上海图书馆藏本不全。又有1955年木活字残本,存三十卷,三十三册,磐安县图书馆藏。

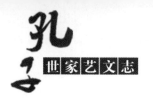

■ 孔氏宗谱八卷　残

（清）孔广林主修。广林,东阳支,孔子七十代孙。

是书,《中国家谱总目》著有东阳市档案局藏清嘉庆元年木活字本,存卷一,一册。谱籍浙江东阳。始迁祖端躬,南宋建炎四年自台州府城迁居东阳县斯村(今属巍山镇)。卷一谱序、家规、凡例、宅图、世系图,卷二至三世系图,卷四至六世传,卷七书、记、序、诗,卷八传、赞、行状、墓图。

■ 孔子世家谱河北南宫县支谱四卷　存

（清）孔兴教、孔毓均纂修。兴教字振修,南宫县支例赠文林郎衍绶三子,孔子六十六代孙,庠生,七品执事官。毓均字升平,兴教长子,孔子六十七代孙,岁贡生,历任赵州高邑、清苑、任县训导,高邑教谕。

是书,《北京大学图书馆藏古籍善本书目》著录清乾隆刻本,但题《孔子世家谱》,凡二册一函,半叶九行,行二十一字,四周双边,单黑鱼尾,白口。按:据考此为南宫县《支谱》,因改题。其书首有孔昭焕序及清雍正十年前衍公孔广棨、"绍兴二年岁次壬子五月朔四十八代孙端朝"、"大德陆年岁次壬寅月正元日四十八代端朝续编承事郎秘书监秘书郎淑"、"元丰八年十一月二十二日四十六代孙朝议大夫知洪州军事兼管勾劝农事江南西路兵马钤辖柱国赐金鱼袋宗翰"、"绍兴五年十一月九日丹阳洪兴祖"(附《阙里宗枝图记》,末题"时天历二年八月吉日五十四代孙嘉议大夫袭封衍圣公思晦谨记")等旧序。另有一序,疑洪武朝衍圣公作。又附有《历代衍嗣歌》、《史记·世家》、《修谱凡例》。卷末有孔端朝旧跋及"继梓"、"心斋"、"自娱氏"等印记。昭焕序云:"记曰:万物本于天,人本乎祖,故圣帝明王,兢兢乎慎之。古者宗法之行也,有姓有氏,姓以纪其源,氏以析其流。阅年之久,悉通前后之所载,而核实以为谱,是必昭穆以辨之,世次以系之,文物以秩之,声明以发之,集成刻之于简,继继绳绳,家风不坠,谱顾不重哉。维我圣祖律天袭地,传其道于天下万世,盖亦传身于本支百世。传道者谱道,虽大小显微之道皆其道;传身者谱身,虽元仍云耳之身皆其身,本末源流,道脉日昌,则苗裔亦日盛也。历年三千,历世七十,阙里繁衍,几丽亿之庆,其散处四方者更不知凡几,绵绵瓜瓞,未尝不为之一快。岁在戊寅,族人毓均、毓坦、传勋、继往,率族数辈,携《谱》来谒,阅之,悉遵先公钤印之旧《谱》,而重续之。分支自第四十九传官冀州教授,阻于兵燹,因家南宫,历二十余世矣。今照大修小修之例,厘正支牒,鸠工庀材,越寒暑而告竣焉。俾前三十年之人之事足信,后三十年之人之心肃继承而绵祖绪,良可嘉也。昭焕谬膺圣天子宠命,主鬯庙庭,收族于《谱》,即为收族于庙,因踵《史记·

世家》而详疏之，上自元鸟之祥，迄于麟绂以降，如山岳之峙，江河之流，一之可散而为万，万之仍归而为一。我族在南宫与在阙里，复何异乎！原尔同派子姓敦伦饬纪，仰答朝廷之培植，克昌圣祖之脉络，原原本本，依然金声而玉振。诗曰：君子有谷，勿替引之。今日实厚幸焉。时乾隆二十三年岁次戊寅季春之吉七十一代孙袭封衍圣公昭焕谨序。"又广棨序云："皇上御极之八年，祖庙工成，又三年，林工亦竣，规模宏远，制度辉煌。广棨谬膺主鬯，惧弗胜任，躬逢圣天子典学右文，度越前古，隆规异数，叠沛频施，伏念我先师圣祖，道高德厚，乘裕于无穷，而嫡长子孙，邀荣尤渥。岁时家祭，率族姓展拜阶前，因思吾宗历三千年之久，传七十世之遥，支分派远，其散处四方，列于编氓者，不知凡几，未尝不为之三叹也。岁壬子，族人兴教、兴让率其子弟数辈造门请谒，询其所自，则从直隶之南宫，叩其谱系，则自第四十九传官冀州教授，阻于兵燹，因家焉。历元明以来，繁衍至二百余丁，特立尚祠，崇祀始祖，春享秋尝，流风不坠，良可嘉也。予既叹其安土重迁，不获来归阙里，聚族而居，又幸其继继承承，克自树立，以绍前徽。唯我先师圣祖，灵爽如日月经天，教泽如江河行地，无不照临，无不流贯，则其在南宫与在曲阜，亦更无以异也。归语尔子姓兄弟，今皇上崇奉先师，至诚至敬，礼明乐备，恩覆泽洽，凡我族人，忝为圣裔，务祈砥行饬躬，勤耕力学，以答天麻，以绵祖绪，将使东鲁分支，复大振于广川恒水之间，则棨亦有光荣也。语竟，即书之以弁其《谱》。时雍正十年岁在壬子仲冬月朔七十代孙袭封衍圣公广棨谨序。"今考民国大《谱》兴教传，内称其"雍正十年，率子弟数辈，携谱至阙里，谒祖庙，见宗子广棨，欣逢皇恩，诏访先圣流寓子孙，一体优免，蒙移咨直隶总督到司行州饬县，另编立圣裔户名，豁免差徭，不列编氓，勒碑垂久，南宫族人，均沾国恩。"所载与谱序正合。惟《中国历代人物年谱考录》著录此书题为清曲阜孔毓均、孔毓秀等纂，似嫌不符。

是书今有北京大学图书馆藏清乾隆二十三年孔昭焕序刊本。

■ 孔子世家谱河北南宫县支谱四卷 存

(清)孔继滨、孔宪章纂修。继滨，南宫县支耆宾传亨长子，孔子六十九孙。宪章，孔子七十二代孙。

是书，《清志补编》作《孔子世家谱》，"继滨"误为"继宾"；《国家图书馆普通古籍总目》、《中国家谱总目》著录国家图书馆藏清光绪六年刻本亦作《孔子世家谱》，题孔宪章等纂修。稿本《续修四库提要》著录清光绪刻本，书名同二书，云：继滨、宪章，河北冀州人，事迹不详。孔氏自宋南渡后，散居四方者甚多，宋高宗绍兴间有名玙者，官夏津县教谕，升冀州儒学教授，因金兵阻隔，遂家于南宫。元明以来繁衍日众，特立专祠，崇祀先师。明洪武初年，又有由南宫徙出，分居冀州者。清雍正间，照《宗谱》大修、小修之例，厘正谱牒，携赴曲阜，请于衍圣公联为《支谱》，历次续修，均携往曲阜，钤印存查，此《谱》即光绪间续修者，亦按孔氏《宗谱》例，不立世系表，谨标某代，平列名氏，次依书之。第一代孔子后附《年谱》。嗣是而后，凡衍圣公嫡系一派，众子姓名氏均备书之，而每代名氏之下，更附例事迹并子之人数。自四十九代而后，专详南宫冀州支，其曲阜嫡派则仅录衍圣公大宗，列于每代之前，至有迁徙他处者，则注迁徙某处，详某《谱》后不序等语。五十八代后，则谨详冀州一支，其南宫者亦不序列。孔氏之居冀州者，既无科名，尤乏事迹。每代名氏之下，仅注子某某，其字号、生卒、婚配、葬所等，亦不计及。总之，此书全无《族谱》体例，不过记孔氏之居冀州者历世名氏而已。书前附孔子及子思像，阙里六十户名称，修谱凡例，历次修谱名氏，历代衍圣公序等。按：凡例有云，《家谱》标题旧曰《孔氏族谱》，与家乘何异？昔太史公叙孔氏世次，特称《孔子世家》，因改题《孔子世家谱》云云。孔氏固为至圣后裔，然标《孔子世家》，自有曲阜本支在，与南宫何与？不若题《南宫孔氏支谱》较妥切也。

■ 直隶保定府新城县孔氏族谱不分卷 存

（清）孔兴禾纂修。兴禾，河北新城支，孔子六十六代孙。

是书，《中国家谱总目》著有山西寻源姓氏文化研究中心等藏清乾隆四十四年刻本，一册。谱籍河北高碑店。书名据版心、书衣、卷端题。版心题"孔氏族谱"。始迁祖郎，明代人。

■ 顺泰鲁国郡孔氏宗谱一卷 存

孔庆怀纂修。庆怀，平阳派，孔子七十三代孙。

是书，《中国家谱总目》著有瑞安市图书馆藏 1941 年木活字复印本，书名据卷端题。谱籍浙江瑞安。始迁祖桧，字圣植，号晦堂，五代后唐同光二年避乱迁居平阳县，后又迁居瑞安县广化乡大日里（今属顺泰乡）。谱载修谱名录、谱序、祖训、宗规、姓氏解、祖庭广记、传、墓志铭、祠记、家庙、祀典、行第、世系图。

■ 孔子世家谱平阳派支谱 未见

（清）孔宪铎、孔宪宽等纂修。宪铎字鉴清，号兰亭，平阳派昭裘次子；宪宽字明宽，号朗岩，昭矩子，皆孔子七十二代孙。

《孔子世家谱》平阳派二支："宪铎，字鉴清，号兰亭，道光壬午，纂修本房世系"；

"宪宽,字明宽,号朗岩,道光壬午,纂修本房世系";"宪琼,一名楷,字朝鼎,号法先,一号礼黄,九品衔,赠登仕佐郎。道光壬午,编次本房世系。"又宪璋传云:宪璋字于天,号稼轩,业儒,道光壬午,督修《宗谱》,校阅世系。兹据著录。按:此外,本《谱》尚有监修孔昭干(字廷桢,号友石,庠生),督刊孔宪元(宪元,字步鳌,号艺圃,太学生),经理谱事孔昭全(字振业)等人。本《谱》盖上接嘉庆十一年丙寅《谱》,后分别于同治七年、光绪二年加以续修。巧合的是,光绪二年谱校阅人中也有一名宪铎者,太学生,钦加州同衔。

■ 孔氏南支宗谱 佚

(清)孔兴楷纂修。兴楷一名楷,字殷潢,号东来,平阳派高淳支己亥拔贡、候补儒林郎衍镶子,孔子六十四代孙,太学生,考授县丞。

是书,《江苏艺文志》据《国朝金陵诗征》著录,孔兴楷作孔楷,云:楷字殷潢,清高淳人,孔子后裔,国子监生,性孝友,躬谒阙里,受嘱理孔氏南支宗务。康熙二十五年筑浮山圩堤以御水,四十七年出谷赈饥,乡人德之。雍正十年,举乡饮大宾。《孔子世家谱》兴楷传亦载修《谱》事,略谓兴楷"由庠生入太学,考授县丞,重葺家庙,主修《宗谱》,雍正辛亥,举乡饮大宾。义行载《县志》。""辛亥"为雍正九年,与《江苏艺文志》、《高淳县志》本传小异。又见曲阜孔府档案第1458号雍正十三年四月二十日"札付高淳县为查孔毓超等支派源流有无冒滥事"档有"据高淳县族人原任山西潞安县知县孔毓仪、乡饮大宾候选县丞孔兴楷……"等语,知楷雍正十三年时尚健在。

■ 孔氏宗谱世系图 未见

(清)孔尚颜纂。尚颜字成甫,号鹤林,江阴支贞任子,孔子六十四代孙。

《孔子世家谱》平阳派三支:"六十四代尚颜,字成甫,号鹤侣(林),性沉静,好读书,长于诗歌,著有《鹤林集》行世,尝辑《宗谱世系图》。"兹据著录,未见传本。按:考此《谱》本支六十三代贞成,绘有《梧塍孔氏世系总图》;贞时,榜名时中,字道真,号鹅墩,廪膳生,亦有功《宗谱》,兼优德行。尚颜此《图》,或于二人多所借鉴。

■ 续修梧塍孔氏谱二十卷首一卷 存

(清)孔昭仁等纂修。昭仁字全德,号韵香,平阳派江阴支七十代广麟长子,孔子七十一代孙,议叙职员。

是书,《上海图书馆馆藏家谱提要》著有清同治十二年诗礼堂木活字本,二十册。

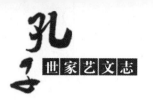

谱籍江苏江阴。书名据谱序题,书签、卷端题《孔林南枝宗谱》。始迁祖亘,南宋绍兴间以武功大夫守江阴军,遂占籍于邑之梧塍里。卷首序例,卷一孔子世系、先世像赞,卷二历代褒崇、诰敕,卷三碑记,卷四诗赋,卷五大宗世传,卷六支派世传,卷七至十三梧塍世传,卷十四至十五传记,卷十六寿序,卷十七墓志,卷十八祭文、輓诗,卷十九墓记、序跋,卷二十礼则。内有朱熹、李东阳等诗文。

■ 孔子世家谱献县派支谱 存

(清)孔继愈等纂修。继愈字汝贤,献县派雍正四年贤良方正、袭授汉军佐领传志三子,孔子六十九代孙,雍正十三年乙卯科武举,任江西袁州卫守备,敕授中议大夫。

是书,曲阜孔府、河北民间等皆藏有清嘉庆间刻本,版心镌“孔子世家谱”,前有纪昀序及纂者自序。纪序谓:余姻家孔君汝贤,系出唐太常冲远,以太常陪葬昭陵,子孙遂家西安。越十四代,以戍守迁居凉州。又十三代,以劳绩隶锦衣卫籍,又迁于河间,前明所谓忠顺屯也。国朝顺治初,又以军功受世职者,故有一支隶旗籍,而族属则仍为河间籍。末署“嘉庆九年十二月,经筵讲官礼部尚书兼文渊阁直阁事同里纪昀撰,时年八十有一。”孔氏自序亦云:“吾孔氏河间一族,派出阙里,自三十二代唐文学馆学士太常公陪葬昭陵,后嗣居西安;宋初迁凉州,明初家河间府城东之南柯里,递传至今。”因知此支乃系唐初大儒孔颖达后裔。又考其始迁祖公伸,与兄公保同家河间府,敦伦常,尚气节,佐兄北征,常资谋略,功成身退,有古隐君子风。祖毓恩,字泽久,号柯村,荫生,吏部八品笔帖式,加一级,敕授山东省青州府通判,加二级,署青州府知府,调署沂州府知府,敕授朝议大夫。另考其书《中国家谱总目》、《上海图书馆馆藏家谱提要》等俱不著录。

■ 孔子世家谱献县派支谱不分卷 存

(清)孔广瑀等纂修。广瑀字蕴璞,献县派郡庠生、敕赠武略骑尉继芬长子,孔子七十代孙,道光五年乙酉科举人,敕授武略骑尉。

是书,《中国家谱总目》据国家图书馆藏清道光间刻本著录,书名据书名页题《孔子世家支谱》,一册。谱籍河北献县。始迁祖公保,明代人。《国家图书馆普通古籍总目》著录此本亦题《孔子世家支谱》,云:卷次凌乱,有缺页;书名据书名页题,版心题《孔子世家谱》。按:考民国大《谱》献县派,始迁祖公保,明成祖永乐二十年,随驾北征有功,钦授锦衣卫正千户。二十一年,奉钦命将家眷起取进京,赐田于河间府河间卫忠顺屯之南柯营,因家焉。此《谱》系《献县派支谱》,孔府有藏,故据改题。

■ 续修孔氏宗谱 未见

(清)孔昭恭、孔广源等纂。昭恭字孟金,号桂生,郏县派温岭支广教长子,孔子七十一代孙,邑庠生。广源,郏县派温岭支继教嗣子,孔子七十代孙,太学生。

是书乃温岭《支谱》,未见书目著录,吴小谦《温岭市江绾孔子后裔考》,录有孔继成民国三年冬月序,略云:吾宗系出兖州,派分洙泗,子孙相继,显达者多。四十一世祖仲良公任莆田令,徙居闽之涵江书院。越二世祖延集公,避南人之乱,挈家而迁至绾山。后因丁蕃地狭,分支于王岙、水桶岙、都墩、闸头、雾岭下、南城诸地方,皆延集公之一派。至五十三世祖仁回公,始有谱牒。明洪武十六年,克庸公任大名知府,亲造曲阜谒庙祭祖,而先世宗派,乃以大明。后经六十一世祖宏参公汇集族中各支,逐一搜罗,重加修葺,俾男女婚嫁、生卒葬所,备载于《谱》,明如观火,朗若列眉,知《宗谱》续修之功大矣。而其间修不一告成数次,奈多历年所,支分派别,散分四方,保无饮水而未获知源、同根而弃如异种者?今幸族中昭恭、广源诸君,有感于斯,商议续修,踊跃重竣,非惟成家之支图赖以可稽,即族中递衍递繁,亦将历历可考矣。成虽不才,愿附骥尾,亦舒其返本穷源之志,而为之叙,以免数典忘祖之讥云尔。兹据著录。按:昭恭、广源,民国大《谱》不云修谱事。继成,事迹未详。宏参,也未见载。又考其《谱》,仁回,实为五十一代,而非五十三代。克庸,其《谱》但云"大名知府,子一:希泰"。可见孔氏谱牒虽号严谨,亦不免有疏漏也。

■ 镇江孔氏宗谱十六卷首一卷 存

(清)孔广馥等纂修。广馥,丹阳派镇江支,孔子七十代孙。

是书,《上海图书馆馆藏家谱提要》著有清同治十一年木活字本,十七册。谱籍江苏镇江。云:书名据版心题,书签题《江南孔氏宗谱》。始祖绚,唐乾符间为丹阳令,卒于官,子孙遂居其地。始迁祖瑄,五代时官丹徒尉,子孙遂占籍镇江。卷首优复、恩例,卷一谱序、姓原、祀典,卷二孔子年表、诰敕、诗文,卷三宗支世系传,卷四至十四镇江孔氏世系传,卷十五至十六传赞。《中国家谱总目》著录此本作《镇江孔氏合修宗谱》。

■ 镇江孔氏合修宗谱 存

(清)孔广宇等纂修。广宇,镇江支,孔子七十代孙。

是书,《中国家谱总目》著有中国社会科学院历史研究所图书馆等藏清光绪三十年木活字本,十六册。书名据卷端题。版心题"镇江孔氏宗谱"。书签题"江南孔氏宗

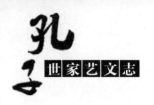

谱"。按:《总目》此条不云始迁何人?考衢州派江苏镇江莱村支,无广宇其人;江苏镇江(句容下属)支七十代有广宇之名,继百子,其它不详,未知此人否?

■ 云阳孔氏重修族谱八卷　存

孔广见等主修。广见,丹阳支,孔子七十代孙。

是书,《中国家谱总目》著有中国科学院图书馆藏民国二十年玉振堂木活字本,八册。谱籍江苏丹阳。书名据目录题。版心题"云阳孔氏宗谱"。书名页题"孔氏宗谱"。始迁祖道昆,字浩然,行二,明季自丹阳后十里甸入赘寺基冈吴氏。又有道富,行一,自丹徒迁丹阳宝堰塘镇东塘西村。该谱记寺基冈本支及宝堰塘镇西村支世系。按:考民国大《谱》丹阳派五十七代道昆,改名言昆,迁居寺基冈,传至继字辈,因《谱》被火焚,名皆失考。

■ 孔氏家谱南海罗格房六卷　存

(清)孔毓灵等纂修。毓灵字敏建,号晴崖,岭南派南海支恩赐登仕郎兴结次子,孔子六十七代孙,恩赐登仕郎。

是书,《中国家谱总目》著有广东省立中山图书馆等藏清道光元年刻本,二册。谱籍广东南海。书名据书名页题。版心题"南海罗格孔氏家谱"。书根题"孔氏旧谱"。十一修本。佚名墨笔增补。有图。南迁始祖昌弼,又名崇弼,字佐化,唐末避乱入粤,寓居韶州正昌(即南雄府保昌县)。罗格房始迁祖细祖,号阜林,元代自本邑鼎安磻溪迁来。按:《广东文献综录》此书题"孔毓灵、孔毓端纂修"。毓端本书有著录,可参阅。又广陶同治五年手跋其《谱》云:"此道光元年所修之《谱》,曾送公府印盖龟文。陶于咸丰十一年起重修新《谱》,至同治三年告竣,已将此旧《谱》同寄公府验过,请盖新印。今一并发还。是《谱》亦应交宗祠□□,同新《谱》敬藏勿失,以备存查。"

■ 南海罗格孔氏家谱十四卷首一卷　存

(清)孔广镛、孔广陶纂修。广镛字厚昌,一字少庭,号怀民,岭南派南海支翰林院编修继勋长子,孔子七十代孙,道光二十四年甲辰科举人,以内阁中书,遇缺即选,加侍读衔,赏加布政使衔,给予一品封典,诰授荣禄大夫。广陶有《鸿爪日记》,本部传记类已著录。

是书有清同治三年南海孔氏诗礼堂刻本。按:《上海图书馆馆藏家谱提要》、《中国家谱总目》著录此书作"清同治四年诗礼堂刻本"(八册),题(清)孔广镛等纂修。

云书名据书名页题。版心、书签、目录、卷端题"南海罗格孔氏家谱"。十二修本。先祖同上。卷首序例,卷一历朝制诏祭文,卷二诰敕、家庙帖示呈约,卷三公移录,卷四像赞、墓图,卷五曲阜及南迁世系,卷六至十一罗格世系,卷十二传状,卷十三墓志、碑记,卷十四祠墓、艺文等。内有韩愈、湛若水等所撰文。然考此《谱》实告竣于同治三年,孔继芬跋云:"是《谱》于道光辛巳毓灵叔祖重修,时族属日渐繁盛,仅就新增子姓纂入,故传志寥落,犹未搜求。炽庭兄供职翰林,协修国史,明书法,审体例,遂有续修之志。丁酉岁,芬至都,更欣然相谓曰:汝斯行也,历齐、鲁、燕、赵,览名山大川,南北往返万余里,诚足为他年修《谱》之一助。芬心韪之,讵兄乞假归里未几,而没于王事,芬又深惜之。兹幸广镛、广陶兄弟,竟能缵承先志,慨然以修《谱》为己任,取欧、苏二公及前明国初各巨族家乘,考其义例,仿其规模,集众美而折中之,不彬彬乎大备哉……同治三年岁次甲子孟冬上浣穀旦光禄寺署正衔候选训导六十九世裔孙继芬谨跋。"另考孔府档案,此《谱》修成后送呈曲阜钤印备案,其文档谓:"具禀布政衔即用道孔广镛暨弟广陶等寄居广东南海县,为续修谱系,恭请盖印存案,以垂永久,而绵圣脉事。窃族等自三十八代祖孔戣公避唐末之乱宦游粤东,遂于南海罗格为家焉。厥后族大蕃衍,历代修辑谱牒,敦宗收族,不致漫散无纪,有案可稽,因年远日久,恐废先人遗意,特联属族众缮为成帙,理合全明。为此,恳乞仁明宗主大人恩准盖印存案施行云云。"

■ 南海罗格房孔氏家谱十四卷首一卷附系统图一卷 _存

(民国)孔昭度主修。昭度又名昭柏,字贞和,号公豀,岭南派南海支广朗子,孔子七十一代孙,花县县长。

是书,《中国家谱总目》著录广东省立中山图书馆等藏民国十八年诗礼堂铅印本,书名不标卷首与《系统图》。书凡八册。书名据书名页题。版心、书签题"南海罗格孔氏家谱"。书根题"罗格孔氏家谱"。十三修本。先祖同上。书末有民国十八年孟冬孔昭纯、孔祥熙跋,昭纯跋云:"我族《家谱》,自清同治元年壬戌广镛、广陶公兄弟重修后,于今六十有八载矣。其间,岁月蹉跎,老成凋谢,每谈故事,辄各茫然,再越几时,不将文献云亡,而昭穆失序也哉?众为此惧,乃发起续修之宏愿。本年正月初六日,为奉行春祭典例,老少咸集祠堂,因提出请议,当蒙通过,随举定昭度为总编辑,昭信、昭业帮编辑,广秩、广河、广芬、昭锦、昭桢、昭鉴、宪楠、宪营等分任调查兼筹备,阅时十月,始克蒇事,计全部仍旧编为十四卷。而经费所自出,一则由各祖尝租项内每百征收五元;二于乡省曲乐港澳,以及南洋分发缘部,由各子孙热心捐助;三领《谱》者每部酌收纸墨费三元。踊跃进行,恪守萧规,共图班续。今者,有志竟成矣。"

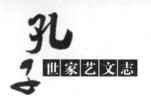

■ 南海叠滘念八房新屋贞吉甲孔氏家谱六卷　存

(清)孔广心纂修。广心字德庵,岭南派南海支,孔子七十代孙,附贡生。

是书,《中国家谱总目》著有上海图书馆等藏清咸丰十年刻本,三册。书名据目录、卷端题。《上海图书馆馆藏家谱提要》据版心题"南海叠滘孔氏家谱"。始祖同上。叠滘房始迁祖元演,字流远,号念八,南宋咸淳二年自广州城采虹桥迁叠滘乡。卷一谱序,卷二历朝褒赠、历代章程事迹纪略等,卷三像赞、孔氏世系等,卷四至六叠滘房世系传。内有陆机、米芾、李梦阳、海瑞等诗文。

■ 孔氏族谱一卷　存

孔昭汉纂修。昭汉,岭南派南海支,孔子七十一代孙。

是书,《中国家谱总目》著有广东省立中山图书馆等藏民国十九年佛山同文堂书局铅印本,一册。书名据版心、书衣题。卷端题"南海叠滘双溪房族谱"。书衣题"又南海叠滘双溪房祖述堂修"。始祖同上。始迁祖元派,字源远,号念九,宋代人。

■ 南海华平孔氏家谱八卷首一卷　残

孔昭耀纂修。昭耀,岭南派南海支,孔子七十一代孙。

是书,《中国家谱总目》著有广东省佛山市图书馆藏民国十九年抄本,一册。存卷首、卷一。书名据书名页、卷端题。书名页又题"谱校录于佛山怡美堂"。始祖同上。始迁祖希豫,字悦安,号近斋,迁居南海白屋边,其后代迁入南海华平乡。

■ 孔氏族谱不分卷　存

纂修者不详。

是书,《中国家谱总目》著有马来西亚马来亚大学图书馆等藏 1937 年抄本。谱籍、始祖同上。始迁祖思用,字体文,元代人。

■ 孔氏家谱六卷　残

纂修者不详。

是书,《中国家谱总目》著有广东省立中山图书馆藏清末刻本,三册。谱籍广东琼海。存卷一、四、六。书名据版心题。记事至清光绪十三年。始祖昌弼,字佐化,唐代人。始迁祖承思,字圣宇,号鲁亭,明代人。

■ 番禺小龙孔氏家谱十二卷首一卷 存

(清)孔昭湘等纂修。昭湘,岭南派番禺小龙支,孔子七十一代孙。

是书,《中国家谱总目》著有广东省立中山图书馆等藏清光绪二十三年玉书堂刻本,七册。谱籍广东番禺。书名据版心题。十三修本。卷末题"粤东省西湖街成文堂承刊印"。始迁祖元勋,行一,宋代人。记事至七十五世。按:元勋为鼎安磻溪孔氏小龙支之祖、四十七代粹长子。另考民国大《谱》此支未见昭湘其人。

■ 番禺小龙孔氏家谱十二卷首一卷 存

(清)孔宪霖等纂修。宪霖又名宪钧,岭南派番禺小龙支昭安(又名昭融)长子,孔子七十二代孙,两广军医学堂毕业,历任广东陆军第一军医处长,建国第三师军医处长,第八路总指挥部陆海军第一教养院院长等职。

是书,《中国家谱总目》著有广东省立中山图书馆等藏民国二十一年玉书堂铅印本,八册。书名据版心、书签、书名页题。十四修本。先祖同上。

■ 番禺诜敦孔氏家谱六卷首二卷 存

(清)孔广汉等主修。广汉又名沛然,岭南派番禺诜敦支候选训导继溶(又名继业)长子,孔子七十代孙,广东博济西医学校毕业,任军医长兼医学教习。

是书,《中国家谱总目》著有广东省立中山图书馆等藏民国十九年报本堂铅印本,六册。书名据书签、书根题。版心题"番禺诜敦家谱"。书名页题"孔氏家谱"。广东市播文印刷厂承印。始祖同上。始迁祖五十四世思范,字复贤,号纯庵,元代人。按:考广汉,清咸丰四年(1854)生,民国三十四年(1945)卒,年九十一。《总目》又著上海图书馆藏孔宪校等纂本支《谱》2003年铅印本,七册。附此不另著。

■ 番禺暹冈伏龙孔氏族谱不分卷 存

(清)孔广炽等纂修。广炽,岭南派番禺支,孔子七十代孙。

是书,《中国家谱总目》著有广东省立中山图书馆等藏清光绪二十三年育麟堂、绍麟堂刻本,二册。书名据卷端题。版心题"番禺孔氏族谱"。一册书名页题"贲隅暹冈房孔氏家谱育麟堂藏板";另一册书名页题"贲隅伏龙房孔氏家谱绍麟堂藏板"。入粤始祖昌弼,又名崇弼,字佐化,唐代人。暹冈房始迁祖顺祖,字慕山,宋代人。伏龙房始迁祖敬祖,字卓斋,宋代人。按:考民国大《谱》,暹冈房始迁祖为四十七代巨,字梦雷,

宋进士,官至提举朝奉郎。子三:元卿、元英、元舆。二者所记不合。

■ 德庆封川孔氏家谱 残

（清）孔传睿纂修。传睿字作圣,岭南派德庆支毓昌长子,孔子六十八代孙,庠生。

是书,《中国家谱总目》著有广东省立中山图书馆藏清嘉庆十八年刻本,一册。谱籍广东封开。存卷二。书名据卷端题。版心题"孔氏家谱"。始迁祖安诵,宋代人。按:考民国大《谱》,安诵一名志,四十五代惟翰四子(一说三子),宋绍兴元年,辟授德庆府朝奉郎。致仕后,卜居端溪县。

■ 五华孔氏家谱不分卷 存

孔庆璋纂修。庆璋,岭南派惠州支,孔子七十三代孙。

是书,《中国家谱总目》著有香港大学冯平山图书馆等藏据民国三十一年铅印本影印本,二册,精装。谱籍广东五华。始迁祖希革,明代自惠州迁居五华。按:《总目》又著有孔庆才主修本支《谱》1994 年铅印本,一册。附此不另著。

■ 孔氏家谱一卷 存

（清）孔宪槐等纂修。宪槐,岭南派博罗支,孔子七十二代孙。

是书,《中国家谱总目》著有广东省东莞市档案馆藏据清光绪十七年抄本复印本,一册。谱籍广东博罗。书名据版心、书衣题。后有增补。始祖同上。始迁祖公远,明代居博罗县古坭乡。

■ 漳澎孔氏族谱不分卷 残

纂修者不详。

是书,《中国家谱总目》著有广东省东莞市莞城区博厦钓鱼台杨宝霖藏据抄本复印本,存一册,平装。谱籍广东东莞。书名据书衣题。始迁祖五十五世广道,宋代人。谱存世系。

■ 广宁县孔氏家谱一卷 存

（清）孔庆枢等纂修。庆枢,岭南派广宁支,孔子七十三代孙。

是书,《中国家谱总目》著有广东省立中山图书馆等藏民国二十五年继述堂铅印本,一册。谱籍广东广宁。书名据版心题。始祖同上。始迁祖柏,字凌汉,号季山,元代人。按:《广东文献综录》此书题"不分卷"。

■ 孔氏家谱世系 存

纂修者不详。

是书,《中国家谱总目》著有美国犹他家谱学会藏稿本,一册,平装。谱籍台湾屏东。是为居屏东县大坤乡建功村之《谱》,先世自广东省大埔县迁来。

■ 西江泉井安山孔氏族谱六卷 存

(清)孔继长纂修。继长,临江派,孔子六十九代孙。

是书,《中国家谱总目》著有国家图书馆藏民国二十五年木活字本,六册。谱籍江西樟树。书名据版心题。书签题"安山绩公派下孔氏族谱"。书名页题"西江安山孔氏族谱"。始迁祖绩,字有成,唐代人。按:《国家图书馆普通古籍总目》著录此本题"孔继长修,孔庆恺纂"。

■ 金滩孔氏四修族谱十卷 存

(民国)孔昭绶等纂修。昭绶字明权,号竞成,浏阳派广猷四子,孔子七十一代孙,湖南第一师范校长,毛泽东师,民国十一年,当选湖南省议会副议长。

是书,《中国家谱总目》著有上海图书馆藏清宣统三年合敬堂木活字本,二十七册。谱籍湖南浏阳。书名据版心、书衣、卷端题,书名页题"孔氏族谱"。略云:三十八世瑛,避唐昭宗时乱徙居湖南平江县三阳街鲁德山。传至五十五世克仁,又名宽,字靖安,号敬夫,明洪武六年奉诏迁居浏东十三都九甲金滩,为始迁祖。卷一序、封典、礼典、法典、训典,卷二世德、艺文,卷三系图、事略,卷四庙图、墓图,余卷世系表。按:昭绶为近代著名教育家,清光绪二年(1876)生,民国十八年(1929)卒。

■ 金滩孔氏五修族谱 残

纂修人不详。

是书,《中国家谱总目》著有山西寻源姓氏文化研究中心藏民国三十五年圣达堂木活字本,一册。存卷首。书名据版心题。谱籍、先祖同上。

■ 浏东滩头孔氏房谱一卷首一卷 存

(清)孔棠庆等纂修。棠庆,浏阳派,孔子七十三代孙。

是书,《中国家谱总目》著有上海图书馆藏清同治十三年木活字本,版心题"伯谅公分"。谱籍、先祖同上。是谱载克仁曾孙中名公信字伯谅者一支。卷首孔子年

谱、恩例、加封爵号、御赞、家规、剳付、优免碑文、谱序等，正文世系。《中国古籍总目》据以著录，亦题"孔棠庆等纂修"。然考孔氏谱辈，纂修人"孔棠庆"似为孔庆棠之误，考诸民国大《谱》，或即该支宪品三子之孔庆棠也。不能遽定，仍从原题，以俟后考。

■ 孔姓氏族源流一卷　存

孔广宇纂修。广宇，浏阳派，孔子七十代孙。

是书，《中国家谱总目》附录著有湖南省图书馆藏民国三十七年稿本，一册，毛装。系湖南浏阳、平江地区孔氏源流。始迁祖瑛，唐代人。彦光，明代人。

■ 孔子世家支谱不分卷　存

(清)孔昭煜纂修。昭煜，河洛派广昕长子，孔子七十一代孙，邑庠生。

是书，《中国家谱总目》著有洛宁县窑头村孔祥盈等藏清光绪十一年铅印本，一册。谱籍河南洛宁。书名据书名页题。书衣题"孔子世家谱"。初修本。始迁祖三十九代支符，唐代迁居洛阳。至明中叶，六十二代闻和(行一)迁居洛宁县窑头村，分衍王(五)庄。谱载序言、历代优免恩例、行辈、姓源、历代世系。

■ 孔子世家支谱六卷首一卷　存

孔繁良等纂修。繁良，黄冈支，孔子七十四代孙。

是书，《中国家谱总目》著有湖北省图书馆藏民国十六年忠恕堂木活字本，八册。谱籍湖北黄冈。书名据版心、书衣、卷端题。始迁祖元祗，南宋理宗淳祐十一年随子文恭守黄州，乃徙居黄冈北乡孔家山。卷一至三记孔子之后至七十五代世次。卷四起为元祗公一支纪略及支承谱。

■ 汉阳孔氏世系表不分卷　存

(民国)孔昭霖纂修。昭霖，汉阳支，孔子七十一代孙。

是书，《上海图书馆馆藏家谱提要》著有民国二十二年石印本，一册。谱籍湖北武汉。书名据书签、书名页、版心题。始迁祖闻楚，明嘉靖间由蒲圻迁汉阳蔡甸南乡乌石堡蝙蝠山。是谱为世系表传。《中国家谱总目》亦据著录。

■ 孔子世家谱宁远支谱二卷　存

(清)孔广升修　孔广明纂。广升、广明，皆宁远支，孔子七十代孙。

是书,中国科学院图书馆藏有抄本,一册一函,书分二卷,前卷为《大宗谱》,后卷为《宁远支谱》。书签题《孔圣世家支谱》。封面题《孔子世家支谱》。其馆藏目录作《孔子世家谱》一卷附《宁远支谱》一卷。《中国家谱总目》不著此书。

■ 孔氏大成宗谱不分卷 存

(清)孔广岳纂修。广岳,支派未详,孔子七十代孙。

是书,《中国家谱总目》著录中国科学院图书馆藏旧抄本(三册),谱籍冠名"山东曲阜",云书名据函套题。记事至清乾隆间。才按:中科院图书馆馆藏目录,此书不题纂修人。《家谱总目》虽冠名山东曲阜,我知其必为外地《支谱》也,故录此以俟后考。

■ 孔子世家谱固安县支谱不分卷 存

(清)孔传义纂。传义,固安支毓鲁子,孔子六十八代孙,户头。

是书,清华大学图书馆藏有民国四年石印本,一函二册,五十六叶。谱籍河北固安。扉页、书签题"孔子世家支谱",其衔名署"总裁:袭封衍圣公孔令贻;编次:户头孔传义。"另有"校阅"孔广田、庠生孔昭灿、孔昭炜诸人。前有道光八年孟秋袭封衍圣公孔庆镕序及缺名《固安孔氏族谱叙》二旧序,并《恩例》、《孔氏优复旧例》、《职名》等项。首录阙里六十户。其"一代"为孔子年谱,凡十叶。自始迁祖五十五代铭至七十三代(第四十七至五十六叶)为《固安流寓世纪》。庆镕序曰:"查顺天府固安县一支,实系三十七代齐卿祖仲子惟一流寓。五十五代铭在前明永乐靖难兵起从征,屡有战功,奉旨准与世袭,授武略将军。永乐迁都北平,遂驻固安县南屯田,此流寓固安之始也,例应给予《支谱》,以昭木本水源之谊。"又缺名叙云:"今有固安四品执事官孔兴荫因大宗之谱甲子大修以竣,亦自纠族众纂续其《支谱》,持来倩余代达宗子,刊刷盖印,且乞余言。余幼好游戏,少读诗书,以不能辞固请,乃不揣固陋,略陈梗概。念余以不学无术之身,仰承君恩祖德,备员三品,骏奔庙庭,虽屡蒙圣主殊恩,宠赐叠叠,而私心自揆,诚不能不以德浅才疏以自愧也。"按:考此书《中国家谱总目》、《上海图书馆馆藏家谱提要》皆无载,惟《中国历代人物年谱考录》著有其书,云:"《孔子世家谱》。[编者]曲阜(清)孔传义。[版本]1、道光八年(1828)孔庆熔刊本〈见存〉(清华)2、民国四年(1915)孔氏诗礼堂石印本〈见存〉。"并备注称:"是谱按年岁记事,谓孔丘得年七十四,资料多从旧本。"观其著录,有不得不辨者。按其体例,本书之可采录者,仅书中"一代"(孔子年谱)而已,而《考录》竟以《世家谱》标目,称"是谱按年岁记事,谓孔丘得年七十四",是直将族谱作年谱矣。至谓此《谱》为"孔庆熔刊本",尤觉不妥,本

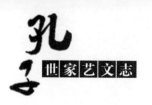

《谱》既为孔传义纂、孔令贻总裁，便不可能为道光本。因庆镕为令贻曾祖，道光已故之人何能序民国曾孙之书？而所谓"孔庆熔刊本"，想必是由衍圣公孔庆镕作序的刊本，且不说其所见清华本为民国四年石印本，而非道光八年刊本，即如所称庆镕为"庆熔"，孔传义为"曲阜"人，亦俱属不确。道光八年本，曲阜孔府确有其书，《考录》若必欲著录，或可题作"孔庆镕序刊本"，较为稳妥。

■ 瑞金县孔胡氏族谱不分卷　存

纂修者不详。

是书，《中国家谱总目》、《上海图书馆馆藏家谱提要》著有上海图书馆藏清木活字本，存七册，书名据版心、卷端题。谱籍江西瑞金。书签题孔胡氏族谱。记事至清道光间。始迁祖从周，世居山东曲阜县，父昭祖，仕元为江西儒学提举，随父任江西，遂徙家瑞金。从周子福志，不乐仕进，为避当道征辟，易胡姓。存册为世系传。

■ 瑞金县孔胡氏族谱不分卷　存

纂修者不详。

是书，《中国家谱总目》、《上海图书馆馆藏家谱提要》著有上海图书馆藏1929年木活字本，存三十二册。书名据版心题。书签题孔胡氏族谱。八修本。先祖同上。谱载先世图祎、孔胡氏世系传、艺文。按：按孔氏家规，凡子孙妄改姓名者，不得入谱，故此仅择其纂者不详者二种，缀录于此，以备探究孔氏者之参考。至于所著"清胡会桥等纂"《瑞金县孔胡氏族谱》（清光绪十三年木活字本，不分卷，存二十二册），既自署姓胡，故明知其为孔氏易姓，并其书为二谱上续之本，因碍于体例，亦不再另为立目。

家谱类

余录

　　孔氏子孙,迁徙频繁,支派众多,所修谱牒,汗牛充栋,难以胜数。以上所著仅为孔谱之一小部分,且不说"文革"期间送往废品收购站的一万零七百七十八斤多重的二百零九套、三万二千二百三十二册孔氏族谱(包括明清底稿),即以孔府现存之山东、东北、河北、北京、天津、江苏、广东等地呈送衍圣公钤印备案的就有:孔氏道沟户新谱稿,孔氏时庄户新谱稿,孔氏西郭户新谱稿,孔氏沂北户新谱稿,孔氏华店户新谱稿,孔氏吕官户新谱稿,孔氏防西户新谱稿,孔氏林门户新谱稿,孔氏广文户新谱稿,孔氏北公户新谱稿,孔氏董庄户新谱稿,孔氏南宫户新谱稿,孔氏星村户新谱稿,孔氏古柳户新谱稿,孔氏吴孙户新谱稿,孔氏东村户新谱稿,孔氏磨庄户新谱稿,孔氏林西户新谱稿,续修孔子世家孟村户支谱,重修安徽合肥县孔氏店北户支谱,续修山东滕县店北户支谱,孔氏盛果户族谱,续修孔子世家石村户支谱,续修河南永城县孔氏华店户支谱,续修孔氏鲁城户族人流寓直隶大名府东明县与山东曹州府菏泽县支谱,续修孔子世家广文户支谱,续修孔子世家董庄户支谱,续修孔子世家息鄹户支谱原稿,嘉庆、道光续修山东济南府属历城、济阳、长山、淄川、邹平、平原等县孔氏支谱,乾隆、嘉庆重修山东长清县孔氏族谱,嘉庆、光绪重修山东公安县孔氏支谱,嘉庆、光绪续修山东莱芜县孔氏支谱,续修山东泰安府肥城县孔氏支谱,嘉庆、同治续修山东武定府沾化、利津县孔氏支谱,道光、同治、光绪续修山东武定府属惠民、滨州、青城、乐陵四县孔氏支谱,道光续修山东济宁州孔氏支谱附乾隆二十七年济宁州居住孔氏清册,续修山东济宁县孔氏支谱残稿,乾隆、嘉庆续修山东泗水县、峄县孔氏支谱,乾隆、道光续修山东汶上县孔氏支谱,乾隆续修山东沂水县孔氏支谱,道光、光绪续修山东沂水县孔氏支谱,嘉庆、咸丰、光绪续修山东饶阳、兰山、馆陶、临清、嘉祥等县孔氏支谱,乾隆、道光续修山东莒州孔氏支谱,嘉庆、道光续修山东郯城孔氏支谱,嘉庆、同治续修山东沂州府蒙阴县孔氏支谱,乾隆、嘉庆续修山东曹州金乡孔氏支谱,乾隆、嘉庆续修山东曹州府属城武、菏泽县孔氏支谱,乾隆、嘉庆、光绪续修山东定陶县孔氏支谱,乾隆、同治续修山东曹县孔氏

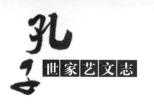

支谱,乾隆、光绪续修山东郓城县孔氏支谱,嘉庆、道光、同治、光绪续修山东德平县孔氏支谱,嘉庆、道光、光绪续修山东东昌府属齐河、聊城、博平、茌平四县孔氏支谱,乾隆、咸丰续修山东莘县、朝城县孔氏支谱合订本,嘉庆续修山东恩县孔氏支谱,光绪续修山东恩县孔氏支谱,咸丰、光绪续修山东东昌府冠县孔氏支谱,光绪续修山东清平县孔氏支谱,嘉庆、同治续修山东寿张、夏津县孔氏支谱,嘉庆、光绪续修山东濮州孔氏支谱,乾隆、道光续修山东范县孔氏支谱,嘉庆、光绪续修山东朝城县孔氏支谱,道光、同治续修山东登州府栖霞县孔氏支谱,续修山东登州府栖霞县、宁海州孔氏支谱,嘉庆、道光、光绪重修山东平度、即墨孔氏支谱,乾隆、嘉庆、同治续修山东新城、潍县孔氏支谱,道光、咸丰续修山东临淄、莱阳县孔氏支谱,续修山东临朐县孔氏支谱,乾隆、光绪续修山东日照县孔氏支谱;嘉庆、光绪续修奉天府孔氏支谱,嘉庆、光绪续修奉天府属锦县、铁岭、承德、盖平、西丰五县孔氏支谱,续修奉天辽阳州孔氏支谱,同治、光绪续修奉天广宁县孔氏支谱,续修奉天义州孔氏支谱,续修奉天宁远州孔氏支谱,道光、光绪续修奉天兴京城孔氏支谱,续修奉天府属岫岩州安东县孔氏支谱,续修关东昌图堡孔氏支谱,道光、咸丰续修奉天府属昌图厅孔氏支谱,同治续修奉天昌图厅榆树城孔氏支谱,续修奉天昌图府康平县孔氏支谱,续修黑龙江省、吉林府孔氏合谱,续修黑龙江省绥化府孔氏支谱,光绪续修吉林长春府孔氏支谱,续修吉林长春府农安县孔氏支谱,续修吉林船厂双阳河北孔氏支谱,同治、光绪续修吉林双城厅拉林苍孔氏支谱,嘉庆、道光、咸丰续修吉林理事府孔氏支谱,道光、同治、光绪续修吉林阿尔楚咯伯都讷孔氏支谱,续修吉林阿什河孔氏支谱,热河省赤峰县孔氏支谱,道光、光绪、宣统续修直隶承德府朝阳县孔氏支谱,咸丰、光绪续修直隶承德府建昌县孔氏支谱,续修直隶承德府平泉州孔氏支谱,嘉庆、光绪续修直隶顺天府属大兴、文安、宁河、永清四县孔氏支谱,嘉庆、道光续修顺天府霸州孔氏支谱,续修直隶通州孔氏族谱,嘉庆、道光、同治续修直隶顺天府武清县孔氏支谱,嘉庆、同治续修顺天府遵化州丰润县孔氏支谱,续修顺天府丰润县孔氏支谱,道光续修直隶固安、隆平、南和三县孔氏支谱,道光续修直隶昌黎县孔氏支谱,道光、光绪续修直隶天津府沧州孔氏族谱,续修直隶河间府孔氏族谱,嘉庆续修直隶河间府孔氏支谱,乾隆、嘉庆、道光、同治续修直隶河间府属阜城、肃宁、故城、东光四县孔氏支谱,嘉庆、道光等朝续修直隶河间府献县孔氏支谱,续修直隶永平府临榆县孔氏支谱,续修直隶保定府冀州孔子世家谱,续修直隶保定府冀州孔氏支谱,续修直隶保定府冀州南宫县孔子世家谱,嘉庆、道光、同治续修直隶保定府新城县孔氏支谱,嘉庆、同治续修直隶保定府蠡县孔氏支谱,道光、咸丰续修直隶保定府东鹿县、祁州孔氏支谱,乾隆、嘉庆、道光、光绪续修直隶枣强县孔氏支谱,道光、同治续修直隶柏乡县孔

氏族谱,同治、光绪续修直隶赵州属宁晋、高邑、隆平三县孔氏支谱,乾隆、同治续修直隶赵州孔氏支谱,嘉庆、光绪续修直隶临城县孔氏支谱,乾隆、嘉庆续修直隶正定府元氏、获鹿县孔氏支谱,乾隆、同治续修直隶正定府井陉县孔氏支谱,续修直隶深州武强县孔氏支谱,嘉庆、道光、光绪续修直隶深州饶阳县孔氏支谱,嘉庆、同治续修直隶正定府赞皇县孔氏支谱,道光、咸丰续修直隶宁远州定州孔氏支谱,道光、同治续修直隶正定府晋县、晋州孔氏支谱,乾隆、嘉庆、咸丰续修直隶大名府南县孔氏支谱,乾隆、嘉庆、道光续修直隶大名府清丰县孔氏支谱,乾隆、光绪续修直隶大名府开州孔氏支谱,嘉庆、道光、光绪续修直隶元城县孔氏支谱,道光、光绪续修直隶大名府属大名、东名县孔氏支谱,乾隆、道光续修直隶顺德府内邱县孔氏支谱,乾隆、道光续修直隶沙河北祖村、田村孔氏支谱,乾隆、咸丰续修直隶顺德府广宗县孔氏支谱,嘉庆续修直隶唐山县孔氏支谱,嘉庆、同治、光绪续修直隶广宁、平乡、遵化三县孔氏支谱,道光、光绪续修直隶顺德府任县孔氏支谱,续修直隶顺德府平乡县孔氏支谱,嘉庆、同治续修直隶广平府威县孔氏支谱,嘉庆、光绪续修直隶广平府磁州孔氏支谱,嘉庆、光绪续修直隶广平府永年县孔氏支谱,道光、咸丰续修直隶广平府邯郸县孔氏支谱,道光、光绪续修直隶肥乡县孔氏支谱,同治、光绪续修直隶广平府成安、曲周县孔氏支谱;乾隆续修江南孔氏族谱,续修江南孔氏宗谱残卷(存卷三、四、七、九、十、十二),道光、光绪重修高淳县孔阳村漆桥孔氏支谱,江南至圣庙启事官造送金坛县孔氏阳山支宗谱,重修江南通州泰兴县孔氏支谱,续修江南铜山县孔氏支谱,续修江南徐郡沛县孔氏支谱,嘉庆、道光、同治、光绪续修江南海州孔氏支谱,乾隆江南寿州孔氏族谱,重修江南舒城孔氏支谱,雍正苏州府吴县孔氏北宗分派支册,重修江苏吴郡孔氏族谱,重修江苏武进县孔氏家乘,江苏丹阳县十里甸孔氏分支族人检送明天启七年族谱印本请正名定分,续修江苏溧阳县孔氏支谱,扬州府东台县孔氏支谱,续修江苏沭阳县孔氏支谱,江苏丰县孔氏支谱,民国续修江苏句容孔氏青城埠支谱;乾隆续修广州府番县石基房孔氏家谱,雍正续修南海邹边孔氏家谱,乾隆续修南海白计朗华平坑溪孔氏家谱,乾隆续修南海叠滘迁居邓岗孔氏家谱,乾隆南海叠滘孔村东隅支分陆丰孔氏合谱,乾隆续修南海孔村南隅迁居阳春、阳江孔氏合谱,乾隆续修南海椅冈房孔氏家谱,乾隆广东南海县叠滘南村孔氏家谱,乾隆岭南香山小榄、潭州房孔氏家谱,雍正续修广东清远湖洞孔氏家谱,乾隆广东清远孔氏家谱,道光广东清远孔氏家谱,乾隆续修南海石碣迁居清远芝山孔氏家谱,乾隆续修广东肇庆府恩平县孔氏家谱,乾隆广东高要、高明二县孔氏家谱,乾隆广东惠州府归善孔氏家谱,乾隆广东惠州府博罗孔氏家谱,康熙重修广东潮州孔氏家谱,乾隆续修南海孔村迁居电白、吴川孔氏合谱,乾隆广东琼州府会同孔氏家谱,乾隆寄居广东琼州琼山县孔氏支谱,乾隆续修岭南保昌平林孔氏家谱等孔氏支谱千有余部。以及乾隆孔氏历代家谱清册,寄居奉天锦州府义州孔氏盛果户族人入谱纠纷、山东省各县孔氏族人申请续修支谱、流寓山东泗水县孔氏族人申请入谱、山东汶上县族人孔传焘等入谱纠纷、寄居江南各县孔氏族人申请续修支谱、寄居广东省各县孔氏族人申请续修支谱、寄居奉天省各县孔氏族人申请续修支谱、寄居黑龙江省各县孔氏族人申请续修支谱、寄居吉林府属各县孔氏族人申请续修支谱、寄居直隶省各县孔氏族人申请续修支谱、寄居江苏省各县孔氏族人申请续修支谱等六十余件。此外,据《衢州孔氏南宗家庙志》,民国徐映璞编纂《孔氏南宗考略》时,尚存有南宗谱《袭封位下传抄旧谱》、《博士署传抄谱》、《南门支抄谱》、《沟溪支传抄谱》、《乌桥支传抄谱》、《庙前支传抄谱》,新修《孔子世家谱》时复于民间征得《无为县孔氏宗谱》、乾隆庚戌退思堂《孔子世家谱》、《尼山家乘》等大批孔氏家谱。似此,若将细细搜寻,一一著录,足成专辑。另外,《上海图书馆馆藏家谱提要》著有孔令毂一九五八年至一九七四年间纂录的上海分支《孔氏家乘资料》稿本五册,不分卷。内载书信、诗文、药方、世系等,内有輓吴昌硕诗联,并附上海孔氏家谱世系及小传。以其为新中国成立后纂述,非本书所当收,附此不另著。

诏令奏议类

■ 奏议二十二卷 _佚

（晋）孔群撰。群字敬林，全椒令奕次子，孔子二十五代孙，居山阴，历官御史中丞。

是书，《曲阜志·集类》、《两浙著述考·纪言类》皆著录。《隋志》："梁有汉丞相匡衡、大司马王凤奏五卷，刘隗奏五卷，孔群奏二十二卷。"《隋志考证》云："《世说·方正篇》注：'《会稽后贤记》曰：群，字敬休，山阴人。祖竺，吴豫章太守；父奕，全椒令。群有智局，仕至御史中丞。'曲阜孔继汾《阙里文献考·孔氏别集》有先圣二十五代孙晋御史中丞群《奏议》二十二卷。案：《通志·艺文略》题曰'汉孔群《奏》二十二卷'，以为汉人。盖以本《志》此一段上文有汉匡衡、王凤《奏》，而刘隗、孔群《奏》无'晋'字，遂皆以为汉人，其谬乃如此。"才按：诏令、奏议，旧目多入集部文集，盖其时此类制作尚不繁富，文献分类未臻精密，然自《四库全书总目》、《书目答问》等袭《汉志》之遗意，以"论事之文，当归史部"，于史部设其专类，后世书目咸从之。又，此书，两《唐志》、《宋志》等俱无载，唐宋类书亦不见引，知其久佚。

■ 奏议弹文十五卷 _佚

（梁）孔休源撰。休源字庆绪，齐通直郎、庐陵王记室参军、散骑常侍佩长子，孔子三十一代孙，居山阴，官宣惠将军、扬州刺史，金紫光禄大夫，卒谥"贞子"。

是书，据《两浙著述考·纪言类》著录。《阙里文献考·孔氏著述》此书入别集，云："先圣三十一代孙梁宣惠将军、扬州刺史休源集十五卷"。《曲阜志·孔休源传》称其"昼决辞讼，夜览坟籍，每车驾巡幸，常以军国事委之。休源手校书七千卷，著《文集》十五卷"。《孔子世家谱》休源传亦作《文集》十五卷。《梁书》本传云："休源少孤，立志操，风范强正，明练治体，持身俭约，学穷文艺，聚书盈七千卷，手自校治，凡奏议弹文，勒成十五卷。"又云："太子詹事周舍撰《礼疑义》，自汉魏至于齐梁，并皆搜采，休源所有奏议，咸预编录。"按：此书，《隋志》以下俱无著录，知其久已散佚；周舍《礼疑义》

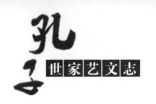

亦早失传,清马国翰有《礼疑义》辑本一卷,收入《玉函山房辑佚书》。

■ 弹文四卷 佚

(陈)孔奂撰。奂字休文,梁定远枝江主簿迁无锡令幼孙(一作稚孙)子,孔子三十二代孙,居会稽,初仕梁,为尚书仪曹侍郎;陈受禅,累迁晋陵太守;文帝即位,征为御史中丞。卒,赠散骑常侍。

《阙里文献考·孔氏著述·别集类》:"三十二代孙陈散骑常侍奂集十五卷、弹文四卷"。兹据著录。按:此书盖久佚,故《隋志》以下皆无著录。《陈书》本传谓"奂字休文,好学,善属文,经史百家,莫不通涉。有集十五卷,弹文四卷。"

■ 奏议二卷 未见

(宋)孔武仲撰。武仲有《书说》,经部书类已著录。

是书,《宋志》、《国史经籍志》、《阙里文献考》著录,皆入集类。《西江志·经籍志》作《孔常甫奏议》三卷。《山东通志·史部·诏令奏议类》此书亦作三卷,云"是编见《宋志》",卷误。按:此书未见单刻本,亦不见丛书收录,今检《清江三孔集》武仲《宗伯集》(十七卷)收有此类作品,未知是否即诸书所录?又《宋史》本传:"武仲字常父。幼力学,举进士,中甲科。所著《诗》、《书》、《论语》说,《金华讲义》,《内外制》,《杂文》百余卷。"

■ 奏议丛璧无卷数 未见

(宋)孔元龙撰。元龙有《论语集说》,经部论语类已著录。

《孔子世家谱》:"五十代扸,一名元龙,字季凯,尚志笃学,从真西山先生游,闭户著述,作《诲忠策》,又辑《洙泗言学》四十余卷。西山先生谓其以先圣之裔而研精先圣之书,其所发明,有补学者。后上其书,帝嘉之。特授迪功郎。初任饶州余干县主簿,寻归衢教授,部使者延请为柯山精舍山长,以宣教郎致仕。年至九十犹手不释卷。著有《柯山讲义》、《论语集说》、《鲁樵斐稿》、《奏议丛壁(璧)》诸书。"兹据著录。按:《续文献通考经籍考》章表类及《大成通志》亦云元龙有《奏议丛璧》,未见传本,不知体例如何?录此以俟后考。

■ 皇明诏制十卷 存

(明)孔贞运编。贞运有纂修《明光宗实录》,本部编年类已著录。

是书有明崇祯刻本,半叶九行、行二十字,白口单边,版心鱼尾下镌年号日期。前有孔贞运崇祯七年序及目录。内题"通议大夫南京礼部右侍郎臣孔贞运编辑",书为薛邦献等六人较阅,儒士胡正言督刻。内记起自洪武元年,至崇祯三年二月初十日。稿本《续修四库提要》、《增订四库简明目录标注》、《中国古籍善本书目》亦据此本著录。《清代禁毁书目》此书作《明诏制》,乾隆《句容县志》卷末《杂志·遗书》作《制诏全书》,俱不著卷数。按:《阙里文献考·孔氏著述·史类》云:"《春秋传》曰:君举必书,书而不法,后嗣何观?《周官》内史掌王之命,遂书其副而藏之,是其职也。六十三代孙明东阁大学士贞运有《皇明诏制全书》(卷佚)。"《山东通志》据以著录,盖均未获见其书。此编清代列为禁毁书,故较罕传,仅知中国科学院图书馆和南京图书馆二家有藏。又《明史·张至发传》云:"贞运,句容人,至圣六十三代孙也。万历四十七年以殿试第二人授编修。天启中,充经筵展书官,纂修两朝实录。庄烈帝嗣位,贞运进讲《皇明宝训》,称述祖宗勤政讲学事,帝嘉纳之。崇祯二年正月,帝临雍,贞运进讲《书经》。唐贞观时,祭酒孔颖达讲《孝经》,有《释奠颂》。孔氏子孙以国师进讲,至贞运乃再见。帝以圣裔故,从优赐一品服。"

是书今有南京图书馆等藏明崇祯七年刻本,2000年北京出版社《四库禁毁书丛刊》影印本,2002年上海古籍出版社《续修四库全书》影印本等。

■ 六曹章奏无卷数 未见

(明)孔贞时、孔贞运编。贞时字仲甫,衢州派句容支四川邻水县主簿闻敕长子,孔子六十三代孙,万历四十一年进士,官翰林院检讨。

乾隆《句容县志》卷九贞时传:"孔贞时,字中甫,万历癸丑进士,戊午授翰林院检讨,起居注,庚申知制诰,与弟贞运编纂《六曹章奏》,无愧良史。有足兵足饷诸议,人皆服其精当。"兹据著录。按:光绪《续纂句容县志·艺文志》书目史类著录其书作《六朝章奏》,孔尚豫编,云见旧《志》附传。

■ 奏议一卷 未见

(明)孔闻诗撰。闻诗字知言,又字四可,号过庭,盛果户封征仕郎宏山长子,孔子六十二代孙,天启二年进士,历官吏、礼两科给事中,大梁道。

是书,《山东通志》、《曲阜志》、《阙里文献考》皆著录。《山东志》云:"闻诗官吏科给事中,崇祯元年条上八事,曰:端士品,肃铨政,停援纳,慎署官,严政教,重恩荫,清兵饷,恤驿递。疏入,帝嘉纳之。"《孔子世家谱》称"闻诗为吏、礼两科给事中,拔淹滞,弹奸邪,于家门典例多所建白。升井陉道,吏治民安,终至大梁道。清初,以老乞休。有

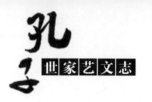

《奏疏》数卷。祀乡贤祠。子十一。"四子贞灿,有著录。按:其书未见传本。考闻诗约卒于康熙初年,二十一年颜光敏曾为撰《墓碑》。惟诸书著录既作明人,兹亦姑且从之。

■ 西台奏议 <small>未见</small>

(清)孔兴釪撰。兴釪字起韶,又字绍先,号霁庵,大宗户廪生累封朝议大夫陕西潼商道衍埔长子,孔子六十六代孙,康熙九年进士,选庶吉士,散馆授江西道监察御史。

是书,《续修县志》、《著述记》著录,并称"卷佚"。《著述记》云:"孔兴釪,字绍先,康熙庚戌进士,选庶吉士,散馆,授江西道监察御史。掌山西道事,累建大议,皆报可。出为陕西潼商道,督办军务,多著劳绩。摄布政使,爬疏宿弊,严明有方,豪猾皆敛迹。雅持清操,不省私牍。卒于官。军民为之罢市,箧中惟图书数卷,僚吏醵金治其丧。乾隆三十六,公举入祀乡贤祠。著《塾训》一卷、《石仓诗选》一卷、《西台奏议》卷佚。"

■ 谕旨录十卷 <small>存</small>

(清)岳钟琪、孔毓璞等编刻。毓璞字钟元,号辉山,大宗户福建按察使兴洪四子,孔子六十七代孙,官扬州府知府,都察院左都御史。

是书,稿本《续修四库提要》著录清陕甘刻本,云:"雍正十年,总督岳钟琪、巡抚许容、布政司孔毓璞、按察司李世倬奉谕刊刻,自雍正元年起至五年止。"《中国古籍总目》史部诏令奏议类著录国家图书馆等藏本其书题"清雍正七年岳钟琪等刻本",书凡十册,半叶十行,行二十四字,白口,四周单边,单鱼尾,版心题"陕西甘肃敬刊"。按:考《甘肃新通志·职官表》,毓璞雍正六年任甘肃布政使,此当在任期间所刻。书内所收皆关乎国计民生者,以恐士庶人等未尽周知,故特逐一刊刻,装订成书,颁行各属,以备观览。此外,毓璞本人所上奏章亦复不少,惜其坐事被革,未克善终,不然,定有好事者哀其所制,订为专集矣。

■ 温僖公奏疏不分卷 <small>存</small>

(清)孔毓珣撰。毓珣字东美,号朴岩,大宗户福建按察使兴洪三子,孔子六十七代孙,康熙二十三年陪祀,赐恩贡出身,历官兵部尚书,江南河道,两广总督,诰授光禄大夫,谥"温僖",崇祀乡贤名宦祠。

是书,清华大学图书馆藏有抄本,四册一函,半叶十行,行二十一字,满行二十三字,白口,四周双边,单鱼尾,鱼尾上方有"奏疏"二字,收文自《题原任番禺县知县姚炳坤患病不能复官请给同知虚衔休致由》至《题报二年分各属拿获私盐变价银两数目》，凡二十二篇。按：毓珣为一代名臣，康雍两朝甚得宠信，所上水利等疏，俱蒙采纳，《清史稿》卷二百九十二本传云："孔毓珣，字东美，山东曲阜人，孔子六十六世孙。父恩洪，福建按察使。康熙二十三年，上幸曲阜释奠，毓珣以诸生陪祀，赐恩贡生。二十九年，授湖广武昌通判。举卓异，迁江南徐州知州。徐州民敝於丁赋，毓珣在官七年，拊循多惠政。三十九年，河道总督张鹏翮以毓珣熟于河务，荐授邳睢同知。四十三年，迁山西平阳知府，未上，改云南顺宁。四十六年，调开化，以母忧去官。五十年，服终，除四川龙安。毓珣历守边郡，皆因俗为治，弊去其太甚，边民安之。再举卓异。五十五年，迁湖广上荆南道。筑堤捍江，民号曰孔公堤。五十六年，迁广西按察使。广西地瘠民悍，瑶、僮为民害。灵川僮酋廖三屡出焚掠，毓珣白巡抚陈元龙，遣兵捕得置诸法，诸苗詟服。五十七年，授四川布政使。西藏方用兵，毓珣转饷出察木多，不以劳民。重筑灌江口堰，四川民尤德之。六十一年，擢广西巡抚。雍正元年，加授总督。广西提镇标空粮，毓珣饬募补。疏言：'各官俸不足自赡，请於定例外量加亲丁名粮。'上命酌中为之。广西诸州县旧有常平仓，毓珣议：'春耕借於民，秋收还仓，年丰加息，歉免息，荒缓至次年还本。日久谷多，分贮四乡，建社仓，择里中信实者为司出入。'又言：'地多盗，瑶、僮杂处，保甲不能遍立。诸乡多有团练，令选诚干者充乡勇，得盗者赏，怠惰者罚。'又言：'广西边远，盐商多滞运，民忧淡食。请发藩库银六万，官为运销。行有赢余，本还藩库，并可量减盐价。'并从之。柳州僮莫贵凤出掠马平、柳城、永福诸县，毓珣遣兵捕治，毁其寨，置贵凤于法。来宾僮覃扶成等出掠，未伤人，毓珣令予杖荷校，满日，充抚标兵，散其党类。疏闻，上嘉其宽严两得。二年，授两广总督。上谕之曰：'广东武备废弛，劫掠公行，举劾官吏，百无一公，尔当尽心料理。'毓珣疏请厘定盐政，灶丁盐价、船户水脚增十之一，并免埠商羡余；设潮州运同、盐运司经历。大金、蕉木两山产矿砂，东隶开建、连山，西隶贺县、怀集。旧制，怀集汛属浔州协，毓珣请改属梧州协，贺县、开建、连山并增兵设汛。广东香山澳西洋商舶，毓珣请以二十五艘为限。皆下部议行。潮州田少米贵，民赖常平仓谷以济。毓珣请提镇各营贮谷借兵，散饷时买还，概免加息，上特允之。三年，加兵部尚书衔。四年，毓珣请入觐，上以毓珣习河事，令详勘黄、运诸河水势，协同齐苏勒酌议。毓珣疏言：'宿迁县西，黄河与中河相近，旧有汰黄坝。运河水大，引清水刷黄，黄河水大，引黄水济运。旧时黄水入中河不过十之一二，今河南岸沙涨，逼水北行，水流甚急。齐苏勒议收小汰黄坝口以束水势。臣详勘南岸涨沙曲处，宜濬引河以避此险。仍俟齐苏勒相度定议。'又陈江南水利，言：'吴淞、刘河、七浦、白茆诸闸，宜令管闸官役随潮启闭。江苏地形四高中下，宜令力劝筑区立圩。

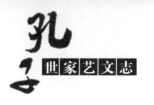

滨河诸地民占为田庐,其无甚害者,姑从民便,余宜严禁。支河小港,宜令於农隙深濬,即取土培圩。'并敕部议行。又言:'道经宿州灵壁,见沟洫不通,积雨成潦,请饬安徽巡抚疏濬。'上嘉毓珣实陈。五年,还广东,巡抚杨文乾劾署巡抚阿克敦、布政使官达,上命通政使留保等往按。毓珣失察,当下吏议,上命宽之。寻调江南河道总督。上以天然坝泄水,虑溢浸民田,命毓珣相度筑堤束水归湖。毓珣疏言:'天然南、北二坝分泄水势,年年开放,堤口残缺。当如上指筑堤束水,请於南岸王家庵至赵家庄筑新堤一道。旧堤尾距湖尚二十余里,请於南岸马家圩至应家集、北岸周家圩至李艮桥,各筑新堤一道,并将南北旧堤加培高广,庶两堤夹束湍流,无患旁溢。'上又以高家堰为蓄清敌黄关键,发帑百万,命毓珣筹画。毓珣疏言:'高家堰石堤,自武家墩至黄庄,地高工固,惟侯二门等四坝,及小黄庄至山盱古沟东坝,当一律加高。'又言:'各堤加培高广,宜视地势缓急、旧堤厚薄,分年修增,期三年而毕。嗣后仍按年以次加培。'又请修筑宿迁钞关前、桃源沈家庄河堤,瓜洲由闸上游濬越河一道,并建草坝束水。诸疏入,并报可。毓珣积瘁遘疾,上赐以药饵,命其子刑部郎中传熹偕御医驰驿往视。未至,毓珣卒,赐祭葬,谥'温僖'。按:毓珣能诗,《阙里孔氏诗钞》载其《岁暮偶占》一首。又考毓珣,康熙七年(1668)生,年六十五,生居汶上,卒葬曲阜孔林。及卒,文渊阁大学士兼礼部尚书陈元龙为题墓碑,全名《诰授光禄大夫兵部尚书兼都察院右副都御史总督江南河道提督军务加八级谥温僖孔公诰授一品夫人孔母徐氏之墓》,碑立于雍正九年十月。珣之曾祖尚陛系六十三代袭翰林院五经博士赠衍圣公贞宁第六子,祖衍铭,父兴洪,至珣实为六十七代。《清史稿》谓毓珣为"孔子六十六世孙","父恩洪"云云,实皆未确。今考珣之父与子,俱有职衔。父兴洪,字起度,号涵万,恩贡生,历任陕西分守平庆道、江南分守江镇道、福建按察使司按察使,以珣贵,封光禄大夫。长子传熹,字振谷,号道薪,初知四川蓬溪县,及毓珣为川藩,以例引避,改知河南偃师,历南阳府同知,升山东济南知府,改江西赣州,所至皆有循声;次子传彭,字振商,号商贤,江西南安府清军粮捕同知;三子传焯,字振壑,号潜夫,广东海阳县知县。

是书今有清华大学图书馆藏抄本。

■ 钦定台规四十二卷 存

(清)孔宪毅等纂修。宪毅录有《圣门乐志》,经部乐类已著录。

是书有清光绪十八年刻本,九行二十字,白口双边。前有都察院《奏疏》、总阅人员、分修人员、分校人员、覆校人员、详校人员、收掌人员、校对人员衔名,及《凡例》、《目录》。分修共三十七人,宪毅为第一纂修人,衔名署:"前吏科掌印给事中广东肇阳罗道臣孔宪毂"。此书,1989 年全国图书馆文献缩微复制中心有整理本,收入《中国文献珍本丛书》,前有陈金陵《整理说明》,略云:清朝《钦定台规》,汇集了清皇朝的监察机关即都察院职掌事务有关的诏谕、奏疏、条例、规制等官方政令文书。我国封建王朝素有监察机关之设。秦朝执掌监察之责者为御史大夫,位次于丞相。西汉御史大夫(大司空)与丞相(大司徒)、太尉(大司马)合称三公。东汉光武帝使御史隶于掌宫中图籍的兰台,其长官为御史中丞,时称宪台、御史台。以后历朝多以御史台为监察机关,明初改称都察院。清承明制,于崇德元年(1636 年)设都察院,直至清朝的覆亡,是以清朝将都察院职掌事务的官方文书,称为"台规"。清代历朝对《台规》多有增辑、纂修。乾隆八年有八卷本,道光七年有四十卷本,光绪十八年有四十二卷本。光绪本刊载了太宗天聪至德宗光绪历朝的有关政令文书,为清朝最完整的《台规》。但光绪本刻印中有错讹之处,如第十三卷四页下、第三行有"定稿先送刑部堂官画题,续"十一字,与第四行相重,据道光本改为"移会到日,满汉御史前往公";第二十卷十七页上、第五行"孔郎阿",应改为"扎郎阿"。其他还有个别错讹之处,做了相应改正,不再赘述。

是书今有清光绪十八年刻本,1989 年全国图书馆文献缩微复制中心整理本。

时令类

■ 节序同风录十二卷　　未见

（清）孔尚任撰。尚任有《易经系辞讲义》，经部易类已著录。

是书，《清志》、《著述记》俱著录。《山东通志》此书无卷数。《曲阜志》、《阙里文献考》谓"尚任又采曲阜民俗，撰《节序同风录》十二卷"。《四库全书总目·时令类存目》云："《节序同风录》，无卷数，衍圣公孔昭焕家藏本，国朝孔尚任撰。是书仿《荆楚岁时记》为之，以十二月为纲，而以佳辰令节分列为目，各载其风俗事宜于下，颇为详备。然人事今古不同，方隅各异，尚任不分其时其地，比而同之，又不著其所出，未免失之淆杂。不足以为典据也。"袁世硕《孔尚任年谱》按云："《乾隆曲阜县志》卷三十八《风俗》末附《节序同风》，云：'岁元旦，早起祀祖先，礼毕，上寿于尊长，为酒食以待亲友……二月之朔，荐韭；二日，画地为仓五，实五谷，以祈农祥……'疑即据孔尚任《节序同风录》写成。"才按：其书似未梓行。据说，济宁市文管会藏有一清抄本，未寓目，不知真伪如何？又大连市图书馆亦藏一清抄本《节序同风录》，不分卷，无序跋，亦不著作者名氏。有"翰林供奉"、"王懿荣印"等印鉴。所记自正月初一至十二月三十日。《四库全书存目丛书》据以影印，不能遽定，而《中国古籍总目》著录此本径归尚任名下。予尝以此抄与乾隆《曲阜县志》所附《节序同风》对阅，见二者甚不相合，如《县志》谓正月既望曰"耗磨日"，男女不事事，各出游，曰"走百病"。大连市馆藏清抄本则无此内容，若其真为尚任遗书恐不至此。又如，抄本记三月清明云："日未生时，折柳枝插门檐，以禳火灾，又云'令行人早归'，又曰'催燕'。"插柳避邪的风俗较为普遍，曲阜也不例外，但《县志》所录未见有"令行人早归"及"催燕"等说法。故大连市图书馆藏本，疑非尚任书。

■ 佳节承欢录二卷　　未见

（清）孔尚任撰。

是书，《孔子故里著述考》据《友声新集》卷一孔尚任复张潮札著录。札云："弟尚有《广阳关三叠谱》一卷、《佳节承欢录》二卷,篇帙稍多,故未敢奉教,用之续貂时,可寄去耳。"按:据《文献》第九辑《孔尚任佚简二十封笺证》考证,此《札》写于康熙三十八年。又注云:"孔尚任有《节序同风录》,'是书仿《荆楚岁时记》为之,以十二月为纲,而以佳辰令节为目,各载其风俗事宜于下。'(《四库全书总目提要》)或即为《佳节承欢录》扩充、定稿并易名而成。"疑非是,录此俟考。

地理类

■ **会稽记** 佚

（刘宋）孔灵符撰。灵符，赠侍中左光禄大夫开府仪同三司孔靖三子，孔子二十八代孙，居会稽，官丹阳尹，迁会稽太守，加豫章王抚军长史，赠金紫光禄大夫。

《阙里文献考》云："志者，所以述典故，纪盛轨，征轶闻，考地理，备风俗也。自班史作《十志》，后世作者多祖之。二十八代孙宋赠金紫光禄大夫灵符撰《会稽记》，卷佚。"兹据著录。《隋志考证》：《会稽旧志·会稽记》注曰："孔灵符，似名煜……见诸书所引，莫详其篇卷。"按：煜，另有其人，详见后条。又考此书，隋、唐《志》虽无载，唐、宋类书却多征引。《隋志考证》以"《寰宇记》江南东道引'射的白，斛一百；射的玄，斛一千'之语，称孔晔《记》，《御览·地部》同引之，则称孔灵符"，判定此书与孔晔《会稽记》为一书。嗣后，鲁迅《会稽郡故书杂集》、王庸《中国地理学史》、张国淦《中国古方志考》、陈桥驿《绍兴地方文献考录》、洪焕椿《浙江方志考》等皆遵此说。然今观诸书所引，其实不然。《太平御览》卷首"经史图书纲目"分别开列孔晔《会稽记》与孔灵符《会稽记》；《艺文类聚·山部》"太平山"条称"孔皋（晔）《会稽记》曰：'余姚县南百里，有太平山，山形似伞，四角各生一种木，木不杂糅，三阳之辰，华卉代发。'孔灵符《会稽记》曰：'余姚江源出太平山，东至浃江口入海。'"一条之下，两书并引。又如，该书"会稽诸山"等条，亦有类似实例，可知《会稽记》当时有二种，且宋初其书尚存。鲁迅辑佚文一卷，载其《会稽郡故书杂集》，今收入《鲁迅全集》第八卷。

■ **地志** 佚

（刘宋）孔灵运撰。灵运，赠侍中左光禄大夫、开府仪同三司孔靖四子，孔子二十八代孙，居会稽，官著作郎。

《阙里文献考》："宋著作郎灵运撰《地志》，卷佚。"兹据著录。按：其书久佚，似亦为记当地山川风物之书，宋王十朋作《会稽风俗赋》有"其人则见于《吴越春秋》、《会稽典录》、《图经》、《地志》、历代柬牍"之句；《水经注》、《艺文类聚》、《一切经音义》引有《地志》说,俱不注作者姓氏,未知即此书否? 俟考。

■ 会稽记 _佚

(刘宋)孔晔撰。晔,宋水部郎、尚书右丞遥之子,孔子三十代孙,居会稽,官中书侍郎。

是书,原帙早佚,《说郛》收录其文一卷,清王仁俊亦有辑本一卷,收入《经籍佚文》及《玉函山房辑佚书补编》。《两浙著述考》云:"《会稽郡记》,晋绍兴孔煜撰。煜,原作晔,此书载雍正《浙江通志》及乾隆《绍兴府志》,原本佚。"按:此书,清章宗源《隋志考证》以其与孔灵符之书所引谚语文字相同,视作一书,此后,鲁迅、王庸、张国淦、陈桥驿、洪焕椿等皆从其说,然考《太平御览》卷首及《艺文类聚》"太平山"、"会稽山记"诸条所引,此书与灵符书实为二书,因一并著录于此。又孔晔,诸书或作孔晔、孔华、孔皋、孔煜,皆非是;而《两浙著述考》作"晋孔煜",似亦未确。又考孔晔,《阙里志》、孔尚任《孔子世家谱》皆称二十九代遥之之子,"无传";民国《孔子世家谱》则称三十代珮之子,也云"无传";而《林前户支谱》复颠倒序次,称:"晔,子一珮"。晔遂从珮之子,变成珮之父。孔氏《家谱》世代递修,向称严密,其序次先人,何错乱若此? 幸有赵明诚《金石录·周孔昌寓碑跋》所引碑文,载其世系,足正孔氏《家谱》之讹乱。文云:"十四世祖潜,吴侍中,生晋豫章太守竺;竺生大尚书冲;冲生大司农侃;侃生秘书监滔;滔生江夏太守俟;俟生宋尚书左丞幼;幼生尚书右丞遥之;遥之生中书侍郎晔;晔生齐散骑常侍珮……"兹参据著录。

■ 元朝一统志 _{未见}

(元)孔淑撰。淑有《阙里世系》,本部家谱类已著录。

是书据《曲阜志》著录。《孔子世家谱》云:"五十三代淑,秘书省著作佐郎,著《元志》,升秘书郎。"其所谓《元志》,盖指此书。今考《一统志》之纂乃官府集体行为,非一人之力所及。《千顷堂书目》载有《大元一统志》一千卷,题"年卜兰、溪岳铉等进";又有《玄览堂丛书续集》本《大元大一统志》(原书总一千三百卷)残帙,卷一已佚,书目著录署"勃兰肦等撰"。不知孔淑所撰为何? 俟考。

■ 平阳县志十卷 _{未见}

(明)王约、包瑜、孔彦雍同修。彦雍,平阳派孔铎从子,孔子五十九代孙,成化四年举人,官唐山知县。

是书，乾隆、民国《平阳县志》等著录。《温州经籍志》卷十史部地理类著云：孔彦雍《平阳县志》十卷（与包瑜同修）未见。乾隆《平阳县志》十二：成化戊子举人孔彦雍，铎从子，唐山知县修。《平阳县志》十九：《平阳县志》十卷，弘治壬子令王约延青田包瑜、邑人孔彦雍同修。按：《明史艺文志补编》载《平阳县志》，不著纂修人与卷数；《中国地方志联合目录》著录隆庆以下诸本，不及此本；《天一阁藏明代地方志选刊》等亦未见收，是此《志》原帙，或已不存。考《平阳县志》之修纂，创始于元大德丁未年，重修于明正统，此为第三修也。

■ 曲阜县志 佚

（明）孔弘干辑。弘干有《圣贤图像》，本部传记类已著录。

《曲阜志·序》："曲阜旧《志》，肇辑于明嘉靖中藩僚孔宏干。厥后，知县孔宏复、孔宏毅相继增修。""宏干"原名弘干。兹据著录。未见传本与志目著录。

■ 曲阜县志三卷 未见

（明）孔弘复修。弘复有《圣迹图》，本部传记类已著录。

是书未见旧目著录。据《曲阜市志·大事记》，此《志》撰成于明万历二十一年，监察御史何出光为之作序。康熙《曲阜县志》载孔弘毅《重修曲阜县志后序》云："曲阜旧有《志》三卷，盖始于万历初年前官转运公，奉直指何公之命而成也。"又《志凡》云："曲阜旧未有《志》，有之，自运同孔君始，书岁月以编年，核故实以纪事，非不犁然备观。第开始不无挂漏，草创或多鲁鱼，则夫搜罗咨访、订讹补遗，是有在于今日。"又孔闻诗《重修曲阜县志序》云："万历初年，邑侯桧窗公慨然曰：'阙里有《志》，圣迹也。曲邑无《志》，则官治之建置、政事之因革、田赋之盈缩、户口之登耗、人材之饶乏，凡国家属我长吏之巨务，皆湮而不彰，乌可废诸？'于是，创为邑《志》若干卷。镜历代于寸简，罗四封于尺幅，美哉！洋洋乎。与圣《志》并脍炙人口云。"兹据著录。按：又考《兖州府志·宦迹志》等，弘复于万历元年考选曲阜知县，在任二十余年，振刷县政，百废皆兴。凡三进阶，知州府，同运同，以礼致仕。

■ 兖州府志五十二卷 存

（明）于慎行编，孔贞教等修，孔贞栋等考正。贞教有《复圣图赞》，本部传记类已著录。贞栋，孔子六十三代孙，四氏学贡士。

是书有明万历二十四年刻本，半叶十行、行二十字，注文小字双行。版心镌有刻工姓名。书前有张允济、姚思仁、冯琦诸序及《修志氏名》，据此可知，参与本《志》纂修者共有二十五人，皆为知州、知县；参加"考正"的，贞栋之外，尚有嵫阳贡士陈言。另有叙定、采辑、校阅若干。末有"赐进士出身资政大夫礼部尚书兼翰林院学士前经筵日讲国史副总裁官谷城于慎行"自叙，叙称其"错采百氏之籍，旁参郡邑之史，探赜补漏，提要钩玄，创为二十八部，析为五十二卷，三越寒暑，乃克成编。乙未七月，效诸府廷卢公，受而阅之，因檄巨野博上邝君与明经二人校定锓梓，榷费惟裕弗惟省，鸠工惟良弗惟亟，凡八阅月而竣告成。"按：此书，齐鲁书社有影印本，据其出版《说明》与《附记》，此书国内久已失传，各图书收藏单位方志书目中均未见著录，只朱士嘉编《中国地方志综录》记载日本宫内省图书寮藏有此书。六十年代初期在山东巨野县忽然发现了这部书，当即由山东人民出版社接受，计划影印出版，后因"文化大革命"而中止。现此书已归山东省图书馆珍藏。此书原共五十二卷，另《府境州县图》一卷，发现时已缺《人物志》二卷（卷三十六、三十七）和《典籍志》一卷（卷三十八）。齐鲁书社请山东大学殷孟伦教授转托日本友人波多野太郎教授向日本宫内省图书寮复制上述所缺三卷，不三阅月，复制件即越海归来，又用康熙版《兖州府志》补齐另外所缺九页，终使此国内孤本得成完璧。

是书今有山东省图书馆藏明万历二十四年刻本，1985年4月齐鲁书社影印本。

■ 同官县志十卷　存

（明）刘泽远修，寇慎纂，孔尚标增修。尚标字则之，号化东，时庄户陕西同官知县贞莹子，孔子六十四代孙，天启元年辛酉副榜，授胶州训导，累升湖广石门知县。

是书，《中国地方志联合目录》著有国家图书馆等藏明万历四十六年刻崇祯十三年增补本，国图数字方志库无收。《中国古籍善本书目》著有此书。《稀见地方志提要》录《明方志考》作"孔尚标纂修，明崇祯十年修"，未确。按：考同官属陕西省渭南地区。增修人孔尚标，系时庄户知名人士，祖闻志，号岱庵，礼部寿官。有子二人。长子贞莹，字用瓒，号蕴华，以子尚标贵赠文林郎，陕西同官知县。次子贞一，号景华，陪祀恩贡，以子尚皞贵，封奉直大夫，滁州知州。

是书今有国家图书馆等藏明万历四十六年刻崇祯十三年增补本。

■ 曲阜县志六卷　缺

（明）孔弘毅纂修。弘毅字以士，号远举，孔子六十一代孙，官曲阜县世职知县。

是书，《中国古籍善本书目》、《中国地方志联合目录》、《山东通志》、《曲阜志》等皆著录。按:此书国家图书馆藏有崇祯刻本前四卷,其中,卷一、卷四各分上下,卷一上已无完页,卷一下及卷二亦多缺文,孔弘毅自序亦逸失。书凡九行十八字,注文小字双行。内署"曲阜县世职知县孔弘毅修"。卷一上有前巡按山东监察御史何出光万历癸丑序并印二方,太子太保兵部尚书萧大亨序并印二方,礼科给事中孔闻诗序,及《志凡》《志目》。凡卷一为《土地志》,包括疆域(分野、境至、山川、城池、村集、地亩、物产、古迹、祠庙、陵墓、桥梁)沿革(县治、黉宫);卷二为《人民志》,包括版籍(里社、户口、风俗、保甲)赋役(夏税、秋粮、马草、均徭、里甲、驿站、盐抄、盐课、免粮、祭田、学田);卷三为《政事志》,包括职官(县职、学职、阴阳官职、医学官职、圣庙官职)祀典(庙祭、墓祭、祠祭、坛祭)选举(历代人才、科甲、岁贡、武职、貤封、恩荫、恩官、吏掾、授例)武备(马步兵、民兵、器械);卷四为《文献志》,包括帝王(帝四、公三十四、王五)圣贤(圣一、贤五十三、圣贤嫡嗣附)宸翰(诏、诰、敕、碑文、祭文、诗、赞)列传(宦业、贤行、孝行、节义、贞烈、隐逸);卷五为《艺文》(奏疏、碑记、铭、赞、颂、诗、歌、赋、议、辩、论、祭文);卷六为附录(水经注、东游记、灾祥志、杂志、置驿议。按:卷五、卷六据康熙《志》补录)。康熙《曲阜县志》载孔闻诗序曰:"曲阜为先圣枌榆之乡,故《阙里志》先成,又得李文正公为之玄晏,世益快睹喜诵之稔矣。而邑《志》缺而不议者何?则以曲阜之胜,阙里为大,阙里'志'而其他可略也。万历初年,邑侯桧窗公慨然曰:'阙里有《志》,圣迹也。曲邑无《志》,则官治之建置、政事之因革、田赋之盈缩、户口之登耗、人材之饶乏,凡国家属我长吏之巨务,皆湮而不彰,乌可废诸?'于是,创为邑《志》若干卷。镜历代于寸简,罗四封于尺幅。美哉!洋洋乎。与圣《志》并脍炙人口云。计广之草创距今,且四十年往矣。简残编断,览者渐有鲁鱼之虑。于是,今邑侯远举公以政之岁,仕优人和,复开局考订。旁搜于载籍,求逸于野史。详而不秽,核而不靡,为目若干,为卷若干,逾年而书成,属余序之。"又孔弘毅自序曰:"癸酉冬春之交,东事稍宁,会吾宗黄门公读《礼》家居,得以朝夕商榷,又□诸邑中名宿、博雅多闻者,近揽旁搜,咨询舆论,断以鄙见。仍旧者什之六,增补者什之四。夙夜比属,始观厥成。余反覆于《志》之始末,而窃有慨也。曲阜故称礼教信义之邦,为圣贤笃钟之地。其风淳土厚可知也。乃至今日,人文丕变,或视昔过之。"又《志凡》略云:"一、辨体裁。夫编年祖《春秋》,纪传祖《尚书》,体也。然,纪以年包事,传以事系人,而《志》之大原则起《尔雅》,详实略浮难矣哉。曲阜旧未有《志》,有之,自运同孔君始,书岁月以编年,核故实以纪事,非不犁然备观。第开始不无挂漏,草创或多鲁鱼,则夫搜罗咨访、订讹补遗,是有在于今日。二、定纲目。史有纲有目,示统纪也。《志》所载土地、人民、政事、文献,纲有四,而节目条理,支分缕析,犁然画然;千年统纪,按籍胪列矣。三、酌详略。盖事可互见，而文则省也。邑为尼父故乡，圣迹固宜详著，而《志》或书或不书，何居？恃《阙里志》在也，故有关县治者详之，详于《阙里志》者略焉。详详略略，庶不至赘且漏云。"才按：考陈光贻《稀见地方志提要》（齐鲁书社 1987 年版）卷五著录此《志》康熙增修本，误为万历刊本，并谓"曲阜向无县志，孔运同始以编年体例纂辑掌故，有似邑乘之作。嘉靖中藩僚孔弘干，厥后知县孔弘复相继纂辑邑志。此志弘毅纂成于万历癸亥……"陈氏此文来自旧志序，而其错谬迭出，有不得不辨者。首先，陈氏不知"运同"即盐运同知，是孔弘复的官衔，而非人名，故有"孔运同始以……厥后知县孔弘复相继……"之语；其次，《曲阜县志》发端于明嘉靖中孔弘干，始增修于万历中孔弘复，再增修于崇祯中孔弘毅，三增修于清康熙孔衍淳。孔弘复修《志》，事在万历年间，时在孔弘干后，陈氏不晓，乃颠其序次而述之。又，弘毅此《志》实成于崇祯年间，而非"万历癸亥"，且万历朝无"癸亥"之年。又考序者闻诗，有载籍称其性耽吟咏，与人酬和，往返数十，无气衰力竭之状，世号多才子。详参本部诏令奏议类。聊注于此，以备参考。

是书今有国家图书馆藏明崇祯八年刻残本（存前四卷），台北"故宫博物院"藏明崇祯八年刻残本（存二卷）。

■ 曲阜县志六卷 存

（明）孔弘毅纂修，（清）孔胤淳续修。胤淳又作衍淳，字懋良，号振浮，大宗户廪生、赠承德郎尚镔长子，孔子六十五代孙，官曲阜县世职知县，加升东昌府通判，以子兴诏贵，封中宪大夫。

是书据《中国古籍善本书目》著录。《续修县志》、《著述记》等但云孔衍淳增修或纂修。《中国地方志联合目录》："［康熙］《曲阜县志》六卷（明）孔弘毅原本（清）孔胤淳续修，清康熙十二年（1673）补刻本"。《稀见地方志提要》此书著为"明万历间刊本，清康熙增刊，明孔弘毅纂修"。《山东通志》："《曲阜县志》六卷，孔衍淳撰。衍淳字远举，曲阜人，诸生，官曲阜知县。潘相敬乾隆《曲阜志序》云：'国初知县孔衍淳又即旧板附刻己事，其纲四，曰：土地、人民、政事、文献，其目九十有二，即今所存六卷三本者。'"《续修四库全书提要》："《曲阜县志》六卷，清康熙十二年刻本，清孔胤淳修。胤淳字未详，由廪生，以衍圣公世职为曲阜知县……按：曲阜疆域虽小，由上古以迄于今，即为圣域，教化风俗，异于他地，且古迹特多，修是《志》者，当详考精研。是《志》取材，与他《志》不同一辙，如'圣贤嫡嗣'门，所记厘然不爽；'职官志'表，亦有条不紊，使读者对于孔圣家世族人、及门弟子，均可考核，此非孔子后裔，他人亦不能修纂也。

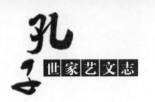

故是书实具通史之长，所载制诰甚多，均历代君主对孔子崇奉之词，足见儒家在历代发展之经过情形，盖是《志》实有关学术，不能以普通邑乘目之也。"才按：此书盖由崇祯旧板增刻而成，故其行款、纲目悉仍前《志》（参见前条）。书内署"曲阜县管理县事东昌府通判加四级孔胤淳重修"。前有何出光、孔闻诗、萧大亨、孔弘毅旧序，并《志目》、《志凡》，及孔兴釬、孔胤淳序。胤淳序云："天下皆越藩而握县符，而曲邑以世职特闻，岂非优重阙里哉！惟阙里旧有成书，故邑《志》缺焉者多历年。曲邑之有《志》，权舆于宗侯转运公，至我宗侯远老师公始克观厥成焉。为书通计凡六卷，纲举目张，厘然悉备。而其意则主于为乡土士民，计久远信，可谓良工心苦、毫发无遗憾者矣。不佞淳承乏于世职再继之余，朝夕披览，心向往之。惟恐陨越纂修之旨，贻我师公羞。克任以来，人咸安予，迄今二十余年，不至大速戾于桑梓者，皆我师公之教也。顾我师公之为书，虽极精详，然去今四十有一年矣。其间，职官之相乘（承）节（接），若（苦）孝之继起，人物、艺文之踵出，与夫时制有变革，岁时之眚祲错见，不无待修补于后人。不佞每及政事之暇，取事类之关我乡土者，咸采录于别策，将以为修志地也。癸丑之岁，庶务稍闲，于是，各以其类登诸《志》而重镌焉。仍在昔之成规，而益以近今之条目，亦曰继我师公纂修之雅志，庶亦有裨于乡土而已。"又按：《山东志》、《曲阜志》、《著述记》皆称"衍淳字远举"，非是。兹据《家谱》著录。又《山东志》引述乾隆《曲阜志序》，将作者潘相误为"潘相敬"，盖以序末落款有"潘相敬撰"之语，未能辨识，遂将谦词与名氏相混矣。

是书今有国家图书馆等藏明崇祯八年刻清康熙十二年增修本。

■ 玉华洞志三卷 存

（清）孔兴训撰。兴训字觉所，号发祥，大宗户袭翰林院五经博士衍隆长子，孔子六十六代孙，恩贡生，历官将乐知县，延平同知，赣州知府。

是书，中国科学院图书馆藏有清顺治刻本，八行二十字，白口，四周单边，无鱼尾，亦无序跋目录。书末似有缺页。其卷端署："尼山孔兴训觉所纂定；玉华萧梦瑚尔达、廖椿大年参订"。凡卷一为序、记，计有田一俊、林熙春、王源昌、林兆兰、杨载鸣、陈省、茅瑞征、杨重熙诸家。卷二、卷三为诗，卷二有杨时、冯初心、马铎、王暹、吴复、张聚、伍讷、陈山、黄琛、余廉、伍聪、萧昆、刘璋、李熙、陈惟举……林天垣等人。卷三收诗至揭腾蛟《五更天》，其中，邹维琏一人收诗十六首（按：乾隆《将乐县志·山川志》采摘历代有关诗文，不厌其烦，中多本《志》缺载者）。是此书虽名《志》，实乃诗文总集也。碍于习惯，仍从旧目入类。本帙盖经补裱，卷二第四十五至五十二叶，字体迥异。考

"玉华洞"，位于福建省延平府将乐县天阶山下，相传赤松子采药于此。明万历十二年巡按御史杨四知亲书"玉华洞"三字，知县黄仕祯勒于洞额，复捐建"漱玉亭"等胜。然本帙不知为何无序，据雍正增刻康熙本卷二《前序》，此《志》除孔兴训《顺治甲午重镌序》，尚有邑令吕奏韶，举人萧梦瑚、廖椿诸人序。兴训序下注字里云："字觉所，延平同知，曲阜人"。略谓："不肖兴训，自赵迁闽，未离门辄与武夷、玉华为盟。武夷踞崇安，玉华踞将乐，传者谓武夷为朱夫子之面目，玉华为杨龟山之肺肝。按图记考之，由来远焉。到延苦为治疆所限，事与念违，徒恨遇之疏，而缘之浅也。迨今上甲午岁之秋八月，将乐邑侯吕君以科场入闱，奉宪暂摄其事……因思乾坤灵气所蕴，钟为山川，蔚为人文，理固然耳。如我泰岳擅宇内之大，峄岱标邹鲁之奇，尼山毓秀，天降玉书，遂生我祖，开万古斯文之宗，信乎崇有武夷，而兆朱氏，将有玉华而生龟山，广而推之，海内名山，必有英人，地以人灵，人以地杰，从来天降大圣大贤，孰谓偶然也哉。予又信继龟山而起者，自必有人也。因索遗册，而重梓之，将以志天地之灵，与圣贤之脉，且风尘牛马偶尔有一时奇缘，尤并以志不肖自幸自快之意云尔，敢多事乎！时顺治十一年九月五日识于镛州署中。"按：此书，《山东通志》据书目著录，云："《玉华洞志》三卷，孔兴训撰。兴训，曲阜人，官将乐知县。是书成于顺治甲午，见《四库存目·陈文在〈玉华洞志〉提要》。《传是楼书目》作三卷。"《四库存目·玉华洞志提要》谓"明万历壬辰邑令海阳林熙春始为《志》，顺治甲午邑令曲阜孔兴训重修，岁久版毁。康熙乙未，文在又复修之。"今考《中国古籍善本书目》未著此书，《曲阜志》、《阙里文献考》、乾隆《将乐县志》亦不均载其人其书，《孔子世家谱》虽载其人，却又语焉不详。惟康熙《赣州府志》卷三十四郡名宦传略谓：孔兴训，字觉所，山东曲阜至圣裔，筮仕将乐令，辑《玉华洞志》，以文翰自喜，康熙甲辰守赣，居官九年，民至今思之。知兴训生当明季，卒于康熙也。

是书今有中国科学院图书馆藏清顺治十一年刻本。

■ 高淳县志

（清）孔衍丛等纂修。衍丛字中郎，号蓬林，平阳派尚望次子，孔子六十五代孙，廪生，顺治八年恩贡，授职通判。

《孔子世家谱》衍丛传："六十五代衍丛，字中郎，号蓬林，廪生，治《诗经》，顺治间，吁请永折漕粮，详载邑《志》。辛卯恩贡，授职通判，纂修《县志》。"兹据著录。按：其书疑即顺治《高淳县志》。以未睹其帙，不敢妄定也。考高淳今属江苏镇江地区，为平阳孔氏主要聚集地。该《志》创始于正德九年，书已佚。嘉靖五年，知县刘启东再修之，

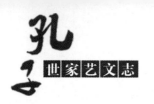

凡四卷，今只嘉靖四十一年重刻本见存。万历三十四年知县项维聪三修其书，凡十四卷。已不见传。清顺治十三年，知县纪圣训四修，乳山林古度等纂，十八卷，今仅知国家图书馆有藏。又见宣统《江苏通志》载有纪圣训顺治丙申序云：“圣训下车即询旧本正德、嘉靖者，俱不可得。万历之《志》，其本幸存。谋之学博虞君孝廉三人，邑弟子七人，周爱咨诹，不遗余力，搜遗逸，访故老，兼听并观，洪细毕采……逾三月而《志》成。所为天象、地舆、民风、物产，仕官之出处，赋役之输将，节孝之流传，文章之纪载，皆班班可述。其即古之图籍、郡邑所重者，当在是与？凡图四，表四，考三，志十六，纪一，列传四，共一十八卷，汇为一书。”其“邑弟子七人”中未知有衍丛否？

■ 延平府志二十二卷首一卷 存

（清）孔衍洙、杜汝用等纂修。衍洙原名自洙，字文在，号皞庵，桐乡县支诰授奉政大夫、福建提学道佥事尚迹子，孔子六十五代孙，顺治六年进士，历官山东清吏司主事，福建督学道佥事，分守建南道参议，分巡胡广荆西兵备道按察司副使。

《中国地方志联合目录》福建省三明地区：［顺治］《延平府志》二十二卷首一卷，（清）孔自洙、杜汝用等纂修。清顺治十七年（1660）刻本。注云：在日本内阁文库。按：考《孔子世家谱》“自洙”作“衍洙”。云：“衍洙字文在，号皞庵，顺治丙戌举人，己丑进士，山东清吏司主事，福建督学道佥事，分守建南道参议，分巡胡广荆西兵备道按察司副使，例授中宪大夫。顺治九年，临雍大典，以圣裔陪祀，崇祀福建名宦祠。”不云有撰述之事。又考《明清进士题名碑》与修《志》自署，“衍洙”均作“自洙”，因知为后世阙里修谱时，为统一派辈而改。

是书今有日本内阁文库藏清顺治十七年刻本。

■ 高淳县志二十五卷 存

（清）李斯佺修，芮城、孔毓麟等纂。毓麟字克振，号居易，平阳派二支兴恒子，孔子六十七代孙，增生。

《孔子世家谱》三集平阳派：“六十七代毓麟，字克振，号居易，增生，治《易经》，纂修《县志》。”兹据著录。按：此即康熙《高淳县志》也。考其书不列纂辑人名衔，惟卷末叶楠跋其书谓：“淳邑李侯修《县志》，书成，云间叶楠览之称善，曰：事详以核，文谨以严，笔则笔，削则削，一时称为直笔，千秋奉若信史，猗欤休哉！厥美备矣……洵今日之纂修为要，然非侯聘请之广，委任之专，虚公搜集，则《志》无由成，成无由善也。侯尤悯恤民艰，慨自捐助其诸贤聘请及枣梨剞劂之费，悉身任之。故时未逾月，事乃竣工。

与局者,邛州刺史邢君,进士史君,孝廉葛君,暨予学中芮生城、陈生昆汝、邢生星、夏生甲、陈生公扬、孔生麟、孙生范、谷生起凤、夏生赋臣、吴生本周、韩生必成。侯又闻逸民吴子越彦名,以礼为罗,必延致之。皆才如班马,直并董狐,各出所长,合成全美,故能跨轶前代,照耀后来也。"知参与其事者凡十余人,麟乃其一也。此书极罕见,予仅睹影印之本,凡十行、二十一字,白口,四周单边。书前有知县李斯佺康熙二十二年序,及目录并凡例。《志》内计有图纪、星野、沿革表、疆域、形胜、山川志、风俗、建置志、户口、田赋、赋役考、水利志、物产、邑防、祀典、学校、科贡、武科、官制考、官师表、名宦、乡贤、人物列传、恤典、祥异、古迹、艺文、杂志诸门类。斯佺,济南长山人也。又见卷五载"孔氏家庙",云在县东三十里。知孔氏家庙非限曲阜、衢州二地也。

是书今有中国科学院图书馆藏清康熙二十二年刻本,中国书店《稀见中国地方志汇刊》影印本。

■ 番禺县志二十卷 存

(清)孔兴琏纂修。兴琏字商珍,号忠亭,道沟户宣化府西路军程通判、池州府同知衍劭次子,孔子六十六代孙,康熙十四年乙卯科举人。二十三年甲子,上幸鲁,陪祀,授番禺令,终两广运使。乡谥"文肃"。

是书,《中国古籍善本书目》、《中国地方志联合目录》著有国家图书馆藏清康熙二十五年刻本,山东省图书馆存卷一至十三,十八至二十;上海图书馆另有胶卷。道光《广东通志》著录此《志》但题三册,谓"国朝孔兴琏修,彭演、薛起蛟、陈阿平辑"。原帙罕见,未寓目。乾隆《番禺县志》载孔氏康熙丙寅年序,略云:"番禺,古秦县也。襟带山海,隶于广郡,视政省会,颇称烦剧。三十余年,军马蹂躏,四郊多垒。兹幸张皇天讨,海宇廓清,正兆民出汤火,而登衽席之日也。客岁各宪……顾念圣天子声灵遐畅,山海效灵,混一八荒,车书万国,特征十五省方书,用志一统。禺虽百里,亦一疆域也。邑乘之作,其敢少缓乎?前县纂辑未成,类皆散帙,因与金宪彭艾庵先生暨诸贤士大夫,广为搜罗,凡禺之有系于史氏所必考者具载,如山川人文之标映,忠孝文章之岳恃,水陆道里之远近,税户物产之胪列,展卷昭然,庶几备采风者之寓目焉尔。"

是书今有国家图书馆藏清康熙二十五年刻本,上海图书馆藏胶卷本。

■ 泰山纪胜一卷 存

(清)孔贞瑄撰。贞瑄有《大成乐律全书》,经部乐类已著录。

是书有清康熙刻《说铃》本,半叶十一行、行二十五字,白口,左右双边,内题"阙里

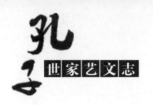

孔贞瑄璧六甫纂"。前有自作《小引》,略谓:"髫年登岱,未能领略其胜。岁癸丑就禄泰安,旋以计偕往来长安道上,席不遑暖。五月既望,萧子天木、安子贞吉,撖予登山,携酒饵作二日游,始得与山水作周旋,云深尘远,怡然会心,思有以喻之于言也。"按:《山东通志》、《曲阜志》、《阙里文献考》、《著述记》等此书皆著录。《四库全书总目·地理类存目》谓"是编乃其初官泰安教谕时纪所游历而作也。大略仿《岱史》之旧,自万仙楼以下共五十余则,每景各叙其胜。其余诸山脉络与岱宗相属者,如尼山、防山、龟蒙、凫绎之类亦咸入纪载。其舍身崖、社首、蒿里、封禅数条,持论颇不诡于正。然于封禅旧典,引据未能详洽,大抵议论多而考据少,其文格亦尚沿竟陵末派云。"

　　是书今有清康熙间刻《说铃》丛书本、写刻补配本,1996 年齐鲁书社《四库全书存目丛书》影印北京师范大学图书馆藏康熙刻《说铃》本;曲阜师范大学图书馆藏王氏辑抄《泰山丛书》本。又有清乾隆间刻《龙威秘书》本,清同治间刻《艺苑捃华》本,清光绪间《小方壶斋舆地丛钞》排印本,清宣统间《古今说部丛书》排印本,《丛书集成初编》本等。

■ 豫楚黔滇行程记无卷数　未见

　　(清)孔贞瑄撰。

　　是书据《山东通志》著录。《曲阜志》、《阙里文献考》、《著述记》但著《滇纪》一卷、《黔记》一卷,《山东志》谓此书"见《缩地歌·小引》。不详卷数。《阙里文献考》载《黔记》一卷、《滇记》一卷,度即《行程记》之《黔》、《滇》二种也。"又引贞瑄自作《缩地歌·小引》曰:"《豫楚黔滇行程记》既成编,复作《缩地歌》。"按:此书未见传本,考贞瑄《聊园文集》收有《豫楚黔滇行程纪引言》、《豫程总论》、《楚程总论》、《黔程总论》、《滇程总论》及《滇南轶事纪略》等内容,知其亦为游历之作,而于滇地尤详。《引言》称"故滇黔之游当存达观,偶掇行程,次第闻见先后,以及全滇边腹景物,缅甸交址,道路远近,并六诏逸史,撮其要略,撰次成编,公之好事者,用当卧游,非欲与诸家记游较工拙也。"

■ 缩地歌一卷　未见

　　(清)孔贞瑄撰。

　　是书,《山东通志》、《曲阜志》、《阙里文献考》、《著述记》等皆著录。《山东志》谓"是编有刊本。自作《小引》略云:《豫楚黔滇行程记》既成编,复作《缩地歌》,约各省郡邑,间摘名胜,叶以韵语,若里谚村谣然,使童稚辈可诵而知之。夫画家虽顾、陆复出,使绘舆图,必不能工,粗存城郭山川之略尔。今亦止写意白描,窃附于向平之末愿,非敢谓果有资于游观,与《步天歌》属对也。据本书。"按:此书未见有抄刻本行世,考《续修县志·艺文志》载有贞瑄《中国直省缩地歌》及陈见智、孔尚任《直省缩地歌跋词》,或即诸书所著者。孔尚任跋有"今读《缩地歌》,忽令九州如弹丸,足不出户域,而大地尽在眉睫间。岂非昔人所谓卧游乎"等语。

■ 平阳府志三十六卷首一卷 存

(清)刘棨修,孔尚任等纂。尚任有《易经系辞讲义》,经部易类已著录。

是书有清康熙四十七年刻本,前有平阳府知府刘棨康熙四十七年序,凡例,张克嶷康熙四十七年跋,纂修姓氏及目录。张氏云:"旧《志》迄明穆宗之世,后更百三十年,纪载蔑如,郡伯刘青岑先生乃起而纂述之,始事于丁亥仲秋,脱稿于戊子季春。"而据刘棨《平阳文庙祭器乐器仪注碑记》,尚任康熙四十六年冬过署,时值《府志》开纂,遂得留局主其事。《志》凡三十六目,即:图考、星野、建置沿革、疆域、山川、关津、城池、公署、学校、祠祀、户口、田赋、水利、屯田、盐法、邮政、兵防、帝王、职官、宦绩、选举、封荫、人物、隐逸、流寓、列女、仙释、方伎、风俗、物产、古迹、陵墓、寺观、祥异(历代兵氛附)、杂志、艺文,每目一卷。据"纂修姓氏",此书纂修共四人,以尚任为首。又督梓四人,为首者孔尚伒亦系圣裔。今考卷三十六收有孔尚任《拜平阳文庙时方习礼》、《二月朔日同人游龙子祠》(二首)、《清音亭》、《金龙池》诗五首,又《清音亭记》、《山依亭记》文二篇。其《凡例》二十五条,亦为所拟,云:一、《志》者,纪事之书也。旨与史合,体与史殊。九州之地,唐虞载诸《禹贡》,《周礼》列于职方,小史掌邦国志,外史掌四方志,固与太史、内史不相侔矣。赢虐项暴,图籍化为焦土,其后拾遗为《舆地图》,唐为《括地志》,宋为《寰宇志》,元明为《一统志》,历代之史,相资为用,究之,史自为史,志自为志也。体有一定,无取新奇,故国朝《一统志》、各省《通志》,义例大抵相同,近见州、县《志》,间有标列名目,高自位置,"年表"仿龙门,纲目袭紫阳,以郡邑之简编,擅朝廷之法制,僭妄之罪,则吾岂敢。二、《府志》难于省《志》与州、县《志》,盖省《志》宜简,州、县《志》宜详,《府志》折衷其间,详简各适,所以难也。而平阳则尤难,地大属多,人繁事杂,文册纷如牛毛,一事之疑,一字之讹,遍询三十四属,考核之烦,目盲头眩,此详之不胜详也。旧《志》于明穆宗以前事犹稍具,神宗时未经论定者已不在内,况又百余年来,其间沦于闯贼,�于姜逆,散于凶荒灰烬,澌灭于地震,举一郡之典章制度、声名文物,求什一于千百而不可得,恶能不简。夫救残补缺,有司之责也,显微阐幽,命笔者之事也。凡人与事关系地方者,考辨不厌精详,若勋业著于旂常,鸿文传于

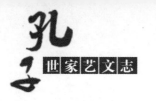

艺苑，世有耳目，习见熟闻，无侈繁多，概不登录。三、志图，例有八景，识者贻讥，旧《志》不免，又于各属缺如，今始系一郡总图，继分三十四属，而以山川名胜之最巨者终之。既有领要，庶便流览焉。四、建置沿革，载在旧《志》者，未敢雷同，如唐叔遗封太原，越千里而据之；晋国旧都，翼城、曲沃、绛州、太平、闻喜、猗氏，群起而争之，不定源流，徒滋聚讼，今本《春秋左传》、《史记》、《汉书》，参以目前形势，详互考订，殊费苦心，世不乏淹通之君子，愿是正之。五、山川，旧《志》三十四处合而为一，观者茫然，莫知所属，今分载州、县，高下了然。其形势相似、彼此互见者，必搜求证据，辨其本末，晰其支派，俾登临者知所适从，把卷者可当卧游也。六、一方保障，赖有城池，创始重修必书，以有功德于民也。关镇堡寨，以险隘附焉。公署准此。七、学校，视旧《志》加详，崇圣道，广教化也。名宦乡贤姓氏，前人不录，亦以挽近多缘饰，彝典反轻，然饩羊犹存，何必废也。所可异者，苍颉、风后、契、稷、皋、夔、伯益、伯夷、羲和、龙垂、关龙逢、巫咸、巫贤、傅说诸圣人，功德在万世，使宣圣而在，过其祠墓，必加尊礼，乃今列于戟门之外，群然杂处，无论诸公不敢相抗耶，宣圣南面临之，似亦有难安者，惟所在州县修理专祠，迎入木主，春秋致祀，以示尊崇，庶戟门外两祠，得以安坐也。又流寓，非土著，不必入乡贤中。若子夏，既系流寓，又崇祀十哲，屈居乡贤，义无所取，均为改正。至义纵身为酷吏，韦忠效死刘聪，存其事实，黜诸门墙，亦义之允当者也。八、祠祀，合乎祀典者存之，以专设为重，州、县共有者，即注于下，淫滔不录。九、户口，前载明代之数，后载本朝之数，照康熙四十五年达□部编审册，观者可以知时势矣。十、贡赋，前载明代夏税秋粮等项，后载本朝钱粮，据本年征解定额，明时款项烦多，今则总归户部，故所载简于有明，此法之所以尽善也。其稷山、临晋等处钱粮之累，照《县志》，吉州、蒲县、大宁等处丁银之累，照州县详文，芮城滩地，照府详文，俱将节略载入，以禀司牧者之痌瘝焉。至蠲免发帑等事，据州县所报，恭纪皇恩浩荡云。十一、屯田，深得古人寓兵于农之意，自有明中叶已失旧法，兵以卫民故云防，今之屯丁，化为编氓，而总镇移驻郡城，以壮冀南河东之势，时势不同，故措置各异。一照卫所册，一照总兵册。十二、盐法，悉照旧《志》，其泉、涧、滩、渠、堤、堰于盐池有关者，俱采附近州、县各《志》，并《盐政全书》。邮政，照各州、县现在开销数目，至曲、翼、汾、芮互争原案，照各《志》两存之。十三、水利，惟平阳最为关系，地狭而瘠，高原平坡，不恃天而恃水，争端所在，性命以之，《志》载从前定案，一字不移，间有变通者，必身履其地，相形度势，费尽调剂，务息纷争，未敢轻为轩轾也。十四、职官，自万历四十三年傅公淑训后，姓名皆不得而知，无论他矣。事经易代，藩册莫存，搜求无术，忽《题名碑》获于土中。按而书之，亦一异也。州、县《志》，姓名、籍贯、年分不符者，另记各官之末。旧《志》，守道，盐院运司，武职，府属司狱、仓、驿等官，州、县教官，佐贰俱不载，仍之。明以前职官不载，惟有政绩者立传，似属缺典，然亦无从稽考矣。十五、政绩，以守臣为主，唐虞三代，帝臣王佐，萃于平阳。春秋战国，不乏名卿大夫，要非守土之官。如今之京师大僚，不可谓顺天名宦也，旧浑为一，殊失体裁。今起自食采数人，其邑历祀名宦，必有功于民者，汉、唐、宋、元，依次悉录，有明以来，分列府、州、县。盖明之前，地名不一，官制屡更，难以缕晰也。其增入止凭一二节，弗概生平。若名实相符，去任即为登记，然必博采舆论，未敢滥焉。其将相大臣，文武诸司，但有勋泽于地方，即纪事实于简牍，另系于后，不相紊也。十六、《通志》名宦中不录丘和韦陟，卓识千古，然王瑶死守绛州，徐环玉阻兵洪洞，晋王克用，奉天讨罪，二人不知大义，助恶贼温，以致生灵涂炭，罪莫甚焉，概为削去。十七、曹操专权自恣，窃弄神器，犹然汉相也。其用兵四方，皆挟天子之声灵，至曹丕僭据，方得称"魏"，后世不察，凡仕建安时者，皆系以"魏"，岂非误欤？悉改正之。洪武，自三十二年至三十五年，本"建文"年号，靖难既篡其位，复革其号，孝子慈孙，不能为之掩饰，今何必仍然也。故职官、选举，在此四年内者，改归"建文"，非曰示异，幸质高明。十八、选举，文武科目，自旧《志》增补至今，贡士，照旧《志》止载府学、运学，其各州、县止载出仕者，教职丞簿以下不载，不胜录也。十九、列女，照《通志》、旧《府志》、各州、县旧《志》，新报《续志》，不分节烈，分县备书，凡深山穷谷之松贞柏操，不致与草木同腐矣。闯姜二逆，相继蹂躏，殉难者比比，孰谓巾帼中无人哉！惟《续志》不合例者置之。十九、仙释、方技，河东一郡何多也？张志清、田忠良，载在《元史》，诸《志》遗之，见闻所不及有如此，其人类非无用者，惜乎未引之于大道也。寺观不遗，非张二氏之帜，藉存鉴戒云耳。二十、风俗，旧《志》不载唐魏俭陋，今胡不然？举其大端，有关于世道人心者，丁宁告诫，思深哉！若间阎节序，俱有积习，州、县《志》详之，此内不烦胪列。二十一、古迹，旧《志》甚略，今照州、县《志》可采者增入，鄙俚不经者删去，宜归山水者改正，彼此牵扯者，参考互订，务存其实焉。二十二、尧陵，在府东郭行里，"祀典"载东平州，洪武初年，版图未一，遣祭帝王陵寝，奉命者一时妄举，贻误至今。舜陵，在安邑鸣条冈，"祀典"载湖广九疑山，作俑于司马子长，后人不信孟子，而信子长，岂非刺谬？《竹书》曰：鸣条有苍梧山，舜崩，遂葬焉。可以破千古之惑矣。夏启以下陵，俱在夏县北夏王村。金泰和间，建朝元观，以奉香火，而"祀典"不载，亦洪武初地为王保保所据也。汤陵，在荣河，载"祀典"，或曰在闻喜，或曰在偃师。风后陵，在蒲州南风陵渡，《潼关志》谓即女娲陵，《陕西通志》因之。今赵城侯村里女娲陵，载在"祀典"，凡此皆确加分辨，不使附会者参焉。至关龙逢墓在安邑，阌乡亦有之。裴度墓在管城，赵鼎墓在衢州，本县亦有之，《通志》谓葬衣冠是矣。又姜嫄墓在闻喜，稷王山，

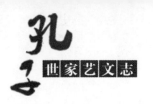

本省凡数见；丹朱墓在府西北王曲村，又见翼城；段干木墓在安邑上段村，又见芮城；王通墓在太平万王村，又见曲沃、河津，诸如此类，开列于后，以待博考。近代缙绅之墓，《通志》稍滥，今惟敕建及名著者存之。二十三、祥异，以《通志》为据，采各州县宜增者增之。二十四、兵氛，各《志》俱无，河中用武之地，势在必争，自秦汉以来，据《二十一史》，融会贯通，俱载全文，附于"祥异"之后。闯贼姜逆之变，为害最烈，州、县之《志》，有详有略，订明于后，以为考古者之鉴焉。二十五、"杂志"者，《山海经》、《齐谐志》之类，皆外书也。《通志》、旧《志》所载甚少，今采各《志》增入，鄙俚者无取焉。另外，此《志》卷三十六收有衍圣公孔克坚《王官谷司空图隐居》一首。克坚集不传世，其亦遗诗也。又《中国丛书广录》著录此书，《稀见中国地方志汇刊》误作《中国稀见地方志汇刊》；《清志补编》孔尚任误为"孙尚任"。

是书今有中国科学院图书馆等藏清康熙四十七年刻本，1992 年 12 月中国书店《稀见中国地方志汇刊》影印本。

■ 莱州府志十二卷首一卷 *存*

（清）陈谦修，孔尚任、刘以贵纂。

是书，《中国地方志联合目录》著有中央党校图书馆藏清康熙五十一年刻本，《中国古籍善本书目》亦著此本，题"清陈谦、孔尚任等纂修，清康熙刻本"。党校藏本未寓目，而见天津图书馆从济南古旧书店购藏本，书前有康熙五十一年登莱青海防道副使间山甘国璧、莱州府同知加二级辽海靳治荆、候补按察司副使前莱州府知府户刑二部尚书郎海宁陈谦序，及《凡例》、《旧序例》、《檄言》、《征言》、《修志姓氏》与《目录》。卷首《修志姓氏》署："总裁：山东布政使司分守登莱青整饬海防道副使加二级甘国璧；候补按察司副使前莱州府知府加一级陈谦。纂修：原任户部广东司员外郎孔尚任；原任广西思恩府武缘县知县刘以贵；采辑：莱州府儒学教授孔毓乔（坦山，至圣裔，曲阜人，举人）……"内分：方舆、建置、赋役、学校、兵防、封建、职官、名宦、选举、人物、艺文、闻见十二目。陈谦序云："自辛卯夏，檄下州县，广求文献，数月间草稿略备，适遇孔东塘先生，因与商榷，欣然任之。壬辰季春，延之于曲阜，复延沧岚刘君于潍，先后继至，设馆于署之水镜斋，晨夕矻矻，互相校雠，其撰述皆有根据。"又靳治荆序云："海昌陈公来守兹土，五年之间，政通人和，百废无不具举，更以旧《志》缺略，锐意增修，爰延曲阜孔东塘、潍邑刘沧岚两先生，相与商确，而公于退食之暇，仍复手自编辑，期于必信必征。公以华国鸿才，加之两先生著作巨手，于是，广搜博考，不遗余力，未期月而衷然告成，一郡大观，罔不了若列眉，示同指掌矣。"其中，《凡例》十五则，乃东塘先生手定，文云：一、志乘因乎史传，史传因乎三代之礼，损之益之，赖有文献在。若文献不足，虽圣人复起，无从征之矣。《莱志》成于前万历之癸卯，距今一百一十年，中值鼎革，频罹兵燹，所为故老遗闻者，湮没已久，今欲续而修之，殆非冥搜拟撰可以补百年之缺略，必采辑属邑诸《志》，以汇于大成，庶几力省功倍之法也。执意，附郭之掖县，先已无《志》，他州、县，虽有新《志》，亦止详于近代，若鼎革旧事，百不存一，不得已，就其存者存之，而阙者，亦听其阙而已。盖本邑修《志》之时，必与其乡老里大夫极力搜罗，以成盛举，尚不免有遗坠，势已无可如何。今修《府志》，欲督其更增焉必不得之数也，但于掖县之全无《志》者，或考之简籍，或录之碑版，或访之父老，获什一于千百，勉尔卒事，意良苦已。二、旧《志》分八卷，有目无纲，而所谓目者，又多参错，如封建、职官，乃在星野、疆域之前，是未有郡而先设官矣。如城池、宫室，与选举、人物相杂，封赠、将材，与兵防、屯田相杂，忠义、仙释，与古迹、坟墓相杂，既不分门，又不从类，随意编录，殊乖体裁。今分为十二纲，每纲一卷，纲举目张，各从其类，庶便于检阅矣。三、属县诸《志》，止高密、昌邑二《志》，有纲有目，《高密志》十卷，其中有《祭仪》一卷，甚可取法，惜列其目而略其仪注。至于古迹、景物、祠庙、陵墓、祥异，皆《志》之正文也，而乃入"杂稽门"，殊不可解。若《昌邑志》八卷，其首多《天文》一卷，乃以祥异、气候实之，似亦未确。又以古迹、流寓、陵墓、仙释、寺观入"杂述门"，亦犹夫高密之见也。今效其纲目，而别分门类。四、风俗、物产，他《志》不入"方舆"内，古迹、寺观，他《志》不入"建置"内，仓储、胥徒、盐课、海运，他《志》不入"赋役"内，然"风俗"出于里社，"物产"随其山川，未尝非"方舆"也。"古迹"本前人之规模，"寺观"亦异教之结构，未尝非"建置"也。若仓储、海运，固粮糈之正务，胥徒、盐课，乃庸调之大端，未尝非"赋役"也。今皆附之。五、《志》有祭仪，尊圣礼神，守土之重事也。若无籍可稽，但凭掾吏之指点，仪既不伦，物亦不备，草率毕事，陨越实多。今俱依《会典》条例，详列节文，以便遵行。六、黉宫、射圃，未尝非"建置"也。旧《志》皆别立"学校"一门，亦寓崇重儒术之意，今俱仍之。而又以学田、礼器、书院附其后。七、"兵防"一《志》，旧皆附于"职官"之末，而所谓"卫所"等，并不详列，未免挂漏，况前代设立"卫所"，皆有专城，与州、县错置，有民人，有土地，有社稷、学校，居然一邑也。而乃置而不论，是遗朝廷之疆域矣。今特为一《志》，而凡系于兵防者，皆附之。八、分茅胙土，国有大小之封；绾绶分符，位有尊卑之等，皆王朝之夹辅，士民之具瞻也。志"封建"，载其土田之世守焉；志"职官"、"名宦"，表其功德之显著焉。既存怀古之思，复示景行之则。八、选举、人物，虽分两《志》，实皆一郡之人材也。天爵、人爵，各有优长耳。至于隐逸、流寓、方术、仙释，既显于当时，传于后世，必非恒流，旧《志》别附卷末，今仍入《人物志》内，而"列女"亦附焉。九、古今贤宦,已载"祀典",其生平事迹,各详本传,仍遵旧《志》。身事两朝者不书。间有《通志》所载者,附之。十、历代典谟、训诰,亦文章也,特标王言,冠"艺文"之首。十一、诗、文诸类,必取古之名贤、今之才士,或处或寄,或宦或游,或记其时地,或咏其风物,实有关于民之利弊,有资于士之兴感者,乃选而录之。不然,旧《志》虽载,亦在必删。十二、时贤著作,不登于碑版、不见于编集,无从购借,统俟后之续刻。至题无与《莱志》者,例不泛载。十三、左图右史,以便检阅也。今依旧《志》,东莱星野、山川、城池,各绘图于首,而其详仍载各《志》之本条。十四、史书有表有谱,编年纪事,纵横列之,亦便读之法也。今但于郡县沿革用之,封建、职官,各详于《志》,不必表列。十五、《志》以表前贤,发潜德,现今建牙握篆者,遵奉伦音,不敢作卷衣大车之颂,若郡邑名贤,方当建树之时,勋业虽隆,谨援往《志》生人不立传之例,未敢赞一词也。又考此《志》收录孔尚任诗文甚夥,计有:《瑞莲亭太守陈谦招饮》(四首)、《四月游海庙登台望海》、《同太守陈谦、郡丞靳治荆过甘观察国璧署内步韵》、《甘观察署中百可亭晚坐》(二首)、《登海山亭大风》、《午日莱署覆花亭节宴有感》、《水镜斋北窗临池晚饮》、《移出莱署东斋诗以别之》(二首)、《移馆考院和壁间韵》诗十四首,《水镜斋记》,《建莱府西仓记》,《游东莱景物纪》(包括海、山、崮、洞、台、池、园、坡、石、木、景)纪游文字六十四篇,都八十篇首。其中《登海山亭大风》、《四月游海庙登台望海》、《移出莱署东斋诗以别之》、《移馆考院和壁间韵》诸诗选入《长留集》,惟《游海庙登台望海》篇题无"四月"二字,《移馆考院和壁间韵》篇题作《移馆考院和壁间学使者韵》,其它文字亦不无异同。惟《建莱府西仓记》,汪蔚林《孔尚任诗文集》已据乾隆《志》收录,它则均不及见,《孔尚任全集辑校注评》亦未予收录。其诗文所纪,关乎地方艺文,一郡名胜,且为东塘集外遗文,故不惮其烦,整理如次:

《瑞莲亭太守陈谦招饮》:一、簇簇新亭续旧游,瑞莲逸事不须搜。微风吹过绿波去,万朵红蕖总并头。二、半锁红桥隔世踪,画屏围著水芙蓉。香随酒气临风吸,无限清凉注客胸。三、荷正开时客乍同,清晨微雨午时风。浓香扑鼻侵衣袂,似坐黄须粉瓣中。四、农忙雨后政多闲,日载行厨消夏湾。绕郭荷花他郡有,难逢贤守是香山。

《同太守陈谦、郡丞靳治荆过甘观察国璧署内步韵》:淹留不为顾伶伦,难得华筵礼数真。压倒庾楼看月客,凑成韩座赏花人。清风处处常盈袖,佳稿年年欲等身。垂老追陪歌舞处,也添诗话一番新。

《甘观察署中百可亭晚坐》:一、爱客如公少,看花应许频。绿阴宜野老,白发谬词人。画意亭台爽,童音曲调真。朱门深绝处,便是武陵春。二、高筵开幕府,劝饮不辞频。堂是听莺处,官多和韵人。因花张烛早,待漏赏歌真。醉别雕栏畔,犹怜婪尾春。

《午日莱署覆花亭节宴有感》：离骚读破老年华，又把蒲觞宴郡衙。亭覆浓阴风尚冷，帘垂长夏日难斜。将雏紫燕惊心语，照眼红榴溅泪花。多少新愁无遣处，孟尝恩重亦思家。

《水镜斋北窗临池晚饮》：北窗苔砌晚多幽，水泻池栏作瀑流。荷叶卷珠才过雨，蓼花吐穗略通秋。时人阅尽收青眼，往事题来点白头。惟有月明能缱绻，樽前客兴似登楼。

《水镜斋记》：太守陈公谦治东莱四年，云亭山人将观海于登，路出东莱，易衣冠谒之。相见，说平生甚欢。遂扫西斋留宿，斋名水镜，太守所筑也。曲室爽朗，几榻隐□茗香之具，悉如江南。栏外又多花药，新凿一池，在北窗外，汲清泉灌之，潺湲有声；种藕数本，小叶出田，田鱼游叶，旁尾可数。山人乐之，与太守坐对，五日别去。噫！天下之最闲者，莫山人若，援止而止，宜也。以太守之忙，而能屏诸事，坐对五日，其为政，殆未可量已。山人归，每与山友论贤太守，必屈指陈公。友询其政？山人曰：能扫水镜斋，与山人对坐。友曰：是即为贤太守乎？山人曰：古称登高作赋，可为大夫者，别其雅俗优劣耳！雅者闲，优者闲，凡俗与劣者必忙者也。夫俗劣之忙，公乎，私乎？义乎，利乎？可以知为政之本矣。昔胶西盖公治黄老言，曹参迎至，避正寝居之，用其学相齐，而齐大治，盖胶西盖公以无事处事，得为政之本者也。今太守能扫水镜斋与山人对坐，虽非曹参学黄老之比，而以无事处事，心则同也。次年，山人再来，太守待之逾昔，下榻东馆，委以纂事，足不出阃者尝旬日。每风景晴佳，则招过水镜斋，饮以酒，快谈天下古今事，或散步窗栏外，绕观池水，见花药益茂，荷益盛，鱼益长，又以白石砌池，多岛屿，浮梁皆如海洲。何太守之闲若此欤？未几，太守报迁，谢政在署，常科头，著袜韈，负手斋池间，视青天，思白云，淡然无事，如世外人。而山人者，犹以纂事未竟，矻矻东馆，不得数从游，乃知忙闲何常？惟人自取。况公私义利之间乎！观太守之为政，非水与镜者，不能形其淡然无事之趣也。以之名斋，善矣。或曰止水明镜，为太守听讼颂也。此则俗学训诂之语，何足入记？

《游东莱景物纪》：海：北海环掖、潍、昌邑三境，东枕三山岛，西抱芙蓉岛，晴空远望，翠涛金波，直粘天际。近其岸，则潮头卷雪，漫漫白沙而已。海庙一区，朝宗之府也。殿阁层起，金碧掩暎，残碑枯树，数百年物也。四壁画图，两廊脱塑，皆出前代名手；百灵秘怪，幻貌奇形，千态百变，不可思议。后有观海台，叠磴九级，高出云表，下临海面，青苍极目，岛屿商舶，但墨点如豆耳！所谓泱泱大观，海空天阔也。南海环胶州、即墨二境，盘薄于二劳鳌山之麓，高岸曲港，委折不齐。诸岛如青黛浮螺，出没云岚浦漵间。海舶往来，风樯蔽日，信宿千里，可达淮阴。而桴槎网罟，渔村烟火，自三月至五月，为海岸一大都会，颜武董湾为尤盛。沿海沙碛之内，斥卤不毛，盐灶星列，白烟缕缕，飘飖海岸，亦旷览者所必历也。

山：大基山卓然一峰，矗郡之东南。中有道士谷，蔚然深秀。其轩而翥者，曰凤翅山；澄可鉴者，曰圣水池；前为朱阳台，后为玄武崖。灵虚宫则倚山之阴，白云庵、青鸟岭则夹其旁，四面如城，一屏翠展。远近之山，曰福禄，曰牛星，曰雌雄，曰冈山，曰逍遥，曰马鞍。内外之洞，曰珍珠，曰神仙，皆附丽此山，以成形胜者。远望琳宇嵯峨，桧柏苍郁，则先天观也。学仙之士，窟宅于中，泉石幽响，花竹秀发，处处可憩。而悬崖密窦中，流出掖水，西绕郡城，溯流寻源，则入山之路也。优游山接冈连阜，当郡西驿路之旁，地名杲村，乱石嵯峨，文质黑白纵横，若浪涌云蒸。山下一涧，潺湲细流，可引为池陂以种芰荷，真天然园亭也。过客莫不驻览。寒同山一名神山，多天然洞窦，游屐难穷，亦掖水所出也。有峻峰特出，为文笔峰，土人称为笔架山，魏郑道昭学仙处。其深峦绝壁，间多镌仙人名字，大如盘盎，仿佛可识者凡十六人，道昭名亦在焉。好事者搜寻其字，必数人分记，方可全得，若一人独寻，虽竟日探求，终难全记，亦异事。大泽山距郡城东南七十里。游山之路皆深林，丛薄阴森，蔽翳软沙，乱水曲折而入，至岭断谷迷，又生异境。渐及山腰，绝壁莫登。道旁有楼子石，檐楹覆砌，状如楼台。东转有峪如门，蹑磴而下，始入大泽之腹。四面犬牙交错，西南为金刚崮，西为飞来峰，东为宝案峰，东北为摩云顶，北为瑞云峰。大都群峰四合，俨如城埤。埤之外有郭，郭之外有郛，郛之外有堳、有郊，层峦叠障，凹凸承接。石皆细润奇古，结为形象，如点染捏塑也。再入山口，松林与水石争隙，覆地拂天，无非苍苍之色，珊珊之韵也。山之正位为佛寺，规模壮丽。寺之左腋有邀月台，南达东岩之隧，中为白虎溪，溪上为望莲台。再上殿西行松队（隧）中数百步，有□石，蹒跚欲坠，其前后诸石，游者以意名之。所谓狮子、香积、天耳、天眼，莫不酷肖。迤逦而北为天池，水注石盎中，泓澄可饮。又上度石梁，登飞来峰顶，乃大泽之最高处。仰视瑞云峰，犹在万仞之上，云烟松石，苍翠晃目。峰下有仙人桥，桥底阴堅森森，石齿林林，胆怯者不敢度，故至瑞云峰者绝少也。转向东北，得平壤，多嘉树幽鸟，日照庵结其处。庵后涌泉甘洌宜茶，前后皆大松，虽庵宇萧条，而松阴不改也。天柱山与大泽相连，峻峭巉岩不可攀，扪昏晓，青苍之色遥摄海气。山之西麓，有劈石口，东壁一石龛，刻浮图像，西壁则郑道昭父子所勒铭，称其孤峰秀峙，高冠霄星，悬崖万仞，峻极霞亭，拠日开月，丽景流精。又云斜岭盖天，层峰隐日，寻十洲于掌上，总六合于眼中者也。大珠山南距胶州百二十里，《通志》谓古齐长城自大珠起，非也。盖齐筑长城以防楚寇，起自济西，东逾泰山，亘穆陵关，直至大珠山海滨而绝。大珠又名玉泉山，壁立千寻，势压群峰。山椒有石门迸出，涌泉喷泻涧谷，名曰玉泉。

泉上梵宫琳宇,创自金元。山之阳,又有麻衣庵,叠石为室,古多仙迹。转而东,有狮子峰,乱石□研,与石门相对,奇秀深幽,游屐莫穷,滨海名峙也。小珠山距大珠山二十里,高插天际,雨气浓郁,常多岚带。南有朝阳寺,东侧峭壁之下,突出清泉,甘香滑齿,试茶者,品为第一。胶山在胶州西南,胶水所自出,俗呼为铁橛山。山形矗兀,秀出云表。极顶一泉,吐自石罅,涓涓滴沥,苔藓青葱。上有滴水岩,飞瀑溅扑,清响冷然,坐其下者,六月忘暑。松山与胶山相连,壁陡峰绝,苍翠若抹。山麓有碧云庵、岁寒亭,万松郁茂,涛声清冷。不其山谷深树密,宅幽势阻,郑康成读书于此。遗址旁尚有书带草。劳山有二,其高大者曰大劳,差小者曰小劳。二山相连,皆名鳌山,距即墨滨海之境约六十里,东西南跨踞大海,形势延亘,俨若城雉,峰起若堞,纵横崇卑,直突旁拥,凡五百余里。所云高二十五里,周八十里者,指山之中体而言,其股臂盖亦多矣。山之奇峰峻岭,诡石崩崖,曲崦绝壑,幽谷深岩,不能名状。栖禅炼真,灵异之迹,不可指陈。土人谓峰为崮,故山多崮名。游者出邑东郭,行三十里,由三标山达海上,从蒿莽中起一峰,曰鹤山,松石错郁,即难攀陟。中有道宫,曰通真庵。后有洞有石,皆丘长春书名,乃山之东麓也。其西南诸峰,插天挺汉,剑戟森然。行二十里,多长松怪石。至狮子岩下,有台宇,乃宋太平宫也。两石结架,如户出其上。登峰顶可看日出。从宫之南渡飞仙桥,有白龙、老君、华阳诸洞,缘海滩乱石间行,历翻眼岭,下临不测,至恶水河,则入海涛中矣。转从蛟龙嘴,歇肚石,黑松林,皆山腹处,极险不可到。望下清宫,直瞪目耳。从黄水滩西北转入山中,凡三十里,始有人居。由山径历黄山崮、黑山崮、观音崦,俱矗起数十百仞,奇秀难状。又三十里,入群岫间,有北峰峻极,山半隐隐台殿,僧垂木阶,乃可援升。上有明霞洞,堂厦户牖,爽垲宜居。左有佛宇僧庐,上登石门数百级,绝壁巉峭,视苍海与天浮动。壁下有草庵,老僧坐定其中。下过石瓢、清凉甸、聚宝峰三里,小峰下有道院,乃宋所建上清宫也。宫旁一石洞,跨朝真、迎仙二桥,桥侧巨石镌字,丘长春诗也。由宝珠山入水河十五里,登天门山,极峻险,石多奇形如仙队出游者。更有二峰,天然石门,上逼云际,下临沧海,谓之南天门。亦丘长春书。从天门南下,又历数十峰,每峰势压天半,仰望莫及。降至山麓,濒于海者,曰韩基,一道院名聚仙宫,碑勒元学士张起岩记。复西北入山,循潆牛涧、砖塔岭、僧帽石、大风口、三里河、小风口、瘦龙岭、清凉寺、仙迹桥、金刚崮,二十里至巨峰,峰高而奇,形状百出,自下望之,数十百仞,崖穷径绝,两石劈处,小通一窍,僧垂木梯,可援而上。由壁中行转入茅庵,皑皑明洁,有佛殿曰灵鹫庵。构崖隙上,西北群峰,直出其后,东南海色,暎彻檐宇,滇茶牡丹,异花奇草,种满岩谷。下由故道十五里,出海滨,循山麓,西南行平地四十里,至华楼山下,过蓝侍郎墓侧,缘涧仄径,而陟华楼之巅,乔松偃蹇,生石隙中。深入数里,有万寿宫、老君殿、翠屏岩,多金元人题壁。从王乔嵼至凌烟嵼、高架嵼,多羽人楼居。又从金液泉、夕阳洞、石门山,过清风岭,登华表峰、聚仙台,高数十仞,挺拔奇秀,华楼之高峰也。下华楼山,抵即墨四十里,若五龙岭、下清宫、黄石宫,皆不易至,海中诸岛,东有大囗,小囗,车门,沧洲,南有鲍鱼,老公,车屋,大古,小古,浮岛,皆登陟可望者也。鹤山乃二劳之支峰也,在上苑之北,天柱之东,大洋直冲其足,巅石峙立,如曲项之拥膝、矫羽之翔云,所谓羽衣仙禽也。上有石楼盘蹯,登之则坦然平台,可坐而眺万里岛屿,悉在目前。所云方丈、蓬壶者,即此是也。又有狮峰居苑之巅,状肖狮形,下踞海岸,潮汐澎湃,皆在足底。每半夜黑沉,旭晖乍晃,万顷汪洋,悉变赤金,巨轮渐升,接地连天,一突一撞,变形百出,瞬息脱蒂,宝曜亭亭,观之者,神移目眩,较泰岱之日观峰,尤为快睹也。

嵼:华楼嵼在即墨县南四十里,即华楼山也。因山巅高耸,可以避世,故名华楼嵼。秀骨层叠,天然楼阁,虽在劳山之傍,而别有十二景:曰迎仙岘,囗石如亭,在华楼之腰;曰清风岭,在华楼之前;曰王乔嵼,在华楼之后;曰聚仙台,在华楼之左;曰翠屏岩,在华楼之右,玉皇洞上,平展若屏;曰仙岩,在翠屏岩之上;曰玉皇洞,在翠屏岩之下,石肖群仙之像;曰凌烟嵼,与王乔嵼并列,峭拔壁立,上有曲径,攀跻甚难,上有刘使臣云嵩子墓,盖羽化于此也;曰玉女峰,在凌烟嵼上,山中旧有仙祠九区,此其一也。华楼虽附丽于劳山,实为二劳之绝胜处。俯黄石,望巨峰,左连三标,右引石门,直接沧海,横达平莽,高出云霞之上,千峰万壑,远近俱仰,晴雨皆宜,善画之士,不能摹其分毫也。

洞:神仙洞在寒同山。洞有七:曰虚皇,曰三清,曰五祖,曰六真,曰长生,曰披云,曰灵官,皆幽邃奥窈。镌琢石像,凡四十有九,须眉冠裳,俨若生成。山阴有姑姑洞,亦奉石像。虎穴洞在大泽山,时有云霞封之,莫觅其处。桃花洞又名桃源洞,在平度州,与固山相通,洞中举火,固山出烟。黄山洞在即墨县南三十里,华楼之北,四面皆山,王乔、凌烟诸嵼,列如屏幛,万松一径,上达石棚,且入且升,至岩之隈,一洞敞开,喷泉隔阻,有仙书"黄石洞"三字,四壁多古今题咏,真仙灵之窟宅也。传为黄石公所栖止。天根月窟洞在昌邑古城西,岩上日月穿射,闪闪烁烁,有越罗蜀锦之状,世谓奇观。

台:燕台在郡城东北二里,土垅如山,南燕慕容德,以掖为青州治,尝登此以望海。明嘉靖五年,副使冯世雍建亭其上,曰海山亭,有毛纪碑记,久圮,今太守陈谦重构一新。三山台在海岸三山之上,可望蓬莱、瀛洲、方丈三岛,相传汉武帝尝登之,建三山亭,旧址尚存。观海台在郡城西北海神庙后,阶级九层,下俯滨渤,远近岛屿,悉在指顾间。台上一亭,规模壮伟,题曰"浮天浴日"。仙人台在平度州东北五十里青山下,其台四壁剿绝,尘迹罕到,常有人嬉啸于上,疑为仙游,或云公沙宿成仙于此。起仙台在即墨县南七十里,台上缥缈多雾,土人见道士登此乘云而去。聚仙台在即墨县南八十里,相传八仙渡海围棋于此。台上□白石分布,坚莹异常,为仙人坐次,每春风早□□草先缘,又谓之先春台,邑人多游眺焉。

池:瑞莲池在郡城西南城下,遍种荷花,红白数顷,忽开并蒂,前郡守龙文明搆瑞莲亭,久圮,柴望重修。今太守陈谦扩其规制,宏敞爽朗,为纳凉宴息之地,过客多题咏。红莲池在平度州金泉山南二里,发源麻溪,南汇于此。池中有红莲,枯已多年,旧根重发,较昔更茂,人以为瑞。注仙池在昌邑县南五十里,石崖巉岩,水出崖口。相传仙人刘长生过此,偶渴求饮,以杖撞崖,水随杖出,汇为此池。仙姑池在昌邑县四十里石白山西坡,传为麻姑合药之地。麻姑母家北孟河,每大旱,北孟人即淘此池,视水浅深,计日而雨,其池人浴皮肿,牛饮口肿,甚灵异。龙池在昌邑东山,上有龙王祠,旱祷必应。天井龙池在即墨劳山之巅,周匝十余里,上通潢池,盘旋俯窥,莫测其际,传有龙伏其中,腥霖常洒洒也。芙蓉池在昌邑西南二十里,有高台巍然临于池上,郡《志》云都昌地,名芙蓉池,七十二城之一也。池有红白莲及菱芡之属,鱼虾亦夥。汲清池在府署后圃中,旧有小亭,花木四围,亦多幽趣。康熙四十七年,海宁陈谦来为郡守,时和年丰,公余多暇,乃率家童,葺废剔荒,又辟地于西北隅,凿为小池,周可十数弓,砌以白石,长如圭形,深掘逾丈,苦无涓水,其西一瘖井,忽而湧泉甚盛,渐高于池,遂汲以灌之,一泓清碧,种荷养鱼。又于墙隙,得玲珑海石数十块,叠之池中,立为三山,横为仙桥。池北又筑小山,石具狮蹲犀眠之状,东岸周以朱栏,可坐可凭,西崖多种柳杨芙蓉,曲径回绕,池之南搆书屋二间,名曰水镜斋。几榻琴篦,楚楚精洁,春夏浓阴,禽鸣蝉噪,而泉声清冷,若琴筑之相和。旧亭之额,题为"十洲小景",真不虚也。

园:遇仙园在昌邑李将军旧宅,仙人刘长生游此,取瓜皮题石曰"遇仙园"。字迹滑腻,如印泥画沙,日久不磨。

坡:荆坡又名紫金山,在平度州北七里,秀色环绕,州之屏幛也。郡人茔墓,多依脉于此。旧生梅花数树,春初即绽,人以为异云。

石:坠星石在郡城北七十里,平地一石,凝结如矿,传为落星所化。劈石在天柱山西麓,大石中断,可通人行,名劈石,口五丁之所开也。石左右刻天柱山铭及浮屠像。楼子石在大泽山坳,屹立若楼,栋宇皆整。下有洞如屋,为神仙弈棋之所。海眼石在平度州北四十里,一石挺立,下有海眼。虾蟆石在昌邑城北三里洼水中,石类虾蟆,秋水溢涨,石随高下。盏石在郡城北五十里,北邻大海,有盘石方圆五步,上有窊樽形,相传古帝凿盏,以盛酒醮祭百神者。

木:周槐在昌邑西北瓦城村孙膑庙中,古槐二株,老干盘屈,枯枝俯垂,千旋百结,

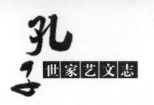

有游龙之势,俗传孙子擒龙晒袍其上。汉柏在高密郑公祠内,公手植也。千有余岁,老干鳞皴,俨肖虬龙,今为势家所划。双柏二株在潍县王姓墓前,植于宋元祐间,北株高数丈,下阔而上收;南株少逊,上阔而下收,其大皆二十余围,枝干勃郁,作龙凤状,叶□清馥,异于他柏,枝上尝生黄芝,灿灿满树,卷簇如花。潍人传为柏开花,或数年一见,或十余年一见,见则主人有科第之祥。诗人郭知逊为作《二松行》。双杨在潍县西北于氏茔中,传为金元时物,盖立茔时栽也。直干干霄,虬枝翳日,每大雨,则雷电旋绕其中,传以为神物,今一枯一存,邑人陈调元有《神杨诗》。双松在平度州宁戚冢上,奇古莫能状。豹竹在平度州两髻山云台观,产竹成林。有一老竹,屈枝龙钟,翠叶攒簇,形如伏豹,其孙竹渐老者,皆肖此状。书带草生不其山,郑玄授教之地。草叶如薤,长尺许,坚韧异常,隆冬亦青,移取下山,种之他所,则不茂。直棘在潍县东南钓台畔,棘刺皆直,传为太公钓钩所化,云太公避地,意不在鱼也。

景:掖县八景,曰寒同仙洞,曰大基名泉,曰海神画壁,曰圣水丹霞,曰三山望潮,曰燕阜观射,曰幸台古字,曰呆村浪石。平度八景,曰圣水浮金,曰门村漱玉,曰云台豹竹,曰宁冢双松,曰大泽晴云,曰采村烟柳,曰荆坡雪梅,曰金沟冰藻。昌邑八景,曰青峰凝翠,曰潍水环清,曰孙庙奇槐,曰仙园妙笔,曰麻池露香,曰震台月霁,曰西岩晨旭,曰东山晚照。潍县十景,曰东园早春,曰孤山夕照,曰南溪垂钓,曰麓台玩月,曰塔山观日,曰石桥漱玉,曰北楼闻钟,曰青扬晴眺,曰玉清烟晓,曰西山霁雪。胶州八景,曰文庙松风,曰双井神泉,曰庸生古庙,曰二女荒井,曰云溪晚钓,曰慈云晓钟,曰唐港秋潮,曰石桥夜笛。高密八景,曰长陵春色,曰东浦荷香,曰古城晚照,曰龙潭夜雨,曰晏冢穿碑,曰郑祠老柏,曰淮沙落雁,曰九穴栖鸳。即墨八景,曰华楼胜览,曰黄石仙迹,曰鹤山望海,曰狮峰观日,曰天井龙霖,曰灵山虎卫,曰天柱凌云,曰劳山悬望。胶州续八景,曰珠岭飞云,曰胶河澄月,曰石耳献奇,曰天泽昭应,曰柏栏忠义,曰介城古迹,曰铁橛樵歌,曰麻湾渔乐。胶州又续八景,曰陇树春云,曰山城晚照,曰莲塘横晓,曰柳径含风,曰溟峰吐月,曰石濑秋吟,曰古墓寒烟,曰遥村雾雪。

是书今有天津图书馆等藏清康熙五十一年刻本(按:美国国会图书馆藏清康熙五十一年刻本,为潍县高翰生旧藏,有"潍高翰生收辑山东全省府州县志印记"收藏印),天津图书馆藏清康熙五十一年刻本复制本。

■ 常山县志十二卷首一卷 存

(清)孔毓玑纂修。毓玑有《诗经文稿》,经部诗类已著录。

是书有清雍正二年刻本,九行二十二字,白口,左右双边。前有靳树德雍正元年序,孔毓玑雍正元年序,李国祥雍正二年序,并旧序、图目、凡例。内分:卷一、舆地志,卷二、建置志,卷三、学校志,卷四、礼秩志,卷五、国计志,卷六、职官志,卷七、选举志,卷八、人物志,卷九、政绩志,卷十、艺文志,卷十一、风俗志,卷十二、拾遗志。按:《中国地方志联合目录》著录本书作"清雍正元年刻本",并"卷末一卷",乃未确。此书异于它《志》集体纂修、众人采访,而是由毓玑独自完成,故每卷卷端皆题"知县孔毓玑手辑"。且体例精善,每《志》门类皆制小序,撮述源流。毓玑序云:"余自戊戌春,奉符檄来令常山,维时胥役候迎于桐江,例呈《县志》,余一展卷,见其镂版漫漶,字迹讹缺,遂慨然怀整修之意。盖令一邑者,当知一邑之事,而欲知一邑之事者,当博求一邑之文献以为程,则修《志》诚亟矣。然而,受事以后,卒未暇为,间以公余,随笔删润,其诗文之首尾完善者,命儿辈分类辑录,而于义例未之深思也。辛丑春三月,奉府宪手书,谓邑中事实,俱宜据实搜罗,汇成一帙,用敢发凡起例,求文献于邑中。诚宜于此时设志局,各司厥事。第邑中诸君子,皆授徒就塾,无可分任者,而一人之日力有限,往往舆中披阅,枕上构思。或从舟行往返时力疾为之。过此以往,则甫事载笔,或且抱案牍而来矣。故回忆始事以来,凡四阅寒暑而后卒业。盖分司者易为力,而独任者难为功;独任于无事之时者,犹易以告成,而独任于力分神倦、日不暇给之余者,尤难于底绩,势使然也。《常山县志》修于故明万历十三年,时秉笔者,乡先生范川詹公也。以乡先生秉笔,宜其狥亲故之请,然且破除情面,一出一入,悉本至公。余于常山,何亲何昵,而忍为魏收之秽;抑又何嫌何怨,而敢为史迁之谤。惟是谨严之义,悉准范川,而其间或增或减,或仍旧或更新,第内断于心,折衷于正论,庶可报命于府宪云尔。"又其《凡例》云:"球川前辈徐君蛰庵留心邑乘,文孙景彦名烈,尤读书嗜古,邑中掌故,考核精详,曾为余补缀其缺遗、订正其讹谬,厥功殊伟,其查送事迹,卷帙尤多。而詹子元瑛、郑子世球、詹子锡暇,搜访采辑实多,将伯之助云。"

是书今有国家图书馆等藏清雍正二年刻本,台湾《中国方志丛书》影印雍正二年本。

■ 庐江县志十二卷 存

(清)陈庆门修,孔传诗、包彬纂。传诗字廷言,平阳派江阴支常山县知县、诰授文林郎毓玑长子,孔子六十八代孙,邑庠生,援例入贡优。

是书,《中国地方志联合目录》著有首都图书馆藏清雍正九年刻本,安徽省图书馆藏残本卷九至十一。此书盖就康熙旧《志》去取出入,续载人物,博访舆情,旁搜家传,以传信于将来。《志》内凡设有星分、疆土、营建、学校、赋役、职官、选举、人物、政治、

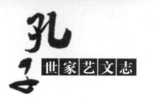

风俗、杂志、艺文等目。

■ 曲阜县志二十六卷　未见

(清)孔毓琚纂。毓琚字季玉,号朴斋,大宗户世职知县兴认第四子,孔子六十七代孙,雍正三年,以岁贡生荐授曲阜世职知县,遇覃恩授文林郎。

是书,《清志》、《著述记》等皆著录,《山东通志》、《曲阜志·著述》作《曲阜县志稿》。《曲阜志》李中简序曰:"《曲阜志》凡数修,皆孔氏。惟孔毓琚所辑稿本不梓行。"又潘相序云:"窃念斯《志》一修于前尹孔毓琚,稿未定而去官。再议修于严文典"。是此《志》梗概略见于乾隆《志》中。《著述记》谓"孔毓琚,字季玉,一字璞斋。以诸生官曲阜世职知县,以抑强扶弱为己任,吏胥惴惴守法。听讼,戒勉似严父,体恤如慈母,无不得当。以去。在署日论文讲吏治,治以有声。著《曲阜县志》二十六卷、《红杏山房诗》一卷。"未见传本。

■ 兴国县志二十六卷首一卷　存

(清)孔兴浙修,孔衍倬纂。兴浙字晴江,钱塘支,孔子六十六代孙,乾隆六年辛酉副榜,历任兴国、靖安县知县。衍倬字雪帆,钱塘布衣,孔子六十五代孙。

是书,《中国地方志联合目录》、《中国古籍善本书目》等著有清乾隆十五年刻本,十行二十字,白口,四周双边,刻印较精。前有郭蔚乾隆辛未序,及绘图、凡例、旧序、纂修姓氏、监修姓氏与目录。卷首题纂定:"署知县钱唐孔兴浙晴江甫,知县建水郭蔚豹文甫;编辑:武林布衣孔衍倬雪帆甫。"内署"署知县孔兴浙辑"。《续修四库提要》著录此本,略谓:旧志皆名存籍亡,惟万历四十八年蔡邑令钟有所纂修,至清初犹存,逮及清康熙二十二年,知县黄惟桂续而修之。康熙五十年辛卯,张尚瑗改迁兴国,复纂新《志》。嗣经四十余年,孔公续成是书,凡二十六卷,其目曰:分野、沿革、形胜、气候、风俗、疆界、绘图、城池、县治图考、城内图考、四隅图考、六乡图考、里甲、学宫、书院、山水、桥渡、陂堰、坛庙、名墓、铺舍、隘所、育婴堂、养济院、义塚、物产、官师、营汛、寓贤、名臣、文学、武功、忠节、孝子、行义、荐辟、科目、贡生、仕籍、赠荫、戚属、内侍、散职、宾饮、隐逸、义民、仙释、方伎、列女、田粮、户役、仓谷、盐课、屯田、军制、保甲、禁约、申文、典礼、蠲账、古迹、祥异、兵寇、纪闻、书目、制造、文、诗、赋,盖分志地、志人、志政、志事、志言,五纲也。所有山川、人物、古事,爬罗搜剔,可谓至备。道里、水道各图考,亦极变化错综,了如指掌。又凡采诸史书《通志》者,悉皆注明,亦合《志》法。

是书今有国家图书馆等藏清乾隆十五年学海堂刻本。

■ 靖安县志十卷首一卷 存

（清）朱堂、孔兴浙等修，舒亮友等纂。

同治《靖安县志》卷首朱堂乾隆辛未志序略云："是役也，经始者为前任映清冯公，继之者晴江孔公，纂辑者为前南海令邑孝廉涂君基，邑明经舒君亮友、舒君照、熊君钰，并能矢公矢慎，不负巨典，惜涂公中道弃捐，冯公、孔公复相继去职，而余以代庖兹邑，躬承大业，邑绅士谬相引重，间参愚臆，辄见许可。余虽五日京兆，而幸获成斯举，得厕名编末，亦与有荣焉。且余反覆于是书，而信其详核可传，不致疑于与率略者同讥，既与邑绅士信之，更可与后人共信，余怀尤于是大慰也。"又舒亮友辛未志序云："今《靖志》之成，则一时际会，又不期而众长毕备焉。先是，己巳岁，奉两江制府黄橄修县乘，时前任冯宰召邑士议，咨于众曰：重新纂辑乎，抑取旧《志》而续补之也？金曰：续补之，不若其重新之。《靖志》宋元无考，闻始于明正统，仅存者明中叶赵公一《志》，犹权舆耳。国朝高侯纂修，稍集其成，距今将逾甲矣……于是，搜讨简篇，网罗放失，验之传闻，询于故老，有补旧之所遗、正旧之讹者，若山川、若水利、若人物、若古迹之类是也；有增旧之所无、更旧之式者，若学宫、若丁粮、若列表、若艺文之类是也。或沿而袭，或参而订，凡所采摭，总期有裨于旧、无误于今，屏私见，戒卤莽，毋躁毋怠，以云慎也。孜孜排纂，自己巳仲冬，迄庚午暮春，盖五阅月而稿粗备，呈之冯侯，静俟裁定，逾时者再，未闻命也，则进以请，冯侯曰：徐之簿书暇务，细意校阅，将欲信今而传后，可急遽以迫期耶？仍请以俟，亡何，在事之涂柏庄捐馆舍。越今年春，冯侯以调移倥偬，稿仍发雠勘，寻谢事，乃呈稿是正于接任孔侯，裁定方愿，复因公去任，时事迁延，成书有待，欣逢朱侯以同郡父母，五月来视靖事，甫下车，亟将稿送阅，侯讶数载书未观成，何滞也？爰告以故，侯乃详凡例，按纲目，事必核实，纪惟足据，矜慎别裁，禀经酌雅，匝月稿悉厘定，纪载周而地具举，征考信而世可论，向恐散佚难稽者，庶几获完书以昭示来兹矣。呜呼！靖虽蕞尔，《志》之成也，有冯侯经始而草创，有司徒二尹暨孔侯讨论而修饰，又得朱侯润色以终事，兼长尽善，洵足称焉。"按：考该《志》职官国朝知县："孔兴浙，号晴川，钱塘人，副贡，乾隆十六年任"，知序中"孔侯"正系孔兴浙。又考《中国地方志联合目录》其书有著录，云："［乾隆］《靖安县志》十卷首一卷，（清）朱堂修、舒友亮纂，清乾隆十六年修二十八年李纪增刻本。"书极罕见，所著仅"科院"一家有藏，惟将"亮友"误作"友亮"为可惜耳！兹参据著录。

是书今有中国科学院图书馆藏清乾隆十六年修二十八年李纪增刻本。

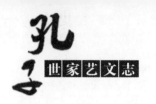

■ 高淳县志二十五卷首一卷 存

（清）朱绍文、孔继惠、孔继先等纂修。继惠，平阳派郡庠生传缶次子，孔子六十九代孙，雍正十三年拔贡，乾隆八年，考补正白旗觉罗教习，九年，考授州判，二十四年，铨选繁昌县教谕。继先字体祖，号负葹，平阳派尼山学录传煜长子，附贡生。

《孔子世家谱》平阳派二支："六十九代继惠，雍正乙卯拔贡，乾隆八年，考补正白旗觉罗教习，期满引见，以教谕用。九年，考授州判。十六年，纂修《县志》，主修家乘。己卯铨选繁昌县教谕。"又继先传云："六十九代继先，号负葹，附贡生，才学超群，名冠八府，纂修《县志》。"按：继惠、继先，高淳人。继先，《高淳县志》文学有传，亦言及修《志》事，云："孔继先字体祖，附贡生。乾隆辛未纂修邑乘，才学超群，八府观风，联试三场，拔取第一，巡抚、部院特加奖赏，仿欧阳古迹，赐号'次欧'。侄广铨，府岁贡生，亦有文名，时人谓之贤竹林。"然未见继惠之名，而有孔继年传云："孔继年，号竹圃，拔贡生，品学兼优，秋闱屡荐，俱额满见遗。奉衍圣公札委族长，主修家乘，乾隆辛未纂修邑《志》。与溧阳毛一鸣交，时相往来，尝与讲论《学庸》诚明之旨，后选授繁昌教谕，遂延入其塾，俾子侄受业，后人多游庠入贡者。"所叙事迹与《家谱》继惠传略同，似继惠、继年为同一人，继惠，或初名"继年"也。又此《志》未寓目，《中国地方志联合目录》著录此书但题清朱绍文纂修。《稀见地方志提要》亦如是题，而谓：《高淳县志》修于清代者，一为顺治丙申知县纪圣训之《志》，二为康熙癸亥知县李斯佺之《志》，三为是编。按其体例，分为沿革志、建置志、山川志、学校志、祀典志、赋役志、官师表、选举表、恤典志、寺观志、列传、艺文志、摭轶、遗编十四类。兹参据著录。

是书今有南京图书馆等藏清乾隆十六年刻本，上海图书馆藏抄本。

■ 清河县志十四卷 存

（清）朱元丰、孔传楹纂修。传楹字振茂，号历九，一说字历九，号振茂，大宗户增生、候补国子监书院学录毓津子，雍正五年，举贤良方正，历官五河、清河县知县，升江防同知。

是书据《台湾公藏普通本线装书目书名索引》著录。《清志》及补编、《山东通志》、《曲阜志》、《著述记》皆不及载。稿本《续修四库提要》、《中国地方志联合目录》著录此书，但题朱元丰纂修。按：河北省亦有清河县，此为江苏之清河。书凡十四卷，三十七目。《续修四库提要》称其"立体悉遵当时颁布之预志款式，不立别体，此亦当时之功令与风尚也。地称泽国，故省山川，而立河防、水利二目；淮黄交汇，古昔迁徙靡常,所关尤重,合序淮黄,历代并为一册,可谓因地制宜,能知所重。又以宦绩、名宦,合为一类,亦足纠前《志》之失,可称佳《志》。"又传櫎,《曲阜志》卷八十六有传,略谓:传櫎笃志正学,敦内行。雍正中,应贤良方正,授五河,调荆山,新文庙,延阙里乐师教乐舞,设书院于卞和洞右。再调清河,屡辨疑案。升江防同知,恭办大差,诸务毕张,不累民。后补铜沛,大工咸集,增修河神庙,廓旧规。少司马钱陈群舟泊瓜城,为诗褒之,稿呈御览,赐和有"北海惟客符"之句。御注云:陈群为江防,孔司马传櫎招饮锦春园,故有北海句。一时贵官争致,小北海之称,鹓鹭以为荣。惜保举知府,未履任而卒。子继炘以拔贡历任闽县令,云南守。《阙里孔氏诗钞》、《国朝山左诗续钞》录其《登长干塔》、《江上即景》,不云纂《志》事。

是书今有中国科学院图书馆等藏清乾隆十五年刻本。

■ 水经释地八卷 存

(清)孔继涵撰。继涵有《考工车度记》,经部周礼类已著录。

是书,《清志》及《补编》、《山东通志》、《续修县志》、《著述记》等著录。《书目答问补正》、《东北地区古籍线装书联合目录》此书作《水经注释地》。稿本《续修四库提要》著录《积学斋丛书》本,略谓:"清光绪中,章寿康始得此书稿本刻以行世,徐乃昌又为刊于《积学斋丛书》中。此书取《水经》诸水所经州郡国邑山川之名,条系句举,注释于下,详述其地名之历代沿革,尤详于今地所在,盖专为解释《水经》一书之地名而作者。体制颇为整齐,读《水经》者,得此以资参考,免有知古而不知今之弊,其功用略同于王应麟之《通鉴地理今释》。书中所引,以戴震《校水经注》、陈芳绩《历代地理沿革表》两书为最多。戴校精要之语,大致录入。陈氏书,时尚未刊行,继涵盖据传抄稿本,在当时为未见之书,是以所引尤多,皆其辨证之详确者,足征其淹雅矜慎。继涵本精于考据之学,书中下以己意者,若'滱水'条下,据孔彪碑阴,以考汉时博陵为郡及其领县:'淔水'条下,据《地理志》,以临淔县为淔水县之误。'湿余水'条下,据《说文考》为㶟水之讹……虽不甚多,具见悉心研核,非但撮录前人成说而已。惟此书既以《释地》为名,自应旁征博采,以臻完善,乃仅以陈、戴二人之书为依据,余所引用,不过郭子章《郡县释名》、何乔远《舆地志》等类,于故书雅记,未能遍及,其今地名,虽不著所出,亦皆明、清《一统志》展转所载者耳,前此舆地学专家,若胡渭、顾祖禹等所言足以互相发正者,俱未称引,以治《水经》名者,若赵一清、全祖望,其时皆有成书,继涵主戴氏之学,自不注重一清,乃祖望之书亦弗道及,何也?其所取材,未免与命名不称,或系属稿未成之作欤。观其淹水条下,引《滇纪编年》周昱所辨、契皋倪氏谓汉益州为但

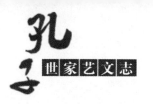

有郡名而无州名一则,反复数百言,本系辨其所不必辨者,而继涵备引全文,不惮繁琐,盖著书时随手所录,榛楛之未剪者也。然专为解释《水经》地名之书,究以此为先河,其后张匡学亦撰有《水经释地》,流传较广,其书比辑会萃,虽较详备,而但采众说,毫无心得,反不若此书先录戴氏校语,厘定经注本文,再就地名加以考释者之为一家言也。"按:今考此书之撰,始于乾隆三十八年,终于乾隆四十七年,稿本有二种:一是简稿,由继涵于乾隆四十六年闰五月至次年十二月二十二日亲手抄毕,原藏李氏麟嘉馆,后归北京大学图书馆珍藏,书内只载继涵本人考订之文,不录戴震及郦道元注,胡适尝跋此稿,见1948年8月30日《大公报》;二是详稿,即现存刻本之原稿,内容较简稿完整,后刻入《微波榭遗书》、《积学斋丛书》等,《遗书》本无序跋,凡半叶十二行、行二十四字,黑口,四周单边。《续修四库提要》谓清光绪中章寿康始得此书稿本刻以行世,恐非是。

是书今有北京大学图书馆藏稿本(四册;又一本,一卷一册);清乾隆曲阜孔氏刻《微波榭丛书》本,曲阜孔氏刻《微波榭遗书》本;又清光绪六年会稽章寿康刻本,光绪六年蛟川华雨廔张氏刻本,南陵徐乃昌《积学斋丛书》本,台湾广文书局《史料丛编》本等。

■ 文选注引水经注一卷 存

(清)孔继涵辑。

是书,《北京大学图书馆藏古籍善本书目·地理类·专志·山川》著录藏稿本,与戴震《水经校稿》一卷合一册。按:此书,《中国古籍善本书目》等未见著录。

■ 钦定日下旧闻考一百六十卷 存

(清)于敏中、孔继涵等纂修。

《清史列传》:"孔继涵,字体生,广森从父,乾隆三十六年进士,官户部主事,充《日下旧闻》纂修官。"《续修县志》、《著述记》亦记其事。考《清代殿板书目》,此书作《钦定日下旧闻考》,高宗有序,于敏中等奉敕纂,乾隆四十三年刻。书凡总裁七人,督办四人,总纂五人,纂修八人,校录、誊录二十人。书前有凡例、目录及奏表。其职衔,纂修人有"编修提督贵州学政潘曾起、编修吴锡麒、编修关槐、编修陆伯焜、监察御史今任工科掌印给事中戈源、户部主事孔继涵、原任户部员外郎升贵州粮驿道德隆、原任刑部郎中宋调元"。继涵乃八纂修之一。兹参据著录。按:此书系乾隆三十九年乾隆皇帝弘历下令窦光鼐、朱筠等据朱彝尊《日下旧闻》增补考订而成,故书前冠有"钦定"二字。书内汇辑北京历史、地理、城坊、宫殿、名胜等资料,向称完备。所辑许多古碑残碣,如周秦石鼓文、唐代悯忠寺苏灵芝行书《宝塔颂碑》、辽御史大夫李内贞《墓志》等,均为难得的珍贵资料。其中,不少古籍今已残失,幸赖此书保存。其书盖由三部分组成,一是朱彝尊原文,二是朱彝尊儿子朱昆田的补文,三是乾隆时孔继涵等人的增文。其中,《国朝宫室》二十卷、《京城总记》二卷、《皇城》四卷、《国朝苑囿》十四卷,皆为新增;宫署十二卷,原在"城市"门,此则抽出独立;郊坰、京畿分别由原来的六卷、十卷增至二十卷及三十七卷。《四库全书总目》称此书"因朱彝尊《日下旧闻》删繁补阙,援古证今,详为考核。履勘遗迹,订妄以存真,千古舆图,当以此本为准绳矣。"

是书今有辽宁省图书馆藏清乾隆内府抄本配清抄残本,国家图书馆藏清抄本(一百十卷);又清乾隆四十三年内府刻本,1981年10月北京古籍出版社铅印本等。

■ 永年县志四十四卷首一卷 存

(清)孔广棣纂修。广棣字京度,号谦思,大宗户袭翰林院五经博士继溥子,孔子七十代孙,恩贡生,署四氏学教授,直隶献县知县,捐升员外郎。

是书据《中国地方志联合目录》著录。《清志补编》此书题"孔广棣编",不著卷首一卷。《山东通志》云:"《永年县志》,孔广棣撰。广棣,曲阜人,贡生。光绪《永年志》载乾隆丙子广棣修志序,略云:'蒐辑旧闻,详考新制。即如磁州改辖,而滏阳一河受其益,而不为患,皆前《志》所未有者,爰开馆局,翻阅编次,阙者补而合者分,芟其繁而核其要。为类三十有四,较增旧制者半之。'"《稀见地方志提要》著其书云:是编修成于乾隆二十一年,仅越前《志》十载。其书体例分志、表、纪传三纲,附艺文,每类均有小序,皆题"邑令孔广棣曰"六字冠之,颇似谕示之体,如此《志》例,殊若失宜。又考《东北地区古籍线装书联合目录》,本书之外另条著录光绪《永年县志》四十卷首一卷,题清孔广棣纂修,夏诒钰续纂修。附此不另著。广棣能诗,《阙里孔氏诗钞》录其《谒郓公祠》、《申母刘孺人节孝》、《恩井行为杜节妇卢氏作》、《永年怀古八首》。

是书今有国家图书馆等藏清乾隆二十二年刻本。

■ 曲阜志略不分卷 存

(清)佚名编。

是书据《中国地方志联合目录》著录。按:此书山东省图书馆藏抄本,记事至清乾

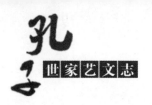

隆二十一年，虽未必出自孔氏，但所记必多关乎圣迹，宁存其疑，毋失之缺，故录此俟考。

是书今有山东省图书馆藏清抄本。

■ 利津县志续编十卷　存

（清）刘文确、孔毓炳修，刘永祚、李俨等纂。毓炳字映九，北公户兴书长子，孔子六十七代孙，拔贡，乾隆二十三年五月任利津县教谕，升东昌府教授，封文林郎。

是书有清乾隆二十三年刻本，前有知县刘文确乾隆二十三年八月既望序，及目录、姓氏。其《利津县续志姓氏》署云："知县辰溪刘文确、教谕曲阜孔毓炳鉴定；采访纂辑：贡生刘永祚、贡生张云居、廪生石愫、廪生黄克述；编次：庠生李俨、廪生石九锡、庠生许武鳌、优生李嘉猷。"所记起自康熙十二年癸丑，止于乾隆二十三年戊寅。凡每卷一志，计有舆地志，包括星野、沿革、疆域、川泽、形胜、古迹、风俗、土产；建置志，包括城池、公署、学校、仓库、街市、村镇（集场附）、寺庙、桥梁、铺舍、坊牌；祀典志，包括庙祠、坛壝；田赋志，包括里图、户口、地粮（各项解支附）、盐课（附）、驿递；职官志，包括知县、县丞、典史、教谕、训导；辟举志，包括辟举、科贡、例援、农官（附）、武阶、貤封；宦迹志；人物志，包括乡贤、孝义、耆善（附）、贞烈、仙迹；杂志，包括祥异、丘墓；艺文志，包括赞、记、传、诗、赋。按：此书《中国地方志联合目录》题（清）刘文确修，刘永祚、李俨纂，不著孔毓炳之名。兹参据著录。

是书今有国家图书馆等藏清乾隆二十三年刻本。

■ 南阳府志六卷图一卷　存

（清）孔传金纂修。传金字东山，一字绍宣，元和支，孔子六十八代孙，乾隆四十八年举人，嘉庆十二年任南阳府知府。

是书，《清志》、《中国地方志联合目录》等著录，《杭州大学图书馆线装书总目》著录清嘉庆十二年刻本，凡十二册。国家图书馆等亦藏此书，其纂修姓氏题"南阳府知府孔传金（江苏元和人，癸卯举人）"，内题"知南阳府事元和孔传金重辑"。前有康熙三十三年古虞朱璘所撰旧序，并《凡例》。《凡例》谓辑是《志》定为六卷，一舆地，二建置，三赋役，四官师，五人物，六艺文。以六为纲分门，析类为目，斯纲举而目从也。稿本《续修四库提要》著录此本，谓其自序云：郡《志》修于康熙甲戌，为前守上虞朱君所辑，迄今一百四年，户口日增，沿革异制，竟无踵而修之者。今春奉命来守兹土，检阅旧《志》，亟思有以补之。既以公事繁冗，亦未暇及，幸岁庆有秋，遂与僚友共相采访，手自删订,付之雕人,藉以备考稽,而广见闻,于体裁一仍其旧。按其自云,户口日增,沿革日改,而考其户口与沿革,实一仍旧贯,初未增易一字也。所增者惟职官、选举与人物耳。又旧志《凡例》云:历代以来,沿革不常,风俗互异,古迹、物产有消长,必博稽而详核之,援昔证今,了如指掌。考此编,沿革、风俗、古迹、物产,皆前《志》之旧,未博稽,亦未详核,云云。

是书今有国家图书馆等藏清嘉庆丨二年刻本。

■ 今古地理述十八卷首三卷末一卷 存

(清)王子音撰,万承风、孔传金补,颜伯焘等注,胡克家等考订。

是书有北京大学图书馆藏清嘉庆十二年京师文会堂序刻本,内封题"钱塘费筠浦先生、连平颜惺甫先生同鉴/今古地理述/京师文会堂梓/湖上半亩园藏"。书凡四函二十二册。按:此书另有清光绪三年武宁石湖水月双清家塾刻本,载见《四库未收书辑刊》第四辑,前有武宁王子音序、钱塘费淳序、连平颜检序、元和孔传金序、义宁万承风序、古楼烦人李銮宣序、直隶总督颜伯焘序等。颜检序称其书作者王子音用心几二十年,首京师盛京,尊王述祖也;次十八省附以外藩,大一统也。又传金,《孔子世家谱》缺略不详,考其序作于嘉庆十一年,已称"今忽忽二十年矣",嘉庆十四年九月复以善书为南阳卧龙岗武侯祠清风楼撰书"万古云霄"匾,是其生约在乾隆中前期,其卒或至道光朝也。另外,此序末有印三方,其一曰"至圣六十八世孙",书匾亦钤有"尼山世家"长方印。知为圣裔无疑矣。

是书今有清嘉庆十二年京师文会堂刻本;清光绪三年武宁石湖水月双清家塾刻本,2000年北京出版社《四库未收书辑刊》影印本等。

■ 太平县志十二卷首一卷 存

(清)曹梦鹤等修,孔传薪、陆仁虎纂。传薪有《行唐纪政》,本部传记类已著录。

是书,《中国地方志联合目录》著有上海图书馆等藏清嘉庆十四年刻本,又清光绪三十四年真笔版重印本。注云:湖北有清孙璧文撰《太平县志考证》,原八卷,残存五卷,抄本。按:山西亦有太平县,此为安徽太平。另《孔子世家谱》二集衢州派五支传薪传不载此书。《清志》此书题曹梦鹤,孔传薪编。

是书今有清嘉庆十四年刻本,清光绪三十四年真笔版重印本。

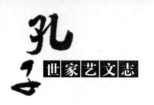

■郧西县续志四卷首一卷 存

（清）孔继檊纂修。继檊字荫四，号雩谷，别号铁骨道人，滕阳户饶阳县知县、涿州知州传瀛子，孔子六十九代孙，岁贡生，历任江苏泰兴、江都、广西平乐、临桂，湖北郧西、江夏等县知县，襄阳府同知，补授淞江府知府。

是书，《中国地方志联合目录》著有故宫博物院图书馆、台湾、重庆市图书馆藏清嘉庆九年刻本。《湖北艺文志》此书题《嘉庆郧西志》四卷，称继檊，字雩谷，曲阜人，嘉庆二年任。按：《孔子世家谱》不著此书，略谓：六十九代继檊，字荫四，号雩谷，别号铁骨道人，嗜文翰，精篆刻，尤工墨竹，岁贡，历任江苏泰兴、江都，广西平乐、临桂，湖北郧西、江夏等县知县，襄阳府同知，赏戴花翎，补授淞江府知府。

是书今有重庆市图书馆等藏清嘉庆九年刻本。

■舒城县志三十六卷 存

（清）熊载升、杜茂才修，孔继序纂。继序字思皇，安徽舒城县支传薪子，孔子六十九代孙，乾隆四十八年癸卯科举人，历任崇明县海门厅教谕，例授修职郎。

是书，《中国地方志联合目录》著有清嘉庆十一年刻本。稿本《续修四库提要》亦著此本，略云：清舒城知县熊载升等修，癸卯举人孔继序等纂……先是，舒城旧《志》，自明万历八年庚辰邑令陈士魁修之后，入清，重修于康熙十二年癸丑邑令张文炳，至二十二年癸亥邑令张杰始纂成之。再修于三十九年庚辰邑令沈以枙，复修于雍正九年辛亥邑令陈守仁。又七十余年，至载升来宰是邦，历时既久，《志》多残缺，版亦漫患，会嘉庆七年壬戌郡守张祥云檄修《县志》，载熊因延邑绅孔继序等设局重修，旋以左迁宿牧，未及观成。继任觉罗长庚，赓续从事，书将告竣，复引疾归。继任杜茂材始足成之。盖始事于嘉庆七年壬戌，脱稿于十一年丙寅，计其岁凡五稔。为卷三十有六，为纲三十有三，曰图考，曰沿革，曰星野，曰大事志，曰疆域，曰山川，曰城池，曰公署，曰学校，曰祀典，曰仪制，曰风俗，曰物产，曰水利，曰户口，曰田赋，曰兵防，曰职官，曰选举，曰名宦，曰名臣，曰文苑，曰孝义，曰卓行，曰耆寿，曰隐逸，曰方伎，曰侨寓，曰仙释，曰列女，曰古迹，曰集览，曰艺文。又于各《志》之下，间或附以子目，其书大体因循旧《志》，并参之以《省志》、《府志》，而删繁补阙，多所增订，如旧《志》县境图、山川、形势多误，县城图祠宇位置多舛，是编悉为更正。又旧《志》载山川，不分经纬，是编则仿《禹贡》、《水经》之例，一一详其脉络，俾读者展卷了如。凡此之类，固较旧《志》为有当。然祀典、仪制，国之常经，非一邑之所专，是编乃各立专门以纪之，则殊乖志法。"大事志"亦不合于邑《志》之体，且稽其内容，实甚疏略，尤不免蛇足之讥。他如"艺文志"之但录诗文,不载书目,分类之各自标目,无所统率,斯则酌衷之未当者也。又"集览"一门,不过杂记琐事,盖他《志》之所谓"杂志"、"志余"焉。按:考《孔子世家谱》继序传,不云其有修《志》事。

是书今有中国科学院图书馆等藏清嘉庆十一年刻本。

■ 西安县志四十八卷首一卷 存

(清)姚宝煊修,范崇楷等纂,孔广杓等参订。广杓字衡观,南宗派袭封翰林院五经博士继涛子,孔子七十代孙,嘉庆元年袭封翰林院五经博士。

是书有清嘉庆十六年刻本,前有嘉庆十六年富忠阿序、那英序、姚宝煊序、董诰序、费淳序,内有图考、星野、疆域、建置等四十七目。卷二十八为圣裔,记南宗孔氏,自端友至广杓。卷四十六、四十七为经籍、艺文志。四十五为坟墓,四十八为杂记。其卷首《纂修姓氏·参订》列名云:"赐翰林院检讨邑人徐炳南;世袭翰林院五经博士邑人孔广杓……"兹据著录。

是书今有国家图书馆等藏清嘉庆十六年刻本;民国六年桂铸西补刻本,台湾《中国方志丛书》影印本。

■ 定远县志十二卷 存

(清)杨慧修,孔传庆、朱昆玉纂。传庆,句容支,孔子六十八代孙,嘉庆十二年丁卯科举人,钦赐六品顶戴,任定远县教谕,升淮安府教授。

是书,《中国地方志联合目录》著有中国科学院图书馆等藏清道光六年修、光绪十三年补抄本,又南京大学图书馆藏民国抄本。考云南楚雄、四川南充、安徽滁县,皆有《定远县志》,此为安徽定远也。又,光绪补抄本,《中国地方志集成》收有影印本。

■ 沂水县志十卷 存

(清)张燮总修,张为藩、孔传游等协修。传游有《太极易图合编》,经部易类已著录。

是书有清道光七年刻本,书凡四册。据《修志姓氏》,其《志》计有总修一人,协修四人,参阅绅士、编订绅士、校勘绅士各若干人,又誊录一人。传游,时任训导。本书共十卷:卷一舆地,卷二古迹、建置,卷三食货,卷四礼制,卷五兵防、职官,卷六仕进,卷七仕进、人物,卷八人物,卷九纪事,卷十艺文、总记。按:《中国地方志联合目录》著录此书作张燮修,刘承谦等纂。

是书今有清道光七年刻本。

■ 天台志书无卷数 未见

（清）孔庆鏴撰。庆鏴字稷臣，号诚甫，孔子七十三代孙，道光十六年丙申恩科进士，改翰林院庶吉士，官工部都水司郎中，军机处行走。

是书，《续修县志》《增补孔庭摘要》载录。《中国地方志联合目录》等不收此书，亦未见传本。按：考庆鏴，道光二十八年尝任分守甘凉道，甘肃境内有天台山，此书或彼时所撰之山《志》也。

■ 曲阜县乡土志无卷数 存

（清）佚名编。

是书，《中国地方志联合目录》著有中国科学院图书馆藏清光绪末年抄本。书内记事至同治年间，作者不详，录此俟考。

■ 修武县志十卷首一卷 存

（清）冯继照修，金皋等纂，孔继中增刻。继中又名硕庭，字心一，又字述亭，号检斋，钱塘文候选从九品传熊长子，孔子六十九代孙，道光二十三年举人，三十年成进士，官河南固始、修武等县知县，保升直隶州知州，捐升知府，赏戴花翎，钦加三品衔，诰授通议大夫，诰封荣禄大夫。

是书有清同治七年增刻清道光二十年本，《中国地方志联合目录》著录此《志》，原刻道光二十年误作"十九年"，并题十二卷。今考其书卷首志序，见有道光二十年正月栗毓美序，并图经，纂修姓氏，凡例，目录。凡卷一至卷三舆地志，卷四建置、令典、祥异志，卷五学校志，卷六祠祀志，寺观附，卷七秩官考、选举考，卷八人物志，包括列传、忠节、孝友、义行、流寓、方外，卷九列女传、艺文志，卷十金石志、杂记（史余、轶事、考辨、志原）。按：继中，清嘉庆十一年（1806）生，光绪元年（1875）年卒，一说四年（1878）卒，支出南宗的派，祀名宦。继中兄弟三人，大弟继赓，字汝钦，号丽泉，太学生，候选翰林院待诏，例授登仕郎，赐封朝议大夫；二弟继颖，又名继昌，字梦周，号雪庄，咨部优行，廪贡生，江苏候补县丞，例授修职郎，赐封朝议大夫。均未见有著述。

是书今有清同治七年增刻清道光二十年本。

■ 宁阳县志二十四卷 存

（清）高升荣修，庄玉珮、孔继虞协修，黄恩彤总纂。继虞有《孔子世家谱长清县支谱》，本部家谱类已著录。

是书据清光绪五年刻本《宁阳县志·续修宁阳县志姓氏》著录。彼时继虞署衔为"五品衔儒学训导"。书前计有序、图、凡例、新旧衔名，并目录。此《志》体例精善，分类细密，相比前《志》，多所改进。如前《志》于人物不著年代，艺文不分门目，致使先后失序，紊乱无章。此《志》则人物以年代为先后，并著里居；艺文以体制为区分，并著其人之年代、爵里，以备参考。《志》内收录总纂黄恩彤诗文词赋，篇章之多，足成专辑。孔继虞亦撰有《节妇程氏传》文，收入其中。按：《中国地方志联合目录》著录此《志》作：高升荣修，黄恩彤纂。《孔子世家谱》继虞有传，然不云参修《县志》事。

是书今有清光绪五年刻本，《中国地方志集成》影印本等。

■ 孝义县续志二卷首一卷末一卷　存

(清)孔广熙修，何之煌纂。广熙字霭人，济源支贡生诰赠资政大夫继统第五子，孔子七十代孙，监生，山西泌源、孝义等县知县，署潞安府同知，诰封资政大夫。

是书，《中国地方志联合目录》、《中州文献总录》等著有清光绪六年刻本。稿本《续修四库提要》亦据著录，略云：广熙字霭人，河南济源人，出身监生，清光绪三年任孝义县知县。广熙自序曰：丁丑季夏，熙量移是邑，取旧《志》翻阅，见其采辑之精，考稽之密，洵无遗美。第自乾隆中叶至今，已百余年矣。户口有盛衰，河渠有通塞，祠庙、廨仓有建置，典章、文物有变更，慨然念莫为之，后虽盛弗传已。有意续修，而未遑也。越己卯岁，宫保爵抚宪曾以善后事檄饬各邑纂修《县志》，因从捐输赈济，富绅内酌筹经费若干，于庚辰六月，约邑绅任，以重选拔，等开局续修，并延书院主讲何镜梅孝廉总纂，熙亦间参末议焉。旧《志》，目共十二，仍沿旧，而删其二，县治沿革，前已考核极精，无可续也。余则勤为采访，广为参稽云云。观此序言，可知是书续纂之大意也。全编仅上下二卷，上卷为城池四关、河道渠堰、村庄户口、田赋积贮、官司建置、学校典礼，卷下为官绅姓名、人物事迹、胜迹祥异、艺文参考。

是书今有清光绪六年刻本。

■ 陕州志十五卷　存

(清)孔广聪纂修。广聪又名广运，号厅樵，钱塘支修武县知县、捐升知府继中第三子，孔子七十代孙，举人出身，光绪十七年，由员外郎军功保举陕州直隶州知州，加三品衔，赏戴花翎，诰授荣禄大夫。

是书，稿本《续修四库提要》著录清光绪十七年刻本，略云："此《志》，乾隆十二年

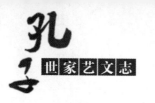

知州龚崧林一修,迄同治间知州周仁寿曾增辑之,及光绪八年,满城赵希曾为牧是邦,乃征文考献,重加厘订,未及成而以忧去官。广聪奉檄来权州篆,复与学正马毓骙等搜讨旧闻,增损义例,成书十五卷:一舆地,二建置,三赋役,四文治,五职官,六名宦,七选举,八、九人物,十、十一列女,十二、十三艺文,十四金石,十五纪遗。此编较乾隆龚《志》多所改正,如龚《志》艺文所收宋司马温公《三乞虢州》,此编以温公夏县人,夏县既非今属,且《乞虢州》,与地方利弊无关。又知陕州李彦仙列名宦,守城死事,据《宋史》撮其大要,叙入本条,已觉明了。龚《志》更引洪氏之书,转嫌芜杂。他若加学额、祀乡贤,已详各条中,不烦更录,具题原文,凡此之类,悉从删减。惟其人物不标细目,而以时代叙入,又其改易旧《志》之处,多未注明,皆为此《志》之失。其各门小序,皆作韵语,多未能得其概要,亦称无谓。其目录后自注云:明康对山先生撰《武功志》,义例分明,纲目具括,今略仿是书之义,增辑成书。今读全书,实与《武功志》未稍似也。"按:考《中国地方志联合目录》著录此书作《陕州直隶州志》十五卷首一卷,赵希曾等纂修。又考广聪凡兄弟六人,长兄广培有著录;二兄广杰字补生,号谱笙,太学生;大弟广平字定生,号静山,太学生,提举衔,候选盐课大使,诰授奉政大夫;二弟广锐字鞠生,号养图,邑庠生。

是书今有清光绪十七年刻本。

■ 鸿爪前游记六卷 存

(清)孔广陶撰。广陶有《鸿爪日记》,本部传记类已著录。

是书有清光绪十八年刻本,九行二十三字,黑口,四周单边,前有番禺叶衍兰光绪十八年序并目录。稿本《续修四库提要》著录此书作《鸿爪前游日记》,云:广陶字少唐,南海人,编修继勋之子,官刑部福建司郎中。性好游览。同治九年,赴京兆试报罢,遂襆被裹书,一车两仆,遍涉周、鲁、齐、秦、燕、赵、韩、魏、虢、郑之境,历览其名山大川,古迹胜地,察险易,询风俗,考图籍,搜金石,笔而记之,成书六卷。以游踪未及东南,故以"前游"名书。而俟后游于异日,未竟其愿而卒。其子字静航,付之剞劂,卷一:海道、京师,起同治九年五月二十六日,迄九月末,其行程,海道由省而港、而沪、而津,水道由津而通,陆道由通而京。卷二:直隶、山西,起十月朔,迄除夕。其行程,由京过保定、完、唐、阜平,出龙泉关,逾长城岭,登五台山,于风雪中扫雪凿冰,跻其巅,还从阜平、唐、完、满城、易州、涞水抵京。在京时,又作明陵盘山之游。卷三至五,起同治十年正月,月各一卷。卷六起四月朔,迄五月十七日。其筇屐所经,则出京经畿南鲁北,至于济南会城,揽大明、千佛之胜,复南造岱顶,涉洙泗,谒孔林,越尼山,瞻孟庙。折而西经济宁、单、曹,至于大梁会城,验汴宋之遗迹,复西造嵩岳,历成皋虎牢,而访汉唐废址于伊洛、瀍涧之间。复西逾崤函,登华岳,折而北渡河,过太原,登恒岳,至于大同,北循边墙,经宣化,进居庸,还抵京师。仍取海道返羊城。其书援古证今,载述称详。每历一境,凡古迹、形胜、风俗、掌故,一一志其概要,而于名山巨岭,尤不惮险阻,必缒幽凿险,穷其止极而后已。沿途收买古书,积至九万五千余卷,行万里路,读万卷书,其豪情壮志可见,惜买书未记其书名书价耳。谒林时,载林庙之规制、沿革,圣裔之派系近状,至详,足补《阙里志》之阙。

是书今有国家图书馆等藏清光绪十八年孔氏三十有三万卷堂刻本。

■ 莘县志十卷　存

(清)张朝玮修,孔广海纂。广海有《周易史论》,经部易类已著录。

是书,《中国地方志联合目录》著有清光绪十三年刻本,书前有知县渑池张朝玮光绪十三年序、盐运使衔山东候补道北平胡鸣泰光绪十三年序,及诸旧序。又卷十《艺文志》载有孔广海《志成纪事》诗、张朝玮《步孔仙洲孝廉续志原韵》,及孔继温《峚山藏秀》、孔广津《冰井呈霞》、孔昭莑《伊庙松风》等诗文。《清志》此书题张朝玮、孔广海编,《孔子世家谱》卷四十八北公户阳谷广海传其书作八卷。稿本《续修四库提要》著录光绪十三年刻本,题署同《方志目录》,谓"《莘志》自康熙五十六年前令刘萧绪修后,久已失修,咸丰时,板毁于兵燹,邑遂无《志》,至光绪时,已百七十余年,朝玮屡欲修辑,邑人皆畏其难,旋于故家获得旧《志》,复取郡《志》为参考,即以旧《志》为蓝本,增其缺略,续以新事,数月而新《志》成。书共十卷。内分封域志、建置志、食货志、禨异志、官师志、选举志、人物志、艺文志八门,下附细目五十,体例较前完备。是《志》取材甚丰,编次亦当,将各重要功令,入于各条之下,使读者知其因果沿革,又凡旧《志》记载未实之处,皆重加按语,为之纠正。故是《志》足称言简意赅,惟以《禨异》独列一卷,而《艺文志》中又附英灵、庙祠等目,皆于《志》例有未符也"。

是书今有清光绪十三年刻本,民国二十二年重印本,南京图书馆藏抄本。

■ 阳谷县志十六卷　存

(清)董政华修,孔广海纂。

是书,《中国地方志联合目录》据清光绪二十六年修、民国三十一年铅印本著录。《清志》此书但题孔广海编。《孔子世家谱》北公户阳谷支广海传谓其著有《县志采访未誊草》八卷,应即本书。民国三十一年本,系济南翰墨斋南纸印刷局铅印,书前有各

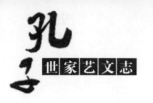

家志序、凡例并目录与图。卷一：建置、疆域、分野、形势、城池、山川、桥梁；卷二：风俗、都社、户口、土田、物产；卷三：庙祠、公署；卷四：职官；卷五：名宦、学校；卷六：学校、人物、封荫；卷七：孝义；卷八：贞烈；卷九：隐逸、武备、古迹、古墓、坊牌、寺观、灾异；卷十至十四：艺文；卷十五至十六：题咏。前有《重印阳谷县志凡例》，略云："一、此次重印《县志》，未增添门类，只按旧《志》目录于每类之末接写孔仙洲先生手采遗稿，以冀少补残缺，并于各类之末标明以下系孔某采访，使阅者一目了然。二、孔仙洲先生所采访尽前清时代事故，讫于清末，而民国事，概从阙如，以待后之续修者增补。三、此次核印《志》书，期限甚短，除按旧《志》及孔仙洲先生采访外，并未派员采访，即前清时代之事实亦遗漏极多，势无如何，阅者谅之。"前又有广海光绪十六年原序云："曩尝在邻县与修《志》书，司事者教之曰：今兹之役，酌有四宜。一、旧《志》序文太繁，每修一次，二、三、四、五篇不等，辞意皆大同小异。兹宜汇为一序，悉载其年代姓名，以不忘厥初，不没前人之劳，以下即叙今兹续修，略明大意，不必篇篇梨枣，令阅者开卷生烦。二、历代诰命，俱系典重之文，官最尊者，敬录一二，以见体例，示劝勉，其余拟于各名下谨注封某大夫、某将军，勿敢连篇累牍，令阅者不敬懅褒也。三、建置、古迹、人物诸志，随其所知，畅所欲言，不必拘拘体例，分类叠出，令阅者翻前覆后，惮于疲劳。凡此，不可病前人之烦，彼时事少，不得不引伸重叠，凑成卷帙。今则宜简而明也。四、叙次完后，监刻者、监刷印者，宜打叠精神，力求清好，勿复如旧《志》模糊，令阅者恨恨无从校正也。鄙因与同事者，敬谨从令，书成之后，阅者果多称快，退而自维窃不能无意于吾阳谷也。阳谷旧无《县志》，明成化中，邑侯孟公纯与一二耆宿，经始搜罗，艰难草创，辑录成帙，尚未梓行。阅五十年至嘉靖十五年丙申，邑侯刘公素始暨邑进士李际元纂辑镂版。又七十年至万历三十四年丙午，邑侯范公宗文增修。又二十余年至崇祯四年辛未，署邑侯李公文林补续。又三十余年至本朝康熙十二年癸丑，邑侯王公天璧重修。又四十一年至康熙之五十三年甲午，寰海镜清，方隅砥平，太平之盛，自三代以来，未之有也。兖州府尊金公一凤，字子翔，由顺天拔贡，来守圣贤桑梓，凡鲁邦之古迹，天下之伟观，焕然一新、彪炳千秋者，金公之功，十居其九，以《兖州府志》先修于明嘉靖时东阿于公慎言（应为慎行），续修于康熙二十二年，张太守鹏翮乃重厥事，先檄行所属各修《县志》，时阳谷县尊王公时来，湖广钟陵岁贡生也。第六次缮修为卷有八，部有三十，曰：建置、疆域、分野、形势、城池、山川、桥梁、风俗、都社、户口、土田，附杂课、物产为一卷；庙祠、公署、职官为二卷；名宦、学校、人物附乡贤、封荫为三卷；孝义、贞烈、隐逸、武备、古迹、古墓、坊碑、寺观、灾异为四卷；艺文为五卷、六卷、七卷；题咏为八卷。书至五十五年丙申告成，自是以来阙如者一百七十四年矣。乾隆、嘉庆，重赜累洽，物阜民安，无事可纪。道光末年,南方始乱,至咸丰四年甲寅,粤匪过境黄河北徙,十一年辛酉、同治元年壬戌,附近教匪蜂起,土匪蚁屯,兵燹蹂躏十余年,而后,重享承平。中间,陵谷变迁,绅民节义可知者,不可以不记。鄙因忘其菲陋,仍从邻《志》司事者之意,略存梗概,以待第七次重修阳谷县之采访云尔"。

是书今有清光绪二十六年修、民国三十一年铅印本,台湾《中国方志丛书》影印本。

■ 莘县乡土志不分卷 存

(清)孔广文编。广文,北公户阳谷支处士继洙次子,孔子七十代孙。

是书,《中国地方志联合目录》著有清宣统元年石印本。其书正文凡四十四页,分历史:政绩录、兵事录、耆旧录(乡宦、孝友、事业、贞节),户口,宗教,实业,地理,乡里村庄,祠庙,古迹,坊表,桥梁,市集,学堂,山水,道路,物产(动物、植物)。前有《莘县全境地图》,后有知县周郑表跋。跋云:"……询之,求其克膺斯任者,金曰儒学训导翼轩孔君其庶几乎,遂以是役嘱之。又以采访、参订之责,分任诸生。尔时,逊谢弗遑,皆若有踌躇焉未能胜任者。乃不数月而采录多条,不数月而草创成稿。意该言简,毫无穿凿附会之词。"

是书今有清宣统元年石印本,1968年台湾《中国方志丛书》影印本。

■ 东游条记二卷 未见

(清)孔祥霖撰。祥霖有《中庸讲义》,经部学庸类已著录。

是书,《续修县志》、民国《孔子世家谱》皆载之。《县志》孔祥霖传云:"壬寅,山东抚军周馥奏准办理学务实业等事宜。二月,会办学务及农工商务局,四月,护送学生留学东洋,并调查日本学务实业等事,著有《东游条记》二卷。"因知其书,盖记光绪二十八年四月去日本考察学务实业之事也。惟其书不见刊行,未获其详也。

■ 绥德直隶州志八卷首一卷 存

(清)孔繁朴等修,高维岳等纂。繁朴字厚庵,号质生,大宗户庠生、诰封中议大夫庆霈次子,孔子七十四代孙,光绪十六年庚寅恩科进士,官至陕西同州府知府,诰授朝议大夫,晋授中议大夫;民初任孔教总会会长。

是书有清光绪三十一年刻本,半叶九行、行二十或二十一、二字不等,白口,左右双边。前有孔繁朴光绪三十一年《重修绥德州志序》、张铭坤《重刊绥德州志跋后》,及陕

西巡抚毕沅原序、陕西督学使者温常绶原序、州牧吴忠诰原序、州牧蒋勳原序、州人李继嶠原序,并《凡例》十八条。书后复有高维岳跋。卷一《新修职名》署云:"在任候补知府特授绥德直隶州知州曲阜孔繁朴(厚庵);赐进士出身四品衔保送直隶州知州署绥德州事前户部主事张铭坤(厚甫)监修"。又总纂:赐进士出身翰林院庶吉士钦加三品衔在任候选道前任山西辽州直隶州知州高维岳(爕堂);分纂:柳恩培(晓耘),马进修(子勤),安全文(焕卿)。此书凡每卷一《志》。其中,《地理志》分八目,《建置志》分九目,《民赋志》分七目,《学校志》分七目,《武备志》分三目,《秩官志》分四目,《人物志》析为上下卷,共十六目,《艺文志》分十一目。高维岳跋其书曰:"郡城自同治丁卯遭劫后,遗籍毁残,老成凋谢,文与献将无征矣。守是邦者当疮痍之后,方期绥靖地方,语及郡中掌故,弗遑计焉。岁癸卯,郡守为曲阜孔公,莅治绥城将六稔矣。勤政爱民,安良除暴,事无不举。公余,虑《州志》之无以传后也。邀柳君小云、马君子勤两明府偕维岳谈及续修事,佥谓旧《志》已逾百年,兼经兵燹其间,政教、兵戎,以及闾阎节义事,多就湮没,若不及时补辑,异日采访尤难。岳思籍本属邑,又寄寓郡城已历三世,今虽宦游廿余年,近事弗闻,而生长斯土,于山川形势、风土人情,略知其概,乃不辞谫陋,滥竽斯役。于是,远绍旁搜,分任编辑子勤精于稽古,考校沿革、纪事、官制诸门;小云悉于时务,纂叙民赋、学校、贡举诸门;岳则补其缺而拾其遗,以勷成盛举。经年书成。卷列八纲,目分六十有五,图表皆备,约计十有余万言,较旧加详。窃幸此书成,而承前启后,足征盛朝久道化成之治,亦以见州牧政无不举之大端也。"兹据著录。按:《中国地方志联合目录》此书题"孔繁朴修、高维岳纂"。维岳,字峙五,号爕堂,米脂人。考繁朴,清同治三年(1864)生,此书卷八收有其《重建旌善坊序》。其《吊扶苏诗》作者孔武仲误为"孔仲武"。稿本《续修四库提要》此书于第 19 册、33 册两列其目,一冠"光绪"二字,有卷首一卷,一者无。

是书今有清光绪三十一年刻本,民国二十五年重印本,台北成文出版社《中国地方志丛书》影印本,上海书店等《中国地方志集成》影印本。

■ 花县志十三卷 存

(民国)孔昭度、符矩存修,利璋纂。昭度修有《南海罗格房孔氏家谱》,本部家谱类已著录。

是书,《中国地方志联合目录》著有民国十三年铅印本。稿本《续修四库提要》亦据此本著录,作《重修花县志》,略云:昭度字公豀,南海人。《花志》自清康熙二十六年邑令王永名创修后,二百余年未有重修。民国八年,昭度提议重修,以雍乾嘉道咸同六朝之档案俱经兵燹,荡然无存,乃以《大清一统志》、阮《通志》及诸府《志》……编辑而成。全编虽简略不详,而康熙后二百余年之事迹、人物,尚能犁然具存,也足珍重也。按:今检此书,凡分舆地志、建置志、经政志、学校志、实业志、官师志、选举志、人物志、艺文志、金石志、古迹志、前事志,共十二门。《前事志》所收历代兵事有在本县者,有涉及本县者。其余各视其需要,复分若干细目。其中,《艺文志》,首为经、史、子、集、杂录之书目。书前有昭度民国十二年《重修花县志序》。

是书今有民国十三年铅印本。

■ 吴县志八十卷 存

(民国)曹允源、孔昭晋等纂修。昭晋字康侯,号守谦,吴县庠庠生赠承德郎广铸(庠名源)子,孔子七十一代孙,清光绪二十九年进士,官礼部主事。

是书有民国二十二年苏州文新公司铅印本,《中国地方志联合目录》著录此《志》题"曹允源、李根源纂"。《中国古籍总目》复著为"[乾隆]《吴县志》八十卷,曹允源、李根源纂,民国二十二年苏州文新公司铅印本。"实皆未妥。而《总目》将其与乾隆《志》混为一谈,尤觉讹乱。考此书《修志姓名》,列名总纂者,计有曹允源、吴荫培、蒋炳章、孔昭晋、张一麟、李根源,凡六人。另有协纂、分纂二十人。书前有张一麟、孔昭晋民国二十二年序,并《修志凡例》、《总目》、《旧序》等文,孔序述此《志》编纂始末由来、同志前仆后继事迹甚详,云:自逊清同治己巳,吾邑先达冯景亭先生纂修《苏州府志》,缉稿略具,而先生归道山。先生之子暨邑之博雅诸君子继之,历十四年而告成。九县掌故,灿然大备。迄民国纪元后之七年,盖又四十余年矣。都人士之留心掌故者,以国体变更,府制已废,长、元二县,并入吴县。惧旧闻之湮没,不足以信今而征古,白之前县知事吴公秀之,以续修《县志》为请。公推曹绅根荪、吴绅颖芝、蒋绅季和,任总纂之责。是年七月,假城南沧浪亭为修《志》局所,聘员采访,次第进行,且拟定《编纂条例》,定名为《吴长元三县合志》。依子元《史通》断限之说,以宣统三年为止,依章实斋所修各《志》之例,以纪图、表、考略、传为大纲,其他各门,亦加以论列,考核极详。至十二年七月,以经费不继,议即撤局,由曹、吴、蒋三君担任义务,并于十三年十一月,商请前吴县知事郭公于埜,添延昭晋同任总纂,均尽义务。昭晋以义务,故不敢辞。正进行中,而曹绅遽闻捐馆,蒋绅旋亦病废。吴绅谓昭晋曰:二公皆去,《志》事危矣。吾两人不可不竭全力以赴之。乃约城乡同志,将未成各卷,分门纂辑,穷四年之功,大体幸已告成,抄校尚未全竣,乃吴绅颖芝,复于二十年二月,遄归道山。昭晋以《志》书为一县文献所关,虽已垂成,而尚多商榷。语云:行百里者半九十。言终事之难也。亟具胈前县长黄公云僧,推举同邑张绅仲仁为《志》局主任,黄公允之,并添延李绅印泉、吴绅鼎丞,暨同志迭次集商,分认续纂、覆校等事,而《志》稿乃得付刊。是役也,历十有四年,集同志数十人,成书八十卷。始事之初,覃思体例,精心去取,则曹绅根荪之力为多。中更事变,艰苦主持,孟晋不已,则吴绅颖芝之力为多。及其终也,斟酌损益,务求完备,合群策群力,而衷于至当,则张绅仲仁、李绅印泉之力为多。昭晋,旅进旅退,勉从诸君子后,获观厥成,不可谓非厚幸也已。

是书今有民国二十二年苏州文新公司铅印本(上海图书馆、苏州市图书馆、北京师范大学图书馆等有《吴县志列传人名索引》,1939 年铅印本)。

■ 续修曲阜县志八卷附补遗一卷 存

(民国)孙永汉修,李经野、孔昭曾纂。昭曾有《曲阜圣迹古迹择要略考》,本部阙里文献类已著录。

是书有民国铅印本,《中国地方志联合目录》等据以著录。书凡二函八册,书签为孔昭曾题署。前有民国二十三年十二月曲阜县县长泰安孙永汉序,菏泽进士李经野叙,孔昭曾《分立门目则例》及《编纂凡例》、《续修曲阜县志人员姓名》等。据《续修人员姓名》,此《志》设有督修、协修、监修,总纂、分纂兼代总纂、分纂,事务员兼校对、书记兼校对,书记,委员会委员,采访员,名誉采访员。卷一冠图甚多,其中不乏仅见于本书者。此书绍续乾隆旧《志》,故记事起自乾隆三十五年,止于民国二十三年,凡前《志》已编入的,本书概不重叙。其中,《艺文志·著述》多本孔祥霖《曲阜清儒著述记》,而排列颇无伦次,间有拾遗补缺,如元孔元祚《孔氏续录》五册,又失之考证。复以时移境迁,体例不可不稍作变通,如曾子庙、孟子庙,皆非曲阜古迹,旧《志》因有四氏学,而为编列,此《志》则不再收载。又旧《志》各门皆有分序,此书则无之。孙永汉叙其始末缘起曰:"予居毗连曲阜,幼时读书,即慕周公、孔子之道。窃幸近圣人居,时欲瞻谒林庙,及长而就学,日无暇晷,弗果。嗣滥竽仕途,惟有安然听鼓而已,然谒圣之念,终未释也。岁癸亥秋,奉命承乏是邦,不禁欣然舞蹈曰:'吾得游于圣人之门矣。'是年九月,履任之初,即拜谒元圣、至圣、复圣各庙,继复涉沂水,过舞雩,瞻尼山,因以知杏坛洙泗之教,源远流长也。下车伊始,仅可察一邑之土地人民,然欲征诸历代文物典章之盛、与夫忠孝节义之逸事轶闻,则漫无考据。爰命书吏检阅本邑旧《志》,知为清乾隆三十九年重修,迄今百六十余年。《县志》失修久矣。因叹版图如故,文献无征,为歉歉者久之。适本年五月奉令续修,实获我心。当即招集邑人士洎各机关,组织'县志筹备委员会',商同办理。公议曲阜为文化发源,且为圣贤桑梓,迩来,孔道昌明,东西各国谒圣者,络绎不绝。《曲阜志》为中外观瞻,所系至关重要,非他邑可比。金以总纂一职,非博学名宿不堪其任。乃聘菏泽李莘夫先生总司编纂。李为名进士,博淹宏通,处之裕如。并聘本邑孔君少云、刘君斐卿、袁君海平、孔君玉生为分纂。一面聘任各区采访员暨名誉采访员,并各职员,分董其事。于六月十一日设局开办,当场议决,即以'筹备委员会'改为'《县志》委员会',随时会议进行。继因李莘夫先生因事未能莅曲,时期迫促,未敢久延。复由委员会公推孔君少云兼代总纂。迨至李先生到曲,而稿件均已大半告竣,经李公鉴定后,计圣贤、舆地、政教、人物、艺文,共分五志,门目共一百四十七,统《则例》、《凡例》、《目录》、《图绘》、《阙疑》、《补遗》、《正误》,都为八卷……"又李经野叙略云:"曲阜虽一邑之地,为天下所瞻仰者至今不衰,诚以孔子之教继往圣、开来学,所谓由之则治、失之则乱者,自有天地以来未之能改也。世于曲阜非重其地,重其人也。重其人则其地亦因之而重。是故《县志》一也。而曲阜之《志》则有非列县所能同者。列县之《志》,其大者不过志其疆域、风土、山川、人物,是为治谱而已,不甚相远也。曲阜之《志》则天地之精英,圣人之教泽,胥于是乎在。"

　　是书今有民国二十三年济南同志印刷所铅印本,台北成文出版社《中国地方志丛书》影印本,上海书店等《中国地方志集成》影印本。

职官类

■ 百官要望（一作百官要理）一卷　佚

孔至道撰。至道，支派不详。

是书，《宋志》史部职官类著录。《山东通志》云："至道，仕履未详。《曲阜志》载之，今据以录入。"按：考《曲阜志》，此书作《百官要理》。《阙里文献考》、《通志·艺文略》等无其书。作者孔至道，力考不得，今检《孔子世家谱》平阳派三支，四十九代有名"及"者，宋人，字至道，事迹缺略，以子贵，封拱卫大夫。子诚，字明复，慷慨有智略，宣和间，为温州团练使，节制沿海军马，屡立战功，加拱卫大夫，累赠安庆军节度使。诚子屋，落居江阴梧塍里。孔《谱》平阳派，宋元间世乱失修，后世改易变更，以字为名者，不乏其例，此或其一也。又或其"至道"之"道"字，乃为衍字，所谓"孔至道"，实即唐人"孔至"。孔至有《姓氏杂录》、《百家类例》，本部传记类已著录。可参考。

■ 吏事总龟无卷数　佚

（宋）孔璹撰。璹字伯坚，衢州派迪功郎、仙源县丞端问长子，孔子四十九代孙，官从政郎、潭州录事参军。

《孔子世家谱》二集衢州派长支："四十九代璹，字伯坚，笃学能文，授从政郎、潭州录事参军。著《吏事总龟》。"兹据著录。

■ 词林典类　未见

（明）孔贞运撰。贞运有纂修《明光宗实录》，本部编年类已著录。

是书据《山东通志》、《阙里文献考》著录。《江苏艺文志》据《金陵通传》卷八作《词林会典》，云"佚"。《阙里文献考·孔氏著述》："《汉书·百官表》列众职之事，记在位之次第，书其总而未及细也。是以王隆、应劭等作《汉官仪》、《汉官解诂》等书。其后，或述职掌、或记沿革，书始繁矣。六十三代孙贞运有《词林典类》，卷佚。"

政书类

■ 谥法三卷 存

（汉）刘熙撰，（晋）孔晁注，（清）孙冯翼辑。晁有《尚书义问》，经部书类已著录。

是书，《中国丛书综录》据《问经堂丛书》本著录。按：其书凡分上中下三卷，前有孙氏自记，云："《谥法》见《逸周书》第五十四篇。《大戴礼记·六》有《谥法篇》，孔冲远《尧典正义》云：《周书·谥法》，周公所作。《隋书经籍志》：《谥法》三卷，荀顗演，刘熙注，宋苏洵犹及之。今以《周书·谥法》为正，并录刘熙、孔晁两家之注，而以他书所引《谥法》不在《周书》内者附于后。"又按：刘熙《谥法》，《隋志》中凡二见，或云注，或云撰。孔晁注《隋志》不载，唐、宋《志》以下亦无著录，知其久佚，孙氏辑其佚，仍三卷。

是书今有清嘉庆孙氏刻《问经堂丛书》本，2002年上海古籍出版社《续修四库全书》影印本等。

■ 晋明堂郊社议三卷 佚

（晋）孔晁等撰。

是书，《新唐志·史部·仪注类》、《山东通志·艺文志·政书类》及《曲阜志·著述·史部》皆著录，黄逢元《补晋志》亦载之。按：《旧唐志》此书作者晁作"朝"，文廷式《补晋志》从之。未妥。

■ 律文二十卷录叙一卷 佚

（南齐）孔稚珪等删注。稚珪有《陆先生传》，本部传记类已著录。

《阙里文献考》："齐永明中二十九代孙稚珪奉敕与公卿共删注律文二十卷、录一卷"。《两浙著述考》从《南史》本传其书题"孔珪"撰。按：据《南齐书·孔稚珪传》，江左向用晋张、杜《律》，其《律》文辞简约，取断难释。张斐、杜预同注一章，而生杀殊别，故自晋泰始以来，唯斟酌参用。永明七年，武帝敕稚珪等集定张、杜二注，于是，削其烦害，录其允衷。取张注七百三十一条，杜注七百九十一条。或二家两释，于义乃备者，

又取一百七条。其注相同者,取一百三条。集为一书。凡一千五百三十二条,为二十卷。并付外详校,摘其违谬。有轻重处,竟陵王子良下意,多使从轻。其中朝议不能断者,制旨平决。至九年,稚珪上表奏之,曰"……始就成立《律文》二十卷,《录叙》一卷,凡二十一卷。今以奏闻,请付外施用,宣下四海。"诏报从纳,事竟不施行。盖事既不行,书亦随亡。

■ 大唐仪礼一百卷 佚

(唐)颜师古、孔颖达等撰。颖达有《周易正义》,经部易类已著录。

《新唐志·史部·仪注类》:"《大唐仪礼》一百卷,长孙无忌、房玄龄、魏徵、李百药、颜师古、令狐德棻、孔颖达、于志宁等撰。《吉礼》六十篇,《宾礼》四篇,《军礼》二十篇,《嘉礼》四十二篇,《凶礼》六篇,《国恤》五篇,总一百三十篇。贞观十一年上。"《旧唐志·甲部经录·礼类》载《大唐新礼》一百卷,注云:房玄龄等撰。《山东通志·艺文志·政书类》亦题房玄龄等奉敕纂修。并释云:"《新唐书·礼乐志》云:太宗时,中书令房玄龄、秘书监魏徵,与礼官、学士等(《艺文志》注,同时修礼者,又有颜师古、孔颖达)因隋之礼,增以天子上陵、朝庙、养老、大射、讲武、读时令、纳皇后、皇太子入学、太常行陵、合朔、陈兵太社等。为《吉礼》六十一篇(《艺文志》注作六十篇),《宾礼》四篇,《军礼》二十篇,《嘉礼》四十二篇,《凶礼》十一篇(《艺文志》注作《凶礼》六篇),《国恤》五篇,总一百三十篇。案《艺文志》诸礼篇数与总数不符,兹从《礼乐志》),是为《贞观礼》(《旧唐书·礼仪志》,总一百三十八篇,分为一百卷。又《太宗纪》:"十一年春正月甲寅,房玄龄等进所修《五礼》,诏所司行用之)。"兹参据著录。

■ 永徽五礼一百三十卷 佚

(唐)孔志约等撰。志约有《姓氏谱》,本部传记类已著录。

《新唐志·史部·仪注类》:"《永徽五礼》一百三十卷,长孙无忌、侍中许敬宗、兼中书令李义府、黄门侍郎刘祥道、许圉师、太常卿韦琨、博士萧楚材、孔志约等撰。削《国恤》,以为豫凶事非臣子所宜论次,定著二百九十九篇。显庆三年上。"《山东通志·艺文志·政书类》此书题"刘祥道、孔志约等撰"。云"是书见《旧唐书·礼仪志》。"按:考《旧唐书·礼仪志》:"高宗初,议者以《贞观礼》节文未尽,又诏太尉长孙无忌、中书令杜正伦、李义府、中书侍郎李友益、黄门侍郎刘祥道、许圉师、太子宾客许敬宗、太常少卿韦琨、太学博士史道玄、符玺郎、孔志约、太常博士萧楚才、孙自觉、贺纪等重加缉定,勒成一百三十卷。至显庆三年奏上之,增损旧礼,并与令式参会改定,高宗自为之序。时许敬宗、李义府用事,其所损益,多涉希旨,行用已后,学者纷议,以为不及贞观。上元三年三月,下诏令依贞观年礼为定。仪凤二年,又诏显庆新修礼多有事不师古,其五礼并依周礼行事。自是礼司益无凭准,每有大事,皆参会古今礼文,临时撰定。然贞观、显庆二《礼》,皆行用不废。"兹参据著录。

■ 金华讲义十三卷　<small>佚</small>

(宋)孔武仲撰。武仲有《书说》,经部书类已著录。

是书据《山东通志·艺文志》、《江西通志·艺文略》史部政书类著录。《宋志》此书入史部故事类。《西江志·经籍志》入讲义家训类。《新淦县志·艺文志》此书不著卷数。《阙里文献考》云:"古者,朝廷之政令,百司奉之,藏于官府,各修其职,守而弗忘。《春秋传》曰:'吾视诸故府,则其事也'……四十七代孙武仲有《金华讲义》十三卷。"又,《宋史》本传略云:"武仲字常父。元祐初,历秘书省正字、校书,集贤校理,著作郎,国子司业。所著《诗》、《书》、《论语说》、《金华讲义》、《内外制》、《杂文》共百余卷。"

■ 祭编五卷　<small>佚</small>

(宋)孔元忠撰。元忠有《书纂》,经部书类已著录。

是书据刘宰《漫塘文集·故长洲开国寺丞孔公行述》著录。按:其书未见传本,《行述》称:"会大飨阅乐,上疏言,'本寺钟磬于十二律之外,有黄钟、大吕、大簇、夹钟四清,他律无之。尝考其故,盖律吕正声,倍子而为母,子声半正而为子,清声即子声也。十二律旋相为宫,文之以五声,宫为君,商为臣,角为民,征为事,羽为物。故商、角之不可胜宫,犹臣民之不可胜君。当黄钟至林钟八律为宫之时,宫律俱长,商、角俱短,于理为顺。惟夷则、南吕为宫,黄钟、大吕为角,角律并长于宫,则是以民胜君。无射、应钟为宫,黄钟、大吕为商,太簇、夹钟为角,商、角并长于宫,则是臣民之律俱胜于君。故作乐当此四律为宫,则杀其黄钟、太吕、太簇、夹钟四正声而用其子声,此四清所以异于他律。国朝诸儒盖尝议及,仁宗皇帝取其说形之诏旨。近世颇失此意,非所以尊君上,乞行厘正。仍诏词臣改润乐曲,庶几一代乐章,遂为万世定法。'朝廷是而从之。"所言或与本书内容有关。

■ 太常谥议五卷　<small>未见</small>

题(宋)孔炜撰。炜,平阳派驰赠朝奉大夫光子,孔子五十一代孙,庆元二年进士

及第,补文林郎,嘉定间历太学博士,太常博士,太常寺丞,兼工部侍郎。

是书,《平阳县志·经籍志》据《孔氏谱》著录,列总集类,注云:吴承志《县志稿》云:太常博士,非止一员,"谥议"未必专出炜手,且亦非时时拟撰,不得累至五卷之多。此书盖编纂旧文,非自著也。章棫《议朱熹谥》篇,旧《志》以为炜作,误亦由此尔。按:《孔子世家谱》孔炜传不载此书;《全宋文》卷六八七四收有《南轩先生张宣公谥议》、《东莱先生吕成公谥议》、《陆文公谥议》诸篇,当为书中文也。

■ 勿所刘先生居官水镜四卷 存

(明)刘时俊撰,孔贞时编辑。贞时有合编《六曹章奏》,本部诏令奏议类已著录。

是书,《北京大学图书馆藏古籍善本书目·史部·政书类·杂录·论著》著有明刻本,八册。按:《中国古籍善本书目》此书无载。

■ 家庙礼则三卷 未见

(清)孔兴纲撰。兴纲有《四书讲义》,经部四书类已著录。

道光《江阴县志·人物志》儒林传:国朝孔兴纲,字蓼园,年十四为诸生,言行笃实,读书不事词章,留心经济。已而,耽理学,闻交城宋时旃讲濂洛之学,徒步三千里访之。宋谓之曰:"学者勿取辩于口,务静观其心。逞材技无如养度量,侈嗜欲无若探义理。伯夷之隘,不可以待人,然可以持身;柳下之和,不可以治心,然可以处世。"兴纲书诸座右,终身诵之。陆世仪倡道娄东,复从之游,时年五十三,长陆五岁,执弟子礼惟谨。陆语之曰:圣学以居敬为体,以躬行实践为用。治国平天下,虽存乎《遇合》,至修身齐家,则儒者见在经纶也。兴纲亦终身诵之,身体力行,见诸实事。著有《四书讲义》二卷,《家庙礼则》三卷,《求野斋诗文》十卷。《江阴艺文志》据以著录。《江苏艺文志》据乾隆《江南通志》著录同。《孔子世家谱》三集平阳派兴纲传,此书不著卷数,云:六十六代兴纲,字元常,号蓼园,弱冠补邑诸生,好学敦行,立家庙,修宗谱,定祭法,著有《家庙礼则》、《四书讲义》、《求野斋文集》。卒赠文林郎。

■ 庙庭礼乐典故 未见

(清)孔衍璐撰。衍璐字懋畹,一说字庭珍,号躬滋,大宗户明天启甲子举人、淮安府同知尚钺子,孔子六十五代孙,康熙八年陪祀恩贡,隐居不仕。

是书,《山东通志》、《曲阜志》、《著述记》等著录。《孔子世家谱》、《阙里孔氏诗钞》亦载之。《阙里文献考》曰:"志者,所以继盛轨、征轶闻、考地理、备风俗也。自班

史作《十志》,后世作者多祖之……六十五代孙衍璐有《庙庭礼乐典故》,卷佚。"按:
《国立中山大学图书馆周刊》1929 年 2 月第 6 卷第 5、6 期合刊载顾颉刚、陈槃《曲阜孔
广森及其家族的著述》据《耆献类征初编》三百七十七著录此书误题"孔兴灿著",并称
兴灿为"五十九代衍圣公第四子"。其书未见传本。衍璐父子皆能诗,《孔氏诗钞》等
载其《春郊》诗,有"自知身是客,不敢笑蜉蝣"句。长子孔兴言,字景昌,康熙己酉举
人,官内阁中书,有《杜少陵》一首;次子孔兴永,字起存,一字静甫,号茜园,诸生,有
《冬日》(一作《冬》)一首。

■ 幸鲁盛典四十卷　存

（清）孔毓圻等撰。毓圻有《孔子世家谱》,本部家谱类已著录。

是书,《清志》、《山东通志》、《曲阜志》、《阙里文献考》、《郑堂读书记》、《四库全
书总目》等皆著录。《四库总目》曰:"《幸鲁盛典》四十卷,国朝袭封衍圣公孔毓圻等
撰进。先是,康熙二十三年,圣祖仁皇帝临幸阙里,亲祀孔庙,行九拜之礼。特命留曲
柄伞于庭庭。复亲制碑文,遣官勒石于孔庙大成门左。周公、孟子诸庙,咸蒙制文刊
石。并录圣贤后裔,给世官以奉祠祀。巨典嘉皇,薄海忭舞。毓圻以圣天子尊师隆轨,
超迈古今,宜勒为成书,垂示来叶。二十四年,疏请纂修。并举进士金居敬等八人司其
事,得旨俞允。至二十七年,成书十八卷,奏进。蒙指示应改正者二十八条,及臣工诗
文尚有应遴选录入者。谕毓圻等覆加校定,会诏发帑金,重建庙庭。御制奎章,摹镌乐
石;尊崇之典,视昔弥加。毓圻等乃续事编摩,增辑完备。凡修成事迹二十卷、艺文二
十卷,刊刻表进,即此本也。洪惟我圣祖仁皇帝统接羲轩,心源洙泗。褒崇圣教,典礼
优隆,为亘古所未有,非区区管窥蠡测所可形容。然文物典章,毓圻等得诸见闻,颇能
胪具。伏读是编,大圣人崇儒重道之至意,犹可仰见其万一。是固宜藏诸金匮,以昭示
无极者矣。"按:此书有康熙红萼轩刻本,一函十二册,半叶十行、行二十一字,白口,四
周双边。前有康熙二十八年四月二日御制序、孔毓圻康熙五十年三月《进表》,及《职
名》《凡例》等。据《职名》所列,此书总裁为孔毓圻,副总裁为孔毓埏,纂修官有金居
敬、俞兆曾、丛克敬、孙致弥、叶湜、沙汝洛、章纬、曹晃。另有校阅、收掌、誊录十一人。

是书今有曲阜师范大学图书馆等藏清康熙二十八年曲阜孔氏红萼轩刻本,2006
年 12 月山东大学出版社《山东文献集成》第一辑影印本;北京大学图书馆藏清抄本;
又《四库全书》本,《武英殿聚珍版书》本,清光绪二十一年福建增刻《武英殿聚珍版
书》本等。

■ 圣门礼志一卷　未见

（清）孔尚忻纂。尚忻有《圣门乐志》，经部乐类已著录。

是书，《山东通志》、《阙里文献考》、《著述记》等皆著录。《曲阜志·著述·史类》此书作者误为"孔尚竹"。《山东志》据本书著录，云"为目凡八。曰：丁祭全礼，祭品制造法，陈设图，礼器图，礼器名义，建官履历，礼生履历，礼学条规。"按：此书疑即孔传铎辑《圣门礼志》，原帙未寓目，其内容体例俱见光绪丁亥重刊本（详后著录）。丁亥本书前收有曲阜世职知县孔衍泽康熙丙申年序，其文于阙里礼制、礼仪述之颇详。文曰："韩宣子谓周礼尽在鲁。汉初有天下特征鲁诸生定礼仪，师弟传受，爰有戴、马之学。及太史公适鲁，登阙里庙堂，观其车服礼器，诸生犹习礼其家，低回留之不能去，则是圣门为礼教之宗。庙庭禋祀，历代加隆，设典礼之员，备奉礼之士，裸将酌献，皆有定制。讲明而娴习之，可以为万世之式矣。朱子考圣庙礼制，究三代遗踪，铸造礼器，古朴精详。知潭州时，曾申省部，乞准颁行，崇文馆奉敕刊刻《释奠仪注》及《礼器图式》，颁行郡县。盖是时，各学宫旧制残缺，故朱子更为考定，而阙里庙中，则断不至考稽之无从也。有明洪武七年，为圣庙专设礼士，额选儒童，在庙供祀，俾礼教旧制，相沿至今，我兴朝因明之旧，钦定礼器，又奉特典，合天下文武一体入庙，则凡有奔走之责者，其于车服礼器，讵可不详其制度，识其名义，以待入庙之问耶？从父霁窗课家学，典礼庙庭，公余辑《礼志》书一帙，公之海内，俾习礼者，未登庙堂，而车服礼器，皆如目睹，其犹是鲁诸生习礼仪之遗意也夫。"其所谓"从父霁窗"，即本书作者孔尚忻。尚忻，字霁窗。尚忻不以诗见称，然乾隆《泰安府志》艺文载其所作《重修三贤祠》"东岳之麓古祠堂，三贤离立若三光"等句，亦复雅致。

■ 圣门礼志一卷附乐志一卷、圣贤像赞一卷　存

（清）孔尚忻原纂，孔庆辅、孔祥霖续纂，孔令贻辑刊。庆辅字弼臣，号斐轩，大宗户道光辛卯恩科举人、候选知县宪璜子，孔子七十三代孙，同治三年甲子科举人，内阁中书，即补侍读，刑部贵州司郎中，总理各国事务衙门总办章京，钦加二品衔，赏戴花翎，湖北汉黄德道监督江汉关，诰授资政大夫。祥霖有《中庸讲义》，经部学庸类已著录。令贻有《孔令贻起居日记》，本部传记类亦已著录。

是书，《徐家汇藏书楼所藏古籍目录稿初编总目》等著录清光绪十三年重刊本，不题原纂人；《山东文献集成》第三辑此本但题"孔尚忻撰"。《山东文献书目》亦据光绪十三年重刊本著录，作《圣门礼乐志》不分卷。按：此刻尝寓目，半叶十行，行二十二字，内封镌"光绪丁亥重刊／板藏阙里砚宽亭"。首页题："袭封衍圣公孔令贻燕庭汇辑

合刊","刑部郎中甲子科举人孔庆辅斐轩、翰林院编修孔祥霖少沾续纂","曲阜学优廪生陈庆彬甫子均、金德昌甫佩秋校字"。内容计有丁祭全礼、祭品制作法、陈设图、礼器图、礼器名义、建官履历、礼生履历、礼学规范等。书前有孔宪兰《重刊礼乐志总序》及孔衍泽康熙丙申年旧序。宪兰序曰："先辈旧纂《礼乐志》二卷,叙事详明,毫无遗漏,但阅时既久,帙有缺残。爰觅旧本,重付手民镂刻,间有麻沙莫辨之处,遂旁征曲引,补且而更定之,俾欲适鲁观庙堂者,手披是编,如睹三代之法物、聆九成之箫韶焉。夫言夏殷之礼,文献慨其不足征,《乐经》自秦燔后,亦不可考。古礼乐尚然,况阙里祀事,尤人所思,观其盛足验圣天子重道之至意者,敢听其缺略乎?"此书盖就孔尚忻康熙旧《志》续纂重刊而成。校字陈庆彬,字子均,原籍菏泽,自其父善迁居曲阜,光绪十六年恩科进士,官吴桥县知县,直隶州知州。金德昌,字佩秋,曲阜人,光绪贡生,考职州判,著有《续明史纪事本末》等著作。

是书今有清光绪十三年曲阜孔氏砚宽亭刻本,1989 年 7 月山东友谊书社《孔子文化大全》影印本,2009 年 9 月山东大学出版社《山东文献集成》影印本。

■ 阙里盛典五十卷 存

(清)孔传铎撰。传铎有《礼记摘藻》,经部礼记类已著录。

是书,《孔子文化大全图书总目》著有稿本,惟不云何处收藏。《山东通志》、《曲阜志》、《阙里文献考》、《著述记》作《恭纪世宗修庙盛典》或《世宗修庙盛典》,卷数同。《山东志》注云:"按:《文献考·世系》:雍正八年庙工成。明年,修孔林,阅岁工竣。复开馆纂修《阙里盛典》一书,以纪朝廷重道崇儒之至意。"

是书今有稿本(未详藏所)。

■ 祀孔典礼三十五卷 残

(清)孔传铎撰。

是书,《中国古籍善本书目》史部政书类著有辽宁省图书馆藏清抄本。书存二十二卷,即卷一、六至十一、二十、二十二至三十五。按:《东北地区古籍线装书联合目录》著录此本,作"孔传铎编","清雍正抄本"。

■ 圣门礼乐志二卷 存

(清)孔传铎辑。

是书,《江苏省立国学图书馆现存书目》史部政书类仪制之属著有清康熙刻本。

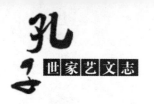

《八千卷楼书目》据刊本著录题"孔传铎撰"。《东北地区古籍线装书联合目录》著录吉林省图书馆等藏清康熙五十五年刻本作《圣门礼志乐志》一卷、《圣贤像赞》四卷。其《圣门乐志》，本书经部乐类业已著录。按：是书另有题清活字印本者，四册一函。十行二十二字，白口，左右双边。前有目录。内题："袭封衍圣公孔传铎振路汇辑；世袭翰林院五经博士孔传钲西铭、世袭太常寺博士孔继泰汇如阅正；曲阜县世职知县孔毓琚季玉、孔颜曾孟四氏学学录孔衍淖浴洎参订；候选训导孔衍法学易同较"。内容包括祭祀、演礼、奏乐、就位等典礼规范、礼仪制度，并绘有礼器图、乐器图、演奏图等。然不知何以《山东通志》、《曲阜志》、《阙里文献考》、《著述记》、《山东文献书目》俱无收录？又考阅正人孔继泰，字体望，大宗户赠儒林郎、太常寺博士传钜嗣子。未见其它著述。

是书今有清康熙间曲阜孔氏刻本。

■ 圣门礼志一卷 存

(清)孔传铎辑。

是书，中国科学院图书馆馆藏目录著有清康熙刻本，一册一函。《首都图书馆古籍善本书目》此本题不分卷，十行二十二字，白口。按：此即前著《圣门礼乐志》之首编也。

■ 文庙纪略 未见

(清)孔毓玑编。毓玑有《诗经文稿》，经部诗类已著录。

孔毓玑《常山县志·凡例》："……之数目，品物之斛两，琐琐具陈，非独文不雅驯，抑且礼多失检，会当另编《文庙纪略》一书，以备考核，兹不复赘。"兹据著录。未见传本。

■ 文庙备考十六卷 未见

(清)孔毓慈撰。毓慈字尔中，号恕家，平阳派庠生兴褒次子，孔子六十七代孙。

是书据宣统《太仓州志·艺文志》著录。按：《孔子世家谱》毓慈传不著此书，云："毓慈字尔中，号恕家，食贫攻苦孝友，并笃宗族敬重，公请学院准袭州庠奉祀，督修太仓学校，较正文庙祭典，请宪饬庆贺圣诞，百废俱举。子七：传洄、传书、传泳、传汸、传沂、传湘、传沂出仓。"其兄毓善，字尔韶，号一庵，州庠生，言坊行表，士林敬重。尤笃于根本，梧塍家庙、宗谱捐赏修葺，宗族钦敬。弟毓益，字尔时，补博士弟子员，声闻黉序,品行端方,生徒百余,时人比之河汾云。一并附此,以资参考。

■ 文庙考略十二卷　未见

(清)孔传书撰。传书字次郮,平阳派毓慈次子,孔子六十八代孙,郡庠生。

《孔子世家谱》三集平阳派:"六十八代传书,字次郮,郡庠生,敦行孝友,负干济之才,不以世习减其木色,忠诚恺切,人皆敬爱之。著有《文庙考略》十二卷。"兹据著录。按:传书此书,应是增删乃父毓慈《文庙备考》而成,不知为何卷帙反少? 又考其兄传洄,字象玉,号眉山,弱冠入庠,辛酉登贤书,公车入都,督部凫仙公赏其诗文,延迎京邸,旋游汶水,所过皆有题咏。

■ 微子庙祀典则例十条　未见

(清)孔传畬撰。传畬字乐耕,宁陵派邑庠生、主微子庙祀事毓藻次子,孔子六十八代孙。

《孔子世家谱》三集宁陵派:"六十八代传畬,字乐耕,代兄管理微子庙祀事,整修神龛、匾联、格扇、大门、二门、排栅,焕然一新。又著《微子庙祀典则例》十条。"兹据著录。惟不知传畬具体生于何世? 今考其兄传敬,字心一,由监生授尼山书院学录,主微子庙祀,曾出己资,重修庙院。乾隆九年,河工、物料,十五年,军需、皇费,里书累行派扰,公皆具呈县尊豁免,仍照旧例。十九年,青岗寺僧惠普毁坏微子墓成仁匾额、对联,盗卖墓旁树株,公又具呈县、府、道,令其赔补。是传畬父祖及曾祖衍桧、高祖尚翼……皆主微子庙祀事。因知传畬乃乾隆时人也。

■ 文庙礼器图式三卷文昌关帝乐章祝文一卷　存

(清)孔继汾辑。继汾有《孔氏家仪》,经部三礼总义类已著录。

是书,《嘉业藏书楼书目》政书类著有清同治六年广东重刊本,八册。按:国家图书馆著录同治六年本《文庙礼器图式》题一卷,一册,有图,云:书后跋破损缺字,书名据名页题;半页十二行,行二十四字,白口,四周花边。书名页题"同治六年重镌",钤"定远胡氏珍藏书画"印。

■ 孔氏敦本堂祠墓时仪注不分卷　存

(清)孔广林撰。广林辑有《周易注》,经部易类已著录。

是书有清道光刊本,不署作者姓名。书后有其孙孔宪璜《识》语,云:"先大夫(父)所著《敦本堂祠墓仪注》,析《时祭》、《常荐》、《告祭》、《墓祭》、《祠墓事宜》,凡为五。

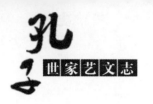

原本《三礼》，参以时宜，斟酌尽善。我敦本子姓奉为矩矱，罔敢陨越焉。向惟谨藏先大父自缮本，手泽所遗，日事翻阅，窃以为非珍秘之道，更恐历久，或有阙轶，无所遵循，蔑礼滋惧矣。爰付剞劂，俾垂永久。道光丁未季夏孙男宪璜谨识。"兹据著录。按：考《山东通志》、《续修县志》、《著述记》、《山东文献书目》皆不载此书。孔宪璜有著述，本书已著录，可参阅。

是书今有清道光二十七年曲阜孔氏家刻本。

■ 圣庙祀典图考五卷　存

（清）顾沅辑，孔继尧绘。继尧有《建国勋臣谱》，本部传记类已著录。

是书与《孔孟圣迹图》同编刊，有清道光六年顾沅赐砚堂刻本。《东北地区古籍线装书联合目录》史部政书类著录此本，书名略同，而列其子目云："《依园诗略》一卷，（清）方登峄撰；《星砚斋存稿》一卷，（清）方登峄撰；《垢砚吟》一卷，（清）方登峄撰；《陆塘初稿》一卷，（清）方式济撰；《出关诗》二卷，（清）方式济撰；《龙泯纪略》一卷，（清）方式济撰。"此著谬甚，考其所列诸目，实系《述本堂诗集》之子目，且真如其所列，又何能入"史部政书类"？又考此书，稿本《续修四库提要》亦著录，题"圣庙祀典图考五卷、圣迹图二卷，清顾沅撰。"据其著录，此书成于道光六年，卷一为圣像、四配、十二哲，卷二为东庑先贤像，一位至三十六位，卷三为东庑先贤儒像，三十七位至六十四位，卷四为西庑先贤像，一位至三十六位，卷五为西庑先贤儒像，三十七位至六十四位，均先图后考。历代诸帝赞词，则依次附志，故以图考命名……文为自撰，图则倩孔继尧绘之，遂裒集而成是书。

是书今有山东省图书馆等藏清道光六年顾沅赐砚堂刻本，清道光间《顾刻三种》本，1996 年线装书局影印本。

■ 山阴孔氏祭簿不分卷　存

（清）孔润等撰。

是书，《中国家谱总目》附录著录浙江省绍兴市图书馆藏清光绪六年抄本，一册。云：清同治十一年孔润等立此祭簿，清光绪六年孔凤等抄此祭簿。按：作者"孔润"、抄者"孔凤"缺辈，疑有误。录此俟考。

■ 英政备考二卷　存

（清）孔昭乾撰。昭乾有《海外鸿泥日记》，本部传记类已著录。

是书,北京大学图书馆馆藏目录著有抄本,二册一函。《孔子世家谱》、《吴县志》昭乾传不著此书。《县志》云:"昭乾,己卯举人,癸未进士,由庶常改主事,后派充英、法、瑞士游历官,病殁于法"。而《孔子世家谱》谓其"病故英京"。

■ 印政备考二卷 _{未见}

(清)孔昭乾撰。

是书据孔昭晋《硃卷履历》著录。未见传本与书目著录。

■ 国际私法一卷 _存

(民国)孔庆余编。庆余,孔子七十三代孙。

是书,《中国古籍总目》史部政书类著有国家图书馆藏清光绪三十四年法政学堂铅印本,一册,十二行三十二字,白口,四周单边,单鱼尾。编者作清人。按:考庆余,见有民国二十年任四川巴县地方法院首席检察官、后官司法部副部长者,不知是否即此人?

■ 国际公法全部 _{未见}

(民国)孔庆云撰。庆云榜名绍尧,字维钦,号性安,一说原名庆全,字绍尧,衢州派监生、敕赠文林郎宪双长子,孔子七十三代孙,清光绪二十九年恩科举人,法政学校毕业,出使日本,签分刑部主事,代理江西民政长,国会议员。

是书据《孔子世家谱》二集庆云传著录。传云:庆云,字维钦,号性安,江西赣州廪生,壬寅科副榜,癸卯恩科举人,法政学校毕业,出使日本,签颁刑部主事,代理江西民政长,国会议员,著《国际公法全部》。子二:繁宽、繁薰。按:此书《民国时期总书目》等未见著录,疑未刊行。

■ 国民政府新法令四卷 _存

(民国)孔庆云编。

是书有江西法政学校民国十九年四月铅印本,编者题"孔绍尧",书前有民国十九年四月孔绍尧所撰《例言》。按:孔氏子孙,无论南派北支,取名皆据谱辈,著述题署尤应严格遵守。予既为《孔子世家艺文志》,理应予以厘清,改用谱名,使归统一。

是书今有江西法政学校民国十九年四月铅印本。

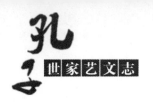

■ 法学通论、商业道德 _{未见}

（民国）孔继儒译著。继儒字幼元,林门户候选同知、五品执事官传贞长子,孔子六十九代孙,附贡生,候选州同。

《孔子世家谱》初集林门户:"六十九代继儒,字幼元,附贡生,候选州同,日本大学法律科毕业,取得法律学士称号,江西任用县知事。译著《法学通论》、《商业道德》等书行世。"兹据著录。然考《民国时期总书目》,并无其书。

■ 议会通诠 _存

（民国）孔昭焱撰。昭焱有《中西四千年纪历》,本部史表类已著录。

《中国近现代人物名号大辞典》:孔昭焱(1881—?)广东南海人,字熙伯、熹伯,又字希白。留学日本,毕业于政法大学。回国后任广西知府。入民国任总统府秘书,广西财政厅长。1926年任司法次长。后任东三省保安总司令部政务处长,最高法院东北分院院长。著有《议会通诠》、《上海法权问题》等。兹据著录。按:《民国人物大辞典》昭焱传亦著其书。惟于其生卒职衔,或谓清光绪七年(1881)生,1943年在香港去世。昭焱回国后任两广法政大学堂教务长、广东高等巡警学堂教务长、《两广官报》局总编辑、广西抚署交涉科参事等。1912年后,历任北京大总统府秘书、广西国税厅筹备处处长、广西财政厅厅长、广西榷运局局长、粤海关监督、广东全省酒税处总办、京兆财政厅厅长、司法部次长、第四届司法官考试典试委员长、国民政府最高法院东北分院院长、北平市禁烟委员会委员及市自治讨论会常委等职。

■ 上海法权问题 _存

（民国）孔昭焱著。

是书原名《上海领事裁判及会审公廨》,国家图书馆等藏有民国二十一年上海荣华印刷所印本,书前有昭焱自序。书共68页。内容涉及中外关系,领事裁判权等项。

■ 广西官报 _存

（民国）孔昭焱编辑。

是报,中国人民大学图书馆馆藏目录著有清宣统二年桂林广西官书局铅印本,残存一册:宣统二年三月初八第五十九期。据清宣统元年十月十六日发行的星期报第四十三期封面,昭焱为"总编辑人",此报为清末广西省巡抚衙门机关报。1907年6月11日创办于桂林。设有电传谕旨、宪政、外交、吏政、民政、财政、礼教、教育、军事、名法、实业、邮传、各省要政、中外时事、译述等栏目。初为月刊,宣统元年改为周刊,铅印,线装。1911 年 11 月 7 日广西宣布独立后停刊。

■ 五院政府研究集 存

(民国)孔宪铿辑。宪铿字琴石,南海支,孔子七十二代孙,留学法国、比利时,攻经济,获博士学位,历任中山大学、广东大学、中央大学教授,伪维新政府教育部参事、行政院宣传局局长等职。

是书今有民国十九年上海华通书局铅印本(最后一篇为宪铿自撰《国府组织法的缺点及其补救》)。

■ 罢工权研究 存

(民国)孔宪铿译。

是书为季特著、宪铿译,《汉译法国社会科学与人文科学家图书目录:法、中》著有1930 年上海华通书局印本,25 开,218 页。《中国近现代人物名号大辞典》等亦载此书。按:《民国时期总书目》此书似未见录,而有《孔局长最近言论集》(行政院宣传局丛刊第 6 辑),题(伪)维新政府行政院宣传局编,编刊者 1939 年 10 月出版,86 页,32开,内收宪铿言论 11 篇。有《一年来的维新政府》、《何谓大亚细亚主义》、《建设东亚新秩序的检讨》等文,附此不另著。

■ 财政部所得税案牍汇编 未见

(民国)孔祥榕编。祥榕字仰恭,大宗户拔贡、京师高等审判厅推事繁淦三子,孔子七十五代孙,清宣统三年京师译学馆毕业,历任北京财政部全国所得税处总办,国民政府赈款委员会会员,扬子江水道整理委员会委员兼总务处长,全国经济委员会水利委员会副委员长、委员长等职。

《民国人物大辞典》:孔祥榕(1890—),字仰恭,山东曲阜人,1890 年生,毕业于京师译学馆。历任北京财政部全国所得税处总办,国民政府赈款委员会会员,黄河河口工款保管委员会主任委员,全国经济委员会水利委员常务委员,黄河水利委员会委员长等。著有《修治永定河方略》、《续永定河方略》、《财政部所得税案牍汇编》等。兹据著录。按:此书,《民国时期总书目》、《孔子世家谱》祥榕传等未见载录。

■ 国民政府工商部长行政宣言书 存

孔祥熙撰。祥熙字庸之,纸坊户太谷支清封奉政大夫繁慈子,孔子七十五代孙,清

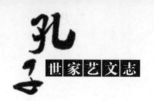

光绪二十七年赴美留学,获耶鲁大学政治经济学硕士、欧柏林大学法学博士等学位,历任国民党政府工商部长、财政部长、行政院长、中央银行总裁、中国银行总裁,及台湾中华书局董事长等职。

是书,《东北地区古籍线装书联合目录》史部政书类公牍档册之属据吉林省图书馆藏国民政府工商部铅印本著录。

■ 对于工商行政之宣言　存

孔祥熙撰。

是书,《内蒙古线装古籍联合目录》著有国民政府工商部铅印本。

■ 全国经济委员会报告汇编第十二集　存

——全国水利建设报告

孔祥熙著。

是书,《中国近代现代丛书目录》著有上海图书馆藏 1937 年 2 月全国经济委员会编《全国经济委员会丛刊》本,书为《丛刊》之第二十八种,共 28 页。《民国时期总书目》等亦据著录。另外,《总书目》又著有《财政部长孔祥熙任内政绩交代比较表》(自二十二年十一月至三十三年十一月),卷首有祥熙序,书凡 32 开,140 页,附此不另著。

■ 财政部债券章则汇编　存

孔祥熙手书。

是书,台北"国立中央图书馆"藏有民国二十四年蓝印本。

■ 专卖政策及其条例要旨　存

孔祥熙著。

是书,《中国近代现代丛书目录》著有上海图书馆藏 1942 年 8 月重庆中国财政学会《中国财政学会丛刊》本,32 开,70 页,内收 1941 年与 1942 年的两次讲话:"民生主义下国家专卖政策"、"各种专卖条例要旨讲述"。末附"五届八中全会议决筹备消费品专卖案"及战时食糖、烟类、火柴、盐专卖暂行条例等,共五种。《民国时期总书目》据以著录。

■ 抗战以来的财政　存

孔祥熙著。

是书,《中国近代现代丛书目录》著有上海图书馆藏 1943 年 3 月胜利出版社《抗建丛书》本,《丛书》由潘公展主编。本书共 70 页,江西初版。《民国时期总书目》亦著此书,称重庆胜利出版社 1942 年 11 月初版,1943 年 3 月江西分社初版,88 页,32 开。内分四章。首述战时财政概论及战前财政概况,次述战时的租税、专卖、公债、金融、收支系统诸方面的财政措施与状况,最后简述今后的财政政策。

■ 抗战与外交 存

孔祥熙等著。

是书,《中国近代现代丛书目录》著有上海图书馆藏 1939 年 9 月独立出版社《战时综合丛书》本,书共 56 页。《民国时期总书目》著录此书题孔祥熙等执笔,此书为《丛书》第 4 辑,共七章,阐述抗战与外交的关系,外交的意义、目的、应用,外务行政与外交政策。介绍行政院通过改进外务行政案及具体意见。

■ 抗战文存不分卷 存

孔祥熙撰。

是书,《东北地区古籍线装书联合目录》史部政书类杂录之属著有吉林大学图书馆藏民国抄本。《民国时期总书目》等似不载及。

考工类

■ 扬子江的疏浚方法　未见

（民国）孔祥榕撰。祥榕有《财政部所得税案牍汇编》，本部政书类已著录。

是书据《孔子故里志》著录。《志》称其生于清光绪十六年（1890），卒于1941年，终年52岁。宣统三年（1911）毕业于京师译学馆。学识渊博，尤长于水利工程建设，长期从事河道治理工程，卓有成就。1921年任北京政府财政部全国所得税处总办。1925年任永定河河务局局长。1928年任扬子江水道整理委员会委员兼总务处长、技术委员会委员。1929年应聘为内政部河道水利专门委员会委员。1933年任国民政府黄河水灾救济委员会委员兼工赈组主任，负责贯台、董庄两处堵口工程，均如期完成，国民政府颁发"安澜保民"匾额予以褒扬。1934年被聘为全国经济委员会水利委员会常务委员，次年任副委员长、代理委员长、委员长。尝以治理永定河的土法之长，结合治理扬子江时采用的新法治理黄河，每至大汛，均亲临险段，率员工共同奋战。在他任内，黄河未曾决口，荣获三等采玉勋章及一等宝光水利奖章。他积长期从事河道治理的经验，著有《扬子江的疏浚方法》等书。按：此书《民国时期总书目》未见著录。

■ 对于山东董庄黄河堵口工程合龙闭气之谈话及根本治黄之意见　存

（民国）孔祥榕著。

是书，《民国时期总书目》著有1936年4月铅印本，8页，长20开。按：予泛览载籍，尝见《冀鲁豫三省黄河安澜庆祝会特刊》书前有孔祥榕序。附此，以备征考。

■ 山东董庄黄河堵口工程纪要　存

（民国）孔祥榕编。

《民国时期总书目》："《山东董庄黄河堵口工程经要》，孔祥榕编。1936年4月出版，14页，有图表，16开。书前有董庄黄河堵口工程平面图，合龙后河流形势晒蓝图。"兹据著录。按：国家图书馆此书藏有胶卷，1盘3米38拍。出版地、出版者均不详。

■ 永定河河务局简明汇刊 _存

（民国）孔祥榕编。

《民国时期总书目》："《永定河河务局简明汇刊》，孔祥榕编，永定河务局（1925 年仲秋）出版［30］＋［154］页，有图表，16 开。内收 1925 年永定河治理的文件、计划、统计图表，以及治理经过等。书前有永定河河务局长自序及摄影。"按：此书国家图书馆藏有缩微品，1 盘卷片 5 米 137 拍。按：祥榕尝任永定河务局局长，撰有《冯玉祥德政碑》。此碑，国家图书馆等藏有拓片，高 178 厘米，宽 85 厘米。正书，首题"冯检阅使德政碑"，末署"京兆永定河河务局局长孔祥榕率全河员弁等恭立"，"中华民国十四年岁在乙丑一月"。碑在北京市丰台区芦沟桥北天堂村。主要写 1924 年夏，时任陆军检阅使的冯玉祥将军，派驻军官兵永定河抢险救灾的事迹。略云："夫自古水患，黄河而外，首推永定……甲子入夏以来，连月苦雨，水气勃戾，上源骤涨，汇而下注……堤外数百里尽成泽国，人畜漂荡，田庐淹没，为百十年来罕见之奇灾……虽经内务部派员周技正象贤、方顾问维因，偕本河员弁兵夫，竭力抢护，未能脱险。七月八日，水势更大。复蒙陆军检阅使冯公玉祥，派现任京畿警备司令鹿师长钟麟、李师长鸣钟，率同部下军队二千余人，到堤协助，自营长以上，莫不负薪捧土，身先士卒。嗣见水溜过急，随溃随抢，危在旦夕。乃率军士就残余土坡，加筑新堤，昼夜弗懈，历三十余日，新堤始成。而水势汹汹，如万马奔腾，冲撞而至。使无新堤之防御，岂惟沿河村落被淹，铁道被毁，即畿辅以南数十万生民，皆葬鱼腹矣。厥绩岂不伟哉！祥榕甲子十月，奉令管理永定河务，巡视各工至黄土坡，见新堤百余丈，形如弯月，迎流若屏障焉。河干父老告余曰：'此冯公堤也。今夏大水，若无此堤防护，则吾民早与波臣俱去矣！吾数百村生命财产，今日得以父其父、子其子者，皆冯公之赐也。且也，时当盛暑，堤外有荷田数亩，花叶亭亭。以两团士兵之众，从事工作者一月有余，虽汗流浃背，未尝妄采一藕以止渴，其纪律之严，诚为近世所罕睹。'祥榕闻言，乃知德政感民之深且远也。冯公不但精于治兵，且善于治水。古之良将吏，冯公兼而有焉。当今举世滔滔，安得尽如冯公之连年派队协助者，则又不禁临流悚惶，为无数苍生前途既危且惧也……祥榕钦敬之余，爰铭贞珉，聊代口碑云尔。"兹一并录附，用彰其美。

是书今有北京大学图书馆等藏民国十四年永定河务局铅印本。

■ 修治永定河方略、续永定河方略 存

（民国）孔祥榕撰。

《民国人物大辞典》略谓：孔祥榕，字仰恭，山东曲阜人，历任北京财政部全国所得税处总办……国民政府赈款委员会会员，内政部河道水利专门委员会委员，黄河水利委员会委员，黄河水灾救济委员会委员，黄河河口工款保管委员会主任委员，全国经济委员会水利委员常务委员，黄河水利委员会委员长等。著有《修治永定河方略》、《续永定河方略》、《财政部所得税案牍汇编》等。兹据著录。按：今考《政府公报》载民国十三年十二月十六日内务总长龚心湛呈子，内有"永定河河务局长孔祥榕呈送《修治永定河方略》暨河图，核与永定河善后办法，均属切要"等语，当即指此。

目录类

■ 七略七卷佚文一卷 存

（汉）刘歆撰，（清）孔广林集。广林辑有《周易注》，经部易类已著录。

是书，《中南、西南地区省、市图书馆馆藏古籍稿本提要》（附钞本联合目录）著录湖北省图书馆藏武昌徐氏桐风顾抄本，二册。又一本，一册。

■ 御纂宸订红萼轩书目 未见

（清）孔传铎撰。传铎有《礼记摘藻》，经部礼记类已著录。

孔传铎《安怀堂文集·御纂宸订红萼轩书目弁言》："内府秘书所藏甚夥，其经御纂宸订付诸剞劂而流传于海内者，恐未逮什之二三，余多方购求，每得一编，如获拱璧，迄今已三十年余，而铢积寸累，尚未满四十种，斯亦可见天府之典籍足珍，购之良非易易也。古人云：'书有未曾经我读'，不洵然哉！今将所有御纂诸书装潢成帙，什袭藏之，非敢妄拟于杜家之武库、曹氏之书仓也。庶几存之，以备参考，且示来兹，聊自记于书痴云尔。"兹据著录。按：此书撰成于清康熙年间，是所知最早的"御纂宸订"专题私藏书目，惜未见传本与书目著录，不知其所收究为何书，体例又将如何？

■ 兴国县志书目一卷 存

（清）孔兴浙修，孔衍倬纂。兴浙、衍倬有《兴国县志》，本部地理类已著录。

是书，阎金锷1937年手稿复印本《古今书目简志》据清乾隆十五年刻本《兴国县志》卷十九著录。

■ 濠上观鱼轩书目二卷 未见

（清）孔传颜辑。传颜字振才，号复之，岭南派罗格支叠赠荣禄大夫、钦加布政使衔毓泰次子，孔子六十八代孙，附贡生，候选布政使司经历，覃恩敕赠儒林郎、翰林院编修，加一级，诰赠朝议大夫，候选州同，加四级，覃恩晋赠资政大夫，候选知府，加五级，

覃恩晋赠中议大夫,钦加盐运使衔,候选道,覃恩叠赠荣禄大夫,钦加布政使衔,加二级,先用分巡道。

是书,民国《南海罗格孔氏家谱》艺文著录,并载香山黄培芳识语云:"复之先生,乡有南园,吟咏地也。居有观鱼轩,藏书处也。宅濠之畔,轩以是名。余亦馆此最久。先生采芹后,时以盐务事羁,遂弃举业,涸迹盐笑,稍暇,辄手不释卷,而所藏日益富。尝语余曰:司马温公云:积金,子孙未必能守;积书,子孙未必能读,能守固难,能读更不易。噫!先生数世以来,祖德宗功,蓄而必发,正所谓积阴德于冥冥之中,先生之书,其子恐不止徒读而已。计所藏四万卷有奇,翻阅书目,感而志此。"按:孔昭仁《乡试硃卷履历》载此书不著卷数。

■ 三十有三万卷堂书目略四卷 存

(清)孔广陶撰。广陶有《鸿爪日记》,本部传记类已著录。

是书,《清志》史部目录类等有著录。《中国古籍善本书目》著录中国科学院图书馆藏清抄本,题"孔广陶藏"。《四库未收书辑刊》影印中科院藏本,题"旧抄本",半叶九行,行字不等,无序跋题署,而有勾画涂乙,似为稿本。所收首《钦定古今图书集成》一万卷、目录四十卷,武英殿原刊初印、连纸精本,五百二十函,五千二十本,柒千两。盖为其藏书之最,镇库之宝,故予特别反映,置诸卷首。次为经、史、子、集四部,每部凡分若干类,类后注有种数、银两。每书一般著有书名、作者、版本、函册、用纸,是否精刻初印,《四库全书》著录情况,及其有关考订注释等。又考台湾中研院史语所傅斯年图书馆藏有绿丝栏抄本,题孔广陶编,孔昭熙等校录。

是书今有中国科学院图书馆藏稿本,北京出版社 2000 年版《四库未收书辑刊》第拾辑影印中国科学院图书馆藏稿本;国家图书馆藏抄本,商务印书馆 2005 年 10 月版《中国著名藏书家书目汇刊》(近代卷)影印国家图书馆藏抄本;台湾中研院史语所傅斯年图书馆藏有绿丝栏抄本,上海图书馆藏民国三十年上海私立合众图书馆抄本等。

■ 天禄琳琅鉴藏旧版书籍一卷 存

(清)孔广陶撰。

是书,《中国丛书综录补编》(征求意见稿)著有孔广陶手稿三种本。《清志拾遗》史部目录类据以著录。

■ 曲阜清儒著述记二卷 存

（清）孔祥霖撰。祥霖有《中庸讲义》，经部学庸类已著录。

是书，《续修县志》、稿本《续修四库提要》等著录。《双行精舍书跋辑存》著录民国四年济南美术印刷社石印本，云："此书初以石印印行，静庵曾惠一册，后又取去，作重印蓝本。顷印成寄来二部，一赠图书馆，一赠余，又较初印本整饬矣。"按：此书予尝见曲阜师范大学图书馆藏济南五三美术印刷社铅印本，凡上下二卷，上卷专收孔姓，下卷为颜氏及他姓。内叶为林森所题书名。前有祥霖自序，云："先圣以《六经》垂训，后儒守其师说，各自名家。论者以为，诸子之言纷然，惟鲁为近。况忝在世家遗绪，不敢谓文献不足征也。近者，清史馆开办，政府颁征书令，除《四库全书》著录外，凡硕彦名儒之著述有关于有清掌故者，皆令送交史馆备采，馆主并征求著书人小传，以资考核。祥霖按：有清二百六十年，经术文章，彬彬称盛。曲阜虽东鲁一隅之地，顾考据词章诸家，接踵竞起，此固由风会习尚使然，而发明经训、专精义理者，亦不乏其人。至于见诸行事，或以经术饰吏治，或以折冲著武功，或见危授命，或负骨还乡，或贫孝而哀毁，更皆不负所学。姑就所见所闻、所传闻者，汇记一编，以便陆续搜集。都计一百二十二家，为书三百六十四部，凡一千七百余卷，惜多散佚摧残，一时搜罗不易。祥霖家所藏者，悉为祖父携至交河县任所，经粤匪之乱，城陷身亡，书物并归灰烬。概须辗转征求，未卜能否多获，以为金匮石室之藏。语云：'作之难，传之尤难'，古人所为太息叹悼于无穷也。此编以人为纲，系以小传，诸儒之出处学行有可考者，必叙述之，否则从略，不敢臆造。其所著之书，一例序于传末。曲阜户籍，惟孔、颜二姓最夥，各以辈次为先后，余姓再列其次，非有意于轩轾，亦不能更以经、史、子、集排比也。生存者例不登录。此外所遗漏者，尚冀博雅乡人士分任采访，乃为厚幸。谨书其缘起如右云。中华民国四年三月曲阜孔祥霖识。"又尝见山东大学图书馆藏骡马市得见斋石印本，一册三十八叶。半叶十行、行二十二字。无林森题名。书前自序署："中华民国四年三月即孔子二千四百六十六年二月，素王孙祥霖自识"，亦迥异于排印本。内容亦不无出入。然观二本，得见斋石印本似早于铅印本。

是书今有民国四年济南美术印刷社石印本，民国四年得见斋石印本，民国四年济南五三美术印刷社铅印本，2007年12月山东大学出版社《山东文献集成》第二辑影印民国四年美术印刷社铅印本，国家图书馆藏民国十九年国立北平图书馆重抄清史馆旧藏写本，2008年3月北京图书馆出版社《地方经籍志汇编》影印国立北平图书馆重抄清史馆旧藏写本等。

金石类

■ 微波榭丛钞不分卷　存

（清）孔继涵辑。继涵有《考工车度记》，经部周礼类已著录。

是书，《中国古籍善本书目》史部金石类据山东省博物馆藏稿本著录。《双行精舍书跋辑存》亦著此书，云："《微波榭丛钞五种》不分卷（亦名《碑刻纂言》），清孔继涵辑。清乾隆抄本孔继涵批校，二册。书为胡小琢氏旧藏，题为《金石考略》，所抄不尽金石书也。装时为工人失去题面，觅之不得。姑总署为《微波榭丛钞》，从实也。"按：此书一函二册，半叶十行，行二十六、七字不等，非一人书写。书题《碑刻纂言》，前有王献唐先生手跋。下册较精，首叶"籀史目录卷上"下有"孔继涵印"、"孔昭薰印"等六印并"道光癸未八月昭薰借读"一行。

是书今有山东省博物馆藏稿本。

■ 金石文跋若干卷　未见

（清）孔继涵撰。

张埙《皇清诰授朝议大夫户部河南清吏司主事孔君行状》："君姓孔氏，讳继涵，字体生，一字诵孟，又号荭谷，曲阜人，先圣六十九世孙……君少工词章，十五岁《咏兰诗》，播诵于时，益务博览，质敏而说辨。家有藏书，增购至十数万卷。交于戴氏东原震，悔旧所学，名物象数，罔不研说……君操翰作字，偏旁点画，准许氏叔重，而或有人目之曰怪。朱君竹君筠与君尤为眉目，君亦弗屑也。君耽汉唐金石文，藏庋一千余种，耳濡目染，学作隶书，自侪古韵，属纩之前二十二日，寄宋拓《范氏碑》，要同人题咏，碑未还而君殁。翁覃溪方纲痛君不胜，褢君来札于碑后，吟诗吊之……君别撰金石文跋若干卷，杂著若干卷，诗若干卷，词四卷。"兹据著录，未见传本。按：考翁方纲《皇清诰授朝议大夫户部河南司主事孔君墓志铭》亦云继涵官京师七年，退食之暇，则与友朋讲析疑义，考证同异，凡所抄校者，数千百帙。集汉唐以来金石刻千余种，悉考论其事，与经义史志相比附。又以编纂官书，得遍观京城内外寺院古迹、碑记，历西山，沿昌平，阙弗絮录。

■ 玉虹楼帖目录一卷　存

(清)孔继涑撰。继涑字体实,号谷园,又号信夫,别号葭谷居士,道号东山居士,因排行十二,人称"十二公",袭封衍圣公孔传铎第五子,孔子六十九代孙,乾隆三十三年举人,候补内阁中书。好学工书,与梁同书齐名,有"南梁北孔"之称。

是书,山东师范大学图书馆藏有写本一册,书为册页木夹,夹板题《玉虹楼全部目录》。正文凡十八面,页八行,楷书,无格,共列"百一帖"目五百七十有九。末有民国二十六年春月赵锡霖《玉虹楼法帖题志》三面。按:《山东通志》、《续修县志》、《著述记》等不著此书。

是书今有山东师范大学图书馆藏写本。

■ 藤梧馆金石题咏集录一卷　存

(清)孔广栻辑。广栻有《周官联事》,经部周礼类已著录。

《双行精舍书跋辑存》:"《藤梧馆金石题咏集录》一卷,清孔广栻辑。清孔氏抄本,一册。右书为曲阜孔伯诚先生集录。商距末后'以上翁覃溪、陆丹叔'云云题记二行,芊子戈后'以上翁覃溪学士'云云题记三行,皆先生手笔也。所录诸器,当时皆藏曲阜孔、颜两家。拓装卷册,先生就卷册题咏汇录为此。篇首类未题署,亦无书名,面叶有'藤梧馆诗抄'五字,亦先生手书。殆原册为录存诗草之用,以改抄题咏故又勾去耳。藤梧馆为先生书室,所著诗文均以是名署之,前见《海岱人文》先生集抄各书,板心多有'藤梧馆'三字。今仍旧称,题为《藤梧馆金石题咏集录》。"又云"书内孔莛谷名讳均涂去,凡孔继下之墨匡皆涵字也。"兹据著录。按《山东文献书目》此书题"孔广栻撰"。

是书今有山东省博物馆藏稿本。

■ 至圣林庙碑目六卷　存

(清)孔昭薰、孔宪庚编。昭薰字惠如,号琴南,大宗户刑部直隶司主事、会典馆纂修广廉长子,孔子七十一代孙,嘉庆十八年癸酉科举人,官临邑训导,署翰林院五经博士。宪庚有《周易肔测》,经部易类已著录。

是书,《山东通志》、稿本《续修四库提要》、《贩书偶记》等皆著录。《清志》、《书目答问补正》、《中国古籍善本书目》此书但题孔昭薰撰。《著述记》云:孔昭薰"天资超异，嗜古工诗，尤好倚声，深得宋人风趣。耽心金石，尝搜得汉周府君碑额残石、唐御赞残石、宋孔道辅祭文，均移置圣庙。继掘得宋、金、元、明人书百二十石，龛诸碑院。复遍访林庙碑碣，编《碑目》一书，凡六卷。"《续修县志·艺文志》据以著录，误为"孔昭薰著有《林庙碑碣编碑目》一书，凡六卷。"按：此书刊于道光戊戌，半叶十行、行二十二字，所收碑刻凡五百九十余石。前有孔庆镕序，后有孔繁灏跋。卷端署"孔子七十一代孙昭薰率侄宪庚谨编"，卷尾有"道光十有八年仲冬曲阜郑宪铨谨校"一行。庆镕序曰："昔外舅毕秋帆尚书、姊婿阮芸台相国合撰《山左金石志》，载阙里碑刻为最富。顾于林庙中尚有未备者，则以林曾为泗水所淤，庙数为火所毁故也。夫年禩辽远，湮没难稽。即桑梓是居，多弗能周悉，况使车载道、匆促毡椎者哉！琴南族祖，久蹛春官，近年退居柳村，以博考旁稽为己任。今春搜得汉周府君碑额残石、唐御赞残石、宋时族祖讳勗公祝文、讳道辅公祭文，俱移置同文门下。继于庙中隙地掘得宋、金、元、明人书百廿余石，龛诸碑院，作记志之。因复偕经之族叔遍访林庙诸石，编为《至圣林庙碑目》一书。首御制，尊君也；次林庙圣迹及大宗墓碑、历代宗派碑，尊祖故敬宗也；又次林碑、庙碑，均以时代为先后，依金石例也。是编也，西汉刻石三，东汉刻石十有二。惟汉竹叶碑，虽《金石萃编》谓已移入庙内，实犹在颜氏乐圃。汉二石人字亦在瞿相圃中，惜皆未能编入。至魏以下，碑碣不可胜计，而独无晋刻。琴南族祖，近得明人集王右军字诗刻二，存于碑院，虽非两晋旧物，其为晋字则一也。吾知海内好古之士，得以按籍稽地，可免剜苔剔藓之劳，且即其目而求其文，足与《阙里文献考》相共传矣。时琴南族祖方刊《柳村诗》、《贮云词》，亟劝并付剞劂氏，爰述梗概如此。"又繁灏跋云："《林庙碑目》何为而编也？琴南、经之两族祖惧碑之湮没而编也。或曰：林庙碑刻已载入《阙里文献考》、《山左金石志》中，何为惧其湮没乎？则应之曰：《阙里文献考》为列朝尊崇祀典而作，重在典礼，故碑刻散见于艺文中者，未能搜辑无遗。《山左金石志》所纪载，迄元代而止，自明以下阙焉。且两书皆成于乾隆年间，至今又阅数十载，碑刻之续入林庙者，将不下数十种。况琴南族祖，近得古刻百余石，复偕经之族祖，搜访林庙中碑刻殆遍，谨将历代公墓碑之存者，俱编入，固不独好古心殷、至精且富矣！《碑目》之作，又安可缓耶！或曰：是诚然矣！然则，曷为不载其文？则应之曰：是书所收之碑刻，五百九十余石，若载其全文，恐非一朝一夕所能剞劂也。且赵、洪碑录中载有韩敕后碑、史晨祭冢碑，今其石皆不存，由此推之，林庙碑之残失剥毁者，已不知凡几。琴南、经之两族祖，所以不为旷日持久之事，而亟编《碑目》，并实指其石所在之地，俾得据书毡拓，以传信后世。其有功于林庙，岂浅鲜哉！时姑丈芸台相国，函致于余，将以《山左金石志》板削，归于阙里，并嘱为序，以志颠末。即以《林庙碑目》一书邮寄订正之，因记数语于后,以见此书之大旨云。"

是书今有曲阜师范大学图书馆等藏清道光十八年曲阜孔氏刻本,武汉市图书馆藏徐乃昌校道光十八年曲阜孔氏刻本;清光绪三十二年刻本,清光绪二十二年《积学斋丛书》本。

■ 古碑辨证一卷　未见

(清)孔继馕撰。继馕原名继湘,字开蕃,一说字仲襄,号纫兰,岭南派罗格支钦加布政使衔、叠赠荣禄大夫传颜次子,孔子六十九代孙,国学生,候选州同,加四级,诰授朝议大夫。

是书,民国《南海罗格孔氏家谱》艺文著录,并载广陶题识云:"先仲父一生嗜古于汉唐篆隶碑帖,尤所深究《华山》、《孔庙》、《礼器》、《孔和》、《史晨》诸碑,寝匮最久,极为郭兰石、毛苄村诸先生器重,但不肯为人书,有'吾斯之未能信'之语。平生论帖,凡真知的见者辄记之,数经兵燹,迁徙靡定,其原本不知流落何所?然不可不存其名目也。"按:此书未见传本,孔昭仁《乡试碌卷履历》载之不标卷数。

■ 修武金石志一卷　存

(清)孔继中撰。继中有增刻《修武县志》,本部地理类已著录。

是书见台版《石刻史料新编》第三辑。此即继中增刻《修武县志》卷十之"金石志"也。

■ 吉金文字篆韵□卷、寄斋印存二卷　未见

(清)孔广楫撰。广楫字海阜,继鑅从子,孔子七十代孙,六品官。

《桐城文学撰述考·孔广楫撰述》:"《吉金文字篆韵》□卷、《寄斋印存》二卷"。又《桐城文学渊源考》:"孔广楫,小名海阜,因以为字,曲阜人,孔子第七十世孙,继鑅从子,官六品衔。师事继鑅,受古文法,工诗文,能曲探机理,而洞其捷筒之途,又好研究六书,讨论点画篆分隶真之所递出,工书法,尤精石刻。撰《海阜诗存》四卷。"兹据著录。未见传本。

■ 清淑斋钱谱十六册　存

(清)孔昭鋆辑。昭鋆又名昭祖,字季修。岭南派罗格支道光甲辰举人广镛嗣子,孔子七十一代孙,光绪十五年己丑科举人,拣选知县,广东盐商公所总理。

宗惟恭《癖泉书室所藏泉币书目》甲图象之属:"清淑斋钱谱十六册,原泉拓本,南

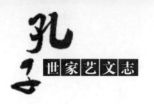

海孔昭鋈辑"。丁福保《古钱学纲要·历代钱谱目录》亦著此书。《历代藏书家辞典》此书归诸生父广陶名下,称其"所藏古泉亦甚精,编有《清淑轩钱谱》。室名'岳雪楼'、'清淑轩'、'三十三万卷楼'等。"《广东藏书纪事》昭鋈传谓:孔昭鋈,字季修。光绪己丑举人,为少唐次子,出嗣别房。岳雪楼未散时,先取宋、元佳椠,移藏他处。有南园别业,名"烟浒楼",近于海滨,饶花木之盛。当盐业改制时,苟随遇而安,不作规复之谋,犹可小康;乃季修惑于人言,欲圆复兴。卒之,事归空幻,资产荡然。季修郁郁以死。烟浒楼易主,昔日觞咏之地,遂为南园酒家矣。友人伦哲如,曾居广州麦栏街邱某家,见宋椠王右丞、孟浩然、韦苏州诸集,旧钞宋二十家文集,毕秋帆、钱竹汀诸家校《资治通鉴》诸书,并宋拓兰亭书画多种,皆孔氏抵债物,转数主而至邱氏也。而不云编有此书。兹从《癖泉书室所藏泉币书目》著录。

■ 宋徐鼎臣临秦碣石颂一卷 存

(清)孔昭孔双钩。昭孔有《夏小正注解》,经部大戴礼记类已著录。

是书,容媛《金石书录目》卷五著有清同治六年刘氏刻本,注云"伪刻"。《清志拾遗》史部金石类据以著录。稿本《续修四库提要》金石类作《宋徐鼎臣临碣石颂双钩本》一卷,孔昭孔钩摹。略云:是编前为钩摹之徐临原篆,后附嘉庆癸酉孔氏自跋,及吴俊、杨沂孙两跋。据孔跋所述,乃据柳贯、赵孟頫、揭奚斯、文徵明诸人所题墨本钩摹者也。《史记·秦始皇本纪》之记其巡行天下,立石者七。峄山一刻,仅言立石,未录其文。其秦泰山、琅琊、芝罘、东观、会稽、碣石六刻虽记其文,亦仅泰山、琅琊两刻尚存残字,余亦久已失传。峄山一刻,赖有郑文宝所刻徐鼎臣临本传其文,以补《史记》之遗漏;碣石一刻,亦赖有此孔氏钩摹徐鼎臣临本传其文,以与《史记》相校勘……《史记》所记文字既有遗落,词句亦复颠倒,绎其辞义,原文不应如是,必有之讹舛,是本所录,则起讫分明,属次亦前后不乱,必为原文,虽写自鼎臣,非相斯原迹,要非向壁虚造,必有所本。据以订补《史记》之讹舛,实为金石著录之中重要文字,至其从原墨钩摹较胜于郑氏峄山之刻,犹其后焉者也。又张炳翔光绪癸未仲秋《说文疑疑》跋谓:先生(广居)为乾嘉时布衣,自长寿镇迁居华埜之沙山,敦行好古,金石刻画,尤其所长,毕氏《经训堂帖》,多出其手。子昭孔,字唯明,号味茗,亦工铁笔。书中间附其说,有陕客某携徐散骑临《碣石颂》真迹求售,因价昂,留一宿钩出还之,其好古之勤如此。云云。

是书今有日本东京大学东洋文化研究所等藏清同治六年刘氏刻本,民国十年古物同欣社丛刊影印本。

■ 金石录四卷　未见

（清）孔宪采撰。宪采有《西征日记》，本部传记类已著录。

是书，《乌青镇志·著述》著有稿本。按：此书未见它书著录，不知稿本是否尚存？今落何处？

■ 曲阜碑碣考四卷　存

（清）孔祥霖撰。祥霖有《中庸讲义》，经部学庸类已著录。

是书，《续修县志》、《贩书偶记》、《书目答问补正》、稿本《续修四库提要》等皆著录。按：此书有民国铅印本。书内共录碑碣九百七十七种，次以甲、乙、丙、丁四部。前有康有为序及祥霖叙言，末署"阙里孔祥霖编纂；门人纪受福参订；男令侃、令健校字"。祥霖《叙》曰："曲阜圣庙，碑碣林立，其精好而最古者，皆置于同文门下。只以拓印过繁，致多残缺。嗣经燕庭宗子封禁，以慎保存，计已十数年于兹矣……窃念曲邑碑碣，向无全目，阮相国《山左金石志》、吴少宗伯《攈古录》搜集虽富，曲阜一隅遗漏亦多，且皆截至元代而止。族祖琴南公，旧辑《碑目》六卷，又只限于至圣林庙。故如瞿相圃汉二石人、颜氏乐圃汉竹叶碑等皆不载，间亦有沿误之处。至清嘉庆以后，更均无补辑之者。此亦邑人之一憾事。余值晚景务闲，不揣谫陋，纂成是编，并属门人纪受福君，亲历诸碑碣之所在，爬苔剔藓，详为辨认，冀免舛讹挂漏之虞。先是，邑中书贾，强以同文门下碑刻，分汉魏六朝为两部，殊欠翔实。兹以同文门碑，自汉迄隋及唐宋之佳者，为甲部。其余唐宋以及明清散置庙中者为乙部。至圣林著闻之碑碣为丙部。此外，城郭坊里，如少昊陵、周公庙、颜子庙、旧学宫、贡院、书院等处诸碑碣，并著闻乡贤达之墓碑为丁部。统按时代之先后及碑碣所存之地为类别，藉以传信后世，且便揽胜尚论者之搜访焉。"康氏序之，略云："吾曲阜之碑碣，欲考之而末由，欲语焉而不详。盖古无专书，至乾隆，孔琴南始辑《碑目》，而限于林庙，且多疏缺，若嘉庆后，更无补辑者，嗟乎！彼亦学者，吾亦学者；彼亦教士，吾亦教士，何吾教后学之若斯也。夫曲阜者何？先圣所生之地、阙里林庙所依之所，吾举国万里之地、四万万人教化之所由出也。自汉以来，明王哲相、良守令、贤士大夫，谒阙里，设太牢，登圣人之堂，而抚其车服礼器，想像瞻拜，而致其敬恭，伐石刻文，以纪其行事，及夫先圣先贤之遗物与其经行过往之遗迹，咏歌赞叹，大书深刻，传之无穷；与夫孔氏世德，代有达人，以见先圣遗泽之远，皆足令人感舞兴起者，所关至大也。乃维持保护既不周，至有遗缺失坏之叹；捶搨流传既不得，徒有想像望慕之思。若夫残碑断碣，纵横于林庙内外，欹侧于尼山泗水之间者，编辑无书，考订无录，令今之人，无以动其慕思；令后之人，无以藉为考订。安有一

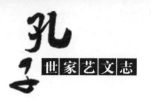

教之大圣地之重、古金石文字之要,而可令其残缺如是哉!前河南提学使孔君祥霖忧之。孔君,圣人后也,亦衍圣公至近支也。少入翰林,晚乘軺轩,博学而多通,尤拳拳于先圣之遗教及其遗物遗迹。日游林庙间,摩其碑碣,搜其残缺,考其时代岁月及其撰写之人,详而明,简而尽。以俾天下慕圣而好学者,考遗文残石,有所兴起感慕焉。其上为功于先圣,而下为德于后学,岂有比哉!"又按:今考书中所云碑之所在,又复经迁易,收录方面,亦有遗缺。对此,骆承烈《石头上的儒家文献——曲阜碑文录》(齐鲁书社 2001 年出版)一书,可资参考。

是书今有民国三年上海广智书局铅印本,台北新文丰出版公司《石刻史料新编》影印本等。

■ 曲阜现存古碑拓本 存

缺名编。

是书,《台湾公藏普通本线装书目书名索引》著有台湾私立东海大学藏民国间拓印本。其书不知何人编辑,或出孔氏亦未可知,故暂录此,以俟后考。

史评类

■ 读史三卷　未见

（元）孔拱撰。拱字执谦，衢州派从政郎、福州府闽清县令璩三子，孔子五十代孙。

是书，《山东通志·艺文志·史评类》著录，云"拱，至圣五十代孙，盖金元间人。是编见《阙里文献考》。"按：《曲阜志·著述》此书作者孔拱误为"北齐人"，列唐初颜师古之前。《湖北艺文志》据《通城志》作宋人，而无此书。又《阙里志》云："五十代拱，字执谦，璩子，少孤好学，笃意义方，乡党贤之，年五十三卒。有《习经》、《读史》各三卷，《锡山草堂集》五卷，《村居杂兴》三卷。"此书盖未刊行，故各家补《元志》及后世藏书目均无著录。

■ 史纲私议无卷数　未见

（明）孔贞慎撰。贞慎有《诗经便览》，经部诗类已著录。

是书，《江苏艺文志》据乾隆《高淳县志》本传著录。《孔子世家谱》三集平阳派贞慎传，书名但题《史纲》。光绪《高淳县志》文学传："孔贞慎，字用礼，嘉靖间诸生，品行高洁，学问渊深，著有《诗经便览》、《三书论目》、《史纲私议》、《春秋阐微》、《古文选》等书，卷帙多逸，惟《诗集》与《史纲》犹存。"然考诸各馆所藏，皆不见其书。

■ 续明史乐府一卷　存

（清）孔昭铉撰。昭铉，孔子七十一代孙。

是书，《中国古籍总目》史部史评类著有上海图书馆藏稿本。按：上图藏本未寓目，但见有半叶八行某氏私藏本，端楷墨书，无格，封皮署"续明史乐府"，卷端题"续尤西堂拟明史乐府"，题下不署作者名氏。收《纪龙凤》以下五言诗。自云："尝读尤西堂先生《拟明史乐府》，爱其述事遣辞，才识兼到。嘉庆庚午夏日，里居无事，因续作一百首，凡西堂已作者不更作，其中，或意见不同，或情辞未尽，亦间有重复，非必与西堂争胜也。"尤西堂《拟明史乐府》，清人张晋等俱有续作，不知此帙是否本书之异本？录此

俟考。

■ 读史先一卷 未见

（清）孔广海撰。广海有《周易史论》，经部易类已著录。

魏守谦《周易史论》跋："大太老师一生著书甚多，是书之外，有《四书提纲》一卷，《书经未》六卷、《诗经未》二卷、《读史先》一卷、《县志采访未誊草》八卷，《周礼》、《仪礼》、《尔雅》、《孝经读本》共八卷。"《孔子世家谱》广海传记载同。兹据著录。

儒家类

■ 孔子家语十卷　存

题（魏）王肃注。

是书，《汉志》二十七卷，颜师古注云："非今所有《家语》也。"《隋志》作二十一卷，王肃解。《旧唐志》作十卷，王肃撰。《新唐志》云"王肃注《论语》十卷，又注《孔子家语》十卷"。孔颖达《礼记·乐记疏》引马昭曰："《家语》王肃所增加，非郑（郑玄）所见。"晁公武《郡斋读书志》著录此书，云："魏王肃《序注》凡四十四篇，刘向校录止二十七篇。后肃得此于孔子二十四世孙猛家。"陈振孙《直斋书录解题》谓此书"孔子二十二世孙猛所传，魏散骑常侍王肃为之注。肃辟郑学，猛尝受学于肃，肃从猛得此书，与肃所论多合，从而证之，遂行于世。"《适园藏书志》著录元刊本，其书作《标题句解孔子家语》三卷，十一行二十字，黑口单边。有蒋因培手跋。《曲阜志·著述·经类》云："孔子弟子既编《论语》，又集录公卿大夫及弟子之所咨访、与其言语，为四十四篇，名曰《孔子家语》。秦始皇焚书时，《家语》与诸子并列，故不见灭。多古文字。孔安国既为《尚书》、《孝经》、《论语》改今文，读而训传其义，又撰次《孔子家语》。会巫蛊事起，遂各废不行于时。戴圣常杂取其书，以足《礼记》。汉成帝时，刘向考校经籍，见其已在《礼记》者，则便除《家语》之本篇，止录二十七篇。后，博士孔衍以为是灭其原，而存其末也。言之成帝。会帝崩，不行其说。后王肃得《家语》四十四篇古本于孔猛家，注之乃行于世，今所存《家语》二卷，亦四十四篇。然非王肃所得古本矣。圣公府有校刊《家语》。"姚际恒《古今伪书考》曰："《唐志》有王肃注《家语》十卷，此即肃掇拾传记为之，托名孔安国作《序》，即师古所谓今之《家语》是也。今世所传《家语》，又非师古所谓今之《家语》也。司马贞与师古同为唐人，贞作《史记索隐》所引《家语》今本或无，可验也。"《四库全书总目》著录此书，称其"反覆考证，其出于肃手无疑，特其流传已久，且遗文轶事，往往多见于其中，故自唐以来，知其伪而不能废也。"马国翰《玉函山房藏书簿录·孔子家语》条谓"王肃注本虽非原书，要皆采自古籍，具存先训，非凿空补拟也。汉、隋、唐《志》皆附论语……按原书出孔氏子孙所记述，并非规仿《论语》，入儒家为允。"才按：1973年河北定县八角廊汉墓出土文献有竹简《儒家者言》二十七章，内容以孔子及弟子言行为主，并多与《说苑》及今本《孔子家语》有关，似即《家语》原形。另外，安徽阜阳双古堆简牍中也有内容类似的文献发现。足见颜师古所谓"非今所有《家语》"的说法是有根据的。今本《家语》，论者每称王肃伪作，其实是经其篡改"私定"，而非全部由其杜撰。今考此书，或即孔子弟子所记，续经孔子裔孙编次修订，汉墓出土文献《儒家者言》等，可为佐证。现存《家语》虽早非原本之旧，但仍不失为一部研究孔子及其弟子的要籍，且可借以考证有关载纪，如《问王（玉）》可考《齐论》遗文，《王言解》可校《大戴礼记》等。又此书自《汉志》列"论语类"，隋、唐、宋《志》及宋人书目俱从之，惟《书录解题》入"儒家"，后世咸遵之。又考此书唐以前凡二十七卷，唐以后并为十卷，《隋志》著为"二十一卷"，"一"当为七之误。另如孔猛，据《孔子世家谱》，乃孔子二十代孙季彦之子，亦即孔子二十一代孙。王肃、陈振孙称"孔子二十二世孙"，晁公武称"孔子二十四世孙"，实皆未确。又，《家语》一书，经王肃作注，至清复有范家相《证伪》十一卷，孙志祖《疏证》六卷、陈士珂《疏证》十卷，王仁俊辑《家语佚文》一卷，皆可参考。

是书今有六朝写本残卷（共七十三行，凡《郊问》末十二行、《五行解》全篇，其优胜之处，可证他本之非）。又有明刻本（北京大学图书馆藏本作三卷，题"宣圣十一代孙汉谏议大夫孔安国编，五十七代孙阶朝列大夫孔讴校正"；台北"国立中央图书馆"藏本有孔子七十一世孙昭薰琴南氏印），明嘉靖三十三年黄鲁曾刻本，明隆庆六年徐祚锡刻本，明万历吴勉学刻本，明崇祯毛氏汲古阁刻本（作《孔氏家语》），上海图书馆藏清惠栋评点王鸣盛跋明嘉靖四十三年陆治抄本，国家图书馆藏清抄本，台北"国立中央图书馆"藏旧抄本，明末刻明何棠评本，台北"国立中央图书馆"藏王国维手跋日本宽永十五年（1638）风月宗智刻本，台北"国立中央图书馆"藏日本宽保元年（1741）京师风月堂刊日本冈白驹补注本，清雍正乾隆间刻本，清乾隆四十五年永安堂刻本，清乾隆四十六年书业堂刻本，清同治十二年善成堂刻本，清光绪十四年扫叶山房刻本，清光绪十八年上海校经山房影印有像本，清光绪二十四年玉海堂影宋刻本，清同治九年刻四卷本，上海同文书局石印本，影印本，民国十八年商务印书馆影印明翻宋刻本。又国家图书馆藏元至正二十七年刘祥卿家刻新编句解本，2002年上海古籍出版社《续修四库全书》影印国家图书馆藏元至正二十七年刘祥卿家刻新编句解本，2003年6月北京图书馆出版社《中华再造善本》影印国家图书馆藏元至正二十七年刘祥卿家刻新编句解本，及《四库全书》本、《子书百家》本、《百子全书》本、《四部丛刊》本、《四部备要》本、《续二十五子汇函》本、《玉海堂景宋元本丛书》本（附札记，据宋蜀刻大字本）、《孔

学三种》本、《孔子文化大全》影印本等。另有日本宽保二年江都嵩山房刻日本太宰纯
增注本、日本宽政元年刻日本十叶红东重订本等。

■ 孔子家语八卷　存

(明)孔弘铎校刊。弘铎或作宏铎,字以鲁,号沂川,盛果户平乡县知县承瑀长子,
孔子六十一代孙,岁贡生,官广信府同知。

是书,《四库存目标注》据《嘉业堂藏书志》、《杭州大学善本书目》著录杭州大学
图书馆藏明嘉靖三十七年刻本,书凡八册,半叶九行,行二十字。卷端题"六十一世孔
弘铎校刊"。卷末有"嘉靖戊午仲夏端阳之吉命建阳书林吴世林梓"。有"华阳书屋"、
"一山"及嘉业堂等藏书印。

■ 孔子家语八卷　存

题(魏)王肃注,(明)何孟春补注,孔胤植编正。胤植有《道统图》注,史部传记类
已著录。

是书,《中山大学图书馆古籍善本书目》著录明重刻永明书院本,题"(明)孔胤植
编正、何孟春补注"。书凡一函四册,九行二十字,白口,四周双边。上栏批注,行二
字。按:《中国科学院图书馆藏中文古籍善本书目》亦著此本。又见有金间书业堂刻
明陈际泰释《孔子家语宪》(全称"新刻注释孔子家语宪")四卷,书名页题"孔子家
语",一函四册,有图,与常见《家语》不同,附此不另著。

是书今有中山大学图书馆等藏明重刻永明书院本。

■ 孔子家语二卷　存

(清)孔毓圻编正,孔毓埏等校订。毓圻有鉴定《孔子世家谱》、毓埏有重刊《述圣
图》,史部家谱类、传记类已分别著录。

是书,天津图书馆等藏有清康熙间曲阜孔氏刻本。按:此书《韩国所藏中国汉籍
总目》著有梨花女大藏木活字本,二卷二册,刊年不详,四周单边,九行二十字,上墨鱼
尾。《著述记》著录此书作《编正孔子家语》,《孔子世家谱》、《续修县志·补遗》毓圻
传亦载其书。是书今有天津图书馆等藏清康熙间曲阜孔氏刻本,韩国藏木活字本。

■ 家语注二卷　未见

(清)孔广霦撰。广霦有《阙里通考》,史部阙里文献类已著录。

《续修县志·艺文志》:孔广霦著有《家语注》二卷。《著述记》:"孔广霦,字谔卿,

光绪乙亥恩科举人，大挑知县，需次陕西。性情笃厚。丁忧后，哀痛不释，未几，赍志以殁。有《家语注》二卷。"兹据著录。未见传本。

■ 孔子集语二卷　存

（宋）薛据辑，（清）孔广棨校刊。广棨字京立，号石门，袭封衍圣公继濩子，孔子七十代孙，雍正九年袭封衍圣公，诰授光禄大夫。

是书有清乾隆二年刻本，九行十八字，白口，左右双边。书前有广棨序及薛据原序，《中书省进状》并《目录》。内题："宋迪功郎浙东提举司稽山书院山长永嘉薛据叔容纂辑；皇清光禄大夫袭封衍圣公七十代孙阙里孔广棨京立校刊"。薛氏序称"见于《曾子》、《大戴礼记》、《孔丛子》、《家语》四全书与夫左氏、庄周、列御冠、荀卿者皆不与，而错见于汉儒诸书者录之。其草创也，订之丞相克斋游先生，先生曰：'嘻，夥哉！子勉成之。'时，礼部侍郎蓬径东咖二曹先生，十余年间，列官秘府，遂得借书以阅，辛卯火，秘书之藏逸矣，古书有不得尽见者，属南宫下第，乃诠次此书为二十篇，题曰《集语》，以毕其志。"其目有《易者》、《子贡》、《孔子御》、《持盈》、《子观》、《公父文伯》、《六艺》、《依贤》、《漆雕氏》、《楚昭王》、《子出卫》、《颜叔子》、《齐侯问》、《文王》、《齐桓公》、《公索氏》、《子夏问》、《楚伐陈》、《孔子先》、《曾子》，每篇盖择首条前几字为题，别无深意。《读书敏求记》称其"所引《尚书大传》、《金楼子》等书，今皆不可得见。"足见文献价值之高。惜原刻无存，广棨刊本亦已罕见，而现今流行之光绪、民国刻本与此实难并论。又《中国版刻综录》著录此书，误薛据为清人。按：薛氏辑本，此刻之外，尚有《范氏奇书》、《四库全书》本等。另外，清孙星衍亦辑有《孔子集语》，多至十七卷，见于《平津馆丛书》、《二十二子》等，齐鲁书社出有校点本，所附资料甚多，足资参考。

是书今有清乾隆二年曲阜孔广棨校刻本，1989年山东友谊书社《孔子文化大全》影印本。

■ 曾子十二篇读本一卷　存

（北周）卢辩注，（清）孔广森补注。广森有《周易厄言》，经部易类已著录。

是书据《中国丛书综录》著录。《清志补编》作《曾子》十二卷，孔广森撰。稿本《续修四库提要》著录渭南严氏刻本，同《清志补编》。云："是书为广森取卢辩注《大戴礼·曾子》一章，增补注释，分析章句，以成读本十二篇。考《汉志·曾子》十八篇，《隋志》称为二卷，又目一卷，《唐志》已亡其目，《郡斋读书志》云二卷，凡十篇，虽曰唐本,已非汉十八篇之旧,不厘如所云,视隋亡目一篇也。《直斋书录》明言十篇,具《大戴礼》,后人从其中录出别行。慈溪杨简注,则是书疑亡于五代。凡宋人所见者,止《大戴礼》中之十篇。至《大孝篇》中有乐正子春事,要知曾子之书本非自作,皆门人所记,犹《论语》云子夏之门人小子,竟是战国时语,此其明证。宋庆元嘉泰间,汪晫所编《曾子》,是又一本也。焦氏《经籍志》载《曾子》二卷,宝祐时赵汝腾编,是又一本也。《吴草庐集》载宋清江刘清之辑《新曾子》七篇,周过作音训,是又一本也。黄氏《千顷堂书目》章樵《曾子》十八篇,是又一本也。徐氏《传是楼书目·曾子》一本,宋鸣梧编,是又一本也。《曾子全书》二卷,元曾承业编,是又一本也。《曾子》二卷,元徐左达编,是又一本也。自汉隋已下,见于著录者,凡十。而有清一代辑注《曾子》者,有南通冯云鹓、仪徵阮元、定海黄以周,广森是书为章句之学,读《曾子》者,宜先斯编焉。"按:此书《丛书综录》所据《曾子四种》本外又有渭南严氏孝义家塾校刊本,无序跋,半叶十行、行二十字,注文双行,行字同。台湾广文书局此帙出有影印本,封题北周卢辩注、清孔广森补注、王闿运笺,收入《中国哲学思想要籍丛编》。书内凡广森注文皆冠"补"字,所补实只十一篇。第十二篇《曾子问》题"郑玄注,王闿运笺"。

是书今有《曾子四种》本;渭南严氏孝义家塾刻本,1975 年台湾广文书局影印本等。

■ 子思二十三篇 佚

(周)孔伋撰。伋有《中庸说》,经部学庸类已著录。

《汉志》:《子思》二十三篇。注云:"名伋,孔子孙,为鲁缪公师。"《山东通志》、《曲阜志》著录同。《隋志》作《子思子》七卷,云"鲁穆公师孔伋撰"。《旧唐志》:"《子思子》八卷,孔伋撰"。《新唐志》:"《子思子》七卷,孔伋"。《宋志》、《通志·艺文略》等亦七卷。《兖州府志》:"《子思子》七卷,鲁孔伋子思撰。其书载与孟轲论仁义之指,温公采之著于《通鉴》。"《阙里文献考》云:"昔刘歆校书秘阁,序为《七略》,'六艺'之外,继以'诸子',而'诸子'之内,又分九流。孔氏服膺先圣之训,无不游心六经,讲求仁义,故其著书立言,大都不敢背乎儒者之道。今综其著者,有《子思子》七卷(《旧唐志》八卷)……"《山东志》曰:"沈约谓《礼记·中庸》、《表记》、《坊记》、《缁衣》,皆取《子思子》。《文选注》引《子思子》'民以君为心,君以民为体。'又引《诗》云:'昔吾有先正其言明且清,国家以宁,都邑以成。'《初学记》引'东户季子之时,道上雁行,而不拾遗,耕耨余粮,宿诸亩首。'(原注:今有一卷,乃取诸《孔丛子》,非本书也。按:汪晫所编本亦一卷,《文渊阁》著录)按:《御览》三百八十六引《子思子》曰:'中行穆伯手捕虎',又

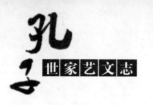

五百六十五引《子思子》曰:'繁于乐者,重于忧;厚于味者,薄于行。君子,同则有乐,异则有礼。'"才按:《太平御览》卷四百三引《子思子》曰:"天下有道,则行有枝叶;天下无道,则言有枝叶。"即《表记》文。又《意林》所引九条亦皆出自《表记》、《缁衣》,足证沈约之说不虚。另外,湖北荆门郭店出土竹简《六德》:"观诸《诗》、《书》,则亦在矣;观诸《礼》、《乐》,则亦在矣;观诸《易》、《春秋》,则亦在矣。"据李学勤先生考证,即为《子思子》中文。此文不见后世辑本。又考《郡斋读书志》谓"《子思子》七卷,载孟轲问牧民之道何先?子思曰:先利之。"等语,是此书北宋尚存,明万历间陈第编撰《世善堂藏书目录》犹有《子思子》七卷,汪晫未见,故有《子思子全书》一卷之辑。此外,清代洪颐煊、黄以周、冯云鹓等皆有辑本行世。又宋濂《诸子辨》曰:"《子思子》七卷,亦后人缀辑而成,非子思之所自著也。"其说甚是。今考其《表记》、《坊记》、《缁衣》诸篇,开头皆云"子言之",其为弟子门人语气甚显,而内中称"子云"、"子曰"处,则又系孔子之语矣。是书,凡《礼记》内存四篇,《意林》中有九条。宋汪晫《子思子全书》辑本,见明隆庆四年汪文川刻《曾思二子全书》及《四库全书》、《传世藏书》;清洪颐煊辑本一卷,有清嘉庆中承德孙氏刻《问经堂丛书》及《经典集林》本;冯氏辑本详后著录;黄以周辑注本七卷,有清光绪二十二年南菁书院刻本。又有胡玉缙辑本,见《许庼学林》。

■ 子思子七卷　存

(周)孔伋撰,(汉)郑玄注。

是书,《杭州大学图书馆线装书总目》著有清光绪二十二年刻本,二册。按:此书颇可疑,考郑玄注《子思子》未见史籍记载,亦未见它书有此著录。暂录此以俟后考。

■ 子思子二卷　存

(周)孔伋撰,(明)徐达左辑。

是书,《古籍稀珍版本知见录》著有元至正二十年庚子至二十一年辛丑刊《传道四子书》本。前有吴郡徐达左总序,并"会溪蒋直儒刻"一行。《四子书》共八卷,凡《颜子》、《曾子》、《子思子》、《孟子》各二卷,各子书前另有徐氏序。按:《蒙元版刻综录》著录此本,题(元)徐达左编。达左,字良夫,平江人,著有《金兰集》。

是书今有元至正二十年至二十一年刻《传道四子书》本,南京图书馆藏丁丙跋清抄《传道四子书》本,国家图书馆藏明刻《传道四子书》本等。

■ 子思子书六卷首一卷　存

(周)孔伋撰,(清)冯云鹓辑。

是书据《中国丛书综录》所著《圣门十六子书》本著录。此书首为《述圣子思子传》;次为辑文,内分《记问》、《杂训》、《居卫》、《巡狩》、《公仪》、《抗志》,盖取《孔丛子·记问》等篇为二卷;又采马骕《绎史》所载,为《补遗》一卷;复辑《韩非子》、《吕氏春秋》有关文字为《附录》一卷。另有《祠墓古迹》、《世职》(载袭职翰林院五经博上孔闻诗、闻礼、贞宁、衍桂、毓埏、传铴、继溥、宪增诸人简历)等资料,系辑本中较有参考价值的一种。又见徐映璞《孔氏南宗考略》圣泽遗闻记云:道光间,县人陈朴,字继华,为诗人橘洲之仲子,布衣,好学,尝撰《家庙志》二卷,今佚。偶游杭市,见书肆有残帙一册,为五代周广顺三年刻本,纸幅宽大,书名曰《行游随笔》,乃周人缮刻,唐德宗时人名吉甫者所著,内一则载:周敬王三十六年二月,子思生于庶氏,明年,伯鱼卒。敬王四十二年,子思七岁,受业于曾子,六十二岁作《中庸》于宋。安王十七年丙申四月二日,孟子生。二十一年庚子,子思百有四岁,孟子五岁,三月,就闾里受业于子思。是年十二月,子思卒,相从凡九月。明年,乃受业于子思之门人。原书系据汉石经而抄录者,朴见之如获至宝,抄得数纸,详推考证,著《思孟年谱》一卷,今由其曾孙陈照字志蓼者,保存未佚。按所推定子思、孟子生卒年月,颇有出入,尚须别为考正,存其书名人名,以识先贤之力学如此,且知述圣享年之永,亚圣犹亲获圣门之传受也。

是书今有清道光十四年刻《圣门十六子书》本,1989年山东友谊书社《孔子文化大全》影印《圣门十六子书》本,2002年上海古籍出版社《续修四库全书》影印《圣门十六子书》本等。

■ 子家子　存

(周)孔求撰,(明)归有光辑评。求原名傲,字子家,白子,孔子五代孙,楚召不赴。

是书据《中国丛书综录》所著《诸子汇函》本著录。按:此书实仅《反身》一条,篇首略谓:"子家子名求,又名驹羁,字子家,孔子玄孙也。"《史记·孔子世家》:"孔子生鲤,字伯鱼。伯鱼年五十,先孔子死。伯鱼生伋,字子思,年六十二。尝困于宋。子思作《中庸》。子思生白,字子上,年四十七。子上生求,字子家,年四十五。"又《孔子家语后序》:"子家名傲,后名求,年四十五而卒。"又《孔氏祖庭广记·世次》:"五代求,字子家,通习儒道,有遁世之志,楚召不仕,葬祖墓东北。生箕。"又按:辑评者归有光,字熙甫,崑山人。

是书今有明天启六年序刊《诸子汇函》本等。

■ 谰言十二篇 佚

（周）孔穿撰。穿字子高，一说字子顺，魏相箕子，孔子七代孙，齐、赵、魏俱召之，终不仕。

是书据《曲阜志》、《阙里文献考》著录。《孔氏祖庭广记》："七代穿，字子高，又曰子顺，博学，清虚沉静，有遁世之志，楚魏偕召之，不仕。著儒家之语十二篇，名曰《兰言》。年五十一。葬祖墓南。生谦。"《孔子世家谱》亦云七代穿"著儒家书十二篇，名曰《谰言》"。《山东通志》云："《谰言》十一篇，《汉志》著录。注云：'不知作者，陈人君法度。'颜师古注曰：'说者引《孔子家语》云孔穿所造，非也。'马国翰有辑本一卷。其序云：'案《家语后序》云：子直生高，名穿，亦著儒家语十二篇，名曰《谰言》。《集韵》去声二十九换，谰、讕、谏三字并列，注云：诋谰，诬言相被也。或从阑，从柬。然则，谰与讕通，加草者，隶古之别也。书名既同，并称儒家，且以《孔丛子》所载子高之言观之，其答信陵君祈胜之礼，对魏王人主所以为患，及古之善为国至于无讼之问，又与齐君论车裂之刑，所言皆人君法度事，则《谰言》审为穿书矣。班固云不知作者，盖刘向校定《七略》时，《孔丛子》晦而未显，《汉志》本诸《七略》，无从取证，东汉季，《孔丛子》显出，故王肃注《家语》，据以为说。魏晋儒者遂据肃说以解《汉志》。在当日实有考见，不知颜监何以断其非也。兹即从《孔丛子》录出，凡三篇，依旧说题'孔穿撰'。又案：《汉书注校补》云：寿昌按：'马说甚辨，而所录则未敢据。颜云非孔穿所造者，亦以王肃伪造之《家语》未足信也。'"张舜徽《汉书艺文志通释》谓《谰言》"实即《谏言》。乃汉以前儒生裒录古代忠臣进谏之语以成此书，所言皆为君之道，故班氏自注云：'陈人君法度。'"其书隋、唐《志》等皆无载，知已久佚。马国翰辑本，见《玉函山房辑佚书》，《续修四库全书提要》有著录。

■ 孔丛子（一名孔丛）七卷 存

题（秦）孔鲋撰。鲋有《论语义疏》，经部论语类已著录。

是书，《曲阜志》等著录。《隋志》作《孔丛》七卷，杂列《论语》之后，注云："陈胜博士孔鲋撰。"并谓："《孔丛》、《家语》并孔氏所传仲尼之旨，附于此篇。"《宋志》："《孔丛子》七卷，汉孔鲋撰。朱熹曰伪书也。"《阙里文献考》："九代孙陈涉博士鲋有《孔丛子》二十一篇，后世又附以《连丛子》二篇，共为七卷。《连丛子》旧题孔臧作。臧为高祖功臣孔聚之子，嗣爵蓼侯，武帝时官太常。"《郡斋读书志·杂家类》："《孔丛子》七卷。右楚孔鲋撰。鲋字子鱼，孔子八世孙也。仕陈胜，为博士，以言不见用，托目疾而退，论集其先仲尼、子思、子上、子高、子顺之言及己之行事，名之曰《孔丛子》，凡二十一篇。丛之为言聚也。《邯郸书目》云'一名《盘盂》,取事杂也。至汉,孔臧又以其所著赋与书,谓之《连丛》,附于卷末,凡十篇。嘉祐中,宋咸为之注。'按:《汉志》无《孔丛子》,而儒家有《孔臧》十篇,杂家有孔甲《盘盂书》二十六篇。其注谓'孔甲,黄帝史。或曰夏帝,疑皆非。'今此书一名《盘盂》,《独治篇》又云鲋或称孔甲,《连丛》又出孔臧。意者《孔丛子》即《汉志》孔甲《盘盂书》,而亡六篇;《连丛》即《汉志》孔臧书,而其子孙或续之也。《崇文总目》亦录于杂家,今从之。"《郑堂读书记·补逸》著录影抄宋巾箱本,略云:"《孔丛子》七卷,旧题孔鲋撰,宋宋咸注。《四库全书》著录,作三卷,盖后人并合之本也。《隋志》、新旧《唐志》俱经部论语类,俱载《孔丛》七卷,孔鲋撰。《崇文总目·杂家》作三卷,而《衢本读书志》亦杂家;《读书附志》、《书录解题》及《通考》、《宋志》俱作七卷,则《崇文》误也。今按是书第一篇至第四篇,记孔子之言;第五篇至第十篇,记子思、子上之言;第十一篇为《小尔雅》;第十二篇至第十四篇,记子高之言;第十五篇至第十七篇,记子顺之言;第十八篇为《诘墨》;第十九篇至第二十一篇,则子鱼之言也。末一条,又记其将没。是书为子鱼作,岂有自记其言,称子鱼、称太师、称博士,而及于将没者乎。故陈氏不以为鲋撰,而谓为孔氏子孙杂记其先世系言行之书也。《朱子语录》且谓其语多类东汉人,其文气软弱,全不似西汉文字。至《连丛子》二篇,上篇载《叙书》一篇,次为孔臧所作赋四篇,《与从弟安国》、《与子琳书》二篇;《叙书》篇中,称其尝为赋二十四篇,四篇别不在集,则《汉志·诗赋家》有《孔臧赋》二十篇,即其集也。次为《叙世》一篇、《左氏传义诂序》一篇,其下篇载汉元和间孔僖、延光间孔长彦、季彦之事,则《连丛》亦非孔臧撰矣。是书实东汉时孔氏后人所哀集而不著名氏者,然亦古笈也。"《四库全书总目》著录内府藏三卷本,称其"与伪《孔传》、伪《家语》并同……其中第十一篇即世所传《小尔雅》,注疏家往往引之。然皆在晋宋以后……又《水经注》引《孔丛子》曰:'夫子墓茔方一里,在鲁城北六里泗水上,诸孔氏封五十余所,人名昭穆,不可复识,有铭碑三所,兽碣具存'云云,今本无此文,似非完帙。然其文与全书不类,且不似孔氏子孙语,或郦道元误证,抑或传写有讹,以他书误题《孔丛》欤?"才按:此书乃我国丛书之肇始,《汉志》所以有《小尔雅》、孔臧书,而无《孔丛》之名,正说明其为汇辑先世之书而成。书名"子"为后人所加,取尊崇之意。"子"即书也。《孔丛子》即丛聚孔氏诸子之书也。名实兼备。何千百年来,文献著录家见不及此?而所以仍列此者,重圣贤也。又此书,《宋志》已注其伪,至清更考定为王肃伪造,罗根泽《孔丛子探源》亦认为此书上不过安帝,下不至北魏,正在曹魏之时,又与此时作伪之王肃有关,故疑为肃造。屈万里《先秦文史资料考辨》认为,它固然可能为王肃所作,但也可能出于王肃之徒……《孔丛》和《连丛》很可能都出于孔

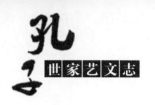

猛之手。而笔者以为：此书固撰非一时，书成众手，甚至《连丛子·下》载有弘农太守皇甫威明问孔仲渊曰："吾闻孔氏自三父之后能传祖之业者常在于叔祖，今观《连丛》所记，信如所闻"等显为后人附加的内容，但这不能否定其与孔鲋之关系。此书与其它某些秦汉古籍一样，有一个不断增益过程，很可能由孔鲋、孔季彦、孔猛等孔氏子孙递相修撰，后落到王肃手里，又加窜改屬入，为己张目，其"不似孔氏子孙语"处，或即王肃所为。又此书，唐以前不为人称，至嘉祐年间，宋咸注释以进，始传于世。

是书单行七卷本有上海图书馆藏宋嘉祐八年刻本，2002 年上海古籍出版社《续修四库全书》影印本（末有《释文》一卷及宋咸后序，进表、序据涵芬楼影印明翻宋本配补），2004 年 12 月北京图书馆出版社《中华再造善本》影印本，2011 年 9 月山东大学出版社《山东文献集成》第四辑影印本；明正德嘉靖间覆宋刻本，明嘉靖二十九年蔡宗尧刻本，明刻本。三卷本有明万历五年刻本，日本宽政七年京都中川茂兵卫，中村弥兵卫等覆刊明万历五年刻本，日本静嘉堂文库藏（原陆心源旧藏）明刻本，清裴绍谟校刊本，民国间上海商务印书馆影印内府藏本，日本宽政七年中川藤四郎刻本等。此外，见于丛书作七卷者有《宛委别藏》本、《指海》本、《四部丛刊》本、《四部备要》本，作四卷者有《钟伯敬评秘书十八种》本等，作三卷者有《子汇》本、《汉魏丛书》本、《四库全书》本、《摛藻堂四库全书荟要》本、《龙溪精舍丛书》本、《丛书集成初编》本、《景印元明善本丛书十种》本、《国学基本丛书》本等，作二卷者有《广汉魏丛书》本、《增订汉魏丛书》本、《子书百家》本、《百子全书》本、《续二十五子汇函》本等，作一卷者有《说郛》本、《增定汉魏六朝别解》本等。不题卷者有明张邦翼辑《汉魏丛书钞》本、明吴世济编《汉魏丛书钞》本、《新锲翰林三状元会选二十九子品汇释评》本、《评点百二十子》本、《汉魏别解》本、《百家类纂》本（题汉孔鲋、孔臧集）、《诸子汇函》本等。

■ 孔丛子三卷 存

（明）孔胤植校。胤植有《道统图》注，史部传记类已著录。

是书，国家图书馆等藏有明崇祯六年孔胤植校刻本，竹棉纸，二册一函，版式宽大，刻印精整。半叶十行，行十九字，白口，四周单边，单鱼尾，版心下记有字数。卷端题"汉太傅孔鲋著；明裔孙孔胤植较"。按：此书传世宋明刻本，多为宋咸注本，而白文善本则以此为最。此本台湾严灵峰《周秦汉魏诸子知见书目》仅据《北京人文科学研究所藏书目录》著录，未见其书。其实，国图之外，上海图书馆、台北"国立中央图书馆"均皆有藏。北京中国书店亦有此本。

■ 孔丛子三卷 _存

（清）孔毓圻、孔毓埏校订。毓圻有鉴定《孔子世家谱》、毓埏有重刊《述圣图》，史部家谱类、传记类已分别著录。

台湾严灵峰《周秦汉魏诸子知见书目》："《校订孔丛子》三卷。作者姓氏略历：孔毓圻，曲阜人，字钟在，康熙间袭封衍圣公。孔毓埏；著作年代：西元一六九七年，康熙三六年；内容概述：存。上中下三卷，间附双行简注。首题：'汉太傅孔鲋著，裔孙毓圻、毓埏校。'前有《孔丛子序》，略谓'故而刻之，丁丑夏日志。'"按：严氏此著未妥，考本帙虽刻于康熙间，但所引"故而刻之，丁丑夏日志"却是明万历五年李濂旧序，而非毓圻、毓埏话语，故不得将前一百二十年之"丁丑"认作是康熙三十六年之"丁丑"。严氏此说固疏谬，而《台湾公藏普通本线装书目书名索引》著录台北"故宫博物院"藏本题"清雍正间孔毓圻校刊本"亦误。考此书校订人孔毓圻卒于雍正元年，孔毓埏卒于康熙六十一年，康熙已卒之人，曷能复有雍正间校书事？此刻予尝寓目，为康熙间曲阜孔氏校刻无疑。书凡十行十九字，小字双行同，白口，四周单边，单鱼尾，山东德州学院图书馆等俱藏其书。国家图书馆另有清王韬校跋本。兹参据著录。

■ 诘墨一卷 _存

（秦）孔鲋撰。鲋有《论语义疏》，经部论语类已著录。

是书据《中国丛书综录》周秦诸子类墨家之属著录。按：此书原为《孔丛子》第十八篇。宋咸注曰："墨翟当战国时，有弟子禽滑厘等三百余人。孟子称，杨墨之言盈天下，其著书诬称孔晏之事，故孔鲋诘辨之。"兹附著于此，不另立类。

是书今有《广汉魏丛书》本，《说郛》本，《增订汉魏丛书》本，《子书百家》本，《百子全书》本等。

■ 太常蓼侯孔臧十篇 _{未见}

（汉）孔臧撰。臧字子武，左司马将军封蓼侯聚长子，孔子十一代孙，文帝时嗣爵蓼侯，迁博士，历位九卿，武帝时拜太常，礼赐如三公。

是书，《汉志·诸子略·儒家》著录，注曰："父聚，高祖时以功臣封臧嗣爵。"《阙里文献考》此书称"卷佚"。《山东通志》亦著此书，云："臧，孔子十一世孙，父聚，高祖时以功封蓼侯，臧嗣爵。《孔丛·连丛子》云：'臧历位九卿，迁御史大夫，辞曰：世以经学为家，乞为太常，与安国纪纲古训。遂拜太常，礼赐如三公，著书十篇。'周寿昌《汉书注校补》云：宋晁公武《读书志》云：汉孔臧以所著赋与书谓之《连丛》，附于《孔丛子》

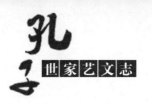

之后。寿昌考《孔丛子》，汉初未出，至东汉始有其书，则藏书之名《连丛》，疑后人伪托也。然其书名已载入宋《中兴馆阁书目》及宋人《邯郸书目》，《通考》、《玉海》俱引之。"《孔子世家谱》臧传曰："武帝元朔二年，欲以为御史大夫，辞曰：'臣世以经学为业，家传相承，作为训法。今俗儒繁说远本，杂以妖妄，难可以教，从弟侍中安国受诏缀集古义，臣乞为太常典臣家业，与安国纪纲古训，使永垂来。'嗣从之，遂拜太常，礼赐如三公。"班固《两都赋序》曰："公卿大臣御史大夫兒宽、太常孔臧、太中大夫董仲舒、宗正刘德、太子太傅萧望之等，时时间作。"周寿昌《汉书注校补》曰："臧以功臣子袭爵，官太常而名重，儒家有书十篇，又赋家入赋二十篇，亦汉初儒隽中才学之并茂者，而出自功臣子，尤可异也。"顾实《汉书艺文志讲疏》曰："其书，唐世犹存。今《孔丛子》末附《连丛》未必出臧书。"严可均《全汉文》收有《与侍中从弟安国书》、《与子琳书》及赋四篇。

■ 傅子补遗一卷　存

（晋）傅玄撰，（清）孔广根辑。广根字心仲，号小荭，自称仙源第一酒人，大宗户户部主事继涵次子，孔子七十代孙，诸生，署翰林院五经博士，敕封承德郎。

《藏园群书经眼录》："《傅子》一卷，晋傅玄撰；《补遗》一卷，清孔广根辑。稿本。清武英殿聚珍本，后附孔广根手辑补遗一卷。（余藏）"兹据著录。按：此书现藏国家图书馆，书分二部分，《傅子》一卷，晋傅玄撰，清乾隆武英殿聚珍版丛书本，《补遗》一卷为稿本，清孔广根辑。书有傅增湘跋并录清卢文弨校记。九行二十字，白口，四周双边。《中国古籍善本书目》据以著录。

是书今有国家图书馆藏稿本。

■ 庭训无卷数　未见

（宋）孔元派撰。元派字源远，号念九，岭南派楫次子，孔子五十一代孙。

是书据同治《南海罗格孔氏家谱》元派传著录，传云："公赋性聪敏，博学淹通，五经子史，无不究心焉。髫年游泮，士林推重，谓其文有苏长公风味云。讲学于广州书院，士人多被裁成，咸称其室曰'春风堂'。著述甚富，有《庭训》、《诗集》各种传世。后与兄元演于宋度宗咸淳二年丙寅二月自彩虹桥迁叠滘乡，为是房始祖。"按：元派为宋末元初人，传称其书"传世"，然考宋、元史《志》及宋元以下各藏目却不见录，《全宋文》、《全元文》亦不载其文，知其失传久矣。

■ 柯山讲义无卷数 _佚

(宋)孔元龙撰。元龙有《柯山论语讲义》，经部论语类已著录。

是书，《续文献通考经籍考》等著录，《孔子世家谱》亦载之。《阙里文献考》等作《柯山论语讲义》。

■ 习经三卷 _佚

(元)孔拱撰。拱有《读史》，史部史评类已著录。

是书，《山东通志》、《阙里文献考》子部儒家著录，《孔子世家谱》、《阙里志》等亦载之。《曲阜志》子类无此书，而于礼类末云："又北齐孔拱有《习经》一卷"，盖即此书之误著。又此书，明代藏书目及《中国古籍善本书目》等皆不见录，知已无存矣。

■ 政略五篇 _佚

(元)孔晥撰。晥字子充，平阳派旸兄，至正二年乡贡，授宗文书院山长，官至照磨。

是书据民国《平阳府志·经籍志》著录。《温州经籍志》子部儒家著录此书，"晥"作"晥"，并云："乾隆《平阳县志》十九，雍正《浙江通志》一百九十三：孔晥，隐居养亲，有经略，使至，延见。上《政略》五篇，言天下利害。使嘉纳之。案：孔照磨晥，雍正《浙江通志》、乾隆《温州府志》、乾隆《平阳县志》隐逸传并有传。"按：《两浙著述考》儒说考亦作"晥"，《元诗纪事》收其《乱后》诗一首，"晥"又作"皖"。

■ 蒭荛言集无卷数 _{未见}

(明)孔希祯撰。希祯字士祥，宁陵派宁陵支教谕克仁长子，楚宫书院山长思齐孙，孔子五十六代孙，元季任晋路教授，明初考授河南涉县教谕，复除工部屯田主事。

《孔子世家谱》三集宁陵派："五十六代希祯，字士祥，通经博史，元季，任晋路教授。明初，以儒士保举，考授河南涉县教谕。后又除工部屯田主事，所著有《蒭荛言集》。"兹据著录。按：祯有弟希贤、希则，皆读书乐道，高其义节，事闻于朝。

■ 考图书谱二卷 _{未见}

(明)孔希直撰。希直，平阳派，孔子五十六代孙，洪武时岁贡，彭泽令。

是书，《平阳府志》、《平阳县志》皆著录，未见传本。《温州经籍志》此书入子部儒家，兹从之。

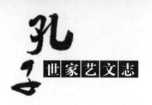

■ 日言一卷 未见

（明）孔承倜撰。承倜有《易经代言》，经部易类已著录。

是书，《山东通志》、《曲阜志》、《阙里文献考》、《续文献通考》等著录。《四库全书总目·子部·儒家类存目二》著录衍圣公孔昭焕家藏本，谓"是书乃承倜剳记之文。其学出于王守仁，故以钟柝喻性，明其本空。又云：'朱晦翁中年学尚未悟，至晚年则甚悔。今人不于悟处用功，却于其悔处执迷，惑矣。'是即守仁晚年定论之说也。"

■ 四事请教录一卷、天人直指图一卷、天理说一卷 未见

（明）孔承倜撰。

诸书，《山东通志》、《曲阜志》、《阙里文献考》皆著录。未见传本。

■ 太极辨疑二卷 存

（明）孔学周撰。学周字宪卿，归善籍，世系不详，诸生。

是书，《中国古籍善本书目》子部儒家类著有明万历十年杨起元、牛桓刻本。《千顷堂书目》此书入经部易类，云："归善人，嘉靖壬戌成书。"朱彝尊《经义考》此书作八卷，云"未见"，《曲阜志》著述经类亦作八卷，称"佚"。《经义考》载叶春及序，略云："昔者圣人画卦立象，则已图造化矣。《易》有太极数言，阐发卦象意旨，濂溪缘是复图太极，直指造化，而又加以无极之文。盖造化卦画，其致一也。自象山、紫阳互相讥驳，垂四百年，而孔宪卿为《辨疑》，隆庆辛未示余闽中，余为之序。易无极而有太极，阴阳变易，眇无定极，而有太极为之本体。又曰：于阴阳之变易，见其有太极；于变易之无极，见其为太极。太极，即易也。周《图》原本《易传》，其说自合。《图说》、《易通》出一人，其说自合。《河图》、《洛书》，圣人作《易》则之，周《图》既本《易传》，其说自合。宪卿皆类成书，能贯通矣。凡八卷，览者自得之。"按：《经义考》此书标卷盖本此序，《曲阜志》因之，并云"佚"。可见其书清中叶以前已若存若亡，迄今更是珍秘之孤本矣。又考学周，《惠州府志》儒林有传，谓：孔学周字宪卿，归善人，少补博士弟子，以病谢去，潜心理学，著《太极辨疑》，多自得。结庵罗浮，缮性修道，丹经医术，咸窥其奥云。学周盖交游未广，故序刻其书者皆为同邑学者。另考《归善县志》有孔达、孔继先等人。达，明景泰三年岁贡，任主簿，卒葬其地。学周，殆其后也。

是书今有国家图书馆藏明万历十年杨起元、牛桓刻本。

■ 耻言二卷　_存

（明）徐祯稷撰，（清）孔广棨编。广棨有校刊《孔子集语》，本类已著录。

是书，山东大学图书馆等藏有清光绪三十二年南扶山房重刊本，一册一函。其书内封书名作《余斋耻言》，内题："华亭徐祯稷余斋著；阙里孔广棨京立编"。凡上下二卷，九行二十二字，白口，左右双边。前有孔广棨乾隆三年三月序，及胡二乐、徐颖梁二序。广棨云："传称太上立德，其次立功，其次立言，生则以功德济当时，没则以言教后世，此唐虞以来圣贤之统，而后之君子所矗矗焉而未逮也……明华亭余斋先正以名进士历秋部，而至外台，砥节砺名，见重乡党，手著《耻言》一书，昭示来许。予从上赐《图书集成》中获观数则，不过日用伦常语耳。细按之，而性命天人之指，吉凶祸福之几，罕辟引伸，亲切有味，则洵乎粹然儒者之言，而非诸子百家、浮屠老氏所能窃取也。丙辰，其文孙访师为登封宰，解组来游，出其全编，于晨夕之次，予既爱而梓之，益信先生之行业为不可及矣。"又颖梁云："乾隆丙辰游阙里，石门上公好读书，善汲引后进，一见喜曰：是真后学津梁，岂惟一姓利赖之，奚不公诸世而韫匮也。亟举而付诸梓。读是编而能耻其所耻，以至不耻其所耻，斯无愧前人谆复之言，亦庶不负上公诲人不倦之意也。"按：《耻言》现有整理本，可参阅。

是书今有清乾隆三年曲阜孔氏刻本，清光绪三十二年南扶山房重刻本，《艺海珠尘》本等。

■ 圣谕一卷　_{未见}

（清）圣祖玄烨撰，孔兴钎注释。兴钎有《西台奏议》，史部诏令奏议类已著录。

嘉庆《续修潼关厅志》名宦传："孔兴钎，曲阜人，康熙庚戌进士。十九年，任潼关道，甫下车，即赴略阳督造运艘运粮，阳平关调度得宜，不劳民而事集。岁大饥，兴钎罄囊籴粟，计口散赈，所全活甚众。又葺学宫，建义学，注释《圣谕》，刊刻颁行，民知向化。自奉极约，人不敢干以私。尝署藩篆：冰操益励。二十二年，卒于官。贫不能殓，僚属争致赙，归其榇，祀名宦。"兹据著录，未见传本。

■ 塾训一卷　_{未见}

（清）孔兴钎撰。

是书，《续修县志》、《著述记》皆著录。未见传本。

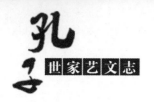

■ 定阳书院课试录一编 _{未见}

(清)孔毓玑编。毓玑有《诗经文稿》,经部诗类已著录。

雍正《常山县志》卷十孔毓玑《定阳书院课试录一编序》:"予至常山之明日,即集士子之秀者,而告以科名寥若,司牧之耻,用以鼓其精进之气,而多士亦咸以其名相慕悦也。争昵就焉。以故,未匝月,辄举行季试之典,士无论远近,多持卷橐笔而至者。予引至几案,告以题之奥突,文之阡陌,则欣然以喜。既乃手自评阅,拔其尤者,凡若干人。谒见时,明示其所以然,字句之疵,虽微必摘。其不在列者,亦无不争自淬励,以庶几其一当。自是,月有课,季有试,诸士子不惮烦,而予亦乐与观其成也。行之既久,风气为一小变。然则谓山城荒陋,其人无足与言文,而鄙夷之者,即贼其民之尤甚者乎?厥后,摄篆江山,江之士子之昵就之者,犹夫常也。爰汇而课之,与常山付梓之文,都为一集,门人子婿之间作者皆附刻焉,名曰《一编》,示有待也。虽然,今之受法于司徒者,八股,业其一端耳。圣天子训饬之文具在,卧碑以垂示之,木铎以申儆之,凡所以教民之道,甚详而有法,即《周礼》所云,考其德行,察其道艺者,其职兼领于乡吏,诸士子其各敦本行、重廉隅,无徒以华文相尚而后为教,法之成,尚共勉之。"又其《朱夫子像赞》谓:"康熙辛丑,定阳书院告成,余定期于冬十月二日通传士子,讲学其中"。又其《定阳书院记》谓:"余敬谢不敏,诸生固以请,乃就席,为讲明《学庸》大旨,首分疏,继合证,卒乃引归身心,使之随时参验,随事力行。诸生皆惧然有省。维时,徐子长泰、詹子肇熺、徐子烈、郑子世球、詹子启璋,仁和则张子紫芝,归安则严子英,淳安则齐子自超,人人各抒所得,呈讲义,诸生皆列坐拱听,而黄发之老,及里氓行客,无不堵墙而观,以为创见。嗣是,月一再举,以为常。余之说綦繁矣,而要归于实践。"兹参据著录。

■ 治家格言无卷数 _{未见}

(清)孔尚儒撰。尚儒有《易经天心集》,经部易类已著录。

孔昭莱《乡试硃卷履历》:"六十四世祖尚儒,字宁国,国学生,积学隐居。著有《治家格言》、《易经天心集》待梓。崇祀香山崇义祠。"兹据著录,未见传本。

■ 家训 _{未见}

(清)孔毓贤撰。毓贤,贵州黔西县支江西武官兴仁子,孔子六十七代孙,幼年入庠,终身未仕。

《孔子世家谱》贵州黔西县支:"六十七代毓贤,幼年入庠,连捷进士,遂点翰林,然性喜乡居,憎恶尘嚣,名虽成而不愿涉仕途,遂在东乡县甜杏村建一别墅,以为隐居之所。撰有《家训》百余章,《杏村诗集》一部。"兹据著录,未见传本。

■ 放心解无卷数 未见

(清)孔毓槐撰。毓槐字南音,号省斋,平阳派三支兴麟长子,孔子六十七代孙,乡贡进士。

《孔子世家谱》三集平阳派三支:"六十七代毓槐,字南音,号省斋,乡贡进士,沉静好学,著有《放心解》。"兹据著录。按:槐与弟林自为师友,林字丰草,补邑诸生,学博淹通,诗歌清婉,教人则旁引曲喻,闻者皆画然心开,多所成就。

■ 养正录无卷数 未见

(清)孔兴柱撰。兴柱字玉擎,大兴籍湖广道监察御史内阁侍读学士衍泰子,孔子六十六代孙,乾隆六年辛酉科拔贡生,觉罗官学教习,候选知县,例授文林郎,诰赠朝议大夫、南河同知,升用知府。

是书见昭宋《会试硃卷》履历,未见传本与书目著录。按:兴柱出身官宦之门,父衍泰,字坦如,康熙四十四年乙酉科举人,国子监教习、典簿,工部虞衡司主事、都水员外郎,湖广道监察御史,内阁侍读学士,加一级,诰授中议大夫,诰赠光禄大夫、内阁学士兼礼部侍郎。此后世代绵延,多有著述。

■ 京师太学堂讲义九种 存

(清)孔继涵编。继涵有《考工车度记》,经部周礼类已著录。

是书,《台湾公藏普通本线装书目书名索引》著有台湾中研院史语所藏清乾隆三十四年刻本。《山东文献书目》据以著录。旧目及志乘不载此书。

■ 读书札记不分卷 存

(清)孔广森撰。广森有《周易厄言》,经部易类已著录。

是书有曲阜文管局档案馆藏手稿本,一册,红格,行字不等,有涂改。其书考释《公羊》、《大戴》以下诸经传,但并非全为经传,如中有释《管子》之作。因据拟题归类。《中国古籍善本书目》经部群经总义类著录此本作《十三经札记》,不妥;《山东文献书目》称此书"邹县文管所藏稿本",亦误。

■ 絅斋随笔一卷 存

(清)孔毓焞撰。毓焞有《律吕考略》,经部乐类已著录。

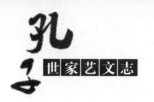

是书,《清志》、稿本《续修四库提要》等著录。《清志补编》、《心向往斋文集·孝子公》传作二卷。《嘉业堂钞校本目录》:"《绚斋随笔》一卷,清孔毓焞著、成蓉镜案,抄本,一册。"又《贩书偶记续编》:"《友梅随笔》一卷,清曲阜孔毓焞撰,宝应成蓉镜注解,底稿本。首有徐太孺人事略。"按:毓焞为孔继镕之祖,故南林刘氏求恕斋刊《心向往斋集》以此附后,内题"曲阜孔毓焞著;吴兴刘承幹校"。有成蓉镜注解。稿本《续修四库提要》据以著录,略谓"毓焞字如霆,晚号绚斋,曲阜人,流寓宝应。乾隆辛卯副贡,就州判职,年六十一丧母,为《忆母病源记》,沥指血书之。殁后举孝子。学无门户,以躬行实践为宗。晚肆力于六经、性理诸书,随手劄记,多所发明,著《人谱续》若干卷、《律吕考略》三卷、《绚斋随笔》二卷、《文集》六卷、《诗集》四卷、《乌啼集》四卷,皆未刊。此《随笔》止一卷,乃成心巢(孺)所手录而加案语者。原书固为身体心行所得,语语亲切。成氏案语,尤为字字体验,忻合无间。如原书谓:人志之不坚,亦气之不拓。成谓:气不从志,乃是天理人欲交战处……"是此书原帙二卷,成氏录而注之者题一卷,又名《友梅随笔》。《偶记续编》称底稿本首有《徐太孺人事略》,今检刊本实无之。

是书今有民国南林刘氏求恕斋刊《心向往斋集》附录本,2010年12月上海古籍出版社《清代诗文集汇编》影印本。又有稿本、抄本(不知现藏何处)。

■ 人谱类记续二卷 _{未见}

(清)孔毓焞撰。

孔继镕《心向往斋文集·孝子公》传:"公天姿沈毅,行在言前,晚益肆力于六经性理诸书,随手劄记,多所发明。明儒刘忠介公《人谱类记》为小学羽翼,公依类续之,如其卷数。"考《明志补编》子部儒家,刘宗周《人谱类记》为二卷。《四库全书总目》子部儒家类云:"《人谱类记》二卷,分体独篇,知几篇,凝道篇,考疑篇,作圣篇。皆集古人嘉言善行,分类录之,以为楷模。每篇前有总记,后列条目,间附以论断。主于启迪初学,故词多平实浅显。兼为下愚劝戒,故或参以福善祸淫之说。"兹参据著录。按:其曾孙昭宷《会试硃卷》履历,此书作《续人谱类记》。稿本《续修四库提要·绚斋随笔》条称"毓焞著《人谱续》若干卷"。

■ 易简录无卷数 _{未见}

(清)孔毓焞撰。

是书据其曾孙昭宷《会试硃卷》履历著录。不详内容为何? 录此俟考。

■ 原耻无卷数　未见

（清）孔传珠撰。传珠原名传培，大兴籍宝应支，孔子六十八代孙，太学生。

孔昭寀《会试硃卷履历》："从叔曾祖传珠，原名传培，太学生。著《原耻》。"兹据著录，未见传本。

■ 朱子治家格言浅说一卷　存

（清）孔传莘撰。传莘有《读诗得间录》，经部诗类已著录。

是书，烟台图书馆藏有稿本，一册，半叶九行，释文低一字，行二十五字，毛装，无格，内有增改，首叶题："《朱子治家格言浅说》；牟平孔传莘笠园甫著"。此书盖就朱子原文议论生发，如"黎明即起"四字，阐释之文达一百五十字。按：是书，《山东通志》据《州志》著录但题《格言浅说》，入杂家类。《宁海州志》、《牟平县志》及《孔子世家谱》传莘传亦径题《格言浅说》。《家谱》云："六十八代传莘字笠园，庠生。著有《读诗得间录》、《格言浅说》。子三：继型、继堂、继塈。"

是书今有烟台图书馆藏清抄本。

■ 家规十八则　未见

（清）孔继冲撰。继冲有《乡党考》，经部论语类已著录。

是书载见《孔子世家谱》继冲传。传云："继冲，博览群书，才思敏捷，后入乡试，场屡不售，遂不复有远志。安居家园，教授子侄，著《乡党考》、《家规十八则》二集，至今族人犹遵守勿替。"兹据著录，未见传本。

■ 自警编十二卷　未见

（清）孔传洛撰。传洛字念苣，号午桥，江苏吴县支太学生毓智第五子，孔子六十八代孙，嘉庆九年甲子科举人，己巳恩科会试挑取誊录，甲戌科会试荐卷，丁丑科会试堂备卷，丁丑大挑二等，敕授文林郎，安徽望江县学教谕，浙江奉化县知县，加同知衔，貤赠奉政大夫，翰林院庶吉士，刑部主事，知府衔，加一级，晋赠中宪大夫。

是书据孔昭晋《硃卷履历》著录。按："光绪《苏州府志·艺文志》、民国《吴县志·艺文考》、《江苏艺文志》（苏州卷）此书不标卷数；《孔子世家谱》传洛传等不云有此书；《吴门补乘续编》艺文著录，谓"此书纪见闻所及之事，用以自警。"

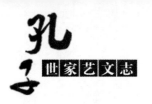

■ 家庭宝鉴一册 _{未见}

（清）孔广腾撰。广腾字云桂，号兰圃，福建闽县支河南孝廉、清平等县教谕继清次子，孔子七十代孙，举孝廉，历任项城、安阳各县训导，加捐山西候补道，钦加二品衔，赏戴花翎。

《孔子世家谱》二集福建闽县支："七十代广腾字云桂，号兰圃，励志诗书，尤好鼓乐。由郡庠生举孝廉，历任项城、安阳各县训导，加捐山西候补道，钦加二品衔，赏戴花翎。晚年著《家庭宝鉴》一册数万言，诚堪为后人模范。子二：昭圣、昭禧。"兹据著录。按：孔氏子孙，诗书传家，出操文秉，然据《家谱》，广腾祖与子，却以武功名世：祖传德字克玉，号珍如，幼而聪颖，工诗能文，博览群书，禁绝嗜好。稍长，投笔从戎，随军各省，经数百战，官至提督。高宗皇帝御赐"一心为国"匾额，并御书"福寿"两字，赠光禄大夫。长子昭圣字尼裔，天资聪敏，幼入郡庠。后投笔从戎，历任新疆巴理坤、甘肃、宁夏、台南澎湖各镇总兵官，钦赏果勇巴图鲁蒙青宫太保东阁大学士，二等恪靖侯。左文襄公保奏，以遇缺简放提督。是亦无负所学，不悖修齐治平之道矣。

■ 家塾劝诫一卷 _存

（清）孔昭任撰。昭任字仁甫，号芝耘，大宗户署洙泗书院学录、诰赠朝议大夫广衡长子，孔子七十一代孙，嘉庆十八年癸酉科拔贡，二十一年丙子科举人，道光十五年乙未科大挑一等，广西平南县知县，丁酉科广西乡试同考官，赀封奉政大夫，甘肃泾州直隶州知州。

是书有约清道光间刻本，半叶九行、行十九字，白口，四周双边。此书原书于家塾之壁，后编入其集《慎独斋存稿》中。文共十八则，曰：敬祠墓，重谱系，敦伦纪，睦宗族，豫蒙养，肃闺门，培心田，正名分，励廉耻，谨言语，凛遵循，崇节俭，勤职业，厚姻里，急正供，慎交游，息争讼，戒荡佚。前有昭任序，云："任生不幸，七朝失恃，六岁而孤，赖生祖母抚育、伯叔训诲，俾得以成人。嘉庆丙子举于乡，道光乙未筮仕西粤，令平南。才拙无所建树，仅廉洁自矢，未贻先人羞。壬寅冬，解组归田，世父从兄，相继谢世，齿序忝为一支长。每念祖宗之积累，睹子姓之蕃滋，思与弟侄交相勉励，以训迪夫幼子童孙。自惟薄植，遽敢立言？爰取王孟箕《宗约》、王士晋《宗规》两书，采辑掇录，并参以习俗移人之宜戒者，撮举大要，得十八条，书于敦本堂家塾之壁，名之曰《劝诫》。夫约者，约束；规者，规矩。不曰《宗约》、《宗规》，而曰《劝诫》者，劝人自约束于规矩之中，而诫夫俪越也。我弟侄子孙，朔望诣祠展拜，齿坐塾中，阅壁间所书，各返诸躬相勖以善，将诚敬雍睦之意，油然以生，而匪僻之习，末由相染，所谓无忝所生，以淑身保家者，胥于是乎在。"

是书今有约清道光间曲阜孔氏刻《慎独斋存稿》本。

■ 忠恕堂家训一卷　未见

(清)孔继绪撰。继绪号藜亭，牟平派例赠登仕佐郎传惇长子，孔子六十九代孙，道光三年临雍恩贡，任齐河县教谕，河南鲁山县、浙江萧山县巡检，敕授登仕佐郎。

是书据《山东通志》著录。《牟平县志·艺文志》著录此书题一册，《乡宦传》谓"孔继绪，城东关人，由优廪生恭逢临雍，衍圣公带领观礼，钦赐恩贡，选齐河教谕，改补河南鲁山巡检，又补浙江萧山巡检。任鲁山时，捐廉课士，于是，其地科第开先。"《孔子世家谱》继绪传不云有此书。绪有子二人：长子广澍，庠生；次子广甲有著述，已著录。

■ 管见录无卷数　未见

(清)孔昭珩撰。昭珩字葱佩，号玉峰，德平县支太学生、例封文林郎广泰子，国子监洙泗学录继祖孙，孔子七十一代孙，道光二十三年举人。

《孔子世家谱》二集德平县支："七十一代昭珩，字葱佩，号玉峰，道光癸卯科举人，甲辰进士殿试未果，遂无意进取，优游林下，以著述自娱，或登高作赋，或拈韵哦诗，萧然物外，有靖节北窗高卧之风，所著有《杞园文集》、《杞园吟稿》、《管见录》。"兹据著录。按：《管见录》不详何书？似为研治诸经百氏之作。光绪《德平县志》卷七昭珩传不载此书，而称昭珩幼有至性，事父母孺慕终身，读书凤慧天成，屡主书院讲席，与诸生谈说，皆程朱宗旨，邑令争延致之。后家居，从游日盛，名俊多出其门，尝曰：读书可养性天诚，乐此不疲云。因归此类，以待后考。

■ 大清儒学案　未见

(清)孔广牧撰。广牧有《礼记天算释》，经部礼记类已著录。

是书，《桐城文学撰述考》著录。拟上《国史馆儒林传稿》本传谓其"尝与同志篹《大清学案》，未卒业。所存者，目录而已。"

■ 詹岱阁省疚录一卷　未见

(清)孔广牧撰。

是书，民国《宝应县志》艺文志著录不题卷数，昭寀会试卷履历记载同《县志》。《清志》子部儒家类作《省疚录》，题一卷。兹参据著录。按：《续修县志》、《著述记》著

录广牧著述,不及此书。

■ 有感遂笔八卷　未见

（清）孔繁滢撰。繁滢字灿江,宁陵派庆宴次子,孔子七十四代孙,光绪十一年乙酉科副榜。

《孔子世家谱》三集宁陵派:"七十四代繁滢,字灿江,光绪乙酉科副榜,善属文,尤精经学,授徒亳州。值岁大饥,遇乡人流离者,尝以束修周恤之。著《有感遂笔》八卷,行于世。"兹据著录。按:《中州文献总录》引民国《考城县志·艺文志》,谓田春同序略云:其解经也精而确,其论史也严而正,其论学也曲而尽,更有格言时事,皆简要洞中肯綮。大抵主朱程而不阿好,往往有直驳其说者,惟归宿于尽其在我而已。

■ 较正劝孝十则　未见

（清）孔昭谨撰。昭谨字显恪,号敬之,大宗户袭太常寺博士广册第八子,孔子七十一代孙,五品执事官。

是书据《续修县志》著录。《孔子世家谱》昭谨传不云有此书。

■ 发蒙初阶无卷数　未见

（清）孔宪达撰。宪达有《祖述志闻》,史部传记类已著录。

是书据《孔氏南宗考略》近代名贤事迹考著录。未见传本。

■ 现代对于孔子之各方言论不分卷　存

（民国）孔庆云撰。庆云(绍尧)有《国民政府新法令》,史部政书类已著录。

是书有民国间铅印本,《江苏省立国学图书馆现存书目》据以著录,题"孔绍尧撰"。

兵家类

■ 兵林六卷 佚

（晋）孔衍撰。衍有《凶礼》，经部仪礼类已著录。

是书，《隋志》、两《唐志》、《通志·艺文略》、《山东通志》皆著录。《曲阜志》："晋孔衍《兵林》三卷、《说林》五卷"。《阙里文献考》云："兵者，所以禁暴止邪也。寓之以农，行之以义，用以克敌致果，而安百姓，即仁者亦有所不废焉。二十二代孙衍有《兵林》六卷。"《隋志考证》案云："孔衍终官广陵相，此题'江都相'，盖以隋唐时地名名之也。唐《日本书目》有《兵林玉府》三卷，不著撰人，似即此书。"才按：此书之亡当在宋代。《曲阜志》作三卷，似为写刻之误，而非另有所据。

■ 御敌城守应援数策 佚

（明）孔贞运撰。贞运有纂修《明光宗实录》，史部编年类已著录。

是书，《江苏艺文志》据《金陵通传》卷八著录。

■ 兵曹秋议无卷数 未见

（清）孔衍洙撰。衍洙有《延平府志》，史部地理类已著录。

是书，《乌青镇志》据《双溪诗汇》著录，题"孔自洙"。未见传本，不详内容如何？考《乌青镇志》卷二十八人物传，孔自洙初任刑部主政，擢兵部武库司。癸巳，升福建督学。乙未，王师入闽，督抚以君才委理军需，运炮泉州。寻迁荆西兵备。此书似为兵家类著述，入此俟考。

■ 三才拳图说一卷 未见

（清）孔传钿撰。传钿字振亮，号金声，岭南派南海支广州府学庠生毓芳次子，孔子六十八代孙。

是书据民国《南海罗格孔氏家谱》传钿传著录，传称"公一生膂力迈众，且娴技击，

以武艺设馆,教授生徒,踵门求学者,络绎道上,在馆中留学者,恒以百数,族中少年,多传其术,而尤以公之女更为武艺超群者,公晚年著有《三才拳图说》一卷,流传社会。"

■ 守城策略一卷　未见

(清)孔宪鹏撰。宪鹏字次鲲,潍县支,孔子七十二代孙。

是书据民国《潍县志稿》艺文志著录。宪鹏未见有传。卷十二氏族云:"孔氏一族,孔子六十四代孙尚宗,明代由寿光县迁潍县,系临沂户。又兴耆为侯家庄孔氏始迁祖,系来自山西。"知宪鹏,亦圣裔也。又本《志》科贡有岁贡城武县训导孔传礼,乾隆《潍县志》乾隆壬申科举人也列其名。善行传中又有孔毓珍,云为"圣裔"。《孔子世家谱》临沂户、潍县支,未见宪鹏其人,俟考。

法家类

■ 新刊孔部元法题四六参语二卷 _存

（明）孔贞运撰。贞运有纂修《明光宗实录》，史部编年类已著录。

是书，《中国古籍善本书目》著录华东师范大学图书馆藏明万历二十八年王尚乐刻本入子部法家类，另著四川大学图书馆藏明万历本入集部明别集类。一书分二类，殊乖体例。此为子书，列子部法家可也。

是书今有明万历二十八年王尚乐刻本，明崇祯金陵书坊刻增修《重刻合并官常政要全书》本。

农家类

■ 芍药谱一卷 存

（宋）孔武仲撰。武仲有《书说》，经部书类已著录。

是书据《宋志》著录。《山东通志》、《江西通志》此书入子部谱录类。《直斋书录解题·农家类》、《西江志·经籍志·说部类》作《芍药图序》，亦一卷。马国翰《玉函山房藏书簿录》著录抄本题《孔氏芍药谱》，云："此《谱》亦记扬州之品，黄色六、红色十、紫色五、白色一。"《阙里文献考·孔氏著述·子类》："老农老圃，圣人弗为。然物土宜而勤树艺，亦民生衣食之本也。四十七代孙武仲有《芍药谱》一卷。"按：此书载见宋吴曾《能改斋漫录》，《全芳备祖》亦摘其大要。其书按花之形状命名，凡记芍药三十三种。

是书今有《能改斋漫录》载录本。

■ 小言录一卷 存

（清）孔宪庚撰。宪庚有《周易肊测》，经部易类已著录。

是书，《中国古籍善本书目》子部农家类、《中南、西南地区省、市图书馆馆藏古籍稿本提要》集部别集类分别著录湖北省图书馆藏稿本。按：据《古籍稿本提要》，此书用白棉纸书写，无格，半叶十行、行二十一字，间有朱笔眉批，正文间亦有少许朱笔圈点和批校。前有宪庚咸丰六年"识语"，言其旨趣。书内计收有关生民衣食器用之论文十六篇，包括"节俭说"、"布帛毛褐说"、"棉和绵不同而棉又有草木两种说"、"裘说"、"谷说"、"杂粮说"、"菌说"、"白菜说"、"盐说"等，所论虽为"小言"，却与民生息息相关。读之，有助于了解稼穑之艰难，有补于世道人心。昔宋玉有"小言赋"，所言支离怪诞，为游戏之文，与是书之旨迥然不同。此书未刻，《续修县志》、《著述记》皆无载。

是书今有湖北省图书馆藏清咸丰间稿本（一册）。

医家类

■ 杂药方二十九卷 佚

（晋）孔汪撰。汪字德泽，尚书左仆射、赠车骑将军、开府仪同三司愉次子，孔子二十六代孙，居会稽，历官平越中郎将，广州刺史。

是书，《山东通志》、《曲阜志》等著录。《阙里文献考》："二十六代孙晋都督交广二州诸军事广州刺史汪有《杂药方》二十九卷。"《隋志·范阳东方》注："梁又有《孔中郎杂药方》二十九卷。"《隋志考证》案云："史载汪事，不言其有是书。此称孔中郎者，即指其刺史兼官平越中郎将也。"

■ 本草二十卷目录一卷药图二十卷图经七卷 佚

（唐）孔志约等撰。志约有《姓氏谱》，史部传记类已著录。

是书，《新唐志》、《山东通志》等著录。《新唐志》："《本草》二十卷《目录》一卷《药图》二十卷《图经》七卷，显庆四年，英国公李勣，太尉长孙无忌，兼侍中辛茂将，太子宾客弘文馆学士许敬宗，礼部郎中兼太子洗马弘文馆大学士孔志约，尚药奉御许孝崇、胡子象、蒋季璋，尚药局直长蔺复珪、许弘直，侍御医巢孝俭，太子药藏监蒋季瑜、吴嗣宗，丞蒋义方，太医令蒋季琬、许弘，丞蒋茂昌，太常丞吕才、贾文通，太史令李淳风，潞王府参军吴师哲，礼部主事颜仁楚，右监门府长史苏敬等撰。"《山东志》谓志约序略云："苏恭撩陶氏之乖违，辨俗用之谣紊，素请修定，诏无忌等二十二人与苏恭详撰。遂乃详探秘要，博综方术。本经虽缺，有验必书。别录虽存，无稽必正。考其同异，择其去取，撰《本草》并《图经》、《目录》等，凡成五十四卷。"又《旧唐书·吕才传》云："时右监门长史苏敬上言，陶弘景所撰《本草》，事多舛谬。诏中书令许敬宗与才及李淳风、礼部郎中孔志约，并诸名医，增损旧本，仍令司空李勣总监定之，并图合成五十四卷，大行于代。"与《新唐志》所著卷数略异。其书《宋志》以下未见著录，似原书久佚，唯《书舶庸谭》著录日本藏古抄本《新修本草》（存十册十卷），书题司空上柱国英国公臣勣等奉敕修。董氏以为即新旧二《志》所录苏敬撰《新修本草》二十一卷。而其衔名

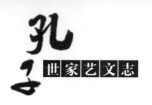

较新《志》略有异同。计有:显庆四年正月十七日朝议郎行右监门长史骑尉臣苏敬上;登仕郎行礼部主事云骑尉臣颜仁楚;登仕郎守潞王府行参军臣吴师哲;□子药□局丞飞骑尉臣蒋义方;朝议郎行太常寺太卜令上骑都尉臣贾文通;兼太子洗马弘文□学士臣孔志约;朝议大夫行太史令上轻车尉臣李淳风……凡二十一人。又著有宋椠初印本《新编类要图注本草纲目》四十二卷上五卷,板高六寸四分,宽四寸五分,每半叶十行,每行大小俱十九字。书名题《新编类要图注本草》卷第几,中缝标本草几或本几,上下线口。前为总目(半叶五行)。一卷有礼部郎中孔志约所撰序。

■ 本草音义二十卷 佚

(唐)孔志约等撰。

是书,《新唐志》、《山东通志》、《曲阜志》、《阙里文献考》等皆著录。《宋志》此书作《唐本草》,亦二十卷。考此书元明诸家书目均无著录,盖已久佚。

■ 重订医门普度瘟疫论二卷 存

(明)吴有性撰,(清)孔毓礼,龚绍林评。毓礼字以立,新城支,孔子六十七代孙。

是书,《中国医籍通考》等有著录。《江南通志·艺文略》据《新城县志》作《医门普度》,不著卷数;《清志拾遗》著录此书,"孔毓礼"作"孔以立"。此书系孔、龚等人据吴氏原著加评,其原文与编排次序,稍异于《温疫论补注》。下卷并集喻嘉言、林起龙、刘宏璧等有关论疫言论。

是书今有清道光十二年长沙曾郁文重订本,《中国医学大成》本。

■ 医论 未见

(明)孔承聘撰。承聘又名聘贤,字汝弼,号泾阳,衢州派句容支彦时三子,居云南通海,孔子六十代孙,万历十三年乙酉科举人,历官户部郎、司农、贵州副宪、广西布政使参政。

是书据《孔子世家谱》承聘传著录。《家谱》称其精医。任户部郎时,出视边储。会瘟疫流行,因边鄙乏技,乃著《医论》,布告通衢,全活甚众。每升堂,则有病者登堂求治。按:此书,《明志》、《千顷堂书目》、《四库采进书目》、《中国医籍通考》、《新纂云南通志·艺文考》等俱不著录,或已无传。

■ 可知因病二论 未见

(明)孔承聘撰。

是书，《中国医籍大辞典》据明天启五年《滇志》著录，题明孔聘贤（号湮阳）撰，谓"成书年代及内容未详"。疑即前著《家谱》所载之《医论》。

■ 痢疾论四卷 存

（清）孔毓礼编。毓礼有评《重订医门普度瘟疫论》，本类已著录。

是书，《清志》、稿本《续修四库提要》等皆著录。是书见有清乾隆刻本，书前乾隆十六年辛未自序署"新城贤溪孔毓礼以立"，内题"黎水孔毓礼以立著辑"。《续修四库全书》据以影印。《提要》云：毓礼字以立，新城人。注云："直隶、山东、江西皆有新城县，未详何省？"其自述略谓：成童即嗜读医书，及补博士弟子员，不专攻举业，以药方试轻病而效，遂勤于医，因瘟疫而外，惟痢疾最险，能死人于数日之间，而旧无定论可为章程，乃撰是书。欲以配吴又可之《瘟疫论》，首补注内经及仲景书，又折衷诸家，次统论五篇，辨证七条，治法十三则，次诸证十三门，次诸家治案，次一百零六方，又要方及诸药。案：毓礼之治痢，初以聂氏可久为法，继知其太简而偏，阅历既久，于河间、丹溪之说，亦不尽遵，故博究旧籍，以为折衷。其所取证者，为刘河间、朱丹溪、戴原礼……凡十六家。

是书今有清乾隆三十七年新城陈元校刊本，2002年上海古籍出版社《续修四库全书》影印本；清光绪九年敦厚堂刻本；民国二十五年上海千顷堂书局石印本等。

■ 论瘟四卷 存

（清）孔毓礼撰。

是书，《中国医籍通考》著有清乾隆三十七年刻《痢疾论》卷首附录本。

■ 医鉴草（一名一见草，又名孔氏医案）四卷 存

（清）孔继莢撰。继莢字甫韩，一作甫涵，滕阳户庠生传集长子，孔子六十九代孙，乾隆四十二年举人。

是书，《山东通志》、《续滕县志》艺文志著录，不题卷数；《中国医籍大辞典》著录各本作四卷，凡一书四见。《中国医籍通考》医案、医话类著录抄本《一见草》四卷，作者误为孔继家，而不详作者字里，亦不云书藏何地？《山东通志·艺文志》子部医家类云：继莢字甫涵，号云湄，滕县人，乾隆丁酉举人。《县志》云：赴春闱不售，归，读仲景《伤寒论》，旷然有悟，遂神于医。贯穿古方书，皆能得要领，损其太过，以剂所不及，著有《医鉴草》，投药辄立效。《续滕县志稿》称此书原名《一见草》。按：今考其书，盖成

于清嘉庆年间,邑人高延柳为之刊行,书内所收孔氏医案共八十余则,悉本《内经》、《伤寒论》,而于病情原委、虚实寒热,尤多辨明。1988 年山东科学技术出版社出有整理本,乃以刘氏家传精校本为底本,对孔氏诸科医案逐案校点评注,为现今较通行便读的本子。

是书今有上海中医药大学图书馆藏抄本,1932 年铅印本,1988 年山东科学技术出版社整理本。

■ 医林传无卷数 未见

(清)孔继曾撰。继曾字省三,号鲁斋,德平县支传肃子,孔子六十九代孙。

《孔子世家谱》二集德平县支:"六十九代继曾,字省三,号鲁斋,幼读诗书,及年长,善医道,著有《医林传》。年八十四卒。子三:广德、广业、广全"三子广全亦精医术。按:《中国医籍通考》等不著此书。

■ 痘症摘要无卷数 未见

(清)孔继基撰。继基字圻斋,宁陵派传宁子,孔子六十九代孙,庠生。

《孔子世家谱》三集宁陵派:"六十九代继基,字圻斋,庠生,天资聪明,立心慈爱,善治痘症,普济一方,晚年著《痘症摘要》一部。"兹据著录。按:《中国医籍通考》等不著此书,疑未刊行。

■ 经穴异同考一卷、温病心法要诀二卷 未见

(清)孔继溶撰。继溶字绍修,号苇渔,番禺支传鸿次子,孔子六十九代孙,庠生,官训导,加五品衔。

二书,民国《番禺县续志·艺文志》著录,皆云有家抄本。《人物传》谓继溶字绍修,号苇渔,诜塾乡人,至圣六十九世孙。父传福。本生父传鸿,儒而隐于贾,善教子。长子继钊,道光二十九年,乡试副榜贡生,出道州编修何绍基之门。继溶,其次也。随兄读书,为文有奇气。旋入邑庠,文名藉甚。馆于邑学二十年,成就甚众。光绪四年,邑绅梁肇煌、许氏光倡办册金局,延继溶主文牍,筹画周妥,百端就绪,就职训导,加五品衔。平日精医术,奇难各证,就诊罔不立效。尝以古医书所载经穴之名互有异同,审之不真,差以毫厘,谬以千里,著有《经穴异同考》一卷、《温病心法要诀》四卷藏于家。年五十八卒。子广汉,光绪十三年学政考取阖属医学第一,补府学生员。广伸官立两广西学堂毕业,候选州判。

■ 太乙神针集解不分卷 存

(清)孔广培参订。广培字馥生,号筱亭,钱塘支修武县知县、捐升知府继中长子,孔子七十代孙,太学生,河南候补布政司经历,改选知州,以军功保举,分发山西,补大同府浑源州知州,以劳绩荐升平定直隶州知州,调署忻州直隶州知州,保升知府,钦加运同衔,赏戴花翎,诰授中宪大夫,诰封资政大夫。

是书,《中国医籍通考》等著有清同治十一年刻本,并收有广培"书于浑源州署"序;另有鲍存贤跋,称其为"孔司马筱亭"。盖以《太乙神针方》刊本无多,传布未广,又恐传抄多误,故细加参订,并增益图表、针灸等内容。按:《孔子世家谱》广培传不云有此书。

■ 记忆方诗十二卷 存

(清)孔广福撰。广福字履成,号行舟,桐乡县支继沨长子,孔子七十代孙,少业儒,以病废,精岐黄术。

是书,《乌青镇志》著述有著录。《中国医籍通考》著录清光绪十九年稿本等,并录广福自序及卢景昌、徐焕藻清光绪三十年序。广福曰:"方者,法也。景岳子有云:方之善者可为法,方之不善者可为鉴。此方之不独不可废,抑亦不可不慎所择。是以自长沙以下,昔贤所制之方,必须一一理会,务期用古而不为古所用,斯为尽善。但其中有用药相同而治病不同者,其义何居?盖君臣佐使之有不同,则治表里,治寒热,治虚实,亦因之而不同,而学者涉之,茫无头绪,其能免望洋之叹乎?此东垣辈所以有《汤头歌诀》之作也。近汪氏㕞庵复有歌括之制,较诸前辈尤为简要,诚有裨于后学。无如辞句尚欠典雅,义理亦多晦塞,无英华以供咀嚼,难乎其为训矣。余因不辞谫劣,一仿骚人遗韵,作成方歌,用资记忆。其间为绝,为律,为古体,为今裁,以便己用,即以便及门用,然此特雕虫小技,知不足供大雅者观,傥吾党中得矜式,以绚其采焉,庶可免大雅者诮,是为序以望之。青溪行舟子自序于勤业堂。"卢氏曰:"同里孔行舟先生少习举业,下帷读书,过目成诵,因身弱多病,遂弃儒习医。举往古之书籍,纵观博览,具过人之识。由是笃志研求,累月穷年而学以大进,始则医己而锢疾除,继则医人而危症治,一时名闻远近,来聘者无虚日。而先生又以丹溪之歌诀,㕞庵之歌括,语都鄙俚,不足为后学津梁。于是,取昔日之某散某煎,某汤某饮,某丸某丹,所医何病,所投何药,为之条分缕析,脉络贯通。并取前人之义涉于晦者而显之,词出于略者而详之,撰成《记忆方诗》十二卷,以为佑启后人之法。其诗则律绝古风,各体具备,借药料为诗料,洋洋乎洵大观也。犹忆道咸之间,里中名医林立,而要惟先生之博极群众,足以振兴医

学，为诸家所不及。当日吾邑先达如周铁霞中翰、莲史太史两昆仲，乐与订莫逆之交，可见才高学博，为同人所钦慕，正非独医学一道也。惜乎年方及艾，抱丧明之痛，后起无人，郁郁以终，为足慨已。粤寇之乱，余随先君子避居吴家埧吴古棠表兄处，案头适见此书，先君子爱而录之，藏诸箧中已数十年矣。今及门徐茗香比部知余处旧有抄本，拟将付诸手民，因举而畀之，庶几先生著书之苦心得以流传后世，并可嘉惠后学，其功亦非浅鲜也。"又徐氏谓："今年冬初，家母忽病，身热多咳，夜不成眠，音为之失，惶骇莫措，急延张君映三为之诊视。张君亦孔氏之门下也，用观音应梦散一剂而愈，亟叩其方所自，则云：出于孔行舟先生《记忆方诗》。先生于余家有戚谊，屡求其遗稿而不可得，而是书适为余师卢小菊先生家所藏，借读之，方固酌古斟今，诗亦温雅可诵。人知先生之神于医，而不知先生之深于学；人即知先生之深于学，而不知先生之工于诗。读此乃知先生挟其术以济世而鸣时者，固有自也……余老矣，悲先生有是书而人知之者少，再越数十年，则是书又将湮没不彰，虽欲求其断简残编而不可得，而世将不知先生之名。余以此惧，亟请序于卢师，付诸手民，以公之世，聊以酬先生之德，而世之业医者，亦得所遵循矣。"按：《孔子世家谱》广福传不载此书，但云：广福字履成，精于岐黄，善治血症，名噪杭嘉湖广苏松等处。《清志拾遗》子部医家类据《中医图书联合目录》著录，题无卷数。

是书今有清光绪十九年稿本，清光绪三十年桐乡徐氏颐园铅印本；又卢氏荫玉堂堂印本等。

■ 脏象发挥、时斋医话 未见

孔繁棣著。繁棣字伯华，别号不龟手庐主人，以字行，大宗户附贡生、河南补用知县庆铣长子，孔子七十四代孙，候选州同知，曾任北京国医学院院长，中医研究院名誉院长，北平药协会会长，全国医药团体联合会临时主席，第一、二届全国政协委员等职。

二书据《民国人物大辞典》孔伯华传著录。《曲阜县志资料·杂志》等亦著其书。《民国时期总书目》（医药卫生分册）、《全国中医图书联合目录》、《中国医籍大辞典》其书无载，未详存佚若何？《孔子世家谱》繁棣传谓其"祖善岐黄，家人有病，恒自医。少年时，深研医书，与从医者研讨《内经》及古人医案。二十余岁明医术，遍游数省，与人诊治，先后任北京外城官医师，北平立药协会会长，中医学校和北京国医学院院长，招生十余班，毕业七百余人，学校经费匮乏，常以已所收诊费资助。抗日战争爆发，不忍将学校委之日寇，遂自行停办……"不云著述之事。按：繁棣为北京四大名医，全国知名人士，清光绪十一年(1885)四月二十三日生于山东济南，公元 1955 年 11 月 23 日卒于北京,年七十,周恩来总理任治丧委员会主任。又考繁棣出身士宦之家,其祖宪高,字亦愚,光绪壬午科举人,官工部都水司郎中,直隶邯郸县、丰润县知县,诰授中宪大夫。从父庆锷、庆鉴、庆鐻,亦俱光绪举人。庆锷,署直隶南皮县知县;庆鉴,官内阁中书,候补知州;庆鐻,广东补用知县。

■ 诊断经验、中风说　未见

孔繁棣著。

二书据《山东中医药志选编》(征求意见稿)著录。《曲阜县志资料·杂志》等亦著其书。《民国时期总书目》(医药卫生分册)、《全国中医图书联合目录》、《中国医籍大辞典》等不见著录,未详存佚?

■ 肺病防治手册　未见

孔繁棣著。

是书据《曲阜县志资料·杂志》著录。《民国时期总书目》(医药卫生分册)、《全国中医图书联合目录》、《中国医籍大辞典》等不著此书。

■ 医案百方集锦　存

孔繁棣撰,王有维编。

是书,《中国医籍大辞典》据北京中医药大学图书馆藏抄本著录,题"孔伯华撰,王有维编",略云:本书为伯华之遗稿,1955年临终前赠与弟子王有维,经王氏整理而成。1959年王氏在北京中医学院中医研究班学习,将此书献给学院。本书是一部妇科医案专著,全书共辑医案一百例,多属妇产科急证,或久治不效之证,经孔氏调治而愈。孔氏临证以保元气为主,重视肝脾之关系,结合妇女特点,按症立法,效验颇著。每案例前均先有症状记录,后立处方,记录颇详,便于后世参考。按:《山东中医药志选编》(征求意见稿)、《曲阜县志资料·杂志》此书无载。《全国中医图书联合目录》著录此本,但题王有维编。

是书今有北京中医药大学图书馆藏抄本。

■ 传染病八种证治晰疑十卷　存

孔繁棣等撰。

是书,《全国中医图书联合目录》著录,题"曹巽轩(元森)撰",《中国医籍大辞典》著录1918年北京铅印本,作者亦题"曹巽轩(字元森)撰",并云:其书卷一总论,卷二

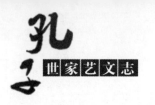

至卷九载冠以现代医学病名鼠疫、猩红热、伤寒、斑疹、白喉、天花、霍乱、下痢八种传染病病因证治,卷十列温疫应用药注释。其编次为先论病因,次为证候,后列治疗,取中西医两法论述病候为其特点。《曲阜县志资料·杂志》著录此书,谓孔伯华"与曹巽轩、陈世珍、陈企董合著",书名"晰"作"析"。《民国人物大辞典》孔伯华传此书作《八种传染病证治析疑》,称其"1917年曾先后参加晋绥和廊坊地区防疫工作。其后,与同事曹巽轩等合编《八种传染病证治析疑》。"兹参据著录。按:尝阅王道坤编著《新脾胃论》,内称:孔伯华于临床十分重视脾胃,著有《脾病论》,擅长实脾渗湿。他在《脾病论》中提出:"饮食不节,劳倦,皆伤于脾;木气太过,肝气过亢,克伤于脾;甘虽生之,过反伤脾;忧愁不解,亦足伤脾;脾伤则病遂乘之。"其《脾病论》似不见书目著录,疑非专著;又见北京出版社1988年1月出有《孔伯华医集》,乃由北京中医学会《孔伯华医集》整理小组汇集其平生所著而成。一并附此不另著。

是书今有1918年北京铅印本,1932年北京曹岳峻铅印本,2010年7月化学工业出版社铅印本。

天文算法类

■ 解勾股粟米法释数一卷　存

（清）孔继涵撰。继涵有《考工车度记》，经部周礼类已著录。

《双行精舍书跋辑存续编·红榈书屋未刻稿》云："曲阜孔荭谷《微波榭遗书》已刻行，内《杂体文稿》七卷，缺第四卷，别于书后刻《同度记》、《长行经》二种，题作'微波榭遗书之四'以补之，前后失次，亦无序跋。顷见《遗书》底本增出第八卷，别有第四卷，除原刻二种外，尚有《考工车度记》、《补林氏考工记》、《解勾股粟米法释数》三篇，均未刻入，证之全书校改题署字迹，为张瘦铜埙编次。四卷所遗末二篇，似未写定，然前篇及第八卷，则不应脱漏，殆《遗书》当时并未刻竣，故一切序跋并未列入，即如《红榈书屋诗集》，余藏有瘦铜先生序文手稿，原集竟未刊入可证也。兹就未刻各卷，分别录出，其《同度记》二篇，亦附入四卷，俾全其数，题曰《红榈书屋未刻稿》。二十年十月双十节后二日王献唐记。"按：是书《著述记》有著录。《续修县志》"米"作"末"。诸可宝《畴人传三编》卷一孔继涵条谓继涵"撰有《考工车度记》、《补林氏考工记》、《解勾股粟米法》各一卷，《释数》、《同度记》各一卷"，与翁方纲撰继涵《墓志铭》记载同，乃知《畴人传》原本翁氏。《山东通志》据《畴人传》合并著为《勾股粟米法》二卷、《释数同度记》二卷，《国立中山大学图书馆周刊》1929年2月第6卷第5、6期合刊载顾颉刚、陈槃《曲阜孔广森及其家族的著述》将其著为《勾股粟米法》一卷、《释数》一卷，书名、卷数皆未确。

是书今有山东省图书馆藏民国二十三年山东省立图书馆抄《红榈书屋未刻稿》本。

■ 同度记四卷　存

（清）孔继涵撰。

是书，《中国古籍善本书目》等著录，《贩书偶记续编·集部·别集类》："《同度记》四卷，清阙里孔继涵撰。原稿本，墨格，版心上有'文集'二字，下有'微波榭刻'四

字。"按：尝见国家图书馆藏稿本，凡十行，行二十字，白口，四周双边，版心上镌‘文集'，下有‘微波榭刻'四字，疑即《偶记续编》所见者。此本卷首但题"诵孟"。凡经准上篇为卷一、中篇为卷二、下篇为卷三、表为卷四。前二卷多有涂改；卷三涂改后又经誊抄，涂改稿、誊抄稿二稿并收。书前有继涵乾隆庚寅（后勾改为辛丑）闰五月序。云："虞书曰同律度量衡，夫律何以能同度量衡也？盖物生而后有象，象而后有数。律也者，其象也；律也者，阴吕阳律也。数也者，九九八十一也。九九八十一出于圆方，圆方出于阴阳。阳象圆而数奇，阴象方而数偶。圆数多奇，方数多偶，故律者起数之事而非所以成数。乃乐尺九寸，夫九寸非尺而何以谓之尺？推律者假以便度，后人遂假以名律耳。故起数者，律之事也；成数者，度量衡之事也。故律之数以九，而度量衡之数以十。《易》云：‘天一生水，而地六成之。'生其起数之谓与？成其成数之谓与？所以，算法一握而成六觚，一握立圆周之率。六觚立，圆径之率有周、有径、有觚，而圆方奇衺之数毕举矣。然则，何以同度名，所记不及于乐？而尺、觚、秤，为民生所日需。《论》云：‘谨权量，审法度'。盖亦审度以修权量。三者修，而四方之政行，以日用饮食，民生不越是也。政以宜民，何他求哉。为经准四篇，上篇以经之釜、经之溢、汉之粟米法，与镒之重起，尺、觚、秤之端。中篇准量，下篇准权，而以表终焉，曰总篇。不敢辞琐冗，俾治经之际，因是以求，庶省步算之劳，而有志汉学者，或有余规焉。其细草，则秀才齐复斌重推，惜其日力，遂附于下。乾隆庚寅（辛丑）闰五，阙里孔继涵。"又按：此书稿本四卷，微波榭刻本仅一卷，原以为定有多寡之别，然今观二本，内容无殊，刻本不仅完整保留了稿本内容、改正了原稿涂改的字句，而且，还改正了一些未加涂改的不妥之处，实较稿本为胜。即如所引序文，其中"乃乐"之"乃"字、"而地"之"而"字，及"政以宜民，何他求哉。"一句，刻本俱删。《论》云"，刻本作"《记》云"；"汉之粟米法"后之"镒"、"端"、"余"，分别为改为"溢"、"专"、"予"。余可概见。又，此书《清志》、《续修县志》、《著述记》、稿本《续修四库提要》著一卷，盖据微波榭刻本，而《山东通志》此书误作《释数同度记》二卷。

　　是书今有北京大学图书馆藏稿本（二册，又手稿本一卷一册）；国家图书馆藏稿本，2002 年 3 月上海古籍出版社《续修四库全书》影印国家图书馆藏稿本。又有清乾隆中曲阜孔氏刻《微波榭丛书》本，清乾隆中曲阜孔氏刻《微波榭遗书》本，清光绪南陵徐氏刻《积学斋丛书》本等。

■ 算经十书十种附二种 _存

（清）孔继涵辑。

是书,《郑堂读书记》子部杂家类杂编门据微波榭刻本著录。《中国丛书综录》别录亦著此本,但题《算经十书》。《读书记》按曰:"唐以明算科取士,限以年,《九章》、《海岛》共三岁,《周髀》、《五经算》共一岁,孙子、五曹共一岁,张丘建、夏侯阳各一岁,《缀术》(祖冲之撰)四岁,《缉古》三岁,《记遗》、《三等数》皆兼习之。试之日,《九章》三条,《海岛》等七部各一条,十通六,《记遗》、《三等数》帖读,十得九,为第。《缀术》七条(《唐志》云七条,《六典》云六条),《缉古》三条(《六典》云四条),十通六,《记遗》、《三等数》帖读,十得九,为第。经者虽通六不第,是唐人为经者八,《缀术》、《缉古》不谓之经,《算经十书》之名所由起也。五季仳离,其科既废,迨宋而《缀术》、《记遗》、《三等数》皆亡佚,嘉定戊申鲍浣之复录得《记遗》于《道藏》中,则是十书中经亡其一,而《三等数》不数焉。体生得毛氏汲古阁所藏宋元丰监本七种,又假戴东原(震)所辑《永乐大典》中《海岛算》、《五经算》,而十书备其九,旧附一,今附三,而并梓之。前有体生序目,其所刊书,武英殿聚珍版及浙省重刊本俱有之,今分而记之,仍存其目于左云。《周髀算经》二卷(汉赵爽注、周甄鸾重述、唐李淳风释)、《音义》一卷(宋李籍撰)、《九章算术》九卷(魏刘徽注、唐李淳风释、国朝戴震补图)、《音义》一卷(宋李籍撰)附《策算》一卷(戴震撰)、《海岛算经》一卷(魏刘徽撰、唐李淳风注)、《孙子算经》三卷、《五曹算经》五卷、《夏侯阳算经》三卷、《张丘建算经》三卷(唐李淳风注、刘孝孙撰细草)、《缀术》(齐祖冲之撰、唐李淳风注,原阙)、《缉古算经》一卷(唐王孝通撰并注)、《数术记遗》一卷(汉徐岳撰、周甄鸾注)附《勾股割圜记》三卷。"《山东通志》谓"诸可宝《畴人传》三编继涵传又论其刻《算经十书》云:'自东原氏表章古籍而后,唐典帖算之书,复显于世。苟无户部刻以传,亦安必其流行至今乎。尝谓无朱刻、祁刻,而二徐说亡;无孔刻,而十经之书终熄。然则,六书九数之子存也,户部之功又岂出学士相国右哉!'"

是书今有清乾隆中曲阜孔氏刻《微波榭丛书》本,清同治五年刻本,清光绪十六年刻本,清光绪三十三年上海鸿宝斋石印本,1930 年《万有文库》铅印本等。

■ 少广正负术内外篇六卷　存

(清)孔广森撰。广森有《周易卮言》,经部易类已著录。

是书,《清志》、《山东通志》、《续修县志》、《著述记》皆著录。《山东志》称"是书为《㠉轩孔氏所著书》之第六种,刊于嘉庆甲戌。罗士琳《续畴人传·广森传》云:因梅宣城《少广拾遗》但有平方、立方、廉隅图,至三乘方以上,则云不能为图。反覆搜索,独抒新意,取幂积变为方根,使诸乘皆可作平方观,假图明数,构诸乘方廉隅图,俾学者

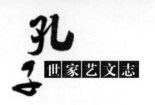

知方廉稠迭之所由生……又因秦氏方斜求圜术,及算经商功章求方亭术,引申推衍,广秦氏得四术,补斛方得二十五问,著《少广正负术内外篇》六卷。内篇以平方、三乘方、诸开法分上中下三卷。外篇,卷上曰割圜弧矢(十条)、曰新设三角法(六条)、曰方田杂法(二条)、曰推秦氏方斜求圆算草(一条)、曰堆垛(一条);卷中曰勾股合较难题(十二条)、曰勾股幂难题(三条)、曰勾股边幂相求难题(十六条)、曰勾股容方难题(二十四条)、曰勾股中长难题(十条)、曰勾股不同式难题(一条);卷下曰斛方补问。末附订正算法统宗求筑隄法一则,要皆发前人所未发。"

是书今有清嘉庆二十二年曲阜孔氏仪郑堂刻《顨轩孔氏所著书》本,清道光间刻《指海》本,清光绪十六年刻《藏修堂丛书》本,清光绪间刻《翠琅轩馆丛书》本,1994年上海书店《丛书集成续编》影印《翠琅轩馆丛书》本。另据《增订四库简目标注》续录,八千卷楼旧有抄本,不知今藏何处?

■ 少广正负术内篇三卷 存

(清)孔广森撰。

是书,稿本《续修四库提要》著录刘铎编《古今算学丛书》本,略谓"广森,乾隆三十一年成进士,官检讨。因心仪郑玄学术,筑仪郑堂,读书其间。于经史传集,无所不通,尤精算术,因师事休宁戴震,尽传其学。震即经学大师,而兼通天算者也。及官翰林,与窥中秘,得见王孝通《缉古算经》、秦九韶《数学九章》、李冶《测圆海镜》、《益古演段》等,由是精研九数,学益大进。盖当时《算经十书》,犹未通行也。此书即因秦氏方斜求圆术,及算经商功章求方亭术,引申推衍,广秦氏得四术,补斛方得二十五问,著《少广正负术内、外篇》各三卷,是编即前三卷也。按:作者当时算术尚未昌盛,仅依王、秦、李诸家著述,覃思研究,通其义类,另创新式,亦难能矣。孔氏以学者少习开诸乘方之法,苦其方廉稠迭,莫明其方廉之所由生,梅文鼎氏《少广拾遗》,但有平方、立方、廉隅图,三乘以上,则云不能为图。氏则以为物之形体,平方、立方尽之矣,特平幂立积之不可知者,乃借诸乘方以求之,本有数而无其形,故是书三卷,皆以平立三乘方开法为止。今日视之,故属浅易,彼时则称独步。除此书外,尚有《割圆四例》,在明氏捷法未显之前,亦不无补益也。"才按:稿本《续修四库提要》又据《顨轩孔氏遗书本》著其外篇三卷,因前已录及,故此不另列目。

是书今有清光绪中刻《古今算学丛书》本。又有《顨轩孔氏所著书》本,《指海》本,《藏修堂丛书》本,《翠琅轩馆丛书》本等。

■ 勾股难题一卷 存

（清）孔广森撰。

是书，稿本《续修四库提要》据《顨轩所著书》本著录，略云："广森生而颖异，少曾师事休宁戴震，因得其学，与窥中秘，得见《缉古算法》、《数学九章》诸算书，由是精历算，学益大进。惜以父母丧之忧毁，壮岁而卒。有顨书（轩）所著若干种行世。此书一卷，皆论勾股难题者，首刊勾股要例，次勾股容方边幂中长互求诸难题，凡数十条。自谓：'赵君卿《勾股图注》，法已尽善，但文义简古；梅氏推衍申畅，书复浩繁。广森谬称知数，好事者时见咨访，辄撮集其要，撰为《难题》若干事，以代讲义云云。'书中于勾股各法，研讨殊详，在当时算书中，允推名著。按：顨轩生自圣裔，兼有师承，宜乎学贯天人，所述戴礼春秋，及六书九数，皆极精通；所创割圆四例及勾股各术，在明安图氏捷法未显之前，不为无补。且其年甫逾三十，而所学无所不通，一艺之分，他人白首不能至，洵可谓闻一知十，有过人之资矣。于是书尤足见其心思之敏锐焉。"

是书今有清嘉庆二十二年曲阜孔氏刻《顨轩孔氏所著书》本。

■ 四分历谱无卷数 未见

（清）孔广稷撰。广稷字京实，号改安，一号培生，大兴籍宝应支刑部主事继鑅长子，孔子七十代孙，光绪九年署甘肃西宁府知府，三品衔，赏戴花翎，兼袭云骑尉。

是书据孔昭寀《会试硃卷履历》著录，未见传本。冯煦《孔宥函先生传》谓"子广稷、广牧并有隽才"，不云有著述。

■ 衍元小草二卷 存

（清）孔庆霁、孔庆霱等撰。庆霁字孙昉，号晴甫，大宗户江苏候补知县宪怡第四子，孔子七十三代孙，候选直隶州知州。庆霱字稚庭，号和甫，庆霁弟，宪怡第五子，候选县丞。

是书，山东大学图书馆等藏有清光绪二十四年刻本，上下二卷，黑口，左右双边，十行二十二字，无格。内题"曲阜孔庆霁晴甫、孔庆霱和甫、桐乡劳纲章暗文同述"。前有光绪二十四年清苑吴建勋序、《凡例》、《目录》及孔庆霁题识；末有光绪戊戌清苑吴汝舟、秀水陶保廉二跋。庆霁识云："余童时习珠算，于加减乘除诸法不假思索，而得谓学算为极易之事。及长，往来于苏沪江淮之间，见闻渐广，知数学一艺，纠纷隐赜，虽苦思力索，亦不能得其窾要，又以学算为极难之事。嗣游畿辅，姊夫劳玉初先生授以古筹布算之法，凡九章、天元诸术，向所苦思力索而不得者，一以不假思索而得之，与童时习加减乘除无异也。于是，知学算果为极易之事。筹之便于初学为何如哉！岁丁酉客

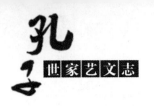

保定,适傅君学渊亦习筹算,每以天元用筹无浅近之书为憾。余爰与家弟和甫、外甥暗文,于屈氏《九数通考》中每门择数题,依天元筹法衍草,汇为二卷,命曰《衍元小草》,各述所学,非著作也。虽然题至浅易,理至明显,筹算运用,天元之妙,已可概见,于初习天元者或不无小补乎。光绪戊戌季春曲阜孔庆霁识。"又陶保廉跋云:"岁癸未,外舅劳玉初先生纂《古筹算考释》六卷,而六觚一握之制、卧算立算之理,复明于世。凡天元诸乘方隐奥繁赜之处,驭以古筹,反手可得,无属草易稿之烦冗。顾《考释》重在稽古,略于论数,初学犹苦未备。余妻之母舅曲阜孔晴甫、和甫两先生及妻弟暗文,摘取《九数通考》中一百有三题,运以古筹,为《衍元小草》二卷,以与《考释》相补备,天元得此书益显其原为筹算,而非笔算,且辞达理明,童稚习之,亦自豁然。余妻尝从晴甫先生受天元筹算,赤黑盈案,视同弹棋,未尝以为难也。每慨岛族长技,大半出于数理……夫游艺立训,会计必当,宣圣固尝娴保氏九数之教矣。阙里圣裔,能世其学,若荭谷,若羿轩、力堂诸先生,后先相望。今晴甫先生又究心中外古今算术,将本多能之家风,寻洙泗之坠绪,岂徒以区区一编辅劳氏《考释》而已哉!"按:此书《中国丛书综录》、《山东文献书目》有著录。又考庆霁兄弟乃六十八代衍圣公孔传铎第三子继涧之后。父宪怡,字融斋,号悦庭,同知衔,江苏候补知县;祖昭煃,字昉之,号瑞峰,钦赐主簿,署翰林院五经博士。

是书今有清光绪二十四年劳乃宣清苑官廨刻本,《矩斋筹算六种》附录本等。

■ 笔算数学详草无卷数 存

(清)孔宪昌、楼惠祥撰。宪昌字尔康,萧山支,孔子七十二代孙。

是书,《清志拾遗》子部天文算法类据丁福保、周云青《四部总录算法编》著录清光绪三十二年武林图书社石印本,书共四册。

术数类

■ 太玄图一卷 佚

(宋)孔旼撰。旼有《大衍说》，经部易类已著录。

是书据《山东通志》著录。《曲阜志》此书避康熙讳作《太元图》。按：《宋史·隐逸传》云："孔旼，字宁极……晚年惟玩《周易》、《老子》，他书亦不复读。为《太玄图》张壁上，外列方州部家，而规其中，空之无所书。曰：'《易》所谓寂然不动者，与此无异也。'"又颜崇榘《种李园诗话》云："孔旼，字宁极，高尚士也。与范仲宣、韩持国游。持国守许，孔居郊外，尝迎致郡圃养真庵，连床促膝。孔归，持国辄出郊相访，有诗云：'驱车下横岭，西走龙阳道。青烟人几家，绿野山四抱。鸟啼春意阑，林变夏阴早。知近应生庐，民风故醇好。'"

■ 梦解 未见

(明)孔承倜撰。承倜有《易经代言》，经部易类已著录。

是书，《山东通志》、《曲阜志》等著录。《阙里文献考》此书称"卷佚"。

■ 地理辨证疏二卷 未见

(清)孔传炳注。传炳字月川，岭南派貤赠修职郎毓达第五子，孔子六十八代孙，太学生，以军功加六品衔。

《孔子世家谱》三集岭南派："六十八代传炳，字月川，太学生，以军功加六品衔，注有《地理辨证疏》二卷。"兹据著录，未见传本。

■ 大衍新法一卷 存

(清)孔传游撰。传游有《太极易图合编》，经部易类已著录。

是书，山东省图书馆藏有清道光三年《太极易图合编》附刻本，凡一册十六叶，九行十八字，白口，四周双边，单鱼尾。无序目。内收《大衍新法》五章：首起命，次生于

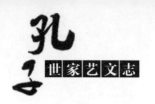

立春日论时,次八卦纳甲花辰,次爻有六合三合三刑岁破月破日破旬空,次女六亲与男异。又《大衍外篇》十三章:首天地水火为体用,次乾坤坎离为主卦,次卦不反易为贵,次上经包下经,次既未济贯六十卦,次天地始终于五,次论十二辟卦,次论乾坤不入用,次论八宫,次论纳甲花辰,次论月合卦象,次论男女顺逆,次论理数。按:此书《中国丛书综录》著录《安乐延年室丛书》本不详作者年代,《元史艺文志辑本》遂误收录,并《丛书》名漏一"年"字;《中国丛书广录》亦著此本,不题卷数;《山东通志·艺文志》此书与《太极易图合编》、《文象衍义》合并著录,亦不著卷数。《东北地区古籍线装书联合目录》另著有吉林大学图书馆藏清道光间刻《致远堂全集》本。

是书今有山东省图书馆等藏清道光三年《太极易图合编》附刻本,清道光间刻《致远堂全集》本等。

■ 续邵尧夫经世绪言一本 未见

(清)孔庆翰撰。庆翰有《简贯易解》,经部易类已著录。

是书据《续修县志》著录。《孔子世家谱》庆翰传作《续邵尧夫经世绪》。尧夫,乃邵雍字。雍,宋河南共城人,著有《皇极经世》等书。宋咸淳三年从祀孔庙。《四库全书总目》子部术数类载其书云:"皇极经世,盖即所谓物理之学也。其书以元经会,以会经运,以运经世。起于尧帝甲辰,至后周显德六年己未。凡兴亡治乱之迹,皆以卦象推之。"庆翰所续当即此书。未见传本。

艺术类

■ 金兰翰墨无卷数 未见

（明）孔尚可撰。尚可有《易解》，经部易类已著录。

是书，《江苏艺文志》据《高淳县志》孔四可传著录，云"佚"。《孔子世家谱》尚可传亦载其书，略谓：尚可"以书法文章名于世，有《四游集》、《金兰翰墨》、《易解》、《玉兰堂集》诸书行于世。"

■ 琴谱一卷 未见

（明）孔贞遇撰。贞遇号行素，仙源户岁贡、赠登仕郎、京卫武学教授闻耀三子，孔子六十三代孙，庠生，因子尚则贵封奉直大夫、刑部郎中。

是书，《山东通志》著录，题"清孔贞遇撰"。《曲阜志》、《阙里文献考》此书入经类乐家。《孔子世家谱》："六十三代贞遇，号行素，庠生。清操雅节，善鼓琴，著有《琴谱》。以子尚则贵，封奉直大夫，刑部郎中。"按：贞遇生卒不可考，仅知其长兄贞教，明万历三十五年丁未致仕；子尚则，明崇祯十三年进士。据此不难推知，贞遇盖亦明末之人也。兹参据著录。

■ 琴瑟谱一卷 存

（清）孔贞瑄撰。贞瑄有《大成乐律全书》，经部乐类已著录。

是书据《著述记》著录。未见有单刻本。贞瑄《聊园文集·自述》称"平生无所自许，惟《操缦新说》多出独见，为前人所未发，著为《瑟谱》，大司马范公令琴隐万君尔梅同介弟淳庵推广其法，谱成大雅、汉宫、平沙、客窗四大曲为《琴瑟合璧》行世，弁言颇归功焉。亦谓其庶几于古有合焉云尔。"又贞瑄《大成乐律全书·瑟谱客窗夜话》末"《大成乐律书》'琴瑟谱'详于乐章，其瑟曲唯《客窗》一阙"。并书眉之上悉标"琴"、"瑟"二字。又《四库全书总目》大成乐律条亦称其书"尤详于《琴瑟谱》，节奏大概本之阙里庙中。"另外，查阜西《存见古琴曲谱辑览·存见古琴谱集及其所收琴曲的提要》著有清康熙十六年刊本《琴瑟谱》一卷,前有祁豸佳、宫梦仁序,参订五松堂集姓氏表,谱目,松风阁指法及所收十三曲之谱文等。其《琴瑟谱》"大雅"注云:"《瑟谱》,阙里孔璧六谱,凡十段。"孔璧六即孔贞瑄也。其《谱》所附《松声操》内之"杏花天"宫音、"御街行"商音,则分别为孔尚任东塘、顾彩天石作词。又此书另著有清道光间抄本范承都《范氏琴瑟合璧》,内凡收"客窗夜话"、"平沙落雁"、"大雅"、"汉宫秋"四谱,与贞瑄所述悉相吻合。

■ 琴苑心传全编二十卷　存

（清)孔兴诱辑。兴诱字起正,号秀岩,临沂户四氏学录衍统长子,孔子六十六代孙,岁贡生,即墨县训导。

是书,《贩书偶记续编》、稿本《续修四库提要》、《中国古代音乐书目》(初稿)均著录。《续修四库提要》:"《琴苑心传全编》二十卷,康熙庚戌刻本,清孔兴诱辑。兴诱字起正,号秀子,曲阜人,生当明清之际,博闻嗜古,精擅操缦,颇著声誉。所撰是书,全编凡二十卷,据兴诱识语,称兹编自丙子冬积稿,至丁未竣,阅历淹久。抱卷自忆,虽非专业,亦可谓不自暇矣云云。考其年当为崇祯九年,讫康熙六年,凡历三十二年之久,则知其从事殷勤谨慎矣。书前有衍圣公孔兴燮、曲阜县世职孔贞堪,及颜光敏三序。光敏序作于康熙九年,殆即刊成之年也。序云:俗士曲学,承讹袭谬,浸失古意,吾师心窃忧之。乃研精殚思,穷神极奥,探声器之源,参制作之本,衮订谱法,芟繁补陋,核其曲要,综其指归,编摩成帙,命曰《琴苑心传全编》……光敏官吏部郎中,好读书,诗文有重名。兄弟三人皆工琴,其与兴诱皆为清初山左琴家之卓著者也。是书卷首为历代帝王圣贤名氏,据杨表正所录,复予增益近代十余人。卷一首琴议,次声音感摄,次律吕;卷二首黄钟,次《乐记》、《家语》,次子说;卷三述制琴定徽诸法;卷四述历代琴制;卷五首杂引琴义,次论徽弦本制,次传琴,次启蒙;卷六首抚琴式,次五音审辨,次弹琴之要及手诀等目;卷七集辨指及左右指法抚琴诸论;卷八辑左右手势;卷九以下罗列诸谱所载曲名,仿《乐府诗集》例,俱有解题。于曲操之节句段次,详校诠释,每曲中皆缀以评语。其考声律、详制度,录诸家论著,皆标注所出,体例至为精当。按:琴书之中,有专重指法抚弦者,如松弦馆、澄鉴堂是;有兼及文献考订者,如诚一堂、五知斋是。是书则为重文献考订者,其裁酌谨严清晰,最可取法,洵称佳构云。"按:此书原帙罕见,查阜西《存见古琴曲谱辑览·存见古琴谱集及其所收琴曲的提要》著有一本,云:"《琴苑心传全编》,清初刊本,二十卷,孔兴诱辑。据本首册的序目及卷一原缺,但已抄补完整。卷十三缺第十三、十四两页,是文王操。每卷首行镌'琴苑心传全编第某卷',次行则为'阙里孔兴诱起正辑较',书口顶行镌'琴苑'二字,次为鱼尾,开跨作弧形,尤存明代风格。据原序,此书从明崇祯九年(1636)开始,到清康熙六年(1667)方始告成。一至八卷论琴理;列代琴人传;说琴律;说制琴;辨琴;释字谱及指法。九至二十卷共收琴谱八十曲,几乎都有解题和后记,并记明传谱或校谱人。全书体例周备,是一部对明代古琴有总结性的重要著作。"兴诱,《曲阜志》《著述记》不载其人其书,考其三弟兴橄亦喜琴,人称高士。其时曲阜多琴师,列见本书各曲校谱者有:商调下;客窗夜话,连尾泛计九段,有解题,第一段下注"曲邑徐咸庆苏湄校";商调下:忘机,连尾泛计五段,有解题,有后记,第一段下注"东鲁孔贞操垣三校";徵调上:关雎,连尾泛计十一段,第一段下注"古鲁颜伯珣石珍校",有解题,有后记,标题下注"西园"二字;羽调:汉宫秋,连尾泛计十七段,第一段下注"古鲁颜士莹校谱",有解题,有后记;羽调:沧海龙吟,连尾泛记八段,有解题,标题下注"西园"二字。"西园"即商调忘机校普人孔贞操(灿)也。贞灿字垣三,号西园。兴诱为清初琴学大家,琴学之外,生平轶事散见载籍者正复不少,如康熙《莱州府志》卷二"坛庙"即载有兴诱康熙十六年官即墨训导时,重修神牌、补砌庭阶等事。

是书今有重庆市图书馆藏清康熙九年曲阜孔氏刻本(有抄配),中央音乐学院中国音乐研究所藏重庆市图书馆藏康熙九年曲阜孔氏刻本摄制本等。

■ 太古遗音八卷 存

题(清)孔兴诱辑。

《清华大学图书馆藏善本书目》子部艺术类:"《太古遗音》八卷,(清)孔兴诱辑;附《伯牙心法》二卷,(明)杨伦辑。清道光间抄本;八册一函;八行二十二字。"兹据著录。按:《曲阜志》、《阙里文献考》、《山东通志》、《中国古籍善本书目》等此书无载。今考《太古遗音》一书,中央音乐学院中国音乐研究所编《中国古代音乐书目》著有明朱权校补明刊本六卷,明袁君哲编明刊残本不详卷数,明谢琳辑明刊本三卷,明黄士达辑明刊本及汪孟舒传抄本三卷,明杨伦辑明刊本二卷,而不见有兴诱书。惟《古代音乐书目》杨伦作杨抡。其所辑《伯牙心法》,亦有著录,题明刊本一卷,卷数与此稍异。查阜西《存见古琴曲谱辑览》著有谢琳《太古遗音》,也无兴诱书。事甚可疑,或为抄者所误题耳。而据谢书,拘幽操、文王操,皆文王作;岐山操、文王曲,皆周公作;漪兰操、龟山操、亚圣操、将归操,皆孔子作;残形操,曾子作。另据《琴学轫端》、《风宣玄品》、《神奇秘谱》,孔子吊季札、复圣操、获麟操,皆署孔子作。归耕操,曾参作。

是书今有清华大学图书馆藏清道光间抄本。

■ 享金簿一卷 存

（清）孔尚任撰。尚任有《易经系辞讲义》，经部易类已著录。

是书，《中国丛书综录》、《中国丛书综录续编》皆著录。书为尚任自记所藏，凡书画题记八十二则，玉器十则，山石九则，乐器七则，法帖六则，钟鼎六则，砚池六则，铜器三则，磁器、漆器、古尺、印玺、镜、屏风、纸张各二则，旧档案、白描传奇、弩机、刁斗、刀笔、军特砚、香炉、钱币、雕刻、小葫芦、龙卵、骨器、绞绡帕、香各一则，共一百五十七则。诸物或友好赠遗、门生致贽，或于燕市、昆陵、广陵、济上市肆购得，或于废器中识而收之，其中不乏内府珍贵器皿。《美术丛书》本载邓实跋云："此旧写本孔东塘《享金簿》，予今岁（1941年）见之沪上，索价昂，为借归录副，以实我《美术丛书》。中有字句破损处，不敢妄拟，姑仍之。"按：尚任博雅好古，其《小忽雷传奇·博古闲情·梧叶儿》云："喜的是残书卷，爱的是古鼎彝，月俸钱支来不勾一朝挥。"盖自道实情也。

是书今有稿本《济宁李氏石靡墨亭丛书》本；《美术丛书初集》本。又载见《孔尚任诗文集》。

■ 享金簿摘钞一卷 存

（清）孔尚任撰。

是书，《中国丛书综录》史部金石类据《玉说荟刊》本著录。陈万鼎《孔尚任著述记》略谓："该《摘钞》未见著录。钱启同辑《玉说荟刊》一书，剪裁历代名人笔记中谈玉器事摘抄二十种，故以为名。尚任所著《享金簿》，有叙述玉器、石器之属，钱氏即据以摘抄成书，其内容可概见。《享金簿》系民国三十年发见本，反而摘抄在先，未卜何故？"按：《享金簿》一书，清代未有刻本，仅以抄传，故较罕见。清人李冬涵编辑《济宁李氏石靡墨亭丛书》已收其书，惜其亦未梓行，《享金簿》仍以抄传。故钱启同摘抄此书，亦据抄本。陈氏谓"反而摘抄在先，未卜何故？"是不知《享金簿》一书早有旧抄传世也。

是书今有民国二十年《玉说荟刊》铅印本。

■ 画林雁塔一卷 存

（清）孔尚任撰。

是书，山东省博物馆藏有清抄本，一册，封皮书签有"道光癸巳春分日聘之为虞臣二兄大人题"二行。半叶八行、行字不等，注文小字双行。内题"阙里孔尚任志伊父辑；同社徐显庆苏眉父、侄孔衍栻石村父校"。其书收录历代画家姓氏、小传，自古史皇氏,迄于明代妓女李三随,略依时代先后排列。或只列其名,如秦裂裔,前汉毛延寿、陈敞、刘白,后汉刘褒等。或注明画家字里擅长,如"陈继儒,号仲醇,又号眉公,自号白石樵,华亭人,隐士。梅";"刘雪湖,山阴人。花竹梅";"僧弘仁,号渐红,徽州人。山水花卉";"女史周禧,江阴周荣公之女。人物";"俞公受,山水";"李日华,字君实,号竹懒,又号九疑山人,秀水人";"叶竹泉,竹石";"妓女李三随,字居贞,号无尘,汴人。兰竹"。或记其师法,如"工蒙,字叔明,号黄崔山樵,吴兴人,山水师王维。王维,赵文敏外孙也"等。其中,多有《中国美术家人名辞典》所不载者,如秦代裂裔、唐代周右贤、元代钱选、明代僧弘仁、李三随等,即有载,亦或详略不同,可资参考。其和尚、道士、妓女,以及名不见经传的民间画师资料,尤为难得。按:《中国古籍善本书目》此书入史部传记类总传门。经其著录,世人乃知尚任有此作,殊不知尚任本人亦工绘事,山东省进德会《金石书画展览物品纪略》卷四画类载有康熙三十一年《孔东塘梅花横幅》,中有题诗,云:"风尘有客未还家,屈指流光感岁华。寄讯不须劳驿使,千枝万朵写梅花。"署"壬申七月巧日鲁儒尚任"。印记不可辨,宣纸本,高三尺九寸,横九尺一寸五分,莒县庄氏藏。

是书今有山东省博物馆藏清抄本,2007年12月山东大学出版社《山东文献集成》第二辑影印本。

■ 广阳关三叠谱一卷 未见

(清)孔尚任撰。

《友声新集》孔尚任复张潮札云:"弟尚有《广阳关三叠谱》一卷、《佳节承欢录》二卷,篇帙稍多,故未敢奉教,用之续貂时,可寄去耳。"兹据著录。按:据《孔尚任年谱》,此札写于康熙三十八年,为尚任罫下时期所撰琴谱著作,查阜西《存见古琴曲谱辑览·存见琴曲解题辑览·阳关三叠》引《浙音释字琴谱》,谓希仙曰:"是曲也,王摩诘所作,而后人增益之。按祖谱无此曲,想夫吾人之生,会少离多,临别之际,把酒而三唱阳关,西出而无故人,吴楚同愁之语,何其怆乎。"又引《重修真传》曰:"此唐王维作也。后世述之,或句句三叠,而今为词,只用第三句三叠。如青山无数,白云无数,浅水芦花无数,是又变而为词三叠也。"又引《希韶阁琴谱》曰:"此曲唐王维作。唐人送别,每唱此什。其法,先唱七言,次除上二字,唱五言。又除上四字,唱三言,一步急一步,故曰三叠也。"尚任此书或即广其意而成之。又考《广百川学海》内载有明田艺蘅《阳关三叠图谱》一卷,《中国丛书综录》列子部艺术类乐谱门,似亦同类著述也。

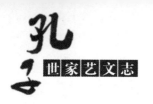

■ 桃花扇图册 存

(清)孔尚任原撰。

是书,《北京大学图书馆藏古籍善本书目》集部曲类传奇与《北京大学图书馆藏善本书录》著有清同治彩绘照录三色笔曲文四折册本,一函三册。按:考此书《中国古籍善本书目》未收,而馆目著录但题原撰,不云绘自谁人之手。予因编《〈桃花扇〉歌咏集》,查考诸家诗集,尝于清何兆瀛《老学后盦自订诗》卷四见有《题摹本〈桃花扇〉画册》,内有"烟云过眼空陈迹,好事重橅认标格。新词落叶写秋痕,我亦销魂白门客"等句。又考何氏,字通甫,号青耜,江宁人,道光二十六年举人,官至两广盐运使。生活时间与此正符,或其所题恰即此册矣。

■ 画诀一卷 存

(清)孔衍栻撰。衍栻字懋法,号石村,官庄户太学生尚慹长子,孔子六十五代孙,贡生,官济宁训导。

是书,《曲阜志》、《阙里文献考》、《中国丛书综录》等著录。《清志》、《山东通志》、《四库全书总目·艺术类存目》、《郑堂读书记·补逸》、《书画书录解题》等此书并作《石村画诀》。《著述记》是书作二卷,盖含《续画诀》一卷。按:是书乃衍栻自记作画之法,凡十则,一立意、二取神、三运笔、四造景、五位置、六避俗、七点缀、八渴染、九款识、十图章,除渴染一则外,它皆寥寥数语。《书画书录解题》称"渴染之法,石村负其秘,谓未忍自泯,故言之较详。余按渴染之法,程孟阳派似已用之,其时代略先于石村,岂石村尚未得见,故自以为心得耶?前有自序及张潮题词。"《昭代丛书》本题"曲阜孔衍栻石村著;吴江顾卓尔立校"。考此书尝经尚任推荐,张潮《友声新集》卷一孔尚任致张潮书云:"舍侄《画诀》一卷,颇有别致,十年前游广陵,人多赏其画,今在长安名已成矣,因出此以问世。"衍栻,尚任长兄子也。

是书今有清康熙刻《昭代丛书》本,1995年齐鲁书社《四库全书存目丛书》影印本。又有《翠琅玕馆丛书》本,《绘事晬编》(北京大学图书馆藏有此书道光间邹氏抄本)本、《艺术丛书》本、《芋园丛书》本、《美术丛书初集》本、《画论丛刊》本、《历代论画名著汇编》本,1994年上海书店《丛书集成续编》影印《翠琅玕馆丛书》本等。

■ 续画诀一卷 未见

(清)孔衍栻撰。

是书,《曲阜志》、《阙里文献考》皆著录,未见传本。

■ 四季花卉画册 未见

(清)孔传铦绘。传铦字振文,号西铭,别号蝶庵,袭封衍圣公毓圻次子,孔子六十八代孙,康熙四十五年袭五经博士,授通议大夫。

孔传铎《红萼词》卷下《玉女摇仙佩》(观舍弟西铭作《四季花卉画册》):"群芳递代,百卉争新,自古原无节序。谁衔初开,谁矜晚秀,一例春光分取。洞口桃千树。不多时又见,楝花含雨。只转瞬、牡丹红药,占尽玉阑干外眉妩。山山放杜鹃,掩映榴红,直到炎暑。试看戎葵未谢,沼内莲衣,百柄千房齐吐。曲岸洲边,白苹红蓼,也解助人情趣。好把秋兰护。筭曾经、多少骚人留句。香渐入、桂丛深长处,菊英虽澹,天公全把精神付。小春方许春归去。"兹据著录。按:此册未见传世,无由一睹真迹。今读其词盖可想见其大略,册内花品既夥,内容复丰。西铭善绘事,亦遂得验证。

■ 琴律易知四卷 未见

(清)孔传堂撰。传堂字振升,号升庵,一说字升庵,号鹭洲,临沂户滨州训导毓炆第三子,孔子六十八代孙,雍正元年举人,二年成进士,历官礼部祠祭司主事,转员外郎,兵部武库司郎中,广西镇安府知府,贵州思南府知府。

是书,《山东通志》、《著述记》等皆著录。《曲阜志·著述》此书入集类,《列传》称"藏于家"。《阙里孔氏诗钞》传堂传此书作二卷,未知何据?按:传堂为琴学大家兴诱族孙,传堂之祖兴檄与兴诱系亲兄弟。檄亦爱花竹琴酒,人称高士。故传堂学有渊源,撰为此作。惟传堂生卒无考,亦未见有集传世,《孔氏诗钞》所载其《咏菊》诗,似带自况意味。诗云:"西风帘卷任盘桓,不学灵均供夕餐。三迳疏篱人独立,一枝新蕊露初溥。渊明采去风原古,杜老吟成韵自寒。赢得清芬盈鼻观,始知淡泊本来难。"

■ 和松书屋琴谱 未见

(清)孔继浩撰。继浩有《慎终集》,经部三礼总义类已著录。

孔继浩《耀尘集》卷上《和松书屋琴谱序》:"仆季父远秀主人寡悔寡尤,多才多艺,既工绘事,复乐挥弦,十二掺之精神,关关指下;廿四曲之雅调,肃肃挥中。觅古器于洞庭,宁惜明珠之价;访良师于吴会,敢辞倒履之劳。志在高山,巍巍乎如泰岱,意在流

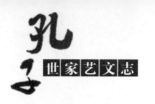

水，汤汤乎若江河。清丽而幽，和润而远。务登峰以造极，岂要人知；对明月之良宵，聊堪自慰。音谐文武，驷马仰秣乎枥间；调改宫商，群鹤翔鸣于阶下。中郎之焦尾，终日随身；曾子归耕，无时脱手。何意举世皆嗤其拙，大人独赏其愚。笑而呼名，我将授汝。樗处荒谷，过蒙大匠之取材，调乃广陵，猥荷知音之爱戴。重命童子为序，只缘兹《谱》辑成；须断而词亦难工，不过雕虫之技；肠枯而言终涉鄙，应来祭獭之讥。"兹据著录，未见传本。

■ 篆镂心得不分卷 存

（清）孔继浩撰。

是书，国家图书馆藏有誊稿本，一册，半叶九行、行十七字，无格。内题："阙里孔继浩愚斋著；济南朱文震青雷较"。有"孔昭焕印"等印记。书前有华亭徐颖梁序、壬戌正阳月上浣钱塘屠炯序、壬戌夏五弟继沂序、上章涒滩柘月既望继浩自序，及南沙蒋楡题辞并目录；末有重阳后四日吴兴胡士铉跋、乾隆六年小春既望归安袁俊跋、辛未夏又五月望后三日钱塘范崧跋。内收《篆总论》、《章法》、《落墨》、《执刀》、《奏刀》、《识白文》、《识朱文》、《阴铁线文》、《阳铁线文》等，凡四十七篇，另附：唐张怀瓘《十体书断》（选四）、宋张表臣《论虫鸟书》、欧阳修《论仙篆》、苏轼《天篆记》，元吾[丘]衍《三十五举》，明王应电《书法指要》、《布字原病》、朱谋㙔《论古文奇字》、丰坊《论篆书》、赵宧光《论四体书》（选一）。胡氏曰："义壑先生沉研古学，诗古文辞久已声驰艺苑，读书偶暇，复留心金石鼎彝之篇，向不鄙予荒陋，曾命弁其《印谱》矣。壬戌九月，余自邺中至阙里，相见慰劳，即示所辑《篆镂心得》定本，予反覆读之，见其考订精详，指示周缜，积二十年精力斯成者，义壑亦有心人哉。"范氏曰："愚斋先生笃学好古，夙嗜篆刻，自周秦而下，字体迭变，皆延委讨原，考核精据。奏刀亦复慎重，尝见其《印谱》，法正体严，力充气足，骨苍而不枯，神润而不弱，朱白兼擅其胜，殆非浅学人所可探瞩一二也……先生聪颖绝人，善诗文，少暇辄从事于铁笔，积岁月于此，其为纯而熟也宜矣。而又未尝自秘所得，著为成说，剖析个中三昧，无义不抉，无微不阐，盖技也而进于道矣。"袁氏亦称其书"直穷秦汉精奥，间参己意，可谱前人所略。"按：此书，世间绝少流传，《山东通志》、《曲阜志》、《著述记》均未载及；《中国古籍善本书目》、《北京图书馆古籍善本书目》著此帙称清抄本一卷，而据予审阅，实乃一未刊清稿孤帙也。其收藏者孔昭焕，字炳和，号杜芳，嘉道间人，继涵之孙，广栻第七子，因知是书亦微波榭旧物而逸出者。此书固为篆学秘本，不可多得，然所附诸家论说，尤不可小觑。其中，元吾丘衍《三十五举》、明王应电《书法指要》、《布字原病》，皆为专书。《三十五举》为印学名著,书目著其版本甚多,但皆不及此本。王应电《书法指要》《布字原病》,更是珍贵书学遗著,二书,明郭子章为其作《传》时已不甚见。应电精于字学,《传》称:其《同文备考》之外,"又著《书法指要》《六义贯珠图》《六义相关图》《布字原病》等书,皆有裨于小学。"又谓其书,"本贮秦和县署,近多遗逸。"今考《中国古籍善本书目》、台湾《"国立中央图书馆"善本书目》、《中国丛书综录》、《中国丛书广录》、《贩书偶记》及《续编》《续修四库提要》《中华书法篆刻大辞典》等均不见著录,其罕见可知。其它亦多吉光片羽,弥足珍贵。

是书今有国家图书馆藏清稿本,2002 年上海古籍出版社《续修四库全书》影印本。

■ 重摹吴氏印谱 未见

(清)孔继浩临摹。

孔继浩《耀尘集》卷上《重摹吴氏印谱自序》:"雕篆虽小技,予实有癖焉。初苦无师,已酉秋,虎拜罗姊丈自燕来,素工秦汉钟鼎诸篆,刀法、章法,得古人三昧,予从旁窃窥之,略领其趣,遂购工制器,潜心学之,每遇六书古谱,辄观之不倦。丙辰夏五,郑君持吴子苍雷家传《印谱》四帙,凡五百六十有八方际余。章法流利,用刀古朴,实出尘世外,如获拱璧,莫忍释手,欲罄所爱古器易之,而吴子以世传,不欲轻弃,遂选毫临摹,越数旬而告竣,虽刀法未能全肖,而篆文章法已栩栩生动于楮君之上,晴窗雨几,每一展卷,恍若与古人相对,目予为痴,亦复奚辞。"兹据著录。按:此《谱》临于乾隆元年,惜与《吴氏印谱》皆不见书目著录与传本存世。

■ 愚斋印鉴 未见

(清)孔继浩辑刻。

孔继浩《耀尘集》卷上《题印鉴册后》云:"盖事无难易,艺无大小,惟笃者能臻妙,嗜者乃成癖。自古有诗癖,砚癖,马癖之不一。癖虽异而嗜则同也。若夫摹印一道,固曰雕虫,余沉湎其中近三十年,非敢云臻妙,亦可谓成癖。或侦之世族,或得之作家,凡寿石载谱者,悉搜罗珍藏,考其真赝,厘其妍媸,汇为此帙,以供獭祭之一助云。"兹据著录。按:此与前著《印谱》似非一书。

■ 愚斋印谱 未见

(清)孔继浩篆刻。

是书,《孔子故里著述考》据清吴兴胡士铉跋《篆镂心得》著录。跋云:"义壑先生

沉研古学,诗古文辞久已声驰艺苑,读书偶暇,复留心金石鼎彝之篇,向不鄙予荒陋,曾命弁其《印谱》矣。"又钱塘范崶《篆镂心得》跋亦云:"奏刀亦复慎重,尝见其《印谱》,法正体严,力充气足,骨苍而不枯,神润而不弱,朱白兼擅其胜,殆非浅学人所可探睹一二也。"按:其书未见,录此以俟咨访。

■ 长行经一卷 存

(清)孔继涵撰。继涵有《考工车度记》,经部周礼类已著录。

是书,《中国丛书综录》著录《微波榭丛书》本入子部艺术类博戏之属。书凡半叶九行、行十九字,黑口,左右双边。内题"昌平山人孔继涵"。又有《微波榭遗书》附录本。

■ 孔荭谷临汉校官碑 存

(清)孔继涵书。

是书见有民国间《孔桂两先生隶书合璧》石印本,一册,罗振常(子经)题签。原件为宜蕙庐旧藏,末有翁方纲、孔继涵、孔宪彝等人题跋。内收曲阜孔继涵、桂馥二人临碑书迹。按:此碑在江苏溧水县孔庙,乃宋绍兴间溧水县尉喻仲远得之于固城湖滨者。隶书十六行,行二十七字。字体方整朴厚,气韵沉雄,为隶书佳作之一。继涵书学颜体,行书亦颇擅长。一次,其书藏主王某知予致力孔氏,遂向予讨教,问是否知道"孔桂两"这个人,予应声答道:你说的这个名字一定有问题,孔家无此人。事后遂邀至其家,出示此书,予一见书名,果为猜中,略翻数页,详告一切。王某唯唯。书缘如此,不由不记也。

是书今有济南王氏藏民国《孔桂两先生隶书合璧》石印本。

■ 谷园论书一卷 存

(清)孔继涑撰。继涑有《玉虹楼帖目录》,史部金石类已著录。

是书,山东省图书馆藏有清同治抄清晏棣辑《国朝书法名家考略》附录本,半叶八行,行三十六至四十字不等,无格,亦无序目,首页题《孔谷园书法论》。书凡八叶,收文约三十七则,末有"右论书随笔录与养元曾侄孙,谷园涑稿"一行。《中国古籍善本书目》(征求意见稿)史部传记类此书置孔继涵《国朝词人名氏爵里表补》后,不另题作者名氏。《清史稿艺文志拾遗》据以著录,亦未题作者名氏。按:《著述记》:"孔继涑,字体实,号谷园,别号葭谷居士,乾隆戊子举人,官内阁中书。好学工书,初学张照,后宗宋四家,手摹古今名迹百余卷,名《玉虹楼帖》,为海内所推重,与梁学士同书齐名,故有'南梁北孔'之称。有《谷园论书》一卷,《玉虹楼诗词》四卷。"《续修县志》同《著述记》。《增补孔庭摘要》谓"六十九代继涑,字信夫,与公爵同胞大排行十二,俗呼'十二公',道号东山居士(才按:《传书堂藏善本书志》著录明刊本《侯鲭录》即有继涑、东山二印)。一生善书,没之前数日有《题苏尺牍诗》,'明月清风'即诗中语。山舟梁同书学使輓十二公联云:'临去诗成写照髯仙明月清风人已远;平生墨妙瓣香冰曳虹楼瀛海世争传'"《续修四库提要·墨隐斋法帖》条称:"其中《论书》一卷,与其曾侄孙养元者,自道所得力,足为后学取法。"此所谓"曾侄孙养元者",即七十二代袭封衍圣公孔宪培。宪培字养元。又,继涑精鉴别,尝跋其宋刻淳化阁帖云:"宋帖首《淳化》,次《大观》,次《绛帖》。或曰阁帖木本,或曰石本,既为内府枣板,乃云上石,无此理也。盖当时木石皆有刻,而好事者又取官帖摹石藏于家,往往有之,此亦其一也。"

是书今有山东省图书馆藏清同治九年抄本。

■ 孔继涑论书墨迹一册 存

(清)孔继涑撰。

是书,中国科学院图书馆藏有孔继涑手稿本,折装一册,十七面,每面九行,行十五、六字不等。此为作者论书之作,书封原题《孔继涑墨迹》,今据实改题。予见继涑墨迹多种,此与其临帖之作相较,尤见洒脱流畅。本册主要讨论书法名迹,却又不止此。书后有札记数则,如云"承询刻价目补韩小字至《争坐位》,大字每字一分二厘,每日饭米大钱五十文"等语,似即编刻《玉虹楼法帖》事。又如六月六日札,谈及其岳父王图炳(充之)受"蔡显逆案"牵连流放事。考所谓"蔡显逆案",乃是继戴名世案后又一著名文字狱案。华亭举人蔡显因编《闲渔闲闲录》而获罪,不仅作者及家人受到严惩,为书作序、校订、参阅者、出版商及接受赠书之人也无不受到不同程度的究治。继涑之岳父王图炳(充之)正是蔡显赠书中的一位,故也以"知情不首"的罪名杖责一百,而后流放到华州。此案,当时震动朝野,乾隆为此二次下旨,并训斥两江总督高晋等办案粗疏,责问"该督何竟意存姑息,仍不免大事化小化无之陋习。况该督等平日既漫无觉察,不能预发其奸,直至自行败露,尚图苟且完事,何以申国宪而快人心。"要求对蔡显的门人及亲朋好友"逐一严加跟究",王氏遭此重创,家境大受影响。孔继涑写到:"先岳名王图炳,曾官长卢运使,没后,十子皆家业萧条,惟五舍舅尚可糊口,□遭此无妄之灾,弟兄十人,皆不相顾,更相为累,只得尽变田产,得二千金,托涑在鲁置产,以为养子孙之计,其情甚苦。"可见其书乃谷园书稿之一。继涑书法负重名,为其所

掩,凡所著述,皆被视为书法真迹,冠名墨迹而加珍藏。

是书今有中国科学院图书馆藏孔继涑手稿本。

■ 孔继涑墨迹一册 存

(清)孔继涑撰并书。

是书,《山东省图书馆藏珍品图录》著录此册但题"清孔继涑书",而审其书之内容,则系继涑所撰诗札,故改题"撰并书"。书为曲阜孔府旧藏,凡一册,行字不一,钤有继涑"玉虹楼"、"信夫氏"、"葭谷"、"中书舍人"、"阙里"等印记,及收藏者"孔昭咏印"。按:昭咏为十府袭太常寺博士广册第四子,继汾孙,字少复,号鹤舟,道光十二年壬辰科举人,署世袭六品官。

是书今有山东省图书馆藏孔继涑手稿本。

■ 玉虹楼临古帖(原题玉虹楼帖)五册 存

(清)孔继涑书。

是帖,山东省图书馆藏有孔继涑手稿本,折装,木夹五册,品高 33 厘米,宽 39 厘米,无格及签题,亦无目录与序次。其中一册,收赵孟頫一人书,凡二十九叶,每叶十四行,行字不等,末云"右赵魏公尺牍,乾隆丙戌正月廿四日临竟"。钤"继涑私印"白文正印,"信夫"朱文正印。又一册二十一叶,收宋韩琦、范仲淹、欧阳修、蔡襄、赵抃等人书,行数同上,行字不等,末有"素王孙"白文正印,"谷园孔继涑印"白文正印。又一册二十五叶,收宋韩世忠、史浩、范成大、陆游、朱熹等人书,行数同上,亦行字不等,末有"县臂学书"白文正印。又一册二十六叶,收宋苏洵、孙觌、苏轼、苏辙等人书,每叶十行,行字不等,末有"继涑之印"白文正印,"谷园"朱文正印。又一册二十五叶,收宋苏过、黄庭坚、翟汝文、赵鼎等人书,每叶十四行,行字不等,末有朱文圆印。按:此帖该馆原题《玉虹楼帖》,《山东文献书目》据以著录。然审其《玉虹楼帖》一称,意甚模糊,极易使人误为继涑自作,而实际诸册所收,悉为临古,故据改题。

是帖今有山东省图书馆藏孔继涑手稿本。

■ 谷园临古帖(原题孔继涑墨迹)一册 存

(清)孔继涑书。

是帖,山东大学图书馆藏有孔继涑临写本,签题《孔继涑墨迹》,半叶七行、行十五字。内临欧阳询、颜真卿、蔡襄、米芾四家书,共若干通。末署"谷园孔继涑临"。有

"孔继涑印"白文方印、"信夫"朱文方印等印鉴。书后有弇山姚鹏图宣统三年四月跋，称"谷园先生书，继武云间，时有玉润冰清之目。比年数睹真迹，体各不同，真得天瓶家法者。去夏过济州，从骨董肆见先生手录纪恩七律四篇，其一首自注：军机传旨，命臣仿张照体作书，即时呈一纸，蒙传谕云：'尚未似。'遂更进二幅，称旨留览云。时方太平，传此盛事。渊源有自，播为美谈。此册十五叶，今年新春得于东昌，临古精神，复存家法，实为先生得意书，携来济南，晴甫先生见而赞叹，自言家藏遗墨尽毁于吴中兵劫。爰奉是册归之，永为家宝，承命作跋，敬记其后，以结墨缘。"又有孔庆霶民国十二年跋，订正姚氏跋误数处，并云："此册凡二千五百九十六字，悬腕中锋，橅古神似，墨光纸色，手印宛然，确为先十二叔高祖手泽。"末署"癸亥仲冬庆霶谨识"，有"孔庆霶印"白文方印、"晴甫"朱文方印。按：此书《续修县志》、《著述记》、《中国古籍善本书目》等俱无著录。

是帖今有山东大学图书馆藏孔继涑手稿本。

■ 朱子治家格言一册 *存*

(清)孔继涑书。

是书，曲阜文管局档案馆藏有纸本真迹，楷书绫裱，折装一册，半叶二行，行五字，品纵26.7厘米，横10.5厘米。书法间架严谨大方，结体端庄古雅。末叶自谓书"于登贤乡之读书房中"，落款"谷园"，并钤有"孔继涑印"、"信夫"朱文正印。兹据著录。按：据《清稗类钞》，继涑得张文敏笔法，时以小司寇目之。求书者，纸堆几案若束笋。殁后，所存墨迹，子侄分藏之。其疏远族人无所得，乃辗转乞得一巨幅，碎裁之，均分其字。此亦书坛之轶事也。

是书今有曲阜文管局档案馆藏孔继涑手稿本。

■ 孔恭悫公书圣经并赞 *存*

(清)孔继涑书。

是书，山东省东平县图书馆藏有墨拓本，封皮题"孔恭悫公书圣经并赞"。孔继涑乾隆十六年辛未二月书。按：恭悫公，即孔子六十七代孙、袭封衍圣公孔毓圻，毓圻工书善画。《山东省古籍重点保护单位》(第一批)此书误释为"孔恭懿公"，拓片编排，亦复凌乱。

■ 孔葭谷书演联珠 存

（清）孔继涑书。

是书，《首都图书馆古籍善本书目》子部书谱类著有写本，一册，线装本，钤"继涑私印"朱文印、"悬臂学书"白文印、"振甫所藏"白文印。

■ 张柳州墓志铭一册 存

（清）孔继涑书。

是书有笔者等藏民国间上海大众书局影印本。封皮签题"孔继涑书张柳州墓志"。内题："张柳州墓志铭；常熟苏去疾撰，阙里孔继涑书"。按："张柳州"讳符叔，字子吉，徐州铜山人，生前长期任职鲁西南汶上等地，遂得结交孔氏。又考本《墓志》撰于清乾隆五十二年，为继涑晚年重要书作，故不可以非真迹而忽视也。

■ 御制九符诗一册 存

（清）世宗胤禛撰，孔继涑书。

是书，山东师范大学图书馆藏有孔继涑手写本，经折装。

■ 谷园摹古法帖二十卷 存

（清）孔继涑摹勒。

《中华书法篆刻大辞典》："《谷园摹古法帖》历代丛帖。二十卷。乾隆间曲阜孔继涑摹勒。此帖乃重摹前人碑帖，故曰'摹古'。此帖多取自《群玉堂》、《快雪堂》、《三希堂》等帖。以宋四家为大观，多取材于《三希堂》，而颇删去《三希》苏、黄之伪帖。卷一为汉《华山碑》、《石经》。卷二为钟繇、王羲之书三种。卷三为王羲之、智永书及《崔敬邕墓志》。卷四、五为李邕书《麓山寺碑》、《李思训碑》二种。卷六为柳公权书一种。卷七为摹《群玉堂帖》二十则。卷八至十一为苏轼书。卷十二至十四为黄庭坚书。卷十五为蔡襄书。卷十六至十九为米芾书。卷二十为赵孟頫书。此帖摹古甚劣，而宋以后帖为可观。张伯英曰：'重摹古碑未尽精采，不能比原本，宋以后帖则大多可观，胜俗刻远矣。'容庚《丛帖目》，容氏按语谓：'《汉华山碑》摹勒至劣，乃不识隶法者所为也。'"兹据著录。按：《续修四库全书提要》著录此帖作十八卷，题"孔继涑辑"。略云：《三希》之苏、黄伪帖，此颇删汰。苏书子由梦李士宁一则，则删之未尽者。登临览观十六行，出《快雪堂》；题郭熙山水二绝，出《式古堂》；正辅老兄一札，出《翰香馆》，皆伪迹。米、黄二家无伪者，唐太宗《哀册汝南公主志》皆列之米书，视他刻之目为虞、褚,较为适当。所惜季直表、右军千文之类,仍杂厕于真迹中,未肯割弃,为遗憾耳。《群玉堂》有包孝肃一札,书不为工,却是宋人体格,可订南雪斋本张瑞图伪造包书之谬。刻帖于近代人书,摹勒易肖,古碑则不惟神韵难传,即形似亦不易得。后魏崔敬邕《志》、笔势矫变,不可方物,重刻则软滑,大异原石;北海二碑,形貌粗具。孔氏家中仆役,多能镌石,虽重摹古碑,未尽精采,不能比原本,宋以后帖,则大都可观,胜俗刻远矣。

是帖有清乾隆间曲阜孔继涑摹刻本。

■ 谷园摹古法帖存一卷 存

(清)孔继涑摹。

是帖,《山东文献书目》据清曲阜孔氏摹刻本著录。

■ 玉虹楼法帖不分卷 存

(清)孔继涑书。

是书,北京大学图书馆藏有拓本,线装,十四册二函。当是百一帖之零种。

■ 玉虹鉴真帖十三卷续帖十三卷 存

(清)孔继涑摹勒。

《中华书法篆刻大辞典》:"《玉虹鉴真帖》历代丛帖。十三卷,续帖十三卷,共二十六卷。帖名篆书无卷数。清乾隆间曲阜孔继涑摹勒。前十三卷所刻自晋王羲之至明董其昌书共七十五种,续帖所刻唐李白至明王铎书,共七十种。此帖多出自墨迹,间有取自前代汇帖者,多世所不常见者,其中卷三出自《宝晋斋法帖》。孔氏摹帖百余卷,而以此帖为优。"兹据著录。按:《续修四库提要》著录曲阜孔氏本,作二十四卷,题孔继涑辑。略云:"《摹古》皆重镌石刻,此多墨迹,间有石本,乃世所不恒有者,如《黄庭》、《兰亭》、《宝晋斋》等是也。苏书《表忠观碑》王荆公跋,与方竹逸画竹记、汝州谢表,黄书'洛阳雨斋风尘息'一诗,皆伪书。以谷园之精鉴,亦复鉴收,是所不可解者。董香光书四册极精妙,其张得天藏本,屡次题跋,欲用以自殉者,尤思翁神品,梁闻山评张得天书,谓当在香光以上,张固自知其有仙凡之隔也。名贤遗墨传世无多,真且精者尤希见,非大力不能得,非鉴古有真识,所得亦不能尽善,藏者珍秘,非尽人所临获观,纵偶一得见,亦同过眼烟云,惟寿之贞珉,不啻化身千亿,不胫而行于四方,人人得赏玩

临仿,足慰好古之心,弥学者之缺憾,刻者亦藉此以传不朽,洵一举而数善备。乾隆间宣圣苗裔,如嶧轩之经学、信夫之书法,皆为矫然杰出。信夫书名,与成邸相并。往曾见其书课,于古今人书,莫不临仿,自绳其不合处,绝无隐避,因知一艺之成,非浅赏可致,而鉴古之事,尤非多见真迹、潜思力索不能判断真伪而无所失也。谷园嗣子广廉,亦嗜刻帖,荟萃全石百有一卷,名《孔氏百一帖》。《摹古》、《鉴真》以外,多张得天及谷园之自书,其精华则备此二种矣。"又,《四部总录艺术编·补遗》著有《宝鼎斋帖》六卷,清孔继涑摹刻,清刻本。《清史稿艺文志拾遗》据以著录。按:考《孔氏百一帖》及各家碑帖目录,未见此目,《善本碑帖录》著有宋《宝晋斋帖》,云:"此帖所知、元拓本全部十本完整,为孔谷园玉虹楼藏本,有董其昌、陈继儒、张得天等跋。解放前由曲阜吴礼泉持来北京,又带回曲阜,后归济南刘春甫,今不知所在。此帖孔氏刻入《玉虹鉴真》部分。"因知所谓《宝鼎斋帖》,实即晋宋汇帖《宝晋斋帖》。"宝晋斋",宋米芾斋名。兹附辨于此,不另立目。

是帖有清乾隆间曲阜孔继涑摹刻本。

■ 玉虹楼帖零种九卷 存

(清)孔继涑摹勒。

《中华书法篆刻大辞典》:"《玉虹楼帖零种》历代丛帖。九卷。清乾隆中曲阜孔继涑摹勒。第一卷为宋黄庭坚书。第二卷为宋米芾书。第三卷为明祝允明书。第四至七卷为清张照书。第八、九卷为清代孔毓圻书。此帖摹刻不精,后人与其先后所刻之《玉虹》、《鉴真》等帖计一百另一卷,合称《百一帖》。"兹据著录。

是帖有清乾隆间曲阜孔继涑辑刻本。

■ 玉虹楼法帖十六卷 存

(清)孔继涑、孔广廉辑刻。广廉字季直,号静吾,大宗户内阁中书军机处行走、户部广西司主事继汾第六子,候补内阁中书继涑嗣子,孔子七十代孙,官刑部直隶司主事,会典馆纂修,诰授奉直大夫。

此帖,《续修四库提要》著录,略云:"《玉虹楼法帖》十六卷,曲阜孔氏本,清孔继涑辑刻张照书十二卷、孔广廉刻继涑书四卷。信夫为张得天之婿,从受书法,于得天书迹,藏弄既多,复借摹他家之藏,其临《戏鸿堂帖》者,殆十之五六。得天一生俯首香光,最重其所刻帖,曾题香光书云:'出入颜鲁公、李北海、苏□芝兼及□少帅、东坡居士,足使赵集贤短气。'题诗云:'妍光在镜香无著,俊鹘干霄力透空;未到此中真实位,争知施女有西东。'又云:'塚中秃管已盈千,□被裁蕉廿四年,到此依然书不进,始知王质少仙缘。'盖自谓于香光有仙凡之隔也。得天谓董为八法如来,而叹为不可几及,所谓罗汉具六大神通,见入定古佛,不觉偏袒膜拜。张之天资学力,一时自无出其右,而淡逸之韵,终不能方驾思翁。此帖于张之精作,采撷略备。信夫传张衣钵,顾其不能出得天范围,犹张不能出董之范围,以张书为胜董,殆得天所谓未知施女西东者乎!"按:《清志补编》、《中华书法篆刻人辞典》此帖著为十二卷,盖限张照一人,不含继涑书。此帖卷一为张照书乾隆御制文,以下十一卷为其临古之作,计八十余种。后四卷为继涑自书。又广廉能诗,《阙里孔氏诗钞》收其《题韩云溪三泰孝廉登岱图》、《请先大父六十八代公续先曾祖恭悫公春风吹雨过春城诗谨步续韵以志近怀》二首,附此以资参考。

是帖有清曲阜孔氏辑刻本。

■ 瀛海仙班帖十卷 存

(清)孔继涑辑刻。

此帖,《续修四库全书提要》、《中华书法篆刻大辞典》等著录。《清志补编》子部艺术类作《瀛海仙班》,孔继涑书。《续修四库提要》云:"继涑既刻张得天书为《玉虹楼法帖》,又刻此种,亦张一人之书。玉虹临古者多,此多御制诗文及应制书。孔氏诸帖,皆无卷数次第,惟此刻有之。清高宗御制怀旧诗云:'书有米之雄,而无米之略;复有董之整,而无董之弱;羲之后一人,舍照谁能若;精神贯注深,非人所能学。'其见重可知。内府收藏至数百通。成邸谓其力大如虎,□人惟当谈虎色变。阮云台《石渠随笔》,称其所临《争坐帖》,与内府董临相较,则后来居上。圆健雄浑,如流金出冶,随范铸形,精采动人,非他迹可比。是皆以为出董之上。王梦楼则谓其能险绝,未能平正。梁山舟谓有刻意见长之病。夫香光晚年书,有平淡天真之妙。□则刻意求精,是即逊董一筹者。其论书曰:沉著与粗,很相似而正相反,中沉著者,外必妙丽,外粗狠者,中即荼弱。又云:着意则滞,放意则滑。此非深于书者,不能道此语。资力兼到,卓然大家。此帖为应制书,谨严者多,与《玉虹》临古之作跌宕恣肆者小异。合二刻观之,得天精作略备。至张、董优劣,固不能以一人之爱憎为定评也。"按:此帖计收张照书乾隆御制诗文三十四种。

是帖有清曲阜孔继涑辑刻本。

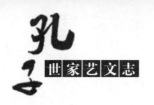

■ 隐墨斋帖八卷 存

(清)孔继涑书,孔昭薰辑刻。昭薰有《至圣林庙碑目》,史部金石类已著录。

此帖,《续修县志·金石类》、《中华书法篆刻大辞典》等均有著录。《清志补编》子部艺术类作《墨隐斋法帖》,《续修四库全书提要》著录曲阜孔氏本,亦作《墨隐斋法帖》,谓"清孔继涑书、孔昭薰刻,嘉庆二十三年勒成。昭薰为广廉之子,继涑之孙。孔氏三世皆有刻帖。此本视广廉所刻者增多也。孔信夫氏得张得天所传笔法,悬臂作书,即蝇头细字,亦必悬腕为之。其中《论书》一卷,与其曾侄孙养元者,自道所得力,足为后学取法。陈后山《杂俎》谓苏、黄二公书字,皆腕著几案。山谷论书之语,于题跋中往往见之,皆云悬腕双钩,决非肘著几案者。坡公执笔如何,虽自论未曾及此,然观其所传书,更非腕倚几案者可办。后山亲见二公作书,不应为此语。及观放翁题跋,云后山《杂俎诗话》,皆他人所伪为。以此说证之良信。信夫云:'泾南教人作字,先悬臂画圈三月,待能圆净纯熟,用笔自然遒劲,圆转自如,无复开锋,泾南之法固善,然不若米老教人于壁上学字,尤为简捷。题壁则手腕无所倚著,不论大小,自非悬臂不可。米老此语,学者每不注意,故为表而出之。'帖中《张柳州墓志》,萧县石本,为康基田书。康茂园正书未曾见,行书俊妙,在信夫上。信夫学力甚深,天资颇逊,拘于定法,不能极操纵变化之能事。张氏未刻之本,赖此帖以传。与茂园书互勘,可证二家所诣之浅深。渤海藏真之《萧闲堂记》,海岳赝笔,信夫临之,不觉其伪,亦鉴古之疏也。"按:此帖共辑刻继涑书帖二十六种。

是帖有清曲阜孔昭薰辑刻本。

■ 国朝名人法帖十二卷 存

(清)孔继涑摹勒,孔广廉、孔昭薰续摹勒。广廉有辑刻《玉虹楼法帖》,前已著录。

《中华书法篆刻大辞典》:"《国朝名人法帖》历代丛帖。十二卷。清乾隆六十年孔继涑摹勒,嘉庆间子孔广廉,孙孔昭薰续摹勒,帖名篆书。卷一明陆陇其等七人书。卷二清沈荃、笪重光、高士奇三人书。卷三清王士禛等六人书。卷四清王鸿绪、恽寿平书。卷五清吴梅鼎等五人书。卷六清朱彝尊等七人书。卷七清姜宸英、徐用锡书。卷八清汪士铉书。卷九清汪士铉、陈邦彦书。卷十清张照等十一人书。卷十一清钱陈群等十一人书。卷十二清沈栻、梁同书书。孔谷园无子,以兄子广廉为嗣。广廉亦工书,辑刻谷园遗迹及他帖数十卷,合之《玉虹》诸刻,名《孔氏百一帖》,全帙颇为世重。"兹据著录。按:是帖以卷为册,每卷卷首皆镌"阙里孔继涑鉴定印",十二卷末有"琴南孔昭薰续勒石"落款。其中,梁同书之《谷园孔君家传》颇具史料价值,可资参考。其

《传》略云:君讳继涑,字体实,号谷园。性嗜古今墨迹碑版,鉴别精审。所刻《玉虹楼帖》十六卷、《鉴真帖》二十四卷、《摹古帖》二十卷、《国朝名人法书》十二卷、《张文敏瀛海仙班帖》十卷,并行于世。

是帖有清曲阜孔氏辑刻本。

■ 孔氏百一帖一百零一卷 存

(清)孔继涑、孔广廉等辑刻。

《中华书法篆刻大辞典》:"《孔氏百一帖》历代丛帖。曲阜孔继涑子孔广廉荟萃祖孙三代所刻《玉虹鉴真帖》十三卷、《续帖》十三卷、《谷园摹古法帖》二十卷、《玉虹楼零种》九卷、《国朝名人法帖》十二卷、《玉虹楼法帖》十二卷、《瀛海仙班帖》十卷、《玉虹楼石刻》四卷、《隐墨斋帖》八卷,共一百零一卷称《百一帖》。部分至今在曲阜孔庙左廊。全帙不易得,然选刻皆未称精善。"《续修县志·金石类》所列《玉虹楼帖总目》与此稍异,云:"《玉虹帖》十六卷(亦名'百一帖')、《玉虹鉴真帖》十三卷、《续鉴真帖》十三卷、《摹古帖》二十卷、《国朝名人帖》十二卷、《瀛海仙班帖》十卷、《金人铭帖》二卷、《隐墨斋帖》八卷、《黄涪州帖》一卷、《未海狱帖》一卷、《祝京兆帖》一卷、《临中兴颂帖》二卷、《张文敏小楷》一卷、《张文敏书诗》一卷。"按:此帖统称"玉虹楼法帖",共刻石五百八十四块,现存曲阜孔庙。曲阜师范大学图书馆善本库藏有全帙,核其名目与二书所列亦不尽同,计有《玉虹楼法帖》十六卷、《玉虹鉴真帖》正、续二十五卷,《瀛海仙班帖》十卷、《谷园摹古法帖》十八卷、《国朝名人法帖》十二卷、《隐墨斋法帖》八卷、《中字帖》四卷、《金人铭》四卷、《祝字帖》、《米字帖》、《黄字帖》、《张字帖》各一卷。兹附记于此,不复一一立目。另外,山东省进德会《金石书画展览物品纪略》卷三载有济宁郭氏藏继涑米色笺纸本七言"胸次月临天宇净,毫端风鼓海涛飞"行书联,及曲阜孔氏藏继涑为如川曾侄孙书高丽笺纸本行书立轴,内云:"李廷珪,精于制墨,本姓奚,从易水徙居南唐,赐国姓,其藏墨诀云:'赠尔乌玉玦,泉清砚须洁。避暑盛葛囊,临风度梅月。'东坡云:'余家有歙砚,底有款识云:吴义顺元年处士汪少微。铭云:松操凝烟,楮英铺雪。毫颖如飞,人间五绝。所颂者三物耳,盖砚与少微为五耶。'"(评者以为"笔意凝炼,萃苏、米之长,为公最佳之迹。")二品皆有朱文"云庐子孔继涑信夫氏印章"、白文"玉虹楼"印。又陈介锡《桑梓之遗书画册目录》收有其临钟、王小楷等,亦一并附此不另著。

是帖有清曲阜孔氏辑刻本。

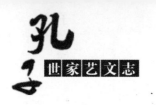

■ 天瓶斋书画题跋二卷 　存

（清）张照撰，沈梳、孔继涑合编。

《郑堂读书记·补逸》："《天瓶斋书画题跋》二卷，原刊本。国朝张照撰。是编为沈梳、孔继涑所合编，录其所作题跋成帙。沈、孔俱有跋。孔，文敏婿也。其中论书多于论画，跋前人作与跋自作者参半，砚铭诸作附焉。虽其平生所作，不尽于是，然大旨可见矣。"兹据著录。又书后载继涑跋云："右《天瓶斋书画题跋》二卷，先外舅张文敏公所作也。昔先公为涑聘文敏女，文敏答以董临《大仙帖》，并铭端溪砚背见赐。涑时方小，未识其妙，稍长，笃好之。遂从文敏游，得少承指画，既而，文敏下世，妙迹永绝，涑家无只字，莫可临摹，遂从戚友之弄藏者假观，观必借归勒石，以为永式。其有批尾者，必录之别纸，以代提命，顾局于见闻，所获无几。壬辰，赴礼闱试，谒蒆使沈钦伯先生于都门，先生于涑有同嗜，出所录合之，遂得衰然成册。文敏著作等身，身后率皆散佚，则是区区者，尤吉光之片羽，不可不亟传也。爰付之剞劂氏，以公同好，倘海内赏鉴家出其箧衍，俾得赓续以终之，则更幸甚。乾隆癸巳冬十月子婿孔继涑拜跋。"又沈梳跋云："曲阜孔君葭谷为文敏婿，盖亲见其悬臂作楷而得真传者。文敏遗迹，葭谷既广为搜罗，钩勒上石，复以题跋见询，因即其家旧本而以予向所录者，附益之。"又张照七世孙张宗祜跋谓"七世祖文敏公《天瓶斋书画题跋》二卷，曲阜孔氏刊本，世已罕见……"按：张照，字得天，号天瓶居士，谥"文敏"，华亭人。其女未过门即卒，孔、张之间只是姻亲关系而已。

是书今有清乾隆曲阜孔氏刻本，《丙子丛编》本，《美术丛书》本等。

■ 玉虹楼石刻四卷 　存

（清）孔昭焕、孔广廉摹勒。昭焕有《皇清诰封衍圣公夫人显妣何太夫人行述》，史部传记类已著录。广廉有辑刻《玉虹楼法帖》，前已著录。

《中华书法篆刻大辞典》："《玉虹楼石刻》清代丛帖。四卷。清乾隆六十年曲阜孔昭焕、孔广廉慕（摹）勒。帖名篆书。卷一、卷二为张照书。卷三、卷四为孔继涑书。《玉虹楼法帖》十六卷，清孔继涑辑，刻张照书十二卷。孔广廉续收张照书合父继涑之迹刻之。"兹据著录。按：《书法篆刻辞典》称此刻"清乾隆六十年曲阜孔昭焕、孔广廉慕（摹）勒。"其说不妥，考昭焕，乾隆四十七年八月已去世，应称其为乾隆间孔昭焕、孔广廉摹刻为宜。

是帖有清乾隆间曲阜孔氏辑刻本。

■ 孔广森墨迹一册 未见

(清)孔广森书。

是书,中国科学院图书馆馆藏目录著有孔广森手写本,一册。

■ 鄂庄书画经见录 存

(清)孔继泰撰。继泰号鄂庄,昆山支传泗子,孔子六十九代孙,乾隆四十二年拔贡。

是书,国家图书馆馆藏目录著有吴东彭治《昆山丛书》第一辑本,民国间抄,一册,书名据卷端题。内容为书画人物小传,兼及评论。未见其它著录与文本。

■ 古印初集二卷 存

(清)孔广熚集印。广熚,孔子七十代孙。

是书,罗福颐《印谱考》卷二据《日本静嘉堂祕籍志》卷二十六著录,称未见,引云:"谱共二卷,题曲阜孔广熚编次,同里桂馥、颜崇槼审定,卷首有乾隆四十八年桂馥序,略曰:'吾乡孔君光复笃喜古印,欲仿赵吴兴为图谱。闻山阴童氏有铜印数十纽,往求不得,颓然而罢。钱唐袁简斋旧史园所藏倍于童氏,旧史达人也,且与孔有连,悉举以赠,君乃狂喜,类列官印三十有三,私印六十有七,杂印七,未识印六,隋唐以下官私印附焉,题曰《初集》,志始事也。'"又王敦化《印谱知见传本书目》云:"《古印初集》不分卷,曲阜孔广熚、桂馥同集印,道光集汇本,钤印二册本"。兹参据著录。

是书今有清钤印本。

■ 王铁仙缩摹秦汉瓦当印谱一卷 未见

(清)王政治篆刻,孔广陶辑拓。广陶有《鸿爪日记》,史部传记类已著录。

是书,民国《南海罗格孔氏家谱》艺文著录。该《谱》广陶传此书作《王氏仿汉瓦当印谱》。其它未见载及。《家谱》艺文载广陶咸丰四年自序云:"秦汉瓦当文久矣乎!篆籀家集而成帙,奉为俎豆不祧之祖。至缩摹小本,而能特邀天鉴者,声价又当增十倍焉。铁仙先生,讳政治,上元人,少工举业,尤癖金石,故铁笔特精。当高庙御宇,化洽重熙,右文稽古,会集巨儒,重制石鼓文字,先生荣与其选。南归,岁值己卯,恭逢仁庙六旬万寿。是时,四海琛献,无不发还。先生昔供职都中,久谂禹鼎之词、汤盘之铭,为上注意,因以古今甲子,制为百二铜章,义取花甲重周,盖借词以恭祝天子万年也。乃始约赵遽楼抚军以进,继遇阮芸台相国而止。昔先生在福诚斋尚书幕,帷幄余闲,复以

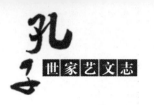

碧玉之章,缩摹秦汉瓦当文为印,计凡四十。自谓仿玉枕兰亭缩小之例,将以寿诸名山。嘉庆丙辰,偶得进御赏收,宠褒备至。夫始有愿而违之,终无心而获之。中秘之藏,士林之荣,先生岂有意冀此,然后知物之显晦有数,而士之遇合亦有时也。今春,予购得瓦当文石印四十枚。予素昧篆籀之学,惟见其古色古香,爱玩不忍释手,而又以不知其人为憾。久之,始知为先生作,盖将进呈时而先镌其稿于人间者也。嗟乎!赤文绿字,已归天府之珍藏,白石元章,几致风尘之漂没。先生之宝,子若孙弗克宝之,而为予所宝,予能不宝其所宝,而与艺林共宝之!亟付拓帙,以公同好。至先生篆刻之妙,古朴而自然,俊逸流丽,而出以端庄,吾不知方诸空前绝后者为何如?而耳之所闻,目之所见,其迸拔戟自成一队者乎。事未百年,漠然徒见山高而水清,予更惧佳话之日就湮没也。爰述梗概,以俟博雅君子。是为序。咸丰甲寅仲夏南海孔广陶识于藤花轩。"按:瓦当《印谱》极罕见,铁仙妙笔尤不传。然如此一位印坛巨匠,《中华书法篆刻大辞典》竟无其人其书,若非遇广陶题记,经予著录,铁仙及其《瓦当印谱》或真于人间湮没矣。

■ 玉堂印谱 未见

(清)孔广居篆。广居有《说文疑疑》,经部小学类已著录。

《中华书法篆刻大辞典》孔千秋条:"子昭孔,孙宪三,均能承其业,著有《说文疑疑》、《玉堂印谱》。"按:《书法篆刻辞典》此著甚为模糊,《说文疑疑》为孔广居(千秋)撰,而《玉堂印谱》究系谁撰?是广居?是昭孔?是宪三?以无传本与其它著录相印证,尚不得而知矣。

■ 印文合璧 存

(清)孔广禧汇参。广禧字介繁,号祉斋,大宗户直隶万金县知县继申长子,孔子七十代孙,嘉庆庚申恩科举人,候选知县,诰封资政大夫,累赠荣禄大夫。

是书,国家图书馆藏有清道光十三年刻本,一册,八行二十字,白口,四周双边。按:此书《续修县志》、《著述记》及《孔子世家谱》皆无载,《阙里孔氏诗钞》广禧传叙及此书,谓"孝廉精摹篆,有《印文合璧》之刻。"又考广禧一支,世居济宁。禧凡兄弟五人,大弟广虞字幕山,辛酉拔贡,甲子科举人。二弟广藩、三弟广止,皆七品执事官。广禧能诗,《孔氏诗钞》录其《任子庙》,诗云:"古庙东郊外,门墙岁月深。新苔三径绿,老树一庭阴。山色衔残照,蝉声出远林。尘埃凭隔断,此地得初心。"

是书今有国家图书馆等藏清道光十三年刻本。

■ 孔氏觯兔碑、桂未谷墓表　存

（清）孔继珊书。继珊字灌田，号苏人，沂阳户洙泗、中庸书院学录传炳长子，七品执事官毓楹孙，孔子六十九代孙，庠生。道光三年，临雍陪祀，恩贡，授教谕。

《孔子世家谱》初集沂阳户："六十九代继珊，字灌田，号苏人，庠生，道光三年，临雍陪祀，恩贡，授教谕职。究心金石之学，诗书画均有名于世，所书《孔氏觯兔碑》《桂未谷墓表》，搨而摹之者，珍若拱璧。诗冲淡，寓陶、韦风趣，画无专帅，涉笔辄工，绘古松，更苍老有奇气。筑有'箕山园'名胜，甲于一邑。有书斋曰'怡怡轩'，与其弟继壎，藏修其中。"兹据著录。按：《续修县志》亦称其究心金石，凡汤盘禹鼎及秦汉石刻，靡不考究，尤工擘窠书，直入鲁公堂奥，索书者获一纸如拱璧。好吟咏，置别墅，穿池垒石，莳花种竹，颜曰"箕山园"。邑人士及四方过客，多游宴其中，流连不忍去。闻一山先生作记。又其父传炳，亦工书法，并精医道，为人好善乐施。

二书今有清拓本。

■ 金经　未见

（清）孔素瑛书。素瑛字玉田，号兰斋，桐乡县支生员孔子六十七代孙毓楷女，知县金尚柬妻。

《中华书法篆刻大辞典》："孔素瑛，清浙江桐乡人，字玉田，博士毓楷女，贡生金尚东室。清恽珠《闺秀正始集小传》云：'玉田精小楷，得卫夫人笔意，工写山水。画已，即题诗自书之，时称三绝。片纸人争宝贵。余藏有楷书《金经》一部，端庄流丽，希世之珍也。'"按：尚东，《嘉定县志》作尚柬，兹参据著录。

■ 玉田画跋一卷　未见

（清）孔素瑛撰。

是书，《嘉定县志·艺文志》著录但题《画跋》一卷。《桐乡县志》才媛传素瑛作"素英"，云："素英，字玉田，为生员孔毓楷女，善画山水人物花鸟，画毕，即题诗其上，能作晋人小楷，人称闺中三绝。"《历代妇女著作考》著其《兰斋题画诗》等，不云有此书。兹参据著录。

■ 花卉册十二帧　未见

（清）孔素瑛绘。

是书，清谢诚钧《信斋书画记》载有设色本，《历代著录画目续编》据以著录，作"孔

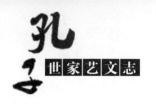

素英(玉田)"。按:此册未详存佚,及藏于何处?

■ 莲乡题画偶存一卷　存

(清)孔继尧撰。继尧有《建国勋臣谱》,史部传记类已著录。

是书,《中国丛书综录》、《东北地区古籍线装书联合目录》据《艺海一勺》本著录,此本内题"昆山孔继尧砚香甫著"。有诗有文。诗如"秋色满寒汀,空山石气青。几年倪处士,此地著茅亭。""东风吹腊去,淑气散群芳。独有寒葩在,垂帘度暗香。""江南四月雨晴时,兰吐幽香竹弄姿。胡蝶不来黄鸟睡,小窗风卷落花丝。"等,皆读之如临画幅,回味无穷。又如记"张船山太守善饮酒,工诗词,书法草圣,画学宋人。曩在京邸,曾谒先生于铁如意斋,每当花晨月夕,必赏酒招客,欢呼轰饮,竟夜忘倦。客有以笔墨事请者,辄握管以应也。此幅玉峰友人得于京师琉璃厂,索题于余,展玩之下,如与先生剪烛谈也。附书数语,以志企佩之意"。太守之雅趣高致,直令后人企羡难已矣。

是书今有民国二十二年《艺海一勺》铅印本。

■ 莲乡题画纪略　存

(清)孔继尧撰。

是书载见国家图书馆藏吴东彭治《昆山丛书》第一辑。民国间抄本,一册,书名据卷端题。未详与前著《偶存》异同如何?

■ 花卉册　存

(清)孔繁灏室毕景桓绘。景桓,袭封衍圣公七十四代孙繁灏继室,太子太保总督湖北湖南军务兵部尚书都察院右都御史毕沅孙女,湖南岳州府同知鄂珠长女,擅工笔,尤精花卉虫蝶。

是书据《孔子故里志》著录。此册为纸本设色,纵31.3厘米,横39厘米,绫裱一册。内容为各色花篮,工笔重彩,笔力柔媚,设色鲜明。首有孔德成题识,谓"此《册》并《蝴蝶册》皆毕太夫人所绘,花篮共十二,各有不同彩色,百余年犹如新,足见笔力皆过于纸背,非平人所能及也。曾孙德成敬记。"有"毕"、"景桓"、"少"、"英"、"毕景桓印"、"象花写照"、"少英女史"、"少英"、"绣余生活"等朱文印。按:本画册《孔子故里志》、《曲阜古今书画选》皆有选登,可资欣赏。

是书今有曲阜文管局档案馆藏稿本。

■ 蝴蝶册 存

（清）孔繁灏室毕景桓绘。

是册，《曲阜古今书画选》选有册页，并载孔德成民国二十三年题记云："先曾祖妣精于绘事，尤精于花卉。然家中一帧，此册先妣以重资收回，以为珍宝，命德成慎藏之，无有毁伤。成奉先人之命，敬置于玉匣石室之中，并谨记于后。甲戌仲冬上浣，曾孙德成谨记。"兹据著录。按：《孔子文化大全·孔子画册》亦选有毕氏《蝴蝶图》，题"弇山女史毕景桓写"，盖亦曲阜文管局档案馆所珍藏，惜《孔子故里志》未加详著。又毕氏，嘉庆十八年八月二十四日生，光绪元年四月十九日卒，年六十三。

是书今有曲阜文管局档案馆藏稿本。

■ 书画跋二卷 未见

（清）孔广镛撰。广镛有《南海罗格孔氏家谱》，史部家谱类已著录。

是书，民国《南海罗格孔氏家谱》卷十四艺文著录。卷十世系广镛传云：广镛字厚昌，一字少庭，号怀民，又号韶初，大行二，邑庠生，道光廿一年，防夷出力，保举，廿二年五月十六日，奉上谕着赏给副贡生，遵豫工例，报捐内阁中书。廿二年，海疆军需，劝捐出力，保举，十一月初三日，奉上谕着赏加内阁侍读衔，以内阁中书遇缺即选。廿四年甲辰恩科，中式第十五名举人。咸丰七年，报捐郎中，先分部学习行走。九年，捐输团练经费，保奏，十一月初六日，奉旨赏戴花翎。十年三月，报捐不论双单月，即选知府，加五级。十二月，加捐道员，加一级，归部选用。同治元年，助广西浔州兵饷，保奏案内，四月廿六日，奉上谕着赏加盐运使衔。咸丰十一年，助蓝山兵饷，保举案内。同治二年，奏准以道员分缺先选用，并赏加布政使衔，随请一品覃恩封典。著有《书画跋》二卷、《十二研斋砚铭》一卷，总校《皇清经解》一千四百卷。

■ 十二研斋砚铭一卷 未见

（清）孔广镛撰。

是书，民国《南海罗格孔氏家谱》卷十四《艺文》著录。其《祠宇事迹》谓"'十二研斋'在羊城南，广镛建以弄端砚十余年，比诸前闻，证以目验，得端砚数十方，选而又选，众美咸备者，仅十二方，遂以名斋。番禺周子岐山为之额。著为《十二篆研斋砚铭》一卷。"书名较之《艺文》、小传所载多一"篆"字。

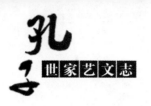

■ 岳雪楼书画录五卷　存

（清）孔广陶编。广陶有《鸿爪日记》，史部传记类已著录。

是书，山东大学图书馆等藏有清光绪十五年刻本，五册一函。书凡半叶九行二十一字，白口，左右双边。前有陈其锟咸丰辛酉序及同郡黎兆棠六十三岁序，并目录。卷端题："南海孔广镛怀民阅、孔广陶少唐编，男昭熙、昭杰、昭鋆校字；沈阳张湜巽舟订；番禺周浚霖岐山书"书内除详著书画藏品之载体形式、尺寸大小，相关特征，诸家藏印，并辑录历代名人题跋，尤以广陶所题为多，不仅可资考察书画作品递藏嬗变，且可作为诗文辑佚。陈序略云：其锟畏友炽庭编修为至圣六十九世孙，夙志通儒经世之学，督粤若林文忠、祁恭恪，皆师君远猷，以维大局。游艺之余，尝以善书名动天听。于古人法书名画独具精心妙识，溯其渊源，竺嗜之极，则倾囊倒箧，不惜典质以富其藏庋，吴荷屋中丞谓君赏鉴追踪渔洋、江村、晓岚、潭溪诸老，搜罗之富，近时士夫家称最焉。乃筑岳雪楼藏之……今君哲嗣怀民阁读、少唐比部敬守君所遗，竺先人嗜好，益远索重购，多前未睹。而今稀有者，将撰为《岳雪楼书画录》，而予先为之叙。予视怀民兄弟，锐学有文皆善书如羲献父子，且言必称先，近续修宗图族谱，为粤中巨家圭臬。炽庭真有子矣。按：考《清志》、《东北地区古籍线装书联合目录》等著录此书辄作"孔广镛、孔广陶同撰"，未免失考。民国《南海罗格孔氏家谱》艺文著录本书题六卷，与此不尽相符。又《续修四库全书》子部艺术类收录此书，云"据南京图书馆藏清咸丰十一年刻本影印"，其实本书并无"咸丰十一年刻本"，而是《续修四库全书》编纂者误陈氏辛酉序为刊刻年，不知书前另有光绪己丑刻书牌记也。又考岳雪楼弆藏，后世多散佚，邓邦述《寒瘦山房鬻存善本书目》著录抄本《樵云独唱》，云：此册为粤东孔氏藏本，孔氏书散失后，多被海客收去。近年，外人入国收书者，往往而有。且于宋元旧刻，不惜重直，如湖州陆氏书之归东瀛，敦煌石室书之归巴黎。国粹不存，吾辈之耻，然亦惟抱残守阙，以俟来哲。

是书今有山东大学图书馆等藏清光绪十五年南海孔氏三十有三万卷堂刻本，《续修四库全书》影印南京图书馆藏清光绪十五年刻本，全国图书馆文献缩微复制中心影印本等。

■ 岳雪楼法书录不分卷　存

（清）孔广陶撰。

是书，《山东大学图书馆古籍善本书目》著录题"（清）孔广陶书，清同治间南海孔氏绿格抄本"。当时予校订此《目》未及调出原帙细加复核，今阅此编实为孔氏未刊之稿本,书凡一册,十三叶半。半叶九行二十一字,小字双行同,左右双边。无序跋目录及藏印。书根墨书"岳雪楼书录(全)"。内录:第一册吴文定行楷书,注云:纸本,十八页,页俱高八寸三分,阔约四寸零,计分五十三行,字径七分。正文为《雪湖赏梅十二咏》,诗后有原件印文,各家题跋。第二册唐解元行楷书,注云:纸本,三十七页,页俱高七寸八分,阔约四寸七分零,共一百四十八行,字径八分。正文亦为诗,有原件印文而无题跋。第三册祝京兆行书草,纸本,正文为《靖节先生饮酒诗》,后有注云:十六页,页高九寸四分,阔约五寸零,第一、第十六两页略狭,计六十一行,行书。次为《后赤壁赋》。有广陶咸丰戊午跋,略谓:"古人学书,有以专家而得者,有以博学而得者,及其成功,一也。如京兆之搜罗众美,萃荟一心,竟自成家,亦由博返约之意。"第四册王雅宜行草书,丝本。正文亦为诗作,有注云:二十八页,页俱高八寸五分,阔约四寸零,计八十四行。继为《晚》、《晓》诗。后有广陶二跋,末首撰于同治元年,云:"先生落花诗三十首,和沈石田作也。此册存十九首,书于嘉靖改元时,年六十三岁,与集中诗多有互异,或易数字,或易一韵,或易至四十余字,无不工稳精妙,是为后来改订再录无疑,可见老去渐于诗律细,惜编集者未得见此手迹耳。"可见此册,不独墨迹足珍,且可订补诸家诗。尤其经比对,此帙与前书体例虽相似,内容实不同,况《书画书录解题》、《中国古籍善本书目》等俱不见录,极具文献艺术价值。

是书今有山东大学图书馆藏清同治间南海孔氏誊稿本。

■ 寓目记四卷 　未见

(清)孔广陶撰。

是书,民国《南海罗格孔氏家谱》艺文著录。此《谱》广陶传记载同。惟无释文,亦不见传本,未详所记究为何事? 录此俟考。

■ 百七十二兰亭考八卷 　未见

(清)孔广陶撰。

是书,民国《南海罗格孔氏家谱》艺文著录。此《谱》广陶传记载同。

■ 岳雪楼鉴真法帖十二卷 　存

(清)孔广陶辑。

是书,《清志拾遗》子部艺术类据《续修四库全书提要》、《四部综录艺术编》著录清同治五年至光绪六年南海孔氏刻本。《提要》称:其书起同治丙寅、迄光绪庚辰勒

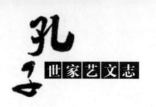

成。自隋唐至清，及其先人遗书，一百二十余种。嘉道间，叶云谷蔗田兄弟，以所藏名迹勒石，贮耕霞馆，未成帖而石归孔氏。孔少唐增益之，以成此帖。粤之富人，往往喜聚书画，刻为丛帖，如《海山仙馆》、《南雪斋》、《寒香馆》之类，虽卷数多寡不同，款式大略相似，然选择都不甚精，筠清馆之外，无不真伪杂糅，丰于财者拙于目，造物盈虚之理，固如是耶。《帖》以子、丑、寅、卯分卷，卷首列有总目。子卷之《出师颂》，字视他刻稍大，亦失古意，不知谁所临者。丑卷宋高宗书《杜诗》，体俗笔弱，伪也。苏书六种，大字《七截诗》，刘石庵题云：极横轶之势，而不离法度。吾不解吴原博学坡书，直是没交涉，匏庵与苏有无交涉，姑不论。此书果于苏有交涉乎？题《文湖州竹诗》、《谢松石论》二子札，《渊明归田园居诗》，兹三种者又于苏有交涉乎？惟临晋帖《与李给事陶书》，采自《西楼帖》者为真迹耳。寅卷山谷题《范宽雪图》大书一诗，有金元玉题、元玉书，《三希堂》刻其一札，至精妙。此跋乃极庸俗，与黄迹同伪。辰卷米友仁《云山图跋》曾刻《海山仙馆》。岳武穆《军务倥偬帖》，曾刻《南雪斋》，与曾纯父、文信国等书，均所谓没交涉者。姜尧章《保母砖》题字二千余言，不嫌辞费。唐以前铭石之书无行草，宋人固不知此例，所谓"曲水砚"者，谓砚之形乎？制砚之人乎？产砚之地乎？取《兰亭》中"曲水"二字与砚不相涉而为之名，宋后文人方有此腐气，晋无是也。周公瑾、鲜于困学、白廷玉、仇山村、赵松雪，均以其书为大令真迹，是可异也。其他元明人书，亦有误收之赝本，无庸一一论矣。

是帖今有清同治五年至光绪六年南海孔氏刻本，1997 年 10 月中国书店影印本。

■ 岳雪楼藏真帖 未见

(清)孔广陶辑。

是书，民国《南海罗格孔氏家谱·艺文》列广陶著述后，不题名氏，亦无释文。因归之名下，以俟后考。

■ 南园摹古法帖 未见

(清)孔广陶辑。

是书，民国《南海罗格孔氏家谱·艺文》列广陶著述后，不题名氏，亦无释文。兹一并录此，统俟后考。

■ 停云馆帖记一卷 存

(清)孔广陶辑。

是书,《清志拾遗》子部艺术类据《中国丛书综录补编》(征求意见稿)著录孔广陶手稿五种本。

■ 莘石斋续藏诸帖一卷 　存

(清)孔广陶辑。

是书,《清志拾遗》子部艺术类据《中国丛书综录补编》(征求意见稿)著录孔广陶手稿五种本。

■ 宋藏山藏帖一卷 　存

(清)孔广陶辑。

是书,《清志拾遗》子部艺术类据《中国丛书综录补编》(征求意见稿)著录孔广陶手稿五种本。

■ 康公神道碑 　存

(清)牛瑄撰,孔祥珂书。祥珂有《孔祥珂起居日记》,史部传记类已著录。

是碑有《聚魁堂法帖》旧拓本,楷书,折装,一册。按:考康氏讳子龙,谱名道顺,字霖三,别号静斋,河南巩县人,曾任汶上代理知县。康氏以中原巨富,不为物累,笃学好古,梓刻先儒著述,有裨理学。祥珂身为衍圣公,颇以书称,惟惜早世,所留作品不多,故此拓颇显珍贵。

是碑今有《聚魁堂法帖》旧拓本。

■ 敬惜字纸赋一册 　未见

(清)孔昭玺书。昭玺有《增补孔庭摘要》,史部阙里文献类已著录。

是书据《增补孔庭摘要》昭玺传著录。《传》云:昭玺,字文符,一字宝臣,号寿昌,宝文主人,斋号也。四氏学优增生,兼袭云骑尉。有《续孔庭摘要》,有镌《王阳明先生读书十八则》图章,楷书《劝孝歌十则》,行书、阴骘文、隶书《敬惜字纸赋》一册,《劝学词》及《戒鸦片诗》、《戒淫四则》,并蒙同道助资付诸剞劂于丁酉仲春。携子南游城武县,岁贡生宋梓荫堂氏赠一联云:"偕翩翩公子载贽出疆游于济游于金游于单游于武一枝笔濡染淋漓到处题名随时写意纵教两袖清风无愧往来五百里;负浩浩英才超群轶众优于书优于画优于文优于诗十余年深纯涵养挑灯起草入梦生花待看满身香桂定宜传颂万千人。"又庠生冀筠文青氏赠一律云:"家学渊源世泽长,千秋谱牒仰素王。金声那有知音赏,玉振犹多宝器藏。经国文章传绝调,安邦符节吐芬芳。中秋同作龙门

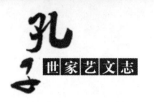

会,万丈毫光射玉堂。"按:诸篇未见传本。

■ 宝文斋图章 _存

(清)孔昭玺刻。

是书,张咀英《鲁盦所藏印谱简目》卷三"各家刻印"著录,云:"《宝文斋图章》,四本,阙里孔文苻刻。清光绪丁酉,公历一八九七年。高六寸,阔四寸,绿线格,高四寸八,阔三寸二。每页二印。孔文苻自序。"《篆刻年历》等亦谓其编辑刻印《宝文斋图章》。按:孔文苻(符),即孔昭玺也。昭玺字文符,号寿昌,别号宝文主人。

■ 秦汉瓦当图 _{未见}

(清)孔继壎摹。继壎字辛谱,号退谷,沂阳户洙泗、中庸书院学录传炳次子,孔子六十九代孙,庠生。咸丰三年,临雍陪祀,恩贡,授教谕。

《孔子世家谱》初集沂阳户:"六十九代继壎,字辛谱,号退谷,庠生。咸丰三年,临雍陪祀,恩贡,授教谕职。天性孝友,工书画,善铁笔,蓄石印甚富,皆手自篆刻,有《秦汉瓦当图》三十余种行于世。筑'对山园',与'簣山园'东西相望,名胜亦相埒。"兹据著录。按:《续修县志》不云有此图,但称其工绘事,善书,尤精篆隶,遇金石碑拓,不惜重值购之。凡三代钟鼎及汉魏瓦当,靡不博览,随时临摹多本,因筑"对山园",与"簣山园"东西相望。值风晨月夕,偕兄继珊游咏其中,怡怡如也。

■ 山水册 _{未见}

(清)孔继圻绘。继圻字界甫,号莲西,牟平派候选主簿传苏次子,孔子六十九代孙,七品执事官,钦加同知衔,授安徽凤台县知县,诰赠奉政大夫。

是书载见清杨恩寿《眼福编初集》,《历代著录画目》据以著录。按:继圻,《牟平县志》技术传有传,云:"孔继圻字莲西,城东门里人,诰赠奉政大夫,工隶书,善绘山水人物。"书作不乏传世之品,山东省博物馆藏有其隶书立轴。又考《孔子世家谱》,继圻有二子,次子广鉴,字次衡,同治庚午举人,甲戌进士,光绪丙子江南乡试同考官,安徽凤台县知县,钦加同知衔,诰授奉政大夫,能世其学。

■ 山水册 _{未见}

(清)孔继圻绘。

是书载见清杜瑞联《古芬阁书画记》,《历代著录画目》据以著录。按:此册未知与《眼福编初集》所著是否一书?

■ 孔氏岳雪楼印存一卷 未见

缺名篆,李卓立辑。

是书,《中华书法篆刻大辞典》著录但题民国二十年李卓立辑,而不标篆者名氏。按:其书未见,考岳雪楼主人孔继勋、孔广陶父子及后嗣中多有工书治印者,继勋有法书墨迹传世,广陶辑刻书帖多种,世代相承,演为传统,此书或出其手欤?因录此以俟后考。

■ 石知堂印谱二卷 未见

(清)孔昭回撰。昭回字兰孙,衢州派句容支同治二年进士广谟三子,孔子七十一代孙。

民国《续修兴化县志》广谟传:"子昭回能诗文,善篆刻,著有《醉月吟》四卷,《石知堂印谱》两卷。"兹据著录。《江苏艺文志》亦著此书。

■ 朱夫子治家格言一册 存

(清)孔令贻书。令贻有《孔子朱子安子年谱》,史部传记类已著录。

是书为手写剪贴本,首叶端题《柏庐朱夫子治家格言》,末署"阙里孔令贻书"。书凡十五叶,半叶三行,行六字,总计五百四十余字。孔令贻系孔子七十六代孙,袭封衍圣公,人称"小圣人"。孔府号称"天下第一家",所交多为朝廷命官、硕学鸿儒,彼此交往,书翰不可或缺,故孔府子孙一旦入塾,书法便成必修课。因此,历代衍圣公多工书,善绘事。如有清以来,六十六代、六十七代、七十一代、七十二代、七十三代、七十四代、七十五代衍圣公,及七十七代孔德成俱有作品传世,而令贻尤以工书称。此作原为竖幅,后为藏者剪贴成册,又为后藏者添画一印,甚无谓也。此为作者早年作品,笔画稳健,态度虔诚,似欧似柳,不主一家,堪称其楷书之代表。令贻书作予见不止此一件,曲阜民间藏其所书折扇、中堂、对联诸真迹,书体每不相同,《曲阜古今书画选》亦选有其行书墨迹。又有《忍讼歌》、《惜钱歌》、《知足歌》等拓本行世,因其书作深受民众欢迎,商人为利益驱使,竟将数石捶拓致毁,附此不复一一详列。

是书今有笔者藏手书剪贴本。

■ 印材集要二卷 未见

(民国)孔宪滢撰。宪滢字灿光,沂阳户武庠生昭锐第二子,八品执事官广提孙,孔子七十二代孙,清师范科中书,历任曲阜县劝学员长,山东省立曲阜中学等训育主

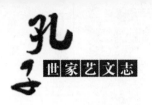

任,阙里孔氏私立明德中学校长等职。

《孔子世家谱》初集沂阳户:"七十二代宪滢,字灿光,增生,清师范科中书,历充曲阜县劝学员长,山东省立曲阜中学及第七、第十、第十一各中学训育主任,兼教员。又充阙里孔氏私立明德中学校长。教育部核有办学成绩,奖给四等文杏章。又充山东省会慈善公所妇女救济所主任。著有《印材集要》二卷,倡修全国大谱。"兹据著录。按:其父昭锐尝云:"余生当乱世,读书甚少,终身以为憾。虽家景艰窘,必令儿辈读书。"宪滢遂不负父望,多所造就。

■ 心向往斋谜话二卷　存

(民国)孔庆镕撰。庆镕字剑秋,一字小山,又字筱山,南宗派杭州支宪埰子,孔子七十三代孙,清诸生。

《孔氏南宗考略》:"庆镕,字筱山,兴燧裔,宪埰子。其祖广樾尝为两淮盐运大使,因家扬州。年未冠,举于乡,声誉甚著。两淮盐运使聘任教职,多所造就。旋任省视学员。民国成立,军统徐宝山聘为高等顾问,并长江都警务,主扬、沪各报笔政。著有《心向往斋谜话》、《梦梦录》、《游戏文章联存》等。卒年六十一。"邵滨军、赵首成《百年谜品》略谓:孔庆镕(1871—1932),字剑秋,又字小山,清季诸生,曾供职广陵书院,卒年六十有二。剑秋曾主扬州冶春诗社,其诗《扬州竹枝词百首》,素为州人所称道。十五岁学谜,师从扬城谜坛耆宿高芸生,其沉毅明慧,博识多闻,"每一谜出,妙趣环生,举坐倾倒"(祁甘荼语)。又曾北上加入"北平射虎社"与"隐秀社",与当时名家樊樊山、高阆仙、韩少衡、陈冕亚等风云际会,同堂射虎;并与各地同好如居衡阳之张起南、居潮州之谢会心、居上海之吴莲洲辈邮筒往返,广为订交。晚年孜孜矻矻于力作《心向往斋谜话》,又搜集扬城谜家多人遗著,编成《埋岿集》、《隐语萃菁》二书。按:《心向往斋谜话》曾于上海《文虎》半月刊连载。

■ 梦梦录、游戏文章联存　未见

(民国)孔庆镕撰。

二书见《孔氏南宗考略》近代名贤事迹考。参前著录。未见传本。

■ 埋岿集　未见

(民国)孔庆镕辑。

是书见《百年谜品》等。参前《心向往斋谜话》条。未见传本。按:庆镕为扬州"竹西后社"社长,与张起南有"一时瑜亮"之称。精制谜,善射谜,尝一次中鹄百余条,得谜赠堆积盈尺,因被聘为《文虎》半月刊特约撰稿人。晚年,搜集亡友孙笃山、汤公亮、祁甘荼、方六皆、方问清五人遗稿,辑为是书。

■ 隐语萃菁 存

(民国)吴钰辑,孔庆镕等校定。

是书,《中国灯谜辞典》等著有清光绪三十四年刊本,内录同人谜作三百余条,依四书、易经、书经、诗经、左传、礼记、尔雅、老子、史记、汉书、古文、古诗、诗品、蒙经、字、六才、书目、牙牌数、韵目、时宪书、古人等分类排纂。按:吴钰,字半村,著有《悔不读书斋谜稿》。

■ 北平射虎社谜集 存

(民国)陈屯辑,孔庆镕等编。

是书,1931年曾于上海《文虎》半月刊连载,后因《文虎》停刊,未能刊完。此《集》登有庆镕等谜人作品。陈屯,字冕亚,北平射虎社主要成员。

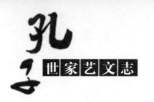

杂家类

■ 在穷记一卷 存

（晋）孔衍撰。衍有《凶礼》，经部仪礼类已著录。

是书，《中国丛书综录》据宛委山堂《说郛》本著录，列子部典故类纂事门，云："《在穷记》一卷，（□）孔元舒撰"。按："孔元舒"当为孔舒元之误。孔舒元即孔衍。孔衍字舒元，晋人。考《说郛》所辑诸书，往往抄撮大概，此亦恐非完帙。又，此书隋、唐《志》、《曲阜志》等均无载。《水经注等八种古籍引用书目汇编》："《在穷记》（孔衍）（《御览》作孔演，又作孔舒元）"。文廷式《补晋志》子部小说家类："孔衍《在穷记》，《太平御览》四百八十六、八百十七、八百五十、九百二十四引之。《书钞》一百三十四，孙舒元《在穷记》曰：'遭乱之后，隰阳令述祖送四幅绛被一领'，孙字乃孔字之误。"《艺文类聚》卷八十五引其"贼来入门"一节。兹参据著录。又《全上古三代秦汉三国六朝文》此书有辑录，可参考。

是书今有清顺治三年宛委山堂刻《说郛》本。

■ 珩璜新论（又名孔氏杂说）一卷 存

（宋）孔平仲撰。平仲字毅父，一作义甫，临江派尚书司封郎中延之第三子，孔子四十七代孙，英宗治平二年进士，官秘书丞，集贤校理；崇宁初，召为户部金部郎中。与兄文仲、武仲，并称"清江三孔"。

《读书附志·杂说类》："《孔氏杂说》一卷，孔平仲毅父之记录也。《图志》谓之《珩璜论》。"《直斋书录解题·杂家类》："《孔氏杂说》一卷，清江孔平仲毅甫撰。"《宋志·子部·小说家类》："孔平仲《释稗》一卷，又《续世说》十二卷、《孔氏杂说》一卷。"《宋志补·子部·小说家类》：孔平仲《珩璜新论》一卷。《文渊阁书目》子杂类："孔平仲《珩璜新编》一部一册，阙；孔平仲《杂说》一部一册，阙。"《山东通志》从《文渊阁》。《西江志·经籍志·说部类》："《孔氏杂说》一卷，《芍药图序》一卷，孔武仲撰；《续世说》十二卷，《释稗》，《珩璜新论》，孔平仲撰。"《曲阜志·著述·子类》："孔传《后六帖》三十卷,又《杂说》一卷、《珩璜新论》一卷。"《阙里文献考·孔氏著述》:"四十七代孙平仲有《野史》一卷,又《释稗》一卷、《续世说》十二卷、《杂说》一卷、《珩璜新论》一卷。"《四库全书总目》曰:"《珩璜新论》一卷,宋孔平仲撰。是书一曰《孔氏杂说》。然吴曾《能改斋漫录》引作《杂说》,而此本卷末有淳熙庚子吴兴沈诜跋,称渝川丁氏刊版已名《珩璜论》,则宋时原有二名,今刊本皆题《杂说》,而抄本皆题《珩璜新论》,盖各据所见本也。是书皆考证旧闻,亦间托古事以发议。其说多精核可取。盖清江三孔在元祐、熙宁之间皆卓然以文章名,非言无根柢者可比也。卷末附录杂说七条,在诜跋之前,皆此本所佚,疑为诜所补抄,今并附入,以成完书。至《珩璜》之名,诜已称莫知所由,又以或人碎玉之解为未是。考《大戴礼》载曾子曰:'君子之言,可贯而佩。'珩璜皆贯而佩者,岂平仲本名《杂说》,后人推重其书,取贯佩之义,易以此名欤?"又《郑堂读书记》著录《墨海金壶》本作《珩璜新论》,称此书"《读书志·小说类》、《通考》俱作《孔氏杂说记》。《读书附志》杂说类、《书录解题》、《宋志》小说类俱作《孔氏杂记》。盖其书本名《孔氏杂说》,后人推重之,比于珩璜贯佩之义,而因改其名也。故吴氏《能改斋漫录》尚引作《孔氏杂说》,晁、马两家误衍一'记'字。袁本《读书志》作《杂记》,则又'说'字之误耳……晁氏称是书论载籍中前言往行,及国家故实,贤哲文章,亦时记其所见闻者。今观其书,逐条考证,颇多精确,议论亦为条畅,盖毅父兄弟本皆工文之士,故随笔所至,亦具有雅人深致也。《说郛》、《说海》、《唐宋丛书》所收,均节本耳。"才按:此书书目著录歧异、各本题署不一,略如上述。考《能改斋漫录》,卷十云孔经父《杂说》,卷三作孔经父《杂说记》。"经父"乃其兄文仲之字;《杂说记》,晁公武《郡斋读书志》小说类有此称,题"孔武仲撰",《西江志》因之,将其归之武仲名下,并将《杂说》与《珩璜新论》分别著录。皆属不妥。《文献通考·经籍考》、《山东通志·艺文志》不知其误,竟移录之。而《曲阜志》、《阙里文献考》"杂说"、"珩璜"分列其名,视为二书;《曲阜志》复将平仲之书置孔传名下,尤为不该。另外,《郑堂读书记》称"《读书附志·杂说类》、《书录解题》、《宋志》小说类俱作《孔氏杂记》",又将"说"误为"记"矣。至于《四库采进书目》附录《江苏采辑遗书目录简目》所著此书抄本,题"《珩璜新论》不分卷附《南窗纪谈》,宋北平孔平仲著",是又添一歧异矣。考《南窗纪谈》为宋徐度撰,有《知不足斋丛书》等文本,《采进书目》不予注明,又称"北平孔平仲",殊为失考。

是书今有国家图书馆藏明嘉靖三十七年杨氏七桧山房抄本,明王氏郁冈斋抄本(按:《文禄堂访书记》著有明王肯堂黑格抄本,半叶十行,行二十一字,版心下刊"郁冈斋藏书"五字,不知是否此本?);福建省图书馆藏明抄本;日本静嘉堂文库藏原秀野草

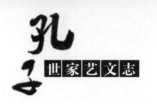

堂等旧藏黄丕烈手跋古写本;香港大学冯平山图书馆藏明金俊明抄本;明钞本《孔毅父文集》附录本;上海图书馆藏清顾氏艺海楼抄本;国家图书馆藏清抄本;北京大学图书馆藏清抄本;南京图书馆藏清抄本;中国科学院图书馆藏清抄本;民国九年上海涵芬楼印本。又有《古今说海》本,《格致丛书》本,《唐宋丛书》本(作《孔氏杂说》四卷),《说郛》本,《百家名书》本,《稗统》本,《四库全书》本,《墨海金壶》本,《珠丛别录》本,《宋人小说》本,《宝颜堂秘笈》本,《学海类编》本(作四卷),《宋元人说部书》本,《说库》本,《丛书集成初编》本,《中国笔记小说文库》本,1925年商务印书馆铅印本,1990年上海书店本(与《嫩真子录》合订)等。

■ 陈眉公订正孔氏杂说四卷　存

(宋)孔平仲撰。

是书,中国科学院图书馆藏有明沈孚先辑亦政堂刻《陈眉公家藏广秘笈五十种》本。

■ 良史事证一卷　未见

(宋)孔平仲撰。

是书,《宋志》、《山东通志》子部杂家类及《阙里文献考·孔氏著述》皆著录,《孔子世家谱》平仲传亦载之。按:《曲阜志》此书作者误为孔传。

■ 考古类编四卷　佚

(宋)孔元忠撰。元忠有《书纂》,经部书类已著录。

是书据宋刘宰《漫塘文集·故长洲开国寺丞孔公行述》著录。《行述》称其"所至辟一室,环以图史,退食即覃思其间。凡唐艺文目所存于世者与国朝之书,搜罗殆尽,即所居建书楼以储之,研究无虚日。故洽闻强记,为世所重。鸿禧之命既下,目眚亦良极,始废书却客,名燕居之室曰'静乐',以静观天地万物之变……其所为书曰:《豫斋集》二十卷、《论语钞》十卷、《祭编》五卷、《编年通考》七十三卷、《书纂》二卷、《考古类编》四卷、《纬书类聚》二卷,藏于家。"而征诸《宋志》以下书目绝不见录。

■ 历官纪、归田录　未见

(元)孔克慧撰。克慧一名慧元,字德台,岭南派福建市舶提举思儒嗣子,孔子五十五代孙,延祐五年午戊科进士,授宁化尹,寻权抚州同知,迁陕西廉访副使。

《曲阜志》:"元松江行省参议孔克慧《历官纪》、《归田录》(卷并佚)"。《阙里文献考》：“五十五代孙元浙江行省参议克慧有《历官纪》、《归田录》（卷并佚）”。兹据著录。按：二书《孔子世家谱》克慧传亦载之。未见传本。

■ 三出妻辨、天爵絜矩论、蒯彻明智辨、思诚大始正本说 未见

（明）孔公恪撰。公恪字恭文，终吉户监察御史谔长子，孔子五十八代孙，处士。

《曲阜志》列传：“孔公恪，字恭文，通经传性理之学，好议论，喜谈兵，每及古今成败事，辄口讲指画，具有条理，闻边陲有警，即奋臂起舞，慨然欲试。尝读《檀弓》，至孔门三出妻，废书叹曰：‘斜径败良田，谗口乱善言，岂其异端之流，攻击矫诬而赘之者乎。于是，著《三出妻辨》，以明其伪。又著有《天爵絜矩》等论、《蒯彻明智》等辨、《思诚大始正本》等说。终隐不仕。”孔尚任《孔子世家谱》亦称其“隐居曹南，赈贫恤孤，人以父事之。晚年著书，有《天爵絜矩》等论，《蒯彻明智》、《出妻》等辨，《思诚大始正本》诸说，藏于家。”兹据著录。未见传本。

■ 三教指迷一卷 未见

（明）孔承倜撰。承倜有《易经代言》，经部易类已著录。

是书，《山东通志》、《曲阜志》、《阙里文献考》皆著录。孔尚任《孔子世家谱》：“六十代承倜，字永冠，号冲亭，隆庆二年选贡，万历丙子陪幸太学，戊寅授保定知县，考绩封文林郎，貤恩所生如其官，迁宁州刺史，再迁荆藩长史，并著贤声，累阶中宪大夫。致政历宦几三十载，囊无余资，有清白之誉。自幼雅慕圣学，以斯文为己任，心体躬行，垂老不厌。宦迹所至，即开馆受徒，讲究义理，从游者甚众，咸推为圣教中兴。年七十一卒。葬祖墓东北。所著有易、书、诗、四书等《代言》，《三教指迷》，《四事请教录》，《日言》，《梦解》，《日月篇》，《天理说》，《天人直指图》，《荆藩辅政录》等集传世。其事实详载《年谱》。”按：其《年谱》，《中国历代人物年谱考录》等不载其书，未知是否尚存？

■ 磊块琐言一卷 佚

（明）孔贞行撰。贞行字道行，别号湖天啸父，吴县支闻征子，孔子六十三代孙，万历中入蓟辽幕，与赵定宇、石拱辰善。

是书，《苏州府志·艺文志》、《吴县志·艺文考》、《江苏艺文志》（苏州卷）著录，云《太湖备考》作“磊落”。

■ 续洞庭清气集二卷 未见

（明）孔贞行撰。

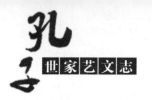

是书，民国《吴县志·艺文考》杂著类著录，云："前《志》作'孔贞符'，据《足征集》正。"《太湖备考》此书不著卷数。按：其书未见传本，考《吴县志》本书前列有邑人吴思政《洞庭清气集》，审贞行此书，当为其续作。又考《吴门补乘》卷九府志艺文刊误著录此书作"孔贞符《续洞庭清气集》"，注云："贞父误作贞符"。非是。

■ 经史大成一百卷　未见

（清）孔尚熹撰。尚熹榜名羽文，又名恂，字明之，一说字鹤狲，一字胥翁，号鹤冲，平阳派庠生贞本次子，孔子六十四代孙，庠生。

是书，《江苏艺文志》据《金陵诗征》著录。《江南通志·艺文志》此书列子部明人著述，作八十五卷。《孔子世家谱》三集平阳派尚熹传，此书不著卷数，云尚熹"治五经，纂集《经史大成》，学识淹博，名载邑《志》。"光绪《高淳县志》尚熹传：尚熹，字鹤狲，一字胥翁，精研经史，旁及诸子百氏之书。年二十补弟子员。庚午主司姜燕及得其卷，拟魁未果，时娄东复社盛行，熹以才名上下其间。于是，网罗百代，以经证史，以史注经，汇若干卷，名曰《经史大成》，（吴）梅村为之序。鼎革后，绝意仕进，布袍幅巾，行歌野哭，以抒其志。阙里孔毓埏赠其孙起占诗序云："高淳家胥翁先生，品行孤高，学识淹博，实南国之彦，不特吾宗之秀也。著有《经史大成》，洵可羽翼圣道。顾其卷帙浩繁，登梨匪易，文孙起占携之遍游海内，迄无所遇。丁酉夏过阙里，愧不能共襄厥事，特录其副本藏之庙廷，已足寿世，亦可慰先生于九京（泉）矣。矧夜光之璧，岂久韫之物耶？起占宗台之来也，群公赠言成帙，因不揣固陋，次韵贻之，庶不负跋涉之志云尔。"按：《江苏艺文志》误注孔序"丁酉"为顺治十四年。考毓埏生于康熙四年，卒于康熙六十一年，故此"丁酉"，应为康熙五十六年，而非"顺治十四年"。又考熹父贞本，庠名祖述，字用正，号鲁南，兄尚谦，字亨之，号六吉，皆以庠生治《易经》。有此家学，无怪乎其能贯串经史，阐发互证矣。

■ 枢余十艺无卷数　未见

（清）孔衍洙撰。衍洙有《延平府志》，史部地理类已著录。

是书，《乌青镇志》著述据《双溪诗汇》著录，题"孔自洙"。未见传本，不详内容如何？入此俟考。

■ 家政一卷　未见

（清）孔贞灿撰。贞灿字垣三，号西园，盛果户天启进士、大梁道闻诗第四子，孔子六十三代孙,四氏学学录,以孙衍淞贵,赀封儒林郎,谥"文靖"。

是书,《山东通志》、《曲阜志》、《阙里文献考》皆著录。《文献考》称此书"录取古人嘉言懿行及孝弟敦睦之可纪者,居平以训示子弟。"因知其书乾隆中尚存于世也。

■ 鲁谚 未见

(清)颜光敏、孔尚任合撰。尚任有《易经系辞讲义》,经部易类已著录。

孔尚任《与颜修来书》:"《鲁谚》尚未成集,虽小道必有可观。且当六月酷暑之夕,红炬两行,洒汗如雨,亲家赤体秉笔,弟挥扇充副座,漏下三更,采风于臧获仆役之人,亦阙里之胜事也。"兹据著录。按:此书,陈万鼎《孔尚任著述记》称"佚",而依孔尚任书中所云,或未最后完成,故志乘不为著录。

■ 会心录四卷 残

(清)孔尚任撰。

是书,《清志》、《山东通志》、《四库全书总目》、《阙里文献考》、《著述记》等皆著录。《曲阜志》此书一卷,陈万鼎《孔尚任著述记》称"佚",袁世硕《孔尚任年谱》云"未见",并谓"当为晚年所著";刘辉于《文献》二十一辑发文则以为孔尚任青年时期隐居石门山读书期间所作,然皆臆测,并无实据。《四库总目》著录衍圣公孔昭焕家藏本,称"是编杂采古人清言佳事,略如沈括《清夜录》、周密《志雅堂杂钞》之例。自序云:'不考出处,不次前后,不分体例,间有复讹者,亦懒于删。'盖林居多暇,姑以寄意而已,非有意于著书也。"按:《四库总目》未云衍圣公家藏本是写,是刻?遍考公私藏目,亦俱无著录,仅知济宁市文管局藏有《孔东塘墨迹》,一册十二页,图版载见宫衍兴《孔尚任佚文遗墨》。孔尚任后裔称,此书原本四册,其余三册"文革"中已失落。或正为其书之残卷也。考存卷凡收文六篇,每篇后皆钤"孔尚任"、"季重"二印。而览其文,似与《总目》所述相合。如其首篇云:"园花按时开放,供吾玩赏,因即其佳称,待之以客焉。梅花,索笑客。桃花,销恨客。杏花,倚云客。水仙,凌波客。牡丹,酬酒客。芍药,占春客。萱草,忘忧客。莲花,禅社客。葵花,丹心客。海棠,昌州客。桂花,招隐客。菊花,东篱客。兰花,幽谷客。酴醾,清叙客。蜡梅,远寄客。须是身闲,方可称主人。"又如其三,曰:"六桥桃花,人争赏玩,其幽趣有六,未易领会。其一,在晓烟初破,霞彩影红,潮露轻匀,风姿潇洒,若美人初起,娇怯新妆。其二,明月浮华,影笼香雾,色态嫣然,夜容芳润,若美人步月,丰致幽闲。其三,夕阳在山,红影花艳,醉春力倦,妩媚不胜,若美人渐醉,风度羞涩。其四,细雨湿花,粉容红腻,鲜洁华滋,色更烟润,若美人

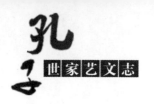

浴罢,暖艳融酥。其五,高烧庭燎,把酒看花,瓣影红销,争妍弄色,若美人晚妆,容冶波俏。其六,花事将阑,残红零落,舞条未脱,半落半留。画之封家姨无情,高下陡作,使万点残红,粉粉飘泊,扑面撩人,浮樽沾席,意况笔骚,若美人病怯,铅华消减。六者,惟其赏者得之。又若芳草留春,翠茵堆锦,我当醉眠床席,歌咏畅怀,使花片历飞,满衣残香,隐隐扑鼻,梦与花神,携手巫阳,思逐彩云飞动,幽欢流畅,此乐何极?"其状写取喻之妙,若非云亭山人,他人恐亦不能到。

是书今有济宁市文管局藏残稿本。

■ 急事约 _{未见}

(清)孔尚任撰。

孔贞瑄《聊园文集·跋东塘〈急事约〉》云:"从侄东塘,宦迹所历,朝野交称其能。今家食奉母,经营菽水外,思与宗族姻里同其福,远其害,著《急事约》二十则,以防水火盗贼之患……杜渐防微,有备无患,小擘划可以窥其大经纶,细节目可觇其大纲纪,胥于此《约》见之矣。故劝其梓,而漫跋之。"兹据著录。按:此书未见旧目著录与传本。

■ 耕砚田笔记 _{未见}

(清)孔毓圻撰。毓圻有鉴定《孔子世家谱》,史部家谱类已著录。

是书据《曲阜文史》第10辑《曲阜历代著述简介》著录。未见传本。

■ 拾择余闲一卷 _存

(清)孔毓埏撰。毓埏有重刊《述圣图》,史部传记类已著录。

是书,《清志补编》、《山东通志》、《曲阜志》、《阙里文献考》、《贩书偶记》、《中国古籍善本书目》等皆著录。按:此书见有清康熙刻本,半叶九行、行十九字,白口,单黑鱼尾,内题"阙里孔毓埏"。前有"康熙岁次庚子十月朔日昆山后学"叶宾序,末有"族侄传商校字"一行。叶氏称此书"发言遣词一皆引经据典,见解弗涉于偏,议论悉归于正,或述旧闻而考其同异,或即方言而审其源流,或援典故而证其得失。其于人之有美弗彰者,为之表微而阐幽;俗之因陋习讹者,为之醒矇而觉昧。若《风诗》之并存美恶以为劝惩,若《春秋》之明辨是非以为规箴。凡所以崇正学而斥异端,敦忠孝而卫道德者,固尽章章如是,其有裨于世道人心,良非浅鲜。"稿本《续修四库提要》著录康熙刻本不分卷,略谓:"是编共百二十余条,皆其读书札记及其见闻所得者,不分类例,不标门目,举凡群籍考证、书院名称、考较字义,以及先世遗事、名人事迹、邑中掌故等,无不载之。"

是书今有清康熙五十九年曲阜孔氏精刊本,2002 年上海古籍出版社《续修四库全书》影印本;国家图书馆藏孔继涵校清抄《远秀堂集》本等。

■ 读古偶志一卷　存

(清)孔传铎撰。传铎有《礼记摘藻》,经部礼记类已著录。

是书,国家图书馆藏有清刻本,一册,九行十九字,黑口,四周双边,单鱼尾。传铎为六十八代衍圣公,凡所著述,皆圣府自刻。此书未睹,《中国古籍总目》史部史评类考订之属著录此本题"清道光间刻",或非初刻。又按:此书《山东通志》、《曲阜志》、《阙里文献考》、《贩书偶记》皆著录。《偶记》列此书于子部"杂纂之属"。兹从之。

是书今有国家图书馆等藏清道光间刻本。

■ 娱阁读古偶志　存

(清)孔传铎撰。

是书,《首都图书馆古籍善本书目》著有清抄《孔牅民所著三种》附录本,未阅,或即前著《读古偶志》,录此俟考。

■ 经史子集　未见

(清)孔传铎辑。

孔传铎《安怀堂文集·辑经史子集说》:"道备于六经,《诗》、《书》、《礼》、《乐》、《易象》、《春秋》,皆道所寓也。内而圣功,则格致诚正;外而王道,则修齐治平,《六经》中咸备有之。顾其体用虽殊,而源流则一而已。自后世诸儒议论纷纭,人自为说,家自为学,而六经载道之书,遂以大晦。至有宋,关闽濂洛诸君子出,而经学得昌明于天下,由元而明,代有传人。余小子守圣祖遗经,晨夕课诵,因为裒集诸经并传注笺疏,汇而辑之,自《六经》本文外,凡有功于经学而与斯道之传者,皆附之于经,志道统也……余编辑自马班后,无论列朝《实录》、《志传》,在所必登,诸凡有关于山川险易及理乱兴亡之故者,咸备列焉……辑经史子外,得书若干卷,别汇而存之,而名之曰《集》,何言乎?'集'也,自古帝王卿相,以迄山林隐逸、高僧贤媛各有所著述,或书表,或诗赋,或词曲,为类不同,而揾之,中有蓄积,必于是数者发之,故概而名之曰《集》。其所言者亦时关风俗之盛衰、政治之得失,岂尽为敷陈往还、流连山水而作哉!然而,风云

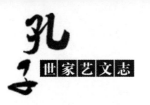

月露,半属陶情,高下抑扬,率皆适性……故尽列之于《集》,而附诸经史子之后焉。自宋元迄盛朝,代各有人,地各有才,汇而集之,用成巨观云尔。"兹据著录。按:是书盖以部帙过重,虽圣府之富,无力付梓也。

■ 博弈论、戒子弟　未见

(清)孔毓庠撰。毓庠字钟敬,平阳派兴仲次子,孔子六十七代孙。

《孔子世家谱》平阳派毓庠传称其"秉性严介,博洽群书,曾作《博弈论》、《戒子弟》"。按:其书未见传本,"戒子弟",或非书名,暂录此以俟后考。又庠父兴仲,字亚胄,博洽经史,尚义疏财。有子三人,庠为仲子。

■ 经史引义无卷数　佚

(清)孔兴藩撰。兴藩一名耿,号麓湄,平阳支,孔子六十六代孙,诸生。

是书,《江苏艺文志》据光绪《高淳县志》本传著录,称其博古通今,善文辞,士人器重之。

■ 学修杂记四卷、识字日知录二卷　未见

(清)孔传堂撰。传堂有《琴律易知》,本部艺术类已著录。

《著述记》:"孔传堂,字振升,号升庵,少好学,以立诚居业、动息有养为宗。雍正甲辰成进士,授祠祭主事,转员外郎,调武库郎中,拣发广西知府。会士民李金星谋不轨,制府请改其地为镇安,以传堂为守。传堂奉檄,赴百色勘金星案毕,驰赴任,宽严皆有法,乃请免下雷州等八州常贡。建学宫,置博士弟子员,延汉人有学者教之。擒向日武乱之巨魁诛之,释其党,却土官承袭陋规。三年,民大悦,以终养假归。起补贵州思南府,治沟洫,正疆界,新孔庙,修祭器,举送学宾,兴乡饮礼,月进诸生而课之。寻摄平越郡篆,随钦差审理疑狱,毋枉纵,诸所设施,皆廉平。后以病还里,宗党奉为模范。著有《学修杂记》四卷,《识字日知录》二卷,《琴律易知》四卷。"兹据著录。按:《阙里孔氏诗钞》传堂传,二书俱作一卷。《曲阜志·著述》二书不著卷数,且书名无"录"字。《山东通志》据以著录,列子部杂家类。又《曲阜志·列传》称其书"藏于家"。

■ 天运理气集三卷　未见

(清)孔毓秀撰。毓秀,牟平派庠生兴世子,孔子六十七代孙,诸生。

是书,《山东通志》子部杂家类著录,云见《采访册》。考毓秀为乾隆《福山县志》缮写人之一,而其书却不见《县志》记载。

■ 杂钞不分卷 _存

(清)孔继涵等撰。继涵有《考工车度记》,经部周礼类已著录。

是书,《东北地区古籍线装书联合目录》子部杂家类著有辽宁省图书馆藏民国抄本。

■ 微波榭杂钞不分卷 _存

(清)孔广栻辑。广栻有《周官联事》,经部周礼类已著录。

是书,《北京图书馆善本书目》子部杂家类著有稿本一册,《中国古籍善本书目》、《山东文献书目》亦据著录。

■ 隐居笔记一卷 _{未见}

(清)孔毓端撰。毓端字本建,号诚斋,岭南派南海支例赠文林郎兴纯四子,孔子六十七代孙,乾隆五十九年甲寅恩科举人,拣选知县。

是书,民国《南海罗格孔氏家谱》艺文著录。其毓端传云:"公朴诚恬淡,数奇不偶,而素履不移。古希后截取知县,以年老不赴选,遂隐乡园而终。著有《隐居笔记》一卷、《澹泊轩文稿》二卷。"

■ 三秋图室随笔四卷 _{未见}

(清)孔广陶撰。广陶有《鸿爪日记》,史部传记类已著录。

是书,民国《南海罗格孔氏家谱》艺文著录。该《谱》广陶传此书作《三秋随笔》,未确。书未见传本与他书著录,《家谱》艺文载咸丰七年广陶自序云:"夫文之道亦大矣,迁、董肇于前,韩、欧继于后,汉唐而下,彬彬乎登大雅之堂者,岂乏其人哉?抑知吐凤雕虫,敲金戛玉,投一时之利器者,此应世之文也;褒美贬恶,沉雄博大,作千秋之龟鉴者,此名世之文也。陶也不学,淡于功名,应世之文,学其法而志不专,名世之文,竭其力而才不逮。然所见所闻,凡有关于天下国家、身心性命之端,则又汲汲然不能忘情焉。故十数年来,大而经济学术,小而怪异歌谣,足以感发善心、惩创恶念者,未尝不随笔志之,积而成帙,读之无文。嗟乎!学然后知不足,今而知古人之不我欺也。是卷也,存之以备有心人采择,若云成书,则吾岂敢。"按:考"三秋图室"位于城南,广陶建藏唐阎立本《秋岭归云图》、五代黄荃《蜀江秋净图》、宋王诜《万壑秋云图》,即张泰阶《宝绘录》之三秋图卷也。三朝珍秘,聚于一室,因以名之。

■ 劝世遗规一卷　未见

（清）孔广甲撰。广甲号巽斋，牟平派恩贡生、齐河县教谕继绪次子，孔子七十代孙，咸丰三年临雍，恩贡生。

是书，《山东通志》子部杂家类著录，略云："广甲号巽斋，宁海州人，道光间临雍，钦赐恩贡。是书见《采访册》。"按：《通志》称其"道光间临雍，钦赐恩贡"误。考道光间临雍钦赐恩贡者，乃其父孔继绪而非广甲。继绪有著述，已著录。

■ 息邪编无卷数　未见

（清）孔广嗣撰。广嗣一名广耀，字大经，江苏武进县支继惠次子，孔子七十代孙，奉祀生。

《孔子世家谱》二集江苏武进县支："广嗣，一名广耀，字大经，奉祀生。著有《息邪编》。"兹据著录。按：广嗣为继岐嗣子。继岐，字子凤，号敬庵，袭尼山书院学录。雍正时，请帑建庙致祭，免粮赈族。是书不知是何内容？疑即子史杂编。录此以俟后考。

■ 族约　未见

（清）孔继光选。继光字觐文，号谦山，息鄹户传德子，六品军功毓美孙，孔子六十八代孙，咸丰十一年辛酉科拔贡，宜昌府六一书院山长。

《孔子世家谱》初集息鄹户湖北支："六十八代继光，字觐文，号谦山，幼年入庠，咸丰辛酉科拔贡，宜昌府六一书院山长。尝建宗祠，选《族约》十二条，悬挂祠内，嘱令本族房长，每逢春秋祭会，逐条宣讲，其光前裕后之意如此。"兹据著录。

■ 醉心随笔不分卷　未见

（清）孔广居撰。广居有《说文疑疑》，经部小学类已著录。

是书，《清志拾遗》子部杂家类据民国《江阴县续志艺文志》著有夏氏鞠录斋抄本。《江苏艺文志》著录其书，"鞠录斋"作"勷录斋"。按：《明清江苏文人年表》清嘉庆十七年注，亦云"广居所著还有《醉心随笔》"。惟不知其书今存何处？

■ 经史考说十二卷　未见

（清）孔祥霖撰。祥霖有《中庸讲义》，经部学庸类已著录。

是书，《续修县志》著录，未见传本。此《志》祥霖传云："孔祥霖少习举业，不事帖括，尤嗜程朱之学。凡子史百家，汉、宋以来诸儒学案，靡不探赜索隐、博淹旁通，并于古今学术治理、洎泰西之政法文艺,皆有领会。先是其母何氏守节数十年,又患目盲,夙夜忧惧,涕泗滂沱,因著《经史孝说》十二卷。盖祥霖性至孝,且乐善好施,尤重公益。"

■ 居东随笔 _{未见}

(民国)孔昭度撰。昭度修有《南海罗格房孔氏家谱》,史部家谱类已录。

是书,《民国时期军政职官志》、《孔子世家谱》俱有载,然征诸公私藏目,实未见著录。录此俟考。

■ 孔学会况 _存

孔祥熙等著。祥熙有《国民政府工商部长行政宣言书》,史部政书类已著录。

是书,《中国近代现代丛书目录》据上海图书馆藏 1943 年孔学会《孔学会丛刊》本著录,《民国时期总书目》著录同。书为成都孔学会丛刊之一,32 开,80 页。内收孔学会成立之宣言、章程、工作计划大纲,以及孔祥熙、林森、何键、柯横、徐青甫等人的演说词、工作报告等共 16 篇。

■ 孔学广播讲演集(第一辑) _存

孔祥熙等著。

是书,《中国近代现代丛书目录》著有上海图书馆藏 1943 年孔学会《孔学会丛刊》本,《民国时期总书目》著录此书,题孔学会编。书为成都孔学会丛刊之二,凡 38 页,32 开。收文有《阐扬大同学说维护世界和平》(孔祥熙),《从时中二字认识孔子的伟大》(谭光),《孔学之世界性》(章士钊),《孔子大同学说》(吴敬恒),《孔子的好学精神》(陈立夫),《新孔学与革命哲学》(张继),《孔子内圣外王之学》(熊十力),《孔学内涵与服膺孔学之门径》(雷殷),《圣学与抗战》(王芃生)。

■ 孔校长北上言论集 _存

孔祥熙著。

是书,《民国时期总书目》(政治分册)著有 1934 年上海旅沪铭贤俱乐部出版本,书为铭贤学校旅沪同学编,72 页,25 开,内收 1934 年 6 月至 7 月祥熙在北平、山西等地发表的言论 36 篇。有编者序。《江苏省立国学图书馆现存书目·赠送类图书》亦著此书,称民国铅印本,一册,不分卷。作者项署"孔祥熙"。兹参据著录。

■ **孔庸之（祥熙）先生讲演集** 存

孔祥熙著，刘振东编。

是书有 1972 年 9 月台北文海出版社《近代中国史料丛刊》铅印本，上下二册，编入第八十二集，于右任题写书名。前有庸之先生像。编著者题"山左刘振东编"，有刘氏 1960 年 9 月序。收文分类编排，计行政类三十三篇，财政金融类三十八篇，经济类二十四篇，文化教育类二十一篇。后为附录，收祭文、序、颂、函、祝词，及《西安事变回忆录》。此外，又尝见 1960 年 9 月初印本，亦为二册。

■ **孔院长国庆纪念日告全国民众书** 存

孔祥熙著。

是书，《民国时期总书目》（政治分册）著有蒙藏委员会编译室编译、蒙藏委员会总务处第四科 1938 年 10 月出版《抗战小丛刊》本，112 页，32 开。有汉、蒙、藏、回文本。

类书类

■ 北堂书钞一百六十卷　存

（唐）虞世南纂，（清）孔广陶校注。广陶有《鸿爪日记》，史部传记类已著录。

是书，《东北地区古籍线装书联合目录》、《杭州大学图书馆线装书总目》等著有清光绪十四年南海孔氏刻本，二十册。按：国家图书馆、首都图书馆等亦藏此帙，书凡十二行，行二十二字，小字双行同，黑口，四周单边。牌记题：光绪戊子正月开雕十月告竣。书名页题南海孔氏三十有三万卷堂校注重刊。考南海孔氏为粤省四大藏书家之一，喜刻书，精校雠，现传于世的不下五六百种，其中，如《大唐开元礼》、《圣宋名贤五百家播芳大全文粹》、《政和五礼新仪》、《宋名臣奏议》、《读史方舆纪要》、《资治通鉴后编》、《钦定外藩蒙古回部王公功绩表传》皆为一百数十或二百卷以上之巨帙。

是书今有清光绪十四年南海孔氏三十有三万卷堂刻本。

■ 唐宋白孔六帖（一作白孔六帖）一百卷目录二卷　存

（唐）白居易、（宋）孔传辑。传有《洙南野史》，史部杂史类已著录。

是书，《中国古籍善本书目》等著录。《四库全书总目》、《中国丛书综录》著录《四库全书》本题《白孔六帖》。《适园藏书志》著录宋刻残本作《唐宋白孔六帖》，云：宋《白孔六帖》合刻本，或作"白孔"，或作"孔白"。宋刻本，每半叶十行，行十七字，小字不等，高六寸六分，广四寸六分，黑线口，单边。存三至十四，十五至二十，三十九至四十三，六十五至七十七，八十九至九十四，字画精洁，宋本之冠，惜不全耳。又邻苏老人跋之曰：海内著录家有宋单刻白、孔《六帖》，而无宋《白孔六帖》合刻本，故皆以明本为祖刻。此为宋刻宋印，精妙绝伦，虽残缺，当以吉光片羽，视之不第为海内孤本也。按：明刻本，山东大学图书馆有藏，凡十行十八字，小字双行同，白口，左右双边，有刻工及目录。前有韩驹序，略云："东鲁孔侯，宣圣之裔、中丞公之孙也。数试艺于有司，辄不售，退为《新书》，以仿白公之意。方侯著书时，士皆挟一经，不治他技，而侯独奋不顾，自诗颂铭赞，奇编秘录，穷探历讨，纤芥不遗，斯亦勤矣。书成而当建炎、绍兴之际，主上复古救敝，士知博学，孔侯之书，如富家之储材，栋橡枅栱，云委山积。匠者得之，应手不穷，功用岂小哉。若夫贪多务得，晦而不出，幸人之不知以成己之名者，此侯之所耻也。余见侯临川，阅其书而善之，言曰：古之学者必世其家，吾惟宣圣之后，而子思《中庸》杂于大戴氏《礼》，及子高、子国，始立训传，阙然至今，吾甚惧焉。于是，缀辑使无坠厥绪，则侯之意，又非独仿白公而已也。"

是书今有日本天理图书馆藏宋刻本（原季振宜、徐健庵、傅增湘旧藏，共十八册），日本静嘉堂文库藏宋刻本（原传是楼、陆心源皕宋楼等旧藏，共十九册），上海图书馆藏宋刻残本（存三十九至四十），明嘉靖刻本，明刻本，国家图书馆藏明抄本完帙二部，又残本（存三至十一、十六至二十、三十五至五十六、六十一至七十六、九十二至一百，共计六十一卷）一部，中国科学院图书馆藏明天启元年抄本一部，中央党校图书馆藏明抄残本（存一至三、九至十四、十九至三十九、四十六至七十四、八十四至九十四，共计七十卷）一部。又有《四库全书》本等。

■ 孔氏六帖（一名后六帖，又名六帖新书）三十卷　存

（宋）孔传辑。

是书，《中国古籍善本书目》著有国家图书馆藏宋乾道二年泉南郡庠刻残本，仅存卷十一，一册。十二行，行十八至十九字，小字双行，行二十八字，白口，左右双边。《遂初堂书目》、《直斋书录解题》、《世善堂藏书目录》、《国史经籍志》、《山东通志》、《曲阜志》、《衢州府志》等著录此书皆作《后六帖》。《文渊阁书目》："《白氏六帖》一部五册阙；《孔氏六帖》一部十册阙。"《阙里文献考》云："类书起于刘宋何承天《并合皇览》，后作者浸众，唐书遂立一门。白居易有《六帖》，四十七代孙传续《后六帖》三十卷（今世所行《白孔六帖》，乃二书合刻者，凡一百卷）。"《四库全书总目》"白孔六帖"条云："此本编两书为一书，不知何人之所合？又作一百卷，亦不知何人之所分？考胡仔《苕溪渔隐丛话》称，《六帖新书》出于东鲁兵燹之余，南北隔绝，其本不传于江左，使学者弗获增益闻见。则南渡之初尚无传本。王应麟《玉海》始称孔传亦有《六帖》，今合为一书，则并于南宋之末矣。"又云："《容斋随笔》又称俗传浅妄书，如《云仙散录》之类，皆绝可笑，孔传《续六帖》悉载其中事，自秽其书。然《复斋漫录》称东鲁孔传字圣传，先圣之裔，而中丞道辅之孙也。为人博学多闻。取唐以来至于吾宋，诗颂铭赞、奇编奥录，穷力讨论，纤芥不遗。撮其枢要，区分汇聚有益于世者，续唐白居易《六帖》，谓之《六帖新书》。韩子苍为《篇引》，以为孔侯之书，如富家之储材，榱栋枅栱，云委山积。匠者得之，应手不穷，其用岂小云云。则宋人亦颇重其书矣。"近人胡道静于

类书深有研究,撰有《中国古代的类书》,其于本书交代甚明,云:是书乾道二年丙戌刻于泉南郡庠,题名为《孔氏六帖》。书前有此年韩仲通序说:"绍兴之初,书始成。余守泉南,集此邦儒士相与校雠,刊于郡庠。"又据《天禄琳琅书目后编》卷五,《孔帖》分门凡一千三百七十一。南宋季年,白、孔二氏之书被合并刊刻,名为《唐宋白孔六帖》。刻于建阳的宋版合刻本,陆心源、杨守敬都曾经藏有残本一部,现上海图书馆也藏有残存两卷一部。

是书今有国家图书馆藏宋乾道二年泉南郡庠刻残本。

■ 六帖补二十卷 存

(宋)杨伯岩、孔应选等编撰。应选字舜举,一字文虎,衢州派铜陵主簿、迪功郎摅长子,孔子五十一代孙,终迪功郎、临安府余杭县主簿。

《衢州孔氏南宗家庙志》大事记:"淳祐四年(1244),衢州知州杨伯岩在任上与五十一世孙孔应选等编撰《六帖补》。"兹据著录。按:《孔子世家谱》应选传称其"与弟应发自为师友,刻意问学。嘉定十二年,同请乡举。淳祐七年,援四十四代世基旧例,赐同本科出身,授迪功郎,云南临安府余杭县主簿。"不云有此书。《衢州府志》亦无记载。《中国古籍善本书目》著录此书题"宋杨伯岩辑",《四库全书总目》著录江苏巡抚采进本,题"宋杨伯岩撰",略云:是编以增补白居易《六帖》、孔传《续六帖》所未备,凡二十类。中多割引宋人诗句,征事颇不详赅,盖二书所有,即不复见。又书中所载古事多不著出典,未免嫌于无征。然虞世南《北堂书钞》即已多如此,《六帖》复往往有之,盖因仍旧例,未及改作,其失亦有由也。吕午序称其能知云璈字出《太平广记》,然《广记》实引汉武内传。伯岩不举本书而但举类书之名,知其学亦捃摭之功,故往往不得事始。特其于白、孔二家拾遗补阙,不为无功,而宋代逸事遗文亦颇藉以有考。视明代类书饾饤稗贩者,固尚为近古矣。

是书今有东北师范大学图书馆藏明抄本;国家图书馆藏清江凤彝跋明抄本(卷九至十四配清抄本),又清海虞瞿氏恬裕斋抄本;上海图书馆藏清抄本,又清萃古斋抄本;重庆市图书馆藏清抄本,南京图书馆藏清丁丙跋清抄本,及《四库全书》本。

■ 稗海 未见

(清)孔尚任纂。尚任有《易经系辞讲义》,经部易类已著录。

《明清江苏文人年表》:"清康熙五十三年:山东孔尚任仿《白孔六帖》,纂类书《稗海》,此际有部分成稿。《在园杂志跋》。"考陈履端《在园杂志跋》:"乙未春,孔东塘先

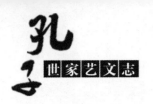

生从曲阜来淮，与观察公剪烛联吟。暇读《杂志》，先生轩渠拍手，为公作序，自言亦有《稗海》汇辑，卷帙浩繁，渐次成书，如孔传所纂。今《在园杂志》堪比《六帖》，并架《北堂》。"兹据著录。按：此书不见旧目著录、志乘记载及它书称引，或未最后完成。

小说类

■ 说林五卷 佚

（晋）孔衍撰。衍有《凶礼》，经部仪礼类已著录。

是书，两《唐志》、《国史经籍志》、《山东通志》、《阙里文献考》著录列子部杂家类。《曲阜志·子类》亦著此书。《隋志·子部·杂家类》注："梁有《孔氏说林》二卷，孔衍撰，亡。"《通志·艺文略》此书入诸子类小说家，《中国文言小说书目》据以著录，兹从之，改入此类。按：《隋志考证》云："钱塘汪师韩《文选理学权舆》曰：'选注所引群书有孔衍《说林》。'"另据《水经注等八种古籍引用书目汇编》，《水经注》亦引此书。

■ 孔氏志怪四卷 佚

（晋）孔氏撰。氏，不详何名？

是书，《新唐志》、《中国丛书综录》、《中国文言小说书目》等著录，《隋志》、《旧唐志》此书列史部杂传类，《通志·艺文略》入史部传记类冥异门。《隋志考证》曰："《文苑英华》顾况《戴氏广异记序》称：孔慎言《神怪志》。《世说》方正篇、巧艺篇、排调篇、自新篇注，《初学记》州郡部、鸟部，《艺文类聚》木部，《太平御览》鳞介部，并引《孔氏志怪》，不著慎言名。"鲁迅《古小说钩沉》辑其佚文十一条。另有《太平御览》引《杂鬼神志》、《志怪》、《志怪集》、《许氏志怪》，《玉烛宝典》引《杂鬼怪志》、《志怪》，《太平广记》引《志怪》、《志怪录》，《北堂书钞》引《志怪集》、《杂鬼神志怪》（一本无'杂鬼神'三字），《法苑珠林》引《志怪录》、《志怪传》等，均不见书目著录。《古小说钩沉》共辑得二十条，总其名曰《杂鬼神志怪》。其中有并见于《孔氏志怪》者。按：《曲阜志》、《阙里文献考》均无此书，盖亦以撰者不详故也。今录此存疑，以俟后考。

■ 夏侯鬼语记一卷 存

（刘宋）孔晔撰。晔有《会稽记》，史部地理类已著录。

是书，《中国丛书综录续编》著录《历代小说汇编》本，题（晋）孔晔撰；国家图书馆

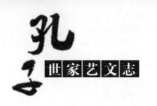

馆藏目录著录明刻《剪灯丛话》本(一册),中国科学院图书馆馆藏目录著录《魏晋小说一百十种》本,亦题(晋)孔晔撰,然据予考证,晔为刘宋时人,因据改题。详参《会稽记》条。

■ 续世说十二卷　存

(宋)孔平仲撰。平仲有《珩璜新论》,本部杂家类已著录。

是书,《宋志》、《国史经籍志》、《山东通志》、《西江志》、《文献通考》、《阙里文献考》、《郑堂读书记》、《四库未收书目提要》、《中国古籍善本书目》等皆著录。《新淦县志·艺文志》将此书与《释稗》混而为一,误作《续世说释解》。《直斋书录解题》小说家类此书三卷,云:"编宋至五代事,以续刘义庆之书也。"《郑堂读书记补逸》子部小说家类著录写本,谓"陈氏云:编宋至五代事,以续刘义庆之书。今按其书分目,亦悉仍刘氏之旧,惟遣词不规规于求似,可谓善学古人。其所采辑,自刘宋以迄五季诸史,疏剔繁辞,揆叙名理,惜未有如孝标为之注者。王渔洋《居易录》称已失传,盖罕见久矣。"又《四库未收书目提要》著录《守山阁》、《粤雅堂》本,称其"取宋、齐、梁、陈、隋、唐、五代事迹,依刘义庆《世说》之目而分隶之,成书十二卷,见于《宋史》本传及《艺文志》小说家类,卷帙相同。《书录解题》、《文献通考》皆录其书,而近代储藏家罕有著录者。王士禛《居易录》曾道及此书,云已失传,则士禛亦不得见此书也。此书平仲无自序,有绍兴戊寅长沙秦果序,序言平仲书成未刊,从义郎李敏得善本于前靖守王长孺,相与镂版。王亲受于孔,知其不缪。丁丑之春,雒阳王濯来守沅之明年,李氏以其书版来售,即加是正镌刻,以补其不足云云。后有沅州公使库总计纸版数目,并印造纸墨裱褙工食钱数目。后又有右迪功郎司法兼监使库翁灌、右从事郎军事判官闵敦仁、右迪功郎州学教授胡拚、左朝奉郎通判军州事秦果、左朝散大夫知军州事王濯五人题名,皆沅州官也。此从宋沅州刻本传写者,卷帙完整无阙,特书中部次错杂,有两条合为一条者,抑且时代先后,往往倒置,盖校勘之时,不免有私为窜改之弊,必非平仲元本之误也。"

是书今有上海图书馆藏明抄本,又清张蓉镜抄本(清孙原湘、蒋凤藻跋);南京图书馆藏清抄本。又有《宛委别藏》本、《守山阁丛书》本、《粤雅堂丛书》三编本、《丛书集成初编》本、《四部备要》本、《国学基本丛书》本、《旧小说》本,2002年上海古籍出版社《续修四库全书》影印《宛委别藏》本等。

■ 孔氏谈苑五卷　存

题(宋)孔平仲撰。

是书,《读书附志》列杂说类,《郑堂读书记》列子部小说家类,《中国古籍善本书目》列子部杂家类,皆五卷;《汲古阁珍藏秘本书目》一本作六卷;《四库全书总目》、《山东通志》子部小说类等作四卷。兹参据著录。《读书附志》曰:"《孔氏谈苑》五卷,右孔平仲毅父记录之文也。毅父,清江人,文仲、武仲之弟,有《续世说》行于世。"《四库总目》著录此书,谓"旧本题宋孔平仲撰。是书多录当时琐事,而颇病丛杂。赵与时《宾退录》尝驳其记吕夷简、张士逊事,谓以宰相押麻,不合当时体制,疑为不知典故者所为,必非孔氏真本。今考其所载,往往与他书相出入。其书或在平仲前,或与平仲同时,似亦摭拾成编之一证。"《郑堂读书记》据《艺海珠尘》本著云:"旧题宋孔平仲撰。《四库全书》著录作四卷,此本为吴稷堂以意分析之耳。按《宋志》有孔平仲《稗说》一卷、《杂说》一卷,而无是书。其《稗说》、《杂说》两种,俱未见有传本。赵行之《宾退录》以此书必非孔氏真本。今考其所记当时杂事,多与宋人杂记小说相出入,疑后人取《稗说》、《杂说》为主,而杂摭诸书以付益之。其不见于他书者,或即其所作《稗说》、《杂说》之文也。"按:《四库总目》、《郑堂读书记》考辨此书,不知何以均不言及《读书附志》著录事。《读书附志》作者赵希弁乃宋宗室,太祖九世孙,尝在秘书省校勘书籍,所著当可据信。赵与时亦为宋人,称其所见"必非孔氏真本",盖南宋时已有别本流传。而《郑堂读书记》称"其《稗说》、《杂说》两种,俱未见有传本"。则不免失考。《杂说》,通常称《孔氏杂说》,亦即《珩璜新论》,版本甚多(见本部杂家类《珩璜新论》条),何以"未见有传本"?

是书今有国家图书馆藏明穴研斋抄本,又明抄残本(存一、二两卷,清黄廷鉴跋)。又有《宝颜堂秘笈》本、《唐宋丛书》本、《四库全书》本、《艺海珠尘》本、《丛书集成初编》本、《旧小说》本等。

■ 释稗一卷　未见

(宋)孔平仲撰。

是书,《宋志》、《山东通志》、《阙里文献考》等皆著录。《西江志》此书不题卷数。《曲阜志》此书误为孔传撰。《宋史》本传云:"平仲长史学,工文词,著《续世说》、《释稗》、《诗戏》诸书传于世。"按:此书,藏目仅见于《遂初堂书目》小说类,《文渊阁》、《四库总目》、《贩书偶记》及续编、《中国古籍善本书目》、《中国丛书综录》等俱无载。似已佚。

亹乎！有当乎。道诚举而体诸身心，见诸行事，即进而并于古人不难。余故喜而手录焉，且为订其舛讹，以俟付之剞劂，以广其传。嗟乎！鸿谟宝训非不足诱人于善，而感悟之速不若目前近效为有征；金科玉条非不足禁人于恶，而警惧之深不若世人报应为可信。诗曰：'杨园之道，猗于亩丘。'兹固余欲梓行之心，盖亦静斋氏垂示之心也。不揣芜陋，敬揭其大指于简端，不识知道者以为然否？时嘉靖三十八年六月甲子归有光跋。"

是书今有旅大市图书馆藏清初抄本；国家图书馆藏清抄本，又一本（清董兆熊校、清李锡畴跋），2002 年上海古籍出版社《续修四库全书》影印国家图书馆藏清毛氏抄本；中国科学院图书馆藏清抄本，1995 年齐鲁书社《四库全书存目丛书》影印中科院图书馆藏抄本；盐城市图书馆藏清抄本（清王宗炎校并跋、丁立中跋）；南京图书馆藏清抄本（丁丙跋）。又有《学海类编》本、《粤雅堂丛书》本、《丛书集成初编》本、上海古籍出版社《宋元笔记丛书》点校本等。

■ 谈柄一卷 未见

（明）孔弘干撰。弘干有《圣贤图像》，史部传记类已著录。

是书，《山东通志》、《曲阜志》、《阙里文献考》著录皆题孔宏干。按："宏干"原名弘干，清人刻书避改。《孔子世家谱》："六十一代宏干，字以象，号振斋，为鲁府审理纪善。尝续宗谱，并《孔门金载》、《孔氏文献》、《谈柄》、《词话》。"

道家类

■ 庄子义训　未见

（清）孔广铭撰。广铭有《公羊释例》，经部春秋公羊传类已著录。

是书据沃丘仲子《近代名人小传》孔广铭传著录，传称"孔广铭字文箴，曲阜人，父官甘肃，殁于官。时回乱炽，关陇皆被兵，流徙兵间者凡十年。后避地至汉中，黄鼎适督汉南军防，值于废寺中，见所为书若柳公权，异之，叩所学，则诵《史》、《汉》、《庄》、《骚》，滔滔滚滚……学无师承，皆冥心独造。初从俗师学，所知者若《五经备旨》之类而已。后于旧肆得《说文解字》、《易》、《书》、《诗》三经注疏，其义皆夙所未闻，少少习之，而苦不得解。一日，复得江藩所为《经学入门》，惊喜过望，循其序进，然亦未全涣然。及入秦州，馆张氏灌园，藏书之富冠洮陇，居五年，遂博通诸书，而未遑著述也。及去西藏，文书甚简，则发其心得为《公羊释例》三十卷、《孟子义疏》二十八卷、《五经异义疏证》二十卷。《庄子义训》、《前汉书考证》，皆未成书。诸书，义证赅洽，而家法不紊。"按：《中国人名大辞典》广铭传载之同。

■ 阴符心镜一卷、赤蹄录一卷　佚

（明）孔贞行撰。贞行有《磊块琐言》，本部杂家类已著录。

二书，《苏州府志·艺文志》、《吴县志·艺文考》、《太湖备考》、《江苏艺文志》（苏州卷）等皆著录。

■ 玄印内编二卷外编二卷　未见

（明）孔鼎撰。鼎有《周易达传》，经部易类已著录。

孔鼎《楷园文集自序》："甲申乙酉，值国大故，文献凋谢，乃入山作野人，庭萝覆门，草在窗下，静而对之，千千然也……黄庭参同，幼而习焉，老而安焉，著《玄印内编》二卷《外编》二卷。"兹据著录，未见传本。

■太上感应篇日悔录一卷 存

（清）孔继堂撰。继堂有《诗述》，经部诗类已著录。

是书，烟台图书馆藏有二本，皆手写，毛装，无格。书名据书衣拟定。前有清同治八年孔继堂序。卷首题："太上感应篇（分章总释）；孔继堂日悔录"。一本九行二十五字，文字有改动；一本九行二十七字，页面较规整。二十七字本卷首有文，曰："惟汉垂此训，流传到于今。自是道家戒，为求仙者箴。劝善兼惩恶，圣贤旨相参。凡兹读书士，当奉为指南（戊辰十二月初一日，一则）。"其文前五字，二十五字本作"兹训垂汉魏"，当为初稿，后经修改，成二十七字定稿本。按：依孔氏族规家训，圣裔子孙，不染二氏，故见诸本书者，只此数种，且为外迁支派。

是书今有烟台图书馆藏初稿本，又清稿本。

山东大学"985工程"儒学建设项目
山东大学儒学高等研究院学术研究项目

孔子世家艺文志 下

周洪才 著

国家圖書館出版社

集部

别集类

秦至隋

■ 孔鲋集一卷 *存*

（秦）孔鲋撰。鲋有《论语义疏》，经部论语类已著录。

《中国历代诗文别集联合书目》："孔鲋《孔鲋集》一卷，《全前汉文》十三。"兹据著录。按：《汉志》等无此目，《全上古三代秦汉三国六朝文》据《孔丛子》录其《将没戒弟子》一文，曰："鲁，天下有仁义之国也。战国之世，讲颂不衰，且先君之庙在焉。吾谓：叔孙通处浊世而清其身；学儒术而知权变，是今师也。宗于有道，必有令图，归必事焉。"《诗文书目》遂据以著录标卷。又孔尚任《孔子世家谱》："九代鲋，字子鱼（一作甲），独乐先王之道，讲学不倦，季则曰：'丈夫生则有云为于世，今先生淡泊世味，务无用之业，当身不蒙其荣，百姓不获其利，窃为先生不取也。'对曰：'不如子言。夫武者进取，文者守成。今天下扰扰，终必有定，子修武以助之进取，吾修文以助之守成，不亦可乎！'伊会曰：'子读先王之书，将奚以为？'对曰：'为治也。世治，则助之行道；世乱，则独善其身，治之至也。'秦始皇并天下，封为鲁国文通君，拜少傅。会李斯议焚书，陈余曰：'秦将灭先王之籍，而子为书籍之主，其危矣。'对曰：'顾有可惧者，必或求天下之书焚之，不出则有祸，吾将先藏之，以待其求，求至，无患矣。'于是，收《论语》、《尚书》、《孝经》等书，藏之祖堂旧壁中，隐于嵩山，教弟子百余人。后，陈涉为楚王，征为博士，凡六月，卒于陈，年五十七。著书二十余篇，记祖父与己行事，名曰《孔丛子》。"又按：古代著录家每称孔鲋为汉人，严可均亦将其编入《前汉文》，皆不免失考。今考陈涉称王乃在秦二世元年（前209），其卒为二世二年。鲋为博士，六月而卒，其时至晚在二世二年（前208），此时汉朝尚未建立，何以列为汉人，故此改题今称。又推其生约在周赧王延五十一年（前264）。

■ 孔臧集二卷 *佚*

（汉）孔臧撰。臧有《太常蓼侯孔臧》，子部儒家类已著录。

是书，《隋志》、两《唐志》、《通志·艺文略》、《阙里文献考》等均著录。《汉志》作"太常蓼侯孔臧赋二十篇"，《山东通志》著录同。《曲阜志》作《太常集》一卷。《文选·两都赋序》注："《孔臧集》曰：臧，仲尼之后，少以才博知名，稍迁御史大夫，辞曰：'臣代以经学为家，乞为太常，专修家业。'武帝遂用之。"《孔丛子》卷七《连丛子上》云：臧嗣蓼侯，"历位九卿，迁御史大夫，辞曰：'臣世以经学为家，转相承作训法，然今俗儒繁说远本，杂以妖妄，难可以教。侍中安国（安国，孔忠之子，以治《尚书》为汉成帝博士、临淮太守，时为侍中）受诏缀集古义，臣乞为太常，典臣家业，与安国纪纲古训，使永垂来嗣。'孝武皇帝重违其意，遂拜太常，其礼赐如三公。在官数年，著书十篇而卒。先时，尝为赋二十四篇，四篇别不在集，似其幼时之作也。又为书《与从弟》及《戒子》，皆有义。"《隋志考证》谓："《孔丛子》、《连丛子》皆作于魏时，其言四篇别不在《集》，则其在《集》者，即《七略》、《艺文志》所载《赋》二十篇。魏时，《孔臧集》如此也，由是证知西汉人之《集》，有即据'诗赋略'所载，以为别集单行者，亦有不尽为赋，诸体皆有，如刘中垒所录《东方朔集》者，而'诗赋略'五篇，则汉时一大总集，合之为总集，分之即为别集，《孔臧集》，其一也。"按：是书，《文选注》外，《艺文类聚》、《太平御览》亦尝征引。《新唐书》、《太平御览》乃宋代所撰，而有著录征引，可见，《隋志》称"亡"，其实不然。《全上古三代秦汉三国六朝文》据《孔丛子》辑其《谏格虎赋》、《杨柳赋》、《鸮赋》、《蓼虫赋》、《与侍中从弟安国书》、《与子琳书》六篇，《中国历代诗文别集联合书目》据以著录，题为一卷。又，《戒子通录》中载有孔臧《戒子书》，严可均《全汉文》漏收。台湾学生书局《学生书苑》第六辑收有《历代名人家书》，题孔臧等撰，是视臧为家书第一人矣。附此不另立目。孔臧，约汉高祖六年（前201）至武帝元朔末年（前123）在世。

■ 孔安国集一卷　存

（汉）孔安国撰。安国有《古文尚书》，经部书类已著录。

《中国历代诗文别集联合书目》："孔安国《孔安国集》一卷，《全前汉文》十三。"兹据著录。按：《汉志》等无此目，《全上古三代秦汉三国六朝文》辑其《尚书序》、《古文孝经训传序》、《家语序》、《秘记》四篇，《诗文书目》遂据著录，题作一卷。孔尚任《孔子世家谱》："安国字子国，明达渊博，动遵礼法。少学《诗》于申培公，受《尚书》于伏生，以文学、政事名。年四十为谏议大夫，侍汉武帝为侍中，会鲁恭王坏先圣宅，于壁中得古文《尚书》、《论语》、《孝经》，上之，悉以书还其家，仍诏作传。乃考论古今文义，作《论语训解》、《尚书》、《孝经》传，又集先圣《家语》，既成，会诬蛊事起，不果上。自博士迁临淮太守，六年，以病免，年六十卒。"安国，约汉惠帝至武帝年间在世。

■ 孔衍集一卷　存

（汉）孔衍撰。衍,诸生印子,安国孙,孔子十三代孙,成帝时征为博士。

《中国历代诗文别集联合书目》:"孔衍《孔衍集》一卷,《全前汉文》十三。"兹据著录。按:《汉志》等无此目,《全上古三代秦汉三国六朝文》据《家语·后叙》录其《上成帝书辩〈家语〉宜记录》一文。《曲阜志》安国传:"孙:骊、衍。骊举博士,官至弘农太守,精《春秋三传》,著《公羊》、《榖梁》训诂。衍,亦成帝时博士。成帝诏向校定秘书,衍上书请立安国所传述古文经传,帝许之。会帝崩,向又病亡,不果行。"《孔子世家谱》云:"十三代衍,汉成帝征为博士,尝上书曰:'臣祖故临淮太守安国逮仕孝武皇帝,时鲁恭王坏夫子故宅,得古文科斗《尚书》、《孝经》、《论语》,世莫能识,安国为改今文,读而训传其义,又撰《孔子家语》,既毕,会诬蛊事起,遂不行。然其典雅正实,与世所传者不可同日而语也。光禄大夫向以其为时所未施之故,《尚书》则不记于《别录》,《论语》则不使名家,臣窃惜之。又戴圣,近世小儒,以《曲礼》不足,乃取《家语》杂记者及子思、孟轲、荀卿之书,以裨益之,总名曰《礼记》,今见其已在《礼记》者,则便除《家语》之本篇,是灭其原而存其末也。臣愚以为宜皆记录别见。'奏上,报可。值帝崩,不果行。"

■ 孔光集一卷　存

（汉）孔光撰。光字子夏,褒成君关内侯霸第四子,孔子十四代孙,成帝时为博士,官至丞相,卒谥"简列侯"。

《中国历代诗文别集联合书目》:"孔光《孔光集》一卷,《全前汉文》十三。"兹据著录。按:《隋志》等无此目,《全上古三代秦汉三国六朝文》辑其《上书对问日蚀事》、《举成公敞封事》、《奏罢减乐人员》、《条奏限名田奴婢》、《奏请议毁庙》、《奏谏复留傅迁》、《奏劾王嘉》、《奏徙毋将隆》、《奏徙张由史立》、《奏徙董贤家属》、《奏遣红阳侯王立就国》、《奏不听王莽让宰衡》、《立嗣议》、《淳于长小妻迺始等坐罪议》、《丞相遣郡国计吏敕》),凡十五篇。《诗文书目》遂据著录,题作一卷。光,汉宣帝元康元年（前65）生,平帝元始五年（5）卒,年七十。《汉书》卷八十一、《曲阜志》卷七十四俱有传。

■ 孔光奏章　佚

（汉）孔光撰。

是书,《遂初堂书目》别集类著录,列《枚乘集》后、《唐林奏章》前。按:此书未见它书著录。前条所列条奏,或即书中文也。

■ 孔丰集一卷 存

（汉）孔丰撰。丰字子丰，议郎、博士、南海太守仁子，孔子十八代孙，明帝时辟司空府，章帝时为御史，拜黄门侍郎，典东观事。

《中国历代诗文别集联合书目》："孔丰《孔丰集》一卷，《全后汉文》三十一。"兹据著录。按：《隋志》等无此目，《全上古三代秦汉三国六朝文》据《孔丛子》、《续汉书》录其《建初元年大旱上疏》一文，《诗文书目》遂据著录题卷。《曲阜志》孔丰传称其"善经学，不好诸家书，与太中大夫鲍彦辩难，彦不能屈"。《孔子世家谱》云："十八代丰，字子丰，以学行闻。建初元年大旱，帝闻群臣政教得失。丰上疏曰：'臣闻为不善而灾报，得其应也；为善而灾至，遭时运也。陛下即位日新，视民如伤，不幸耗旱，时运之会耳，非政教所致也。昔成汤遭旱，因自责省，[故]散积、减御损膳而有年，意陛下未为成汤之事乎？'帝从之，三日大雨。拜黄门侍郎，典东观事。子一：僖。"其嘉言懿行，载见《孔丛子·连丛子》。

■ 孔僖集一卷 存

（汉）孔僖撰。僖字仲和，黄门侍郎丰子，孔子十九代孙，章帝时，历官兰台令史，郎中，临晋令。

《中国历代诗文别集联合书目》："孔僖《孔僖集》一卷，《全后汉文》三十一。"兹据著录。按：《隋志》等无此目，《全上古三代秦汉三国六朝文》据《后汉书》录其《上书自讼》一文，《诗文书目》遂据著录题卷。按：僖，《后汉书》卷七十九、《曲阜志》卷七十一俱有传。《后汉书》本传略云："孔僖字仲和，鲁国鲁人也。自安国以下，世传《古文尚书》、《毛诗》。曾祖父子建，少游长安，与崔篆友善。僖与崔篆孙骃复相友善，同游太学，习《春秋》。"《曲阜志·孔僖传》曰："僖字仲和，章帝时，与友崔骃同游太学，相与论孝武帝始崇圣道，号胜'文景'。及后恣己，忘其前之为善。邻房生梁郁阴上书告骃、僖诽谤先帝，刺讥当世，事下有司。僖上书自讼曰：'臣之愚意以为，凡言诽谤者，谓实无此事而虚加诬之也。至如孝武皇帝，政之美恶，显在汉史，是为直说书传实事，非虚谤也。夫帝者为善、为不善，天下莫不知，斯皆有以致之，故不可以诛于人也。陛下即位以来，政教未过，而德泽有加，臣等独何讥刺哉？假使所非实是，则固应悛改，倘其不当，亦宜含容，又何罪焉？臣等受戮，死即死耳，顾天下之人，必回视易虑，以此事窥陛下心。自今以后，苟见不可之事，终莫复言者矣。齐桓公亲扬其先君之恶，以唱管仲，然后群臣得尽其心。今陛下乃欲为十世之武帝，远讳实事，岂不与桓公异哉。臣恐卒然蒙枉，不得自叙，使后世论者，擅以陛下有所方比，宁可复使子孙追掩之乎！谨诣阙伏待重诛。'书奏,诏勿问,拜僖兰台令史。元和二年春,帝幸阙里,以太牢祠孔子及七十二弟子,作六代之乐,大会孔氏男子六十三人,命儒者讲论,赐酒饭,帝谓僖曰:'今日之会,于卿宗有光荣乎?'对曰:'臣闻明王圣主,莫不尊师贵道。今陛下亲屈万乘,辱临敝里,此乃崇礼先师、增辉圣德,非臣家之私荣也。'帝大笑曰:'非圣者子孙,焉有斯言乎!'拜僖郎中,从还京师,校书东观。其年十二月拜临晋令。"僖,汉章帝元和三年(86)九月卒,生年不详。子二:长彦、季彦。

■ 孔季彦集一卷　存

(汉)孔季彦撰。季彦,兰台令史僖次子,孔子二十代孙。

《中国历代诗文别集联合书目》:"孔季彦《孔季彦集》一卷,《全后汉文》三十一。"兹据著录。按:《隋志》等无此目,《全上古三代秦汉三国六朝文》据《孔丛子》录其《雨雹对》一文,《诗文书目》遂据著录题卷。《曲阜志·孔僖传》略云:"僖二子:长彦、季彦,并十余岁。从父友西洛姚进受学,殚研先人遗书,穷日夜不辍,游其门者数百人,时人为之语曰:'鲁国孔氏好读经,兄弟讲诵皆可听。学士来者有声名,不过孔氏那得成。'西汉士论,以经术为内学,诸子杂说为外学;东汉尚文辞,乃以章句为内学,经术为外学。长彦颇好章句学,而季彦守其家业,兼修《史》《汉》,不好诸家之书。族弟昱(字元世,霸七世孙,洛阳令)尝谓治古义,则不能不非章句,非章句内学,必将有患尼(危)之。季彦曰:'吾学不要禄,贵得正义耳!以此受患,犹甘心焉。先圣垂训,壁出古文,临淮传义,可谓妙矣。赖吾家世世独修之,若从君言,是为先君正义,灭于今日,来世达人,见今文俗说,因嗤笑前圣,物极则变,比百年之外,必当有明德君子,恨不与吾偕世者。'于是,昱怅然曰:'吾意不及此。'安帝时,河西大雨雹,大者如斗。诏有道术之士极陈变眚,时,季彦在宗人扶(字仲渊,官司空)所,帝召季彦见于德阳殿,亲问其故。对曰:'此皆阴乘阳之征也。今贵臣擅权,母后党盛,陛下增修圣德,虑此二者。'帝默然,左右皆恶之。举孝廉,不就。卒于家。"季彦,东汉章帝建初元年(76)生,安帝延光三年(124)卒,年四十九(史称年四十七)。其嘉言懿行,载见《孔丛子·连丛子》。

■ 孔融集十卷　佚

(汉)孔融撰。融有《春秋杂义难》,经部春秋左传类已著录。

是书,两《唐志》、《通志·艺文略》、《兖州府志》等皆著录。《隋志》:后汉少府孔融集九卷,注曰:"梁十卷,录一卷。"《曲阜志》、《阙里文献考》著录同。按:融,生于东

汉桓帝永兴元年(153),卒于献帝建安十三年(208),年五十六,为"建安七子"之一。其《集》久佚,零章剩句,见者必珍,著录家举其篇题,如数家宝。明毛晋《汲古阁校刻书目》著其集,云:三十七叶。汪师韩《文选撰人篇目》有孔融《荐祢衡表》、《论盛孝章书》二篇。严可均《全上古三代秦汉三国六朝文》辑录三十九篇为一卷。逯钦立《先秦汉魏晋南北朝诗》辑录《离合作郡姓名字诗》(《艺文类聚》作《离合郡姓名诗》),《临终诗》(《北堂书钞》作《折杨柳行》)及六言诗三首,并"座上客恒满,樽中饮不空"一句。今传各本,或题《孔北海集》,或题《孔少府集》,或题《孔文举集》,为卷亦不一。凡《汉魏六朝百三名家集》本、《建安七子集》本、《四部备要》本等作一卷,《七十二家集》本等作二卷,详后著录。另外,《莱州府志》录其作品多首。

■ 孔少府集一卷 存

(汉)孔融撰。

是书,《中国丛书综录》据明张溥《汉魏六朝百三名家集》本著录。其书有明崇祯张氏自刻本,内题"汉鲁国孔融著;明太仓张溥阅"。凡九行十八字,小字双行同。白口,左右双边。前有张溥《题辞》并目录,末附本传。内收表疏二篇:《荐祢衡表》、《崇国防疏》,上书五篇:《荐谢该上书》、《上汉帝书》、《奏宜准古王畿制书》、《上三府所辟称故吏事》、《奏马贤事》,对一篇:《东海王祭礼对》,教六篇:《告高密县立郑公乡教》、《修郑公宅教》、《告昌安县教》、《下高密恤邓子然教》、《答王修教》、《又》,书十六篇:《与曹操论盛孝章书》、《与曹操论酒禁书》、《又》、《啁曹操讨乌桓书》、《报曹操书》、《答虞翻书》、《与韦甫休书》、《又》、《与王朗书》、《与张纮书》、《又》、《喻邴原书》、《与邴原书》、《与诸卿书》、《与宗从弟书》、《与许博士书》,论四篇:《汝颍优劣论》、《圣人优劣论》、《又》、《周武王汉高祖论》,议二篇:《马日磾不宜加礼议》、《肉刑议》,碑一篇:《卫尉张俭碑》,及诗:《离合作郡姓名字诗》一首、杂诗二首,临终诗一首,六言三首,失题诗一首。首篇《荐祢衡表》,天头镌刘勰评语云:"文举之《荐祢衡》气扬采飞。"张溥《题辞》谓:"东汉词章拘密,独少府诗文,豪气直上,孟子所谓浩然,非邪?琴堂衣冠,客满酒盈,予尚能想见之。"又云:"文举天性乐善,甄临配食,虎贲同坐,死不相负,何况生存?盛宪困于孙权,葆首急难,祢衡、谢该沦落下士,抗章推举。今读其书、表,如鲍子复生,禽息不没,彼之大度,岂止六国四公子乎?"按:此书,明崇祯十五年采隐山居刻《增订汉魏六朝别解》本亦题《孔少府集》,与蔡邕《蔡中郎集》、诸葛亮《诸葛武侯集》共一卷。

是书今有明崇祯娄东张氏自刻《汉魏六朝百三名家集》本,清光绪三年滇南唐氏寿考堂刻《汉魏六朝百三名家集》本,清光绪十八年善化章经济堂刻《汉魏六朝百三名家集》本,民国六年上海扫叶山房石印《汉魏六朝百三名家集》本,民国七年四川官印局刻《汉魏六朝百三名家集》本等。

■ 孔北海集一卷　存

(汉)孔融撰。

是书,《山东通志》、《四库全书总目》据《文渊阁书目》及朱筠家藏本著录。《四库总目》云:"魏文帝《典论·论文》称:'孔氏卓卓,信含异气,笔墨之性,殆不可胜。'《后汉书》融本传亦曰:'魏文帝深好融文辞,叹曰:杨、班俦也。募天下有上融文章者,辄赏以金帛。'所著诗、颂、碑文、论议、六言、策文、表檄、教令、书记,凡二十五篇。《隋书·经籍志》载汉少府孔融《集》九卷,注曰:'梁十卷,录一卷',则较本《传》所记已多增益。新、旧《唐志》皆作十卷,盖犹梁时之旧本。《宋史》始不著录,则其《集》当佚于宋时。此本乃明人所掇拾,凡《表》一篇、《疏》一篇、《上书》三篇、《奏事》二篇、《议》一篇、《对》一篇、《教》一篇、《书》十六篇、《碑铭》一篇、《论》四篇、《诗》六篇,共三十七篇。其《圣人优劣论》,盖一文而偶存两条,编次者遂析为两篇,实三十六篇也。张溥《百三家集》亦载是集,而较此本少《再告高密令教》、《告高密县僚属》二篇。大抵捃拾史传、类书,多断简残章,首尾不具。不但非隋、唐之旧,即苏轼《孔北海赞序》称读其所作《杨氏四公赞》,今本亦无之。则宋人所及见者,今已不具矣。然人既国器,文亦鸿宝。虽阙佚之余,弥可珍也。其六言诗之名,见于本《传》,今所传三章,词多凡近,又皆盛称曹操功德,断以融之生平,可信其义不出此。即使旧本有之,亦必黄初间购求遗文,赝托融作以颂曹操,未可定为真本也。流传既久,始仍旧本录之,而附纠其伪于此。《集》中诗文,多有笺释本事者,不知何人所作。奏、疏之类,皆附缀篇末。教之类,则夹注篇题之下。体例自相违异。今悉夹注篇题之下,俾画一焉。"按:据考,1935年商务印书馆出有孙至诚《孔北海集评注》,其书依潘锡恩校本,较张溥本多出数篇,更补《讥曹操为子丕纳甄氏书》,共四十篇,末附《孔北海年谱》。附此不另著。

是书今有清乾隆文渊阁、文溯阁抄《四库全书》本,清道光二十八年泾县潘氏袁江节署刊同治五年新建吴坤修皖江印《乾坤正气集》本等。

■ 孔文举集一卷　存

(汉)孔融撰。

是书,《中国丛书综录》据清光绪十六年长沙杨氏坦园刻本《建安七子集》、清宣统

三年无锡丁氏排印本《汉魏六朝名家集初刻》著录。按:杨氏坦园刻《建安七子集》本,九行二十一字,白口,四周双边。内题"汉鲁国孔融著;长沙杨逢辰辑"。凡收诗五,教六,表疏二,上书二,书十六,议二,对一,论四,碑一,句一。其篇目较明张溥《汉魏六朝百三名家集》本反而有所减少。

■ 孔衍集一卷 _存

(晋)孔衍撰。衍有《凶礼》,经部仪礼类已著录。

《中国历代诗文别集联合书目》:"孔衍《孔衍集》一卷,《全晋文》一百二十四。"兹据著录。按:《隋志》等无此目,《全上古三代秦汉三国六朝文》辑录《通典》所引《四府君迁主议》、《禁招魂葬议》、《答李玮难禁招魂葬议》,《太平御览》所引《在穷记》,《通典》所引《乖离论》五篇,及《太平御览》所引"赵大龙以鹑二十枚,奉上老母"。《北堂书钞》所引"遭乱之后,隰阳令述祖送四幅绛被一领"二句。《诗文书目》遂据著录题卷。衍,《晋书》卷九十一、《曲阜志》卷八十七,及《孔子世家谱》俱有传。《晋书》本传略云:"孔衍字舒元,鲁国人,孔子二十二世孙也。祖文,魏大鸿胪。父毓,征南军司。衍少好学,年十二,能通《诗》、《书》。弱冠,公府辟,本州举异行直言,皆不就。避地江东,元帝引为安东参军,专掌记室。书令殷积,而衍每以称职见知。中兴初,与庾亮俱补中书郎。明帝之在东宫,领太子中庶子。于时庶事草创,衍经学深博,又练识旧典,朝仪轨制多取正焉。由是元明二帝并亲爱之。王敦专权,衍私于太子曰:'殿下宜博延朝彦,搜扬才俊,询谋时政,以广圣聪。'敦闻而恶之。乃启出衍为广陵郡。视职期月。以太兴三年卒于官。年五十三。衍虽不以文才著称,而博览过于贺循,凡所撰述,百余万言。子启,庐陵太守。"按:考衍西晋武帝泰始四年(268)生,东晋元帝大兴三年(320)卒,《晋书》谓"祖文,魏大鸿胪",当属误记。据《孔子世家谱》衍祖实为义,字元儁,官魏谏议大夫,有子三人,衍父毓,乃其长子。而大鸿胪文,却未见有后。

■ 孔愉集一卷 _存

(晋)孔愉撰。愉有《晋建武咸和咸康故事》,史部传记类已著录。

《中国历代诗文别集联合书目》:"孔愉《孔愉集》一卷,《全晋文》一百二十六。"兹据著录。按:《隋志》等无此目,《全上古三代秦汉三国六朝文》辑其《重表让禀赐》、《奏日蚀伐鼓非旧典》、《为旧君服议》三篇,《诗文书目》遂据著录题卷。愉,西晋武帝泰始四年(268)生,东晋成帝咸康八年(342)卒,年七十五。

■ 孔汪集十卷　佚

（晋）孔汪撰。汪有《杂药方》，子部医家类已著录。

《隋志》注："梁有太常卿孔汪《集》十卷，亡。"《通志·艺文略》、《国史经籍志》、《曲阜志》、《阙里文献考》等据以著录，今亦从之。《全上古三代秦汉三国六朝文》："汪，字德泽，愉子。孝武时，累迁至侍中尚书太常卿，出为征虏将军、假节都督交广二州军事，平越中郎将、广州刺史。太元十七年卒。有《集》十卷。"并据《宋书·礼志》、《通典》辑其《四府君郊配议》、《答范宁问》二篇，《诗文书目》遂据著录题卷。汪，《晋书》称其"好学有志行。"生年不详，卒于晋孝武帝太元十七年（392）。

■ 孔坦集十七卷　佚

（晋）孔坦撰。坦字君平，大司农侃子，孔子二十六代孙，居会稽。成帝咸和初为太子舍人，迁尚书郎、侍中，封晋陵男，加建威将军，出为廷尉，加散骑常侍。卒赠光禄勋，谥曰"简"。

《隋志》：晋侍中孔坦《集》十七卷。注云"梁五卷，录一卷。"《阙里文献考》：二十六代晋廷尉坦《集》十七卷。注云《梁录》、《宋史》皆五卷，录一卷"。按：两《唐志》此书五卷，《阙里文献考》注所谓《宋史》，当为《唐书》之误。此书宋时已佚，《全上古三代秦汉三国六朝文》据《晋书·孔坦传》及《太平御览》辑其《初到尚书郎对策》、《谢赐酒柑表》、《奏议策除秀孝》、《与石聪书》、《临终与庾亮书》五篇，《中国历代诗文别集联合书目》遂据著录，题作一卷。《晋书》本传略云："坦字君平。祖冲，丹杨太守。父侃，大司农。坦少方直，有雅望，通《左氏传》，解属文。元帝为晋王，以坦为世子文学。咸和初，迁尚书左丞，深为台中之所敬惮。坦在职数年，迁侍中。时成帝每幸丞相王导府，拜导妻曹氏，有同家人，坦每切谏。及帝既加元服，犹委政王导，坦每发愤，以国事为己忧，尝从容言于帝曰：'陛下春秋已长，圣敬日跻，宜博纳朝臣，谘诹善道。'由是忤导，出为廷尉，怏怏不悦，以疾去职。疾笃，庾冰省之，乃流涕。坦慨然曰：'大丈夫将终不问安国宁家之术，乃作儿女子相问邪！'冰深谢焉。临终，与庾亮书曰：'不谓疾苦，遂至顿弊，自省绵绵，奄忽无日。修短命也，将何所悲！但以身往名没，朝恩不报，所怀未叙，即命多恨耳！足下以伯舅之尊，居方伯之重，抗威顾眄，名震天下，榱椽之佐，常愿下风。使九服式序，四海一统，封京观于中原，反紫极于华壤，是宿昔之所味咏，慷慨之本诚矣。今中道而毙，岂不惜哉！若死而有灵，潜听风烈。'俄卒，时年五十一。"今考庾亮复书有"得八月十五日书"一语，知坦之卒，正在此日。据此推算，坦当生于西晋武帝太康七年（286），卒于东晋成帝咸康二年（336）。

■ 孔群集一卷 _存

（晋）孔群撰。群有《奏议》，史部诏令奏议类已著录。

《中国历代诗文别集联合书目》："孔群《孔群集》一卷，《全晋文》一百二十六。"兹据著录。按：《隋志》等无此目，《全上古三代秦汉三国六朝文》据《晋书·孔群传》录其《与亲友书》，曰："今年田得七百石秫米，不足了麹蘖事。"《诗文书目》遂据著录题卷。

■ 孔安国集一卷 _存

（晋）孔安国撰。安国名国，以字行。愉第三子，孔子二十六代孙，以儒学显，官至尚书左右仆射，卒赠左光禄大夫。

《中国历代诗文别集联合书目》："孔安国《孔安国集》一卷，《全晋文》一百二十六。"兹据著录。按：《隋志》等无此目，《全上古三代秦汉三国六朝文》据《宋书·礼志》辑其《殷祠启》、《又启》二篇，《诗文书目》遂据著录题卷。《晋书·列传》："安国字安国，年小诸兄三十余岁。孝武帝时甚蒙礼遇，仕历侍中、太常。及帝崩，安国形素羸瘦，服衰绖，涕泗竟日，见者以为真孝。再为会稽内史、领军将军。安帝隆安中下诏曰：'领军将军孔安国贞慎清正，出内播誉，可以本官领东海王师，必能导达津梁，依仁游艺。'后历尚书左右仆射。义熙四年卒，赠左光禄大夫。"按：孔安国，《孔子世家谱》、《阙里文献考》等俱作孔国，字安国。《阙里文献考》谓："《晋书》作'安国'，盖疑以字行也。"

■ 孔严集十一卷 _佚

（晋）孔严撰。严字彭祖，黄门侍郎伦子，孔子二十六代孙，居会稽，历司徒掾、尚书殿中郎，迁尚书左丞。哀帝时领尚书，废帝时拜吴兴太守。

《隋志》："梁又有吴兴太守孔严《集》十一卷，录一卷，亡。"《通志·艺文略》、《国史经籍志》亦作十一卷。两《唐志》、《阙里文献考》此书题五卷。按：严，坦之从弟，《晋书》卷七十八有传。生年不详，约东晋废帝奕太和五年（370）卒。《世说新语》："简文云：'谢安南清令不如其弟，学义不及孔岩'。"又注云：《中兴书》曰：'岩字彭祖，会稽山阴人。父俭，黄门侍郎。岩有才学，历丹阳尹、尚书、西阳侯，在朝多所匡正。为吴兴太守，大得民和。后卒于家。'"其名严误为"岩"。考《汉书·儒林传》有严彭祖者，孔严字彭祖，或取义于此。其《集》，《宋志》无载，当佚于宋。清严可均《全上古三代秦汉三国六朝文》据《晋书·孔严传》及《通典》所引，辑其《谏鸿祀》、《与王彪之论蔡谟谥》二篇,《中国历代诗文别集联合书目》遂据著录,题作一卷。

■ 孔廞集十一卷 佚

(晋)孔廞撰。廞,族俊沉子,孔子二十八代孙,居会稽,吴兴太守,累迁廷尉、光禄大夫。

是书,《曲阜志》、《阙里文献考》均著录。《孔子世家谱》:"二十八代廞,吴兴太守,累迁廷尉,光禄大夫。有《文集》十一卷。子二:琳之,璩之。"按:廞,《阙里志》、《阙里文献考》俱作二十七代,《家谱》未确。其《集》史志无载。

■ 孔璠之集二卷 佚

(晋)孔璠之撰。璠之不详。

是书,两《唐志》著录,列孔琳之前。《隋志》:"晋右军参军孔璠《集》二卷。"《国史经籍志》从之。《隋志考证》云:"孔璠,亦作孔璠之,始末未详。《唐书·经籍、艺文志》:《孔璠之集》二卷。严氏《全宋文编》曰:'孔璠之,爵里未详,疑是孔琳之昆季。《艺文类聚》八十二有《艾赋》、《艾赞》各一编。'"按:是书,《曲阜志》、《阙里文献考》皆不载,孔璠之(孔璠)也不见于《孔子世家谱》,严可均疑其为孔琳之昆季,似是。故录此俟考。

■ 孔琳之集十卷 佚

(刘宋)孔琳之撰。琳之字彦琳,廞子,孔子二十九代孙,居会稽,历官西阁祭酒、御史中丞,累迁祠部尚书。卒赠太常。

是书,两《唐志》、《阙里文献考》等著录。《隋志》:宋太常卿孔琳之《集》九卷。注曰:"并目录。梁十卷,录一卷。"按:其书宋代已佚,《全上古三代秦汉三国六朝文》据《宋书》、《通典》等辑得佚文七篇,《中国历代诗文别集联合书目》遂据著录,题作一卷。琳之,《宋书》卷五十六、《南史》卷二十七、《曲阜志》卷八十四俱有传。《宋书》本传称其"强正有志力,好文义,解音律,能弹棋,妙善草隶"。生于东晋废帝奕太和四年(369),卒于刘宋少帝景平元年(423),年五十五。子邈,有父风,官至扬州治中从事史。

■ 孔宁子集十五卷 佚

(刘宋)孔宁子撰。宁子,居会稽,义熙初,为会稽掾属,后为武帝太尉主簿,镇西谘议参军。景平末,起为将军。文帝即位,为黄门侍郎,领步兵校尉,进侍中。

是书，两《唐志》、《曲阜志》等著录。《隋志》作十一卷，注云："并目录。梁十五卷，录一卷。"《隋志考证》云："冯氏《诗纪》辑存《棹歌行》一篇。严氏《全宋文编》曰：'孔宁子，会稽山阴人，有《集》十五卷。《宋书·王华传》有《陈损益》一篇，《初学记》、《类聚》有《牦牛赋》、《井颂》、《水赞》，凡四篇。'"按：此外，逯钦立《先秦汉魏晋南北朝诗》尚有《前缓声歌》一首。《中国历代诗文别集联合书目》著录云："孔宁子《孔宁子集》一卷，《诗纪》（宋九），《全宋文》二十八，《全宋诗》五，《六朝诗汇》（宋）。"据《宋书·王华传》，宁子"以文义见赏"，如其《陈损益》云："隆化之道，莫先于官得其才；枚卜之方，莫若人慎其举。虽复因革不同，损益有物，求贤审官，未之或改。""虽九官之职，未可备举，亲民之选，尤宜在先。愚欲使天朝四品官，外及守牧，各举一人堪为二千石长吏者，以付选官，随缺叙用，得贤受赏，失举任罚。""使求贤辟其广途，考绩取其少殿。若才实拔群，进宜尚德，治阿之宰，不必计年，免徒之守，岂限资秩。"等，皆不乏识见。宁子，宋文帝元嘉二年（425）卒。事迹详《宋书》、《南史》王华传。

■ 孔欣集十卷 佚

（刘宋）孔欣撰。欣，居会稽，世次不详。仕晋。入宋为国子博士，后去职。景平中，会稽太守褚淡之以为参军。

是书，《新唐志》、《曲阜志》等著录。《隋志》、《通志·艺文略》作九卷，《旧唐志》作八卷。《隋志考证》："冯氏《诗纪》曰：'孔欣爵里无考。有《置酒高楼上》一首，《相逢狭路间》一首，《祠太庙》一首。'又《品藻篇》：《升庵诗话》曰：'南朝孔欣乐府《相逢狭路间》云云，此诗高趣可并渊明，欣早岁辞荣，不负其言矣。'严氏《全宋文编》曰：'孔欣，会稽山阴人，有《集》九卷。《御览》三百五十一引《七诲》一篇。'又曰：《南史·沈道虔传》有武康令孔欣之与此同时，未审是两人否？"按：逯钦立《先秦汉魏晋南北朝诗》，《置酒高楼上》作《置酒高堂上》，并多《猛虎行》一首。《中国历代诗文别集联合书目》据《诗纪》、《全宋文》、《全宋诗》、《六朝诗汇》著录，题为一卷。

■ 孔觊集一卷 存

（刘宋）孔觊撰。觊字思远，扬州治中从事士邈长子，孔子三十一代孙，居会稽，孝武帝时，历中书侍郎、散骑常侍、御史中丞、兰台令史，明帝即位，召为太子詹事，迁浔阳王右军长史，行会稽郡事。

《中国历代诗文别集联合书目》："孔觊（觊或作颛）《孔觊集》一卷，《全宋文》二十八；《全齐文》二十二。"兹据著录。按：《隋志》等无此目，《全上古三代秦汉三国六朝文》据《宋书》、《南齐书》等辑其《辞署记室笺》、《上铸钱均货议》二篇,《诗文书目》遂据著录题卷。《宋书》本传云:"孔觊字思远,会稽山阴人,太常琳之孙也。父邈,扬州治中。觊少骨梗有风力,以是非为己任。口吃,好读书,早知名。为人使酒仗气,每醉辄弥日不醒,僚类之间,多所凌忽,尤不能曲意权幸,莫不畏而疾之。不治产业,居常贫罄,有无丰约,未尝关怀。为二府长史,典签咨事,不呼不敢前,不令去不敢去。虽醉日居多,而明晓政事,醒时判决,未尝有壅。众咸云:'孔公一月二十九日醉,胜他人二十九日醒也。'世祖每欲引见,先遣人觇其醉醒。性真素,不尚矫饰,遇得宝玩,服用不疑,而他物粗败,终不改易。时吴郡顾觊之亦尚俭素,衣裘器服,皆择其陋者。宋世言清约,称此二人。"觊,宋孝武帝孝建三年(456)至宋明帝泰始三年(467)前后在世。

■ 孔稚珪集十卷 佚

(南齐)孔稚珪撰。稚珪有《陆先生传》,史部传记类已著录。

是书,《隋志》、两《唐志》、《日本国见在书目》、《郡斋读书附志》、《通志·艺文略》、《阙里文献考》等皆著录。《崇文总目》、《宋志》作《孔稚圭集》,亦十卷。《遂初堂书目》、《直斋书录解题》、《文献通考》作《孔德璋集》,《书录解题》十卷,《文献通考》一卷。《读书附志》曰:"《孔稚珪集》十卷,齐孔稚珪字德璋之文也。稚珪,道隆孙,会稽山阴人,为东南冠族。少知名,有文彩,辞章清拔,独冠当世。举秀才,为安成王法曹参军。齐高帝时,补记室参军,终于都官尚书、散骑常侍、太子詹事,追赠金紫光禄大夫,谥简子。《集》有《序》云:'所为文章,虽行于世,竟未撰集。今撷其遗逸,分为十卷。'然莫知其为谁序也。"《书录解题》曰:"《孔德璋集》十卷,齐太子詹事山阴孔稚圭德璋撰。《北山移文》,其所作也。"《隋志考证》谓:"冯氏《诗纪》辑存《白马篇》二首,《旦发青林》、《游太平山》各一首。张氏《百三家》云:《孔詹事集》一卷,凡表、奏、启、书、碑、《北山移文》、祭文、诗,十八篇。《题辞》曰:'汝南周颙结舍钟岭,后出为山阴令,秩满入京,复经此山,稚珪《北山移文》绝之,昭明取入《文选》中。孔、周二《传》,俱不载此事,岂调笑之言,无关纪录,如嵇康于山涛,徒有其书,交未尝绝也。'严氏《全齐文编》:孔稚珪,《南史》作孔珪,有《集》。今存表、奏、启、《北山移文》、碑文、祭文,凡十三篇。"按:严氏所辑十三篇为《为王敬则让司空表》、《让詹事表》、《上新定律注表》、《上和虏表》、《荐杜京产表》、《奏劾王奂》、《奏劾王融》、《谢赐生荔枝启》、《答竟陵王启》、《北山移文》、《褚先生百玉碑》、《玄馆碑》、《祭外兄张长史文》。《先秦汉魏晋南北朝诗》辑有《白马篇》、《旦发青林》、《游太平山诗》及《白纻歌》"山虚钟磬彻"句、《酬张长史诗》"同贫清风馆,共素白云室"句。其《白马篇》诗,《乐府》原载两篇,

《诗纪》因之。《文苑英华》谓隋炀帝作，逯钦立以为北朝人作，故《先秦汉魏晋南北朝诗》只收第一篇。又《游太平山诗》，所收实为节录，光绪《上虞县志》太平山一览收有全诗。参见《文献》1992年2期。又按：《孔稚珪集》，南宋人尚多见之，金元时期再不见载。明陈第《世善堂藏书目录》载有世善堂藏本，亦一卷。毛晋《汲古阁校刻书目》著其集二十九叶。稚珪，宋文帝元嘉二十四年（447）生，齐东昏侯永元三年（501）卒，年五十五。父灵产，泰始中，晋安太守，有隐遁之志，解星文，好术数。

■ 孔詹事集一卷　存

（南齐）孔稚珪著，（明）张溥纂。

是书，稿本《续修四库提要》据《汉魏六朝百三名家集》本著录，略云："稚珪少涉学，有美誉。高帝为骠骑，召为记室参军，与江淹对掌辞笔，累迁太子詹事，加散骑常侍。风韵清疏，好文咏，不乐世务，凭几独酌，门庭之内，草莱不剪，中有蛙鸣，尝笑谓客曰：'我以此当两部鼓吹。'以永元三年卒，寿五十五，赠金紫光禄大夫。《隋志》有《孔稚珪集》十卷，唐、宋《志》同。《直斋书录解题》作十卷，而《文献通考》则作一卷，或系手民之误。是此《集》亡佚甚晚也。今之所辑有表五、奏二、启一、书三、碑二、移文一、祭文一、诗三目四首、附录本传一。按：《诗品》称稚珪之诗曰：德璋生于封溪，而文为雕饰，青于蓝矣。是钟嵘于其诗有相当重视也。至其为文以六朝文笔写佛老之思想，如《答萧司书》之发言玄远，《北山移文》之下笔成趣，俱颇可观也。"按：《中国丛书综录》另著有《汉魏六朝百三家集选》本一卷，《增定汉魏六朝别解》本，不著卷数。

是书今有明娄东张氏刻《汉魏六朝百三名家集》本等。

■ 孔奂集十五卷　佚

（陈）孔奂撰。奂有《弹文》，史部诏令奏议类已著录。

是书据《阙里文献考》著录。《曲阜志》此书误作《孔兴集》，且置唐颜真卿后。《陈书》本传："孔奂字休文，会稽山阴人也。曾祖琇之，齐左民尚书、吴兴太守。祖觊（《家谱》作'臻'），太子舍人、尚书三公郎。父稚孙（《家谱》作'幼孙'），梁宁远枝江公主簿、无锡令（《家谱》云'梁定远、枝江二县主簿，迁无锡令'）。奂数岁而孤，为叔父虔孙所养。好学，善属文，经史百家，莫不通涉。沛国刘显时称学府，每共奂讨论，深相叹服，乃执奂手曰：'昔伯喈坟素悉与仲宣，吾当希彼蔡君，足下无愧王氏。'所保书籍，寻以相付。梁元帝于荆州即位，仍除太尉从事中郎。僧辩为扬州刺史，又补扬州治中从事史。时侯景新平，每事草创，宪章故事，无复存者，奂博物强识，甄明故实，问无不知,仪注体式,牋表书翰,皆出于奂。初,后主欲官其私宠,以属奂,奂不从。及右仆射陆缮迁职,高宗欲用奂,已草诏讫,为后主所抑,遂不行。九年,迁侍中、中书令、领左骁骑将军、扬、东扬、丰三州大中正。十一年,转太常卿,侍中、中正并如故。十四年,迁散骑常侍、金紫光禄大夫,领前军将军,未拜,改领弘范宫卫尉。至德元年卒,时年七十。赠散骑常侍,本官如故。有集十五卷,弹文四卷。"据此,知奂生于梁武帝天监十三年(514),卒于陈后主至德元年(583)。其《集》,隋、唐《志》皆不载,逯钦立《先秦汉魏晋南北朝诗》据《艺文类聚》等辑得《赋得名都一何绮诗》一首,云:"京洛信名都,佳丽拟蓬壶。九华雕玳瑁,百福上椒涂。黄金络骢裹,莲花装鹿卢。咸言仪服盛,无(《初学记》作全)胜执金吾。"又,奂有子二人:绍新、绍忠。绍忠字孝扬,亦有才学,官至太子洗马、仪同鄱阳王东曹掾。

■ 孔德绍集一卷 存

(隋)孔德绍撰。德绍,陈散骑常侍伯鲁子,孔子三十四代孙,居会稽,隋秘书省正字,景城县丞,后为窦建德中书侍郎,专典书檄。

《中国历代诗文别集联合书目》:"孔德绍《孔德绍集》一卷,《全唐文》一百三十四、《全隋诗》三、《全唐诗》十一函三册。"按:《唐志》等无此目,《全唐文》称"德绍,越州山阴人,事窦建德为中书侍郎。尝草檄指斥太宗,既克建德,执德绍登汜水楼,捽殒之。今存《为窦建德遗秦王书》一篇。"又,《先秦汉魏晋南北朝诗》辑有其《南隐游泉山诗》、《行经太华诗》、《夜宿荒村诗》、《王泽岭遭洪水诗》、《登白马山护明寺诗》、《送舍利宿定晋(《全唐诗》作普)岩诗》、《观太常奏新乐诗》、《赋得涉江采芙蓉诗》、《赋得华亭鹤诗》、《送蔡君知(《文苑》作却)入蜀诗》二首,共计十一首。《全唐诗》诸诗之外,又增以《落叶》(一作孔绍安诗)一首及"谁分菱花影,还看蓬鬓秋"句。考德绍,《隋书》、《北史》、《曲阜志》等俱有传,其生年未详,卒于唐高祖武德四年(621)。兹参据著录。

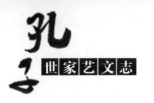

别集类

唐至明

■ 孔颖达集五卷 佚

（唐）孔颖达撰。颖达有《周易正义》，经部易类已著录。

是书，两《唐志》、《山东通志》、《兖州府志》、《曲阜志》、《阙里文献考》等皆著录。按：此书五代时盖已亡佚，《全唐文》卷一百四十六辑其《明堂议》、《易正义序》、《尚书正义序》、《毛诗正义序》、《礼记正义序》、《春秋正义序》、《对论语问》，凡七篇。《中国历代诗文别集联合书目》遂据著录，题作一卷。颖达，两《唐书》、《曲阜志》等有传，略谓：颖达八岁求学，习读诗书，天资聪颖，博闻强记，诵记日千余言，暗记《三礼义宗》。不几年，便通晓《左氏传》、《郑氏尚书》、《毛诗》、《王氏易》、《礼记》等经籍。并长于诗文，通天文、历算，名重海内。《孔子世家谱》称其隋大业初，举明经高第，授河南内郡博士，征赴东都令，与国子秘书学士论难，莫能屈，补太学助教。遇乱，避地虎牢，旋又流寓衡水。居衡水数年，生徒日众，所居之地名孔贤庄。唐高祖武德四年，与杜如晦等十八人并为秦王文学馆学士。九年，擢国子博士。太宗贞观初，封曲阜县男，转给事中，数尽忠言。六年，除国子司业，迁太子右庶子。与魏徵撰成《隋史》，加散骑常侍。又修定《五礼》，书成，进爵为"子"，赐物三百段。以在东宫数有谏正，又赐黄金一斤，绢百匹，拜国子祭酒，仍侍讲东宫。又受诏撰定《五经正义》，凡一百八十卷，赐物三百段。贞观十三年致政，图形凌烟阁。卒赠太常卿，谥曰"宪"。陪葬昭陵。有文集五卷。子三：志玄、志约、志亮。颖达，北齐武平五年、太建六年（574）生，唐贞观二十二年（648）九月卒，年七十五。祖硕、父安俱任官职。

■ 孔绍安集五十卷 佚

（唐）孔绍安撰。绍安有《梁史》，史部正史类已著录。

是书，《新唐志》、《通志·艺文略》、《阙里文献考》等著录。《曲阜志》作《孔绍集》，漏一"安"字。《旧唐志》此书作三卷。按：此书宋代已佚，《全唐诗》辑得佚诗七首,云:"孔绍安,越州山阴人。陈尚书奂之子。少诵古文集数十万言,外兄虞世南叹异之。尝诏撰《梁史》,未成而卒。有《文集》五十卷。今存诗七首。"即《侍宴咏石榴》、《咏夭桃》、《赠蔡君》、《结客少年场行》、《伤顾学士》、《别徐永元秀才》、《落叶》(一作孔德绍诗)。《中国历代诗文别集联合书目》据《诗纪》、《全隋诗》、《六朝诗汇》著录,题为一卷。绍安,生于陈宣帝太建九年(577),约卒于唐高祖武德五年(622),年约四十六。

■ 孔志约集一卷　存

(唐)孔志约撰。志约有《姓氏谱》,史部传记类已著录。

《中国历代诗文别集联合书目》:"孔志约《孔志约集》一卷,《全唐文》一百八十六。"兹据著录。按:《唐志》等无此目,《全唐文》卷一百八十六:"志约,高宗朝官太常博士、礼部郎中。今存《议释道不应拜俗状》、《本草序》二篇。"

■ 红萼轩杜诗汇二种六卷　存

(唐)杜甫撰,(清)孔传铎辑。传铎有《礼记摘藻》,经部礼记类已著录。

是书,《中南、西南地区省、市图书馆馆藏古籍稿本提要》集部别集类著录湖北省图书馆藏清抄本,云:是书半叶十行,行二十二字,无行格,书口分写诗体及韵名、页码。卷端无辑编者题名,子书名分作"杜诗分体"、"杜诗分韵",正文前有"红萼轩杜诗汇目录",载目"一集古诗分体"、"一集近体分韵",并于诗题下注韵名、体名。《杜诗分体》四卷,卷一五言古平韵、卷二五言古仄韵、卷三七言古、卷四长短句。《杜诗分韵》二卷,上平、下平各为一卷。类编杜诗,前人有《分门集注杜工部诗》等,是书仅录原诗,不加注笺,将杜诗古体诗分体,今(近)体诗按韵类编成书,俾便读者检索。此书封面有武昌徐恕题识,称"书友于瑞臣自济南得此写本以见际,余先一日得孔传铎《红萼词》二卷……此选必出其手,因以十金致之……"书内钤有"鸿宝秘笈"、"武昌徐氏世家"、"曾归徐氏强谂"诸印。五十年代徐氏藏书尽归湖北省馆。才按:《中国古籍善本书目》此书不题撰辑人。《山东文献书目》据《杜集书目提要》著录,题孔传铎撰,入诗文评类。此书未刊,亦不见邑志家乘载录。又考《杜集书目提要》此书之外复据《成都杜甫纪念馆馆藏杜集目录》著录孔传铎藏精抄本《杜少陵诗钞》四卷,未知是否此书之异本?

是书今有湖北省图书馆藏清抄本(四册)。

■ 孔巢父集十卷 佚

（唐）孔巢父撰。巢父字弱翁，海州司户参军如珪子，孔子三十七代孙，代宗时，历官湖南观察使、归州刺史、谏议大夫；德宗时，官至御史大夫，赠尚书左仆射，谥曰"忠"。

是书，《曲阜志》、《阙里文献考》等著录。《山东通志》："《徂徕集》十卷，孔巢父撰。巢父，字弱翁，鲁人，孔子三十七世孙（按：《旧唐书》巢父本传作冀州人，而《李白传》则云'鲁中诸生孔巢父'，疑本传非是。《新唐书》本传但云'孔子三十七世孙'，则亦以为鲁人矣）。《阙里文献考》载其集十卷。杜诗注云：'有《徂徕集》行于世'。今以《徂徕集》标目，而据《文献考》题卷。"才按：考巢父德宗兴元元年（784）七月卒。少力学，通文史，与韩准、李白、裴政、张叔明、陶沔，隐居徂徕山，时号"竹溪六逸"。《阙里志》载李白《送孔巢父还山》诗，可见二人之交往。又考《重修泰安县志》寓贤，巢父有传。雍正《山西通志》卷七十四职官，谓其"大历初潞泽从事，历汾州刺史，兴元元年河中宣慰使"。

■ 孔尚书文 存

（唐）孔戣撰。戣字君严，秘书省著作佐郎岑父次子，孔子三十八代孙，德宗时登进士第，元和初，授岭南节度使，穆宗时，以礼部尚书致仕，卒赠兵部尚书，谥曰"贞子"。

是书，清史梦兰《畿辅艺文考》著录，云："孔尚书戣文七首，传所称《论时政疏》、《论南海进蚶菜疏》俱不传。《全唐文》小传：戣字君严，冀州人，巢父从子，登进士第，元和初，授岭南节度使，穆宗时，以礼部尚书致仕。"按：今考戣唐穆宗长庆四年（824）正月卒，年七十四。其所著文七篇分别为《谢致仕表》、《谢赐手诏兼神刀药金状》、《谢借马状》、《贺册尊号状》、《为崔大夫贺册皇太子状》、《奏加岭南州县官课料钱状》、《又谢赐药金状》。另《全唐文补编》复据《邵氏闻见后录》卷二十七辑其《私纪》数句。又考戣乃一门功名，祖如珪，海州司户参军，赠尚书工部侍郎。叔巢父，与李白等隐居徂徕山，号"竹溪六逸"，前已著录。戣凡兄弟六人，兄戡，唐德宗贞元二十七年擢进士第；弟戢，亦德宗时登进士第；其兄弟三人俱为进士。弟戡，举明经书判高第，为校书郎，阳翟尉，累迁殿中侍御史，京兆尹，出刺汝州、潭州，历湖南观察使，诏兼御史大夫，卒赠工部尚书。戣有四子，长子温质，四门博士；次子温孺，宪宗时明经进士；三子温宪，明经进士；四子温裕，懿宗时进士，累迁京兆尹，咸通八年，以尚书左丞出为天平军节度使，郓、曹、濮等州观察使，封鲁国公。从子温资，懿宗时举进士，官至太子少傅；温业,穆宗长庆元年二名进士及第,迁礼部员外郎,后迁太子宾客;温谅,擢进士第,为左拾遗。

■ 文赋数十篇　佚

(宋)孔宜撰。宜字不疑,中兴祖仁玉长子,孔子四十四代孙,太平兴国三年袭封文宣公,官至殿中丞。

《山东通志》:"《文赋》数十篇,孔宜撰。《宋史》本传云:'献文赋数十篇,太宗览而嘉之。'"《兖州府志》、《阙里志》、《阙里文献考》、《孔子世家谱》记载略同。按:今检《全宋文》,未见有其《文赋》。孔尚任《孔子世家谱》云:"四十四代宜,字不疑,幼聪慧,十岁能属文,早丁家难,哀毁闻乡曲。宋太祖乾德四年,拜章阙下,述其家世,诏为曲阜主簿,调黄州军事推官。太宗即位,召见,进司农丞,领关市于星子镇,议改星子为县,遂命宰之。政成考绩,迁转运使。入觐,献所为文赋,上嘉之。因问孔氏历世之数,以对。上顾左右曰:'家世之久,有如此者乎?'诏特进太子右赞善,袭封文宣公,世守其家。周世宗显德中,迁殿中丞。雍熙三年,北鄙不宁,受诏督饷,溺巨马河,殉国。卒年四十六。"据此可知宜生于后晋高祖石敬瑭天福六年(941),卒于宋太宗雍熙三年(986)。

■ 孔延之文集二十卷　佚

(宋)孔延之撰。延之一名元,号长源,临江派赠光禄大夫中正子,孔子四十六代孙,庆历二年乡举第一,明年成进士,历迁至尚书司封郎中,赐绯鱼服,卒赠金紫光禄大夫。

是书据《阙里文献考》著录。《宋史翼》云:"孔延之字长源,新淦人,孔子四十六世孙,庆历进士,幼孤,深自感励,昼耕读书陇上,夜燃松明继之,学艺大成,乡举进士第一。缉有《会稽掇英总集》二十卷,著有《文集》二十卷。自钦州九迁至尚书司封郎中,赐服绯鱼。有三子,曰:文仲、武仲、平仲,同读书于郡斋,俱好学成名,后人榜其斋曰'桂堂'。"《阙里志》称:"延之与濂溪先生周敦颐友善。卒葬庐山,南丰曾巩志其墓。"按:曾巩《司封郎中孔君墓志铭》谓:"君姓孔氏,讳延之,字长源,其家食不足,而俸钱常以聚书,至老,读书未尝一日废也。工于为文,诸子皆自教以学,子多而贤,天下以为盛云。有《文集》二十卷。"延之,宋真宗大中祥符七年(1014)生,神宗熙宁七年(1074)卒,年六十一。《全宋文》收其文三篇。

■ 孔文仲文集五十卷 佚

（宋）孔文仲撰。文仲字经父，一作经甫，临江派尚书司封郎中延之长子，孔子四十七代孙，仁宗嘉祐六年进士，元祐初召为祕书省校书郎，迁左谏议大夫，官至中书舍人。与弟武仲、平仲，俱有文名，时称"清江三孔"。

是书，《宋志》、《阙里文献考》等皆著录。《孔子世家谱》亦载之。《新淦县志·艺文志》作《清江集》，卷同。《宋史》本传云："孔文仲，性狷直，寡言笑，少刻苦问学，号博洽。举进士，南省考官吕夏卿，称其词赋赡丽，策论深博，文势似荀卿、杨雄，白主司，擢第一。有文集五十卷。"《阙里志》称"文仲与弟武仲、平仲俱有文名，天下号曰'三孔'。周益公必大序《三孔先生清江文集》云：先圣四十八代孙也。山谷黄庭坚论元祐人才，有曰：二苏联璧，三孔分鼎云。"按：文仲，宋仁宗宝元元年（1038）生［一作明道二年（1033）生］，哲宗元祐三年（1088）卒，年五十一。其集，宋室南渡时即已散佚，王莲编辑《清江三孔集》，访求散佚，得若干篇，共分二卷，吕祖谦《宋文鉴》载其《早行》古诗一首，为其所遗，《宋诗纪事》据以收载。后世辑其诗文者有《宋诗钞》、《宋诗钞补》、《宋元诗会》，皆一卷，《全宋诗》等亦俱载之。

■ 舍人集二卷附胡思敬校勘记一卷 存

（宋）孔文仲撰。

是书，《中国丛书综录》据《豫章丛书》本著录。

■ 宗伯集十七卷附胡思敬校勘记一卷 存

（宋）孔武仲撰。武仲有《书说》，经部书类已著录。

是书，《中国丛书综录》据《豫章丛书》本著录。《江西省图书馆馆藏线装古书目录》著录手抄本残帙二册，题《孔武仲集》。《阙里文献考》："四十七代孙宋中书舍人文仲集五十卷；武仲集（卷佚），奏议二卷；平仲集（卷亦佚。宋周必大所序《清江三孔集》：文仲二卷，武仲十七卷，平仲二十一卷），诗戏一卷。"按：今考《宋史》本传有《内外制》、《杂文》（《新淦县志·艺文志》即据著录，作《内外制杂文》共百余卷），而无《集》。《四库全书》本《清江三孔集·武仲集》亦十七卷（参见本部总集类《清江三孔集》）。另外，《同文馆倡和诗》、《宋诗钞》、《宋代五十六家诗集》、《宋元诗会》、《全宋诗》等皆收其诗。武仲，宋仁宗宝元二年（1039）生，哲宗绍圣二年（1095）卒，年五十七；一作庆历二年（1042）生，绍圣五年（1098）卒。

是书今有民国南昌豫章丛书编刻局刻《豫章丛书》本。

■ 朝散集十五卷附胡思敬校勘记一卷 存

（宋）孔平仲撰。平仲有《珩璜新论》，子部杂家类已著录。

是书，《中国丛书综录》据《豫章丛书》本著录。《阙里文献考》题《平仲集》，云"卷佚"。按：《宋史》本传云："平仲，长史学，工文词，著《续世说》、《释稗》、《诗戏》诸书传于世。"不云有《集》。《四库全书》本《清江三孔集》内，《平仲集》二十一卷（参见本部总集类《清江三孔集》）。此本其《集》止十五卷，另附《校勘记》一卷。此外，《宋诗钞》、《宋诗钞补》、《宋代五十六家诗集》、《宋元诗会》、《词综》、《全宋文》、《全宋诗》、《全宋词》均收其作品。《宋诗纪事》据《苕溪渔隐丛话》载其《药名体》一诗，并据《馆中咏雪》、《冷斋夜话》录其"斜拖阙角龙千尺，淡抹墙腰月半棱"句。《归善县志》收其《至城南别祖仁未归约文之不至》五言诗一首。平仲，宋仁宗庆历二年（1042）生（一作庆历六年（1046）生），徽宗崇宁四年（1105）卒，年六十四。

是书今有民国南昌豫章丛书编刻局刻《豫章丛书》本。

■ 明钞本孔毅父文集二十一卷 存

（宋）孔平仲撰。

傅增湘《双鉴楼藏书续记》卷下："明钞本孔毅父文集二十一卷杂说一卷"（按：《杂说》析出，另注子部该条），并民国十九年庚午六月二十五日记云：此为《清江三孔集》残本，只存平仲一家，凡二十一卷，附《孔氏杂说》一卷，绵纸墨格，明人写本，竟体朱笔校正，要是明季国初人手迹，半叶十行，每行二十字，或至二十五六字。卷一古诗，自《马上咏落叶》起，其《彭城赋》及古诗《次常父韵阐上作》以下四十三题，乃别为一卷，附第三卷下。然审其卷第，实经刊改，疑本存卷首，如新本次第是也。昔年，曾得南阳讲习堂吕氏精写本，此《赋》在卷二十二，然其古诗曾插入卷三《咏橘》题前，检此本《总目》，卷三中亦无此四十三题，其为早经窜乱无疑。要之，故书残缺，市贾恒改易卷第，以充完帙，致使原书次叙，渺不可寻，殊足恨也。吕氏本缺毅父文十卷，胡氏新刻，补得四卷，犹缺卷三十五至四十，凡六卷。此本虽只存一家，而毅父文后六卷适完，胡氏所谓频年南北访求不得者，幸而神物护持，尚在人间，为之抃跃不已。胡氏新刻，据嘉庆丁丑孔氏后裔水北刻本，又以八千卷楼丁氏本校正，然脱文误字，正复不少。余壬戌夏得吕氏本，曾斠读一过。兹以明抄再勘，则匪惟胡刻赖以补正，即吕本亦尚多夺讹。王原刻，既不可睹，幸留此残帙，足以尽扫榛芜，遂岿然为孤行天壤之秘笈，宁非瑰宝乎！卷末王跋，久已佚去，此本尚存跋尾一百四十一字，乃知是集为庆元五年权发遣临江军时所锓梓，是亦足资考证矣。卷中有"华亭朱氏文石山房藏书印"（朱文大印），

"文石朱象玄氏"（朱白文印），"泰峰所藏善本"（朱文）诸印，知明代为朱氏横经阁藏，清代入郁氏宜稼堂，郁氏散出，辗转归临清徐司业家，司业藏书，秘不际人，故世罕传焉。戊辰立春，敞贾持以相际，缘以残书而索高价，亦遂置之，然留阅经旬，粗校数卷，并写得佚文六卷，附入新刊，顷徐氏再出求沽遂与王宗炎校影宋本《播芳大全文粹》、影宋本《碑传琬琰集》、鲍渌饮手校《揭文安诗文集》、蒋西园抄《黄勉斋集》，同收得之。研朱细勘，于卷十《罢散御筵谢太后表》，补脱文一行二十字，此《表》后又补《谢皇帝表》一首，一百八字；卷十二《与江西刘漕启》后，补《上吕吉甫启》一首，一百三十七字，又《上帅府林子中启》后，补《上扬帅蔡元度启》一首，九十字；卷十五《贺李资深启》，补脱文十行，一百六十四字。盖新刻本，李《启》佚其后半，章《启》佚其前半，误合为一篇。于是，贺章之文，移之贺李，而章《启》遂并其题失之矣。此脱文四则，惟卷十《谢皇帝表》，吕本已有之，其余均为明抄所独存。余颇疑所佚《启》三篇，为其后人有意删落，盖通《启》，于吕惠卿、蔡元度、章子厚三人，文中例多颂美之词，惧存之损其清望，孰意数百年后遗此残帙，竟为吾辈发其覆耶。才按：今考其书不见《中国古籍善本书目》等著录，不知现存何处？

■ 诗戏一卷 存

（宋）孔平仲撰。

是书，《宋志》、《山东通志》、《江西通志》、《阙里文献考》等著录。《郡斋读书附志》："《孔毅父诗戏》一卷，孔平仲毅甫之诗也，何子諲跋之。平仲父延之，字长源，生文仲、武仲、平仲，皆登制科。晚又得子，极颖悟，多才思。有故人见其三子既显贵，以书劝长源归休，长源报书云：'某又有一子，年七岁能作《梅花诗》，云：旧叶落未尽，新花开更繁。俟其及第则致仕。'未几而夭。"按：此书，宋代有单刻本，又见平仲《集》及《全宋诗》。《豫章丛书》本《朝散集》等录为三卷。《四库全书总目·清江三孔集》条曰："平仲《郎中集》中古律诗外，别出《诗戏》三卷，皆人名、药名、回文、集句之类，盖仿《松陵集》杂体别为一卷例也。"

■ 苏诗注内所缺须查补一卷 存

（清）孔广陶辑。广陶有《鸿爪日记》，史部传记类已著录。

是书，《清志拾遗》据《中国丛书综录补编》（征求意见稿）著录《孔广陶手稿五种》本，列集部别集类注选前人诗文之属，兹从之。

■ 南山樵隐集无卷数　未见

（宋）孔玮撰。玮字琦玉，号退庵，丹阳派端仕子，孔子四十九代孙。

《孔子世家谱》三集江苏丹阳派："四十九代玮，字琦玉，号退庵，博通经史，嘉祐间，屡举进士不第，寓居招隐别业，授生徒百余人，讲学不倦，著有《南山樵隐集》。年七十卒，门人谥曰'孝恭先生'。"兹据著录。按：考玮父端仕，字子相，笃学工诗赋，自号"三山逸叟"。子沾，亦名抙，字化雨，遵庭训，与诸同学讲习，刻苦自励。

■ 澹宁轩诗集二卷　未见

（宋）孔昱撰。昱字文彬，平阳派抚州民曹仁夫子，迪功郎恭卿孙，孔子四十七代孙。

《孔子世家谱》三集平阳派三支："四十七代昱，字文彬，隐居不仕，有《澹宁轩诗集》二卷行世。"兹居著录。按：昱有曾孙诚，宣和间为温州团练使，节制沿海军马，屡立战功，加拱卫大夫，累赠安庆军节度使，因知昱为北宋人。然《宋志》等不载其书其人。

■ 杉溪集十卷　佚

（宋）孔传撰。传有《洙南野史》，史部杂记类已著录。

是书，《山东通志》、《曲阜志》、《阙里文献考》等著录，《兖州府志》、《阙里志》孔传传等亦载之。《衢州府志》、《孔氏南宗考略》此书不著卷数。按：此书《宋志》不载，盖已久佚。宋杜绾《云林石谱》卷首有孔传绍兴三年五月所作序，见《知不足斋丛书》第二十八集等。《曲阜志·列传》云："孔传原名若古，字世文，道辅之孙，世尹舜亮之子也。博极群书，尤精《易》学，操行介洁，不为利诱。建炎中随宗子端友南渡，居于衢。绍兴二年知邠州，锄强扶贫，民咸畏服……晚号'杉溪'，有《杉溪集》及《孔子编年》、《东家杂记》等书。官至中散大夫，赠中大夫。"又《孔氏南宗考略》传传，称其元祐四年，任仙源县主簿；八年，升县尉；政和五年，以朝奉郎任京东路转运司管勾文字。建炎二年，与衍圣公端友陪祀扬州，已而，金犯维扬，扈驾南行。三年二月，帝驻跸杭州，因率族属拜疏，叙家门旧典，敕赐庙宅于衢。传博极群书，尤精《易》理，家居授徒千人。以功进秩右谏议大夫，改知抚州军州事，兼管内劝农使。时建昌军卒叛变，屡招降，不受，必欲见传为信，传单骑往谕，叛兵以平。历中散大夫，借紫，封仙源县开国男，食邑三百户。卒，年七十五。著有《杉溪集》、《续白氏六帖》、《续尹植文枢纪要》，撰《东家杂记》、《洙南野史》等书。世称家藏有祖道辅击蛇笏。子孙蕃衍，今皖、赣、鄂等支，皆

其后也。

■ 沂川集 未见

(宋)孔端问撰。端问字子诚,衢州派传长子,孔子四十八代孙,历官迪功郎、仙源县、奉新县丞等。

是书,《孔子世家谱》、《孔氏南宗考略》端问传记载同,惟于其任职年代稍异。《家谱》云:"四十八代端问字子诚,宋靖康元年授迪功郎、仙源县丞。建炎中,侍父南渡,授从政郎,洪州奉新县丞。绍兴间,卒于官,葬奉新县五里之官山。著有《沂川集》。"《考略》云:端问,笃学工诗,宣和七年,恩例授边功郎。靖康元年,任仙源县丞。绍兴间,授从政郎、洪州奉新县丞,卒于官。著有《沂川集》朝廷以圣人之后,给省钱。葬于五里官山。

■ 孔元勋诗文集无卷数 佚

(宋)孔元勋撰。元勋,岭南派宣教郎加封朝散大夫粹长子,孔子四十八代孙,绍兴五年进士,朝奉大夫,隆兴元年任封州。

是书,道光《广东通志·艺文略》著录,称未见。按云:"《粤大记》:元勋,番禺人,绍兴初,中进士乙科,知新州。"《孔子世家谱》元勋名下但称子二:师夔、师益,不云有此书。父粹,字梦锡,宋熙宗时,以乡贡授宣教郎,历知封州、新州、雷州学事,居鼎安磻溪,是为小龙之祖。

■ 景丛集十卷 佚

(宋)孔璞撰。璞字希祖,一字行可,又字伯玉,自号景丛子,孔子四十九代孙,理宗朝授迪功郎,孔庭族长,奉嗣南岳。

是书,《山东通志》、《曲阜志》、《阙里文献考》皆著录。《孔子世家谱》:"四十九代璞,字希祖,一字行可,又字伯玉,宋理宗时,授迪功郎,奉南岳祠。喜读书,至老不辍,尝谓人之诵经史,犹饥渴之得饮食也。自号'景丛子',著有《景丛子》书十卷。卒赠少傅。"

■ 豫斋集二十卷 佚

(宋)孔元忠撰。元忠有《书纂》,经部书类已著录。

是书据宋刘宰《漫塘文集·故长洲开国寺丞孔公行述》著录,《行述》云:公讳元忠,字复君,孔圣之裔,世远族分,莫详其谱。其先自棣之商河南徙,曾祖先。祖佐,赠武功郎。父道,少喜言兵,敌逼京城,以攻守二策干河灌……积功至武德大夫。尝官吴门,乐其风土,因家焉。后以子贵,改赠通议大夫。公少嗜书,于书无所不读,尤粹于《论语》,曰:"率而行之,可不愧教忠之训矣。"侍郎叶公适,初为部从事,一见公所著《论语说》,深加叹赏。叶以文鸣,来学者众,公为高弟。以世赏入仕,监东阳县酒税,善于其职,课以裕闻。暇即束书泉石胜处,咏歌古人,识者知其有远度。再调含山尉,当路才之,争欲檄致……顾世所尚,惟进士、博学宏词二科,取其中程之文读之,曰:此易耳。居无何,两精其能。会镵试中第,对授文阶,曰:"吾已冒状元恩数矣,敢求多乎?"遂罢词学试,差知金坛县事……明年省闱,敕差点检试卷,知举以一时同列无以词科进者,知公尝从事于此,委专其任。公得一试,文甚伟而试格小差,惜不忍弃,力请录号奏闻。后得其姓名曰徐公凤,朝廷骤加擢用,再掌内制,人推其藻鉴。知举曾公亦上章论荐,擢太常寺主簿。明年,除太府寺丞……乃嘉定甲申,差主管绍兴府千秋鸿禧观。丙戌夏,疾革谢事,特旨转一官致仕。六月二日,终于正寝,享年六十八。官自承节郎,五转至秉义郎;复自承事郎,十一转至中奉大夫。爵为长洲县开国男,食邑三百户。娶同郡阮氏,封安人,先公十年卒,赠恭人。子曰炳,从事郎,监常州籴纳仓;曰烨,国学内舍生;曰爝,修职郎,绍兴府山阴县主簿;曰灼,及孙昼之、诅之,皆习进士业。公天分既高,加之学力,制行平不矫亢以徼名,临事果不唯阿以徇利。尝曰:"誉极而毁生,利形而害起。"又曰:"溺名则违道,为利则忘义。"盖其剂量审矣。所至辟一室,环以图史,退食即覃思其间。凡唐艺文目所存于世者与国朝之书,搜罗殆尽,即所居建书楼以储之,研究无虚日。故洽闻强记,为世所重。鸿禧之命既下,目眚亦良极,始废书却客,名燕居之室曰"静乐",以静观天地万物之变,故其终若素所安,无几微见于颜面。先是,阮夫人之丧犹殡浅土,公既没,诸孤始得地于吴县灵岩乡石湖西山宝积之原。将以其年九月九日奉公夫人之枢合葬……其所为书曰:《豫斋集》二十卷,《论语钞》十卷,《祭编》五卷,《编年通考》七十三卷,《书纂》二卷,《考古类编》四卷,《纬书类聚》二卷,藏于家。按:元忠,宋高宗绍兴二十九年(1159)生,宋理宗宝庆二年(1226)卒,祖籍山东商河,徙江苏长洲,然《山东志》、《苏州志》俱不为立传,弘治《徽州府志》卷四职制宋知州事载之,但称其"朝请郎,嘉定十年八月到官,转朝奉大夫。十二年九月,差知抚州,改知处州。"又,其书久佚无传,《全宋文》卷六六九八仅得其《乞不许施用千字文撰号封弥奏》(嘉定七年九月四日)、《乞令鞫狱官照元翻对证得实奏》(嘉定十四年六月九日)二篇;《全宋诗》卷二七三七仅得其《回憩翠蛟亭》一首,云:"引领蓝舆上翠微,众山回首觉平低。栖真洞口云初合,大涤峰头日未西。新笋暗抽穿木叶,古藤虬结跨沙堤。蛟亭雨后泉声急,万鼓喧豗拥涧蹊。"

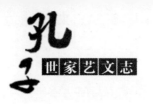

■ 明德集十卷 _佚

（宋）孔元演撰。元演字流远，号念八，岭南派揖长子，孔子五十一代孙，终生不仕。

是书，《山东通志》、《曲阜志》、《阙里文献考》俱著录。《孔子世家谱》未著有《集》，云："五十一代元演，字流远，号念八，博闻强记，日赋千言，情清介不乐仕进。咸淳三年丙寅二月，自东城采虹桥迁南海叠滘村，就耕祖业，重建祖祠，蒙经略安抚雷宜中赠'阙里南祠'匾额，景泰三年，又蒙两广总督王翱赠'洙泗渊源'匾额。"

■ 念九诗集无卷数 _{未见}

（宋）孔元派撰。元派有《庭训》，子部儒家类已著录。

同治《南海罗格孔氏家谱》卷五南迁孔氏世系："五十一世元派，字源远，号念九。公赋性聪敏，博学淹通，五经子史，无不究心焉。耆年游泮，士林推重，谓其文有苏长公风味云。讲学于广州书院，士人多被裁成，咸称其室曰'春风堂'。著述甚富，有《庭训》、《诗集》各种传世。后与兄元演于宋度宗咸淳二年丙寅二月自彩虹桥迁叠滘乡，为是房始祖。"兹据著录。按：其书未见传本，有关诗集亦无收录。

■ 鲁樵集 _佚

（宋）孔元龙撰。元龙有《柯山论语讲义》，经部论语类已著录。

是书，《山东通志》、《曲阜志》、《阙里文献考》等云卷佚。《兖州府志》、《阙里志》集类有《鲁樵斐稿》，《续文献通考经籍考》儒家类有《鲁樵哀稿》，卷佚，当即此书。《阙里文献考》元龙传谓："元龙尝从真西山游，笃学尚志，闭户著述，作《诲忠策》，又辑《洙泗言学》四十余章。西山称其以先圣之裔而研精先圣之书，其所发明，有补学者。后上其书于朝，帝嘉之。年逾九十，犹手不释卷。有《柯山论语讲义》、《鲁樵集》。"《大成通志》："元龙，志尚笃学，从真西山游，晚年授迪功郎。制曰：尔著书立言，诸老所推，贤可知矣。以宣教郎致仕。年九十，手不失卷。有《阿山讲义论语集说》、《鲁樵斐稿》、《奏议丛璧》。卒之日，门弟子三百哭之，私谥曰：'文介'。后赠'太子少师'。"

■ 愚斋文集五十卷 _佚

（宋）孔梦斗撰。梦斗有《尚书解》，经部书类已著录。

是书，《山东通志》、《曲阜志》、《阙里志》、《阙里文献考》不题卷数，乾隆《温州府志》、民国《平阳府志》此书作《愚斋集》，宋孔梦斗著。《孔子世家谱》三集平阳派："五十二代之斗,原名梦斗,字元极,一名梓,颖悟超群,风仪秀挺,咸称为孔书橱。补入太学生。景定三年,进士及第,历临安府教授。召试,超拜秘书省正字史馆校勘。任满,以奉议大夫、太常礼仪院判授,公力辞,归,号愚斋。著有《愚斋文集》五十卷、《尚书本义》行世。卒后,以文行兼优,忠孝标炳,诏从祀乡贤。子一:鼎。"兹参据著录。按:梦斗,乾隆《平阳县志》文苑有传。《宋诗纪事》据《维扬志》录其《追咏邹道乡所植扬州学四柏》一首,《全宋诗》亦载之。又子鼎,将仕郎,金坛县教谕,建康学正。

■ 孔沐集五卷 佚

(宋)孔沐撰。沐字世川,太常博士之载子,孔子五十三代孙,明道书院山长,历文林郎、江南行台监察御史。

是书,《山东通志》、《阙里文献考》等著录,《曲阜志》作《行台集》五卷。孔尚任《孔子世家谱》:"五十三代沐,字世川,明道书院山长,历江南湖北道宪司书史,将仕郎,绍兴路知事,辟浙江省椽,迁山阴尹,从仕郎,江西儒学提举,调征仕郎,福建宪司经历,迁文林郎,江南行台监察御史,论事恺切,御史大夫龊之。辞职侍养,亲终,服阙。起浙江省都事,改儒林郎,陕西行台都事,皆不赴,迁江南行台都事。年四十九卒。著有诗文。"

■ 家宝诗草一卷 未见

(金)孔珍撰。珍字家宝,福建闽县支宋徽宗宣和三年进士端义长子,孔子四十九代孙,金熙宗皇统元年登进士第,授河南祥符县令,后退隐不仕。

《孔子世家谱》二集福建闽县支:"四十九代珍,字家宝,金熙宗皇统元年登进士第,授河南祥符县令。后退隐不仕。著诗集一卷,名曰《家宝诗草》。子一:扬。"兹据著录。

■ 孔璪集一卷 佚

(金)孔璪撰。璪有《续祖庭广记》,史部阙里文献类已著录。

是书据《阙里文献考》著录。

■ 渔唱集 佚

(元)孔万龄撰。万龄字松年,袭封衍圣公文远次子,孔子五十二代孙,元世祖至元十三年授将仕郎,袁州路分宜县尹。

是书据《孔氏南宗考略》万龄传著录。传称其"从鲁斋许衡学,有声江浙。"

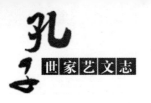

■ **承斋集二卷** 佚

（元）孔洙撰。洙有《江南野史》，史部杂史类已著录。

《孔氏南宗考略》元代名贤事迹考：洙字恩鲁，一字景清，号存斋，万春子。宋淳祐元年，授承奉郎，袭封衍圣公。宝祐元年，添差通判衢州军州事，转承事郎，添差通判吉州军州，兼管内劝农营田事。景定二年，通判平江军州。咸淳元年，通判信州，权军州事。历通直、奉议、承议郎。宋亡不仕。至元十九年，议立孔子后，以寓衢者为大宗，召赴阙，载封归鲁奉祀。洙以先世庙墓在衢，不忍舍，让爵于曲阜宗弟治，且以母老，乞南还。世祖嘉之曰："宁违荣而不违亲，真圣人后也。"拜承务郎、国子祭酒，兼提举浙东学校。给俸养廉，并与护持江南林庙玺书。正宗之罢封自此始。二十四年，再授奉圣大夫、福建道儒学提举。到任，病卒。年六十。洙敏而好学，精研经史，著有《承斋集》二卷。兹据著录。未见传本与书目著录。而其号"存斋"，似为"承斋"之误。

■ **东征集无卷数** 佚

（元）孔文杓撰。文杓字端卿，平阳派，孔子五十四代孙，至元十八年，从军东征。

是书，《续纂句容县志·艺文志》据《金陵诗征》著录，作者题"孔杓"，所收《莫忘吟》注亦称"元邑人孔杓端卿"。《元人传记资料索引》其名作"孔文杓"，惟称其五十三代湄孙（字宗平，授池州教谕，除西湖书院山长），与《家谱》不合。按：文杓之书盖早不传，幸有方回《孔端卿东征集序》收入《桐江续集》，尚可窥见一二于其中。序云："世之奇士必好奇，搜奇景，抉奇事，务为奇诗文，以耀世，奇则奇矣，而不知其尝滨于死而不悔也……永嘉孔君文杓，予三十年前识其先君于武林，近袖诗来访，阅《东征集》，乃知辛巳六月，君从军发四明，自神前山放洋三日，而至耽罗。又三日，而至日本海口，泊竹岛，尽一月，逗留不进。八月，旦夜未艾，遇飓风，舟师歼焉。帅独帆走高丽，死者三数十万。与予所闻皆合。君偶得不死，附小校破舟登所谓合浦者，过平壤之都，渡辽阳之水，历故女真契丹之境，由平滦州抵燕山，凡九十四日，徒步七千余里，又久之，然后复得南归。君非将非卒，特一寒士，轻视鲸波，狼狈至此，岂非亦好奇之过乎？予独喜其《莫忘吟》者，得叙事体，初曰：'岁纪重光大荒落，舟师东征赫且濯。泊向竹岛更月籥，其日甲子仲秋朔。夜来昏雨风色恶，昧爽白浪堆山岳。阳侯海若纷拿攫，艨艟巨舰相蹒轹。樯摧缆断犹斧斫，千生万命鱼为樗（此一句奇绝）。百舟一二著山角，跳踯争岸折腰脚。依然魂爽归辽邈，幸者登山走如夐（敕各切），形命虽存神已索。'次曰：'省舟独在冀可托，传令缚籛为渡榷。海岂榷渡真戏谑，大将为谁何龊龊。起篷自去尔为乐，忍闻孤屿哭咿喔。'又次曰：'死者何辜乌鸢啄，将军归来浑不怍。宴衎相庆作音乐,我获生还莫忘却。'读此有春秋诛心之笔在焉。君诗善押险韵,善用雅语,善赋长篇,天下奇观无过于此役,天下奇作亦无过于此诗。死中求奇,奇中脱死,天所以不死君者,欲留此《吟》以为诗史乎。君文亦奇,见所为自叙。君他诗稿尤奇,《苍苔五字》曰:'凡有苍苔处,先知此地清。不随芳草暗,偏衬落花明。点竹添潇洒,粘梅助老成。比钱无乃俗,幽意要诗评。'非奇而何? 然则,奇而不失其正,尚当勉之。"考序中所引"竹岛"、"日本海"之类,关乎领土疆域,具有重大历史文献价值。其所述经历不仅与《元史》卷一百五十四洪福源传、卷一百六十六楚鼎传等所载相合,这比其它国家对"竹岛"、"日本海"的记载早了数百年。当然,追溯历史,中国早在隋大业四年(608)就有关于"竹岛"的记载,载称"大业三年,其王多利思比孤遣朝贡……明年,上遣文林郎裴世清使倭国,度百济,行至竹岛,南望耽罗国,经都斯麻国,迥在大海中。"(《北史》卷九十四倭传)。对此,予另写有专文。

■ 雁山樵唱诗集无卷数 佚

（元）孔克烈撰。克烈字显夫,平阳派吴江州儒学教授思枥次子,宋迪功郎淇孙孙,孔子五十五代孙。

是书,《元志》、《温州府志》、《温州经籍志》等皆著录,《平阳县志》作《雁山樵唱集》,《孔子世家谱》克烈传作《雁山樵唱》。《苏平仲集》卷五《雁山樵唱诗集序》称:言之精者之谓文,诗又文之精者也。夫岂易为哉! 然古诗三百篇,有出于小夫妇人,小夫妇人而可与能,则又若难无难者,是何与? 大序不云乎? 诗者,志之所之也。在心为志,发言为诗,有是志则有是诗,譬如天地之间,形气相轧,而声出焉。盖莫之为而为者,夫何难之有……孔君显夫持所谓《雁山樵唱》征为之序,余阅之累日,合古今体八百首,托物以造端,比事以见义,属辞以致意,发吟风弄月之趣于声嗟气叹之间,大篇短韵,杂然并陈,铿锵振发,而曲折宛如也。余乃为之叹曰:美哉! 显夫之诗也。不研揣,不模拟,不费辞,而及乎形容之妙、比兴之微,人之所难,而显夫独无难焉。若是者何自而能之。盖显夫自幼明乎六艺之学,两举校官,皆辞不就,其志直欲取世科以济世美,年二十四得瞆疾,既不可有为于时,而又申之以变故患难,则其平生之情,欢愉咈悱,忧思慷慨,触于物者,宜有以昌其诗而发焉,则岂非所谓本于志哉! 人固有困于疾而名于世者,若张籍之于诗是已。今显夫虽以瞆而志不获申,其诗岂遂泯灭而不传乎? 是用语显夫曰:子无自附于《樵唱》,世将有来而陈之者矣。显夫名克烈,先圣五十五代孙,今居平阳,平阳有山曰:南雁砀,显夫尝隐其间,故以名其集云。《温州经籍志》案云:孔克烈字显夫,(《元史艺文志》四作显道,误)其事迹无考。据苏叙《雁山樵唱集》凡

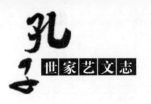

诗古近体八百首,可谓富矣。然顾氏《元诗选》及《东瓯诗集》、《续集》乃无一篇,可惜也。

■ 考槃集无卷数 _{未见}

(元)孔克烈撰。

民国《平阳县志·经籍·集部》:"《雁山樵唱集》,又《考槃集》,元孔显夫著,名克烈。"兹据著录。《孔子世家谱》亦载之。未见传本。

■ 雁山樵隐文集无卷数 _{未见}

(元)孔克烈撰。

《孔子世家谱》三集平阳派长支:"五十五代克烈,字显夫,颖悟博学,自负不群,而举校官,皆辞不就。著有《雁山樵唱》、《考槃集》、《雁山樵隐文集》。"兹据著录。按:考其父思栩,《苏平仲集》卷十二《故元吴江州儒学教授孔公墓志铭》作"文栩",称"昔有元致崇极于先圣,凡厥子孙,例得以布衣补州县学官。以故平阳孔氏,于时有禄位、成功名者相随属,矧公材德之优,学问之邃,文章之工,出乎群从。而出身又特由曲阜子孙例,补州郡教授,孰不以远大期之。及起教授吴江,年四十六矣。又二年,竟卒于官。"克烈凡兄弟五人。兄克熙,长林教谕;二弟克然,兴化路学正;三弟克勋,历任建德路教授、太常侍礼郎、清河县令、陇州知州。

■ 锡山草堂集五卷、村居杂兴诗三卷 _{未见}

(元)孔拱撰。拱有《读史》,史部史评类已著录。

二书,《湖北艺文志》据《通城志》著录,作者题"宋孔拱"。《孔子世家谱》拱传《锡山草堂集》作三卷。《山东通志》、《曲阜志》、《阙里文献考》二书分别作《锡山草堂》、《村居杂兴》。《阙里志》:"五十代拱,字执谦,琭子,少孤好学,笃意义方,乡党贤之,年五十三卒。有《习经》、《读史》各三卷,《锡山草堂集》五卷,《村居杂兴》三卷。"诸书均未见传本。

■ 存存斋稿 _{未见}

(元)孔涛撰。涛有《阙里谱系》,史部家谱类已著录。

是书见黄潜《黄文献公集·承直郎潮州路总管府知事孔君墓志铭》。《墓志》云:"君讳涛,字世平,姓孔氏。初太尉世父既袭文宣之封,五世至端友,与中奉公同南旋,由端友至洙,袭衍圣之封者又五世。至元十九年秋七月,有诏令洙赴阙,架阁公以族长被命与俱,中道而返,洙独入对。廷议俾仍嗣袭,洙力辞,乃以为国子祭酒,提举浙东学校。洙所居室扁曰'存斋',君惜其以存自号,而不能钦承德意,存其封爵,因自称'存存斋'云。君所为诗尚俊迈,文浑厚不事纤巧,有《存存斋稿》,未及诠次。惟《阙里谱系》一卷为成书。"《西安县志·经籍志》据以著录。按:此书未见传本。《孔子世家谱》:"五十三代涛,字世平,宁国路学录,延祐甲寅年,东平路乡试,三举魁选,泰定元年会试,第十九名进士,授承事郎,吴江州判官,终承直郎,潮州知事。赠奉训大夫。"又颜崇槼《种李园诗话》谓孔涛《题东坡村醪帖》云:张宣公谓东坡结字稳密,姿态横生。一字落纸,固可宝玩。而况其平生大节,如此昭著,忠义之气,未尝不蔚然见于笔墨之间。此诗虽出一时率然之作,以南轩之言求之,信可宝也。

■ 洁庵集十二卷 佚

(元)孔旸撰。旸字子升,号洁庵,平阳派,至正二年,登进士第,历官衢州路录事,处州路庆元县尹,授温州路同知平阳州事。

是书,《元志》《平阳县志》《温州经籍志》等皆著录。《苏平仲集》卷五《洁庵集序》:"《洁庵集》诗文若干首,平阳孔子升先生之所作,门人同邑林与直敬伯之所汇次也。敬伯以告余曰:先生志于立德者也,立功且非其志,而况于言乎!然而,先生由进士科出身,虽不薪以文辞名世,而求文辞者则固以先生为首矣。则先生虽欲不述作,乌得而不述作?尝闻诸先生,文章非应用,应用非文章。此至论也。凡吾之所作,亦应用云尔,吾敢自谓文哉?以故先生虽为文,未尝留稿,子弟门人间私录之,亦不多也。先生既弃代,其子源属与直类萃为捌卷,附以诗四卷,因先生自号,题曰《洁庵集》,一二同志将镂版以永其传,敢请为之序。余取而读之,理到矣,气昌矣,意精矣,辞达矣。典则而严谨,温纯而整峻,该洽而非缀缉,明白而非浅近;不粉饰而华彩,不锻炼而光辉,古之有德必有言者盖如此。尚论文章,何以加诸?至于诗,则出于性情,而不窘于畦町,有优游咏叹之思,风雅骚比之遗……"又卷十三《故元温州路同知平阳州事孔公墓志铭》谓:公至正元年,再荐于乡,登二年进士第,擢衢州路录事,阶将仕郎。九年,转从仕郎,处州路庆元县尹,代归。十九年,授温州路同知平阳州事。三岁,丁母忧,解官。明年,州人以版图上于职方,公与陈子上者,慨然有浮海之志。顾父判府公在堂,子上入闽,公羁孤无俦,却扫一室,名曰'洁庵',情有所触,俛仰书空而已。后三年,而判府公捐馆,公年六十三,而执丧哀毁。又十六年,公以疾不起,洪武壬戌七月二十七日也。年七十有九。曾大父曰景行,宋太学内舍生,度宗幸学,循故事,官先圣子孙,赐同进士出身,授庆元府学教授,升从政郎,主管礼兵部架阁文字,宋亡不复仕。是以云

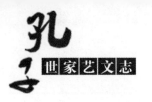

架阁之子曰士璘,元永嘉县学教谕,后以子贵,赠从仕郎、曲阜县尹,曲阜之子曰夬,用翰林郑公陶孙荐,历永新州学正、龙溪书院山长、江州路儒学教授、湖口县主簿,庆元、会稽两县尹,以承务郎、松江府判官致仕。公其裔也。讳旸,字子升,生于大德甲辰正月十九日,母恭人许氏,湖广儒学提举澹斋先生善胜之女。娶王氏,封恭人,以大德丙午三月十一日生,以洪武己卯十二月三日卒,葬县西之肇奥。子男五人:谅、说、详、训,王出也;誌,侧室陈出也。详、训早亡。女三人,皆已行而卒。孙男四人:宏、窦、邃、莹。女七人,长适林与方,次适项愉,余未行。平生所为诗文总十二卷,曰《洁庵集》,藏于家。谅等卜以十六年癸亥十一月十日,合葬于肇奥,属其门人蒙阴县主簿林与直为状来请铭。伯衡晚陋不足以知公,云云。才按:旸,《家谱》失收,世系待考。《全元文》卷一五九一收有其《午溪集序》、《王将军破倭寇序》、《龙泉县重修城隍庙记》等文。

■ 自然亭诗无卷数 佚

(元)孔克齐撰。克齐有《至正直记》,子部小说类已著录。

钱大昕《补元志》著云:"孔肃夫《自然亭诗》"。按:克齐字肃夫,因据著录。《江苏艺文志》著录此书题"孔肃夫"撰,与《至正直记》分列两卷,似不知"孔肃夫"即孔克齐也。考克齐诗文多散佚,尝见《全元文》卷一七七四有其《壬辰记变》一篇。

■ 德台集 未见

(元)孔克慧撰。克慧有《历官纪》,子部杂家类已著录。

是书,《阙里文献考》著录,云"卷佚"。《孔子世家谱》克慧传亦载之。未见传本。

■ 鲁林集一卷 未见

(元)孔津撰。津刻有《孔圣图谱》,史部阙里文献类已著录。

是书见徐映璞《孔氏南宗考略》孔津传,未见传本与其它书目著录。考津为元末人,年四十五卒。赠奉训大夫,兖州知州。

■ 水云村吟稿十二卷考证十二卷 存

(元)刘地撰,(清)冯云鹓、孔昭美考证。昭美字叔彦,号绹文,大宗户乾隆己亥恩科举人广栻第三子,孔子七十一代孙,恩贡生,道光元年保举孝廉方正,钦赐六品顶戴,官四氏学学录。

是书,《东北地区古籍线装书联合目录》著有东北师范大学图书馆藏清道光十年刘斯嵋刻本。考刘地,《元志》及元人传记资料俱无载。

■ 祭酒遗稿二卷　未见

（元）孔克坚撰。克坚有《春秋本末》，经部春秋总义类已著录。

是书，《山东通志》、《阙里文献考》著录但题《遗稿》，《曲阜志》作《祭酒逸稿》。兹参据著录。按：其书未见传本。《兖州府志》云："孔克坚，字璟夫，思晦之子也。聪敏博学，能为诗赋。至元六年袭封衍圣公，进位中奉大夫。时宰荐其习礼，征拜太常卿，历治书侍御史，受诏辞归。又召入，为集贤直学士，礼部尚书，出为西台侍御史。召拜国子祭酒。以世乱，不乐仕，谢病归祖庭，累召不起。洪武改元，太祖手诏入觐，克坚乃至京师，进见于谨身殿。上望而呼曰：'老秀才来前，年几何矣？'对曰：'臣五十三岁。'上曰：'尔有福人也。汝祖遗纲常之教，垂宪万世，汝家若不读书，是不守尔祖法度也。若老矣，时常教训子孙，不可怠惰，能继尔祖之烈，于我朝代中，复生得一辈好人，岂非盛事！'克坚顿首谢留。奉朝请，赐之禄秩，不烦以政。"克坚，元延祐三年（1316）生，明洪武三年（1370）卒，年五十五。康熙《平阳府志》卷三十六有其《王官谷司空图隐居》诗一首。

■ 循庵集无卷数　未见

（明）孔铎撰。铎有《昆阳孔氏世谱》，史部家谱类已著录。

《温州经籍志》："孔铎《循庵集》（乾隆《温州府志》二十七。乾隆《平阳县志》十九稿作集）乾隆《平阳县志》十二：永乐癸卯举人孔铎，字公循，性淳笃，福安教谕，升国子助教，翰林院检讨。"兹据著录。按：民国《平阳县志》著录此书，称"今存抄本"。

■ 士栋文集二卷　未见

（明）孔希古撰。希古字士栋，安徽桐城县支克勤次子，孔子五十六代孙。

《孔子世家谱》安徽桐城县支："希古，字士栋，性爱山水，喜交游，有《文集》二卷，年六十七卒。"兹据著录。按：其兄希先，字士静，博通古今，尤精诗赋，有名士称。隐居不仕，以诗酒自娱。

■ 希古集无卷数　未见

（明）孔希直撰。希百有《考图书谱》，子部儒家类已著录。

是书，《温州经籍志》卷二十五据乾隆《温州府志》著录，称佚。民国《平阳县志》文艺志，此书题孔希宜著，疑误。

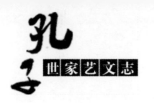

■ 舞雩春咏集二十卷　未见

(明)孔谔撰。谔有《中庸补注》，经部学庸类已著录。

是书，《山东通志》、《曲阜志》、《阙里文献考》皆著录。按：其书未见传本，《曲阜志·列传》："孔谔，字贞伯，明永乐六年，乡试第一，会试下第。时成祖在北京，仁宗以太子监国，谓近臣曰：'我朝孔氏子姓未有出仕者，今得此人，何不使成进士？'对曰：'考试至公，虽父子不容私也。'乃除教官，谔时年二十五。太子召见，曰：'孔谔年少俊伟，务令成进士，命冠带，送国子监肄业。'未几，左春坊中允员缺，太子顾谓东宫官曰：'此职非孔谔不可。'遂以中允教皇子诸王，谔辅道(导)讲读，以严正称。赐第宅一区并器皿等物。转大理寺评事，改监察御史，巡按江西、辽东，所至风纪肃然。孔氏重丧礼，棺椁务求坚美，而佳木恒不易得。谔按江西，还，见蜀贾售柏材者，倾囊易之，得百具，载以归，用周宗长之贫不能具棺者。官至河南按察佥事，卒。谔嗜性理之学，于诗赋尤工。所著有《中庸补注》三卷，书进秘府。又有《舞雩春咏集》二十卷。"又《阙里孔氏诗钞》孔贞瑄《沂舞春》注云："先侍御贞白祖有《舞雩春咏集》行世，述其意作《沂舞春》五章。"又按：谔工书，永乐十六年《重建尼山庙记碑》、二十年《重建斋厅记碑》、二十一年《创建林围墙记》皆出其手。

■ 西塍吟稿无卷数　未见

(明)孔克愚撰。克愚字钝夫，孔子五十五代孙。

是书，《千顷堂书目》别集类著录，注云：字钝夫，仁和人。《仁和县志》卷十三书籍著录，称处士孔克愚著，皆不注卷数。又其《志》卷九人物隐逸传：孔克愚字钝夫，仁和人，宣圣五十世孙，父文学，任西湖书院山长，授建德总管府知事，遂家焉。克愚喜读书，隐居夹城，有《西塍吟稿》。岁举乡饮，郡守请为大宾，年八十二卒，学士曾棨铭其墓。考孔《谱》平阳派二支有名"文学"者，与此不合，乃系另一人。《县志》称其"宣圣五十孙"，与《谱》亦不符。

■ 巢愚稿一卷　未见

(明)孔克晏撰。克晏字尧夫，息陬户族长思楷次子，孔子五十五代孙，宣德元年补三氏学录，后兼家庭族长。

是书，《山东通志》、《曲阜志》、《阙里文献考》皆著录，孔尚任《孔子世家谱》亦载之，并云"行于世"。今未见传本。《山左明诗钞》收其《雨后望峄山》一首。《阙里文献考》云："克晏博通经史，不轻著作，每为文，必经营数日而后成。"《曲阜志》称其"少与兄克晔、弟克旻,并有文誉。长游江淮汝泗,遍历名山大川,为文益雄宕有奇气。宣德元年,补三氏学学录,课督有方,弟子多著闻,若孙昱、孔公恂、公锡,皆成名进士"。按:据《家谱》,克晏年五十六卒。兄克晔,字光夫,人品豪迈,博闻强记,宿儒多逊之,年四十一卒。弟克旻,字舜夫,号乐庵,三氏学录,多所造就,年五十四卒。弟子公锡,字锡文,南宫户家庭族举提领林庙事诠长子,举人,曲阜县尹,兖州通判。公恂有《詹事集》,见后著录。

■ 沂雩散人集一卷　未见

(明)孔公镗撰。公镗字声文,孔子五十八代孙,宣德九年,荐曲阜县知县。

是书,《山东通志》、《阙里文献考》等著录。《曲阜志》此书不著卷数。按:其书未见传本。《阙里文献考》公镗传谓:"宣德九年荐知曲阜县,有政绩,居官十年,邑中大治。尝语人曰:'功成身退,天之道也。'乃上疏曰:'臣本无似,赖祖宗余泽,大宗既膺显爵,而世尹又及臣身,两世一门,尽叨美仕,物惧满盈,乞赐放归田里,以族之贤者代。'疏入,不许。"卒年五十七。

■ 梅花百咏一卷　佚

(明)孔公序撰。公序原名振生,一名节,字乐礼,平阳派五十七代言渊子,孔子五十八代孙。

是书,《江苏艺文志》(常州卷)据嘉庆《溧阳县志·艺文志》著录,题明孔节撰,云:克齐裔孙。按:光绪《溧阳县志·艺文志》亦著此书。考节谱名公序,《孔子世家谱》平阳派五十八代公序传:"公序,原名振生,一名节,字乐礼,正统五年,归省林庙,一夜赋《梅花诗》百首,圣公奇之。"兹参据著录。

■ 韦庵诗稿一卷　未见

(明)孔希恭撰。希恭字士安,号韦庵,官庄户曲阜世尹克中第四子,孔子五十六代孙,为鲁府仪宾,诰封中奉大夫。

是书,《山东通志》、《曲阜志》、《阙里文献考》俱著录,《孔子世家谱》希恭传此书作《韦庵诗》,不著卷数。其书未见传本。《曲阜志》希恭传称其"性好文史,为诗多古风。"

■ 芸窗赞古诗集　未见

(明)孔希恭撰。

孔尚任《孔子世家谱》:"希恭,博学工诗,著有《韦庵诗》、《芸窗赞古诗集》。"兹据著录,未见传本。

■ 礼庭吟稿三卷 存

(明)孔承庆撰。承庆有《礼廷合稿》,经部三礼总义类已著录。

是书,北京大学图书馆藏有明景泰六年刻本,凡半叶九行,行十六字,四周双边,双黑鱼尾,粗黑口。内署:"宣圣六十世嫡孙承庆著"。前有景泰三年春二月之吉赐进士正议大夫太常寺卿前翰林修撰同修国史同郡许彬、天顺元年岁次丁丑二月既望朝列大夫国子祭酒长洲刘铉二序。末附景泰六年岁乙亥冬十二月下沐赐进士出身翰林院编修文林郎经筵官寿光刘珝后序一篇。许序略云:"《礼庭吟稿》者,宣圣六十世嫡孙承庆之所作也。承庆用其父今袭封衍圣公朝绅之命,从三氏学录尧夫孔先生学,其所作诗,命题立意,率多桃李秋华、风云月露之形,语涉斋课,先生盖所以试其才之丰啬,而不暇较其命题之可否也。观其五七言律、五七言绝,及长短之句,清新而不腐,深沉而有思,使由此而进进不已,何患不能造诗人之地而追古之作者哉。惜其天不假年,寿三十一而卒也。幸其有子二人,长弘绪,今甫七岁,次弘泰,今甫五岁,皆聪颖秀发,岐嶷不群,知其后必有立也。大宗嫡派克振斯文之宗者,将不于是望,尚奚望焉?弘绪之外祖,今顺天府尹惟善王公,怜承庆早世,取其遗稿,择言之精者,得百六十五首,命工寿梓,俾余序以引其端。"序末有"许彬书"、"太常卿图书"、"龙虎榜史"等印记。按:此书《阙里志》、《阙里文献考》、《孔子世家谱》俱有载,《续文献通考经籍考》作二卷,《山东通志》、《曲阜志》不著卷数,《东北地区古籍线装书联合目录》著录辽宁省图书馆藏清康熙三十九年刻本,作《礼庭吟遗稿》。《四库全书总目·存目》著录衍圣公孔昭焕家藏本,云:"其外祖王惟善为哀其遗诗以成此集。有景泰间同郡许彬序,又有天顺丁丑长洲刘铉序。岁久散佚。康熙庚辰,衍圣公孔毓圻检校先世遗稿,又得而重刊之。"又《阙里文献考》承庆传:"承庆字永祚,幼端敏,有至性。既长,刻苦自厉,从新安江湜、清江裴侃及族祖克晏学,通《尚书》,性耽吟咏,著有《礼庭吟稿》传世。"《曲阜志》、《阙里志》、《阙里文献考》所收《题击蛇笏》、《祭尼山》、《尼防书舍》、《登舞雩台》、《题杏坛》等诗皆出自本书。承庆,永乐十八年(1420)生,景泰元年(1450)卒。

是书今有北京大学图书馆藏明景泰六年顺天尹王氏刻本,清康熙三十九年孔毓圻重刻本,1997年齐鲁书社《四库全书存目丛书》影印北大藏景泰六年刻本等。

■ 詹事集二十卷 未见

(明)孔公恂撰。公恂字宗文,宫端户永乐辛卯举人信长子,孔子五十八代孙,景泰五年进士,授礼科给事中,历官南京詹事。

是书据《曲阜志》著录。《阙里文献考》:"五十八代孙明詹事公恂集二十卷";《山东通志》:"集二十卷,孔公恂撰。"按:其书未见传本,《阙里志》卷二十载其《陪驾幸太学释奠赐宴》、《圣驾幸辟雍颂》诗二首。孔尚任《孔子世家谱》:"五十八代公恂,字宗文,少警敏绝伦,文辞宏整,诗追盛唐,书逼赵松雪。正统甲子,以《礼》经中山东乡试。景泰甲戌会试中式。会内艰,还鲁守制。服阕,擢礼科给事中。正直敢言,有古大臣风。奉敕赏边戍,军士悦服。天顺癸未,转少詹事,进讲雍容,群僚逊不及。成化初,改大理左卿,多所平反。未几,复授詹事兼左谕德。丙戌,坐言事,出知汉阳,会外艰,不果行。庚寅,复授南京少詹事,年五十九卒。讣闻,遣官谕祭,赐祭田、佃丁,皆出旷典。前学士郑晓著《吾学编》,称其能诗善书,善事继母,动遵礼度。今载入《明史》。有诗文若干卷,藏于家。"《献征录·孔公恂传》:"孔公恂丁家艰,服阕,复少詹事,改任南京詹事府。成化七年十一月卒于官。公恂自负先圣后,又举进士,慷慨尚气,时或凌物,然亦颇能自持,不肯卑汙屈抑。"

■ 晗斋集一卷 未见

(明)孔公杰撰。公杰字佐文,号晗斋,孔子五十八代孙,官三氏学录。

是书,《山东通志》、《阙里文献考》等著录,《曲阜志》不著卷数。未见传本。

■ 北窗迂叟稿一卷 未见

(明)孔公璜撰。公璜辑有《孔颜孟三氏志》,史部阙里文献类已著录。

是书据《山东通志》、《阙里文献考》著录。《千顷堂书目》别集类著录本书作《北窗文稿》,《曲阜志·著述》不著卷数,《列传》亦作《北窗文稿》,并云"行世"。《阙里文献考》公璜传称其"为人刻苦励学,无他嗜好,独喜为歌诗,著《北窗文稿》,学者争诵之。"按:此书未见传本。孔尚任《孔子世家谱》:"公璜字辅文,号北窗迂叟,雄才博学,一时名贤,悉推服焉。成化丁酉任三氏学录,训迪诸生,多所造就。尝正学田、设颜母祠,创中兴祖外翁林,祭,奏立三世祖奉祀博士,改尼山、洙泗书院山长为学录。种种丕绩,宗门仰若山斗,年七十八卒。著有诗文若干卷,藏于家。"今考《阙里志》卷二十有其《陪李相公拜祖庙》、《祖庭述事》、《祭尼山》、《祖林怀古》等诗。

■ 桂华轩集一卷 未见

（明）孔景文室朱氏撰。氏，明宁靖王朱奠培长女，天顺元年封安福郡主。

是书，《历代妇女著作考》据《明史艺文志》著录题"（明）安福郡主撰"，云："《江西诗征》：郡主，明宁靖王奠培之长女，嫁宣圣五十八世孙景文。天顺元年，封安福郡主。工草书，笔势遒劲，无花骨欹斜之态。能属文，尤长于诗；与景文联章赓和，积成卷帙，有《桂华轩集》。"按：清颜崇榘《种李园诗话》此书作《桂华集》，云："明宁靖王奠培长女，下嫁先圣五十八代孙景文……能诗，有《桂华集》一卷，《咏柳眼》云：'种得风流性，盈盈似可亲。沿堤窥去骑，隔水望归人。露重含情泣，烟绵作态矕。半开还半合，盼到十分春。'"考其父奠培，工于诗书，氏幼受熏陶，亦工书，善吟咏。

■ 士毅遗稿 未见

（明）孔希永撰。希永字士毅，息鄹户处士克景长子，孔子五十六代孙，由岁贡任曲阜世尹。

孔尚任《孔子世家谱》："希永，字士毅，幼学《易》，得其奥旨。由岁贡任曲阜世尹，循循温蔼，得宜家处乡之法。其《莅政条目》有曰：'申家范以正纲纪，明刑法以惩顽暴，兴学校以振士气，正婚姻以敦风化，立户长以集事务，征税粮以销外侮，序班次以肃礼仪，更名字以分长幼，清户口以防奸伪，禁游惰以重家门。'俱见施行，今犹赖之。暇与邢（刑）部魏绅、学录公璜叠相赓唱，有'遗稿'藏于家。年五十七卒。"兹据著录。未见传本。又《曲阜志》希永传："孔希永，字士毅，泾曾孙也。少好学，涉猎诸史百家已，从三氏教授歙县江湜《易》，念《易》道甚大，夫子尚曰'假年'，乃买舟裹粮，访师吴楚间，受业于安成吴祭酒，深得《易》之奥旨。贡三氏学，荐授世尹。勤于抚字，有循声。"按：江湜，正德中补三氏学教授。衍圣公尝命其长子承庆从学。

■ 东庄稿无卷数 未见

（明）孔弘泰撰。弘泰字以和，号东庄，袭封衍圣公孔承庆次子，孔子六十一代孙，以其兄弘绪坐罪，于成化六年权袭封衍圣公。

是书，《千顷堂书目》卷二十一别集类著录。李东阳《衍圣公孔弘泰墓志铭》谓"公美风仪，善论议，每评隲人曲直，料事当成败，多奇中，俾有职务，将无不可为者。而静处优逸，无繇自见。然承奉宗祀，修治林墓，综制家政，其在孔氏有劳绩焉。若孝友无间之心，刚毅不屈之气，荣名令闻，伟然著于人人，其在天下亦不可泯也。尝即鲁泮池遗址筑'东庄'别墅，因以自号。有《东庄稿》藏于家。公生景泰庚午（1450）四月二十七日,卒于癸亥(1503)五月十五日,年五十有四。子闻诗,三氏学生。"按:其书未见传本,考《阙里志》卷二十与二十二分别载其《游鲁泮宫》一首,奏疏一篇。子闻诗,字知言,号兴斋,翰林院五经博士,尝与人赓唱数十叠韵而不衰,时号多才子。惜无集传世。见有明弘治六年仲春所撰《周氏族谱跋》一文,署衔"翰林院五经博士加一级"。

■ 元和景象集一卷、南坡稿一卷 未见

(明)孔公镝撰。公镝字御文,官庄户南城兵马指挥詥三子,孔子五十八代孙,卜居泗上,因自号泗渔,学者称"泗渔先生"。

二书据《山东通志》、《阙里文献考》著录。《曲阜志》,《南坡稿》作《南坡集》,不标卷数。按:二书未见传本,《阙里文献考》公镝传谓"镝少奉父命,习举子业,有声庠序间。父没,乃叹曰:'早年读书,欲求一第,以悦亲耳,今见背矣,奚踟躇为也。'遂弃去。工诗歌,究心理学,寒暑不辍。卜居泗上,因自号'泗渔',学者称'泗渔先生'。所著有《南坡稿》、《元和景象集》、《泗渔乐府》"。《曲阜志》云:"兖之士大夫结寿英会,公镝以齿列第二,亦不恒赴。"

■ 泗渔集无卷数 未见

(明)孔公镝撰。

是书据《曲阜志》著录。按:其书未见,《山东通志》、《阙里文献考》、《孔子世家谱》等亦不见载。

■ 东村耕隐集一卷 未见

(明)孔公琅撰。公琅字佩文,自号"东村耕隐",孔子五十八代孙,少以诗鸣,终生不仕。

是书,《山东通志》、《阙里文献考》等皆著录。《曲阜志》此书不著卷数。按:其书未见传本。《曲阜志》公琅传称其"少以诗鸣,鲁王数致聘币,不往。嘉靖癸巳,以陪祀与首荐,辞去,居于防山之麓,自号'东村耕隐'。卒年八十有三。"

■ 南坡集一卷 未见

(明)孔承懿撰。承懿有《孔氏新谱》,史部家谱类已著录。

是书,《山东通志》、《阙里文献考》等皆著录,《曲阜志》不著卷数,《孔子世家谱》其书作十卷,云:"六十代承懿,字永淑,号南坡,补诸生,核博群书,文名为时贤所推。留意宗门,尝叙《族谱》。年七十五卒。著有《南坡集》十卷。"

■ **东源稿无卷数、三晋集无卷数** 未见

（明）孔承诏撰。承诏一名庭诏，号东源，衢州派绍兴府同知彦明季子，孔子六十代孙，明嘉靖十四年拔贡，官至广西宾州知州。

《孔子世家谱》二集衢州派长支："六十代承诏，一名庭诏，号东源，明嘉靖乙未拔贡，前部取天下第一，授山西平阳府通判，奉檄督修大同等关墙，以捍边寇……勒勋大理寺，升广西宾州知州……平生好学，手不释卷，所著有《东源稿》、《三晋集》，载府县《志》。"兹据著录，未见传本。

■ **淳厐风味诗集无卷数** 未见

（明）孔弘干撰。弘干有《圣贤图像》，史部传记类已著录。

是书，《曲阜志》著录，《阙里志》亦载之。《山东通志》、《阙里文献考》不著此书。按：其书未见传本。孔尚任《孔子世家谱》："六十一代弘干，字以象，号振斋，由鲁府审理纪善进阶朝议大夫。尝叙宗谱，并《孔门金载》、《孔氏文献》、《谈柄》、《词话》、《淳厐风味诗集》，留心典故，有功家门者，惟此公为最。"

■ **萌蘖集二十卷** 未见

（明）孔宏仁撰。宏仁亦作弘仁，字长卿，宁陵派邑庠生承宋子，孔子六十一代孙，邑增生。始迁祖三十五代贤，登唐进士，历太子中舍，深州刺史。

是书，民国《仪封县志·艺文志》著云：孔文学弘仁《萌蘖集》二十卷。《孔子世家谱》三集卷三宁陵派："六十一代宏仁，字长卿，邑增生，尝独处野舍，见有盗其林木者，乃潜自避匿，人问其故，曰：一木几何？使其人知惊之，必陨跌而伤，吾所不忍。闭户养志四十余年，足迹不涉城市，纲罗散佚，捃摭古今，于宋人注疏，多所发明，所著有《萌蘖集》二十卷，大旨在扶圣教，破俗学。子三：闻过、闻庭、闻迟。"兹据著录。按：今考宏仁父祖与子，皆读经遵礼之士，父承宋，字永传，邑廪膳生，尝诣阙里致祭，宁仪族人推为家长。嘉言懿行，载见《县志》。祖彦信，成化间有事迹，载诸家乘。长子闻过，字知益，性孝友，幼时父教以《孝经》、小学，能晓其大意，动止必以礼法。及长，恪遵父训，兢兢戒谨，不仁不义，不萌于心。春秋恪恭祭仪。一生乐看经史，得古人之格言善行，必语其子孙曰：此圣人之心法也，汝当勉之。万历时，恩赐寿官，年八十八卒，其子贞有、贞右、贞尤，皆不负所学，得以成立。次子闻庭尝承父命，曰：仪封孔氏自宁陵褒圣侯始，宁陵褒圣侯自归德府殷微子始。既知祭褒圣侯，而微子祀典能忘乎？遂于嘉靖二十年陈于巡抚维公及督学葛公，蒙批云：诚孝可嘉！行于归德州，拨复明白。详见微子祭帖。《仪封县志》孔弘仁传称嘉靖间,邑令谷凤喈屡请乡饮不就,卒年八十有五。又此书刘大谟《永传孔君墓志铭》称其居家无事,惟训子弟读书,尝戒之曰:吾辈与他人殊异,当竞业自持,勿少废隳,为祖先累。

■ 莲塘诗文集　未见

(明)孔宏仕撰。宏仕字以相,号莲塘,平阳派,孔子六十一代孙,贡生,历官训导、教谕。

《孔子世家谱》平阳派长支:"宏仕,字以相,号莲塘,贡生,太仓、崇明训导,应天、六合教谕,著有《莲塘诗文集》。子二:闻乐、闻荣。"兹据著录。按:闻荣,字知忠,为明七品义官。

■ 凤冈集十卷　佚

(明)孔闻征撰。闻征字宗周,吴县支,孔子六十二代孙,诸生,尝从王姚江游。

是书,乾隆《苏州府志·艺文志》、民国《吴县志·艺文考》皆著录。《江苏艺文志》(苏州卷)据《太湖备考·书目》著录同,而《吴门补乘》卷九府志艺文刊误,则谓"明武山人孔闻征《太湖备考》作文征。"按:考吴县孔氏原系圣裔,《吴县志》卷六十七列传五载孔友谅传,云:"孔友谅,永乐进士,十六年改庶吉士,出知双流县。宣宗初上言六事:一曰守令亲民之官,古者不拘资格……宣德八年,命吏部择外官有文学者六十八人试之,得友谅及进士胡端祯等七人,悉令辨事六科,居二年,皆授给事中,惟友谅未授官而卒。"据《明清进士题名碑录》,友谅为永乐十六年进士,直隶长洲人。又《孔子世家谱》吴县支五十七代,"友谅"作"谅",惟后裔中未见闻征等人,待考。

■ 塞上稿一卷、园居草三卷、香梦斋稿六卷　佚

(明)孔贞行撰。贞行有《磊块琐言》,子部杂家类已著录。

诸书据光绪《苏州府志·艺文志》著录。《江苏艺文志》(苏州卷)据《吴县志·艺文考》著录,谓《塞上稿》,《太湖备考》作十卷;《园居草》,《太湖备考》作《闲居草》。又云:贞行字道行,别号湖天啸父,明吴县洞庭东山乡武山人,闻征子,万历中入蓟辽幕,与赵定宇、石拱辰善。构屋数楹于射鹗山傍,扁其堂曰"芝秀斋"、"怡颜"、"香梦"。传见《乡志类稿》。

■ 在鲁斋文集五卷　存

(明)孔贞时撰,孔尚豫等编。贞时有合编《六曹章奏》,史部诏令奏议类已著录。

尚豫有《易解》,经部易类已著录。

是书有明崇祯刻本,半叶九行,行二十字,白口单边。前有辛未季秋叶灿序、辛未秋月曹可明序、弟孔贞运序,及目录。内题"明江左太史孔贞时泰华父著;弟太史贞运玉横父阅,弟贞定兴五父较;男尚豫、侄尚萃、尚济全编"。贞运序称"伯兄居身端重,绝不涉浑谐半语,为文实际,不徒侈藻绘盈篇,以故道义相砥,铅椠共事,未有不推毂者。尝读其试策及馆课,如表笺、条对、播告、论议诸体,六经、百氏、历代史记,与夫礼乐、耕战、钟律、星历、官名、地志、姓族、物类之烦,有一不折衷而寻讨者乎?若夫应酬诗歌、文序、书牍,清新警迈,落笔自超,则固胸中之妙充实洋溢,触而即涌,迫而后起,行乎其所不得不行,止乎其所不得不止者也。"按:《中国古籍善本书目》集部明别集类此书有载。王重民《中国善本书提要》著录此书,谓"乾隆《句容县志》卷九:'贞时字中甫,万历癸丑进士,戊午授翰林院检讨起居注,庚申知制诰。会光宗、熹宗相继即位,一时诏令、表册、谥议之文,政府皆以属贞时,积劳成疾,阅二月而卒。有《在鲁斋集》行世。'李孙宸序、叶灿序、曹可明序、孔贞运序"。较予所见本多李孙宸一序。考是书在清代列禁毁,《禁毁总目》、《违碍书目》均载其名。《清代禁毁书目·补遗》称其"内多悖触之语,应请销毁"。《阙里文献考》谓此书"卷佚",《曲阜志》、《山东通志》俱不著卷数,盖其书彼时已难觅寻,故凡所著录,多不得其详。又考贞时一支及生平,若隐若显,《谱》无明载。乾隆《句容县志》卷十艺文志碑文孔希潮《重建宣圣祠记》云:"句容青城孔氏,盖自上世四十八代祖讳端隐者,年甫冠,在宋甲科登第,察推江宁府,德政有方,历十载而终于任,葬于所治。其子讳瑄伯禄甫城居殆四十余年,乃徙邑之福祚乡,地名曰青城居焉。"又吴文梓《重修宣圣祠记》:"余世居池阳,何由知孔氏甚悉?以宣圣六十二代孙讳闻敕者,宣圣奉祀生员也。其先世应我高皇帝纳粟例金民兵,而屯于吾郡之建德。其弟上舍闻敕辈,俱属交厚,每谈及祖氏,辄咨嗟太息,谓余曰:吾祖祠由来远矣。嘉靖间,几于议毁,而赖吾族贞固发愤挽回,藉以复留,今且告圮,虽有修举之志,而未逮焉。旋戊子六十三代孙贞臣、贞时,试补句容庠博士弟子员,目睹其敝,慨然欲为更新计。岁壬辰,遂具呈于邑侯李君,李君大嘉厥志,首可其议,因专责于户长,总成于二生,给以明示,程以终事。一时作兴之意,可谓美矣……越三腊,至乙未而竣事……是役也,闻敕主其议,贞臣、贞时总其成,相与庀材鸠工,不惮一劳而永逸者,则户长弘陶、闻遐之力居多耳……时庠生贞运谒余于公署,丐一言勒石,余故详述其事,以鸣相继之盛云。"又《阙里文献考》贞时传谓:"神宗、光宗相继崩,熹宗即位,一时诏诰、表册、谥议之属,多出其手,详瞻典要,为时所称。与弟贞运同在翰林时,人比之轼、辙郊祁。"贞时诗不多作,亦未结集,清初王尔纲编《名家诗永》,收其《初夏喜雨》、《金台行》、《禁林春望》、《元日同家仲早朝》、《寿王母姚孺人五十》（有引）、《宿濠梁》诸诗。注云"孔贞时,中甫,泰华,江南句容籍建德人"。

是书今有明崇祯四年建德孔尚豫刻本,2000年北京出版社《四库禁毁书丛刊》影印本。

■ 诒书堂类稿无卷数　未见

（明）孔贞时撰。

是书据乾隆《江南通志·艺文志》、《句容县志》卷末《杂志·遗书》著录。乾隆《句容县志》卷九贞时传则称"子尚豫能文章,熟当世之务,著《贻书堂类稿》"。与卷末《遗书》所著书名、作者皆不符,不知何以自相矛盾若此?《明志》、《千顷堂书目》、《中国古籍善本书目》无此书,《江苏艺文志》复据乾隆《句容县志》及嘉庆《江宁府志》作《诒安堂类稿》。其书未详内容如何?《江苏志》列别集,姑从之,以俟后考。

■ 敬事草五卷　存

（明）孔贞运撰。贞运有纂修《明光宗实录》,史部编年类已著录。

是书,《中国历代诗文别集联合书目》据明崇祯间原刊本著录,《国史经籍志》著录同。《中国古籍善本书目》于史部杂史类、集部明别集类两列其书;《山东通志》据《传是楼书目》著录,作《敬事草》三册,又《行余草》十卷;乾隆《江南通志·艺文志》、《句容县志》卷末《杂志·遗书》此书不著卷数。《阙里文献考·孔氏著述》云:"贞运《敬事草》、《行余草》,卷并佚。"按:据黄裳《前尘梦影新录》,此书内有奏议数卷,又讲筵草二卷,于晚明朝政颇有关涉,入禁书目。《阙里文献考》贞运传云:"贞运字开仲,先圣六十三代孙,居句容。十四世祖灵见其父端隐传。灵生撰。撰,元时署明道书院山长,生元祥。元祥生学孝。学孝生世基。世基生二子,思敬、思谦,元季同以义兵保障乡里,为义兵长。思谦生克昌。克昌生希安。希安生伯隆。伯隆生公智。公智生彦庸。彦庸生承林。承林生宏玠。宏玠生闻敕。闻敕为四川邻水县主簿,生二子,长贞时,有传,贞运,其次子也。明神宗万历四十七年以殿试第二人赐进士及第,授翰林院编修。所著有《敬事草》、《行余草》、《皇明诏制全书》、《词林典类》等书。"贞运一支,因元末《族谱》失修,民国《谱》但于衢州派五支五十四代思谦名下注云:"后裔在安徽池州府建德县,明万历己未科榜眼贞运是其嫡派。"贞运父兄虽经孔继汾采入《阙里文献考》,但仍感缺略不详,今考乾隆《句容县志》卷九人物志忠节传:孔贞运,字开仲,万历己未进士,殿试第二人,授编修。天启中,充经筵展书官,纂修两朝《实录》。崇祯元

年,擢国子监祭酒,寻进少詹,仍管监事。驾临雍,贞运进讲《大禹谟》,上为倾听。都人谓孔颖达讲《孝经》,著《释奠颂》,贞观盛事,于今再见。上《监规》诸疏、《国雍厘剔录》。是年,畿辅被兵,条上《御敌城守应援》数策。寻以艰归,服阕,起南京礼部侍郎,迁吏部左侍郎。与贺逢圣、黄士俊并入内阁。时温体仁当国,欲重治复社,值其在告,贞运从宽结之。体仁怒语人曰:句容亦听人提索矣。及张至发去位,贞运代之,乃揭救郑三俊、钱谦益,俱从宽拟。帝亲定考选诸臣,下辅臣再阅,贞运及薛国观有所更。迨命下,阁拟悉不从,而帝以所择十八卷下部议行。适新御史郭景昌等谒贞运于朝房,贞运言所下诸卷,说多难行。景昌与辨,退即上疏劾之。帝虽夺景昌俸,贞运卒引归。居建德山中七年,食不兼味,居无亭树。甲申,闻闯变,痛哭不能止。亲友慰问,惟称述主上圣明,诸臣误国,言与泪俱。后竟绝粒数日,哀诏至县,扶掖起迎,未及成礼卒,年六十九。谥"文忠"。崇祀乡贤祠。子尚蒙字圣初,天启甲子取冠本房,五策忤时被绌,后荫尚宝司丞,未竟厥施,郁郁而卒。其孺慕二人,悲痛国事,文忠之家教也。又,清初王尔纲编《名家诗永》,选录贞运《元旦早朝闻刘见初侍御释归志喜》、《日讲自述》、《輓王二之表弟》、《七夕宫词》、《登浮碧楼》诸诗。注谓"孔贞运,开仲,玉横,江南句容籍建德人"。又考《句容县志》,贞运曾祖承林、祖弘玠、父闻敕,皆以其贵,赠礼部尚书,文渊阁大学士。次子尚萃,任中书科中书舍人。贞运善书,陈介锡《桑梓之遗书画册目录》著有"句容孔相国贞运行书诗扇"(金纸)。贞运,万历四年(1576)生,崇祯十七年(1644)卒,年六十九。

是书今有广东中山图书馆等藏明崇祯十竹斋刻本。

■ 行余草十卷　未见

(明)孔贞运撰。

是书,《山东通志》据《传是楼书目》著录。《国史经籍志》著录同。按:《阙里文献考》、《江南通志·艺文志》、《句容县志》卷末《杂志·遗书》此书俱不著卷数。光绪重刻乾隆《句容县志》卷十《艺文志》载其《过成山江左书院记》文,并《小游仙八首笪江上邀宿乾元观同作》、《寓辞》诗,《寓辞》为贞运绝笔,末有"太史軿轩从此去,为余凭吊首阳归",重刻本按云:"此诗,文忠公于弘光时不食而死,作此绝命,前《志》未载,今采入以见忠贞之不可泯也。"另,《石头上的儒家文献》载有崇祯十一年贞运谒祖庙诗碣,收诗三首并序。

■ 北游咏一卷、西山雅咏一卷 　未见

(明)孔宏颐撰。宏颐原作弘颐,号内茔,又号凌华,承偶第三子,孔子六十一代孙,官高阳县知县。

二编,《山东通志》《阙里文献考》等皆著录。《曲阜志》书名"咏"皆作"吟"。孔尚任《孔子世家谱》:"弘颐号内茔,又号凌华,由恩贡任保定府高阳县知县,文名雅望为一时之冠。著有《北游咏》、《西山雅咏》等集行世。"按:考《滕县志》轶事,云"孔宏颐,不知何许人,修七尺余,衣冠甚古,面骨棱起,翛然如野鹤。来为盖村王少圃客,少圃有别墅,僻在水湄……宏颐善书好吟咏,醉后吮毫,若不经意。过少圃萝石山房,留题云:萝石山房隔城市,山人卜筑偎山址。幽栖岂爱麋鹿群,万卷藏修遗孙子。风迥涧道松冷冷,濯缨亭畔竹琼琤。午凉吹醒芸窗梦,尘心一洗秋空清。宏颐亦识颜闲之。间过闲之家,与沛孝廉阎尔梅遇,宏颐腰一椰瓢,尔梅借之酌酒,满泛数十,掷还其瓢,而别都不交一语"。其所描述,似即此人。又考弘颐,本出身文学世家。祖彦道,字朝克,号晓山,嗜学工诗,善鲁公书法,祖庙神牌皆出其手,尤精字学,时号字圣。父承偶,官至荆藩长史,生平事迹悉见《年谱》。胞兄国子监学录弘颙、岁贡生弘颢,分别为天启《孔氏族谱》督刻、校阅人,撰有《阙里孔氏谱系引》,《孔氏宗传总论》、《伪孔考》等。

■ 金台集无卷数、桧亭集无卷数 　未见

(明)孔承聘撰。承聘有《医论》,子部医家类已著录。

《孔子世家谱》承聘传:"六十代承聘,又名聘贤,字汝弼,号泾阳,明万历乙酉举人,性仁厚,博学多才,精医,工诗文。任户部郎时,出视边储。会瘟疫流行,因边鄙乏技,乃著《医论》,布告通衢,全活甚众。每升堂,则有病者登堂求治。后历任司农贵州副宪、广西布政使参政。后告老以诗文自娱,著有《金台》、《桧亭》等集。"兹据著录。按:二书《新纂云南通志·艺文考》据道光《志》著录,亦无卷数,题明孔聘贤撰,略云:"聘贤字泾阳,通海人,万历壬子举人,官至广西布政司参政。"今考其书,《明志》、《千顷堂书目》、《四库采进书目》等均无载,疑已不传。

■ 少峰诗集无卷数 　未见

(明)孔贞慎撰。贞慎有《诗经便览》,经部诗类已著录。

光绪《高淳县志》卷十八文学传:"孔贞慎,字用礼,嘉靖间诸生,品行高洁,学问渊深,著有《诗经便览》、《三书论目》、《史纲私议》、《春秋阐微》、《古文选》等书,卷帙多逸,惟《诗集》与《史纲》犹存。"据《孔子世家谱》,贞慎号少峰。兹参据著录。按:《江

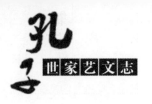

苏艺文志》据乾隆《高淳县志》本传著录,《孔子世家谱》三集平阳派贞慎传但载《诗经便览》、《史纲》,不及此书。

■ 四游集无卷数、玉兰堂集无卷数 未见

(明)孔尚可撰。尚可有《易解》,经部易类已著录。

《孔子世家谱》三集平阳派:"六十四代尚可,字愿之,号成吾,授北京东城兵马司,迁江西建昌府照磨,升上林苑典簿,致仕。以书法文章名于世。有《四游集》、《金兰翰墨》、《易解》、《玉兰堂集》诸书行于世。"又光绪《高淳县志》文学人物传,尚可作"四可",云:"孔四可,字愿之,任兵马司政事外,以书法文章名于世,一时名宿咸推重焉。力学修身,至老不倦,著有《四游集》、《金兰翰墨》、《易解》、《玉兰堂集》诸书行于世。大宗伯朱之蕃为作《孔王孙传》。二女亦能诗。"兹据著录。《江苏艺文志》著录其书称"佚",并云《金陵诗征》卷二十四收有其诗。又考《湖州弄丸集》亦收其作品,及与友人许以忠酬答等作。

■ 楷园文集八卷 存

(明)孔鼎撰。鼎有《周易达传》,经部易类已著录。

是书有清康熙间楷园刻本,半叶九行,行二十字,白口,四周单边。卷端题"江西新城孔鼎著(一名胤雅),宁都魏禧冰叔评选;受业侄之㻛昭文编次"。凡卷一书,附手简;卷二序;卷三传;卷四志铭、行状;卷五记;卷六说、问答;卷七祭文;卷八杂著。前有宁都易堂魏禧、绥安李嗣玄二序,及彭士望《孔正叔传》、目次、例言。之㻛《例言》略谓:"《集》中未便梓行者甚多,吾师忠贞之志发为愤世嫉俗之论,不谐时目,非敢故蔽也;《文集》抄本,原分十卷,今更以行状二篇附志表卷,末为一卷,疏引启四篇入'杂著'卷,内为一卷,共成八卷,余各如旧。"按:《江西通志》著录此书即作十卷,《江西新城县志》、《西江志》作《楷园集》,不著卷数。《新城县志·艺文志》载宁都魏禧序,略云:正叔先生,少负才气,岸巘峭异,有笼罩一时之概。为文韵折多奇气,与人交少当意者,既以建宁李又玄言,手录所撰诗文一册,作书数百言遗余,余受而甲乙归之,先生乃徒步五十里,自山中出相见。又二年,尽出其《楷园集》,授余评次,而命以叙。先生廉直方介,国变,弃诸生,隐居贤溪深山中,前后著书八十余卷,多伤国嫉俗之辞。或好玩山水,自陶写,吾谓先生就使其文不工,亦足以传于世。夫五经之文,五岳也;屈原、庄周、左丘明、司马迁、班固,五丘也。天下之山,必五岳、五丘,非是,不足名山。及读柳子厚《黄溪》、《钻鉧潭西小丘》、《袁家渴》诸记,则又爽然自失,其幽峭奇隽之气,未尝

不与五岳、五丘并名天壤，然则先生之文之传无疑矣。又《新城县志》先正传谓"孔鼎字正叔，宏村人，明季为郡学弟子员，国亡，弃诸生，筑室须眉峰下，隐居力学，研探《易传》，及天官、地理之学。宁都魏禧授徒新城，鼎从山中出，相见时，鼎年六十有七，长禧已倍（禧年仅三十一岁），而心奉为严师。尝谓禧之才可为天下用，愿缓须臾死，以观其成。鼎为人严毅沉默有深识。顺治戊子仲春，南昌总兵金声桓迎益王世子入城，将谋叛，闻鼎名，遣世子傅陈承恩身自造请，不值，留书而去。鼎览书叹曰：误矣。裁书数千言拒之。三月，更以重币来迎，辞益峻，斥其必败，后一一如鼎言。"按：考鼎约明万历十六（1588）年生，清顺治年间卒。

是书今有南京图书馆等藏清康熙间孔氏楷园刻本，2005 年北京出版社《四库禁毁书丛刊补编》影印本。

■ 孔正叔集　未见

（明）孔鼎撰。

是书据《清代禁毁书目·禁书总目》著录。《禁毁书目补遗一》："《孔正叔集》三本。查《孔正叔集》系孔鼎撰。鼎，明末诸生，其文皆入本朝所作，中间空阙处，当系悖犯字句，词气亦多近不平，应请销毁。"按：此书未见传本及志目著录，鼎《楷园文集自序》历述平生所作称"甲申乙酉，值国大故，文献凋谢，乃入山作野人，庭萝覆门，草在窗下，静而对之，千千然也。于是，搜《周易》之遗编，得数十种，删谬订讹，上证宣圣十翼，曰《楷园周易达传》，分十二卷。博采《性理四书大全》及诸先贤名集，以□考亭绝业曰《楷园四书达注》，亦分十二卷。凡天经地纬轩岐河洛禽奇诸家之学，亦杂著三十余卷。录□天下国家硕□教授学者，曰《楷园增删大学衍义补》，漱粹分七卷。考观天人贞一之统，察古今连合之变，王路隆污道术善败之故，《函史》备焉，帖括家苦繁富废读，暇中摘抄示儿曰《函史纂要》，约十四卷。黄庭参同，幼而习焉，老而安焉，著《玄印内编》二卷《外编》二卷。《楷园时艺》，维王定制存一卷，《楷园诗前后集》统十一卷，《楷园文集》十卷。呜呼！身隐矣，焉用文之……"是亦未提及有此书，因疑其为《楷园》之别本，非别有其书也。

■ 楷园诗集十一卷　未见

（明）孔鼎撰。

是书据《江西通志·艺文志》著录。未见传本与史目著录。考孔鼎《楷园文集》载有此《集》自序，略云："当国大故，遭土寇之乱，焚毁殆尽，得存十之二者，盖出岸少筒

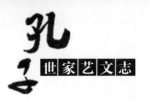

中。乙酉冬,避地廖溪,有《廖溪毖草》;丁亥治小隐,有《小隐山业》;庚寅入嘉禾,有《嘉禾草》;壬辰筑室须眉山麓,有《桂山草》,统削其名,归之《楷园》,毋忘所始。涂子不疑评□人□小令序者是也。间携儿采茶峨眉,有《峨眉峰草》;杉阳诸子问字松山,有《松山草》;芹溪诸子讲《易》,有《芹水斋草》,亦合为《楷园诗后集》。绥安李又玄、宁都易堂魏叔子,又统评而序之。呜呼!士不遭时,如房杜诸人君臣唱和,又不得如孟六诵诗天子前,激昂无讳,穷愁寂寞,麦秀惊心。谁为为之,谁令听之……"另据其《文集自序》及之偉《例言》,此书为鼎晚年所自定,合前后集统为十一卷。其书采录诸名家评语,装潢藏于家,拟另板行世。

别集类

清初至雍正

■ 求野斋诗文集十卷　未见

（清）孔兴纲撰。兴纲有《四书讲义》，经部四书类已著录。

是书据《江南通志·艺文志》著录。《江阴县志》儒林兴纲传此书作《求野斋诗文》，云："孔兴纲，字蓼园，年十四为诸生，言行笃实，读书不事词章，留心经济。已而，耽理学，闻交城宋时苪讲濂洛之学，徒步三千里访之。宋谓之曰：'学者勿取辩于口，务静观其心。逞材技无如养度量，侈嗜欲无若探义理。伯夷之隘，不可以待人，然可以持身；柳下之和，不可以治心，然可以处世。'兴纲书诸座右，终身诵之。陆世仪倡道娄东，复从之游，时年五十三，长陆五岁，执弟子礼惟谨。陆语之曰：'圣学以居敬为体，以躬行实践为用。治国平天下，虽存乎遇合，至修身齐家，则儒者见在经纶也。'兴纲亦终身诵之，身体力行，见诸实事。著有《四书讲义》二卷、《家庙礼则》三卷、《求野斋诗文》十卷。"《江阴艺文志》据以著录。《孔子世家谱》三集平阳派兴纲传谓"六十六代兴纲，字元常，号蓼园，弱冠补邑诸生，好学敦行，立家庙，修宗谱，定祭法，著有《家庙礼则》《四书讲义》《求野斋文集》。卒赠文林郎。子二：毓玑、毓玓"。《江苏艺文志》著录此书，兴纲作明万历三十五年（1607）生，清康熙十四年（1675）卒。兴纲，《清儒学案》陆世仪学案有传，《江上诗钞》收其诗十一首。

■ 友石居诗集无卷数　未见

（清）孔贞文撰。贞文有《大易阐注》，经部易类已著录。

康熙《抚州府志》隐逸传："孔贞文，字用征，宣圣六十三代孙，其先四十七代祖自兖如衢，自衢如临，至贞文复十六世。领天启辛酉乡荐……革命后，家室仳离，改筑灵谷丰溪，布席讲《易》。晨烟午举，陶然自适。至于登高临流，把酒分韵，则又未尝一让少年。所著《大易阐注》，以课诸孙。别有《友石居诗集》杀青未半而卒，生平不作愤惋牢骚语，尤人所难。"兹据著录。按：诚如《府志》所言，临川支由衢州派所衍生，始迁祖

为四十九代琬,支内有贞文字用微者,当即此人也。

■ 道之园集不分卷 未见

(清)孔尚大撰。尚大字德载,号五若,又号茶坞老人,衢州派句容支,孔子六十四代孙。

是书,乾隆《江南通志·艺文志·集部》国朝人著述不著卷数。稿本《续修四库提要》据抄本著录,题明孔尚大撰,云:"尚大字德载,号五若,又号茶坞老人,监军道青城李子县学生,入清隐居。事迹具《县志》隐逸传。《江南通志》,道光《通志》皆列清代,今据《县志》及光绪《通志》著录入明世。尚大博通经史,工诗画,王尔纲录入《名家诗永》,与抄本字句多异。"兹参据著录。

■ 孔心一诗一卷 存

(清)孔衍樾撰。衍樾原名胤樾,字心一,冠县支河南按察佥事分巡大名道尚清次子,孔子六十五代孙,顺治三年进士,历任江南苏松等处监察御史,河南督粮道、直隶大名道,分守罗定广东布政司参议。

是书今有清康熙中福清魏氏枕江堂刻《皇清百名家诗》本,衍樾,不避清讳,仍作"胤樾",谓"孔胤樾,号心一,曲阜人,至圣裔。"其书原帙稀见,《中国丛书综录》著录仅华东师大、天津市图书馆、四川省图书馆三家有藏。书凡九行十八字,白口,左右双边。《孔心一诗》编在第二十七卷,收诗自《望泰山用张云斋原韵》至《丛桂》,计一百余首。此外,胤樾与魏氏交往甚密,魏氏编《百名家诗》,卷四十九至五十四,胤樾列诸参选人之首。其诗卷前《小引》云:"魏子曰:诗道荒芜久矣,起而振之者不过一二人,此一二人者,困于畸立寡援,忌于谤随,而此道益不可问。柏乡魏师相恕焉忧之。与杨犹龙、魏环溪、申凫盟诸君子出全力以挽之,首推心一先生为祭酒。盖先生裔出至圣,掇巍科,建牙魏郡,治登三古,以其绪余,沉酣风雅,使淇濮之墟,灿狀称文明焉。余每过柏乡,取《观始》、《溯洄》二集所载先生诗,反覆吟咏,未尝不叹服其精细绵密,非大力深心者,不能遽诣其堂奥也。壬子春暮,谋绪石仓之选,师相移书先生曰:曩聆谆诲,欲订正千秋,而弟河渔为疾,弗遂初愿,惟赖大君子之振举耳。"另,清初王尔纲编辑《名家诗永》,选有其诗《灯前菊影》、《咏天竺果》、《壬戌春暮虎丘泛舟》凡五首。末有评云:"文异水而湧泉,笔非秋而垂露,才气横绝一时。"按:衍樾一支,康熙《孔子世家谱》列"流寓"。孔尚任《孔氏家谱流寓十支》称"一支在北直真定府衡水县,系三十二代孔颖达子孙。今迁居顺天府。丙戌进士,初任河南祁县知县,行取补刑部江西清吏司,转礼部仪制司,选江南苏松巡按,回部补河南提学道,考满转大名道,现任广东分守罗定道孔衍樾乃其裔孙。樾子兴泗、兴济,顺治四年,具题查明归宗"。乾隆间孔氏修谱为示慎重,将其删去。民国《孔子世家谱》纂修者以为此举有失敦睦,复据增入,编入二集卷二十冠县支,云:六十三代衍樾,字心一,顺治丙戌进士,历任江南苏松等处监察御史,河南督粮道,直隶大名道,分守罗定广东布政司参议。又按:衍樾,民国《谱》、康熙谱《流寓十支》、《山东通志》皆作顺治三年进士,然考《进士题名碑录》实不见收,兹暂从其说,以俟后考。此外,衍樾,民国《谱》虽属冠县支,然自其父尚清已移居临清。

是书今有华东师范大学图书馆等藏清康熙中福清魏氏枕江堂刻《皇清百名家诗》本,2006 年 11 月北京图书馆出版社《华东师范大学图书馆藏稀见丛书汇刊》影印本。

■ 退耕堂文集无卷数　未见

(清)孔衍樾撰。

民国《临清县志·人物·显达传》:"孔衍樾字心一……有《退耕堂文集》行世。"兹据著录。又此书《艺文志》诗词载其《过广济桥》、《登永寿寺塔》诗,名下注云"曲阜人",而《杂俎》则称"清顺治十八年,州人孔衍樾以养生院湫隘,捐金买土山旁地,移养生院于此"。衍樾历经多职,政绩不然,然《曲阜县志》不收其人。又考康熙《孔子世家谱》卷首有"原任广东罗定道孔衍樾捐银十两"之记录。其急公好义,略见一斑。《清人诗文集总目提要·孔心一诗》条提及本书,不云何据?称:胤樾亦作衍樾。字心一,山东临清人。著有《退耕堂文集》,今未见传。其文未见结集,尚登岸《未山堂集》有衍樾康熙十五年所作序。

■ 竹湄居士集无卷数　未见

(清)孔衍洙撰。衍洙有《延平府志》,史部地理类已著录。

是书,嘉庆《桐乡县志·经籍志》据《乌青镇志》著录,题"孔自洙"。自洙,谱名"衍洙"。《乌青镇志》卷二十八人物传略谓:孔自洙字文在,号皜庵,别号竹湄居士,青镇人,顺治己丑进士,初任刑部主政,擢兵部武库司。癸巳,升福建督学。乙未,王师入闽,督抚以君才委理军需,运砲泉州。寻迁荆西兵备。

■ 迤园集无卷数　佚

(清)孔兴伯撰。兴伯一名瑜,字元胄,号东莱,平阳派庠生衍国长子,孔子六十六

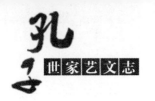

代孙,增生。

是书,《江苏艺文志》据《金陵通传》著录,题孔瑜(字元胄)撰,按云:《金陵诗征》卷三十二收诗一首。然《孔子世家谱》兴伯传,不著此书,略云:兴伯,字元胄,号东莱,增生,治五经,有孝行,载《县志》,入孝子祠。光绪《高淳县志》孔瑜传亦不云有此书,称孔瑜原名兴伯,字元胄,崇正(祯)朝增广生,孝义端方。居父丧守古礼,以母在不敢庐墓,及丧母,居庐三年,哀动行路。甲申后,弃帖括不事,构"迤园书屋",攻诗古文词于其中。生平不喜浮屠,年八十余卒。

■ 聊园诗略十三卷补遗一卷续集一卷文集一卷 　存

(清)孔贞瑄撰。贞瑄有《大成乐律全书》,经部乐类已著录。

是书,中国社会科学院文学研究所藏有清康熙五十年汇刻本,半叶十一行,行二十二字,白口,左右双边。书前有康熙庚戌仲春之吉南宫连佳胤(克昌氏)、康熙甲戌孟秋上浣关中刘志德(常吉氏)、康熙乙卯季春四明同学顾二荣(人正)、康熙丙戌仲秋上浣新城王士禛(贻上)、康熙戊子仲春同学里人陈见智(力庵)诸序及目录。卷端题"阙里孔贞瑄壁六甫著,新城王阮亭、德州田纶霞两先生鉴定,同学陈力庵先生评选,侄尚任东塘订,男尚基西野、尚坚箕山校"。末有聊园孔贞瑄自识与自跋。收诗,计卷一古杂体十六首,卷二五言古三十七首,卷三七言古十四首,卷四七言律三十七首,卷五五言律三十四首,卷六七言绝句六十八首,卷七五言绝句、五言排律十八首,卷八五言古三十五首,卷九七言古十三首(《缩地歌百八十首专行》有目无诗),卷十七言律一百六十首,卷十一五言律一百一十五首,卷十二七言绝句六十二首,卷十三五言绝句、五言排律十四首。又补遗十二首。《续集》,前有康熙辛卯秋日济南受业门人高瑾序,收诗凡一百八十八首,中有《读史臆断》十六首,《读书析疑》十四首。正、续集都八百二十三首。《文集》,前有康熙己丑菊月下浣侄尚任序,内收文计四十余篇,其中,如《聊亭小记》、《文略序》、《东塘急事约跋》、《豫楚黔滇行程纪引言》、《豫程总论》、《楚程总论》、《黔程总论》、《滇程总论》、《自述》、《(颜光敏)大学还原约注引言》、《操缦新说》、《一线天演文序》、《泰山纪胜自序》、《大成乐律全书序》、《聊叟小传》等,俱有关地方艺文及本人生平。兹据本书著录。而考诸书目,凡《清人别集总目》著录此帙称康熙四十八年刻本,题"聊园诗略前后集十三卷续集一卷补遗一卷文集一卷"。《四库全书总目·别集类存目》、《四库采进书目》、《山东通志》此书作《聊园全集》十五卷(四本);《曲阜志》、《阙里文献考》、《著述记》、《阙里孔氏诗钞》称《文集》一卷、《聊园诗略》十三卷、《诗续集》一卷。另据孔尚任《聊园文集序》,贞瑄诗、文原分别为集,后乃汇刻成编。序文曰："予叔父璧六公，宦辙窅远，凡所游历名山巨川，奥境胜迹，与所交畸人杰士，偶会于心，莫不有抒写赠答之言；及放废归来，已百不存一二。尘积箧衍中，懒于检阅。予每过请益，间举数语，问其全篇，多不记忆。噫！士生而老牖下，耳目无所闻见，心思无所触发，遂至于泯漠无传，固可慨已！幸得为东西南北之人，如太史公足迹半天下，兼有其手笔，而穷愁佗傺又足以助之，亦可谓天纵其才，使驰骋于八代之后也。乃更跋艰涉险，出风入波，凡发乎绵绣者，无不委诸泥淖，抑又人足悲已！虽然，我孔氏以文学著鲁者，在秦汉之世，有文通君子鱼、褒成侯子国，著经传，作《丛子》，述《家语》，阙里之学，赖以复振。自后数百年，未闻继起者。唐之颖达，著名于冀北；宋之三仲，与二苏齐名，则江右产也。南渡后，有若古公著《六帖》及《杉溪集》，乃衢州寓贤。而吾鲁寂无著作，盖千余岁矣。我公崛起近代，倡为风诗及古文辞，倘珍惜其墨，单言片语，亦足以鼓舞四方，增泗水之清，而壮尼山之秀矣；况乎洋洋洒洒，积成卷轴，与韩、柳、欧、苏骈肩并趾！今虽残缺漶漫，半饱蠹鼠之肠，存此一二，尚能与大家颉颃，岂可听其漫灭而不惜耶？公方屏迹聊园，抚松叠石，莳花剧药，所谓高人有不急之务者，殆日无暇晷。予屡请缮誊，始倾诸箧中，零星断纸，皆为清理，且录且读，且以意评之曰：'诗不拘格，兴到格成；文不限体，情生体具。得韩之奥而不强，得柳之奇而不僻，得欧之畅而不肤，得苏之趣而不巧。'公每谓：'吾老矣！屏迹聊园，凡事聊且为之，不足传也。'予曰：'作人作事，用意者多伪，《左传》、《世说》，皆传其聊者也。'故序。"《四库总目》曰："贞瑄少游江淮，既而官泰安、济南，继乃远宰大姚。所历山水颇多，炎荒万里，猺俗苗境，多所记载。故轶闻逸事多散见于此《集》中。其文则奇逸之气往往不可控羁，而颓唐潦倒之处亦不一而足云。"考贞瑄，生于明崇祯七年（1634），卒于清康熙五十五年（1716），年八十三。《聊园诗略续集》有"癸巳立春日"《八十自寿》诗。康熙四十五年、四十六年，孔尚任分别有《春暮过聊园留赠主翁，是日戏为斗花局》、《西园叔西郭新楼避暑，同陈力庵、璧六叔分赋》等诗；康熙四十七年《聊园诗略》付梓，五十年诗、文汇刻；八十有二时为颜伯珣《祗芳园集》作序。又，《重修泰安县志》、《泰安府志》分别载有其《徂徕怀古》、《重修文庙碑记》，《建岳顶圣庙记》、《游新甫山记》等诗文；《续修莱芜县志》卷三十五《艺文志·碑记》有孔贞瑄撰《新甫记》。有些篇目似不见于本《集》。又乾隆《历城县志》卷十二载，济南府学教授宅廨，为贞瑄康熙二十一年重建，有记。

　　是书今有清康熙五十年汇刻本，1997 年齐鲁书社《四库全书存目丛书》影印本，2010 年上海古籍出版社《清代诗文集汇编》影印本等。

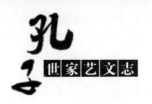

■ 聊园诗略前后集十三卷 _存

（清）孔贞瑄撰。

是书，《中国古籍善本书目》等著录。《贩书偶记续编》："《聊园诗略》十三卷，清阙里孔贞瑄撰，孔尚任订，康熙戊子刊。"《北京图书馆古籍善本书目》此书一册，半叶十一行，行二十二字，白口，左右双边。北京大学图书馆藏清康熙四十七年序刊本，一函四册，行款同。前有连佳胤、宋敬止、顾二荣、王士禛、陈见智诸序（其中第二序残）及目录。卷端题署同汇刻本。收诗约止于康熙三十六年，每集分体编次，王士禛称其诗"多高古雅健"。并序其书云："既而远任边邑，万里炎荒，异水奇山，新其耳目；犷风猺俗，恢其才思，所为诗益富且工。"又云："璧六之所重于时者，不仅在诗，而诗则已重矣。"又陈见智康熙戊子仲春序："聊园及谢事归来，余亦罢病家居，与二三老友刻画花鸟，游宴园林，搜罗简牍，遂已成帙，爰授之梓。聊园曰：吾将以为瓦盆梧槚，藏诸废簏，传之后昆，作田家法物，非敢以鸣于世也。余亦不揣固陋，而漫为之言。"其诗，《晚晴簃诗汇》、《国朝山左诗钞》、《山左诗补钞》、《阙里孔氏诗钞》、《续修县志》等皆有选收。另卷十《题家纶锡诗卷后》有句："东家旧有真根业，非为穷愁始著书。"以之形容孔氏，洵非虚语。

是书今有清康熙四十七年序刊本。

■ 聊园文集无卷数诗集十卷 _存

（清）孔贞瑄撰。

是书，《贩书偶记续编》著有清康熙己丑刊本。按："康熙己丑"为四十八年，考《清人别集总目》著录康熙四十八年刻本，题"聊园诗略前后集十三卷续集一卷补遗一卷文集一卷"，与前著《四库全书存目丛书》影印五十年汇刻本似为一本。其内有贞瑄《聊园文集自序》，颇涉生平行事，略云："志高而识短，持约而视大，非立身成名之道，终不免为妄人而已矣。闻征君陈螯庵先生讲古学，往从之游，预闻性理经术之要，随厌薄举子业不为，而尽心于古。七年，凡《诗》、《书》、《易》、《礼》、《春秋四传》、百家子史，以及《皇极经世》、《九种秘书》之类，靡不猎其精而茹其华。尝问于征君：礼、乐、书、数，皆成人所有事，古人以为小学，何也？曰：童而习之，皓首不能尽也。为讲礼乐源流，以及九章算法、六书精蕴，下至韵学之渊微、卜筮之绪余，悉博究而淹贯之，绝意仕进，殆将终身焉……年廿七，始应庚子科乡试，获俌辛丑中副车。妄意取青紫如寄矣。会策论经艺制屡更，六上春官，俋得俋失者三，终不获一第。壬子，就禄太安，与高僧石堂禅师，江西黄冠隐、吴舫翁多唱和。禅师为《三教图歌》，一时赏其奇，谓与《三笑图》并传。居岱七年，著《泰山纪胜》，更定泰山八景为十八景，系以诗，州人士增入《岱史》。己未，迁济庠，承宫定山先生命修雅乐，著《大成乐律全书》，瑟调久失传而复得之刊行，远近购求，剞劂家获厚利，宋牧仲、高念东、王阮亭、田子纶诸名公，率鉴赏而亟称之。唐豹岩太史编入《省志》，旁及平原、商河、德平、临清文庙乐，皆身亲修之，一时聘教习者，不之阙里，而之济南，盖会城之乐，通省所数觐故也。庚午，升大姚令，奉宪檄入文武闱，即留修乐，四阅月告成，丁雁水先生修《云南通志》汇入礼、乐《艺文志》焉。任姚三载……平生无所自许，惟《操缦新说》多出独见，为前人所未发，著为《瑟谱》，大司马范公令琴隐万君尔梅同介弟淳庵推广其法，谱成大雅、汉宫、平沙、客窗四大曲为《琴瑟合璧》行世，弁言颇归功焉。亦谓其庶几于古有合焉云尔。行年七十矣，无一善堪自信，小道可观，姑以此解嘲其可乎！"又，中国科学院图书馆藏有聊园文集一卷，馆目但称清康熙刻本，一册一函。未知是否为单刻本？

是书今有清康熙四十八年刻本。

■ 西园诗一卷　未见

(清)孔贞灿撰。贞灿有《家政》，子部杂家类已著录。

是书，《山东通志》、《曲阜志》、《阙里文献考》等著录。《著述记》、《阙里孔氏诗钞》作《西园诗集》。《孔氏诗钞》录其《杨柳花》、《暮春集水南庄》诗各一首。《国朝山左诗钞》也收《杨柳花》诗，小传云："贞灿号西园，至圣先师六十三代孙，明给谏闻诗子，又号西园季子，官四氏学录，有《西园诗》。"《山东志》谓"颜介子懋价曰：给谏十一子西园先生独有高致，以千金致名工，穿池筑山，极临眺之胜。宋牧仲方伯尝先过之，与定交焉。"按：贞灿生卒未详。《孔尚任年谱》：康熙四十四年春，曲阜世尹孔兴认招同孔尚任、陈见智看牡丹，孔尚任有《家缄三世令招陈力庵、西园叔看堂前牡丹》诗记其事。又康熙五十一年重修试院碑，捐银名单有其名，知亦清初人也。

■ 意园诗集无卷数　未见

(清)孔兴暹撰。兴暹字晋永，店北户汝南支诰赠中宪大夫衍俊长子，孔子六十六代孙，康熙九年进士，初授广西宣化县知县，历官户部主事、刑部郎中。

《孔子世家谱》初集店北户汝南支："六十六代兴暹，官名暹，字晋永，顺治庚子举人，康熙庚戌进士，初授广西宣化县知县，行取赴部补户部主事，进员外，升刑部郎中，请告归里。性甘淡泊，日惟怡情诗酒，所著有《意园诗集》。邑《志》有传。卒年七十九。"兹据著录。按：暹凡兄弟三人。大弟兴迈，《谱》曰：字陶种，顺治辛卯举人，乙未

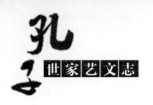

进士,授望都知县,未几,行取入京礼部主事,复升员外。是年春,顺治驾崩,凡山陵大礼与诸郎官议,大宗伯沙公多从迈议焉。事竣,擢郎中,出守金华府……年方四十余,绝意仕进,人服其高尚,每行市中,无车马仆从,见者不知为二千石也。邑甲科最盛,明三百年无兄弟捷南宫者,迈同胞兄遄,庚戌进士,人以为其父孝友之报云。又考兴暹高祖闻德,官名惟德,字恒甫,号一斋,嘉靖三十二年进士,授南京刑部主事。曾祖贞栋,官名明栋,字吉所,贡监生,授承务郎,南京光禄寺珍馐署丞。祖尚心,官名心,字懔堂,明万历己酉科举人。是店北河南汝南一支,明末清初可谓彬彬称盛矣。

■ 石仓诗选一卷　　未见

(清)孔兴钎撰。兴钎有《西台奏议》,史部诏令奏议类已著录。

是书,《曲阜志》、《续修县志》、《著述记》等皆著录。《曲阜志》卷八十四兴钎传略云:"孔兴钎字绍先,康熙庚戌进士,选庶吉士。散馆,授江西道监察御史,调江南道监察御史,复调福建道,掌山西道事。出为陕西潼商道,摄布政使。司篆爬梳宿弊,严明有方,豪猾皆望风敛迹。雅持清操,不省私牍,卒于官。箧中惟图书数卷。僚吏醵金治其丧,哭送者数百里。刻有《塾训》、《石仓诗选》、《西台奏议》。"按:此书未见传本,疑即《皇清百名家诗》。另外,康熙二十四年《潼关卫志》卷下《艺文志》有其《题石隐先生居文》、《重修潼关学宫引言》、《重修潼河石桥序》等文。其中,《重修潼关学宫引言》乃有感而作,颇见世之风气与作者旨趣,文云:"每尝慨学术之不明于天下久矣,以为读书汲古,苟博一第,上之扬名显亲,酬其夙志,次之求田问舍,遗厥后昆,如斯而已。故童而习之,皓首而穷之,钻研场屋之文,考订训诂之句,有终身不知所学为何事者。及其幸会风云,骧首天路,则簪组情深,诗书味薄,其于正心诚意之理,致君泽民之方,直开髦视之。乌乎! 此学宫之所以不厉,士习之所以日汙也。潼关为三秦保障,卫之有学,自明之督指挥使姚侯之鸾创始……庚申闰八月,予自西台持节,奉命句宣,分驻兹土,视事之始,即恭谒文庙,瞻拜之下,蒿目苍凉……"

■ 孔绍先诗一卷　　存

(清)孔兴钎撰。

是编载见康熙中福清魏氏枕江堂刻《皇清百名家诗》卷五十二,书凡九行十八字,白口,左右双边。内谓"孔兴钎,字绍先,曲阜至圣裔"。收诗自《王子乔》(拟古)至《金滩遣兴》,计有三十余首。前有《小引》云:"魏子曰:……及过曲阜登孔子之堂,观车服祭器,古质严重,则又徘徊久之,流连不忍去。圣人之泽,历百代而日新。其灵秀之气,蔚为令嗣,岂顾问哉！英贤接踵,在当时已然。至汉有北海,宋有道辅,尤以光伟大节,为古今艳诵。本朝……心一孔公,复能抗疏伏谏,直声动海内,今逾三十年,绍先先生衰然高举矣。掇巍科、登翰苑、高文典册,方以笔楮相世,圣天子以为孔氏之门,每多忠贞之佐,兰台书帙,不足烦之,宜处于梧垣柏署之间,用观其折栏伏蒲之气。从此,而上光祖烈,下泽苍生,乃指顾间,事天下将益景朝阳之凤矣。岁壬子,先生过五鹿省候观察,余方寓大雄书院论次风雅,而门外青苔踏破,尺许高轩,隐隐从竹影中出,名则霄升,心则谷下,玉山映座,令人气静。继授余古今各体,高揖三唐,而俯视七子,一快读之……余思"三百篇"自属君家删定,岂当年过庭之时,果有异闻耶？余将又怀陈亢之疑矣。按:《清人别集总目》、《清人诗文集总目提要》亦据此本著录。

是书今有华东师范大学图书馆等藏清康熙中福清魏氏枕江堂刻《皇清百名家诗》本,2006 年 11 月北京图书馆出版社《华东师范大学图书馆藏稀见丛书汇刊》影印本。

■ 草堂诗稿一卷 未见

(清)孔兴釪撰。

是书据《阙里孔氏诗钞》兴釪小传著录。未见传本。《孔氏诗钞》录其《龙潭》、《寄家心一观察》、《谒比干墓祠》诗三首。按:《山左诗续钞》亦录《谒比干墓祠》,另有《秋感》一首,云:"一夜西风满郡城,呼童出户问秋声。读书曾叹冯唐老,匣剑帷灯空复情。"未云有集。

■ 晓窗文集 未见

(清)孔毓琼撰。毓琼字英尚,一字钟英,号晓窗,新城支,孔子六十七代孙,师事魏礼。

是书,《贩书偶记续编》著有清康熙三十六年刊本,《西江志》亦著此书。《清人诗文集总目提要》著录《孔英尚文集》(一名晓窗文集)五卷,称其"山东曲阜人,官左都御史,雍正十三年革"。误。

■ 孔钟英集十卷 未见

(清)孔毓琼撰。

是书,《清代禁书知见录》著录,谓无刻书年月,约康熙间刊,陈《目》载作《孔伯子集》。《四库采进书目》著录江西巡抚采进本,书凡四本,卷数同。《四库存目提要》著云:"毓琼字钟英,江西新城人,尝学于魏礼。礼为是集序,称其学古于世所不学之日,

其文颇有健气,而意言并尽,殆由蕴酿未深欤?"

■ 孔伯子文集无卷数 _{未见}

(清)孔毓琼撰。

是书,《清代禁毁书目》、《新城县志·艺文志》均著录,《禁毁书目补遗》谓"内有黄端伯传文违碍;又《与仲弟书》有最爱吕晚村评文等语",似即前书。宁都魏礼序之,略云:孔生毓琼,与其仲学古于世所不学之日,为志甚锐,为业甚勤,其思取裁于海内君子者甚笃,今将涉江淮,北至于燕,稍稍剞劂所作文,以为出疆之末粗。于戏!其志盖可尚也矣。夫文之有资于游者非一也……生之文取于酌古今事理,归诸有用,而俊爽磅礴,得于其师汶林子气议为多,然而较然之志,足见于行墨。夫君子之所以贵论古者,盖藉古事以审量得失,使吾当是事焉。免于颇戾云尔。

■ 酬知录无卷数、晓窗诗集无卷数 _{未见}

(清)孔毓琼撰。

二书据《新城县志·艺文志》著录。未见传本。

■ 孔惟叙文集六卷 _{未见}

(清)孔毓功撰。毓功字惟叙,新城支,孔子六十七代孙,师事魏礼。

是书,《清代禁书知见录》著有清康熙壬申(三十一年)刊本,称"内有逆犯吕留良之言,不应存,应请抽毁"。《四库采进书目》著录江西巡抚采进本作《孔惟叙集》,《江西通志》、《西江志》同《采进书目》。《四库存目提要》著云"是集皆所作杂文,以年为次,不分体类,目录前有自记,歉歉然自以为未信,欲待他年之删改,亦可谓笃志斯事者,虽骨格未坚,其规橅固有自矣。"

■ 是堂诗集无卷数 _{未见}

(清)孔毓功撰。

是书,《清代禁毁书目》及《江西通志》等著录。《禁毁书目补遗》著录此《集》,称"内有'天地茫茫剩一吾',又'今朝典则古冠裳'等句谬妄"。

■ 石门山集一卷 _存

(清)孔尚任撰。尚任有《易经系辞讲义》,经部易类已著录。

是书,曲阜师范大学图书馆与黄立振先生皆藏有旧刻本(二本缺文同),北京大学图书馆藏本书后有补文,俱一册,而黄先生所藏较曲师图书馆本完好。书凡每半叶九行,行二十二字,无序跋。卷端题"零门孔尚任季重氏著;瑕丘郭垣京映紫氏阅、弟尚倬季云氏阅"。内收《游石门山记》、《募修玉泉寺疏》、《告山灵文》、《买山券》、《樵约》五篇,诸文盖作者在康熙十七年秋游石门山,决计诛茅结庐,读书其中时所作。其中,《募修玉泉寺疏》、《告山灵文》二篇已残缺。按:此书,陈万鼎《孔尚任著述记》据抄本著录作《石门集》,而《石门集》实另有其书,详后著录。本集所收各篇分别收入汪蔚林《孔尚任诗文集》与宫衍兴《孔尚任遗文遗墨》。

是书今有曲阜师范大学黄立振等藏清刻本;北京大学图书馆藏清刻本(书后抄有《桂公墓表》一文),2010 年 12 月上海古籍出版社《清代诗文集汇编》影印北大藏本等。

■ 湖海集十三卷 存

(清)孔尚任撰。

是书,《山东通志》、《曲阜志》、《阙里文献考》、《著述记》、《四库全书总目》、《中国古籍善本书目》等俱著录。《清志》此书作十二卷。《贩书偶记续编》著录康熙间介安堂刊本,云"卷一至七诗,卷八至十文,卷十一至十三札。此书分年之作"。马国翰《玉函山房藏书簿录》亦据介安堂本著录,称"自康熙丙寅至己巳,此其第五刻稿也。诗有遗世独立之概,考辨详博,书札韵致"。按:此书各馆尚多收藏,书凡半叶九行,行十九字,白口,左右双边。前有康熙丁卯邓汉仪序、康熙二十七年宗元鼎序、康熙戊辰黄云序,及《目次》。卷一至卷六题:"阙里孔尚任季重著;吴门邓汉仪孝威、海陵黄云仙裳、广陵宗元鼎定九同阅",间有评点。以后各卷,评阅人每多不同,卷八末署"族孙毓琚(季玉)、门人杨兆林(虑山)同较"。版心均镌"介安堂第五刻"。《四库总目》谓"尚任官国子监博士时,随侍郎孙在丰在淮扬疏浚海口,因辑其入淮以后诗文,自编此《集》,故以'湖海'为名。又杨际昌《国朝诗话》:"东塘以国子先生宣力淮扬,颇著贤声,诗甚富。《湖海集》七卷,则邓孝威(汉仪)、宗定九、黄仙裳、吴园次诸公评阅也。才思潦发,挥洒自如,绝无锲舟刻楮之迹。"陈融《颙园诗话》云:"《集》以'湖海'名,以扬州为五湖之区,东海之表也。诗为邓孝威、宗定九、黄仙裳所同定,辄多评语。或曰似杜少陵,似李太白,似王摩诘;或曰似刘随州;或曰似陆剑南。大抵登临宴集典重之作,多绝好唐音;闲题漫兴游戏之作,则时有入宋;而去国怀乡、忧时闵俗,与夫故友之深情,亡国之隐痛溢言表。"《阙里孔氏诗钞》称其"奉使淮扬,亟访先世文举公墓,立书院梅花岭上,修宋海陵六君子祠,皆能表阐潜德。一时如冒辟疆、吴园次、邓孝威、黄仙裳、宗定九诸名流,争相推挹,长歌短篇,略赠互答。诗歌,哀感顽艳,美不胜收。沈归愚宗伯称其风流自赏,载入《别裁集》中,其旨趣可以略见。"《集》内诗文,后被收入汪蔚林《孔尚任诗文集》。

是书今有国家图书馆等藏清康熙孔氏介安堂刻十三卷本,1997年齐鲁书社《四库全书存目丛书》影印本,2010年12月上海古籍出版社《清代诗文集汇编》影印本;山东大学图书馆藏介安堂第五刻红格抄本;1957年上海古典文学出版社铅印本。另有清康熙介安堂初印七卷本等。

■ 岸堂稿一卷 存

(清)孔尚任撰。

是书,《中国丛书综录》、《中国古籍善本书目》著有上海图书馆与中国科学院图书馆藏清康熙三十一年刻《萑下和鸣集》本(中科院藏本有邓之诚跋,缺二卷)。书凡半叶十行,行十九字,黑口,四周单边,单鱼尾。内题"阙里孔尚任东塘"。按:孔尚任康熙甲戌有《燕台杂兴三十首》,其第十首云:"衙散朝回亦不忙,敲门诗客趁晴光。海波巷里红尘少,一架藤萝是岸堂。"自注云:"予出使海口,著《湖海集》,每有飘泊之感。还京后,又寓海波巷,心窃厌之。阮亭(王士禛)先生为题'岸堂'。住此八年,藤萝成架,一时风雅多登堂者。"又《燕台杂兴四十首》第三十九自注云:"予《湖海集》后,新诗无多,名曰《岸堂稿》。近有刻《萑下和鸣集》者,谬被采入,实增汗颜。"刘廷玑《长留集序》曰:"海内之重东塘者,不仅诗也。即以诗言,而《湖海》、《岸堂》、《石门》诸集,盈尺等身,亦洋洋乎当代之大家矣。"邓之诚《清诗纪事初编》云:"孔尚任撰《湖海集》,凡诗七卷、文六卷,自丙寅迄己巳,盖奉使扬州时所作。己巳以后诗,见蒋景祈《萑下和鸣集》,曰《岸堂稿》,凡古今体诗六十五首。"《稿》内作品悉被收入汪蔚林《孔尚任诗文集》。

是书今有清康熙三十一年刻《萑下和鸣集》本。

■ 长留集九卷 存

(清)孔尚任撰,刘廷玑选。

《中国古籍善本书目》集部总集类:"长留集二十卷,清孔尚任、刘廷玑撰,清康熙五十四年岱宝楼刻本(长留集九卷,清孔尚任撰;长留集十一卷,清刘廷玑撰)。"《清华大学图书馆藏善本书目》集部总集类:"长留集孔刘合刻二十卷,(清)刘廷玑、孔尚任辑,清康熙五十四年岱宝楼刻本,六册一函,九行十九字,细黑口,左右双边,双鱼尾。

钤'元正'、'一峰'、'翰林供奉'、'三为祭酒'诸印"。内题"长留集(孔刘合刻);曲阜孔尚任东塘著,辽海刘廷玑在园选。"扉页署"曲阜孔东塘、辽海刘在园两先生合刻,岱宝楼梓行"。兹据著录。按:考本集评选人刘廷玑,字玉衡,号在园,汉军镶红旗人。书前有吴之振、孔尚任、刘廷玑等序。吴序略云:"闻孔、刘两公,素未谋面,仅以诗调略同,订交水乳。甲午冬,始晤于淮上署斋,促膝三阅月,商榷风雅,欲尽搜近贤传稿,选为《长留集》,用存真诗,而先以所自著者,易手选定,以观旨趣之同异。"另考《中国书店所收善本书目补编》著录此刻鸣野山房藏本,竹纸十册,作十八卷;《北京图书馆善本书目》著录国图藏十一卷本仅有刘在园(廷玑)各体诗,题"刘廷玑撰,孔尚任辑";《中国丛书综录续编》著录清刊本子目《东塘集》、《在园集》各为六卷,二作者分别误为孔尚仁、刘廷机;北京大学图书馆藏一本,只存孔、刘二人七言绝、律诗。另外,邓之诚《清诗纪事初编》谓"昔从估人见《长留集》三卷",未知是否也为岱宝楼刻?盖孔、刘二《集》,有合刊,有分刻,而且非止一刻。《集》内所收孔尚任诸体诗,乃康熙丙寅出使淮扬以后所作,其中,有见于《湖海集》、《岸堂稿》者。今俱收入汪蔚林《孔尚任诗文集》。

是书今有清康熙五十四年岱宝楼刻本。

■ 孔尚任诗最一卷 存

(清)孔尚任撰,倪匡世选。

是书,《清人别集总目》著有国家图书馆藏抄本,另著安徽省图书馆藏本题《振经堂汇编诗最》一卷。按:此由《诗最》别出者,予尝见曲阜师范大学图书馆藏振雅堂抄本一册,内收孔尚任诗三十余首,于刻本《诗最》所收之外,又录《湖海集》诗多首,其中,《留别邗上诸同社》,似为诸集所未载。此本内题:"振雅堂汇编诗最卷之四;云间倪匡世永清选定,崑山徐乾学健庵、华亭王鸿绪俨齐、新安吴慈萨莲士、江都郑熙绩懋嘉全参"。前有孔尚任小传,末有倪匡世评语。语云:"倪永清曰:东塘先生,熙朝硕望,道重龟蒙。至读其诗,秀亮清韵,缠绵郁结;行间深奥,如窥数仞宫墙;字外流通,恍睹千秋道脉。以或泣或歌之状,写可久可速之心,篇篇生吐握之风,笔笔泻凄凉之调。我恐大历诸公,未能攀其肩背也。"书中所选,后被收入汪蔚林《孔尚任诗文集》。又见《东北地区古籍线装书联合目录》著有吉林大学图书馆藏新中国成立后扬州书店抄倪匡世选《孔尚任佚诗》不分卷,东北师范大学图书馆藏新中国成立后抄《孔尚任诗录》不分卷,疑皆《诗最》抄传之本。

是书今有国家图书馆藏抄本;安徽省图书馆藏抄本;曲阜师范大学图书馆藏抄本;

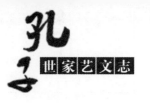

山东省图书馆藏抄本,2011 年 9 月山东大学出版社《山东文献集成》第四辑影印本;清康熙二十七年怀远堂刻《振雅堂汇编诗最》本等。

■ 续古宫词一卷　存

（清）孔尚任撰。

是书,《中国古籍善本书目》集部清别集类著有南开大学图书馆藏清康熙孔氏介安堂刻本。书为徐乃昌旧藏,凡一册,钤有"南陵徐乃昌校勘经籍记"、"积学斋徐乃昌藏书"朱文长方印,八行二十字,白口,四周单边。版心镌"介安堂"三字。卷端题"雩门孔尚任季重氏著;弟尚铣季昭氏、尚基建之氏阅"。前有琅邪李澄中康熙二十四年冬杪序,云:"唐世诗人,类好为宫词,其工者莫如王昌龄,而多者莫如王建夫,岂溺情闺媛,务体淫佚哀怨之意,发为悽艳之什哉? 古之人不得志于君臣,往往托义于夫妇,《离骚》之《思美人》,《三百篇》之《风雨》、《狡童》,夫亦曰:言者无罪,闻之者足以戒,兴观群怨,于是乎取云尔。孔先生东塘少负才,不得志,儗古宫词百首,大抵激抗牢愁之感,寒士失职、羁旅无聊之悲而托之乎。斯盖其未遇,奔走山昔华道上时也……今东塘不过怅西宫之秋月,叹长信之寒雅,如昌龄比物连类之所为其于掖庭之事,概乎未之及焉。不待御衣龙马之篇,而世已晓然于其旨矣。独是,东塘以才藻受知圣主,立拜国子博士,薄命之叹,吾知免夫。虽然,其尚虑入宫见妒也哉。"按:此书《山东文献书目》列词别集;汪蔚林《孔尚任诗文集·孔尚任著作目录》著录此书云"未见";陈万鼐《孔尚任著述记》题《宫词百首》,称"佚";袁世硕《孔尚任年谱》谓"疑未曾刊行",并于《后记》中说:"《续古宫词》十二首,可能就是《宫词》百首的一部分,也可能是百首以外的续作。他未出山前的《给颜修来书》有'绝句百首,丐序久矣,何吝之甚也'语。丁卯(1687)《与吴蔥次先生书》有'大序已弁拙词'语。吴绮的《孔东塘宫词序》也说:'偶成宫体,遂得百篇。'这些均可证明《宫词》百首,是他早期的作品,但不知是否还有全帙存在。"又引吴绮《林蕙堂文集》卷三《孔东塘宫词序》云:"东塘先生,尼山宝崿,泗水璇流。本圣绪以为贤,用今人而学古。道综六经,偏传诗教之精微;义总百家,更得乐章之善美。偶成宫体,遂得百篇。久擅词坛,咸夸七子。"又邓之诚《清诗纪事初编》尚任小传云:"昔从估人见《长留集》三卷、《拟古宫词》一卷,惜未得之。"其所谓《拟古宫词》,应即此书之误题。诸家记载,如此扑朔迷离,俱因未睹其本,凭意揣测。予今既览其文,不妨详为迻录,以共赏析。一、深宫歌舞四时新,花落花开不记频。彩燕粧成飞上鬓,看人前殿贴宜春。二、翠面花翘落一枝,多因沟上看鱼时,若还逐水流墙外,此段春心寄与谁? 三、学钓金鱼邀众妃,池塘水煖柳条肥。春明翠辇时临幸,欲上莲舟恐湿衣。四、日冷宫深雪半残，重重罗袖不禁寒。明朝除岁传分炭，结个香囊赠使官。五、紫降浓焚烛乱烧，蛛悬灯爆应今宵。拂床就侍君王寝，明日千秋欲早朝。六、绒绳画板衬柔身，飞出深宫几院春。才觉红潮生雨颊，楼头指笑掷龙巾。七、太平天子重恩威，供俸声歌不暂违。演出新宫先自献，锦裙特赐衬罗衣。八、轮分奉帚直东楼，力士平明催未休。忙里梳粧浑是错，镜台跌碎玉搔头。九、春寒扶醉舞衣轻，踏遍甀瑜漏几更。临去阶中烛影乱，迷离院落不分明。十、案前镇日爇金炉，检校文书收画图。官里昨嫌罗带素，偷闲觅个绣工夫。十一、贪捣红香误夜眠，春葱暗蘸几痕鲜。吹箫引得天颜顾，不枉花名唤凤仙。十二、桐阴低设碧厨凉，煮熟龙团玉盌香。几度梦回不敢献，私教鹦鹉让君王。十三、斗罢龙舟斗草行，葵花蒲叶总相平。别人忘却钗头艾，笑掩罗巾赢不赢。十四、官家醉后不征歌，院院烧灯闹火蛾。开遍银花相并比，今年福分让谁多。十五、万寿新诗称旨嘉，才人姓字御封斜。宣来殿里争披锦，又似当年系臂纱。十六、学画双娥尚未匀，小家妆束自生春。无端献入深宫里，有福君王消受人。十七、殿前殿后捉迷藏，揉散香云笑欲狂。忽听上方天语近，背人溜去整新妆。十八、生小无家那解悲，伴人不睡夜弹棋。谁教一片秋空月，引起芳心无尽思。十九、绛烛笼纱午夜长，一生只得一承光。眼羞不记君王面，粉颈仍留御袖香。二十、又入西宫又闭门，满堭青草没鞋根。新新旧旧寻常事，掩泪人前说主恩。二十一、深锁长门待月华，水晶帘卷透窗纱。朱楼十二列灯火，细听笙歌入那家。二十二、或传来幸信还疑，薰彻都梁待玉堭。遥见灯光转复道，别宫语笑已多时。二十三、君王有道爱无偏，真色须凭画士传。镜里容光那可恃，多于枕畔积金钱。二十四、冷宫未解趋时宜，高髻弓鞋旧柳眉。昨日开门朝圣节，学来脸上扑胭脂。二十五、学抹胭脂略出奇，君王又爱淡蛾眉。红颜虽好投时晚，老向宫门却怨谁？二十六、深宫有路通人间，蛱蝶飞飞去又还。梦里湘裙轻似翼，也行云雨到巫山。二十七、此生不带近君缘，净洗铅华转自怜。独伴女冠空殿里，背人合掌礼金仙。二十八、水殿风清午睡迟，金针拈起倦穿丝。枕边剩有啼鹃血，绣杀鸳鸯也不宜。二十九、贪耍纱厨月二更，银钗输去鬓云轻。失恩多被旁人赚，岂是呼卢偏不赢。三十、一树残红映碧纱，春风隔断万人家。早知根底空零落，不种桃花种柳花。三十一、随人作队舞春风，也解乞怜命不同。夜夜君恩宽似海，许奴魂梦出深宫。三十二、班班射猎出长杨，尽作男儿一样妆。马上相看各有意，归来不许换罗裳。三十三、楼头孤梦阿谁知，弹尽啼痕玉漏迟。征雁多情偏记路，一年一度送秋思。三十四、待君生怕误良姻，流水题诗又效颦。空到凡间无好信，如今红叶也欺人。三十五、古墙废井觅秋虫，枕上携来听晚风。一夜不眠知尔恨，拔钗打碎小金笼。三十六、梧桐叶尽可怜枝，小院黄昏独对时。花鸟不来长信殿，一天秋雨却无私。三十七、两人心事对床啼,挑尽寒缸待晓鸡。同住深宫同命苦,来生姊妹结夫妻。三十八、昭阳殿里侍炉香,日对东窗白玉床。咫尺天颜那可近,屏风一架似宫墙。三十九、月照千门笑语稀,几家长叹理征衣。君身不似流萤巧,处处窥人入幕飞。四十、十年有愿未曾逢,枕底謇腾恨满胸。最是五更眠不稳,景阳楼上一声钟。四十一、散翠分珠病转加,开楼西见玉钩斜。青山青草棠梨树,多少香魂待暮鸦。四十二、霜染芙蓉叶尽黄,从来薄命是红妆。檐流一夜声如捣,又有新愁到海棠。四十三、翠华何处试新欢,灯火分明过碧阑。自失恩光消息少,牵衣琐问小中官。四十四、翠玉明珠碧玉簪,蛾眉声价在黄金。若嫌脂粉污颜色,服侍君王到那今。四十五、错羡繁华近帝王,深宫深处亦凄凉。夜来几阵廉纤雨,历乱蜗涎遍紫阳。四十六、蝶恋蜂痴莺更娇,贵人心性几能调?西宫闲杀桃花树,却向章台看柳条。四十七、漏箭频催曙未开,圣人当殿饮椒杯。沉香火底齐称寿,无数笙簧立露台。四十八、永巷人稀见鸟痕,落花飞絮似江村。宫车一去何曾扫,点染青苔直到门。四十九、一卷红绵傍纸屏,孤眠情绪倍难经。月昏自打金莲火,十院笙歌到处听。五十、金殿廊西拾翠居,玲珑花影罩盆鱼。尊前乞得三朝假,料理香丝展绣书。五十一、汉宫图画晋传神,金粉楼台斗晓春。千女凝妆随凤辇,妾身恰似倚屏人。五十二、陌上新妆水上歌,凭栏无限锦山河。却将几片黄金瓦,遮掩宫娥白发多。五十三、黄昏团扇影相亲,别院秋千笑语频。月意花情今自好,人前那复旧精神。五十四、宫槐小苑入银川,荷叶荷花碍画船。一度斜风千线雨,珍珠滴碎不成圆。五十五、红丝步障翠屏围,千缕黄金绣舞衣。天子最怜双戏鸟,凤凰裙上莫单飞。五十六、君王翰墨胜词臣,牙管龙煤色色新。两月文窗专捧砚,薛笺仿出卫夫人。五十七、沉香阁上紫流苏,玉轴金签秘戏图。偷向枕边寻玩久,人间此事有还无。五十八、清浅银河水面寒,双星竟夜两相看。别离人世谁经意,天上重逢自古难。五十九、宝镜奁开面面花,脂香粉气满窗纱。羊车欲到天阶响,齐卷帘衣献乳茶。六十、离宫罘罳与云齐,碧树金塘阁面西。莫向骊山巅上望,羊肠蜀路草萋萋。六十一、两脸娇红密事牵,无端姊妹眼偷传。樱桃树下珊瑚枕,打去黄莺补夜眠。六十二、新蒲细柳望南多,两苑红墙夹玉河。饮马人来鞭镫响,东风吹入锦城歌。六十三、上林果木倚楼高,复道随行近御苑。遥见穿花传盛事,百官连表谢葡萄。六十四、新恩旧幸几番番,一任离宫懒更言。不睹太平天子貌,菱花鼻上识开元。六十五、一带红楼敞绣帷,春风拂面柳千丝。晓莺啼到无声处,个个临鸾敛黛眉。六十六、人笑人悲那系怀,月轮当殿聚金钗。合欢叶底无多影,趁此春宵且斗牌。六十七、寒食春光到上林,舞筵歌席柳阴森。六陵风雨冬青树,天子朝回泪满襟。六十八、昭仪此日擅恩私,汤饼群臣拜宴时。万寿金牌长命缕,君王亲赐掌中儿。六十九、南苑行春避翠华,懒踏芳草厌寻花。池边久对斜阳坐,野荠新泥忆妾家。七十、楼台锦砌彩云平,四面风来翡翠轻。东市桥头人似蚁,都朝天上听歌声。七十一、五更三点出清宫,礼罢仙坛日泛红。扇影纷纷开凤尾,天颜深在雾香中。七十二、耽玩月华夜欲阑,鼓吹两部付中官。生来怯见嫦娥寡,不侍云车入广寒。七十三、彩球花枝两纷纷,眉黛秋波映鬓云。舞到楼前齐下马,金钱红豆许均分。七十四、珍珠作串记经声,署得空王弟子名。每到花时忘拜礼,前因料也似今生。七十五、鱼钥才收点漏迟,金吾巡去已多时。一双绣阃连环琐,摩遍铜铺都未知。七十六、掖门传膳午钟敲,提点珍馐直御庖。长乐浑如天上殿,琉璃瓦上露松梢。七十七、门前花柳接隋堤,记得浣纱到后溪。玳瑁梁头双宿燕,五更好去啄香泥。七十八、锦衣小使意相投,夺扇分香戏不休。汗渍罗襟仍逐去,耳环双坠殿西头。七十九、一从选艺侍歌班,象板银筝摐未闲。欲告君王知入月,纤纤指上露金环。八十、湘竹千竿覆砌栽,帘栊掩映长青苔。黄梅雨过蝉声起,殿角夕阳一半开。八十一、结队登临紫禁南,黄花插鬓似金簪。今朝谁洒思乡泪,夺却茱萸不许探。八十二、龙腊烧残泪未销,御香薰透枕衾潮。雪狸突入芙蓉帐,惊觉天家又早朝。八十三、瑶琴作伴度青年,拂袖长弹听悄然。供奉初来金殿里,声声不似旧冰弦。八十四、华檐鹊信为谁占,一院风流隔花帘。竚待苍苔宵露冷,频将素手暖鸳尖。八十五、争妍夺艺炫新妆,曾列笙歌十二行。检点帘前谁是旧,君王万寿正无疆。八十六、百花结就舞时裙,双袜鲛绡瑞脑薰。扶到金阶轻拜起,尊前怕露凤鞋云。八十七、雪暗金殿玉霏微,日侍琼筵倚翠帏。时向炉边烘兽火,等闲不肯厚罗衣。八十八、云板催妆井干楼,梦中仿佛捣衣秋。人间定隔三千里,那有邻砧到枕头。八十九、夹道南头柳媚烟,青骢作队宝连钱。榴裙最爱茸茸草,故到金堤坠玉鞭。九十、传得密方耳畔真,今生缘会定如神。丁香小结相思子,咒入盒心谨避人。九十一、遥看京兆闹春衙,迎入勾芒满帽花。宫殿千门多玉琐,风光已到庶民家。九十二、石上芭蕉绿映天,雕盘玉子破春眠。局中胜负浑闲事,也让他人占妾先。九十三、蔗浆茗饮架冰笼,敞却纱寮四面通。白贮香肌多暑汗,缘何团扇畏秋风。九十四、卷帘拂去篆炉烟,龙衮分明御寿筵。韶乐才呈百戏散,同邀色笑五云边。九十五、真香不与世相宜,料峭风来雪又欺。水暖金瓶无半蕊,婆娑檐下欲何为?九十六、贡使来朝满禁欢,吉光火浣宝盈盘。官家此物何曾少,真色蛾眉海外难。九十七、脂浓粉淡列宫门,一色新妆厌至尊。故作长鬟如野妇,博来嬉笑亦君恩。九十八、蜀锦冰丝十样文,开箱试剪麝兰芬。红绡金缕无青眼,用点闲情在练裙。九十九、客散名园日已斜,洛阳移本到天家。朱栏油幕薰风殿,始作人间富贵花。一百、感恩含怨笑人痴,彩笔诗成误画眉。宛转柔肠千万绪,五更风雨落花知。

是书今有南开大学图书馆藏清康熙孔氏介安堂刻本。

■ 岸堂文集六卷诗集二卷 未见

（清）孔尚任撰。

是书据《著述记》著录。《孔尚任年谱》谓"孔祥霖《曲阜清儒著述记》著录《岸堂文集》六卷、《诗集》二卷。当为孔尚任起康熙庚午、迄康熙壬午居北京时所作诗文之未刊稿本，今佚。"邓之诚《清诗纪事初编》云："《在园杂志》有尚任《秋水亭记》，作于康熙五十四年乙未，他文当不止此，恐皆散佚。所谓《岸堂文集》，仅存其名而已。"

■ 鳣堂集 未见

（清）孔尚任撰。

是书据邓汉仪《诗观三集》卷二孔尚任小传著录。按："鳣堂"即讲堂。此《集》似为孔尚任康熙二十四年于国子监讲学时期所作。《诗观三集》刻于康熙二十八年，其所选孔尚任《中秋独坐，喜颜修来考功同诸乡亲枉顾读予新作》等十余首出使淮扬前作品，当即采自本集。是书未见传本。陈万鼎《孔尚任著述记》著录此书称"佚"。

■ 石门集一卷 未见

（清）孔尚任撰。

是书据《著述记》著录。按：刘廷玑《长留集序》云："海内之重东堂（塘）者，不仅诗也。即以诗言，而《湖海》、《岸堂》、《石门》诸集，盈尺等身，亦洋洋乎当代之大家矣。"又孔传铎《东塘岸堂石门诗全集序》云："又（康熙）癸未至丁酉（1703—1717）共若干卷，曰《石门集》，是其归田及游览之所作也。内缺癸巳（1713），未及付梓，讵至戊戌（1718）上元，而忽已谢世。"又云："其《岸堂》、《石门》二集之中有淮徐刘观察在园拔其尤者，梓为《长留集》，今用硃标出，其余珠玑尚多，置诸案间，晨夕讽咏，奉为楷模。"知孔、刘互选之《长留集》中有采自本集的孔尚任罢官后诗作多首。

■ 介安堂集无卷数 未见

（清）孔尚任撰。

是书，《孔尚任著述记》称未见著录，云："倪匡世《诗最》选尚任诗二十二首。小传云：'丙寅（康熙二十五年）夏，上命佐少司空疏导淮南，往来水烟，撰述益富，有《介安堂集》。'倪匡世，字永清，松江人。《湖海集》载有尚任与之交游诗篇。"按：考"介安堂"一称，乃尚任室名。尚任《给颜修来书》钤有"介安堂"半印；《湖海集》版心镌有"介安堂第五刻"字样，其它著述亦多有此称。《介安堂集》或为尚任作品之总称，故其小传但云"所著有《介安堂集》"。

■ 东塘岸堂石门诗全集 未见

（清）孔尚任撰，孔传铎编。传铎有《礼记摘藻》，经部礼记类已著录。

是书，《孔子故里著述考》据汪蔚林《孔尚任诗文集·后记》载孔传铎《东塘岸堂石门诗全集序》著录。《序》云："东塘先生称诗四十年，凡海内诸名家，靡不以先生为骚坛领袖，相与商榷风雅，而尤与海陵黄仙裳、吴门邓孝威、广陵宗定九称莫逆交。著有《湖海集》，乃其奉使淮扬所作，为之订定者，即黄、邓诸公也；售之枣梨者，其门人陈鹤山、马宾五也；自丙寅迄己巳（1686—1689），共分七卷。是《集》一出，固久已不径而风行于天下矣。又庚午至壬午（1690—1702）共若干卷，曰《岸堂集》，是其辇下之所作也。又癸未至丁酉（1703—1717）共若干卷，曰《石门集》，是其归田及游览之所作也。内缺癸巳（1713），未及付梓，讵至戊戌（1718）上元，而忽已谢世。从此风流歇绝，竟为广陵散矣，可胜浩叹！予每谓先生之诗，真如金科玉律，为当代所不数觏者；即片语单词，何莫非吾东塘先生一生心血为之，其何忍心轻为弃置！故取其底稿，命奚全录，又搜笥箧内，得数十首，为补遗一卷。其《岸堂》、《石门》二集之中，有淮徐刘观察在园拔其尤者，梓为《长留集》，今用碐标出，其余珠玑尚多，置诸几案间，晨夕讽咏，奉为楷模。至于诗余，非先生所长，落落数阕，姑亦辑成一卷，以示先生游戏之所及耳。嗟乎！伯牙已逝，赏音者亡，所幸虽无老成，尚有典型，其东塘先生诗之谓乎？"按：孔尚任诗，当世已多结集，然汇辑众集，则自此始。新中国成立后，汪蔚林先后编有《孔尚任诗》与《孔尚任诗文集》，前者由科学出版社于 1958 年出版，后者由中华书局于 1962 年出版。1964 年台湾世界书局复有《孔尚任集》问世。搜讨汇集，卓有成就。但遗漏尚复不少。为此，齐鲁书社又于 2004 年出版了徐振贵主编的《孔尚任全集辑校注评》，精装四册，在已有基础上续有所得，吸收了包括《文献》第九辑《孔尚任佚简二十封笺证》在内的历年发表的尚任遗作四十六篇，编成《集外集》附后，惜未周备，仍多遗漏。于是，予更撰《孔尚任遗文三则》，刊于《文献》杂志 2007 年第二期，并拟另成《孔尚任集外集校注》一书，以补其缺。尚任，清顺治五年（1648）九月十七日生，康熙五十七年（1718）正月十一日卒，年七十一。

■ 晓堂律诗无卷数 存

（清）陈忠靖、孔尚任撰，施世纶选。

是书，中国科学院图书馆馆藏目录著有抄本，一册一函，邓之诚跋。

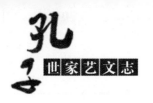

■ 友古斋诗无卷数 未见

（清）孔尚恪撰。尚恪字宾之，又字敬思，号竹圃，盛果户廪生贞燧季子，明天启进士、吏礼两科给事中闻诗孙，孔子六十四代孙，诸生。

是书，《续修县志》、《著述记》等著录。《阙里孔氏诗钞》记载同，并录《听蝉》一诗。《孔子世家谱》称其"长于诗，著《文古斋诗集》"，书名异于二书著录。按：孔尚任《石门山集·告山灵文》云："维康熙戊午九月十二日，鲁人孔尚任同两弟悼、恪来游石门，选胜涵峰之阴，欲结草堂三间，为偕隐地。余三人一室，啸咏名实未加意，盖与山灵合。"又本集《游石门山记》曰："余与莓垣、敬思入山，在戊午重阳后三日。凭陵俯谷，极生平之快游。觉兄弟位上又添一石门。把酒沥地，与二子盟，他日负此山者，有如此酒。晚宿莓垣别墅，买山之约益坚。诘朝，莓垣以事归，敬思拉余更游三周华不注，而山之生面全开。待月领珠台上，山深秋老，幞被不胜，踏影走三十里，得一野店，出酒相劳，虽看蔬杂陈，而下酒物乃是峰峦溪涧。谈而笑，笑而呼，大惊小怪，睡人尽起。余两人盖竟夜不寐云。归告莓垣，侈为胜事。自此无日不促膝，俨然有一石门突兀眼前。亭台树石，色色改观。不旬月，敬思以狂疾死。死之夕，犹呶呶说石门不绝。莓垣哭之恸，谓此山有堕泪碑，当不复往。余谓敬思精神，与石门千秋流注，绝石门是绝敬思矣。"又按：尚恪祖闻诗有子十一，其父乃其长子。从父科第连绵，指不胜屈。长兄尚愉，字怡之，号橘庵，曲阜世尹。仲兄尚恒，字月之，又字德久，太学生。

■ 兰堂遗稿二卷 未见

（清）孔毓圻撰。毓圻有《孔子世家谱》，史部家谱类已著录。

是书，《山东通志》、《曲阜志》、《阙里文献考》、《著述记》等皆著录。《国朝山左诗钞》、《孔子世家谱》、《续修县志》记载同。《阙里孔氏诗钞》此书作《兰堂诗集》二卷。按：是书未见传本。《孔氏诗钞》毓圻小传称其"著作宏富，兼工书画。王季友尚书称公学赡才敏，别有旨趣。手稿多自焚削，遗诗仅存七十一首"。略见《山左诗钞》、《孔氏诗钞》诸选。又清杨方晃《圣师年谱》内载其《像论》一文，另有书序碑文若干。毓圻，清顺治十四年（1657）生，雍正元年（1723）卒，年六十七。毓圻于诗文之外，尤善书画，山东省进德会《金石书画展览物品纪略》卷四画类载有孔氏藏毓圻绢本兰竹立轴，品法赵子固笔，笔法苍润，丰神秀逸，有"孔毓圻印"、"钟在"朱、白文印。另，曲阜师范大学黄立振先生藏有毓圻兰草及八幅屏，予尝一睹真迹。其继配叶粲英，崑山人，山东按察使副使方恒女，亦工诗善画，与姊宏缃齐名，有闺中二难之称。宏缃早寡，著有《绣余草》、《听鸟草》，多有唱和之作。《孔氏诗钞》收有其《喜母至阙里》、《画兰》诗二首。

■ 日华居诗草四卷　未见

（清）孔衍鸣撰。衍鸣，太仓支，孔子六十五代孙。

是书，宣统《太仓州志·艺文志》著录。按：考此《志》衍鸣无传，而于《人物六》载有明孔宏干传，云："孔宏干，字克勤，孔子六十一世孙。先世出阙里迁温州。天顺间，宏干客太仓，遂家焉。为人纯谨诚朴，乡里称之。"又明桑悦《太仓州志》卷六名宦传，元"孔渊，字世升，孔子五十三代孙，六世祖端越，随高宗南渡，至渊之父敬任通州监税，徙居昆山。延祐元年，州治迁太仓，新学宫多渊经画，遂摄学事。其学行循治，为士林所宗，号'莘野先生'。子克让，亦有文行。"又元杨譓《昆山郡志》卷一古迹称，华亭七十五里海隅乡有孔宅，旧图经云："昔有姓孔者，游吴居此"。因知衍鸣乃游吴圣裔后也。

■ 滇游集一卷　未见

（清）孔兴诏撰。兴诏字纶锡，号起凤，一说字起凤，号纶锡，大宗户曲阜县世职知县衍淳长子，孔子六十六代孙，康熙二十二年，官云南粮储水利道佥事。

是书，《山东通志》、《曲阜志》、《阙里文献考》、《著述记》俱著录。《续修县志·人物志》兴诏误为"兴绍"。按：是书为作者在滇期间所作之诗集，未见传本，《续修县志》载其《武陵道中》，云："遥遥入苍翠，历历转清晓。渐觉群峰近，决眥青未了。径曲迷车马，林深隐旆旄。流水激潺湲，松风杂啼鸟。村墟野烟细，樵牧归路小。往迹问升沉，行歌指荷蓧。"《国朝山左诗钞》、《阙里孔氏诗钞》此诗之外复有《马底道中》、《由滇入觐留别同人》二首，皆云其有《滇游集》一卷。此外尝见邹峄《云南两迤试牍》有其所撰序文一篇，其书刻于康熙二十三年，此序半叶五行，行十二字，末有"孔兴诏印"、"纶锡"二印，略称："滇南前经变乱，阻圣天子之声教者八载，士气未伸，绝学几坠，虽有颖异不群之才，而无人焉以振兴之、鼓舞之，遂皆坷壈沉郁而不克有以自见，自督学桐崖邹君秉铎以来……出其昔时所以命中之技，而精操冰鉴，使一时人才蔚起，可不谓滇士之庆欤？诏亦滥竽（下文残缺）"。据此可知兴诏与邹峄之结识，纯是因为同地为官。

■ 敦养文集无卷数　未见

（清）孔毓善撰。毓善字敦养，平阳派增生兴伯子，孔子六十七代孙。

《孔子世家谱》平阳派二支："毓善,字敦养,精学笃行。著有《文集》。"兹据著录。按:其书未见。考善父兴伯,字元胄,号东莱,增生,治《五经》,有孝行,载《县志》;有子五人,善为其长。从父兴仲,博洽经史,尚义疏财。

■ 杏村诗集无卷数 未见

(清)孔毓贤撰。毓贤有《家训》,子部儒家类已著录。

是书,据《孔子世家谱》四集贵州黔西县支毓贤传著录,未见传本。

■ 鹤林集无卷数 未见

(清)孔尚颜撰。尚颜有《宗谱世系图》,史部家谱类已著录。

是书据《孔子世家谱》尚颜传著录。传称尚颜"性沉静,好读书,长于诗歌,著有《鹤林集》行世"。然考其书,未见有藏。

■ 孔天征文集不分卷 未见

(清)孔尚典撰。尚典字天征,号汶林,新城支,孔子六十四代孙,康熙间岁贡生。

是书,《四库采进书目·江西巡抚海续购书目六次续采》作《孔天征集》不分卷,《江西通志》、《江西新城县志》、《西江志》亦著此书。《建昌府志·艺文纪》此书作三卷。《四库存目提要》著录江苏(西)巡抚采进本,题《孔文征文集》无卷数,云:"尚典字天征,号汶林,江西新城人,顺治中岁贡生,《新城县志》载尚典有《文集》数卷,乃其师魏禧所评定,今此本只二册,诗文杂编,又附以他人之诗,殆编次未成之稿欤?"《江西新城县志》先正传谓孔尚典,康熙间贡太学。初尚典为文,卓荦纵恣,不受绳尺,乡里皆以为不谐于时,独易堂魏禧奇之,深加奖许,因受业,学为古文,后称易堂高弟。尝历幕府,诸所赞画,皆酌古宜今,卓然可观。生平著述甚多,今所传文集数卷,皆其初刻,经禧评定者也。时有孔之逵者,字用仪,与尚典同师禧,为古文学,文行皆有可观云。又《艺文志》载宁都魏禧序,略云:"余于天下士最爱有英气者,于文亦然。新城孔生尚典其人与文,则皆称是。初孔生为时文,卓荦纵恣,不受绳尺,而天下皆尚为拘牵靡弱之文,其党里皆以孔生为背于功令,终无所于成,其家至欲使之徙业。孔生乃私属人,以其文质余。余览而惊叹曰:此他日名进士也。及其试于府于督学皆第一,而人始信孔生为真能文矣。孔生好论古今之故,间以其所以为时文者为古文,其高论伟识,往往叠见于尺幅之间,如河朔少年乘驶骡之马,而驰骤乎康庄,其锋之锐,能使千夫辟易,而不可近。孔生好学深思,以辅其所不足,其文之日上,其可量乎哉!"按:尚典生卒未详,《清人诗文集总目提要》列为明天启元年至五年生,约康熙十四年卒。此说或未确,尚典似不应先于乃师魏礼数年生、先于乃师魏礼二十年卒。

■ 云石斋诗无卷数 未见

(清)孔尚萃撰。尚萃有《句容孔巷孔氏宗谱》,史部家谱类已著录。

是书,乾隆《江南通志·艺文志》著录,称"建德孔尚萃"。未见传本行世。

■ 远秀堂集八卷 存

(清)孔毓埏撰。毓埏有重刊《述圣图》,史部传记类已著录。

是书,《山东通志》、《曲阜志》、《阙里文献考》、《著述记》、《贩书偶记》等著录。《阙里孔氏诗钞》:"孔毓埏字钟舆,号宏舆,世袭五经博士,赐三品阶。著有《远秀堂集》八卷、《拾籑余闲》一卷。翰博公好学工文辞,康熙间屡膺大典,多所表著。疏请创建述圣祠,蒙诏许可,复请除邑僧道印记,言于礼部尚书韩文懿公,文懿改容敬服,许为圣人廓清片土。旋以文懿去位,事遂寝。然公之维持圣道,敬祖崇儒,其志行卓然不朽矣。初,圣祖嘉公有文誉,御书'远秀'匾赐之,后人编次其《集》,遂名之云。"毓埏,清康熙四年(1665)生,康熙六十一年(1722)卒,年五十八。其诗,《晚晴簃诗汇》、《国朝山左诗钞》、《阙里孔氏诗钞》、《续修县志》等皆有选收。

是书今有清乾隆八年孔传铺刻本(二册);国家图书馆藏孔继涵校清抄本(六卷)。

■ 远秀堂集文二卷赋一卷诗一卷 存

(清)孔毓埏撰,孔继涵校。继涵有《考工车度记》,经部周礼类已著录。

《北京图书馆古籍善本书目》集部清别集类:"《远秀堂集文》二卷《赋》一卷《诗》一卷《词》一卷《拾籑余闲》一卷,清孔毓埏撰,清抄本,孔继涵校,六册,九行二十一字,无格。"《中国古籍善本书目》据以著录。兹亦据著录。惟将其《词》一卷,另著本部词曲类;《拾籑余闲》一卷系杂著,已列子部杂家,此不重著。

■ 丽则集一卷 存

(清)孔毓埏撰。

是书,山东省博物馆藏有佚名评点稿本,一册三十四叶,书甚精整,半叶十一行,行十八字,黑口双边,单鱼尾,无序跋目录。内题"阙里孔毓埏宏舆",收诗自《走马灯》至"江河二水澄如练",凡一百数十首。《中国古籍善本书目》、《山东文献书目》据以著录,《山东通志》亦著此书。

是书今有山东省博物馆藏稿本（佚名评点），2007年12月山东大学出版社《山东文献集成》第二辑影印本；北京大学图书馆藏稿本等。

■ 曲阜县赋一卷 存

（清）孔毓埏撰。

是书，《山东通志》、《曲阜志》、《著述记》等皆著录，《兖州府志·艺文志》载之作《曲阜赋并序》。按：此赋于圣迹礼仪、山川风物、典章故实备述不遗，极具文献参考价值。文云：乙未春暮，修禊于南郊。傍古城，沿曲岸，至于浮香亭畔。缅咏归之芳徽，溯流觞之余韵，旷然远览，志舒神畅。徜徉久之，有沂滨居士，谓昌平主人曰：维我曲阜，为古帝之宏图，圣贤之奥区，六艺之渊薮，仁义之灵囿，自昔迄今，万有千祀，山川犹是，流风未泯。兹者时际休明，天子崇儒重道，声教四讫，人文风动，海内鸿生硕儒，适庙堂而观车服礼器者，毂击肩摩，考据古实，咨询风土，颇觉应对之为疲，可无总括数语以代酬答？昌平主人瞿然而惊曰：是何言之易也。昔《三都赋》就，平原为之阁笔；《灵光赋》成，中郎因而辍翰。鲁自文考、公干二《赋》炳绝千古，乃欲以井蛙之见，续雕龙之章，予虽狂愚，亦不至此。居士曰：非此之谓！摛汉藻者，专凝思于古殿；撼魏词者，惟注意于遗墟，至于沿革损益，古今异制，林庙之增崇，新邑之创建，踵事增华，愈久弥光，可无扬搉之辞哉？亦各道其实耳，何伤乎！主人于是重拂居士之意，乃抒辞作赋，用敢窃比于奚斯。其辞曰：曲本天邑，降国称鲁。炎帝焕号以开疆，金天光宅而拓土。轩辕应瑞而降神，周公酬庸以启宇。逷矣西土之人，伟哉东方之主。带汶沂洙泗之渊深，襟凫峄龟蒙之峻阻。辟峰峦以为门，辀岱峰而为堵。考度究躔，粲粲奎宿之分焉。毓秀钟灵，历历列圣之域焉。众水西流，群山东峙。土田附庸，七百余里。当元子初侯于鲁也，爰革礼而变俗，越三年而报政。作肸誓以平戎，率淮徐而听命。延三十四世之长，同八百灵长之庆。论夹辅之不渝，迈齐桓而独盛。彼姜祚以移陈，此维姬而一姓。兹赫赫之鲁邦，讵泱泱之可并。迨至黍离歌而西周陨，麒麟获而春秋作。政逮陪臣，岁朘月削。叹皇纲之解组，抑天运之乘除。王者之迹熄焉，鲁公之祀忽诸。幸斯文之未丧，值吾道之将兴。继□周而诞圣，集百王之大成。乃律天而袭土，斯著训以垂经。阐两间之宏道，立万代之章程。历观群后之御世，罔弗崇极其推尊。究其百度之具举，诚莫更尚于皇清。既增修夫祠庙，复扩充乎茔林。辉煌壮丽，难以缕陈。立宫墙之万仞，建七袭之重门。跨以虹梁，潴以灵津。蹑快睹之业业，戴仰高之峇峇。矗奎文之杰阁，蕴秘奥之羲文。琼笈闪烁，玉轴缤纷。上窥姚姒，旁及周秦。循除而进，拾级而升。金铺翠幌，炫耀光昌。仰观目眩，俯瞩神惊。临渊履薄，畴弗怦怦。重闱豁达，端惟大成。

左挟玉振,右掫金声。觌丰碑之相望,如日月之合明。画戟设于兰锜,杲罳胸乎檐铃。苍皮古桧,孑立孤撑,左旋右纽,弗瘁弗荣。神干敛其牙檗,灵根畜其精英。经霜愈茂,凌雪增妍。鄙若木之神异,逾大椿之长年。圣皇感之,遂作赋焉。崔巍嶙嶒,是为杏坛。缁帷岳岳,红萼翩翩。周以廊庑,列祀群贤。俨侍坐之闉闉,恍受业之拳拳。仰瞻邃殿,峻极于天。云楣绣桷,复霤重檐。登由阼阶,降自右平。将纳陛而屏息,甫摄齐而怔营。致凛严乎对越,虔躅洁其精诚。节绰疏之镂栏,凿蜿蜒之雕楹。疏龙首于藻井,跃鳞而之峥嵘。羽葆葳蕤,陈之丹陛。璇题璀璨,揭于朱甍。方其展禋祀,而修岁事也。典乐审缀,兆之俯仰。司仪习进,退之详节。兵司察微卫之森严,农司事粢盛之丰洁。于是考镛钟、伐鼍鼓、设庭燎、列房俎、陈簠簋、荐稷黍、涤牺象、贮清酤、竖崇牙、悬荀虡、建旌旄、秉籥羽、琴瑟、张箫管、举桓圭,将事相,以簪组。多士跄跄,硕人俣俣。始则酌郁鬯于金垒,奠玉斝于坛所。既彻馈而乐阕,飏栖燎于北户。惟时神具醉止,降福穰穰。燕序昭穆,齿爵分行。萃观礼之宾,集金丝之堂。献酬交错,佐以笙簧。进英隽之士,歌楚茨之章。客既饱于仁义,幸获际夫蒸尝。莫不雍雍肃肃,蔼蔼怡怡。忻瞻百官之富,快觌万舞之仪。延陵兴观止之叹,龙门深景行之思。然此乃释奠之恒度。惟睹幸鲁之隆规,详在《盛典》一书,可考可稽,非余肤浅所能铺扬洪烈者也。若乃毓粹东启,诗礼堂高,瞻御书之炳焕,诵宝训之宣昭。古壁余金丝之遗响,寒泉涵圣泽之琼膏。白石纪于太初,绿槐荫自神尧。嗟根株托于灵址,如女萝施于松标。洇以圣贤为依归,斯附骥尾而名超。历观德以南迈,陟墨相之遗圃。盖闻子路延射而入,公罔扬觯而语。麾三恶于门墙,跻六善于宾侣。义弗取于主皮,力弗尚乎饮羽。习揖让于一时,标准的于万古。国庠家序,于焉是邻。秉铎司训,秩佺成均。迪三物于四氏,稽六经于千春。既彬彬以郁郁,亦侃侃以訢訢。成德不辍于弦诵,达才端赖夫陶钧。由棂星而却转,擢穿坊以隆起。仪象魏之岩峣,无觚棱之谲诡。优优圣域,峨峨阙里。义路礼门,仁途道轨。峻如天梯之难攀,平如周道之易履。入其室者谁耶?得其门者寡矣。夫开来继往,左以传贤。启后承先,右以传子。展颜庙者,企箪瓢陋巷之风。谒孔祠者,参无过不及之旨。虽有福地与洞天,曾未足以比拟也。粤新邑之初构,自胜国之武宗。废仙源之湫隘,即归德之闳宏。卫兹庙貌,筑此崇墉。据爽垲以显敞,载厚基以凭隆。昔门十二,今则为五。秉礼崇信,延恩宗鲁。岩岩仰圣,居庙之阳。并乾坤而永奠,讵巩固乎金汤。期门为市,列肆分行。泰山殖材之地,徂徕产木之乡。荡缪艳炽以呈瑞,璠玙瑟焕以辉光。瑰玮充牣,于何不有。而家怀俭朴,户尚敦庞。委琼瑶于媚谷,弛斤斧于崇冈。覃粗铸于家冶,茧丝育于麜桑。服农利于钱镈,适体胜于缣细。薄酒干霸国之师旅,纤缟屈强弩之锋铓。三尺入市而不欺,又奚有沈犹氏之饮羊。其中则圣裔贤胄,鳞次比屋。堂构弗替,斯歌斯哭。廨署夹衢,闾阎接术。所恶者浇漓,所勉者笃睦。成不礼不约之风,为不华不陋之俗。盈盈古泮,近接城隅。青芹碧茆,绿藻红蕖。思乐之所颂美,清暑之所攸居。其南则画塍界淢,区陂分畎。青篁莽薱以龙蟠,紫稻禾罢稬以云卷。傍沂岸以临流,凭舞雩而遐览。嘉争长之后任,因滕薛之在眼。忆鲁桥以闻郳,见芳邻之未远。过稷章之废雒,感相鲁之徽猷。哂桓子之浅识,陋与国之权谋。贻二八之妖艳,佐百二之骅骝。诡周遍以终日,听容玑之齐讴。畏妇谒而出走,失中兴于东周。聊优游以卒岁,终还辕而息鄹。慨三都之烬灭,独两观之尚存。非圣知之迥出,几漏网于闻人。纷堰塞以棋布,耸众台之嶙峋。春秋致严于褒贬,郊禘肃将乎明禋。邱氏金距以斗鸡,太史簪笔以书云(春秋□□□□书云四台名)。其东则防岫遥遥以轩豁,尼山隐隐以朦胧。重峦嶮巇,孤嶂巃嵸。萦飞霞于朝暮,霁残雪于春冬。似对终南之阴岭,如登日观之高峰。若乃山名颜母,林号梁公。迈灵奇于壶峤,齐博厚于华嵩。瞰穷桑之广莫,郁陵寝之在望。怀帝德之渊宏,流终古之灵贶。伟云阳之拳石,纤龙脉之曲畅。懿不封不树之俭德,嗤玉雁金凫之厚葬。螭首夭矫以菌蠢,龟趺颙颥以狼抗。竦如华阙之当涂,屹如骏马之立仗。玉帛时将于彤墀,佳气肸蚃而弥壮。近大庭之占库,亦凭吊所徘徊。岂蓄储以主富,备荒札以通财。占云物于启闭,验機祥于眚灾。非所拟于长府,洵媲美乎灵台。违兹数武,势逐形移。乃灵光之故址,太庙之遗基。怅岿然其焉在,讬遗韵于雄辞。幸存群公之宗祜,犹为元圣所凭依。凝苍烟以晻霭,笼丹碧以迷离。敧器示中正之规矩,金人戒戎好之枢机。若夫赤舄几几,绣裳衮衣,端冕垂旒,于穆圣姿。岂鲰生所敢梦,庶亲炙于崇祠。其西遵神京之大陆,接漕渠之通津。鹢首之所暂舣,冠盖之所遥临。靡不假道于斯,而遂其仰止之殷焉。环郊近郭,为农为圃。田无不昏作劳之民,廛有蓄赢鬻优之贾。若其莓莓,坟衍畇畇。原隰维糜维苣,或麦或稷。葄菽旆旆,绮错五色。连茎同颖,野充露积。遗秉滞穗,粒米狼藉。其蔬则有苦荼、甘荠、早韭、晚菘、露葵、及夏蹲、鸠御、冬滑,有薇蕨、辛则、芥葱。瓜汇匪一,异质殊形。连畛距阡,春播夏成。其果则纂纂瓶枣,漪漪拳栗。女仪之贽,笾豆之实。胡桃抱朴,外刚内质。文官怀宝,重韬什袭。朱樱黄李,素奈青梅。林檎苹婆,红柿紫梨。石榴绽肤,蒲萄裂肌。含津蕴液,美媲荔枝。隙地为场,暇以讲武。彻札穿杨,拔石投距。宣力图功,折冲御侮。其北则对九仙之山塞崿,包龙湫之灵源。潜冥冥以跃蜧,佐兴霖于天孙。旱无祷而弗应,儵电飞以云屯。听伐木于春山,步石门之西麓。幽幽泉石,狱狱麋鹿。景昔贤之肥遁,聿仁里之蒨轴。尔乃洙水涓涓,泗河沺沺。夹讲堂而双流,盖取法乎瀓涧。敬业乐群,执经问难。删六籍以明述,昭万古而为宪。欲征斯文之盛衰,盍视兴废于坛坫。亦有泾阳之东林,南皋之首善。但理学于季业，续党锢于东汉。恭逢圣主之右文，特阐白鹿而染翰。跻紫阳于十哲，出宸谋于乾断。盖尊师与崇儒，本同条而共贯。玩涟漪于泗水，仅溯洙以滥觞。受行潦而纳谷，亦时险于瞿塘。或乘舟而击楫，或涉厉以褰裳。其水族则有鳏鲂、鳜白、鲅鲫、鳏鳇，游虾鼓须，曝蛤含浆。鳖则衷甲，蟹则戴匡。乃集渔人泛清渚，驾轻舠，摇短橹，施罾罩，张网罟，斫锦鳞，作醢脯。用之不竭，缘弗尽取。既周观乎四境，举梗概其略。知不睹圣林之雄伟，乌能有憾而弗遗。若推论其形势，则宛肖乎凤仪，崇阜轩轾丁上，下则如延颈曳尾，独立于高冈也。峻墙矢棘于左，右则迅翮藻翰，来仪而来翔也。风声鸟韵，则中律协吕，音奏笙簧也。黄叶绿树，则览辉焕彩，五色成章也。以茔域为丹穴，以泰山为翠岭。颜坊表以长春，期万禩以有永。苍松作羽仪之翽翽，碧亭象目光之炯炯。达辇路于中央，俟六龙之时骋。列里闬于东西，盈百室而就冢。昼司栽培，宵识巡警。缭以墙垣，壮以楼观。覆碧瓦之傑池，堳赪壤之绵曼。长桥轶轧以卧坡，华表峚崒而插汉。落落角端，肫肫以合。元熊熊金光（兽名，一名文豹），文蔚蔚以应变。永珥耳而宛足，受仁羁而义绊。松楸掩享殿以森森，苔藓被翁仲而茜茜。左翼翼以秉笏，右桓桓而带剑。其后则迢迢墓道，谧谧坛壝。仰故封之马鬣，望令谥之龙碑。位壬山而向丙，法坎止于明离。若夫荒台古屋，筑室之场，风瑟瑟以入户，月冷冷而穿窗。恸相向之失声，贻千载之悲凉。饰栋宇以白垩，盖永志乎心丧。至于亭名驻跸，始自祥符，八銮所莅，七校所趋。邈翠华于甲子，式恢廓其规模。旁茁苞蓄，蕴秀扬芬。守以神龟，瑞霭氤氲。六爻以贡，八卦是陈。吉凶悔吝，筮之则分。抚端木之植楷，启百代之私淑。挺枯干之槎枒，哀生气之醲郁。饱风雨之侵凌，恒弗倾而弗仆。厥种繁滋，一名文木。焙叶为茗，占雨前之上品。采芽作蔬，甲御冬之旨蓄。剜瘿为杯，珍过岷山之脑□。折枝为杖，贵逾大夏之筇竹。规木为棋，响逾楸枰。醉子为油，焰夺柏烛。下有文虫，形同尺蠖。迷蝶翅之离离，彰雉羣之灼灼。奇木异卉，骈阜弥冈。及门诸贤，携自遐方。其树则虋檀雒离，女贞槲松，赤棂白杨，柞枌柏枞。櫄偄夔欻，蔽日杌风。其卉则黄精赤箭，金铃蘼冬，鹿霍狼毒，钩薮唐蒙。异产文草，叶作十形。挂短垣以绿字，垂残碣以刻铭。竟地数于河图，冠天干于辰名。实分五采，味配五行。散凯费之缔锦，敷狗杞之络缨。厥有薯蓣，肤若琼脂。延龄益气，功侔参蓍。黄菌寄生，累结芃芃。滑拟香蕈，味擅鸡堫。蔓衍丛薄，荫蔚棫朴。幽蔼过于邓林，翁郁鄙乎西蜀。神农莫辨其甘辛，卢附罔测其名目。上无巢窠，下绝荆榛。覆夭弗劳于砮簇，剪棘不事乎虞人。尔乃朝宗鸑鷟，时集异禽。郯子莫详其类，公□难审其音。则有深目锐啄，顾脰长腰。锦臆绣颈，玉爪金翘。昂首振尾，梳翮理毛。啭喉调舌，竞巧逞娇。莫不嗜嗜啧啧，啾啾嘈嘈。分之则管籥，合之成箫韶。当清商之应律，伊百卉之初周。红深绿变，落木萧萧。染吾谷之丹枫，建赤城之霞标。斯游人所欣赏，而孝子慈孙履霜怵惕以悲号者也。尔其辰冬，逢朔节、届清明，凡我子姓，毕集林茔。芟莱除坛，设醴陈牲。入思堂而悽悽，奉祝帛以兢兢。随宗公而陪祀，爰各及其高曾。千坟万垄，灯火荧荧。是日也，商旅辐辏，车马云并。器用流溢，品物充盈。遐陬之士，异域之氓。共侣同侪，济济烝蒸。于是，披繁芜，求古迹，襭橡斗，掇松实，携归乡土以耀宾戚，如获瑶岛之琼芝，渤澥之珂城。蹑足掎裳，从朝竟夕，筋力倦，游观毕，乃相与扬眉挢舌，喟然而叹曰：览斯邑之制度亶蔓，绝而罕匹。既弗侈而弗泰，亦弗陋而弗僻。极东西南朔之名胜，洵维此地为安宅，生平之愿遂，遨游之兴息。征舆论之佥同，信鄙见之无忒。愧疏陋而寡学，未能状什一于千百，聊以颂君恩、述祖泽，敬桑梓、美宗国，若归父之言鲁乐，则非余意之所出。居士曰：诚哉！兹言之匪诬，快予酬答之愿塞。盖子所知者，山川风物之了然；不能形者，巍巍难名之圣德，又乌可以管窥蠡测也哉。

是书今有国家图书馆藏清抄本，清乾隆三十五年刻《兖州府志》载录本。

■ 研露斋文集 未见

（清）孔毓埏撰。

是书，《孔子故里著述考》据《曲阜志·世家篇》著录，文云："毓埏博学工文词，著《拾箨余闲》、《研露斋文集》、《丽则诗集》、《蕉露词集》，后人以御赐书'远秀'二字总名之曰《远秀堂集》。有《曲阜赋》，见《别录》。"按：此书未见传本，疑即《远秀堂集文》。录此俟考。

■ 秋岩诗文稿无卷数 未见

（清）孔毓玑撰。毓玑有《诗经文稿》，经部诗类已著录。

是书，《江阴艺文志》据《县志》著录。道光《江阴县志》人物儒林传："孔毓玑，字象九，兴纲子，康熙己丑进士。四岁，兴纲授以书。十三通子史，曹禾见而器之，致门下，试辄首拔。其文磊落雄放，晚益简古。令常山，勤课诸生，文风一变。修《志》若干卷，著有《秋岩诗文稿》。"按：此书未见，今考其所纂雍正《常山县志·艺文志》载其诗文甚多，文类如《重修文庙碑记》、《定阳书院记》、《白露泉记》、《定阳书院课试录一编序》、《告文庙文》、《告城隍神文》、《祭旅魂文》、《再祭旅魂文》、《重修常山城隍庙募疏》、《朱夫子像赞》有序（附：《常山讲学考》，《朱文公、吕成公讲学常山考》，《朱子寓常考》，《汪尚书殁于常山考》，《南轩先生讲学常山考》）；诗类则有《劝农》、《劝蚕》、《大□行》、《初符常山》、《畅春苑引见》、《赴任初发钱塘》、《龙山寺次韵》、《征粮至浮河宿詹氏书斋次壁间韵》、《次早至璞石即景足成》、《山行遇雨》、《龙山纪游十首》。其中,《初符常山》,光绪《县志》卷六十八选载时作《初铨常山》,云:"许国身犹健,亲民计尚疏。忽膺百里命,还证数行书。弦诵从吾好,桑麻奠厥居。惊心呼父母,核实定何如。"此外,该《志》又有孔传诗《洗心幽亭》、《悬崖仙迹》、《桂林喷馥》、《竹坞藏烟》、《蟾洞留月》、《龙潭吐波》、《华盖楼霞》、《炉峰拱秀》、《双岭流泉》、《千岩积雪》、《步前韵十首选三》。孔传诗者,毓玑之长子也。字廷言,邑庠生。次子传礼。盖取孔氏《诗》、《礼》传家之意。毓玑于诗文一道,辄自有见,而非见者必录。如《县志·艺文志》文部小序云:"文章贵乎有用,是故,风云月露,多属可删。今其存者,大抵皆有关兴除之故,及人心学术、民情风物之宜,期于此邦多所裨益云尔。"又如诗部小序:"诗莫盛于唐,而此邦之流传绝少,岂格于藩服,游踪罕到欤?抑生其地者,或音韵未娴,无能措一词欤?宋以来,名人继作,往往多言情吊古之篇,而记客程、题驿壁者,亦往来不绝,宜乎篇帙之富,难于约结也。赋亦有韵之词,为列诸简首。"

■ 秋岩诗古文稿无卷数　未见

(清)孔毓玑撰。

是书,《江苏艺文志》著录,称毓玑,《清史稿》附见曹禾传。《江上诗钞》卷六十四收其诗三首。

■ 秋岩文草、秋岩诗草　未见

(清)孔毓玑撰。

二书据乾隆《江南通志·艺文志》。疑即《江苏艺文志》所著之书。

■ 秋岩文集　未见

(清)孔毓玑撰。

是书据《孔子世家谱》毓玑传著录。未见传本。

■ 康熙癸未科会试荐卷一卷　存

(清)孔毓语撰。毓语字钟义,榜名幼仪,改名毓仪,号北园,又改字端蒙,平阳派诰赠北直顺天府丰润县知县兴球仲子,孔子六十七代孙,康熙三十八年举人,四十二年成进士,钦点内阁中书,历任丰润、温江、文水、交城、潞城等县知县,充山西癸卯、甲辰两科同考官。

是书,国家图书馆藏有清康熙间刻本,《中国古籍总目》史部传记类科举录之属据

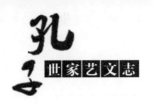

以著录,题"康熙四十二年癸未科会试荐卷一卷,孔幼仪撰";《明清进士题名碑录》亦作"孔幼仪"。然据《孔子世家谱》毓语传,"幼仪"乃其榜名,谱名毓语,字钟义,奉旨改名毓仪,号北园,又改字端蒙。因参据著录。按:毓语,清康熙十二年(1673)生,《高淳县志》乡宦传谓孔毓仪字端蒙,号北园,受知学使者颇迟,然童子时,揣摩闱墨已入彀,故一籍于校,随获乡荐,是科为康熙己卯。癸未成进士,授中书舍人,知直隶丰润县。后调潞安府潞城县,军需浩繁,不科派民间一文,致仕归。年七十六卒。毓仪爱养士子,时集生童讲肄,遇苦寒给以膏火,故到处士林向风,癸卯、丙午(《家谱》作"甲辰")两分校闱试,俱称得人。其于亲族尤加笃,禄入计足自给,余悉分散。父绵山,赠文林郎。仪同年友方苞赞之曰:质厚义行。比乡郁于躬留者,长为表为绳,子孙其继承。又《孔子世家谱》载其父兴球,字起受,号绵山,有子三:毓论、毓语、毓诚。论,字钟智,号介石,庠生,康熙甲寅,编次本房世表,校阅传赞杂文。语,德政之外,尝主修家庙,鉴定家谱。诚,字钟人,号一庵,太学生,考授州同职。

是书今有国家图书馆藏清康熙间刻本。

■ 果斋集四卷　存

(清)孔琦撰。琦字若韩,号果斋,南宫支,康熙八年举人,康熙二十五年官开州学正。

是书,《清志补编》、《畿辅艺文考》均著录。稿本《续修四库提要》著录清道光间刻本,略云:琦字若韩,南宫人,工诗古文辞,晚年乞归,益放意为诗,与同邑李燮元、齐维藩齐名。康熙三十六年以疾卒。按:是集为琦殁后,齐维藩辑其遗稿以成之,全编分为四类:一曰诗,二曰文,三曰启,四曰尺牍。卷首有李燮元序,云:若韩早年即负盛名,气概岸异,时人以景略扪虱相目,孰意一毡落寞,竟尔赍志耶。君生平慎重交游,屡空晏如,至于清思逸韵,脱稿即脍炙人口,而抑塞悲愁之致,亦复一一露于毫端,此固属燕赵本色,亦君之所处然也。君之诗不堪收拾,文与启、牍,亦散见他处,齐君当烽烟寂寞之时,独能口哦手缮,使君虽身赴修文,而万丈光芒,尚留人间,读者当抚卷郗歔也。才按:琦,或为榜名。南宫孔氏固为圣裔,然考孔《谱》未见其名,录此俟考。

是书今有清道光间刻本。

■ 诗钞一卷　未见

(清)孔兴治撰。兴治有《四书讲义》,经部四书类已著录。

是书,《山东通志》、《曲阜志》、《阙里文献考》俱著录。《著述记》此书作《诗集》,

亦一卷。未见传本及征引。

■ 恤纬斋诗一卷　存

（清）孔兴焯妻颜小来撰。小来字恤纬，孔子六十六代孙兴焯妻，吏部考功郎中颜光敏女。

是书，山东省博物馆藏有清抄《海岱人文》本，半叶十行，行二十一字，墨格，左右双边，有朱笔圈点，题下不著作者名氏。前有康熙庚子清和月休宁汪芳藻序二叶，内收《哭母前十首》、《哭母后二首》、《鸡冠花》、《秋夜西窗独坐》、《己卯季冬四叔祖以王事返里过乐圃有诗敬和原韵》、《秋暮》、《村居》、《促织》、《春夜闻笛》、《病中不寐》、《病中》、《赠别藕兰阁主人归济南》、《观物》、《侍儿》、《秋兴》、《秋夜将晓枕上口占》、《清明前一日》、《墓祭》、《夏夜》、《七夕忆亡妹》、《和岸堂先生灵光殿怀古》、《村居步乐清倅韵》、《春日斋中即事》、《春尽遣怀》、《寄弟》、《惜春》、《春日乐圃》、《养蚕》、《秋》、《自怜》、《除夕》、《旧宅梧桐》、《元夕挽岸堂先生》、《送春》，凡四十四首。其中，《赠别藕兰阁主人归济南》诗前长序及诗俱见二人之交谊。《元夕挽岸堂先生》一诗，不同于其《晚香堂诗》所载，诗云："吹笙跨鹤小游仙，老爱兰苕翡翠妍。寄语维扬诸女史，一时佳句借谁传。"按：今考诸目所载，《中国古籍善本书目》、《中国丛书广录》著录此本，作者误为颜懋价；《山东通志》、《历代妇女著作考》等著录其书但称"颜氏撰"，且不标卷。《双行精舍书跋辑存》著云："《恤纬斋诗》一卷，清颜小来撰。王氏双行精舍抄本，一册，依孔诚斋编订原本，嘱玉章兄移录，灯下对校一过。原书已入《海岱人文》。恤纬老人颜姓，名小来，曲阜人，孔兴焯室。别有《晚香堂集》，近人萧山单士厘女士撰《清闺秀艺文志》，录入第一卷。单书未刻，其底本散出，前在沪上为山东图书馆购藏。"又《国朝山左诗钞》云："颜氏，曲阜人，考功郎中光敏女，同邑孔兴焯妻。焯早卒，氏守节，旌表。晚年自号'恤纬老人'。所著有《恤纬斋诗》。颜懋价曰：'先姑自幼端慧，从父授书，旁及琴奕。夫既早亡，矢节甘贫，逾六十载，被旌如例。教嗣子及孙，皆为诸生。集名《晚香堂诗》，后更名曰《恤纬》。'"而《曲阜志》则称其"工文翰，著有《恤纬斋诗》、《晚香堂词》。"考小来，清顺治十四年（1657）生，康熙五十七年（1718）以后卒，康熙十三年（1674）适孔兴焯。其诗作，《晚晴簃诗汇》、《国朝山左诗钞》、《续修且志》等皆有选收。《阙里孔氏诗钞》录其诗二十余首，其中如《哀诗》、《贺长姑生子》、《和肃之弟除夕韵》、《题昆山叶书城夫人〈绣余〉、〈听鸟〉诗草》等似不见《集》中。其《元夕挽岸堂先生》四首，乃系动情之作。

是书今有山东省博物馆藏清抄《海岱人文》本，山东省图书馆藏王氏双行精舍抄

本,民国二十年秦玉璋抄本等。

■ 晚香堂诗不分卷 存

(清)孔兴焯妻颜小来撰。

是书,曲阜师范大学黄立振先生藏有清稿本,半叶九行,行二十一字,内题"晚香堂诗,闺媛颜恤纬著"。书封钤有光猷之孙、作者娌侄颜懋伦印。共收诗二十一首,计有《病中苦寒》、《促织》、《兀坐》、《春日》、《忆侍儿》、《春霁》、《新秋》、《七夕忆亡妹》、《寒食祭扫》、《苦雨》、《闲书》、《夏日感旧》、《惜春二首》、《被盗后作》、《见旧日梧桐有感》、《挽族祖东塘三首》、《浪淘沙》、《点绛唇》。按:今考颜氏诗作似不止二集所收,如《元夕挽岸堂先生》,《海岱》本《恤纬斋诗》止一首,《孔氏诗钞》却收有四首(袁世硕《孔尚任年谱》已录)。此本载三首,不仅篇名与之不同,且文字全异。兹录之于下:其第一首云:"忽闻昨夜太山倾,怪道天边月不明。怨雾愁云星斗暗,从今懒看上元灯。"其二云:"七十人生说古稀,如君百岁未为迟。天何不假斯文寿,惹起从前无限悲。"其三云:"仙游不复到人间,节序堪惊泪暗潸。花月三春空自好,纵成诗句倩谁删。"又按:是书,《历代妇女著作考》据《正始集》著录作《晚香堂集》,王献唐先生亦以《清闺秀艺文志》之著录,称其"别有《晚香堂集》"。

是书今有曲阜师范大学黄立振藏清稿本。

■ 温泉集一卷 未见

(清)孔衍钦撰。衍钦字子敬,号简夫,沂北户候选州同尚珥次子,孔子六十五代孙,廪生。

是书,《山东通志》、《曲阜志》、《阙里文献考》等著录。《续修县志》、《著述记》作《温泉诗集》一卷。《阙里孔氏诗钞》亦作《温泉集》,并录其《病愈寄幼民甥》、《西村散步》二首。《西村散步》,《续修县志》亦收载,云:"豆黄初脱叶,柿绿未经霜。扶杖行村路,随人过野塘。场宽秋稼满,社近午炊香。更欲游泉上,青帘挂夕阳。"其父尚珥,号佃野,候选州同,性通敏,精律吕之学,晋豫吴楚诸省当事慕其贤,争聘往订礼乐。亦复能诗,撰有《送友人南游》等篇。

■ 世泽堂文集无卷数 未见

(清)孔衍法撰。衍法有《孔庭摘要》,史部阙里文献类已著录。

是书,《续修县志》著录。未见传本。光绪《增补孔庭摘要》:"六十五代衍法,字歇庵,学易道人,其别号也。岁进士。著有《世泽堂文集》,督修族谱,纂定《孔庭摘要》传世。"按:《孔子世家谱》称衍法字学易,号歇庵。

■ 湖海诗集无卷数 未见

(清)孔衍治撰。衍治有增辑《东野志》,史部阙里文献类已著录。

是书,《续修县志》著录。光绪《增补孔庭摘要》亦谓"六十五代衍治,康熙乙卯科举人,己丑科进士,终吏部观政,著有《湖海诗集》。"按:其书未见传本。据《山东通志·学校志·举人表》,衍治为康熙己卯科举人,而非"乙卯科"。

■ 红杏山房诗一卷 未见

(清)孔毓琚撰。毓琚有《曲阜县志》,史部地理类已著录。

是书,《山东通志》、《曲阜志》、《阙里文献考》、《著述记》等皆著录。《国朝山左诗钞》、《阙里孔氏诗钞》记载同。按:此书未见传本。《续修县志》录其《过九仙山饮陈万元茅斋》一诗,云:"夕阳云影抱天根,两岸桃花带雨痕。已到山林还问路,行过竹径始通门。有时高咏轻千卷,尽日留宾共一尊。独卧茅斋春已晚,不知芳草欲销魂。"《国朝山左诗钞》、《阙里孔氏诗钞》又益以《红桥遇雨》、《榆次途中题壁》,共三首。《孔氏诗钞》谓"孔毓琚,性好客,王虚舟太史,蒋拙存国博皆主其家。蒋书《圣教序》及《朱子家训》,为之泐石,人争购之。"毓琚生卒未详,康熙五十一年重修试院碑捐银名单有其题名。

■ 水木山房诗一卷 未见

(清)孔毓璘撰。毓璘字叔玉,别字绣谷,大宗户曲阜且世职知县兴认三子,孔子六十七代孙,以贡生官顺天府昌平州判,授征仕郎,乡谥"文夷"。

是书,《山东通志》、《曲阜志》、《阙里文献考》、《著述记》等皆著录。按:此书未见传本。《续修县志》录其《送别刘佩玉之都》诗,云:"易水燕山道路频,云峰缺处逐征轮。邮亭鲁酒留嘉客,极浦残阳送故人。霜染枫林秋正晚,风吹茅店月方新。萧条易起河梁恨,不尽离怀泪满襟。"《国朝山左诗钞》、《阙里孔氏诗钞》又有《月夜登太白楼》、《渔翁》、《访隐者不遇》、《即事》、《留别马天培》、《和颜幼客寄怀韵》(僧德缘寄),凡七首。并云孔毓璘有《水木山房诗》。毓璘生卒未详,《康熙五十一年重修试院碑》捐银名单有题名。

■ 题画诗一卷 未见

（清）孔衍栻撰。衍栻有《画诀》，子部艺术类已著录。

是书，《山东通志》、《曲阜志》、《阙里文献考》等著录。《著述记》此书作二卷。《曲阜志·列传》："孔衍栻，字懋法，贞璠孙，尝为济宁州训导，敦行孝友，沉静寡言，举孝廉方正，辞；举乡饮大宾，又辞。工缋画，深入宋元人室。著《画诀》、《题画诗》等书，行于世。"《国朝山左诗钞》："衍栻字石村，尚任从子，官济宁训导，有《题画诗》一卷。颜介子曰：'石村先生，性渊静，以画名，独辟蹊径，遇得意处，辄题短句，往往有致。既除训导，到官即归，年八十九乃卒。'"又孔尚任《燕台杂兴四十首》末首云："从子托名老画师，浪游京洛鬓成丝。牡丹屏幛家家有，焦墨枯毫那入时。"注曰：予侄衍栻字石村，精为焦墨画，住都一年，人无识者，然画自可传也。按：衍栻生于清顺治六年（1649），仅小尚任一岁，卒于乾隆二年（1737），年八十九。此书未见传本。《续修县志》收其《题画七言绝句》十首。《阙里孔氏诗钞》、《国朝山左诗钞》亦俱有选。《山东志》引《射鹰楼诗话》称其"《题画诗》淡远有神，辋川之诗中画、画中诗也。"孔尚任《湖海集·戊辰存稿》有《题从子衍栻画赠郭皋旭》诗，于其人其艺俱有描写，堪补画史载籍之缺，云：吾侄性僻孤，见客语若怕。四十处女心，闭门无冬夏。烂熟制艺文，间亦作墨画。画成人偶窥，藏之束高架。以兹索者稀，或得免责骂。省我来广陵，江山逼眼下。败笔写秋烟，往往出灯夜。零落藏获收，不传亦复罢。鉴别幸逢君，翻向奴手借。聊以报投琼，岂堪悬高舍？归装伴琴书，吾侄已增价。

■ 纯斋遗草一卷 存

（清）孔继溁撰。继溁字体和，号纯斋，袭封衍圣公传铎长子，孔子六十九代孙，雍正十三年赠衍圣公。

是书，北京大学图书馆藏有清抄本一册，凡半叶九行，行十九字。卷端题"阙里孔继溁观成著；玉峰叶吴宾赞王阅"。末附叶吴宾《志挽歌》一首。有"麟嘉馆"印记。卷首有序，云："余之得交于孔君纯斋也，在甲午仲夏，聚首不数日，余即驱车北上。至戊戌春，复游阙里，相与共晨夕，接言笑，余两人从此称莫逆焉。时纯斋方专攻制艺，其案头所列者，惟五经子史诸书，而于诗之一道，未暇旁及，故余两人相对，大约谈文之日多，而谈诗之日少。余向游燕市，不乏感慨悲歌，漫成篇什。偶一日，纯斋见之，谬为许可，且未免欣欣有技痒意。余笑谓之曰：'君既见猎而心喜，曷不倡予而和汝耶？'纯斋亦笑而应之。自是花朝月夕，或即事以共赋，或拈韵而分题，兴会所之，笔墨遂多。纯斋生平，洁清自好，无半点尘俗气，终日坐一室，左右图书，焚香啜茗，超然自得，卓乎有古君子风。余尝谓纯斋之文如其人，而诗又如其文，盖诗文原一道也。文为无韵之诗，而诗即为有韵之文，文有浅深宾主开合之法，维诗亦然；文有错综变化离奇之法，维诗亦然；文有炼格炼句炼字之法，维诗亦然。纯斋既工于为文，即出其为文之才与力以为诗，其诗有不工者乎？余每见纯斋之为诗也，即景会心，无非直抒胸臆，绝不乐皱眉苦吟。既读其诗，其一种天趣自然，迥非凡品可及。视世之优孟唐宋，上而侈谈汉魏六朝，更上而侈谈三百篇，及徐而叩之，而并未得其形似者，奚翅霄壤。以是知纯斋之诗，虽由于家学之渊源，而实其天资之颖异，固高出寻常万万也。独惜纯斋之诗，多不自爱惜，稿甫脱，辄随手散去，故迹其所存者仅十之二三。今纯斋已没，而其手泽如故也。忍令其湮灭而不彰乎？爰辑其遗草若干首，付诸剞劂，俾后之读其诗者，并其文与人，亦于是而想见，则纯斋虽没犹存矣。余于较订之余，回忆畴曩之把臂联吟，啸歌风月，真邈若隔世，事可胜浩叹也。余作挽歌一首以哭之，并附志卷末，以见吾两人之交情，非同泛泛，而人琴之痛，余又乌能以自禁云。时康熙己亥七月朔玉峰表弟叶吴宾拜题。"按：是书，《山东通志》、《曲阜志》、《阙里文献考》、《著述记》等均著录。另见有康熙己亥年刻本，行字等同抄本，末署"男广棨、广柞校字"。孔宪彝《阙里孔氏诗钞》录其《小斋独坐偶赋瓶中绿萼梅》等诗多首，并云："曾伯祖赠公，好读书，能强记，席丰处厚，以谦冲自守，克承先圣持满之训，年二十三，未及袭封而卒。"继濩，康熙三十六年（1697）生，康熙五十八年（1719）卒，年二十三。

是书今有清康熙五十八年家刻本，北京大学图书馆藏清抄本等。

■ 申椒集二卷 存

（清）孔传铎撰。传铎有《礼记摘藻》，经部礼记类已著录。

是书，北京大学图书馆藏有清康熙刻本，九行十九字，白口，左右双边，单黑鱼尾。书分上下二卷。内题"阙里孔传铎路著；曤城孙到弥松坪、梁溪顾彩湘槎定"。末镌"男继濩、继溥较辑"。前有锡山顾彩康熙壬午年序，秋浦罗筮豫序，及丙戌秋七月传铎自序（钤有"素王嫡胄"、"孔传铎字振路"二印）。后有东牟沙克岱一跋。《清志补编》、《贩书偶记》等俱著此书。《山东通志》、《曲阜志》此书作《申椒诗集》。稿本《续修四库提要》著录清康熙刻本云："是集共诗四百九十余首，随意编次，不分体，亦不编年。传铎尝谓：学诗从李、杜入手，乃上乘之论，实未能领略。求其浅而易学者，于宋人得陆放翁、于明人得高季迪，此两家虽不逮李、杜，固是李、杜宗派。故所为诗清新浏亮，极近于陆。而一二古诗，不求奔放，惟尚浑朴，言皆根于至情。陈于王叙谓：古体若风、若雅、若颂、若骚，近体是青莲、是浣花、是白香山、是陆剑南。"又称其"书前有陈于

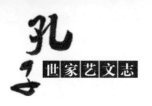

王、宋荦、罗笰豫、顾彩诸人序，及自序。末附沙克岱跋。"与此本稍异。《清人诗集叙录》著录此书误为"康熙四十一年刻本"，略云："是集为孙致弥、顾彩订，与《红萼词》二卷合刻，为未袭封时所作。首顾彩、罗笰豫序，自序。诗多优悠之作，淡雅自如。《独山湖泛舟》、《书白乐天传后》、《悯旱吟》、《泮水》、《重刊先世北海集有述》、《上元竹枝词》八首，俱不空泛。古诗题孔尚任《桃花扇歌》，传铎亦有此题（《清诗纪事初编》已选），可相媲美。"又《晚晴簃诗汇》云："振路早岁称诗，《申椒》、《盟鸥》二集，为未袭封时所作。有《吊五人墓》诗，归愚采入《别裁》。第二联曰：'由来殉义客，何必读书人。'颇为世传诵。余语亦有异同，不知为振路自定，抑归愚所点窜。下语有分刬，实视原本为胜。"按：此书，曲阜师范大学图书馆藏有康熙四十五年刻本上卷，卷端署："阙里孔传铎振路著；嶛城孙致弥松坪、梁溪顾彩湘槎定"。书前传铎自识其书云："余学步有年，未敢自信，会顾子天石复来阙里，益锐志于倡和之事，李子为龙及表叔志行，因劝余录新旧诗，而剖刷之。余惟诗无止境，今之所谓小称意者，加以学力，焉知非后日所视为大不称意者乎！姑留以自镜焉。"《国朝山左诗钞》引顾彩（天石）序曰："屈子怀孤芳以自处，求为申椒而不得。先生以素王元子，博资广览，海内莫不称贤，譬犹夜光之珠，袭以玉盘；琼华之卉，艺于瑶圃，宜其以'申椒'名此《集》也。"其诗，《国朝诗别裁集》、《晚晴簃诗汇》、《国朝山左诗钞》、《阙里孔氏诗钞》、《续修县志》等俱有选收。另考罗笰豫，字志行，安徽青阳人，衍圣公甥，传铎、传鉽为选定其诗曰《鲁门诗集》，顾彩校正。传铎又与濮州葛正坚交往，为之撰《四鸣山人诗集序》。传铎，清康熙十二年（1673）十二月三十日生，雍正十三年（1735）四月二十三日卒，年六十三。《清人诗文集总目提要》列传铎"生于崇祯十四年至顺治二年"，并谓"雍正元年袭封衍圣公，年已八十余。"非是。

是书今有北京大学图书馆等藏清康熙四十五年曲阜孔氏刻本，2010年12月上海古籍出版社《清代诗文集汇编》影印本。

■ 盟鸥草一卷　存

（清）孔传铎撰。

是书，《山东通志》、《曲阜志》、《阙里文献考》等著录。《续修县志》传铎传、《著述记》此书作二卷。按：此书，国家图书馆等藏有清康熙五十六年刻本，一册四十三叶，九行二十一字，白口，左右双边，单黑鱼尾。内题"阙里孔传铎振路著；锡山顾彩天石选；孔尚任岸堂订"。末镌"同怀弟传鉽西铭、传镇维岳较正"。收诗自《过孟庙》、《望绎山》至《宿独山屯》、《抵家二首》，凡百余首。前有顾彩、叶宾、孔尚任三序。顾彩序曰："振路先生于丙申正月发鲁门，陆行三百里，扬帆南下，经黄河，涉清淮，渡扬子，徜徉南徐，畅游吴会，抵武林，有事于莒雪之间，往返百日，得诗若干首，而名之曰《盟鸥草》。余与先生同砚席三十年，兹游也，又同舟，乌得不为之说哉！夫盟鸥者，放浪江湖之士则可以言之，先生所处固坐不垂堂也，奚取于鸥，亦可见其胸中浩浩落落，与时偕行，而不凝滞于富贵矣……余时虽有和章，然寥寥焉，不及倡者之富，故劝先生独梓是《草》，以见一时兴会所到云。"又尚任云："我鲁自删诗以来，二千余年，不闻嗣响。直至我朝，其初变也，有贾凫西刑曹，与遗老争旗鼓；其再变也，有颜修来考功，与宏词分坛坫；其三变也，予在郎曹扬标振帜，亦未敢多让。归田之后，即得我家储公《申椒集》，清真之派，仍在风气三变以内。披阅累日，喜祖庭之步趋有人，而泮台之钟鼓未缀也。其时，我宗公扬风扢雅，群季盈阶，有《丽则集》者，则我宏舆太史之诗也；《补闲集》者，则我西铭太史之诗也。我储公扬攉其间，洋洋洒洒，独得钟吕之音，是则鲁诗之专家，盖比于僖公兴学养士，乐泮采芹，能以国风而登于大雅者。丙申之春，迎婚越东，绵帆画舸，箫鼓容与，遇山水胜处，必低徊竟宿，挹其芳而饮其润，兼之胜友连舟，分韵擘笺，不旬月，奚囊满矣。录而梓之曰《盟鸥草》。格律之外，声调铮然，可以付歌奏，被管弦。盖山水清音，有以助其神韵；而窈窕琴瑟，有以畅其柔嘉，所谓丝竹依永，渐近自然者也。我夫子自卫返鲁，然后乐正者，亦以四方之音万有不齐，采其风而审其韵，一一弦而歌之，以求合于韶武，则自然之谓耳。此集较之《申椒》，真而不质，清而不空，立体命词，无弗自然，虽在风气三变以内，骎骎乎入盛唐之奥，既丽而则，亦清且和，其得于山水、琴瑟之助者深已。抑岂金谷、梁园倡酬于宾客饮燕之间，不关乎性情，无涉于旨趣，悠悠篇什，但厕文选之楼而已哉！"

是书今有国家图书馆藏清康熙五十六年曲阜孔氏刻本（一本，石萃石氏题跋），2010 年 12 月上海古籍出版社《清代诗文集汇编》影印本；首都图书馆藏清抄《孔牖民所著三种》本等。

■ 绘心集二卷 存

（清）孔传铎撰。

是书，国家图书馆等藏有清康熙刻本，九行二十一字，白口，左右双边，单黑鱼尾。书分上下二卷，共计八十六叶。无序跋总目。卷上题"阙里孔传铎振路著；休宁汪芳藻蓉洲评；长白陈于王健夫参"。卷下参评人改为"高阳李敏启彦绳评，玉峰叶吴宾赞王参"。二卷末尾俱镌"男继溥、继泂较辑"。内收《煌煌京洛行》《花朝雅集》以下诗约四百余首。其中赠答怀人之作甚夥，尤多关于罗志行、顾天石、孙松坪、陈健夫、宋牧

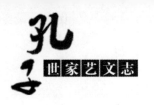

仲诸人。挽诗依次有《輓聊摄蔡吉六》、《哭黄九母舅以永二首》、《挽学士孙松坪二十韵》、《哭堂弟擎中》、《挽家西园桐叟垣三四首》、《輓河东金使颜澹园二首》、《挽宋家宰牧仲先生四首》、《輓家璧六二首》、《戊戌上元后二日輓家东塘户曹五十韵》、《哭顾天石四首》、《輓戴闾卿焕若老伯二首》、《輓翰博颜约亭二首》、《哭叔父四首》等。其中,颜光猷(澹园)康熙五十年卒,宋荦(牧仲)康熙五十二年卒,孔贞瑄(璧六)康熙五十五年卒,孔尚任(东塘)、顾彩(天石)皆康熙五十七年卒。据此似可窥其序次之先后,与夫成书刊刻年代之大概也。又考《曲阜志》、《阙里文献考》、《著述记》等俱著此书,《孔子世家谱》谓:"六十八代传铎,字牖民,号振路,又号静远。清康熙四十年赐二品冠服,雍正元年袭封衍圣公,诰授光禄大夫。好读书,究心理学,工文词。康熙间岁饥,流民四集,爰授屋舍,赈粟米,存活者万余人,又给糇粮,使归井里。宰子墓,在城东南,耕者误垦,令封之,为置祭田。冉子、颛孙子,公为疏请立博士。先是,清圣祖扩孔林地,至公均分各户。雍正二年,临雍陪祀,公疾诏次子继溥代行礼。六月癸巳,圣庙灾,公引咎疏闻,上加慰劳,命大臣督修,公夙夜勤劳,越七年竣,遣皇子祭告,归奏,圣林倾圮,旨允葺,公当溽暑往来经营,越一年,亦竣,因修《盛典》书,以纪其事。尝赐'钦承圣绪'匾额,又赐御定书籍二十七种,万有余卷。著《安怀堂文集》、《读古偶志》、《申椒集》、《绘心集》、《盟鸥草》、《红蕚词》、《炊香词》,并订《春秋三传合纂》、《礼记摘藻》、《古文源》。因长子继濩早卒,九年,引疾替爵于长孙广棨。十三年,公薨。"

是书今有国家图书馆等藏清康熙曲阜孔氏刻本,2010 年 12 月上海古籍出版社《清代诗文集汇编》影印本。

■ 申椒二集不分卷补遗一卷　存

(清)孔传铎撰。

《北京图书馆古籍善本书目》:"《安怀堂文集》二卷、《申椒二集》一卷、《红蕚词二集》一卷,清孔传铎撰,清孔氏红蕚书屋抄本,四册,九行二十一字,无格。"按:考本编凡正文九十五叶,又补遗二叶,无序跋目录。卷端题"阙里孔传铎牖民著;梁溪顾彩天石订,宛平陈于王健夫参",有"红蕚书屋"朱文长方印、"孔氏家藏"朱文正印。收诗自《煌煌京洛行》、《花朝雅集》至《哭叔父四首》,约数百首。其中,有些篇目注有"删去"二字。经予比对,发现除注有"删去"的四十六首不见于《绘心集》外,其余篇目与《绘心集》所收实无不同,惟《绘心集》分为二卷,序次秩然,而此编既不分卷,复乏编次。然其书后《补遗》所收之《闺情》(句用调名)至《入都门次前韵》九首,则为《绘心集》所无。兹参据著录。

是书今有国家图书馆藏清孔氏红萼书屋抄本,2010 年 12 月上海古籍出版社《清代诗文集汇编》影印本。

■ 安怀堂文集二卷 存

(清)孔传铎撰。

是书,国家图书馆藏有清孔氏红萼书屋抄本,上下二卷,九行二十一字,无格。有"孔氏家藏"朱文正印。卷上题"阙里孔传铎牖民著;公安袁惇大其文、休宁汪芳藻蓉洲、濮水陈周璜抱拙参"。计收赋三篇,序二十篇,记二篇,传三篇,书二篇,启二篇,除自著书序,尚有《顾天石往深斋诗序》、《章鼎可泗滨集序》、《陈健夫浮湘草序》、《罗志行鲁门诗集序》、《舅氏黄以永诗序》、《东塘岸堂石门诗全集序》、《玉峰书城叶夫人绣余诗词序》、《适戴氏堂妹蕴光藉兰阁诗序》、《朱遇韩印谱序》等文。卷下署"阙里孔传铎牖民著;玉峰叶宾赞王、黄州刘浦荻江、卞里仲蕴锦绷文参"。收文自《御纂宸订红萼轩书目弁言》、《祖妣吕太夫人祭文弁言》至《书故友李为龙像帧》、《题何滋庵母张孺人像》三十九篇,内有《辑经史子集说》等文,书亦分体。计有弁言二篇,论六篇,碑记二篇,说一篇,铭一篇,题辞二篇,跋四篇,祭文十三篇,杂著八篇。按:此书,《曲阜志》、《阙里文献考》、《著述记》等皆著录,《山东通志》此书与《申椒诗集》、《绘心集》合著一条。《著述记》云:"公生而恭谨和厚,及遇事当断复刚果不可夺。勇于读书,工文词,尤究心濂洛关闽之学。精于《三礼》,凡祖庙中一器一物,无不详加订正。著有《礼记摛藻》一卷、《三传合纂》十二卷、《世宗修庙盛典》五十卷、《读古偶志》一卷、《安怀堂文集》二卷、《申椒诗集》二卷、《绘心集》二卷、《盟鸥草》二卷、《古文源》二卷、《红萼词》二卷、《炊香词》二卷。"

是书今有清康熙曲阜孔氏刻本;国家图书馆藏清孔氏红萼书屋抄本,2010 年 12 月上海古籍出版社《清代诗文集汇编》影印本。

■ 安怀堂全集十二卷 存

(清)孔传铎撰。

是书,曲阜文管会孔府文物档案馆藏有清抄本,六册,半叶九行,行二十一字。书名页题:"安怀堂全集/阙里孔振路著/申椒集、绘心集、盟鸥草、红萼词、炊香词、读古偶志/奎文阁藏板",并钤有"素王嫡胄"白文正方印、"御赐诗书礼乐"朱文圆印等印记。前有传铎《题辞》,云:"兹集静远之所作也,历三十年许,渐积成帙,因辛丑卧病,经今三载，未能豁然去疾。余年届知非，一生心血，恐其散失无存，伏枕呻吟之余，与同学诸君子阅订，悉付剞劂。是《集》计共十有三卷，余也萱堂早背，抱恨终天，严亲因失恃过于姑息，不忍时加督责，故尔失学。今妄灾枣梨，终为覆瓿裹烛之物耳。冀海内词伯韵士，谅鉴勿哂，识等襪线，而余实有厚幸焉。癸卯中秋红萼主人。"按：此书《阙里孔氏诗钞》作十二卷，云："孔传铎著有《修庙盛典》五十卷，《三传合纂》十二卷，《礼记摘藻》一卷，《古文源》二卷，《读古偶志》一卷，《安怀堂全集》十二卷。著作等身，而尤工诗词。宋牧仲冢宰尝称'清新浏亮，迥出时流上。'沈归愚宗伯《别裁集》仅载公三诗，殆未获见《全集》欤？"又孔宪彝《对岳楼诗钞》有《先高祖六十八代衍圣公红萼轩印歌》诗，咏其一生撰作，足资参考。诗云："红萼轩中一品石，价重黄琮与苍璧。旧坑冻质产青田，媲美桃花劚云液。摹取朱文铁线工，伊谁小篆擅鱼虫。漫寻佳品雕花乳，自把精心契铸铜。香生碔砆红犹润，曾伴裘钟佐文阵。百年手泽重连城，一代清芬系私印。抚此拳拳念典型，先人旧泽世通经。鸿文裁就方谟诰（公著《三传合纂》十二卷、《礼记摘藻》一卷、《读古偶志》一卷、《安怀堂文集》二卷），盛典书成贡大庭（公纂《修庙盛典》五十卷）。升平歌咏成余事，申椒专集兰堂继（公著《申椒集》二卷、《绘心集》二卷、《盟鸥草》一卷。《兰堂遗集》，则先恭悫公著也）。小谱琴言绝妙词，草窗秀逸花间丽（公著《红萼词》二卷、《炊香词》二卷）。遥想开轩万萼红（红萼轩在公邸西偏），三千锦瑟唱玲珑。续编未辑盟鸥草，题品先邀放鸭翁（《红萼词》有宋牧仲尚书序，宋自称西陂放鸭翁）。海内词坛孰主客，座上梁溪数晨夕（公好客，名流毕集，与无锡顾天石彩交最笃）。同宣雅政削词牌（公制《红萼轩词牌》一册，名《词坛雅政》），裁月缝云侑歌席。药栏竹树鹧鸪啼（用公自题红萼轩词语），更有新词点笔题。自喜微吟书柿叶，定知押缝借芝泥。昨过高轩觅花萼，依然万卉环虚阁。图鼎钟彝今尚存，旧时裙屐都零落。此印珍藏奕世同，浑如宝玉鲁分封。手翻韵谱俱分杮，犹认当年栅色红（《词韵》抄本分选、辅、商、禁四格，最精审，有红萼轩印记，即是印也。韵为柏芳叔母所藏）。贻燕堂中快先睹，传家溯自曾王父（观察公）。书堂漫忆陈思王，铨印珍逾颜史部。乐府东山学未能，空将规矩忆高曾。愿期永宝贻孙子，讵止词林雅话增。"又清汪观《清诗大雅》载传铎雍正十一年序，尝论及塾师汪芳藻，云："汪氏能世济其美，以予所交如蓉洲明府，尤称白眉，诗文著作，几可汗牛，而骈丽一家，尤觉前掩徐、庾，后凌陈、吴。十数年前，予慕其才，延为家孙师，因得读其春晖楼诸咏，而益叹为风雅之宗。"考芳藻，与曲阜颜氏亦多交往，尝序跋颜氏诗集多种，参见拙著《孔子故里著述考》有关著录。

　　是书今有曲阜文管局档案馆藏清抄本。

■ 鲁门诗集一卷　存

（清）罗筮豫撰，孔传铎等选定。

　　是书，《清人别集总目》著有安徽省图书馆藏红格抄本。《清人诗文集总目提要》此书不分卷，题罗篆豫撰。按：其书予未寓目，孔传铎《安怀堂文集》载其书序，略云：池阳罗子志行，于余为中表，叔祖太常公，先朝名卿也。家故缨簪，席丰履盛，自其尊人仲怀先生为先曾祖东垣，因仕为家库学博，平生以学术自负，放达不事事，青阳故业遂为子侄析去，先生亦置不问。挈家来鲁捐馆后，罗子念中表谊，相依有卜筑终焉之志。又厌城市喧杂，结茅大柳村，寒鸦点树，野蝶寻花，是其诗之料也；茅屋晨霜，板桥夜月，是其诗之境也；山僧扫叶，野老饷耕，是其诗之侣也。柏径斜风，竹间浏雨，是其诗之韵也。于是，得诗数百篇，有可以取名之具而不为有，可以牟利之智而不用……是深知罗子者，惟余兄弟而已。余惧其诗帙散失，欲订而付之梓，以公同好。适同学顾子天石在鲁，因取其诸稿，互相参较，存其尤者，汇为一卷，庶使知当世诗人固不乏浪仙东野之后身，为昭代人文生色也已。《总目提要》称豫字志行，安徽青阳人，此《集》计诗二百四十七首，篆豫为衍圣公甥，康熙间客曲阜十三年，故孔传铎、孔传铦选定其诗，顾彩校正。后有康熙四十七年叔有士跋，诗约自康熙三十九年迄四十五年，康熙间刻，《续修四库提要》有著录。孔传铦《补闲集》有其康熙四十五年序，孔传铎《申椒集》有所作序，署罗筮豫。

　　是书今有清康熙间曲阜孔氏刻本，安徽省图书馆藏红格抄本等。

■ 补闲集二卷　存

（清）孔传铦撰。传铦有《四季花卉画册》，子部艺术类已著录。

　　是书，《清志补编》、《山东通志》、《曲阜志》、《阙里文献考》、《贩书偶记》、稿本《续修四库提要》、《中国古籍善本书目》等皆著录。《著述记》此书作《补闲堂集》。按：此书山东师范大学图书馆有藏，凡上下二卷，每卷一册。正文计一百二十三叶。九行十九字，白口，左右双边。无目录（山师本首有补目一叶不全）及刻书年月。内题"阙里孔传铦西铭著；梁溪顾彩湘槎订"。收诗自《拟古十首》至《雨后草堂客至二首》，凡四百七十余首，不分体，亦不编年。中有《幸鲁盛典告成恭纪二十韵》、《敬题家大人水墨牡丹》、《暮春西园主人招集水南庄》、《题桃花扇歌》等有关族人家事之篇什。前有"己丑嘉平宛水同学陈于王"序、"康熙庚辰长至前一日锡山同学弟湘槎顾彩"序、"丙戌仲秋上浣日愚舅黄郑琚"序、"康熙丙戌长至日九华罗筮豫"序、"丙戌嘉平月上浣素王孙传铦自识"（末有"传铦"阳文圆印、"西铭"阴文方印）。"己丑"为康熙四十八年。传钰曰："顾子天石适从吴中来，与余键户细论声律之若为合，若为不合；词意之若为工，若为不工。又为余手选古人诗以相印证焉。余刻是集也，顾子实删订而赞成之，罗子亦与有功焉。"又罗氏云："'补闲'者，西铭翰博公诗集汇成之名也。闲者，何忙之反也；补者，何不逮之义也。（西铭）与伯兄振路储公互相师友，兼倡'学步诗社'，日集诸同人分题课艺，四方来游阙里者，无不顾负笈而相从焉。湖海宾朋，文章兄弟，可不谓盛欤？"顾氏谓"西铭既以闲者自居，而谋所以补其闲者，遂以诗当之，然诗又写其闲情，则是诗未尝不闲也。以闲补闲，较之予终身碌碌为劳人者，相去奚啻天壤哉。"又《清人诗集叙录》著录康熙四十八年刻本云："是集为顾彩订，有陈于王、顾彩华、罗筮黄、郑琚序四篇。诗作不多，清丽可喜。以《题桃花扇歌》最精妙，《清诗纪事初编》已收。《题魏武观原图》、《题林良芦雁飞鸣图》、《说剑》诸篇，亦有独至。咏阙里名胜及咏物杂诗，韵致生动，罔不可观。"又《清诗纪事初编》："孔传钰，字西铭，袭衍圣公毓圻子。撰《补闲集》二卷、《清涛词》二卷，刻于康熙四十五年。诗词亦复尔雅。康熙初，阙里孔、颜以文采相尚，一时作者甚众，若传铎、传钰，亦后起之秀也。"孔宪彝《阙里孔氏诗钞》云："高叔祖博士公，学赡才敏，工书画，精篆刻，康熙雍正间，屡膺大典，罔愆仪度。世宗临雍，入京陪祀，召见内殿，上注目良久，曰：'孔博士风神，酷类其父。'欲用之，辞以职在奉祀，未果。赐'六艺世家'四字额。其克绍家学，上达主知可知矣。"《山东志》称"宛水陈于王序云：'今读《补闲集》中《过云门山》、《田横岛》、《青石关》、《淄山道中》诸作，言情笃厚，写景真挚，可谓善学古人者矣。'"按：《纪事初编》称此书康熙四十五年刻，《诗集叙录》著录序者作"顾彩华、罗筮黄、郑琚"，均未确。其诗，《阙里孔氏诗钞》、《清诗纪事初编》、《清人诗集叙录》等均选收。传钰，康熙十七年（1678）八月初九日生，雍正九年（1731）六月初二日卒，年五十四。

是书今有中国科学院图书馆等藏清康熙四十五年刻本，2010年12月上海古籍出版社《清代诗文集汇编》影印本；又山东师范大学图书馆等藏清康熙四十八年序刻本等。

■ 小岸诗一卷　未见

（清）孔衍谱撰。衍谱字榆村，号小岸，官庄户国子监博士迁户部员外郎尚任长子，孔子六十五代孙，雍正二年陪祀，恩贡生，官丹阳主簿。

是书，《山东通志》、《曲阜志》、《阙里文献考》、《著述记》皆著录。《国朝山左诗钞》尚任传案云："东塘先生尝作《阙里志》、修《族谱》，既成，以名其二子。"又《阙里孔氏诗钞》云："小岸参军为东塘农部长子，性通率，自农部即世，隐居湖上，放于诗酒，与同邑陶湘、颜懋龄、懋侨、懋伦、同族衍钦、毓璘,及其弟衍志为'八子',有《湖山吟集》。"按:是书未见传本。《著述记》称其"画入逸品,为湖山吟社八子之一,有《小岸堂诗》一卷。"《国朝山左诗钞》、《阙里孔氏诗钞》、《续修县志》录其《晚泊》诗,云:"潮落江平野有烟,残钟几点乱山边。红枫欲老多围寺,乌桕初寒始泊船。秋尽芙蓉谁共采,书贻鲂鳜亦空传。独怜短簿祠前客,辜负东湖又一年。"当即集中之篇什。又按:衍谱,其父孔尚任去世时已三十五岁,因知其生于清康熙二十三年(1684)。其卒约在乾隆二年(1737)。同社诗人颜懋伦《什一编》(丙辰至丙寅)有《哭雨村孔丈诗成重书一绝》,云:"自我有诗君必见,惟君不见哭君诗。几回下笔泪盈手,思遍都无绝妙辞。"据《孔子世家谱》,衍谱号雨村。其诗所哭正为衍谱也。

■ 藉兰阁草不分卷 存

(清)孔丽贞撰。丽贞字蕴光,大宗户袭翰林院五经博士、诰授朝议大夫孔子六十七代孙毓埏女,历城荫生戴文谌妻。

是书,《山东通志》、《历代妇女著作考》与其《鹝吟集》合并著录。《阙里孔氏诗钞》此书作《藉兰阁诗集》。《续修县志》、《山东文献书目》丽贞误为"贞丽"。《山东志》曰:"《历城志》载二编云:采访节抄本,卷未详。《山左诗钞》载中"丽贞"《藉兰阁草自序》云:'境有顺逆,固不能强诸天;情有悲乐,亦不能必诸己。余幼居深闺中,蒙二亲顾复朝夕,不离左右。每花晨月夕,吾父与伯兄,共四方执友,流连诗酒,竟日方休。我母,春则烹新茗,夏则设盆冰,秋则焚兰香,冬则煮佳酿,以待吾父归来。兴若未阑,或评诗,或玩月,或理琴敲棋,彼时,余同长兄怡怡侍侧,天伦之乐,至此为极,故有'双亲两意同'之句,以志其喜。未几,长兄谢世,余赋于归,结缡一载,夫君与幼弟相继沦亡于一月之中,我父我母,复弃余长逝于八年之内。人世之苦,亦莫此为极,形诸墨沈者,亦遂易喜为悲矣。情随事迁,意缘境移,不信然乎哉? 至于往来于历山派水,徘徊于绣户红窗,偶有吟咏,无不可于悲乐间分之。此小集之大概也。癸卯春,红萼轩长兄怜余苦衷,解囊付梓,告成之日,余始得知红萼兄叙于前,怡斋兄跋于后,既感且愧,窃恐世人见之,讥余为不揣固陋尔。'"孔宪彝《阙里孔氏诗钞》谓:"蕴光高祖姑,工诗善画,于归一载,夫亡,守节四十余年,冰操蘖况,见诸歌诗,与同邑颜氏恤纬相唱和,俱以苦节被旌,先高祖为刻稿行世,济南、长清诸《志》俱载其节行,惟《曲阜志》列入《贤淑传》,以继叔姬、敬姜,盖因不仅以节孝传也。"《曲阜志》亦称其"著《藉兰阁诗草》,发乎情,止乎义,君子称之。"道光《长清县志》卷十四节妇传:"荫生戴文谌妻孔氏,名丽贞,衍圣公兴燮孙女、五经博士毓埏女,适戴一载夫卒,氏年二十二岁,守节尽孝……年六十七卒。奉旨旌表。戴本历城籍,孔氏徙居长清旦山屯,遂隶长清。"按:此书刻本未见。曲阜师范大学黄立振先生藏有清稿本,与颜氏《晚香堂诗》合订一册,二集笔法出一人手,原为颜懋伦家藏之物,后辗转为黄先生所得。或此帙先于刻本,故无序跋。此本凡半叶九行、行二十一字,内署:"《藉兰阁草》 闺媛孔丽贞著"。内收《雪夜侍两大人饮酒而作》、《对月弹琴》、《七夕》、《秋夜独坐观海棠》、《中秋玩月》、《谢家兄送佛手》、《偶成》、《七月一日偶作》、《暮春怀刘表妹》、《用伯父途中起句漫成一首》、《西府海棠》、《哭亡兄二首》、《集唐二首》、《咏茉莉》、《咏艾人》、《惜花》、《哭亡夫二首》、《伤幼弟》、《九日感怀》、《途中作》、《梦亡夫》、《夏夜闻箫有感》、《悼婢》、《偶观疗妒羹传奇小青后归于杨因而戏笔即用小青原韵》、《途次偶成》、《泰安道中》、《纪梦》、《夜雨》、《中秋前五日留别家嫂》、《仆人途中失针黹数事》、《将至家》、《晚行》、《咏梅》、《夜》、《咏虞美人》、《春闺》、《夏闺》、《秋闺》、《冬闺》、《遣愁戏笔》、《壬寅仲夏偶制团扇以飞白书之并题》、《村居即事》、《癸卯清和偶读玉峰书城叶夫人诗集即步其韵》,共计四十六首。其诗凡选入《晚晴簃诗汇》者三首,《国朝山左诗钞》者九首,《续修县志》者六首,《孔氏诗钞》者二十余首。然《诗钞》所收与本集诸作不仅篇题有异同,且有不见于其集者,如《芳草曲》即为本集所无。丽贞约生于清康熙三十三年(1694),卒于乾隆二十五年(1760),年六十七。丽贞共兄妹三人,长兄传钜,字擎中,康熙二十三年生,早卒无子。故有"余同长兄怡怡侍侧"之句及《哭亡兄二首》等作。

是书今有曲阜师范大学黄立振藏清稿本。

■ 鹄吟集不分卷 <small>未见</small>

(清)孔丽贞撰。

是书,《山东通志》、《历代妇女著作考》均著录。《山东志》谓"《历城志》载二编云:'采访节抄本,卷未详。'"稿本《续修四库提要》:"《鹄吟集》不分卷,历城李氏抄本,清孔丽贞撰。丽贞字蕴光,曲阜人,毓埏女,历城戴文谌妻。是集共诗二百余首,古今体均有,而以律绝为多,亦随意编次者。丽贞幼年随侍父兄,酷好吟咏,及于归后,未及一年,夫亡弟丧,境遇渐劣,暇辄寄情吟咏以自遣,诗境渐入悲戚一流,多商声艾调矣。其所为诗,清尘绝俗,声律允谐,为闺阁中不可多得者。集前有自序,于其诗之境,述之颇详,有云:境有顺逆,固不能强诸天……丽贞诗集,其兄传铎拟为刊行未果,今集前载传铎序,末后有怡斋跋语。《山左诗汇钞》曾录入数首,谓丽贞所撰为《藉兰阁草》,与此名不同,未知其内容有异同否耶?"按:此本未见。《续修县志》选其诗六首,其中,《芳草曲》、《九日过先父书斋》不见于《藉兰阁草》,或即本集之篇什。

■ 觉庵诗钞二册 未见

(清)孔振铎撰。振铎有《游览记略》,史部传记类已著录。

是书,稿本《续修四库提要》著录抄本,云:振铎字天木,号觉庵,别号五还道子,又号松鹤道人,寿光人,诸生,撰有《游览记略》。是集第一册为五七古及五七律,共一百三十首。第二册为绝句,计三百首,总四百三十首。振铎负姿岸异,迥出尘埃之表,于书无所不窥,尤参悟禅宗,悉得其源流,隐营陵四十年,遂占籍焉。晚年好游山水,始则游览青郡属邑诸山,继则东观海,西登岱,复谒孔林,登阙里庙堂,观车服礼器。又远游吴越金山、虎丘、西湖诸名区,足迹所到,一一题咏,拟为五岳之游,追向子平芳躅,惜年衰老而愿未遂。所为诗多记游踪,如《白云洞》云:"黄冠道士说长春,曾向此间绝世尘。人遇渔樵皆可友,地逢泉石便相亲。白云缥缈留仙侣,红叶参差隔路人。随处烟霞容我老,何须重访武陵津。"又《蓬莱阁观海》云:"逼天高阁插云端,吹浪风来六月寒。霞散波心看日浴,雷鸣脚底起龙蟠。楼惊蜃市终成幻,浮槎牛宫谅不难。堪羡鸿涛千万顷,酒肠方信古人宽。"诸篇读之,觉其胸怀磊落,绝非伏处牖下徒以堆砌为能事者所可比拟也。按:此书,《寿光县志》艺文志无载。

■ 冶性集无卷数 未见

(清)孔毓堂撰。毓堂字斯皇,号虚谷,桐乡县支郡庠生兴仪次子,孔子六十七代孙,康熙五十六年丁酉科举人。

是书,《乌青镇志·著述》著录,谓《双溪诗汇》作《怡性草》。传称:毓堂,自洮孙,秀水籍,榜姓周名士,人称孔周士先生。其书未见传本。《孔子世家谱》亦不著此书。

■ 三肄堂诗草无卷数 未见

(清)孔毓昌撰。毓昌字钟文,号赓言,终吉户庠生兴权长子,孔子六十七代孙,雍正二年甲辰科举人,官安徽旌德县知县。

是书,《续修县志》、《著述记》著录。《阙里孔氏诗钞》录其《雨中过赵北口》,亦云有《三肄堂诗草》。按:此书未见传本。作者毓昌,《孔子世家谱》称其"字钟文,号赓言,雍正癸卯科举人",而《著述记》则称"字赓言,雍正甲辰举人"。"癸卯"为雍正元年,而"甲辰"为雍正二年,二者不免歧异。然考光绪《山东通志·举人表》,毓昌实为"雍正二年甲辰科",乾隆《曲阜志》亦云"甲辰补行正科",故从之,亦作雍正二年。

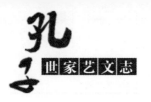

■ 东野诗草无卷数　未见

（清）孔衍似撰。衍似字惕若，号东野，牟平派翰林院检讨加一级尚先长子，孔子六十五代孙，廪贡生，历官户部贵州司、江西司主事，陕西司郎中，盛京刑部郎中，四川保宁府知府，诰授中宪大夫。

是书，《山东通志》据《府志》著录。《孔子世家谱》牟平派："六十五代衍似，字惕若，号东野，廪贡生，雍正甲辰迁户部贵州司主事。丁未，补户部江西司主事，寻授山西司员外。辛亥，擢盛京刑部郎中，兴利除弊，以廉洁慈爱为心……甲寅进京，升授户部陕西司郎中，竭忠尽职，不惮勤劳。乾隆丙辰，升授四川保宁府知府，在任捐俸修整圣庙，创立义学，勤考课，严劝惩，以力学敦行为先。公余，单骑出城，与村氓话孝友农桑，蔼如家人。父子去之日，囊橐萧然，绅士军民跪泣焚香而送者，更倍于盛京也。公性甘淡泊，不事纷华，出仕时，依然素时风。著有《东野诗草》。诰授中宪大夫。子二：兴筠、兴简。"按：其书未见，民国《牟平县志》卷九收其所作《九日游东牟郡登高》诗一首，宫卜万《牟平遗香集》收其《行栈道中》、《提牢有感》诗二首，皆不云有此集。惟称其诗不多见，仅得二首。复引其行述云："公雅好杜诗，松石花竹间，啸歌自足。偶有句云：'鲜花日照三分色，翠竹风摇百折声。'潇然作出尘想，门外事曾不与闻。"又其《行栈道中》云："人从天际下，马策柳梢间，激切句宣意，栈云万里山。"

■ 萝月山房草一卷　存

（清）孔兴筠撰。兴筠字瑞岩，号韵林，牟平派户部贵州司主事、四川保宁府知府衍似长子，孔子六十六代孙，候选州同，诰赠奉直大夫。

是书，烟台图书馆藏有清稿本，一册，七行二十字，毛装，红格。题下无署。其《步升斯常三叔游牟台原韵》有"兴来共向禅林醉，归逐斜阳各带醺"；"千条弱柳开青眼，十里平沙濯碧流"等句。书中有签云："《春闺》八首，其逸品不减尤西堂、黄九烟诸人，允为斯集杰作，惜《遗香集》选例，不采八音押头体，不采限杂名色俳谐体，故不登入。若自己专稿，则不妨杂派备具也。梅庄老俭鉴翁谨识。"按：此书《山东通志》、《宁海州志》、《牟平县志》等多作《萝月山房小草》，《孔子世家谱》牟平派兴筠传亦然，云："六十六代兴筠，字韵林，候选州同。著有《萝月山房小草》。诰赠奉直大夫。子二：毓璠、毓瑶。"又《牟平遗香集》收其《秋日杂咏》、《晓行》、《遣闷》、《有感》、《乡思》、《咏梅》、《题涉川姨丈幽居》、《哭常鸾声》诗，计十余首。云："孔二尹兴筠，字瑞岩，号韵林，太守惕若先生子。以子贵，赠奉直大夫。按：瑞岩初诣太学，捐授州同知，尚未铨补，既而隐居，杜门谢客，世事不与闻，有陶靖节遗风，所著《萝月山房小草》未梓。"其《晓行》诗云："山影初吞月，披霜趁早行。宿云开马首，晓雾破耕声。白接滩沙润，黄添村树明。谁言秋寂寞，鸿雁叫前征。"又《乡思》云："一腔忧闷海同深，寥寥天涯觉病侵。铸错无成悲聚铁，看花有泪怨离琴。愁酣夜雨三更梦，思绕慈闱万里心。莫待春归归及早，故园杨柳正垂金。"考兴筠不仅能诗，亦且填词，《牟平县志》有其《九日登卢峰》如梦令一首，云："九日茰囊香聚，寻菊卢峰深处。落帽忆龙山，更觉松风如助。佳趣佳趣，花插满头归去。"另外，《牟平遗香集》又载有堂兄弟孔衍倬《秋暝》一首，云"孔副举衍倬，字云章，号尔若，学宪念庵犹子。康熙壬午副贡，以教习议叙，即用知县。"

是书今有烟台图书馆藏清稿本。

■ 萝月山房稿一卷 存

(清)孔兴筠撰。

是书，《南开大学图书馆馆藏线装书目录》(集部别集分册)著有抄本，一册，作者题为"孔兴韵"；《清人别集总目》据以著录，复将书名误作《梦月山房稿》。

是书今有南开大学图书馆藏抄本。

■ 礼佛余吟无卷数 未见

(清)孔传莲撰。传莲，桐乡县支康熙三十九年岁贡、奉化县训导孔子六十七代孙毓瓒女，宜川县丞冯锦妻，御史冯浩母。

是书，《历代妇女著作考》据《撷芳集》著录。《晚晴簃诗汇》录其《梦幻杂记》二首，不云有此集。诗话云：桐乡孔氏，系出曲阜。传莲归冯数月，其夫北上谒选，旋赴宜川。传莲居母家之东园，有寄外诗云："家居七品佐，身落万山中。"后随舅江南署中。晚年以子贵，迎养入都。所作诗多不存稿。

■ 虚镜斋诗无卷数 未见

(清)孔传松撰。传松字振茂，号鹤林，大宗户曲阜世职知县毓泗三子，孔子六十八代孙，雍正十年举人，官曲阜世职知县，特恩世袭六品官。

是书，《续修县志》、《著述记》著录。未见传本。《阙里孔氏诗钞》录其《乾隆己巳大金川平定遣太仆寺卿阿兰泰祭告阙里暨少昊陵敬纪一首》及《景炎侄送鱼》诗，亦云有《虚镜斋诗》。孔淑成《读曾祖世尹公〈虚镜斋遗稿〉》尝有"渊源家学擅当时，一代清芬绝妙词"句赞之。《孔子世家谱》传松传不云有此书，但谓"传松字鹤林，雍正癸卯拔贡，正红旗教习，壬子科顺天举人，衍圣公会同巡抚保举特简曲阜县世职知县。子一

继睿"。继睿亦为拔贡、举人,详后《榕阴轩诗辑》条。

■ 炊经堂诗集四卷 未见

(清)孔传铚撰。传铚字振远,号松皋,袭封衍圣公毓圻第三子,孔子六十八代孙,雍正八年授三品执事官,诰授奉直大夫,晋赠朝议大夫。

是书,《山东通志》、《曲阜志》、《阙里文献考》、《著述记》皆著录。《阙里孔氏诗钞》传铚小传此书作二卷,并收其《水仙花》、《怀戴氏姊》、《指画兰》、《重游峄山》四首。《著述记》称孔传铚,字振远,号松皋,毓圻第五子,弱不好弄,动中矩篷若成人。四兄痘殇,母夫人恸甚,绕膝劝慰,收泪乃已,孝感熊相国闻而异之,许字以女。雍正八年,授圣庙三品执事官。肃穆雍容,称其家风。董修《阙里盛典》,与诸闻人讨故实、谈时务,皆服其能。顾念两兄早世,弟出为叔后,惧子子一身伤母心,不片刻离左右。已而,宗子病,弥留,托貌孤,流涕许诺。府事无细大,无或旁挠,家臣畏慑,盖有孝友之风焉。著《炊经堂诗集》四卷。按:传铚,清康熙四十四年(1705)生,乾隆十二年(1747)卒,年四十三。传铚,毓圻第三子,《曲阜志》、《著述记》等称为"第五子",与《谱》不合。

■ 炊经堂诗钞一卷 未见

(清)孔传铚撰。

是书,《清志补编》、稿本《续修四库提要》著录俱作《烦经堂诗钞》。《续修四库提要》云:"《烦经堂诗钞》一卷,阙里孔氏抄本,清孔传铚撰。是集仅诗九十余首,古近体均有之。《县志》谓传铚所为《烦经堂诗集》,计四卷,则此册当系选抄者矣。传铚不乐仕进,以孝友称。为诗颇有自抒性情之慨,如集中《咏水仙花》云:'邻邻白石浸清流,梦断潇湘我欲愁。神女不嫌罗袜冷,冲寒偏爱弄珠游。'又如《怀戴氏姊》云:'迢递长天水一涯,齐烟九点望中赊。明湖月色疑洙泗,乱叶泉声梦鹊华。吟咏风絮空谢砌,笑谈步障忆王家。黄花渐放重阳近,好盼秋深候锦车。'一篇,读之觉孝友之情,时于字里行间流露之。其余如《指画兰》、《重游峄山》等首,亦皆为集中之佳构也。"按:此《钞》未见,审其书名"烦"字当为"炊"字之误,其称"《县志》谓传铚所为《烦经堂诗集》,计四卷"一语,足可佐证。因据重新著录。

■ 芳杜轩集 未见

(清)孔传铚撰。

是书据《曲阜志》传钲传著录。传谓传钲"工为诗,著《芳杜轩集》。"未见传本。

■ 听蕉斋诗集无卷数 佚

(清)孔传镛撰。传镛字序东,号墨稼,袭封衍圣公毓圻第四子,孔子六十八代孙,官太原府同知。

是书,《山东通志》、《续修县志》、《著述记》皆著录。《阙里孔氏诗钞》录其《春日感怀》、《悼亡姬刘湘兰并序》二首,称"高叔祖墨稼公,诗才敏捷,倜傥不群。圣祖幸鲁时,曾面和御制《喜雨诗》,深荷宸赏。诗集散佚,仅存三首。"其《悼亡姬刘湘兰并序》云:"姬本吴产,幼嫔鲁邦,夙慧能诗,兼通音律,洵闺中之乐事,亦词翰之同心。不意,桃怨春零,柳先秋谢,玉笥之香痕尚在,妆台之镜影空悬,物是人非,触情生绪,爰成长律以写幽怀。'秋水明姿不染埃,八年消受侍书才。碧纱窗外余尘梦,黄绢词中咏玉台。贮恨楼空成独照,种花人去为谁开。试看浅印寻芳处,一曲红阑冷翠苔。'想思脉脉意绵绵,掩卷南华第二篇。蛛网深亭花易谢,蛩啼荒径月空圆。芳名唤出悲鹦鹉,晓梦惊回怨杜鹃。方士浪传呼妙子,返魂无计泪潺湲。'"按:传镛,清康熙五十一年(1712)生,乾隆四十七年(1782)卒,年七十一。过继其叔毓埏为嗣。

■ 敏求斋文集八卷诗集四卷外集一卷 未见

(清)孔广棨撰。广棨有校刊《孔子家语》,子部儒家类已著录。

是书,《山东通志》、《曲阜志》、《阙里文献考》、《著述记》皆著录。孔宪彝《阙里孔氏诗钞》,《外集》作《别集》。并云:"从伯祖石门公,好经术,娴礼仪,屡次入朝,皆蒙殊遇。曾奏请元圣后裔,一体陪祀临雍,及衍圣公得预经筵听讲,请著为令,俱蒙报可。留心著述,自名所居曰'念典',日与诸名士讲贯其中,所献赋颂,皆荷嘉览。惜不享年而卒,年仅三十有一耳。"又《续修县志》广棨传云:"乾隆三年,高宗临雍,应召入京,上《亲耕耤田颂》、《视学大礼庆成赋》各一篇,上嘉览焉。六年,以曲阜知县孔毓琚不职,列状上告,毓琚亦讦以数事,上命大臣同巡抚会勘,勘者微不得实,有异词,诏原勿问。八年卒,赐恤典如故事。"其书未见传本。《孔氏诗钞》录其诗二十八首。广棨,清康熙五十二年(1713)十一月初九日生,乾隆八年(1743)正月初六日卒,年三十一。

■ 石门山人诗稿(一名竹林集)一卷 存

(清)孔广棨撰。

是书,北京大学图书馆藏有稿本,一册,半叶八行,行十六字。书前有武进杨椿序,文已残缺。卷端题"石门山人诗稿；阙里孔广棨裕斋"。另行别题"竹林集"，有序云："癸丑春夏，随两叔祖暨叔父后举雩门诗会，合之云间张琴川先生、武进杨吾山、丹徒何樵友，共得七人，或曰：此古竹林社也。是编半系社中所得，爰以竹林名集焉。"因知此书一名《竹林集》。又于题下钤"东家"、"广棨之印"、"杏坛主邕"三印，其为稿本无疑。《北京大学图书馆藏古籍善本书目》著录此书作"清抄本"，显然未妥。此书共十五叶，收诗自《癸丑元旦》、《人日七叔祖招饮》至《木兰诗》，约六十余首。广棨生于清康熙五十二年，癸丑（雍正十一年）雩门诗会，年方二十。

是书今有北京大学图书馆藏稿本，2010 年月 12 月上海古籍出版社《清代诗文集汇编》影印本。

■ 日华居诗稿无卷数 　未见

（清）孔传书撰。传书，太仓支，孔子六十八代孙。

是书，嘉庆《直隶太仓州志·艺文志》著录。宣统《志》同嘉庆《志》。未见传本。

■ 鹤坡诗钞无卷数 　佚

（清）孔继泰撰。继泰有《鄂庄书画经见录》，子部艺术类已著录。

是书，见《崑新两县续修合志》卷五十，《江苏艺文志》据以著录。按：其书未见传本，《中国古籍善本书目》著有国家图书馆藏孔继泰跋《元和郡县图志》四十卷，清乾隆三十四年钱氏通经楼抄本，八册，书存三十四卷，十行二十二字，无格，有"钱氏藏书"、"东吴钱坫"、"读易楼秘笈印"等印。继泰跋云："此书通经楼钱氏抄本也。戊子秋，竹汀钱学士引疾归里，文字旧交，数相往还，辄以藏书见示，隐然有同志之许焉。明年秋北上，临行手赠是书，并《啸堂集古录》一部、《补汉兵志》一部，好古而能公人，为世所不及。余答以诗有云：'……遗我一册书，奚啻百朋锡。对床风雨怀，落月屋梁色。披卷夜挑灯，与君通脉脉。'乾隆己丑七月望后一日识于嘉定之西隐禅寺，孔继泰。"文末钤有"至圣后裔"白文竖长印、"鹤瞻"朱文正印、"继泰"白文正印。又元杨譓《崑山郡志》卷一古迹谓华亭七十五里海隅乡有孔宅，旧图经云："昔有姓孔者，游吴居此"。继泰，盖其支裔也。

■ 余香诗集无卷数 　佚

题（清）孔氏撰。

是书，《重修常昭合志》卷十八著录，云："孔氏，曲阜人，袭封衍圣公孔毓圻女，常熟蒋榆妻。"《江苏艺文志》据以著录。按:考衍圣公孔毓圻有女四人:伯适文华殿大学士兼吏部尚书遂宁张鹏翮次子、江南淮安府海防山安同知懋龄;仲适福建延邵道布政使司参议睢州王式谷子、康熙辛卯科举人榗;叔适内务府大臣包衣丁皂保长子、慎刑司郎中松;季适侍郎衔原任詹事府詹事大兴黄叔琳长子、都察院右副都御史登贤。未有适蒋姓者,故疑为误著,录此俟考。

别集类

乾隆至嘉庆

■ 耀尘集二卷 _存

（清）孔继浩撰。继浩有《慎终集》，经部三礼总义类已著录。

是书，山东师范大学图书馆藏有清王士瓒誊稿本，一函六册，半叶九行，行十八字，白口，四周双边，单鱼尾。内题"耀尘集；阙里孔继浩义塈"。卷端钤有孔继涵"荭谷"印。书口下刻"漱六轩"三字。前有云梦山人、归园主人、会稽施泽灏、乾隆辛未梁溪俞凤祥、钱塘范崧、许喆余、平原张予定、乾隆癸巳钱塘柳洲昆泉、绮园胡锦诸人序，及目录。末有孔继浩、袁鉴、孔继汧三跋。集内凡选收作者自雍正二年至乾隆四十七年近六十年间所作文章一百二十篇。继浩跋其书曰："斯集自甲辰至壬寅，汰存一百二十通，为上下二卷。频年积稿数纸，辄付王生名士瓒者手录之，所谓五日画一山，十日画一水，旋作旋辍。用是多历春秋。字有大小，未得一律，满拟再缮一部。何羌至贺胡司马荣擢叙，乃绝笔也。以下虽补书数篇，终非一手，抚今思昔，可慨也夫。聊志卷后。"按：继浩，传铎长子，清康熙四十七年（1708）生，乾隆五十年（1785）卒，年七十八。《阙里孔氏诗钞》称其"赐四品章服，至圣庙三品官，有《耀尘集》二卷、《弃余集》二卷。"并录其《仲春郊行用杜工部曲江对酒韵》、《将抵里门作》、《玫瑰花和二弟韵》、《秋望》四首。又考誊稿人王士瓒，字奉璋，世居曲阜，康熙四十七年十二月朔日生，乾隆六年，以科试受知于督学徐公，为儒学生员。

是书今有山东师范大学图书馆藏清王士瓒誊稿本。

■ 耀尘集二卷 _存

（清）孔继浩撰。

是书，《中国古籍善本书目》著有中国科学院图书馆藏清稿本，九行十八字，白口，四周双边，单鱼尾。口下有"纫佩斋"三字。卷端题"耀尘集；阙里孔继浩义塈"。内收《和松书屋琴谱序》、《募修文昌阁疏》以下骈散文，凡六十四篇。其中，如《和松书屋琴谱序》、《重摹吴氏印谱自序》、《题印鉴册后》、《篆镂心得自序》、《缦斋诗序》、《邵藩青印谱序》、《敬跋显忠集后》等，俱关著述。书前有云梦山人、归园主人及乾隆辛未俞凤祥、范崧、施泽灏、许喆余序。后有其弟继沂跋，云："吾兄愚斋主人好读书，善强识，自余总角时，辄教以四声。厥后，肄业余力，乃学步涂鸦。居常，训之曰：韩昌黎论文，谓文无难处，唯其是尔。杜工部，诗家大成，乃云老去渐于诗律细，又曰：赋诗新句稳。是知律贵细，句贵稳也。由斯以谭，非多读书，习为之，不能乘尔。春秋多暇日，卓荦观群书，以求古人之所谓是、细、稳三者，则其于诗文，自左右逢原矣。他日，大则高文典册，为庙堂歌颂；小则言语笔墨，气质动静，皆足为一世雄。盖吾兄爱之深，是以言之切也。或作一文，或成一律，必殷勤示余，娓娓不倦，埙篪倡和，互相切磋，其乐何如耶！庚午，汇历年所积骈体遂成帙，复得云梦仙师为之序，而颜其集曰《耀尘》。嗣有归园乩仙及各朋旧俱有弁言，乃谓余曰：君可独无只字乎？余虽悚然不能对，而私心亦欲举片言以缀也。继而因循未克如愿，忽于次年嘉平月望前偶染疾且笃，于枕上忆及此念，半生手足，属意甚殷，岂真无只字耶？急呼婢捧砚，即以余得之吾兄者走笔数行，工拙不及计，聊附诸简末，以作永诀之绝笔云。弟继沂洒泪和墨谨跋。"稿本《续修四库提要》亦著此帙，题"纫佩斋抄本"，谓是集上下卷，文各三十二首，骈散文均有之，随意编排，不为分体，中以诗序、祭文为多。继浩工书画，兼擅篆刻，力学攻苦，酷好为文，格律气韵，虽不能拟诸秦汉，然实有晋魏丰□，而深之以养者。范崧序谓其'淹博条贯，淡逸高古，其骈体亦庾亦徐，散行则以韩以柳，屏去滓秽，别构奇径，各体具备，悉臻神境云云'。则未免称许不伦矣。惟读集中各文，如《先大人家奠文》、《吴恭人传》、《蒲谷移居五全序》等文，可以见其至性之真与蕴蓄之厚，而《篆镌十戒琐言》一文，更粹然儒者之言。通其说颇可悟文章性命之旨，是皆学有根柢之言……是集无刻本，亦不见著录。书首钤'继浩未定藁'小方印，当系继浩编成后清抄之本。按：予尝持此纫佩斋本与山师藏本相较，见其不惟篇目缺近一半，且少张予定、昆泉、胡锦三序，及孔继浩、袁鉴二跋，因知山师所藏王士瓒本为足本，余非全稿。又见《孔子故里志》另著有此书旧抄本，不云藏所，"浩"误为"诰"。

是书今有中国科学院图书馆藏清稿本，2000年1月北京出版社《四库未收书辑刊》第十辑影印本。

■ 弃余集四卷 未见

（清）孔继浩撰。

是书，《孔子故里志》云有旧抄本。惟其不知今藏何处？《阙里孔氏诗钞》此书作

二卷。而据继浩《耀尘集》跋"斯集自甲辰至壬寅,汰存一百二十通,为上下二卷"一语,似此书为《耀尘集》所弃篇什汇录而成者。故名《弃余集》。

■ 五泉庄拟古乐府一卷 未见

(清)孔继汧撰。继汧字体源,号蒲谷,大宗户袭翰林院五经博士传铎次子,孔子六十九代孙,至圣庙五品执事官。

是书,《山东通志》、《曲阜志》、《阙里文献考》、《著述记》皆著录。按:此书未见传本,《阙里孔氏诗钞》收其《车遥遥》、《折杨柳》等诗九首。继汧,康熙五十七年(1718)二月十六日生,乾隆十五年(1750)十二月十五日卒,年三十三。庚午年尝跋乃兄继浩《耀尘集》,为生平绝笔,见前著科院本《耀尘集》。

■ 缇斋诗 未见

(清)孔继汧撰。

孔继浩《耀尘集》卷上《缇斋诗序》:"吾弟缇斋,结庐远市井之嚣,辟迳得泉林之助,南接沂流澎湃,鼓吹诗肠;北望泰岱巍峨,豁开眼界。即景志感,镕万虑以荡胸中;藉题成吟,汇千秋而收腕下。爰裁古体,每厌新声。或汉之铙歌,或梁之鼓角,或代娥眉写怨,曲尽儿女情长;或为侠士传愁,直令英雄气短;或再谱琵琶之曲,也教顿湿青衫;或重阐杨柳之词,自当暗惊红袖。似织回纹绣锦,焕乎更新;如抽独茧丝纶,炳焉换旧。遂成数韵,合有多篇。如琢如磨,玉已润而功匪懈;如磋如切,角已精而志莫违。家有世代遗书,勿辍萤囊壁凿;门无逢迎倒屣,何妨经带麦漂。调与品以并高,学与年而俱进。将见今夕之池塘佳什,反嫌语不惊人;行看异日之燕泥瑶章,共羡词能掷地。聊成数语之草草,难却征序之殷殷,岂无过谀繁言?余殆愚也,实有期望至意,君其勉旃。"又其书前乾隆辛未俞凤祥《耀尘集序》云:"庚午春,余应悔初先生命来阙里。是年冬,令弟缇斋公,玉楼赴召,而先生哀恸迫切至失声。"按:继汧与兄浩同父不同母,然手足情深,见于行文间。惟遍考志乘,未见"缇斋"一称,盖所谓"缇斋"者,继汧之别号也。因据著录,以备征献。

■ 卜洁文 未见

(清)孔兴道撰。兴道字卜洁,衢州派衍忠长子,孔子六十六代孙,岁贡。

《孔子世家谱》二集衢州派:"兴道,字卜洁,雍正丙午科岁贡,有文行世。"兹据著录。未见书目著录与传本。

■ 丹文文稿无卷数　未见

（清）孔兴钊撰。兴钊字丹文，衢州派庠生衍懿子，孔子六十六代孙，邑廪生。

《孔子世家谱》二集衢州派："六十六代兴钊，字丹文，邑廪生，有文稿行世。"兹据著录，未见传本。

■ 耘圩诗草　未见

（清）孔传科撰。传科字振修，一字溟符，号行序，终吉户旌德县知县毓昌长子，孔子六十八代孙，乾隆九年甲子科举人，历官宁津县、扶沟县知县。

是书，《续修县志》、《著述记》皆著录。《山东通志》据《山左诗续钞》著录，称传科"邹县人"。按：其书未见传本，《山左诗续钞》、《阙里孔氏诗钞》收其《古诗》、《蒙阴山村》、《明湖夜泛访友古历亭》、《闻雁》、《晚眺》、《捕蝗谣》（一作《捕蟥谣》），凡六首。其第三首乃咏济南名胜大明湖，诗云："习习蘋风发，孤篷夜不收。疏钟烟隔寺，长笛月当楼。凫雁梦方永，蒹葭凄已秋。伊人在何处？渺渺水中洲。"按：传科任职一事，《孔子世家谱》谓官"河南扶沟县知县"，《著述记》称其"官宁津县知县"，二者所记似相抵牾，然考二《县志》所载，其实传科于二县皆有任职，即乾隆十八年任宁津县知县，二十八起任扶沟县知县，二书不过各就所知而记之罢了。

■ 涧水亭集五卷、修卉书屋诗集三卷　佚

（清）孔广栉撰。广栉有《东家嫡系小谱》，史部家谱类已著录。

二书，《续修县志》等著录。其《修卉书屋诗集》，《著述记》、《阙里孔氏诗钞》皆作《修卉书屋诗》。按：二书不见公私藏目著录，孔宪彝《阙里孔氏诗钞》录其《乾隆戊辰驾幸阙里礼成恭纪》、《广陵》、《姑苏》，云："省山（广栉号）从伯祖，为六十九代公（继濩）次子，留心文献，供事庙庭，与修宗谱，咸资考订，遗集散佚，仅得三首。"广栉，清康熙五十八年（1719）生，乾隆四十一年（1776）卒，年五十八。

■ 南巡纪恩四律　未见

（清）孔传炯撰。传炯字振斗，一字曜南，号南溪，大宗户候选县丞毓玮仲子，孔子六十八代孙，乾隆元年丙辰科举人，乾隆四年己未科进士，官至福建布政使。

《孔子世家谱》初集卷三："六十八代传炯，字曜南，丙辰科举人，己未科进士，授直隶宣化府怀安县知县，升顺天府大兴县知县，选江宁督粮同知，署淮安府知府，升江苏督粮同知，署淮安府知府，升江苏督粮巡道，升江苏按察使，署苏州布政使，升福建布政

使。著有《南巡纪恩四律》。居汶上。"兹据著录。按:考《阙里孔氏诗钞》传炯传,不云有集,惟收其《乾隆壬午仲春南巡恭纪》三首,《清志》及《清志拾遗》、《续修四库全书总目》、《东北地区古籍线装书联合目录》等亦皆无其目,或止数首,寡不成卷矣。又考传炯,康熙五十二年(1713)生,乾隆四十四年(1779)卒,年六十七。彭启丰为作《墓志铭》,略云:"君姓孔氏,讳传炯,字振斗,山东曲阜人,至圣六十八代孙,曾祖衍钰,世袭太常寺博士;祖兴滋,河南衡州府知府;父毓玮,候选县丞,俱以君贵,移赠通议大夫。君兄弟三人,君其仲也。"炯有子三人:继戍、继申、继元。继申,字巽庭,号体西,直隶万金县知县,诰封资政大夫,迁居济宁,未见著述。

■ 行余诗草二卷　未见

(清)孔继汾撰。继汾有《孔氏家仪》,经部三礼总义类已著录。

是书,《续修县志》、《著述记》等皆著录。《山东通志》据《山左诗汇钞》作《行余草》,不著卷数。《著述记》著之,称"词附";《阙里孔氏词钞》收其《梅花引》、《行香子》,亦称"词附"。按:是书未见传本,《阙里孔氏诗钞》收其《送李济安还杭州》、《芦沟桥夜行》等十余首。孔宪彝曰:"曾叔祖农部公,笃志力行,风骨峻洁。高宗幸鲁,屡充引导官,仪节罔愆,以讲书称旨,遂蒙特用。留心典则,手订《乐舞谱》,督责肄习,孜孜不怠,庙庭祀典,为之整肃。纂辑《阙里文献考》,纪述恩赉,表扬幽潜,足裨家乘。手校经史刊板,为家塾读本。字画皆本《说文》,识者珍之。修《家仪》一书,冠、婚、丧、祭,罔不具备,迄今子孙法守之。在军机处行走时,屡荷特达之知,行将大用,适以公事被劾,吏议落职,幸荷天恩,旋得昭雪。南游武林,卒于梁学士同书家,学士殡公于清勤堂,令子弟皆为衣素,其重公如此。"继汾,清雍正三年(1725)五月初二日生,乾隆五十一年(1786)八月初六日卒,年六十二。

■ 文献通考序一卷　未见

(清)孔继汾撰。

《续修县志》:"孔继汾著有《行余诗草》二卷,《文献通考序》一卷。"兹据著录。按:《著述记》谓"孔继汾著《阙里文献考》百一卷,又校刻《文献通考序》一卷。"其所谓校刻《文献通考序》一卷,当即此书。

■ 焚余草　未见

(清)孔继炌撰。继炌字体明,号菊亭,孔子六十九代孙,至圣庙执事官。

是书,《山东通志》、《续修县志》、《著述记》俱著录。《阙里孔氏诗钞》作《焚余集》,并录其《埠门归牧》、《再至天书观》、《客中寄内》、《留别江庶斋》四首。《山左诗续钞》书名同,亦收《埠门归牧》,云:"暖暖炊烟起远村,荷蓑归去已黄昏。一声短笛斜阳外,牛背斜驼直到门。"

■ 戴东原先生文一卷　存

(清)戴震撰,孔继涵编辑。继涵有《考工车度记》,经部周礼类已著录。

是书,北京大学图书馆藏有稿本一册,收文二十四篇,胡适跋。《中国古籍善本书目》、《北京大学图书馆藏古籍善本书目》著录此书不题编者之名。

■ 红榈书屋诗集四卷　存

(清)孔继涵撰。

是书,《清志》、《山东通志》、《续修县志》、《著述记》、《贩书偶记》等皆著录,翁方纲所撰《墓志铭》亦载之。按:山东大学图书馆此书藏有《微波榭遗书》单行本,亦十二行二十四字,细黑口,双鱼尾,四周单边,无序目,有"长沙叶氏元尚斋鉴藏"等印,并书末"道光乙酉十月十二日昭恢读竟谨志,复字二处,疑字一处"一行。按:其"复字二处"见于卷二十一、十二两叶,"疑字一处"见于卷一第一叶。昭恢乃作者之孙,本书有著录,可参见。《晚晴簃诗汇》谓:"荭谷少工词章,年十五,以《咏兰诗》为时所称。交戴东原,传其九数之学。赵瓯北、蒋心余皆未识荭谷,瓯北寄诗曰:'平生未识孔巢父,曾读红榈诗一编。著录已登书画舫,才名争慕孝廉船。'荭谷有《斫冰词集》,心余著《院本十种》成,封寄云:'我所度曲,不可不令斫冰词人见之。'"孔宪彝《阙里孔氏诗钞》曰:"荭谷从曾叔祖,笃于内行。早岁告归奉母,著书等身。于天文、地志、经学、字义、算数之书,无不博综。遇罕传之本,必为校刊付锓。所刻微波榭书有《五经文字》,《九经字样》,《算经十书》,杜预《春秋长历》,《春秋土地名》,赵汸《春秋金锁匙》,宋庠《国语补音》,赵岐《孟子注》,休宁《戴氏遗书》。交游遍天下,尤与戴东原、卢召弓、翁覃溪、张瘦铜诸先生相善。讲析考证,不遗余力。年四十五而卒,未竟著述之志,海内惜之。"《越缦堂日记钞》谓其"诗学宋体,而善用经疏中冷典僻字。"《清人诗集叙录》误继涵为戴震弟子,称其"邃于算术,旁及名物音训,著有《微波榭从书》。工倚声,有《斫冰词》。诗学宋体,善用经疏中冷典僻字,动辄千言,根柢深厚。《读书七首》、《校阙里汉碑》、《观石鼓旧揭二本》、《汉石经残字拓本》、《宋高宗石经诗》、《魏景初帐构铜拓本》、《题天顺八年甲申十同年卷》、《烟草诗千一百字》,均甚奥衍,然未入于涩体,

非不能解也。《趵突泉》、《海市》、《桃源行》、《论诗绝句十首》、《回回蒲桃五首》,同翁方纲、张埙等游慈寿寺,《题张瘦铜过岱图》、《题罗两峰鬼趣图》,多得理趣。乾隆间学者多读故书,作诗运典,如数家珍。宁作有脚书橱,不为纷华所欺。如张埙、王友亮、孔继涵诗,均思精笔锐,不事标衔。仅此亦可关倡言性灵之口矣。"又,《清人诗文集总目提要》著录其书误称其"所撰《红榈书屋诗集》四卷、《杂体文稿》七卷、词三卷,殁后友人戴震辑入《微波榭丛书》。"按:继涵生于清乾隆四年(1739)正月初二日,卒于乾隆四十八年(1783)十二月十八日,年四十五。继涵卒后,好友卢文弨为作《哀词》祭之,文刻于继涵墓碑之阴,收入《卢抱经文集》,曰:"哀词一首。敬呈皇清朝议大夫荭谷孔世老先生灵鉴:呜呼!君盖天下学士之所以为宗主者也。自成进士后,嗜学转笃,服官农部,恐不能卒其业,亟告归。左图右书,日有所采,获古来遗文坠简,为一一整齐补缀,出与友朋相质证,海内学者多乐就之,见闻益以富。其厚于朋友也,不以死生易节。东原戴君既殁,为版行其遗书,无有散失,士林尤高其义,其他所梓,复不下数十种,扶微振绝,厥功茂焉。昨岁冬孟,文弨自太原南还,过鲁访君,盖不相见者星一终矣。留余止宿,示余以汉隶,借我以佳本,饷我以新刻。微见君容黯黮而多涕,劝君宜少进药饵,然亦不图有旦夕虞也。今年仲春初旬,得君不禄之讣,惊噩涕零,进使者而问故,使者不能言其详,但言君第三郎君,新就婚于金陵而归,亦以是月夭亡,相去仅三日。呜呼!一何酷也。以君之淳懿融粹,绝无瑕玼,宜其享遐年,膺厚福。余方欲托君以身后事,而何竟余反为后死者耶?既以悲君,实亦自悲,爰为之词,以写我哀。"其诗,《晚晴簃诗汇》、《山左诗续钞》、《阙里孔氏诗钞》、《清人诗集叙录》等皆有选收。

是书今有清乾隆间曲阜孔氏刻《微波榭遗书》单行本;清乾隆间曲阜孔氏刻《微波榭遗书》本,2002年3月上海古籍出版社《续修四库全书》影印《微波榭遗书》本,2010年12月上海古籍出版社《清代诗文集汇编》影印《微波榭遗书》本等。

■ 红榈书屋诗集九卷 存

(清)孔继涵撰。

是书,国家图书馆藏有稿本,《中国古籍善本书目》、《北京图书馆古籍善本书目》著录此书作"清抄本",云"孔继涵改定"。书凡二册,十行二十字,无格与页码,亦无目录序跋。卷端题:"红榈书屋诗集卷一;阙里孔继涵"。书为郑振铎旧藏,前后分别钤有"长乐郑振铎西谛藏书"、"长乐郑氏藏书之印"朱文印。收诗自《古诗二首》、《镫花》至《罗敷》、《董祀妻蔡琰》,即作者十五岁至四十四岁间所作诗约五百余首。通观其书,盖前八卷依年编纂,纪年有:戊寅、己卯、庚辰、丁亥、戊子、辛卯、壬辰、癸巳、甲午、乙未、丙申、丁酉、戊戌、己亥、庚子、壬寅等，卷九"拾遗"，自为起讫。末附《十意何劳十吏钞》。书内除收己作，兼录友人张埙、周永年、李文藻、翁方纲、钱大昕、程晋芳、钱载、屠松、汪元亮、罗聘、胡士震，及侄广森等人和诗。所收诗作，诸体略备，涉猎广泛，而尤以酬唱题赠为大宗，如《寄赵翼（云松）》、《题张瘦铜过岱图》、《题约轩韦探花尊人铁夫先生授经遗照》、《送同年李澹园根玉还滇》、《题林心香尊人轮翁涤砚图》、《题林于宣尊人所镌研铭图》、《中秋同饮徐榜眼擎士寓斋，次日读龚同年狄浦倡和诗，即借其韵请擎士同作》、《送徐玉田，徐以雨阻不及秋试》、《寄杨同年本盛》、《代罗山人两峰聘和图裕斋辖布学士题薛荔叶诗，同作者钱宫詹载、翁学士方纲、钱学士大昕、程吏部晋芳也》、《吴蠡涛舍人濒别，壬辰七月朔，同胡竹岩待诏、张瘦铜舍人、罗两峰山人饮饯青桢书屋，以风正一帆悬分韵》（得"一"字）、《图裕轩师邀罗山人两峰绘山雨楼村居图，罗适于市得杜东原画，与意相若，举以代绘事。楼在金王璘钓台，故同往。翁正三学使作悯忠寺菊游以报，时钱择石、宫詹钱辛楣、学士程鱼门，吏部在座……》、《观两峰指头画兰》、《罗两峰指画兰既联句十五韵复于枕上检未用字复成十五韵》、《瘦铜张舍人归自秦中还都，两峰将之津门，饮青桢书屋，同胡竹岩醉后戏联十律》（罗手作画口喝起首句，诸同人以声相续）、《上元蹋灯词乾隆癸巳和徐榜眼灜云、张舍人瘦铜、汪孝廉明之作》、《丙申四月十五日，同翁覃溪学士、张瘦铜舍人、吴蓉塘编修、周淑明孝廉、儿子广栻游慈寿寺，看娑罗树花……》、《翁学士覃溪过寿云簃观石鼓旧拓二本》、《大云山人始交于壬申之春，丁酉夏，忽得陪于翁学士覃溪、程吏部鱼门，席上因得表弟熊元家兄蔗亭诸人海南宦况，兼贻令弟〈左传〉评刊本，即席同限"南"字韵诗，因俱牵连缀及》、《汉石经残字拓本〈尚书〉十四字，〈鲁诗〉十二字，〈仪礼〉九字，〈公羊〉、〈论语〉皆十六字，乾隆丁酉四月二十七日观于翁编修青棠书屋。文不越〈隶释〉所载残字中，假归摹之，审谛石文勒蚀处，纹皆连络，纸无割截，即〈鲁诗〉实已尚不四字，已非连文石经，不尔也，即洪氏〈隶释〉中四字，亦不相连属也，或蓬莱阁刻石去其锋棱不完难以摹勒者与？抑隶篆所刻必有博古君子能证之。五月初三日丁卯，大雨朝晴，泚笔记此，并系以诗（黄小松云是博古堂帖中所刻）》等，见诸各卷，不胜枚举。另外，关于孔氏学者孔继涑、孔广林、孔广森等人的，如《放榜日大雷雨，隔巷不得过，信夫家兄寓寺，因成一律并示侄森》、《侄广林下第寄以诗》、《叠前韵示侄森》、《从子广森乞假奉嫂氏归里途中寄诗六首，次韵寄示》、《葭谷兄送茶用前韵志谢》，亦复有之。继涵颖悟过人，少即能诗，其卷一《从侄柞索兰二首》注云："十五岁作"。卷九《近圣人之居》（庚辰乡试诗题）亦为早期作品。卷五所载《论诗十首》乃继涵自道所得，殊宜珍惜。另见集中有《自题柳庄春牧图》一诗，殆继涵学问之外，兼及绘事乎？又检其

书，或由门人仆童先行抄录，续经继涵润改篡定，审其卷一《复雪饮梅花》题下"下用东坡聚星堂禁体韵"、卷二篇题《鼠耗戏作叠韵》、卷九《儿子广栻来迎我于京师，至都门始知予已从水路行，儿陆路旋里，襄嫂氏丧，仍遣人至德州相迎，率赋寄示》之增改文字，当即继涵手改者。故其书应列为稿本，而非一般抄本。继涵卒后，此稿复经佚名者删选，并加批点。其中，不少篇目直书"删"字，同时规定"凡题上有〇者入选，有𠃌者不入选。"有的则作注语，如卷一首叶《镫花》诗眉上注云："因是少作故存之"；《村居五首》之次篇眉上注云："添题目存二绝句"；张埙附诗眉上书"附作不必存"；《正大光明殿御试同考官恭纪》题上书"'正大'□一格，'御试'另行平抬"云云，像是此帙选定待刻，然《芍药》诗眉上则又谓"刻本在《凯歌》后"，似又非是。又于卷一末题"四月七日阅此一卷"；卷二末书"存六十九首，附二首"，又云"初八日，赐研斋画（书）此一卷，为之胀痛，不能多阅"；卷三末有"乙巳八月重删"等。以其选例过苛，删削过多，遂于《饮李轩飞同年寓舍依韵奉答》批云："诗境渐老，不忍多删"。另于卷四《海市》眉上批云："聊辞俯仰随人法，此句即君之论诗法也。君长在此，君短亦在此"；"有奇气而未老成，然能之者鲜矣。"偶有选人惬意叫绝，极快不已者，如卷五《桃源行》，有其乙巳五月十二日评，曰："理足神旺，近岁诗人无与为匹"；"绝好顿挫"、"绝好接"；"必传之作"，"绝唱。压倒古今之作，在卷中亦是压卷之作，一切音节无不合拍。茌谷在时，亦不知诗境如此之□也。"品其语气，批点者虽不署名氏，似不出好友张瘦铜辈也。惟见书内避"玄"、避"弘"外，竟有一处避"宁"字，余则"宁"字不避，为不可解耳。

是书今有国家图书馆藏稿本，2010 年月 11 月国家图书馆出版社《国家图书馆藏抄稿本乾嘉名人别集丛刊》影印本。

■ 红桐书屋杂体文稿七卷　存

（清）孔继涵撰。

是书，曲阜师范大学图书馆等藏有清乾隆间刻《微波榭遗书》本，半叶十二行、行二十四字，黑口，四周单边。内题"曲阜孔继涵诵孟"。凡卷一序，卷二跋，卷三记，卷四缺（参见《红桐书屋未刻稿》条），卷五颂、论、辨、志铭、传赞，卷六文、杂题、启、表，卷七年谱（《熊文端公年谱》）。又见山东大学图书馆藏《微波榭遗书》单行本，版式同，亦七卷。惟卷四以《同度记》充之，而无"卷四"字样；卷七《熊文端公年谱》末有《熊文端公世系表》（尾署"甥孙孔继涵敬衍"）、《熊文端公女系表》（尾署"张埙填讳"），与所见曲师藏本不同。书末所附张埙撰孔继涵《行状》及翁方纲撰《墓志铭》，曲师藏本亦无，知单行本实较丛刻本为完备。按：此书《清志》作《红桐书屋文稿》，《山东通志》

作《红谷杂体文稿》。《越缦堂日记钞》谓:"《文稿》多考证之作而好持高论。其第七卷为孝感熊文端公《年谱》,所纂文端事极详,足资参考。"又吴熙原刻《仪郑堂遗稿·题词》云:"我朝敦崇道统,昌明儒术。圣裔则有诵孟农部,早通六艺,又得交于吾乡戴东原先生,其学益邃。于天文、地志、小学之书,精思博取,成一家言,微波榭选述,岿然与《戴氏遗书》并行。"张舜徽《清人文集别录》则谓此书"以诸书序跋为最佳。所刻书不喜别标名目,但题曰微波榭而已。微波榭者,乃其自辟之水阁。而故宅名红桐书屋。一时文人学士,咸凑其庐。当乾隆盛时,经师蔚起,士夫多以此归之。观是集卷一五经文字、九经字样序,论及古之小学,即包举洒扫步趋言语书数而为言,非特无重文轻质之见。抑且不为扬汉抑宋之论,可以觇其趣向矣。"其文《清文汇》乙集有选载;而《宋六印记》又载见《琉璃厂小志·琉璃厂书画题跋汇编》。

　　是书今有清乾隆间曲阜孔氏刻《微波榭遗书》单行本;清乾隆间曲阜孔氏刻《微波榭遗书》(缺卷四)本,2002 年 3 月上海古籍出版社《续修四库全书》影印《微波榭遗书》本,2010 年 12 月上海古籍出版社《清代诗文集汇编》影印《微波榭遗书》本等。

■ 红桐书屋文集七卷　未见

　　(清)孔继涵撰。

　　是书,《藏园群书经眼录》卷十六著录孔氏原稿本,云:"杂体文凡七卷。(己巳二月见,徐梧生遗书)。"按:考此本《中国古籍善本书目》、《清人别集总目》等俱无著录,不知其存佚如何? 现落何处?

■ 红桐书屋杂体文稿不分卷　存

　　(清)孔继涵撰。

　　是书,《中南、西南地区省、市图书馆馆藏古籍稿本提要》(附钞本联合目录)著有重庆图书馆藏清乾隆藤梧馆抄本,一册。

■ 红桐书屋未刻稿二卷　存

　　(清)孔继涵撰。

　　是书,《双行精舍书跋辑存续编》据山东省图书馆藏民国二十三年山东省立图书馆抄本(一册)著录,云:"曲阜孔荭谷《微波榭遗书》已刻行,内《杂体文稿》七卷,缺第四卷,别于书后刻《同度记》、《长行经》二种,题作'微波榭遗书之四'以补之,前后失次,亦无序跋。顷见《遗书》底本增出第八卷,别有第四卷,除原刻二种外,尚有《考工车度记》,《补林氏考工记》,《解勾股粟米法释数》三篇,均未刻入,证之全书校改题署字迹,为张瘦铜埧编次。四卷所遗末二篇,似未写定,然前篇及第八卷,则不应脱漏,殆《遗书》当时并未刻竣,故一切序跋并未列入,即如《红桐书屋诗集》,余藏有瘦铜先生序文手稿,原集竟未刊入可证也。兹就未刻各卷,分别录出,其《同度记》二篇,亦附入四卷,俾全其数,题曰《红桐书屋未刻稿》。二十年十月双十节后二日王献唐记。"又,稿本《续修四库提要》亦著此本,略云:"其所著述,曾汇刻《微波榭遗书》,内《杂体文稿》一种,旧未刻竣,前后失次,亦无序跋。其文稿底本,清末福山王懿荣收入《海代人文》,继归临清徐坊。徐书散出,复归孔氏。是集为王献唐等所编者,取文稿底本,与已刻者相较,凡《杂体文稿》已收者,概不编入。共得文十余篇,并将继涵所著《考工车度记》、《补林氏考工记》、《解勾股粟米法释数》等篇,亦皆汇入,合厘为二卷。并附继涵行述于后,因题此名。其所载各文,亦以考证之文为多。李慈铭《越缦堂日记》谓继涵好持高论,诚非虚语也。"

是书今有山东省图书馆藏民国二十三年山东省立图书馆抄本。

■ 微波榭遗书一卷 存

(清)孔继涵撰。

是书,《中国丛书综录》集部别集类著有清嘉庆九年赵州师氏小停云馆刻《二余堂丛书》本。按:《东北地区古籍线装书联合目录》著录辽宁省图书馆藏嘉庆九年刻本,"小停云馆"作"小亭云馆"。《续修四库全书提要》亦著录此书,云:"孔荭谷,尼山的派,博学笃志。《微波榭遗书》,骎骎乎安国、颖达。"

是书今有清嘉庆九年赵州师氏小停云馆刻《二余堂丛书》本。

■ 孔继涵遗稿无卷数 存

(清)孔继涵撰。

是书,中国科学院图书馆馆藏目录著有史宝安辑《枣花阁秘笈三种》本。

■ 诗集无卷数 存

(清)孔继涵等撰。

是书,中国科学院图书馆馆藏目录著有抄本,一册一函。

■ 红桐书屋文集二卷 未见

(清)孔继涵撰。

是书,《续修县志》、《著述记》皆著录。《阙里孔氏诗钞》亦谓继涵著有《红桐书屋诗文集》六卷(诗四卷、文二卷),与二书著录相合。按:《续修县志》、《著述记》此书之外不云有《杂体文稿》,其所谓《文集》者,抑即《文稿》之别本欤?又《国立中山大学图书馆周刊》1929 年 2 月第 6 卷第 5、6 期合刊载顾颉刚、陈槃《曲阜孔广森及其家族的著述》著有《红搁(桐)书屋集》二卷,亦似此书。

■ 红桐书屋集十四卷　存

　　(清)孔继涵撰。

　　是书,《清志补编》等著录。稿本《续修四库提要》著录微波榭本,略云:“《红桐书屋集》十四卷,清孔继涵撰。是集同刊而单行,凡《杂体文》七卷《诗》四卷《词》三卷。按:继涵学重考证,《集》中多经籍序文、碑拓题跋,及杂考纪事之作。文皆征实,不尚空言,《宋太学石经记》,就现存残石拓本,遍征群籍记载,钩稽原委,可辨正旧说者甚多,较朱彝尊所考,尤为详晰。其《同度记》附《衍细草》及《熊文端公年谱》附《熊氏世系表女系表》皆为专书,亦并入《集》中。诗戛戛独造,出入杜、韩、苏、黄,不涉纤弱家数,高者出虚入浑。张埙推《桃源行》一篇为压卷,《集》中亦不多见。有论诗绝句云:‘才知不读书千卷,牙后拾人也不应。’自道所得如是。词为别调,要无恬熟语,不失其本色耳。”按:《书髓楼藏书目》载有《红桐书屋诗文词》十四卷,当即此书。

　　是书今有清乾隆间曲阜孔氏微波榭刻本。

■ 唯堂诗集无卷数　未见

　　(清)孔传曾撰。传曾字唯堂,平阳派毓昌子,孔子六十八代孙,增生。

　　《孔子世家谱》平阳派长支:“六十八代传曾,字唯堂,增生,精书法,著有《唯堂诗集》。”兹据著录。未见史志著录与传本。

■ 胥阳诗草无卷数　未见

　　(清)孔传承撰。传承字振绪,号胥阳,平阳派奉祀生毓典子,孔子六十八代孙,郡庠生。

　　是书据《孔子世家谱》平阳派传承传著录。未见史志著录与传本。

■ 忘洛文集二卷　未见

　　(清)孔传来撰。传来有《太极图浅说》,经部易类已著录。

　　是书,据《孔子世家谱》传来传著录,未见传本与它书著录。

■ 玉虹楼诗一卷　存

（清）孔继涑撰。继涑有《玉虹楼帖目录》，史部金石类已著录。

是书，稿本《续修四库提要》据清刻本著录，云："是编计古近体诗一百五十六首，分体编次之。如《集》中《题张文敏公墨迹后》云'精研八法重天才，神趣纵横笔妙该。展卷曲江风度远，苏黄名自御题来。评隔香光品不差，珍希法宝勤天家。廿年私淑惭初步，已恨云烟过眼花。'等篇，已自可诵，而《乾隆戊辰驾幸阙里恭纪》及《乾隆甲辰驾幸阙里礼敬和御制元韵恭纪》等首，皆极有清遒真朴之概焉。"按：是书，《山东通志》据《山左诗汇钞》不著卷数；《续修县志》、《著述记》云继涑有《玉虹楼诗词》四卷；《阙里孔氏诗钞》继涑传亦载是书，并录其《夏晚漫兴》等诗多首。《阙里孔氏词钞》谓继涑有《玉虹楼诗》词附，并录其《菩萨蛮》、《点绛唇》词二首。姚鼐《孔信夫墓志铭》谓"信夫讳继涑，曲阜衍圣公讳传铎之季子也。幼而才俊，衍圣公为聘华亭张尚书照女，女殇，而君遂习于张氏。尚书以书名天下，君得其笔法，书盖埒之。又善于鉴别收集古今名家书，镌刻论辨，世所传《玉虹楼帖》也。其于诗文为之皆工善。"继涑，清雍正四年（1726）九月初四日生，乾隆五十五年（1790）十二月二十三日卒，年六十五。

是书今有清刻本。

■ 谷园稿一卷　存

（清）孔继涑撰。

是书，中国科学院图书馆藏有稿本，折装一册。按：《清志》集部别集类有《玉虹楼遗稿》一卷，似即此书。

■ 玉虹楼诗词四卷　未见

（清）孔继涑撰。

是书，《续修县志》、《著述记》均著录。未见传本。

■ 听竹楼诗稿（一作听竹楼偶吟）无卷数　未见

（清）孔继坤撰。继坤字芳洲，桐乡县支邑庠生孔子六十八代孙传志次女，继瑛妹，嘉兴高士敦继室。

是书，据光绪《桐乡县志·艺文志》著录。嘉庆《志》作《听竹楼诗》，《历代妇女著作考》复据《撷芳集》作《听竹楼偶吟》，《晚晴簃诗汇》继坤传亦作《听竹楼偶吟》。《乌青镇志》著录本书，注称继坤号芳洲。《桐乡志》才媛传云："知县高士敦继妻孔氏，名继坤,字芳洲,为青镇孔传志次女。姊继瑛见贤母传。氏工诗词,善画,多姊妹唱和之什,有《钱武肃王铁券歌》为时传诵。暮年诗笔尤得苍凉之气。"《晚晴簃诗汇》录其《送复哉北上》及《海棠》诗,称"芳洲工诗画,其《送复哉北上》诗可见性情。"诗云:"珍重复珍重,别绪何茫茫?临风理素箧,游子整行装。八茧乏吴锦,五纮愧羔羊。春风吹客衣,雨雪霏道旁。出门几回首,一顾一彷徨。男儿多意气,安用恋故乡。黾勉事行役,弗萦儿女肠。何以解我忧,诗酒恣徜徉。何以慰我心,德音频寄将。白头有老母,黄口多儿郎。君职我当代,我言君莫忘。穷冬气萧索,万象寒无光。岂无三春时,灿灿桃李芳。愿君知此意,奋志期飞扬。不见黄鹄举,千里任翱翔。"

■ 桂窗小草无卷数　未见

(清)孔继孟撰。继孟字德隐,桐乡县支康熙四十八年己丑进士、解州知州孔子六十八代孙传忠次女,乌程夏祖勤妻。

是书据《桐乡县志·艺文志》、《乌青镇志·著述》著录,《历代妇女著作考》据《湖州府志》、《桐乡县志》、《正始集》著录同。《晚晴簃诗汇》亦著此书,并录其《伤逝》、《送春》二诗,诗话云:"德隐读书明大义,侍夫疾遍阅医家言,因通其术。夫亡,矢志孝事舅姑,教子耀曾成立。"其《伤逝》云:"肠断思君子,悲哉逝水流。温文娴礼乐,慷慨熟春秋。长啸刘琨壮,深心贾谊忧。玉楼天帝召,寡鹄恨难休。"

■ 爱日轩遗墨(一作爱日轩草)无卷数　未见

(清)孔兰英撰。兰英一作兰瑛,桐乡县支监生世球女,汪圣清聘妻。

是书据《桐乡县志·艺文志》著录,《历代妇女著作考》据《撷芳集》作《爱日轩草》。《桐乡志》才援传云:"汪圣清聘妻孔氏,名兰英,为监生孔世球女,少孤贫,以针黹供母膳。工诗画,许字圣清,未婚而卒。圣清往唁,其母出所绘《燕姬出猎图》遗扇以赠,并题一绝云:'霜气冷征衣,秋原雉兔肥。燕姬年十五,挟弹势如飞。'兵曹汪启淑采其诗入《撷芳集》。"按:《晚晴簃诗汇》此诗之外,另录其《秋怀》一首,云:"纷纷木叶舞回廊,自酌香醪破闷尝。远道短书劳怅望,此邻长笛助悲凉。闲愁易乱如衰草,女伴难留似夕阳。独有寒蟾非世态,照人薄醉坐兰房。"按:世球,与谱辈不合,世系俟考。

■ 裕堂诗草无卷数　未见

(清)孔继元撰。继元字元之,号裕堂,桐乡县支邑庠生孔传志长子,孔子六十八

代孙,乾隆六年拔贡,本科顺天举人,景山官学教习,湖北枝江、襄阳县知县。

是书据《桐乡县志·艺文志》著录。《乌青镇志》此书作《裕堂诗钞》,《人物传》称继元"晚年主讲嘉定书院,识李许斋于童子军中,资以膏火,卒成大器。"《孔子世家谱》继元传不著此书。按:继元有弟三人:继文,字行之;继章,字章之;继方,字方之,均为邑庠生。

■ 西溪辍耕集五卷　未见

(清)孔继揎撰。继揎字子长,江苏武进县支奉祀生传衮第五子,孔子六十九代孙。

《孔子世家谱》:"六十九代继揎,字子长,赋性灵敏,博学善文,尤长于诗,有《西溪辍耕集》五卷。"兹据著录。按:揎之长兄继捷,性聪悟,亦善属文。博习群书,无所不达,学宪魏学诚给"醇儒隽品"扁额。

■ 榕阴轩诗辑二卷　未见

(清)孔继睿撰。继睿字体范,号思亭,大宗户曲阜世职知县传松子,孔子六十九代孙,乾隆十八年癸酉拔贡,二十四年己卯科举人,官上虞、镇远县知县。

是书据《续修县志》著录。《山东通志》据《山左诗续钞》作《榕阴居诗辑》,不著卷数。《著述记》同《续县志》,称其"先任上虞时,曹娥江陡涨,漂没田庐,慨然捐俸,筑海塘十余里,民名之曰'孔公塘'。著有《榕阴轩诗辑》二卷。"《阙里孔氏诗钞》记载同《山东志》,并录其《我有一樽酒二首》,其一云:"我有一樽酒,君携三尺琴。相随明月下,共入白云深。曲罢弦留韵,兴酣杯屡斟。陶公不可作,千载几知音。"按:据《孔子世家谱》,继睿子广蠹、广鼎,孙昭珣、昭玙,均为举人。

■ 文津轩文集无卷数、秋水亭诗集无卷数　未见

(清)孔毓书撰。毓书字东璧,盛果户庠生兴持次子,孔子六十七代孙,乾隆三十三年戊子科举人,历官丘县、单县教谕。

二书据《续修县志》著录。《增补孔庭摘要》毓书传称其书"行世"。然考诸公私藏目,未见有录。《著述记》及《阙里孔氏诗钞》亦不载毓书其人其诗。据《孔子世家谱》,毓书有子五人,长子传尉、三子传嶝,举人;二子传钦、四子传峝,岁贡生;五子传崋为执事官。

■ 骈俪文三卷 存

（清）孔广森撰。广森有《周易厄言》，经部易类已著录。

是书，首都图书馆馆藏目录著有清乾隆五十二年序刊本（一册），《山东通志》书名、卷数同。《中国丛书综录》题《顨轩骈俪文》，《清志补编》、稿本《续修四库提要》题《仪郑堂骈俪文》，《续修县志》、《著述记》颜《骈体文》，俱三卷。上海中华书局据原刻校刊《四部备要》本此书作《仪郑堂骈体文》，杭县高时显、吴汝霖辑校，前有目录。凡卷一收赋、颂、折子、呈文、书、札十四篇，卷二收序、记，亦十四篇，卷三收书后、论、连珠、诔、哀辞、祭文二十一篇，总计四十九篇。然曲阜师范大学黄立振先生所藏广森手札则不见《集》中。《山东志》云："是编为《顨轩孔氏所著书》之第七种。孙星衍原刻《仪郑堂遗稿原序》略云：往予在江淮间，友人汪容甫出顨轩检讨骈体文相示，叹为绝手。后数年，顨轩从都门为余亡妻作诗序见寄，故未相识也。岁乙巳，余客中州节署，值顨轩以公事至，时秋帆中丞爱礼贤士，严道甫侍读、邵二云阁校、洪稚存奉常皆在，幕府王方川编修亦出令来豫，极友朋文字之乐。顨轩美风仪，与之处，终日无鄙言，为《三礼》及《公羊春秋》之学，或自道其所得，超悟绝人，又能作篆、隶书。是时，以遭家多故，不食肉饮酒，卒卒无欢悰。未几，适广陵东归，越岁，而凶问至矣。今代为文有六朝风格者，惟邵叔宁、袁简斋，两君既有《集》行世，顨轩尤致力于此，尝见寄其甥朱沧湄舍人书，畅论宗旨，略云：骈体文以达意明事为主，不尔则用之婚启，不可用之书札；用之铭诔，不可用之论辨，直为无用之物。六朝文无非骈体，但纵横开阖，一与散体文同也。又云：任、庾、徐三家，必须熟读，此外四杰即当择取，须避其平实之弊。至于玉溪，已不可宗尚。又云：第一取音节近古，庾文'落花芝盖杨柳春旂'一联，若删却与共字，便成俗响。陈检讨句云'四围皆王母灵禽，一片悉姮娥宝树。'此调殊恶，若在古人，宁以两'之'字易'灵'、'宝'二字也。又举杨炯《少姨庙碑》云：'蒋侯三妹，青溪之轨迹可寻；虞帝二妃，湘水之波澜未歇。'以为'未歇'二字，耐人玩读，今人必不能到。又云：不可用经典奥衍之词，又不可杂制举文柔滑之句云云。盖其自得于古人，并期其甥如此。今舍人恬淡好学，览所为文，亦酷似其舅。感逝伤怀，乃取向所寄文，先刊以问世，且将续求全稿。余稍知顨轩者，故为述刻文之由，并慰舍人西州之痛云。'全椒吴薵原刻《仪郑堂遗稿·题词》，略云：'我朝敦崇道统，昌明儒术。圣裔则有诵孟农部，早通六艺，又得交于吾乡戴东原先生，其学益邃。于天文、地志、小学之书，精思博取，成一家言，微波榭选述，岿然与《戴氏遗书》并行。《集》中韵语骈体，未遵绝诣，其犹子顨轩太史四六文，乃兼有汉魏六朝初唐之胜。常从戴氏受经，治《春秋》、《三礼》，多精言，故其文托体尊而去古近，惜奔走家难，劳思夭年。所艺不传，传者不及十之三、四。余因洪君汝登识太史，又与其甥朱沧湄比部订交里中。比部刻其文才十余篇，余仍其名曰《仪郑堂遗稿》，哀比部之志也。'（按：朱名文翰，新安人。孙、吴所见者，皆朱刻本，非今所录本也）。"张舜徽《清人文集别录》著录《孔㧑轩所著书》本，谓"广森字㧑约，一字众仲，号㧑轩，乾隆三十六年进士，授检讨。性恬淡，耽著述，研精经术，尤长《礼》与《公羊春秋》。于算法、音韵，皆卓有发明。乾隆五十二年卒，年仅三十有五。广森之学，出于戴震，而发皇推衍，自为家法。所著书如《公羊通义》、《大戴礼记补注》，谨严简洁，不愧专门。《礼学卮言》尤精奥通博，多出神解。《诗声类》但分阴阳声各九类，又区别东、冬为二，实发前人所未发。当乾隆盛时，大师迭起，以少壮之年，具渊邃之学，而卓然可传者，盖必推广森为最上矣。余事为文，兼有汉魏六朝初唐之胜，江都汪中读之，叹为绝手。斯又不假师承，自得于己，后之论列清代骈文者，莫不以广森为一大家。其为文之本，实以朴学植其基，故比事属辞，典雅有则，如是《集》卷二《戴氏遗书总序》一篇，实《集》中之冠冕，非学有本原，深造自得者，岂容置喙其间妄操觚以从事乎！顾广森之志，雅不欲以文词自见，自颜所居曰'仪郑堂'，意固以穷经为鹄，自庶几于康成，惜其不寿，未竟其才，儒林有遗憾焉。是《集》阮元叙录本，只二卷，非全帙。嘉庆二十二年，孔氏家刻《㧑轩所著书》本为三卷，乃足本也。"又《清稗类钞选》云："昭文邵齐焘规模魏晋，风骨高骞。孔广森之力追初唐，藻采映丽。曾燠之味隽声永，别具会心。是皆遵循轨范，敷畅厥旨，堪为一代骈文之正宗。故全椒吴鼒尝合袁、邵、刘、孔、吴、曾、孙、洪为骈文八大家。"广森，清乾隆十七年（1752）十二月初八日生，乾隆五十一年（1786）十一月初八日卒，年三十五。张舜徽称其"乾隆五十二年卒"，未确。

是书今有首都图书馆藏清乾隆五十二年序刻本；清嘉庆十七年曲阜孔昭虔刻《㧑轩孔氏所著书》本，2002年上海古籍出版社《续修四库全书》影印《㧑轩孔氏所著书》本，2010年12月上海古籍出版社《清代诗文集汇编》影印《㧑轩孔氏所著书》本，1936年上海中华书局《四部备要》排印本；湖南合刻《孔、洪骈体文》本等。

■仪郑堂文二卷 存

（清）孔广森撰。

是书，北京大学图书馆藏有清乾隆刻本，一册，半叶十一行，行二十一字，左右双边，单黑鱼尾。前有阮元叙录，后有阳湖孙星衍乾隆五十二年十一月仪郑堂遗文序，及其甥新安朱文翰乾隆丁未长至前十日仪郑堂遗文跋。书尾处有"仪征阮亨仲会校"等字,及"道南书屋"、"阮仲嘉印"等印记。首都图书馆著录此书题《仪郑堂文集》。阮元叙录其书云:"孔广森,字众仲,号㙫轩,孔子七十代孙,居曲阜,乾隆辛卯进士,官翰林院检讨,聪颖持达,旷代逸才,经史小学,沈览妙解,所学在《大戴礼记》、《公羊春秋》,尤善属文,沈约、萧统可与共论。录《仪郑堂文》二卷。"又《续畴人传》称"孔广森生而颖异,年十七举于乡,乾隆三十六年成进士,官检讨。丁内艰,陈情归养。筑'仪郑堂',读书其间,盖心仪郑氏学云。少曾师事休宁戴震,因得尽传其学,及官翰林,与窥中秘。"按:是刻山东大学图书馆亦有藏,内题"仪郑堂文",封面镌"仪郑堂文集"。书首钤有"渠丘曹愚盦氏藏书"朱文正印。全书共三十叶,与上著《仪郑堂骈体文》三卷,内容无殊,惟编者、书名有异耳。

是书今有清乾隆刻本,2010 年 12 月上海古籍出版社《清代诗文集汇编》影印本;又《文选楼丛书》本、《丛书集成初编》本;《小琅嬛仙馆叙录书》本,《食旧堂丛书》本(二本题《仪郑堂文集》)等。

■ 仪郑堂文一卷　存

(清)孔广森撰,吴鼎辑,许贞干注。

是书,《中国丛书广录》著有清光绪十八年上海图书集成印书局《八家四六文注》石印本。按:广森以经师擅骈体,为有清一代不数觑。张舜徽《清人文集别录·朴学斋文录》尝言:以余观翔凤、钦韩之才,均于问学为长,词翰为短。乾嘉诸师,以朴学而擅华藻者,自孔广森、洪亮吉三数家外,罕能兼之。故后人珍重其文,选注以广其传。

■ 仪郑堂遗稿一卷　存

(清)孔广森撰。

是书,《贩书偶记续编》、《中国丛书综录续编》、《东北地区古籍线装书联合目录》等皆著录。按:此即其甥朱沧湄先刻者,详见《骈体文》条。

是书今有吉林省图书馆藏清乾隆五十二年较经堂刻本,清嘉庆三年较经堂刻《国朝八家四六文钞》本,清光绪五年江左书林补刻本,清光绪五年日本京都肆雅堂刻本,清光绪五年紫文阁补刻《国朝八家四六文钞》本等。

■ 仪郑堂诗稿一卷　未见

(清)孔广森撰。

是书据孔宪彝《阙里孔氏诗钞》著录。《孔氏诗钞》凡录其《嘲竹》、《题鬼趣图》、

《赠金坛于相国二首》、《送陈梅岑四首》(选三)、《荭谷叔父以诗见示即步原韵》、《晓发茌平》、《次图裕轩学士书薛荔叶上诗韵》、《岐阳宫词十六首》二十六首。而广森所作实不止此,除《送陈梅岑》四首选三,叔父孔继涵《红桐书屋诗集》卷六所载《咏雪集景龙观钟铭字》(同作)二首,即不见选。又因其书不曾刊行,故《续修县志》、《著述记》皆不及载。孔宪彝曰:"犀轩从祖为止堂公次子,学究汉儒,与幼髯公兄弟齐名。盖我朝崇尚经学,通儒硕彦,后先接踵,自亭林顾氏以后,东原戴氏、绍弓卢氏、辛楣钱氏,皆有羽翼经传之功。从祖绍百世之宗风,析群经之奥旨,阐明绝学,厥功伟然。卒年仅三十有五,不竟其志,悲夫!"

■ 蔗亭诗二卷　未见

(清)孔继炘撰。继炘字景炎,号蔗亭,大宗户江西五河县知县传櫄长子,孔子六十九代孙,拔贡生,官直隶永平府知府。

是书,《续修县志》、《著述记》皆著录。《阙里孔氏诗钞》继炘传此书不著卷数。《著述记》称其"早岁知名,高宗南巡,赴行在献诗,由教官擢县令,旋至知府,所至有政绩,年八旬,恭与'千叟宴',乡里荣之。著有《蔗亭诗》二卷。"按:其书未见,《孔氏诗钞》录其《龙神祠》、《和徐一斋太守荔枝韵》、《曲阳怀古》、《冒雨宿碧鸡关》凡四首。《山左诗续钞》亦录其《冒雨宿碧鸡关》诗,而不云有此书。光绪《永平府志》名宦传云:"孔继炘,圣裔也。乾隆五十六年任永平守,治尚宁静,有东海汲黯之风。书法简淡高古,尤精篆隶,人得其片楮只字,珍之如寸金拱璧焉。"潍县陈介锡《桑梓之遗书画册目录》著有"曲阜孔太守继炘大隶书"作品(节王子安圣主得贤臣颂有跋)。继炘高寿,生卒未详,《清代官员履历档案全编》乾隆三十二年三月载有"臣孔继炘,山东兖州府曲阜县拔贡,年肆拾玖岁,由武定府青城县教谕,六年俸满,保题引见"等语。据此,继炘似生于康熙末年,卒于嘉庆年间。

■ 许间亭诗稿无卷数　未见

(清)孔继宋撰。继宋字备恪,号慕邺,滕阳户候选州同、尼山学录传沂长子,孔子六十九代孙,乾隆二十五年举人,德州学正。

《孔子世家谱》:"继宋,字备恪,号慕邺,乾隆庚辰恩科举人,德州学正,著有《许间亭诗稿》。"兹据著录。按:《续修县志·仕籍》列其名,而无其书,亦不立传。

■ 映槐堂诗集二卷　未见

（清）孔继枋撰。继枋有《十三经讲义稿》，经部群经总义类已著录。

是书据《续修县志》著录，《著述记》作《映槐堂诗》二卷，《山东通志》据《滕县志》作《映槐书屋诗草》。按：《滕县志》卷九孔氏传略云："孔继枋，弱冠试冠童子军，补诸生，食饩，受业谢石农先生，博学工诗，族中知名士广燮、广然数辈，并出门下，四荐乡闱不售，贡成均，不复应科举。先世约社置田，建义塾于级索村，日久侵削，力为清厘，延师训课，寒士至今赖之。卒年七十九。著有《映槐书屋诗草》藏于家。"又《孔子世家谱·滕阳户》："六十九代继枋，字荫寰，号朴谷，岁贡，候选训导，孝友博学，兼工诗文，尤乐汲引后进，宗党赖以腾达者甚众。著有《映槐书屋诗稿》，曲阜刻《阙里孔氏诗钞》，诗多入选。"然考《阙里孔氏诗钞》，实仅《即事》一首，小传亦称有《映槐堂诗》。并云："荫寰明经，幼受诗法于谢石农，与兄继宋俱能诗。"兹录其《即事》诗于下，以见诗人失意之窘况。诗云："潦倒名场五十秋，萧萧华发渐盈头。纵无幻想偏多梦，不为西风也自愁。架有残书聊下酒，腰横长剑试登楼。生平见惯荣枯事，一局楸枰苦未收。"

■ 兰斋稿二卷、飞霞阁题画诗二卷　未见

（清）孔素瑛撰。素瑛有楷书《金经》，子部艺术类已著录。

二书，《嘉定县志·艺文志》著录，云："素瑛字玉田，曲阜人，金尚束继室。"然征诸《曲阜县志》，实无其人，而于《桐乡县志》才媛传见有其名，惟素瑛作"素英"，云："知县金尚束继妻孔氏，名素英，字玉田，为生员孔毓楷女，善画山水人物花鸟，画毕，即题诗其上，能作晋人小楷，人称闺中三绝。"《历代妇女著作考》据《湖州府志》、《嘉兴府志》、《撷芳集》著录，作《飞霞阁诗集》、《兰斋题画诗》，不著卷数，云未见，著者亦题"孔素瑛撰"。且谓"素瑛，字玉田，号兰斋，浙江桐乡人，圣裔孔毓楷女，嘉定金西园妻。"兹参据著录。

■ 飞霞阁诗集无卷数　未见

（清）孔素瑛撰。

是书据《历代妇女著作考》、《桐乡县志·艺文志》著录。《国朝画征续录》素瑛传谓《飞霞阁诗集》、《兰斋题画诗跋》共十三卷。《晚晴簃诗汇》录其《杨九娘庙》、《自题画落花蝴蝶便面》，亦云其有《飞霞阁诗集》。

■ 瑶圃集无卷数 未见

（清）孔继瑛撰。继瑛字瑶圃，桐乡县支邑庠生孔子六十八代孙传志女，沈廷光妻。

是书，《历代妇女著作考》据《柳絮集》著录。《桐乡县志》贤母传："诸生沈廷光妻孔氏，名继瑛，字瑶圃，赠襄阳知县传志女。廷光远馆吴门，氏课诸子，严而有法。家贫不能购书，令长子启震借书抄读，时复代为手缮，尝有句云：'手写儿书供夜读，身兼婢织佐晨餐。'又云：'夜枕先愁明日米，朝寒更典过冬衣。'皆纪实也。及启震之官淮上，贻书戒之曰：'毋虑不足而多取一钱，毋恃有余而多用一钱。'大学士无锡嵇璜韪其言，手书'慎一斋'额以寄。"其子沈启震为撰《行略》。

■ 南楼吟草无卷数 未见

（清）孔继瑛撰。

是书，嘉庆《桐乡县志·经籍志》据《沈氏家乘》著录，《乌青镇志》、《历代妇女著作考》等亦加著录。《古典戏曲存目汇考》引《石濑山房诗话》云："瑶圃善书法，兼工绘事。早年矢志柏舟，荼苦备尝。晚境娱情莱彩，蔗甘独享。天之报施善人，果不爽欤。"《晚晴簃诗汇》录其《震儿设教永平移家就养途中即事有作》、《游大明湖》诗，不云有集。而谓"瑶圃工诗书画，诸姊妹皆能诗，而瑶圃诗尤富。寄外诗有云：'窗下看儿谈鲁论，灯前教婢拣吴锦。'又云：'夜枕先愁明日米，朝寒又典过冬衣。'盖纪实也。后启震应召试赐文绮，瑶圃有诗云：'赐锦初披新，样紫旧时寒。'"

■ 慎一斋诗集无卷数 未见

（清）孔继瑛撰。

是书，《历代妇女著作考》据《柳絮集》著录。未见传本与史志著录。

■ 凝绪堂诗稿八卷 存

（清）孔宪培撰。宪培原名宪允，字养元，号笃斋，袭封衍圣公昭焕长子，孔子七十二代孙，乾隆四十八年袭封衍圣公。诰授光禄大夫。

是书，《清志补编》、《山东通志》、《续修县志》、《著述记》、《中国古籍善本书目》、《东北地区古籍线装书联合目录》等皆著录。《山东志》此书不著卷数。《北京图书馆古籍善本书目》著录嘉庆刻本，八卷四册，八行十九字，白口，左右双边，单鱼尾。内题"孔子七十二代孙袭封衍圣公孔宪培养元氏著"。写刻颇精。前有嘉庆二年钱塘袁枚八十二岁所作序。稿本《续修四库提要》著录此帙云："是集亦将古近体诗混合编次者,计卷一七十一首,卷二一百四十七首,卷三一百四十三首,卷四八十八首,卷五七十二首,卷六七十首,卷七八十八首,卷八一百五十三首,总计八百四十余首。宪培酷好吟咏,尤工咏物,故集中诗多咏物之作,而于戚好唱酬者亦不少。乃宪培易箦时,命其戚张昂求袁枚序而刊行之者。"袁氏序云:"凝绪堂主人以上公之尊,衣龙衮之服,独喜吟诗,至数百首。其词洁,其气和以平,其真能得力于风者乎!然则,其袭封衍圣公也,非特衍圣人之道教,即以衍圣人之诗教也。于称名之旨,庶无愧焉!目论者动称公诗冲淡高旷,近王孟一流,而不知天机清妙,与造物同游,是即曾点鼓瑟希铿尔之音,倘夫子见此文孙,必有'吾与点也'之叹。又岂仅与唐宋人争伯仲哉!惟是,枚伏处山中久矣,与公素未谋面,又未通书,何以临易箦时犹遗命后贤,嘱其戚好张君名昂者,将所编若干卷索序随园,岂鲁国诸贤与所交好之王公贵介无聆音识曲如枚者耶?知己之感,此日九京可作,微随武子,吾谁与归?而他年泉路相逢,望见阙里旌旗,敢不戴笠下车,谡然敛袂而三揖也哉!"又《清人诗集叙录》著录此本,作者误为孔繁培。云:"是集首嘉庆二年袁枚序。诗主性灵,多闲适遣兴,熟题而强为。言之无物,陈陈相因。唯《题邹小山百花诗画卷五十首》《题罗两峰墨兰卷》等篇,尚属活拨。《咏元脱脱丞相墓》,亦较工稳。余则无足深述焉。"《著述记》谓:"孔宪培原名宪允,乾隆三十六年,高宗幸阙里,赐改今名。好为古今体诗。袁枚序其集,以为诗有三体,汉魏六朝得力于风;少陵得力于雅;昌黎得力于颂。宪培诗冲淡高旷,于风为近,非仅于唐宋人争伯仲者可想见其风度矣。"孔宪彝《阙里孔氏诗钞》谓"从兄笃斋公,幼随尧峰公入朝,屡荷殊眷,赐诗褒励,公谨和以进,深蒙宸赏。工书画,尤善写兰,有恭悫公遗法。袁子才太史尝序《凝绪堂集》云:'天机清妙,与造物同游。'闻者叹为知言。"《孔子世家谱》称"宪培父子为人冲淡恬退,又擅长诗词,颇有渊明之风。"《孔氏诗钞》选其《长安留别任梅亭暨诸内兄》等三十余首。宪培复喜藏书,中国嘉德 2006 年春季拍卖会《古籍善本》有宋朱胜非纂《绀珠集》,明天顺刻本,钤有孔宪培、王引之等印。王引之与宪培为姻亲,其书为孔府旧藏可知。宪培,清乾隆二十一年(1756)生,乾隆五十八年(1793)卒,年三十八。

是书今有北京大学图书馆等藏清嘉庆二年曲阜孔氏刻本,2010 年 12 月上海古籍出版社《清代诗文集汇编》影印本。

■ 凝绪堂诗稿二卷 存

(清)孔宪培撰。

是书,《贩书偶记》著有嘉庆二年精刊本。

■ 就兰阁遗稿无卷数　　未见

(清)孔宪培室于氏撰。于氏,金坛人,文华殿大学士于敏中之女,七十二代袭封衍圣公孔宪培夫人。

是书,《山东通志》、《历代妇女著作考》等著录。《山左诗汇钞》、《阙里孔氏诗钞》于氏小传亦载之。按:其书未见,《山左诗钞》收有其《春暮感怀》一首,《孔氏诗钞》于《春暮感怀》之外,另录其《惜春》、《白荷花》、《立秋夜未闻虫声》、《清明》、《六月望日》、《咏月》、《秋日闲咏》、《春日闲吟》、《秋夜》多首。其《春暮感怀》,《孔府内宅轶事》也有选载,诗云:"满庭芳草绿成茵,节序相催倍怆神。柳絮才飞三月雨,梨花忽谢一枝春。流莺惊梦临窗唤,乳燕窥人入幕频。独倚阑干伤往事,幽怀无限泪沾巾。"于氏,相传为乾隆皇帝之女,乾隆二十年(1755)生,道光三年(1823)卒,年六十九。

■ 绹斋文集六卷、绹斋诗集四卷、乌啼集四卷　　未见

(清)孔毓焞撰。毓焞有《律吕考略》,经部乐类已著录。

稿本《续修四库提要·绹斋随笔》条:"毓焞字如霆,晚号绹斋,曲阜人,流寓宝应。乾隆辛卯副贡,就州判职,年六十一丧母,为《忆母病源记》,沥指血书之。殁后举孝子。学无门户,以躬行实践为宗。晚肆力于六经、性理诸书,随手劄记,多所发明,著《人谱续》若干卷、《律吕考略》三卷、《绹斋随笔》二卷、《文集》六卷、《诗集》四卷、《乌啼集》四卷,皆未刊。"又孔继镳《心向往斋文集》载《孝子公》传,略云:"公天姿沈毅,行在言前,晚益肆力于六经性理诸书,随手劄记,多所发明。明儒刘忠介公《人谱类记》为小学羽翼,公依类续之,如其卷数。又著有《律吕考略》三卷,博考历代史志,及京郑朱蔡诸家之说,而折其衷。《绹斋随笔》二卷,心体力行,时或笔之于简,大旨于洛闽为近之。《绹斋文集》六卷、《绹斋诗集》四卷,率皆根柢道要,不尚浮藻。《乌啼集》四卷,则嘉庆辛酉后作,大抵思亲之诗为多,血泪盈纸,令人不忍卒读云。敕授征仕郎,诰赠朝议大夫。"兹据著录,未见传本。按:毓焞,清乾隆六年(1741)十月十二日生,嘉庆十七年(1812)十月二十日卒。《武城县志》职官训导称其乾隆五十四年任,嘉庆十年丁忧离任。

■ 春晖草堂集无卷数　　未见

(清)孔毓焞撰。

是书据其曾孙昭宷《会试硃卷》履历著录。履历不载前著《缃斋文集》六卷、《诗集》四卷,未知是否一书之别称? 录此俟考。

■ 云浦诗草四卷　未见

(清)孔毓璠撰。毓璠字云浦,一说字蕴夗,号云浦,牟平派候选州同兴筠长子,孔子六十七代孙,官则例馆纂修、宝源局监修,升文选司主事、验封司行走,诰授奉直大夫。

是书,民国《牟平县志·艺文志》著录,称"未刊"。《孔子世家谱》二集牟平派六十七代毓璠传亦著此书,称"毓璠字云浦,由吏部司务充则例馆纂修、宝源局监修,升文选司主事、验封司行走,加一级,京察一等。著有《云浦诗草》四卷,未梓。诰授奉直大夫。子五:传芬、传葵、传莘、传薪、传苏。"《山左诗续钞》谓其官吏部司务候补主事,并录其《久旱微雨》、《晚宿海淀》,不云有此书。《牟平遗香集》收其《寓目》、《晚过北庄》等诗二十余首,亦不云有此集。其《对秋海棠有怀》为作者寄意之作,诗云:"又见墙阴绽海棠,殢人娇色动幽芳。江湖二十余年梦,秋雨秋风总断肠。"另如《雨中过北庄》:"径曲青泥滑,尘消醉眼空。一鞭榆荚雨,几里柳丝风。山缺从云补,溪纤任水通。忽闻春鸟语,已过小园东。"等,亦俱属佳构。

■ 绿雪山房诗集一卷　存

(清)孔毓瑶撰。毓瑶字云溪,号余峰,牟平派候选州同兴筠次子,孔子六十七代孙,安徽候补主簿,历署芜湖县、婺源县县丞,定远县主簿,太和县典史,例授登仕郎,诰封奉直大夫,安徽阜阳县知县,钦加知州衔。

是书,《南开大学图书馆馆藏线装书目录》(集部别集分册)著有抄本,一卷一册;《清人别集总目》据以著录,题《绿雪山房诗钞》,"孔敏瑶撰"。"敏"字当为形近致误。《山东通志》据《府志》著录此书不题卷数,作者误为"孔毓璠"。南开藏本,予尝托友人代查,惜未找见。想必与孔继型《见在吟》、孔广金《漪轩诗钞》等书一样,亦为烟台彭紫符旧藏。又考毓瑶有子三人,长子传薯,次子传葛,三子传藤。传薯字菊园,五品执事官。传藤有著述,见本部著录。

是书今有南开大学图书馆藏抄本。

■ 学闻堂集二卷　存

(清)孔传睿撰。传睿有《德庆封川孔氏家谱》,史部家谱类已著录。

是书,《清人别集总目》著有河南省图书馆藏清道光三年刻本。

■ 藤梧馆诗钞八卷　未见

(清)孔广栻撰。广栻有《周官联事》,经部周礼类已著录。

是书,《清志补编》、《续修县志》、《著述记》等著录。《山东通志》据《山左诗续钞》著录,不题卷数。稿本《续修四库提要》著录孔氏家抄本八卷,略云:"是编分体编次,计五古二百首,七古八十首,五律三百十二首,七律二百三十首,五绝一百五十首,七绝一百八十首,总计一千一百五十余首……其所为诗,亦多有书卷气,与春花秋月者迥不同也。今观集中诸诗,如《春及园同梁处素姊丈》、《作柳修禊图诗读书有作咒觥铭振本诗》等篇,皆非泛作。他如《舟中晚景》云:'落日微雨来,西风渡头起。云影漫沙中,万顷平如砥。何人吹横笛,苍凉入客耳。故乡虽咫尺,怅然秋老矣。'及《秋燕》云:'开帘何处觅春光,犹是呢喃恋画堂。落日孤帆江上雨,西风残留渡头霜。高楼白纻初停剪,矮巷红机半倚墙。记省旧巢痕尚在,伫伊双尾蘸银塘。'等篇,则又清新流丽,极为可诵也。"孔宪彝《阙里孔氏诗钞》载其书亦八卷,云:"一斋从祖为荭谷公长子,生有异禀,读书过目不忘,少受知于戴东原、卢抱经诸先生,比长益锐于学,自经传子史,莫不研究。荭谷公早世,所著书未竟者,悉踵成之。"又《双行精舍书跋辑存续编·十子诗略》条云:"此《十子诗略》之一,护叶后面十子名次及《乐圃集目》,《集》中批点,皆曲阜孔伯诚广栻先生手笔。先生为荭谷老人长子,乾隆己亥举人。经传、子、史,靡不研通。荭谷老人之《微波榭遗书》,亦先生所刻也。身后遗藏,十年前多为北平翰文斋购去,先后凡见四十余种。其《微波榭遗书》、《通德遗书所见录》、《孔氏说经稿》底本,由余作介,仍归衍圣公家,余则多为山东图书馆购藏。内以曲阜孔、颜各家诗文集抄本为多,类经伯诚先生订定编录,朱墨灿然,似当时欲编集付梓者。日前翰文斋主人又持此册来,言从箱箧检得,以无题记印章,不知为微波榭藏书,廉价归余,余固识为伯诚先生手迹也。余颇有意为《微波榭藏书考略》,亦碌碌未得少暇。旧收明刊《隶释》,及抄本《南岳诗稿》、《古梅吟稿》,类为荭谷与先生父子合校,乔梓一堂,丹铅晤对,一时趋庭讲授之乐,固令人遥想不置也。"《山左诗续钞》收其《读书有作》、《新秋杂咏》等诗,称"天台戚学标《墓志》:'君生有异禀,扶床之年已口诵数万言。'"另,《孔氏诗钞》录其《古歌》、《舟中晚景》等作,选收多达二十余首。广栻,清乾隆二十年(1755)生,嘉庆四年(1799)卒,年四十五。

■ 藤梧馆诗钞一卷 存

(清)孔广栻撰。

是书，国家图书馆藏有曲阜孔氏藤梧馆清稿本，一册，十一行十九字，白口，黑格，四周单边，书口下有"藤梧馆"三字。内题"藤梧馆诗钞；昌平孔广栻伯诚"。《中国古籍善本书目》、《北京图书馆古籍善本书目》著录此书题"曲阜孔氏藤梧馆抄本"。书内收诗自《古歌》、《舟中晚景》至《冬雨遣闷》、《了语不了语》，约五十首。其中，《春及园纳凉同梁处素履绳姊丈作》、《送戴处士药坪延年之桂林省亲》、《题冯璞斋涤砚图》、《以颜慕宗诗集示梦塘即用镇斋送戚鹤泉师韵》、《小寒食前一日晨雨戏呈何星桥》等，颇见交游。《闻卢弨弓先生归道山用韦庄冬日长安感志寄虢州崔郎中韵》，所述为其父挚友卢文弨（字弨弓），广栻少知于卢氏。《述怀》、《将之都门留别同人》、《结客少年场》等则自抒经历、人生感悟，对了解作者思想情感不无帮助。而其《读书有作》三首、《戏论诗一首》，尤觉耐人寻味，如《读书有作》之二云："今人繁而浅，古人简而深。不知古之奥，请莫先薄今。佳肴岂八簋，清音惟一琴。用意不辞苦，谁当知我心。"之三："读书贵识见，作文贵性灵。性灵与性情，要皆心之声。灵为机所转，情乃性所萌。拙者不能巧，重者不能轻。"又《戏论诗》云："好诗如静女，不以颜色求。兰蕙徒满眼，翻为风露羞。一蛩临砌语，佳月正当头。君看此时意，能知屈宋不？"他如拟乐府《姜薄命》、《捣衣曲》等，亦皆为隽永可诵之篇。

是书今有国家图书馆藏曲阜孔氏藤梧馆清稿本，2010 年月 11 月国家图书馆出版社《国家图书馆藏抄稿本乾嘉名人别集丛刊》影印本。

■ 藤梧馆诗钞一卷 存

(清)孔广栻撰。

是书，《北京大学图书馆藏古籍善本书目》著有清抄本，一册，半叶十行，行二十字，无序跋目录。内题"昌平孔广栻伯诚"。有"木犀轩藏书"、"明墀之印"、"李氏玉陔"、"麟嘉馆印"、"李滂"、"李传模印"、"李盛铎印"、"木斋"、"少微"等印记。书内计收《古歌》、《舟中晚景》以下诗约五十首，持较前著国图所藏抄本，篇目略同。按：此书上海古籍出版社《清代诗文集汇编》已印收。

■ 藤梧馆诗草不分卷 存

(清)孔广栻撰。

是书，山东省图书馆藏有稿本，一册六十四叶，每半叶十行，行二十一字，无序跋、

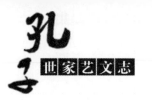

目录及界格。书高 27.1 厘米,宽 19 厘米。封题"昌平山人诗草",右下有"辛卯春日石苹订于桃花扇垒研"一行。内题"藤梧馆诗草;昌平山人孔广栻(伯诚一斋)",有印二方。字迹前后不尽一致,有朱墨圈改。收诗自《古歌》至《元霄和晴峰韵》。其中,代赤儿、代麟儿、代侄昭虔之作颇多,咏怀赠答也复不少,如赠罗两峰,送王韵亭(元橄)侄婿,及《岁暮同人宴集即席联句二十二韵寄怀冯大璞斋》(内多涉及孔颜二氏闻人)等。其《微波榭所刊书籍》诗,述戴震一生学行著述,足资参考。其子嗣亦多能诗,如长子昭麟,字仁表,号玉书,诸生,有曲阜咏古:《商铜距末歌》、《汉建初虑俿铜尺歌》等诗传世;次子昭赤,字仲华,号葆初,恩贡生,候选州判,有《周芊子戈歌》、《孔顨轩所著书》、《梅影》等诗传世;六子昭熙,字敬甫,号时纯,诸生,亦有诗,选入《阙里孔氏诗钞》、《山左诗汇钞》。他如三子昭美、四子昭恢等,俱有著述,见于著录。昭赤《孔顨轩所著书》咏广森著述云:"卢刻卢注礼,戴氏较大戴。揆厥绎经心,先河而后海。周官小戴余,曲台义斯在。奈何说经徒,大旨此先昧。小正盲夏时,文多讹豕亥。顨轩本才士,高文有惊彩。继乃为学人,折节绣帨悔。声韵与公羊,考订功斯倍。及兹古礼书,同入輶轩采。"按:《中国古籍善本书目》此书题一卷。

是书今有山东省图书馆藏稿本,2007 年 12 月山东大学出版社《山东文献集成》第二辑影印本。

■ 藤梧馆杂体文一卷　存

(清)孔广栻撰。

是书,《中国古籍善本书目》、《北京图书馆古籍善本书目》著有国家图书馆藏稿本,一册,半叶十行,行二十字,无格,亦无序跋目录,且卷端不题作者名氏。前有古村跋,称许为才士之作。内收其《春秋摘微序》、《答顾孝廉思亭书》、《王韵亭元橄诗序》等文二十余篇。其纪年者有甲辰、乙巳、庚子、戊戌、癸卯、庚寅、己亥、辛亥等,可知所收悉为乾隆时所作,惟大半为代人撰写,尤以代衍圣公孔昭焕(尧峰)者居多;亦有代衍圣公孔宪培(笃斋)及其父孔继涵与他人者。其中,《戚鹤泉师三台诗话序》撰于乾隆五十年仲冬,为集内重要篇目,非一般应酬文可比,文曰:"士君子私居于乡,交游征逐,足不越百里外,即读书积行,其传常难,故数百载后往往有随烟云草木而俱尽者。其或慨然出交当世,迹遍四方,赠答寄贻之章,随处而有,然散布在人间者,名字不知其分与合,籍贯不知其一而二,纵其乡之后辈不易考也。若地之名公巨卿,声施赫奕,自无不传,而志其大者,或遗其细,佳言韵事,湮没可惜。又山川灵淑所钟,一乡一邑间,虽童孺妇女,以及仙释杂侣,亦必有超越寻常、可光志乘者。闻见不广,搜览或遗,载笔者十常漏其七八，由斯以谈，人物之汩没者多矣。摅怀旧之蓄念，发潜德之幽光，良亦后来居乡者之责也。吾师台州戚鹤泉先生尝诵苏子瞻之言，以为君子无所私爱，而于父母之邦非如行道之人，漠然而已。故孜孜以故乡文献为任，披览古今，遇有一诗一文一事之涉于桑梓者，无不手录，盖已撰辑成数十卷，用补志乘之缺，若《三台诗话》其一种，意亦不专为论诗设也。先生时馆于杕家，杕方专意举子业，未遑他务，缘先人在日，曾命辑宋元间人诗文集，其中若江湖诸集、《大雅集》、《玉山雅集》载台人尤夥。先生采杕所录，不没其劳，爰命志其缘起，兼勗以士人搜罗旧事、表章往哲，不限一乡，而必先自近始，东鲁文献，子暇日当任之也。杕唯唯。因思读书之士，各有志若是，则人各表其乡，而人物尽出，天下无不足征之文献，其为益岂浅鲜哉！"按："戚鹤泉"，即戚学标，浙江温岭人，乾隆四十五年进士，著述甚丰。此《三台诗话》有乾隆五十一年景文堂刻本，书前戚氏自序云："《三台诗话》二卷，余客曲阜时手辑也。"

　　是书今有国家图书馆藏稿本，2010年月11月国家图书馆出版社《国家图书馆藏抄稿本乾嘉名人别集丛刊》影印本。

■ 晚学集八卷　存

　　(清)桂馥撰，孔宪彝编刊。宪彝有《知非录》注，史部传记类已著录。

　　是书，《清志》、《山东通志》、《续修县志》、《著述记》、《贩书偶记》等皆著录。台湾《"国立中央图书馆"善本书目》(增订二版)著录旧抄本，一册不分卷；《中国古籍善本书目》著有稿本四卷，又清道光毛氏尚友斋抄本七卷。《山东志》云："是集有阙里孔宪彝校刊本，又有式训堂刻本。宪彝后序略云：其论经史诸作，皆有阐明。《诗疏》、《尔雅》、《广韵》诸篇驳正，尤见精核。惜才一论，则自道学力，诱掖后进；传、志诸作，则气体古茂，克见典则，非浸淫于三代、两汉，未易臻此也。"按：此书道光二十一年刻本，孔宪彝序外，尚有孔毓灏、阮元序，助刻姓氏及桂显忱跋。显忱跋曰："《晚学集》八卷、《诗集》四卷，先祖永平公手著，显忱谨藏之箧中数十年，以家贫不能授梓，每览遗编，辄自愧悢。今年夏，孔绣山先生(宪彝)选吾邑诗，介学师戟门尹公(肇棨)以书来征先祖遗集，显忱荜集走谒，极承古谊，许为倡助鸠工，昨得手书，知已酿资开雕，且为编次补订，悉臻完善，复同沈鹤坪(宗约)、孔枫溪(宪墀)、璧符(宪琮)、泾石(宪璜)、茜华(宪恭)、经之(宪庚)、菊农(庆鈺)诸先生，共相校正，不遗余力。显忱窃念先祖积学晚达，名列儒林，所著《札朴》、《缪篆分韵》诸书，均已镂版，为艺苑所争购。《说文义证》一书虽未付剞劂，而藏书家多有抄本，惟此《集》无副，今获寿之梨枣，得以传播海内，非诸公表章之功，曷克及此？"宪彝序曰："今年夏，余编邑人诗，征桂未谷先生集于

其孙朴堂(显忱字朴堂)茂才,朴堂自兖州辇若干卷来眎余,且曰:某家贫,先世著作多未授梓,抱憾数十年,今某老且无子,惧弗能终守矣。言已泣下。余闻之恻然,受而读之,凡《说文义证》五十卷、《札朴》十卷、《缪篆分韵》五卷、《晚学集》三册、《诗集》四册。按:《札朴》刻于山阴,《缪篆》刻于京师,均已行世。《说文》则屡议授梓而未果,然海内藏书家多有副本。惟《晚学集》为先生未定之书,手自涂乙,几不可辨。余感朴堂言,爰为息心雠对,其见于他人集者,为补入;间有舛误重出者,略加勘正,附注篇末,厘为八卷。"《双行精舍书跋辑存续编》:"曲阜桂未谷《晚学集》八卷、《诗集》四卷,清道光年间,由孔绣山等鸠资刻行,总名《桂氏遗书》。其《晚学集》先依稿本缮清,次依清本写刻,原有二本,旧藏曲阜孔氏。客冬孔氏以稿本出售,托本市敬古斋为本馆购得。原书半为桂氏自写,间有他人代缮,由桂氏校改者,亦有孔氏刻书时续为搜集者。条系件累,涂乙殆遍。文中所引证据,核对笔迹,多随时增益,有至六七次者。更或未及叙入正文,汇粘篇后,编者不便更张,亦依稿缮刻。殆先生日常读书,遇有可为本文佐证者,即添注之。读书无已,添注亦无已,终其身而稿不能定。《说文义证》亦如此,以先生之自强不息故也。文后每有先生自注,类涉本文琐细事实,多为刻者删去。又有鱼台马星翼一跋,亦被刊落。全书二厚册,共一百五十二叶。"张舜徽《清人文集别录》卷八《晚学集》条云:"馥之为学,于乾嘉诸儒中最为笃实不欺。读是集而益信。其言有曰:有名满海内,叩之空空者;有名不出里巷,而敦实精核者(是集卷六《与友人书》)。此真千古名言矣。馥之不慕虚声,从可知也。观馥研精许学,所以大过人者有二,一曰:读群经至熟也。馥尝言三十岁后,遇周永年、戴震诸人,劝之专精经传,取注疏读之,乃知万事皆本于经(见是集卷六《上阮学使书》)。又谓学者必尽其才于经,而后才不虚生(见是集卷一《惜才论》)。此皆自道其平生得力处,故其疏释《说文》,融会群经,力穷根柢,援引浩博,而条理秩然。为诸家所不能及。二曰:用《玉篇》、《广韵》校许书至仔细也。清儒取《篇》、《韵》考正《说文》者,实自馥始。集中跋《玉篇》、《广韵》诸文,皆排比异同,极见经心。其后钮树玉辈,专以《篇》、《韵》校许书,亦实自馥启之。馥又以《永乐大典》引《玉篇》分原本、重修本。原本即孙强本,可据以订宋以来诸本之讹。是集卷六有《与龚礼部丽正书》,属其依韵录出,盖其治许书外,复有志理董《玉篇》而未果也。李慈铭《越缦堂日记》,尝讥馥识见库狭,又多措大气(见同治四年正月廿五日日记)。盖以是集所言,多主于宗经,而意趣或未能广,不知是集卷四、卷五所载诸史书后,考证详核,博及群书,则馥之所学,初亦不限于金石六书。其后李氏得见《说文义证》,始服其书以引据浩博见长(见光绪二年十二月初九日日记)。夫引据浩博,又岂穷措大所能为耶。况《说文义证》,订误析疑,必求有据,立说审密,不施臆断,远非段氏所能及。其书可垂不朽,亦不止于以引据浩博见长也。且其书成于段注之前,拥彗清道,厥功不细。清儒致力许学者,不下数十百家,论其功力之深,尊信之笃,吾必推馥为首最。段玉裁、王筠皆非洨长功臣,亦不得自居诤友。吾尝反覆诵习诸家撰述,始有以窥其浅深高下。诸书俱在,不必以口舌争也。"其文,《清文汇》乙集有选收。又,马履泰《秋药庵诗集》有其所作序。桂馥,清乾隆元年(1736)生,嘉庆十年(1805)卒,年七十。其父公瑞字辑五,乾隆二十二年以恩贡例选教谕。

是书今有清道光二十一年曲阜孔宪彝校刊本,2002年上海古籍出版社《续修四库全书》影印本;清咸丰四年顾炳章重刻本;《式训堂丛书》二集本;《校经山房丛书》本;《丛书集成初编》本;民国四年上海同文图书馆石印本;民国山东省立图书馆季刊铅印本等。

■ 未谷诗集四卷 存

(清)桂馥撰,孔宪彝编刊。

是书,《山东通志》、《贩书偶记》、稿本《续修四库提要》等著录。《山东志》:"《未谷诗集》四卷,桂馥撰,孔宪彝刊。辽阳杨钟羲《雪桥诗话》云:马秋药太常序《未谷诗集》,谓未谷为诗,懒不收拾,大半多酒后唱和之作。方其酣适之时,乘壶在前、朋尊在后,叩铜钵以夸捷,咏冰车而斗新,取隽一时,宁复计身后名哉!又下笔特工八法,往往脱手辄为人持去,比醒,都不复记忆。其平日论诗多拘忌,或某字未惬,某对未工,徐思涂乙,旋就遗忘,故未谷之诗之散佚也,其病有四:懒一也,醉二也,工书三也,论诗多拘忌四也。其病根有一,盖自有可以不朽,无意于为诗而已。(序文止此)未谷诗凡四卷,曰《东莱草》、曰《老菭剩稿》、曰《行笈草》、曰《南征草》。《西廊》云:'疏帘清簟罢谈棋,日转西廊客到迟。一枕风凉初睡起,刺桐花落雨来时。'《题画》云:'连朝风雨卧荒村,左手持螯右引尊。不典衣裳不赊米,催租吏到莫开门。'幽静澄迥,读之可以析烦蠲垢。"《双行精舍书跋辑存》:"《未谷诗集》四卷,清桂馥撰、孔宪彝辑,清道光二十一年孔氏刻本,二册。朱六为含斋作《蛱蝶图》未竟,别去数年,客死临清。重展此图,不胜感怆,为赋四韵:泥金焦墨粉轻敷,留得滕王《蛱蝶图》。展向花丛春历乱,招来扇底意踟蹰。空梁泥落须惊燕,寒具油多且戒厨。物化曾闻庄叟梦,天涯消息长麋芜。乾隆丁酉花朝,阜门印人桂馥初稿。右诗不见《集》中,从原画录出。尚有颜崇规一词,殆同时所作也。"按:此书前有乾隆六十年乙卯四月仁和马履泰序、同里颜崇槼序。颜序谓"吾所见未谷诗二、三百首,虽不尽可存,而一时兴到,往往如初写兰亭,乃不自收拾,随手散去,可惜也。未谷于壬子岁游东莱,得诗若干首,其孙手录一册,窃自藏

弄,阅四年,马秋药比部见而序之,是则未谷之诗之最完整者矣。因念未谷与吾唱酬旧作,其稿多在吾处,他日搜索箧衍,别为编次,付与其孙,于未谷庶无所负,但吾亦不自收拾者,又安知未谷之稿不随吾之稿散而不可追乎?"又孔宪彝《曲阜诗钞》云:"未谷明府,学问性情皆极古厚,先世为至圣庙洒扫户,及明府始通籍,镌小印曰'洨井复民'。尝曰:吾以先人清白为荣也。官边徼,多善政,绘《簪花骑象图》以寄意。为学必穷根柢,尤深于许氏《说文》,所著《说文义证》、《毛诗音》、《札朴》、《缪篆分韵》、《晚学集》诸书,皆为海内所推。工隶书,直入汉人室。考藏金石碑版甚富,阮芸台相国纂《山左金石志》,引以为助。诗稿不自收拾,每谓所传不在此,然体格雅正,足祛时靡。所纂《诗话同席录》,尤严于论说,非浅者能测也。余刻其《晚学集》附诗于后,以质海内云。"王培荀《乡园忆旧录》称:"桂未谷馥,工汉隶,笔画如铁,似古人复生。为长山学博。尝书史晨祀庙碑赠先君。为刘寄庵题抱孙楼扁,寄庵云:'我有抱孙楼,未谷为书扁。遂令数椽屋,高于千仞巘。未谷工古书,汉隶秦之篆。笔势如龟龙,非徒势蜿蜒。'未谷所交皆天下名士,在京师与诸公唱和,声噪辇下。晚以乾隆丙戌进士为云南令,意甚不乐。作《簪花骑象图》,窃学升庵以寓牢骚之意,遍征诗、题词。任太和时,寄庵至其署,赠诗:'万里南冒雪鸿痕,客来如到古丘园。栽花自爱衙斋僻,问字人知几席尊。名士风流今未远,穷官气味老犹存。相寻只续游山记,急典衣裳治酒樽。'性嗜酒,诗多酒后作,以八分书之,辄为人持去;比醒,都不记。孙显忱拾其余,录为《东莱草》。有句云:'到处勾留因嗜酒,有时懊恼罢题诗。'"其诗,《晚晴簃诗汇》、《曲阜诗钞》、《续修县志》等皆有选收。又,桂馥于小学之外,诗文书画无所不工,余曾见其山水一幅,生动飘逸,迥异凡俗。

是书今有清道光二十一年曲阜孔宪彝校刊本,民国四年上海同文图书馆石印本等。

■ 桂氏遗书二种十二卷 存

(清)桂馥撰,孔宪彝编刊。

《双行精舍书跋辑存续编》:"曲阜桂未谷《晚学集》八卷、《诗集》四卷,清道光年间,由孔绣山等鸠资刻行,总名《桂氏遗书》。"兹据著录。详参前著《晚学集》、《诗集》条。按:《中国丛书综录补编》(征求意见稿)、《清史稿艺文志拾遗》著录此书附《桂君未谷传》一卷。

是书今有清道光二十一年曲阜孔宪彝校刊本。

■ 延恩集一卷　未见

（清）孔广林撰。广林有辑《周易注》，经部易类已著录。

是书，《续修县志》、《著述记》皆著录，《阙里孔氏诗钞》、《孔子世家谱》广林传亦载之。按：此书未见，孔宪彝《阙里孔氏诗钞》录其《鸳鸯篇》并引《甲午九月避寇乡居作》诗，曰："幼髯从祖为止堂公长子，博雅好古，专治郑学。生平著作一百三十二卷，凡四十四万五千余言，年二十六即绝意进取，芸台相国尝谓'海内治经之人，无其专勤。'积诗三千六百余首，自以为不足传，悉焚其稿，仅刻悼亡十五首，云以示子孙，兹选二首，余以集唐未录云。"广林，清乾隆十一年（1746）正月初一生，嘉庆十九年（1814）四月二十三日卒，年六十九。

■ 幼髯韵语录存一卷外集一卷　未见

（清）孔广林撰。

是书据《续修县志》、《著述记》著录。稿本《续修四库提要》著录家抄本《幼髯韵语录存》一卷，略谓："编中所载，只悼亡已有十五首。其中古律绝句均有之，而《鸳鸯篇》歌行长至一千四百余言，前有小引，谓效《孔雀东南飞》体而作，以述其继室汪氏一生之行谊者。又如《甲午九月避寇乡居》云：'乍作四乡行，心闲病觉轻。疏篱淡白日，野犬静秋声。自适林泉趣，谁惊草木兵。话谈偕父老，鸥鸟恰忘情。'亦系鼓盆后所作者。其余诸作，集自唐人之语句，广林自亦云仅存悼亡十五首，以示子孙云云。此编除悼亡外，尚有其他诸作，或他人所羼入者矣。"按：此抄未知存佚若何？其《韵语录存》疑即《温经楼游戏翰墨》后附之《续录》，而《外集》或为另外续作，俟考。

■ 高南阜诗刻不分卷　存

（清）高凤翰撰，孔继涵辑。继涵有《荭亭年谱》，史部传记类已著录。

是书，济南张景栻等藏有清刻本。

■ 述耐堂诗集八卷　存

（清）孔继涵撰。

是书，山东省图书馆藏有清稿本，一函六册，书高24厘米，宽14厘米，每半叶八行，行十二字，无格。封皮无题，书口无字。前有其内弟周丙范嘉庆八年序，及嘉庆癸亥上元后一日述耐主人孔继涵自序（时年六十七）。又有《总目》，凡卷一，五言古诗四十一首；卷二上，七言古诗二十五首，卷二中，七言古诗五首，卷二下，古抝体诗七十一首;卷三上,五言律诗六十四首,卷三中,五言律诗一百八十四首,卷三下,五言徘律诗二十八首;卷四上,七言律诗二百零七首,卷四中,七言律诗一百七十七首,卷四下,七言排律诗七首;卷五,五言绝诗九十二首;卷六,六言诗十六首;卷七,七言截诗一百八十首;卷八,诗余三十六首。共八卷,总计一千一百三十三首。书内或署"菭亭孔继煜删存",或署"阙里孔继煜删存"。周丙范序曰:"菭亭姊丈,出其手辑《年谱》一册示范,而命之序,范不揣固陋,为书五百余字于册端。公不遐弃,复以诗序相商,范非诗人,敢妄言诗哉。"又曰:"蔗亭公兄弟,促膝长吟,仕途之甘苦,天伦之忧乐,感于心而发于声,发于声而成乎韵,殆亦有天然之籁出于不能自已者欤。夫言者,心之声也。声成文谓之韵,韵叶律谓之诗。然则,忠孝者,心之根本;诗者,心之枝叶。根本既立,斯能着手成春也。公尝自言其诗,规摹剑南,习气太重,往往为人道及,望有磨砻成就之者,若谷之怀,老而弥笃,故其所作,晚年尤遒洁高迈,以视剑南,有其过之无不及焉。余每怪世之衡人诗者,谓其某句似某家,某篇出某集,断断较量,以求合符,而作者弥复自喜,谓吾诗确有源本,而孰知其性情湮没于古人哉。公元本忠孝,摅写性情,以自成其长言咏叹之文。今读其诗,温柔孰(敦)厚之旨,葛然见于言表,是有合于先师教小子学诗之道,其为可法可传,必然而无疑者,又何必执风骨体裁,与放翁较肥瘠哉。"又继煜自序云:"高年伯南皋先生诗云:'嗜好随性情,寓意各有见。'谅哉!予幼即信口吟哦不自禁,后规摹剑南,觉习气太重,又无暇就正有道,因不珍惜,多散去,存者亦屡饱蠹腹焉。今老矣,不忍雪泥之忘也,检箧中有曰《怡云楼集》,曰《客剩》,曰《据鞍吟》,曰《宦滇小草》,曰《香雪集》,总计尚有二千六百八十八首。窃思放翁先生曾冒贪多名,遂大加删汰,共存若干,假未尝遗,当不仅千百什一。老眼僵腕,书成六册,原系随手掇拾,前后不复识别,合自撰《年谱》为一函,半生辛苦,见乎笔墨矣。予生江苏,游浙、闽、滇南,远宦林下。"后又有作者七十三岁时自记云:"《述耐堂诗集》八卷,分辑为六册,计古今体诗,共一千一百三十三首,自壬戌十二月初四日□起,时值结砚,未尝一日不临池,至癸亥二月初七日藏事,意在速成。"又云:"编此六册,集成后,偶于纸窝中检出旧作,又复不少,不能割爱,故另编八册,此六册竟可不存,又不忍即付之……"按:本帙《中国古籍善本书目》有著录,八册本及《年谱》不知是否尚存?今落何处?《续修县志·职官·仕籍》、《孔子世家谱》载其名无其书,《著述记》其人其书并无。考继煜,实出文学世家。祖毓津,号文桥,增生,候补国子监书院学录,诰赠奉政大夫,署江南扬州府知府江防同知。父传橿,号历九,雍正丁未举人,贤良方正,授文林郎,官江西五河县知县。兄继炘,字景炎,号蔗亭,拔贡生,官永平府知府,著有《蔗亭诗》集。其子广垲,授承德郎;广墺、广圭,俱为尼山学录,例授文林郎。继煜,生于乾隆二年

（1737），卒于嘉庆十四年（1809）后。

是书今有山东省图书馆藏清孔继燫手稿本，2007 年 12 月山东大学出版社《山东文献集成》第二辑影印本。

■ 秋蓼山房诗稿二卷补遗一卷   存

（清）孔广根撰。广根有《傅子补遗》，子部儒家类已著录。

是书，山东省图书馆藏有清道光刻本，半叶七行，行二十一字，白口，四周双边，无鱼尾。内题"阙里孔广根心仲"。此册与其《词稿》合一函，亦聊城杨氏海源阁旧藏。是书凡分上下二卷、补遗一卷，而叶码连属不另起，凡前二十七叶为上卷，二十八至五十四叶为下卷，五十五至六十为补遗。前有杨以增道光丙午序，及黄文旸、金望欣序；后有王宽、孔传铖、赵帅、吴慈鹤、徐祖锡等人跋文及题诗。传铖跋曰："小荃殁之第六年，学使者张南崧先生将有《山左诗选》之役，征诗曲阜蘅浦、绹文、景度，取《秋蓼山房集》博观而约取之，将畀选楼，恐或未允，又嘱余参阅。余自小荃在时，即欲汇抄所撰诗词，以备吾邑文献。比其死也，家所存断纸零缣，误以触手，辄作数日恶，况忍披其专集乎。顾常以此事责蘅浦。岁比不登，灾梨匪易，学使此举若为嚆矢，然以尽吾小荃之诗，则未也。此二卷外，似尚有遗珠，据素所记，有'一百八声钟尽后，世间犹有梦魔人。'一绝可验。时辛未秋七月族传铖识于青楳书屋。"按：此书，《清人诗文集总目提要》著录首都图书馆藏道光二十六年刻本作《秋蓼山房诗》；《续修县志》、《著述记》作《秋蓼山房诗词稿》；《清志补编》、《山东通志》、《晚晴簃诗汇》作《秋蓼山房诗存》；稿本《续修四库提要》著录孔氏抄本不分卷，亦题《秋蓼山房诗存》，然俱不标《补遗》一卷。《续修四库提要》云："是集计诗一百七十六首，古近体均有之，以近体为多。集中所收诗，类多唱酬之作，而咏景物之什，尤轻倩宜人。如《霖柳杨柳送落花》、《落花别杨柳》、《杨柳寄落花》、《落花忆杨柳》、《芦花》诸篇，尤为集中诸作冠。而《将进酒》、《妾薄命》、《寄怀颜元美》、《读沈鹄村三叠诗用韵奉呈》及《残春曲》诸古歌行，亦颇得汉魏人之旨。即如《虫声》云：'树杪秋声已不禁，那堪四壁动商音。啼残怨绿愁红地，冷到劳人思妇心。豆叶翻风篱落晚，苔花蚀雨寺门深。一樽自引舒清啸，助尔长吟更短吟。'又《咏棋》云：'几回拈子又逡巡，赢得旁观笑认真。布局已将全势失，应知着着不如人。'两首，则更于轻倩之中兼有感慨之意矣。"又《阙里孔氏诗钞》："孔广根，字心仲，号小荃，自称仙源第一酒人，诸生，署翰林院五经博士，有《秋蓼山房诗词稿》。小荃从祖，嗜酒耽诗，风流自赏。筑园曰'息影'，春秋嘉会，几无虚日。有侍姬名艳朝，亦工诗。"并收其《久不得黄秋平信却寄》、《将进酒》、《妾薄命》等二十余首。又《孔子

世家谱》广根传，亦谓广根"著有《秋蓼山房诗词稿》行世"。并云："公幼承家学，学礼学诗，长入儒林，克承先志，又加以父兄教诲，卒成为一代闻人。古人所谓乐有贤父兄也，继往开来，故炊经堂一支，绳绳继继，代有闻人，公与有力焉。惜享年不永，未克著述等身，惜哉！"广根，乾隆二十九年（1764）生，嘉庆十九年（1814）卒，年四十二。又按：此书跋者孔传钺，及跋中所提邑人蘅浦（孔广权）、绚文（孔昭美）、景度（孔昭恢），本书均有著录，可参阅。

是书今有清道光二十六年曲阜孔昭灿刻本。

■ 梦松居士诗稿无卷数　未见

（清）孔传薪撰。传薪有《行唐纪政》，史部传记类已著录。

是书，《续纂句容县志·艺文志》据《孔氏家乘》著录。《江苏艺文志》著录此书称"佚"。按：《续纂县志》人物传谓"孔传薪字伯曼，一字雪樵，乾隆己酉选拔贡生，充正白旗教习，授安徽太平县教谕，升任湖北武昌县知县，历官直隶行唐、任邱等县知县。任行唐五年，听讼如神，案无积滞，民怀其德，调任邱时，士民罗拜道左，有泣下者。寻为忌者中伤，解组归。传薪学问淹博，精楷法，善绘事，尤工兰竹，名重都门。性嗜金石，遇佳者，虽典衣必购，所居斑驳陆离，皆古物也。后卒于其子江陵任所。著有《行唐纪政》、《梦松居士诗稿》。"按：考传薪一家，满门廉吏。弟传荃，字振谷，精汉隶，年十六补诸生。嘉庆壬申，随兄入都，考取内阁供事，选授湖北崇阳县丞，改授山东清平县丞，居官廉洁自持，尽革陋规，年五十二卒于任。子继廉，字简卿，性宽厚寡言，精六壬算数，由国学生逢临雍大典，以圣裔恩赏州吏目，援例为县丞，分发湖北，历署公安、监利等县县丞。咸丰三年，保升知县，加知州衔，署通山县知县。卒年七十有二。子继赓，字香谷，以圣裔逢道光元年临雍大典，恩赏州吏目，分发江西，历任凤冈、姑堂等处巡检，升补弋阳县丞，代理县篆，所至勤于吏事，以廉能称。从子继志，字心莳，以未入流分发贵州，历任独山、广顺、镇宁各州吏目，松桃厅经历，四十八溪主簿，迁大塘州判，均廉洁有政声；咸丰四年，权大塘州篆。孙广业，字勋丞，由诸生投效湖北军营，援例捐通判，分发四川，代理绥定府知府，重庆府江北厅同知，署石砫直隶同知，赏戴花翎。光绪六年，补授夔州府通判。寻代理夔州府知府。孙广楷，字绶丞，官至湖北江陵县典史。

■ 梦松居士诗略　存

（清）孔传薪撰。

是书今有国家图书馆藏清嘉庆间刻本,一册,九行二十一字,白口,四周双边,单鱼尾。《江苏艺文志》不载此书,或即前著《诗稿》之异本。

■ 嘉庆己巳恩科会试硃卷一卷 缺

(清)孔传纶撰。传纶字言如,号梦鸥,浙江钱塘支,孔子六十八代孙,嘉庆九年甲子科举人,十四年己巳科以会试第一成进士,改庶吉士,授编修,考选御史,简放福建邵武府知府。

是书,上海图书馆藏有清嘉庆间刻本,惜仅存《得天下有道其民斯得天下矣得其民有道得其心斯得民矣》一篇,且缺科份及履历。存文眉上有"典丽风华","运古无迹","取材宏富"等批语。考《明清进士题名碑录》清嘉庆己巳恩科有孔传纶,钱塘人,二甲十四名,会元,证诸《杭州府志·选举》亦相吻合。英和《恩福堂笔记》卷下谓"余三主礼闱……己巳科,公定江苏省会元,已三日矣。青阳王文僖公忽执浙江省卷欲易之,而同事皆不欲易,文僖公曰:'江苏卷,文三篇诚足以之冠多士,惟试律及经艺策对不若浙江卷,以之易江苏卷,诸公不必复疑。'顾元熙遂为第二人,孔传纶列榜首矣。"又据唐鉴《唐确慎公集·朝议大夫福建知府孔君墓志铭》,传纶,曲阜圣裔,其先宋南渡时迁于江南,遂家于浙。并云:"君兄弟四人,皆铮铮不诡于俗。君天性淡定,寡言笑,虚怀雅度,不与物竞,历官翰林、御史,不自为名,居钝避猾,敛智为愚,而于天下事,若在指掌中。"又谓"君以会试第一成进士,改庶吉士,授编修,考选御史,时四川文武吏,多假军功冒滥议叙,奏核之。前后典试三省,俱称得人,京察记名,简放福建知府。过杭州省亲,病十余日,于嘉庆二十五年某月某日卒,年四十二。"兹参据著录。按:尝见《选腴初集》(书卷)载有传纶《日月星辰山龙华虫作会宗彝藻火粉米黼黻絺绣以五采彰施于五色作服》一文,批云:"撷经义之膏腴,摅汉人之神味。雄深雅健,卓尔不群。"又考钱塘一支民国《谱》失收,新修《谱》增入。据载,始迁祖四十八代端禀有子五人,迁居钱塘龙潭,繁衍生息,至传字辈凡一千零五十人,中有二位传纶,其一称"传纶,妻陈氏,子一继范",乃毓舆又名子舆(字名世)第四子,毓舆共有子五人,妻吴氏、朱氏;其二为毓诗(字论德)仲子,传纶名下不着一字,似皆不符。又考嘉庆十九年传纶任翰林院编修时,尝奉旨参与编校《全唐文》,列名协修官;另外又尝参与《皇朝三通》校对等。

■ 芥圃遗诗一卷 未见

(清)孔传枞撰。传枞字振律,号虞轩,又号芥圃,一说字虞轩,号芥圃,大宗户毓

泽子,孔子六十八代孙,廪生。

是书,《山东通志》、《曲阜志》、《阙里文献考》、《著述记》皆著录。按:此书未见传本,《国朝山左诗钞》、《阙里孔氏诗钞》、《续修县志》皆收其《泰安道中》一诗,诗云:"东风拂面柳枝低,宛转溪山路欲迷。十里桃花新过雨,夕阳遥映鲁门西。"传枞,生卒未详。其祖兴祥,为乾隆甲子科举人,广东文昌县知县。

■ 医俗轩诗集三卷文集一卷 存

(清)孔昭熺撰,孔庆钰刻。昭熺字熙有,号松峰,河北新城支,孔子七十一代孙,乾隆五十五年举人,官四川大足县知县。庆钰,孔子七十三代孙。

是书,山东省博物馆藏有清道光七年保合堂刻本,十行二十字,白口,左右双边。内题"松峰孔昭熺著;男宪垡敬亭编次,孙庆钰相之校刊"。前有蒋策、田文洛等人序,并昭熺自序。自序作于道光元年,作者八十一岁时。书不标卷,然检其书,其收诗实自《自铭》至《制卷窗铭》计三十叶为一卷;《老大》至《赠李秀才端砚》凡五十二叶,页码另起,为次卷;《岁己卯送同学诸子应京兆试》至《醉起柬王彭寿再集工部句》凡二十一叶,亦另起页码,为第三卷。次为诗余五叶,另为一卷,本书另录于词曲类。《医俗轩文集》,本帙卷端作《医俗轩文稿》,共四十一叶,页码一连到底,自为一卷。书中,如《诗集》卷二之《送田先生之任阳平》有序、《仆行年七十有一,年前十一月分选授四川大足县令,今正月十九日投呈吏部,以病辞官,非甘恬退,盖恐耋年滥竽,致误民社也。择于初三日,束装回籍,留别都中石公调冲、王公相亭、阎公健斋》、《正月十五日,龙湾村赛神百戏杂陈,余偕金陵孔觐堂往观,沿村马上行吟,觐堂得句"元日能消百病身",适友朋招饮,未及终篇,今复来游,因续成之》、《遣兴》有序,序云"仆年开八袠,不能督家政,日日检阅残编,目倦则涉,园内有草亭一间,署曰'菜香书屋',于此得少佳趣,率成十三韵,聊以驱睡魔,亦各言其志而已。"及《任砚斋汉南知名士也,向晤京邸,今年春移绛帐王敬斋家,暇日过访,见斋前葵花丛生成行列,曲折如屏,因赠以诗》、《邀曲阜同宗孔毓昰携广大叔范图南田中食瓜遇雨赤足而归》等皆关作者生平与交游。其它佳篇胜句亦复不少。蒋氏序曰:"甚矣!俗之难医也。不知诗者,其人俗;知诗者,而所著之诗复不免于俗。此东坡有瘦可肥俗难医之叹也……松峰先生特以'医俗'名其集,披读之余,见其自箴也,叹世也,遣兴也,即事也,咏物也。率皆古道照人,和平乐易,疏瀹性灵,涤荡胸膈;即偶拈俗事俗词,而更饶逸趣,乃知诗之不俗亦由于人之不俗耳。世多谓元轻白俗,白何尝俗?亦貌为白者,有以俗之。若先生和陶诸作,又逸白傅而上,而哜渊明之藏,是真于此道中有三折肱、五折臂者。诗余数阕,尤属学人本色,不落插科打诨诸习,延已之'一池春水',少游之'山抹微云',其可传固不在多也。所著杂体文亦独出己见,不拾前人牙唾。"按:考光绪《续修新城县志·著述》、史梦兰《畿辅艺文考》此书作《医俗轩诗集》,不题卷数;《书髓楼续收诗文集存目》此书作《医俗轩诗文集》四卷,题"曲阜孔昭熺撰"。《清人诗文集总目提要》著录此书作《医俗轩集》,亦四卷,云:"昭熺生于乾隆六年(1741),卒年不详,号松峰,直隶新城人。乾隆三十五年举人。此稿凡诗集三卷,文集一卷,木附诗余,道光七年孔氏保合堂刻,北京大学图书馆藏。"又考《清代官员履历档案全编》载昭熺嘉庆十五年(1810)时为七十岁,与之正合;而道光《新城县志·选举志》、《畿辅艺文考》、《诗文集总目提要》及《清代诗文集汇编》昭熺小传等称其为"乾隆三十五年(庚寅)举人",则与集中《庚戌科三月十五日题号舍自寿》显然不符,诗云:"正是平头五十人(平头五十人,香山句)年来种种发华新。四回秋荐才通籍,十次春闱望出身。楼上旌飘风送韵,舍中帘厂月成轮。此中得失由天定(内城小寓壁间大书'由天定'三字),且自闲吟贺寿辰(今日予之生日)。"又《新城县志·选举志》"昭熺"误作"昭熹"。

是书今有山东省博物馆等藏清道光七年河北新城孔氏保合堂刻本,2010年12月上海古籍出版社《清代诗文集汇编》影印北京大学图书馆藏清道光七年孔氏保合堂刻本。

■ 一哂园诗钞无卷数 佚

(清)孔广英撰。广英字豪士,号载崖,平阳派太学生继枢长子,孔子七十代孙,由国学候选州同,议叙加级,例授承德郎。

是书,《江苏艺文志》据同治《续纂江宁府志》与光绪《高淳县志》著录。《高淳县志·笃行传》略谓:"广英号载崖,由国学候选州同。县宪霍以品行端方,举充乡长。奉衍圣公府劄,委任族长,恭膺貤赠封典。乾隆乙巳大旱,英出谷六百石以助赈。著有《一哂园诗钞》,后经兵燹,稿本散轶无存。"《孔子世家谱》平阳派广英传云:"广英字豪士,号栽崖,太学生,候选州同,仗义捐赈,议叙加级,例授承德郎,主修宗谱,从祀庙庭,陪祭给胙。著有《一哂园诗钞》,事详郡邑两《志》。"兹参据著录。按:考曲阜孔府档案,见有嘉庆十一年五月初七日衍圣公府谕高淳县族人为推荐王思济协助修谱事文档,内有"袭封衍圣公府谕高淳县族人候选州同孔传德、候选州同孔广英、生员孔毓申、孔继枢等知悉为札谕事"等语,知广英约乾隆中前期生,嘉庆十一年以后卒。又广英共兄弟二人。弟广俊,字杰士,号淡如,太学生,议叙少尉,修职郎,厚积好施,嘉庆甲戌岁歉,捐谷六百石。上宪闻其事,给予"惠保三湖"匾额。

■ 愚山学余文集 <small>未见</small>

(清)孔传尌撰。传尌,盛果户举人单县教谕毓书长子,孔子六十八代孙,乾隆五十九年甲寅科举人。

《增补孔庭摘要》:"六十八代传尌,乾隆丁卯科举人,著有《愚山学余文集》行世。"兹据著录。按:是书,《续修县志》、《著述记》、《孔子世家谱》皆无载,亦不见传本。《孔庭摘要》称传尌为"乾隆丁卯科举人",较比其父毓书中举,尚早二十一年,显系误载。今考《孔子世家谱》,始知"丁卯"原为"甲寅"之误。

■ 嵩阳遗稿文集无卷数、九峰录诗集无卷数 <small>未见</small>

(清)孔传峃撰。传峃字汉登,毓书第四子,岁贡生。

《增补孔庭摘要》:"六十八代传峃,字汉登,岁进士,主讲岱麓书院,诱掖后进,多知名士。著有《嵩阳遗稿文集》、《九峰录诗集》行世。"兹据著录。按:《孔子世家谱》传峃传不载其书。《续修县志·艺文志》著录二编,作者误为"孔传尌"。

■ 老槐书屋诗稿一卷 <small>未见</small>

(清)孔昭炽撰。昭炽字丙昹,号曙峰,大宗户署四氏学教授、直隶献县知县广棣长子,孔子七十一代孙,恩贡生,署太常寺博士。

是书据《著述记》著录。《续修县志》作《老槐书屋诗集》。《山东通志》据《山左诗汇钞》著录,不题卷数。《阙里孔氏诗钞》昭炽传此书亦不题卷数。按:其书未见传本,《孔氏诗钞》录其《岳忠武墓》、《春日漫兴》、《海棠春雨》(济南试院八景之一)、《立秋日风雨独坐》、《题王家园》、《无题》、《始皇》、《唐元(玄)宗》、《自君之出矣》、《苦热》、《华清宫》、《夜起玩月》、《孟蜀宫词》、《重阳前二日过魏女桥》、《夏晚坐古槐下》,凡十五首。昭炽,清乾隆二十一年(1756)生,嘉庆十一年(1806)卒,年五十一。

■ 归来吟集无卷数 <small>未见</small>

(清)孔昭烜撰。昭烜字显思,号晴峰,大宗户正一品荫生广柞长子,孔子七十一代孙,乾隆三十六年辛卯科举人,官直隶肥乡县知县。

是书,《山东通志》、《续修县志》、《著述记》等著录。《山左诗续钞》、《阙里孔氏诗钞》亦载之。按:此书未见传本,《孔氏诗钞》收其《如川侄招饮》、《病中口号》二首。其《如川侄招饮》,《山左诗续钞》作《侄如川博士招饮》,或另有所本。昭烜,清乾隆七年(1742)生,嘉庆十六年(1811)卒,年七十。

■ 凝祉堂诗无卷数 未见

(清)孔宪增撰。宪增字如川,号怡斋,袭封衍圣公昭焕次子,孔子七十二代孙,世袭五经博士,以长子庆镕承大宗嗣,貤封衍圣公。

是书,《续修县志》著录。《阙里孔氏诗钞》宪增传亦载之。按:其书未见传本,《孔氏诗钞》选有其《和梅书弟秋望韵》、《花前》等诗,殆于生平旨趣,约略见之。又,甘泉黄秋平(名文旸)与孔氏交甚笃,孔氏多有酬答之作。黄氏通声律,工戏曲。乾隆四十五年,两淮盐政伊龄阿在扬州设词曲局审订戏曲,被延为总裁,编有《曲海总目》。壮年奔走齐鲁吴越间。撰有《扫垢山房诗钞》十二卷,嘉庆七年孔庆增刻于曲阜,孔宪增、阮元、孔昭虔、孔宪圭为之序,另有孔宪堃跋。其中所载阙里孔氏藏《先世衣冠歌》,邓之诚《骨董琐记》称"此诗可见一代衣冠制度,非比寻常泛咏也。"又按:据光绪《甘泉县志》卷二十三,黄氏另有《鲁游续草》等集。未见传本。宪增,乾隆二十三年(1758)生,嘉庆十七年(1812)卒,年五十五。

■ 小龙山人诗稿无卷数 未见

(清)孔传经撰。传经字向亭,号巨川,滕阳户庠生毓镧长子,孔子六十八代孙,诸生。

是书,《续修县志》、《著述记》著录,《阙里孔氏诗钞》亦载之。按:此书未见传本,《孔氏诗钞》收其《早过梳妆台》一诗,并云:"巨川茂才好为诗,窗间壁上,淋漓皆遍。尝携尊酒策蹇行村落间。遇相知,辄共饮,醉辄为诗,随手散去,不惜也。"

■ 浣星斋诗草 未见

(清)孔传桯撰。传桯字逵节,孔子六十八代孙,岁贡生。

是书,《山东通志》著录。《阙里孔氏诗钞》:"孔传桯,字逵节,岁贡生,有《浣星斋诗草》。"按:此书未见传本,《山左诗续钞》、《孔氏诗钞》皆收其《长歌赠陈正仪表兄》、《山居漫咏》。其《长歌赠陈正仪表兄》,乃作者自抒感慨之作,云:"苍松偃蹇老幽壑,高人自古多沦落。家惟四壁不求余,浩荡乾坤无处着。石圃居士何嵚崎,眼似秋鹰骨如鹤。拄腹撑肠富万卷,自谓文字皆糟粕。兴酣落笔走龙蛇,负郭薄田饱鼠雀。老去懒为汗漫游,借榻敞庐聊寄托。载酒问字门如市,共爱风流垫巾角。我才无能为君役,同病三生如有约。西窗剪烛好聊床,开怀且把穷愁却。"

■ 云海课程一卷 _{未见}

（清）孔传洪撰。传洪字振逵，号云海，岭南派南海支毓芬三子，孔子六十八代孙。

是书，民国《南海罗格孔氏家谱》艺文著录，并载门人洗斌识语云："先生积学能文，以布衣终，所谓丰于才啬于遇者耶。授徒数十载，其讲书解经，及诗赋文艺，皆明白了畅，义虽深而出之显，加以曲譬善喻，务使听者晓然于心，故娓娓动听，相悦以解。愚蒙茅塞，亦能开其心思，通其笔路。至英俊之才，一经指引，日新月异，如时雨化。以故游泮水掇巍科者，踵相接也。斌少蒙启迪，最得其详，然非一人之私言也。今昔相悬，历有年矣。而聆其矩海，经其斧削者，犹啧啧称道，终身佩服之不忘。"其书传洪传亦谓其好学能文，善诱后进，及门受业者，多成材取科第，至今门人爱慕弗衰。

■ 碧峄轩初稿、赋梅吟草、兰桥渔唱词、墁画钞存 _{未见}

（清）孔广平撰。广平字赋梅，号蔚庐，慈溪派桐乡县支署河内县丞继美次子，孔子六十九代孙，乾隆三十六年举人，任广西陆川等县知县，护郁林州直隶州知州。

诸书，《乌青镇志·著述》著录，皆不标卷数。《孔子世家谱》广平传不载其书，云："广平字赋梅，号蔚庐，乾隆乙酉拔贡，辛卯举人，历任广西陆川、博白、兴业、北流县知县，护郁林州直隶州知州，敕授文林郎，晋奉政大夫。子二：昭粲、昭昱。"考广平出身士宦之家，祖传忠，字贯原，号恕甫，康熙乙酉举人，己丑进士，历任山西盂洪洞介休县知县，升解州直隶州知州，例授奉政大夫。父继美，字珵如，以州同知署河内县丞，例授儒林郎，敕赠文林郎，广西陆川县知县。兄广易，字翼诸，乾隆辛卯恩贡，候选州同知，例授儒林郎。又《乌青镇志》广平传引《孔氏东家外史》云："公尝识粤东宋生湘于讼庭，湔洗之，而教以为文义法，且资其归，后竟发愤成进士，与馆选。又，公解任归，中丞孙公入行舟，见几捆丛书外，堆黑煤一筐，笑曰：此更轻于郁林石矣。"按：诸书不见传本与书目著录。

■ 一莲诗草无卷数 _{未见}

（清）孔宪奎撰。宪奎字一莲，号恬斋，一说字壁联，号梅书，大宗户乾隆辛卯科举人、直隶肥乡县知县昭烜长子，孔子七十二代孙，附贡生，候选县丞。

是书，《山东通志》、《续修县志》著录。按：其书未见传本。孔宪彝《阙里孔氏诗钞》："孔宪奎，字壁联，号梅书，别号一莲，诸生。有《一莲诗草》。一莲从兄，少负隽才，受知于钱箨石宗伯，以女孙妻之，屡困棘闱，遂致癫痫，有姬张氏，随侍数十年，无怨言，人以为难。诗稿多自涂抹，鸿轩、琴南两从叔手录存之为一卷。"《孔氏诗钞》录其

《春山闲眺次朱雪樵孝廉韵》、《渡泗水》、《拟古》、《送别》、《寄陈香鹭》、《题画》、《南楼怀古》、《钱箨石先生画竹》、《晨起野眺》、《村居赠陈晓村》、《仙源杂咏》、《榆钱》、《西亭》、《明湖偶咏》、《暮行》、《登南楼怀陈香鹭》、《自兖州归有感》、《怀王东溟先生时薪得第》、《尼山春祭归途口占》（诗末注云："尼山例有樵牧之禁，故称主祀者为山官"）、《小河村居即事》、《古意》、《偕同人游石门山六首》、《楚中杂咏》、《郧西县斋作》、《汶河待渡》、《病中寄友》、《钱顺甫得甫昆季钱余烟雨楼赋别》、《自题蕉影蒲团小像》、《庚戌秋在广州又题小像》等，计数十首。宪奎，清乾隆二十五年（1760）生，道光六年（1826）卒，年六十七。

■ 抱真集十卷　存

（清）孔宪圭撰。宪圭字玉川，号镇斋，袭封衍圣公昭焕第三子，孔子七十二代孙，恩贡生，官四氏学教授，候选知县，貤赠朝议大夫，晋封光禄大夫。

是书，中国科学院图书馆藏有清道光二年孔氏家刻本，九行十九字，白口，四周双边，单黑鱼尾，版心刻卷数、页码，共一函四册。诗以纪年编排，其首卷卷端题："抱真集（甲寅至乙亥年）；阙里孔宪圭镇斋著"。前有嘉庆二十五年昆陵王韶序，道光壬午孔宪圭自序，道光二年孔庆镕序，并目录。目录末尾有孔宪彝题记，云："道光丙申二月五日，弟宪彝敬读一过。凡编入《阙里诗钞》者，以小印志之。"按：此印与前所见小印不同，乃"秀珊"二字朱文正印。此帙纸白墨黑，天地广阔，行间疏朗。且经宪彝朱墨评点，孔祥霖钤印收藏（每册之后皆有"孔祥霖印"白文正印、"少沾"朱文正印），更觉灿然可爱，宝贵异常。收诗自《春夜》、《秋燕》，至《蕉扇》、《艾绳》。每卷末均署"侄庆镕阅订，侄孙繁灏校刊"。书末有繁灏跋文一则，略云："且诗学本为我孔氏家传，故粤稽庭训，多及篇章，而诲示及门，不遗雅什。及乎断章证道，取喻诂经，每每引《诗》以为释义，可知作诗者，不独适性陶情、修词琢句而已也。公能敬承家学，恪守遗编，着纸生春，挥毫成趣，美人香草，寄才子之胸襟；秋月春花，抒词人之藻彩。大道寓于斑管，至性露于蛮牋，当必茹真茗，蒸真香，本真实之诚，吐真如之蕴，故能不失乎温柔敦厚之旨，而发其天真烂漫之怀。廿余年与严君迭相唱和，无间暑寒，彼此琢磨，互相砥砺，出风入雅，得格律之正宗，引古证今，综立言之体要，洵乎自成一家，而独标千古者也。严君素钦公才，日喜诵公诗，命灏校雠参订，寿诸枣梨，藏之家塾，以示后昆……"按：考《续修县志》、《著述记》、徐世昌《书髓楼藏书目》此书均有著录，《阙里孔氏诗钞》宪圭传亦载之。《山东通志》、《山左诗续钞》、《孔子世家谱》其书不题卷数，《清人别集总目》著录道光二年刻本，题不分卷。《孔氏诗钞》、《续修县志》收其《春夜》、《瘦

马行》、《烧香曲》等诗数十首。其中,《烧香曲》不独对了解当地民俗甚有助益,且于朝山进香这一迷信活动尤多揭露。诗云:"前年一人仆山冈,至今肢废犹卧床。去年一人坠涧亡,清泉白骨相春撞。今年来者犹攘攘,咸云不敬罹灾殃。吁嗟乎,千古淫祀真荒唐。"孔宪彝谓其"校官秩满,荐升县令,辞不就。隐居,自放于诗酒。诗径纵横奇警,颇效玉川。晚年多奉道语,于太白、东坡,仿佛似之。仆刘能诗,有'可怜三月咸阳火,抵得焚书一字无'之句,人比之颖士云。"宪圭,清乾隆二十九年(1764)生,道光十一年(1831)卒,年六十八。

是书今有中国科学院图书馆等藏清道光二年曲阜孔氏家刻本。

■ 志道集三卷 存

(清)孔宪圭撰。

是书,中国科学院图书馆藏有刻本,一册,一函。按:《续修县志》、《著述记》、徐世昌《书髓楼藏书目》等此书俱有著录,《阙里孔氏诗钞》宪圭传亦载之。《山东通志》、《山左诗续钞》、《孔子世家谱》著录此书,不题卷数。

■ 玉川诗钞一卷 未见

(清)孔宪圭撰。

是书,稿本《续修四库提要》据家抄本著录,云:"是编仅四十三首,古律、绝句均有之,而以古歌行为最多。宪圭于校官秩满,荐升县令,辞不就。丁母忧,哀毁逾恒。淡于世情,隐居自放于诗酒。其所为诗,纵横奇惊,颇效玉川晚年;多奉道语,于太白、东坡仿佛似之。今集中所载长歌,如《瘦马行》、《古宫词》、《烧香曲》、《正月十七大风纪异》、《祈雨诗》、《有鸽》、《邵贞女诗》、《闰三月二日纪梦》诸作,无不气势雄厚、钩心斗角,能达人所不能达。他如《小游仙》、《秋日杂咏》、《秋草》等篇,亦皆无意求工而自工。盖其性情宁淡,有流于笔墨之外者。至《诗境》五首,有句谓'千古一诗境,智者得其灵'之语,于诗学三昧实已深得之矣。其《小游仙》云:'张老骑驴下碧霞,天然奇遇野人家。灵田三亩堪生活,愿向仙翁学种瓜。'及《诵秋草》云:'低连(迷)犹认旧王孙,此日风光足断魂。可记芳菲蓬岛路,不堪寥落夕阳村。至今难报三春力,终古空悲一烧痕。谁识宿根生意在,神芝仙径与重论。'皆婉委可诵也。《曲阜县志》谓其所撰有《抱真集》十卷、《志道集》三卷,今皆未见,此本或即从原集中抄出者耶,不可知矣。"《清人诗文集总目提要》据以著录,《清志补编》亦著其书。按:此抄未知今存何处? 弟宪堃《逸友堂遗稿》有宪圭道光十年所作序。

■ 逸友堂适性草一卷　未见

（清）孔宪堃撰。宪堃字载元,号厚斋,袭封衍圣公昭焕第五子,孔子七十二代孙,恩贡生,候选直隶州判,貤赠通议大夫。

是书,《续修县志》、《著述记》皆著录。《阙里孔氏诗钞》、《孔子世家谱》宪堃传此书不著卷数。《山东通志》据《山左诗汇钞》作《逸友堂诗》。按:其书未见,《山左诗汇钞》、《孔氏诗钞》收其《折杨柳》、《捣衣曲》、《秋日村居分用姚武功韵》、《送春》、《送徐恒庐之砀山》、《题季薕从祖观海集》诗多首。余正西曰:"厚斋先生,为予乙酉同年。菊农庆鈺尊甫诗稿,物色未得,于友人案头获见乐府一首抄之。"乐府一首者,即《折杨柳》也。内有"妾折杨柳枝,赠君远别离。柳枝入君手,忆妾攀折时。""春来发长条,叶叶寄想思"等句。宪堃,乾隆三十二年(1767)生,道光十年(1830)卒,年六十四。

■ 逸友堂遗稿一卷　存

（清）孔宪堃撰。

是书,《清人诗文集总目提要》著录国家图书馆藏道光二十年刻本,谓:宪堃生平喜读书,博闻强识,精岐黄,善博弈,能草书,兼工吟咏。殁后其子庆鈺辑其所作,编为《逸友堂遗稿》,前有李如金、孔宪圭、孔庆镕序,末有男庆龄跋语。凡诗百四十二首,多为题诗,悼亡诗多露真情。其侄庆镕序,称其"精章草围棋,棋自范西平、盛大有辈争边夺角,虽称国手,而机心颇露,叔父雍容数子后侵分而已。"又谓"其所作诗,有一种自然幽逸之致",可于博大中见其精深。按:此书疑即《适性草》。《清人别集总目》另著有中国科学院图书馆藏抄本。

是书今有国家图书馆等藏清道光二十年刻本,中国科学院图书馆藏抄本。

■ 见在吟（一名梅庄见在吟,或作梅庄现在吟）四卷　存

（清）孔继型撰。继型有《诗均指略》,经部诗类已著录。

是书,南开大学图书馆藏有清抄本,一册,九行二十二字,无格,卷端题《见在吟》,不署作者名氏。书为烟台彭紫符旧藏,目录页钤有紫符藏书印。内收甲申《春宵即事》以下诗,前有道光二十七年同里赵田在《梅庄见在吟小序》及《题辞》诗,序云:"予友孔君式甫,讳继型,号梅庄,别号锄月农,式甫其字也。与予同年生,生二十九年,举茂才,行年三十六,卒艰一第,赍志以殁。平生喜香山、放翁诗,吟兴所至,不规规字句间,著《见在吟》若干卷。癸卯冬,其仲弟廉甫南游袁浦,濒行,嘱予订其遗稿。噫! 予与式甫生长同里,诗酒交游十余年,此举义岂容辞? 遂不自讳荒陋,拨冗挑灯,揭其精

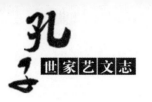

华,得古今体诗百九十首,付其长君崇夫,录成副本,邮至廉甫。乙巳夏,廉甫以丁艰归,出其自订本,暨订予所邮致本,再倩厘整,迄今丁未冬,去予本之二十二,取廉甫本之五十二,共存诗二百二十首,举一生艰难困苦,心血性情,斯可识其大凡矣。厘为四卷,俾崇夫录成定本,藏之家,他日幸遇文章巨公,求其品题,梓而传之,使不至埋没荒烟,则式甫洒脱胸襟,自当与白、陆二公同有千古,即廉甫友于之情,与予攻玉之隐,庶共附以不朽云。"按:《山东通志》、《牟平县志·艺文志》、《孔子世家谱》继型传此书作《梅庄现在吟》,亦四卷。宫卜万《牟平遗香集》选其诗九首,云:"孔文学继型,字伯孚,别号梅庄锄月农,笃堂从弟也。予尝翻阅行卷,极赏其《打麦行》,谓隽语欲升范、陆之堂,惜得年不永耳。有《现在吟》四册。""笃堂"即孔继培,本书经部论语类有著录。其《打麦行》云:天事催人人事忙,人事趁天打麦场。贫者驾驴富驾马,农竖挺然在中央。右手持鞭左挽缰,溲瓢杂沓何郎当。已而辍驾系碌碡,粒粒如珠堆矗矗。亚旅强以二三人,若者戴笠若赤足。赤足者谁?司簸扬,一俛一仰一注目。戴笠者谁?拥以帚,且前且却且往复。老农一笑太龙钟,浪说人巧夺天工。君看前尘作云起,糠秕在后雪飞空。又如集霰天上落,笠声飒飒夹风吁。乎,嘻!食为民天天所俾,人巧羌与天工比?

是书今有南开大学图书馆藏清抄本。

■ 孔继型诗稿不分卷 存

(清)孔继型撰。

是书,烟台图书馆藏有清闵玉樵等批校稿本,四册,行字不一,毛装,无格。未知与前著《见在吟》异同如何?此本,一册书衣题"门生孔继型",一册护衣题"癸亥仲秋重订"。收《与表兄陈东序宿绿雪山房》、《小院即景》、《秋夜代农人守场》等诗作。道光十一年辛卯三月闵玉樵批云:"格律老成,惜少新警,不能成家。试观唐宋名家诗,必有出有头地者,而后可以名世,可以传世。"

是书今有烟台图书馆藏稿本(清闵玉樵等批校)。

■ 春江吟草一卷 存

(清)孔继堂撰。继堂有《诗述》,经部诗类已著录。

是书,烟台图书馆藏有稿本,一册,行字不一,眉上有朱墨小注,内多改易,不似定稿与后人抄录。是集首叶题《春江吟草》,后改《雪江吟草》,复在书名"春"下划一三角,意在维持原称。书名下有"乙巳正月,凡二十四首"等字。作者孔继堂名下,注云:"廉甫,山东登州府宁海州人"。据此书目录页及附条,此册(《雪江吟草》)原列卷二十七,似为丛编之一种。丛编凡每卷一集,各有名目,如《停云吟草》、《听箫吟草》、《抹兰吟草》、《杂蛟吟草》、《停云续吟草》等,集各数十首,惟不详是否全为继堂所作。此集首为《元旦感赋》,凡二首,一云:"客睡还能著,醒残昨岁灯。春回新序否,梦记旧时曾。旅况酣樽罪,乡心付豆登。"二云:"先人敞庐在,何处得祇承。叔侄与兄弟,羁身江上亭。无从妥神位,望远礼先灵。夜色含愁白,晨光入恨青。迢迢看日出,云影接沧溟。"其中,第一首"新序否"之否字,右旁注云:"否字再酌";第二首"入恨青"之青字,右旁亦注云"青字再酌"。按:此帙《山东省珍贵古籍名录》(第一批)已选入,著为清抄本。

是书今有烟台图书馆藏孔继堂初稿本。

■ 入闽存草一卷 存

(清)孔继堂撰。

是书,烟台图书馆藏有稿本,二册,毛装,无格,九行二十二字,小字双行同。内题"廉甫孔继堂"。内收《望洞庭山》、《岸上桑林口号》等诗作。

■ 孔继堂诗稿不分卷 存

(清)孔继堂撰。

是书,烟台图书馆藏有稿本(佚名批校),书共八册,行字不一,毛装,无格。天头有墨笔批注。书衣有"门生孔继堂"、"表侄孔继堂"、"呈"、"恭呈"等题署。

■ 恕斋吟草无卷数 未见

(清)孔继堂撰。

是书,《山东通志》、《牟平县志》等著录,《孔子世家谱》继堂传记载同。《县志》继堂传称其善书法,其书"已刊",然未见传本行世。

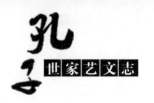

别集类

道光至民国

■ 铁山园诗稿十二卷 存

（清）孔庆镕撰。庆镕有《孔母袁太夫人行述》，史部传记类已著录。

是书，南京图书馆藏有清道光间孔繁灏校刊本，书为吴陵王少云旧藏，后为南京馆所得。书凡九行十九字，白口，四周双边，单鱼尾。此帙无总目，惟于各卷冠以所收篇目，并卷端题"阙里孔庆镕冶山氏著"，卷末镌"男繁灏校字"。书前计有经筵讲官太保文华殿大学士富阳董诰嘉庆十八年序，掌云南道监察御史巡察济宁漕务协办河道事韩鼎晋嘉庆十七年序，阳湖孙星衍嘉庆十九年序，提督山东学政内阁侍读学士辛从益嘉庆丁丑仲秋序，许夔嘉庆辛未仲秋序，庆镕嘉庆辛未自序，及皖湖黄玉写"冶山上公二十五岁小像"（榕南许夔题诗）。诗按年编次，凡卷一收庚午年诗，卷二收辛未年诗，卷三收壬申年诗，卷四收癸酉年诗，卷五收甲戌年诗，卷六收乙亥年诗，卷七收丙子年诗，卷八收丁丑年诗，卷九收戊寅年诗，卷十收己卯年诗，卷十一收庚辰年诗，卷十二收辛巳年诗。庆镕贵为衍圣公，官阶一品，而不烦以政，其富贵清闲，非常人能以想象，据悉，仅曲阜一地就有铁山园（即孔府后花园）、苗孔花园（又称息影园）、汉下花园、蒋园等多处园林，其生活优闲自适，兴至或形诸于诗，集中除《观剧》、《花下听歌》、《松下观棋》、《绣阁围炉》、《观玻璃缸内金鱼志乐》、《对镜有感》等抒写闲情逸致的篇章，游园诗殊为多见，例如《铁山园散步》、《初夏月夜铁山园闲步》、《秋日起早步至后园》、《立春后二日铁山园闲眺》、《三月二十八日同人游苗孔花园》、《十月二十七夜过苗孔花园》、《游苗孔息影园》、《暮春息影园看牡丹》、《二月廿二日游汉下花园》、《后三月初十日独至汉下花园》、《十二日复至汉下》、《仲春同友人游蒋氏园林》、《城西看荷花绕道蒋园醉后放歌》等等。另外，鲁源尚有其别墅，故集中有《鲁源庄晓起闲步》、《夜宿鲁源》、《留别鲁源庄二首》、《西斋后院旧有玉兰一株，去岁为风所损，今春花甚少，予甚惜之。二月十七日，夜宿鲁源，庭前亦有玉兰二株，甚茂，月下小酌，醉后因赋》等诗,凡此皆非民间疾苦之人所能体会。集中赠答之作亦复有之,而有关叶榕圃的篇什尤多。卷三《哭生父先大人诗三首》为动情之作,其第一首云:"从今遗恨抱终天,鞠育深恩廿六年。付业屡邀诗礼训,居丧惨读蓼莪篇。违颜客岁冬交令,弃我中秋月上弦。忆昔承欢堪恸哭,哀音容易达黄泉。"又庆镕自序其集曰:"余于嘉庆己未岁从黄秋平夫子游,授经之暇,辄讲论诗律,并切切以诗之真意示之。偶为五字骈语,即蒙夫子许以可与言诗。自壬戌冬,夫子归维扬,迄今又十年矣。每遇化晨月夕,酒绿灯红,兴至辄吟诗数首。兹意往往弗释于怀,或即景生情,因物志感,山川草木,触目会心,一吟一咏,景物逼真,固无佯哀伪笑之情,亦无矫饰欺人之语。历甲子、丁卯、戊辰、己巳四年,得诗二百余首。初脱稿后,即承太仓沈君名宗约者借以传抄,乃竟携箧闻门,镌诸梨枣矣。兹庚午一年,复得诗百余首,别成一帙。缘丙寅仲冬,遭先祖母大故,独处一室,在铁山园之前,数载以来偃仰其中,故四年之诗,遂以铁山园名之。辛未暮春,检订庚午之稿,亦即仍其名。爰以付梓。"按:"铁山园"以其园中有铁矿石,庆镕遂取以命名,并自称"铁山园主"、"冶山主人"。庆镕,清乾隆五十二年(1787)十一月二十一日生,道光二十一年(1841)二月三十日卒,年五十五。

是书今有南京图书馆藏清道光曲阜孔繁灏校刊本,2010年12月上海古籍出版社《清代诗文集汇编》影印本。

■ 铁山园诗集八卷 存

(清)孔庆镕撰。

是书,《清志补编》、《山东通志》、稿本《续修四库提要》等著录,《青岛市图书馆古籍书目》著录此书误为清光绪二十五年刻本。按:此刻盖开雕于清道光十九年仲冬,次年竣工。集分古今体编次。书前有经筵讲官太保文华殿大学士富阳董诰嘉庆十八年序,长寿韩鼎晋嘉庆十七年序,阳湖孙星衍嘉庆十九年序,提督山东学政内阁侍读学士辛从益嘉庆丁丑仲秋序,湖州沈梦兰道光元年序,许夔嘉庆辛未仲秋序,甘泉谢堃道光二十年六月序,孔庆镕道光十九年春三月自序。董诰序云:"冶山上公守诗礼之家传,髫龄即工吟咏,稍长按年编次,名曰《铁山园诗集》。"韩鼎晋称其"论古有识、赋物有情,温柔敦厚,深得六艺遗旨。"孙星衍云:"今观冶山上公之《集》,其性情醇挚如杜陵,其风调潇洒如香山,其咏古赋物工雅如皮、陆,笔意所到,若秋水生波、春云出岫,又若皓月行空、泉源泻地。刘勰所谓珪璋挺其惠心,英华秀其清气者,当于斯《集》见之。"又云:"衍曾阅《阙里文献考》,识君家奕禩相承,名流辈出。恭悫公敦率礼义,倡明教学;振路公勇读书,工文词,究心濂洛关闽之理;笃斋上公亦以诗文墨妙为当世名

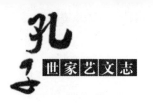

公卿推重。今读冶山上公诗，知其能绪先业，喜先圣风流不坠。世有达人，因乐得而序之。"庆镕自序曰："比自入觐蒙恩锡赉，以至往返京师，关山风雨，未免兴怀，将谓范杜模韩，则吾岂敢？壬戌后得诗若干首，为友人代刻《春华》、《鸣鹤》等集。辛巳，归安沈先生出宰宜都，不辞邮筒往返，属其点订，而将君伯生、冯君晏海迭相酬倡，遂统前刻，厘为六卷，名之曰《铁山园稿》。今又十年矣，往往于镫前酒后，偶一翻阅，颇有不惬于心者，始信古人删繁就简，悔其少作，盖有谓焉。兹所录者，犹难自信，然不敢忘先太夫人教诲云尔。"《清人诗文集总目提要》称此书"陆续增刻。嘉庆十七年初刻二卷。道光元年刻为四卷，首都图书馆藏；道光十年刻为七卷，中国国家图书馆藏；道光十九年刻为八卷，青岛市图书馆藏；至道光间刻作十卷，山东省图书馆藏；道光末年刻作十二卷，当是足本，南京图书馆藏。此稿按古今体诗分类编次，前有甘泉谢堃序。谢序谓：其集中'近体诗多深情之作。其古诗、新乐府、乐府诸作，专以气行'。其书法亦善用气。所书楹联匾额，字愈大结构愈紧；所写扇面手札，字愈小而间架愈松。碑帖文字，皆称悦目之作。"《山东志》引《憨斋诗话》铁山园集条云："七言律风调潇洒，逼似香山、放翁二家，如：夹岸树浓含宿露，满村花艳映斜阳。偶因卷幔风归户，才令移灯月到床。地近园林槐叶暗，风生楼阁芰荷香。三径客稀人独立，虚堂帘卷日初斜。几家茅屋依青嶂，十里垂杨杂绛桃。芳草色分蝉鬓绿，海棠浓夺古腮红。斜日影添鸦背采，北风声逐马蹄忙。花到荼蘼人意懒，节过寒食鸟声娇。皆可诵也。《湖海》、《红桐》诸集，此其后劲欤。"孔宪彝《阙里孔氏诗钞》云："冶山宗子性谨厚，自九岁袭爵，历事三朝，悉蒙恩礼有逾常数。性至孝，母于太夫人，卒，祀画像于慕恩堂，如事生礼，终其身不懈。幼工诗，筑铁山园于邸内，招四方名士唱和其中，诗稿甚富，晚年手自删削殆尽。工书画，笔致秀逸，具见性情，人多珍之。"其诗，《晚晴簃诗汇》、《孔氏诗钞》、《清人诗集叙录》等皆有选收。

是书今有青岛市图书馆等藏清道光二十年曲阜孔氏刻本。

■ 铁山园诗稿七卷　存

（清）孔庆镕撰。

是书，《清人诗集叙录》著录清道光十年刻本，谓："当其时来游阙里者，花晨月夕，即景撷情，率多空言。集中扶乩、游仙诗，益荒诞不经。《偕阮芸台姊丈游园奉答四首》、《谒尼山庙》，较存故实。然庆镕固亦能诗，耳目所及，亦成妙选。如《观绳伎》、《登峄山》、《嵩里山歌》、《游灵岩》二首、《地震纪异》（道光九年己丑十月二十二日）、《观演长生殿传奇》六首、《题罗两峰鬼趣图》、《观演太平钱剧戏成》，巨细毕举，咸可取资。撷其不善,不失作手。"《清人诗文集总目提要》称此书道光十年刻为七卷,中国国家图书馆藏。

是书今有国家图书馆藏清道光十年曲阜孔氏刻本。

■ 铁山园诗稿四卷 存

(清)孔庆镕撰。

是书,《贩书偶记续编》及首都图书馆馆藏目录著有清道光元年刻本,四册一函。考《续修县志·艺文志》有庆镕《铁山园诗自序文》,云:"余之录是编者,取其便而已矣。将谓丙古人既问于世复藏于山者,则吾岂敢。余读《长庆》、《剑南集》,读未终而辄倦,非倦其诗之不佳,所倦者倦其繁且冗也。余尚倦古人繁冗,安知读余诗者,不倦其冗且繁也。《铁山园》初刻、再刻,皆友人代刻之也。友以为多文为富,殊不知余之才既不逮香山、放翁,乌可以繁冗步其后尘哉!使尽废初刻、再刻,是又拂友人意,故录是编,明其非藏山问世者比,盖取其便云尔。"所序或即此编也。

是书今有首都图书馆等藏清道光元年曲阜孔氏刻本。

■ 铁山园诗稿二卷 存

(清)孔庆镕撰。

是书,《贩书偶记续编》著有清嘉庆十七年刊本。按:《清人诗文集总目提要》称此书"陆续增刻。嘉庆十七年初刻二卷。道光元年刻为四卷,首都图书馆藏"。

■ 铁山园诗稿庚午一卷辛未一卷 存

(清)孔庆镕撰。

是书,北京大学图书馆馆藏目录著有清嘉庆十七年刻本,二册一函。按:此书当即《贩书偶记续编》所著《铁山园诗稿》二卷本。按:庚午、辛未二年诗,十二卷本已收之,并载庆镕自序,谓"兹庚午一年,复得诗百余首,别成一帙。缘丙寅仲冬,遭先祖母大故,独处一室,在铁山园之前,数载以来偃仰其中,故四年之诗,遂以铁山园名之。辛未暮春,检订庚午之稿,亦即仍其名。爰以付梓。"所云盖即指此。而检庚午年诗,亦恰百有余首。

■ 铁山园选稿五卷 存

(清)孔庆镕撰。

是书,《东北地区古籍线装书联合目录》著有东北师范大学图书馆藏嘉庆十九年

刻本。按:道光十九年本《铁山园诗集》载有阳湖孙星衍嘉庆十九年序,所序或即此本。以此帙罕见,《清人诗文集总目提要》历述其陆续增刻之本,不及此帙。详参前条著录。

是书今有东北师范大学图书馆等藏嘉庆十九年刻本。

■ 春华集一卷 _存

(清)孔庆镕撰。

是书,《续修县志》、《著述记》皆著录。按:其书刻于道光元年,前有道光元年镇洋沈宗约跋;道光元年表侄于文明序。沈氏谓:"丙子岁,返棹湖湘,重游洙泗,复读公《铁山园全集》,益爽然自失,而悦服公诗之秉经酌雅,茹古涵今。今又出《春华集》见示,盖公童时塾中所作,清新俊逸,悦目怡神。伯海储公请公付梓,以示子孙,而垂不朽。储公质慧多才,知音善学,年方舞勺,笔已生花,亦著有《荫春轩诗稿》问世。"又于氏曰:"明驱车仙源,谒上公于堂。公忘令接引,相与论诗。公因手出一编授明而读之,则公之《铁山园全集》也。披寻妙旨,探讨灵源,然后知公受业于秋平先生。辛巳岁,公出幼时所著《春华集》诗二卷示明,命明弁言,明未敢辞。"集内作品,后被编入《铁山园诗集》。

是书今有清道光元年曲阜孔氏家刻本。

■ 铁山园集四卷、鸣鹤集一卷、忠恕堂集一卷 _存

(清)孔庆镕撰。

诸编,《续修县志》、《著述记》皆著录。孔庆镕《铁山园诗集·自序》曰:"壬戌后得诗若干首,为友人代刻《春华》、《鸣鹤》等集。辛巳,归安沈先生出宰宜都,不辞邮筒往返,属其点订,而将君伯生、冯君晏海迭相酬倡,遂统前刻,厘为六卷,名之曰《铁山园稿》。"按:《铁山园集》疑即《铁山园诗稿》;《鸣鹤集》有刊本;《忠恕堂集》似为诸编以外作品集,是否单刻不详。各集所收后统编入《铁山园诗集》。版本详前。

■ 扬州竹枝词无卷数 _存

(清)孔庆镕撰。

是书,中国科学院图书馆馆藏目录著录,云见扬州古籍书店《扬州风土词草》。

■ 春草堂古近体诗五卷骈体文一卷 _存

(清)谢堃撰,孔庆镕编。

《清人诗文集总目提要》："谢堃生于乾隆四十九年（1784），卒于道光二十四年（1844）。字佩禾，江苏甘泉人，诸生。游幕为生。长于戏曲。所著先有《佩禾诗钞》三卷，道光二年自刻，后增为《春草堂诗》十二卷、《四六文集》一卷，辑入《春草堂集》，道光十一年秣陵扬州书局刻，卒后孔庆镕编为《春草堂古近体诗》五卷、《骈体文》一卷，张复、阮亨序，辑入《春草堂丛书》，道光二十五年刻，中国国家图书馆藏。"兹据著录。按：民国《甘泉县续志》卷二十四："谢堃中年以后，橐笔游四方，客山东曲阜最久。饱览衍圣公府收藏，因著《书画所见录》三卷、《金石琐碎》二卷。"又，江都陈逢衡，字履长，又字穆堂，与孔府为亲故，撰有《读骚楼诗二集》，庆镕与子繁灏皆为之序。

是书今有清道光二十五年刻本。

■ 雩门送别图诗无卷数 _存

（清）董立元画，孔庆镕等诗。

是书，中国科学院图书馆馆藏目录著有清道光刻本，一册一函。所收作品乃为送别冯云鹏、冯云鹓兄弟而作。冯氏兄弟，《孔子故里著述考》有著录。

■ 唐宋旧经楼诗稿六卷 _存

（清）孔璐华撰。璐华字经楼，赠衍圣公孔子七十二代孙宪增女，大学士阮元继室。

是书，《贩书偶记》著录，云："唐宋旧经楼诗稿六卷，曲阜女史孔璐华撰，嘉庆间刊。璐华，阮元之室也。"《山东通志》此书作《唐宋旧经楼诗》，《晚晴簃诗汇》、《国朝闺阁诗钞》二书作《唐宋旧经楼稿》。稿本《续修四库提要》其书著为"嘉庆二十一年丙子刊本"，谓"是编首目录，次卷一各体诗八十余首，次卷二各体诗六十余首，次卷三各体诗约七十首，次卷四各体诗七十余首，次卷五各体诗八十余首，次卷六各体诗约九十首。不以体别，亦不以年编"。又云"是编所收，咏事、咏物、即景、抒怀之作，兼而有之，收集之富，实为闺阁中罕见者。璐华系出阙里，复为贵妇，其境遇之优裕，固有非常人所及者，故其诗格豪放，气魄亦殊浑厚，信笔纵横，颇得天真自然之趣，如《画牡丹奉堂上》一首云：'闲将彩笔写精神，第一春风赋色新。漫道人间称富贵，堂前长庆十分春。'富丽之气，溢于言词。至其中抒情之作，如《哭父》等诸首，情意真挚，亦颇足动人。惟其诗大抵随意所造，殊少剪裁之功，直抒胸臆，几如有韵之文"。《山东志》曰："陈康祺《郎潜纪闻》云：'夫人习书礼，能诗文，有读史杂文数十篇，《唐宋旧经楼诗》六卷，世遂号经楼夫人。'"《晚晴簃诗汇》云："经楼为孔子七十三代长女孙，幼娴诗礼，

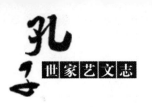

兼工绘事。待庶以惠称。为闺中诗友,时相唱和,而谓风云月露,非妇人所重。尝自浙携蚕种归扬,养之甚蕃,作《养蚕图》,赋诗纪之。姜书之、月庄、古霞皆有诗。"《清诗纪事》:"王豫《群雅集》:'夫人性情敦厚,崇尚雅书。近代闺阃诗当奉为法则也。'阮亨《瀛舟笔谈》云:'予嫂孔夫人,字经楼,为至圣七十三代长孙女,幼娴诗礼,于归后,受封一品。所撰诗卷数未定。'俞陛云《清代闺秀诗话》:'孔璐华为孔子七十三代女孙,归阮文达公。著有《唐宋旧经楼稿》。稿中如《题石室藏书图》、《粤东新建学海堂》及《汉金釭歌》,皆七古长篇,渊然有书卷气。'"孔宪彝《阙里孔氏诗钞》谓:"经楼从侄女,幼习诗礼,精娴翰墨。于归相国,以贤孝称。持家居丧,多引阙里礼法,喜吟咏,常与相国唱和,所著诗六卷,归安姚文僖公载入《扬州府志》,时称'经楼夫人'云。"《清人诗集叙录》云:"是集为嘉庆二十年以前诗,有自跋。题画诗如宋马远、陈居中,元王振鹏、赵子昂、高房山,明文徵明、唐寅、蓝瑛,清初恽格,皆名家。又有《自题绿静轩图》,俱见诣养。与黄文旸室张因唱和,因亡,作《哭净因黄夫人》诗。《东翠屏洲诸女史》,洲在扬州北,王豫主持诗会于此。《读长恨歌》、《拟元人梅花百咏》,亦多发舒。《避居雷塘墓庭自述》及咏珠湖草堂诗,可补充阮元本传之遗。与曲阜孔氏诗,亦见其授受具有源流焉。"经楼喜交闺友,尤与甘泉张净因,及刘书之、王凝香、谢月庄、唐古霞,唱酬最密,凝香刻有《曲江亭唱和集》,孔氏为梓净因各集,唐氏著《女萝亭稿》,璐华为之撰序。璐华,乾隆四十二年(1777)生,道光十二年(1832)卒,为赠衍圣公孔宪增之女,衍圣公孔庆镕之姊,《清诗纪事》璐华传及《中国美术家人名辞典》等皆误称其为"庆镕女"。其诗,《晚晴簃诗汇》、《山左诗汇钞》、《国朝闺阁诗钞》、《孔氏诗钞》、《续修县志》等皆有选收。

是书今有清嘉庆间刻本。

■ 唐宋旧经楼诗稿七卷　存

(清)孔璐华撰。

是书,《北京图书馆古籍善本书目》著录,题"清道光阙里刻本,二册,九行十九字,白口,四周双边"。《中国古籍善本书目》亦著此本,题"清嘉庆刻道光续刻本"。《历代妇女著作考》著录云:"是书嘉庆二十年乙亥(1815)刊本,前有总目。第六卷目后有经楼居士识。六卷末有古霞唐庆云校字一行。是初刊六卷,即《贩书偶记》所见之本,第七为续刻。案《重修扬州府志》作四卷。"按:此刻前后别无序跋,内题"阮孔璐华经楼",收诗自《春日步铁山园》、《乾隆五十五年圣驾巡幸阙里,随祖母程太公夫人恭迎宫辇》以下近五百首。其六卷目后自题云:"余幼年读《毛诗》,奈不能颖悟,笔性颇拙,兼又多疾,先君见此怜之,曰:愿汝能学礼,不必定有才。吾家世传《诗》《礼》,汝能知其大义即可矣。余因父命,闺中未多得诗稿。于归后,夫子喜言诗,始复时时为之。又因宦游浙江,景物佳美。同里张净因夫人,馆于署中,复多倡和。此后往来曲阜、扬州、京师,踪迹无定,得诗转多。诗不足言,二十余年踪迹,不忍抛也。遂删订嘉庆二十年以前者,勒为六卷云。丙子春旧经楼居士识。"其中,有些诗篇的小序、注文,多关乎其家庭境遇、闺媛掌故,与阮元行止,颇具史料参考价值。

是书今有清嘉庆刻道光续刻本,2010 年 12 月上海古籍出版社《清代诗文集汇编》影印本。

■ 爱莲书屋诗集十余卷　未见

(清)孔广权撰。广权字季衡,号蘅浦,大宗户炊经堂支户部云南司主事继涵第五子,孔子七十代孙,恩贡生,候选直隶州判,署翰林院五经博士。

是书,《续修县志》《著述记》皆著录。《孔子世家谱》:"七十代广权,著有《爱莲书屋诗集》十余卷、《观海集》一卷。公学有渊源,以席丰履厚之家,性恬淡,不仕,以诗酒自娱,著作等身,与长兄伯诚、次兄心仲齐名竞美。"广权,乾隆三十七年(1772)生,道光二十五年(1845)卒,年七十四。广权,为人慷慨,先世藏书美富,《文禄堂访书记》记其尝以宋淳熙刻元人手跋本《啸堂集古录》赠阮相国,阮氏称"致可宝也"。按:阮元,孔氏婿也。

■ 爱莲书屋诗稿一卷　存

(清)孔广权撰。

是书,《首都图书馆古籍善本书目》著有清嘉庆间稿本,一册一函。按:其原馆藏目录此书作乾隆间稿本,二册一函,并谓有河岳龛主著《齐鲁先哲遗书存考》、甘泉黄文旸、黄金题诗。扉页上题"曲阜孔蘅浦先生稿本,乾隆时人,齐鲁先哲遗诗之用,丙子十一年十四日灯下题弁。娱堪写记"。版框高 25 厘米,宽 19 厘米。马彦祥赠书。有"小鲁"、"海岱人文之余"、"河岳龛读书记"、"刘明阳王静宜夫妇读书印"、"刘明阳"、"文易私印"、"秋平印"、"研理楼刘氏藏"、"一片心"、"黄金"、"潦水尽而寒潭清"等印记。

■ 观海集一卷　存

(清)孔广权撰。

是书，《清志补编》、《续修县志》、《著述记》等著录。《山东通志》著录曰："是集道光间刊。孔昭杰序云：'蘅浦从叔于甲申岁访荃溪从兄于台湾监司署中，小住数月，得诗一卷，题曰《观海集》。皆海外作也。叔性情恬淡，不乐仕进，航海归来，杜门十载，惟以诗酒自娱，所著《爱莲书屋诗集》十余卷，姚实甫观察序其简端，极为推服。顾自谦抑，未尝以一字付剞劂氏。今年冬，值叔七觠初度，杰无以志祝，爱校录是集，寿之梨枣，俾海内愿读叔诗者，共欣赏之。异日全集刊成，当以此《集》为滥觞云。'（据本书）"又，稿本《续修四库提要》著录此本云："是集计古今体诗一百余首，随意编次，乃广权游台湾时所作，其从侄昭杰为之刊行者。"又云："曲阜孔氏自继涵、广森而后，多以经学名家。其以诗文名者殊少。广权为继涵季子，素好吟咏，其所为诗，虽不能卓然成一家言，然以家学渊源、涵养有素，辞句究不同凡响。惜其《爱莲书屋诗集》未曾刊行，无能得悉其功力如何也。"孔宪垄尝撰《题季蘅从祖观海集》诗，云："笔泻词澜水涌秋，襟期海阔任勾留。放怀早悟三生梦，濯足曾经万里流。瓮酒富于河朔饮，囊诗豪似剑南游。无端霜鬓催人老，珍重吟情莫浪愁。"

是书今有清道光间曲阜孔昭杰校刊本。

■ 阜村文集一卷 未见

（清）孔继㙔撰。继㙔字阜村，号叔方，旧县户四氏学学录传煜第三子，诰封奉直大夫传源嗣子，孔子六十九代孙，乾隆五十九年甲寅科举人，嘉庆七年成进士，官户部四川司主事，覃恩加一级，诰授奉政大夫。

是书，《续修县志》、《著述记》皆著录。按：其书未见。《著述记》谓："孔继㙔，字阜村，号叔方，至圣六十九代孙。父传煜，四氏学学录，圣庙五品执事官。继㙔天性孝友，年十二出继从父传源。乾隆甲寅举于乡，嘉庆壬戌成进士，分户部贵州司学习，清慎自矢，勤理案牍，贵州司约各省关税成课实力稽核，吏不敢欺，旋补四川司主事，已患病矣。素性谨厚谦让，寡言笑，退然如不胜衣，及遇事，持正无阿徇。与朋友交，坦白相示，急人之急。公务余闲，以书史自娱。卒年五十有一。著有《文集》一卷。"又《孔子世家谱》谓"六十九代继㙔著有《自订文稿》三十篇"，当即此书。

■ 默斋文稿一卷 未见

（清）孔继鸿撰。继鸿字渐逵，号羽亭，别号默斋，滕阳户庠生、貤封文林郎传绱长子，孔子六十九代孙，嘉庆三年举人，六年成进士，历任直隶、永年、怀柔、枣强等县知县，候升署冀州直隶州事。

是书，据《续修县志》、《著述记》著录。《续滕县志》、《山东通志》此书不著卷数。《孔子世家谱》称其著有《默斋文集》行世，《山左诗汇钞》、《阙里孔氏诗钞》继鸿传亦载此书，道光《滕县志》继鸿传，谓继鸿"生有至性，闻古忠孝事辄流涕，及壮伟然，七尺坦怀无城府。笃于学而廉于吏。初习举子业，熟复一经。尝曰：读书不从身心性命中体验，虽日诵万言，皆糟粕耳。为文虽甚繁剧，腹稿而夕成之。嘉庆戊午荐贤书，辛酉成进士，选四川开县令……母忧服阕，不复出。卒年六十九。邑人黄念典曰：公宦游燕赵间几二十年，于滏水髻山尤著，父老犹乐道之，珥笔之士，表章治绩，流芳志乘，非一乡之私议矣。"然不云有此书，亦未见传本行世。其诗，《山左诗汇钞》、《孔氏诗钞》皆有选收，《孔氏诗钞》云："渐迤明府，理繁治剧，所至有声，凡差徭之不便于民者，悉裁减之。去永年时，邑人联牍请留，明府力辞之，投诗赠行，箧中几满。某诗云：'舆情拟叩九重九，留得神君闭户眠。愿似杭州白太守，皇恩也许住三年。'"继鸿好公益，道光间尝助刻《山左文钞》，其《山左刊订姓氏》镌板名衔，列名第三，称"现任直隶枣强县知县"。

■ 镜虹吟室诗集四卷 存

(清)孔昭虔撰。昭虔字元敬，号荃溪，大宗户翰林院检讨、敕授文林郎广森子，孔子七十一代孙，嘉庆六年辛酉恩科进士，授翰林院编修，官至贵州布政使，诰授通奉大夫。

是书，山东省图书馆藏有清道光刻本，半叶九行，行二十一字，白口，左右双边，单黑鱼尾。无目录。内题"阙里孔昭虔元敬"，末署"男宪恭、孙庆颐谨校刊"。收诗自《东楼晚眺》(十五岁作)至《吴南荮贰尹曾以所绘东方三大图索题未敢率尔操觚今已三十余年令子小荮复出图相属宿草已深久要未践勉成短古一章》，约数百首。是书原为聊城杨氏海源阁旧藏，与其《经进稿》一册、《镜虹吟室词集》一册合一函，共四册。其中，《读书有感寄示儿子宪恭》颇关生平，云："七龄诵毛诗，趋庭受章句。何期五六年，遽尔怆孤露。上望仓浪天，忾忾失故步。岂必废笔墨，无师尽冥悟。坐井少达识，歧途适自误。藏书空满楹，不及羽陵蠹。行年周甲近，回首叹迟暮。纵有六洲铁，此恨不可铸。"书前有镇洋盛大士序，略谓"其咏古述史、纪游书事、感怀投赠之作，奚啻数千百首，而严于选定，不苟存稿，其存者，阅一时或仍削去。今所编《镜虹吟室存稿》，乃先生捐馆舍后，令嗣茜华公子手辑遗集，汇成四册，欲寿剞劂，以垂不朽，邮书命余司雠校之事，且乞弁言，自愧学识无颛，何敢效一辞之赞。"按：是书《清志补编》、《山东通志》、稿本《续修四库提要》、《清人诗集叙录》等均有著录。《续修县志》、《著述记》此

书作二卷，另著《经进稿》一卷、《绘声琴雅词》二卷、《扣舷小草词》一卷。《贩书偶记续编》、《山东文献书目》著录刊本作《镜虹吟室诗钞》。《阙里孔氏诗钞》昭虔传，称其著有《镜虹吟室集》八卷。《山东志》曰："是集乃昭虔殁后，其子宪恭所刊。镇洋盛大士序云：'发源于建安、黄初，而纬之以初唐四杰，参之于元和、长庆。其在近代，则与吾乡之梅村祭酒异曲同工。'《小沧浪笔谈》云：'曲阜孔昭虔词翰，翩翩有家法，《试霜瓦》诗最为雅炼。'《射鹰楼诗话》昭虔条云：'方伯平生游踪，几遍寰宇，故纪游之诗，尤多奇警，素不喜应酬之作，每为一诗，必数易稿而后成，故所作皆可传。吴兰雪刺史称先生才大法细，力追古大家，可为确论。'"孔宪彝《阙里孔氏诗钞》收其诗四十余首，云："从伯荃溪先生为巽轩公子，少孤力学，恭谨自守，历官中外，多著政绩，屡充试官，得士多知名者。爱才若渴，尤好奖拔后进。吴兰雪刺史称先生才大法细，力追古大家，为刻纪行诗一卷，名曰《叩舷小草》，而不使知之，其推服如此。善隶书，工词曲，所制乐府，皆可被之管弦，尤精韵学，著《古韵》、《词韵》等书，皆未卒业云。"又《晚晴簃诗汇》昭虔条诗话云："荃溪诗风骨高骞，辞藻丰缛。卿怜者，常熟濮氏女，初为王渭璜宣望妾，渭璜败，朝贵以赠钮祜禄致斋和珅，致斋复败，乃流落民间。荃溪为作《卿怜曲》，同时陈云伯文述亦赋斯篇，皆敩梅村体，异曲同工。"《清人诗集叙录》著录此书称其"诗追汉、魏、唐、宋，近效吴伟业。《明湖女儿行》、《踏青词》、《登华不注山》、《咏瓢儿菜》、《和媚香女史题画诗》、《岭南纪游四十韵》、《登峡山寺至淙碧亭观瀑布》，词句秾丽，刻状清妙。"《清人诗文集总目提要》称书内"《乌蛮竹枝词》及《跳月词》，共十数首，记贵州苗民风俗。末有《六十初度》诗，约作于道光十四年，此后不久去世。其诗长于议论，所谓'歌泣不关儿女恨，英雄何必帝王才'，于项王寄情深远。"又王培荀《乡园忆旧录》云："孔荃溪昭虔，曲阜圣裔。嘉庆戊午乡举，年才二十余。有《芦花诗》四首，仅记四句，云：'月满孤舟人钓雪，沙明两岸雁啼秋。好随流水漂红叶，莫向西风怨白头。'先君语人曰：'诗佳矣！第少年有牢落之感，恐终身坎坷。'既而己未联捷，入词林，青云直上，乃以写书谬误，在事者皆罢职，先生亦归里矣。久之，复起用，后官副使，不久即卒，未竟其用。尝以一联赠先君，书法秀朗，似三春杨柳。"又，《曲阜文史》第10辑《曲阜历代著述简介》一文称其"有《新镌古今大雅北宫词记》"，未见，似为篇题，附此不另著。昭虔文无结集，今考诸书，清嘉庆间曲阜孔庆增刻《扫垢山房诗钞》（甘泉黄文旸撰）、清道光间刻《山木居士文集》（新城鲁九皋撰）、清道光间刻《紫亭诗钞》（河间李辰垣撰）等皆有所撰序言或题辞。其中，《山木居士文集序》（山木先生文集叙）作于道光十四年，内述两家世谊交情之厚，非同泛常所言。末署"前任贵州布政司、浙江布政司、浙江按察司、福建延平道、台澎兵备道、按察司衔、兼提督学政、江西督粮道、吉安府知府,山东曲阜年愚侄荃溪孔昭虔拜序"。另外,济南某氏藏一乾隆刻本翁方纲《两汉金石记》,上有其嘉庆间手跋;曲阜师范大学黄立振先生藏有其隶书集礼器碑联,予尝寓目。昭虔,清乾隆四十年(1775)十一月二十一日生,道光十五年(1835)四月初二日卒,年六十一。

是书今有山东省图书馆等藏清道光十七年曲阜孔宪恭、孔庆颐校刊本,2007年12月山东大学出版社《山东文献集成》第二辑影印本,2010年12月上海古籍出版社《清代诗文集汇编》影印本。

■ 镜虹吟室遗集四卷 存

(清)孔昭虔撰。

是书,国家图书馆馆藏目录著云:《镜虹吟室遗集》四卷,道光十六年刻本,二册,金镶玉装,九行二九字,白口,左右双边,有朱笔圈点。兹据著录。按:《山左诗汇钞》后集昭虔条载有此书,不著卷数,并选其诗赋五十三首,其中,《长生无极瓦枕歌为颜心斋先生赋》、《璧月》、《古厌胜祕戏钱歌》、《卿怜曲》、《平阳范氏三世节孝诗》、《罗浮仙梦曲》、《素馨斜歌》,皆长篇巨制。《晚晴簃诗汇》昭虔传亦云有《镜虹吟室遗集》,不著卷数,未知是否前著《镜虹吟室诗集》之异本? 录此俟考。

■ 镜虹书屋吟草一卷 存

(清)孔昭虔撰。

是书,山东省博物馆藏有清历城余正西辑抄本,一函一册,半叶六行,行二十字,无格,有墨圈。其书封题《镜虹吟室诗集》,内题"镜虹书屋吟草;荃溪吟稿"。有藏书印多方。前有抄者所录《阙里孔氏词钞小传》、《山左诗汇钞小传》及盛大士序文,末有"道光庚寅仲夏属吏吴嵩梁读过"一行。内收《东楼晚眺》(己酉)、《春日杂句》、《宫词二十首》、《送何星桥归浙省试》、《明湖女儿行》、《拟子夜歌四首》、《拟古》、《古宫词》、《自题荡妇秋思曲》四首、《四时曲》、《途中杂诗四首》等,凡五十三首。按:此书《山东文献书目》有著录,《中国古籍善本书目》不及其书。辑抄者余正西,字秋门,道光乙酉举人,精岐黄,善绘事,耽吟咏。详见民国《续修历城县志》卷四十一正西传。

是书今有山东省博物馆藏清历城余正西辑抄本,2007年12月山东大学出版社《山东文献集成》第二辑影印本。

■ 镜虹吟室剩稿不分卷 _存

（清）孔昭虔撰。

是书，国家图书馆藏有新中国成立后绿格钢笔抄本，线装一册，附孔昭虔、孔昭薰小传，书眉及书末过录孔昭薰评语。此书，《清人别集总目》有著录。

■ 镜虹吟室经进稿一卷 _存

（清）孔昭虔撰。

是书，山东省图书馆藏有清道光刻本，半叶九行，行二十一字，白口，左右双边，无目录。内题"阙里孔昭虔元敬"，末镌"前任掌江西道监察御史候选主事臣孔昭虔恭进"。其书原为聊城杨氏海源阁旧藏，与其《镜虹吟室诗集》二册、《镜虹吟室词集》一册合一函，共四册。按：此书《清志补编》、《续修县志》、《著述记》、稿本《续修四库提要》、《贩书偶记续编》等俱有著录。《山东省图书馆馆藏海源阁书目》著录杨氏藏书此书漏录。《山东通志》著录刊本作《镜虹吟室经进稿》，并云："《圣驾临幸翰林院赐宴礼成恭纪》一首（五言排律一百韵），《圣驾东巡盛京祗谒祖陵乐府》十九章（并序），皆在翰林时所进；《圣驾巡幸淀津阅视河隄各工恭颂》八章（并序），皆四言，在谏垣时所进；《皇上五巡万寿诗》三言至七言五章，章五十韵（并序），以主事候选时所进。"

是书今有山东省图书馆等藏清道光十七年曲阜孔宪恭、孔庆颐校刊本，2007 年 12 月山东大学出版社《山东文献集成》第二辑影印本，2010 年 12 月上海古籍出版社《清代诗文集汇编》影印本。

■ 琬华诗稿无卷数 _{未见}

（清）孔昭虔妻孙苕玉撰。孙氏字琬华，浙江钱塘人，监生孙同理次女，诰封夫人。

是书，《历代妇女著作考》据《清闺秀艺文略》著录，云"未见"。《曲阜县志》不载此书。《阙里孔氏诗钞》、《国朝山左诗汇钞》后集收有其《秋夜对月》诗，云："病骨宵无寐，秋心漏共寒。卷帘邀片月，留照曲栏杆。"孔宪彝谓："世母为先母姊妹行，通书史，解音律。荃溪从伯所制乐府，皆为按拍，令诸婢歌之。工诗词，而不肯存稿，是作仅得之从弟宪恭口述云。"又《续修县志·艺文志》录其《临淄道中》："素旌凌晨发，驱车过几山。眼看霜树色，尽是泪痕斑。"孙氏，乾隆四十年十月十八日生，道光十二年闰九月初六日卒，年五十八。

■ 紫薇花馆诗集无卷数 _{未见}

(清)孔继棠撰。继棠字荫召,盛果户洙泗学录传崔子,孔子六十九代孙,嘉庆十二年丁卯科举人,武城县教谕。

是书,《续修县志》著录,《增补孔庭摘要》亦载之。《武城县志·职官·教谕》称:孔继棠,曲阜四氏学,丁卯举人,八年四月二十二日到任,十七年卒于官。

■ 秀岭诗草一卷 _{未见}

(清)孔继平撰。继平字秀岭,滕阳户庠生虵封文林郎传绚次子,孔子六十九代孙,庠生,例赠修职郎。

是书,《续修县志》、《著述记》皆著录。按:《孔子世家谱》继平传称此书行世,未见。《阙里孔氏诗钞》收其《登高台庙》、《温阳郊外闲步》二诗,并云:"秀岭好施与,岁饥称贷,以济其乡人。尝从其兄宦游燕赵间,故诗多悲壮之音。"

■ 翠竹轩诗集无卷数 _{未见}

(清)孔继钟撰。继钟有《西里马头溪孔氏谱》,史部家谱类已著录。

《孔子世家谱》初集吕官户:"六十九代继钟,博学工诗,著有《翠竹轩诗集》。"兹据著录,未见《新修合川县志·艺文志》著录与传本。

■ 存心堂制艺无卷数 _佚

(清)孔广业撰。广业,平阳派高淳支,孔子七十代孙,岁贡生。

光绪《高淳县志》文学传:"孔广业,岁贡生,乾隆壬子、乙卯两膺房荐未售,其性刚直,遇不平事,即勇往直前,素所撰述,有《存心堂制艺》梓行。"兹据著录。按:《江苏艺文志》亦据著录。

■ 春及园虫鸣草四卷 _存

(清)孔昭恢撰。昭恢字景度,号鸿轩,大宗户炊经堂支恩科举人广杙第四子,孔子七十一代孙,嘉庆十五年庚午举人,候选布政司理问。

是书,国家图书馆藏有稿本,四册一函,金镶玉装,九行二十字,无格,亦无目录、页码,有孔宪彝、方世振朱墨批校。书前有孔广权(季衡)嘉庆二十年序,"甲申冬初七十八岁老友慕宗彭书于耕余草堂"序,及方世振跋并题诗。末册封题"雩门孔昭恢景度",首册卷端署"仙源孔昭恢景度",并钤有"春及园"、"鲁东门酒人"白文长方印,

"虫鸣小草"白文正印,"彦合珍玩"朱文长方印等。第二册、第四册另有"昭恢私印"白文正印,"鸿轩"朱文正印等印。第三册《芍药》诗后有"丙子夏五端四日腊余传戊拜读"一行。此帙系孔宪彝《阙里孔氏诗钞》选用底本,凡所选皆钤小红印记,或"录"字小印。第四册《夏夜闻笛》篇下有"秀珊"小印,《白楼李五兄以所画梅花长卷索题》末有"改稿在内照改本誊"一行,凡此均宪彝标注待选之目。书内收诗自《谒孟庙》、《春暮有感》至《庚寅正月廿日大雪新霁》、《二月初六与俊三廿一弟夜话》、《煮粥谣》,计约数百十首。诗不分体,亦不纪年。广权谓:"冬虫夏草,得时之变者也。变则通,通则久,合大小正变画而为一,此其所以为通儒,岂但诗可兴、诗言志而已哉!□古之诗作者已有灼见,取其性之近者,讽咏于斯,胎息于斯,不以时代论,不以时尚论,可谓独得之秘者矣。至近今,诗人之诗,能取《篝石斋》、《忠雅堂》两集熟读之,一洗随园魔障,吾见其日进于淳厚,不露其才华矣。《稿》中以《题黄秋平先生扫垢山房稿》、《效平仄不杂体》两七古为最,知得力于秋平者甚深,其胸中笔端之垢不知扫去几许?惜乎!吾先友秋平未之见也。'春及园'者,先君子泗上别墅,林下优游之地,地名汉下村,项羽冢在焉,即《史记》所载用鲁公礼葬项王头处。云葬谷城者,未知何据?园为元时曲阜世尹克钦所辟,池亭山石树木,尚多数百年物,近时,药圃花塍、桃林薇架,多半变为茂草,余亦经岁不忍到其地,但愿吾侄岁时修缉,莳花种菜,吟咏徜徉其中。余老矣,足不能逾里间,遇春秋佳日,时游其地,与之共酌联吟,静观吾侄诗句与亭台并盛,岂不快哉!醉后题数语归之,即冠其首。乙亥花朝季衡记。"又书前昭恢录诗曰:"'树杪秋声已不禁,那堪四壁动商音。啼残怨绿愁红地,冷到劳人思妇心。荁叶翻风篱落晚,苔花蚀雨寺门深。一樽自引舒清诵,助尔长吟更短吟。'右《虫声》诗,乃二伯父作也。爱其神韵,故录于此,非敢以虫鸣学步,聊以志慕云尔。"按:此所谓"二伯父"者,乃继涵之仲子孔广根也。而"季衡"则为孔继涵第五子孔广权字。又按:此本,《北京图书馆古籍善本书目》、《中国古籍善本书目》俱著录。《清志补编》称此书不分卷,《山东通志》作《春及园诗稿》,《续修县志》作《春及园诗稿、词稿》,《著述记》及《孔子世家谱》昭恢传云有《春及园诗稿》词附。《阙里孔氏诗钞》录其诗十余首,亦云有《春及园诗稿》。《清人诗文集总目提要》著录此书,称中国国家图书馆藏有二种,一为稿本;一为道光二十五年刻本,杜受田为之序。又稿本《续修四库提要》著录家抄本,不分卷,略谓:"是集计古近体诗四百余首,而古长歌行颇多,皆分体编次之。集中长歌行,如《新秋言怀用皮陆唱和韵》、《辟暑犀效昌黎体》、《用城南联句韵》、《答客慰及杂感》诸篇,真有悲壮慷慨之情,溢于楮墨。又如《咏秋海棠》云:'一把酸红泪,西风吹不香。可怜当日恨,独断后人肠。命薄原秋草,名娇夺海棠。那堪明月夜,根下咽寒螀。'亦极哀感可诵。"孔宪彝曰："鸿轩从叔,性孝友,才气横溢,屡试春闱不第,兼抱安仁伯道之戚,遂抑郁成痼疾,诗语哀感顽艳,读之可以悲其遇矣。"其女孔宪英,字兰生,桐城方锡绾室,年二十六卒。亦工诗词。《孔氏诗钞》、《国朝词综续编》分别收其《题司马梦素嫂氏画瓶中折枝桃花》并序、《雨中花令》(题从嫂司马梦素女史秋海棠遗画)各一首。"司马梦素"即孔宪彝室司马梅。司马氏有著录。《续修县志》又有其《秋雨即事》诗,《安徽名媛诗词征略》别有其《雨中花·题秋海棠遗画》词,词云:"腕底酸红冷翠,写出秋容如醉。恨煞西风情太恶,吹作冰天泪。忍把图画当晤对,看小样红妆憔悴。耳根内,似闻蛮语咽,更教人心碎。"昭恢,清乾隆四十七年(1782)生,道光十年(1830)卒,年四十九。

是书今有国家图书馆藏稿本,北京大学图书馆藏清道光二十五年刻本等。

■ 春及园虫鸣草选钞一卷 　存

(清)孔昭恢撰。

是书,《中国古籍善本书目》、《北京图书馆古籍善本书目》著有国家图书馆藏稿本,一册。九行二十字,无格。封皮题"春及园虫鸣草　曲阜孔昭恢著"。内署"鲁东门孔昭恢景度"。钤有"鸿轩"、"鲁东门酒人"朱文印。收诗自《谒孟庙》、《春暮有感》,至五言八韵《赋得归迟怪久游》(得情字)、《赋得稚子敲针作钓钩》(得闲字)。又有《读〈桃花扇传奇〉醉后杂书》,《和扫垢山房无题诗三十二首》,《贺表弟颜虹桥翰博续弦》,《和镇斋、厚斋昆季唱酬之作》,《题伯海储宗秋林读书图》,《和方滋斋韵》等作。末有侄宪圭评赞,曰:"诗才奇而正,诗思清而艳。捧读三过,绝不生厌倦之心,自是必传之作。侄圭拜读。"宪圭,本书有著录,可参见。

是书今有国家图书馆藏稿本。

■ 柳村诗二卷 　存

(清)孔昭薰撰。昭薰有《至圣林庙碑目》,史部金石类已著录。

是书,《清志补编》、《续修县志》等著录。《山东通志》著录此书昭薰误为昭董。稿本《续修四库提要》著录清刻本,略谓:"昭薰字惠如,号琴南,曲阜人,嘉庆癸酉举人,官临邑县训导,署翰林院五经博士。撰有《至圣林庙碑目》、《阙里孔氏词钞》、《贮云词》、《云门竹枝词》等书。昭薰天资超异,嗜古工诗……今观集中绪诗《为七夕夜泛舟》云:'解缆明朝载酒还,数声柔橹荻芦湾。银河欲浣愁难洗,碧宇新凉梦亦闲。朔雁江渔归思引,山城水驿客途艰。乘槎可觅支机石,席帽依然笑别颜。'又如《宿黄村》

云：'荒村积雪尚凝寒，小别春风客路难。只有壮心消未得，踏冰深夜过桑乾。'等篇，皆极有天然佳致。昭薰所填词，素极知名，诗则流传极少，此册仅百数十首，虽非全帙，然亦至可珍也。"按：《晚晴簃诗汇》、《阙里孔氏诗钞》其诗皆有选录。孔宪彝曰："从叔琴南先生为谷园公长孙，喜鉴别金石，克承家学，编刻《至圣林庙碑目》，搜访残石，悉为妥帖位置。工文辞，尤喜倚声，辑《孔氏词钞》，选录甚精。性好客，旨酒高谈，风流自赏，从游甚众，多知名士，人以绛帐目之。"《山左诗汇钞》后集收有其《寄和张鲁门汲有感元韵》一首，又三十九卷补遗录其《七夕夜泛舟》、《下第出都涿州旅舍作》、《病齿》、《蝉》四首；昭薰，清乾隆五十七年（1792）生，道光十九年（1839）卒，年四十八。

是书今有清道光间曲阜孔氏刻本。

■ 丙申北游诗词小草一卷 存

（清）孔昭薰撰。

是书，《清人别集总目》著有南京图书馆藏清刻本。又考北京大学图书馆亦藏此书，题道光十六年刻，一册。按："丙申"，即道光十六年。《北游诗词小草》，《续修县志·人物志》昭薰传称有"若干卷"，此仅一卷，或为《北游诗词小草》之一种亦未可知。

■ 北游诗词小草若干卷 未见

（清）孔昭薰撰。

《续修县志·人物志》昭薰传："昭薰工诗，尤好倚声，深得宋人风趣。有《柳村诗》二卷，《贮云词》三卷，《北游诗词小草》若干卷，刻《阙里孔氏词钞》四卷。"兹据著录。按：此书《县志·艺文志》不标卷数，亦未见传本。审前著《丙申北游诗词小草》，似即此书之一卷。

■ 雪门竹枝词一卷 未见

（清）孔昭薰撰。

是书据《续修县志》、《著述记》著录。按：是书未见传本，稿本《续修四库提要·柳村诗》条此书作《云门竹枝词》。

■ 绥藤吟舫诗稿无卷数 未见

（清）孔昭薰撰。

是书未见传本。清冯云鹏《扫红亭吟稿》载《八月十日题孔琴南〈绥藤吟舫诗稿〉诗》，云："绥藤吟舫垂珠网，中有高人惬心赏。紫穗凝香卷浪烟，天风隐隐相摩荡。有时倚栏发高歌,似沂流光击兰桨。此舫如登博望槎,支机石取星河上。主人绮岁重贤书,词章赠答传天壤。屡赴春明志未伸,过眼程途记来往。丁字沽边夜饮豪,天津桥畔春潮长。金台铜驿每流连,何处春深结遥想(集中有《何处春深好》二十首,无所不备)。珠玑成帙墨花浮,光映玉虹腾百丈。迩来司训向犁丘(时赴临邑训导新任),东山木铎西山响。此行更积好诗篇,载将吟舫云霞朗。秋水澄清破浪飞,拟送轻帆风五两。"兹据著录。

■ 赐墨斋帖体诗无卷数 *未见*

(清)孔昭薰撰。

是书见孔宪彝《会试硃卷》履历。按:此书,《山东通志》、《续修县志》、《著述记》等俱无著录,亦未见传本。

■ 拜经书屋文稿 *存*

(清)孔昭杰撰。昭杰有《论语集注》,经部论语类已著录。

是书,《续修县志》、《著述记》等著录。《山东通志》云:"《拜经书屋文稿》,孔昭辰撰。是编道光甲午刊,见《知非录》。"按:此书未寓目,考昭杰文见于《知非录》注者,有《上陈都转书》、《上方宫保书》(二篇)、《修越支官署记》、《征文会启》、《捕蝗记》、《观风告示》、《上陶宫保书》、《救荒说》、《三世授经图记》、《重修启文书院记》等篇。昭杰初名昭辰,清乾隆四十五年(1780)三月二十一日生,咸丰二年(1852)四月初六日卒,年七十三。昭杰于孔族属大宗户诒燕堂(崇本)支。祖继洄,与继汾、继涑系同胞兄弟,皆六十八代衍圣公传铎继配徐夫人所出。父广彬,字文若,号虚谷,廪贡生,由四氏学教授官至龙安府知府,能诗,有《自题行看子次外舅冶泉先生韵》传世;母陈氏,元和人,山西泽州府同知树华次女,学养颇深,子孙多赖之成立。昭杰尝为写《三世授经图》小照,云:"昭杰生十二岁而孤,时弟昭然甫三龄,皆仰赖吾母教育得承先人之遗绪,泊昭杰兄弟筮仕四方,吾母又课诸孙,今且授曾孙庆第经矣。忆自先大夫弃养于今五十余年,吾母主持家事,凡祭祀、庆吊,罔有缺遗,亲族婚丧,悉任劳怨,才德兼备,固已为乡里所钦仰。而昭杰兄弟及诸孙之稍有成立不废世业者,则尤吾母之教所由致也。今年吾母八十有三,庆第年亦八岁,诚为门内之庆,爰倩戴君数峰绘《三世授经图》,以志慈训,且示我世世子孙云。"

是书今有清道光十四年刻本。

■ 拜经书屋附编不分卷 _存

（清）孔昭杰撰。

是书，《东北地区古籍线装书联合目录》著录东北师范大学图书馆藏清刻本题"孔昭辰撰"。按："昭辰"后改名"昭杰"。

■ 孤灯吟草一卷 _存

（清）孔昭杰撰。

是书，《山东通志》等著录，题孔昭辰撰。《续修县志》、《著述记》此书不标卷数。《山东志》谓是书"亦道光甲午刊，见《知非录》。又其子宪阶等注云：'府君自先母去世，常有哀感之作，都为一卷，名《孤灯吟草》。'"按：昭辰即昭杰。宪阶等《知非录》注除选录本书《悼亡》六首，尚录有《寿孙孺人诗》二首、《留别越支诸君诗》一首、《留别（盐城诸绅士）诗》二首、《再至盐城诗》一首、《三至盐城诗》一首、《留别诸寅好诗》二首。其中，《悼亡》之三颇见其伉俪情深与其贤且才，诗云："高堂时听说卿贤，承志常能在意先。笥有衣裳皆手制，事无巨细总身肩。亲教幼子三千字，善抚螟蛉二十年。检点青箱肠欲断，图章犹记是亲镌。"考《山左诗汇钞》后集卷二十七选有孙孺人《接阙里家书知叔昭谊病殁后三日娣妇高氏自经殉之怆然赋此》、《答王澹音夫人见怀》，并云："孺人为绣山中翰太夫人，诗虽不多，然亦足见绣山之渊源有自也。"《续修县志·艺文志》亦录其《答王澹音夫人见怀》一诗，云："我思西子湖头水，君忆吴淞江上云。同是乡心兼惜别，新诗寄到怅离群。"孺人名孙会祥，字联云，钱塘人，江南桃北河务同知同琨次女，乾隆四十二年（1777）二月三十日生，道光七年（1827）六月二十六日卒，年五十一。宪阶、宪彝、宪庚，皆其所出。氏通书史，尝口授诸子经传，能诗，《阙里孔氏诗钞》收其《五旬初度外子以诗为寿戚好门人均有和作勉次原韵》、《答王澹音夫人见怀》、《接阙里家书知叔昭谊病殁后三日娣妇高氏自经殉之怆然赋此》诗多首。而尤善篆印，刀法工秀。每谓才艺非女子所宜，有故不轻作。

是书今有清道光十四年曲阜孔氏刻本。

■ 拜经书屋制艺一卷 _{未见}

（清）孔昭杰撰。

是书，未见传本。考清朱方增《求闻过斋文集》卷三载有《拜经书屋制艺序》，云："余乙酉岁典试时，得解首为孔生继猷，文极高洁，其余如封生宗裔辈，皆卓有天崇，骨力叹为极盛。今读孔君俊峰《拜经书屋文》，而始知其所自来也。俊峰少孤力学，得承母教,年甫弱冠,为名诸生,旋举于乡,六试礼部不售,亟于禄养,纳粟为盐课大使,非初志也。其所著《学庸指掌》诸书,均极精粹,而是《稿》,沉深朴茂,议论正大,合于古而不坠艰深之习,宜于今而能挽颓靡之风,盖其所积者厚,而所发者宏也。后生小子得所取法,登堂跻奥,风气一变,宜乎山左之蒸蒸日上,度越各省,而余适逢其盛,得士倍多也。余初不识俊峰,陈君荔峰为之介绍,一见如旧相识,遂申之以婚姻。今年春,俊峰擢任得盐城令,行将绾绶花封,鸣琴而治,政事之余,多士论义,行见彼都人士,得所培振,必将有称盛于一时者矣,因取全《稿》中之尤能自立解者凡十六首,录之以藏于箧,而为序以归之。"兹据著录。

■ 澹泊轩文稿二卷 未见

(清)孔毓端撰。毓端有《隐居笔记》,子部杂家类已著录。

是书,民国《南海罗格孔氏家谱》艺文著录,并载门人仪克中识语云:"诚斋师天姿笃实,学力沉潜,弱冠即蜚声庠序,食饩后遂领甲寅乡荐,洵不诬也。其为文湛深经术,不矜才使气,自能沁人心脾,甫脱稿即争相传诵。生平不自贵惜,率多散失。兹即所存,编为二卷,他日得付剞劂,定当洛阳纸贵也。"按:考毓端,清乾隆十八年(1753)二月二十八日生,道光十年(1830)九月二十四日卒。

■ 陕游草一卷 未见

(清)孔传薪撰。传薪字振杰,号适堂,岭南派罗格支例赠文林郎毓璧子,孔子六十八代孙,道光八年戊子科举人,拣选知县。

是书据民国《南海罗格孔氏家谱》与孔昭仁《乡试硃卷》履历著录。民国大《谱》传薪传但谓其"举人,知县,文林郎",不云有此书,亦未见传本与书目著录。

■ 课艺偶存二卷 未见

(清)孔传薪撰。

是书据民国《南海罗格孔氏家谱》传薪传著录。此《谱》艺文载其门人罗涣然跋云:"吾师少即笃学,早岁就外傅。冬杪,各友散馆乡旋,仍孜孜不倦,遂以府试冠军,登黉序,掇高魁,良有以也。所为文清刚雄健,有名家风力,浮靡纤弱者,宜铸金事。之后以游陕终,故文多散佚,今就所存,分为二卷,庶几后之览者,尚知先正典型犹不坠云。"按:此书未见传本与书目著录。传薪,清乾隆五十七年(1792)十一月十三日生,道光十四年(1834)七月二十六日卒。

■ 利于不息斋集四册 存

（清）孔昭焜撰。昭焜有《孔氏炊经堂支谱》，史部家谱类已著录。

《山东通志》："《利于不息斋集》四册，孔昭焜撰。《笔谏堂书目》载是集云：'诗三卷，文无卷数。'"《中国丛书广录》著录清常州陶氏刻《晚香倡和集》，内收昭焜《利于不息斋集》一卷。《清人诗文集总目提要》谓："别本《利于不息斋集》，道光间抄本，共四册，中国国家图书馆藏。首为《利于不息斋集》，按年编次，即辛卯、壬辰、癸巳、甲午、乙未、丙申诗，当是道光十一年至十六年所作。第一册书末题'清嘉庆十八年癸酉举人'。甲午年作《读龚舍人自珍〈定庵诗集〉题诗奉寄》，述与龚自珍初交之由。次则为《却扫山巢集》，亦按年编定，为丁酉至癸卯诗。卷中涂抹甚多，如眉批'以下脱一首'之类。甲午年所作有《四十初度自述》，诗止于道光二十三年，时已四十有九。封皮有墨笔识语：'钟记室评刘越石诗为清刚隽上，今读《利于不息斋集》，以抑塞磊落之才写零落栖迟之状，足为莱阳宋玉叔后劲，惜同门友查筤谷不得见此录入仙吏一集也。'后题'道光乙未春分前夕钱塘吴长卿记于大名郡斋'。又用墨笔将此段勾去，且接批云：'读董生兄诗，以才为主，以古为程，放恣纵横，宏辩博议，辞胜于理。再读之，知其以理为主，以才为辅，意哀旨深，皆自载其心，一似宋玉叔之羁然骚屑，摧撞拂郁，以激宕其中之所存，吴君长卿为知言也。'题'乙未夏月十四日青浦弟周郁滨读于济宁旅馆'。末有秣陵山樵戴鉴手书识语。集中诗多旅途之作，文则长于考证碑版。"《清人诗集叙录》著录道光间刻本《利于不息斋集》，内有诗三卷，称其所收诗作"始于嘉庆十六年，迄道光十年。首自叙，郭尚先序，花杰、李宗传、王梦庚题词。以秦蜀纪行诗较胜。《大雁塔》、《栈中杂咏》、《汉中竹枝》六首、《舟出朝天峡》诸作，亦令人一新耳目。他作如《金天玉纽咏》、《登岱图》、《郑监门侠流民图》、《浒学宫得宋定城令赵用墓志》，皆有实得。生年依《丁丑三十二诗》计之，为乾隆四十一年。狱中诗《上琦静庵制军》，静庵即琦善也。"兹参据著录。按：考国家图书馆藏本，本馆著为"稿本"，朱格，四册，内有校改。又昭焜，清乾隆六十年（1795）生，道光二十七年（1847）卒。年五十三。《续修县志》、《著述记》及《孔子世家谱》昭焜传皆称其有《利于不息斋古今体诗》五卷、《制艺》一卷、《却扫山巢赋》一卷、《食我实馆吟稿》三卷。又，昭焜，乃继涵孙，广根从子，宪毂之父，在孔族中与昭虔非为一支，故《诗集叙录》称其为"昭虔弟"，以为乾隆四十一年生，实皆未确。

是书今有清道光间曲阜孔氏刻本，国家图书馆藏清道光间抄本。

■ 利于不息斋集一卷　存

(清)孔昭焜撰。

是书有北京大学图书馆藏清刻清陶梁辑《念堂诗草等六种合刻》本。其《六种合刻》分别为《念堂诗草》一卷,(清)崔旭撰;《梦游仙馆集》一卷,(清)吴长卿撰;《树君诗钞》一卷,(清)梅成栋撰;《利于不息斋集》一卷,(清)孔昭焜撰;《子寿诗钞》一卷,(清)王柏心撰;《东郡趋庭集》一卷,(清)边浴礼撰。凡每书一册,共六册一函。

■ 利于不息斋初集诗四卷文不分卷　存

(清)孔昭焜撰。

是书,中国科学院图书馆藏有清刻本,三册一函。《清人别集总目》著录同。稿本《续修四库提要》著录清道光刻本此书作《利于不息斋初集》不分卷,称:"是集首为《却扫山剿(巢)集》,计赋五首,次为《食我实馆吟稿》,计古今体诗三卷,分年编次。末为古文五十余篇。书首有自序、郭尚先弁言,及花杰、张井等题跋。"《清志补编》著录同《续修四库提要》。《杭州大学图书馆线装书总目》著录所藏清刻本(存二册)亦作《利于不息斋初集》不分卷。此书疑即前著《利于不息斋集》。另外,道光《重修平度州志·艺文志》载有其《节烈戴母李孺人传》,未知本《集》载否?

是书今有中国科学院图书馆等藏清道光间曲阜孔氏刻本。

■ 利于不息斋初集诗赋五卷文一卷　存

(清)孔昭焜撰。

是书,《清人别集总目》著有华东师范大学图书馆藏孔氏家刻本。按:《书髓楼藏书目》有《利于不息斋初集》六卷,不云何本?《杭州大学图书馆线装书总目》著录《利于不息斋初集》不分卷,清代刻本,存二册。

■ 利于不息斋古今体诗五卷　未见

(清)孔昭焜撰。

是书,《续修县志》、《著述记》皆著录。按:此书疑即《利于不息斋初集诗赋》五卷而异其名。《孔子世家谱》谓"七十一代昭焜有《利于不息斋古今体诗》五卷、《制艺》一卷、《却扫山巢赋》一卷、《食我实馆吟稿》三卷"。又云"公幼承家学,长励儒修,簿书之暇,日以著述克承先志,期勿替先人道绪,亦可谓善继善述者矣"。

■ 制艺一卷 _{未见}

（清）孔昭焜撰。

是书据《著述记》著录，《续修县志》、《孔子世家谱》昭焜传亦载之。而《续修县志·艺文志》漏载此书。按：其书未见传本，疑即前著《利于不息斋初集文》一卷。

■ 食我实馆吟稿三卷 _存

（清）孔昭焜撰。

是书，《续修县志》、《著述记》等著录。《清人别集总目》著录青岛市图书馆藏清刻本不题卷数。《清人诗文集总目提要》称：今见《食我实馆吟稿》、《却扫山剿（巢）集》，抄本二册，中国科学院图书馆藏。前者为嘉庆十五年至二十年所作诗，凡四十七首。后者则嘉庆二十一年至道光三年所作诗，共百二十六首，附词十九阕。有墨笔改动，后无跋语。又有《利于不息斋初集》五卷，道光间刻，中国科学院图书馆藏。首为《却扫山巢集》，计赋五篇；次为《食我实馆吟稿》，凡古今体诗三卷，分年编次；末则古文五十余篇。有自序，又有郭尚先弁言及花杰、张井等题跋。《山东通志》据《山左诗汇钞》著录此书，不著卷数。《山左诗汇钞》后集卷十五昭焜条载其诗歌六十八首，又卷三十九二十四首。并云：董生与予为癸酉同年，而未及相识，因辑山左诗，搜得其集于周二南处，纵横奇肆，于孔氏群从中别树一帜。自叙谓箕踞怒詈、瑟缩悲哀、扣膝扪腹、酒酣梦热、天籁自鸣者，实能自道其所得。而莆田郭公序称：飒飒和雅，萧然有出尘之韵者，殊不似也。《集》计数百首，抄存数十篇，亦一脔知味、勺水见海，览者固不必存见少之意也。按：莆田郭公，即郭尚先。

是书今有青岛市图书馆等藏清道光间曲阜孔氏刻本，中国科学院图书馆藏抄本。

■ 却扫山巢赋一卷 _存

（清）孔昭焜撰。

是书，《续修县志》、《著述记》皆著录，《孔子世家谱》昭焜传亦载之。按：此书单刻未见，《清人诗文集总目提要》著录中国科学院图书馆藏道光间刻《利于不息斋初集》五卷，首为《却扫山巢集》，收赋五篇，盖即此书文。

■ 食我实馆幼草却扫山巢集词录 _存

（清）孔昭焜撰。

是书今有中国科学院图书馆藏抄本，二册一函。

■ 蜀道倭迟草无卷数　未见

（清）孔昭焜撰。

冯云鹏《扫红亭吟稿》卷十四《二十日题开县孔堇生明府昭焜〈蜀道倭迟草〉》云："雄才杰出鲁门东，蜀道倭迟一梦中。广厦无忘榛楛绿，初冬早咏牡丹红（集中《寓斋八木咏》有《榛楛诗》，又有《初冬咏牡丹诗》）。力能禁蘸功非浅，志切安民运转穷。眼底升沉何足论，请看蔗井有源通（集中有《浚出蔗井诗》）。"兹据著录。未见传本。

■ 出山小草一卷　存

（清）孔昭任撰。昭任有《家塾劝诫》，子部儒家类已著录。

是书，《续修县志》、《著述记》著录，作者误为"孔昭仁"。盖此书初为单行，故书目如是著录，后则将其所著汇为《慎独斋存稿》，此《草》乃其第二编。卷内题称"阙里孔昭任"，自谓"任也一行作吏，百感撄心，情见乎辞，言遂满纸，得五古百韵、七律四章，远志莫期，真乃出山小草矣"。按：考昭任诗作，此书之外，其族侄宪彝《尺五庄饯春图题辞》、冯云鹏《扫红亭吟稿》等均有其题诗。昭任，清乾隆五十五年（1790）生，道光二十七年（1847）后卒。

是书今有清道光间曲阜孔氏刻《慎独斋存稿》本。

■ 五管鸿泥一卷、苊篋蠹余一卷　存

（清）孔昭任撰。

二书见有清道光间刻《慎独斋存稿》本，其《五管鸿泥》凡收诗二十三首，《苊篋蠹余》收古今体六十一首，自谓皆从前旧作，蠹食之余者。盖亦早年成编，晚岁董理，汇为一集者。其版式与《出山小草》同，均半叶九行，行十九字，白口，四周双边。惟《五管鸿泥》内题"猛陵长孔昭任辑"，题署为稍异耳。兹据著录。按：《山东通志》、《续修县志》、《著述记》等均不载其书。

二书今有清道光间曲阜孔氏刻《慎独斋存稿》本。

■ 错余诗文集　未见

（清）孔传钺撰。传钺字秉虔，号节倩，一说字节倩，号错余，盛果户庠生诰授奉直大夫毓昆子，孔子六十八代孙，嘉庆二十五年进士，官至吏部主事。

是书，《山东通志》、《续修县志》、《著述记》皆著录，《山左诗汇钞》亦载之，并选其《西楚霸王墓下作》、《都中寒食有感》、《述蝗行》、《贞女篇》（有序）、《济南谒铁公祠》

（二首）、《辛酉秋日作》（三首）、《冬夜作书寄友人口占》、《为家景度悼亡》（二首）、《于孝子》（十解），凡二十余首。《阙里孔氏诗钞》其诗亦多收录，宪彝曰："节倩吏部，家贫力学，以孝行称。里居时，与扬州黄秋平，及从祖小茳、蘅浦、从父荃溪、景度诸公相唱和，赏奇析疑，极一时之乐。殁后，全稿散佚，从叔董生为吏部门人，手录一册存之。"董生，即孔昭焜，本书有著录。又考传钺为嘉庆庚辰科进士，《续修县志》、《著述记》、《山左诗汇钞》作"丁丑"科，误。

■ 孔节倩诗稿不分卷 存

（清）孔传钺撰。

是书，《清华大学图书馆藏善本书目》有著录，云："孔节倩诗稿不分卷，（清）孔传钺撰，清道光间孔纹江抄本，二册一函，九行二十字，小字双行，朱丝栏，白口，四周双边。有清孔宪彝题记。钤'曾经沧海'、'擎云'、'孔少子存印'、'经之寓目'诸印。"按：此书《中国古籍善本书目》未见收录。书为曲阜孔氏原装，封皮有"诗稿"，"孔纹江手抄"二行。内封复有孔宪彝题记，云："道光丁酉九月十日灯下宪彝读于拿云馆，凡编入《阙里孔氏诗钞》者以小印志之"，"宪纬、经之同读"。其册内所选，每见批注满纸，印钤累累。末有孔宪纬跋，谓"此家节倩吏部诗也。吏部殁后，集稿散失，其门人从叔父手抄是册，乃搜罗故纸所得，然仅十之一二，其他佳构定必美富，惜未能遍搜。岂文字之传不传有定数耶？绣山兄向从叔借此册，备《阙里孔氏诗钞》之选，因获纵读，爱识颠末。俾后之读者，知此乃吉光片羽，或校刊以行世云尔。吏部为爱莲老人好友，当不河汉斯言。宪纬记"。有"经之寓目"白文方印，"拿云"朱文椭圆印等印。又眉上云："顷走谒爱莲老人，谈及，知吏部殁于京师，赖从叔一力经营，始克以柩归葬，并为置良田数十亩，养瞻遗孤。从叔之所以报师者，古今鲜见，吏部死亦目瞑，况又将集吏部生平著作，拟代梓行，此乃选录之本也。书此志前言之谬。纬又记。"又书中《病中》诗眉上批注："此先节倩师初病之作，不料愈后，为忤奴气死，竟成诗谶。"因知此帙原为孔宪彝兄弟编选《阙里孔氏诗钞》选用底本；抄者孔纹江，为四川开县知县、候选主事孔昭焜三子孔宪毅，宪毅字纹江，号苏巷，监生，河南候补，道光九年六月二十二日生，同治十三年三月十二日卒，年四十六，与户部江西司员外郎、吏科掌印给事中、广东肇阳罗道孔宪毅系同胞兄弟。然其书既为纹江手抄，却有宪彝道光丁酉（十七年）题记。考丁酉年，纹江尚不满九岁，证诸各家题记与正文字迹，知其出自纹江之父孔昭焜之手。封皮"诗稿"，"孔纹江手抄"二行，或系后人随意所题。此书原为孔府旧物，世间孤本，且用纸上佳，荟萃多人名迹，是难得的秘籍善本，惜馆《目》未能有效揭示,《中善目》复不将列入。

是书今有清华大学图书馆藏清道光间曲阜孔昭焜抄本。

■ 春岩草无卷数 　未见

(清)孔昭粲撰。昭粲字春岩,一说字侑簧,桐乡县支乾隆三十六年举人、护郁林州直隶州知州广平长子,孔子七十代孙,邑庠生。

是书,《桐乡县志·艺文志》、《乌青镇志·著述》皆著录。《孔子世家谱》昭粲传不著其书。

■ 爨余文稿无卷数、百尺楼诗稿无卷数 　未见

(清)孔昭勋撰。昭勋字图阁,一说字策夫,号图阁,桐乡县支邑庠生广春长子,孔子七十一代孙,邑增生,例赠修职郎。

是书,《桐乡县志·艺文志》著录,称其"精申韩术,游幕两粤,为当道所引重"。《乌青镇志·著述》著录同,昭勋传称其"字策夫,号图阁,年十九入桐邑庠,秋试屡荐不售,游幕于粤,时无锡秦小岘、陈臬粤东聘理刑席,适海寇蜂起"。《孔子世家谱》昭勋传载其事迹不云有此书。

■ 秋浦诗草无卷数 　未见

(清)孔广威撰。广威字秋浦,一说字端容,桐乡县支继徽子,孔子七十代孙,监生。

是书,《桐乡县志·艺文志》、《乌青镇志·著述》皆著录,称其"少孤奉母教,弃儒习贾,善诗工书"。《孔子世家谱》广威传不载此书。

■ 丛桂轩诗稿无卷数 　未见

(清)孔广芬撰。广芬字暎左,桐乡县支,孔子七十代女孙,西宁观察景如柏妻。

是书,《历代妇女著作考》据《撷芳集》著录。

■ 笠园诗草一卷 　存

(清)孔传莘撰。传莘有《读诗得间录》,经部诗类已著录。

是书,烟台图书馆藏有清稿本,毛装,一册,九行二十五字,小字双行同,无格,端题"庠生孔传莘",内收《夏日小斋静坐即景偶成》、《八月廿一日得霁园兄诗数首因作诗以慰之》等诗作。今读二诗:"短几静尘埃,心清暑不来。砚凹新墨聚,风起古帘开(林

通诗:梅影无心上古帘)。窗启凉能入,梁空燕未回。闲将诗半卷,逐句细敲推。""秋山秋水两茫茫,醉读新诗意欲狂。久客何须悲杜老,为官切莫笑冯唐。上林风景谁同瞩,故国桑柘我独忙。萧寺无人应阒寂,题诗聊以慰徜徉。"知牟平孔氏,固不乏能诗之人也。

是书今有烟台图书馆藏清稿本。

■ 怀泗堂课艺诗稿 佚

(清)孔宪昂撰。宪昂字伯驹,号千里,平阳派庠生昭楠长子,孔子七十二代孙,岁贡生。

《高淳县志》文学传:"孔宪昂,号千里,岁贡生,娱情诗酒,试帖精工,书宗董、赵,不染腐儒习气,箪瓢屡空,潇洒自如。遗有《怀泗堂课艺诗稿》。弟宪爵,积学成名,亦善书法,道光丁酉选拔时称二璧。"兹据著录。按:《江苏艺文志》据光绪《高淳县志》与同治《续纂江宁府志》著录,分别作《怀泗堂课艺》、《怀泗堂诗稿》。《孔子世家谱》宪昂传不著此书。

■ 半舫斋课艺诗稿 佚

(清)孔宪鼎撰。宪鼎字益恭,号铭斋,平阳派太学生昭华长子,孔子七十二代孙,郡增生。

《高淳县志》文学传:"孔宪鼎,号铭斋,郡增生,质学俱优,少孤,孝奉节母,攻苦自励,诗文杂作,各尽其长;地方公事,多所倚赖,平时解纷排难,竭尽辛勤。兵燹昌冀恢复,抑郁以终,士论惜之。遗有《半舫斋课艺诗稿》未梓。"兹据著录。按:《江苏艺文志》据其著为《半舫斋课艺》、《半舫斋诗稿》。《孔子世家谱》宪鼎传不云有此书。又考其弟宪熙(字敬止,号缉庭)、宪安(字敦甫,号怡庵)分别为郡庠生与太学生。

■ 未信堂诗草无卷数 未见

(清)孔宪勋撰。宪勋,孔子七十二代孙。

是书,《续修县志·艺文志》著录,称其"行世"。

■ 西园草堂诗集一卷、桃花咏、会泉咏、罗汉峰诗 未见

(清)孔广义撰。广义,孔子七十代孙。

其书,《续修县志·艺文志》著录,未见传本。

■ 福持精舍诗集无卷数 　未见

（清）孔昭美撰。昭美有合撰《水云村吟稿考证》，本类唐至明代部分已著录。

是书据《续修县志》著录。《著述记》及《阙里孔氏诗钞》昭美传此书作《福持精舍诗稿》。按：其书未见，《孔氏诗钞》选录其《题李白楼梅花卷子》、《忆亡弟景度用张绅斋明府韵》、《送舍妹于归途中作》、《游石门山》，凡四首。昭美，乾隆四十三年（1778）生，道光二十年（1840）卒，年六十三。

■ 习静山房诗无卷数 　未见

（清）孔昭煊撰。昭煊字温甫，号小蘅，大宗户恩贡生、署翰林院五经博士广权子，孔子七十一代孙，道光二年壬午科举人。

是书，《山东通志》据《山左诗汇钞》著录。《续修县志·艺文志、人物志》此书之后复列《爱莲书屋诗集》一书。考《爱莲书屋诗集》，乃其父广权所著，《续修县志·艺文志》有著录，此又归昭煊名下，殊为疏忽。按：此书未见传本，孔宪彝《阙里孔氏诗钞》录其《岁暮寄方滋斋》、《拟玉台体》、《出门口占》、《送司马绣谷南归效五平五仄体》、《寄寿从嫂孙孺人五十初度次俊峰兄韵》等诗，并云："孔昭煊，字温甫，号小蘅，道光壬午举人，有《习静山房诗》。小蘅从叔，为蘅浦从祖子。从祖隐居不仕，娱情诗酒，自称仙源第二酒人，著有《爱莲书屋诗集》。从叔凤承庭训，有刍凤清声之誉。"又《孔子世家谱》昭煊传："公幼怀聪敏，长励勤修，本诗书之家传，为经师子后裔，惜享年三十九岁遽归道山，未克登进仕途，然一鳞一爪，亦足传之后世，勿坠家声矣。"昭煊，乾隆六十年（1795）生，道光十三年（1833）卒。

■ 柏芳阁诗钞无卷数 　未见

（清）孔昭诚室叶俊杰撰。俊杰字柏芳，江夏叶邦祚女，直隶吴桥县知县孔子七十一代孙昭诚妻。

是书，《历代妇女著作考》据《湖北通志》、《名媛诗话》著录，《清志》、《山东通志》、《续修县志》等不载其书。按：此书未见传本。《续修县志·艺文志·各种文词》选有叶氏《咏芍药》诗一首。《人物志·列女·贤淑传》云："孔叶氏，名俊杰，字柏芳，系昭诚之妻、江夏叶邦祚女。写作俱佳，尤工绘事。乾隆四十六年十二月初九日生。其夫官清似水，年三十四卒于吴桥任所。灵輀归窆，田产荡然。氏贫虽如洗，而学则不辍。其子女均亲为教授，是以三子俱登贤书，三女均适名门，有画荻之风焉。卒年八十一岁。所绘翎毛花卉极为识者珍之。子三：宪琮、宪璜、宪恭，女三：晋孙、芳孙、印孙。印

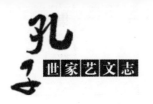

孙亦工绘事,即本邑陈善之妻。"女韫芬,字漪芬,齐河副贡马豫煐室,秉母教,女红之余,兼工韵语笔札,惜年不永,二十一岁殁。有《水仙花》、《秋雨即事》诗传世。

■ 学静轩遗诗一卷　存

（清）孔淑成撰。淑成字叔凝,乐陵训导孔子七十代孙广蕭女,曲阜诸生颜士银妻,以子锡惠官主事,封安人。

是书,《清志补编》、《山东通志》等著录。《历代妇女著作考》此书不著卷数。《阙里孔氏诗钞》淑成传此书作《学静轩诗》,并云:"安人工书善奕,通经史,年七岁即能诗,随其祖任黔中,所历山水景物,悉入吟咏,年二十九而殁,家人于败簏中得诗仅十九首,叶柏芳老人为序而刻之。"《山东志》谓:"是编道光间刊,江夏女史叶俊杰序云:'叔凝幼敏慧,通经史,工书善奕,兼晓算法,女红之余,焚香披卷,终日不辍。随其祖任黔中,所至山水景物,多有咏歌,然不肯示人,尝语人曰:此非女子所应为事也。故人鲜得见者,其父亦不数数见。归复圣裔颜君士银,以多疾,尝家居,性至孝,得二人欢。病亟,泣谓其父母曰:儿不起,命也。我身鲜兄弟,幸姊在,无思儿悲也。卒年二十有九。无所出,以继室子锡慧贵,封安人。家人于败簏中得诗仅十九首,余皆散佚。嗟乎! 叔凝之遇,竟如是耶。余尝谓:北方不重闺秀,故罕有工韵语者,有则必有可传。读《山左诗钞》,如赵雪庭、周淑履诸女史,皆足继古名媛。叔凝之诗,未知与诸名家何如? 然使克享其年,其造就正未可量,而卒以早殁不竟其才,悲夫!'据本书。"按:稿本《续修四库提要》所著莒县庄氏藏抄本,即录自道光刻本。另据《历代妇女著作考》,此书道光本外,又有咸丰元年刊本,收入《逊敏堂丛书》,前有黄爵枢、叶俊杰序,及方元鹍、孔传钺、史谱、史海、叶俊杰、孙兰祥、朱玙、徐比玉、孔韫辉等二十人题辞。卷首题"曲阜孔淑成叔凝著;江夏叶俊杰柏芳、钱塘孙兰祥湘田校;海盐朱玙葆瑛、丰城万启**冀**少荃重梓"。后有万启**冀**跋。其诗《晚晴簃诗汇》、《山左诗续钞》、《阙里孔氏诗钞》、《续修县志》等皆有选收。《续修县志·列女·贤淑》淑成传云:"孔氏秉性贞静,博学能文,相夫教子,一时称盛。生子七:长锡敏,以拔贡任深州州判,殉难;次锡惠,以进士任户部员外郎、清江黄河兵备道;三锡琅,增贡生;四、五锡珍、锡璠均岁贡生;六、七俱入国学。有钦赐'福寿'二字。"

是书今有国家图书馆等藏清道光十六年刻本;清咸丰元年刻本;《逊敏堂丛书》本等。

■ 玉书诗文集二卷 未见

（清）孔继麟撰。继麟有《玉书经解》，经部群经总义类已著录。

是书，民国《贵州通志·艺文志》据《兴义府志》著录，未见传本。

■ 道光戊子科顺天乡试硃卷一卷 存

（清）孔传藤撰。传藤字馥园，牟平派诰封奉直大夫、安徽阜阳知县、钦加知州衔毓瑶三子，孔子六十八代孙，道光八年举人，十五年成进士，历任安徽望江、阜阳、铜陵、怀远、当涂等县知县，调署和州直隶州知州，诰授奉直大夫，晋授朝议大夫。

是书，国家图书馆藏有清刻本，一册，九行二十五字，白口，四周双边，单鱼尾。盖传藤一生忙于政务，此卷之外未见其它著述。《孔子世家谱》谓：六十八代传藤字馥园，道光壬午副榜，癸未考取一等教习，戊子举人，乙未大挑一等，乙未二甲进士，历任安徽望江、阜阳、铜陵、怀远、当涂等县知县。任阜阳捐廉请赈，饥民赖以全活者数万人；监筑江坝，属濒危险，几欲身殉，邑人为建生祠，弗许。钦加知州衔，复调阜阳知县，调署和州直隶州知州，在任俟先知府，加九级，随带加三级，纪录十一次，奉部调取引见，因亲老致仕。诰授奉直大夫，晋授朝议大夫。子二：继塾、继尧。

是书今有国家图书馆藏清道光间刻本。

■ 漱石山房诗集（一名击筑集）不分卷 存

（清）孔广珪撰。广珪字借山，滕阳户直隶永年、枣强等县知县继鸿次子，孔子七十代孙，道光十五年乙未恩科举人，候选知县。

是书，曲阜师范大学图书馆藏有清光绪十四年刻本，一册，不分卷；半叶七行，行十九字，白口，四周双边。书名页题："漱石山房诗集/光绪戊子年镌/板存文友斋刻字店"。而版心与卷端则镌《击筑集》，署"阙里孔广珪借山著"。书内凡收古近体诗二百五十余首，及古文、制艺二十五篇。前有刘思慈光绪十一年《漱石山房遗集序》，王庸立道光丙午正月《击筑集序》、道光丙午暮春《漱石山房诗集序》及黄来麟（冶山）《题词》、杨淇（竹溪）《輓词》。刘序云："忆余之侍先生也，迨今几四十年矣。当道光戊戌、己亥间，滕阳南北称人才薮，然求所谓驾驭龙门、风神六一者，曰惟先生；六甲四数、俪藻骈词，揖徐庾而抗燕许者，曰惟先生；以沈博绝丽之才，写抑郁轮囷之气，树骚坛而执牛耳者，曰惟先生。是公论也，非私言也。呜乎！岂偶然哉。先生自乙未领乡荐，屡上南宫不第，某科已擢高魁，复以篇幅稍长见遗，集中有'误写黄庭多少字，又从天上到人间。'谓此也。夫以先生之经济才望，使出而见用于世，乌乎测所至之何如？而仅

以文显，惜也。然而，先生传矣。是集之刻，成于黄君锡蕃、王君寅生，虽篇帙残阙，不无散佚，而吉光片羽，自足珍重。特就所见者，而略识之，犹仿佛跋烛论文、负剑辟咡时也。"王氏《击筑集序》曰："《击筑》者，孔君借山所遗诗也。在昔，高渐离郁愤填膺，莫可倾吐，悉击筑发之。借山圣裔，生为□胄，何所感而取以名其集？盖其怀抱瑰琦，博极群书，居常以经济自许，自乙未乡捷，益肆力有用书，不沾沾经生家言。又尝游吴、越，客燕、赵，与海内豪俊相剧切，其见益扩，其才益思，一当于世，竟偃蹇无所遇，故不禁形诸吟哦，以泄其肮脏愤懑、无聊不平之气，其诗耶？其筑也？呜呼！借山已矣。读《南归咏怀》与《平原》诸古作，犹仿佛想见燕市酒楼悲歌慷慨时也。"又其《漱石山房诗集序》曰："甲辰春，孔君借山与余谈诗都下，抵掌掀髯，上下往复，甚欢也。曾几日耳，遽归道山。所遗古文《击筑集》诗，余已僭为弁言。此《集》曰'漱石山房'，华屋山邱，殊增悲感。至其诗之性情家数，个中人当自领之。"又《滕县志·孔氏传》："黄来晨曰：'借山，先君子门下士。尝待以优礼，面如满月，而下颔较短，声如洪钟，而后音较促，好议论，敢担当，矩步方行，人咸以国器目之。既不得志于有司，太孺人春秋高，家复中落，颇失阔达本色。甲辰十月过余，曰：近读《昌黎全集》，似有所得，惜无题以发之，奈何？若有急于自炫，不能少待者，呜乎！此其殄年之征乎？借山尝谓余：文发泄太尽，恐非君福。他日死，吾传君。而借山每有所构，必罄其底蕴，不使有一剩义，而后即安。呜乎！余今传借山矣，余复何恃以传？"兹据著录。按：稿本《续修四库提要》著录此本作《漱石山房诗文集》。《清志补编》、《孔子世家谱》广珪传此书亦作《漱石山房诗文集》。《续修县志·人物志·科第》但列其名，不为立传，且无此书；《山东通志》、《山东文献书目》亦皆缺载。

是书今有曲阜师范大学图书馆藏清光绪十四年刻本。

■ 漱石山房文集一卷 存

（清）孔广珪撰。

是书，山东省委党校图书馆藏有清光绪十四年刻本，半叶七行，行十九字，白口，四周双边，单鱼尾，有格，版心上镌"漱石山房"，卷端题"阙里孔广珪借山著"。书名页题："漱石山房文集/光绪戊子年镌/板存文友斋刻字店"。前有任城王庸立（柳门）丙午春《漱石山房文集序》。书内计收《上阎雨帆先生书》、《送王荫之检讨假满入都序》、《彭母胡太孺人八十寿叙》、《上邑侯彭少韩书》、《送邑侯彭少韩归养叙》、《游放鹤亭记》、《重修滕县南阁石路记》、《黄说亭先生墓志铭》、《赠儒林郎王公暨配张安人墓志铭》、《张邰封先生墓志铭》、《候选州同知竹澳王公墓碣铭》、《王璞山先生墓表》、

《募修小龙山文昌阁下惜字楼小引》、《龙母孔孺人贞寿序》(借用王璞山夫子衔名)、《任氏长女阡表》文,凡十五篇。其中,《黄说亭先生墓志铭》乃记其师黄念典,其文传主之外,于作者颇牵涉,略云:"珪自束发受书,从吾师说亭先生游,知先生言行为悉,尝欲有所撰述,进质左右,卒卒未能也。今则已矣。先生姓黄氏,讳念典,字绩香,学者称说亭先生。四世祖中色,以进士起家,嗣是,代有闻人。太高祖家瑞,崇祯进士,巡抚淮扬,殉明难。高祖兰森,康熙丙辰进士,吏部观政。曾祖愈亮,诸生。祖钟,诸生,孝行入郡《志》。父绖,乾隆丁酉举人,堂邑县教谕。先生克承家学,有声庠序,尤以诗赋为阮芸台、孙渊如所知,冠其曹偶。已而,同学多取科第去,先生兀兀风檐,明经终老,意泊如也。学以濂溪主静为宗……为文章,宕逸有法近欧阳子,诗出入王孟韦柳间,一时言古学者归先生,先生歉然不以自足也。从学士踵接于门,汲引如恐不及。每举邑前辈故事为后进法,尝语珪曰:《滕志》不修百年矣,闾巷独行之士,矻矻然抱一经,不求人知,老且死,与草木同腐耳。吾欲乘鹿车遍历南梁、狐驹诸村落间,与父老游,求遗献,访古人耆旧,《志》之作,今老矣,不复能为此,他日,幸为我了之。呜呼!比年以来,老成凋谢,先生遐龄硕德,岿然为一邑文献宗,乃白首青毡,忽忽以殁,后生小子,仰承流风,莫克负荷,又未获撰述言行以质,千古风雨,名山仪型,宛在日月,今昔挥涕何已?呜呼!欲以传前辈者传先生,转以哭先生者哭诸前辈也。先生于道光戊戌年七十卒。配孔孺人,珪长姑也,先十二年卒。子一来晨,道光丁酉举人。"按:《续滕县志·艺文志》、生克中《滕县续志稿》此书俱有著录。《滕县志》卷十二、《续滕县志》卷三分别载其《上邑侯彭少韩书》、《王烈女》文,生克中《志稿》艺文另载有《送王荫之检讨假满入都序》。

是书今有山东省委党校图书馆藏清光绪十四年刻本,2011 年 9 月山东大学出版社《山东文献集成》第四辑影印本。

■ 漱石山房时文一卷附道光乙未恩科乡试硃卷一卷 存

(清)孔广珪撰。

是书,山东省委党校图书馆藏有清光绪十四年刻本,半叶九行,行二十五字,白口,四周双边,鱼尾下有"文集"二字,无格,首为《闲尝窃取程子之意以补之》。所附《道光乙未乡墨》计收《士志于道》、《其为物不贰》、《武王不泄迩不忘远》文,及《赋得登高望蓬瀛》(得登字五言八韵)诗,卷上有眉批,或末尾本房加批、聚奎堂原评,版心刻"乡试硃卷",鱼尾下有"道光乙未恩科"六字,亦九行二十五字,白口,四周双边,单鱼尾。书前有外孙甘家鑫光绪丙戌嘉平月《漱石山房时文序》,末有从子昭晰光绪丙戌嘉平月

礼、陈仲弓云。其学自经史至三乘九篇之书，悉得奥窔。诗宗汉魏，五言凌越凡近。尤善书，似李北海，寸缣尺素，得者宝若圭璧。为文浑厚奥衍，远挹西汉，为诗名掩，世罕知者。著有《心向斋集》。子广牧始入邑籍，别有传。从子广楣，诗有清才，继鑅抚如己出，欲传其学，携至军，病归，殁，年甫逾冠。"《清人文集别录》著其书，称继鑅"侨寓江南最久。师事潘德舆。与刘宝楠、成孺、鲁一同、魏源、汤鹏、叶名澧、张际亮、叶嘉宾相友善。以诗名海内。吟咏酬倡，为交游所推重。文之存者，皆小篇短札，无长幅论学之作。继鑅自言少时不学，浮沉科目几二十年，往年悠悠，好为声诗。自谓鼓舞性情，差异俗学，竟堕浮浅泛杂而不自知。却埽以来，已自厌悔。盖继鑅早岁惟尚华藻，未遑问学，晚虽悔其少作，实迹追挽莫及。"又《清人诗集叙录》云：继鑅字宥函，号廓甫，山东曲阜人。咸丰八年太平军克江浦，死之。为潘德舆弟子，诗宗陶、杜。生前刻有《心乡往斋和陶诗》，为英熙载写刻，又有《壬癸诗录》、《于南诗录》、《江上集》，板均毁于清河。此为冯煦所藏《全集》，其孙孔昭采（案）手写，吴兴刘承幹刊，附其子广牧、孙昭采（案）与其妇遗集各一卷，有冯序、刘跋。《全集》一至十三卷为《编年诗》一千七百八十五首，卷十四《和陶》一百五十三首，卷十五、六《集杜》二百十八首，卷十七《补遗》一百十二首，卷十八至二十为文。其诗百郁其中，多悲苦之音。吴昆田、冯煦所撰《传》均无生卒年，今据集中诗推之，约生于嘉庆七年。平步青《霞外捃屑》有摘句。另外，予尝阅广楣所著《海阜诗稿删本》，见其有《呈宥函二叔四章有序》，称"叔居宝应，亦客也。"又有《宥函叔为余画兰漫题短歌》等作，知继鑅诗之外兼擅绘事也。

　　是书今有民国十年南林刘氏求恕斋刻本，1987年11月文物出版社新印本，2010年12月上海古籍出版社《清代诗文集汇编》影印本。

■ 心向往斋用陶韵诗二卷、壬癸诗录一卷、于南诗录二卷 存

（清）孔继鑅撰。

　　诸编，《贩书偶记》据道光己酉至咸丰六年其子广牧刊本著录。首都图书馆馆藏目录著有《心向往斋诗集》五卷，清道光二十八年序刊本，四册一函，疑即此书，附此不另著。按：《心向往斋用陶韵诗》予见多本，凡十行二十一字，白口，左右双边，版心上刻"心向往斋诗集"，下刻"用陶韵诗"。内署"曲阜孔继鑅宥函"。前有绣水王相序、仪征吴廷飏题识、《心向往斋用陶韵诗目录》及继鑅道光二十八年自识。继鑅识云："右诗起乙酉，讫戊申，取旧作中用陶韵者，得百五首，别为一册。昔东坡居惠州，和陶诗，胡苕溪且以为多事。谢四溟曰：和古人作，战未必胜，败则取笑。凡近如仆，胡不自揆，辄谓慧智所之，无间今古，浅深异致，同造一诚，相似者不必不相近，相近者不必果

相一也。"《于南诗录》刊于咸丰六年,九行二十一字,白口,四周双边,鱼尾上亦题"心向往斋诗集",下镌"于南诗录",亦上下二卷。前有宝应成蓉镜一序。内署"曲阜孔继鑅"。《壬癸诗录》咸丰甲寅刻,一册四十一叶,无目录。版式同《于南诗录》。内题"曲阜孔继鑅宥函"。前有甘泉李肇增序,略云:"孔宥函先生邃于诗者数十年,得诗千百首,大抵关于朝野身世之故,流连景物之制概略焉。《壬癸诗录》尤先生之感时伤遇者也。东南敝于寇者三四年,壬癸两岁为尤甚,摧剥破灭以至今日,难犹未已也。先生痛其祸之巨,疮痏之深,作《排闷》《野望》诸诗以暴其愤,不规少陵,而神骨自合。"其《心向往斋集》卷八壬子注称:"是年至癸丑诗为《壬癸诗录》,已刻板,毁于兵。"幸其作品收入《心向往斋集》,不以原书罕见而湮没。周作人《知堂书话·和陶诗》云:"孔集近有嘉业堂刘氏刊本,原刻已不易得。徐兆丰《风月谈余录》卷三云:'《心向往斋和陶诗》二卷,曲阜孔宥函先生继鑅所作,吴让之先生为手录付梓,可称双璧,余曾得初印本,乱后失之,今所传者皆翻刻本矣。'……《风月谈余录》所云翻刻本却未得见,不知是何时何人所刻也。"另,《山东文献书目》著录各编,孔继鑅误为"孔继锁";《中国近现代人物名号大辞典》孔继鑅误为"孔继镕",云:"孔继镕,山东曲阜人,寄籍河北清河。字宥函,号廓甫、又韩、于南,又号晚闻生,室名心向往斋(有《心向往斋诗文集》)。"如此多号,不知何据也。

诸编有清道光二十九年至咸丰六年孔广牧刻本。

■心向往斋诗集二卷 存

(清)孔继鑅撰。

按:是书即前著清道光二十九年刻本《心向往斋用陶韵诗》也。因其卷端及版心大题皆作"心向往斋诗集",仅于版心鱼尾下镌以"用陶韵诗",故国家图书馆馆藏目录及《山东省图书馆馆藏海源阁书目》等著录时径题《心向往斋诗集》。惟国图此书题一卷,《山东省馆海源阁目》题清道光二十九年王相刻本,似易让人以为二家著非一书,书非一刻。其实此刻分卷计页,凡卷上十四叶,卷下十八叶,宜作二卷;书前有绣水王相道光二十九年八月序,并目录及继鑅二十八年识,后有吴廷飏(字熙载)跋。据序跋,此帙题王相刻本固无不可。然首都图书馆馆藏目录著录吴晓铃赠书题作"清道光五年绣水王相序刻本",同时又著他本为"清道光二十九年刻本",显然误为二刻矣。王序以太岁纪年,道光"屠维作噩"为道光己酉,即二十九年,非乙酉(五年)也。

■ 心向往斋锄余集无卷数　未见

（清）孔继鑅撰。

是书见昭寀《会试硃卷》履历,未见传本与它书著录。

■ 湖海集无卷数　未见

（清）孔继鑅撰。

是书见昭寀《会试硃卷》履历,未见传本与它书著录。

■ 江上集三卷　存

（清）孔继鑅撰。

是书,《清人别集总目》著有国家图书馆、南京图书馆藏清咸丰八年刻本,一册,九行二十一字,小字双行同,白口,四周双边,单鱼尾。按:此《集》单刻罕见,继鑅《心向往斋集》卷十一甲寅,称其集"已刻毁于兵"。其鲁一同咸丰八年三月《江上集序》、李肇增咸丰七年闰五月《江上集书后》及集中诸作俱见于《心向往斋集》。

是书今有国家图书馆等藏清咸丰八年刻本。

■ 归鲁吟无卷数　未见

（清）孔继鑅撰。

《心向往斋集·归鲁吟自序》:"甲辰岁将除,有江介之役,舟小如屋,万象莹列,动岁以来,尘事填委,求如小舟一日之乐,胡云易得?得句杂沓,亦具澄绪,乃知清浊之源心声,不可掩也。知我者有东海鲁仲连,将汇册以归之,爰以名篇。"兹据著录,未见传本。此所谓"甲辰岁",乃道光二十四年也。

■ 江上繁茄集无卷数　未见

（清）孔继鑅撰。

是书见昭寀《会试硃卷》履历。未见传本与它书著录。亦不知与前著《江上集》是否一书?异同如何?

■ 心向往斋道光庚戌以前诗旧存不全目录　存

（清）孔继鑅撰。

是书,中国科学院图书馆藏有稿本,一册一函。

■ 杜词文杂著无卷数　未见

（清）孔继鑅撰。

是书见昭寀《会试硃卷》履历。其书未见传本，未详内容如何？

■ 桐华书屋诗四卷　未见

（清）孔昭蕙撰。昭蕙字树香，桐乡县支乾隆五十五年恩贡、候选儒学训导孔子七十代孙广南长女，嘉兴诸生朱万均妻。

是书据《桐乡县志》艺文志、《乌青镇志》著述著录，《历代妇女著作考》著录同。《桐乡志》才媛传云："嘉兴诸生朱万均妻孔恭人，名昭蕙，字树香，为青镇贡生孔广南长女，乃己丑翰林、甘肃巩秦阶道朱其镇之母也。幼读《闺范》、《列女传》诸书，能书，工诗词，得外大母芳洲老人之传。秉性娴雅贞静，事父母，孝友，爱诸姊妹及从兄弟。自以无兄弟迎养父母于家，奉侍终身，不贻忧于嗣弟。命子为外大父母请封如例。诗才敏妙，远近索者麇至，信笔酬之，洒如也。檇李诗人吴澹川、顾樊桐，皆推重之，称为闺秀之冠。妹昭蟾，字月亭；昭燕，字玭梁；从妹昭莹，字明珠，皆从恭人学诗，故赠公有《和大女》诗云：'合教三妹为高弟，可得名师带笑看。'盖记实也。"《晚晴簃诗汇》昭蕙小传云有《桐华书屋诗钞》，或即本书之异本。传谓："树香天性孝友，秉资娴雅，诗才敏妙，楷法精绝。九山秉母教，负书名，授馆职后，自京迎养。树香作三绝示之，有'瞻云且缓思亲念，好把文章答圣朝。'及'暇日凤池须记取，旧汀鸥鹭莫相忘'之句。"其《中秋玩月》云："今夜团圞月，清光万里同。恐添慈母思，不敢说山东。"

■ 月亭诗草无卷数　未见

（清）孔昭蟾撰。昭蟾字月亭，桐乡县支乾隆五十五年恩贡、候选儒学训导孔子七十代孙广南次女，昭蕙妹，上舍钱璜室。

是书，据《桐乡县志·艺文志》、《乌青镇志》著述著录。《历代妇女著作考》著录此书作《月亭诗钞》。

■ 芸晖书屋集无卷数　未见

（清）孔传洛撰。传洛有《自警编》，子部儒家类已著录。

是书，民国《吴县志·艺文考》、《江苏艺文志》（苏州卷）据《卬须集》著录。《孔子世家谱》谓："孔传洛，字念芑，号午桥，由府庠中嘉庆甲子科举人，候选知县，大挑二等，选授安庆府望江县训导。子二。"不云有此书。

■ 芸晖书屋诗稿四卷　未见

（清）孔传洛撰。

孔昭晋《硃卷履历》谓"本生曾祖传洛字念苣，号午桥，著有《自警编》十二卷，《芸晖书屋诗稿》四卷，俱载《吴门补乘》。"兹据著录，疑即前书。

■ 守瓶堂稿（一名守瓶堂诗文稿）八卷　存

（清）孔继宣撰。继宣字纶庭，番禺支，孔子六十九代孙。

是书，国家图书馆等藏有清道光三十年刻本，二册，十行二十二字，小字双行同，黑口，左右双边，单鱼尾。书名页题《守瓶堂诗文稿》。首都图书馆、中国科学院图书馆等藏清咸丰元年刻本，亦题《守瓶堂诗文稿》。按：《番禺县续志·艺文志》此书作《守瓶堂集》，云："孔继宣，字纶庭，叠滘乡人，集中多学海堂课本。"然考此《志》，见选举中有"孔继煊"，清光绪十一年乙酉科举人，而无"孔继宣"。

■ 岳雪楼诗存八卷　未见

（清）孔继勋撰。继勋有《北游日记》，史部传记类已著录。

是书，《清志补编》集部别集类著录。光绪《广州府志》、《晚晴簃诗汇》此书不注卷数。稿本《续修四库提要》据传抄本著录，云：继勋字开文，号炽庭，道光癸巳进士，授翰林院编修。少受经于冯磻泉大令，受诗于黄香石舍人，两公尝称其性恬学粹，为翰林一如为秀才时，其为人称许也如此。与李石泉都转交最笃，尝访都转于柳堂，冯、黄二公不期而至，适海氛初起，商及乡团，炽庭援古证今，群推定识。时道光庚子十一月也。后祁恭恪制府聘襄帷幄，多所赞助，竟以劳瘁卒官，事闻，恤如例。其生平所嗜，惟诗酒如命，尝与友朋唱酬，浮大白以为乐，然所作多不轻存，存者要皆戛戛其音，铮铮其鸣者。既殁，子怀民为辑其诗，得八卷，略以古近体为次。其古体浑厚沉雄，欽奇壮观，得汉魏六朝之遗风。其近体亦不减唐音，如《怀罗浮诗》云："蓬岛南飞日，迷离四百峰。罗阳一湾水，华首几钟声。风雨空遥想，神仙不易逢。何时恣来往，天外数芙蓉。"又如《初闻滩声诗》云："激薄自成响，苍茫何处声。夜寒初作客，村远不闻更。春雨铜瓶热，秋风铁马鸣。终宵喧枕畔，淘洗旅怀情。"又如《除夕郊行见桃花诗》云："信步荒凉境，欣看灼灼姿。况当残腊候，独在异乡时。艳写青春意，闻吟白傅辞。一株丛薄里，领略几人知。"均幽雅琼远，萧疏散淡。而七律诸什，亦多相似，尤以咏物为胜。如《咏菜花诗》云："深浅匀描一抹黄，轻于新柳嫩于桑。土膏初动迟论味，野景偏饶暗有香。几簇凉痕酣晓露，半畦寒色淡斜阳。荒坡废圃风前影，写出鲜妍遍水乡。"又云:"朵朵齐开酝酿深,参差雨径又烟浔。低烘陌上苔添绣,近拟篱边菊绽金。点缀小园供庾赋,横斜隙地绘苏吟。孤根自固浮华敛,淡泊应知养晦心。"亦颇咏物典切,格律工稳,方之五律,互有胜处。同邑李子虎评其集,谓承明著作,不少阂篇,爱山水之音清,知烟霞之赏惬。云泉馆在,人称七子之诗坛;雪岳楼高,我想千秋之作者。信可谓知继勋诗者。按:继勋,清乾隆五十七年(1792)八月二十五日生,道光二十二年(1842)二月七日卒,年五十一。

■ 岳雪楼诗存四卷 存

(清)孔继勋撰。

是书,《东北地区古籍线装书联合目录》等著有清咸丰十年刻本,一册,十一行二十四字,黑口,四周单边,双鱼尾。《清人诗文集总目提要》著录本书,云:"今存此集四卷,咸丰十年刻,中国科学院图书馆藏……同邑李子虎评其集,谓'承明著作,不少阂篇,爱山水之音清,知烟霞之赏惬'。道光二十年后不久去世。"按:考民国《南海罗格孔氏家谱》艺文亦著其书,并载象州郑献甫咸丰十年六月序,子广镛、广陶咸丰十年四月题记。郑氏云:"孔君怀民孝廉辑其尊人炽庭编修诗仅百余首,刊为一卷。称其志在经世,文其余也。文罕存稿,诗又其余也。故所作虽多,所收无几,又梓于身后,搜采抉择,非其手定。然清典而无里言,温厚而无嚣气,以方南园五子,未敢知,以续粤东七子,无愧色也……而君同馆前辈、今制府长沙劳公尝推其诗曰:愔愔大雅,不为馆阁所染。又从君同乡老友今学博陈君兰浦闻其为人,日穷穷如畏,不以缙绅自矜。读其诗,证其语,益想其人,是不可以不文辞也。"广镛、广陶记云:"先大夫少读书罗格南园,南园为先大父复之公吟咏之所。先大父擅古今体,而不肯自存其稿。事暇即课诸子侄诗,谓诗教温柔敦厚,可以治性情而化风俗,于文章学问之外,诗为急务,故先大夫弱冠即以诗名。嘉庆戊寅乡荐,七试礼闱,南北往来,仆仆风尘者十余载。其间,登临凭吊,酬唱咏怀之作,不知凡几。道光癸巳捷南宫,入词馆。戊戌以事匆匆归里,旋值夷氛,当时诸大府礼请先大夫勷办军务,借筹决策无虚日,将就告竣,于壬寅春以劳瘁病卒。呜呼! 先大夫夙志经世之学,而未能罄其什一,夫岂欲以词翰见传者耶? 乃天不假年,即词翰,如序论传记碑铭之可传者,亦随作随弃,不敢自传,况诗乎? 广镛与弟广陶敬检遗稿,得其自编定者数十首,余悉原草,蠹蚀残缺,十不全二,仅集录得一百六十首,急为敬梓。《集》中有'禄可养亲聊薄宦,诗原余事几传人'之句,先大夫之心见矣。先大夫于乙酉纵游南岳,山水之兴方滋,归筑'岳雪楼',以藏书画图籍。《集》以是名,仰窥平日于诗,实肆力于杜、苏为尤多,手批两家诗选二十余卷,韦编几三绝矣。奈亦散

逸不全,惜之。广镛兄弟之才下,不能仰承我祖我父之志,以大昌其诗教。敬述颠末,谨书于后,使我子孙继继绳绳,他日有以诗学而达于政理者,知其来有自云尔。"

是书今有清咸丰十年南海孔氏刻本。

■ 岳雪楼诗存一卷 存

(清)孔继勋撰。

是书,《东北地区古籍线装书联合目录》著有清同治二年刻《柳堂师友诗录初编》本。《清人诗文集总目提要》孔继勋"岳雪楼诗存"条谓"作者与李长荣交最笃,李辑《柳堂师友诗录初编》,编入《岳雪楼诗存》一卷,同治二年刻,中国国家图书馆藏"。书凡十二行二十三字,黑口,左右双边,双鱼尾。

■ 濠上观鱼轩集无卷数 未见

(清)孔继勋撰。

刘彬华《岭南群雅二集》卷三:"孔继光,字开文,别字炽庭,南海人,诸生,著有《濠上观鱼轩集》。"并录其《怀罗浮》、《花田览古》、《珠江春泛》并序、《芎涧》(云泉山馆杂题)、《南雅斋》、《索笑檐》、《幽篁里》,凡七首。考继勋原名"继光",因据著录。按:此书未见传本与书目著录,《家谱》本传、艺文亦不载。"濠上观鱼轩"位于城之濠畔,其父传颜修建,藏书四万余卷,翰林钦州冯敏昌书额,馆香山黄培芳于此,孔继勋、孔继骧、罗萝村同受业。是《集》似即此间继勋所作之结集。黄培芳《云山得意楼吟草序》谓:"吾粤孔氏,为天南圣裔,孔氏尝馆余于濠梁,炽庭、罗萝村从余问业最久。炽庭少工骈体及韵语,刘朴石先生采入《岭南群雅》,皆其少作。"考《岭南群雅》一书刊于嘉庆十八年,继勋时方二十出头,此七首,或即出《集》中矣。

■ 岳雪楼诗选一卷 未见

(清)孔继勋撰。

是书,民国《南海罗格孔氏家谱》艺文著录,并载黄培芳道光二十九年七十二岁题识云:"南海孔炽庭从余学有年,诗亦颇夥,自翰苑南归,未及编排其稿而殁,其哲嗣约抄若干首,将寄江都符南樵先生备选,先呈余过目。华赡奥博,风骨清苍,得力杜、苏为多,惜乎未甚永年,不见其止也。吾门科名仕宦虽不乏人,传吾诗学若炽庭者,良不多数耳! 为之三叹以归之。"

■ 岳雪楼诗集无卷数 未见

（清）孔继勋撰。

是书据同治《南海县志·艺文略》集部别集类著录。考本《志》卷十三列传：孔继勋字开文，号炽庭，罗格围人。先是，至圣裔孙居粤东者，宋有处士承休，居广城西彩虹桥，元有贡士细祖始迁居罗格，至继勋六十九世矣。祖毓泰以盐务起家，父传颜为名诸生，多蓄图书古籍，俾子孙服习其中，故继勋幼能属文，工书善射。弱冠以经古第一补弟子员，逾年，试高等，食廪饩，寻中嘉庆戊寅恩科举人，道光丙戌，大挑二等，授化州学正。癸巳会科成进士，选庶吉士，散馆，授职编修，旋充国史馆协修。丙申，派殿试收卷官。丁酉顺天乡试同考官。戊戌教习庶吉士。会其弟继骧卒，见古有期丧去官者，乃告假南归。出都三日，奉有僎值上书房行走之命，同人代为惋惜，继勋闻之，淡如也。庚子春拟赴京供职，值洋人滋事，督臣邓廷桢、林则徐，抚臣怡良祁𡎴，将军宗室奕湘等先后皆力留勷办军务，继勋悉心规画，刚柔并施，寓羁縻于覆冒中，惟以崇国体固民心为根本。厥后，祁𡎴为制府，知继勋有深谋远虑，于壬寅元夕，屏骑从，亲造其庐，商善后策。继勋条十事，谓兵衅不可再开，元气亟当培护，设兵结不解，库空饷匮，必有加征派饷之忧……盖继勋初入翰林时，为曹文正振镛所赏识。后潘世恩、穆彰阿当国，咸器重之。成皇帝闻其名，屡召见于勤政殿、乾清宫，天语周详，下垂清问。继勋自以文学侍从受特达之知，当如古人所谓尔身在外，尔心罔不在王室者，其忧国如家，频年劳瘁不敢辞，殆为此也。是年二月，以积劳病故。祁𡎴专折以词臣殁于王事奏，奉旨赏其子广铺副贡生、内阁侍读衔，内阁中书遇缺即选。殆异数也。初继勋兄弟与戚罗文俊同研席，一夕飓风作，雨倾盆，闻门外剥啄声甚急，众趋出，启户寂无人，而坐卧处俱覆压矣。其父谓此中若有鬼神呵护，汝三人必有登巍科，膺显仕者。由是，督课益严，后文俊以鼎甲位卿贰，继勋亦有声词林间，其言皆验。子广铺甲辰科举人，广陶刑部郎中。

才按：继勋祖父子，民国大《谱》不载。承休自南雄保昌迁广州采虹桥事，谱虽记述，然细祖以下则失叙。今考孔尚任《孔氏家谱流寓十支》谓："一支在广东南雄府保昌县，系三十八代孔戣子孙。"戣生三十九代温质、温孺、温宪、温裕。温孺生四十代纬、绛、缄。纬生四十一代昌弼。昌弼生四十二代蒙、荃、葆、麟。葆生四十三代承休。又考康熙《南海县志》卷六氏族，"孔氏，子姓成汤之后。宋南海鼎安有朝散大夫元勋，系出孔子后裔，见人物传。明嘉靖中有知州志道，知县钟灵，崇祯有孝廉济美、贞莲，万历岁贡玑。国朝孝廉美发、兴梧、贞魁。"其中，孔志道，康熙《南海县志》卷十二有传，称其"字用伸，早负才名，疏通警敏，嘉靖庚子乡荐，授滇之赵州守州，故善地仕宦之士，多获重

赀以归……于所居之南溪乡构园亭，莳花草，著述其中。布袍疏食，淡如也……孙济美，登崇祯己卯贤书。"一并附此，以备稽考。

■ 馆课诗赋钞三卷　未见

（清）孔继勋撰。

是书据民国《南海罗格孔氏家谱》艺文著录。宣统《南海县志·艺文略》集部别集类著录刊行本不标卷数。《家谱》艺文载有其门人郑锡瀛同治三年菊秋序，云："道光丁酉秋，瀛应试京兆乡闱，获荐于炽庭夫子，晋谒时奖许甚优，勖以勉成大器。感吾师期望之殷。思时亲座右，执卷请业，冀得稍启颛蒙，顾以频年游幕，奔走四方，未遂所愿。时师供职词垣，文望甚隆，馆阁诸前辈咸推为艺林巨手。会上书房授读需人，成庙以师名垂询，鹤舫、芝轩两相国，均以师品学俱醇，堪膺是选为对。而师已于前数日，乞假南旋抵里，后当道尚驰书相促，嘱早回京供职，以待大用。值海氛不靖，留办防务，未遑北上，旋以勤劳王事，婴疾捐馆。瀛通籍后，深以函丈著作，未能窥见为憾。秋，奉命来粤典试。撤棘后，晤怀民、少唐两世兄，以师旧日所著《馆课诗赋》一册见示。盥薇捧诵，益觉当年之名重儒林，非虚誉也。夫诗赋虽贵工丽，而馆阁体裁，要以典重庄雅为宗。今观我师著作，丽不涉纤，工不务巧，中正和平，一洗时俗风尚，觉端方气象，时流露于楮墨之间，宜乎洛阳声价，纸贵一时，士林均乐奉为楷模也。瀛学问弇陋，未足以仰窥高深，而获睹我师巨制鸿篇。窃幸岭表此行，不虚素愿，敬志数言简端，以抒生平向慕之忱云。"

■ 道光癸巳科会试硃卷一卷　存

（清）孔继勋撰。

是书今有孔继勋稿本原件，未阅，不详篇目如何？

■ 岳雪楼骈体文集二卷　未见

（清）孔继勋撰。

是书，民国《南海罗格孔氏家谱》艺文著录，其子广镛、广陶所撰《显考炽庭府君行述》及劳崇光《六十九世敕授儒林郎翰林院编修诰赠资政大夫炽庭孔君暨许太夫人合葬墓志铭》亦称其著有《岳雪楼骈体文集》二卷，藏于家。按：继勋文不多见，考宣统二年《绣诗楼丛书》第九种黄培芳《粤岳草堂诗话》有其所撰序，文云："尝读《明史·艺文志》，诗话自为一类，一代成书者不数觏，良以扬扢风雅，鼓吹休明，未易才也。至吾粤之有诗话,自吾师《香石诗话》始。其书持论甚正,既深为翁覃溪先生所许,而发明七古诗法,尤有功学者。昔赵秋谷求诗法于阮亭尚书,阮亭秘之,乃发愤求诸古名作,著为《声调谱》,然专论声调,古诗法仍未备。读《香石诗话》,庶可得正路乎!先生近复撰《粤岳草堂诗话》,多所表彰,更宣精蕴。此虽先生之余事,亦足为熙朝鼓吹、艺林扬挖之一端也。粤岳者,罗浮之别号。先生结庐处罗浮号粤岳,亦自先生始也。受业门人南海孔继勋顿首谨识。"附此以存艺文。又考继勋自父传颜以盐商起家,继勋及子广陶,善承其业,儒雅好古,古籍、字画、钱币,见者必购,父子相继,倾力为之,遂使南海孔氏岳雪楼庋藏古籍善本三十三万卷,成为广东四大藏书家之一,同时,也成为继阙里孔继涵、孔广栻父子之后著名圣裔藏书家、出版家。继勋父子精校雠,喜刻古书,尤以抄本数量大、抄校精,为世所称。据考岳雪楼所抄总量不下千种,迄今存世的也有五六百种,对此,《中国古籍版刻辞典》等已有详细列举,可参阅。而凡其抄本,其书多用毛太纸,红格,或无格,版心下一般刻有"岳雪楼"三字,卷首钤一"孔氏岳雪楼影抄本"朱文方印印记。岳雪楼抄本与微波榭校抄本一样,广泛涉及经史子集各个门类,但微波榭抄本所选多为卷帙较小的罕见秘本,而岳雪楼抄本,宏编巨制则占相当比例,如其所抄在四十卷以上者,即有《政和五礼新仪》二百二十卷,《读史方舆纪要》二百卷,《资治通鉴后编》一百八十四卷,《北堂书钞》一百六十卷,《皇朝实录稿》一百六十卷,《大唐开元礼》一百五十卷,《宋名臣奏议》一百五十卷,《明太宗实录》一百三十卷,《钦定外藩蒙古回部王公功绩表传》一百二十卷,《圣宋名贤五百家播芳大全文萃》一百一十卷,《名臣碑传琬琰集》一百七卷,《皇明文衡》九十八卷,《春秋分纪》九十卷,《皇朝类苑》七十八卷,《方舆胜览》七十卷,《全芳备祖》前后集五十八卷,《今献备遗》四十二卷,《皇朝仕学规范》四十卷,《大金集礼》四十卷,《说文解字通释》四十卷等;其在二十卷以上者复有:《营造法式》三十四卷,《吴兴备志》三十二卷,《皇朝太平治迹统类》三十卷,《石门文字禅》三十卷,《滋溪文稿》三十卷,《雪楼集》三十卷,《泾野子内篇》二十七卷,《汴京遗迹志》二十四卷等等,附此不复一一详列。又考继勋工书,北京出版社1963年出有其所书杜甫七律诗小楷字帖,亦附此不另列目。

■ 养真草庐诗集二卷 存

(清)孔继芬撰。继芬又名继芳,字开济,号藻生,岭南派南海罗格支例赠修职郎传遇长子,孔子六十九代孙,廪生,候选训导,钦加光禄寺署正衔。

是书,《清人诗文集总目提要》《广东文献综录》分别著有山西大学图书馆、广东省中山图书馆藏民国八年广州超华斋刻本,复旦大学图书馆古典文献数据库《清人文

集书目》另著有中国科学院图书馆藏本。《南海罗格孔氏家谱》此书作《养真书屋吟草》。考继芬卒后，侄孙孔昭度尝于民国元年、八年两刊其书。其民国元年跋略云：《养真草庐遗诗》二卷，伯祖藻生晚年吟哦所得手自删录者也。伯祖之生平及其品格既略见于诗集间，亦稍详于先叔紫涵公所述传。迨先叔少成嗜学，勤苦弗辍，渐乃罗剔堆中故纸，寻绎断简残编，卒获此遗诗两卷。叮咛校勘，珍重裱藏，意欲扬先德而诏后起也。殊料先叔年方强仕，溘然长逝。昭度因虑斯卷之易遗没，而无以继先志也，用易以活版装钉多本，以永流传此物此志，聊尽寸心云耳。又民国八年跋有云：《养真草庐诗集》，昭度于民国元年曾以活版印刷百余部，随手分赠知友，已无一存。其后屡思续印，连年戎马抢攘，昭度亦于役四方，启处不遑，忽忽六年矣。戊午冬，携原稿谒何屏山师，请求删订，师欣然允任，并谆谆嘱使锓版，复蒙世丈刘君梓馨，悉心改订其年月，更易其编次，昭度得此赞助，曷敢不兢业从事耶？其《春望》诗云："村村树色碧浮烟，轻暖轻寒雾霭天。桑柘摇云新雨后，稻粱吹浪晚风前。蛤声得意鸣无限，蝶影寻香舞自翩。闲煞农人共沽酒，茅檐醉倒话丰年。"又《修族谱作》及《南园》云："谱系东山远，家风总大儒。权将修史笔，撰出睦亲书。昭穆常怀古，春秋执赞予。宗公他日对，钤印耀璠玙。""花月南园夜，风流旧雨诗。桂兰环曲坞，泉石引清池。巨浸亭台荡，狂飙榭阁移。后昆方振起，重筑构堂基。"按：考继芬清嘉庆六年（1801）八月十四日生，卒年据罗崇龄民国元年序"不期年仅四十赍志以殁"不难推知也。南园，乃南海孔氏别业，《广东藏书纪事》谓："孔昭鋆字季修，光绪己丑举人，为少唐次子，出嗣别房。岳雪楼未散时，先取宋、元佳椠，移藏他处。有南园别业，名'烟浒楼'，近于海滨，饶花木之盛。"

是书今有民国元年孔昭度活字排印本，民国八年孔昭度广州刻本等。

■ 省香斋诗集六卷　存

（清）孔庆镠撰。庆镠有《天台志书》，史部地理类已著录。

是书，中国科学院图书馆藏有清光绪十七年刻本，二册一函，九行二十二字，粗黑口，单鱼尾，无目录。前有牌记："光绪十七年春刊于青门寓庐"，及会稽宗稷辰同治二年序、光绪庚寅即墨周铭旂序，末有光绪庚寅潞河李嘉绩、袁启孚跋。卷端题："阙里孔庆镠诚甫著；男繁准敬刊，受业甥男袁启孚钧、内侄张伯圻壎同校"。按：此帙为晚晴簃选诗社所用底本，卷一《周忠武公故里怀古》篇名上方钤有朱印"选"字。诗不分体，自《述怀》至《中秋》，其中，赠答之什不少，如《秋日书怀和冶山大兄韵》、《送冯集轩师奉讳旋里即题其零门送别图兼呈晏海年伯》、《十二月二十六日接保殷舅氏袁浦书感赋四律奉答兼述近况》、《輓冯晏海年丈》、《叠其韵偶尔拈此即呈绣山叔》等，皆为意笃情真之作。袁氏称："先舅氏孔诚甫先生，天才卓荦，学问深醇。闻童时提笔，即洋洋千余言，弱冠，董声庠序。丙申成进士，改官工部，入军机……曲阜向多诗人，若荃溪方伯、琴南学博、硕陆大令诸先辈，皆卓然可传。惜先生生稍晚，未及与诸先辈相唱和。然少年即与从舅菊农太仆公、从外祖绣山侍读、玉双观察、郑子斌大令，登坛执牛耳，互相酬答，极一时之盛……在黔七年，以目疾归。时家弟钧，随侍道途。沿路山川名胜，皆口述之。及悲今吊古，感时书愤，往往发之以诗。到家目复明，诗益夥，而笔意清超老横，劲气直达，较少年作，又一境矣。辛卯正月，表弟莱卿以诗稿来属余校订，窃念及门诸子，唯余兄弟与申甫张君伯圻随侍最久，谨述先生平日训词，笔而书之，敬跋于后。"又李嘉绩跋："绩不敏，勉应莱卿之请，妄加选择，录成是编。原《集》五百八十三首，今存四百七十一首，厘为六卷，寄莱卿付剞劂焉。念先子殷怀夙谊，佩莱卿不忘手泽，为述渊源如右。计丈殁已三十有二年，足以慰地下矣。"考此书《清志补编》、《续修县志》皆著录，稿本《续修四库提要》著云："庆锄字稷臣，号诚甫，曲阜人，道光丙申恩科进士，改庶吉士，工部都水司郎中，军机处行走，外简平凉道，升山西按察使，转布政使，改贵州按察使，以目疾告归。是集计古今体诗四百七十余首，随意编次，乃庆锄殁后，其子繁准持全集延潞河李嘉绩选订者。庆锄天才卓荦，学问深淳。童时捉笔，即洋洋千余言。为文以方百川灵皋为宗，尝谓：诸子百家，以及传奇小说，无不有益身心，苟能得其用笔之法，可一以贯之。论诗专主韩、杜，于杜尤有心得。又谓：诗理性情，尤重根柢，复深以学问，贯穿经史。昔人谓工部诗无一字无来历，即根柢之谓。而于杜集排律，偶一讽诵，脱口如生，故睹当时之景物，与感触时事之艰虞，往往发其郁抱，多见于诗歌。而哀逝闵忠，于骨肉友朋之不幸而遭寇难者，悱恻凄怆，益见其挚谊所流露，集中《七哀诗》，即就其素所知识之死于太平军之难者二十一人，各系一诗，以伸其悲愤。宗稷辰序其诗，谓气味所涵濡、标格所树立，得力于其乡先正新城、德水之间，几可上跻苏、韩，远蹑鲍、谢，晚岁所作，更与剑南为近云。大抵庆锄诗，早年工隽似朱、王，壮年绵邈似范、陆，中岁汪洋浑厚，颇有汉魏盛唐气，而尤近乎少陵。晚年笔意清超老横，劲气直达，则又另一境界矣。集前有宗稷辰、周铭旂序，后附李嘉绩、袁启豸等人跋语。"又《清人诗集叙录》著云："是集诗共四百七十一首。庆瑚(锄)受学于南通冯云鹓，集中有《輓冯晏海》、《送集轩诗旋里》诗。《石砚歌为绣山叔作》，绣山为孔宪彝。《游峄山仙人洞》、《成都怀古》、《海门五首》，以及行役秦晋之作，颇可扩见闻。鸦片战争、太平天国起义，均有诗抒怀。道光间孔氏多能诗。取法少陵，兼近范、陆。庆瑚(锄)兼擅词曲，是尤以圆转为上也。"《著述记》此书作二卷，谓"庆锄在黔最久，守经

达权,纵与长官意偶相左,必婉转申说,总期于事有济,当事亦多乐从。尤留意人才,若胡林翼、徐河清、徐丰玉,皆在守令职内为之延誉推引,均得藉手以有为"。又称其"性情平易近人,虽御下从无疾言遽色,而人严惮之。子繁准以荫生令山西,濒行时,训之曰:'出仕为人如行路然,步步须由中道,不容丝毫曲折。临事宜简不宜懒,莅下宜严不宜酷;绝贪缘之路,明义利之关,如斯而已。'庆鏸忧时发愤之作,一寄之于声歌,读其诗想见其为人,即其品其学,荷九重特达之知,其来知有自矣。卒年五十有五。著有《省香斋诗集》二卷"。《续修县志》收其《示准儿》诗十首。第九首乃教其施政之道,云:"保甲以保民,载籍详且明。岂知保甲法,保民方可行。下车问疾苦,上下联以情。讼狱无留滞,八九能端平。民知爱我厚,亦各输其诚。手足捍头目,众志成坚城。无事农为士,有事农为兵。"繁准,正三品荫生,军功保举知县,赏戴花翎,钦加运同衔,署陕西韩城县知县。此外,《晚晴簃诗汇》亦选其诗,并谓"诚甫夙有诗名,早年工隽似朱、王,壮年绵邈似范、陆。其标格不凡,源本深厚,为同时所称。晚年患目乞归。偶有忧时发愤之作,皆口授及门。诗境益汪洋深厚,与少陵为近"。庆鏸,清嘉庆十年(1805)生,咸丰九年(1859)卒。

是书今有中国科学院图书馆等藏清光绪十七年曲阜孔繁准刻本,2011年9月山东大学出版社《山东文献集成》第四辑影印本。

■ 毓文斋文集无卷数 未见

(清)孔庆鏸撰。

是书,《续修县志》著录,《增补孔庭摘要》亦载之。未见传本。

■ 固湖逸叟诗稿一卷 存

(清)孔昭云撰。昭云谱名昭末,字舒坤,号末堂,一号升阶,别号固湖逸叟,平阳派广英第三子,孔子七十一代孙,廪贡生。

是书,复旦大学图书馆古典文献数据库《清人文集书目》著有中国科学院图书馆藏清光绪二十七年孔庆恭活字印本。按:此书中国科学院图书馆馆藏目录题"清吴焘宽选订,清光绪二十七年排印本",一册,不题卷数。《清人别集总目》著录此本误为《国湖逸叟诗稿》,《孔子世家谱》昭末传此书作《固湖逸叟诗钞》。又考孔氏大《谱》,昭末子二:宪洙、宪桐。宪洙,字祖源,号浩亭,太学生。子一:庆恭;宪桐,字凤栖,号梧冈,庠生,子一:庆恭。二人有子皆名"庆恭",征诸以往,实不多见。宪洙子庆恭,字敬宗,号子庄,府知事衔,似即刊书之人也。

是书今有南京图书馆、中国科学院图书馆藏清光绪二十七年孔庆恭活字印本。

■ 导性集无卷数　　未见

（清）孔继琳撰。继琳字仲球，号咏笙，吴县支候选知县传洛次子，孔子六十九代孙，国学生，甲辰恩科本省乡试荐卷。

是书见广彪《乡试硃卷履历》，称其著有《导性集》诗稿未刊。未见《孔子世家谱》等书载录与传本。

■ 对岳楼诗录二卷续录四卷　　存

（清）孔宪彝撰。宪彝有《知非录》注，史部传记类已著录。

《贩书偶记》："《对岳楼诗录》二卷、《续录》四卷、《韩斋文稿》四卷，曲阜孔宪彝撰。道光咸丰间刊。"兹据著录（其《韩斋文稿》四卷析出另著）。按：《对岳楼诗录》二卷，《山东省图书馆馆藏海源阁书目》著有清道光刻本，全一册。《对岳楼诗续录》四卷，《清志补编》有著录，杭州大学图书馆、青岛市图书馆等皆藏有清咸丰六年刻本，惟杭大本二册，青图本一册。《续修县志》、《著述记》有《对岳楼诗集》二卷、《续集》一卷；《山东通志》，《对岳楼诗录》无卷数，另据《笔谏堂书目》所载道光三十年刊本著录《对岳楼诗续录》三卷。稿本《续修四库提要》著录清咸丰刻《对岳楼诗续录》四卷，称："是集分年编次，计卷一古今体诗七十一首，为己亥至壬寅四年所作；卷二古今体诗一百九首，为壬寅至甲辰者；卷三古今体诗七十首，则甲辰至戊申年者；卷四古今体诗八十三首，又戊申至丙辰九年间所撰者，总计三百四十余首，皆郑晓如自其全稿中选出者。宪彝《诗集》，曾于咸丰初年，汇集道光九年庚寅至咸丰元年辛亥廿年间所撰者，编成十卷，其己亥以前十年间之诗，郑晓如选订为《对岳楼诗录》，已付梓。其己亥以后之诗，及甲寅以后所撰者，复经郑晓如选定以行，即此本也。宪彝于道咸间，以书画古文词名海内，其多才近似苏轼，所撰古文往往近韩文公，尤长于叙事。诗则以法用才，清深健拔，卓然成家。闽县刘存仁谓其诗清超拔俗，气韵独高，尤善于言情，真如芙蓉出水、杨柳当风，别有天然韵致。一种和易怡怿之思，挹之靡尽云……集前有阮元、郑晓如序，及自序，又附梅曾亮等人评跋云。"《桐城文学渊源考》云："孔宪彝字叙仲，号绣山，曲阜人，孔子七十二代孙，□□己酉举人，官内阁侍读。师事李宗传，受古文法，又与梅曾亮、曾国藩等相切摩。其于姚鼐文学既沉渐而癖好之，自诡出桐城门下。撰《韩斋文稿》四卷、《对岳楼诗录》十卷、《诗续录》四卷、杂著□种。"又《补遗》曰："孔宪彝，亦字秀珊，道光丁酉举人，主讲启文书院，其诗体裁整洁，寄托遥深，清超拔俗，天

其间,而师友之,宜其学之无不通,而诗文之体无不备也。"

是书今有青岛市图书馆等藏清咸丰间刻本,吉林大学图书馆藏民国抄本;清道光间刻三卷本。

■ 韩斋稿(一名韩斋初稿)四卷 存

(清)孔宪彝撰。

是书,《中国古籍善本书目》(征求意见稿)著有广东中山图书馆藏稿本,十行二十一字,版心镌"韩斋初稿"。《清人别集总目》著录此本即作《韩斋初稿》,题抄本。

■ 拿云馆诗草(一名还乡草)一卷 存

(清)孔宪彝撰。

是书,《贩书偶记》著录,注云:道光甲午刊又名《还乡草》。《续修县志》、《著述记》、《桐城文学撰述考》此书皆作《还乡吟》。《山东通志》据刊本作《拿云馆还乡草》,云:"镇洋盛大士序云:'甲午夏杪,绣山以应试归阙里,适舅氏入闱监试,循例回避,复来淮壖,往返数旬,富有卷什。卷中近体学渔洋,五、七古跌宕纵横,兼擅荔裳、秋谷诸家胜境。'据本书。"

是书今有清道光十四年曲阜孔氏刻本。

■ 对岳楼诗稿十卷 残

(清)孔宪彝撰。

是书,北京大学图书馆藏有残抄本卷六至十,半叶十行,行二十一字,左右双边,单黑鱼尾,书口镌"韩斋初稿",有眉批。第六卷卷首题"曲阜孔宪彝宗甫",又题:丙辰五月廿有八日陈昌纶读过并加私印;丁巳端午节前三日读一过妄参数语处;愚表弟王珠照谨观于梦白山房。有"凝甫"、"韩斋"、"调鹤"等印记。按:"韩斋"为宪彝室名,此帙疑为稿本,待考。

是书今有北京大学图书馆藏残抄本(卷六至十)。

■ 对岳楼诗稿一卷 存

(清)孔宪彝撰。

是书,《中南、西南地区省、市图书馆馆藏古籍稿本提要》著录湖北省图书馆藏稿本一册,云:书眉有秋坨翁和晓如等朱、墨、黄三色批校、评语。书后有"辛亥六月初五曹树坚艮甫读竟,逸存一百三十二首题上以朱笔圈点识之"和"壬子四月廿八日弟黄秩林读过,尤心折者题下以黑圈志之"。坨翁、晓如、曹树坚无考;黄秩林,清宜黄人,字子干,亦道光举人,知松滋县,有《存雅堂集》。是书收诗一百三十二首,为宪彝道光丙午(1846)所作,以状景、记事、咏物、酬唱等形式抒发自己的情感。如《渡江望金山》《东园》《扬州谒阮太傅》等。书前华长卿题识,谓"道光以来,海内诗人有数,为君屈一指焉"。又称其诗"清苍拔俗,逸兴遄飞"。书中又有王鸿题识,谓其诗"读千遍而不厌"。才按:此书批评者"晓如",原名宪铨,曲阜人;题识者"王鸿",即王子梅,天津人。二人,《孔子故里著述考》俱有著录,详参该书有关条目。

是书今有湖北省图书馆藏稿本。

■ 绣山诗草一卷　存

(清)孔宪彝撰。

是书,《中南、西南地区省、市图书馆馆藏古籍稿本提要》著录湖北省图书馆藏稿本,云:是稿无框栏,书眉及正文间有朱墨批校、圈点。每页正文间钤有"寄泉"印章。是稿收诗六十三首,为作者道光己丑(1829)所作。内容主要为咏物、记事、状景、酬唱、追忆亡者。如《寄胜之》诗:"寄到云函感慨真,天涯知己困青巾。君能雅胜推去意,我愧才非说项人……"表达了朋友间的深情厚谊。《浩歌》曰:"云中有客呼绣山,令我扣额敲天关。出门仰望杳无迹,但觉青霞万丈光。"豪迈之气,溢于言表。又如《亡妇生日感怀》:"不堪回首又芳辰,便觉生来是恨人。撒手成尘三载事,伤心如水一年春。"对妻子思念之情溶于诗中,感人肺腑。高寄泉曾称其为"天下第一诗人"。稿中有与寄泉唱和之诗多首,如《访寄泉不遇次日书赠》等。另有诸君评论,谓"两年心血此消磨,离合悲欢托啸歌。不是解人休读得,前生谁却是诗魔。"

是书今有湖北省图书馆藏稿本。

■ 拿云馆怀人诗草一卷　存

(清)孔宪彝撰。

是书,《中南、西南地区省、市图书馆馆藏古籍稿本提要》著录湖北省图书馆藏稿本,云:是稿以无框栏之白纸抄写,书眉有批校,正文间朱、墨笔圈点、删改,钤有"拿云馆"等印记。书前有盛大士序,书后有许乃常题识,云:"话别淮阴五载,相逢重踏软红尘……新诗一卷百回读,亦我天涯怀故人。"另有清丁晏等人题识及评语。是稿收诗五十首,为作者道光甲午(1834)所作。其《岁莫怀人》五十首之"自序"云:"淮阴旅次,积雪兼旬,节近岁除,索居岑寂,缅怀旧雨,载咏新篇,得诗五十首,命曰《岁莫怀

人》,竭于藻思弗克殚,乃相识之期取以为次。"作者缅怀旧友,追忆往事,思寻故地,感慨万千,寄逸情于言表,咏出了"子敬风流擅洛神,草书早得伯英筋。祗今湖海空豪气,落拓燕南写练裙"等佳句。所收诗均为七言绝句,朗诵时可觉情思缱绻,意味深长,风调之妙,不厌读百遍。才按:此书疑即《偶记》所著《拿云馆诗草》之底稿,参见前著该条。

是书今有湖北省图书馆藏稿本。

■ 拿云馆诗草一卷 存

(清)孔宪彝撰。

是书,《中南、西南地区省、市图书馆馆藏古籍稿本提要》著录湖北省图书馆藏稿本,云:此书封皮题"拿云馆诗草戊戌、己亥"。有盛大士、黄秩林、李泃等人题识、题字。书眉有晓如等批校。正文间有朱、墨笔圈点、批校、删改。书内有多处浮签。钤有"玉山生"、"子干读过"等印记。是稿收诗八十七首,为作者道光戊戌(1838)、己亥(1839)所作,其题材、形式较为广泛多样,把自然景观和诗人内心体验结合起来,化为感人的诗句。如《寄答家书》诗云:"春风吹我梦还家,千里书来雁影斜。客里心情闺里思,嫩寒时候杏初花。"又如《济南中秋夜》云:"去岁风檐逼,今宵旅馆幽。明湖团月好,两度是中秋。"随意拈来,清新风雅,具有初唐诗风。

是书今有湖北省图书馆藏稿本。

■ 拿云馆小草一卷 存

(清)孔宪彝撰。

是书,《中南、西南地区省、市图书馆馆藏古籍稿本提要》著录湖北省图书馆藏稿本,云:此书卷端有"娄车子履弟盛大士拜读并僭为加墨"字样。书眉有批校,正文间有朱、墨圈点。是稿收诗四十二首,为作者道光戊子(1828)所作。其诗清新隽雅,韵味深长。如《画梅》诗中"昨宵梦到庾岭间,梅花万木香满山。琼枝粉蕊看不足,银云照耀青螺鬟……"描写月光下梅花怒放的情景和诗人孤芳自赏的心情,栩栩如生;《高寄泉以诗慰予悼亡作答》之中的"秋风吹我愁心开,仰天遥望青云堆……"表现诗人与朋友间互相关心的友谊;《次韵星庐兄长夏感怀》中的"几日黄梅雨不晴,紫钱铺满老苔生……"描述了夏日梅雨季节,撩人的梅雨,引发了诗人多愁善感的情怀。书前有盛大士对其诗其人之评价:"袖里藏东海,苍茫笔有神。浩歌风骨健,苦语性情真。"

是书今有湖北省图书馆藏稿本。

■ 孔叙仲诗草六卷 存

(清)孔宪彝撰。

《中国古籍善本书目》集部清别集类:"《孔叙仲诗草》六卷,清孔宪彝撰,稿本,清丁晏、盛大士等评点。《绣山诗草》一卷、《拿云馆诗草》一卷、《拿云馆小草》三卷、《对岳楼诗稿》一卷。"湖北省图书馆藏。按:其书《中善目》著录未确,详前所著各编。《山东文献书目》据《中善目》题为《孔叙仲诗草四种》六卷,亦未确。

■ 绣山文钞一卷 存

(清)孔宪彝撰。

是书有《习盦丛刊·二孔先生文钞》铅印本,书附其弟宪庚《经之文钞》后,文仅《陆容卿仪欧阁诗跋》、《朝鲜金稚高莲坡诗稿序》、《书□澄江先生登岱诗册后》、《莲海联吟图跋》、《小南池订交图跋》、《书草诀百韵歌石刻后》、《卧佛寺恭请圣像记》七篇。《中国丛书综录》据以著录。

是书今有民国潍县丁氏《习盦丛刊》(一名《潍县文献丛刊》)铅印本。

■ 道光丁酉科山东乡试硃卷一卷 存

(清)孔宪彝撰。

是书,上海图书馆藏有清道光间刻本,缺科份及文章。略云:孔宪彝字叙仲,号绣山,一号秀珊,别号诗愚,行五,嘉庆庚午年五月二十五生。业师中有从叔祖蘅浦名广权,从伯荃溪名昭虔,从叔琴南名昭薰等人。其中不乏志乘漏载者,如称昭薰"嘉庆癸酉科经魁,临邑县训导,著有《贮云词》、《赐墨斋帖体诗》"。其《赐墨斋帖体诗》即不见它书著录。按:此书《中国古籍总目》有著录,入史部传记类科举录之属。

■ 绣菊斋题画剩稿一卷 存

(清)孔宪彝室司马梅撰。梅字梦素,江宁人,直隶青县知县司马庠次女。

是书,《清人诗文集总目提要》著录,称此集附于孔宪彝《对岳楼诗续录》,宪彝为之序。道咸间刻,浙江图书馆藏。《历代妇女著作考》据《昆山胡氏书目》著录其书,不题卷数,云:道光二十五年乙巳(1845)刊本,与朱玙《小莲花室遗稿》合刻,仅存《秋海棠诗》一首,《瓶中桃花跋》一首。前有孔宪彝序。题辞二卷:上卷十九叶,下卷闺秀题辞八叶。后附《墓志铭》、《事略》、《祭文》。按:司马氏,嘉庆十三年(1808)三月十一日生,道光八年(1828)六月二十五日卒,年二十一。

■ 小莲花室遗稿二卷附录一卷　存

(清)孔宪彝继室朱玙撰。玙字葆瑛,一字小菖,海盐人,内阁学士兼礼部侍郎朱方增次女。

是书,《东北地区古籍线装书联合目录》著录,《清志补编》、《贩书偶记》、《历代妇女著作考》等不著附录。按:据《历代妇女著作考》,此书前有兄昌颐及叶俊杰序,弟宪恭评跋,王大坤、兄辰煦、闺秀施绮题辞,徐比玉后序,輓诗、墓志铭、传、传略、诔辞、事略等一卷附于后。叶俊杰序曰:"葆瑛常学为诗词,以余粗解韵语,时相过从,初执弟子礼,继则情同母女焉。又与季女韫辉同学绘事,得陈南楼老人笔法,楷师欧阳率更,分隶出入《史晨》、《曹全碑》,以纸索书画者,恒堆积盈案。艺高于人,名成于己,而终自欿然,若一无所能者。其才何如? 其不自炫其才何如?"《续修县志·人物志》:"朱玙字宝瑛,海盐人。幼失母,事父至孝。年二十归孔氏,不获事姑,事祖姑亦至孝。孔氏族人姻众,宾客酒浆束修之供馈,能内外支拄不见罅漏。又以其余功习诗词、绘画、隶楷,女姻好学者,多从之游。其性情好尚,固绝异乎常女子也。卒年三十五。所著诗、词各一卷。"按:宪彝夫妇,皆工绘事,孔昭虔《镜虹吟室诗集》卷四有《题绣山侄〈青天骑白龙图〉》与《绣山侄以侄妇朱葆瑛〈小莲花室学隶图〉索题……》等诗。玙,嘉庆十六年(1811)八月初二日生,道光二十五年(1845)六月十五日卒,年三十五。

是书今有辽宁省图书馆等藏清道光二十五年刻本。

■ 道光丁酉科山东乡试硃卷一卷　存

(清)孔宪恭撰。宪恭字少叔,号倩华,大宗户钦赐主簿直隶吴桥县知县昭诚第三子,翰林院编修贵州布政使昭虔嗣子,孔子七十一代孙,道光十七年丁酉科举人,官内阁中书。

是书,上海图书馆藏有清道光间刻本,收文《子谓子贱君子哉若人鲁无君子者斯焉取斯》、《语小天下莫能破焉》、《周公思兼三王以施四事其有不合者仰而思之》,及《赋得安得广厦千万间》(得"才"字五言八韵)诗。其荐批云:"胸中雪亮,腕下风生";"理莹如镜,笔转如环"。又本房总批:"炉锤在手,杼柚罗胸。笔姿如春树著花,十分秀发;文境似秋潭印月,一片空明。肤肥者,逊其清真;劖刻者,无其显豁。韵语引商刻羽,小谢登坛;经艺佩实衔华,大春夺席。条陈五策,淹贯百家,具此全才,洵非凡品。揭晓来谒,知生麟绂承家,蟬编励志。继家声于两叶,凤液名高;著美誉于三株,雁行望重。此日标名藻榜,先烧银烛之膏;来年联步,花□定撤金莲之炬。"宪恭,清嘉庆十四年(1809)十二月初一日生。业师中有家节倩讳传钺(丁丑科进士,原任吏部主事),家体经印继言(廪生),再从叔琴南印昭薰等。

是书今有上海图书馆藏清道光间刻本,成文出版社《清代硃卷集成》影印本。

■ 种芝山馆遗稿一卷　存

(清)孔庆鏏撰。庆鏏字菊农,号仪甫,大宗户候选直隶州州判、貤赠通议大夫宪堃子,孔子七十二代孙,道光十八年进士,选直隶平乡县知县,殉难后追赠知府,诰赠光禄大夫。

是书,《续修县志》、《清人别集总目》等著录。《著述记》作《种芝山房遗集》,云:"庆鏏著述均销毁无存,嗣于族人处得《种芝山房遗集》一卷。"按:《续修县志》卷七有池源瀚《种芝山馆遗稿叙》,略云:"太守以甲科出宰直隶之平乡,再任交河,抚字噢咻,卓尔循吏。咸丰三年九月二十三日,粤匪自深洲溃围麕至,追军不及,交河遂陷。太守先期奉母别迁,洎寇至,而自与其子孝廉繁渥同骂贼殉国。事闻朝廷,悯恤有加,并建祠祀,因有'一门忠孝'之褒。大节凛然,光于国史。此其事岂寻常诗人辈所易有哉!今读其遗诗,虽寥寥一卷,而《刘烈归贞女》二歌,已极慷慨激昂之致。至《庐中》一诗,尤字字血泪,不堪卒读。语云:诗中有人,诗外有事。必如太守之德性才情,蕴而形于歌咏,而后诗格尊、诗教重,而诗中之人品见,诗外之志事完矣。然则,此一卷也,直可谓与日月争光可也。"民国《交河县志》所载略同。惟称其"道光丁未进士"为失考耳。考"丁未"乃道光二十七年,而庆鏏实为道光十八年戊戌科三甲八十六名。清余正酉《山左诗汇钞》尝谓:"菊农为余乙酉同年,初未相识,比余以丙午引见入都,始获聚首,朝夕过从,相得甚欢。菊农文彩风流,著作甚富,惜别时匆匆,未及抄录,兹于《饯春图》得题词一首存之。"又孔庆鏂《七哀诗》并序记其殉国事,注云:"自唐以迄前明,余家因事死难载在史乘者,二十三人。"《清人诗文集总目提要》谓"其父(宪堃)《逸友堂遗稿》有其道光二十年所作跋语"。庆鏏,嘉庆七年(1802)九月生,咸丰三年(1853)九月二十三日辰刻卒,年五十二。

是书今有中国科学院图书馆藏抄本。

■ 漪轩诗钞(蛟峰吟草一卷、草堂吟草一卷)二卷　存

(清)孔广金撰。广金字庚生,号崇夫,牟平派庠生继型长子,庠生继垌嗣子,孔子七十代孙,庠生。

是书,南开大学图书馆藏有清抄本,一册十五叶,八行十八字,无格及序跋目录。书为烟台彭紫符旧藏,卷端钤有多方藏印。内分《蛟峰吟草》、《草堂吟草》,各一卷,前

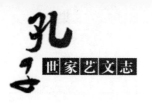

卷题"牟平孔广金庚生甫著",收甲辰年所作《九日侍家廉甫叔陪诸公暨诸同人登高蛟山分韵得纤字》以下诗若干首;后卷题"牟平孔广金雪舫甫著",收诗起道光二十八年戊申,终咸丰二年壬子,亦若干首。此"甲辰"为清道光二十四年,书中所录皆在道咸间。《南开大学图书馆馆藏线装书目录》(集部别集分册)著录此书,列于孔继型《现在吟》后、孔兴筠《萝月山房稿》前,未免序次失据。"兴筠"乃广金之高祖(本书有著录),高祖之书,岂能错置玄孙之后?又见书前有题记二行云:"公氏孔氏,讳广金,字庚生,号崇夫,州庠生员梅庄公长子,著有《漪轩诗钞》二卷。"然考民国《孔子世家谱》继型传但云"子一广鳌",继垌名下但云"嗣子广金",广金名下但云"庠生,子三:昭汉、昭溥、昭淇"。可见孔《谱》粗疏有未足悉遵尽依者。兹参据著录。

是书今有南开大学图书馆藏清抄本。

■ 海阜诗存四卷　未见

(清)孔广栶撰。广栶有《吉金文字篆韵》,史部金石类已著录。

《桐城文学渊源考》:"孔广栶,小名海阜,因以为字,曲阜人,孔子第七十世孙,继鑅从子,官六品衔。师事继鑅,受古文法,工诗文,能曲探机理,而洞其捷简之途。撰《海阜诗存》四卷(《心向往斋集》)。"兹据著录。按:民国《宝应县志》卷十七流寓孔继鑅传谓"从子广栶,诗有清才,继鑅抚如己出,欲传其学,携至军,病归,殁,年甫逾冠"。广栶,清道光十二年(1832)十月初八日生,咸丰三年(1853)九月二十二日卒,年二十二。孔继鑅《心向往斋集·从侄广栶》篇,称其"学诗,因授以汉魏迨国朝诸家选本,俾知升降源流,上求通于三百篇,以导因物比兴之原,色味声情,颇能博其旨趣,故其所为开阖近远,秩然璆然,虑其旦夕未充者,乃一蹴而几焉。又好研究六书,讨论点画,篆分隶真之所递出,心手之间,粗能规拊自作。行楷,结势离合,用情绵眇。分书,茂密有奇概。尤精石刻,初仿汉人官私小篆,甚工,久乃单行,以铁代笔,以碑为印,目力腕力,宽转相赴。尝曰:安得汉唐二李氏为之墨模,彼局于方寸之间者,雅润文彭,遒丽程邃,犹之匠心也。大抵诗以明前七子为梯航,笔法私淑安吴包氏,印章近师仪征吴君熙载,往往乱其真。癸丑,江上兵起,遂投笔,江北阃帅,嘉其少年果敢,擢用之……以军功晋六品衔。未几,疾作,归已不起,卒年二十有二。著有《海阜诗存》四卷、《寄斋印存》二卷、《吉金文字篆韵》未成。"

■ 海阜诗稿删本一卷　存

(清)孔广栶撰。

是书，山东大学图书馆藏有稿本，一册，半叶十行，行十五至十七字不等。无序跋目录及行格，亦不标页码。全书凡四十一叶半，封署《海阜诗稿》。内题"海阜诗稿删本；曲阜孔广楫海阜著"。收诗自《资江留别二首》至《赠郑丈》，凡一百七十余首。其中多为纪游、赠答、述怀、题画、集杜之作。纪年者有辛亥《纪事》诗，咸丰二年壬子《抒怀集杜效同谷七歌》、《壬子除夕四首》等，知其所收皆咸丰元二年前后诗。广楫为继鐩（宥函）从子，故书中有《呈宥函二叔四章有序》、《示广牧弟二章》、《心向往斋为陶园旧址秋宵感赋二首》等诗。其《示广牧弟》首章云："别子五年久，归来又岁寒。汝才真俊逸，吾道属艰难。吟比孤猿切，愁如晚骑单。方床摊大被，且坐角声阑。"按：《中国古籍善本书目》此书有著录。

是书今有山东大学图书馆藏稿本，2007 年 12 月山东大学出版社《山东文献集成》第二辑影印本。

■ 云樵诗集五卷（公余草三卷、晋游草一卷、纪略一卷） 未见

（清）孔广电撰。广电字瑞枢，号云樵，旧县户庠生七品执事官继元长子，孔子七十代孙，道光二十年庚子恩科举人，咸丰癸丑大挑一等，历署河南商城、武陟、修武、新郑、太康、上蔡知县，补授新乡知县，加运同衔。

《续修县志·艺文志》："孔广电著有《云樵诗集》一册，内《公余草》三卷、《晋游草》一卷、《纪略》一卷。"兹据著录。按：《著述记》广电传但称著有《云樵诗集》二卷；《孔子世家谱》广电传但称著有《晋游草诗集》一卷、《公余草诗集》三卷。今皆未见传本。《续修县志》收其《衙斋晓起即事》等诗十余首，及《商城闻变纪略》、《武陟守城纪略》文二篇。又本《志》广电传："广电居官行已，一出于至诚恻怛之心。在职二十余年，无不刑清政简。性廉介而好施与。解组后，囊橐萧然。晚岁举一子昭曾，能读父书，青年发解，人以为明德之报。卒年七十有二。"

■ 杞园吟稿六卷 存

（清）孔昭珩撰。昭珩有《管见录》，子部儒家类已著录。

是书，山东省图书馆藏有清稿本，无格，行字不等。卷端题"德平孔昭珩玉峰"；书为门生李裕方，男宪逵、宪适、宪道等人校字。收诗凡一百六十余首。珩中道光癸卯科举人，内中《秋闱闻捷二首》，颇见彼时之心情："一骑红尘驿马飞，传来吉语到柴扉。欣逢鸣鹿宾王日，偶尔连鳌钓客矶。岂有文章增品价，惟看喜慰满庭闱。双亲此日同含笑，聊把锦衣当彩衣。""廿年风雨一窗寒，此际新弹贡禹冠。诵读岂因今日事，襟怀

差比昔时宽。纷华尚恐初心负,世俗无劳另眼看。万里青云才学步,壮行有志莫阑珊。"怎奈春闱不售,意有未惬。自云:戚友劝余北上补行,廷试时以宿痾未平非所乐也。赋此言志:"升沉何待问君平,福薄谁堪与命争。鼎养已难酬罔极,诗书聊可乐余生。闲云出岫必原嫩,流水在山鉴尚清。更有狂言应一笑,传人未必系科名。"按:昭珩生卒,志乘未有明载,今考其自记:"药王祠,去敝庐二三里,每岁重阳前后,乡人演剧为乐。余自幼所常游眺也。今又值斯会,筋力衰矣,尚能步履往观,诗以志之。'笙歌丛里影徘徊,遥忆儿时景快哉。六十重阳成一梦,此场尚喜得重来。'"知其享年当六十有余,其卒不出光绪朝矣。

是书今有山东省图书馆藏清稿本,2007 年 12 月山东大学出版社《山东文献集成》第二辑影印本。

■ 杞园吟稿八卷　存

(清)孔昭珩撰。

是书,《中国古籍善本书目》等著有山东省图书馆藏稿本,又国家图书馆藏 1993 年缩微胶卷本,7 米 106 拍。书凡六行二十二字,无格。

■ 杞园文集四卷　存

(清)孔昭珩撰。

是书,屈万里《山东省立图书馆善本书目甲编》集部别集类著有清德平孔氏精抄底本,二册。按:《孔子世家谱》卷二十六昭珩传此书不著卷数。

■ 杞园集十四卷　未见

(清)孔昭珩撰。

是书据民国《德平县续志·艺文志》著录,光绪《德平县志·人物志》昭珩传亦载其书,云:"昭珩幼有至性,事父母孺慕终身,读书夙慧天成,始就傅,塾师伟之。年十六赴童子试,冠其曹,旋以弟子员擢高等,食饩,益寝馈于坟籍,日手一编。道光癸卯举于乡,明年成进士,请假旋里,盖欲斑衣舞彩,不以钟鼎易膝下之欢也。屡主书院讲席,与诸生谈说,皆程朱宗旨,邑令争延致之。后家居,从游日盛,名俊多出其门,尝曰:读书可养性天诚,乐此不疲云。著有《杞园集》十四卷,藏于家。子孙贡成均、游胶庠者七人。"《山东通志》著之,亦云其道光甲辰进士。谓"是编见《县志》。德州吴华年撰《墓志》,云:杂体等作,磊落欽□,光焰万丈。诗以超浑胜,未尝规唐摹宋,而太白之雄奇,少陵之真挚,盖兼而有之。"按:此书当为诗文合集,未见传本存世。光绪《德平县志》、《山东通志》选举志皆称珩为甲辰进士,实属误记。参见前著《杞园吟稿》条自作序诗,且《进题名士碑录》亦无其名。又民国《德平县续志》选收其《陵县颜鲁公祠》、《临邑访来禽馆故迹》、《基山》、《鲦隄》、《马颊》、《农家乐》、《糜镇古塔》、《奎台》、《过临邑王尚书故里感赋》等诗作;光绪《德平县志》艺文有其所作《游台子寺》、《马颊晚眺》、《酬周邑侯敏卿四首之一》诗,及《沙河古堤记》、《兰坡诗钞序》等文。《兰坡诗钞》乃其友李同楠集,昭珩序之,略云:诗以道性情,谓读其诗可以得其人之性情也,抑不独性情,其人之学识,其人之品格,其人之遭遇,皆可以诗取证焉。

■ 仲彝诗集一卷　未见

(清)孔庆鈖撰。庆鈖字鼎甫,号仲彝,大宗户尼山书院学录、三品执事官、林庙举事宪塨次子,孔子七十三代孙,道光二十六年丙午科举人,咸丰癸丑大挑一等,历任原武、鄢陵、济源、淮宁等县知县。

《续修县志·人物志》:"孔庆鈖,字鼎甫,号仲彝,清道光丙午举人,咸丰癸丑大挑一等,以知县分发河南,历任原武、鄢陵、济源、淮宁等县知县,历署兰仪、巩县知县。宦辙所至,政绩卓然,屡膺上考,赏戴花翎。洊保直隶州知府,均仍留原省补用。母忧,归,遂不复出。工诗善书,遗有《诗集》一卷待梓。卒年五十有九。"《孔子世家谱》庆鈖传载之略同。兹据著录。按:此书,《续修县志·艺文志》、《著述记》俱无载。庆鈖,嘉庆二十三(1818)生,光绪二年(1876)卒。

■ 十三经阁诗录二卷　存

(清)孔宪庚撰。宪庚有《周易肌测》,经部易类已著录。

是书,山东省图书馆藏有清道光刻本,凡一册三十叶,半叶十行,行二十一字,黑口,左右双边,单黑鱼尾,无目录。内题"曲阜孔宪庚经之学诗"。其书原为聊城杨氏海源阁旧藏,收诗自《述怀》至《苦旱》约百首。卷一、卷二末分别署"受业弟宪惇、侄庆鈖、庆第校字"、"受业长洲龚泰(孚嘉)校字"。前有镇洋盛大士道光丁酉元日序,略云:"经之平生性癖耽诗,其述怀感遇、思亲忆兄、即事写情、抚今追昔、沉思孤往,托兴遥深,或为清商激楚之音,或为慷慨悲歌之作,皆得诗人之真性情,而不仅袭其面目,况经之英年力学,锲而不舍,更有进而益上者,余何能量其所到哉。"按:《续修县志》、《著述记》、《贩书偶记》等此书俱有著录。《山东通志》据不全本著录,未标卷数。《著述记》云:"孔宪庚,昭杰第三子,能世其家学。穷愁著书,诗有真性情。尝问业于镇洋盛

大士,大士许宪庚与其兄宪阶、宪彝为三才子云。"《山左诗汇钞》录其《渡江作》、《江阴道中》、《唐楚州官属题名碑柱歌》、《子履先生以自画山水见赠长句奉酬》、《钱塘江即事怀古时由宁波西渡因追述归舟所见景物用二十八俭全韵》、《题绣山兄河声岳色图》、《读史有感》、《苦旱》等篇,并云:"安邱刘庄年观察云:明经为绣山哲弟,精于考据学,使者何根云少宗伯亟赏之,称为孔氏第一读书人。诗才甚清,自当与乃兄竞爽。"按:宪庚,嘉庆十五年(1810)四月十八日生。生母孙太安人,南河桃北同知钱塘孙同琨之女。在曲阜,清初颜氏有一母三进士,至此,孔氏又有一母三才子之佳话。

是书今有山东省图书馆等藏清道光十七年曲阜孔氏刻本。

■ 疏华馆纪年诗一卷　未见

(清)孔宪庚撰。

是书,《续修县志》、《著述记》皆著录。未见传本。

■ 经之文钞一卷　存

(清)孔宪庚撰。

是书,《清志补编》、《中国丛书综录》等著录。按:此书有《习盦丛刊·二孔先生文钞》铅印本,内收《周公践阼解》、《昭陵陪葬碑论略》等经解,及书后、记事、论说、序跋文二十余篇,尤多史地考证文字。此书与兄宪彝文合订一册,书后有丁锡田跋《二孔先生文钞》,曰:"十年前,窃取卢雅雨先生荟萃清代乡先生文为《海岱文征》,岁月虚抛,事久未就。然友朋所示篇章,亦盈书箧,而蒲台刘益庭姻丈假抄之曲阜二孔先生之作,尤为予所乐读,以其考证经史地理为多。绣山、经之与兄生序,当时有'孔氏三才'之目。是本无生序作,而经之独多。卷首题《顾庐文钞》,'顾庐'为经之别号。盖以经之为主,而附以绣山。《曲阜清儒著述记》不载,是孤本也,故予取而刊印之。集中如《华山碑跋》、《禹贡经说》、《项王墓考》等篇,皆有关学术,至《记朝鲜王进表辨诬事》,又研究东洋史者之所欲知,末附朝鲜表文,仍依原本录之卷尾。"稿本《续修四库提要》著之云:"是书签题《顾庐文钞》,乃宪庚录出,就正于王子梅者,故序次并无体例。眉上载有山阳丁寿征识语甚多,亦极有关掌故。书前有子梅跋,谓经之出示此册,读之知学诣益进,能因穷好学,立品励志,真克副先曲阜公特拔冠军之意。盖子梅兄大淮曾官曲阜知县也。"

是书今有民国潍县丁氏《习盦丛刊》(一名《潍县文献丛刊》)铅印本。

■ 顾庐文钞一卷 存

(清)孔宪庚撰。

是书,台湾《"国立中央图书馆"善本书目》著有清怀宁方氏枕经堂抄本,近人王苍虬手书题记,附叔俛文钞一卷(清刘恭冕撰)。按:考"顾庐"一称,志乘多不见载,宪庚跋黄丕烈家抄本顾炎武《菰中随笔》署有"顾庐学人曲阜孔宪庚",盖推崇顾学,遂取以为号。

■ 荫春轩诗稿三卷 未见

(清)孔繁灏撰。繁灏有《毕太夫人行述》,史部传记类已著录。

是书,《续修县志》、《著述记》皆著录。按:其书未见传本。《孔子世家谱》繁灏传:"公性至孝,幼承庭训,读书聪颖。读经以考据义理并重,尤精《三礼》之学,且自奉俭约,慷慨好施,悉承父志,对于庙庭礼乐修明,远近称颂,以是上邀恩宠,屡荷特赐。晚年好诗,著有《荫春轩诗稿》二卷。"《续修县志》收其《潭影轩诗词序文》一篇。繁灏,嘉庆十一年(1806)生,同治元年(1862)卒,年五十七。

■ 漱六山墅文集无卷数 未见

(清)孔广琳撰。广琳有《禹贡锥指摘要》,经部书类已著录。

是书,《湖北艺文志》著录,《湖北书征存目》据宣统《志》作"文稿"。

■ 颖川诗草无卷数 未见

(清)孔继坊撰。继坊字拙甫,牟平派候选主簿传苏长子,孔子六十九代孙。

是书据《孔子世家谱》继坊传著录,未见传本与史目著录。

■ 笃敬堂文稿无卷数 未见

(清)孔宪镆撰。宪镆字鞠溪,号再苏,滕阳户庠生昭琠长子,五品执事官广教孙,孔子七十二代孙,道光二十六年丙午科举人,拣选知县。

《孔子世家谱》初集滕阳户:"七十二代宪镆,字鞠溪,号再苏,道光丙午科举人,拣选知县。著有《笃敬堂文稿》行世。"兹据著录,未见传本。

■ 谦益斋诗集无卷数 未见

(清)孔宪钰撰。宪钰字式如,号砚农,滕阳户庠生昭琠次子,孔子七十二代孙,道

光十九年己亥恩科举人,拣选知县。

《孔子世家谱》初集卷七滕阳户:"七十二代宪钰,字式如,号砚农,道光己亥恩科举人,拣选知县。著有《谦益斋诗集》。学行有传。"兹据著录,未见传本。

■ 种蕉吟馆试帖近稿二卷　存

(清)孔宪毅撰。宪毅录有《圣门乐志》,经部乐类已著录。

是书,刻本未寓目,曲阜师范大学黄立振先生藏有稿本卷下,一册十二叶,半叶十二行,行十八字,无格。内有圈点与粘签。卷端题"种蕉吟馆试帖近稿卷之下;曲阜孔宪毅月禅甫手删"。右下钤有"敬如之宝"白文正印、"伯安"朱文正印、"长毋相忘"朱文圆印,及"黄立振"白文正印。本册为五言诗集,所作堪称雅训。如《立中生正》(得中字):"王者端居正,虞书训执中。鹄惟先立审,象乃奋生同。卓尔留竿影,油然感棣通。乾刚君子德,蒙养圣人功。当轴钧能秉,从绳木受攻。三才参有极,一本道(此字右边加一'化'字)无穷。形表机原应,齐庄效并隆。名言征管子,茂豫惬宸衷。"又如《六朝帆影落樽前》(得帆字):"楼外长江绕,尊前别思絾。人方怀六代,影忽落千帆。席正乘风挂,舣宜对月衔。绿波桃叶渡,红雨杏花岩。倒载嘲山简,狂歌答阮咸。秋宵名士舫,春色酒人衫。瓜步潮初上,兰陵兴不凡。"按:宪毅工试帖,长沙王先谦《近科馆课分韵诗钞》多有选收。然其书《续修县志》、《著述记》皆不著录,《孔子世家谱》亦无载。《家谱》称:"公沈毅有为,克俭于家,故能清操自持。任给谏时,抗直不畏权要,与张之洞、张佩纶、叶荫昉、邓承修等抗衡,一时台阁生风焉。幼即岐嶷,好学工诗古文辞,多不存稿。"宪毅,道光六年(1826)三月初六日生。

是书今有曲阜师范大学黄立振藏稿本(卷下),清光绪十八年刻本。

■ 春风坐余草一卷　存

(清)孔宪毅撰。

是书,青岛市图书馆藏有蓝格手稿本,书仅五叶,半叶九行,行二十一字,四周双边,书口下方有"利于不息斋"字样。"利于不息斋"乃其父昭焜室名。内收宪毅少年时期,即辛丑(道光二十一年)、壬寅(二十二年)间所为诗自《秋日读书》至《戏答醉司命》,凡二十余首。是书通册涂改,似未定之稿。内题"春风坐余草;曲阜孔宪毅玉双"。前有作者"补作诗题",包括丙申、丁酉、戊戌、己亥、庚子、辛丑、壬寅所得诗数十目,皆不见集中。此页有"孔宪毅印"白文正印等印鉴。又另页有泉民主人记,曰:"张文襄家中购散于市。相国公子十人,股分其秘笈廿万卷,玉轴牙签,世所罕睹,宏富五车。此稿册《春风坐余草》,孔宪毂手订诗稿,红谷之小弟,世无刊本,真墨迹可贵。"
按:此说误甚,红(茳)谷即孔继涵,继涵为宪毂曾祖,其《片云山房吟稿·游汉下别墅
有感》诗有"回忆曾祖茳谷老,翰墨文辞世所宝"句,足为佐证。

是书今有青岛市图书馆藏手稿本,2009年9月山东大学出版社《山东文献集成》
第三辑影印本。

■ 片石山房吟稿不分卷 存

(清)孔宪毂撰。

是书,青岛市图书馆藏有稿本,三册,与《春风坐余草》合装,以卷端叶未题作者名
氏,《青岛市图书馆古籍书目》等遂将其混为一书,径题《春风坐余草》不分卷,稿本4
册。《山东文献集成》影印此书,亦失之于考,收其书而遗其目,实皆为疏漏也。今读
其书后佚名跋:"作者名宪毂,又定为孔孟颜曾中人,或即孔宪毂乎?学使何桂清,当
在清季时人,待考实再定。但诗稿不写名姓,不知何故。云云"益见此书与《春风坐余
草》原本各自为编。惟题跋之人于作者未能断定,有赖予之重新著录确认也。其书,
与《春风坐余草》同为九行二十一字,"利于不息斋"蓝格笺纸书写,亦诗人少年时期所
作,然较《春风坐余草》清整,似经誊清又加润改者。书内收诗自《楝花》至《小儿》,凡
五十余叶。诗为编年,计有癸卯(即道光二十三年)、甲辰(二十四年)、乙巳(二十五
年)、丙午(二十六年)等纪年。甲辰年所作多佳制,如《书斋夏日即事》五首,皆清丽可
诵之作,其一云:"结宇清凉地,端无暑气通。竹摇三径绿,花映一窗红。惊鸟或因客,
扫花时唤童。谁知多乐趣,长笑晚烟中。"又第四首:"吾庐真可爱,高坐北窗间。人静
不知暑,日长恒觉闲。蝇从挥麈去,燕趁卷帘还。外事应难到,何须昼掩关。"他如《旧
笔》诗:"犹记烟云腕底生,万言挥洒任纵横。如今却让惊风竹,犹向窗前作雨声。"无
不透出少年诗人之才志。此年又有《题伯芝斋筝诗集》,曰:"降灌箕裘有陆随,麒麟阁
又凤凰池。应嗤将种无传笔,欲诵清氛尽付诗。学海波涛重夺碾,文坛花月早搴旗。
几回浣罢蔷薇露,展卷清风系我思。"所题似为前辈遗集,录以俟考。而《李官庄展亡
妹墓》感怀百韵,最见兄妹情深。作者自称诗太冗,拟删四十韵而未果。本年及次年
又有咏济南景物多首,如《大明湖》、《古历亭》、《忆大明湖即用白香山忆东游五十韵》
等。丙午年多长篇,而以《春词百首》为最。癸卯所作《与同人论诗》可窥识见,云:"近
对兰英远对莲,谈何容易说诗篇。三乘最上归无字,一语惬心也有缘。芳草池塘春入
梦,梨花院落昼摊笺。风光到处随人领,只剩灵心未许诠。""艳抹浓妆幼妇词,源流谁
解溯宗师。律从屈宋先分派,格到隋唐始见奇。句本天成皆有味,情随物见却为诗。

古人个里超超处,试验木犀风过时。"澄思兀似醉初醒,披袂吟哦几度经。情往山眉同锁翠,句成柳眼也舒青。奇观渐欲归平淡,妙解终须仗性灵。苦尽甘回知入化,个中真味诉谁听。""南风雅颂训忠贞,字句何从较重轻。一代篇章成史册,千秋笔墨让儒生。风云自古关家国,花柳无非写性情。酒市谪仙杜陵老,几曾别自创新声。"

是书今有青岛市图书馆藏稿本,2009年9月山东大学出版社《山东文献集成》第三辑影印本(《春风坐余草》后)。

■ 咸丰丙辰科会试硃卷一卷 存

(清)孔宪毅撰。

是书,上海图书馆藏有清咸丰间刻本,内收《告诸往而知来者》、《洋洋乎发育万物峻极于天》、《莫如为仁》,凡三篇,及《赋得游鳞萃灵沼》(得"灵"字五言八韵)诗一首,其荐批曰:"灵机巽引,妙绪鼎来";"翠凤腾霄,碧鲸掣海"。又本房原批,谓"机字境字,一线到底。思清笔隽,宛转关生。后二偶,六通四辟,头头是道,尤为神来之笔。次、三纡余为妍,卓荦为杰,诗亦工雅。二场阐发经义,骈妍抽秘,云随夏后双龙尾,风逐周王八骏蹄,典贵高华,笔酣墨饱,自是杰构鸿裁。策,贯穿经史,条对详明,江都、长沙合为一手"。大主考聚奎堂原批称"两意相衔,一气旋转,题中层折俱到;次,谈理精深;三,吐词渊永;诗,工整,有台阁气象。经文典赡风华,有经籍光,无烟火气。易、礼二艺尤佳。策,原原本本,殚见洽闻"。宪毅平生所学,盖得其业师姑丈方世振、邑贤陈得朋(道光甲辰科经魁)者为多,予在曲时,尝访于陈氏后人,亲见其所送陈恩师寿联。方世振、陈得朋,《孔子故里著述考》俱有著录,可参阅。其受知师徐宗干等,亦系饱学之士。

是书今有上海图书馆藏清咸丰间刻本,成文出版社《清代硃卷集成》影印本。

■ 岱麓诗稿 未见

(清)孔宪毅撰。

《增补孔庭摘要》:"七十二代宪毅,字玉双,掌京畿道监察御史,著有《岱麓诗稿》。"兹据著录。按:此书,《续修县志》、《著述记》、《孔子世家谱》等皆不载,亦未见传本。据《重修泰安县志》寓贤传,宪毅"光绪十二年,以京察一等简授广东肇阳罗道,旋署理督粮道,解组归,寄寓岱下,主讲山东浽源书院者数年,卒后归葬曲阜"。本书所收,当为此一时期作品。又考宪毅,道光六年(1826)三月初六日生,历咸丰、同治、光绪三朝,所为诗歌,略如上著。文未结集,《光绪朝东华录》等收其奏疏多首,其光绪四年八月奏文称:"人心之趋利,犹水之就下,不为峻其堤防,势将无所不至。荐牍愈烦,夤缘愈熟。事例益广,避就益工。流敝孔多,未能悉数。云云"

■ 云山得意楼吟草八卷　未见

(清)孔广陶撰。广陶有《鸿爪日记》,史部传记类已著录。

是书,民国《南海罗格孔氏家谱》艺文著录,该《谱》广陶传作《得意楼诗草》十卷,未见传本与它书著录。考《家谱》艺文载有咸丰元年邓翔、黄培芳二序。邓序云:"李供奉,诗之仙也;杜工部,诗之圣也。仙不可学,而圣可学,顾均之学杜,或兼他家,兼苏者多,兼韩者少,指归则一,取径略殊。庚戌、辛亥,予馆于城南孔氏岳雪楼,得观炽庭太史全集。炽庭学诗于黄香石先生,而自成门户,练格练词,精严雄健,皆胎息韩、杜,而得其神髓。盖于前明五先生、国初三大家、近时盛选七子之外,拔戟成一队焉。次君少唐好吟咏,与予讲贯两载,予好杜兼好苏,少唐家学渊源,卓有《岳雪楼集》遗音,炽庭太史可谓有子矣。今方弱冠,已裒然成集,更数十载,纸墨云烟,将不仅如白香山、陆剑南诗逾万首也。预书此,为他年左券。"黄氏云:"吾粤孔氏为天南圣裔,孔氏尝馆余于濠梁,炽庭、罗萝村从余问业最久。炽庭少工骈体及韵语,刘朴石先生采入《岭南群雅》,皆其少作。萝村由及第而涉卿贰,炽庭亦相继入词馆,仅分校礼闱,教习庶常,南旋未久,即归道山,可伤已。《岳雪楼遗稿》乃其后嗣所编,长怀民阁读,专攻文艺;次少唐,兼耽吟咏,山水之兴方滋,白云西樵,游踪所至,悉纪以诗,而家庭身世之间有感于中,辄形于言,盖其于兴观群怨之旨,有所窥见者也。绮岁撰《吟草》二卷,经其师邓巢阁孝廉删定,余维先圣以何执示门人,又云小子何莫学乎诗。然则诗虽一艺,未尝不可执以成名,然其先人抱经世之学,少唐凛趋庭之训,又不独诗为然。余愿少唐勉承家学,以毋负先训,是区区所厚望焉耳。"按:广陶,清道光十二年(1832)七月二十八日生,卒年不得其详,似为光绪十六年(1890)正月某日。

■ 云山得意楼文集二卷　未见

(清)孔广陶撰。

是书,民国《南海罗格孔氏家谱》艺文著录,该《谱》广陶传书名"文集"作"文钞",未见传本行世。《家谱》艺文载其咸丰十一年姊婿张守和序云:"文章之传由来尚矣!其所以递分今古者,由古人能自成一家耳。今世士夫,狃于闻见,安自矜夸,文则曰非秦汉不传,诗则曰非唐宋不传。于是日漓其真,相率为伪,无一字不班、马、贾、董,无一句不李、杜、韩、苏,优孟衣冠,绝无生趣。又其下者,摭拾典类,凑杂成章,非不斐然可观,譬诸缝工,横割直裂,不知费几许裁剪工夫,反失其本来机杼,吾甚怪其伪而怜其拙也。吾人天生一副性情,即具一副笔墨,此中可传处,自有一种真意流露,独往独来气象。文何必秦汉?诗何必宋唐?各有会心,斯各有得力,古人原未尝强我为同,我又何必定牵古人为合耶!吾舅氏少唐孔君,读书有识,不受古欺,尚论求真,不为俗囿,由其厚于根柢,本性情而发为文章,淡于功名,蕴经济而摅为议论,若《得意楼文集》一编,泂乎超超元著者焉。吾尤望其率己之真,祛世之伪,有会心处,即有真力量处,斯文章之能事毕矣。前不见古人,后不见来者,卓卓乎自成一家之言也。何患不传?"按:考"云山得意楼",乃广陶所建,位于城南,遥望白云一角,晨夕阴晴,倏忽变幻,读画著书,自有乐境。咸丰九年,广陶购得米元晖《云山得意图》,恰若为此楼作者,因以名之。

■ 同治癸酉科顺天乡试硃卷一卷 存

(清)孔广彪撰。广彪谱名广熙,改名广钟,字载唐,一说字赓廷,号赞唐,又号醉棠,江苏吴县支国学生继琳长子,孔子七十代孙,同治十二年癸酉科顺天举人,光绪六年庚辰科进士,九年癸未补殿试,钦点知县,分发浙江,光绪乙酉浙江乡试同考官,特授浙江奉化县知县。

是书,上海图书馆藏有清同治间刻本,卷端题:"孔广彪,字赓廷,号赞唐,又号醉棠,行一,道光己亥年二月十二日吉时生,江南苏州府元和县优廪监生,民籍。"凡收文三篇,即《回也其心三月不违仁》、《凡为天下国家有九经所以行之者一也》、《孟子曰人有恒言皆曰天下国家天下之本在国国之本在家家之本在身》及《赋得湖色宵涵万象虚》(得"涵"字五言八韵)诗。其本房荐批,称其"首艺,精心结撰,词意迥越恒蹊。次、三凝练,诗清。二场五艺,均阐发经义,极酣畅淋漓之致。三场条对详明。"又聚奎堂原批:"首艺,气机流畅,次、三均挥洒自如,诗雅切。"按:据其履历,彪,道光十九年(1839)二月十二日生,父继琳,胞弟广煦。而《家谱》继琳传则称其有子二:"广熙、广煦",无彪名。而称广熙字载唐,改名钟。中同治癸酉科顺天举人,庚辰进士,癸未补殿试,钦点浙江奉化县知县。又昭晋《硃卷》谓:嫡堂叔广钟,原名广彪,同治癸酉科顺天举人,庚辰进士,癸未补殿试。《吴县志》昭乾传亦谓"从父广彪,元和籍,光绪庚辰进士。昭乾己卯举人,癸未科进士,连翩科第,荣冠里闾"。而证诸《明清进士题名碑录》,则有钟名无彪名,故可认定:广钟即广彪,广彪即广熙。亦即同治十二年顺天乡试之广彪、光绪六年会试之广钟,与《家谱》所载之广熙。实一人,而非二人、三人也。

是书今有上海图书馆藏清同治间刻本,成文出版社《清代硃卷集成》影印本。

■ 光绪庚辰科会试硃卷一卷 存

（清）孔广彪撰。广彪改名广钟。

是书，上海图书馆藏有清光绪间刻本，缺履历，卷端称"中式第一百三十六名贡士孔广钟，江苏苏州府元和县廪监生，民籍，本科，大挑教职"。收文《子曰吾与回言终日不违如愚退而省其私亦足以发回也不愚》、《柔远人则四方归之怀诸侯则天下畏之》、《又尚论古之人颂其诗读其书不知其人可乎是以论其世也》及《赋得静对琴书百虑清》（得"清"字五言八韵）诗。有"气充词沛"、"切理压心"、"思清笔健"、"局度安详"、"气华朗润"等荐批。又本房原荐批云："第一场，起二比全题在握，视他手将题句看成两橛者，手眼迥别，通体亦切实发挥，到底不懈；次，字斟句酌；三，情深文明；诗稳秀。第二场，五艺翔实渊雅，气体直通东京；诗艺根据许书，疏证确凿，足征研究小学。第三场，断制谨严，议论明通，不徒以条对见长。"又聚奎堂原批谓："看题得诀诠，上两句浑脱，次有意，三微弱，诗近稳，以次场好拔之。"

是书今有上海图书馆藏清光绪间刻本，成文出版社《清代硃卷集成》影印本。

■ 同治癸酉科顺天乡试硃卷一卷 存

（清）孔昭许撰。昭许字翼轩，牟平派广恩长子，孔子七十一代孙，同治十二年癸酉科举人，己丑大挑，拣选知县，署理沽化县、滋阳县教谕，选授齐河县教谕，实授莘县训导，纪录二次。

是书，国家图书馆藏有清刻《福山朱卷合集》本，九行二十五字，白口，单鱼尾。昭许为牟平派福山人，民国《福山县志》宦迹有传。另据《孔子世家谱》，山东莘县明伦堂，存有其德政碑。

■ 韵香阁诗草一卷 存

（清）孔祥淑撰。祥淑字齐贤，孔子七十五代女孙，永昌观察刘树堂妻。

是书，《清志补编》、《贩书偶记》、《历代妇女著作考》、《东北地区古籍线装书联合目录》等皆著录。稿本《续修四库提要》著录光绪十二年丙戌刊本作《韵香阁诗集》，云："祥淑既卒，树堂辑其遗诗八十余首，哀为一卷，而以邹振岳等序，及祥淑诔词、輓诗、祭文、小传等，分列卷前后，概不入卷次。"《妇女著作考》称"光绪十三年丁亥刊本，与其夫刘树堂《师竹轩诗集》合刻。前有邹振岳、赵实、吴汝纶、刘印庚序，后有刘树堂撰《孔夫人家传》。又光绪十三年丁亥石印本，后有女史高顺贞輓词"。按：石印本，吴汝纶序置书末。书后《家传》、《輓词》之外，尚有门人孟庆荣《诔》，弟孔祥榛輓诗十二

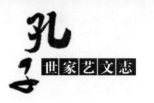

首、孔祥桢辍诗十二首。此外，本书又有光绪十二年单刻本，八行二十一字，白口，四周双边，无吴汝纶序，卷首题"韵香阁诗草·曲阜孔祥淑齐贤"。录诗凡百余首。吴汝纶序称：齐贤诗"于雕刻山川、凭吊厄塞之作，以为古称登高能赋可为大丈夫者，殆不是过。"《清人诗文集总目提要》著云："祥淑生于道光二十七年（1847），卒于光绪十二年（1886）。字齐贤，山东曲阜人。少随其父宦游蜀、黔，多得江山之助。后适浙江巡抚刘树堂……其《巴东舟中作》云：'猿啼两岸夕阳催，江上何人赋落梅。山影漫随烟霭去，钟声时杂雨风来。鸟穿叠嶂阴云合，舟入重岩石壁开。到此蓬莱知不远，我今新自蜀东回。'方濬师《蕉轩续录》卷二称引此诗，以为'隽雅宏拔，不似闺阁口吻'。集中《读史》十八首，皆见卓识。"《晚晴簃诗汇》谓："齐贤为孔子七十五代女孙。七岁偕诸兄从师学为诗文，师曰：'尔读书只记姓名耳，不似尔兄博取科名也。'遽对曰：'不为科名，即不读书耶？'师曰：'亦须晓义理。'复对曰：'晓义理何分男女耶？'师大奇之。既长，随宦之豫、之秦、之蜀、之黔，得山川之助，诗学益进。于归后，持家佐治，暇即展卷，意有所感，辄事吟咏。尝言：'尘俗纷沓中，惟此可瀹灵府。'年三十九得疾，旋瘳，谓家人曰：'明年四十可虑。'若先知者。凡应贻之语，俱形诸诗，越岁卒。遗诗诸体皆工，其《读史》十八首，尤见深识。"故《诗汇》悉采书中，另录其《剑州道柏》、《雨后即事》等十一首，共计二十九首。另阅中国科学院图书馆馆藏目录，见有孔祥淑撰《附韵香阁诗草家传》之目，不著卷数与版本，疑即其夫刘树堂撰《孔夫人家传》之误题，而非别有其书。故附此不另著。

是书今有清光绪十二年刻本，光绪十三年石印本，光绪十三年与刘树堂《师竹轩诗集》合刻本，光绪十五年苏州梓文阁刻本等。

■ 觉庵诗钞二卷 　未见

（清）孔祥淑撰。

是书据《清志补编》著录，疑非祥淑书，俟考。

■ 达斋诗集无卷数 　未见

（清）孔广稷撰。广稷有《四分历谱》，子部天文算法类已著录。

孔昭寀《会试硃卷履历》："胞伯广稷，字京实，号改安，一号培生，三品衔，署甘肃西宁府知府候补知府，赏戴花翎，兼袭云骑尉世职。著《四分历谱》、《达斋诗集》。"兹据著录，未见传本。

■ 勿二三斋诗集一卷　存

(清)孔广牧撰。广牧有《礼记天算释》,经部礼记类已著录。

是书,《中国丛书综录》、稿本《续修四库提要》等据南林刘氏《求恕斋丛书》本著录。《清志》作《勿二三斋诗》。按:求恕斋本附其父《心向往斋集》后。十行二十一字,黑口,四周单边,前有目录,内署:"勿二三斋诗集;曲阜孔广牧著,吴兴刘承幹校"。此书另有单行本,亦求恕斋刊,版式略同,惟编次不一,所附资料甚多:书前计有成孺《拟上国史馆儒林传稿》、潘咏《孔广牧传》,附姚江、毛凤虎及成孺、冯煦《题辞》;书内《绍仁斋浦游吟》前,复冠有《山东巡抚张曜原奏(附片)》。又有张曜《孔君暨配刘恭人合传》、郭阶《孔奉政暨配刘宜人传》、冯煦《孔印川墓志铭》、刘贵曾《敕授儒林郎诰赠奉政大夫山东即用知县孔君暨配旌表节烈刘宜人行状》、吴涑《先师孔印川先生遗事》、《书孔师母刘恭人事》等。附录本,《绸斋随笔》置前,此帙在后。此外,陈宝《小迦陵馆文集》载有孔广牧哀辞,本书未收。《宝应县志》云:"孔广牧,字力堂,曲阜人,继鑅子。自广牧始入邑籍。"《拟上国史馆儒林传稿》:"孔广牧,字力堂,承其父赠太仆继鑅家学,于书靡不窥。少时著《汉石经考异》、《礼记天算释》、《礼记郑读考》、《先圣生卒年月日考》诸书。诗学建安、黄初,兼工倚声,有石帚遗意。亦时为骈俪文。二十以后,乃一切屏弃,从事于务本之学。尝于同志纂《大清学案》,未卒业。所存者,目录而已。"又《孔广牧传》:"孔广牧,曲阜圣裔也。家于宝应,年十五、六,与咏及姚江游于心巢成先生之门。以齿咏差长,然江以沈潜胜,广牧以明决胜。咏迩时孩稚无所长也。广牧受先生学,著《礼记郑读考》、《汉石经考异》、《大清儒学案》,目次甫成,未卒业。又考先圣生卒年月日,博综群说,汇为一书。大约,广牧之学,不立门户,能实事求是,而亦不废言理。于诗喜建安、黄初,兼工倚声,有石帚遗意。亦时为骈俪文,皆散佚不多见。"广牧,清道光十八年(1838)生,同治二年(1863)卒,年二十六。

是书今有民国十年南林刘氏刻《求恕斋丛书》本,民国十年单刻本,2010 年 12 月上海古籍出版社《清代诗文集汇编》影印《求恕斋丛书》本等。

■ 双桂轩古文四卷　未见

(清)孔宪采撰。宪采有《西征日记》,史部传记类已著录。

是书,《乌青镇志·著述》著录,并录当涂马寿龄序曰:咸丰丙辰,余馆苏州节署,表弟丁少莱自吴江书来,称同事有孔雅六先生,古道君子也……继抵其寓斋,见其次郎庆长,年十四,诗文已斐然,余甚爱之,知余馆仅一徒,因请从游,余诺之。嗣乃得读其《双桂轩古文》。夫古文一道,为者难,读者亦难。先生古文,不规规摹仿,而文成法立，无不神与古会。大略以韩、苏之气，运《史》、《汉》之法，其迂徊唱叹，则六一丰神也；其俊杰廉悍，则柳州峭厉也。即小小结构，无不有精气大力贯之。一篇自有一篇境界，直抒胸臆，意尽而止，看似长枪大戟，其实细针密缕，无少渗漏。呜呼！非数十年沈酣古籍，岂能办哉！尤非浅学所能窥其涯涘矣。余友陈小舟、杨朴庵，皆白门之善为古文者，恐尚未几此境，因跋数语，以志余前此神交非谬，且晜庆长世其家学焉。按：此书未见传本与它书著录，《孔子世家谱》宪采传亦不云有著述。《桐乡县志》文苑传谓：宪采字雅六，号果庵，青镇人，庠贡生，候选训导，性格豪迈，有经济才。中年游历秦汴甘凉，挟策长征，不得志，归就冷官。咸丰八年，署景宁教谕兼训导，时因邻疆有警，奉檄亲诣五都，督办乡团，民情以固，诱掖后进，多所造就。讲求诗古文词，留心掌故，于故乡文献，尤复雅意，搜罗历权丽水庆元分水学篆。卒后，士林交颂不置。

■ 体性堂遗诗一卷　存

（清）孔庆龄撰。庆龄字寿山，贵州贵筑支，孔子七十三代孙，清同治六年举人，官四川郫都县知县。

是书，《清志补编》著录。《贵州通志》据《黔诗纪略后编》著录同，按谓：庆龄，贵筑人，《人物志》有传。稿本《续修四库提要》著录贵筑文氏藏抄本亦作《体性堂遗诗》，不题卷数，云：庆龄风期开爽，诗才则俊发横溢，以豪胜见长。是编录诗六七十首，佳句极多。其诗又颇饶禅机，大抵养性悟真，久而自适，故出语高深，每有澈解，其以"体性"名堂，固良有以也。或讥其诗旨偶有背谬，与他篇豪情胜概适反，盖诗为心志之言，不必尽同。且其樗栎以散全，楸柏以材亡，实君子自善之道，岂可谓之哀心之论耶！其书未见有刊本行世，陈田录其诗亦未加评骘，搜汇遗书，甄存文献，要不可废，故为著录于篇云。惟《清人诗文集总目提要》著录此书作《体训堂遗诗》不分卷，云：一册，光绪间刻本，山西大学图书馆藏。书名疑误。

是书今有山西大学图书馆等藏清光绪间刻本。

■ 孔昭坤诗文集二卷　未见

（清）孔昭坤撰。昭坤有《分韵启蒙》，经部小学类已著录。

是书，《湖北艺文志·补遗》据《兴国续志》著录。《湖北书征存目》著录同。

■ 绍仁斋浦游吟一卷　存

（清）孔昭寀撰。昭寀字显弼，号印川，宝应支荫袭知县例授文林郎广牧子，孔子七十一代孙,光绪十五年进士,即用山东知县。

是书,稿本《续修四库提要》据南林刘氏刻本著录,称昭寀"祖继鑅、父广牧均以军功殁。家中落,踢居萧寺中。昭寀七岁而孤,赖母教育以成人。性谨厚,幼不好弄,潜心经学,弱冠充附学生员,中光绪五年举人、十五年进士,授知县,发山东即用,光绪十七年从张勤果治河长清,死于水。事闻得优恤如例。昭寀生平无他嗜好,惟喜读书,既邃经学,尤好毛诗,以细楷录诸家诗说于书眉,密几不能辨。解经之作,老宿服其精确。中年学宗洛闽,喜读性理书,天不假年,所著多未卒业,所存者惟《绍仁斋浦游吟》一卷而已。卷中存诗仅及百首,大率为思亲怀人之作。"又民国《宝应县志》卷十三忠义孔广牧传:子昭寀,字显弼,一号印川,光绪十五年进士,山东即用知县,十七年三月,巡视河工,抵长清县,风烈浪涌,昭寀溺死,年三十五。妻刘亦仰药殉。巡抚尚书张曜以闻,旌如例。幼有至性,七岁而孤,坚苦自力……嗜学不倦,从宝应成孺、清河吴昆田游,不骛声誉,唯以明经砥行为亟,与人乐易,有以事属者,无难易戚疏,必践其诺。按:昭寀,清咸丰七年(1857)九月初七日生,光绪十七年(1891)卒,年三十五。又此书,《清志补编》、《清人诗文集总目提要》等皆著录。

是书今有民国十年南林刘氏刻《求恕斋丛书》本,2010年12月上海古籍出版社《清代诗文集汇编》影印本。

■ 光绪己丑科会试硃卷一卷 存

(清)孔昭寀撰。

是书,上海图书馆藏有清光绪间刻本,收文有《子曰行夏之时乘殷之辂服周之冕乐则韶舞》、《取人以身修身以道》、《曰子不通功易事以羡补不足则农有余粟女有余布子如通则梓匠轮舆皆得食于子》,又《赋得马饮春泉踏浅沙》(得"泉"字五言八韵)诗。本房原荐批,称其"博大精深,坚凝密栗,奄有大家风轨;次出语名贵,迥不犹人;三融会章旨,笔亦峻法;诗工致。合观三艺,无一冗句弱字,似是积学之士。易抉根蹳,窟熟于许虞之学;书专主王说,笔力足以相辅;诗训眉寿为常,极有见地;春秋予惜两义,持论平允;礼征引博洽,譬万钧之洪钟,无铮铮之细响,刘舍人所谓宗经也。元元本本,殚见洽闻"。又聚奎堂原批,谓其"大气盘旋"。

是书今有上海图书馆藏清光绪间刻本,成文出版社《清代硃卷集成》影印本。

■ 林风阁诗钞一卷 存

(清)孔昭寀妻刘淑曾撰。淑曾字婉媛,仪征刘毓崧女。

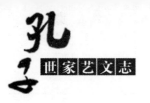

是书，《历代妇女著作考》、《清人诗文集总目提要》等著录。稿本《续修四库提要》著之，略云："淑曾生平喜读书，博学不让学士，遇古人忠孝事，及奇节异行，辄钦叹不去口；遇有不法事，则又愤恨不平。复喜为诗词，渊雅雄秀，无闺阁语。月夕花晨，常献小诗以娱亲。闺中唱和之作甚夥，多随手散佚，所存仅《林风阁诗草》一卷，尚不及其半也。诗以古体胜，渊雅逾于广牧，如《幽兰引》云：'君不见，古人好兰意有托，绮石排根缀轻蕚。夜凉青露湿幽姿，芳气吹风散高阁。品格曾夸王者香，援琴纫佩寄思长。自甘空谷幽芳老，不羡名花出洛阳。伴侣烟霞抱仙骨，惜与群芳并春发。不知谪满在何时，永谢尘氛诣瑶阙。'典雅厚重，不似弱女子之所为。其咏物诗，亦颇工切。如《咏秋蝉》诗云：'秋风萧瑟噪寒蝉，摇曳秋声古道边。自有灵姿餐露洁，何妨薄鬓逗云娟。汉宫黄叶情呜咽，随苑青枝梦渺绵。空剩方塘遗脱在，斜阳衰草锁残烟。'情韵遥曳，亦得自然之妙，虽格调不必悉工，要亦善于诗者。淑曾并工古文，惜不多作。女红之余，写兰花数笔，以抒胸怀，顾深自韬匿，不以示人。书学《郑文公碑》，亦古雅有法。"按：此集为南林刘氏所刊，与其夫昭寀所撰《绍仁斋浦游吟》同附于《心向往斋集》后，计收诗五十首，末附《上张宫保书》、《寄母黄太宜人禀》。淑曾，清咸丰三年（1853）生，光绪十七年（1891）卒，年三十九。

是书今有民国十年南林刘氏刻《求恕斋丛书》本，2010 年 12 月上海古籍出版社《清代诗文集汇编》影印本。

■ 以约轩诗草无卷数　未见

（清）孔继埏撰。继埏字儒丞，牟平派传葛第五子，安徽阜阳县知县、钦加知州衔毓瑶孙，孔子六十九代孙，廪贡生，以主讲牟平书院终。

是书，民国《牟平县志·艺文志》著录，继埏传称其"以主讲牟平书院终，精诗古文辞，著有《以约轩诗草》，已刊"。按：继埏诗之外未见其文结集，《县志》载有其所撰《孙节母赵孺人墓志铭》。另考其伯父传蓍、叔父传藤，俱有职衔，参见《绿雪山房诗集》与《道光戊子科顺天乡试硃卷》条。

■ 玉泉文集　未见

（清）孔继璟撰。继璟有《分韵与稽》，经部小学类已著录。

《孔子世家谱》江苏吴县支："六十九代继璟，字玉泉，郡庠增广生，咸丰丁巳，遵例贡入成均，著有《文集》。子二：广渊、广铸。"兹据著录，未见传本及《江苏艺文志》等目著录。

■ 栖月轩课艺十二卷　未见

（清）孔继瑑撰。

是书据孔昭晋《砆卷履历》著录，未见传本与书目著录。

■ 栖月轩吟稿十卷　未见

（清）孔继瑑撰。

是书据孔昭晋《砆卷履历》著录，未见传本与书目著录。

■ 栖月轩历试存草二卷　未见

（清）孔继瑑撰。

是书据孔昭晋《砆卷履历》著录，未见传本与书目著录。

■ 二十四孝启蒙试帖一卷　未见

（清）孔继瑑撰。

是书据孔昭晋《砆卷履历》著录，未见传本与书目著录。

■ 寺麓山窗吟草无卷数　未见

（清）孔继祥撰。继祥，萧山支，孔子六十九代孙。

是书，《萧山县志稿》艺文志著录，称"时代未详"。按：考新修《孔子世家谱》钱塘支六十九代住萧山孔家埠头者有继祥字瑞荣，传尊次子，不知是否为本书作者，俟考。

■ 淑庄小渔吟稿四卷　未见

（清）孔广铸撰。广铸庠名源，字景颜，号铁芸，一作字铁芸，号景颜，吴县支府庠增贡生道光甲午科堂备卷例授修职郎继瑑次子，孔子七十代孙，庠生。

是书，孔昭晋《砆卷履历》作者作"孔广源"，未见传本及《孔子世家谱》等载录。

■ 湖山草堂吟稿四卷　未见

（清）孔广焘撰。广焘有《篆隶辨》，经部小学类已著录。

是书，《江苏艺文志》据《吴县志·艺文考》著录。光绪《苏州府志·艺文志》、民国《吴县志·艺文考》："孔广焘《湖山草堂吟稿》四卷"，注云："字叔琴，诸生。"今按：此《稿》未见传本。《孔子世家谱》广焘传谓："广焘字企华，邑庠生，工吟咏，精《说文》，著有《楷隶辨》。"亦不云有此书。

■ 存朴山房诗钞四卷 存

（清）孔广仁撰，孔昭璟编纂。广仁字静山，平阳派五品执事官继宗子，孔子七十代孙，同治元年举孝廉方正，历官山阳、沛县等县知县。昭璟字翊臣，广仁次子，光绪甲午科举人，拣选知县，内阁中书。黎大总统特奖一乡善士。

是书有民国三十六年铅印本，四册一函，程潜题签，并附作者像一幅。卷端题"存朴山房诗钞卷一；安陆孔广仁静山著，男昭璟编纂，孙宪弼校订"。前有季书城、沈肇、何成睿等人题辞，末有邑后学耿伯钊及孙宪弼跋。宪弼云："先大父静山公，清咸丰时以孝廉方正、朝考一等拣发江苏，历署山阳、沛县、宝应、溧水、铜山等县篆。时公年近八旬，先父翊臣公已举于乡。乃致仕家居，陶情诗酒，藉抒怀抱，流风余韵，声教翕然。旋以国事日非，翊臣公亦无意仕进，遂掇拾吟韵，编集成篇，命名为《存朴山房诗钞》，付梓行世。公弃养后，翊臣公检点原稿，尚有十之四五，因续成后集，以存遗泽。奈以世变沧桑，不遑藏事，有遗恨焉。宪弼抚今思昔，耿耿在心，谨检全部遗稿，潜心校读，汇成全集，勉承先志。自愧学植荒芜，难免讹错，祈明哲教之。圣祖二千四百九十八年六月再版。"按：宪弼，候选县丞昭彦长子，昭璟嗣子，字教五，湖北法科大学毕业，曾充安陆县参事及湖北省议员。

是书今有清刻本，民国三十六年铅印本。

■ 存朴山房诗钞八卷 存

（清）孔广仁撰。

是书，《清人诗文集总目提要》著录，谓："广仁字静山，湖北安陆人，所撰先有《存朴山房诗钞》四卷，清刻本，南京图书馆藏。后辑为《存朴山房诗钞》八卷，光绪二十一年刻，湖南省图书馆藏。民国《湖北通志》卷八十九作《抱璞山房诗钞》。"按：考《孔子世家谱》三集平阳派广仁传，此书作《朴山房诗钞》，不著卷数。传云：广仁字静山，由廪生举同治元年孝廉方正科，会考第一，朝考一等，以知县用，发江苏，历官山阳、沛县、宝应、溧水知县，所至有名迹。著《朴山房诗钞》梓行。

是书今有清光绪二十一年刻本。

■ 春田诗钞八卷 存

（清）孔广仁撰。广仁原名广文，字春田，东台支继堂次子，孔子七十代孙，道光三十年贡生。

是书，《中国丛书广录》著有清宣统二年起陆续铅印《东台先哲遗书》本，书末寓目,民国《东台县志稿》《孔子世家谱》亦不著录。又见著有抄本《读礼偶编》者,亦署清孔广仁撰,俱不获览,不知究竟如何? 一并附此,以俟后考。

■ 留正集文稿二卷、赋学留正二卷、仲学斋课徒草二卷、盆都咏兴二卷

(清)孔广沐撰。广沐有《诗经备考》,经部诗类已著录。

诸书据《孔子世家谱》广沐传著录。门生张舒兰《举人孔芷湖先生教感碑》云:先生没八年矣,门生百四十人,成名者亦几半,时忆先生教,不论从学年久、暂学,无浅深,莫不感泣下也……先生弱冠馆于乡,恒勤恳不忍倦,后游署学,历主讲许州莘恩、张秋书院,昼夜纳百卷,批评点窜,罔不详且尽,故所成立,易捷以广,易精以深。兰不时思其造,初华中实,晚则坚凝以浑厚。或谓王唐归胡之亚,或谓国初诸名公之选,当耶,否耶? 为人外宽和,而内严明,复谦虚深沉不自伐。以事问,预断而中,或挟盛怒至于前,经譬解一二,意自消异。不违俗同,不伤雅,乡谥"正达",是耶、非耶? 一生不务名,制艺外少著述,惟留有《诗经备考》一卷、《读鉴提要》十二卷、《手批唐诗》二卷、《仲学斋课徒草》二卷、《留正集文稿》二卷、《赋学留正》二卷、《盆都咏兴》二卷藏于世。素禀脾虚,晚成痰症,五十二岁卒,时耶、命耶? 抑门生之不幸耶? 先生上世专课读,祖慎先公,增生。父听斯公,庠生。兄仙洲公,举人。弟仙桥,廪生。家学渊源,所由来远矣。子五:蕖、苓、芬、芸、藩,均能继业,馆于外,仍以先生教教后进,后进亦多闻而生感者。按:广沐未见有集传世,今考光绪《阳谷县志》有其《黄山考》、《鲁僖公三年会于阳谷论》、《会盟台赋》等文,又光绪《莘县志》载其《马颊环流》诗一首。

■ 蓉浦文稿二卷　未见

(清)孔昭蕖撰。昭蕖有《钞鉴便览》,史部编年类已著录。

《孔子世家谱》初集北公户阳谷:"七十一代昭蕖,字荷生,优廪生,光绪壬寅副榜,留有《钞鉴便览》八卷、《蓉浦文稿》二卷。"兹据著录。按:昭蕖文章之外,亦复能诗,光绪《莘县志》卷十载有其《甘泉漱玉》一首。又光绪《阳谷县志》卷六孔昭蕖传:孔昭蕖字荷生,举人广沐之长子,十九岁入庠,一等一名补廪。光绪壬寅补行庚子、辛丑恩正并科副榜。说书作文,皆理胜于辞。初摩八比,尤工于截上、截下诸小题,识者谓为虚斋之长技。后作策论,则撇去常解,透发新义,务成一家言。性孝友,年八九岁,侍母疾煎药服役如成人。

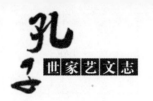

■ 次鲲诗草一卷　未见

（清）孔宪鹏撰。宪鹏有《守城策略》，子部兵家类已著录。

是书据民国《潍县志稿·艺文志》著录。未见传本与藏目著录。

■ 藕梦堂初稿（一名藕梦堂诗草）无卷数　未见

（清）孔广业撰。广业字伊人，号静子，平阳派继畴长子，孔子七十代孙，邑庠生。

是书，《江阴艺文志》据《江干香草》、《江上诗钞》著录。《江苏艺文志》著录此书称"佚"。《孔子世家谱》三集平阳派广业传作《藕梦堂诗草》，云："七十代广业，字伊人，邑庠生，精医术，著有《藕梦堂诗草》。"又考其父继畴，字天锡，恩赐耆宾。乾隆戊子修谱，子身赴曲拜谒林庙，求序于宗主。乙巳岁，凶荒民饥，诣案陈词，乞请赈济，民均受惠。

■ 病鹤吟无卷数　未见

（清）孔广业撰。

是书，《江阴艺文志》据《江干香草》、《江上诗钞》著录。《江苏艺文志》亦著其书，云：与《藕梦堂初稿》二种见《江上诗钞》卷131，收其诗50余首。

■ 寄生草无卷数、蓝溪诗钞无卷数　未见

（清）孔昭质撰。昭质字检堂，一作鉴堂，号兰溪，平阳派广健子，孔子七十一代孙，廪膳生。

二书，《江阴艺文志》据《江上诗钞》著录。《江苏艺文志》著录其书称"佚"，云《江上诗钞》卷123收其诗90余首。民国《江阴县续志》卷十五人物文苑传：孔昭质，字检堂，诸生，与王昉、姜大塘为诗友，尝作《芦花》三十首以自况。中有"一江明月照清贫"之句，薛献可称为"孔芦花"。著有《蓝溪诗草》，如《和大塘访僧不遇》，云："风曾吹客到，云不放僧回。"《留别》云："树犹知恋鸟，云自欲离山。"《菜花》云："天与田家真富贵，春开正色大文章。"皆集中警句也。季文题其《集》云：情于幽处秀，味到淡中真。足以传其概也。《孔子世家谱》三集平阳派昭质传不载《蓝溪诗钞》一书，云："七十一代昭质，字检堂，号兰溪，廪膳生，潇洒出群，才思清矫，丕振家声。著有《寄生草诗稿》。"

■ 玉肥皂斋稿无卷数 未见

（清）孔庆鬜撰。庆鬜字卿远，平阳派宪三第三子，孔子七十三代孙。

是书，《江阴县续志·艺文志》、《江阴艺文志》据《江上诗钞》著录。张炳翔光绪癸未仲秋《说文疑疑》跋云：味茗（昭孔）子宪三，字省吾，与同里吴君子重俊友善。省吾之子庆鬜为申耆先生弟子，有声庠序，早世。《江苏艺文志》庆鬜作"庆弥"，谓其少颖悟，师事李兆洛。为文深思熟虑，语必惊人。精考据学，年二十四病卒（1828～1851），《江上诗钞》收其诗三首。

■ 同治壬戌恩科并咸丰辛酉正科山东乡试硃卷一卷 存

（清）孔继煟撰。继煟字耀堂，一作字耀卿，号辉庭，高庄户道光辛巳恩科举人鱼台县儒学教谕传枞三子，孔子六十九代孙，咸丰十一年辛酉恩科举人。

是书，上海图书馆藏有清同治间刻本，收文《季氏使闵子骞为费宰闵子骞曰善为我辞焉如有复我者则吾必在汶上矣》、《设其裳衣》、《校者教也序者射也》，及《赋得鹊华秋色》（得"图"字五言八韵）诗，有荐批曰："识老笔健，理足神旺"；"脱尽町畦，独辟奥突"。又本房总批："竖义坚卓，敷辞丰腴，局紧机畅，气炼语充，意有议之必伸，典无数之或泛，艺皆远乎滥，墨律亦不涉陈言。经则无弗明确，学步戴匡。策则洞见本源，可窥贾董。晓后来谒，知属圣裔，绍两叶以步蟾，挺三索以誉凤，扶摇直上，毋怠厥志。"其受知师有前任山东学政何桂清、徐树铭等。另考《续修县志》人物传、艺文志及《著述记》不载其人其书，惟《续志·科第表》注谓"同治壬戌恩科补行咸丰辛酉科"，与此正合。

是书今有上海图书馆藏清同治间刻本，成文出版社《清代硃卷集成》影印本。

■ 同治壬戌恩科并咸丰辛酉正科山东乡试硃卷一卷 存

（清）孔宪惫撰。宪惫字质甫，号抱京，大宗户四川开县知县候选主事昭焜次子，孔子七十一代孙，同治元年壬戌恩科举人，拣选知县。

是书，上海图书馆藏有清同治间刻本，收文《季氏使闵子骞为费宰闵子骞曰善为我辞焉如有复我者则吾必在汶上矣》、《设其裳衣》、《校者教也序者射也》，及《赋得鹊华秋色》（得"图"字五言八韵）诗，其荐批曰："笔俊气昌"；"理醇词茂"；"情深文明"。又本房总批："首艺，言中有物，偶傥不群。次，雅瞻中特饶神韵；三，气圉机流；诗，英姿露爽；经义，读书得间；五策，殚见洽闻。"聚奎堂原批："首艺，超心炼冶，神来情来；次，著眼其字，味美于回；三，一往情利，诗稳。二场见作力。三场圉达无支词。"按：宪

憲,清道光八年(1828)六月十九日生,同治四年(1865)闰五月十五日卒,年三十八。娶丁氏,广东海康县人,天津候补盐知事如金长女;继配王氏,东平州人,江苏长洲主簿世训孙女、监生兆旭第四女。履历中,三从叔伯昭显,嘉庆辛酉科举人,己巳恩科进士,广西平乐县、安徽太湖县、江苏镇洋县知县,钦加直隶州知州衔,嘉庆戊寅恩科广西乡试同考官,道光乙酉科江南乡试同考官。昭估,嘉庆丙子科举人,庚辰科进士,甘肃隆德县、玉门县知县,静宁州知州,泾州直隶州知州。二人俱未见有《硃卷》传世。台北"国立中央图书馆"藏清杨芳《平平录》抄本,前有孔昭估一序,未知是否为其所撰?

是书今有上海图书馆藏清同治间刻本,成文出版社《清代硃卷集成》影印本。

■ 同治壬戌恩科并咸丰辛酉正科山东乡试硃卷一卷 存

(清)孔宪兰撰。宪兰有摹刊《圣迹图》,史部传记类已著录。

是书有上海图书馆藏清同治间刻本,收文《季氏使闵子骞为费宰闵子骞曰善为我辞焉如有复我者则吾必在汶上矣》、《设其裳衣》、《校者教也序者射也》,及《赋得鹊华秋色》(得"图"字五言八韵)诗,其诗有句云:"绘出新秋色,山山列画图。华光千尺迥,鹊影一峰孤。九点烟迷径,三周路辟芜。"荐批云:"有义必正,无词不坚";"春容大雅,卓尔不群"。宪兰,清嘉庆十七年(1812)十二月二十日生。祖广瑸字淮珠,父昭刚字健元,皆至圣庙七品执事官。

是书今有上海图书馆藏清同治间刻本,成文出版社《清代硃卷集成》影印本。

■ 同治壬戌恩科并咸丰辛酉正科山东乡试硃卷一卷 存

(清)孔宪莔撰。宪莔字蔚香,亦字蔚沅,号蕲山,华店户庠生例封文林郎昭钦子,恩贡生,同治元年恩科举人,十年辛未大挑二等,恩县训导。

是书有上海图书馆藏清同治间刻本,收文《季氏使闵子骞为费宰闵子骞曰善为我辞焉如有复我者则吾必在汶上矣》、《设其裳衣》、《校者教也序者射也》,又《赋得鹊华秋色》(得"图"字五言八韵)诗,有荐批曰:"雅健雄深";"思精笔锐"。本房总批略谓:铃圆馨彻,锦簇花团,树义宏深,藻思周密。云章纠缦,摘词而玉屑随风;文锦纷披,脱手而珠玑迸露。二三艺,云霞焕采;八十字,金石谐声。解经,则虹钥能开,角摧五鹿。射策,则蟫篇独富,蹴食千鸡。揭晓来谒,知生学有渊源,训承诗礼。按:宪莔,道光元年(1821)十二月初二日生,与宪兰同祖,寄居邹县城北,分户始祖希先,字士昭,蒙古卫教授,后为新河尹。

是书今有上海图书馆藏清同治间刻本,成文出版社《清代硃卷集成》影印本。

■ 潜山堂制艺 未见

(清)孔广谟撰。广谟字笛生,一说字希文,衢州派句容支继香四子,孔子七十代孙,清咸丰九年己未科举人,同治二年成进士,签分安徽知县。

是书,民国《续修兴化县志·艺文志》著录,《人物志》广谟传亦载其书,云:"孔广谟,字笛生,同治二年进士,签分安徽知县。豪于文,锋发歊流,有干将出匣势。性伉爽,与人交无城府,未赴任卒于家。著有《潜山堂制艺》。"按:考《孔子世家谱》广谟传但云广谟字希文,子四:昭森、昭昌、昭回、昭崙。

■ 醉月吟四卷 未见

(清)孔昭回撰。昭回有《石知堂印谱》,子部艺术类已著录。

是书据民国《续修兴化县志》广谟传所附昭回传著录。《江苏艺文志》亦著此书。

■ 小山课子文 未见

(清)孔昭晙撰。昭晙有《五经详注》,经部群经总义类已著录。

《孔氏南宗考略》近代名贤事迹考:"昭晙少贫嗜学,博通经史。同治庚午优贡,以祖母、母俱年老,不忍远游,就教职以娱亲,课子为乐。学政瞿鸿禨尝访谒之,有'品学两优,不愧为圣人后裔'之誉。清厘祠产,筹款设学,均与有力焉。著有《小山课子文》、《五经详注》、《史鉴详批》等书。"兹据著录。未见传本与史志著录。

■ 同治庚午科浙江优贡卷一卷 缺

(清)孔昭晙撰。

是书有上海图书馆藏清同治间刻本,缺文章,荐批云:"地负海涵,日光玉洁";"气象发皇,不似小家伎俩"。又两院总批:"第一场,道艺思清笔健,理足神完,次,细针密镂,足征理致工夫。第二场,经解阐发前人遗义,语得经旨;策问,条对工雅,泂合体裁;诗,秀。覆试场,书艺文势灏瀚,经义雅切,策问确当。"昭晙,清道光二十四年(1844)四月十九日生,浙江衢州府西安县籍。始祖传。曾祖传性、祖继铺,皆邑庠生,例赠修职郎。受业师有胞叔广勋、广煦,堂伯广升等人。

是书今有上海图书馆藏清同治间刻本,成文出版社《清代硃卷集成》影印本。

■ 同治癸酉科广东乡试硃卷一卷 存

(清)孔昭仁撰。昭仁原名昭宗,字理和,号静航,岭南派刑部学习郎中福建司行

走广陶长子、敕赠儒林郎詹事府主簿加二级广猷嗣子,孔子七十一代孙,同治十二年举人,官内阁中书,例授儒林郎。

是书,上海图书馆藏有清同治间刻本,卷末有"羊城西湖街富文斋刊印"二行,收文《子游对曰昔者偃也闻诸夫子曰君子学道则爱人小人学道则易使也子曰二三子偃之言是也》、《譬如行远必自迩譬如登高必自卑》、《夫君子所过者化所存者神上下与天地同流岂曰小补之哉》三篇,及《赋得三峡江声流笔底》(得"流"字五言八韵)诗。其本房荐批云:"第一场,轻清圆润,笔有秀色;次,精湛;三,酣畅;诗,佳。第二场,典丽乔皇,衔华佩实。第三场,条对详明,指挥如意。"聚奎堂总批:"气清笔爽,圆湛周详。次、三,理精词茂;诗,稳;经艺,淋漓酣畅;策,汲古功深。"昭仁,清咸丰二年(1852)十一月十六日生。派始祖戣,唐进士,岭南节度使,官至礼、兵二部尚书,谥"贞崇"。四十一世祖昌弼字佐化,唐进士及第,散骑常侍,遵祖遗命,入粤侨寓南雄。五十三世祖细祖,字卓林,元明经,有庄在罗格,就业而居,始倡筑围基,乡人感其德,因以罗格名围,为始迁罗格祖。高祖毓泰,字来建,号履亭,候选巡检,议叙加一级,敕授登仕郎,晋赠儒林郎、布政使司经历,覃恩貤赠儒林郎、翰林院编修,加一级,覃恩晋赠资政大夫,候选知府,加五级,叠赠荣禄大夫,钦加布政使衔,分缺用道,加二级。其受业师,如表伯许应骙,及游显廷、黄其表、史澄、沈史云、王映斗、黎兆棠、罗家勒,皆道咸间进士;孔昭浃,字润周(洲),号洽亭,亦咸丰庚申科进士,鲁籍苗孔户,官广东顺德县知县,候补知府,辛酉、丁卯两科广东乡试同考官,善书,书有"明德堂"匾额,并撰有《百孝图说》序等文。昭仁生于巨族世家,富贵甲于一方,据载,父广陶,官刑部郎中,有八妻九子;昭仁更有俞氏、陈氏、林氏、张氏、陈氏、梁氏六妻(均不包括小妾)十一子,父子妻子之多,在南北孔氏中,堪称突出,故缀记于此,以窥南海孔族昌盛之一斑。

是书今有上海图书馆藏清同治间广州羊城西湖街富文斋刻印本,成文出版社《清代硃卷集成》影印本。

■ 光绪丙子恩科会试硃卷一卷　存

(清)孔宪曾撰。宪曾字以鲁,号筱云,大宗户福建台澎兵备道兼提督学政昭慈长子,孔子七十二代孙,同治九年庚午科举人,光绪二年丙子恩科进士,历官翰林院编修,国史馆协修,袭骑都尉,户部湖广司郎中,诰授武翼都尉,赠通议大夫。

是书,上海图书馆藏有清光绪间刻本,收文《康诰曰克明德大甲曰顾諟天之明命》、《施于有政是亦为政》、《惟义所在》,及《赋得南山晓翠若浮来》(得"来"字五言八韵)诗。本房原荐批,谓其"意明词达,神理完足,次、三平顺,诗叶。"又,聚奎堂原批曰:"志和音雅,妥帖易施。"宪曾,清道光二十七年(1847)十二月初二日生。

是书今有上海图书馆藏清光绪间刻本,成文出版社《清代硃卷集成》影印本。

■ 光绪丙戌科会试硃卷一卷 存

(清)孔宪教撰。宪教字法圣,一字觐陔,号静皆,衢州派太学生候选县丞五品资政大夫昭麒次子、从九品敕授登仕郎昭邦(原名昭鹏)嗣子,孔子七十二代孙,光绪十一年乙酉科举人,十二年丙戌科进士,朝考一等,钦点翰林院庶吉士,散馆,签分福建顺昌县知县。

是书,上海图书馆藏有清光绪间刻本,收文《子张问行子曰言忠信行笃敬虽蛮貊之邦行矣言不忠信行不笃敬虽州里行乎哉立则见其参于前也在舆则见其倚于衡也夫然后行子张书诸绅》、《忠庸不可能也》二篇。有本房原荐批云:"义精词卓,思笔不平。次、三称诗可。第二场,原原本本,殚见洽闻。第三场,五策均详明。"又聚奎堂原批:"首艺拈一难字诂题,意既不庸,笔亦足以达之。次、三亦一样笔墨,诗知用意。"宪教,清咸丰四年(1854)生。其受业师,除伯父昭麟(字显荣,号芸洲,太学生,蓝翎五品衔,候选州同,诰授奉直大夫)等,不乏如何绍基、郭嵩焘、翁同龢、李鸿藻等社会名流。另据《长沙志》等,宪教曾以在籍候选道身份,与王先谦、叶德辉等联名向巡抚陈宝箴递《湘绅公呈》,攻击维新变法,要求整顿时务学堂等。

是书今有上海图书馆藏清光绪间刻本,成文出版社《清代硃卷集成》影印本。

■ 光绪己丑恩科河南乡试硃卷一卷 存

(清)孔繁瀚撰。繁瀚字善甫,一字镜洲,考城县支赠文林郎庆祝次子,孔子七十四代孙,拔贡,光绪十五年恩科举人,大挑一等,历官广东知县。

是书,上海图书馆藏有清光绪间刻本,收文《抑为之不厌诲人不倦则可谓云尔已矣公西华曰正唯弟子不能学也》、《父作之子述之武王缵大王王季文王之绪》、《为此诗者其知道乎能治其国家谁敢侮之》,凡三篇。其荐批云:"清刻坚凝,卓然名家";"笔力雄浑,运思精细"。又本房原荐批谓:"第一场,首艺推勘入细,题蕴毕宣,前后亦多中肯语;次、三舒畅,无局促之态;诗,谐适。第二场,沉实高华,兼擅其盛,春秋艺尤超。第三场,笔意清疏。"又,文明堂原批:"第一场,首艺饶有勘发,中二比清如玉壶冰,题妙自现;次、三一律圆满,诗妥。第二场,词旨风华,用笔不苟;第三场,清晰之中,有征实处。"按:繁瀚,清道光二十八年(1848)相五月初六日生。二十三世祖德伦,唐封褒圣侯,武德二年,奉旨避乱,迁河南宁陵褚堌村,传五世,至惟晊始东归,留弟惟昉居宁

陵守祖墓。明嘉靖间，特设世袭国子监学正奉祀，至今罔替。五十四世祖思永，字长道，授河南理问厅，因再入河南不复东归矣。其祖宪岭，字岐山，太学生，无著述。

是书今有上海图书馆藏清光绪间刻本，成文出版社《清代硃卷集成》影印本。

■ 昭美文稿无卷数 未见

（清）孔昭美撰。昭美原名国美，衢州派长支广财子，孔子七十一代孙，邑庠生。

《孔子世家谱》二集："昭美，原名国美，邑庠生，著有《文稿》行世。"兹据著录。未见传本与志目著录。

■ 候虫轩诗草无卷数 未见

（清）孔昭缨撰。昭缨字仲簪，号清溪，星村户广鑫次子，孔子七十一代孙，岁贡。

《孔子世家谱》初集星村户："七十一代昭缨，字仲簪，号清溪，岁贡，性嗜读，喜杂体，诗文新颖，兼擅草书，有《候虫轩诗草》未梓。"兹据著录，未见传本与它目著录。

■ 光绪癸巳恩科山东乡试硃卷一卷 存

（清）孔庆塄撰。庆塄字兰坡，一字竹崖，号少甫，大宗户恩贡生翰林院五经博士宪恺长子，孔子七十三代孙，光绪十九年恩科举人，二十年成进十，鸿胪寺序班，江苏即用知县。

是书，上海图书馆藏有清光绪间刻本，收文《谨权量》、《成己仁也》、《所不虑而知者其良知也》三篇，本房原荐批称其"字斟句酌，心细手和；次，明净无疵；三，映下处不落实，可谓语有分寸；诗工细；经艺言明且清，气疏以达，礼记文语尤精当；策条对详明。"又聚奎堂原批云："理境深纯，笔致雅洁；诗稳秀；经艺词旨清腴，春秋文能于虚处传神，足征心得。"首篇末另有邑人徐之薰、陈庆彬、金德昌等加批。诸人事迹可详参《孔子故里著述考》之有关著录。庆塄，清同治元年（1862）十月初四日生。

是书今有上海图书馆藏清光绪间刻本，成文出版社《清代硃卷集成》影印本。

■ 光绪甲午科山东乡试硃卷一卷 存

（清）孔庆瓛撰。庆瓛字季琎，大宗户同治丙子恩科进士翰林院编修宪曾次子，孔子七十三代孙，昭慈孙，光绪二十年甲午科举人，授内阁中书，三品衔，奉天候补知府。

是书，上海图书馆藏有清光绪间刻本，收文《子曰何哉尔所谓达者子张对曰在邦必闻在家必闻子曰是闻也非达也夫达也者质直而好义察言而观色虑以下人在邦必达在家必达》、《今夫山一卷石之多》、《乐天者保天下》，及《赋得湖面平随水面长》（得

"平"字五言八韵)诗。有荐批云:"文洁体清,经策华赡";"理明词达,经策光昌"。又本房原荐批曰:"首艺认题清析,后幅尤为空超;次、三一律光昌,诗佳;经艺词采腾骞,策条对详明。"聚奎堂原批:"首艺有中肯语;次、三畅达;诗谐。首艺,一往清利,次、三平顺,诗叶。"庆瓛,清光绪二年(1876)二月十一日生。其五世祖传炘,字曜南,乾隆己未科进士,诰授通奉大夫,江宁布政使,历任福建布政使、江苏按察使,署苏州布政使,江苏督粮道,淮安、扬州、苏州府知府,江宁督粮同知,直隶怀安县、顺天大兴县知县。未见有传世。

是书今有上海图书馆藏清光绪间刻本,成文出版社《清代硃卷集成》影印本。

■ 光绪甲午科浙江乡试硃卷一卷　存

(清)孔昭冕撰。昭冕原名铸颜,谱名昭瀛,字步周,号子服,衢州派杭州支太学生例赠文林郎广辉子,孔子七十一代孙,光绪二十年甲午科举人。

是书,上海图书馆藏有清光绪间刻本,内收文《知之为知之不知为不知是知也》、《君臣也父子也夫妇也昆弟也朋友之交也》、《周公思兼三王以施四事其有不合者仰而思之》,及《赋得雨过潮平江海碧》(得"平"字五言八韵)诗。荐批云:"邃深朴学,经策闳通"。取批:"意义渊雅,经策赅博"。中批:"茹古涵今,经策渊厚"。又本房原荐批:"第一场,层层洗涮,题中无一字放过;笔意清洁,局阵蝉联而下,尤有刀斫不断之势;次,举重若轻,开合尽致;三,笔意疏落,气局大方;诗,雅。第二场,引经据典,抽秘骋妍,规矩从心,炉锤在手;书礼两艺,考证博洽,足征学有本原。第三场,言简意赅。"按:昭冕,清咸丰十年(1860)二月二十三日生。四十八世祖端思,宋建炎间南渡,为杭州府教授,遂居钱塘。嫡兄端友袭封于衢,胞弟端操袭封于鲁。祖继显,字光照,太学生,例赠文林郎。未见有著述。

是书今有上海图书馆藏清光绪间刻本,成文出版社《清代硃卷集成》影印本。

■ 渔樵问答二卷、信天批谬一卷　未见

(清)孔广达撰。广达字心泉,一作新泉,小薛户四品执事官继倬次子,孔子七十代孙,光绪十五年己丑恩科举人,二十四年戊戌大挑一等,历任汜水、商城等知县。

《续修县志·人物志》:"孔广达,字新泉,光绪己丑恩科举人,以戊戌大挑知县分发河南,抵省,即以发司书奸,名籍一时。先后仕豫十数年,出署剧邑,所至称神明。生平治经史之学,出儒术,饰吏治,觇而剔之,昭晰无遗。精研医理,称国手。宦途升沉,弗以介意。循例补汝州直隶州州同,辞不赴任。以两宫回銮照料,续保同知,赏戴花

翎，赠赐三代如例。国变回籍，倡经学会，以此自终。春秋六十有五。有《渔樵问答》二卷、《信天批谬》一卷，待刊。"兹据著录，未见传本。按：考小薛户不以著述闻，而多任执事官，广达祖传茂、父继倬、兄广果外，如广字辈即有：广胪、广铣、广华、广东、广泰、广露、广平、广荣、广真、广立、广理、广居、广淇、广进等人。其中，广铣字仲銮，识音律，精通韵学。他如广鼎，字国镇，乃为三品首领官。

■ 松园草堂诗集记　未见

（清）孔广锦撰。广锦字秦川，孔子七十代孙，监生。

是书，《续修县志·艺文志》著录。《人物志》称其"性近山水，癖好林泉，少年入泮食饩，出贡后，不事进取，安贫乐道，隐居九山中，放怀诗酒，亦善书法，著有《松园草堂诗集记》。"

■ 圣滓诗稿四卷　未见

（清）孔繁沛撰。繁沛字雨人，号霖普，大宗户至圣庙三品首领官兼林庙举事庆镗长子，孔子七十四代孙，廪贡生，鸿胪寺序班，圣庙三品首领官，兼林庙举事。

《孔子世家谱》："七十四代繁沛，字雨人，号霖普，清廪贡生，鸿胪寺序班，圣庙三品首领官兼林庙举事。学问渊博，性情孤峭，诗书绘画，均称一时。著有《圣滓诗稿》四卷。"兹据著录，未见传本。按：《续修县志·艺文志》不著此书，《人物志·文苑传》称繁沛"字两人。工诗善画，不由恒径。燕庭公极礼遇之。"其"两"显为误字。

■ 弦歌草　未见

（清）孔广謇撰。广謇有《阙里通考》，史部阙里文献类已著录。

《孔子世家谱》广謇传："七十代广謇，字谔卿，号东篱，幼当捻匪乱，十一岁始就塾师，颖悟异常，读书十行并下。十六游泮水，十八食廪饩，光绪乙亥领乡荐。年甫二十，与其兄广警为实事求是之学。淹贯古今，博通天人。居京师，擢南学肄业，试艺每列前茅，为大司成盛伯熙所赏识。由是，清室外戚恩公，以重币聘为经师，礼貌优隆，赏赐甚厚。受业者恩灏、恩涛、恩润，均为慈禧皇太后之侄。继应王公荣禄聘教其子，即隆裕后之胞弟。虽一时礼遇之隆，抑亦德业优长之所致也。后主讲武城弦歌书院，迎养其父，晨昏罔懈，旋以亲老回籍。光绪戊戌会试誊录第一，是科大挑得一等，签分陕西，即用知县。陕西巡抚端方，素闻其才，以亲服未阙，委派机器厘税等局总办。著《阙里通考》八卷、《弦歌草》诗集，均行于世。年四十七卒于陕西省垣，亦归葬祖茔。"兹据著录,未见传本。

■ 看耕山房诗草 未见

(清)孔广赞撰。广赞字西桥,孔子七十代孙,四川籍,诸生。

是书,《清代蜀人著述总目》著录,云见《塾江乡土志·历史》。按:广赞,支派未详。

■ 小鲁山房诗文集 未见

(清)孔昭炎撰。昭炎一名先烈,号鸿堂,京山县支湖北贡生广教子,孔子七十一代孙,岁贡,候选训导。

是书见其子宪甲《乡试墨卷》履历,云:"父先烈,谱名昭炎,号鸿堂,岁贡,候选训导,著有《小鲁山房诗文集》及医学、堪舆学注说各种,待梓。"

■ 光绪己卯科江南乡试硃卷一卷 缺

(清)孔昭乾撰。昭乾有《英政备考》,史部政书类已著录。

是书,上海图书馆藏有清光绪间刻本,缺文章。有荐批称其"词圆笔健";"理足神完"。又本房原荐批:"第一场,首艺议论崇闳,笔情轩举,识力兼到之作。次、三理法周密;诗雄健。第二场,疏解精确,根柢槃深。第三场,元元本本,殚见洽问。"衡鉴堂原批谓其"挈领提纲,搏挽有力。次、三谨严,诗豪迈,经策援据赅洽,具征学有本原。"昭乾,清咸丰六年(1856)八月十七日生。五十五世祖克信,字达夫,仕尼山书院山长,至正十三年,谢宦游学江南,后官平江府知府,兵阻不得归,占籍于吴郡之长洲。十五世祖希安,字士宁,明进士,官陕西道监察御史,赠嘉议大夫,都察院右副督御史。父广渊,字克齐,号静濡,吴县庠生。《吴县志》昭乾传不载此书,云:孔昭乾,字樛园,徐庄望族。从父广彪,元和籍,光绪庚辰进士。昭乾己卯举人,癸未科进士,连翩科第,荣冠里间。才高遇啬,旋由庶常改主事。后派充英、法、瑞士,历官病殁于法。以丧归。

是书今有上海图书馆藏清光绪间刻本,成文出版社《清代硃卷集成》影印本。

■ 光绪癸未科会试硃卷一卷 缺

(清)孔昭乾撰。

是书,上海图书馆藏有清光绪间刻本,缺文章。有"机圆法密"、"局正词淳"等荐批,及本房原荐批:"第一场,轩豁呈露,出色当行;次细致;三酣畅;诗谐适。第二场,词条丰蔚,意蘂纷披,礼记文尤为读书闲得。第三场,原原本本,殚见洽闻,而笔势开

张,故能达其所见。"聚奎堂原批:"笔清词练,气度安闲;次三俱佳;诗雅;二、三场疏证明确,断制谨严,具见学有根柢"等评语。

是书今有上海图书馆藏清光绪间刻本,成文出版社《清代硃卷集成》影印本。

■ 光绪己卯科山东乡试硃卷一卷　缺

(清)孔祥霖撰。祥霖字璘轩,号凝夫,大宗户道光丙午科举人署翰林院五经博士繁渥长子,孔子七十五代孙,光绪五年己卯科举人,世袭六品官兼袭云骑尉,江苏邳州知州,署泰州知州,候选道员,诰授中宪大夫。

是书,上海图书馆藏有清光绪间刻本,文章缺。惟存荐批,评其文曰:"扛龙鼎才,造凤楼手";"云霞五色,金石千声"。又本房原批谓:"响切光坚,气清词湛,堂堂之阵,正正之旗;次灵颖;三逆提不为管仲在前得机得势;诗稳。"聚奎堂原批称"文情圆美,诗笔秀超"。知祥霖亦能文之士也。祥霖,道光二十八年(1848)九月十二日生。三十二岁光绪五年己卯中举,《家谱》称霖为"光绪乙卯科举人",误。考光绪朝无"乙卯"年。既无"乙卯"年,何来"乙卯科"?

是书今有上海图书馆藏清光绪间刻本,成文出版社《清代硃卷集成》影印本。

■ 强自宽斋遗稿一卷　存

(清)孔祥霖撰。祥霖有《中庸讲义》,经部学庸类已著录。

是书,中国科学院图书馆藏有民国八年红格抄本,一册,四周双边,单鱼尾。正文二十二叶,八行十七字,端署:"强自宽斋遗稿;阙里孔祥霖少沾著"。前有民国八年武昌权量序,末有民国七年三月其子令侃跋。内收《济南道中》至《愤言》诗,凡数十百首。令侃跋云:"先严生平不嗜吟咏,若有所触,间发诸诗歌,然辄作辄置。侃年幼时,不知手泽之当存,稍长乃始恭录,又随时于短纸残编中获若干首。去年八月,先严弃养,抱恨终天,曷其有极,兹将诗稿恭订成帙,以增春露秋霜之感云。中华民国七年三月夏历戊午仲春下浣男令侃谨识。"《清人别集总目》等据以著录,《晚晴簃诗汇》亦载其书。按:祥霖诗文多未刊行,《诗汇》仅载《济南道中》一首,诗云:"背指斜阳暮,长途觅短吟。树闻蝉韵急,泥没马蹄深。烟暝团遥野,燐青认远林。新秋凉一味,罗袖未能禁。"又《续修县志》收有其《四书实义丛钞序》、《曲阜清儒著述记序》、《汉石人拓像跋》、《汉竹叶碑拓跋》、《孔教总会演讲词》等文。另《曲阜文史》第七辑有孔德聥等《忆先祖祥霖公》,文称此书为诗文集,未刊行。祥霖,字少沾,号恫民,光绪三年进士,改翰林院庶吉士,六年授职编修,历充国史馆协修、功臣馆纂修。十一年,充顺天乡试同考官。十四年,充甘肃正考官。民国五年,曲阜经学会成立,被推为会长。祥霖,生于清咸丰四年(1854)五月初六日,卒于民国六年(1917),年六十四。

是书今有中国科学院图书馆藏民国八年曲阜孔令侃红格抄本。

■ 强自宽斋杂著数卷　未见

(清)孔祥霖撰。

是书据《续修县志·艺文志》著录,《孔子世家谱》祥霖传亦著其书。传本未见,或即前著之《强自宽斋遗稿》也。

■ 光绪丁丑科会试硃卷一卷　缺

(清)孔祥霖撰。

是书,上海图书馆藏有清光绪间刻本,缺文章,有本房原荐批曰:"首艺理精法密,局紧机圆;次三警练;诗稳;经艺华赡工秀,有笔有书;策对详明,笔亦简当。"又聚奎堂批:"首艺相题有识,故语语直凑单微,毫无蒙翳;次三亦警策;诗有韵致。"按:祥霖,祥霨弟。父繁渥,道光丙午科举人,随任交河,殉难。祥霖所学,有赖于业师郑晓如、孔广电等乡贤硕儒者不少。

是书今有上海图书馆藏清光绪间刻本,成文出版社《清代硃卷集成》影印本。

■ 忏厴联语一卷　未见

(清)孔祥霖撰。

是书据《续修县志》著录。《孔子世家谱》此书不著卷数,云:祥霖字少沾,号达吾,晚号恫民。同治癸酉科拔贡,光绪乙亥恩科举人,丁丑进士,翰林院编修,国史馆协修,功臣馆纂修,乙酉科顺天乡试同考官,丙子科会试磨勘官,戊子科甘肃乡试正考官,己丑科乡试磨勘官,庚寅科会试磨勘官。光绪十七年,提督湖北学政,三十二年署河南提学使。宣统元年,补授河南提学使,署布政使,兼署按察使、宪政编察馆一等咨议官,浩授资政大夫。著有《四书大义辑要》、《经史孝说》、《东游条记》、《强自宽斋杂著》、《忏厴联语》、《曲阜清儒著述记》、《曲阜碑碣考》。

■ 光绪戊子科顺天乡试硃卷一卷　缺

(清)孔昭莱撰。昭莱有《广东中山潭洲孔氏宗谱》,史部家谱类已著录。

是书,上海图书馆藏有清光绪间刻本,缺科份及文章。昭莱,清同治九年(1870)四月十二日生,系广东广州府属内香山县圜都一图九甲民籍。据履历,五十四世思友,

字益道,元以名儒特荐为汝宁府推官,历升山西布政使司布政使,诰授资政大夫,任满,遂卜居山西太原府平定州异井都扬泉村,为店北户分支始迁山西之祖。五十五世常,字克义,明洪武元年从军,二年,调拨南京凤阳府;三年,调拨广东广州左卫;四年,节征海南浇水湛寨等处,有功,升石棋屯管军,授昭信总领校尉,遂迁居广东番禺石棋乡,为入粤之祖。高祖毓文,字文成,又字学成,号诞斋,貤赠文林郎,拣选知县,晋赠奉直大夫,钦加五品衔,内阁中书,加三级,叠赠文林郎,按察司经历。曾祖传声,字观胜,号鸣谷,例封文林郎,拣选知县,覃恩貤赠修职郎,嘉应州镇平学训导,加三级,晋赠奉直大夫,钦加五品衔,内阁中书,截选知县,加三级,叠赠文林郎,按察司经历,貤赠文林郎,拣选知县。祖继隆,字鹏初,号游南,国学生,敕封修职郎,按察司知事,晋赠儒林郎,布政司经历。其受业师中,举人进士甚多,如陈序球,辛未进士,翰林院编修,国史馆协修;陈嘉谟,丙子进士,钦点户部主事;吴道镕,庚辰进士,翰林院编修;易学清,戊辰进士,户部主事,钦加员外郎衔;叶衍兰,丙辰翰林,二品衔,户部云南司郎中,军机处行走,方略馆纂修;陈梦麟,同治辛未进士,翰林院编修,等等。

是书今有上海图书馆藏清光绪间刻本,成文出版社《清代硃卷集成》影印本。

■ 光绪壬寅补行庚子辛丑恩正并科湖北乡试墨卷一卷 缺

(清)孔宪甲撰。宪甲字少鸿,一字劭洪,京山县支候选训导昭炎子,孔子七十二代孙,优贡,署云梦县教谕,选荆州府训导,沔阳州训导,兼晴川书院总教习,光绪二十八年中举后任知县。

是书,上海图书馆藏有清光绪间刻本,文章缺。履历称:始祖至圣先师,始迁祖思贤,曲阜洙泗书院山长,先圣五十四代孙也,元末避兵入楚,占籍京山之梭攞河。宪甲,清咸丰十年(1860)六月二十日生。祖广敦,贡生。父先烈,谱名昭炎,前有著录。

是书今有上海图书馆藏清光绪间刻本,成文出版社《清代硃卷集成》影印本。

■ 蓬山诗集四卷 未见

(清)孔宪瀛撰。宪瀛号蓬山,泉南户七品执事官昭諴子,孔子七十二代孙,优贡生,参事会参事员。

《孔子世家谱》:"七十二代宪瀛,号蓬山,清优贡生,宣统初年,初选为参事会参事员。有《蓬山诗集》四卷。"兹据著录,未见传本。

■ 彭园文集八卷 <small>存</small>

(清)孔庆恺撰。庆恺字朋元,孔子七十三代孙,河南籍,护法国会众议院议员。

是书,河南省图书馆藏有民国十四年河南官印刷局铅印本,《清人别集总目》据以著录,《清人诗文集总目提要》著录此书,列作者生于咸丰十一年至同治四年(1861—1865)。

■ 光绪甲午科山东乡试硃卷一卷 <small>存</small>

(清)孔庆鉴撰。庆鉴字澄泉,大宗户壬午科举人工部都水司郎中直隶新城县知县宪高第四子,昭慈孙,孔子七十三代孙,光绪二十年甲午科举人,官内阁中书,候补知州。

是书,上海图书馆藏有清光绪间刻本,内收《子曰何哉尔所谓达者子张对曰在邦必闻在家必闻子曰是闻也非达也夫达也者质直而好义察言而观色虑以下人在邦必达在家必达》、《今夫山一卷石之多》、《乐天者保天下》文,及《赋得湖面平随水面长》(得"平"字五言八韵)诗。其荐批曰:"清华朗润,经策明通";"思清笔爽,经策昌明";"局整机圆,经策渊博"。又本房原荐批称:"首艺立意尚新,前后圆畅,次、三可采,诗妥。经五艺饱满,策条对详实。"聚奎堂原批:"前幅斐然可观,次、三亦顺,诗可,经艺极有勇佐。"庆鉴,清光绪元年(1875)四月二十五日生。

是书今有上海图书馆藏清光绪间刻本,成文出版社《清代硃卷集成》影印本。

■ 嗜古斋文稿无卷数 <small>未见</small>

(民国)孔庆桦撰。庆桦字伴香,寿光支宪嵩次子,孔子七十三代孙,诸生,县师长。

是书,民国《寿光县志》艺文志著录,略云:"庆桦少年为文,笔阵纵横,不规规于绳尺,后于友人处借得焦弱侯《澹园集》,喜其文典正雅训,日夜手不释,课徒余暇,抄录数十首,玩索有得,故晚年所作冲逸淡远,不尚驰骋。"《孔子世家谱》庆桦传不载此书,略谓:庆桦天分过人,敏而好学。二十四岁入郡庠,次年岁试,擢优等,补增生。不幸父殁,丧葬毕家无余赀,无力从师,乃设教洱水左右,以好学成己,更以好学勉人。其时,从学弟子成名者甚夥,若苏生书田,候补河南知县,魏生化南,擢为江西教谕,其尤著者也。未几,武昌起义,清帝退位,改为中华民国,废科场,变为选举。先生被选为上级议长,凡建议新政,酌古准今,通权达变,以己所学为根柢,稍有余暇,即博览经史,手不释卷,而文章最著。于是,山穷渐达,由贫渐富。至民国十一年,大总统宣告自治,县长李

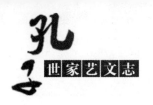

书田举公为自治师长,发明《自治章程》,不意一病而卒。年六十一岁。

■ 光绪己丑恩科江南乡试硃卷一卷 缺

(民国)孔昭晋撰。昭晋有《吴县志》,史部地理类已著录。

是书上海图书馆藏有清光绪间刻本,缺文章。有荐批云:"理足神完,经策典核";"气盛言宜,经策淹通";"志和音雅,经策渊博"。又本房原荐批谓:"第一场,胸中理解雪亮,出以俊爽之笔,扑去俗尘三斗;次,妥帖排纂,孟艺,崇论宏议;后二,大言炎炎,胆识尤矙绝顶。合校经策,均擅胜场。第二场,孔鼎汤盘有述作,字青石赤形模奇,具此手笔,可以图写日月,藻缋山川,好在桉之题位,仍丝丝入扣,不比霸才,无范礼艺,镕两京六代三唐于一炉,英思壮采,辨驳麟□。第三场,条对详明,□证警撼,胸有积轴,非同稗贩。"又衡鉴堂原批:"第一场,理境澄清,笔力刚健;次,华实相宣,声光并茂;三,高谈雄辨,石破天惊;诗,体格极高。第二场,不必吊诡矜奇,随手挥写,都非寻常耳。目所经见,非胸中有数百卷书,无此博赡,亦那得有此气息。第三场,考证各条处,俱征读书有心得,是采铜于山,非买铜于市者;行文亦渊懿古楸。"按:吴县孔氏,以孔子五十五世孙克信为始祖。据履历,昭晋先世科甲连绵,如:十五世祖希安,字士宁,明进士,官陕西道监察御史;十四世祖友谅,字信伯,明永乐戊戌进士,授翰林院庶吉士;十三世祖镛,字韶文,号节莽,明景泰甲戌进士,任广东高州府知府,平蛮有功,历升都察院右副都御史,巡抚贵州,寻升工部右侍郎……胞叔祖继琳,太学生,甲辰恩科荐卷。胞伯广渊,吴庠生,同治癸酉科堂备卷,敕封承德郎,翰林院庶吉士,加三级,刑部江西司主事,知府衔,覃恩加二级,诰封朝议大夫,晋封中议大夫。嫡堂叔广钟,原名广彪,元庠廪监生,同治癸酉科顺天举人,丙子恩科会试堂备,庚辰进士,癸未补殿试,钦点知县,分发浙江,光绪乙酉浙江乡试同考官,特授浙江奉化县知县。嫡堂兄昭乾,府庠优廪生,光绪己卯科举人,庚辰科会试,挑取国史馆誊录,癸未科进士,翰林院庶吉士,国史馆协修,刑部江西司主事,钦派英法两国游历官,采访过劳,病故伦敦。奉旨议恤。著有《海外鸿泥日记》四卷,《英政备考》二卷,《印政备考》二卷。

是书今有上海图书馆藏清光绪间刻本,成文出版社《清代硃卷集成》影印本。

■ 光绪癸卯补行辛丑壬寅恩正并科会试墨卷一卷 存

(民国)孔昭晋撰。

是书,上海图书馆藏有清光绪间刻本,内收《管子内政寄军令论》、《汉文帝赐南粤王佗书论》、《威之以法法行则知恩限之以爵爵加则知荣论》,凡三篇。有"论策精湛,经义闳深";"论策淹贯,经义畅达";"论策通明,经义典核"等"荐批"评语。又本房原荐批谓:"第一场,立论能见其大,行文亦结构谨严,无平沓浮浅之弊。第二场,合欧亚政治而观其通,二艺探原中学,三艺商务八策,尤得要领。第三场,解经不穷,言皆有物。"又文明堂原批称:"五艺皆侃侃而谈,不为空衍。"按:昭晋,清同治三年(1864)十二月十六日生。受业师有嫡堂叔孔广钟,受知师有王先谦等人。昭晋生平,多著事迹,曾与章钰、张一麟等在苏州发起成立苏学会。奉行"中学为体、西学为用",广购书籍,以增智慧,定期讲习,以广见闻。

是书今有上海图书馆藏清光绪间刻本,成文出版社《清代硃卷集成》影印本。

■ 光绪癸卯恩科江西乡试硃卷一卷 存

(民国)孔庆云撰。庆云榜名绍尧,有《国民政府新法令》,史部政书类已著录。

是书,上海图书馆藏有清光绪间刻本,卷题"孔绍尧",云:"派庆云,字维钦,号性安,行一。"收文《崔实谓文帝以严致平非以宽致平论》、《李德裕制御三镇论》、《张居正当国务尊主权课吏职信赏罚一号令论》、《西国兵制视敌国之强弱为转移论者谓近世政治亦因兵事而日进其说然否今各国多尚征兵其编设之制与教育训练之方宜探其要领以合兵民而保住权策》、《盖均无贫和无寡安无倾义》,凡四篇。有批曰:"论策高华,经义腴润";"论策蕴藉,经义渊雅"。又第一场本房荐批:"绝大魄力,迥异铮铮细响;真力弥满、积健为雄二语,可以移赠"。第二场本房荐批:"笔力曲畅,规画周详,至繁称博引,犹其余事。"第三场本房荐批:"思路旁通,不落恒蹊,持之有故,言之成理。"又奎宿堂原批称:"议论明爽,笔势开宕"。按:据《履历》等载,庆尧,清光绪七年(1881)九月二十七日生,民国二十九年(1940)十二月卒,年六十岁,江西赣州府赣县副贡生。基祖新,由山东曲阜徙居福建汀州府上杭县白沙里。曾祖广精,由福建上杭徙居江西赣州府,而《家谱》则称自其祖昭拱(字元升)始移居赣州。族祖中又有庭训,明弘治举人,历官至刑部员外郎,任江西九江道;庭诏,明嘉靖乙酉拔贡,任广西宾州知州。嗣后有兴宗、兴寀、毓云等人。毓云,雍正乙卯举人,乾隆壬戌进士,历任湖南石门龙山县知县,澧州知州,陕西兴安州知州。惜皆未见有著述传世。

是书今有上海图书馆藏清光绪间刻本,成文出版社《清代硃卷集成》影印本。

■ 性安文集二卷 未见

(民国)孔庆云撰。

按:近世出版物介绍绍尧每称有此书,然皆未指明其是否刊行,书藏何处?《孔子

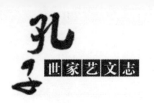

世家谱》庆云传亦不载此书,因录之,以俟后考。

■ 光绪丁酉科山东选拔贡卷一卷 存

(民国)孔繁裕撰。繁裕字仲光,号振卿,一说号仲光,大宗户湖北汉黄德道庆辅次子,孔子七十四代孙,清光绪二十三年丁酉科拔贡,法部郎中,海军部科长。

是书,上海图书馆藏有清光绪间刻本,内收《子夏问孝子曰色难有事弟子服其劳有酒食先生馔曾是以为孝乎》、《富贵不能淫贫贱不能移威武不能屈此之谓大丈夫》二文,及《赋得喜雨志乎民》(得"民"字五言八韵)诗。有大宗师原批,曰:"首艺,削肤存液,炼气归神,运笔则腕底风生,说理则胸中雪亮;次,词旨名贵,局度雍容,肥满者,逊其清真;劖刻者,无其显豁。解经,擅匡刘之胜,断制谨严;对策,兼董贾之长,搜罗宏富,韩江苏海;论,倒泻夫词源,谢草江花;诗,标新于意蘂。生家传诗礼,业富缥缃,拔帜文坛,无愧积学之士,簪毫翰苑,应宏著作之才,生其勉旃,以副厚望。"按:繁裕,清同治十年(1871)十一月初六日生。曾祖昭虔、祖宪恭、父庆辅等俱有著述。受业师中,有族祖广骞(乙亥举人)、宪朴(己丑恩科举人)等人。又有三从兄弟繁洙,正一品荫生,兵部职方司郎中,记名御史,辛亥恩科武乡试提调官,户部宝泉局监督,前河南开归道云南迤东科进士,曲阜县知县。惜未见著述。

是书今有上海图书馆藏清光绪间刻本,成文出版社《清代硃卷集成》影印本。

■ 光绪丁酉科山东选拔贡卷一卷 存

(民国)孔繁淦撰。繁淦字丽生,一字子瑞,号幼云,大宗户长芦盐运使司库大使庆霄次子,孔子七十四代孙,清光绪二十三年丁酉科拔贡,京师高等审判厅推事。

是书,上海图书馆藏有清光绪间刻本,内收:《子夏问孝子曰色难有事弟子服其劳有酒食先生馔曾是以为孝乎》、《富贵不能淫贫贱不能移威武不能屈此之谓大丈夫》二文,及《赋得喜雨志乎民》(得"民"字五言八韵)诗。有批云:"法密机圆,志和音雅";"精力弥满,义蕴宏深"。又"头场原批:句句从真性中流出,故能娓娓动人;其笔意之精深,心思之刻挚,尤令人击节称叹。次,斟酌饱满出色,当行解详明。二场原批:策,原原本本,殚见洽闻,足征学有根柢;论,发挥透辟,断制谨严;诗,清新名贵。会考原批:机势蓬勃,经文,词笔浑融,策,明畅"。按:繁淦,清同治六年(1867)十月二十九日生,本生祖宪怡,号悦庭,江苏候补知县,钦加同知衔,诰封奉政大夫,貤封朝议大夫。父庆霄,号云甫,知州衔,补用知县,长芦候补场大使,署海丰场大使。受业师中有母舅高镜(运同衔,两淮候补运判),姑丈劳乃宣,伯岳劳乃宽(同治壬戌恩科举人,二品衔道员用,候补知府,时任直隶大名府同知),金德昌(曲阜优廪膳生)等。妻劳氏,乃宣长女。乃宣,清同治乙丑年补行辛酉壬戌科浙江乡试举人,辛未科进士,钦加同知衔,历署直隶临榆县等县知县。

是书今有上海图书馆藏清光绪间刻本,成文出版社《清代硃卷集成》影印本。

■ 晋游草诗集、公余草诗集、窗稿诗集、浣花草庐诗集、潜园诗草 佚

(民国)孔昭曾撰。昭曾有《曲阜圣迹古迹择要略考》,史部阙里文献类已著录。

《曲阜市志》:"孔昭曾(1874—1940)字又荃,号少云,自幼勤奋好学,博闻强记。1891年(光绪十七年)中举,授内阁中书侍读,分省补用知府,有'小举人'美称。1905年(光绪三十一年),应聘为曲阜官立四氏师范学堂首任监督(校长)。1906年秋调任署广饶知县。民国初,又转任招远县知事、山东省公署第二科(财政科)科长。不久,回到曲阜,在孔府协助衍圣公孔令贻主持祭祀活动,并长期负责孔府接待、文牍等工作。1934年,应县长孙永汉之邀,担任《续修曲阜县志》分纂。后因县志总纂、菏泽名儒李经野未如期到任,由县志委员会公推为代总纂,历时半年,完成《续修曲阜县志》八卷。同时,他还担任过曲阜孔学总会会长一职。酷爱书法艺术,同时兼善绘画,长于山水、人物、花鸟、小品。工诗词,著有《晋游草诗集》、《公余草诗集》、《窗稿诗集》、《浣花草庐诗集》、《潜园诗草》等,均未出版,后皆毁于'文化大革命'中。"兹据著录。按:考《晋游》、《公余》二集实为其父广电书,此《志》归之昭曾,未免失考。

■ 昨死斋诗稿二卷 存

(民国)孔昭谔撰。昭谔字一臣,牟平派广仪三子,孔子七十一代孙,清光绪二十九年癸卯恩科举人,丁未会考,广东即用知县,历署南海、番禺等县,民国任单县知事。

是书,屈万里《山东省立图书馆善本书目甲编》集部别集类著有清宁海孔氏底稿本,一册。按:考《山东通志·举人表》光绪二十九年癸卯恩科列其名,但《艺文志》不著此书。另据《孔子世家谱》,昭谔有子二人:宪程、宪庠。长兄昭谱,廪贡生。未见有著述。

■ 尚志堂诗钞 未见

(民国)孔昭芹撰。昭芹字鲁香,终吉户七品执事官广节次子,孔子七十一代孙,清优廪生,民国师范科举人,成安县知事。

《孔子世家谱》:"七十一代昭芹,字鲁香,清优廪生,民国师范科举人,七品京官,

以荐任职,分发直隶,署理成安县知事。著有《尚志堂诗钞》。"兹据著录,未见传本。

■ 宣统己酉科湖南优贡卷一卷 存

(民国)孔庆諴撰。庆諴字泽玉,号虞琴,衢州派翰林院庶吉士、顺昌县知县宪教次子,孔子七十三代孙,清宣统元年优贡,朝考一等一名,以知县签分云南,民国九年,委署湘潭县知事。

是书,上海图书馆藏有清宣统间刻本,缺履历,庆諴为第十七名优贡生,时年二十七岁,湖南长沙府长沙县人,民籍。内收《唐玄奘之至天竺邃穷印度海滨元郭侃之收富浪远入地中海岛论》、《逸民伯夷叔齐虞仲夷逸朱张柳下惠少连子曰不降其志不辱其身伯夷叔齐与谓柳下惠少连降志辱身矣言中伦行中虑其斯而已矣谓虞仲夷逸隐居放言身中清废中权我则异于是无可无不可义》二文,无批评。

是书今有上海图书馆藏清宣统间刻本,成文出版社《清代硃卷集成》影印本。

■ 共和新尺牍四卷 存

(民国)孔宪彭撰。宪彭有《中华民国最新字典》,经部小学类已著录。

是书,《内蒙古线装古籍联合目录》等著有民国十年上海会文堂书局石印本,共四册。按:此书盖初版于民国四年十二月,屡经刷印,至十三年一月已是第六十次印刷,足见其简明适用,深受社会之欢迎。

■ 共和女界新尺牍二卷 存

(民国)孔宪彭撰。

是书,台北"国立中央图书馆"等藏有民国十七年上海会文堂新记书局石印本,书共二册,举凡叔侄、母女、夫妻、姐妹、姑嫂、亲戚、同学、师长间各类书翰,并推荐书、筹款书、婚礼祝贺书、劝娼从良书、劝僧还俗书等均具有之。又考其书乃初版于民国六年四月,十七年十一月版,为其第二十次印刷。

■ 好古斋诗钞二卷 存

(民国)秦斯应撰,孔宪彭、朱鸿富编校。

是书,台北"国立中央图书馆"藏有民国十七年孔宪彭朱格抄校本。按:秦斯应,字子奇,号忆萍,又称忆萍居士,别署拜飞楼主,浙江慈溪人。"好古斋",乃秦氏之室名也。

■ 雾豹寄庐诗草、滇游草　未见

（民国）孔昭度撰。昭度修有《南海罗格房孔氏家谱》，史部家谱类已著录。

二书据《民国时期军政职官志》及新编《孔子世家谱》等书著录。载云：昭度（1883—1952）又名昭柏，字贞和，号公豂。广东武备学堂第一期高材生，1904 年未毕业前即由清廷练兵处官费派送日本士官学校，毕业于第六期步兵科。1909 年会考东西洋留学生，成绩优异，赏步兵科举人，授"协军校"，广东督练公署提调。民国元年任广东第一师参谋长。旋调广东陆军速成学校校长。护国军兴，任两广都司令部将校团团长兼代理都司令部副官长。在广东讨袁，因昭度与潮梅镇守署第一团团长莫擎宇有同学关系，成立潮梅首义讨袁军，莫擎宇任司令，孔昭度任参谋长。1916 年夏在孔昭度与莫擎宇统一指挥下，取得潮梅汕的胜利。十月北京政府任孔昭度为潮梅镇守使署参谋长。援桂之役，任粤军第三师副师长，晋授三等文虎章，陆军少将衔。北伐时期任国民革命军第十八师参谋长。后历任第八路军总指挥部参事，广东各部队编遣区特派员公署参事，南京国民政府军政部航空署军务科长、政法处长等军职。又曾任饶平县、花县、阳春县县长等职，在任期间，勤政爱民，开矿办学，造福百姓。抗日战争前，隐退于家，寄情诗酒；有诗云"步兵老去亲农事，典尽靴刀换一牛"。抗战时，汪精卫请其出任中将参赞武官，昭度不受，寄情于画中诗云"老汉今春龄六十，适从书摊拾此物。回首生平壮志销，琴鹤相随便隐逸。琴枯群鹤亦分飞，雪后孤松撑傲骨。"抗战胜利后，任广东省政府参议。其长子宪立任中央空军第四中队副官长，接收台湾先遣官。三子宪强任海军海豹舰舰长。故有"满门海陆空军将，举世诗书礼乐家"之称。解放后卒于罗格。著有《雾豹寄庐诗草》、《居东随笔》、《滇游草》，主修《花县志》。

■ 豂盦诗稿　未见

（民国）孔昭度撰。

是书见《当代中国诗词精选》，内称：昭度字公豂，号豂盦。广东南海人。日本陆军士官学校毕业。民国建立后任广东陆军小学、陆军速成学堂校长等职。后皈依广东省躬草堂为道门弟子。有《豂盦诗稿》。并选其《拟古诗》一首。兹据著录。惟此《诗稿》未详今存何处？

■ 宪虞诗录八卷　存

（民国）孔宪虞撰。宪虞字成韶，号菊圃，孔子七十二代孙，清光绪丁酉科拔贡，好经世学及古文辞。

是书,《清人别集总目》著有四川省图书馆藏民国十四年成都官印刷局铅印本。
按:宪虞,有资料称其为四川大邑人,然考新编《孔子世家谱》四川大邑支未见其人。
而于吕宫户四川支见有一宪虞,不注字号事迹,乃庠生昭文子。昭文,道光二十年尝回
鲁庙祖庙,时间颇合,未知确为此人否? 录此俟考。

■ 宪虞卅九年前诗录附乙丑编　存

(民国)孔宪虞撰。

是书,《清人别集总目》著有四川省图书馆藏民国十五年成都聚昌公司铅印本。
按:《宪虞卅九前诗录》亦名《苦雨凄风集》,凡七卷。

别集类

余录

据志乘等载,孔氏有能诗而未结集,或有集而散佚不可考知仅存一首、数首者,对此,凡有父兄妻子可附丽者,已附见于父兄妻子有关著述,其无所附丽者,则酌情编入此篇。约略言之,盖贞字辈有布衣孔贞稔,字怀德,撰有《秋月》一首;孔贞栋字用隆,号吉山,禹城县教谕,撰有《鲁壁》、《陪郑明府材葛郎中曦谒祖庙》二首。衍字辈有孔衍栻,字慎先,诸生,官青城县训导,有《新得小舟》、《惜花》、《项王塚》、《秋虫》、《野田黄雀行》、《冬望》六首;孔衍劭字懋诣,官池州府同知,有《偶占》一首;孔衍璐字廷珍,贡生,有《春郊》一首。兴字辈有孔兴庆,字墀来,有《南池小亭落成》、《陇头水》二首。毓字辈有孔毓琮,字钟黄,世袭太常寺博士,有《康熙甲子驾幸阙里恭纪》一首;孔毓宽字子严,一字子言,至圣庙九品官,有《赠张损持太史同安怀堂诸子作》、《冬望》二首;孔毓昉字时谷,邹县四氏学,恩监生,有《秋夜理琴》一首;孔毓伸字钟直,兴永子,四氏学诸生,有《喜雨》一首;孔毓愫字诚中,有《醉后自题小照》(一作《醉后自写小照戏题》)一首;孔毓鹏字图南,号聘山,乾隆辛酉举人,有《舟中漫书》一首;孔毓忱字毅斋,诸生,官即墨县训导,有《乐安学署怀友》一首。传字辈有孔传巨,字擎中,诸生,赠太常寺博士,有《雪夜侍两大人饮酒同蕴光妹作》、《题画》二首;孔传斌字振中,有《贺蝶庵博士生孙》一首;孔传中字振一,又字允执,雍正二年临雍陪祀,特授冀州知州,有《雍门琴》一首;孔传相字廷勷,号峄南,诸生,圣庙八品官,有《送弟枚移居兰陵》二首。继字辈有衍圣公孔传铎子孔继洄,字体之,号悔初,又号沧亭,荫生,官至大顺广兵备道,有《恭校家大人诗集同五兄作》、《九秋和止堂弟韵》二首;孔继科字进斋,有《晚望》诗一首;孔继衮字体文,号黼章,恩贡生,有《輓家茌谷户部》一首;孔继浣字荫泗,号雪谷,诸生,官松江府知府,工篆刻,家藏汉印至数百枚,喜画梅,自署铁骨道人,有《拟从军行》、《画梅》二首。广字辈有继洄长子广枚,字文木,号怡园,贡生,官永昌县知县,有《敬步十叔父题书室韵呈吴申宜师》一首;次子广材,字巨川,号汝楫,诸生,官宜山县丞,有《戊子乡闱报罢寄竹民》一首(广材室蒋玉媛,常熟人,兵部侍郎棛女,以

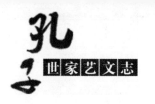

子昭光举孝廉方正,封安人,有《送春》一首);三子广秀,字京彦,号雨华,诸生,候选盐课大使,有《老槐书屋禊饮同薛梦塘作》一首(其女昭容,字玉仙,仪征候选县丞郑昌琪室,也能诗,有《春晓》、《新夏琐窗杂咏》二首)。昭字辈有孔昭晃,字景峰,号友香,候选知县,有《二兄自敦煌署省侍回里喜赋》、《春闺》二首;孔昭煌字显锡,号层峰,诸生,至圣庙七品官,有《次韵家节倩咏菊》一首。宪字辈有孔宪丰,字约斋,诸生,有《五大夫松歌》一首。闺阁有临淄训导孔毓懿室姚氏,荆门知州士莱女,有《咏兰》、《临淄道中》二首;泾州知州孔昭估室叶氏,桐城人,汶上县知县馥女,年二十四卒,其母慕光著有《青筠轩诗稿》,氏承母训,夙娴翰墨,有《咏芍药》一首;监生孔昭荣室王氏,字墨庄,兰陵人,镇雄州知州寿女,工书,能悬臂作蝇头字,骨力秀劲,绰有父风,观者多疑非出闺阁之手,有《临池》一首;钦赐主簿孔昭芬室惠氏,庐陵人,广州副将昌运女,有《秋夜闻蝉》一首;刑部员外郎孔庆銮室康氏,兴县人,通政使司参议纶钧女,有《紫藤花》一首;庆銮继室汪之蕙,夏邑人,临清直隶知州汝弼女,有《初冬偶占》、《送父之淮上》(二首)、《怀英敏二姊》、《寄五姑母》、《石竹花》六首。等等。

总集类

■ 会稽掇英总集二十卷　存

（宋）孔延之编。延之有《孔延之文集》，本部别集类已著录。

是书，《文渊阁书目》、《四库全书总目》、《山东通志》、《江西通志》、《中国丛书综录续编》等皆著录。《宋志》、《文献通考》作《会稽掇英集》，清悔堂老人《越中杂识·著述》亦作《会稽掇英集》，云："宋郡守孔延之、程师孟相继纂集，取诗文之有关于会稽者八百五篇，分类编次。"是将程师孟《续会稽掇英集》与本编混为一谈矣。《四库全书总目》称是书"前自有序，首题其官为'尚书司封郎中知越州军州事浙东兵马钤辖'。末署'熙宁壬子五月一日越州清思堂'。案施宿《嘉泰会稽志》：延之于熙宁四年，以度支郎官知越州，五年十一月召赴阙。壬子，正当熙宁五年，其岁月与《会稽志》合。惟《志》称延之为度支郎官，而此作司封郎中。《集》中有沈立等《和蓬莱阁诗》，亦作孔司封。《集》为延之手订，于官位不应有误，知施宿所记为讹也。延之以会稽山水人物，著美前世，而纪录赋咏，多所散佚，因博加搜采，旁及碑版石刻，自汉迄宋，凡得铭志歌诗第八百五篇，辑为二十卷，各有类目。前十五卷为诗，首曰州宅，次西园，次贺监，次山水（分兰亭等八子目），次寺观（分云门寺等四子目，而以祠宇附之），次送别，次寄赠，次感兴，次唱和。后五卷为文，首曰史辞，次颂，次碑铭，次记，次序，次杂文。书中于作者皆标姓名，而独称王安石为史馆王相，盖作此书时，王安石柄政之际，故有所避而不敢直书欤。所录诗文，大都由搜岩剔薮而得之，故多出名人集本之外，为世所罕见，如大历浙东唱和五十余人，今录唐诗者或不能举其姓氏，实赖此以获传。其于唐宋太守题名壁记，皆全录原文，以资考证，裨益良多。其搜访之勤，可谓有功于文献矣。其书世鲜流传，藏弆家多未著录。此本乃明山阴祁氏澹生堂旧抄，在宋人总集之中最为珍笈，其精博在严、陵诸集上也。"按：澹生堂抄本，《适园藏书志》有著录，书名"掇英"作"缀英"，略云：四库著录，云明山阴祁氏澹生堂旧抄，在宋人总集之中最为珍笈，其精博在严陵诸集上，即是此本，瞿氏《书目》亦云从澹生堂抄出，亦即此本之重儓，其宝贵为何如？首卷首行官全衔，序后接目录，目录后接诗，每卷有诗文题，题完即诗文，

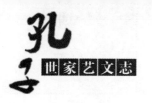

而无撰人名,此唐宋之旧例。诗文题低四格,人名去末高三格,单名不空格,次首注同前,同题亦注同前,州宅各目,另为一行。后行出五言古、七言古,皆旧式也。馆臣改序为另篇,去总目、去同前等字,改州宅、五言古为一行,每卷添撰人,升题目高二格,降名字去末二格,单名空一格,一切从坊本诗文式,可谓胆大妄为。留此原本,可见宋集原式,惜杜刻但凭阁本,不及见此。

是书今有日本静嘉堂文库藏明钱叔宝写本。又《澹生堂余苑》本;清乾隆间刻本;清道光元年山阴杜氏浣花宗塾刻本(末有清杜丙杰《校正会稽掇英总集札记》一卷);《四库全书》本;北京大学图书馆藏清抄本等。

■ 续会稽掇英集五卷　存

(宋)孔延之编。

是书,中国科学院图书馆藏有旧抄本,二册一函。《日藏汉籍善本书录》另著有静嘉堂文库藏明钱叔宝写本,与《掇英集》共十二册。其书原为陆心源丽宋楼等旧藏。

■ 清江三孔集(三孔先生清江文集)四十卷　存

(宋)孔文仲、孔武仲、孔平仲撰,王莲编。文仲有《孔文仲文集》,武仲有《书说》,平仲有《珩璜新论》,本部别集类、经部书类、子部杂家类已分别著录。

是书,《文献通考》、《文渊阁书目》、《四库全书总目》、《山东通志》、《江西通志》、《西江志》等皆著录。《宋志》作"孔文仲《三孔清江集》四十卷",《国史经籍志》:《三孔清江集》四十卷,注云:"文仲、武仲、平仲。"《中国古籍善本书目》著录各种抄本,或四十卷或三十卷,皆作《三孔先生清江文集》。又有题《临江三孔集》、《三孔文集》者。《四库总目》曰:"《清江三孔集》四十卷,宋新喻孔文仲及其弟武仲、平仲之诗文,庆元中临江守王莲所编也。文仲字经父,嘉祐六年进士,官中书舍人。武仲字常父,嘉祐八年进士,官礼部侍郎。平仲字毅父,治平二年进士,官金部郎中。事迹具《宋史》本传。文仲兄弟与苏轼、苏辙同时,并以文章名一世,故黄庭坚有'二苏联璧,三孔分鼎'之语。南渡后遗文散佚,莲始访求而刻之,前有庆元五年周必大序。陈振孙《书录解题》称文仲二卷、武仲十七卷、平仲二十一卷,与此本合。文仲诗仅七首,然吕祖谦《宋文鉴》载其《早行》古诗一首,乃佚而不收。《文鉴》编于孝宗淳熙四年,《舍人集》编于宁宗庆元四年,在其后二十一年,不应不见,岂莲有所去取耶?武仲《侍郎集》青词斋文同题曰制,于例未安,似非原目。平仲《郎中集》中古律诗外,别出《诗戏》三卷,皆人名、药名、回文、集句之类,盖仿《松陵集》杂体别为一卷例也。案:王士祯《居易录》载宋荦寄《三孔文集》,通仅五卷,惜其已非庆元之旧。士禛、荦皆家富图籍,而所见尚非完帙,则此本岿然独全,亦深足宝重矣。"才按:庆元旧本有王莲跋,今传诸本多缺佚,惟傅增湘所藏旧写本存之,载见《藏园群书经眼录》,兹移录于此。跋云:"三孔先生曰文仲经父,曰武仲常父,曰平仲毅父,元祐间是与二苏齐名,当时黄太史有'二苏上联璧,三孔立分鼎'之句。其居乡则与原父、贡父相后先,今虽庸人孺子皆知其有二刘三孔也。兄弟俱进士高第,经父举贤良方正,对策极陈新法之害,直声尤凛然。□历名节、博学词章则有未易伯仲者。若历官出处大概,实录载之为详,独其文世所见者惟毅父《续世说》、《珩璜新论》、《诗戏》,凡三集。旧所称经父《集》五十卷,《诗》、《书》、《论语说》、《金华讲义》、《内外制》、《杂文》百余卷,与毅父它文今皆不复传。莲来清江,敬拜□□□□□□寥落无闻,家集又往往散逸,冥搜旁索□□□□□□□八百余篇,属教授许成之、新蕲春知监徐得之编次,且属新广东帅幕刘性之、分宁知县徐筠、清江主簿曾焕校定,莲亦时自寓目于其间。既成,厘为上中下三帙,合四十卷,少傅大丞相益国周公冠之以序,于是一家遗文一郡阙事得以粗举。夫士君子之立言,其传与不传盖有幸不幸,未遂以存亡显晦为能否工拙也。况三先生名声卓卓,自不可掩,奚待文而后见?而莲窃有意于此,亦岂独好其文,欲因是以取重于时哉!前辈之风流缊藉日以泯没,凡可按以窥寻,想像其万一者,幸未百年,尚可访求,而卒置之,未免慊然于中,此莲之所以拳拳也。卷数比旧所称殊不类,度多阙遗,且虽参订,终不无舛误,惧复散亡,乃锓诸梓,有志于是者幸竟成之。庆元五年四月望,朝奉大夫权发遣临江军兼管内劝农营田事濡须王莲谨识。"又王士禛《居易录》:"史称文仲集五十卷、武仲集百余卷,平仲有《续世说》、《珩璜新论》诸书,今《三孔集》通仅五卷。周益公序云:'庆元四年,太守濡须王莲访遗文刻之,存一二于千百。'则三公之文在南渡之初已多散佚。今所传五卷又非庆元之旧矣。三公以气节重当世,不甚工诗。经父制科策,首严王霸义利之辨,剀切似刘贲。其论李训义不顾难,忠不避死,而惜其情锐而气狭,智大而谋浅,足破群瞽拍肩之论。常父论唐宪宗相皇甫镈,逐裴度,盖为王安石、惠卿辈而发。《蝗说》谓新法之害,《鼠说》谓熙、丰用事之人,《鸡说》谓王、吕之不终,鲁鸡以喻安石,蜀鸡以喻惠卿也。毅父文仅表启,无可观,盖佳处不传多矣。惜哉!"考王莲,字少愚,隆庆《临江府志》之《官师志》、《名宦列传》均有载。

是书今有北京大学图书馆藏傅增湘校跋清抄本;明刻本,清嘉庆二十二年裔孙孔传勋水北刻本(三十卷);又国家图书馆藏明抄本(存二十二卷,即孔平仲文一至二十一及《孔氏杂说》);南京图书馆藏佚名校明抄本(卷一至二十二、二十七至三十配清抄本);湖北省图书馆藏清初抄本;国家图书馆藏清吕氏讲习堂抄本,又清鲍廷博校并跋

清抄本;上海图书馆藏清彭氏知圣道斋抄本(清彭元瑞校),又清抄本;天津图书馆藏清抄本;浙江图书馆藏清抄本;《四库全书》本,《豫章丛书》本(一本傅增湘校补并跋),1994年上海书店《丛书集成续编》影印《豫章丛书》本等。

■ 临江三孔集四十卷 存

(宋)孔文仲、孔武仲、孔平仲撰,王莲编。

是书,济南市图书馆藏有民国海昌沈懋祺补抄旧抄本,二函十二册,前八册为旧抄,内容至卷三十四,末一行云:"三十五至四十卷缺";书凡半叶十行,行二十字,有格,粗黑口,四周单边,单黑鱼尾。封皮书签题"临江三孔先生文集;泰州宫氏旧藏",有"沈懋祺藏阅书"朱文印。书前冠有《总目》,并钤"仲常珍藏"、"仲常手校"朱文印。书内以朱蓝墨三色校补,间有抄补夹页。前有沈氏抄补周必大序及王序后半,序页钤有"沈仲常手写"、"海昌沈氏藏书"朱文印。后四册另装一函,由沈氏补抄缮写,亦十行二十字。无格。册后有沈懋祺民国十八年三月二十九日跋,曰:"此孔常父文四卷,由胡氏刻本录出,其中错误之字,苦无他本可资校改,短缺之句,亦无他本可以增补,姑仍其旧,照录成帙,与新抄孔毅父文六卷,同装一函,以补余旧藏抄本所阙之数,倘得善本而就正焉,当如何愉快乎!"另有一跋,内容略同,亦民国十八年三月二十九日作,云:"余藏旧抄本《三孔先生集》内阙孔常父文四卷、孔毅父文六卷,嗣得南昌胡氏刻本,有常父文四卷可补,而毅父六卷仍阙,胡氏谓四库本亦无此六卷,以为不可复得矣。今春在文禄堂书庄忽见明抄《孔毅父集》有此六卷,为之惊喜,乃假归录写成帙,与新抄孔常父文四卷,同装一函,与旧抄三十卷,共藏一箧。于是,孔集四十卷,完全无阙,亦一大快事也。此六卷中错误较少,尚冀再得一善本校之,不知有此奇遇否?"因知此帙来源有三,一是宫氏原藏旧抄三十四卷,二是沈氏据胡刻补抄孔常父文,三是沈氏据明抄缮录孔毅父文。按:《清江三孔集》所传各本篇卷不一,然多非完帙,《全宋文》、《全宋诗》所收亦复不全。齐鲁书社所出整理本乃据四十卷残本,不知北京大学、济南市图书馆皆藏有四十卷手抄足本,甚可惜也。北大四十卷本,《文献》2003年第4期《现存清江三孔集版本源流略考》一文认为其与明抄残本相比,其最大不同在于:清抄四十卷本卷二十(明残抄本卷第一)以《战彭城赋》开篇,后面顺次接《次韵常甫二十九日闻上作》至《待月》四十二首诗,下再接《马上咏落叶》诸诗;明残抄本卷第一(清抄四十卷之卷二十)则以《马上咏落叶》诗开篇,而将《战彭城赋》以及后接之《次韵常甫二十九日闻上作》等四十二首诗移至卷第三(清抄四十卷本之卷二十二)《和经甫秋夕》之后、《咏橘》之前。其他如清抄四十卷本卷二十四(明残抄本卷第五)《登资圣阁》在《上巳》、《八日》之后,而明残抄本卷第五《登资圣阁》则在《上巳》、《八日》之前。清抄四十卷本系统之卷四比他本多《溽暑》、《大热息于官亭》、《水上清风覆以乔木》、《白公草堂》(共二首,他本只录一首)、《三峡桥》、《嘉鱼遇顺风》、《晚步西园》、《奉酬李时发岳麓见寄》八篇,卷六目录多《鲁直以诗送酥及茶次韵》、《十二月十七日入局》、《赠宗叔周翰》三篇(脱正文),卷七《淮西道中》、《暖轿二首》、《蔡州》皆紧接在《发王务二首》之后。所说与此本基本相合,惟此帙卷二丨四《登资圣阁》在《上巳》、《八日》之前,不仅卷六目录所列《鲁直以诗送酥及茶次韵》、《十二月十七日入局》、《赠宗叔周翰》三篇为脱文,即下篇《送邵彦瞻通判濠州》亦只存其名目而已。是亦同中有异,为学者必参之本也。惜其久藏深闺,《馆藏古籍书目》亦不见录,故外间无人知有此书者。

是书今有济南市图书馆藏民国十八年海昌沈懋祺补抄旧抄本。

■ 三孔先生诗集三卷　存

(宋)孔文仲、孔武仲、孔平仲撰。

是书,《山东文献书目》著有清抄本。按:《中国丛书广录》著录上海图书馆藏清抄本《三孔先生诗集》,题宋王莲编,内《临江玉峡孔公文仲诗集》、《临江玉峡孔公武仲诗集》、《临江玉峡孔公平仲诗集》各一卷,似即此书。

■ 三孔先生文集五卷　存

(宋)孔文仲、孔武仲、孔平仲撰。

是书,《山东文献书目》著有明孔尚斌刻本。

■ 江陵百咏诗一卷　未见

(明)孔克学撰。克学字习之,一字巽夫,孔子五十五代孙,官荆州教授。

是书,《山东通志·艺文志》集部总集类据《续文献通考经籍考》著录。颜崇槼《种李园诗话》载云:"《江陵百咏》一卷,曲阜孔克学撰,克学于洪武初游寓江陵作,成化间章丘宁祥为之序。"《四库采进书目》著录浙江省第九次呈送书目,此书一卷一本;其附录二《浙江采集遗书总录简目》亦著《江陵百咏诗》一卷(写本),明曲阜孔克学撰。因知其书清乾嘉时尚存于世,而《曲阜志》以下不复著录矣。

■ 桥梓联编五卷　未见

(明)孔承懿编。承懿有《孔氏新谱》,史部家谱类已著录。

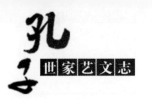

是书，《山东通志》、《曲阜志》、《阙里文献考》等皆著录。按：《阙里志》卷九此书作者误为孔弘干。《大成通志》云："承懿慷慨正直，嗜子史，行文落笔成章，敛迹沂上，不入城市，虽祁寒盛暑，手不失卷。性不嗜饮，惟酌乡人竟日不肯去，真隐君子也。卒年七十有五。著《桥梓联编》。"未见传本。

■ 阙里文献录四卷　未见

(明)孔承懿编。

是书，《千顷堂书目》论语类卢文弨补目著录。按：此书未见传本，《孔子世家谱》承懿传亦不载录，疑即其子弘干所辑《孔氏文献集》而异其名。详参后条。

■ 孔氏文献集四卷附孔门小集传一卷　存

(明)孔弘干编。弘干有《圣贤图像》，史部传记类已著录。

是书，台湾《"国立中央图书馆"善本书目》著有明嘉靖四十二年阙里孔氏刊本，四册。沈津《中国珍稀古籍善本书录》著录此本，称其半叶十行二十字，白口，四周双边，双鱼尾。版心上方刻"孔氏文献集传"。钤印有"四明卢氏抱经楼"、"吴兴刘氏嘉业堂藏书记"。金镶玉装。前有嘉靖四十二年郭本序。卷末有嘉靖四十二年孔弘干后序。卷一为五言诗，卷二七言绝句，卷三记、序、书，卷四上梁文、行状、墓志、墓表、跋、文、祭文。孔门小集传，载第五十五代孙克坚始，至六十二代孙闻谕止，再增孔公铉一人。并称：此本集孔氏族中有文行者之诗文，起自洪武，终于嘉靖，乃弘干为"成先君子之志也"。弘干父尝欲集孔氏先达诗文梓之，然志未就而逝。弘干拳拳于心，每有见闻，辄自抄录，后与先人遗稿合为一集。其"虑读者诵其言不知其人，乃考求遗行，略述梗概，俾览者征焉。其前代著作已见历朝诸集，兹不敢重。"郭本序云：阙里"地以人胜，人以文显，大圣贤后，文行著名者济济，郡志姓名固载，而人品之高，英采之蔚，或括而弗详，章而弗著，后焉者不得尽考其世，不无遗憾。孔振斋好学有雅致，乐与人为善，乃成先君子南坡之志，萃孔氏中有文行者梓焉，题曰《孔氏文献集》，外姓卒不与，示其为家乘也。载南坡诗文独多，余惟据所尝读，其所未读与未见其人及其子孙者略焉，示真也。人各为小传，疑其行又不尽其平生，谦而不敢拟史也，微婉有矩，度其用意厚矣。"按：此为世之仅见之本，有清一代纂修方志、家乘均不得见，以致《曲阜志》、《阙里文献考》著录此书俱作《阙里文献集》，四卷之外不云有附；《山东通志》复将"四卷"题为"四集"。孔尚任《孔子世家谱》宏(弘)干传谓有《孔氏文献》，亦即此书，而不得其确。

是书今有台北"国立中央图书馆"藏明嘉靖四十二年曲阜孔氏刻本。

■ 孔氏一家言一卷 _{未见}

(明)孔弘干编。

是书,《山东通志》、《阙里文献考》皆著录,未见传本。

■ 振鹭集一卷 _存

(明)孔闻韶辑,陈镐编。闻韶字知德,号成庵,袭封衍圣公宏绪长子,孔子六十二代孙,弘治十六年袭封衍圣公。

《四库采进书目·衍圣公交出书目》:"孔子六十二代孙闻诏(韶)入朝廷臣赠答《振鹭集》(一卷,明陈镐编)一本"。此条前有"孔子六十代孙承倜《日言》",后有"孔子六十四代孙尚任《人瑞录》"等。审其体例,似闻韶亦在辑者之列,因予著录。《四库全书存目提要》总集类著其书但题陈镐编,略云:"宏(弘)治十六年,孔子六十二代孙袭封衍圣公孔闻韶入觐京师,事毕将还,朝臣咸赋诗赠行,馆阁自大学士刘健以下三十五人为一轴,吴宽为之序。卿寺自马文升以下三十六人为一轴,谢铎为之序。闻韶为李东阳婿,故朝士出东阳之门者,又别为一轴,凡二十一人,靳贵为之序。镐时为山东提学副使,乃合而梓之。以圣系出自殷后,故以'振鹭'为名。然衍圣公非三恪之列,数典颇为不切也。"按:此书浙江省图书馆藏有明正德元年刻本,半叶十行,行十九字,白口,四周单边。卷端无题署。前有正德元年陈镐序。正文首为长洲吴宽《赠衍圣孔公袭封还阙里诗序》,次乃洛阳刘健、长沙李东阳等人诗。《孔子世家谱》闻韶传尝言及入觐事,曰:闻韶袭爵时,孝宗召见,称上意,颁赏有加,缙绅荣之。赠言成集,集曰《振鹭》。武宗时,奏免孔氏田租,创设尼山、洙泗书院学录,中庸书院博士。山东盗起,请迁城阙里以卫庙庭。立三氏义仓。暮年多疾,上时遣御医胗视,中官馈问免朝贺。五十六薨。

是书今有浙江省图书馆藏明正德元年刻本,1997 年 7 月齐鲁书社《四库全书存目丛书》影印本。

■ 古今奇文品胜五卷 _存

题(明)孔贞运编选。贞运有纂修《明光宗实录》,史部编年类已著录。

是书,《中国善本书提要》、《江苏艺文志》俱著录,《明志》、《山东通志》、《曲阜志》、《阙里文献考》不载其书。《中国善本书提要》著录美国国会图书馆藏明天启间刻

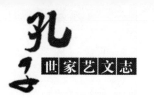

本,云"原题:'句容玉衡孔贞运编选,古莆元赞曾楚卿校阅,临川毛伯丘兆麟参订。'贞运,孔子六十三代孙也,万历四十七年以殿试第二人授编修,天启中充经筵展书官,崇祯九年入内阁。及张至发去位,贞运代为首辅。事迹具《明史》卷二百五十三本传。观于此,可知是书何以托名贞运之故矣。卷内书题标作'鼎镌百名公评林训释古今奇文品胜',然差误百出,讹白满纸,盖出于三家村学究之手,较坊贾又下矣。所选关云长、诸葛亮之文,半出小说中,然则三家村中古文大师,已奉《三国演义》为正统矣。文震孟序(天启二年1622)。"

是书今有美国国会图书馆藏明天启间刻本。

■ 唱酬集一卷　未见

(明)孔宏颐等撰。宏颐有《北游咏》,本部别集类已著录。

是书,《山东通志·艺文志》集部总集类据《阙里文献考》著录。未见传本。

■ 古文选无卷数　佚

(明)孔贞慎编。贞慎有《诗经便览》,经部诗类已著录。

是书,《江苏艺文志》据乾隆《高淳县志》本传著录。《孔子世家谱》三集平阳派贞慎传无此书。

■ 圣庙诗集一卷、圣茔诗集一卷　存

(清)孔胤淳辑。胤淳(衍淳)有续修《曲阜县志》,史部地理类已著录。

是书,曲阜师范大学图书馆藏有清康熙六年刻本,白口单边,八行二十字。版心镌有书名、卷数、页码。每卷一册。卷一为《圣庙诗集》,内题"世尹孔胤淳订辑",收诗自汉蔡邕《登奎文阁》至兖州府知府金一凤《谒圣庙》,共五十叶。卷二为《圣茔诗集》,内题"阙里世尹加衔东昌府通判加三级孔胤淳订辑",收诗自唐李白《谒圣林题林楼》至黄敬玑《谒防山》,共四十叶。书前有孔胤淳康熙六年《庙茔诗序》,云:"论道统则旷世罕觏,论文学则代不乏人。文学者亦道统中之支流余裔也。凡学士先达之登阙里之庭、游泗隈之室者,罔不怦怦于心而低徊不能去,或为短章,或为长歌,或掷地留金石之声,或倚天布云霞之势,或峭如悬冈之不可攀,或丽如春山之不可掩,连篇累牍,以至充栋之简不能载。淳浥承麟玉,谬宰桑梓,未窥家学之全豹,颇竟斯文之郛郭。政事之暇,爰勒搜辑,拔其尤者,汇为二峡。用公同人。庶前人之心思、祖德之光大,均可借是以不泯矣。"按:《中国古籍善本书目》等亦著此书。

是书今有曲阜师范大学图书馆藏清康熙六年曲阜孔氏刻本。

■ 风雅伦音补韵无卷数　未见

（清）孔尚典编。尚典有《孔天征文集》，本部别集类已著录。

是书据《江西通志·艺文略》著录。未见传本。

■ 唐宋八家文选无卷数　未见

（清）孔毓琼编。毓琼有《晓窗文集》，本部别集类已著录。

是书据《新城县志·艺文志》、《江西通志·艺文略》著录。未见传本。

■ 康熙庚午科顺天乡试礼记房硃卷一卷　存

（清）孔尚先等撰。尚先字绳武，号念庵，牟平派敕封文林郎、翰林院检讨贞晓次子，孔子六十四代孙，康熙二十年辛酉副榜，三十六年成进士，选翰林院庶吉士，改检讨，充方略、典训二馆纂修官。五十一年，督学山西，敕授文林郎，提督山西全省学政，翰林院检讨加一级，诰赠中宪大夫。

是书，《中国古籍善本书目》集部总集类著有清康熙刻本。按：《孔子世家谱》牟平派六十四代尚先传不著此书，云：尚先字念庵，康熙辛酉副榜，入京师，交当世知名士，学日益富。正红旗教习期满，以知县用。庚午，举顺天礼经第一人。丁丑成进士，选翰林院庶吉士，尤精国书，御试辄高等。改检讨，充方略、典训二馆纂修官。庚辰六月，召试畅春园，赐坐、赐食、赐御书字，皆一时异数也。乙酉，典试广西正考官，时广西巡抚为相国萧公，于人慎许可，独一见公遂敬之，叹曰：此圣人裔，其行事迥与人不侔也。壬辰，督学山西，训饬士子，以德行为先。历考三晋忠臣、孝子、义夫、节妇，旌表无遗。亲老致仕。敕授文林郎，提督山西全省学政，翰林院检讨加一级，诰赠中宪大夫。子二：衍似、衍傃。又民国《牟平县志》卷九黄叔琳《提督山西学政翰林院检讨念庵孔公墓志铭》略云："宁海孔先生，以疾卒于家，其嗣子因余之门人，持其状以来乞铭。先生余之庚午同年友也，讳尚先，字绳武，号念庵，系出曲阜至圣裔……先生生于顺治甲午年三月十五日，卒于康熙庚子年二月八日，享年六十有七。元配宋氏，赠孺人。继娶王氏，处士应高公女，封孺人。侧室孙氏，山西交城县廪生讳灿妹。男二：长衍似，廪贡生，候选主事；娶曲氏，戊戌科进士内庭教习候补中书讳橚公女，王孺人出。次衍傃，幼未聘，孙氏出。女三：一适太学生王元珩，一适丙戌进士云南临安府嶍峨县知县赵公讳资长男郡廪生中洁，俱王孺人出。一许字丁酉科举人曲公讳不侔次男瀛，孙氏出。孙男一：

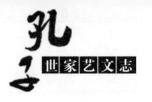

兴筹,幼未聘。孙女四:一许字工部司务于公讳熙学长男致;一许字甲午科武举候选都司王公讳从绳男衍绪。二、四未尚许字。"尚先能诗,但不轻作,《国朝山左诗续钞》选有其《送林少干还闽》一首。《牟平遗香集》此诗之外,另选其《重九后一日登高》、《书呈兰翁年兄》、《寿李翁七十》、《咏梅》诸作。其《重九后一日登高》云:"昨日登临地,再来兴转雄。眼开平野外,人在帝城中。秋水连莎碧,斜阳照晚红。飞鸟惊不定,犹是向台东。"又《咏梅》云:"盆梅又绽一年春,才吐珠光便可人。几朵绿英开早艳,半帘花雾逗芳尘。烟笼疏影寒香满,雪点横枝月魄新。说与俗人应未识,罗浮梦里想前身。"兹录之,略窥其生平意趣与怀抱!又见《牟平县志》文献志载有尚先衣冠像一帧,更觉形象可感。

是书今有国家图书馆藏清康熙刻本。

■ 燕九竹枝词 *存*

(清)孔尚任等撰,袁启旭纂刻。尚任有《易经系辞讲义》,经部易类已著录。

是书据路工编《清代北京竹枝词(十三种)》本著录。书内计收曲阜孔尚任(东塘)、宛平陈于王(健夫)、宣城袁启旭(士旦)、宜兴蒋景祁(京少)、嘉善陆又嘉(宫揆)、宜兴周兹(文在)、嘉善柯煜(南陔)、江阴王位坤(育公)、嘉善曹源邺(书能)九人七绝诗各十首。前有袁启旭康熙癸酉序。按:此书为阿英最早发现,且撰《谈〈燕九竹枝词〉》记其事,文云:"意外地从书店丛残里得到一本《燕九竹枝词》。这是康熙癸酉(1693)宣城袁启旭(士旦)纂刻的《燕九雅集》九人诗。尤其意外地,是在这九位诗人中,领先的竟是《桃花扇传奇》作者孔尚任(东塘),甚至他的燕九诗还是他的集外稿。这就不能不记了。竹枝词有袁启旭叙:'京师以正月十九日为燕九之会。相传元时丘长春于此日仙去。至今远近道流,皆于此日聚城西白云观,观即长春修炼处也。车骑如云,游人纷沓,上自王公贵戚,下至舆隶贩夫,无不毕集。'所记与《帝京景物略》、《酌中志》等书相仿佛。孔尚任、袁启旭等,也就在这一天'走马春郊,开筵茅屋,命简抽毫,各为十绝句',反映了当时情况。"又云:"有关北京的竹枝词刻本专集,我所见到的,这是较早的一种。对艺人的看法,虽不无可议之处,却真实地、形象地反映了元夕前后和燕九节当时的情景和风习。孔尚任佚诗的发现,更足以看到他对生活的热爱,和他的《平阳竹枝词》六十首,堪称姐妹名篇。"又按:孔尚任燕九诗,《孔尚任诗文集》已作为补遗附于书后。其《平阳竹枝词》实五十首,另十首为《平阳柳枝词》,载见《长留集》。历城王苹《二十四泉草堂集》卷十一有《曲阜客中,孔户部东塘招饮话旧》诗,注云:"户部近有《平阳竹枝词》数十首。"

是书今有清康熙间刻本;1962 年 8 月北京出版社排印本;1982 年 1 月北京古籍出版社排印本等。

■ 古文源六卷 未见

(清)孔传铎编。传铎有《礼记摘藻》,经部礼记类已著录。

孔传铎《安怀堂义集·古文源序》:"文章之矩矱,尽在周末秦初焉,马班源流,于是为出,诚后学所宜奉为鼻祖也。然诸子浩繁,欲尽取而读之,则穷年莫殚,譬游五都之市,陆离眩目,苟非卓然胸有成见,奚从而得其要领哉?余友顾子天石每勗余为古文,常握笔不敢轻下,恐画虎不成也。因再四踌躇,知此道未易言之。及闲窗辈几,展古人之文而读之,辄不禁跃然心喜,时方课儿,欲令其肆志于古,因取《国语》、《国策》、《檀弓》、《考工》及《庄》、《骚》之文,各录其十之二三,盖皆味之尤月曳而近人、无大艰深诘屈者授之,使为晨夕之课。顾子坐余斋头,翻帙见之曰:即此足矣。奚必私之一家? 虽出而公之海内,以为子弟学文之捷径,何不可哉! 遂劝余授之梓焉。虽然,余识胆未定。古人成书,皆若日月经天,江河行地,岂敢有所去取割裂于其间? 要之,管窥天者虽未能知天,而不得谓管中之非天;锥指地者虽未能知地,而不得谓锥下之非地也。于是,订为卷帙者六,庶使儿辈便于记览,名曰《古文源》。知余者,其谅余取之廉,而勿谪余轻议古人也。"兹据著录。按:《山东通志》、《阙里文献考》、《著述记》著录此书皆作二卷。

■ 旧雨集二卷 存

(清)孔传铎编。

是书,《中国古籍善本书目》著录上海图书馆藏清抄本,题"清红萼主人辑"。"红萼轩"为传铎室名,《清史稿艺文志拾遗》遂据改题"孔传铎编"。孔传铎《安怀堂义集》载有此《集》序,曰:人生所最快意者,惟是晨夕与二三知己往来倡和、赏奇晰疑耳! 乃知易著同人,诗歌伐木,良有以也。然此境每不易得,以天地之生才不偶,千里百里,或因山川间隔,否则,出处殊途,故往往有生平知己偶焉天各一方,不无晨星零落之感,徒有喟然于秋水兼葭而已。则甚矣! 友朋相聚之难也,其所赖以常聚而不散者,犹幸有诗之一道。盖诗者,言情之所为作也,或唱酬于花朝月夕,或赠答于倾盖班荆,或托物以写心,或寓言以见志,或古风,或近体,总之,不拘格律,无非抒发胸怀,谓作者之一片苦心,其可湮没耶? 余因于捡阅之下,每留心骚客之咏吟,见有佳者,辄击节叹赏,录以存之,除经梓刻流传不载外,即四方巾帼衲衣与邮亭驿壁之句,亦所不废。今年春,

始得汇辑成帙,共若干首,其中诸君子,非余千里之神交,即属先世之夙好,爰题斯集曰《旧雨》,吾不敢谓将以传诸君子诗也,庶几置之案头,晨夕展玩,亦如对此二三知己也夫。

是书今有上海图书馆藏清抄本。

■ 祖妣吕太夫人祭文二册 未见

(清)孔传铎编。

按:其书未见传本,孔传铎《安怀堂文集·祖妣吕太夫人祭文弁言》云:余先祖妣吕太夫人生于崇祯十一年戊寅八月初十日,享年八十一寿,卒于康熙五十七年戊戌三月十六日,葬于己亥之孟冬十月二十有二日,自告终迄葬,凡四方姻戚、宗党之惠赐吊唁者,上自公卿大夫以逮士庶,靡不啁悲致诚,修铭诔词章以来哭奠,积文成帙,不下数千万言,其中,各辟新裁,无美弗备,为风为雅,为楚骚,为骈体,为叙记,体虽或繁简不同,整散各异,率皆琬琰珠玑,令人目不给赏,余固录其文之尤佳者,汇为二册,以便不时展阅,庶几不没诸君子之高情,且益深余春露秋霜之感于无穷云尔。

■ 学步唱和集选 未见

(清)孔传铎编。

孔传铎《安怀堂文集·学步唱和集选序》:"《集》以学步名者,余兄弟始事捄觚,犹寿陵之学步邯郸,未成步也。其同会诸君子,或四方,或同邑,或吾宗,而皆以学步名者,余忝司兹会,诸君子俯从余志也。其四方诸友,或偶一至焉,或岁频至焉,或信宿余家,或十年不去,但同心者,辄邀入会,而同邑、同宗诸子,鼓舞其间,为之酒茗,主者叔氏及余兄弟,周而复始焉,此会之大概也。每会以一诗一词为率,诗则古律不拘,词则短长任取,必拈韵,必阄题,必沉思,必苦吟,无愆期,无缺补,此会之规则也。起戊寅,讫戊子,月必两举焉,或一举焉,此会之定期也。而自戊子以后,辄中辍者,盖诸君子或归其里,或散之四方,或已物故,非复曩时之盛,为可慨也。然是十年之中,晦冥不移,寒暑无旷,相与分题刻烛,惨淡推敲,在余兄弟,未尝无益,而诸君子亦各抒其性情,则是《集》也,亦有一番精神在焉,岂漫无可存者哉?独是,诸君子聚而散,散而聚,聚其前之入会者,或不及待后之人,后之入会者或不及见前之友,或久留不去者,既侣其前,又偕其后,凡此,参错不齐,皆得谓之同人,亦足以征岁月之如流,而人事之推迁矣。余是以感焉。兹录其尤者,汇为一帙,名之曰《学步唱和集选》,余聊以自镜,并志一时同事之盛于不忘云。"兹据著录。未见传本与书目著录。按:此所谓"叔氏及余兄弟",当指孔毓埏与孔传钰诸人。诸人得多著述,盖得力于厥初不少。而其影响所及,子侄与孙如孔继汾、孔继涑、孔继浩、孔广林、孔广森等,皆不负所学,有所造就。孔继涵的父亲孔传钲,与孔传铎亦为同父兄弟,继涵与子广栻,受其濡染,三礼、春秋之外,天文、地志、金石、算法,及宋元名家小集,无不博综,诗古文辞,有名于时。尤其继涵,列名《清儒学案》,著有《词集》九卷,人呼"斫冰词人"。凡此,皆赖诗社先声之不坠,宗子督导之有方也。故传铎于孔氏族群之振起,可谓居功伟矣。

■ 湖山吟集无卷数 未见

(清)孔衍谱等撰。衍谱有《小岸诗》,本部别集类已著录。

是书,《山东通志》、《续修县志》著录,《阙里孔氏诗钞》衍谱传亦载之。《山东志》谓"《山左诗钞》衍谱一条引颜介子曰:先生性通率,自农部即世,隐居湖上,自放于酒,与邑人陶湘、孔衍钦、毓璘、颜懋龄、懋侨、懋伦,及其弟衍志为'八子',有《湖山吟集》。"此书似即"湖山吟社"八子唱和集也。独惜未见传本,不得一相印证。

■ 鹭洲集 未见

(清)孔兴浙编。兴浙有修《兴国县志》,史部地理类已著录。

是书,同治《白鹭洲书院志》卷二著录,略谓兴浙"钱塘人,进士,主讲鹭院六年,著《鹭洲集》",并录其《学说四则》。按:是书系裒集众家之汇编,非为兴浙一人之专集,兴浙自谓其书"或采自旧文,或得自近侣,或出自鄙怀",故其《鹭院志》称是书为"著"似嫌不妥,至于称兴浙为"进士",尤属失考。此编未见传本与史志著录,然在当时确为成书,该《志》卷四载兴浙《万竹亭怀古》(用许丁卯"疏影月移壁,寒声风满堂"为韵十首),白鹭洲书院杂韵《兴贤渡》、《鹭池》、《赐额门》、《道心堂》、《吉台》、《正谊堂》、《风月楼》、《云章阁》、《书仓》、《万竹亭》、《时雨亭》、《浴沂亭》、《复古亭》、《永堤》、《柳径》、《桃溪》、《竹坞》、《桑园》诸篇,以及徐俯、晏璧等十九人所作诗,明言"从孔氏《鹭洲集》采增",即可证明。又考兴浙诗文未结集,其《学说四则》旧籍仅见于《鹭院志》,其文虽寥寥数则,然颇可窥其志趣与识见,文云:一、学莫先于立志,志圣贤之志,方为学圣贤之学。士子终日呫哔而不定志,所向则无以别白黑而决从违,即闻见聪明,玩物丧志,有书自书、我自我之病,故士贵远大其器识,凡所读书返身体验,勤勤恳恳,此志不懈,自觉口里亲切有味,身上受用不穷。许文正所谓此心如印版,一版正,版版皆正。同人当切念之。尝见漳浦蔡宗伯寄子弟书有云:吾家子弟,最宜常勖以立大规模、具大识见,不可沾沾焉贪目前,安卑近……二、志以气节为重,气以志帅,志趋不苟,

自知集义切近,如《小学》切实,如《西铭》力行而躬体之,浩然之气所由充塞天地之间,若见地不高明,心地不开朗,所为一切苟且皆是客气,虽日敦诗说礼,胸中毫无把握,耳濡目染,习以渐移,如读书骛虚名、考试驰声誉,真实者当不如是,是亦气节不素励之一端。前辈读书讲学,字字都从心里钻研,事事都从身上体贴,所以,当时士气倍奋,风气日开,仰止先哲如文忠、信国、整庵诸贤,模范不远,愿与同人共切向往,使乡有端人,而出为国士,是学者第一关头。三、通经所以适用,学者或专一经,或兼习五经,此为场屋举业言也。平日则务肆力于六经,更充之至十三经,博涉《通鉴纲目》等书,所见自然卓越,发为文章一定精彩,根底五子及儒先粹书,理道益见实地,然言之不文,行之不远,工夫亦只在多寡生熟不同。韩子云:根之茂者其实遂,膏之沃者其光华。谓含咀者富自出,必有物也。老杜云:新诗如弹丸,谓文之入妙,无过熟也。果然漱芳润于群艺,运匠巧于一心,粹然渊然,为盛世之鼓吹,传不朽于来兹,文章非小道矣。若离经背道,矜异吊诡,有失清真雅正之成规,必不见许于哲匠,愚虽识力荒谬,亦断不肯以欺人误人,西江向来瓣香,曾、王而上,必祖庐陵,士生兹地,可不自奋?多文为富,熟能生巧,虽浓淡平奇极不一格,而左右逢原必轨于道,则造车合辙之喻,可以不言而券。至于诗言志,赋陈事,不独童而习之可储清华文苑之选,亦因以理性情,谐音节,不致诗之失愚,词人之赋丽以淫也。其说当亦如论文。四、学必有师友,乐群所以敬业也,使师友相处晨夕,不闻认真劝善规过,则与索居之感何异?学者群居一堂,务以崇德辨惑为大,而藏修息游,各领其意趣之所在,日计不足,月计有余,自觉相观而善,譬如土寄旺于四时,四时各受其益,朋友叙列于五伦,五伦咸得其辅,不沾沾于一日之长也。谢叠山曰:天下有达道不曰朋友,而曰朋友之交,交者,精神有契,道德有同,非外相慕也……

■ 微波榭钞诗三种八卷 存

(清)孔继涵编。继涵有《考工车度记》,经部周礼类已著录。

《双行精舍书跋辑存续编》:"《微波榭钞诗三种》八卷,清孔继涵编,稿本,二册。山东省图书馆藏。《微波榭钞诗三种》:《南岳吟稿》(刘克庄撰)、《张泗州集》(张公庠撰)、《古梅吟稿》(吴龙翰撰),凤笙题署。岳下诗误吟。"兹据著录。按:继涵家富藏书,尤喜搜罗散佚,考此帙所收均为宋人诗集,书凡九行二十一字,无格。《古梅吟稿序》叶有孔继涵"丙申年丙申月廿七日,日亦丙申也。以鲍以文藏明刊本校,卷数俱同"题记。《中国古籍善本书目》、《山东省图书馆馆藏珍品图录》据以著录。"鲍以文"即乾隆时著名藏书家鲍廷博也。

■ 炊经堂友朋诗文杂稿一卷 存

（清）孔继涵辑。

是书，北京大学图书馆藏有稿本一册，扉页抄有："上示帝祢闰玉珏士艸苔其葵莒苦艾荠莽荇蒂盖蕡菲莫小尒尚半告口问啬荅否衙品只右"。所收诗文作者计有：江衡（眉君）、张勋（瘦铜）、孔传钲（炊经堂）、陈璐、孔继涵（微波榭）、周昱（依堂）、周辅（补堂）、张枢（苏田）、北平黄叔琳、元和徐葆光、长州蒋恭棐、吴门徐陶璋、黄登贤（忍庐）、仇永清（一鸥）、戚学标（鹤泉）、张焕（乐愚）、盛晓心（云思）、郑书田（大山）、长洲女史程茯娥（绣松、双松）、张大楷（筠圃）、蝶庵［孔传锫］、顾彩［天石］。卷首有三序，前二序皆刻印而成。其一为《五经文字九经字样序》（此序半叶十二行，行二十四字。版心有"四雨庄"字样），略云："吾友孔君继涵重刻《五经文字》、《九经字样》，共四卷，并指正妄人明诸生王尧典《石经补缺》之讹，撰《五经文字疑》、《九经字样疑》合一卷，附以行世。今元度《五经字样》不传，天佑斯文，以孔君一卷之书当之，与《中兴书目》五卷之数得符。古今著述，灵异不泯，非偶然也。读是书，有复古之思矣。东吴小茅山人张埙序。"序二（此序半叶十一行，行二十一字，四周单边。版心有"红桐书屋集"、"藤梧馆"字样）云："呜呼！人之于父母之邦，不必有名山大泽也。一皋之荣，一镺之清，童而习之，宜于性情，易以嵩华潇湘而不愿。昔吾夫子生衰周之世，擅素王之尊，乃摄相未已，婢口出走。于是，悼舜华之见杀，揽香兰之独茂，卒归老尼防洙泗之上，与诸弟子被服诗书，依其父母之灵魄，以终正考父之鼎铭，不云乎饘于是、粥于是，司马迁曰：'天者人之始，父母者人之本也，人能舍父母而有所属哉？'孔子及今二千余百年，其地无征鼓鸣镝之罹，其俗无昏瞀载诶之习，其子孙皆能衣儒者之衣，言儒者之言，非祖庭之荫不及此。圣人依父母以终，而今之子孙，以圣人为父母，欲求毋隳勋绪，亦极难矣。际国家重熙累洽，政和化美，曳杖于疏林落日之时，上斗鸡之台，徘徊于十二门墟，风光犹是，而哀乐不同，仰而思俯，而掇备一二掌故，亦斐然可观者焉。乃修阙里之书者，弗见罪于风雅，则偶触于盛衰兴替，而博征于三老，亦作者之体宜尔也。吾友孔君继涵有忧于此，创为杂事词一百首，始于穷桑大庭，逮乎委巷幽人，贞节瓴瓽堂斧皆入，考校其文，剟瑕砾而搴萧稂，雅驯者居多，盖父母之邦，见闻而知之，不必系马于郭门，停舟于水浒也。王良造父御虽良，而赴之羊肠曲坂，则辔筴不合；卢氏扁鹊术虽神，而施之花首黥面，则筵脉不准，无他，不习之故也。况所习者，圣人之乡之流风遗韵乎。乾隆二十七年壬午十月东吴张埙谨序。"序三云："红桐书屋者，孔孝廉荭谷读书之处也。予来阙里居此屋九十日，成拟古乐府若干首，荭谷亦如之，各编为二卷，今统录之如左。窃以词最晚出,然怨而不怒,哀而不伤,备三百篇、九章之遗风焉。自汉以降,所撰乐章半由儒臣进御,凡郊庙迄乎闺闼,彬彬可观。宋兴,词人蔚起,大晟乐府设有提举专官,虽五茎六英,其时帝王之德不能称是,乃以所被篇翟者跻乎永嘉前后,尚其庶几。今予两人所为,亦以欲争骚雅之原,必识其大者远者,较诸练裙团扇淫靡巧笑,其罪可逭。有罪我者不?且曰:此麒麟之楦邪?乃饩羊告朔夫子,何以存之也?若区区愚钝,貌合神离,茌谷则不然,予又其能免于此乎?"按:序作者张埙,字商言,吴县人。乾隆三十年举人,官内阁中书。有《西征》、《热河》、《南归》等集。《蒲褐山房诗话》称其"才情横厉,硬语独盘。生平与翁覃溪、赵云松、孔㦤谷诸君友善,故考证、金石及书画题跋,颇为详赡可喜"。

是书今有北京大学图书馆藏稿本。

■ 拟元人梅花百咏一卷　未见

(清)孔璐华编撰。璐华有《唐宋旧经楼诗稿》,本部别集类已著录。

是书,《历代妇女著作考》著录旧抄本,云:璐华得元版韦珪《梅花百咏》一卷,乃约同闺友三人,暨大儿妇、六女六人,依次分题,各咏五律十余首,共成百首。题下署旧经楼者,孔璐华(经楼)也。静春居者,刘文如(书之);咏絮亭者,谢雪(月庄);女萝亭者,唐古霞(庆云)。此三人,均为阮元侧室。青藜馆者,刘涧芳(蘩荣),阮元之媳。百梅吟馆者,阮安(孔静),阮元之女也。前有孔璐华序。序曰:"《四库》未收唐、宋、元书不少,夫子采访一百余种,进呈御览。乙亥夏,在吴中抄得元版韦珪《梅花百咏》一卷,前有杨铁笛序,读之甚为可喜。但其诗皆是七绝。长夏盛暑,官斋清暇,约同闺友三人,暨大儿妇、六女共六人,依次分题,各咏五律十余首,共成百首。诗成又互相商量,改正抄写,排成一卷。较之元人,未知能否相拟也?时六女学诗,初能吟咏,请名其书斋,即名之曰'百梅吟馆'焉。时嘉庆二十年冬阙里孔氏识于南昌节院。"又《名媛诗话》卷十:"孔经楼夫人,得元韦珪《梅花七绝百咏》,遂令刘书之宜人、谢月庄宜人、唐古霞女史,及长妇刘涧芳(蘩荣)、长女孔静(安)同赋五律百首和之。争奇角胜,各有新句。"按:此本《中国古籍善本书目》等未见著录,不知尚存世否?

■ 南园旧雨集一卷　未见

(清)孔传颜辑。传颜有《濠上观鱼轩书目》,史部目录类已著录。

是书,民国《南海罗格孔氏家谱》艺文著录,并载其自序云:"桃李名园,叙天伦之乐事;南园结社,振骚雅之词坛。我思古人,良有以也。余于乡之南、祠之左,因树为屋,刘草成园。地拓半弓,留人丛桂。池开方丈,夹路修篁。无多亭榭奇观,少有林泉逸趣。窗连南亩,见耕耨之勤劳。门对西樵,襄云岚之变幻。或率子弟咸集课诗,或偕弟昆同欢杯酒。岂敢追踪于往哲,聊以蹔适于予怀。是秋,香石先生、苍厓词长,爰招雅客,共泛诗航,得接盘桓,几忘宾主。杀鸡为黍,我惭北海之樽;倚马雕龙,群钦东阁之彦。相与品题六境,唱和诸诗成集,哀然斯园不朽。未揣固陋,自识数言。"按:孔昭仁《乡试硃卷履历》载有此书,不题卷数。传颜,清乾隆三十七年(1772)八月十六日生,嘉庆十四年(1809)七月二十六日卒,年三十八。

■ 海岱人文三十三种四十五卷　存

题(清)颜崇榘辑,孔广栻补辑。广栻有《周官联事》,经部周礼类已著录。

是编据《山东文献集成总目图录》著录。按:此编收入《山东文献集成》第一辑,原题"《海岱人文三十三种》四十五卷,(清)曲阜孔广栻辑,山东省博物馆藏稿本"。后觉题署未妥,于是于第三辑《前言》修改其说,以为书名应作《曲阜颜氏诗集三十三种》,编者应作"曲阜颜崇榘辑,曲阜孔广栻补辑",而《总目图录》出版时,复将书名改回原题,编者则维持改题,实皆非是。此编于本书原可弃之不著,无奈,既为孔氏艺文专《志》,不收恐人以为漏著,故而权借此番著录,再作些许梳理。八年前,予因撰《孔子故里著述考》,三赴山东省博物馆查阅此书,除详著各书于每人名下,另于颜伯璟《孝靖公遗诗》条加按曰:"本书为《海岱人文》之第三十六种,《中国古籍善本书目》等俱漏录。考《海岱人文》一书乃重要颜氏家集,涉及颜氏十三位作家、三十六种诗集,不少诗集赖之以存。惜《中善目》著录此书多有漏误、未妥之处(详见有关条目)。其书凡四函十册,书高29.2厘米、宽18厘米。其中,颜光猷《水明楼诗》六卷二册为第一函;颜懋侨各集为第二函,共四册;自颜光敩《怀轩遗稿》至颜懋企《西郭集》,统二册一函;其余二册(其中颜伯珣《祗芳园集》、《续集》占一册)为第四函。全书除颜懋侨《十客楼稿》、《半江楼稿》、《雪浪山房稿》及所附《幼客先生行状》以刻本补入,余皆手抄,朱笔圈点,间有批语,朱墨灿然,颇称雅整。其《水明楼诗》六卷,乃乾隆乙卯孔氏微波榭抄;《江干幼客诗集》首叶有'乾隆癸丑冬十月十四日戍颜运生崇规(榘)学博所贻。一斋'(孔继涵之子孔广栻)题记;《十客楼稿》后有'道光辛丑四月同里及(后)学孔宪彝读过,选入《曲阜诗钞》若干首,识之。'跋语;《西华行卷》后有'道光辛丑首夏同里孔宪庚拜读'一行。《怀轩遗稿》、《小颜家诗》、《孝靖公遗诗》等皆有颜崇榘乾隆癸巳跋。另为序跋题辞题诗者,如卫既齐、江闿、唐周基、耿愿鲁、李柟、于觉世、顾汧、袁佑、孔衍樾、唐孙华、李澄中、傅谊、洪升(以上《水明楼诗》),颜伯珣、李克敬、孔贞瑄

（以上《祗芳园集》），刘藻、牛运震、郑板桥（以上蕉园集），吴懋谦、桑调元、汪芳藻、颜懋企、颜懋价、何毓琦、胡二乐、陈璐、黄畹等，计有数十家。其中如牛运震、何毓琦、桑调元等，一人多序数跋。有些序跋不见于别书，王献唐先生即曾从中抄出郑板桥《蕉园集序》，以补他书之缺。由书中题记、批语看，编内所收多为孔宪彝、孔宪庚编选《曲阜诗钞》用书，凡入选篇目皆钤'孔'字小印。另外，考清代颜氏诗集有三次大的辑抄整理，一是乾隆三十八年颜崇槼，二是嘉庆三年孔广栻，三是道光二十一年孔宪彝、孔宪庚，他们对诸书的保存流传厥功甚伟。然此书编排颇无伦次，且不收颜光敏《乐圃集》，故今本《海岱人文》当非知情人所为……此书之称《海岱人文》，仅每函首册钤有一印。且一家之集，何冠此称？其书疑点尚多。"但总体认为，其书既非颜氏所编，也非孔氏手辑，故《孔子故里著述考》不将其作为著录对象立目，而仅作为各集的一个版本处理。之后，予又于上海《图书馆杂志》刊文进一步论述。以为所谓《海岱人文》，开本、装订，整齐划一，度其成编时间，必在道光二十一年之后，且必非孔、颜二氏知情人所为，不然，孔宪彝定于《阙里孔氏诗钞》、《曲阜诗钞》诗人小传中有所述及，《续修县志》、《著述记》，甚至《山东通志》及孔广栻诗文集也不应毫无反映。若出二氏，尤其像颜崇槼、孔广栻这样较知名的学者，编排其书，定不致如此前后失序，更不会将大名鼎鼎的颜光敏漏掉。试想，曲阜颜氏以颜光猷、颜光敏、颜光敩兄弟三人最负盛名，而三人中尤以颜光敏为翘楚，其《乐圃集》七卷乃由诗坛巨子王士祯所手定，施闰章为之校刊。另外，光敏之子颜肇维亦能诗，且有《钟水堂诗》等集行世。既编家集，光敏叔、父、兄、弟、侄、孙、女均已囊括，岂独光敏父子遗而不收之理？何况二人诗集广栻皆曾玩赏，或批校，或写目，颜崇槼更是颜光敏之嫡曾孙，若真由二人汇编补辑，又岂能遗而不收，徒贻口实于后人哉！而令人欣喜的是，屈万里先生等于民国二十六年编纂的《山东省立图书馆善本书目》著录此编不仅明题"清王懿荣辑"（《中善目》即本此著录），而且于条下小字注云："清福山王氏汇辑微波榭抄订底本"。此不仅与予平日考察完全相合，即与民国二十一年王献唐跋孔广栻《藤梧馆金石题咏集录》"前见《海岱人文》先生集抄各书"的说法也不相悖。因为，王先生说的是"《海岱人文》先生集抄各书"，亦即《海岱人文》所收各种"微波榭抄订底本"，而非先生集抄《海岱人文》之各书！二位乡前辈之著录距王氏过世仅二三十年，相去未远，文献足征，所以，称此编为"清福山王氏汇辑微波榭抄订底本"而成还是比较可信的。惟其书冠名《海岱人文》未免不类，考此前以其名题者有清初施闰章撰《海岱人文序》，只不过其文乃有感山左人文之盛而作，非为一地一姓丛编之弁言。文称："昔人有山文、海文之喻，予谓齐鲁形胜甲天下，枕山带海，必兼兹二者表泱泱大风，目曰'海岱人文'，志盛也。"王氏独举一家不全之诗集冠此名称,固不可解,或许,《海岱人文》原本就是王氏的一个编纂计划,王氏将所得颜氏家集列入其中,本无不可,只是,计划未完成,显得太名不符实了,揆诸实际,或将其改为《曲阜颜氏家集三十六种》,更觉稳妥。

■ 国朝三元题咏二卷 存

(清)孔传纶辑。传纶有《嘉庆己巳恩科会试硃卷》,本部别集类已著录。

是书,《东北地区古籍线装书联合目录》集部总集类著有鲁迅美术学院图书馆、吉林省图书馆藏清咸丰六年汉阳叶氏福元书室刻本。按:传纶善吟咏,而诗多散佚,《试帖仙样集裁诗十法》载有"孔传纶"《红莲稻》,而不注字号、籍贯,似即所作,录以备考。诗云:"稼穑吴乡谱,西成报瑞先。问名原紫稻,别种又红莲。鹦鹉休教啄,鸳鸯误欲眠。爱称君子谷,不谢美人船。不是凌波出,依然映日鲜。捕宜人步处,收在雁来前。似豆炊无客,如霞啖即仙。三农应击壤,歌好唱田田。"

■ 三元喜宴诗二卷 存

(清)钱棨、孔传纶辑。

《东北地区古籍线装书联合目录》史部传记类登科录之属:"《明状元图考》三卷,(明)顾祖训编,(明)吴承恩、(明)程一桢增益,(明)黄应澄绘图;《三元喜宴诗》二卷,(清)钱棨、孔传纶辑,清刻本。辽宁"。兹据著录。

■ 孔氏文征、孔氏文征别录 未见

(清)孔继鑅辑。继鑅有《孔北海年谱》,史部传记类已著录。

孔昭荣《会试硃卷履历》:"祖继鑅,字宥函,号廓父,道光壬辰科举人,国子监学正学录,丙申恩科进士,钦点主事,签分刑部奉天司行走,分发南河同知,历署睢南、萧南江防同知,扬河通判,升用知府,赏戴花翎。咸丰八年,殉难浦口,恤赠太仆寺卿衔,给予云骑尉世职,谕赐祭葬,敕建浦口专祠,入祀扬州昭忠祠,诰授朝议大夫,晋赠中议大夫。著《备忘录》、《孔北海年谱》、《孔氏文征》、《孔氏文征别录》、《心向往斋锄余集》、《湖海集》、《壬癸诗录》、《于南诗录》、《江上繁箭集》、《用陶韵诗集》、《杜词文杂著》。"兹据著录。未见传本与志乘著录。

■ 文选精华二卷 未见

(清)孔继勋编。继勋有《北游日记》,史部传记类已著录。

是书,民国《南海罗格孔氏家谱》艺文著录,未见传本与书目著录,其子广镛、广陶

所撰《显考炽庭府君行述》及劳崇光《六十九世敕授儒林郎翰林院编修诰赠资政大夫炽庭孔君暨许太夫人合葬墓志铭》称其藏于家。

■ 杜苏诗选二十卷　未见

（清）孔继勋编。

是书，民国《南海罗格孔氏家谱》艺文著录，未见传本与书目著录。其子广镛、广陶所撰《显考炽庭府君行述》及劳崇光《六十九世敕授儒林郎翰林院编修诰赠资政大夫炽庭孔君暨许太夫人合葬墓志铭》称其藏于家。广镛、广陶《岳雪楼诗存》题记亦称其"平日于诗实肆力于杜、苏为尤多，手批两家诗选二十余卷，韦编几三绝矣。奈亦散逸不全，惜之"。

■ 云泉题唱二卷　未见

（清）孔继勋辑。

是书，民国《南海罗格孔氏家谱》艺文著录，略云："云泉山馆记：白云濂泉之间，有宋苏文忠公之游迹焉。大清嘉庆十七年，香山黄培芳，番禺张维屏、黄乔松、林伯桐，阳春谭敬昭，番禺段佩兰，南海孔继光，修复故迹，道士江本源、黄明薰董其役，拓胜境二十，靡金钱若干。次年，闽人伊秉绶适来观成，乃为之记，而系以铭……"又继勋道光二十一年辛丑记谓："吾粤张曲江，肇风雅之始，有明南园五先生，前后继响。至我国朝，三家而后，诗教昌明，人才崛起，彬彬乎和其声，以鸣国家之盛。吾师香石先生，与诸词人筑云泉山馆于古木飞涛之间，勋亦得与列焉。惜仆仆风尘，游息之日少。戊戌，乞假南归，而三径就荒矣。爰就同志题唱之作，选抄成帙，他年付之剞劂，亦聊以识雪泥鸿爪云尔。"按：此卷又载翁方纲嘉庆十八年癸酉上春八十一岁《题云泉山馆》云："广州城北云泉馆，张子索我云泉诗。白云濂泉我未到，八年吟望恒于斯。远追坡公访信老，自寻云外泉出时。近忆渔洋赠范衲，听泉来扣安期祠。百年前记苏诗石，石题亦勒崔公词。我剔粤东金石遍，竟未访得苏崔碑。临别白云若回盼，又四十载诗梦驰。诗翁逸客今选胜，买地一揽云泉奇。依山临磵结亭阁，众绿飞起珠江漪。环碧之楼拜往喆，得非菊坡书室基。苏崔精灵尚来往，且莫远问秦安期。菖蒲笋竹杂磵翠，木棉花风交荔支。他年蒲磵补山志，月坡云迳连轩池。重立苏崔题刻石，渔洋诗或镌并垂。八年未到俗客耳，我诗焉用疗壁为。磵香正发紫含笑，愧答优钵昙花师。"其诗沈津《翁方纲年谱》、陈鸿森《〈翁方纲年谱〉补正》均所未及，因录以备考。又考孔昭仁《乡试硃卷履历》称继勋"著有《岳雪楼诗存》、《馆课诗赋钞》、《云泉题唱》等集"，未确。此书不可视为继勋本人之著作也。

■ 阙里孔氏诗钞十四卷 存

（清）孔宪彝辑。宪彝有《知非录》注，史部传记类已著录。

是书，《中国古籍善本书目》（征求意见稿）著有首都图书馆藏稿本，四册一函，半叶十行，行二十一字，小字双行同，黑口，左右双边。《续修县志》、《著述记》、《贩书偶记》、稿本《续修四库提要》亦著其书。《续提要》谓"孔氏祖述先圣，代有诗人，累世相传，子孙法守，降至叙仲，已七十有二代，绳绳继继，方兴未已，其间诗人，毋虑千百数，或已通显行世，或竟掩没未彰，其遇与不遇，盖亦有幸有不幸者。叙仲是编之辑，乃寓表阐潜幽之意，断自清初，迄于近世，所以不及明以先者，以代远年湮故也。其例凡八。一、孔氏别集，自十一代臧、二十代融而下，不下千余家，而世禩辽远，每多散佚，如三十七代巢父集十卷，虽载在《唐书》，竟尠传本，其他亦多类是。今断自国朝，仿《史通》例限也。二、孔氏辈次，以宏、闻、贞、尚、衍、兴、毓、传、继、广、昭、宪、庆、繁、祥十五字为次。今编次不论支派、科第远近，俱以辈次先后为主，惟衍圣公为大宗主鬯，不在此例，故列之卷首，以志敬宗之意。三、每字辈首名下书孔子几十几代孙，以备考核。自兴字辈以下，则书于大宗名下，后皆从省。四、五经博士，例应衍圣公次子世袭，常博、荫生，则无定例，故凡袭博士者，不书某公子；常博、荫生，则书某公第几子。若世袭知县、执事官，则由拣选授职，不在此例。五、是《钞》或以诗存人，或以人存诗，例与选诗异，故有全稿行世者，所录亦止数十首，而一二残篇，则不暇特择，亟为登入。盖以征求遗逸，表阐幽潜，为初志也。六、是《钞》止载已往之人，其有见存于世者，概不登录，从《昭明文选》例也。七、是《钞》兼附小传，其爵位事迹，俱本之《阙里志》、《阙里文献考》、《曲阜县志》等书，亦有《考》、《志》未载，取诸家传、墓志及族谱者。若轶事可传、诗话可引，不惮纂录，以备知人论世者采览焉。八、孔氏支分派别，若南渡诸宗及流寓户汇为一编，可至数百卷。是《钞》由近而推，限于闻见，不能遍及也。至于闺秀，则另为一编，列于卷末。其例大略尽此，而其选旨亦附见焉。按：汇一家一姓之诗而为一集者，要以《宣城梅氏诗略》为最广，然所收至唐迄明，亦仅数百人，不若孔氏之众。是编所辑，仅断自国初，而其人之盛犹如此，若上推子思以下，迨不胜枚举矣。其所以名《诗钞》而不名《集》者，亦所以别于删诗之意也。"才按：此书刊于道光二十二年，书前有扬州阮元、海盐朱锦琮、镇洋盛大士及孔子七十三代孙孔庆镕、七十四代孙孔繁灏诸序，与孔宪彝《凡例》。繁灏序云："绣山族祖手编我孔氏诗，断自已往，得百余家，选录若干首，厘为十四卷。削稿既定，先君为序卷首，劝其授梓，以事未果。今年秋，复出稿本见眎，繁灏受而读之，则较前又增数家，而先君遗诗已登入矣。"阮氏序曰："道光十八

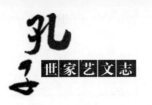

年春,绣山先生以稿本见示,将付梓人,属序其事,亦祖庭之掌故也。"又此书《清志》作《曲阜孔氏诗钞》,《山东通志》作《孔氏诗钞》,盖非据其书也。

是书今有首都图书馆藏稿本;山东师范大学图书馆等藏清道光二十二年曲阜孔氏刻本,2009 年 9 月山东大学出版社《山东文献集成》第三辑影印本等。

■ 曲阜诗钞八卷 存

(清)孔宪彝辑。

是书,《中国古籍善本书目》(征求意见稿)著有中国科学院图书馆藏稿本,十行二十一字,小字双行同,黑口,左右双边。《清志》、《山东通志》、《续修县志》、《著述记》、《贩书偶记》等亦著其书。稿本《续修四库提要》著录道光二十三年刊本,云:"宪彝字叙仲,号绣山,一号秀珊,道光丁酉举人,官内阁中书。尝侍父官津门,与名流相酬唱,一时有才子之誉。继游江淮间,与盛子履、陈云伯相过从,诗才益进。惜屡厄场屋,不获纾其怀抱,退而折节为诗,造诣入王、孟之室,著有《对岳楼诗录》,最为士大夫所称赏。生平留心乡邦文献,世族清芬,搜辑尤不遗余力。尝裒先圣裔诗为《阙里孔氏诗钞》十四卷,举凡孔氏诗人,莫不悉在,纲列目张,极尽表微潜幽之意。既编《孔氏诗钞》,又念曲阜世家,孔氏而外,颜氏最著。次则东野氏。其他如魏氏、贾氏、陈氏、黄氏、桂氏、王氏、毛氏,皆盛于时,复辑《曲阜诗钞》八卷,以便世人有知人论世之概。"又云:"孔氏秉删诗之教,诗家代不绝书,累世相传,子孙法守,绳绳继继,方兴未已,而颜氏诸家,或为孔门弟子之绪,或为洙泗遗民之孙,并皆生长阙里,与闻圣化,诗虽未能悉臻妙境,要亦得乎风雅之正,无跛衮音也。而是编之选,尤能得诗教遗意。"按:此书刻于《阙里孔氏诗钞》梓行之次年,二《钞》乃姊妹篇,读者欲了解清初至本书之编二百年间曲阜诗人之盛,须二书同观并览。此《钞》曲阜师范大学藏有刻本,与《孔氏诗钞》合一函。前有道光壬寅宜黄黄爵滋序,道光癸卯季春陈功序,道光二十二年壬寅夏上元梅曾亮序,道光二十三年癸卯郑宪铨(子斌)序,道光二十一年夏五月孔宪彝序。后有道光癸卯孔宪庚跋。黄氏序云:"生(宪彝)既编《阙里孔氏诗》,因念曲阜世家孔氏而外,颜氏最著,次则东野氏,其他如魏氏、贾氏、陈氏、黄氏、桂氏、王氏、毛氏,皆盛于时,复辑为此书八卷,共五十一人,人系以传,得诗五百余首。于是,微显悉具,典型咸在,曲阜之诗传,曲阜之人传矣。"宪彝序谓:"爰搜访故实,茸《曲阜诗钞》八卷,自孔氏外皆归是《钞》。较《山左诗钞》所载曲阜诸家,人则倍之,诗加详焉。且仿《武定诗钞》之例,人系以传,志其遗言轶事。其伦次先后,以行辈年齿定之,不以科第断。"宪庚跋曰:《曲阜诗钞》八卷,得诗五百六十余首。是《钞》凡十一姓,有因流寓而占籍者六人,计五十一人。方氏一人,则刊板时续入者,故与原序不合云。"

是书今有中国科学院图书馆藏稿本;山东师范大学图书馆等藏清道光二十三年曲阜孔氏刻本,2009 年 9 月山东大学出版社《山东文献集成》第三辑影印本等。

■ 小莲花室图卷题辞五卷、绣菊斋题画题辞一卷附录一卷 　存

(清)孔宪彝辑。

二编,《东北地区古籍线装书联合目录》著有辽宁省图书馆藏清道光二十五年刻本。按:《山东通志》、《续修县志》、《著述记》不载其书,《贩书偶记》集部总集类唱和题咏之属但著《小莲花室图卷题辞》一种。

■ 尺五庄饯春诗荟一卷、尺五庄饯春图题辞一卷 　存

(清)孔宪彝编。

是书,《贩书偶记》集部总集类唱和题咏之属著录,作"尺五庄饯春诗荟一卷题辞一卷",袁行云《许瀚年谱·许瀚著述知见录》著录道光二十七年序刊本《尺五庄饯春图题辞》,称不分卷;稿本《续修四库提要》著录道光丁未刻本作《尺五庄饯春诗汇》二卷,并云:"尺五庄者,居京师右安门外,为士大夫觞咏之所。当道光庚子之时,宪彝于尺五庄为饯春之会,一时名流毕集,相与饮酒赋诗,既而宪彝汇集诸家之诗,总为一集,分与会之诗及题辞为二卷。各自起讫,不相杂厕,即是书也。是书卷一录姚燮化一首、次录梅曾亮、张际亮、朱琦、潘曾莹、张金镛、潘曾绶、陈凤孙、黄秩林、秦湘业、孔宪彝诗十数首,每家或一二首,或四五首不等,古今体诗悉备,最末殿以黄宪清词一阕,此皆与会者。其不与会而有所作,则名曰题辞,则第二卷也。首录叶绍本、黄爵滋、潘谘、汤鹏、宗稷辰、许瀚、庄缙度、王柏心、魏源、郑宪铨、李如金、张曜孙、汪晙、汪昉、陈克家、陈光绪、朱锦琮、潘尚楫、王大淮、曹懋坚、韦坦、叶名澧、冯志沂、李湘华、洪毓琛、曹尊彝、王大堉、王鸿、俞浩、孙念培、李英、潘曾玮、徐子陵、宋传书、俞元相、孔广权、孔昭任、孔昭焜、孔宪恭、孔宪庚、孔庆鎴诸人之诗;次录戈载、孙锵鸣、郑昌琪、沈宗约、边浴礼、邹在衡、孙佑培、潘希甫诸家之词;更次录叶俊杰、朱玙二家闺秀之诗,其人并一时之名隽,其诗与卷一诸家之作,多有互相辉映者。盖此二卷名什,俱秀逸清颖,可媲古作,如叶绍本诗云:'看花最是城南胜,置酒知君意兴浓。骏足且教驰紫燕,蜜脾渐已熟黄蜂。袷衣纨扇朋簪集,桂醑兰苏野蔌供。莫共衰翁话今昔,十年饱听寺楼钟。'又如叶名澧诗云:'燕郊春色自无边,又值东风试锦鞯。画里苍茫悲往迹,故人寥落感中年。笙歌未散金张宅,烟水空迷韦杜天。杨柳萧萧花似雪,荒庄遥指重凄然。'二家之

诗,均甚确切。外此诸家之什,亦率类是。诚足称为觞咏之盛举。卷首宪彝自序亦谓:
'辇下人才荟萃,文字之饮无虚日,独饯春之举,相传而不置者,岂非极一时之盛云
云。'信非虚语。又宪彝谓:'是岁会后,尺五庄遂废,今且无过问者。顾念诸公或居清
贵,或任繁剧,或家食而碌碌,或客游而嚣嚣,名流盛地,不可复得云云。'则又不禁有
今昔之感矣。"按:《山东通志》、《续修县志》、《著述记》此书无载。《山左诗汇钞·后
集补遗》录有宪彝《题尺五庄饯春图》长诗,可持校参阅。

是书今有中国科学院图书馆等藏清道光二十七年刻本。

■ 韩斋雅集图诗册无卷数　未见

(清)孔宪彝编。

是书,《山东通志》著录,《续修县志》、《著述记》无载。《山东志》曰:"《韩斋雅集
图诗册》,孔宪彝所征同时人诗也。《吾庐笔谈》云:'孔绣山舍人宪彝交游多知名士,
每岁为诗酒之会,绘图征诗,积久成册,册中佳篇甚夥,不及备录,而《钱冬士名步文》
一首,以游戏出之,构思尤为新警。'"其书未见。

■ 慈仁寺展禊诗一卷　存

(清)孔宪彝编。

是书,中国科学院图书馆藏有清咸丰十一年刻本,一册一函。《桐城文学撰述
考》、《山东文献书目》等此书有著录,《山东通志》、《续修县志》、《著述记》俱无载。

是书今有中国科学院图书馆等藏清咸丰十一年刻本。

■ 雩门送别图诗无卷数　存

(清)董立元画,孔宪彝等诗。

是书,中国科学院图书馆藏有清道光刻本,一册一函。

■ 韩斋集选　存

(清)孔宪彝纂辑。

是书,北京大学图书馆馆藏目录著有清道光二十九年刻本,六册,一函。内收:
《种李园稿》一卷,《尺五庄饯春诗荟:诗荟》一卷、《图题辞》一卷,《对岳楼诗录》二卷,
《磨墨亭稿》一卷,《绣鞠(菊)斋遗画题辞》二卷,《小莲花室遗稿》二卷,《小莲花室图
卷题辞》四卷。有"北京大学文学院图书室藏书印"朱文印,列丛书类。按:此帙疑为
多书合函,故排列颇无伦次,而名《韩斋集选》亦不类,或出北大馆拟题。"韩斋"为宪

彝之斋号,然考其所收,除《对岳楼》、《尺五庄》、《题辞》为宪彝著述,余皆他人著作。如《种李园》、《磨墨亭》二种,为曲阜颜崇槼书;《小莲花》等系宪彝妻室著,详见本书与《孔子故里著述考》有关著录。惟惜此帙未睹,不得据以细述也。

是书今有北京大学图书馆藏清道光二十九年刻本。

■ 孔庙汉碑唱和诗一卷附曲阜古树唱和诗一卷 存

(清)孔宪庚等撰。宪庚有《周易肥测》,经部易类已著录。

是书,《山东通志》著录,《续修县志》、《著述记》皆无载。《山东志》云:"《孔庙汉碑唱和诗》一册,沈宗约、孔宪庚、王大埙、王鸿唱和之诗也。是册刊本。诗皆五言古短章,后附《曲阜古树唱和诗》。"

是书今有清刻本。

■ 望湖亭诗集合稿无卷数 佚

(清)孔广膳、孔昭槐、孔宪祥撰。广膳字恒昌,号稼斋,平阳派候选州同继叶四子,孔子七十代孙,庠生。昭槐字槐三,号朴斋,广膳长子。宪祥字国桢,号旋吉,郡庠生,广膳长孙。

是书,《江苏艺文志》据光绪《高淳县志》著录,"昭槐"作"兆魁",并云:广膳工诗善书,长于试帖,有文名。《县志》本传谓"其祖孙父子均长于试帖,遗有《望湖亭诗集合稿》,因被兵燹,失其半。"《孔子世家谱》广膳传不云有此书。而称其"品貌清雅,丰姿秀逸,书摹大令,诗仿香山。载邑《志》。嘉庆丙寅纂修《宗谱》"。按:考《县志》广膳传,内云:"侄兆魁,邑廪生,纯谨笃学,博通经史。"然考广膳兄弟八人,未见有子"兆魁"者,且"兆"字与辈不合,故据改题。

■ 集古梅花诗百首 未见

(清)孔祥珂编。祥珂有《孔祥珂起居日记》,史部传记类已著录。

是书据《曲阜文史》第10辑《曲阜历代著述简介》一文著录。未见传本。祥珂,清道光二十八年(1848)生,光绪二年(1876)卒,年二十九。

■ 双溪诗汇二十二卷 存

(清)孔宪采辑。宪采有《西征日记》,史部传记类已著录。

是书现有二部稿本,一是台北"国立中央图书馆"藏清咸丰八年清稿本,沈津《中国珍稀古籍善本书录》著录;一是浙江图书馆藏清稿本,《中国古籍善本书目》著录,二

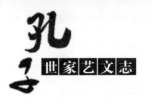

本均六册。据沈氏著录，其书半叶十二行，行二十五字，白口，四周双边，单鱼尾。书口下为细蓝口。内题"里人孔宪采雅六编次参校"。前有咸丰八年杨象济序及宪采自序，并凡例十则，及参订姓氏。是集宪采积三十余年之力，广为搜罗排比，凡卷一四十五人，卷二二十三人，卷三三十二人，卷四八人，卷五十一人，卷六八人，卷七二十一人，卷八一人，卷九二十九人，卷十十四人，卷十一十二人，卷十二二十三人，卷十三十五人，卷十四十四人，卷十五十人，卷十六二十九人，卷十七至十八闺秀二十三人，卷十九方外十八人，卷二十至二十一流寓九十八人，卷二十二附词二十人。每人之后，皆有小传。据凡例，是集以诗存人，诗必选其最精有关风化者。若以人存诗，必其人功名道德与夫交际性情有不可没、不忍没者，亦存一二，未得以诗未尽善议之。另考旧目《乌青镇志·著述》亦著此书，《桐乡县志·艺文志》录其自序，云：乌青二墩，介嘉湖间，西为苕溪，东为车溪，二水分流，而汇于镇，皆源于天目。自西抱东，南有嵇家汇，自东抱西，北有油车汇，左右环带，烟火万家，尽潆洄荡漾于二水中。二水过分水墩，始合流趋烂溪而归太湖。宋南度，中原大家，多徙居于此，故屹然成巨镇焉。陈简斋参知卜居芙蓉蒲，与居士叶天经、僧洪智朝夕唱和，风雅始振。至有明，王伯雨横山草堂、李临川拳勺园、唐元竑灵水园，水木明瑟，皆极亭台池馆之盛，诸公风骚巨手，主持坛坫，诗教愈振，盖四五百年于兹矣。本朝名士辈出，人各有集。国初孔、沈、二张，称桐溪四子外，钮西斋太史、张蒿村明经、皇甫濮亭学博、陆冠南太守、张子善比部，皆陶铸风雅，凌轹唐宋，诗派虽各自成家，要皆疏瀹性灵，渊源学问，取裁格律，卓乎名家。其他憔悴专一之士，穷愁落寞之身，苦吟劳思，屹终年，头白老死，而不自辍者，以予所见闻，指不胜屈，其稿本多可专行，而刊者甚趀，阮文达公《两浙輶轩录》，陈明经宪轩《湖州诗录》，宋学博小茗师《桐溪诗述》，间有摭采，而搜罗未广，缺漏良多。夫富贵功名，遭际有时，皆可发抒意气，建树勋猷，原不必以诗文传。至穷老著书，功名未达，而未尽所用，其胸中皆有不能自已之情，于是，流连景物，抒写襟怀，不知几费编摩，几多爱惜，不能付梓，留待将来，后人读其诗，亦可考其出处行谊，交际离合，与夫山川名胜之所至，知人论世，于是乎在。倘子孙不加珍藏，后人不为搜辑，听其虫蚀鼠耗，终于湮没，岂不惜哉。余羌无学识，少年沾沾帖括，以谋馆谷，未暇留意篇章，然见人遗集或片纸只字，无不护惜。中年后，交游渐广，桑梓文献，时加采访，及作吴楚关陇之游，稿本携置行箧，暇时展玩，随手掇拾，辄有增益，迄今二十余年，搜采较多，思将排比，都有为一集，而忧患撄其虑，衣食乱其心，已辑者，不加编纂，未辑者又何踵增？此其奚容缓也。今来吴会族羁无似，复加抄掇，冀以成编。夫水之绩也，日浚月深，合千百支流而成巨浸；集之著也，旁搜远绍，合千百作家而成巨编。两镇家弦户诵，几数万家，涵濡诗教，既深且久，其散处四乡者,咸赴敦槃之会,以为风雅之宗,如双溪合流而注太湖,故是编以"诗汇"名。然由宋而上溯之,沈隐侯尝居于此,萧氏选楼从师移驻,昭明读书台,有东西二浮屠为标识,人能指其处,而谢康乐西林故址,亦约略可寻于琳宫梵宇间,诗篇虽断自南宋,而先河后海之义,读者不可不知,犹双溪之源自天目云。

是书今有浙江图书馆藏清稿本,国家图书馆藏缩微胶片(1 盘 32 米,679 拍),及台北"国立中央图书馆"藏清咸丰八年清稿本。

■普天忠愤集十四卷 存

(清)孔广德编。广德,别号鲁阳生,衢州派,孔子七十代孙,咸丰间临雍贡。

郭绍虞《中国历代文论选》:"孔广德别号鲁阳生,山东曲阜人,光绪前后在世,曾于甲午战争失败后不久编印《普天忠愤集》。是书为甲午战争时期的爱国主义文集,刊印于光绪二十一年。广德自序云:今夏和议既成,余因采集《普天忠愤》一书,贵自士大夫而贱至布衣,以及泰西洋士、绣阁名媛,凡其绪论有关时局者,辄录之。书既成,求吾师庆兰圃先生序其缘起。先生曰:子以忠愤集成《忠愤》之编,凡练兵、筹饷、防海、策边、兴利、除弊诸政要无不毕具,当此主忧臣辱之余,正我辈发愤为雄之日,此编一出,使读之者因耻生愤,因愤生励,秉其公忠,群思补救,挽既倒之狂澜,撑天下之全局,伤羹吹齑,亡羊补牢,胥在是矣!序末署"光绪二十一年乙未秋九月曲阜庄客鲁阳生自叙"。兹据著录。按:《山东文献书目》此书入史部杂史类事实之属。《清史稿艺文志拾遗》两列其目,一入史部杂史类,一入集部总集类。而《续修县志》不载此人此书,广德自称"曲阜庄客",或非本籍。又按:此书为石印,半叶十五行,行三十二字不等。前有鲁阳生自序及庆兰圃、张之洞、果尔敏等序,并《凡例》、《目录》。书内首列光绪二十至二十一年间上谕六道。收文自李元度《敬陈海防疏》至彭玉麟《论鸦片》,共十四卷。内分章奏门(一至三卷),计收章奏二十九篇;议论门(四至十卷),收政论文九十九篇;诗赋门(十一、十二卷),收诗赋一百三十余首;十三、十四卷,为增采章奏三十二篇。其中,卷一、卷十末尾分别有鲁阳生《记》与《东方时局问跋》文。本书对研究中国近代洋务运动至甲午战争时期之社会历史具有重要史料价值。

是书今有清光绪二十一年石印本,1974 年台北文海出版社《近代中国史料丛刊续辑》第二十三辑影印本等。

■宣统元年己酉科河南优拔试卷选刻一卷 存

(清)孔祥霖选编。祥霖有《中庸讲义》,经部学庸类已著录。

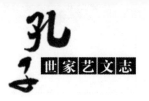

是书,国家图书馆等藏有清宣统间铅印本。考祥霖尝官河南提学使,此书即在任时所编印。《中国古籍总目》史部传记类著录此书题"狄郁等撰,清宣统间孔祥霖铅印本"。似为不妥。

■ 潇鸣诗社唱和集 未见

(民国)孔宪荣编。宪荣有《兴化孔氏支谱》,史部家谱类已著录。

是书,民国《续修兴化县志·艺文志》著录题孔宪荣著,入别集类。《人物志》宪荣传云:孔宪荣,字文孙,光绪丁酉拔贡,宣统庚戌会考一等,初用礼部京官,后改学部。先是,宪荣与地方教育颇有规划,逮官京师,时与樊樊山、易实甫等相唱和,诗文益进。工书法,晚年犹耽篆隶。著有《潇鸣诗社唱和集》。同时有李达仁、符树勋、吉衡选,文行俱优。李竹苞、刘蕙生、徐贤书、吴应甲,皆精举业。其后有杨曾纶、陈世超,俱工制艺,兼擅诗赋。

■ 阳春县观风诗文选一卷 存

(民国)孔昭度辑。昭度修有《花县志》,史部地理类已著录。

是书,《广东文献综录》著有中山大学图书馆藏民国二十年阳江同文印务局铅印本。

诗文评类

■ 孔中丞句图一卷 佚

（宋）孔道辅撰。道辅字原鲁，初名延鲁，尚书工部侍郎上柱国会稽县开国伯勗长子，孔子四十五代孙，大中祥符五年进士，官至御史中丞，龙图阁直学士，累赠司空、太尉，开府仪同三司。

是书，《山东通志》著录，谓"《书录解题》载是书云：'中丞者，或是孔道辅耶？'按：道辅，字原鲁，至圣四十五代孙，登进士，官至御史中丞、龙图阁直学士，为张士逊所构，出知郓州，卒赠工部侍郎"。孔尚任《孔子世家谱》："道辅，字原鲁，宋大中祥符五年举进士，授宁州军事推官。九年，迁大理寺丞，以宗子圣佑幼，特命知仙源，主奉祀事。上言庙制卑陋，请加修崇，诏可，再迁太常博士。仁宗天圣间，章献太后临朝，召为右正言，上章请还政天子，又廷奏枢密使曹利用、尚御药、罗崇勋窃弄威柄，皆退之。九年，奉使契丹，还，除左司谏、龙图阁待制。明道二年，改右谏议大夫，权御史中丞。会郭皇后废，率谏官伏阙为争，得罪，出知泰州，徙兖州，居三年，召进龙图阁直学士，迁给事中，复拜御史中丞。宝元三年，以救程琳，为宰相张士逊所忌，出知郓州，至韦城病卒，年五十四。累赠太尉、司空，开府仪同三司，尚书工部侍郎。生平力排佛老，阐明圣教。今祀于乡，又从祀孟庙。"王安石《给事中赠尚书工部侍郎孔公墓志铭》："公讳道辅，字原鲁，初以进士释褐，补宁州军事推官。年少耳，然断狱议事，已能使老吏惮惊。遂迁大理寺丞，知兖州仙源事，又有能名。其后尝直史馆，待制龙图阁……"又司马光《涑水纪闻》卷九："李公明曰：孔中丞道辅，初以太常博士知仙源县，诸孔犯法，无所容贷。"石介《徂徕集》卷四《寄孔中丞》诗赞云："谏署峥嵘有旧名，侯藩偃息政方成。张纲昨日弹梁冀，文帝今朝召贾生。"又《阙里志》道辅传称其"在兖州时，有近臣进诗百篇，执政有请除龙图直学士者，上曰：'是诗虽多，不如孔道辅一言。'乃以为龙图阁直学士，复召为御史中丞"。按：道辅，为官刚直不阿，有声于时，事迹详见《宋史》本传、石介《祭孔中丞》等文。然考各家所记，未尽一致，其中不乏欠确者，如张宗益《宋守御史中丞赠太尉孔公后碑》称其"祥符九年，诏擢为大理寺丞，宰曲阜，主祠事"。《东都

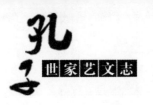

事略》、《阙里志》亦俱云"知曲阜县"。今考曲阜大中祥符五年（一说元年）至金太宗天会六年已改称"仙源"，彼仍旧称，与史不符，王安石、司马光文，悉可佐证。又据王安石《孔公墓志铭》，道辅，宝元二年如郓，道得疾，以十二月壬申卒于滑州之韦城驿，以嘉祐七年十月壬寅葬于孔子墓之西南百步。卒年与尚任《家谱》亦小异耳。又本书仅见于《直斋书录解题·文史类》，此外，再不见录，知已久佚。《阙里志》载其《五贤堂记》，《山东志》录其《阙里夫子庙》诗。诗云："秦火自焚宁害圣，金丝堂壁阕家书。典坟启发皆天意，非谓共王好治居。"

■ 汇雅枥岸文抒辨体十则 未见

（清）孔衍禤撰。衍禤字燕贻，宁陵派衢州府训导时发子，孔子六十五代孙，顺治十一年乡试中举，授汝州学正，补信阳州。

乾隆《杞县志》人物志孔衍禤传："衍禤字燕贻，贞一孙，时发子也。幼聪慧，嗜古好学，博通经史，从父宦游浙东，以文章诗赋知名当时。旋里后，与汤文正公潜庵，读书于邑东许家冈，互相砥砺。顺治甲午领乡荐，授汝州学正，与诸生朝夕淬励，有苏湖遗风。康熙辛亥，补信阳州，课文造士，称极盛焉。年逾五十即致仕。汝人佩其学行，请主书院，多士景从，成就者指不胜屈。所著有《汇雅枥岸文抒辨体十则》藏于家。性好周急，无论亲疏，求无弗应。年八十卒于家。"兹据著录。按：考本《志》卷十七孔时发传，时发字式中，贞一子。崇祯壬午，以岁荐授浙江衢州府训导。又卷十三孔贞一传：贞一字绍虞，幼聪敏，年十二为学使者所赏拔，入庠。万历乙酉，年十六，应省试，时场中犹阅墨牍，主司见其规格严整，疑为老宿，已入彀矣，而抑之副车，撤棘，知是贞一，悔之。贞一退，益肆力于学。戊子乡试第三，己丑成进士，授江陵知县……贞一性謇谔，风节挺然。历官三十年，食不重味，服必布素，夙兴夜寐，始终如一。在西台，疏不下数百上，皆有裨时政，上每优诏答之……卒年五十八。又卷十一选举志孔闻诗，万历二十二年，以子贞一贵，封文林郎，湖广江陵县知县。按：考孔氏谱牒，宋元、元明之际多失修，故民国大《谱》不及衍禤及父祖等人，宁陵派四十四代孔维传但称"流寓雍邱"，不载有嗣。然《杞县志》明载"景德四年，录其孙禹圭，同学究出身"。禹圭亦无其名。所以，据予推测，衍禤一支，必为孔维后裔，因不惜缕举，为圣裔存此一脉。惟按孔辈，衍禤之父应为"尚发"，而非"时发"也。

■ 雪斋沾璧二卷、手批古文发蒙三卷 未见

（清）孔传德撰。传德字慎先，洙泗学录加二级毓凤第三子，孔子六十八代孙，优

增生。

《孔子世家谱》初集北公户阳谷："六十八代传德,字慎先,优增生,著有《雪斋沾壁》、《手批古文发蒙》。"又光绪《阳谷县志》卷六："孔传德字慎先,优增生。即毓凤之子,举人广海之祖也。协修谷山书院,有传见艺文。著有《雪斋沾壁》二卷、《手批古文发蒙》三卷。"兹参据著录。按:《雪斋沾壁》未详内容为何?《古文发蒙》又作《古文发蒙集》,见有清乾隆五十二年金闻书业堂刻本,临川王相合纂、江左殷承爵参订,书乃荟萃《左传》以下文之佳者而成,凡六卷六册,上下二栏。传德所批,应即此书。

■ 制艺指掌录一卷、续制艺指掌录一卷、再续制艺指掌录一卷 未见

(清)孔传游撰。传游有《太极易图合编》,经部易类已著录。

诸书,《东北地区古籍线装书联合目录》著有吉林大学图书馆藏清道光间刻《致远堂全集》本,无"制艺"二字。《县志》传游传称传游"勤于著述,制艺以王、钱为宗,著《制艺指掌录》三刻,与泰安赵仁圃相国《制艺纲目》相发明"。兹参据著录。按:此书未寓目,不知系录示范文,还是探讨作文之法?录此俟考。

■ 古韵 未见

(清)孔昭虔撰。昭虔有《镜虹吟室诗集》,本部别集类已著录。

《中国古典戏曲序跋汇编》昭虔传云："昭虔另有《古韵》、《词韵》等。"又《著述记》曰："孔昭虔恪承家学,善隶书,工吟咏。尝谓韵学坏于吴才老。又谓三代、六朝、唐、宋韵各不同,欲分定韵书,以示后学,著《古韵》、《词韵》,未卒业。"兹据著录。

■ 韩斋诗话 未见

(清)孔宪彝撰。宪彝有《知非录》注,史部传记类已著录。

是书,《桐城文学撰述考》著录,《山东通志》、《续修县志》、《著述记》不载其书,亦未见传本。

■ 手批唐诗二卷 未见

(清)孔广沐撰。广沐有《诗经备考》,经部诗类已著录。

是书据《孔子世家谱》广沐传著录。张舒兰《举人孔芷湖先生教感碑》记载此书同《世家谱》。未见传本。

词曲类

词别集

■ 乐府一卷 ^{未见}

（元）孔克坚撰。克坚有《春秋本末》，经部春秋总义类已著录。

是书，《山东通志》、《阙里文献考》皆著录。《孔子世家谱》克坚传载其事迹甚悉，而不及此书。传云：五十五代克坚，字璟夫，性聪学博，精左氏《春秋》，善诗词及乐府。至元元年，授嘉议大夫，袭封衍圣公。至正元年，请修祖庙，帝以山东历日钱之半给其费，又赐楮币二万五千缗。六年，朝议爵与阶不称，进中奉大夫，易银章。十五年，平章政事达世帖木儿荐其明习礼乐，征同知太常礼仪院使，摄太常卿。冬，拜中台治书侍御史，辞归。拜山东肃政廉访使，复辞归。会山东乱，挈家北行，次藁城，丞相贺太平荐为集贤直学士。值毛贵犯畿甸，廷议迁都关中，公曰：天子当与社稷宗庙共存亡，焉可轻弃而之他。今勤上之兵渐集，与之决战，贼可平也，乃止。卒如公言。十九年，迁礼部尚书知贡举，时四方避寇者，多聚京师，请设流寓科以取之。冬，迁陕西行台侍御史，索思齐及察罕帖木儿争秦陇，相攻，朝不能制，思齐部将降于朝，行省议纳之，公同袁涣诤曰：两军不敢犯奉元者，岂其力不足哉？以无名耳！今纳其判将，且发兵御之，是引虎自噬也。行省不从，公与涣皆引去。月余，奉元果陷。二十二年，除国子祭酒，谢病归。世乱，不乐居位，营别墅于城南终吉村以居。后起公为资善大夫，集贤学士，及山东廉访使，皆不就。明初，诏入觐，宾而不名，厚廪禄，不烦以政，郊社致膰，抚劳甚至。洪武三年春，以疾告，遣中使存问，日再病笃，诏乘传归里，赐白金、文绮，及三月二十八日至下邳新安驿，薨于舟中，年五十五。

■ 泗渔乐府一卷 ^{未见}

（明）孔公翊撰。公翊有《元和景象集》，本部别集类已著录。

是书，《山东通志》、《阙里文献考》等著录，《曲阜志》不标卷数。按：孔尚任《孔子世家谱》云："五十八代公翊，字御文，号泗渔，卜居泗浒，徜徉自适，有古逸者风。著

《元和景象集》、《泗渔乐府》，为士林所钦。"未见传本。

■ 秋塘乐府一卷　未见

（明）孔彦臣撰。彦臣字朝卿，孔子五十九代孙。

是书，《曲阜志》、《阙里文献考》皆著录。《曲阜志》彦臣传称其"早失怙恃，能自刻苦，既长，博学有文名，性恬荣利，而好友朋，闻人一善，惟恐失之"。

■ 绰约词无卷数　未见

（清）孔尚任撰。尚任有《易经系辞讲义》，经部易类已著录。

是书，《山东通志》据《阙里孔氏词钞》著录。陈万鼎《孔尚任著述记》称"佚"。《孔氏词钞》收其《鹧鸪天》（院静厨寒睡起迟）、《西江月》（平山堂怀阮亭）、《绮罗香》（鸟唤提壶）、《杏花天》（当年制就伤心句）、《沁园春》（小吟蝉琵琶）五首。其中，《西江月》（平山堂怀阮亭）、《鹧鸪天》（院静厨寒睡起迟）二首又被选入《全清词钞》。

■ 春秋闰词集句　未见

（清）孔尚任撰。

是书载见《增补孔庭摘要》尚任传，传称其书"行世"，然历考公私书目，未见文本流传。

■ 远秀堂词一卷　存

（清）孔毓埏撰，孔继涵校。毓埏有重刊《述圣图》，史部传记类已著录。继涵有《考工车度记》，经部周礼类已著录。

《北京图书馆古籍善本书目》集部清别集类："远秀堂集文二卷赋一卷诗一卷词一卷拾箨余闲一卷，清孔毓埏撰，清抄本，孔继涵校，六册，九行二十一字，无格。"《中国古籍善本书目》据以著录，书藏国家图书馆。兹析出另著。

■ 蕉露词无卷数　未见

（清）孔毓埏撰。

是书，《山东通志》据《阙里孔氏词钞》著录。按：此书未见，疑即前著之《远秀堂词》。毓埏词，《阙里孔氏词钞》录其《朝中措》、《菩萨蛮》等十余首，《国朝词综续编》选其《转应曲》、《偷声木兰花》（桐泪）二首，《全清词钞》选其《转应曲》一首。

■ 晚香词无卷数 未见

（清）孔兴焯妻颜小来撰。小来有《恤纬斋诗》，本部别集类已著录。

是书，《山东通志》、《历代妇女著作考》著录，题"颜氏撰"。《阙里孔氏词钞》、《小檀栾室闺秀词钞》亦载是书。《正始集》此书作《晚香堂集》；《清闺秀艺文略》作者题"颜小来"，兹参据著录。按：此书未见传本，《阙里孔氏词钞》收其《浪淘沙令》、《点绛唇》（题孔蕴光女史藉兰阁诗后）二首。

■ 红萼词二卷 存

（清）孔传铎撰。传铎有《礼记摘藻》，经部礼记类已著录。

是书，中国科学院图书馆、北京大学图书馆分别藏有清康熙刻本，九行十九字，白口，左右双边，单黑鱼尾。正文凡一百二十七叶。卷端题"阙里孔传铎牖民著；梁溪顾彩天石评，弟传铦西铭参"。末镌"男继濩、继溥较辑"。其中，科学院本，前有顾彩序，黄郑琚丙戌序，传铎自识。北大本，三序之外，复有宋荦、陈于王二序。无目录，收词自《疏影》（题梅花书屋）至《东风齐着力》（自题词卷），凡数百首。篇后缀有顾氏评语。内有《即事同黄九舅分赋》，无注，未知是否即撰序之黄郑琚？顾彩序谓："红萼不专以词名，其诗古律各体，久为东鲁之所推重，然计其端居所作，词亦半之。夫先生，富贵人也，顺境人也。所谓藉丰履盛，高居而安处人也；广厦金闺，燕衎而笑语人也。若予，则贫贱耳，逆境耳，忧愁流离，迁播羁旅者耳；山林草茅，风雨飘摇者耳。今且引予为同志，与予数晨夕。予诗，先生亦诗；予词，先生亦词。而意趣同，音调同，欢愉亦同。若其幽细深远，轶乎晏欧，则予自视大有所不如者，盖先生赋于情者既厚，而又养之以静气，涵之以学问，故其发为有韵之文无不佳耳。独词也乎哉！"又其《自题词卷》云："只字口金，管城无价，颠倒词华。卷题红萼，度句是生涯。口口屯田白石，成一调、郢雪争夸。吟窗里，移宫换羽，学绣心芽。挥洒尽龙蛇，得意处、清风雨腋交加，补闲韵事，君莫笑涂鸦。凭仗周郎顾口，红炉雪、一点无瑕。相期到，磨穿铁砚，笔吐新花。"按：又见有张宗祥抄本，题"阙里孔传铎牖民"，不仅题署与刻本有别，且于二本所载诸序之外复有休宁汪芳藻一序，书前张氏题记称其录自稿本。另考此书《山东通志》、《曲阜志》、《阙里文献考》、《著述记》、《北京图书馆古籍善本书目》等皆著录，《贩书偶记》著录康熙间刊本作《红萼轩词》。《词话丛编·赌棋山庄词话续编三》称："《红萼词》二卷（《国朝词综》误作一卷），曲阜孔牖民（传铎）撰。词颇清疏，但游戏之笔过多。"《阙里孔氏词钞》此编不著卷数，并录其词五十余首为一卷。《全清词钞》复选其《好事近》（过涿州楼桑村）、《惜秋华》（赋得秋风起兮白云飞）二首。其子继溥，字体恒，号匏庵,袭五经博士,亦能诗,有《洛中咏古》、《燕中咏古》等篇传世。

是书今有中国科学院图书馆、北京大学图书馆等藏清康熙间曲阜孔氏刻本,2000年北京出版社《四库未收书辑刊》影印中国科学院图书馆藏本,2010 年 12 月上海古籍出版社《清代诗文集汇编》影印北京大学图书馆藏本;首都图书馆藏清抄《孔牗民所著三种》本;2007 年 12 月凤凰出版传媒集团、凤凰出版社《清词珍本丛刊》影印张宗祥铁如意馆抄本等。

■ 红萼词二集一卷 存

(清)孔传铎撰。

是书,《中国古籍善本书目》著有国家图书馆藏清孔氏红萼书屋抄本,九行二十一字,无格,书共五十七叶。有"红萼书屋"朱文长方印、"孔氏家藏"朱文正印。内题:"阙里孔传铎振路著;华亭周佑予仙槎订"。无序跋目录。收词自《十六字令》(中秋)、《春宵忆》(剪通草为蝴蝶)至《临江仙》(第三□用九舅黄以永体和弟西铭意)、《又第四□却赠》,凡数百首。

是书今有国家图书馆藏清曲阜孔氏红萼书屋抄本,2010 年 12 月上海古籍出版社《清代诗文集汇编》影印本。

■ 炊香词三卷 存

(清)孔传铎撰。

是书,国家图书馆等藏有清康熙间曲阜孔氏刻本,九行二十一字,白口,左右双边,单黑鱼尾。词共五十九叶,无序跋目录。内题"阙里孔传铎振路著;海盐余兆晟叔音订,吴陵康肇驭九参"。书分上中下三卷,上卷为小令,中卷为中调,下卷为长调,各收词数十首。据卷末镌字,三卷分别为其孙广棨、广柞、广棣所较辑。三人本书俱有著录。又按此书,《山东通志》、《曲阜志》、《阙里文献考》皆著录,《著述记》作二卷,《阙里孔氏词钞》不著卷数。

是书今有国家图书馆等藏清康熙间曲阜孔氏刻本,2010 年 12 月上海古籍出版社《清代诗文集汇编》影印本。

■ 炊香词不分卷 存

(清)孔传铎撰。

是书有张宗祥铁如意馆抄本,半叶十行,行二十字,白口,四周单边,单鱼尾。有

格。版心下方有"铁如意馆"四字。前有张氏题记。内题"阙里孔传铎振路著；华亭周佑予仙槎订"。收词自《十六字令》（中秋）至《春从天上来》（画册维岳五弟嘱题），凡二百余首。

是书今有 2007 年 12 月凤凰出版传媒集团、凤凰出版社《清词珍本丛刊》影印张宗祥铁如意馆抄本。

■ 炊香词一卷 _存

（清）孔传铎撰。

是书，《首都图书馆古籍善本书目》著有清抄《孔牖民所著三种》本，一册，半叶九行，行二十一字，白口，无格。

■ 孔牖民所著三种 _存

（清）孔传铎撰。

是书，《首都图书馆古籍善本书目》著有清抄本，四册一函。内收《红萼词》二卷、《盟鸥草》一卷、《炊香词》一卷，附《娱阁读古偶志》。其中，《盟鸥草》为诗集。书凡半叶九行，行二十一字，白口无格，亦无边框。有眉批，行八、九字不等。钤有"传商"等印。

■ 藕丝词一卷 _存

（清）孔传商撰，孔传铎编。传商字振子，号大光，又号实秋，别号雪村，大宗户庠生毓璪长子，孔子六十八代孙，恩贡生，雍正二年临雍，钦赐县丞。传铎有《礼记摘藻》，经部礼记类已著录。

是书，《中国古籍善本书目》、《北京图书馆古籍善本书目》著有国家图书馆藏清抄本，书凡半叶九行，行二十字，黑口，墨格，四周单边。《山东通志》、《续修县志》、《著述记》此书不题卷数。《国朝词综续编》收其《忆王孙》，《阙里孔氏词钞》录其《定西番》、《曲玉管》、《忆王孙》、《转应曲》、《江城子》，亦云有此书。按：传商词学之外，亦复能诗，惜多散佚，《阙里孔氏诗钞》录其《寒村晓望》、《梅》、《春日即事》、《西园主人招饮水南庄》、《云物楼怀古》、《少昊穹碑》、《送陈健夫北旋》，凡七首。附此备考。

是书今有国家图书馆藏清抄《名家词钞》本。

■ 清涛词二卷 _存

（清）孔传銈撰。传銈有《四季花卉画册》，子部艺术类已著录。

是书有国家图书馆等藏清康熙四十五年刻本,九行十九字,白口,左右双边,单黑鱼尾。无目录。内题"阙里孔传铽西铭著;锡山顾彩湘槎选,兄传铎振路氏阅订"。收词自《忆王孙》《望江怨》至《点绛唇》(放鹤)《长相思》,凡六百余首,篇末大多注有评语。书前有顾彩序,及传铽丙戌自序。末有舅氏黄郑琚丙戌八月跋,与东牟沙克岐跋。顾彩序曰:"西铭研精诗学有年,选词琢句,不工不止,赋物言情,不妙不休。既已,衙官汉魏,寝食三唐。迩年,傍及词学,以新颖之笔锋,写香艳之字句。而当抚今吊古,尤极慷慨沉郁之致,非积学数十年者,未易臻焉。而西铭以绮岁得之,讵非应运而起之文豪也哉!然余窃思之,千古词人,类皆穷愁羁旅,牢落关河,感物色之苍凉,寄遐情于凭吊,故能含吐幽奇,发挥壮采。西铭为翩翩佳公子,席丰履盛,足未涉江河之险,目未击关塞之悲,而何以写幽人怨女,曲尽其情,仙隐渔樵,悉合其意,甚至,名山大川,疾风骤雨,花香鸟语,战斗鬼神,无一不能形诸笔端,岂非所谓夙世词客、前身画师者哉。余欲其梓而出之,以公同好,因为序词学之所由始,以为方来应运之才士告焉。"传铽自序末署"阙里传铽自识于清涛轩",其文自道学词甚悉,云:"余束发学吟,穷思求工,苦于望洋,初未知诗律之外有所谓词也。及长,见叔父、长兄皆作词成帙,窃窥之,风流蕴藉,犁然有当,于人心情,跃跃动试,操管效颦,觉与诗各相径庭,而入门较易。盖吾之情,诗所不能尽写者,词皆足以伸之;诗所一写无余者,词又足以留之;单之而不觉其简,复之而不病其烦;累而续之,不病其长;剪而断之,不虞其短。盖古人先以其小调当泓下之一吟,以其中调当峡中之三泪,而长调则众窍怒号,无所不可。唯余所拈,不若诗律之严也。于是,亦自谱成帙,而名之曰《清涛》,或问词曷以'清涛'名也?余曰:风行水上,蹙而成涛,实天下之至文也。枚叟《七发》云:涛何气哉? 夫涛以气言,则又文而不弱者矣。顾余技短,未能浑灏流转,无所不纳。独生平狷洁自喜,不欲泥滓之犯我笔端,系之曰清,亦聊以鉴我心耳。"按:此书《山东通志》《曲阜志》《阙里文献考》《著述记》《贩书偶记》等皆有著录,《中国古籍善本书目》《北京图书馆古籍善本书目》《清华大学图书馆藏善本书目》等亦著此书。又有清抄本,二册。《中国书店三十年所收善本书目》亦著有旧抄本,竹纸二册,顾彩选,有"仲恽读过"印。黄裳《前尘梦影新录》云:"《清涛词》二卷,康熙刻。曲阜孔传铽撰。传铽字西铭,孔毓圻子。此集刻于康熙四十五年。序文手书上板,无边匡,雕椠殊精,亦是别格。得之林子有家。《补闲集》二卷无之。殆以其为诗而弃之。林氏藏书以此而致失群者往往而是,亦书林之一厄也。"此外,《阙里孔氏词钞》录其《忆王孙》《如梦令》等三十余首,《全清词钞》选其《琵琶仙》(南池看新绿)《最高楼》《燕归梁》三首。

是书今有清康熙四十五年曲阜孔氏刻本,2007 年 12 月凤凰出版传媒集团、凤凰

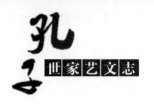

出版社《清词珍本丛刊》影印本,2010 年12 月上海古籍出版社《清代诗文集汇编》影印本;清道光六年刻本;清光绪十二年刻本等。

■ 清涛词一卷 存

(清)孔传铚撰,孔传铎编。传铎有《礼记摘藻》,经部礼记类已著录。

是书,《中国古籍善本书目》、《北京图书馆古籍善本书目》著有国家图书馆藏清抄本,书凡半叶九行,行二十字,黑口,墨格,四周单边。

■ 蝶庵词一卷 存

(清)孔传铚撰。

是书,《中国古籍善本书目》、《北京图书馆古籍善本书目》著有国家图书馆藏清抄本,一册,半叶十行,行二十一字,无格,亦无序跋目录。内题"阙里孔传铚西铭著;玉峰叶宾赞王订,睢阳王樗子山参"。收词自《金缕曲》(送表兄葛继曹归鹿城)至《满江红》(悼三儿福海),凡一百四十五首。传铚,一号蝶庵,因以名集。

是书今有国家图书馆藏清抄本,2007 年12 月凤凰出版传媒集团、凤凰出版社《清词珍本丛刊》影印本。

■ 行余词草 未见

(清)孔继汾撰。继汾有《孔氏家仪》,经部三礼总义类已著录。

《著述记》:"孔继汾,字体仪,号止堂,著《阙里文献考》百一卷,《乐舞全谱》二卷……又《行余诗草》二卷词附。"《国朝词综续编》收其《行香子》,《阙里孔氏词钞》收其《梅花引》、《行香子》,亦俱云有《行余诗草》词附。兹据著录。未见传本。

■ 红桐书屋词集九卷 未见

(清)孔继涵撰。继涵有《考工车度记》,经部周礼类已著录。

是书,《山东通志》据本书著录,云:"是集有目录,卷一曰《尼防杂事词》;卷二、卷三曰《红桐书屋拟乐府》;卷四至卷八曰《斫冰词》;卷九曰《春歌》。此本为乾隆甲申四雨庄张氏刊,仅《斫冰词》五卷。卷一至卷三及卷九,皆有目无书。前有钱塘周昱序,亦仅序其《斫冰词》一种。《越缦堂日记钞》云:'《斫冰词》三卷,颇爱雕琢,亦有捃扯割缀之病。'按:此云三卷,与张刻本不同,盖别一本。"才按:此书未见。《斫冰词》三卷,今有《微波榭丛书》本,《尼防杂事词》等亦存其书,总集类《炊经堂友朋诗文杂稿》条引有《尼防杂事词》、《红桐书屋拟乐府》序,可参阅。

■ 红桐书屋词集附录一卷

（清）孔继涵撰。

是书，《北京大学图书馆藏古籍善本书目》词别集类著有稿本，一册。按：《北大目》此书入词别集恐未妥。据予查考，其书实为戏曲，正题名应为《春歌》，详后该条著录。

■ 龂冰词三卷　存

（清）孔继涵撰。

是书，《续修县志》、《著述记》、《中国古籍善本书目》等皆著录。《中国丛书综录》、《中国历代诗文别集联合书目》亦据《微波榭丛书》本著录。翁方纲《皇清诰授朝议大夫户部河南司主事孔君墓志铭》此书作四卷。而《微波榭丛书》本实分上、中、下三卷，十二行二十四字，黑口，四周单边，收词自《十六字令》（闺夜）至《寄题桑弢甫五岳诗集》。《阙里孔氏词钞》此集不著卷数，并录其《南柯子》、《更漏子》等二十余首。《全清词钞》选其《南浦》（春水用玉田韵）、《一落索》（次韵答吴揖峰）二首。

是书今有清乾隆间曲阜孔氏刻《微波榭遗书》本，2010 年 12 月上海古籍出版社《清代诗文集汇编》影印本；国家图书馆藏清抄本等。

■ 龂冰词删定草本三卷　存

（清）孔继涵撰。

是书，《北京大学图书馆藏古籍善本书目》著有清乾隆间孔氏删定稿本［底本系清乾隆二十九年六（四）雨庄张氏刻《红桐书屋词集》卷四至八］一册。

■ 尼防杂事词一卷　存

（清）孔继涵撰。

是书，《中国古籍善本书目》、《北京大学图书馆藏古籍善本书目》著有北京大学图书馆藏稿本一册。按：此即《山东通志》所著《红桐书屋词集》之所缺者。《炊经堂友朋诗文杂稿》载东吴张埙乾隆二十七年十月序云："呜呼！人之于父母之邦，不必有名山大泽也。一阜之荣，一溪之清，童而习之，宜于性情，易以嵩华潇湘而不愿。昔吾夫子生衰周之世，擅素王之尊，乃摄相未已，婢口出走，于是，悼舜华之见杀，揽香兰之独茂，卒归老尼防洙泗之上，与诸弟子被服诗书，依其父母之灵魄，以终正考父之鼎铭，不云乎饘于是，粥于是，司马迁曰：'天者人之始，父母者人之本也。人能舍父母而有所属哉?'孔子及今二千余百年,其地无征鼓鸣镝之罹,其俗无昏瞀载谟之习,其子孙皆能衣儒者之衣,言儒者之言,非祖庭之荫不及此。圣人依父母以终,而今之子孙,以圣人为父母,欲求毋隳勋绪,亦极难矣。际国家重熙累洽,政和化美,曳杖于疏林落日之时,上斗鸡之台,徘徊于十二门墟,风光犹是,而哀乐不同,仰而思俯,而掇备一二掌故,亦斐然可观者焉,乃修阙里之书者,弗见罪于风雅,则偶触于盛衰兴替,而博征于三老,亦作者之体宜尔也。吾友孔君继涵有虑于此,创为杂事词一百首,始于穷桑大庭,逮乎委巷幽人,贞节瓴甋堂斧皆入,考校其文,剟瑕砾而搴萧稂,雅驯者居多,盖父母之邦,见闻而知之,不必系马于郭门,停舟于水浒也。王良造父御虽良,而赴之羊肠曲坂,则辔筴不合;卢氏扁鹊术虽神,而施之花首黪面,则筵脉不准,无他,不习之故也。况所习者,圣人之乡之流风遗韵乎。"

是书今有北京大学图书馆藏稿本等。

■ 玉虹楼词 存

(清)孔继涑撰。继涑有《玉虹楼帖目录》,史部金石类已著录。

按:《续修县志》、《著述记》云继涑有《玉虹楼诗词》四卷;《阙里孔氏词钞》称继涑有《玉虹楼诗》词附,并录其《菩萨蛮》、《点绛唇》词二首。兹参据著录。

是书今有清刻《玉虹楼诗》附录本。

■ 诗余一卷 未见

(清)孔继瑛撰。继瑛有《瑶圃集》,本部别集类已著录。

是书,光绪《桐乡县志·艺文志》、民国《乌青镇志·著述》均著录。《历代妇女著作考》此书无收。

■ 述耐堂诗余一卷 存

(清)孔继熥撰。继熥有《述耐堂诗集》,本部别集类已著录。

是编见山东省图书馆藏清稿本《述耐堂诗集》卷八,共收词三十六首。

■ 医俗轩诗余一卷 存

(清)孔昭熺撰。昭熺有《医俗轩诗集》,本部别集类已著录。

是书附其《医俗轩诗集》后,有山东省博物馆等藏清道光七年河北新城孔氏保合堂刻本,收词自《醉花阴》(以调为题又三月三日)至《小斋绿竹成丛,红蓼一枝掩映有致,爰填百字自嘲亦复自慰》(调寄《念奴娇》又名《百字令》)共五叶。

■ 诗余偶存一卷　未见

（清）孔宪堃撰。宪堃有《逸友堂适性草》，本部别集类已著录。

是书，《续修县志》、《著述记》皆著录。按：此书未见传本。《阙里孔氏词钞》录其《浣溪沙》、《山花子》二首，云："宪堃有《逸友堂诗》词附"。《国朝词综续编》收其《浣溪沙》，亦云有《逸友堂诗》词附。

■ 秋蓼山房词稿一卷　存

（清）孔广根撰。广根有《傅子补遗》，子部儒家类已著录。

是书，山东省图书馆藏有清道光刻本，半叶七行，行二十一字，白口，四周双边，一册五十叶，无目录，不分卷。此书原为聊城杨氏海源阁旧藏。收词自《南乡子》（用晏叔原韵）至《合欢带》（题金瑞甫乌丝红袖图），凡百余阙。内题"阙里孔广根心仲"，前有道光乙巳全椒金望欣序，称其所作"老于律细，作者情深，能追元献之；清真不废文忠之豪放。楼当残照，嗣哀艳于屯田；山抹微云，继悲凉于淮海；香销菡萏，李后主之山花雨绿；蘼芜，张玉田之青水，莫不规模万象，陶冶百家。思方回于梅子黄时，遇永叔于荷花红处，古所称者，吾无间然。至若桃叶思迎柏……均国风好色之词，岂见删于宣圣。摘其佳句，可铸黄金，律以闲情，无暇白璧矣。星岩亦著有《留香室词》，固谢家之宝树，而苏氏之斜川也。"按：《国朝词综续编》广根传此书作《秋蓼山房词钞》。《续修县志》、《著述记》著录其书题《秋蓼山房诗词稿》，《山东通志》据《阙里孔氏词钞》著录无"稿"字，皆不标卷数。《孔氏词钞》收其《江城梅花引》、《念奴娇》、《拜星月慢》、《多丽》、《踏莎行》五首。又按：其所谓"星岩"者，即广根仲子孔昭灿也。详后著录。

是书今有山东省图书馆等藏清道光二十六年曲阜孔昭灿刻本。

■ 镜虹吟室词集（一名绘声琴雅）二卷　存

（清）孔昭虔撰。昭虔有《镜虹吟室诗集》，本部别集类已著录。

是书，《山东通志》、《贩书偶记》及《续编》皆著录。《续修县志》、《著述记》、《阙里孔氏词钞》等此书作《绘声琴雅词》。按：此书，山东省图书馆藏有道光间孔宪恭、孔庆颐校刊本，书分上下二卷。凡九行二十一字，白口，左右双边。收词自《点绛唇》（初赴省试途中作）至《如梦令》（集词句），约百阙。卷端题"阙里孔昭虔元敬"，《镜虹吟室词集》下镌"绘声琴雅"。是书原为聊城杨氏海源阁旧藏，与其《镜虹吟室诗集》二册、《经进稿》一册合一函，共四册。其中题赠篇什不少，如《题陈潊水同年潊水旧庐图》、《题杨守默先生采菊图》、《秋夜梦得小荭叔词札醒后仅记调是木兰花慢依调谱此

奉寄》、《小荘叔寄和前词叠韵再答》、《陶凫芗以〈续补词综〉见赠赋此致谢》、《题友人秋林读书小照即送之归浙》、《题李兰卿舍人薇垣归娶图》、《题同年王艺斋编修簪花写韵图》、《题制府孙平叔先生〈雕云词〉后》、《题齐衣闻盐使青灯有味似儿时小照》、《题李式斋孝廉〈画楼春晓〉小册》、《题琴南弟柳村图》、《题冯晏海〈红雪词集〉》、《陶凫芗太守谱词制斗为寿次韵答谢》等。书前有道光丁酉长洲陶樑序,略云:"其为词芬芳悱恻,直窥古作者之奥,虽南唐北宋,无不涉其藩篱,而宗法实在白石、碧山、玉田、草窗诸家曼词小令。退食余闲,辄课数阕,及养疴归里,优游林下,亦惟以词自怡,迹其旨趣渊雅、音律精严,竹垞、樊榭两先生外,罕见俦匹,非特近今诸贤难以窥其涯涘也。"又按:曲阜师范大学图书馆亦藏此本,版式相同,惟不见陶序。昭虔词称作手,《孔氏词钞》录所作《山花子》、《疏影》(花影)等三十余首,《全清词钞》选其《点绛唇》(初赴省试途中作)、《疏影》(花影)、《霜叶飞》(落叶)、《长亭怨慢》(延平署中,有修竹馆,小具幽胜,自壬午暮春到官,日日坐卧其中。甲申二月,量移台海,行当别去,抚循花竹,不禁惘然,为赋此解)四首,《国朝词综续编》收其《疏影》(花影)等五首,并引黄韵甫云:"方伯词幽秀婉约,尘障一空,每诵一过,如身在绿阴芳草间也。"

是书今有山东省图书馆等藏清道光十七年曲阜孔宪恭、孔庆颐校刊本,2007 年 12 月山东大学出版社《山东文献集成》第三辑影印本,2010 年 12 月上海古籍出版社《清代诗文集汇编》影印本。

■ 扣舷小草词一卷 未见

(清)孔昭虔撰。

是书,《续修县志》、《著述记》著录,《孔子世家谱》亦载之。未见传本。

■ 留香室词 未见

(清)孔昭灿撰。昭灿字星岩,号英如,大宗户世袭圣庙六品官广根次子,孔子七十一代孙,嘉庆二十四年己卯科举人,官甘肃武威县知县,敕授文林郎。

是书见清道光乙巳全椒金望欣《秋蓼山房词稿序》。《序》称:"星岩亦著有《留香室词》,固谢家之宝树,而苏氏之斜川也。"按:《秋蓼山房词稿》乃其父广根集,见前著录。昭灿,清乾隆五十九年(1794)十二月初九日生,道光十九年(1839)二月十二日卒,年四十六。其《留香室词》不见于《续修县志》、《著述记》及《山东通志》著录,亦未见传本。

■ 春及园词稿无卷数　未见

（清）孔昭恢撰。昭恢有《春及园虫鸣草》，本部别集类已著录。

《续修县志》："孔昭恢著有《春及园诗稿》、《词稿》。"《著述记》称其"才气横溢，有《春及园诗稿》词附。"《阙里孔氏词钞》亦云"昭恢有《春及园诗稿》词附"，并选其《山亭宴》、《如梦令》词作二首。兹参据著录。未见传本。

■ 贮云词三卷　存

（清）孔昭薰撰。昭薰与宪庚编有《至圣林庙碑目》，史部金石类已著录。

是书，《贩书偶记》著有道光戊戌刊本。《著述记》此书作二卷，《续修县志·人物志》作三卷，《艺文志》作二卷。《山东通志》据《阙里孔氏词钞》著录，不标卷数，谓："吴重憙《山左人词续目》作《瘦藤吟舫词》一卷，与《词钞》所载词名异，俟考。"按：《瘦藤吟舫词》，《贩书偶记续编》著录道光乙未刊本，书名作《绥藤吟舫词》，为另外一书，见后著录。又《阙里孔氏词钞》载孔宪彝识语云："从叔琴南先生手辑《阙里孔氏词钞》四卷，校刊甫竣，先生遽归道山。云村从叔既抱手足之痛，复念先生平生精力尽于此《钞》，而词学尤所夙嗜，欲以所著《贮云词》附全《钞》后，以传永久，爰命宪彝选录遗稿四十首为第五卷，刊板藏于玉虹楼，并属志缘起如此。"是《词钞》所附乃系选录，而非《贮云词》之全豹也。此外，《全清词钞》亦选其《阮郎归》（驿柳）一首。

是书今有清道光十八年曲阜孔氏刻本。

■ 绥藤吟舫词一卷　存

（清）孔昭薰撰。

是书，《贩书偶记续编》著有清道光十五年刊本。按：是书国家图书馆有藏，一卷一册，九行二十一字，黑口，四周单边，双鱼尾。

■ 诗余无卷数　未见

（清）孔昭杰撰。昭杰有《论语集注》，经部论语类已著录。

是书，《续修县志》、《著述记》著录。未见传本。

■ 片云词无卷数　未见

（清）孔传钺撰。传钺有《错余诗文集》，本部别集类已著录。

是书，《山东通志》、《续修县志》、《著述记》皆著录。按：此书未见传本。《国朝词

综续编》、《全清词钞》收其《南楼令》、《菩萨蛮》,《清词综补》收其《浣溪纱（沙）》,《阙里孔氏词钞》收其《浣溪沙》、《南楼令》、《柳梢青》、《菩萨蛮》,俱云有此书。

■ 半舫词无卷数 未见

（清）孔昭煊撰。昭煊有《习静山房诗》,本部别集类已著录。

是书,《山东通志》、《续修县志》、《著述记》皆著录,《阙里孔氏词钞》亦载之。按:此书未见传本,《孔氏词钞》录其《忆旧游》、《月上海棠》二首,《全清词钞》选其《卜算子》一首。

■ 柏芳阁词无卷数 未见

（清）孔昭诚室叶俊杰撰。俊杰有《柏芳阁诗钞》,本部别集类已著录。

是书据《国朝词综续编》俊杰传著录。其书未见传本与《续修县志》、《历代妇女著作考》著录,《词综续编》录其《如梦令》云:"篱畔红梅香透,又是赏春时候。不见咏诗人,辜负艳阳清昼。僝僽,僝僽,病骨畏寒花瘦。"

■ 桐华书屋词一卷 未见

（清）孔昭蕙撰。昭蕙有《桐华书屋诗》,木部别集类已著录。

是书据《桐乡县志》艺文志、《乌青镇志》著述著录。《历代妇女著作考》亦著其书。《桐乡志》才媛传称其"幼读《闺范》、《列女传》诸书,能书,工诗词,得外大母芳洲老人之传。秉性娴雅贞静,事父母,孝友,爱诸姊妹及从兄弟。诗才敏妙,远近索者麇至,信笔酬之,洒如也。槜李诗人吴澹川、顾樊桐,皆推重之,称为闺秀之冠。"《晚晴簃诗汇》昭蕙小传谓:"树香天性孝友,秉资娴雅,诗才敏妙,楷法精绝。九山秉母教,负书名,授馆职后,自京迎养。树香作三绝示之,有'瞻云且缓思亲念,好把文章答圣朝。'及'暇日凤池须记取,旧汀鸥鹭莫相忘'之句云云。"

■ 观鱼书室词选一卷 未见

（清）孔继骧辑。继骧有《古碑辨证》,史部金石类已著录。

是书,民国《南海罗格孔氏家谱》艺文著录,并载朴石题记云:"朱竹垞先生选《词综》,王述庵少司寇续选《国朝词综》,荟历代之精华,作千秋之标准,美矣,备矣!厥功懋哉。纫兰世讲专攻篆隶之学,而又欲为绮声,即朱、王两先生所选,搜采抉择,得一百二十六首,录成一帙,名曰《观鱼书室词选》,清丽醇雅,流派咸备,其心领神会处,要不必多多益善也。夫学专则必精,以纫兰之颖悟措就,正未可量,余日望之。"按:孔昭仁

《乡试硃卷履历》此书作《观鱼室词选》，不标卷数。

■ 对岳楼词一卷 未见

（清）孔宪彝撰。宪彝有《知非录》注，史部传记类已著录。

是书，《续修县志》、《著述记》皆著录。未见传本。

■ 金粟词一卷 存

（清）孔宪彝继室朱玙撰。玙有《小莲花室遗稿》，本部别集类已著录。

是书，《中国丛书综录》、《中国历代诗文别集联合书目》据《小檀栾室汇刻闺秀词》第六辑著录。《清志补编》、《历代妇女著作考》此书不著卷数。其集自《南歌子》至《连理枝》及长洲张绚霄和作。《词话丛编·玉楼述雅·朱葆瑛词》谓"海盐朱葆瑛（玙）《金粟词》，篇幅无多，笔端饶有清气。《高溪梅令》（柏芳阁赏梅作），换头云：'半含半放露华鲜。月争妍。'梅之精神如绘。《酷相思》（寄外）后段云：'欲寄鱼函情脉脉，擘花笺。下笔还迟，休言别恨，莫书憔悴，只写相思。'斯为林下雅音，有合温柔敦厚之旨。"

是书今有清光绪二十四年刻《小檀栾室汇刻闺秀词》本。

■ 饮冰子词存一卷 存

（清）孔广牧撰。广牧有《礼记天算释》，经部礼记类已著录。

是书，稿本《续修四库提要》、《中国丛书综录》、《中国历代诗文别集联合书目》皆据《求恕斋丛书》本著录。按：此编附其父《心向往斋集》后。《山东通志》此集作《饮冰词》，曰："刘岳云《食旧德斋杂著》载《饮冰词跋》略云：先生善倚声，有《饮冰词》若干卷。家中落，所为文多不存，成君漱泉于敝篚得一本，夹纸零乱，有词，又有五古如干首，涂乙过半，漫漶不可识认。冯君梦华为掇拾可读。梦华曰：《过秦楼》一阕不标题，词旨怨抑，似为送别。又《临江仙》（咏水仙）、《潇湘夜雨》（次心巢师乞儿韵）二阕，词意与诸作不类，笔迹亦非，是中窜改数句，则先生笔也。某见先生时尚少，今十余年矣。阅先生词，缠绵悱恻如其人。漱泉既得此本录副，令其家藏之，仍题曰《饮冰词》。按：词中《辘轳金井》（题军中九秋）当为九阕，今仅存《秋灶》一阕，则所逸多矣。《南浦》一阕为题家伯佩卿《鹿女谈禅图》，卷中未标题。《千秋岁》一阕云："浩然主人即家伯也。《雨中花慢》所云'莲龛'为城东门外莲池庵。以先生之才，使得终其天年，造就当益粹，不幸早丧，又所存止此，洵可慨矣。"其词，《全清词钞》选有《玲珑四犯》（丛卉含

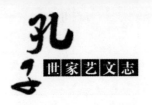

秋,触绪萦抱,仍用清真韵写之)、《六丑》(杨花,用清真蔷薇谢后作韵)二首。

是书今有民国吴兴刘氏刻《求恕斋丛书》本,2010 年 12 月上海古籍出版社《清代诗文集汇编》影印本。

■ 醉红楼词草无卷数 未见

(清)孔广绥撰。广绥,吴县支国学生继栋第三子,孔子七十代孙。

是书,光绪《苏州府志·艺文志》、民国《吴县志·艺文考》、《江苏艺文志》(苏州卷)等皆著录。《孔子世家谱》江苏吴县支广绥传不著此书。

词曲类

词总集

■ 词粹十八卷 未见

（清）孔传铎选编。传铎有《礼记摘藻》，经部礼记类已著录。

按：是书未见传本，孔传铎《安怀堂文集·选词粹序》略云：余自束发操觚，即喜拈长短句，谓其小调温柔蕴蓄，足以抒情，长调顿挫浏漓，足以咏物吊古，诗之所不能达者，词能达之。盖醉心于花间草堂久矣。及观历来选取本，于意未畅，或多收调名，而惟讲声律；或广列人物，而去取未精。夫唐人歌诗，宋人歌词，元人歌曲，今诗与词皆不入歌，则成案头之书，以其文章娱人耳。夫必琐琐，焉辨其声调哉！若论人物，则以功名传者，不必尽以词传，柳、周、姜、史岂尽台阁轩冕中人？亦节取其所长而已。岁甲午，自都门回，暑月掩关，蕉绿在窗，榴火当栏，与吾友湘槎瀹茗对话，因抽自唐迄明诸词家所选，互为评骘，择其尤者，命侍史抄之，凡得卷十八，因昔人有《唐文粹》之选，窃其意而名之曰《词粹》。余非敢谓采撷无遗，抑脍炙有同嗜，余亦嗜之云尔。他本皆以人从词，先小令，次中调，后长调，是谱体也。余独以词从人，特就一人之中，以字之多寡为次叙，论文也，非论谱也。统而论之，大抵唐开风气之先，犹草创而未备，入两宋则其大盛也，如百川之并流，如众星之灿列，如万壑千丛之竞秀而争妍……

■ 名家词钞六十卷 存

（清）孔传铎编。

是书，《中国古籍善本书目》、《北京图书馆古籍善本书目》著有国家图书馆藏清抄本，六册。书凡半叶九行，行二十字，黑口，墨格，四周单边。内收：《溯红词》一卷，清茅麟撰；《涂雅词》一卷，清方大猷撰；《海虹词》一卷，清袁惇大撰；《矞云词》一卷，清周卜年撰；《牧云词》一卷，清徐旭旦撰；《兰思词》一卷，清沈丰垣撰；《倚楼词》一卷，清黄云撰；《青籁词》一卷，清邓汉仪撰；《芙蓉词》一卷，清宗元鼎撰；《洗花词》一卷，清黄泰来撰；《啸月词》一卷，清洪升撰；《粘影词》一卷，清许承钦撰；《骚屑词》一卷，

清屈大均撰;《心斋词》一卷,清张潮撰;《问月轩词》一卷,清平汉英撰;《惜轩词》一卷,清侯晰撰;《围红词》一卷,清刘浦撰;《雁木词》一卷,清叶季晫撰;《梅皋词》一卷,清许顾青撰;《南阳词》一卷,清叶吴宾撰;《哂园词》一卷,清陈见智撰;《陋室词》一卷,清毛淑撰;《始存词》一卷,清米汉雯撰;《雁园词》一卷,清倪灿撰;《横云词》一卷,清王鸿绪撰;《海闻香词》一卷,清宋征舆撰;《茶村集》一卷,清杜濬撰;《研山词》一卷,清余怀撰;《楚江词》一卷,清杨春星撰;《菊醉词》一卷,清孙继登撰;《柳村词》一卷,清梁允植撰;《瑶华词》一卷,清钱芳标撰;《奎峰词》一卷,清唐肇撰;《鲁门词》一卷,清罗筮豫撰;《藕丝词》一卷,清孔传商撰;《溪南词》一卷,清黄永撰;《月湄词》一卷,清陆求可撰;《彷佛楼草》一卷,清李雯撰;《蝶庵词》一卷,清史维圆撰;《肯堂词》一卷,清史鉴宗撰;《犁庄词》一卷,清周在浚撰;《渌水词》一卷,清田茂遇撰;《苍梧词》一卷,清董元恺撰;《月河词》一卷,清汪森撰;《金箸集》一卷,清李珍撰;《东江词》一卷,明沈谦撰;《鸾情集》一卷,清毛先舒撰;《碧山词》一卷,清徐乾学撰;《洗铅词》一卷,清张台柱撰;《桐鱼词》一卷,清潘云赤撰;《春晖词》一卷,清徐昌薇撰;《螺龛词》一卷,清梅慤撰;《琼枝词》一卷,清毛季连撰;《桂坡词》一卷,清毛奇龄撰;《萝窗词》一卷,清黄承圣撰;《梅里词》一卷,明朱一是撰;《秉翟词》一卷,清丁溁撰;《原庄词》一卷,清方正瑺撰;《大椿楼集》一卷,清杨斐菉撰;《清涛词》一卷,清孔传鋕撰。共计六十种。其中,除个别为明人,余皆清初人。今考所载,多有不见它书者,如曲阜陈见智《哂园词》、孔传商《藕丝词》等皆赖之以传,且陈见智为本邑重要作家,谱有《一线天传奇》,其《哂园词》、《清志》、邑乘均无其目,而此《钞》竟有选收,殊感珍贵难得。

是书今有国家图书馆藏清抄本。

■ 今词选 未见

(清)孔传铎编。

孔传铎《安怀堂文集·今词选序》:"诗近庄也,曲近俚也。惟词介于庄与俚之间,故有诗之妙可以入词,而词之妙断断不可入诗者;词之妙可以入曲,而曲之妙断断不可入词者。余虽未敢谓心知其故,然嗜之既久,于斯道有摸索之得焉。两宋诸名家无论矣,尤服膺者,昭代名公之词,譬如制器,规模矩律,前人创之,后人益从而精之。宋词尚矣,明代继者寥寥,至我朝而无变不臻,无奇不备,画然介唐诗、元曲之间,而为厥体之准则,抑亦古今来一大观也。恨余僻处东陬,未能悉览名人全集,兹仅据嗜痂臆见,抄选数帙,聊以自娱。"兹据著录。未见传本与书目著录。

■ 同调词一卷、诗余集句一卷 存

（清）孔传铎辑。

二书，《中国古籍善本书目》、《北京图书馆古籍善本书目》著有国家图书馆藏稿本，一册，九行二十一字，无格。按：其书未寓目，《安怀堂文集》载其《同调词集序》云：余向有手录《旧雨》一集，盖撷拾当代作者之零星诗稿而名之者也。自是以后，复见有委落于简编，漫灭于笺刺中者，其词丽以则，其句清以新，油绎之余，不禁反覆三叹曰：是某某之诗余也。爰积日累月而收聚之，汇为一编，名曰《同调》。论其人，或为彰灼知名之士，或为沦落不偶之徒，是人固有弗同也。语其地，或置身于廊庙，或遁迹于山林，是地固有弗同也。言其才，或有专稿行世，而未窥其全豹；或有别录附载，而仅得其单词；或有非其所长，而偶形诸歌咏，是才又有弗同也。而要皆在不忍废置之列，则片纸只字，何莫非碎金积玉，书曰：诗言志，歌咏言。又曰：声依咏，律和声。但使其志言声律之无弗同也，则千古如出一辙，又何有其人、其地、其才之不同乎哉！谓之同调，谁曰不宜。

■ 筠亭词选二卷 存

（清）孔传镛辑选。传镛有《听蕉斋诗集》，本部别集类已著录。

是书，《中国古籍善本书目》（征求意见稿）著录清华大学图书馆藏抄本，题"孔传镛定"，《清华大学图书馆藏善本书目》著录此本题"孔传镛撰"，二册一函，八行十七字，小字双边，无格，有桥川时雄题识并钤"桥川时雄"印。按：此帙纸白墨黑，四周宽广，行间疏朗，有朱圈。书前《筠亭词选目录》有"桥川时雄"、"刘半农藏书"朱文正印，卷端署"仙源孔传镛鉴定"。内收《长相思》至《恋香衾》，即白居易以下百数十阕。所收词牌，辄先释其名称由来，次辅以历代佳作，内封有藏者题识，称"此本缪艺风同年在秣陵所赠"。

是书今有清华大学图书馆藏清抄本。

■ 效乐府补题五咏不分卷 存

（清）孔继涵辑。

《山东省立图书馆善本书目初编》卷四词选之属："效乐府补题五咏不分卷，（清）孔继涵辑，清曲阜孔氏手写本，一册。见乐府题补题。"兹据著录。

■ 渔父词一卷附渔家傲月节词一卷 _存

（清）孔继涵辑。

是书，山东省博物馆藏有孔氏红榈书屋清稿本，一册。封皮书"渔父词；渔家傲月节词"，"孔继涵辑录本"。其中，《渔父词》正文凡八叶，内题"乾隆壬午十二月红榈书屋抄"，半叶十一行，行二十一字，书口下端有"滕梧馆"三字，无序跋目录。内收唐至清乾隆年间，张志和、张鹤龄、李煜、和凝、欧阳炯、李珣、宋高宗、徐积、张炎、完颜铸、吴镇、管道升、刘基、吴兖、张廷谟、张埙、孔继涵、朱休承一十八家渔父词作者的七十七首作品。孔继涵自收己作凡十首，如云："家世乘桴剖楚萍，南宫不用问张星。槎上客，贯月精。人间天上渺空青。""消受风巅复月顽，生涯樵水与渔山。罾水上，戏人寰。板桥秋浸柳腰弯。""风信占云望日暹，朝阳未上浪风恬。发棱版，上竿鲇。哺糟猛省费针砭。""一网千金截海涛，日明蜃气肃清高。帆张鲎，岛堆蚝。飔母珠儿接二崂。"《渔家傲月节词》凡十六叶，半叶八行十八字，无格，端题"壬午新秋红榈书屋抄"，有"荭谷"一印。所收自欧阳修至潘钟麟，中有欧阳原功、杨慎、顾彩三家。顾彩，《孔子故里著述考》有著录，可参阅。按：此书《山东省立图书馆善本书目初编》卷四词选之属著录，题"清乾隆二十七年曲阜孔氏手写本"。《山东文献书目》著录此本，入集部词别集之属，未妥。

是书今有山东省博物馆藏清乾隆二十七年曲阜孔氏红榈书屋清稿本，2009年9月山东大学出版社《山东文献集成》第三辑影印本。

■ 阙里孔氏词钞五卷 _存

（清）孔昭薰、孔昭蒸辑。昭薰与宪庚编有《至圣林庙碑目》，史部金石类已著录。昭蒸字仲侯，号云村，大宗户刑部直隶司主事、会典馆纂修广廉次子，孔子七十一代孙，钦赐主簿，候选县丞。

是书，《中国古籍善本书目》、《北京图书馆古籍善本书目》著有清道光十九年孔氏玉虹楼刻本，一册，九行二十一字，黑口，左右双边。昭薰误作"昭颖"。《续修县志》、《著述记》此书作四卷。《山东通志》云："《阙里孔氏词钞》五卷，孔昭薰编，原刊四卷，末一卷，则昭薰自作词，其侄宪彝于其殁后选录续刊者也。《例言》云：'兹《钞》只载国朝，共十八家，及闺秀二家，皆家阙里。流寓者俱不载之。'孔庆镕序云：'是《钞》也，填词者求之一家，已非易易，至其别裁厘制，屏艳芟繁，乐府雅音，一轨于正，即千载上弁阳老人见之，亦当必同心相赏云。'"按：此书，曲阜师范大学图书馆有藏，内题"长洲陶樑鉴定，镇洋沈宗约参校，曲阜孔昭薰编录"。前有道光戊戌之冬陶樑序，道光戊戌之冬孔庆镕序,道光戊戌之冬孔昭薰《例言》及《目录》。卷五题"曲阜孔昭蒸编录"。书末有孔宪彝道光己亥八月识语,云:"从叔琴南先生手辑《阙里孔氏词钞》四卷,校刊甫竣,先生遽归道山。云村从叔既抱手足之痛,复念先生平生精力尽于此《钞》,而词学尤所夙嗜,欲以所著《贮云词》附全《钞》后,以传永久,爰命宪彝选录遗稿四十首为第五卷。刊板藏于玉虹楼。并属志缘起如此。"

是书今有山东省图书馆等藏清道光十九年曲阜孔氏玉虹楼刻本,2009 年 9 月山东大学出版社《山东文献集成》第三辑影印本。

词曲类

词话、词牌、词韵

■ 词话无卷数　未见

（明）孔弘干撰。弘干有《圣贤图像》，史部传记类已著录。

《孔子世家谱》宏（弘）干传："宏干，字以象，号振斋，为鲁府审理纪善。尝续《宗谱》，并《孔门金载》、《孔氏文献》、《谈柄》、《词话》。"兹据著录。未见传本。

■ 红萼轩词牌（一名词坛雅政）一卷　存

（清）孔传铎辑。传铎有《礼记摘藻》，经部礼记类已著录。

是书，《山东通志》据《红萼轩印歌》自注著录，作《词坛雅政》；《贩书偶记》著录约康熙间精刻巾箱本，云无刻书年月；《北京图书馆古籍善本书目》分别著有清刻一册本与二册本。一册本，六行十五字或五行十三字，白口，四周花边。《中国古籍善本书目》于北图藏本外，另著曲阜师范大学图书馆藏本。曲师大藏本，为康熙间孔府刻巾箱本，有"词坛雅政"牌子及传铎《诗余牌引》。书前有顾彩序，卷末有孔传铦跋。其书凡半叶一词，并以小令、长调之不同而行格有别，花边亦每叶不同。顾序云："尝取古今词合观之，在唐李供奉、白香山如昆仑宿海□滥之始，固无论矣。南唐李主幽忧失国，发为心声，其致惆悗凄凉，移人情性，非'国风'之好色、'小雅'之怨诽合而为一者乎？宋人若晏同叔、秦少游，醇乎其醇，登峰造极者也；苏长公才情雄迈，不拘格律，辛稼轩、刘潜夫排荡纵横，无不中节，神明变化者也；周美成流丽闲逸，声情满纸，柳屯田言情细腻，铁石为柔，非有真实本领者乎？蒋竹山、姜白石、陆放翁出语必新，随意行止，如掉鞅之御夫，如游刃之庖丁，非能游戏三昧者乎？有此十数家工乎斯技，则词之一道，夫安得而废之？后有作者，又安得而加之哉！此吾友红萼主人所以有词牌百二十章之选也。是《牌》也，仿删诗家法，取调不杂，遴词贵雅，抽名家之菁华，尽度曲之能事，即刊之官板，亦必纸贵国门，况月下花前，又足以佐觞政而助吟豪哉！昔沈东阳《诗韵》一书，淆杂偏枯，多不满人意之处，然以开代圣君重定正韵，尚不能使千古学人去此从彼，若以是《谱》印正词坛，吾不知与东阳之《韵》，孰为优劣也。"又传铚跋云："韵牌之作，便于即席赋诗，今词亦酒人一政也。未闻有《词牌》者，有之，自兹帙始。帙成，刊之为牌，使即席拈之，可以依调度曲，不相雷同，即座客不尽善此，亦可借调名、词名，用为觞政，发挥不穷。诚游具所必携，亦雞坛之赤帜也。"

是书今有曲阜师范大学图书馆等藏清康熙间曲阜孔氏精刻巾箱本。

■ 诗余牌不分卷 存

(清)孔传铎辑。

是书，《中国古籍善本书目》集部词类词谱著有西北大学图书馆藏清刻本。按：此书疑即《红萼轩词牌》，《红萼轩词牌》书前有孔传铎《诗余牌引》可证。《嘉德四季拍卖会09古籍善本》所著《词坛雅政》，也即本书之异名，惟将作者误题"顾彩湘槎撰"耳。传铎自释其名，谓"昔人有言曰：夜者，日之余；冬者，岁之余；老者，壮之余。余也者，极盛而将衰，而未尽之谓也。夫诗自三百篇，变而汉魏，又变而三唐。三唐之诗极盛……"

是书今有西北大学图书馆等藏清康熙间曲阜孔氏精刻巾箱本。

■ 词韵无卷数 未见

(清)孔传铎辑。

是书，《山东通志》著录，曰："《山左诗汇钞》孔宪彝《红萼轩印歌》自注云：《词韵》抄本分选、辅、商、禁四格，最精审。有'红萼轩'印记，为伯芳叔母所藏。"惟其书不知是否尚存？落于何处？

■ 词韵 未见

(清)孔昭虔撰。昭虔有《镜虹吟室诗集》，本部别集类已著录。

是书见《中国古典戏曲序跋汇编》昭虔传。《孔子世家谱》称其"善隶书，工咏吟，尤精韵学，著有《古韵》《词韵》，未卒业"。《著述记》亦曰孔昭虔恪承家学，善隶书，工吟咏。尝谓韵学坏于吴才老。又谓三代、六朝、唐、宋韵各不同，欲分定韵书，以示后学，著《古韵》《词韵》，未卒业。

词曲类

杂剧、传奇、散曲

■ 大都新刊关目的本东窗事犯（一名地藏王证东窗事，又名秦太师东窗事犯）一卷 存

题(元)孔文卿撰。文卿名学诗,字文卿,号性斋,平阳派庭秀次子,孔子五十四代孙。

是书,《中国丛书综录续编》著有 1935 年至 1936 年间上海生活书店印郑振铎《世界文库》本及元佚名辑《元人杂剧三十种》本,云:孔文卿,一作金仁杰。《中国古籍善本书目》著录国家图书馆藏元刻《古今杂剧》本,此书不题作者名氏。《东北地区古籍线装书联合目录》著录民国影印元人辑《古今杂剧三十种》本,作者题元孔学诗撰。另著《古本戏曲丛刊四集》本,作元金仁杰(一题孔学诗)撰。《元代杂剧全目》、《古典戏曲存目汇考》此书著为《地藏王证东窗事犯》,不题卷数。《杂剧全目》云:"孔学诗,字文卿。南宗圣裔,六世祖按,自鲁徙吴,曾大父潜,又自吴徙溧阳而占籍焉。生于中统元年(1260),卒于至正元年(1341)二月十四日,年八十二。工词曲,所制杂剧仅一种,幸传于世。《太和正音谱》尝评其曲,列于杰作,且称'其词势,非笔舌可能拟,真词林之英杰'。"又谓其书,贾本《录鬼簿》著录,题目作《何宗立勾西山行者》,正名作《地藏王证东窗事犯》,简名《东窗事犯》,并注曰"二本。杨驹儿按(疑是'作'字)"。《太和正音谱》、《元曲选目》并作简名《东窗事犯》,注谓有"二本"。曹本《录鬼簿》、《宝文堂书目》、《也是园书目》、《今乐考证》、《曲录》别作《秦太师东窗事犯》。曹本《录鬼簿》于目下又注曰:"一云杨驹儿作"。又元人金仁杰,亦有《秦太师东窗事犯》之作。此剧流传版本,现有:(一)《元刻古今杂剧三十种》本;题目作:"岳枢密为宋国除患,秦太师暗结勾反谏",正名作:"何宗立勾西山行者,地藏王证东窗事犯"。(二)《元人杂剧全集》本,第八册。(三)《世界文库》本,第五卷。以上两种版本,系据《古今杂剧三十种》本重印。按:《永乐大典》卷二〇七四四"杂剧八",收有《东窗事犯》一本,未悉究为谁作,惜今未传。又《戏曲存目汇考》中编杂剧二云:孔学诗,字文卿,平阳(今山西汾阳)人,占籍溧阳(今属江苏)。里党穷乏,必加周恤。尝大书"性"字于座右,曰:"能循性之自然,则无入而不自得矣。"人因称之曰"性斋"云。剧叙秦桧与其妻私计谋害岳飞事。按明郎瑛云:"予尝见元之平阳孔文卿有《东窗事犯》乐府,杭之金人(仁)杰有《东窗事犯》小说,与今所传,大略相似。"据此,则《录鬼簿》同著录于金仁杰下一本,注曰:次本。即郎氏所云小说欤?而《元志》著录此书又作《秦太师东窗事犯》,元孔文卿撰。亦不题卷数。《东北地区古籍线装书联合目录》著录民国二十四年至二十五年上海贝叶山房铅印本《中国文学珍本丛书》第一辑有孔文卿杂剧:《秦太师东窗事犯》一卷,(元)孔学诗撰。《元代杂剧全目》此剧不题撰人,云:曹本《录鬼簿》、《今乐考证》、《曲录》并著录此剧正名。贾本《录鬼簿》著录简名《东窗事犯》,注谓系"次本"。《太和正音谱》、《元曲选目》亦作简名《东窗事犯》;注称有"二本"。元代杂剧初期作家孔学诗原有《地藏王证东窗事犯》一剧,已详上文。此剧未见流传之本。按:《永乐大典》卷二〇七四四"杂剧八",收有《东窗事犯》一剧,惟不知为孔金二氏谁家作,今未见传。兹参据著录。才按:本书各家著录,所据不同,闻见有别,至为紊乱,其书国家图书馆所藏元刻《古今杂剧》本收入二〇〇五年十月北京图书馆出版社《中华再造善本》,其开场白云:"某姓岳名飞字鹏举,幼习武艺,随高宗南渡于金陵,不经旬日,有大金国四太子追袭,到于浙西钱唐镇,立名行在,即其帝位。某统军在朱迁镇拒敌,四太子闭门不出。某平生……"末刊题目:"岳枢密为宋国除患;秦太师暗结勾反谏"。正名:"何宗立勾西山行者;地藏王证东窗事犯"。"大都新刊关目东窗事犯的本全"。曲牌自"端正好"、"点绛唇"到"滚秀球"、"后庭花"等,凡五十余目。戏文略有残缺。然据此已足知其书名虽异而实不异也。至于《元志》此书之后,另著金仁杰《东窗事犯》,二者原本不是一书。又考孔学诗,孔文卿,孔《谱》俱无其名,傅惜华、庄一拂不云何据,考其事迹,似出《金华黄先生文集·溧阳孔君墓志铭》。《墓志》又称其学诗,"日与宾客从容于琴册觞豆壶矢间,二子(汝舟、汝楫)列屋而居,号南北宅,君往来惟意所适而安焉。不以久近为计也"。而不云有作曲事,予以为此书作者或即孔克齐之父孔文升,谱名孔思退者。孔《谱》记载思退与弟思升,俱云"原名文升",疑误。予意其中或有一名文卿者,此人便是孔思退。录此俟考。思退本书有著录,可参阅。

是书今有国家图书馆藏元刻《古今杂剧》本,民国影印本,《古本戏曲丛刊四集》影印本,1935年上海生活书店《世界文库》等。

■ 桃花扇传奇二卷 存

（清）孔尚任撰。尚任有《易经系辞讲义》，经部易类已著录。

是书，《清志补编》、《著述记》等皆著录，稿本《续修四库提要》、《贩书偶记》著录康熙介安堂本题署同。《中国古籍善本书目》（征求意见稿）此书著有二康熙本，一为国家图书馆等藏"清康熙刻本"，十行二十字，白口，四周单边，版心无鱼尾，有出目，眉栏镌评；一为北京大学图书馆等藏"清康熙西园刻本"，十行十九字，白口，四周单边，版心有鱼尾，无出目，眉栏亦镌评。二十字本，收入《中国版刻图录》，编号四八八。书前计有梁溪梦鹤居士序及田雯等人题辞，末附砌抹、考据、本末及尚任等人跋语、后序，折后，全剧共四十出。《古书经眼录》著录光绪三十三年兰雪堂校刊本作四卷，并首一卷；《中国历代诗文别集联合书目》著录嘉庆二十一年刊本作《桃花扇传奇后序详注》四卷。按：此书版本甚多，1959年人民文学出版社排印四卷本，乃据兰雪堂本、西园本、暖红室本、梁启超注本互校，择善而从，复据国家图书馆藏康熙戊子刻本正其讹字，加以校勘、标点、注释，是迄今较为完备和通行的本子。关于该书撰写与流传，孔尚任《桃花扇本末》及诸家题辞已详言之。《本末》谓："予未仕时，每拟作此传奇，恐闻见未广，有乖信史，寤歌之余，仅画其轮廓，实未饰其藻采也。然独好夸于密友曰：'吾有《桃花扇》传奇，尚秘之枕中。'及索米长安，与僚辈饮宴，亦往往及之。又十余年，兴已阑矣。少司农田纶霞先生来京，每见必握手索览，予不得已，乃挑灯填词，以塞其求，凡三易稿而书成，盖己卯之六月也。"又云：《桃花扇》本成，王公荐绅，莫不借抄，时有纸贵之誉。""长安之演《桃花扇》者，岁无虚日。"刘中柱《桃花扇题辞》云："一部传奇，描写五十年前遗事，君臣将相，儿女友朋，无不人人活现，遂成天地间最有关系文章。往昔之汤临川，近今之李笠翁，皆非故手。"宋荦《题桃花扇传奇》云："新词不让《长生殿》，幽韵全分玉茗堂。泉下故人呼欲出，旗亭樽酒一沾裳。"金埴《题阙里孔稼部尚任东塘桃花扇传奇卷后二首》云："两家乐府盛康熙，进御均叨天子知。纵使元人多院本，勾栏争唱孔、洪词。"吴陈琰《题桃花扇传奇》云："阙里文孙正乐年，新声古调总清妍。谱成抵得南朝史，休与《春灯》一例传。"王国维《人间词话》（未刊手稿）云："元曲诚多天籁，然其思想之陋劣，布置之粗笨，千篇一律，令人喷饭，至本朝之《桃花扇》、《长生殿》诸传奇，则进矣。"《小说考证》引《顾曲麈谈》云："余谓《桃花扇》不独词曲之佳，即科白中诗词对偶，亦无一不美，如'叶分芳草绿，花借美人红。''新书远寄《桃花扇》，旧院常关燕子楼。'及上下本结穴之五、七律两首，几乎无一字不斟酌。博兔用全力，唯云亭足以当之耳。"谢国桢《增订晚明史籍考》卷二十四著录本书，云："是书谱侯方域、李香君遗事,借才子佳人遗事,记一代家国兴亡,不独文学脍炙人口,即事实亦足存南朝掌故。梁启超先生于是书研究有年,曾为疏证其事,盖史事所系,不当独以传奇小说观之也。"袁行云《清人诗集叙录》"湖海集"条谓:"咏《桃花扇传奇》及观演《桃花扇》剧诗,散见后人诗集者极多。光绪间兰雪堂刻本《桃花扇》卷首载诸家题词,什不一二耳。以歌行言,孔传铎、孔传鏻、刘中柱、吴璜、朱锦琮诗集均有《桃花扇歌》,以近体言,有《桃花扇题辞》而见于诸家诗集者,为田雯、土卙、帅家相、程梦星、商盘、鲁曾煜、商嘉言、陈沆、沈初、钱琦、孙士毅、何晫、韩是升、李燧、邵帆、茹纶常、龚湜身、舒位、李赓芸、张问陶、蒋一元、斌良、陈偕灿、陆继辂、吴爧文、陈鹤、冯镇峦、王斯年、林枫、何盛斯、方熊、瑞瑛、吴勤邦、恒庆、居瑾、李彦章、方炳奎、贾树诚、杨季鸾、杨泽闿、刘存仁、陈荣昌,各存数首至十首不等。最多者为黄体正,一人作四十四首,分咏各出,罗天阊一人作百十六首,几成专集。若广为甄录所在,则张令仪《蠹窗诗集》十首,黄理《畊南诗钞》四首,宋之睿《憶泉书屋诗稿》九首,陈梓《玲珑山房诗集》四首,孙荪意《贻砚斋诗稿》四首,柳迈祖《四松堂诗集》三首,李世伸《屈翁诗钞》五首,刘肇春《啸笑斋存草》三首,王俦《莲舫诗吟》一首,梁承诰《独慎斋诗钞》二首,何焕纶《棠荫书屋诗钞》四首,周实《无尽庵遗集》五首,秦金《烛藜轩诗稿》十四首。见于《海虞诗苑》、《山左诗钞》、《曲阿诗钞》等总集者,尚有若干首。较诸咏《长生殿传奇》不啻数十百倍。清代士大夫多趋尚此南明亡国故事。尊洪抑孔,乃近人之见也。"其歌咏《桃花扇》者,除以上袁氏所述,尚有许多不曾道及,予拟编辑《孔尚任集外集》,博采众书所载,汇为一编而附之。

是书今有清康熙四十七年孔氏介安堂刻本,1979 年 9 月江苏广陵古籍刻印社影印本,1986 年 5 月上海古籍出版社《古本戏曲丛刊五集》影印本,2002 年 3 月上海古籍出版社《续修四库全书》影印本;清康熙西园刻本,2011 年 9 月山东大学出版社《山东文献集成》第四辑影印本;山东省图书馆藏清王萦绪重订、清燕山堂抄本(清许少怀批校);国家图书馆、浙江图书馆、天一阁文管所藏稿本《复庄今乐府选》本;济南市图书馆藏清道光二十三年至二十四年洛图书抄本(后有洛图书道光二十四年跋);国家图书馆藏吴梅跋清刻本;清嘉庆二十一年后序详注本(作四卷);清道光十三年刻本;清光绪二十一年锓板、三十三年兰雪堂校刊本(作四卷);清光绪三十一年新民丛报本;暖红室刻本,民国六年上海扫叶山房石印本;1925 年 4 月上海益智书社本;1931 年 8 月上海新文化书社鲍赓生标点本;1932 年广益书局铅印本;1933 年上海扫叶山房石印本;1933 年上海商务印书馆《万有文库》本;1934 年 12 月上海商务印书馆《国学基本丛书》本;1934 年 10 月上海大达图书供应社朱益明标点;石潭居士校订本;北平中

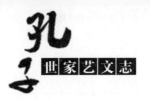

华印书局本;1959年9月王季思等校注本;1982年上海文艺出版社《中国十大古典悲剧集》铅印本;1989年浙江古籍出版社《中国四大古典名剧》校点本等。

■ 桃花扇访翠眠香 存

(清)孔尚任撰。

是书,《东北地区古籍线装书联合目录》著有民国二十七至三十年影印《崑曲丛刊》本。按:此为《桃花扇》戏文抽出另刊者。蒋瑞藻《小说考证》引《曲栏闲话》云:"孔云亭《桃花扇》,深情悱恻,自在《燕子笺》以上,《访翠》、《眠香》两出,香馥秾艳,极一种美满愉快之旨,尤为空前绝后之作,而铺叙亦极其能事。"

■ 桃花扇注 存

(清)孔尚任撰,(民国)梁启超注。

是书,《中国丛书综录续编》著有1936年上海中华书局印行《饮冰室合集》本。按:此书,1940年5月昆明曾再版,1954年10月文学古籍刊行社又重印。

■ 桃花扇图册 存

(清)孔尚任原撰。

是书,《北京大学图书馆藏古籍善本书目》集部曲类传奇与《北京大学图书馆藏善本书录》著有清同治彩绘照录三色笔曲文四折册本,一函三册。按:考此书《中国古籍善本书目》未收,而馆目著录但题原撰,不云绘自谁人之手。予因编《〈桃花扇〉歌咏集》,查考诸家诗集,尝于清何兆瀛《老学后盦自订诗》卷四见有《题摹本〈桃花扇〉画册》,内有"烟云过眼空陈迹,好事重橅认标格。新词落叶写秋痕,我亦销魂白门客"等句。又考何氏,字通甫,号青耜,江宁人,道光二十六年举人,官至两广盐运使。生活时间与此正符,或其所题恰即此册矣。

■ 南桃花扇四卷 存

(清)孔尚任撰,顾彩改编。

是书,《古典戏曲存目汇考》据《曲录》著录但云"顾彩改编",并谓"《见山楼丛话》云:曲阜孔尚任作《桃花扇》传奇,无锡顾彩又作《南桃花扇》,所衍亦侯朝宗事。尚任以张薇出家白云庵,为侯、李说法,二人醒悟修行,分往南北二山结局。此改朝宗掣姬北归,白头偕老云。《曲海总目提要》亦著此本,谓剧中诸人姓名履历俱真,关目事迹,则颇多纽合添饰。"孔尚任《桃花扇本末》云:"顾子天石,读予《桃花扇》,引而申之,改

为《南桃花扇》。令生旦当场团圆，以快观者之目，其词华精警，追步临川。虽补予之
不逮，未免形予伧父，予敢不避席乎?"梁廷枏《曲话》称:"《桃花扇》以《余韵》折作结，
曲终人杳，江上峰青，留有余不尽之意于烟波缥缈间，脱尽团圆俗套。乃顾天石改作
《桃花扇》，使生旦当场团圆，虽其排场可快一时之耳目，然较之原作，孰优孰劣，识者
自能辨之。"蒋瑞藻《小说考证》引《见山楼丛录》亦谓"关目颇多增饰，事迹尝加扭合，
盖才力不逮云亭远矣。"然俱不云此书有无传本? 有何传本? 予撰《孔子故里著述考》
历考公私藏目亦未见录。2010 年 7 月 30 日，予应邀去京参加"中国周公研究会筹委
会"，次日，偕友至潘家园文化市场游览，购古籍文献图录多册。顷见其中《北京德宝
2010 年迎春拍卖会图录》著有清同治四年刻本《桃花扇》四卷，一函四册，题"顾采
撰"。释云:"该书又名《南桃花扇》，以别于孔尚任之《桃花扇》。"心头不禁一喜，此非
历索不得之《南桃花扇》耶? 惟卷端题署仍旧，作《桃花扇传奇》，云亭山人编。书为竹
纸小品，十行十九字，白口，左右双边。内有圈点。栏上镌批，行四字。兹参据著录。
按:考《无锡金匮县志》彩父顾宸传云:"顾宸，字修远，嘉舜子，崇祯十二年举人，操文
场选柄数十年，每'辟疆园'新本出，一悬书林，不胫而遍海内。好藏书，插架充栋，后
厄于焚。尝注杜诗，补辑宋文三十卷，皆东莱《文鉴》所未及。为诗文丰蔚典赡。子
彩，字天石，有异才，尤工词曲。客曲阜，制乐府百余种。彩子忠，亦工诗。"顾彩，拙著
《孔子故里著述考》有著录，可参阅。又考此戏之改写，《孔尚任年谱》以为作者客曲阜
时;《孔尚任评传》以为康熙四十五年丙戌六、七、八月间完成。

是书今有清同治四年刻本。

■ 小忽雷传奇二卷 存

(清)孔尚任、顾彩合撰。

是书，刻本、抄本及各书著录题署不尽一致。盖《中国古籍善本书目》著录各种抄
本题顾彩、孔尚任撰，《曲阜志》、《著述记》与首都图书馆馆藏目录著录清抄本作孔尚
任撰，稿本《续修四库提要》著录满洲傅氏藏乾隆间抄本署顾彩撰。《清志补编》此书
凡二见，一题孔尚任撰，一题顾彩撰。按:曲阜师范大学图书馆藏有此书清抄本，首页
署:"岸堂主人鉴定;梦鹤居士填词"。内有"叙伦堂印"、"王凤喈印"、"鸣高"、"青松
白玉"四印。内容与暖红室本相较，不同之处达二百余处，其中，多有可正暖红室刻本
者。校注本也有二种，即 1986 年中州古籍出版社之王毅校注本和 1988 年齐鲁书社之
戴胜兰、徐振贵校注本。二者以齐鲁书社本为善，其本以暖红室本为底本，参以曲阜师
范大学与山东省博物馆二抄本，精校细勘，择善而从，且辅以注释，甚便阅读。考《小

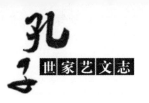

忽雷》撰成于康熙三十三年,略早于《桃花扇》。孔尚任《致张山来札》云:"弟十五年拙宦,碌碌无成,旅邸郁陶,间作词曲,比于古人饮醇酒、近妇人,亦无聊之极思耳!《小忽雷》一种,乃与天石合编者。燕市垆头,颇邀画壁之赏。刻本尚未全出,先以凡例寄览,悠悠客况,如是而已。"《桃花扇本末》云:"前有《小忽雷》传奇一种,皆顾子天石代予填词。"又顾彩《桃花扇序》曰:"岁在甲戌,先生指署斋所悬唐朝乐器小忽雷,令余谱之。"镜庵居士(吴穆)《小忽雷传奇序》称:"孔门星座,立传周详,顾氏仙才,填词雅秀;叙廿七年之治乱,贯作连珠,历三四帝之兴衰,编成合谱。"又《孔尚任诗文集·燕台杂兴》第二十首:"南部烟花劫后灰,曲终人散老相催。昆山弦索姑苏口,绝调谁传小忽雷?"自注云:"予《小忽雷》填词成,长安传看,欲付梨园,竟无解音。后得景云部,始演之。"李调元《雨村曲话》谓:"顾天台(石)《小忽雷》传奇,亦董恒岩笔。董工词而顾工音,故为词家所尚。"梁启超《〈桃花扇〉著者略历及其他著作》曰:"《小忽雷传奇》在当时唱演象很盛行。但不闻有刻本。乾嘉以后,小忽雷原器展转入于刘燕亭(喜海)之手,燕亭复抄得传奇原谱,校藏于味经书屋。其后燕亭嫁女于华阳卓氏,用作妆奁。宣统二年,刘葱石(世珩)连器带谱从卓家购得,拿精校刻出,编为暖红室传奇汇刻之第二十四种。自是云亭山人破题儿第一部作品始流播人间。"其序跋、题辞、吟咏,详见《中国古典戏曲序跋汇编》及齐鲁书社校注本。

是书今有南京图书馆藏清刘喜海味经书屋抄本,清乾隆义竹斋抄本;上海图书馆藏清叶志诜跋清抄本;曲阜师范大学图书馆藏清抄本;首都图书馆藏清抄本;山东省博物馆藏旧抄本;民国八年贵池刘氏暖红室《汇刻传剧》本(题梦鹤居士、岸堂主人撰);台湾明文书局影印《暖红室汇刻传奇三种》本(题孔尚任撰);1986年2月中州古籍出版社校注本;1988年8月齐鲁书社校注本等。

■ 大忽雷一卷 存

(清)孔尚任撰。

是书,《中国丛书综录》据暖红室《汇刻传剧》本著录。《中国古籍善本书目》著录清刘喜海味经书屋抄本作《大忽雷传奇》。《曲阜志》著录较模糊,谓:"国朝孔尚任《岸塘文集》六卷,《湖海集》十三卷,《桃花扇》、《小忽雷》、《大忽雷》二卷。"按:此剧凡二出,即《卖胡琴》与《碎胡琴》。《卖胡琴》有曲四支,即"北夜游船"、"桂枝香"、"前腔"、"意不尽";《碎胡琴》有曲十支,即"双调新水令"、"驻马听"、"沉醉东风"、"雁儿落"、"得胜令"、"沽美酒"、"太平令"、"川拨棹"、"收江南"、"鸳鸯煞"。剧情取材于《唐诗纪事》陈子昂入京应取,路遇老客卖胡琴的故事。刘世珩跋之,以为此"非全书",陈万鼎《孔尚任著述记》则云:这段本事,首尾完完整整,不知道残缺在哪里?假使将《大忽雷传奇》改称为《大忽雷杂剧》,那就毫无"残缺"的问题。明清杂剧长短无定限制,短到一出都可以,其实,这是一本非常精彩的"清代杂剧"。所言极是。又按:此剧原附于暖红室本《小忽雷》后,齐鲁书社校注本一并整理附后,清宣统三年石印暖红室本收有二《忽雷》史料、诗文可参。

是书今有南京图书馆藏清刘喜海味经书屋抄本(附《小忽雷传奇》后);贵池刘氏暖红室本;1988年8月齐鲁书社《小忽雷传奇》附录本等。

■ 通天榜传奇 佚

(清)孔尚任撰。

是书据1988年4月19日《济宁日报·孔尚任被罢官之谜》一文著录,文称:清代大戏剧家孔尚任于康熙三十九年春被罢官不是因为《桃花扇》,而是缘出另一出戏——《通天榜传奇》。事件原委是这样的:康熙乙卯年间,顺天乡试,康熙派纂修《大清一统志》的李蟠任主考官。考前,李蟠同榜探花徐某说情,要李蟠照顾其侄,李蟠应允;但因考场过严,李蟠只好把徐探花写的条子丢了。出榜时,李蟠便将接近分数线的徐姓考生统统录取,即使这样,徐探花之侄仍名落孙山。发榜后,徐探花见榜上无名,就造谣说:这次考试有弊,李蟠受贿,成绩好的没录取,差的倒考中了,一时间闹得满城风雨。孔尚任闻讯,就依此事,连夜创作了《通天榜传奇》,讽刺李蟠,攻击顺天府乡试舞弊。《传奇》上演,在京城引起了更大的轰动。康熙宣布考试无效,另行复试。复试结果和上次的成绩出入并不大。这时,一些不得志文人蜚语中伤孔尚任。康熙皇帝召见孔尚任,斥责他身为国家大臣,不应讽刺同僚,即使李蟠有罪,应交刑部处理,何须写戏张扬于世呢?遂即将孔尚任撤职。李蟠也被罢官后发配到江苏等地。孔尚任曾诗云:"命薄忽遭文字憎",即指此事。但在他的著作中对罢官原因只字未提,而在李蟠自著的《偶然集》及李蟠之孙李云锦著的《李蟠传》中,均有这段史料记载。才按:关于孔尚任罢官原因,尚任本人未作明确交代,《尺牍偶存》张潮致孔尚任札等以为"以诗酒去官",袁世硕《孔尚任年谱·康熙三十九年庚辰》以为写《桃花扇》所致,是皆不知有《通天榜传奇》之事。而揆诸二家之说,亦与情理不甚相符,孔尚任是康熙特用官员,如何仅因诗酒或既"无悖逆之词",又"合乎圣道"的剧本而去其官呢?

■ 软羊脂传奇二卷 存

(清)孔传铄撰。传铄有《四季花卉画册》,子部艺术类已著录。

是书,《中国古籍善本书目》、《古典戏曲存目汇考》等皆著录。《清志补编》此书题"孔传志撰"。王重民《中国善本书提要》著录国家图书馆藏抄本,称其书原题"阙里补闲斋蝶庵填词,梁溪辟疆园湘槎参评"。按:此书上海图书馆藏有稿本,凡上下二卷,每卷一册。页心高一百八十毫米、宽一百三十毫米,九行,行字十九、二十不等,无格。前有西峰樵人辛卯初夏题诗。书名页署"六艺世家著;少卓敬读",卷首题"软羊脂传奇;补闲斋编词"。有"传鈺"、"西铭"二印及上海图书馆藏书章。卷末另有印四方。内有眉批。题诗云"软玉何曾奉紫貂,木香亭畔更魂消。蕊娘无限相思曲,肠断歌儿白管箫。侠士由来能几多,才人方可作荆轲。谁传至正年间事,玉笛新声永不磨。辛卯初夏西峰樵人题于半野亭。"钤有"西山草堂"、"陈山人"二印。全剧共三十四出,出目有:一大概、二授宝、三家庆、四养盗、五献媚、六饯母、七市诱、八邸聚、九局始、十几谏、十一搜主、十二诓绁、十三局赚、十四情释、十五悟囮、十六谋劫、十七盗炙、十八泣玉、十九遇主、二十觊艳、二十一吁准、二十二迷讯、二十三褫印、二十四夥逸、二十五闹谳、二十六吐情、二十七贿索、二十八刺逆、二十九仇媒、三十真聘、三十一冤勘、三十二释衅、三十三诛盗、三十四会玉。稿本《续修四库提要》谓"剧中南北曲词谐畅者多,虽不尽纯粹,然大较出于自然,非专以堆砌为工者,以方孔尚任《桃花扇》似不足,然较孔广林《温经室(楼)游戏翰墨》诸作,则远胜之矣。"又按:《中国古典戏曲序跋汇编》收有此书题词,小传云:传鈺"生卒年未详";《古典戏曲存目汇考》作者鈺作"誌",云"字西铭,生平未详"。《善本书提要》谓"传鈺,康雍间人",是亦不详其生卒。而据予所考,孔传鈺,字振文,号西铭,别号蝶庵,室名补闲斋。袭五经博士。世宗欲用未果,赐"六艺世家"四字匾额,清康熙十七年(1678)生,雍正九年(1731)卒,年五十四。详见别集类。参评人"辟疆园湘槎",即顾彩。

是书今有上海图书馆藏稿本,1986年5月上海古籍出版社《古本戏曲丛刊五集》影印本;国家图书馆藏抄本;台北"国立中央图书馆"藏旧抄本等。

■ 软邮筒二卷 存

(清)孔传鈺撰。

是书,《中国古籍善本书目》据上海图书馆藏稿本著录。《古典戏曲存目汇考》称此书为"抄本"。按:此本凡上下二卷,每卷一册。页心高一百八十二毫米、宽一百三十二毫米。半叶九行,行十九、二十字不等。无格。内有眉批。书名页署"六艺世家著;少卓珍藏",卷首题"也足园叟编;湘浦槎翁校"。有"传鈺"、"西铭"、"合众图书馆藏书印"等印。书末另有印三方。戏目共三十出,曰:一开场、二郊遇、三题亭、四惊座、五和吟、六邮情、七释狐、八番谍、九情衅、十拷丽、十一宵窜、十二狐拯、十三窥篡、十四援娇、十五佳会、十六围觐、十七反吠、十八庭讦、十九狐饯、二十赚美、二十一谒相、二十二欢阻、二十三邸遘、二十四折番、二十五授宠、二十六曹关、二十七错谢、二十八追疑、二十九番媾、三十负荆。又按:此剧亦顾彩校订。其"也足园叟",似为传铎晚年别号。

是书今有上海图书馆藏稿本,1986 年 5 月上海古籍出版社《古本戏曲丛刊五集》影印本。

■ 软锟铻二卷　存

(清)孔传铎撰。

是书,《著述记》《续修县志·人物志》俱有载,《曲阜志》不著卷数。按:此书山东省图书馆藏有传抄本,上下二卷,每卷一册。页心高一百七十毫米、宽一百三十六毫米。半叶十行,行十九、二十字不等。无格。内有眉批。前有西峰樵人、青棠居士题诗。卷首署:"也足园叟编词;梦鹤居士较定"。有"山东省图书馆珍藏印"一方。戏目共三十二出,曰:一声始、二侠遇、三奸图、四赚美、五蛮横、六庭遣、七逼婚、八前释、九妖演、十途困、十一谒忤、十二后释、十三投店、十四杀岭、十五缉解、十六差毙、十七托女、十八奸噬、十九蛮婚、二十见父、二十一疹佞、二十二骄宴、二十三义结、二十四闻捷、二十五吁恩、二十六册封、二十七谋叛、二十八妖胜、二十九诛邪、三十功圆、三十一谐婚、三十二剑化。西峰樵人题诗云:"谁使双成降玉宸,除奸斩佞动如神。寰中不少锟铻剑,侠气偏归一妇人。桃花洞主识英雄,一剑能成海上功。惊得溪蛮齐下拜,甄生豪气有谁同。黄茅店里鹧鸪飞,秀女终朝泪满衣。不是韦姬为伴侣,蛮烟瘴雨欲何归?艳词丽句尽堪传,谱合宫商字字圆。若使梨园知此曲,牙箫唱杀李龟年。"

是书今有山东省图书馆藏传抄本,1986 年 5 月上海古籍出版社《古本戏曲丛刊五集》影印本。

■ 春歌一卷　存

(清)孔继涵撰。继涵有《考工车度记》,经部周礼类已著录。

是书,北京大学图书馆藏有藤梧馆黑格誊稿本,一册七叶,半叶十一行,行二十一字。书为李木斋盛铎氏麟嘉馆旧藏,有"麟嘉馆印"、"北京大学藏"朱文正印。无序跋。函内标签作者题孔继涵,入集部词曲类南北之属,《北京大学图书馆藏古籍善本书目》著为《红榈书屋词集附录》一卷,稿本,入集部词别集。今观其书,凡首叶首行题

"红榈书屋词集附录"，次行单题"春歌"。内有"醉春风"、"普天乐"、"朝天子"、"四边静"、"脱布衫"、"小梁州"、"石榴花"、"斗鹌鹑"、"鲍老儿"、"满庭芳"、"耍孩儿"、"四煞"、"三煞"、"二煞"、"煞尾"诸曲（北调），并有宾白科介，末云："蛾眉自古酿深冤，鹦鹉跟前也怕言。如何轻把沉沉恨，写在招冤第二。"其显为戏曲，而非词集也。然古今曲目，如《古典戏曲存目汇考》等绝不见录。按：继涵制曲，史书多不言及，惟张埙《皇清诰授朝议大夫户部河南清吏司主事孔君行状》云：君刻书不喜标名作序记，但题曰"微波榭"。"微波榭"者，君辟城东聚芳园之水阁也。老宅曰"红榈书屋"者，予与君倡和为乐府之地也。

是书今有北京大学图书馆藏清曲阜孔氏藤梧馆誊稿本。

■ 鸳鸯佩传奇无卷数 未见

（清）孔继瑛撰。继瑛有《瑶圃集》，本部别集类已著录。

是书，《历代妇女著作考》据《桐乡县志》著录，《乌青镇志·著述》亦著其书。《古典戏曲存目汇考》著录本书，谓其"著有《南楼吟草》及《诗余》一卷，《鸳鸯佩》传奇一本，佚"。并误"继瑛"为孔传忠女。

■ 温经楼元明小令钞不分卷 存

（清）孔广林辑。广林辑有《周易注》，经部易类已著录。

是书，首都图书馆藏有稿本，一册。按：《全清散曲》广林传此书作《元明名人小令》，云："幼髫深于曲学，尤精元剧，所制皆遵元人格律，著有《温经楼游戏翰墨》二十卷续录一卷。皆四十余年间所作传奇、杂剧、南北散套小令。另辑《元明名人小令》。"

■ 温经楼游戏翰墨二十卷续录一卷 存

（清）孔广林撰。

是书，首都图书馆藏有稿本，五册一函，半叶十行，行二十字，白口，四周单边。《山东文献书目》、《北京大学图书馆藏古籍善本书目》另著有上海图书馆、北京大学图书馆藏稿、抄本。北大本亦五册一函，半叶十行，行二十字，白口单边。每卷卷端题"阙里孔广林幼髫稿"。卷末附题词《仙吕宫·鹧鸪天》二首，题"道光己丑雪朝前三日题于唐槐馆，南通州冯云鹏拜草"。有"不登大足文库"印记。卷首有自叙，云："忆予自舞勺之岁见藏吾叔元百种曲，心窃爱之，攻举业无余力也。既冠，读先十五世祖叶貌乐府，吟诵不倦。时游戏效为之，颇为竹厂夫子所许可，然犹锐志淹中经，间有吟咏，岁亦不过一二曲耳。嗣后家既多故，兴亦颓然，迨《东城老父传奇》成，年已五十矣，运途多舛，亲故凋零，以羸病残躯，涉穷愁之岁月，惟藉此南北十七宫调消遣，居诸譬之老友，晨夕相依，一吟一咏，悉不忍弃而弃之箧焉。自（原文'自'在'焉'前，疑误）逢困敦以来，每岁必手录清稿一度，勘校改删，寒暑不辍，笑我谅我，听之而已。今年春，通录前后所作，编为二十卷，题曰《温经楼游戏翰墨》。非敢问世也，非故蹈敝帚千金之诮也，徒惜其心之耗、力之苦，不忍甑之覆云尔。噫！予今六十有七，耄则耄矣，老犹未也。如其天假之年，否而终泰，使侧商之调转而为啴缓之音，优哉游哉，佚我以老，则予之大幸也已。嘉庆十七年元默涒滩春三月戊子阙党赘翁漫笔。"又按：此书，《清志补编》、《续修县志》、《著述记》著之不标《续录》一卷。《古典戏曲存目汇考》云："孔广林字幼髯。山东曲阜人。深于曲学，尤精元剧。著有《温经楼游戏翰墨》二十卷，所录皆四十余年来所作传奇杂剧，以及南北散套小令。"《续修四库全书提要》据北平孔德学校图书馆藏稿本作《温经室游戏翰墨》，云："广林为广森之兄，精研经学，所著《说经五稿》，共三十六卷，《仪礼士冠礼》一卷，皆阐释礼经，用力至勤。又服膺郑玄之学，辑郑氏遗书为《通德遗书所见录》七十二卷。一生矻矻穷经，可谓敦朴好古之儒。斯编为广林晚岁所作剧本散曲，以之自娱，故曰《游戏翰墨》。其书自卷一至卷四为《东城老父斗鸡忏》传奇，事本唐陈鸿《东城老父传》，凡四十二折，嘉庆十六年作。卷五为《璇玑锦》杂剧，演窦滔、苏蕙事，凡四折。卷六曰《女专诸杂剧》，演左仪贞事，本《天雨花弹词》，亦四折，嘉庆五年作。卷七曰《松年长生引》，乃乾隆三十三年祝其母徐太夫人寿所作旧稿二折。自卷八至卷二十，为令章散曲。又《续录》一卷，则全书编次后一年所作，亦为散曲。其最后《北黄钟》、《刮地风》二首，一记河南滑县天理教匪之事，一记匪犯禁城，仁宗下罪己诏事，是时为嘉庆十八年，广林已六十有八矣。广林幼即喜曲，读臧懋循所编《元人百种曲》而好之。晚年亲故凋零，所历［坎］坷，遂专以词曲自娱，而天性笃实，反复推敲，尤喜苦吟。其《东城老父》传奇，自嘉庆十年成书，至十七年稿凡十有四易，始写为定本，旧稿改者十之八九，其不苟如此。尤斤斤于曲律，每折皆自为注解，详引旧谱，比较前人文句而折衷之。自来曲家撰曲，未有计较毫厘，用力如是之深者。唯词曲之妙出于性灵，广林但墨守绳尺，而施之于文往往不能畅其意。是以集中诸词，除散套随意吟咏，词意稍显外，余大抵塞拙，以视桂馥《四声猿》，殆尤甚焉。盖经典文学，判然两途，自非天才卓异，鲜能并美。孔尚任为广林族祖，当康熙之际，以词采风流照映当时，其经学功力诚不得与广林比。若以《桃花扇》与《东城老父传奇》衡论短长，则不可同日语矣。此虽风会不同，亦才有以限之，断不可勉强学步者也。"又《全清散曲·引用书目》引清嘉庆壬申手稿本，按云："《温经楼游戏翰墨》第八卷到

第二十卷及续录一卷,均系散曲。是书按年代顺序排列,卷首'目次'并以星岁纪年标明。第八卷起自乾隆三十五年上章摄提格(1770),续录一卷迄于嘉庆十八年昭阳作鄂(1813)。"

是书今有首都图书馆藏清嘉庆十七年稿本,上海图书馆藏清嘉庆十七年稿本,北京大学图书馆藏清抄本等。

■ 幼髯孔氏所撰传奇杂剧三种四卷　存

(清)孔广林撰。

是书,《中国古籍善本书目》集部曲类、《中国丛书综录·总目》等均著录。内收《东城老父斗鸡忓传奇》二卷,《璇玑锦杂剧》一卷,《女专诸杂剧》一卷。详见前条及后之著录。按:此书《古籍珍稀版本知见录》、《文禄堂访书记》皆误题孔广森撰。

是书今有上海图书馆藏稿本,国家图书馆藏民国间古吴莲勺庐红格抄本。

■ 温经楼杂剧三种三卷　存

(清)孔广林撰。

是书,《西谛书目》著有□□年莲勺庐抄本,《中国丛书广录》据以著录。书内凡收《璇玑锦》、《女专诸》、《松年长生引》各一卷,惟其不知现存何处?

■ 东城老父斗鸡忓传奇二卷　存

(清)孔广林撰。

是书,《中国丛书综录》著录。《古典戏曲存目汇考》此戏作《斗鸡忓》,云:有《温经楼四种》抄本,见《北平图书馆戏曲展览会目录》。内容详见《温经楼游戏翰墨》。又考《镜虹吟室诗集》卷二有孔昭虔《东城老父行伯父命题〈斗鸡忓传奇〉后》长诗,内有"弄鸡游戏禁街前,一朝熏沐朝天子。天子鸡坊五百人,小儿慧黠最承恩。生男何用致卿相,不及天家一弄臣"等句。

是书今有上海图书馆藏稿本《幼髯孔氏所撰传奇杂剧三种》本;国家图书馆藏抄本《温经楼四种》本,清曲阜孔氏温经楼刻本等。

■ 璇玑锦杂剧一卷　存

(清)孔广林撰。

是书据《中国丛书综录》著录。《古典戏曲存目汇考》此书作《璇玑锦》,不标卷数。按:此剧叙苏蕙《回文诗》事,本唐武后《窦滔妻苏氏织锦回文记》,节去捶辱滔宠姬赵阳台一事。元关汉卿于此撰有《苏氏进织锦回文》剧,可参看。

是书今有上海图书馆藏稿本《幼髯孔氏所撰传奇杂剧三种》本;清曲阜孔氏温经楼刻本,民国二十三年《清人杂剧二集》影印本;莲勺庐抄《温经楼杂剧三种》本(《西谛书目》著录,不知藏所)等。

■ 女专诸杂剧一卷　存

(清)孔广林撰。

是书据《中国丛书综录》著录。《古典戏曲存目汇考》作《女专诸》,不标卷数。按:此剧叙左仪贞事,改《天雨花弹词》中《刺贼》一段而成。凡四折,曰《劫娇》、《诛篡》、《试砂》、《节宴》。

是书今有上海图书馆藏稿本《幼髯孔氏所撰传奇杂剧三种》本;清曲阜孔氏温经楼刻本,民国二十三年《清人杂剧二集》影印本;莲勺庐抄《温经楼杂剧三种》本等。

■ 松年长生引一卷　存

(清)孔广林撰。

是书据《中国丛书综录》著录。《古典戏曲存目汇考》作《松年引》,不标卷数。按:此剧为祝其母徐太夫人七十寿而作。

是书今有清曲阜孔氏温经楼刻本,民国二十三年《清人杂剧二集》影印本,莲勺庐抄《温经楼杂剧三种》本等。

■ 荡妇秋思四折附葬花一卷　存

(清)孔昭虔撰。昭虔有《镜虹吟室诗集》,本部别集类已著录。

是书,《中国古籍善本书目》、《山东文献书目》等著录。《北京师范大学图书馆古籍善本书目》著录馆藏抄本《荡妇秋思》,题一卷。《中国古典戏曲序跋汇编》收有昭虔自题、片云悟道人题词,及道光甲申二月孔昭薰集本词句。按:此书,予尝见山东省图书馆藏抄本,书凡一册,金镶玉装,书高30.65厘米、宽17厘米,半叶十行,行二十字。书口写有书名、页码、折目。有孔昭薰朱墨批点。书前冠有后人补写的《孔昭虔先生小传》、《孔昭薰先生小传》,及题词三叶。中另有题辞半叶。末有昭薰(琴南)跋文四行。《荡妇秋思》共十七叶,内题"乾隆甲寅四月荃溪孔昭虔填词",凡四折:一征别,二营怨,三楼思,四梦圆。《葬花》共三叶,题"嘉庆丙辰荃溪填词",《自题》云:"临别殷勤醉玉瓯,一行烟柳织离秋。倩将清泪添潮水,直送郎船过陇头。白草黄沙玉怅秋,朔

霜满积月如钩。纵教血战终何益？只有将军解拜侯。秋高风急雁来宾,灯下裁衣寄远人。记取一行离别泪,是从妾泪滴君身。人去秋来可奈何？夜窗风雨别情多。三更少妇多闺梦,谱就伊州一曲歌。"又孔昭薰跋云:"此镜虹吟室主人旧著,拟易作《秋塞梦》为传奇名,然此本未曾奏之氍毹,他日必与扇底桃花共传者。"

是书今有山东省博物馆藏稿本,2009 年 9 月山东大学出版社《山东文献集成》第三辑影印本;山东省图书馆藏清抄本;北京师范大学图书馆藏抄本。

■ 孔荃溪二种曲 存

(清)孔昭虔撰。

是书,首都图书馆馆藏目录著有清抄本,一册,内收《荡妇秋思》四折与《葬花》。吴晓铃赠书。有吴晓铃题跋,及"王泊生"、"泊生藏书之章"、"闲吟冷醉"、"晓铃藏书"印记。

■ 孝逆炯鉴二册 佚

(清)孔昭秉撰。昭秉字君彝,衢州派句容支,孔子七十一代孙,诸生。

是书,《江苏艺志》著录,光绪《续纂句容县志·艺文志》著录此书入史类,云《续府志》作《孝鉴》。按:此《志》卷十孔继凝传称:"族孙昭秉,字君彝,诸生,嗜古工词,慷慨尚义,每岁暮必邀同志,施衣粥,救贫乏。著《孝逆炯鉴》两册,仿笠翁十种曲体,以风雅之笔写天性之诚,观者谓于世道人心有补。"按:昭秉,清光绪三年(1877)卒,生年待考。

汇编类

■ 微波榭丛书三十八种一百四十五卷 存

（清）孔继涵辑撰。继涵有《考工车度记》，经部周礼类已著录。

是书，《中国丛书综录·汇编·杂纂类（清代前期）》著有清乾隆中曲阜孔氏刊本，内收清戴震撰《戴氏遗书》：《东原文集》十卷，《毛郑诗考》正四卷首一卷，《杲溪诗经补注》二卷，《考工记图》二卷，《孟子字义疏证》三卷，《声韵考》四卷，《声类表》九卷首一卷，《原善》三卷，《原象》一卷，《续天文略》二卷，《水地记》一卷，《方言疏证》十三卷；孔继涵辑《算经十书》（此书及以下各书已详著各类，可参见）：《周髀算经》二卷附《音义》一卷，《九章算术》九卷附《音义》一卷、《策算》一卷，《海岛算经》（一名九章重差）一卷，《孙子算经》三卷，《五曹算经》五卷，《夏侯阳算经》三卷，《张丘建算经》三卷，《五经算术》二卷附《考证》一卷，《缉古算经》一卷，《数术记遗》一卷，《勾股割圜记》三卷；晋杜预撰《春秋地名》一卷、《春秋长历》一卷，元赵汸撰《春秋金锁匙》一卷，宋宋庠撰《国语补音》三卷，汉赵岐注《孟子》十四卷附宋孙奭撰《音义》一卷，唐张参撰《五经文字》三卷附孔继涵撰《五经文字疑》一卷，唐唐玄度撰《新加九经字样》一卷附孔继涵撰《九经字样疑》一卷，孔继涵撰《水经释地》八卷、《杂体文稿》七卷、《同度记》一卷、《长行经》一卷、《红榈书屋诗集》四卷、《斯冰词》三卷。按：本丛书《著述记》列目有八，即《算经十书》、《五经文字》、《九经字样》、《春秋长历》、《春秋土地名》、《春秋金锁匙》、《国语补音》、《孟子注》，《续修县志》列六目，较《著述记》少《五经文字》、《九经字样》。《山东通志》列目同《著述记》，谓"《微波榭丛书》二函二十册，孔继涵校刊。是书上函十册为《春秋长历》……下函十册则《算经十书》也"。《续修四库全书提要》著录清乾隆间微波榭刻本七种二十五卷（《算经十书》与《戴氏丛书》另列条目），称"是辑本与《戴氏遗书》同刻，后又别为《微波榭丛书》。至其所著《红榈书屋集》，则刻于《微波榭遗书》中"。诸家所著略同，而皆不含戴、孔《遗书》。盖此书尝经分合，《丛书综录》所著乃据汇刻本也。又翁方纲《孔君墓志铭》云："君雅志稽古，于天文、地志、经学、字义、算数之书，无不博综。官京师七年，所手校者数千百帙。集汉、唐

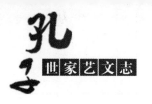

以来金石刻千余种,悉考核其事,与经义史志相比附。遇藏书家罕传之本,必校勘付锓,以广其传。所著名《红桐书屋集》。"红桐书屋",继涵室名。又考《山左诗钞》后集卷八孔广燁(号晓塘,曲阜四氏诸生,候选知县)《题微波榭所栞书》,撮述微波榭刻书甚悉,诗云:微波榭鲁东门外,微波主人亡几载。榭中多刻东原书,诗毛礼戴勤搜采。上溯天文下水经,方言音韵形声改。六义而今等弁髦,夏侯海岛风流在。起手最初曰考工,考经研义无疑殆。稍后字义孟子疏,互证前儒恐贻悔。余文略传赠答书,经义纷纶云有待。此榭东原凤未登,主人对之忘朝馁。即衍其义搜鸿儒,张参杜预如学海。参较亥豕订鲁鱼,鲁国诸生咸津逮。晴檐曝背手一编,寒日熹微下苍桧。

是书今有清乾隆中曲阜孔氏刻本。

■ 戴氏遗书三十二种一百五十八卷 存

(清)戴震撰,孔继涵编。

《续修四库全书提要》子部杂丛类:"《戴氏遗书》三十二种一百五十八卷(微波榭刻本一名《戴孔遗书》),清戴震撰,孔继涵编。震字东原,休宁人,乾隆间举人,四库馆开,荐充纂修,旋赐同进士出身,改庶吉士。性介特,无嗜好,惟喜读书,少从婺源江永游。礼经制度、名物,及推步天象,皆洞彻原本,实事求是,不主一家。精于训诂考订之学……生于顾亭林、阎百诗、万季野诸老之后,而其学是与之匹。精诣深造,以求至是之归,胸有真得,故能折衷群言,而无徇矫之失。其著为说也,未尝使客气得参其间,冷然而入,豁然而解,理苟明矣,未尝遇聘其辨,以排击昔人,而求伸其说。其为道若未足以变易当世之视听,而实至不归,一二名公卿士大夫,洒然异之,声举隆起。戴氏之学能明物辨智,而犹可以析理入微。于性理诸说,皆有创见,故世尤重其说。震皓首穷经,晚年始举进士,入四库馆参预校雠,然未几旋殁。其在四库馆时,曾校定《水经注》、《五经算术》、《孙子算经》等书,既已官为版行,而其遗书,如《毛郑诗考正》、《孟子学(字)义疏证》、《方言疏证》、《水地记》等,尚未刊行。曲阜孔继涵乃汇为成书,梓版行世。继涵嗜学若饥渴之于饮食,尤好表章古人之遗文坠简,尝校梓唐人所为《五经文字》、《九经字样》,讹者正之,疑者阙之。震喜其精审,为之作《序》云:'孔君好古而知所从事,去华取实于世之所不讲。余读是刻,核订精审,不徒有功小学而已,治经之儒,欲先识字,其必自此书始。'因并附孔氏之作于后。按《戴氏遗书》,随刊随印,故全书完者极罕。此书汇辑戴氏著述,及《算经十书》,及《孟子赵注》。孔氏所校《五经文字》、《九经字样》等书,原书有写本目录,题曰《戴孔遗书》,实未核也。前有乾隆四十三年东里卢文弨序。"兹据著录。才按:此书似即《丛书综录》著录之《微波榭丛书》,

而种数卷数不符。又《戴氏遗书》,《山东省图书馆馆藏海源阁书目》著录所藏乾隆微波榭刻本十四种,十六册;《北京大学图书馆藏古籍善本书目》著录所藏乾隆微波榭刻本十五种,四十册;《书目答问补正·国朝一人自著丛书》著录乾隆丁卯微波榭刻本云十八种;《著述记》、《续修县志》皆云:"继涵又校休宁戴震遗书为《毛郑诗考正》四卷,《考工记图》二卷,《杲溪诗经补注》二卷,《孟子字义疏证》三卷,《原善》一卷,《原象》一卷,《续大文略》三卷,《勾股割圜记》三卷,《方言疏证》十二卷,《声韵考》四卷,《声类表》十四卷,《水经注》四十卷,《水地记》一卷,《策算》一卷,《文集》十卷。"其所见每多不同。

是书今有清乾隆中曲阜孔氏微波榭刻本。

■ 戴氏丛书一百十六卷　　存

(清)戴震撰,孔继涵辑。

是书,《续修四库全书提要》子部杂丛类著录清乾隆四十八年曲阜孔氏微波榭校刊本,云:"《戴氏丛书》一百十六卷、《算经十书》三十七卷,清戴震撰,孔继涵撰辑……此书系由《戴氏遗书》与《微波榭丛书》合订而成,故改称《戴孔丛书》。"考其列目与《微波榭丛书》并无不同,兹据著录,以资参证。

■ 微波榭钞书三种五卷　　存

(清)孔继涵辑。

是书据《山东文献书目》著录。《中国古籍善本书目》此书但题"清乾隆孔继涵家抄本,清孔继涵跋"。按:此书蒙曲阜师范大学赵传仁教授录示所撰《中国古籍丛书提要》草稿,其书计收宋董史《皇宋书录》三卷外篇一卷,元吾丘衍《学古编》一卷,明李开先《中麓画品》一卷。《皇宋书录》分上中下三卷。上卷记宋能书皇帝太祖、太宗、仁宗、徽宗、高宗五人,中卷记北宋书家一百一十人,下卷记南宋书家四十五人,外篇记妇女能书者六人。每人各立小传,并列诸家叙说评论,征引核博,考证精审。有些资料不见于他书,尤为可贵。《学古编》为篆刻印章之专著,首列"三十五举",次列"合用文集品目",末附洗印法、印油法、取字法,其阐述篆隶书法流变及篆刻之法,至为精详,评介与制印有关金文石刻书籍,亦甚确当,对制技术尤具指导意义。影响所及,明何震、清桂馥等皆续其书。此书据汲古阁影抄过录,前有危素至正十四年序,后有安道人跋、王祎《吾丘衍传》、宋濂《吾丘子行传》,《四库全书》本、《学津讨原》本均佚。《中麓画品》系对明初至嘉靖年间画家的评论著作,全书分五品,实为五篇。首篇系对诸家之

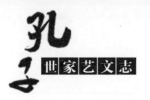

概述;第二篇设"六要"、"四病",评各家长短;第三篇搜罗尺寸之长,俾使无遗;第四篇排比同类画家;第五篇叙述诸家之师承。全书对浙派画家戴进、吴伟等人推崇有加,而对吴派画家沈周、唐寅等人则多有贬低。此书据明刻本抄录,末有杨道、胡来、华夏靖、张祉四人跋文。《丛书集成初编》据《函海》本排印,四篇跋文已佚去。

是书今有山东省博物馆藏清乾隆间孔继涵家抄本。

■ 孔少唐存稿五种五卷　存

(清)孔广陶撰。广陶有《鸿爪日记》,史部传记类已著录。

是书,《中国古籍善本书目》丛部著有上海图书馆藏稿本,内收:《莳石斋续藏诸帖》一卷,《宋藏山藏帖》一卷,《停云馆帖记》一卷,《苏诗注内所缺须查补》一卷,《天禄琳琅鉴藏旧版书籍》一卷。按:《中国丛书综录补编》(征求意见稿)等亦著其书。稿本《中国古籍善本书目》此书作《孔广陶手稿五种》)。

是书今有上海图书馆藏稿本。

■ 岳雪楼丛书□□卷　未见

(清)孔广陶辑。

是书,民国《南海罗格孔氏家谱》艺文著录,其书广陶传亦载之,云:广陶字鸿昌,一字季子,号少唐,大行八,由佾生捐国学生,不论双单月候选郎中,分部学习行走。咸丰九年,捐输团练经费,案内保奏。十年六月十六日,奉旨赏戴花翎。著有《云山得意楼文钞》二卷,《得意楼诗草》十卷,《三秋随笔》四卷,《鸿爪日记》二十卷,《穗城滋蔓录》二卷,《百七十二兰亭考》八卷,《寓目记》四卷,《岳雪楼书画录》六卷,辑《岳雪楼丛书》□□卷,《王氏仿当瓦当印谱》一卷,选刻《知不足斋诗草》四卷。

自著类

■ 微波榭遗书六种　存

（清）孔继涵撰。继涵有《考工车度记》，经部周礼类已著录。

是书有清乾隆间曲阜孔氏刻本，内收《红榈书屋诗集》四卷，《斫冰词》三卷，《杂体文稿》七卷，《同度记》、《长行经》各一卷，《水经释地》八卷，书凡四册，无序跋题签，亦无目录，细黑口，双鱼尾，版心刻有书名，四周单边，每半叶十二行、行二十四字，惟其《长行经》九行十九字，版式稍异。编内各书名下分别题：微波榭遗书之一、之二……盖亦乾隆间刻也。按：考《书目答问补正·古今人著述合刻丛书目》此书补有"八种"家刻本；又《台湾公藏普通本线装书目书名索引》著有"台湾大学"藏乾隆三十三年曲阜孔氏刊三种十九卷本，恐未确，考乾隆三十三年继涵尚在世，不应有《遗书》之刊。又有中研院史语所藏清光绪末排印本《微波榭遗书》二十一种，谓"不著撰人"，兹一并附此，不另著。其所谓"微波榭"，乃继涵别墅"聚芳园"一建筑名，原址在旧县城内东北隅，现已无存。

是书今有山东省图书馆等藏清乾隆间曲阜孔氏刻本，2011 年 9 月山东大学出版社《山东文献集成》第四辑影印本。

■ 顨轩孔氏所著书（一名仪郑堂顨轩全集）七种六十卷　存

（清）孔广森撰。广森有《周易厄言》，经部易类已著录。

是书，曲阜师范大学图书馆等藏有清嘉庆刻本，十行二十字，小字双行同，上黑口，左右双边，黑鱼尾。书共二函十册，函题"仪郑堂顨轩全集"。内收《公羊春秋经传通义》十一卷序一卷，嘉庆十七年其弟孔广廉刊；《大戴礼记补注》十三卷序录一卷，乾隆五十九年孔广廉刊；《诗声类》十二卷分例一卷，乾隆五十七年孔广廉谦益堂刊；《礼学厄言》六卷、《经学厄言》六卷，二书皆嘉庆十八年广廉子孔昭虔刊；《少广正负术内外篇》六卷，嘉庆十九年孔昭虔刊；《骈体文》三卷，嘉庆十七年孔昭虔刊。书前有翁方纲嘉庆丁丑春二月十日《顨轩孔氏所著书总序》。按：是书，《郑堂读书记》、《山东文献书

目》等皆著录，《清志》书名无"孔氏"二字，《续修县志》、《著述记》作《仪郑堂集》，《山东通志·艺文志·杂家类》作五十八卷，盖《公羊通义序》、《大戴补注序录》不计卷在内。《书目答问补正》列此书于集部考订家集，又见"国朝一人自著丛书"。《读书记》云："㧑轩幼负异禀，长号多闻，于《六经》古文，皆能修复。其说经之文，则《大戴记》、《公羊传》其最著者也。计其殁于乾隆丙午之冬，年止三十有六，而所著书几于满家。至嘉庆壬申，其弟静吾（广廉）补刻其书始竣，合为全帙，冠以嘉庆丁丑翁覃溪（方纲）总序。"又按：广森号㧑轩，因心仪汉儒郑玄之学，遂名其室曰"仪郑堂"。"仪郑堂"坐落于曲阜城里东门大街，现仍有房屋十余间，已列入曲阜市文物保护单位。又编内所收诸书已分别著录各类，详参各条。

是书今有清乾隆嘉庆间曲阜孔氏刻本，2011 年 9 月山东大学出版社《山东文献集成》第四辑影印本；清咸丰间嘉树轩辑刻本等。

■ 慎独斋存稿四卷　存

（清）孔昭任撰。昭任有《家塾劝诫》，子部儒家类已著录。

是书，曲阜师范大学图书馆藏有清道光间刻本，半叶九行、行十九字，白口，四周双边。全书计分四编，凡《家塾劝诫》、《出山小草》、《五管鸿泥》、《苫篗蠹余》各一卷。各编书名页、版心分别题署。如《出山小草》题"阙里孔昭任"，《五管鸿泥》题"猛陵长孔昭任辑"，盖依各编之旧也。《劝诫》十八则有昭任自序，略云："任生不幸，七朝失恃，六岁而孤，赖生祖母抚育，伯叔训诲，俾得以成人。嘉庆丙子举于乡，道光乙未筮仕西粤，令平南。才拙无所建树，仅廉洁自矢，未贻先人羞。壬寅冬，解组归田，世父从兄，相继谢世，齿序忝为一支长。每念祖宗之积累，睹子姓之蕃滋，思与弟侄交相勉励，以训迪夫幼子童孙。自惟薄植，遽敢立言？爰取王孟箕《宗约》、王士晋《宗规》两书，采辑掇录，并参以习俗移人之宜戒者，撮举大要，得十八条，书于敦本堂家塾之壁，名之曰《劝诫》。"此编为文，其余三编皆为诗，详见各条。

是书今有清道光间曲阜孔氏刻本。

■ 致远堂全集十三卷　存

（清）孔传游撰。传游有《太极易图合编》，经部易类已著录。

是书，《东北地区古籍线装书联合目录》著录吉林大学图书馆藏清道光间刻本，全四册，半叶九行，行十八至二十三字不等，白口，四周双边。此为汇刻丛书，内收：《太极易图合编》三卷，《易图后编》一卷，《大衍新法》一卷，《大学阐要》二卷，《中庸阐要》

一卷,《指掌录》一卷,《续指掌录》一卷,《再续指掌录》一卷,《通鉴纪年歌》一卷,《韵学入门》一卷。按:考光绪《肥城县志》孔传游传,传游"勤于著述,制艺以王、钱为宗,著《制艺指掌录三刻》,与泰安赵仁圃相国《制艺纲目》相发明。经学尤邃于《易》,著《太极易图合编》、《文象衍义》、《大衍新法》,又有《学》、《庸》阐要,《论语发微》、《韵学入门》诸书"。惟此《集》未见《论语发微》,《易图后编》与《文象衍义》亦有待考察。而凡其著述,《清志》俱失载。

外编

外编一
孔氏学者校抄题跋书录

经部

■ 易原二卷首一卷　存

(清)赵振芳撰,(清)孔衍洙序。衍洙(自洙)有《延平府志》,史部地理类已著录。

是书,上海图书馆等藏有清顺治间蕉白居刻易原易或合集本,自洙序题"顺治己亥春王正月穀日嘉禾孔自洙皞庵氏题于镡津署中",有"孔自洙印"白文正印、"文在氏"朱文正印。序为古闽七园林竹手书上板。孔序之外,另有温陵黄景昉顺治庚子七月《易原易或题辞》,楚黄李元萃《易原易或合集序》,西泠马文灿序等。后有振芳自识。按:《易或》十卷,清徐在汉撰,《四库全书总目》与此同列存目。

是书今有上海图书馆等藏清顺治间蕉白居刻易原易或合集本,齐鲁书社 1997 年3 月《四库全书存目丛书》影印本。(以上易类)

■ 周官经六卷　存

(清)孔广林抄。广林有辑《周易注》,经部易类已著录。

《中国古籍善本书目·经部·礼类·周礼》:"《周官经》六卷,清乾隆三十七年孔广林抄本,姚朋图、袁克文、仓永龄、王寿彭、陆增炜、杨承训跋"。兹据著录。按:此书现藏山东省图书馆。书凡半叶十四行,行二十八字,纸为白口,左右双边,前有总目,下题:"乾隆三十有七年玄黓朔徐极涂之月壬斋孔广林手抄。"

■ 周官禄田考三卷释骨一卷　存

(清)沈彤撰,(清)孔继涵校并跋。继涵有《考工车度记》,经部周礼类已著录。

《北京图书馆古籍善本书目》经部礼类:"《周官禄田考》三卷《释骨》一卷,清沈彤撰,清抄本,孔继涵校,邓邦述跋,一册,十一行,二十一字,无格。"《中国古籍善本书目》亦著此本。考邓邦述《寒瘦山房鬻存善本书目·周官禄田考》,其书前有乾隆庚午

沈德潜序、惠栋序，后有徐大椿跋，又彤自跋与乾隆十六年自跋。有"孔继涵印"一印。又著孔荭谷手校本《释骨》云：卷末有"丙申七月初十日校是夕雷雨"十一（二）字。此与《禄田考》同装一册，为荭谷校本，丙申七月一行，正荭谷手书。余得荭谷手校《旧五代史》，每卷有荭谷校字，书法正同，可互证也。《释骨》似无雕本，前贤用功之勤，著述之美，非輓近学者所能知矣。才按：此丙申，当为乾隆四十一年（1776）。

■ 礼记注疏六十三卷　存

（唐）孔颖达撰，陆德明音义，（清）孔继涵校并跋，孔广栻重校。广栻有《周官联事》，经部周礼类已著录。

《藏园群书经眼录》经部一著录清武英殿本，谓："孔继涵据宋绍熙三年两浙东路茶盐司刊本校（用朱笔），又临戴震校（用墨笔）。并录宋本黄唐跋八行，校正官衔十一行，惠栋跋十八行。"又录孔继涵跋云："南宋绍熙三年刻本距今五百八十四年，人代奄忽，纸墨完好，有神物护持之也。书四十册，卷七十，每页十六行，正经每行十五至十七字不一，注与正义皆夹行，每行廿二字，中以白文疏字界别之。每卷多有秋壑图书及季振宜、北平孙氏私印钤上。后归璜川吴氏，吴曾以质三百金于朱文游家，戴东原先生借阅，补今本缺文。丙申之春，有挟之入都者。索价五百金，无售者，东原欲借重校而不得。九月之朔持质百金于余，余昔假东原本补其缺落，今复抄末页之跋及衔名并副页惠定宇跋于上，而命儿子广栻重校之。乾隆四十一年秋九月己巳朔孔继涵记于京师小时雍坊李阁老胡同之寿云簃。（后钤谱孟朱文一印）。"又云"'戊戌二月初十日大风，十一日壬寅早起天晴，余风未息，从尧峰侄处校讫东原先生纂出未竟之书，《永乐大典》内朱申《礼记句解》凡十册，惜其全部缺佚少半。所引郑注仅十之三四耳。''戊戌二月十三日甲辰送董符三旋都后，校竣戴氏辑《永乐大典》彭氏《礼记纂图注义》凡十四册，所引郑注与朱氏略等，缺佚者十亦一二。''甲午腊月三日校完戴氏本。''乙未十一月十七日大雪，校完沈氏本。''丙申十一日（月）廿二日大风，校完宋本。此三次皆在京师内城寿云簃校。'（余藏）。"按：此本现归上海图书馆，《中国古籍善本书目》有著录，云：《礼记注疏》六十三卷《考证》六十三卷，汉郑玄注、唐孔颖达疏、唐陆德明音义，清乾隆四年武英殿刻《十三经注疏》本，清孔继涵跋并录清惠栋跋，清孔广栻校。（以上礼记类）

■ 春秋左传注疏六十卷

（晋）杜预注，（唐）孔颖达疏，陆德明音义，（清）孔广栻校。

《中国古籍善本书目》经部春秋类："《春秋左传注疏》六十卷，晋杜预注，唐孔颖达疏,唐陆德明音义,清乾隆四年武英殿刻十三经注疏本,清孔广栻校。"书藏上海图书馆。又《杭州叶氏卷盦藏书目录》孔广栻(一斋)校乾隆四年武英殿刻本,十六册,云有"今人王大隆题识",似即此本。(以上左传类)

■ 春秋繁露十七卷　存

(汉)董仲舒撰,(清)孔继涵校并跋。继涵有《考工车度记》,经部周礼类已著录。

是书,《中国古籍善本书目》经部春秋总义类著有国家图书馆藏明刻本。按:据《藏园群书经眼录》,此刻九行十七字。继涵以钱献之校《永乐大典》本重校,又校之以兰雪堂活字本。又按:董仲舒,广川人,首倡"罢黜百家、独尊儒术",为世采纳,元至顺元年,从祀孔庙。

■ 春秋释例不分卷　存

(晋)杜预撰,(清)孔继涵校并跋,孔广栻校。广栻有《周官联事》,经部周礼类已著录。

《中国古籍善本书目》经部春秋总义类:"《春秋释例》不分卷,晋杜预撰,清抄本,清孔继涵校并跋,清孔广栻校,清钱坫跋。"国家图书馆藏。兹据著录。按:杜氏字元凯,京兆杜陵人。此书原为十五卷。

■ 春秋长历一卷附补遗一卷、长历考一卷、春秋闰、春秋日食　存

(清)孔继涵批校。

是书,稿本《续修四库提要》据微波榭本后附刊旧抄本著录,略云:"考《晋书·杜预传》称,预耽思经籍,为《春秋左氏经传集解》,又参考众家谱第,谓之《释例》,又作《盟会图》《春秋长历》,备成一家之学。惟考之预所作《集解序》,则《盟会图》、《长历》皆《释例》书中之一篇,非别为一书。自《隋志》以后,始并著于录。至明复佚,惟《永乐大典》中尚存数篇,是本盖继涵据《永乐大典》辑出梓而传之者,全书都为一卷。"

■ 春秋摘微一卷　存

(唐)卢仝撰,(清)孔继涵录副。

是书,《2004年春季万隆艺术拍卖会·古籍文献》第18号著录清抄本《春秋摘微》云:是书用印有"拜魁纪公斋写本"的绿格纸抄写,扉页顾柏年题七言绝句一首。此为著名藏书家傅增湘旧藏。书上序言称"此本为杨检庵昌霖从《永乐大典》编辑,而孔荭谷录副者。《四库总目》失收,恐当世无第二本"。孔荭谷,即孔继涵也。其子广栻亦

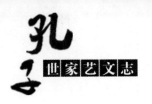

有辑本。

■ 春秋会义十二卷　存

（宋）杜谔撰，（清）孔继涵校并跋，孔广栻校。广栻有《周官联事》，经部周礼类已著录。

是书，《中国古籍善本书目》经部春秋总义类著有国家图书馆藏清抄本。按：四库馆写本载邹道沂跋称《南菁书院丛书序》谓"曲阜孔荭谷继涵曾临此本，别抄一部"，所抄似即此本。是书集《三传》以下三十余家，系之成编，时述己意。

■ 春秋五礼例宗十卷　缺

（宋）张大亨撰，（清）孔继涵跋。继涵有《考工车度记》，经部周礼类已著录。

是书，《中国古籍善本书目》经部春秋总义类著有国家图书馆藏清孔氏藤梧馆抄本（存七卷：一至三、七至十）。按：张氏此书，意在论立例之大要。

■ 春秋分记九十卷　缺

（宋）程公说撰，（清）孔继涵家抄。

《寒瘦山房鬻存善本书目》著录孙星衍手校抄本，十七册。孙氏云：此本借自曲阜孔氏抄帙，未见刻本，文字或有讹脱，悉依原本，不敢轻改，独怪《通志堂经解》刊宋人经学之书，遗其有裨经学者，何也？兹据著录。

■ 春秋金锁匙一卷　存

（元）赵汸撰，（清）孔继汾家抄。继汾有《孔氏家仪》，经部三礼总义类已著录。

《中国古籍善本书目》经部春秋总义类："《春秋金锁匙》一卷，元赵汸撰，清乾隆孔继汾家抄本。"兹据著录。书藏国家图书馆。（以上春秋总义类）

■ 中庸管窥一卷　存

（明）廖纪撰，（明）孔闻韶序。闻韶字知德，号成庵，六十一代袭封衍圣公宏绪长子，孔子六十二代孙，弘治十六年袭封衍圣公。

《四库存目标注》著录江西大学图书馆藏明刻《学庸管窥》本，云："前有嘉靖五年丙戌六月廖纪《中庸序》，后有嘉靖五年八月李渐序，六年三月孔闻韶《学庸管窥序》。"兹据著录。按：今检《四库全书存目丛书》影印江西大学图书馆藏明刻《学庸管窥》本，未见此序，而考闻韶之生平，时间则与其相合。经询知情人杜泽逊教授，乃知可能漏

印。另《四库采进书目·衍圣公交出书目》其书有著录。（以上学庸类）

■ 尔雅三卷　存

（晋）郭璞注,（唐）陆德明音,（清）孔继汾等校。继汾有《孔氏家仪》,经部三礼总义类已著录。

是书,中国科学院图书馆等藏有清乾隆二十九年(1764)刻本,三册一函。十行二十字,小字双行,行三十字,左右双边,粗黑口。内题"晋河东郭璞注,唐吴县陆德明音,后学曲阜孔继汾、钱塘张枢全校"。书名页题《尔雅音注》。前有继汾乾隆二十九年甲申孟秋序,谓"书成,出以示钱塘张子荪田,张子云:抄写难广,莫梓之宜,爰相与重校,而授梓人"。按:此书,曲阜师范大学图书馆藏有孔庆璧旧藏本,有"孔庆璧印"朱文正印。又考《云间韩氏藏书目》著录此书刻本谓"吴榷堂手度孔继汾校本",则系另一过录本,附此不另著。

■ 尔雅注疏十一卷　未见

（晋）郭璞注,（宋）邢昺疏,（清）孔继涵校。继涵有《考工车度记》,经部周礼类已著录。

《藏园群书经眼录》经部小学类训诂之属著录武英殿本,云:"孔荭谷（继涵）以元本手校,极细。（徐梧生遗书,己巳二月见）"

■ 韵补五卷　存

（宋）吴棫撰,（清）孔广栻校并跋。广栻有《周官联事》,经部周礼类已著录。

是书,《中国古籍善本书目》著有国家图书馆藏清抄本。按:此书,《中国书店三十年所收善本书目》著录旧抄本,云:清孔广栻批校,竹纸一册,似即此本。

■ 说文字原一卷　未见

（元）周伯琦撰,（清）孔继涵影印。继涵有《考工车度记》,经部周礼类已著录。

《罗氏藏书目录》抄本之部:说文字原一卷,孔荭谷手景元本,一本,元周伯琦撰。卷末有"乾隆甲午十一月二十五日抄于小时雍坊"分书款一行。前有"孔继涵印"、"荭谷",又白后有宪彝等印,序首"蝇须馆珍藏书画"印记印。兹据著录。

■ 转注古音略五卷　存

（明）杨慎撰,（清）孔继涵跋。

《中国古籍善本书目》：“《转注古音略》五卷，明杨慎撰，明嘉靖李元阳刻本，清顾炎武批并跋，清孔继涵跋，袁克文、方尔谦、傅增湘跋。”书藏北京市文物局。兹据著录。

■ 声韵考四卷 存

（清）戴震撰，（清）孔广森校。广森有《周易厄言》，经部易类已著录。

《中国古籍善本书目》：“《声韵考》四卷，清戴震撰。手稿本，清李文藻、段玉裁、孔广森校。”书藏上海图书馆。兹据著录。按：戴氏此书已刻入《微波榭丛书》。（以上小学类）

■ 郑学五种五卷 存

（汉）郑玄撰，（清）孔继涵校并跋。继涵有《考工车度记》，经部周礼类已著录。

《中国古籍善本书目》经部总类：“《郑学五种》五卷，汉郑玄撰，清乾隆四十一年孔继涵家抄本，清孔继涵校并跋（《驳异义》一卷、《箴膏肓》一卷、《起废疾》一卷、《发墨守》一卷，附《郑志》一卷，魏郑小同等撰）。”书藏国家图书馆。兹据著录。

■ 五经文字三卷、九经字样一卷 存

（唐）张参，唐玄度撰，（清）孔继涵跋。

《藏园群书经眼录》经部小学类字书之属：“《五经文字》三卷，唐张参撰；《九经字样》一卷，唐唐玄度撰；《五经文字疑》一卷、《九经字样疑》一卷，清孔氏红桐书屋刊本。全书用朱笔点定，后有孔继涵跋，删改甚多，当是孔氏手笔也。（余藏）”兹据著录，改入本类。

■ 九经五十一卷附四卷 存

（清）孔继涵校并跋。

《中国古籍善本书目》经部总类：“《九经》五十一卷附四卷，清观成堂刻本，清孔继涵校并跋（《周易》三卷、《周易图说》一卷，《书经》四卷，《诗经》四卷，《周礼》六卷，《礼记》六卷，《春秋》十七卷，《论语》二卷，《孝经》一卷，《孟子》七卷附《大学》一卷，宋朱熹章句；《中庸》一卷，宋朱熹章句；《小学》二卷）。”书藏山东省博物馆。兹据著录。

■ 相台书塾刊正九经三传沿革例一卷 _存

（清）孔继涵校并跋。

《中国古籍善本书目》经部群经总义类："《相台书塾刊正九经三传沿革例》一卷，清乾隆四十年抄本，清孔继涵校并跋。"书藏广东中山图书馆。兹据著录。

■ 皇清经解一千四百卷 _存

（清）阮元集刊，劳崇光重刊，孔广镛等总校。广镛有《南海罗格孔氏家谱》，史部家谱类已著录。

是书，民国《南海罗格孔氏家谱》艺文著录，并载广镛同治元年端阳题识云："经解者，所以阐发圣人之精义，则为治世之典则也。我朝自康熙癸丑纳兰容若集刊唐宋元明诸家所注为《通志堂经解》一千七百余卷，至道光壬午，广帅阮文达相国集刊国朝诸家所注为《皇清经解》一千四百余卷，经学昌明，振古未有，其板昔藏越秀山之学海堂，咸丰丁巳，毁于夷氛，十仅存四。越四载，长沙劳辛阶制府来督是邦，讲武修文，两不偏废，故慨然有重刊之志，经始于咸丰辛酉，告成于同治壬戌。夫莫为于前，虽美不彰；莫为于后，虽盛弗传。相国创始，制府继兴，时虽不同，而嘉惠来学之功则一也。总校者，郑小谷比部、陈兰甫广文、谭玉笙舍人与广镛四人，因官书不便叙跋，私识于此，以记躬逢之幸，以遂仰钻之思云尔。"按：此编本应归入经总类，惟其只此一种，且正文无此设，故而附此也。（以上群经总义类）

史部

■ 后汉书一百二十卷 _{未见}

（刘宋）范晔、（晋）司马彪撰，（清）孔继涵跋。

是书，《传书堂藏善本书志》著录校本，云："孔荭谷手跋：'此本何义门于康熙三十年校批，敦复于乾隆十三年誊校，予于乾隆三十八年癸巳十一月八日冬至癸卯日得于京师琉璃厂之五柳居，陶氏计已七十有三年矣。孔继涵记。'"按：《中国古籍善本书目》、《北京图书馆古籍善本书目》等不著其书，存佚待考。

■ 三国志六十五卷 _{未见}

（晋）陈寿撰，（清）孔继涵校并跋。

是书，《传书堂藏善本书志》著录，云："《三国志》六十五卷，校本。孔荭谷手跋：

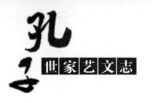

'丙申五月廿三日点（卷一后）；乾隆丁酉八月十一日补点于寿云簃。早起微阴，已著绵衣也。诵孟记（卷二）；八月十一日（卷三）；壬辰之夏借程选曹鱼门同年本，缺首册，丙申之夏，程乃检出付誊。丁酉八月望前点完。十二日午前，微阴，孔继［涵］记于京师小时雍坊之贝缨胡同（卷四）；乾隆壬辰誊（卷三十一）；乾隆丁酉秋七月初五日立秋，雨窗点（卷三十三）；乾隆丁酉七月二十日癸未雨窗点于寿云簃（卷三十八）；丁酉七月廿一日雨窗假日誊于敏事斋（卷四十一）；廿一日（卷四十二）；乾隆丁酉七月廿二日雨窗抄（卷四十三）；廿二日连雨，下午开霁。归自周韩江许校此（卷四十四）；丁酉七月二十三日诵孟重誊（卷四十五）；二十三日校（卷四十六）；二十九日黄小松来谈，薄暮微雨，三十日癸巳，晨起终卷，早起晴爽颇凉（卷四十七）；丁酉八月甲午朔校于敏事斋。是日得广杙济南信（卷四十八）；八月二日，周林汲晨过。饭后，钱篆秋、黄小松来坐竟日，薄暮乃去，篝灯终卷。诵孟记（卷四十九）；初三日寿云簃校（卷五十一）；初五日校（卷五十二）；初六日晨起，自朝归。校终卷（卷五十三）；丁酉八月初六日（卷五十四）；初七日早晨校，韩谱华自宁武来（卷五十五）；初七日下午微阴（卷五十六）；初七日灯下完（卷五十七）；丁酉八月初八日晨起雨窗校于敏事斋（卷五十八）；丁酉八月初八日雨中同程吏曹晋芳、黄易、潘舍人有为饮于翁编修方纲诗境小轩。朱编修筠、罗孝廉有高未至，翼日朝姓校此（卷五十九，下有荭谷印）；八月初九（卷六十二）；八月初十日癸卯（八分书卷六十二）；乾隆丁酉八月初十日点完，自壬辰起已历六年矣。子曰：何哉！尔所谓达者，回之为人也。其进锐者，其退速。是日，知头场题，遂记之（卷六十五）。'右孔荭谷手临何义门小山兄弟评校本并加句读。有孔继涵印、荭谷、微波榭诸印。"

■ 旧五代史一百五十卷 _存

（宋）薛居正等撰，清四库馆辑，（清）孔继涵手校。

是书，台湾《"国立中央图书馆"善本书目》（增订二版）著录旧抄本，题"清孔继涵手校，近人章钰、邓邦述各手书题记。"按：据《章氏四当斋藏书目》，此帙有记云："乾隆丁酉八月十七日，同孙庶常寄圃晤荭谷户部，得见此书，因记岁月于后。吴兴陈焯暎之。""丁酉"为乾隆四十二年（1777）。又《寒瘦山房鬻存善本书目》卷六著录此书，云"有古泉黄易之印、秋庵小松，又孔继涵印、荭谷诸印。薛居正《五代史》从《永乐大典》辑出后，经武英殿刊时改动，已失邵二云稿本面目，此熟在人口者也。壬子九月，群碧楼收得邵本一帙，检一百三十一卷、一百五十卷后观款，知校勘出孔荭谷户部手。以官本对勘，知官本、稿本大别有三……"又张元济《涉园序跋集录·旧五代史》条云："曩

812

闻长洲章式之同年尝迻录孔荭谷校邵氏（邵晋涵）稿本，驰书乞假。留案头者数月，悉心雠校，亦有异同。刘本（刘氏嘉业堂）有而孔本无者三百八十一条，有而不全者二十三条；孔本有而刘本无者六十五条。"（以上正史类）

■ 建炎以来系年要录二百卷　未见

（宋）李心传撰，（清）孔继涵校并跋。

《罗氏藏书目录》抄本之部：《建炎以来系年要录》二百卷（阙末二十卷），孔荭谷抄本，五函三十本，宋李心传撰。书首有孔氏题记云："宋时，臣寮奏言，取孝宗朝系年要录，称访同隆井研县李宗簿宅，乡贡进士李心传所述云云，盖先举其户名也，亦可见宋制。乾隆戊戌春二月十六日己酉记……是书为同年程吏部鱼门晋芳自《永乐大典》抄出，值一百八十万有奇，抄书钱三十六千有奇，于乾隆四十一年丙申十有二月二十六日癸亥立春之日装葺完好，记此以志同年流传秘帙之美。阙里孔继涵书于小时雍坊之寿云簃。"兹据著录。

■ 续资治通鉴十八卷　存

题（宋）李涛撰，（清）孔继涵跋。

《中国古籍善本书目》史部编年类："《续资治通鉴》十八卷，题宋李涛撰，元朱氏与畊堂刻明修本（卷十五至十六配另一元刻本，卷十七至十八配抄本），清孔继涵跋。"国家图书馆藏。兹据著录。（以上编年类）

■ 国语二十一卷　存

（吴）韦昭注，（清）孔传铎校，孔继汾等重刊并跋。传铎有《礼记摘藻》、继汾有《孔氏家仪》，经部礼记类、三礼总义类已分别著录。

是书，中国科学院图书馆馆藏目录等著有清乾隆三十一年孔继汾等重刊孔传铎本，版心下镌"诗礼堂"三字。其乾隆丙戌孔继汾跋有重梓先公所刻吴注《战国策》并此书事等语。书凡四册一函，内避"弘"字。又台北"国立中央图书馆"藏有此刻校样本；国家图书馆馆藏目录著录天津图书馆藏清孔氏诗礼堂刻本（八册）缩微品，云：清孔传铎、洪榜校。

■ 国语二十一卷　存

（吴）韦昭注，（清）孔继涵录洪榜校跋，孔广栻校注。广栻有《周官联事》，经部周礼类已著录。

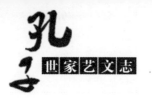

《中国古籍善本书目》史部杂史类:"《国语》二十一卷,吴韦昭注,清孔氏诗礼堂刻本,清孔继涵录洪榜校跋,清孔广栻校注,清王筼校并跋。"兹据著录。按:《北京图书馆古籍善本书目》亦著此本,凡二册,九行二十字,小字双行,行字同,白口,左右双边。

■ 国语解二十一卷 存

(吴)韦昭撰,(清)孔继涵跋。

是书,《北京图书馆善本书目》著有明嘉靖七年金李泽远堂刻本(四册)。

■ 国语补音二卷 存

(宋)宋庠撰,(清)孔继涵跋,孔广栻录校。广栻有《周官联事》,经部周礼类已著录。

《中国古籍善本书目》史部杂史类:"《国语补音》二卷,宋宋庠撰,明正德十二年明德堂刻本,清孔继涵跋,清孔广栻录清陈树华校。"兹据著录。按:《北京图书馆古籍善本书目》亦著此本,凡一册,半叶十一行,行二十一字,黑口,四周双边。又此书《续修县志》作三卷,《微波榭丛书》本亦三卷。有王国维校本。

■ 战国策十卷 存

(宋)鲍彪原注,(元)吴师道补正,(清)孔传铎校刊,孔继汾等补校刊并跋。传铎有《礼记摘藻》、继汾有《孔氏家仪》,经部礼记类、三礼总义类已分别著录。

是书,中国科学院图书馆馆藏目录著有清孔传铎刻清乾隆孔继汾等补修本,版心下镌"诗礼堂"三字。孔继汾识谓:"先公尝重锓是书,未校正而疾作,自是拘挛困苦,十有余年,不能复事铅椠。甲申,继汾与弟继涵,重校见板,增冠旧序,附录全目,以卒成先业。"按:考传铎卒于雍正十三年,故知此之"甲申",当为乾隆二十九年也。又见其序与卷末乃系后增,正文不避"弘"字(如卷一第八叶右),但有补版。书凡四册一函。又一部,六册一函。此外,台北"国立中央图书馆"另藏有此刻校样本一部。

■ 西陲笔略一卷、绍兴采石大战始末一卷 存

(宋)员兴宗撰,(清)孔继涵家抄。继涵有《考工车度记》,经部周礼类已著录。

是书,《中国古籍善本书目》、《北京图书馆古籍善本书目》史部杂史类著有国家图书馆藏清乾隆四十年孔继涵家抄本。书共一册,半叶十行,行二十一字,无格。

■ 大金国志四十卷　未见

题(宋)宇文懋昭撰,(清)孔继涵跋。

《藏园群书经眼录》史部杂史类著录旧写本,十行二十字,阑上有标目。并录杭世骏、孔继涵跋,云:"'首题宇文懋昭撰,懋昭不见史册,其书似依仿叶氏《契丹志》为之,然铺叙无史例,书太祖创基与《金史》异,仪卫道里诸篇直是抄撮《北盟会编》而成,盖伪书也。杭世骏跋。''乾隆卅八年借抄自徐灜云编修处,己亥三月廿八日复抄杭跋于末。诵孟记。'卷末有'甲午夏六月望后校'朱字一行。钤有'微波榭'、'孔继涵印'、'荭谷'、'拜经馆'、'孔宪珪'、'瑞符'各印记。(徐梧生遗书,己巳三月十六日阅)"

■ 归潜志十四卷　未见

(元)刘祁撰,(清)孔继涵家抄。

是书,《传书堂藏善本书志》著录,云:"《归潜志》十四卷,抄本,金浑源刘祁京叔。此孔氏微波榭抄本,自金氏文瑞楼本出。有孔宪逵印、柳泉二印。"(以上杂史类)

■ 绍陶录二卷　存

(宋)王质撰,(清)孔继涵校并跋。

《中国古籍善本书目·史部·传记类·别传》:"《绍陶录》二卷,宋王质撰,清乾隆四十一年孔继涵家抄本,清孔继涵校并跋。"兹据著录。按:《北京图书馆古籍善本书目》亦著此本,凡一册,十行二十一字,白口,左右双边。《藏园群书经眼录》著录蒋孟苹藏旧写本,谓"版心下方有'知不足斋正本'六字。孔荭谷(继涵)手抄序(称《云韬堂绍陶录》),有朱笔校。"不云有跋,未知是否此本? 又《宋志》王书入子部小说家类。

■ 绍兴十八年同年小录一卷附录一卷　存

不著撰人,(清)孔继涵跋。

《中国古籍善本书目·史部·传记类·贡举》:"《绍兴十八年同年小录》一卷附录一卷,清乾隆四十一年孔氏青棵书房抄本,清孔继涵跋。"兹据著录。按:《北京图书馆古籍善本书目》亦著此本,一册,十行二十三字,白口,左右双边。又《四库》本等无附录。

■ 宝祐四年登科录一卷附一卷 _存

不著撰人,(清)孔继涵跋。

《中国古籍善本书目·史部·传记类·贡举》:"《宝祐四年登科录》一卷附一卷,清乾隆四十一年孔氏青檿书房抄本,清孔继涵跋。"兹据著录。按:《北京图书馆古籍善本书目》著录此本,作"四十二年",凡一册,十行二十字。又《四库》本等无附录。

■ 明成祖本纪一卷 _存

不著撰人,清孔氏藤梧馆抄本。"藤梧馆",继涵长子广栻室名。广栻有《周官联事》,经部周礼类已著录。

《中国古籍善本书目》史部纪传类:"《明成祖本纪》一卷,清孔氏藤梧馆抄本。"兹据著录。按:《北京图书馆古籍善本书目》亦著此本,凡一册,十二行二十三字,白口,四周单边。

■ 吕忠穆公年谱一卷勤王记一卷遗事一卷逢辰记一卷 _存

(清)孔继涵家抄,孔继涵校并跋。继涵有《考工车度记》,经部周礼类已著录。

《中国古籍善本书目·史部·传记类·别传》:"《吕忠穆公年谱》一卷《勤王记》一卷《遗事》一卷《逢辰记》一卷,清乾隆四十二年孔继涵家抄本,清孔继涵校并跋。"兹据著录。书藏国家图书馆,共一册,楷书精写,十行二十字。无格。其中,《吕忠穆公年谱》、《吕忠穆公遗事》,已收入《四库全书存目丛书》,《吕忠穆公遗事》端题"丞相吕穆公遗事",口署"卷之三",知四篇原为统一标卷也。《中国历代人物年谱考录》亦著此书,称谱主吕颐浩,字元直,谥忠穆,先世乐陵人,徙齐州,熙宁四年辛亥(公元1071年)生,绍兴九年己未四月一日(公元1139年)卒,年六十九。

■ 归闲述梦一卷 _存

(明)赵璜撰,(清)孔继涵抄并跋。

是书,《四库存目标注》史部传记类著录台北"中央图书馆"藏旧抄本,谓其书"一册,半叶十二行,行二十一字。前有嘉靖十一年壬辰赵璜序。后有某氏手跋:'右西峰老人《归闲述梦》一卷,抄自天一阁藏书中。……乾隆甲午春三月初九日题于敏事斋。'甲午为乾隆三十九年,知即是年敏事斋从天一阁进呈写本录出者。钤有'孔继涵印'、'荭谷'、'广道意斋收藏图籍印'等印记。附《静斋笔记》卷一卷四。该馆《善本书志初稿》著录。"此外,复著录台北"中央图书馆"藏清末虞山周氏鸽峰草堂抄本,北京大学图书馆藏清末李氏木犀轩抄本,二本皆源于敏事斋抄天一阁进呈写本,书后俱过录乾隆三十九年敏事斋跋。北大本《存目丛书》据以影印。按:考"敏事斋"乃孔继涵斋号,盖取意《论语·学而篇》:"君子食无求饱,居无求安,敏于事而慎于言,就有道而正焉,可谓好学也已"一语。其所校《三国志》等有此署。《标注》所称"后有某氏手跋"者,正即继涵抄跋之秘本也。因据著录。

■ 至圣编年世纪二十四卷 存

(清)李灼、黄晟同撰,(清)孔昭焕序。昭焕有《皇清诰封衍圣公夫人显妣何太夫人行述》,史部传记类已著录。

是书有清乾隆十六年歙西黄氏亦政堂刻本,前有衍圣公孔昭焕乾隆十三年序及乾隆十六年作者自序。其卷一至卷十六为《至圣年谱》,卷十七至二十四为历代尊崇之典,冠以灼所作《孔子生日说》、《孔门出妻辨》、《增祀孔璇论》三篇。昭焕序,署"乾隆十三年岁次戊辰七月望后七十一代孙袭封衍圣公孔昭焕谨序于阙里承训堂",有"孔昭焕尧峰氏"白文正印,"素王孙衍圣公之章"朱文正印。内称"《至圣编年世纪》一书,自生以至殁,自一世以至今,无不备载,而诸弟子亦无不附于其中也。"按:其书,《清志》、《四库全书存目提要》等均有著录。

是书今有清华大学图书馆藏清乾隆十六年歙西黄氏亦政堂刻本,齐鲁书社《四库全书存目丛书》影印本。

■ 孔孟圣迹图鉴一册 存

(日)马场春吉编,孔德成题辞。德成有《孔子事迹图》,史部传记类已著录。

是书,曲阜师范大学孔子文化学院等藏有日本昭和十五年田中铁次郎东京影印本。前有孔德成题辞,内有孔子像及《圣迹年表》等图像释文。(以上传记类)

■ 三迁志五卷 存

(明)吕兆祥、吕逢时重修,(明)孔胤植序,孔胤植、孔贞丛参考。胤植有《道统图》注、贞丛有重修《阙里志》,史部传记类与阙里文献类已分别著录。

《中国善本书提要》史部传记类:"《三迁志》五卷,十册(国会),明崇祯间刻本(十行十九字)。原题:'海盐吕兆祥、吕逢时重修,曲阜孔胤植、孔贞丛参考,裔孙孟弘誉、孟闻玉订阅。'施凤来《序》、孔胤植《序》、贺万祚《序》、虞廷陛《序》、吴麟瑞《序》、吕

滮《序》、李日华《序》。"兹据著录。按:本书又著有明刻清印本,题"同里后学潘榛编次,周希孔参考,曲阜孔胤植、孔弘毅重订,海盐吕兆祥、吕逢时重修,裔孙孟弘誉、孟闻玉较阅"。内多高旻一《序》。王重民按云:"是书版本,全与崇祯元年吕兆祥、吕逢时本相同,此本题衔,盖为顺治十一年高旻所改。然旻不窜入己名,而补入潘榛、周希孔名,其事甚异。考卷端所载旧序,万历三十九年榛与希孔实采辑有关孟子旧闻,成《孟志》若干卷,今高旻补印是书,其所以追题潘、周二氏名者,殆以二吕刻书,多因潘、周旧文欤? 余未见《孟志》,暂阙所疑。"按:《孟志》一书,据台湾《"国立中央图书馆"善本书目》(增订二版),其馆藏有明万历辛亥邹县知县胡继先刊本五卷十册,题潘榛、周希孔同撰。

是书今有明崇祯间刻本,明刻清印本等。

■ 三迁志十二卷　存

(清)孟衍泰撰,王特选增纂,(清)孔传商校订。传商有《藕丝词》,集部词曲类已著录。

是书有清康熙六十一年刻清雍正增修本,内题"古滕王特选增纂,阙里孔传商较订,古卞仲蕴锦删阅,裔孙孟尚柱鉴定,衍泰重校,衍丘、衍峄编次,兴铣、兴錞补辑,尚巘参考"。书前有崇祯六年仲冬太子太傅袭封衍圣公孔胤植旧序,后有六十五代主鬯孙衍泰康熙壬寅仲秋跋。

是书今有山西省祁县图书馆等藏清康熙六十一年刻清雍正增修本,1997 年 10 月《四库全书存目丛书》影印本。(以上阙里文献类)

■ 河防疏略二十卷附崇祀录一卷墓志铭一卷　存

(清)朱之锡撰,(清)孔贞来续刻并序订。贞来字用复,号元起,终吉户四氏学学录闻评长子,孔子六十三代孙。陪祀恩贡,授顺德府通判,署曲阜世令,历迁长沙通判,湖州府知府。

是书,天津图书馆藏有清康熙寒香馆刻本,九行二十一字,白口,四周单边,口下有"寒香馆"三字。前有孔贞来序(引言),称"朱少保逝世之三载,徐子塈公持侍御邺园李公所刻少保《疏略》十卷际来。"又云:"今计奏疏二十卷,共百篇。首十卷为侍御李公刻于浙上,以差竣未及终事。后十卷,来续刻于宛陵,刻成载贮河署,以公之天下后世。倡之者李公,成之者徐子,来则黾勉步趋者矣。"序末署"康熙岁纪戊申孟秋月上浣旧属阙里孔贞来顿首撰",有"孔贞来印"白文正印,"元起氏"朱文正印。今检其书,卷十一至卷二十署:"义乌朱之锡梅麓甫著;阙里属员孔贞来元起订;稽山后学徐沁埜公辑。"与前十卷,署"济南李之芳邺园甫定"者不同。

是书今有天津图书馆等藏清康熙寒香馆刻本,齐鲁书社 1996 年 8 月《四库全书存目丛书》影印本。

■ 张襄壮公奏疏六卷 _存

(清)张勇撰,张云翼编,(清)孔毓圻序。毓圻有鉴定《孔子世家谱》,史部家谱类已著录。

是书,台北"国立中央图书馆"等藏有清康熙三十三年咸宁张氏家刻本,其孔序之外尚有宋荦、马如龙二序。按:此书《四库全书总目》据浙江巡抚采进本作《张襄壮奏疏》,谓:勇字飞熊,上元人,积功官至靖逆将军,提督甘肃军务,封靖逆侯,加少傅兼太子太师。是集为其子云翼所编。始于顺治六年谢实授甘肃总兵官疏,终于康熙二十三年甘州遗疏,凡百二十篇。(以上诏令奏议类)

■ 三辅黄图六卷附补遗一卷 _存

不著撰人,(民国)孔祥柯影写。祥柯字则君,大宗户京师高等审判厅推事繁淦次子,孔子七十五代孙。辛亥革命后,历任山东高等学堂教务长,山东省临时议会副议长,兼山东高等学校(山东大学前身)校长,经济调查局参议等职。

《山东省立图书馆善本书目甲编》:"《三辅黄图六卷》附补遗一卷,不著撰人,清曲阜孔则君影写元余氏勤有堂刊本,四册。"按:本书影写人,编目者题"清曲阜孔则君"。不知"君则"其名祥柯也。因据改题。考祥柯,生而颖异,外祖清刑部尚书劳乃宣特加抚爱。束发受学,枕籍莃史,下笔千言。其于治乱兴亡之迹,尤中窍要。北京译学馆毕业,奖励举人,分发京曹,知交皆中外名流。博览群籍,益通当世政要。辛亥武昌起义,辞职回籍,从事鼎革之计。民国年间,尝以山东人民代表身份参加巴黎和会,登坛演讲,呼吁收回青岛。后病盲肠炎症,卒于北平,年仅三十三岁。舆论惜之。又考《三辅黄图》一书,据《中国古籍善本书目》史部地理类专志门,现存最早有元致和元年余氏勤有堂原刻本。征诸古代书目,《隋志》已著《黄图》一卷,注云:记三辅宫观、陵庙、明堂、辟雍、郊畤等事。之后,唐、宋《志》,及郑樵《通志·艺文略》等均著其书,然皆不题撰人。《中兴馆阁书目》据《玉海》作《汉三辅黄图》,列《山海经》、《水经注》前,兹从之,列本类之首。

■ 水经注四十卷 存

（北魏）郦道元撰，（明）严忍公等刻，（清）孔广栻校。广栻有《周官联事》，经部周礼类已著录。

《北京图书馆古籍善本书目》史部地理类："《水经注》四十卷，北魏郦道元撰，明崇祯二年严忍公等刻本，周梦棠校并跋，孔广栻校，十册，九行二十字，白口，四周单边。"兹据著录。按：是书由《水经》所载河流一百三十七条增扩为一千二百五十二条，所注以水道河流为主线，对其源头、流向、河道变迁、名称改易，一一叙其原委。并因水及地，因地及事，详述河道流经地区之山陵、陂泽、郡县、城邑、关津、亭障、名胜、物产、农田、水利，以及史事、人物、故事、神话、歌谣、谚语、方言等。遇不同记载，辄详加考订，附以按语。

■ 元和郡县志四十卷 未见

（唐）李吉甫撰，（清）孔继涵抄。继涵有《考工车度记》，经部周礼类已著录。

《传书堂藏善本书志·舆地广记》条著录周有香手跋影宋抄本云："孔氏于四库馆各家进本所抄甚富，往人（往）托友人代为校勘，如《元和郡县志》属赵待诏东校，此与《新定九域志》属周有香校也。"兹据著录。

■ 太平寰宇记二百卷 存

（宋）乐史撰，（清）孔继涵依宋本手校。

是书，《北京人文科学研究所藏书目录》著有抄本，四函，二十四册。

■ 新定九域志十卷 未见

（宋）王存等撰，（清）孔继涵抄。

是书，《传书堂藏善本书志》著录周有香手跋校抄本，云："此孔荭谷所抄浙江进呈汲古阁景宋写本，即抱经所谓有古迹本，卷一四京别出为卷首，与官本不同，周有香为之校正。又有嘉庆戊午无名氏手录朱竹垞跋，盖出孔氏子弟手也。有孔继涵印、荭谷、长毋相忘、孔□乐印诸印。"

■ 舆地广记三十八卷 未见

（宋）欧阳忞撰，（清）孔继涵抄。

是书，《传书堂藏善本书志》著录影宋抄本，云："周有香手跋：'乙未冬，农部假抄两浙进本，出以属校而未得暇也。今冬十月校《寰宇记》竟，姑从事焉。按：是书共三十八卷……较《寰宇记》为简要，而于历代州郡分合废置及旧县沿革尤为详审，《元和志》所未备也。中间脱简五叶，其三十二、三十八两卷阙佚几半，余卷亦多脱讹，因无别本可校，即以《元和志》《寰宇记》并诸史志参证，补阙文千余字，正讹六百余字，其脱全叶者，无从补也……' 此孔荭谷所抄浙江经进鲍氏知不足斋本，行款阙佚均与宋本同，周有香为之校正。孔氏于四库馆各家进本所抄甚富，往人（往）托友人代为校勘，如《元和郡县志》属赵待诏东校，此与《新定九域志》属周有香校也。后有嘉庆三年五月无名氏手录朱竹垞跋，下署微波榭记，亦荭谷子弟辈所书。有孔继涵印、长毋相忘、孔□乐印、新昌里印诸印。"

■ 咸淳临安志一百卷 残

（宋）潜说友撰，（清）孔继涵家抄并跋。

是书，《传书堂藏善本书志》著录青棂书屋抄本，云："孔荭谷手跋：'乾隆乙未之冬，自周书昌编修许得见浙江省经进遗书寿松堂孙仰曾家抄本，云缺七卷，即从秀水朱氏本录出，假归写之所阙之卷，即六十四之志历朝人物，六十五、六十六之志本朝人物，九十之记遗事，九十八、九十九之记遗文，一百之志历代碑刻目也。丙申二月，将为装缉，因识得书之由，并录朱跋于上。十八日，春阴欲雨。孔继涵记' 。案此孔荭谷所抄浙江经进本，每卷首题钱唐黄沄瀁江手抄，其源出小山堂赵氏本也。前有朱（彝尊）杭（世骏）张（燕昌）三跋，皆荭谷手书。板心有'青棂书屋'四字。有孔继涵印、荭谷、孔氏家藏、孔昭咏印、崔舟、费、西蠡所藏诸印。"按：考施廷镛《古籍珍稀版本知见录》著有青棂书屋抄本九十六卷，台湾《"国立中央图书馆"善本书目》（增订二版）著有清乾隆间曲阜孔氏青棂书屋抄本，存一至九十三卷，各家所著卷帙虽异，然似一本。"青棂"，继涵室名。

是书今有台湾藏清乾隆间曲阜孔氏青棂书屋残抄本。

■ 诸蕃志二卷 存

（宋）赵汝适撰，（清）孔继涵校并跋。

《北京图书馆古籍善本书目》史部地理类："《诸蕃志》二卷，宋赵汝适撰，清孔氏红棂书屋抄本，孔继涵校并跋，一册，九行二十字，白口，左右双边。"《中国古籍善本书目》亦著此本。兹据二书著录。按：《中国版刻综录》此本"孔"误作"孙"。此书叙述详核，向为史家所依据，续经继涵抄校并跋，益加精善。

■ 宣和高丽图经三卷　未见

（宋）徐兢撰，（明）吴岫厘正，（清）孔继涵手跋。

《言言斋藏书目》：《宣和高丽图经》三卷，（明）吴岫厘正，卧云山房抄本，半叶十行，行二十二字。前有吴岫序，及徐兢叙。卷上第一叶有"孔继涵印"、"荭谷"二印记。卷下三十四叶后有孔荭谷墨笔手跋，云：乙未八月初四抄完，借周本昌本。又朱笔过录何义门跋云：徐兢，吾郡人。此书姚叔祥、胡孝辕曾刻之嘉兴。吴岫非通人，剪削恐未当，康熙庚辰长至，以银四铢买于金陵承恩寺，归舟阻风燕子矶，阅一过，因识卷末。何焯。兹据著录。按：《中国古籍善本书目》史部地理类著录上海图书馆藏清抄本题宋徐兢撰，明吴岫厘正，不云有跋，似为另本。

■ 东国史略六卷　存

（清）孔继涵抄录。

《四库存目标注》史部地理类《百夷传》条："台湾'中央图书馆'藏旧抄本，附《东国史略》六卷后，共二册。有万历三十八年赵琦美跋。钤有'孔继涵印'、'荭谷'等印记。《东国史略》有乾隆五十年乙巳戚学标手跋云：'《东国史略》六卷，盖乾隆三十八年间两江总督所进汲古抄本，曲阜孔农部荭谷从历下周太史林汲处假录，藏于寿云簃者也。（下略）'则《百夷传》亦当时所抄。"兹据著录。

■ 今水经一卷　存

（清）黄宗羲撰，（清）孔继涵家抄并跋。

是书，《中国古籍善本书目》史部地理类著有国家图书馆藏清乾隆四十二年孔继涵家抄孔继涵跋本。末隶书跋云："乾隆丁卯五月乙丑朔借程史部鱼门本抄"。右旁赵万里题曰："孔继涵乾隆四年生，乾隆丁卯（十二年）年九岁。此之丁卯当是丁酉之讹。万里，五八年二月"。书凡十行二十字，小字双行同。卷内有"孔继涵印"、"荭谷"等印记。按：黄宗羲，字太冲，号南雷，余姚人，著有《宋元学案》、《明儒学案》等书，清光绪三十四年从祀孔庙。《北京图书馆善本书目》此书题"明黄宗羲撰"。一册。《四库全书总目·地理类存目》称黄氏书前列诸水之名，共为一表，皆以入海者为主，而来会者以次附之。书作于明末，因未亲历，不尽可据。

是书今有国家图书馆藏清乾隆四十二年孔继涵家抄本，齐鲁书社 1996 年 8 月《四库全书存目丛书》影印本。

■ 孔宅志八卷首一卷末一卷 存

（清）孙铉等撰，（清）孔毓圻等序。毓圻有鉴定《孔子世家谱》，史部家谱类已著录。

是书有清康熙五十六年刻本，十行二十一字，白口，四周单边，或左右双边。内有圣裔孔毓圻、孔毓埏、孔传铎、孔传鋕、孔尚任等人诗文、对联。《郑堂读书记·补逸》著其书，谓"青浦县治之北九里，地名孔宅，为至圣二十二代孙，后汉孔潜辟地所居，因立启圣祠。又相传三十四代孙，隋孔祯奉至圣衣冠环璧葬此。元至正间，里人章弼建书院，以集其乡人士之来学者，而孔宅之名以著。至明万历中，陆伯生（应旸）始为《孔庙记》，陈无绩（功）又为《续记》。本朝康熙二十年，诸乾一（绍鼎）又撰《孔宅志》六卷（见《四库全书存目》），至是，铉等复增订为新《志》，冠以康熙四十四年上谕，及御书联额、御制至圣赞、四子赞。卷首为'崇圣纪实'，卷一以下，分地图、规制、书院、古迹、祭式、学规、庙田、祀田八门，而以'功祠牒籙'系之卷末。前有衍圣公孔毓圻、巡抚吴存礼、学政林之濬三《序》及纂修职名。又载万历己酉申时行、康熙辛酉叶方蔼旧志二《序》。"按：考此书，《孔子文化大全》影印本署"孔毓圻编"，《中国古籍总目》作"清孔毓圻等纂"，某目录著录日本东京大学东洋文化研究所藏清道光十一年青浦方祖范刊本题"清孔毓圻等奉敕撰"，均属未确。又，《读书记》著录本书但云"铉，华亭人"，而于字、号诸项，则不甚了了。今考《蒲褐山房诗话新编》，孙铉字思九，号雪窗，由华亭县附生入贡，衍圣公孔某题授典籍，不赴。好与当代词人来往，同黄奕藻撰《皇清诗选》。

是书今有国家图书馆等藏清康熙五十六年刻本，1990年山东友谊书社《孔子文化大全》影印康熙五十六年本；日本东京大学东洋文化研究所藏清道光十一年青浦方氏刻本。

■ 春明梦余录七十卷 存

（清）孙承泽撰，（清）孔昭鋆、孔昭莱校。昭鋆辑有《清淑斋钱谱》、昭莱有《广东中山潭洲孔氏宗谱》，史部金石、家谱类已分别著录。

是书有清光绪南海孔氏刻本，二十四册，九行二十二字，四周双边，无格，牌记题"光绪九年孟春刻成版藏广州惜分荫馆"。本书为"古香斋袖珍十种"之一。该丛书初刻于清康乾间，有内府刻本，至同光间南海孔氏为之重刊。此本卷六十七后题"顺德罗兆驹初校，南海孔昭鋆再校，南海孔昭莱三校"。兹据著录。又见一本，书名页刻"古香斋春明梦余录/内本重镌/孔氏三十有三万卷堂藏版"。牌记题"光绪七年开雕八年告竣"。

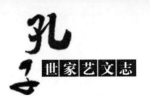

■ 水地记三卷　存

（清）戴震撰，（清）孔继涵家抄并跋。继涵有《考工车度记》，经部周礼类已著录。

《北京图书馆善本书目》史部地理类："《水地记》三卷，清戴震撰，清乾隆四十二年孔继涵家抄本，孔继涵跋，一册。"兹据著录。按：是书，《中国古籍善本书目》有著录，凡半叶二十行，行二十一字，前有孔继涵手序，略云："癸巳之夏，东原寓于洪刑曹素人兄处，见其所著《水地记》，未曾编次，置一大簏中，手检以相示，及抄得是本。"《中善目》史部地理类水志门于国图藏本后，复著南通市图书馆藏清抄本《水地记》五卷，不云何氏所抄？据《文献》1995 年 4 期《孔氏原抄本〈水地记〉》一文，其本亦为孔继涵家抄，书共五册，不分卷次，其中三册，封面有题字。一册以朱笔题"水地记初稿"，下注："记山、记郡，河水一定本"，并于"记山"篇末题："乾隆丁酉七月十五日归，自洪素人、金辅之所校此。"又"河水一"前有一白叶，记云："丁酉五月廿八、廿九校。"皆系继涵手书。另二册分别用墨笔题："水地记初稿二"，内容记河水；"水地记初稿五"，记济水。南通市图书馆藏本，行数、格式不一，字的工拙也不一，不象国图藏本那样精整划一，因知，南通藏本为孔氏原抄本（亦非完帙），国图藏本为孔氏重抄本，且国图本只有河水一、济水、淮水，篇幅仅为南通本的二分之一。段玉裁《戴东原先生年谱》谓"此书刻于孔户部（继涵）者只一卷，自崑崙之虚至太行山而止。洪舍人《行状》则曰：'未成书：《水地记》七册。'盖所属草稿，尚不止此，荭谷（继涵）取其可读者，为一卷刻之，其丛残则姑置之。"是此抄似即出自段氏所云之"草稿"（包括"丛残"）者。另《续修县志》、《著述记》此书一卷，盖据刻本著录。

■ 赣县志五十四卷首一卷　存

（清）黄德溥、崔国榜修，褚景昕纂，（民国）孔庆云等重刊。庆云有《国际公法全部》，史部政书类已著录。

是书有民国二十年铅印本，前有序文、志图、凡例、姓氏。庆云民国二十年十一月《重刊赣县志序》，自署"孔绍尧"。略谓"先是，梓虔同学，十四年署赣县知事，设局修《赣县志》，推张镇三同年为总纂。十五年，梓虔调署安远，镇三亦署信丰去，尧以丁内艰在家，因推暂代。《赣县志》书自崔修后，迄今六十余年，中间所经大事，当以光复赣南……嗣任中央党部党史史料编纂委员会采访，专任江西访辑，迭函镇三同年，请其搜求赣南史料……梓虔同学以曩年《县志》未成，乃集资将旧《志》续刊百部，俾邦人知赣县过去之光荣历史。述也，等于作也。内政部上月有饬各县设文献委员会之令，正拟访求先达，发起筹备，倘得行世，路之马即可见诸事实，上可当陈诗观风之用，下可作乡

土物志之传。尧与镇三、仿鲁、梓虔,乌能辞发起之责耶。"按:此本书末有《正误表》十叶。(以上地理类)

■ 唐律疏议三十卷 存

(唐)长孙无忌等撰,(清)孔继涵家抄并跋。

是书,《北京大学图书馆藏古籍善本书目》有著录。书凡一函五册,半叶十二行,行二十二字。封皮题"庚寅秋得于厂肆;文石(李葆恂)",有"葆恂私印"印记。卷首有"泰定四年秋七月既望文林郎江西等处儒学题举柳贇"《唐律疏议序》,下题"乾隆辛丑冬抄,壬寅正月校"。又有一题记,云:"乾隆丁卯借陆耳山学□本为鱼门同年抄福,凡字廿六万四十(千)五百八十,写工钱五十(千)二百九十一。时八月之望曲阜孔继涵题记。"末有"至顺壬申五月印"一行。次乃"泰定二年乙丑秋七月下弦日眉山刘有庆"《唐律纂例序》;"至正辛卯孟春重校"《唐律释文序》。又有目录及《进律表疏》。正文卷六后插入"名例",题"奉训大夫江西等处行中书省检校官王元亮撰"。有李氏□物、义州李氏珍藏、李氏藏书、石孙、李大翀、李大翀印、义州、大李、翀、文石、石孙读过、聊以自娱、仙李、王友亮印、辟永嗣守、义州李氏私藏善本、莳亭等印记。按:此抄盖出元本。继涵题记"乾隆丁卯借陆耳山学口本云云"疑有误。考继涵生于乾隆四年,"丁卯"(乾隆十二年)年方八岁,似不当有借抄之事。台湾《"国立中央图书馆"善本书目》(增订二版)著为"清乾隆丁卯(十二年)曲阜孔氏传抄元至正本,孔继涵手书题记。"较得其实。又陆耳山,乃陆锡熊号。锡熊,字健男,上海人。乾隆二十六年进士,赐内阁中书,累迁左副都御史,继为《四库全书》总纂官。著有《篁村诗集》《宝奎堂文集》等书。又《中国古籍善本书目·史部·政书类·法令门》著录北大本称"清乾隆四十六年抄本"。

是书今有北京大学图书馆藏清乾隆间曲阜孔氏抄本;台北"国立中央图书馆"藏清乾隆间曲阜孔氏抄本。

■ 故唐律疏议三十卷 存

(唐)长孙无忌等撰,(清)孔继涵手校并题记。

是书,台北"国立中央图书馆"藏有清乾隆四十二年曲阜孔氏微波榭抄本。

■ 建炎以来朝野杂记甲集二十卷乙集二十卷 存

(宋)李心传撰,(清)孔继涵抄并跋。

《北京图书馆古籍善本书目》史部政书类:"《建炎以来朝野杂记甲集》二十卷《乙集》二十卷,宋李心传撰,清抄本,孔继涵跋并临吴焯、鲍廷博校跋,六册,十行二十一字,无格。"又《传书堂藏善本书志》著录此本,云"孔荭谷手跋:'……乾隆四十一年丙申九月廿六日甲午诵孟孔继涵记。'此孔荭谷先生抄鲍士恭家经进本,先生又手录旧校并加考证……先生子广栻、广权亦各有识语。有孔继涵印、荭谷、孔宪遰诸印。"兹参据著录。《四库全书总目》称李书"取南渡以后事迹,分门编类。《甲集》二十卷,分上德、郊庙、典礼、制作、朝事、时事、故事、杂事、官制、取士、财赋、兵马、边防十三门。《乙集》二十卷,少'郊庙'一门,而末卷别出'边事',亦十三门。每门各分子目。虽以'杂记'为名,其体例实同《会要》。盖与《建炎以来系年要录》互相经纬者也。"

■ 文庙丁祭谱四卷 存

(清)蓝钟瑞等撰,(清)孔庆镕等序。庆镕有《铁山园诗集》,集部别集类已著录。

是书有清道光刻本,半叶九行,行二十二字。内页署:"道光乙巳镌/尊经阁藏板"。书前有孔庆镕道光十九年序,及裕泰、龚绥、蔡锦泉、万龚珍诸序与《凡例》、《目录》。内容有典礼考,源流考,礼乐器图考,襄办祀规谱等。蔡锦泉序其书云:"长沙属邑醴陵蓝生钟瑞、黄生文镇、钟生英、罗生文谦等以所编《文庙丁祭谱》四卷,呈乞弁言,因进其书而观之,见其考据详审,卷末所附《襄办祀规》亦极周密。"知此书出众人之手,故不标作者名氏于卷端。《邃雅斋书店图书目录》见不及此,误为"孔庆镕撰";《贩书偶记续编·史部·政书类》此书复题"迁陵李家骧等撰,道光二十六年醴陵县尊经阁刊"。

是书今有清道光二十五年尊经阁刻本,1989年山东友谊书社《孔子文化大全》影印本等。(以上政书类)

■ 直斋书录解题二十二卷 存

(宋)陈振孙撰,(清)孔继涵批校。继涵有《考工车度记》,经部周礼类已著录。

王献唐《双行精舍书跋辑存》:"《直斋书录解题》二十二卷,宋陈振孙撰,苏州覆武英殿聚珍版缩印本录孔继涵批校,十二册。顷见曲阜孔荭谷先生手校武英殿聚珍原本,灯下移录一过。孔校只及第五卷,初未蒇事也。二十六年八月十日。献唐记。"又云:"孔校原本已与明本《甘氏集古印谱》议价归山东图书馆。此为苏州覆本,较聚珍本多有校改。并著一二。"兹据著录。然考《山东省立图书馆善本书目甲编》著录清孔荭谷手校清乾隆间武英殿聚珍本《直斋书录解题》二十二卷,凡七册。册数殊不相合,

未详何故？（以上目录类）

■ 汉碑三种 _存

（清）翁方纲、（清）孔继涵手跋。

是书，《山东省图书馆藏珍品图录》著有清拓本，书为经折装，有清翁方纲长跋，并孔继涵"乾隆乙未秋八月十六日为图"题记一行，及"涵"、"荭谷"等印记。

■ 金石录三十卷 _存

（宋）赵明诚撰，（清）孔继涵委校并批校。

是书，山东大学图书馆藏有清顺治间济南谢氏刻本，三册二函，九行二十一字，白口，四周单边。封皮书名为"乾隆癸巳嘉定钱坫题"。书为孔氏旧藏，后为渠丘曹愚盒所得，首叶钤有"孔广根印"白文正印，"桐庭"白文正印，"渠丘曹愚盒氏藏书"朱文正印诸藏书印。卷一目录处有"乾隆卅八年夏五月十四日荭谷孔君委校。是日即以谢淞洲、纪晓岚校本及所有抄本增改。钱坫记"二行。卷二十七第八十四叶眉上有继涵手批十一行，行九至十二字不等。有"荭谷"朱文小印。书末又有钱坫手跋，略谓"乾隆卅有八年五月十七日，嘉定钱坫以曲阜孔农部本细校于京师虎坊桥东偏河间纪氏阅微草堂寓舍。"有"钱坫私印"白文正印、"阅微草堂"白文竖长印等印。书由钱坫通校，内中校改之字甚多，如"时"改"是"，"考"改"老"，"官"改"宦"，"子"改"字"，"都"改"郡"，"常"改"帝"，"威"改"为"，"太"改"大"，"祖"改"宗"等，都不下百数十处。又有补其缺、去其衍字者。有的地方还作有批注。如卷四第七百五十一碑《唐姜（美）原神泉诗》，即批云："诸刻皆作序字，是碑序与诗并刻，不应独题序，而不及诗，且有书人姓名，据碑可见。"又如卷十六《汉广汉县令王君神道》碑下谓："广汉非县，赵氏误以绵竹令为县令也。洪氏辨之。"而卷十七尾页一段批语，尤具识见。按：此刻，《中国古籍善本书目》、《北京图书馆古籍善本书目》、《北京大学图书馆藏古籍善本书目》、《清华大学图书馆藏善本书目》等俱作清顺治七年谢世箕刻本。曩日，予编校《山东大学图书馆古籍善本书目》，亦以未取原书细阅，不及是正。今考此书篇前与卷后，冯达道顺治庚寅序、谢世箕庚寅跋外，尚有世箕之父谢启光《金石录后序》，文末署"顺治癸巳春仲阳丘谢启光题"，略云："岁甲申，应召入都，遍语燕市之收藏古书者，最后得一抄本于计曹张主政。会箕儿出倅淮阴，乃授之以去。越两载，箕儿据以缮梓，寄一帙于京邸。时余已罢官，解维潞河矣。携抵里门，见其中多错误，有题跋此碑，而半入他碑者，甚且有题跋一碑，而分载两处者。爰取旧本，参阅改正，寄箕儿另为补刻。乃杀青甫

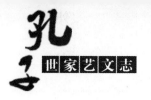

竣,而箕儿以簿书劳瘁,一疾长逝矣。冬仲梨枣,与其旅榇同归。余见辄掩袂而泣,未忍启簏。旋思箕儿出常俸、罄橐装,以刻是书,人虽亡,而书尚存,庶几藉是书以存姓名于后世,遂抆泪重阅,复更其数讹字,漫书数语,以识其始末如此。"顺治癸巳,即顺治十年。可见此本乃经顺治十年校补。有此序文,便不能简单地将其著为清顺治七年谢世箕刻本也。

是书今有山东大学图书馆藏清乾隆三十八年孔继涵委钱坫批校清顺治间济南谢氏刻本。

■ 隶释二十七卷 未见

(宋)洪适撰,(清)孔继涵录跋并校跋。

是书据王献唐《李南涧之藏书及其他》(《山东藏书家史略》山东大学出版社1992年版)一文著录。文云:"余藏明万历王云鹭刻本《隶释》存一至七卷,二十至二十七卷,有孔荭谷过录钱竹汀、李南涧校语;虽非南涧原本,亦可窥见当时校录真相。卷末录附南涧原跋云:(略)"。"李跋之后,又有荭谷手跋云:'继涵案:王云鹭刊本,《武梁碑》有脱落,《魏大飨碑》颠倒错简数处,想胡令(德琳)与辛楣与已改正抄之耶!何不一识之?丙申七月十五日甲申记。'跋后护页,有朱笔一行,题'乾隆丙申,以钱辛楣、李南涧本校,十二月三十日丁卯竣。'首卷《刻隶释小序》下,有'微波榭'(白文方印)。'史兆千印'(白文方印)。《隶释》序下,有'涵'字(白文),'荭谷'(朱文二小方印)。目录下,有'孔'字(白文),'继'字'涵'字(朱文联珠方印)。七卷末页,有'昭焯珍藏'(朱文长方印)。二十七卷末页,有'保阳李玉纶书画之印'(朱文方印),'广'字'根'字(白文联珠方印),'昭焯珍藏'(方印)。"按:护页朱笔一行疑即继涵所记。继涵以钱、李二本相校,并录二家跋语于此本。继涵工书、文墨双妙,宜其微波榭世代珍藏,祖孙三代钤印其上。广根,继涵次子,本书有著录;昭焯,字俊三,号朴堂,广根季子,嘉道间人。又此书不见于《中国古籍善本书目》,未详现存何处?

■ 隶释二十一卷 残

(宋)洪适撰,(清)孔继涵校。

《北京大学图书馆藏古籍善本书目》:"《隶释》二十一卷(阙卷九至十),宋洪适撰,清孔继涵、江德量校清康熙四十五年曹寅刻本,四册。"兹据著录。

■ 舆地碑目四卷　未见

（宋）王象之撰，（清）孔继涵校并跋。

《罗氏藏书目录》抄本之部：舆地碑目四卷，孔诵孟抄校本，二本，宋王象之撰。卷首有"乾隆丁酉二月十九日乙卯书"（下有广根印），又有"道光癸未八月昭薰借阅一过"（下有孔昭薰印）二款。卷一首页书眉有题识云："此朱鸿胪豫堂先生小史所抄，颇有误字，余姚邵孝廉粗校一过，未能尽正也。象之非专为碑记而作，摘出单行，不知谁始，而象之全书，徐玉峰、朱竹垞犹见之云。乾隆庚寅二月十五日大云山人记于南昌舟次。"卷二末有题识云："乾隆丁酉二月十二日戊午春分校，是日大风，午后阴。"卷四后又有题识云："丁酉二月十八日校完。诵孟。"有伯龄裔三径别墅珍藏等印。兹据著录。

■ 金薤琳琅二十卷　存

（明）都穆撰，（清）孔继涵补目并校跋。

《北京图书馆古籍善本书目》史部金石类："《金薤琳琅》二十卷，明都穆撰。清抄本，孔继涵补目并校跋，二册，十行十七字。"有"孔继涵印"白文正印，"荭谷"朱文正印等。《中国古籍善本书目》亦著此本。按：都氏书《四库》已收，《简明目录》称其仿洪适《隶释》之例，取金石文字，搜辑编次，各为辨证。惟适书止汉、魏，此下及隋、唐，为小异。于古碑皆录原文，其剥落不完者，则取《隶释》以补之，不尽据石本也。

■ 雍州金石记十卷

（清）朱枫撰，（清）孔继涵抄并跋。

《群碧楼善本书录》：《雍州金石记》十卷，清朱枫撰，孔荭谷抄本。前有乾隆己卯枫自序。有"宗室文憲公家世藏"一印。"乾隆丁酉六月，排山老人从光州官署同《汉瓦考》、《货泉录》远寄黄小松于上谷。七月，小松寄京师见示，抄此福（副）本。诵孟。九月初七日，早起，新晴。记于因居。"兹据著录。

■ 金石存十五卷　存

（清）吴玉搢撰，（清）孔继涵家抄。

是书，山东省图书馆藏有清乾隆三十七年孔继涵寿云籍抄本，二册一函，十一行二十字。黄纸，无格。非一人所书，有的较精，有的不甚精。个别地方有朱改。书前有乾隆三年十一月二十六日吴氏自序，并目录。书末有"乾隆壬戌五月十七日，夏至校，蔡

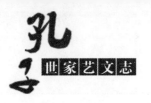

侍御梓南任宗人府主事领从基振来任,领从为画牛一幅。诵孟记于寿云簃"二行。（以上金石类）

子部

■ 中论二卷　未见

（汉）徐干撰,（清）孔继涵批校。

《中国书店三十年所收善本书目》子部儒家类:《中论》二卷,（汉）徐干撰,明刻两京遗编本,孔继涵批校,棉纸二册。兹据著录。按:《中国古籍善本书目》等不载此本,不知书存何处?

■ 圣门十六子书一百六卷　存

（清）冯云鹓辑,（清）孔庆镕序。庆镕有《铁山园诗集》,集部别集类已著录。

是书有清道光刻本,半叶八行,行二十二字。书前有衍圣公孔庆镕序及《凡例》、《目录》。是书盖裒集"圣门四配十二哲",即:颜子、子思子、曾子、孟子,闵子、冉子（雍）、端木子、仲子、卜子、有子、冉子（耕）、宰子、冉子（求）、言子、颛孙子、朱子言行、古迹、世系,分之各自为编,合之为《十六子书》。每书凡先列传,次论说,再赞语,俱采自旧文。若有异说,冯氏便加"谨按"于后,以示存疑。其《凡例》云:"四配中惟颜氏所刻《陋巷志》、孟氏所刻《三迁志》、曾氏所刻《武城家乘》搜罗繁富,而述圣之后,虽有世职,并无成书,谨录《孔丛子》并《绎史》所载,以补其阙。十二哲中,闵子家乘年谱颇详,惟事迹阙如,兹刻采其所长,而益其所短,为将来续刻家乘之一助。"又云:"各书中《祠墓古迹》,一本《阙里志》、《文献考》、《山东通志》,及河南、江南各省《通志》,凡微波榭中藏书,搜罗殆遍,如有遗漏,随时补刻。各书中《宗子世表》,悉依《家谱》采入。或《家谱》刊刻在前,而世职在后者,俱查核卷宗、采访后裔,一一登载。"孔庆镕《序》略云:"明府来,手出其裒集《十六子书》相质,余受而读之。书传赞则备乎史也;详谱系则本乎志也;记言行则通乎教也。盖自诸子百家,以及志乘诸书,合之以集其成;详之以补其阙;存之以纪其实;删之以刊其误。良由学之博,故能择之精。是书也成,俾圣贤之片言轶事昭然,与《语》、《孟》并著。噫! 是足传矣。夫学士大夫网罗散失,凡稗官野史、衢谈巷议,既下及妇孺之歌谣,其足资劝戒者,皆悉心采之,以为考镜。又有于残编蠹简之中,或姓氏之不传者,或世代之无考者,或昔传之而今逸者,或昔未传而今始传者,莫不搜访无遗,汇为卷帙,犹能使后人之观者,触发性灵,警惕身世,而况圣门也哉! 而况余之读是书也哉!"。

是书今有清道光十四年冯氏校刊本,1989 年山东友谊书社《孔子文化大全》影印本,2002 年上海古籍出版社《续修四库全书》影印本等。(以上儒家类)

■ 守城录二卷　存

(宋)陈规撰,(清)孔继涵家抄。继涵有《考工车度记》,经部周礼类已著录。

是书,《中国古籍善本书目》子部兵家类著有国家图书馆藏清乾隆四十年孔继涵家抄本。《北京图书馆古籍善本书目》亦著此本,一册,十行二十一字,无格。

■ 救命书　未见

(明)吕坤撰,(清)孔昭杰重校。昭杰有《论语集注》,经部论语类已著录。

是书据《续修县志》著录。按:吕坤,字叔简,号心吾,宁陵人,著有《呻吟语》、《去伪斋集》等书,清道光六年从祀孔庙。据《知非录》甲午年昭杰书,道光十四年吴门彭朗峰(蕴灿)曾校刊,今则存佚未知。吕书,《郑堂读书记》、《中国丛书综录》等俱有著录,或一卷,或二卷,皆入子部兵家。《救命书》意即救性命之书。作者认为:人生之急,莫过于性命;人事之重,莫过于救性命。(以上兵家类)

■ 张丘建算经三卷　存

(北周)甄鸾注,(唐)李淳风等注释,刘孝孙细草,(清)孔继涵校。

是书,《中国古籍善本书目》著有国家图书馆藏清抄本。《北京图书馆古籍善本书目》亦著此本,一册,九行十八字,无格。

■ 缉古算经一卷　存

(唐)王孝通撰并注,(清)孔继涵校。

是书,《中国古籍善本书目》著有国家图书馆藏清抄本。《北京图书馆古籍善本书目》亦著此本,一册,九行十八字,小字双行同,无格。按:《四库全书总目》谓"是书一名《缉古算术》,《唐书·艺文志》、《崇文总目》俱称李淳风注。今案此本卷首实题孝通撰并注,则《唐志》及《总目》为误"。

■ 缉古算经一卷　存

(唐)王孝通撰并注,(清)孔广森抄并校。广森有《周易厄言》,经部易类已著录。

是书,《中国古籍善本书目》著有山东省图书馆藏清乾隆四十二年孔广森抄校本,一册,半叶六行,行字不一,无格。卷首题下有朱书"丁酉九月曲阜后学孔广森抄并硃

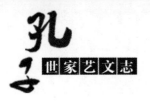

字校补数事"一行。

■ 测圆海镜十二卷　未见

(元)李冶撰,(清)孔广森批校。

是书,稿本《续修四库提要·少广正负术外篇》条云:"余曩昔曾见广森亲笔批校之元李冶《测圆海镜》,博征旁证,精采实多,足见其于古算书致力之勤,洵可谓珍贵之本矣。原校本旋为友人得去,亦可供研究孔氏学术之参考也。"兹据著录。未知其本今落何处?

■ 勾股割圜记三卷　存

(清)戴震撰,(清)吴思孝注,(清)孔继涵校并跋。继涵有《考工车度记》,经部周礼类已著录。

是书,《中国古籍善本书目》著有国家图书馆藏清乾隆孔氏刻《微波榭丛书》本。《北京图书馆古籍善本书目》亦著此本,一册,十行二十一字,小字双行三十一字,白口,四周双边。

■ 勾股相求之法一卷　未见

(清)佚名撰,(清)孔继涵校藏。

是书,稿本《续修四库提要》据乾隆精抄《算书五种》本著录,略云:"此书一卷,不著撰人。前有微波榭孔氏珍藏印。继涵雅志稽古,于天文地志、经学字谊算数之书,靡不博综深考。藏书既富,著述亦多,有《解勾股粟米》及《释数》等,又辑刊《微波榭丛书》、《算经十书》行世。此书一卷,专论勾股相求法,并附图解算式,于勾股和较之义,颇多发明。盖勾股法术,虽为畴人初步,旧说亦详。惟至和较诸题即稍繁难,再进而弧矢三角、开方求积,更参伍错综,莫得其门。此编变通旧法,立为勾股法式,诚初学津梁,后来先导。按:勾股之术,至项梅侣《勾股六术》集其大成后,贾步纬、吴嘉善等补之,于焉大备。而《六术》尤为算家所奉为极则者。此书所论,虽不逮项氏详备,要已开其端绪,在当时洵属杰著。孔氏撰勾股诸法,即多本此,以时代论,作者之精思妙悟,殊不在梅侣下也。"按:今考此书,《中国丛书综录》、《中国丛书广录》、《中国古籍善本书目》、台湾《"国立中央图书馆"善本书目》等均无著录,未详存佚若何?

■ 晓庵遗书二卷　存

(清)王锡阐撰,(清)孔继涵校并跋。

是书，《中国古籍善本书目》《北京图书馆古籍善本书目》著有国家图书馆藏清乾隆抄本，一册，十行二十五字，小字双行同，无格。按：《藏园群书经眼录》此书作一卷，入集部别集类，云："清孔氏写本。有跋录后：'乾隆丁酉秋九月，在京师借周林汲编修本携归录副。正月十三日两（雨）窗记。诵孟。''二月壬辰朔校完。'"（以上天文算法类）

■ 皇极经世易知八卷首一卷　存

（清）何梦瑶撰，（清）孔继勋校刊。继勋有《古碑辨证》，史部金石类已著录。

是书有清道光十三年南海孔氏滚雪楼校刊本，四册一函。半叶十行，行二十字，白口，左右双边，双鱼尾。版心分别刻有书名、卷数、篇名、页码，及"滚雪楼校本"五字。卷端题"南海何梦瑶报之辑释；南海仲襄孔继勋校刊"。卷末又有"番禺唐良臣校字"一行。按：南海孔氏滚雪楼校刊本，世不多见，此书板亦于战乱中毁，幸《四库全书未收书辑刊》据以影印，化身千百。另考民国《南海罗格孔氏家谱》艺文，此书有著录，并载香山黄培芳序云："邵子《皇极经世书》内外二篇，推元会运世之序，辨声音律吕之微。《外篇》则比物引类，以发挥其蕴奥，理数兼赅，实窥造化自然之妙，为《易》外别传，卓然自成一家之学者也。古今注是书者不过数家，在宋则张氏行成、祝氏泌颇得其意，而祝氏已有异同，其他技术家谬托邵学，变本加厉，益无论矣。吾粤中为此学者，肇于前明，先七世祖粤洲先生撰《皇极经世书传》，八世祖文裕公续成之，故粤洲先生能自知化期，文裕公撰《乐典》亦有得于此。至吾朝，南海何西池先生推本先祖是书，复为《皇极经世易知》。先生负鸿博之才，著述甚富……吾门孔生继勋嗜古好学，亟购求得之，属唐生良臣校雠，授之梓人，然后克传于世。"又广铺、广陶咸丰九年九月十一日题识云："先仲父讳继勋，字仲襄，号纫兰，为先大夫炽庭公仲弟，性敦笃，恂恂孝谨，弱岁即淬厉经史，好读两汉文字，无仕进心。壮年癖嗜金石图籍，遇所爱虽假贷亦求之，滚雪楼其藏弄处也。兼精书法，学隶则后汉钟太尉，学楷则唐褚河南，皆悬腕中锋，晨夕临摹，毕生如一日。尝临汉碑勒石，戏仿旧拓，郭兰石、毛帚村诸先生不辨焉。然每书成必以火，自谓可养心而不可名世，故迄书者不易得，得则宝之。先大夫馆选后，供职都中，所有家事盐务，仲父独肩任，夜则课子侄读书，时方艰窘，外侮踵至，忧劳几不支矣。道光丁酉，先大夫秋闱分校得折臂梦，而仲父亡，时年四十有一。是书刊于癸巳，去今二十二年，时事扰攘，四遭兵燹，藏板散失已半，问之书肆，几不知有是书，因向黄香石先生家借得原本，补刊成之，重为校对。嗟夫！圣门言理不言数，理明则数自赅，虽百世可知也。邵学精微不外于理，故《皇极经世》一书，吾邑何西池先生继前明两黄氏而阐发之，辑成《易知》八卷。删繁就简，前贤之奥窔毕彰，因流溯源，后学之梯

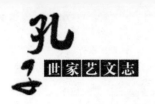

航可接,使高远之诣得诸卑迩,功岂浅鲜哉!仲父讲求先生之学而梓行之,镛等敢不仰承仲父之志而保存之?是书不泯,仲父亦藉以不朽。仲父有子二:长名广龄,绩学能文,为高材生,屡踬场屋,赍志早逝;次名广霖,亦好读书而不永年,家学继绳,克步祖武,厚有望于仲父之孤孙也。校刊之余,谨将颠末敬述于后。"(以上术数类)

■ 六艺之一录四百零六卷目录十卷续编十二卷　存

(清)倪涛撰,(清)孔广陶跋。广陶有《鸿爪日记》,史部传记类已著录。

是书,《中国古籍善本书目》子部艺术类书画著有上海图书馆藏清抄本,卷三百四十三至三百四十七配清孔氏岳雪楼抄本。(以上艺术类)

■ 淮南鸿烈解二十一卷　未见

(汉)高诱注,(清)孔继涵手校。

是书,《寒瘦山房鬻存善本书目》著录孔荭谷手校明刊本,凡四册,云有"孔继涵印"、"荭谷"二印。"借戴受堂本,有万历辛巳孟春叶氏近山梓行,字校正文以朱字,注文以墨字。""乾隆乙未八月,嘉定钱坫献之以明正统十年《道藏》本(在玄妙观)校,明年夏五,携入都借对一过,与戴氏本略同。丙申六月二日记。"此孔荭谷校本也。其所据为戴受堂本,钱献之以《道藏》本校,谓与戴本略同,恐戴本正是校藏本耳。武进庄氏刻此书,即用钱校藏本入版。今取与此对勘,固无出入,他日当细阅之,求所谓略同者,有无略异之点也。

■ 淮南鸿烈解二十一卷　存

(汉)高诱注,(清)孔继涵手校。

是书,台北"国立中央图书馆"藏有明万历八年西吴茅氏刻本,明茅一桂订,清孔继涵手校,邓邦述手书题记。

■ 金楼子六卷　未见

(梁)元帝萧绎撰,(清)孔继涵校并跋。

《传书堂藏善本书志》:"《金楼子》六卷,校抄本,梁孝元皇帝撰。孔荭谷手跋:'丁酉九月初六日,雨窗校(卷一后);九月初七日新晴,灯下校(卷四后);九月初八日庚午寒露,微阴。巳刻校。是日,顺天放榜,榜首王有年(卷五后);九日辛未,自圆明园归,校是书竟。风日甚佳。'此书从《永乐大典》卷一万二百九十一抄出,目录后有'至正三年癸未岁春二月望日;叶森书于西湖书院大学明新斋'二行,盖所校者元刊本也。孔荭谷校订，复从《东观余论》手录黄氏书后一篇于卷末。"按：钱曾《读书敏求记》尝称薛据《孔子集语》"所引《尚书大传》、《金楼子》等书，今皆不可得见。"足见其书之罕传。

■ 纬略十二卷　存

（宋）高似孙撰，（清）孔继涵校并题识。

是书，《中国科学院图书馆藏中文古籍善本书目》著有清抄本，一函三册。高氏自记云：似孙既辑《经略》、《史略》、《子略》、《集略》，又辑《诗略》，事有逸者琐者为《纬略》。盖与诸《略》相经纬也。按：《中国书店三十年所收善本书目》子部杂家类著有高似孙《纬略》十二卷，清乾隆抄本，孔继涵校，竹纸三册，或即此本。然《中国古籍善本书目》不载其书。

■ 东园丛说二卷　存

（宋）李如箎撰，（清）孔广杕校。广杕有《周官联事》，经部周礼类已著录。

是书，《中国古籍善本书目》子部杂家类著有国家图书馆藏清抄本，《北京图书馆古籍善本书目》亦著此本，一册，十一行二十二字，无格。

■ 研北杂志二卷　存

（元）陆友撰，（清）孔继涵校跋并录题识。继涵有《考工车度记》，经部周礼类已著录。

是书，《中国古籍善本书目》、《北京图书馆善本书目》子部杂家类据明末刻本著录。按：此本二册，继涵录清孙雨题识。又有傅增湘、朱文钧跋。《藏园群书经眼录》此书作《砚北杂志》，云："乾隆戊戌孔继涵手校并跋，手补脱文数则。"又《藏园群书题记》载傅氏跋云："书凡二卷，所录多琐闻轶事，间有考订，亦颇详确，记述书籍、字画、金石尤详，鉴别特为精审，盖亦耽玩风雅之流，与周公瑾之《云烟过眼》为近，文字亦雅饬可观。旧无刊本，至明万历时项氏宛委堂始以付梓，然流布甚稀，近世藏家惟丁、陆二氏有之。其后陈眉公又刻入《宝颜堂秘笈》中，而校雠未善，讹夺滋多，不为世重。世传有何柘湖校本，最善，旧藏钱遵王家，《读书敏求记》载之，言项氏本即从此出。然钱书散逸已久，《四库》据宝颜本著录，《提要》已言柘湖校本未得见，盖即传录之本亦罕觏矣。余昔年于厂市得此帙，其版式似明代丛刻者，全卷经孔荭谷部郎以朱墨点校，言假桂未谷藏抄本，卷末有乾隆庚午孙雨录旧跋数行，乃知原本即柘湖所校者也。取

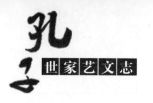

宝颜本对校,订讹补脱为字殆逾百许。其尤异者,上卷校补脱文十条,以两本详细比勘,其《逸少十七帖》四条实为两本所无,真此书之佚文矣。"又录继涵识语原文云:"乾隆戊戌五月,借桂馥本校。抄本页十行,行字二十,廿六日乙酉记,诵孟。"

■ 山居新语四卷　存

(元)杨瑀撰,(清)孔继涵抄。

是书,《中国古籍善本书目》子部杂家类著有中山大学图书馆藏清乾隆三十九年抄本。

■ 诸家胜语六十九卷　存

(明)朱大夏辑,(清)孔继镕跋。继镕有《心向往斋集》,集部别集类已著录。

《中国古籍善本书目》子部杂家类著录南京图书馆孔昭薰校刊藏明崇祯刻本,题"清孔宥函跋"。"宥函"乃孔继镕字,《善目》编者似有不知,遂以字署,致违体例。

■ 菰中随笔一卷　存

(清)顾炎武撰,(清)孔昭薰校刊。昭薰有《至圣林庙碑目》,史部金石类已著录。

是书,湖南省图书馆藏有清孔昭薰刻本,九行二十字,黑口,左右双边,无鱼尾。前有何焯庚午仲秋序。另有清张穆道光庚子十月十二日题记,叶启发辛未二月跋,叶启勋辛未十月二十三日跋。其书卷端题"东吴顾炎武亭林著",卷末镌有"后学阙里孔昭薰较刊"一行。叶启发谓:"此阙里孔昭薰较刊《菰中随笔》一卷,护页有平定张𦞕斋穆题记,云亭林《随笔》一卷,真迹存曲阜孔氏,近始付梓。其中精核语,大都已采入《日知录》,余特鳞爪耳……顾氏此书,本有一卷、三卷两本。一卷本,真迹为孔昭薰所藏,据以付刊,世称玉虹楼刻本,今此本是也。三卷本,真迹藏于孔宪庚所,有黄尧圃、叶润臣、何伯源题字。叶、何均录有副本,谋欲刊行而未果者也。此本有润臣舍人印记,盖孔氏刊成后,以一本相赠,润臣舍人又赠之𦞕斋,其传授源流,固甚明晰也。"又叶启勋称:"此书原有三卷、一卷两本。三卷本,未经梓行。此一卷本,虽已刊行,而传本极少。旧为润臣舍人所藏,以赠石州大令,转入子贞太史家,余得之其曾孙诒恺手中,首有大令手跋……"按:此书《中国古籍善本书目》著有二本,一是国家图书馆藏本,无题跋;二是湖南省图书馆所藏此本,有张穆题跋。二本著录同《北京图书馆古籍善本书目》、《湖南省古籍善本书目》,皆题"清乾隆孔氏玉虹楼刻本",不分卷。湖南本收入《四库全书存目丛书》,版本题署同《善目》;而《四库存目标注》据以著录,复题"清乾隆曲阜孔昭薰玉虹楼刻本"。旧目中《古书经眼录》著有此刻,亦题"乾隆间阙里孔昭薰玉虹楼校刊"。然其书既为昭薰校刊,便不得为乾隆本矣。因为昭薰生于乾隆五十七年十一月,距嘉庆即位不过三年,亦即乾隆朝时,薰才三岁,未识之无,如何校刊此书?证诸张穆道光二十年跋"近始付梓"一语,核其书中避讳之字,其书似应作道光刻本。衡之以往,昭薰所刻书亦大都在道光一朝。至于"玉虹楼"一称,纯属习惯称呼,且今检其书,未见"玉虹楼"字样。玉虹楼以摹刻"百一帖"著称于世,凡家藏之物、有所制作,世人每喜冠以"玉虹楼"。作为玉虹楼主人孔继涑孙子所刻之书,袭其名号,以示郑重与借重,似亦无可非议,惟思诸书著录皆据本书,何以尽作乾隆本?莫非误何序之庚午为乾隆十五年之庚午乎?

是书今有湖南省图书馆藏清道光间曲阜孔昭薰刻本,1995 年 9 月齐鲁书社《四库全书存目丛书》影印本。

■ 菰中随笔三卷附诗律蒙告一卷　存

(清)顾炎武撰,(清)孔宪庚、孔宪彝等跋。宪庚有《周易肌测》、宪彝有《知非录》注,经部易类、史部传记类已分别著录。

《中国古籍善本书目》子部杂家类:"《菰中随笔》三卷附《诗律蒙告》一卷,清顾炎武撰;附《亭林著书目录》一卷,清顾衍生辑,清乾隆五十九年黄丕烈家抄本,清黄丕烈、孔宪庚、孔宪彝跋,清叶名澧、何庆涵题款,傅增湘校并跋。"兹据著录。按:顾炎武,字宁人,号亭林,昆山人,著有《日知录》、《天下郡国利病书》等,清光绪三十四年从祀孔庙。此抄,傅增湘《藏园群书经眼录》、《藏园群书题记》俱著录,《题记》称"前有同学王潢等二十人为亭林征书启。书衣为莬翁手题,后有跋六行。别有曲阜孔宪庚跋,孔宪彝跋,叶名澧、何庆涵题字……按:《菰中随笔》有玉虹楼刻本,近时《亭林遗书》中复刊之,然核其文字,迥然不同,且祇得一卷,当别为一书。据《四库存目》标明三卷,此本正与之合,盖先生读书所得,随手摘记,所以备遗忘,供采择,文字丛脞,初无义例,平生劄录必不止一册,四库馆臣所见当即此本,而玉虹楼所刻亦非赝品也。"并录宪庚、宪彝跋云:"右《菰中随笔》三卷,顾亭林山人著,与玉虹楼所刊本不同。丁巳长夏,见于吴门书肆,亟以重价购归,藏诸行箧,以征余有志顾学之雅。近日海内文人,惟道州何子贞太史为顾祠领袖,惜养疴田园,不复有东山再起志愿。汉阳叶润臣阁读闻尚供职凤池,他日得入都门,当取此册共相校正,付剞劂氏,与玉虹楼刊本并传于世,嘉惠后学,余于叶君有厚望焉。咸丰丁巳立秋日,顾庐学人曲阜孔宪庚志于沧浪亭寓斋。""册中讹舛之字甚多,录时祈细校正,以备参考。""是岁冬至后三日,因事之沛南,

闻子贞太史为雨龄大中丞延主泺源书院,亟往访谒,而子贞又赴浙江省问弟疾,明春二月方旋。见哲嗣庆涵,儒雅恂恂,克绵世业。谈及此册,乞录副本,因识数语而假之。丁巳冬至后八日辛卯,经之再记。""经之弟自吴门购得此本,携至京师衍圣公邸,因得校读一过,较玉虹楼刻本大有不同,可以互相考订,不妨授之梓人,与玉虹本并传海内也。经之即之秦中,匆匆书此以识之。咸丰戊午秋九月,曲阜孔宪彝。"

■ 群书校正不分卷 存

(清)卢文弨撰,(清)孔继涵校。继涵有《考工车度记》,经部周礼类已著录。

《北京图书馆古籍善本书目》子部杂家类:"《群书校正》不分卷,清卢文弨撰,清抄本,孔继涵校,一册,十一行十九字,小字双行同,无格。"兹据著录。按:文弨,继涵挚友,字绍弓,一作召弓,号矶渔,又号檠斋,人称抱经先生,浙江余姚人,徙居杭州。(以上杂家类)

■ 敏求机要十六卷 存

(元)刘芳实撰,刘茂实注,(清)孔继涵校并跋。

《言言斋藏书目》子部乙类书杂纂:"《敏求机要》十六卷,(□)刘□实撰,刘茂实注,鲍氏知不足斋抄本,半叶十行,行二十字,乌丝栏,白口,双鱼尾,下题'知不足斋正本'六字。前有撰人自序。收藏有'孔继涵印'、'荭谷'、'素王子孙'、'鉴湖珍藏'四图记。全书有朱笔校字,末叶有朱笔手跋云:'乾隆丁酉三月借国子监正汪如藻所进本抄得一副,二十八日甲午立夏校。'"按:此本现藏上海图书馆,除上述四印,尚有"曾留吴兴周氏言言斋"、"吴兴周越然藏书之印"等印记。又《言言斋目》此本不云何人校跋,而"乾隆丁酉"乃乾隆十四年(1749),其时继涵年方十岁,以常理衡之,似不大可能,然在发现的借抄本中,尚有多种继涵九岁时的抄件,或圣人之后,有异于常人也。《言言斋目》复于此书作者、朝代不得其详,今考《元志》此书著录,一于小学类作者题"刘芳",二于类书类注"题刘实撰,刘茂实注"。《千顷堂书目》同样二著其书,唯著录较为详确,如小学类云:"刘芳实《敏求机要》十六卷,字月梧。凤梧刘茂实注。不分卷,凡十六门。"又类书类称:"刘芳实、刘茂实《敏求机要》十六卷",注云:"芳实字月梧,茂实字凤梧。同编"。而揆诸实情,其书或为芳实、茂实兄弟共撰注。上图藏本题"月梧刘实撰,凤梧刘茂实注",与《言言斋目》所著不符。兹参据著录。

是书今有上海图书馆藏清乾隆四十二年知不足斋抄本,1995 年 9 月齐鲁书社《四库全书存目丛书》影印本。(以上类书类)

■ 吕祖醒心真经一卷 存

(清)孔继堂家抄。继堂有《诗述》，经部诗类已著录。

是书，烟台图书馆题"孔继堂撰"，"稿本"，未确。考《吕祖醒心真经》乃旧有道籍，非继堂书，故本帙题下不署己名，且审其笔迹，与其父传莘等著作出一人手，非继堂亲录，因改题"孔继堂家抄"，以俟后考。其书凡一册，九行二十四字，毛装，无格，前有孔继堂清同治九年序。卷端《吕祖醒心真经》下，注云："吕祖道号纯阳，唐宗室避则天之难，变姓吕。康熙丁亥降乩宣此经。"又"醒心开经偈"注云："偈犹诗也。"

是书今有烟台图书馆藏清孔继堂家抄本。

■ 劝戒编四卷 未见

(清)孔继勋补刊。继勋有《北游日记》，史部传记类已著录。

是书，民国《南海罗格孔氏家谱》艺文著录，并载继勋嘉庆二十四年夏五序云：长白洪善长先生辑注《阴骘文劝戒编》四卷，版于雍正间，后不戒于火。嘉庆十有五年，礼邸重梓以行。或曰：圣贤言吉凶，而不言祸福。固也，而未尽然。夫天地之心，一好善恶恶之心也。阴阳五行之气，一与正抑邪之气也。其人而好善，合乎天地之心，以正感正，两间之和气萃焉，未有不得福者也。其人而为恶，乖乎天地之心，以邪召邪，戾气中焉，未有不得祸者也。在圣贤无所为而为，在众人有所勉而为，其能感召则一也。《书》曰：惠迪，吉；从逆，凶。是言吉凶矣。《易》曰：积善之家，必有余庆，积不善之家，必有余殃。非言祸福欤？或又曰：阴骘劝戒而必托于文昌帝君者，不过神道设教之意，非必其应如响也。此更不然，盖鬼神之德，体物不遗，焉可诬也。先王所以神道设教者，皆实有其理，非徒假冥冥不可知之天，以为愚顽警惧而已。但空言其理，则众人难知，故不若示以神道显然之迹为易晰耳！矧阴骘之文，见于《洪范》，劝戒之义，帝王师相所不废。禹曰：惟影响，又何疑焉？善长先生当必有见于是，既随文诠释，复疏证事实，条分件系，劝戒昭然。读其善者，可以兴起善心，读其恶者，可以惩创恶念，于世道人心，实有裨补。余于都门见之，思广其传，用寄还粤，命继骧、继让二弟，重刊流布，抑亦礼邸与人为善之意欤。（以上道教类）

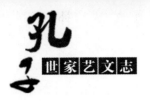

集部

■ 楚辞灯四卷 _存

（清）林云铭撰，（清）孔昭仁校并跋。昭仁有《同治癸酉科广东乡试硃卷》，集部别集类已著录。

是书有清同治四年孔氏岳雪楼抄本，南京图书馆藏。按：林氏因不满于七十二家旧评以讹传讹，并有感于"二千年中，读《骚》者悉困于旧诂迷阵，如长夜坐暗室，茫无所睹"，故为是书，以使屈子之文烛照无遗。（以上楚辞类）

■ 庾子山集十六卷年谱一卷总释一卷

（北周）庾信撰，（清）倪璠注释，孔广森手批。广森有《周易厄言》，经部易类已著录。

《山东省立图书馆善本书目甲编》："《庾子山集》十六卷、《年谱》一卷、《总释》一卷，北周庾信撰，清倪璠注释，清孔㙅轩手批，清康熙二六年钱唐倪氏刊本，六册。"按："孔㙅轩"即孔广森。广森号㙅轩，因据著录。

■ 唐元次山文集十卷拾遗一卷 _{未见}

（唐）元结撰，题（清）孔继涵手写目录。继涵有《考工车度记》，经部周礼类已著录。

《藏园群书经眼录》卷十二目录："《唐元次山文集》十卷、《拾遗》一卷，明正德十二年郭勋刊本，孔继涵手写目录"。又正文云：此本"十行二十字，黑口，四周双阑。前正统丁丑湛若水序。本书首叶标题后题'赠礼部侍郎元结著'，'翰林编修湛若水校'，'太保武定侯郭勋编'三行。目录四叶嘉庆三年戊午冬十一月廿七日孔荭谷（继涵）手抄。钤有词人荭谷印。（余藏。丙辰）"兹据著录。按：傅氏著录此书有误。考继涵乾隆四十八年（1783）已卒，嘉庆三年（1798）不当再有手抄目录之事。写目之人疑为其子孔广栻。

■ 唐陆宣公集二十四卷 _存

（唐）陆贽撰，（清）孔广陶校补并跋。广陶有《鸿爪日记》，史部传记类已著录。

是书，《中国古籍善本书目》集部唐别集类著有武汉大学图书馆藏明嘉靖二十七年沈伯咸西清书舍刻本，半叶九行，行十八字，白口，左右双边。

■ 昌黎先生全集四十卷外集十卷 _{未见}

(唐)韩愈撰,李汉编,(清)孔昭炎手批。昭炎,孔子七十一代孙。

是书,《山东省立图书馆善本书目甲编》著有明东吴葛氏永怀堂刊本,十二册。按:今检此编,不见于《山东省珍贵古籍名录》(第一批),未知存否?

■ 沈下贤文集十二卷 _存

(唐)沈亚之撰,(清)孔继涵校并跋。继涵有《考工车度记》,经部周礼类已著录。

《北京图书馆古籍善本书目》:"《沈下贤文集》十二卷,唐沈亚之撰,清乾隆四十二年孔继涵家抄本,孔继涵校并跋,一册,十行二十字,白口,左右双边。"兹据著录。按:此本《中国古籍善本书目》有著录。《四库全书总目》沈书作《沈下贤集》,凡诗一卷、杂文十一卷。

■ 文庄集三十六卷 _存

(宋)夏竦撰,(清)孔继涵跋。

是书,《中国古籍善本书目》、《北京图书馆古籍善本书目》宋别集类据国家图书馆藏清抄本著录,凡四册,九行二十一字,无格。《藏园群书经眼录》此书作《夏文庄公集》,云:"清写本。清孔继涵微波榭藏本。末叶注云:'乾隆辛丑三月丁杰小山自都中抄贴。'(盛昱遗书,壬子)。"

■ 元宪集四十卷 _{未见}

(宋)宋庠撰,(清)孔继涵校跋并撰年谱。

是书,《传书堂藏善本书志》著录校抄本,云:"孔荭谷手跋:'乙未十一月十七日庚寅,早起入朝,雪片如掌,散衙无事,归校是书,以盈二三寸矣。盖是岁之第四番雪也。卜来年之丰,何喜如之。继涵记(卷一后);乙未十一月初七,灯下竟二卷(卷八后);十一月初八日早起(卷九后);乙未十一月十三日早起(卷十后);十一月十三日(卷十二后);十四日早起(卷十三后);十一月十二日灯下(卷十五后);初九(卷十六后);十一月十一日(卷十七后);乙未十一月十二日早起,校二卷(卷十九后);十一月初八日早起(卷二十后);乾隆乙未闰十月廿七日,校上四卷(卷二十四后);乙未闰月廿九日癸酉校(卷廿五后);十一月朔甲戌冬至(卷廿六后);初七(卷廿七后);初七日庚辰(卷廿八后);十一月初七雪霁(卷三十后);闰十月廿九日早起,校二卷(卷卅三后);十一月朔长至(卷三十五后);乙未闰十月廿八日(卷三十六);乾隆乙未闰十月,借到刘岸

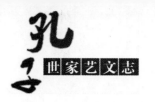

淮(湄)同年本,抄校于小时雍坊寓。继涵记。'右孔荭谷所抄《四库》本,全书用朱笔手校。前有《元宪年谱》,亦孔氏所撰。有孔继涵印、荭谷二印。"

■ 宋景文集六十二卷补遗一卷附录一卷 未见

(宋)宋祁撰,(清)孔继涵抄。

《传书堂藏善本书志》:"《宋景文集》六十二卷、《补遗》一卷、《附录》一卷,抄本,宋宋祁撰。提要、唐庚序、陈之强序(嘉定二禩)、《宋史》本传、范镇撰《神道碑》。此亦孔荭谷抄《四库》本,以未校,故无题识印记。书根题《永乐大典》辑出,赠刑部尚书常山宋景文祁子京集底本六十四卷并各分目,则荭谷手书也。"兹据著录。

■ 张泗洲集一卷

(宋)张公庠撰,清孔氏微波榭抄本。微波榭,继涵室名。

是书,《山东省立图书馆善本书目甲编》著录,见《南岳诗稿》。

■ 鄱阳集十二卷

(宋)彭汝砺撰,清孔氏微波榭抄本。

是书,《山东省立图书馆善本书目甲编》著录,二册。

■ 景迂生集二十卷 存

(宋)晁说之撰,(清)孔广栻跋。广栻有《周官联事》,经部周礼类已著录。

是书,《中国古籍善本书目》著有上海图书馆藏清抄本。

■ 日涉园集五卷 存

(宋)李彭撰,(清)孔继涵校并跋。继涵有《考工车度记》,经部周礼类已著录。

《北京图书馆古籍善本书目》:"《日涉园集》五卷,宋李彭撰,清乾隆四十年孔继涵家抄本,孔继涵校并跋,二册,十行二十字,无格。"兹据著录。按:《中国古籍善本书目》亦著此本。《传书堂藏善本书志》谓"此孔荭谷编次本。《四库》本十卷乃重编之本。有孔继涵印、荭谷、昭煐谨藏三印"。《藏园群书经眼录》另著有蒋孟苹藏孔继涵抄目之旧写本,题九卷,云:"孔荭谷(继涵)手抄目。各卷分体。"附此不另著。又李氏此《集》,《四库全书总目》谓:"《书录解题》作十卷,世久无传。今检《永乐大典》,所载彭诗颇多,抄撮编次,共得七百二十余首,诸体咸备。谨校定讹谬,仍厘为十卷,以还其旧。集中所与酬倡者,如苏轼、张耒、刘羲仲等,皆一代胜流。故其诗具有轨度,无南宋人粗犷之态。"

■ 龟山先生集四十二卷 存

(宋)杨时撰,(清)孔兴训序。兴训有《玉华洞志》,史部地理类已著录。

是书,中央民族大学图书馆、北京市文物局等藏有清顺治八年杨令闻刻本,半叶十行,行二十字,白口,四周双边。按:此刻源于明本,故兴训等清人序外,尚有明人所撰旧序及宋人所作《年谱》。

■ 丹阳集二十四卷 未见

(宋)葛胜仲撰,(清)孔继涵家抄。

是书,《传书堂藏善本书志》:"《丹阳集》二十四卷,抄本,宋葛胜仲撰。此孔荭谷家抄,前补写目录,题嘉庆元年丙辰九月朔癸卯微波榭录。乃荭谷家子弟所书也。"兹据著录。按:《中国版刻综录》此书题"孔继涵乾隆四十一年抄"。《藏园群书经眼录》著录蒋孟苹藏"旧写本"云"孔荭谷(继涵)手写目录",即此本。又葛氏《丹阳集》,《四库全书》已收,《简明目录》称:"原本久佚,今从《永乐大典》录出。胜仲尝续修《太常因草礼》三百卷,故其文娴于典制;尝考论诸史为《评古篇》,故其文娴于史事;又崇宁三年,尽阅释氏《大藏经》,故其文多阐明佛理。"

■ 石林居士建康集八卷 存

(宋)叶梦得撰,(清)孔广栻录跋。广栻有《周官联事》,经部周礼类已著录。

《北京图书馆古籍善本书目》:"《石林居士建康集》八卷,宋叶梦得撰,清抄本,孔广栻录王士禛跋,一册,十行二十字,无格。"兹据著录。按:《中国古籍善本书目》亦载其书。《藏园群书经眼录》称此本"十行二十字。宋讳注御名,(小字),是源于宋刻"。并录王士禛、孔广栻跋记云:"'叶石林晁氏之甥,学有师承,笔力雄迈,犹有东京盛时风气,非南渡诸人所及。按《经籍志》石林《集》百卷,今所传止《建康集》八卷,余率湮没,《避暑录话》、《燕语》、《放言》、《玉碣》等书犹存说部中,岂一人之身其著书传与不传亦各有数耶。石林之学尤邃于《春秋》,观《集》中答王从一教授二书可见。'右录王渔洋跋于蚕尾集卷九,时嘉庆戊午夏四月廿四戊午芒种后三日天阴微雨,孔广栻记于福持精舍,是日沈孝谦鹄村自南来。'(丙寅三月见)"。

■ 莆阳知稼翁文集十一卷词一卷 存

(宋)黄公度撰,(清)孔继涵抄。继涵有《考工车度记》,经部周礼类已著录。

是书,《中国古籍善本书目》著有浙江图书馆藏清乾隆三十八年抄本。

■ 盘洲文集八十卷 存

(宋)洪适撰,(清)孔继涵、孔广栻跋。广栻有《周官联事》,经部周礼类已著录。

台湾《"国立中央图书馆"善本书目》(增订二版):"《盘洲文集》八十卷,十册,宋洪适撰。旧抄本,清孔继涵、孔广栻各手书题记。附年谱一卷,清钱大昕撰。"兹据著录。

■ 太仓稊米集 未见

(宋)周紫芝撰,(清)孔继涵家抄并跋。

叶昌炽《藏书纪事诗》卷五孔继涵条"翁方纲《送孔荭谷农部请养归曲阜》:'敏捷抄书手,优闲奉母身。归当仍壮岁,行及小阳春。《日下编》初藏,章丘笥更新。牙签精点勘,勿笑北方人。'自注:朱竹垞云:'李中麓所储书,签帙点勘甚精。北方学者,能得斯趣,殆无多人。'今荭谷抄藏之富,已过中麓矣。昌炽案:'余在岭峤,见郎亭侍郎所得宋元人集,如周紫芝《太仓稊米集》、陈基《夷白集》凡数十种,皆微波榭抄本。荭谷先生以朱笔点校,间有跋语,知覃溪之言为不虚也。'"兹据著录。

■ 雪山集十二卷 存

(宋)王质撰,(清)孔继涵家抄并跋。

《北京图书馆古籍善本书目》:"《雪山集》十二卷,宋王质撰,清乾隆四十一年孔氏微波榭抄本,孔继涵跋,八册,十行二十字,无格。"兹据著录。按:王氏《雪山集》,《四库全书》本作十六卷。《简明目录》谓:"原本久佚,今从《永乐大典》录出。《宋史》称质博通经史,善属文。王阮作是《集》序,亦称听其论古,如读郦道元《水经注》,名川支川,贯穿周匝,无有间断,盖学博而才赡也。至奏札诸篇,详明剀切,特邀睿赏,亦非偶然焉。"

■ 张于湖集八卷附录一卷 未见

(宋)张孝祥撰,(明)焦竑、朱之蕃同辑,(清)孔继涵校并跋。

是书,《传书堂藏善本书志》著录抄本,云:"孔荭谷手跋:'抄自浙江巡抚三宝进璜川吴氏藏本(目录录);乾隆(丁酉)四月十六日校。是日遣赵仆东归(卷一后);浴佛日校。是日刘阁学崇如(墉)招同窦宗人府丞元调(光鼐)、朱编修竹君(筠)、许御史穆堂(宝善)、德郎中野溪(隆)饮于景庆堂(卷二后);丁酉四月初十日,微阴(卷三后);初十日乙巳未刻校于寿定籤(卷四后);初十日校完此。浓阴欲雨,庭草争绿,意甚适也(卷五后);乾隆丁酉四月十四日校。程鱼门(晋芳)、方运判次耘(受畴)、任领从(基振)、蔡梓南(履元)来,前一日,李素伯(文藻)贻光孝寺南汉两铁塔拓文,黄九小松(易)寄观钱宏俶金涂塔瓦拓本、魏景初铜帐构拓本,把玩周复,殊快也(卷六后);四月十七日壬子,翁覃溪学士(方纲)邀同拓法源寺金明昌二年碑,李南涧(文藻)在冯孝廉鱼山(敏昌,广东人)处亦来观,偕啜茶于僧寮,听谈潭柘界台之胜。晚饮于青常书屋,观闵编修(惇大)所藏明甲申十同年图卷子,同饮。客曹慕堂太仆(学闵)、维扬程吏部鱼门(晋芳)、山西宋芝山(葆淳)、广东赵明经渭川(璜)、山阴朱□□(兰圃)。十同年者:南京户部尚书公安王用敬轼,时年六十五;吏部侍郎泌阳焦孟阳芳,时年六十九;礼部右侍郎祭酒谢鸣治铎,时年六十九;工部尚书郴州曾克明鉴,时年七十;刑部尚书乌程闵朝瑛珪,时年七十四;工部侍郎泰和张时达达,时年七十二;右都御史浮梁戴廷珍珊,时年六十七;户部侍郎益都陈廉夫清,时年六十六;兵部尚书华容刘时雍大夏,时年六十八;谨身殿大学士长沙李宾之东阳,时五十七。绘图时,弘治十六年癸亥也。其次以图中前后书之。十同年八人有传,《明史》中亦极盛矣。不独朝多君子,人皆耆艾也。翌日,校终卷,因记之。孔继涵(卷七后);十九日甲寅,同德州梁明经志尚翥鸿、徽州程吏曹鱼门晋芳、益都李司马素伯文藻、济南周编修林汲永昌、海盐陈上舍竹厂以纲、大兴翁学使振三方纲、湖州丁孝廉小山锦鸿饮于米市衚衕。归校终卷。曲阜补(诵)孟孔继涵记(卷八后);乾隆丁酉二十一日酉刻校完(附卷后)。'此出璜川吴氏所藏明崇祯甲申刊本,盖从宋刊残本辑出,如卷六末所附阙文,注云见三十五卷,又云卷三十七卷,此数则中,阙字甚多,盖宋本存者亦多残阙。其编为八卷,殆出焦弱侯、朱兰嵎之手,又经孔荭谷手校,不得以世有足本而忽忽也。"

■ 李延平先生文集三卷附录二卷 存

(宋)李侗撰,朱熹编,(清)孔兴燮、孔兴训等序。兴燮有《孔子世家宗谱》、兴训有《玉华洞志》,史部家谱类、地理类已分别著录。

是书有清顺治十一年刻本,九行二十字,白口,四周双边。前有像赞、旧序,并周亮工、孔兴训、孔兴燮等序。书由门人朱熹编定,二十代裔长孙李孔文订梓。兴训序之,略云:"延平李先生,受业于豫章罗氏之门,尽得其心传之秘,再传而及考亭朱氏师弟,授受所著,有《问答》、《语录》诸集。其为学也,内外显微合其致,本末精粗贯其理,曲折疑辩,反覆推明,皆本学者躬行心得之微,不外生民日用彝伦之常,驱习俗之诡趋,还

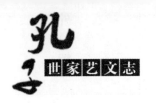

性分之固有,俾经书正旨阐发无余。君子得闻大道之要,小人得蒙至治之休,于以继往开来,绍先启后,不啻謦欬聋瞀,而揭日月于中天。邹鲁以还,未数数也。此唯先生心圣贤之心,斯道圣贤之道。道圣贤之道,亦祇不失圣贤之心。使非天焉,尧舜之后,何以有禹汤?汤之后,何以有文武?武之后,又何以有周公与孔子乎!孔子道统之传,至孟氏而息,千有五百年而后,河南二程氏,绍坠绪于有继,龟山氏北学于中国,载道而南,始为罗氏接其传,以授延平先生,而道益著。此其时,倘不有考亭及门,而悟道脉之真非空言可补,尽舍所尚虚无,而崇实际,则先生之学息,将邪说复起,惑世诬民,若决江河,即尧舜禹汤文武周公孔子之道,尚忍言欤?"兴爕序,撰于顺治甲午之万代宗师楼,略谓其著论述作,咸发明乎《学》、《庸》、《语》、《孟》、《六经》之旨,以阐斯文之正脉,故元晦朱先生而师事有年,遂弃老氏崇虚之教,始从事于平实,注经书,启聋聩,皆得力于先生之垂训。先生固为考亭之仪范,实为洙泗之功臣矣。其所谓《文集》,宁区区缀藻翰、工雕镂,灿人耳目,为一时之文章已耶!继往开来,遗先生吾谁与归?按:此书,《中国古籍善本书目》著录福建莆田县图书馆藏本、《四库全书存目丛书》影印南京大学图书馆藏本,皆题《李延平先生文集》五卷,宋李侗撰。侗为南宋著名学者,师从理学大家罗从彦,传道于朱夫子熹,有功圣门,明万历四十一年从祀孔庙。

■ 义丰集一卷 存

(宋)王阮撰,(清)孔继涵跋。继涵有《考工车度记》,经部周礼类已著录。

《北京图书馆古籍善本书目》:"《义丰集》一卷,宋王阮撰,清抄本,孔继涵跋,伦明校,一册,十行二十一字,无格。"兹据著录。按:王氏《义丰集》,《四库全书》已收,《简明目录》称:"集首有淳祐癸卯吴愈序,盛推其文。今文佚而诗存。阮尝从朱子讲学,然不竟其业。其诗亦不为濂洛体。据岳珂《桯史》,知其所师法者,在张孝祥。惟孝祥规橅苏轼,阮则兼效黄庭坚,故刘克庄跋,谓其佳处逼韩驹、曾几。"

■ 定斋集二十卷 未见

(宋)蔡戡撰,(清)孔继涵家抄,孔继涵写目。

《群碧楼善本书录》:《定斋集》二十卷,四册,宋蔡戡撰,抄本。前有绍定庚寅李埴序。"乾隆丙申十二月,借庄庶子承篯本抄。"有荭谷自写集目八叶。"嘉庆元年丙辰腊月十七戊子,雨雪终日,微波榭录。是日,季衡自济南归。"无印记。兹据著录,未知如今尚存否?

■ 竹斋诗集不分卷　存

(宋)裘万顷撰,(清)孔广陶跋。广陶有《鸿爪日记》,史部传记类已著录。

是书,《中国古籍善本书目》集部宋别集类著有上海图书馆藏清抄本。按:此帙孔跋之外另有清王端履跋。

■ 南岳诗稿二卷　存

(宋)刘克庄撰,清孔氏微波榭抄本。

是书,《山东省立图书馆善本书目甲编》著录,凡一册。

■ 静佳龙寻稿一卷　存

(宋)朱继芳撰,清乾隆四十三年曲阜孔继涵手抄本。

是书,《山东省立图书馆善本书目甲编》著录,题孔荭谷手校本,谓"见十家宫词"。

■ 阆风集十二卷　未见

(宋)舒岳祥撰,(清)孔继涵校并跋。

是书,《传书堂藏善本书志》著录校抄本,云:"孔荭谷手跋:'丙申十一月十九日校。是日,翁覃溪学使将黄小松所寄北岳庙碑来(卷三后);二十五日,同吴县张瘦铜(垍)饮商邱陈伯恭(崇本)寓斋,观所藏墨九十七铤,有三入洛阳墨半笏,旁有良常王澍题名。归。灯下校。继涵记(卷四后);二十六日(卷六后);乾隆丙申十一月二十日早起校此,卷末脱抄一首,篝灯补誊。是日得盐城徐玉田(嘉谷)四哥札,知罗画师两峰在江西。谪孟记(卷七后);二十七日午前(卷九后);二十七日灯下校,借刘编修芷林《大典》本抄(卷末)。'"兹据著录。按:《藏园群书经眼录》集部三著录此书云:"旧写本,孔荭谷(继涵)手写目录。(蒋孟苹藏书。甲寅)"

■ 古梅吟稿五卷附录一卷　存

(宋)吴龙翰撰,清孔氏微波榭抄本。

是书,《山东省立图书馆善本书目甲编》著录,其书一册,见《南岳诗稿》。

■ 闲闲老人滏水文集二十卷　未见

(金)赵秉文撰,(清)孔继涵家抄。

是书,《传书堂藏善本书志》著录抄本,云:"此孔荭谷家抄本,有孔继涵印、荭谷二印。"

■ 刘太傅藏春集六卷　存

（元）刘秉忠撰，清孔氏微波榭抄。

是书，《中国古籍善本书目》著有上海图书馆藏本（缪荃孙校并跋）。

■ 虚谷桐江续集四十八卷　残

（元）方回撰，（清）孔广栻校并跋。广栻有《周官联事》，经部周礼类已著录。

是书，稿本《中国古籍善本书目》著有南京图书馆藏清抄本，九行二十字，无格。存三十二卷：一至二、四至十三、十五至二十、二十二、二十五、二十七至三十一、三十三、三十五、三十七至三十八、四十二至四十四。按：王文进《文禄堂访书记》、施廷镛《古籍珍稀版本知见录》著录此书作四十四卷，均称广栻之父孔荭谷（继涵）校抄，王氏云：“《虚谷桐江续集》四十四卷，元方回撰，清孔荭谷校抄本，半叶九行，行二十字。卷四：从事郎宁国路儒学教授同舍生曾祐编次；卷五：男方存心正心刊行；卷六：初授徽州路儒学教授冯家龟、林一桂等刊……卷二十二附条，孔氏题曰：‘此后半叶讹舛殊甚，须以底本乃可辨其错谬也。嘉庆元年丙辰五月朔乙巳芒种日申刻，天阴欲雨，微波榭录，因至此记之。’”然考继涵乾隆四十八年已去世，“嘉庆元年”不当再有校抄事，王氏、施氏此条并误。

■ 张大家兰雪集二卷后附一卷　存

（元）张玉娘撰，（清）孔继涵校并跋。继涵有《考工车度记》，经部周礼类已著录。

是书，《中国古籍善本书目》、《北京图书馆古籍善本书目》集部元别集类著有国家图书馆藏清乾隆四十一年孔继涵家抄本，一册，十行二十一字，白口，左右双边。按：《藏园群书经眼录》集部四云著录蒋孟苹藏旧写本云：继涵手抄目录并用朱笔校。又，《传书堂藏善本书志》著录鲍渌饮跋抄本云：“孔荭谷手跋：‘乾隆丙申十一月初三日雪窗未刻校。’书口有‘知不足斋正本’六字。《四库存目》本亦出鲍氏而止一卷，又题张献集录，与此本不同。”《历代妇女著作考》云：“《张大家兰雪集》，《涵芬楼烬余书录》题白龙张玉娘若琼氏著，稽山孟思光仲齐氏校。按张氏为松阳仕族女，善诗辞，少许字沈佺。佺病卒，女以身殉。明王诏为之传，附录卷后并有题咏若干首。是为知不足斋传录小山堂赵氏抄本，曲阜孔荭谷补写全目。《四库》入元人别集类，存目只一卷，所收亦浙江鲍士恭家藏本云。”又云：“南城宜秋馆刊本，列入《宋人小集》丙编。盖据曲阜孔荭谷藏抄本校刊，上卷诗八十三首，下卷诗三十首，词十六首。附录一卷。末有丰城周宾剑校一行。后有汝槐跋及李之鼎跋。李之鼎跋曰：‘此本自孔氏微波榭抄本迻录。孔氏原抄则出自长塘鲍氏知不足斋,而鲍氏又抄自小山堂赵氏者也。顺治所刊印本罕见,近年始有狄氏活字本,校此少跋一篇,字句亦多异同。后附望后一日记,疑是孔漢谷所跋。'"兹参据著录。

■ 张大家兰雪集二卷后附一卷 　存

(元)张玉娘撰,(清)孔昭薰跋。昭薰有《至圣林庙碑目》,史部金石类已著录。

是书,《历代妇女著作考》著录一狄氏排印本,云:"前有陈文述、潘曾莹题词;后有道光丙申孔昭薰跋。"兹据著录。

■ 墙东类稿二十卷 　未见

(元)陆文圭撰,(清)孔继涵写目并跋。继涵有《考工车度记》,经部周礼类已著录。

是书,《传书堂藏善本书志》著录,云:"《墙东类稿》二十卷,抄本,元陆文圭撰。孔荭谷手跋:乙未十一月十七日抄得。是日大雪数寸。微波榭传抄《四库》本并补目录。有孔继涵印、荭谷二印。"按:《藏园群书经眼录》、《藏园订补郘亭知见传本书目》亦据蒋汝藻藏旧(清)写本著录。

■ 清容居士集五十卷 　未见

(元)袁桷撰,(清)孔继涵家影写。

是书,《传书堂藏善本书志》著录,云:"《清容居士集》五十卷,抄本,元袁桷撰,王肆跋(永乐丙申),每半叶十行,行十六字,微波榭影写永乐刊本,书头题字孔荭谷手书。"

■ 俞伯生诗八卷补遗一卷 　存

(元)虞集撰,(清)孔广陶校并补遗。广陶有《鸿爪日记》,史部传记类已著录。

是书,《日藏汉籍善本书录》著录东洋文库藏明毛氏汲古阁刊本(原系藤田丰八等旧藏),云:卷中有清康熙二十八年王士桢(禛)借读识文。并有清同治十三年南海孔氏少唐子再校识文。卷末有孔氏墨笔补遗及续补遗。卷中有"盛百二"、"秦川"、"樵李盛氏春草堂"等印记。凡五册。

■ 揭文安公全集十四卷 　未见

(元)揭傒斯撰,(清)孔继涵家校抄。继涵有《考工车度记》,经部周礼类已著录。

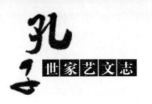

是书,《传书堂藏善本书志》著录,云:"《揭文安公全集》十四卷,抄本,揭曼硕侯斯著,门生前进士燮理溥化校录,微波榭校抄本,有孔继涵印、荭谷二印。"按:《中国书店三十年所收善本书目》著有揭侯斯《揭文安公文粹》,不分卷,明天顺刻黑口本,有"孔继涵印",棉纸一册,亦微波榭旧藏稀见之籍。

■ 赵宝峰先生集二卷附录一卷　未见

(元)赵偕撰,(清)孔继涵抄目。

《藏园群书经眼录》集部三著录旧写本,云:"《赵宝峰先生集》二卷附录一卷,宋赵偕撰。照嘉靖本抄,九行十八字。有嘉靖赵继宗序,甲寅仍孙文华跋。孔荭谷(继涵)手抄目录。钤有知不足斋印。"按:考赵偕乃宋末元初人,因改题。

■ 小亨集六卷　未见

(元)杨宏道撰,(清)孔广栻写目,(清)孔昭薰跋。广栻有《周官联事》、昭薰有《至圣林庙碑目》,经部周礼类、史部金石类已分别著录。

是书,傅增湘《藏园群书经眼录》、《藏园订补郘亭知见传本书目》据蒋汝藻藏旧写本分别题"孔荭谷继涵抄目"、"孔继涵手写目录"。《传书堂藏善本书志》亦云:"《小亨集》六卷,抄本,孔昭薰手跋(道光乙未)。孔荭谷微波榭抄本并补目。有昭璜谨藏、林芳书屋二印。"而罗振常《善本书所见录》则著云:此本"前有己酉秋八月元好问序,后附道光乙未孔昭薰题志,云《小亨集》原本久佚,惟载入《永乐大典》,则亦大典本也。补目附注云:嘉庆三年微波榭录"。按:今考"嘉庆三年",继涵早去世,此补目者,当为其子广栻也。因据改题。

■ 黄文献公文集六卷附录一卷

(元)黄溍撰,(清)孔继涵跋。继涵有《考工车度记》,经部周礼类已著录。

是书,《中国古籍善本书目》著有国家图书馆藏清抄本,二册,九行二十一字,黑口,左右双边。有"孝经一卷人家"、"安麓邨藏书印"等朱文藏书印。末有"乾隆戊子中春阙里孔继涵于琉璃厂购得宋元人集十余种并此抄册"一行。

■ 傅与砺诗集八卷　存

(元)傅若金撰,(元)傅若川编,(清)孔广陶校并补遗。广陶有《鸿爪日记》,史部传记类已著录。

是书,《日藏汉籍善本书录》著录蓝格写本,云:王士桢(祯)手识本,共二册,大仓文化财团藏本,按:此本系从朱彝尊写本录出,朱本源出明初洪武刊本。卷中有清康熙二十八年王士桢(祯)借读识文。并有清同治十三年南海孔氏少唐子再校识文。卷末有孔氏墨笔补遗及续补遗。卷中有"盛百二"、"秦川"、"槜李盛氏春草堂"等印记。

■ 石初集十卷附录一卷　未见

(元)周霆震撰,(清)孔继涵补目并校跋。继涵有《考工车度记》,经部周礼类已著录。

《传书堂藏善本书志》:"《石初集》十卷附录一卷,抄本,刘玉汝序(洪武癸丑)、陈谟序(洪武六年)、葛化序(洪武七年)、张莹序(玄黓困敦),林坚后序(洪武辛酉)、彭时书后(成化九年)、商辂题后(同上)、刘宁书后(成化甲午),王士祯跋。孔荭谷手跋:'乙未闰十月二十九日从周书愚同年处抄校(卷末);乾隆己丑仲春陈聘君海桑先生集校勘一过,集本晏彦文为张彦文,岂晏本张姓耶? 俟考(陈谟序后)。'微波榭抄本并补目。有孔继涵印、荭谷、昭煐谨藏三印。"兹据著录。按:《藏园订补邵亭知见传本书目》此书有著录,《藏园群书经眼录》亦著此书,云:"'题门生山东佥事庐陵晏璧彦文编辑'。前有洪武刘玉汝四序,后有成化间商辂等三跋。前有王渔洋(士祯)跋。孔荭谷(继涵)抄目,朱笔校。"

■ 梧溪集七卷　未见

(元)王逢撰,(清)孔继涵校并跋。

是书,《传书堂藏善本书志》著录抄本,云:"孔荭谷手跋:'壬子冬十一月初九甲辰长至后一日,天阴欲雪,以《元诗选》校一过。'每半叶十行,行二十二字,御儿吕氏吾研斋藏景抄本,微波榭补目,与知不足斋刊本六、七两卷中甚有出入,足资参证。有东莱吕氏明农草堂图书印、只拙斋藏书、孔继涵印、荭谷、微波榭诸印。"

■ 夷白斋稿三十五卷外集一卷　未见

(元)陈基撰,(元)戴良编,(清)孔继涵家抄并补诗。

是书,《传书堂藏善本书志》著录,云:"《夷白斋稿》三十五卷《外集》一卷,抄本,临海陈基著,金华戴良编。孔荭谷微波榭抄本又从《元诗选》、《玉堂名胜》、《草堂雅集》诸书补诗一卷,附于卷十一之后。"

■ 东维子文集三十卷附录一卷　存

(元)杨维桢撰,(清)孔继涵题记。

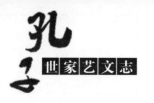

是书,台北"国立中央图书馆"藏有明初刻本,十二行二十四字,黑口,四周双边,双鱼尾。有孔继涵手书题记。

■ 翠渠摘稿八卷　存

(明)周瑛撰,(清)孔广陶跋。广陶有《鸿爪日记》,史部传记类已著录。

是书,《中国古籍善本书目》集部明别集类著有国家图书馆藏明嘉靖七年林近龙刻清雍正十三年周成续刻四库底本,半叶十行,行二十四字,黑口,四周双边。

■ 李征伯存稿十一卷东行稿一卷附录一卷　存

(明)李兆先撰,(清)孔广栻补目。广栻有《周官联事》,经部周礼类已著录。

是书,《四库存目标注》集部别集类著录北京大学图书馆藏明正德二年刻本,称其"半叶十行,行二十字,黑口,四周双边。写刻甚精,纸质洁白如玉。前有弘治十八年乙丑十二月既望太原乔宇序,后有正德二年丁卯潘辰后序。卷内钤'衍圣公私印'、'绳绳斋'等印。卷端有某氏补写目录,首行下有补写者识语:'嘉庆三年戊午秋八月廿九庚申寒露抄。'《存目丛书》据以影印。"按:《标注》所称"某氏补写目录"者,实为孔广栻也。补目、识语虽未署名氏,但持与山东省博物馆所藏颜氏诸集:颜光猷《水明楼诗》、颜懋侨《蕉园集》、颜光敩《怀轩遗稿》、颜伯珣《祗芳园集》书前孔广栻补目相较,笔迹正同,知出广栻无疑。至于其书卷一、卷八所钤"衍圣公私印"朱文正印、"绳绳斋"朱文竖长印,记得杜泽逊教授曾电话询及,唯当时未见其书,不敢妄断。今既披览其帙,予固识为孔府旧物。而"衍圣公私印"、"绳绳斋"二印鉴,虽无真凭实证,然谛视此书,通观孔氏,似可判定为七十二代衍圣公孔宪培印。而"绳绳斋"一印或为广栻所钤,亦未可知。因为《孔子世家谱》其弟广根传尝称"炊经堂一支,绳绳继继,代有闻人"。既有此赞誉,广栻取以铭印,也是可能的。故暂据著录,以俟后考。

是书今有北京大学图书馆藏明正德二年刻本,1997 年 7 月齐鲁书社《四库全书存目丛书》影印本。

■ 祗芳园遗诗四卷别集二卷补遗一卷　存

(清)颜伯珣撰,(清)孔贞瑄赠言,(清)孔传钺跋。贞瑄有《大成乐律全书》,经部乐类已著录。传钺有《错余诗文集》,集部别集类已著录。

《山东通志》著云:"是编共二册,嘉庆庚辰洪洞刘杰凤选刻本,卷首载伯珣《自序》(大旨谓自幼为诗,即宗法杜工部),孔贞瑄《赠言》载峄县李克敬一条,谓其诗疏古瘦硬,峭僻绝俗。今观其《集》中诸作,此两言足以尽之。"《清人诗文集总目提要》著录嘉庆锄月轩本,谓前有宋荦、张霞、孔贞瑄等赠言及自序,诗不分体,凡二百五十九首,约止于康熙四十年,年六十余。附别集二卷,共古近体诗百零三首,有康熙四十九年《庚寅元日忆内》诗,孔传钺跋其尾。《清人诗集叙录》著录嘉庆本,称"伯珣生当明季。其诗止于康熙四十九年,七十余"。兹据著录。按:据颜肇维《颜修来先生年谱》,伯珣长光敏三岁,因知其生为明崇祯十年(1637)。

是书今有清嘉庆二十五年锄月轩刻本。

■ 祗芳园集三卷续集一卷 存

(清)颜伯珣撰,(清)孔贞瑄序,(清)孔广栻题识并补目。广栻有《周官联事》,经部周礼类已著录。

是书,山东省博物馆藏有清抄《海岱人文》本,半叶十行,行二十一字,黑格,白口,左右双边,有朱笔圈点。其书一册。内署"颜伯珣相叔"。前有广栻补目,包括本书与《佳木堂集》、《烟草亭诗略》、《吾有山房稿》、《余生后草》、《近日吟诗略》、《易辙吟》、《鸾台偶吟》、《恤纬斋集》、《旧雨草堂集》、《孝靖遗诗》等颜氏诗集,首叶《祗芳园诗目》下有"嘉庆三年戊午腊月廿二辛亥录,是日招诸弟与颜思诚饮,予以疾不陪"一语(按:颜思诚即颜怀悫。怀悫字思诚,曲阜人,颜子七十一代孙,乾隆五十三年举人,官平阴县教谕。思诚尝馆于微波榭,审其语气,记者应是孔广栻一斋)。书前有伯珣自序、李克敬序及聊园主人孔贞瑄八十二岁序,贞瑄序略云:"王新城先生所品骘当代十子,北居其七,南取其三,虽不及故七子如凤洲、沧溟名品之重,要亦一代彬雅之彦,不容湮没不闻者耳。其北方七子,吏部修来公其尤著者矣。石珍公则吏部之季父也。吏部既以诗显,其兄澹园、弟学山两太史亦各有集行世。自童年学诗即推叔氏为前茅,自相师友而步趋之,其侍之严于父师,不冠不见,不啻小阮之蹑踪竹林、小谢之撰杖东山也。乃石珍不耐场屋之屈辱,绝意科举,甘由恩例出身筮仕寿州参军,数署县篆,不以吏事尘其素抱,益肆力于诗,联淮楚名士八人结为诗社,吟咏唱和,积成卷帙,江淮多士奉为矩矱。其早年曾同游金陵,为诗风流跌宕,落笔一气唱成,不事追琢。其晚年之诗,乃臻平淡静深之境,今读其诗终卷,如对数十年面壁老僧,令人矜躁之气不涤自净,其末卷《淮上军》数十篇,风调之高浑,气象之春容,不闻刁斗,而壁严令肃,穆然儒将临戎之概,亦可知诗品之贵已。"按:广栻补目各集已详著《孔子故里著述考》,为省篇幅,兹不一一立目。

是书今有山东省博物馆藏清抄《海岱人文》本,2006 年山东大学出版社《山东文献

集成》第一辑影印本。

■ 乐圃集七卷补遗一卷 存

（清）颜光敏撰，（清）孔广栻批校并补目。

《双行精舍书跋辑存续编》："《十子诗略》七卷，清颜光敏撰，清初刻本，清孔广栻校，一册，山东省图书馆藏。此《十子诗略》之一，护叶后面十子名次及《乐圃集目》，《集》中批点，皆曲阜孔伯诚广栻先生手笔。"兹据著录。按：考此目与"海岱人文"所收颜氏诸集同补于嘉庆三年。又考此书，《曲阜志》、《书跋辑存续编》等皆以《十子诗略》著于录，似有不妥。《十子诗略》为辇下十子合集总称，《四库总目》已详言之，《渔洋山人年谱》康熙十六年丁巳亦云："是年宋牧中（荦）、王幼华（又旦）、曹升六（贞吉）、颜修来（光敏）、叶井叔（封）、田子纶（雯）、谢千仞（重辉）、丁雁水（炜。《漫堂年谱》作林蜚英）、曹颂嘉（禾）、汪季角（懋麟）皆来谈艺，先生为定《十子诗略》刻之。"其书凡半叶十行，行十九字。封题《十子诗略》（《乐圃集》），版心镌有"乐圃集"三字。内收古今体诗三百余首。前有孙枝蔚、陈玉璂、邓汉仪、施闰章、吴涵诸人序，及李楷、顾炎武、李因笃、孙宝侗、缺名、计东、纪映钟、董含、丁彭、顾有孝、杜濬等人评语。邓氏称其诗"苍奇浑奥，能自出机杼，而无一字傍人，其刻画山水而外，每于国计民生、安危利弊之大，沉痛指切，是以屈子之《离骚》，贾生之《奏疏》，并合而为诗者，岂复区分年代、摹拟声调之家所可及乎"？

是书今有山东省图书馆藏民国二十一年王献唐跋清孔广栻校康熙刻《十子诗略》本，1997年7月齐鲁书社《四库全书存目丛书》影印本。

■ 水明楼诗六卷 存

（清）颜光猷撰，（清）孔衍樾评。衍樾有《孔心一诗》，集部别集类已著录。

是书有清康熙刻本，半叶十行，行十九字。内收诗四百余首，分体编次。前有卫既齐、江闿、唐周基诸序，及耿愿鲁、李柟、于觉世、顾沂、袁佑、孔衍樾、唐孙华、李澄中、傅谊、洪升等人评语。后有万拱极跋。光猷，与弟光敏、光敳系一母三进士，俱有名于时，世称"曲阜三颜"。光猷，明崇祯十一年（1638）生，清康熙五十年（1711）卒，年七十四。《中国文学家大辞典》、《清人别集总目》等不详其生卒，并误为光敳弟。

是书今有清康熙间刻本。

■ 水明楼诗六卷 存

(清)颜光猷撰,清孔氏微波榭抄,(清)孔广栻题识并补目。广栻有《周官联事》,经部周礼类已著录。

是书有山东省博物馆藏《海岱人文》本,二册一函,半叶十行,行二十一字,白口,左右双边,双鱼尾。前有孔广栻补目,并"乾隆乙卯正月廿四丁未微波榭抄,是日天阴有风";"水明楼诗目,嘉庆三年戊午冬十二月廿日己酉录"等题识。又录有孔衍樲题辞云:"诗以导性情也,仁者之言蔼如,知者之言浩落。先生学见本原,宠辱不惊,故其为诗,多知命乐天、潇洒自如气象。"按:考"乾隆乙卯"孔继涵已去世,故此帙虽题微波榭抄,实出藤梧馆主人其子广栻之手。

是书今有山东省博物馆藏清抄《海岱人文》本,2006年山东大学出版社《山东文献集成》第一辑影印本。

■ 怀轩遗稿一卷 存

(清)颜光敩撰,(清)孔广栻补目。

是书,山东省博物馆藏有清抄《海岱人文》本,半叶十行,行二十四字,黑格,白口,左右双边,双鱼尾,有朱笔圈点。名下题"颜光敩"。前有孔广栻补目,包括本书与《木雁斋诗》、《秋水阁遗草》、《秋庐吟草》、《旧止草堂集》、《夷门游草》、《癸乙编》、《什一编》、《西郭集》、《小颜家诗》等颜氏诗集,及颜崇榘题识。题识谓"先学使在翰林日久,请假时,诗文稿为人取去,箧衍所遗寥寥数纸,而以刺史公一律附焉。癸巳八月初吉崇榘敬识。"书内计收《鬻儿行》、《先祖忌日》、《癸丑秋过河间》、《邺居》、《三月三日》、《清音亭听泉》、《重游丰台》、《经筵侍班赐宴恭纪》、《圣驾释奠阙里恭纪》、《喜雨》、《锁闱中秋次张大中丞韵(名鹏翮)》诗,凡十一首。《曲阜诗钞》:"颜光敩,字学山,伯璟子,康熙戊辰进士,官翰林院检讨,有《怀轩遗稿》。检讨幼有神悟,尝学琴崇朝而尽其妙。与兄澹园、修来齐名,世称'三颜'。时,讲官阙,圣祖忆检讨名,特授起居注,主浙江乡试,遂督学政,盖异数也。取士严慎,试牍为海内所诵法,论学使者,皆称学山先生。所撰著皆未卒业。"按:广栻补目各集已详著《孔子故里著述考》,为省篇幅,兹不一一立目。

是书今有山东省博物馆藏清抄《海岱人文》本,2006年山东大学出版社《山东文献集成》第一辑影印本。

■ 钟水堂诗集五卷　存

（清）颜肇维撰，（清）孔广栻写目。

是书，《山东省立图书馆善本书目初编》著录清雍正八年曲阜颜氏刊本，一册，题"孔伯诚写目录"。按："伯诚"即孔广栻。

■ 蕉园集不分卷　存

（清）颜懋侨撰，（清）孔广栻补目。

是书，山东省博物馆藏有清抄《海岱人文》本，书共三十五叶，半叶十四行，行二十四字，黑格，白口，四周单边，单鱼尾，有朱笔圈点。前有孔广栻补目，包括本书与《石镜斋集》、《履月轩稿》、《玉磐山房集》、《蕉园集拾遗》、《西华行卷》等集（《石镜斋》与《西华行卷》详后著录。其它各集已详著《孔子故里著述考》，为省篇幅，不再一一立目），幼客诗目下复有广栻（伯诚）"嘉庆三年戊午冬十二月"题记。首叶另有"凡有'孔'字小印者皆抄，辛丑首夏记"一行，盖亦宪彝、宪庚选诗用本也。又见书前冠有刘藻、牛运震、郑板桥三序，郑板桥序作于乾隆十一年，王献唐先生尝从中抄出以补他本之缺。按：今考稿本《续修四库提要》著录其书抄本题二卷，云："是《集》乃懋侨教习内廷万善殿之所作，总计诗三百二十余首，分古今体编次。"《清志补编》、《山东通志》此书亦作二卷。《著述记》及《曲阜志》、《曲阜诗钞》懋侨传其书不标卷。板桥序曰："……颜君幼客以名家子游京师，日见当代名公卿，与四方羁旅特达之士，以及宫殿园囿之千门万户，金碧土茅。其事则国家之兴废，百司之升降，四海之闻奏，人材之选举，圆邱方泽，宗庙社稷，日月风雷之祭告。其物则京师之土产，十四省之贡献，九边外徼四十八部落之方物，一一皆画之于笔，绘之于诗。擅夛页　以精，灌骨以髓，刮宿取鲜，剖微容发，使余读其诗，如见其人，如履其地，如历其事，如睹其物，胸中恢恢然，浩浩然，忽变而为博洽通人，而草野田家之诮，为之一洗也。他日游京师，见其人其地其事其物，而颜君之诗又如在目前也。然时事变迁，或三五年一换，或比年一换，或一岁中三四更换，将来又不尽若是，则颜君之诗，岂不为一时实录乎哉！予欲令小胥抄写一册，藏之匣中，以为诗，又散写数十页，张之壁间，以为画。吾自取乐，并不为颜君标榜设也。"

是书今有山东省博物馆藏清抄《海岱人文》本，2006 年山东大学出版社《山东文献集成》第一辑影印本。

■ 江干幼客诗集三卷　存

（清）颜懋侨撰，（清）孔广栻题记并补目，（清）孔宪庚题记。宪庚有《周易肥测》，经部易类已著录。

是书有《海岱人文》补配清刻本，一册，半叶十一行，行二十一字，白口，左右双边，单鱼尾。刻印甚精。首叶上题：第一卷丁酉至戊申，《十客楼稿》未刻诗附；第二卷戊申至壬子，《半江楼稿》未刻诗附；第三卷壬子至丁巳，《雪浪山房稿》行状附。下有孔广栻"乾隆癸丑冬十月十四日甲戌颜运生崇规（桀）学博所贻。一斋记"及嘉庆三年十二月题记。书前有何毓琦癸卯七月序、雍正三年桐山漫叟陈璐序，序后有"道光辛丑四月同里后学孔宪庚读过，选入《曲阜诗钞》若干首"，"凡有孔印者皆抄，辛丑首夏记"等题记。

是书今有山东省博物馆藏清抄《海岱人文》补配清刻本，2006 年山东大学出版社《山东文献集成》第一辑影印本。

■ 十客楼稿一卷　存

（清）颜懋侨撰，（清）孔宪彝题记。宪彝有《知非录》注，史部传记类已著录。

是书为山东省博物馆藏《海岱人文》补配清刻本《江干幼客诗集》之第一卷，内收丁酉至戊申年所作《闺思》至《题历下寒食图》诗，书凡十八叶，版心上镌"十客楼"，下标页码。内署"曲阜颜懋侨幼客氏"。后有跋："道光辛丑四月同里及（后）学孔宪彝读过，选入《曲阜诗钞》若干首，识之。"并首叶"凡有'孔'字小印者皆抄，辛丑首夏记"一行。兹据著录。

是书今有山东省博物馆藏清抄《海岱人文》补配清刻本，2006 年山东大学出版社《山东文献集成》第一辑影印本。

■ 石镜斋集一卷　存

（清）颜懋侨撰，（清）孔宪庚眉批。宪庚有《周易肥测》，经部易类已著录。

是书，山东省博物馆藏有清抄《海岱人文》本，一卷十三叶，有朱笔圈点并眉批。收诗自《完颜侍郎公总戎游峨麋寺漫寄》至《送叔玉先生判昌平》，中有孔宪庚眉批若干，其《读海阳鞠孝廉谦牧从弟妇王氏列传歌》批云："此篇颇袭木兰诗面貌，七古中可存可选之作。经之。"《送牛进士宰泰安》批云："此诗命意高古，犹有杜陵遗旨。"《刘孝子歌》批云："此诗前半颇佳，惜未后收束，意不甚显豁。"《题长河鹡鸰图为白岩先生作》批云："此诗后半音调命意俱佳，可以入《钞》。"盖凡选入者钤有"孔"字小印，不取

者如《刘孝子歌》虽批无印（不收），等等。按：此书《著述记》及《曲阜志》、《曲阜诗钞》懋侨传不标卷数，《山东通志》作《石镜诗集》二卷。

是书今有山东省博物馆藏清抄《海岱人文》本，2006 年山东大学出版社《山东文献集成》第一辑影印本。

■ 西华行卷一卷　存

（清）颜懋侨撰，（清）孔宪庚题记。

是书，山东省博物馆藏有清抄《海岱人文》本，书共十六叶，有朱笔批点。收诗自《蝴蝶行》至《坎侯引》，间有钤"孔"字小印入选《曲阜诗钞》者多首。有批云："六言颇有意味"；"幼客诗以经行西北咏史诸作为最，仁和黄畹谓其诗非破万卷不能，所评甚允。"末有"道光辛丑首夏同里孔宪庚拜读"题记。书后另有"乾隆庚戌季春后学仁和黄畹"跋。据此跋，懋侨殁后，诗多散佚，衡斋收集不及其半。又颜懋全《幼客先生行状》云："辛未春自京出居庸关，过山西大同、偏关、大原等处，阅边塞阨塞、山河形势，著《西华行卷》诗集一卷。"才按：《海岱人文》所收颜氏各集，多为微波榭抄刻，孔宪彝、孔宪庚兄弟选编《曲阜诗钞》底本，除上所列，他如懋侨《玉磐山房集》之《人日登兔儿山》、懋企《西郼集》之《麦秋》篇等，亦有孔氏题记，兹不一一立目。

是书今有山东省博物馆藏清抄《海岱人文》本，2006 年山东大学出版社《山东文献集成》第一辑影印本。

■ 萚石斋诗钞无卷数　未见

（清）钱载撰，（清）孔继涵批校。继涵有《考工车度记》，经部周礼类已著录。

《中国书店三十年所收善本书目》集部别集类：《萚石斋诗钞》，（清）钱载撰，旧抄本，孔继涵批校，竹纸二册。兹据著录。按：《中国古籍善本书目》等不载此本，未知书落何处？

■ 荣宝续集三数　未见

（清）张埙撰，清孔氏藤梧馆抄。

是书，《北京大学图书馆藏古籍善本书目》著录，书凡一册。按：藤梧馆，孔广栻室名。张埙，其父孔继涵挚友。继涵卒，埙为撰《行状》。

■ 山木居士集不分卷　未见

（清）鲁九皋撰，（清）孔继涵手跋。继涵有《考工车度记》，经部周礼类已著录。

《言言斋藏书目》:《山木居士集》不分卷,(清)鲁九皋撰,抄本,半叶十行,行二十一字,前有乾隆三十七年韩梦周序。集首叶有"孔继涵印"、"荭谷"二图记,序文后有孔继涵手跋。附录于后:《山木居士集》,同年江西建昌府新城县鲁洁騑兄所著,乙未之冬寄周书昌兄,借抄其福。孔继涵记。兹据著录。按:《中国古籍善本书目》集部别集载有天津图书馆藏《山木居士文集》不分卷,清鲁仕骥撰,清抄本,九行二十五字,与此不同。

■ 扫红亭吟稿十四卷附题辞一卷 存

(清)冯云鹏撰,(清)孔庆镕序。庆镕有《铁山园诗集》,集部别集类已著录。

是书有清道光刻本,一函十册,八行十九字,白口双边,无格,刻印甚精。书名页题"扫红亭吟稿/道光九年镌/扫红亭藏板"。前有衍圣公孔庆镕道光十年序,邵凤依道光九年序,冯云鹏道光十年序,及刘伊、胡长龄、季瓛、李懿曾、王汝霖、蔡元春、乔普、汪桂林、陈宝、杨铸、董存诚、孔庆镕、孔繁灏、许鸿磐、李蕴、刘宇昌、顾绍先、谢应选、薛俋、胡铣元、陈贻发、孙崇垣、周瑶、蒋兆鹗、陆诒燮、李周南、毛松龄、张性梓、张庭瑜、保发、冷烜、曾传薪、孔宪圭、郑澍、郑藻、沈宗约、汪培基、于步云、萧焌、陈揩廷、李联坛、徐宗干、张学诚、孔昭薰、桂显忱、卫肇荣、孔庆鉎、孔庆锄、沈季恒、熊琏、李华、归懋仪等人题诗、题辞,每人名下皆立小传。冯云鹏序谓此书"合成十四卷,凡千八百余首,有同题作者,不拘远近,以类相及,又附录二百余首,虑其复失,汇而委诸剞劂氏焉。兹刻诗稿,始戊子冬,迄庚寅夏,阅二十月而工亦竣。恐传写错误,皆手自抄录,随时增改"。按:考集内所收除冯氏本人作品,尚附不少孔氏作品,及为曲邑人士作品作的题诗注文,如卷十四《录孔冶山上公诗》、《录孔伯海储公诗》、《录孔秋士(宪彝)诗六首》,《八月十日题孔琴南〈绥藤吟舫诗稿〉》等。诗内又注云:"《种李园诗稿》十卷存于孔荃溪观察处"。他如《水木山房》诗注:"孔绣谷先生别墅,闽客何琦一夜凿穿壁,即此。"《参议故宅》诗注"曲邑孔、颜氏外,惟魏氏世族最久,宅在五马祠街,后归赵氏"等,皆具史料价值。

是书今有清道光九年冯氏扫红亭精刻本,2002年上海古籍出版社《续修四库全书》影印本。

■ 念楼集八卷 存

(清)刘宝楠撰,(清)孔继镳评点并跋。继镳有《孔北海年谱》,史部传记类已著录。

是书,《清人诗文集总目提要》著录南京图书馆藏稿本,"继鑅"误为"继镕"。又考台北"国立中央图书馆"藏有朱丝栏清稿本《念楼集》八卷外集不分卷,清戴绹孙、梅曾亮、孔继鑅序,清张炳跋。其本似别有来源。兹一并附此不另著。

■ 诗问稿□卷 存

(清)姚燮撰,(清)孔继鑅题诗。

是书,《清人别集总目》、《清人诗文集总目提要》著录上海图书馆藏残稿本,存二十六至二十七两卷,"继镕"皆误为"继鑅"。考继鑅与燮为旧交,其《心向往斋集》有姚燮题辞。

■ 敦夙好斋诗集四卷 存

(清)叶名澧撰,(清)孔继鑅眉批圈点。

是书,《清人别集总目》著有广东中山图书馆藏稿本。按:《清人诗文集总目提要·敦夙好斋诗集》条,此本误为孙维鑅批。考名澧,字润臣,一字翰源,汉阳人,志诜子,道光十七年举人,官至内阁侍读。与继鑅时代相符、身世相当。

■ 岭海楼诗钞四卷 存

(清)黄培芳撰,(清)孔继勋抄。继勋有《北游日记》,史部传记类已著录。

是书,《清人别集总目》据广东中山图书馆藏本题"孔继昌抄"。《广东文献综录》亦据粤图本著录,题"孔继堂抄",疑误。按:此书为粤省地方文献,未寓目。考南海孔氏名继昌者凡二人,一为原名继昌之孔继勋,字开文,号炽庭,师事黄培芳,本书有著录;二为本名之孔继昌,字开群,号贻谷,未见有著述。故度其情理,此帙应为继勋抄本,因据改题。又考《岭海楼诗钞》一书见有嘉庆刻本,书凡六卷,九行十八字,卷端题"黄培芳子实撰;番禺黄乔松编"。撰者黄培芳,字子实,号香石,治经三十年,学者称为"粤岳先生",嘉庆间以武英殿校录得官教谕,工诗,善书画。

■ 可竹轩诗录一卷 存

(清)王大淮撰,(清)孔宪庚刊。宪庚有《周易肊测》,经部易类已著录。

是书,《贩书偶记续编》著有清道光二十三年刻本,《清人别集总目》据以著录。按:大淮字松坡,号海门,天津籍长洲人,道光十九年,尝官曲阜县令,故宪庚得受业于淮。

■ 王子梅诗词集六卷 存

（清）王鸿撰，（清）张仲元、孔宪庚跋。

是书，《中国古籍善本书目》著有山东省图书馆藏稿本，书凡六册一函。或有格，或无格。有格者，或蓝格，或红方格。红格本口下有"翰宝斋"三字。字体、行字皆不一。有的眉上有批。其中　册，题"子梅诗录六卷"。首叶有孔宪庚跋，云："壬戌新正穀日拜读一过，心赏者，以墨圈于题下。志之时，闻捻警，乡梦云劳，穷愁羁况，万感纷集，不暇细为评论，间有直笔狂謇之处，乞高明恕之，顾庐学人孔宪庚并识。"按：作者王鸿，字子梅，大淮子，天津人。

■ 知不足斋诗草十集 未见

（清）邓翔撰，（清）孔广陶选刊。广陶有《鸿爪日记》，史部传记类已著录。

是书，民国《南海罗格孔氏家谱》艺文著录，该《谱》广陶传此书作《知不足斋诗草》四卷。《家谱》艺文载广陶咸丰十年序，略云："汉以经学举贤良，唐以诗学取进士。尚经学，则毛、费、孔、郑、刘、戴、贾、杜擅通经之誉，重诗学，则李、杜、韩、孟、元、白著骚雅之称，是二名者，得一已足矣。若吾师邓巢阁孝廉，兼而有之。师壮岁屡蹶场屋，砚田耕耨、皓首穷经者四十年，于《诗》、《易》二经尤深研究，著述之暇，寄情韵语。其言诗也，以气为主；其取则也，兼综唐宋诸大家。夫惟学优者遇必陑，故以读史怀古诸作摅磊落郁勃之情，而登览兴长又以山水清妙之音写活泼高旷之志，固已积有卷帙矣。道光庚戌、辛亥，陶迎馆之岳雪楼中。惟时家计中落，每以身世坎坷，垒块填胸，不禁忧从中来，废书三叹。师乃本身为教，既勉之玩索爻象，以陶淑其心，旋引之吟咏篇章，以宣畅其气。授经之次，叠授以诗，诗非他，即先太史所著《岳雪楼集》也……自是而后，凡困心衡虑，劳筋饿肤，矻矻无所成者，皆寄于诗，此心自觉优游恬淡，不为逆境困。古人十年读书养气，岂欺我耶？将学诗为怡情之捷径耶。抑春风时雨，潜移默化于不自知耶。是秋，师领乡荐，计偕北上，陶家贫亲病，弗获从游于吴越齐鲁燕赵之间，多阅名山大川，以奇其文。师亦礼闱报罢，揽辔南归，而志存著述，为日不倦。计历八寒暑，凡三易稿，著《易义引参》十卷，约四十万言，《诗义绎参》四卷，约十万言，统待明春始行剞劂。今夏先出古近体《诗草》十集，命及门校定，陶为付梓，原名'知不知斋'，后改'知不足斋'，揣其心之欿然未慊者，谓经学其本，诗学其余，自镌章云'余事作诗人'，可以见志矣。"（以上别集类）

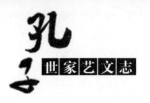

■ 两宋名贤小集三百六十六卷　存

（宋）陈思编，（元）陈世隆补，（清）孔继涵补目。继涵有《考工车度记》，经部周礼类已著录。

是书，《中国古籍善本书目》著有重庆市图书馆藏清抄本。

■ 元音十二卷　存

（明）孙原理辑，（清）孔继涵校并跋。

《北京图书馆古籍善本书目》集部总集类："《元音》十二卷，明孙原理辑，清孔继涵家抄本，孔继涵校并跋，二册，十行二十或二十二字，白口，左右双边。"兹据著录。按：《中国古籍善本书目》亦著此本。书内所录自刘因至龙云从，凡一百七十六人，每人之下略注字号爵里，大抵详于元末，而略于元初。顾嗣立《元百家诗选·凡例》，尝病其所收未广，然今观其书，采择甚严，实有除烦涤滥之功。

■ 清初鼓吹四卷　存

（清）周佑予辑，（清）孔毓圻序。毓圻有鉴定《孔子世家谱》，史部家谱类已著录。

《清初人选清初诗汇考》：《清初鼓吹》四卷，周佑予辑，清康熙刻本，前有孔毓圻康熙四十七年（1708）序（前缺）。兹据著录。按：毓圻以圣公之尊雅好笔墨，清初请其撰序题词者固不乏其人，据清陈康祺《壬癸藏札记》卷二，康熙戊寅夏，有包括孔尚任、孔衍栻、顾彩等辈下三十名人合题（写）《芷仙书屋图画》，毓圻为之题识。

■ 十家宫词十二卷　存

（清）倪灿编，清孔氏藤梧馆抄，（清）孔继涵跋。继涵有《考工车度记》，经部周礼类已著录。

是书，《中国古籍善本书目》集部总集类著有山东省博物馆藏清孔氏藤梧馆抄本。按：书内计收宋徽宗赵佶《宫词》三卷，宋宋自《宋文安公宫词》一卷；又唐王建、后蜀花蕊夫人、宋王珪、宋胡伟、后晋和凝、宋张公庠、宋王仲修、宋周彦质《宫词》各一卷。

■ 诗竹堂五七言古诗读本不分卷　存

（清）孔继涵抄。

是书现藏山东省博物馆，一函二册，封皮隶书精题"诗竹堂五七言古诗读本；孔继涵手抄本"。半叶八行，行二十一字，无格，亦无序跋目录。收诗自无名氏《灵宝谣》至宗泷《夏夜与钱子贞集西斋赋诗送别》，首册第一页"汉魏六朝七言古诗"下题"乾隆三十一年孔继涵抄"。《中国古籍善本书目》此书入集部总集类通代门。按：继涵一生孜孜矻矻，校抄稀见秘籍甚夥，以上所录乃其著者。至于微波榭遗书，则又远不止此，如所知钤印、题签藏本，即有稿本清戴震佚著《经雅》《鲁礼禘祫志》，清许缵曾《宝纶堂稿》；抄本唐李淳风《观象玩占》、宋李龏《翦绡集》（宋人小集本）、元陶宗仪《书史会要》、元戴表元《戴剡源先生文集》、元欧阳玄《圭斋文集》，明沈竹东手抄本《古器款识》，抄本《金石文》，清李焕章《老树村集》及无名氏《秦边纪略》；刻本宋吕祖谦《东汉精华》、宋程珌《程端明公洛水集》、元于钦《齐乘》、明郑晓《今言》、明程敏政《篁墩程先生文集》、明王格《少泉诗集》、明黄姬水《黄淳父先生全集》、清王士禎《五代诗话》等，其多而散，有越于校抄题识者，当年王献唐先生有意为撰《微波榭藏书考略》而未果，今其藏书四散飘零，远及台湾、日本，良可叹也。（以上总集类）

■ 乐府补题不分卷 *存*

（宋）不著编人，清孔氏微波榭抄本。

是书，《山东省立图书馆善本书目初编》集部词选之属著录，一册。（以上词类）

外编二
待考孔氏著述要录

　　孔氏著述有一时不知是否为圣裔,其人不知出自何支派者,酌情编入此篇。惟《隋书经籍志》卷一《丧服仪》附注有"孔智《丧服释疑》二十卷",《经义考》仪礼七据以著录,云:"孔氏智《丧服释疑》,《七录》二十卷,佚。"而据《隋志考证》,所谓"孔智",实为"刘智"之误。《经义考》见不及此,致沿其误。明末孔自来,字伯靡,入清自号句曲山人,撰有《句曲山人集》(拟题)、顺治《江陵志余》等,而稿本《续四库提要》谓"'自来'即朱俨镰,故明辽宗藩宗人",知非孔圣之后。明方孔炤撰有《全边略记》十二卷,《东北地区古籍线装书联合目录》著录民国十九年国立北平图书馆铅印本,《中国丛书广录》著录台湾广文书局《史料丛编》本,作者皆误为"孔方昭";《荆台集》、《笔佣集》、《北梦琐言》,本为宋孙光宪书,而《国史经籍志》别集类、《山东省志·出版志·山东历代出版书刊简目》分别将其误为"孔光宪"。又《清志补编》著有孔继宾《孔子世家谱》四卷,《清志拾遗》著有孔溆《同人词选九种》九卷,《杭州大学图书馆线装书总目》著有孔德谦《稷山段氏二妙年谱》一册,经查考,"孔继宾"应为"孔继滨",所谓"孔溆"、"孔德谦",实为"孙溆","孙德谦"。似此皆附辨于兹,不复著录。

南北朝

孔宁(似即南朝宋诗人会稽孔宁子。孔宁子,本书有著录)

　　集有《续文章流别》三卷,《隋书经籍志》总集类著录,列晋挚虞与宋刘义庆等人之间。《国史经籍志》总集类其书作二卷。

孔逭(会稽人,宋明帝时终卫军武陵王东曹掾)

　　集有《文苑》一百卷,《隋书经籍志》总集类著录,列梁昭明太子《文选》前,两《唐志》、《国史经籍志》著录同。《宋志》总集类此书十九卷,又著《三吴决录》,书不传。制《东都赋》,才士称之,见《南史·文学传》。

孔景亮(太子舍人)

　　撰有《孔景亮集》三卷,见《隋书经籍志》注及《补宋书艺文志》。《国史经籍志》别集类此书列刘宋孔欣与颜延之等人之间。

孔翁归(会稽人,约梁武帝大同中前后在世,工诗,中大通四年为南平王大司马府记室)

著有《文集》,《玉台新咏》收有其艳体诗。见《中国文学家大辞典》。

孔思尚(梁、陈间人)

撰有《宋齐语录》十卷,见两《唐志》乙部史录杂史类,列韦昭等人前;《史通·杂述篇》、《通志·艺文略》亦载之。其书宋时已佚,佚文略见唐宋类书中。

孔迈之(领军长史)

撰有《孔迈之集》八卷,见《隋书经籍志》注及《补宋书艺文志》。《国史经籍志》别集类此书列颜延之、鲍照等人之间。

唐宋

孔平

撰有《姓系氏族》一卷,《姓略》六卷,《宋志》谱牒类著录,列唐崔日用前。《古今图书集成·氏族典》亦著其书。

孔周南

撰有《灵方志》一卷,《中国医籍通考》据《崇文总目》著录。《宋志》此书列宋张隐居前,《国史经籍志》子部·医家·方书类列萨德弥实与杨士瀛之间。

孔夷、孔处度

撰有《二孔集》不分卷,《中国丛书广录》著录民国十四年铅印《唐五代宋辽金元名家词集》本。

孔侗(河南开封人)

撰有《宣靖妖化录》,见上海图书馆藏明抄本《说郛》,《中国古籍善本书目》、《中国丛书广录》著录;又民国十六年上海商务印书馆铅印本《说郛》,《中国丛书综录》著录。

孔严化

撰有《林下常谈》,见明曹文炳编明天一阁藏写本《溪塘丽宿集》,《中国丛书广录》著录。

明

孔迩(一说曲阜人)

撰有《云蕉馆纪谈》一卷,记陈友谅、王升之遗事。《中国古籍善本书目》、《中国丛书综录》、稿本《续修四库全书提要》皆著录,书见清顺治三年宛委山堂刻《说郛续》,及《稗乘》、《古今说部丛书》等。

孔天胤(字汝锡,号文谷,山西汾州人,嘉靖十一年进士,官浙江布政使参政,喜刻书,有嘉靖刻《资治通鉴》、《越绝书》、《西京杂记》、《唐诗纪事》、《林东城文集》等,并与冯汝言一同刊定《谢茂秦集》)

著有《孔汝锡文集》十六卷、《诗》十四卷,见《明史艺文志》别集类;《孔文谷诗集》四卷,明嘉靖四十五年刻;《孔文谷诗集》四卷、《文谷渔嬉稿》二十卷,明万历刻;《孔文谷集》十六卷《续集》四卷,明万历二年孔氏家塾刻。又《续文献通考经籍考》著云:"孔天允《文谷诗集》十四卷,《文谷文集》十六卷《续集》四卷,《别本诗集》二十四卷",其所录卷数、名称略有异同。天胤另有《孔方伯集》一卷,明嘉隆间刻;《霞海篇》一卷,《四库全书总目》著录;嘉靖《汾州志》八卷,《明史艺文志》著录,已佚;《集录真西山文章正宗》三十卷,明嘉靖三十三年刻。

孔弘擢(一说曲阜人)

传有《疹科真传》(简称《疹科》)一卷,明万历三十二年吕坤校刊本;民国间云南图书馆刻本题简称。《中国医籍通考》引吕氏序曰:"近见曲阜孔君弘擢《疹疗》一书,云得之胥门施君橄,施不知何所得之也。"《宋元明清医籍年表》等此书题"孔弘擢撰"。

孔道鸿(字茂鸿,金溪人,万历四十六年乡试副榜)

撰有《尚书辑略》、《南游草》,《江西通志·艺文志》经部书类、集部别集类分别据《金溪县志》著录,俱不著卷数。

孔从先

撰有《养利州志》一卷,《千顷堂书目》地理类著录。按:此为广西南宁地区《志》书,未见传本。《中国地方志联合目录》仅著清康熙三十三年刻本,题:清傅天宠纂,汪溶日续纂。

孔轼

修有《华盖山志》八卷,《千顷堂书目》地理类著录,注云:万历间修。江西《志》书。

孔煦(似岭南派)

撰有《学庸说旨》,道光《广东通志·艺文略》著录,无卷数,云未见。又与孔昕等纂修、孔兴权续修《清远孔氏宗族谱》五卷。

孔恒

撰有《新纂四六谶语》一卷,有明崇祯金陵书坊刻《官常政要》本,明崇祯金陵书坊刻增修《重刻合并官常政要全书》本,《中国古籍善本书目》、《中国丛书广录》著录。

孔大德(字登小,金溪人,年二十二领乡荐)

撰有《易解》八卷、《史评》十五卷、《秀野堂集》八卷、《㿟园诗草》四卷,《江西通志·艺文志》经部易类、史部史评类、集部别集类分别著录,康熙《抚州府志》卷二十二、同治《金溪县志》卷二十五亦载之。

孔尚蒙(字圣初,华阳人)

有参订《重订四六鸳鸯谱》六卷,明苏琰撰,明崇祯七年胡正言刻巾箱本,十册,前有孔尚蒙崇祯七年序,《中国珍稀古籍善本书录》著录。

清

孔尚质(字元长,湖南武陵人)

撰有《十六国年表》三十二卷,见《清志》载记类。《千顷堂书目》吴骞补目此书题一卷。《四库采进书目·浙江省第四次汪启淑家呈送书目》著录此书题二十二卷,明孔尚质辑,六本。又《附录二》著录本书亦二十二卷,云"明武陵孔尚质辑(案《四库存目》作国朝人,又末附《舆图考》一卷)"。《中国古籍善本书目》著录南京图书馆藏清抄本,题不分卷,《四库全书存目丛书》据以影印。

孔元体(字大生,广东长乐人)

辑有康熙《长乐县志》八卷,书为清孙胤光修,清康熙二年刻本,见新修《五华县志·五华县志历代编纂情况》。按:是刻,《中国地方志联合目录》、《中国古籍总目》著录国家图书馆、浙江图书馆藏本题"清孙胤光修,李逢祥纂"。两《目》又著其"清康熙二十六年刻本",题清孙蕙修,孔元体等纂。康熙二年本未阅,未详其书纂辑人何以说法不一。

孔元祚(字永斋,广东长乐人,康熙二年癸卯科举人,二十七年任武清县知县)

纂有康熙《长乐县志》八卷,书为清孙蕙修,广东省立中山图书馆等藏清康熙二十六年刻乾隆修补本,2011年1月国家图书馆出版社《广东省立中山图书馆藏稀见方志丛刊》影印本。按:长乐即五华,五华孔氏出自惠州,而新修《孔子世家谱》该支未见元祚其人,录此俟考。又考《中国地方志联合目录》、《中国古籍总目》、《清志拾遗》等著录此《志》及影印本题署皆作"康熙二十六年刻本",其《方志丛刊·前言》介绍此书亦谓"刊于康熙二十六年,记事止于是年"。不知其卷六补有康熙三十年事,且崇祯皆作

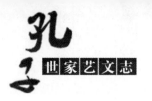

"崇正"，弘治皆作"宏治"，万历皆避"历"字。惟所避讳字，咸有改痕。

孔鹏

有续修《兴安县志》八卷，按：此书，《中国古籍善本书目》著录中国科学院南京地理研究所藏清康熙刻本，题《新修兴安县志》，（清）胡裕世纂修，孔鹏续修；《中国地方志联合目录》题：康熙《兴安县志》八卷，（清）胡裕世纂修，清康熙二十二年刻本；清康熙五十六年孔鹏补刻本，南京地理所。注：今横峰县。

孔鉴弼（字借君，金溪人，康熙二十九年举于乡，考授内阁中书，未仕而卒。详见其父大德传）

撰有《玉枝堂集》、《要元集》，《江西通志·艺文略》集部别集类据《金溪县志》著录。

孔兴泰（字林宗，河南睢县人，精算学）

撰有《大测精义》（一作《大衍精义》），有求半弧之正弦法，与梅文鼎不谋而合。见《中国历史大辞典》（科技史卷）。兴泰又曾为梅氏《几何补编》作附记。

孔尚果（泰安人）

撰有《乐饥诗草》，《泰安府志·艺文志》著录。

孔传家（字绳武，汝阳人，乾隆时布衣）

著有《秋雨季吟》，载杨淮《中州诗钞》，《中州文献总录》著录。

孔传性（字舟山，山西忻州人，嘉庆六年进士，官内阁中书）

著有《仪礼选要》（一名仪礼释要），清道光九年近思堂刻。

孔正茂（安乡县人）

撰有《菊圃录》不分卷，见光绪《湖南通志·艺文志》、《清志补编》谱录类。

孔继立（字晓亭，海昌人，诸生）

撰有《胜友堂诗稿》，《海昌艺文志》据葛枞萱《抱膝庐吟稿》著录。

孔广安

辑有《渎订联词》二卷，有清道光二十一年京都文馨斋刻本，《东北地区古籍线装书联合目录》据以著录。

孔广荣（虔州人）

有补注《读史提纲》四卷，清道光二十四年周作楫刻本，四册一函，前有周作楫道光甲辰序。其书卷一第五叶下端题"虔州孔广荣补注，门人周继勋校刊"，前四叶为《历代帝王国统相承之图》。清华大学图书馆藏。

孔素阶（"素阶"似为字号）

撰有《有人心》四回,清道光间北京泰山堂刻本,末题:"道光修枲岁七十二庚孔素阶集"。

孔庆高(字继良,铁岭人)

译有《体质穷源》不分卷,清光绪九年广东博济医局刻本;《体用十章》四卷,(英)哈士烈撰,(美)嘉约翰校,清光绪十年羊城博济医局刻;《西医热症总论》二卷,清光绪七年刻;《西医内科全书》十六卷,(美)嘉约翰口述,清光绪八年广东博济医局刻;《西药略释》四卷,(美)嘉约翰校,清光绪十二年广东博济医局刻(《东北古籍联目》此书题孔继良译撰。"继良"为庆高字);《妇科精蕴图说》五卷,(美)妥玛撰,清光绪十五年广东刻;《泰西用药要法》,清光绪二十三年石印《中西医学丛书》本(《东北古籍联目》此书误题"孔健良"撰)等。

孔广渊(《全清词钞》称其字莲伯,山东曲阜人)

编撰有《策学举隅》四卷,清光绪二十七年上海书局石印;《两部鼓吹轩诗余》,载见《全清词钞》。《词钞》选其《百字令》(重过袁江有感)。

孔昭燷(广东封川人)

撰有《玉辉堂诗草》二卷,《广东文献综录》著录广东省中山图书馆藏清抄本。

孔蔼如("蔼如"当为字号)

撰有《历代针灸医案选按》二卷,浙江省中医药研究院藏抄本,《中国医籍大辞典》著录。

孔次仲

撰有《秋声阁尺牍》二卷,《江西省图书馆藏线装古书目录》著录刊本,二册。

孔昭绂

与赵士元合编《五洲事类汇表》五十卷,清光绪二十九年上海仁记书局石印本。《东北地区古籍线装书联合目录》著录此书作四十八卷。

孔庆惠(字与侨,滑县人,光绪二十九年举人)

撰有《与侨遗稿》,《中州文献总录》据《中州艺文录》著录。

孔传献(字仲宜)

编有《守拙书房医学汇录》,1922 年北平中华书局铅印本,黑龙江中医药大学图书馆藏,《中国医籍大辞典》著录。

民国

孔容昭(字得天,南昌人)

与许彭年合编《张南通先生荣哀录》十卷,民国二十年上海中华书局铅印本,四册一函,内有图表二十三幅;又台湾文海出版社《近代中国史料丛刊》影印本,《东北地区古籍线装书联合目录》、《中国丛书广录》等著录。

孔详百(疑为孔祥百)

撰有《度帆楼诗稿》二卷,民国二十九年鹤和堂铅印本,《清人别集总目》、《东北地区古籍线装书联合目录》等著录。

孔宪熙(字郁吾,吉林怀德人,历充直隶推事,扶余、宁安、嘉善等县知事)

编辑《孔母梁太宜人七秩大庆寿言》一卷附《魏塘骊唱集》一卷,民国铅印本,《东北地区古籍线装书联合目录》著录。

孔宪彭(与萧山孔宪彭重名,亦民国初期人)

撰有《醉吟窝诗钞》,见新修《合浦县志》。

孔昭声(清光绪间岁贡生,疑为南宗孔氏)

撰有《经钥篇》,北京大学图书馆等藏有民国二十年上海宏大善书局石印本;《大学真义》,天津孔教会1930年印本。另于《学术世界》一卷六期刊有《修正盘庚篇今译》等文。

孔令煦

与人合辑《远明堂弟子记》,有民国十七年铅印本,《东北地区古籍线装书联合目录》著录。

孔广泉(字渊博,一说山东牟平人。然考《县志》与《家谱》均无此人。而浙江萧山有孔广泉字醴生者,清嘉庆二十二年生,显为另一人)

纂有民国《安图县志》六卷(书目题陈国钧等修,孔广泉等纂),有民国十八年铅印本,1974年台湾成文出版社《中国方志丛书》影印民国十八年铅印本,1960年吉林省图书馆油印本,吉林社会科学院图书馆藏抄本等。按:书前有广泉民国十七年十二月序,谓:十七年四月,搜集采访遗稿,从事编辑,不遗余力,乃获聿观厥成焉。

孔繁瀛(国民革命军南阳警备司令)

编有《普法战史讲义》,民国十八年铅印本。

孔宪椿

纂辑江苏江都《维扬江都刘氏宗谱》四卷,刘正发主修,民国二十年武忠堂活字印本,《东北地区古籍线装书联合目录》著录。

孔昭耀

辑有《简师韩文》一卷《诗》一卷,简师韩撰,民国二十一年佛山同文堂书局铅印,

《东北地区古籍线装书联合目录》著录。

孔兆熊(字梦飞,山西新绛人,任山西省政府秘书等职)

修有民国《沁源县志》八卷首一卷(书目题"孔兆熊、郭蓝田修,阴国垣纂"),民国二十二年铅印本。

孔昭来(字文叔,号亦愚,堂号平石安馆,汾阳人,任第六集团军司令部秘书处处长,善书画,尤工印篆,与徐悲鸿、张大千、寿石工为翰墨友)

有篆刻《亦愚斋印稿》,钤印本,一册,封皮有庸斋署签,书为赠品,内有昭来民国十五年秋手书"伴琴仁兄鉴正"字样,并钤有"孔文叔"、"亦愚斋主"朱、白文印。书口处有"亦愚斋"三字。清华大学图书馆藏。另有《石平安馆印存》,《篆刻年历》等著录。

孔继才(一名墉,字逊父,一字德辅,号映龙山主人,宁海人,浙江高等学堂毕业,历任杭州体专校长、国民革命军第廿六军军法处处长、江苏东海护理专员兼保安司令等职,1939 年 3 月抗日阵亡,时年 49 岁。生平工书善诗)

著有《从军杂咏》,内凡七十章,有自序,《宁海文史资料》第 1 辑、第 3 辑等载录。按:继才懂医,尝嘱其弟孔继华(字亦峰)学医济世,在其指导下,继华撰成《病症辨治常识》三卷,1938 年宁海源来书局印行,介绍各科常见病症的辨证治疗常识,《全国中医图书联合目录》、《中医文献》等均有著录,附此不另著。

孔祥宗(号云白,室名晨曦阁,浙江绍兴人,上海美专毕业,擅长书画,精篆刻)

撰有《篆刻入门》(内题"会稽孔云白著"),民国二十四年上海商务印书馆影印手稿本。另辑有《印选十六种》,稿本,十六册,浙江绍兴图书馆藏。

孔一尘(名芥)

著有《奈何集》(一名孤帆遗稿)一卷,日本东洋文库等藏民国二十一年铅印本;《爱的礼赞》,广州培英印务局 1937 年 7 月印行;译有《文学批评原理》等著作。另撰有《亚里士多德底艺术哲学》、《文学底内在价值》等文。

孔孟余

撰有《孔夫子》(封面题重编白话至尊先师孔夫子)章回小说,民国三十五年民众书店再版。

孔慕农

纂有《丁未生谈丛》六卷,民国三十五年岳南铸字印刷厂铅印本。《平江县志》著录此书,不题卷数。

孔大充(兴化人,任行政院参事,遍游欧美。考民国《续修兴化县志·选举表》有孔充,

外交官考试及格,特派赴美考察市政专员,曾游学法国,似即此人)

著有《中国地方政制导论》,1941 年 11 月江西战地图书出版社出版孔大充主编《地方行政丛书》本;《中国地方政制动向论》,1942 年 6 月江西战地图书出版社出版孔大充主编《地方行政丛书》本;《比较地方政府图表》,1942 年 3 月江西战地图书出版社出版孔大充主编《地方行政丛书》本;《大地人文》(上、中、下辑),1943 年 5 月至1945 年 8 月福建建阳战地图书出版社等出版,《中国近代现代丛书目录》、《民国时期总书目》、《中国法律图书总目》等著录。另辑有《奏议辑要附分类索引》,1944 年复写本,《杭州大学图书馆线装书总目》著录。并撰有《怎样拼写》、《地方行政分类表》等文。

外编三
他姓编撰孔氏文献选录

　　此篇乃为补充本书正文及前两"外编"而作,其中,如清顾沅《孔孟圣迹图》、《圣庙祀典图考》,系六十九代孔继尧所绘,按例已入正文;清蓝钟瑞等《文庙丁祭谱》,有清道光尊经阁刻本,衍圣公孔庆镕等为之序,按例编入"外编一",凡此均不重收。另外,研究《论语》与专门记述孔子弟子、阙里胜迹,或专门考证孔子生卒年月的,因其多而杂,亦不予收录。孔子年谱(年表),历代制作,多不胜举,且多附见有关书籍,此仅择其较有代表性者录之,读者若欲作更广泛了解,尚请参阅谢魏《中国历代人物年谱考录》及拙作《孔子年谱谱目补遗》等相关著作。

孔氏家乘

孔志十卷

　　(梁)刘被撰。

　　《隋志》论语类著录。

孔氏家传五卷

　　不著撰人。

　　《隋志》史传类著录。此书《国史经籍志》入家传类。

孔子系叶传二卷

　　(唐)黄恭之撰。

　　《新唐志》史录谱牒类著录。《宋志》此书作三卷。

文宣王四十二(一作三)代家状一卷、阙里谱系一卷

　　(唐)黄恭之撰。

　　《宋志》谱牒类著录。

文宣王家谱一卷

　　(宋)成铎撰。

　　《宋志》谱牒类著录。按:《玉海》引书目亦作《文宣王家谱》。《秘书省续四库书

目》是书作《孔子家谱》,《遂初堂书目》作《孔子编年家谱》。

孔子世家补十二卷

(宋)欧阳士秀撰。

《四库全书存目提要》据四库馆臣辑永乐大典本著录。按:此书《宋志》入传记类,《千顷堂书目》补目入论语类,《国史经籍志》作《孔子世家续补》,《秘阁书目》、《明书经籍志》不题撰人。

褒崇圣裔录一册

(宋)佚名撰。

《千顷堂书目》论语类补目著录,注云:别本上接《素王事实》一目。

孔子世系图三卷

(元)程时登撰。

《元志》传记类著录。《千顷堂书目》此书入论语类。按:《年谱考录》著录程时登《宣圣世系年表辨证》三卷,以为即此书。

孔子世家考异二卷

(元)吴迁撰。

《元志》传记类著录。《千顷堂书目》此书入论语类。明《箓竹堂书目》有《孔子世家考》二卷,不著撰人,或即此书,而脱一字。

孔子世系录

(明)刘驷撰。

见《史流十品》卷二十一,《千顷堂书目》类书类著录。

孔颜孟三氏志六卷

(明)刘濬撰。

《四库全书存目提要》、《续文献通考经籍考》传记类著录,有明成化十八年张泰刻本(后有提纲一卷)及《北京图书馆古籍珍本丛刊》影印本。按:此书虽称"三氏",实际上,颜孟二氏等同附录。

阙里志十三卷

(明)陈镐撰。

有美国国会图书馆藏明正德间刻本,《中国善本书提要》传记类著录。又中国社会科学院文学研究所等藏明正德元年刻增修本,《中国古籍善本书目》地理类著录。

阙里志十三卷

(明)张泰撰。

《千顷堂书目》论语类著录。

阙里广志无卷数

（明）佚名撰。

《千顷堂书目》地理类著录。

三衢孔氏家庙志一卷附录二卷

（明）沈杰辑。

《中国古籍善本书目》地理类著录,有国家图书馆藏明嘉靖刻本,湖北省图书馆藏清抄本。

孔圣家庙志无卷数

（明）佚名撰。

《千顷堂书目》地理类著录。

孔庭纂要十卷

（明）唐应韶撰。

《千顷堂书目》论语类著录。

孔氏世家

（明）郑晓撰。

见明嘉靖至万历间刻《郑端简公全集·吾学编》。

至圣先师孔子刊定世家七卷

（明）冯烶撰。

有明万历三十九年自刻本,《中国古籍善本书目》传记类著录。按:《千顷堂书目》论语类此书作《刊定孔子世家》。

孔颜世系谱系二卷

（明）卢熊撰。

《明志》谱牒类著录。按:《千顷堂书目》谱系类此书作《孔颜世系表》,《续通志艺文略》作《孔颜世系谱》。

孔氏志八卷

（清）叶方蔼撰。

《清朝续文献通考·经籍考》著录。

阙里广志二十卷

（清）宋际、宋庆长同撰。

《清志》、《中国古籍善本书目》地理类著录,有清康熙十三年刻本,同治九年孔氏重刻本。按:《四库全书存目提要》此书入传记类。

孔子世家考二卷

(清)郑环撰。

有清嘉庆八年刻本(后有附)。《偶记续编》著录此书云:清嘉庆壬戌刻,"壬戌"为嘉庆七年。按:此书《清志》有著录。

孔子世家补订一卷

(清)林春溥撰。

有清道光十四年刻《竹柏山房十五种》本。按:此书《清志》有著录。

增删孔子世家一卷

(清)龚元介撰。

有清道光间刻本。

孔氏家庙志二卷

(清)陈朴撰。

《两浙著述考》著录,略云:采史鉴及各家文集百余种,尊圣之言,辑为此书。博士孔昭烜上诸太守周犊山,击节称赏。

孔子世家后编一卷

(清)张承燮撰。

有清光绪二十七年刻《孔孟志略》本。

孔志四卷

(清)龚景瀚撰,林昌彝补笺。

有福建省图书馆藏稿本,《中国古籍善本书目》传记类著录。另有清光绪大通楼刻本等。

至圣先师世系考一卷

(清)陈敬基撰。

有清宣统元年石印本,一册,记事自一世至七十六世令字辈。《中国家谱总目》附录、《国家图书馆普通古籍总目》等著录。

孔子世家稽一卷

(清)宦懋庸撰。

有民国二年维新书馆铅印本,与《论语稽》合帙。《贩书偶记》论语类著录。

孔子世家笺注一卷

(民)叶瀚撰。

有上海图书馆藏稿本《晚学庐丛稿》本,《中国丛书综录》著录。

孔子世系二卷

(民国)李舆德撰。

有民国刻本,《中国家谱总目》著录此书作"《孔氏世系》二卷,李太黑纂修,1916年刻本"。按:其书虽自署"山东孔门弟子李太黑著",然考其真实姓名实为"李舆德"。舆德,山东聊城人,清逸民,因不满新政与社会现实,故有此题。

[浙江嵊州]剡西孔氏宗谱三卷

黄廷栋撰。

《中国家谱总目》著录民国二十七年木活字本,略云:始迁祖文芝,宋代自会稽县迁居剡县孔村。卷一谱序,卷二系图,卷三行传。

孔子事迹

先圣年谱一卷

(宋)洪兴祖撰。

见明版《孔氏族谱》卷首。

孔子编年五卷

(宋)胡仔撰。

《宋志》编年类著录。《中国古籍善本书目》传记类著有上海图书馆藏清顾氏艺海楼抄本,《年谱考录》著有宋绍兴八年胡氏序刊本,明嘉靖间胡氏耘经堂刻本,朝鲜刻本,清嘉庆二十三年旌德汤氏刻本,《四库全书》本等。

孔子编年五卷

(宋)胡仔撰,(清)胡培翬校注。

《贩书偶记》著录。有清嘉庆二十三年绩溪胡氏家祠刻本,清同治九年绩溪胡湛京都重刊本,朝鲜蠹营彰烈祠木活字本,朝鲜晋州砚山道统祠刻本(与《朱子年谱》、《安子年谱》合刻)等。按:《清志》著录此书作《孔子编年注》,清胡培翬撰。

素王年谱

(宋)范成大撰。

见《广说郛》卷四十七。

宣圣世系年表辨证三卷

(元)程时登撰。

《年谱考证》著录,有明刻本,民国二年宗圣会《孔教十年大事记》铅印本。

圣师年谱二卷

（元）萧元益撰。

《绛云楼书目》谱牒类据元刊本著录。

先圣历聘纪年

（元）王广谋撰。

见《新刊标题句解孔子家语》，有元泰定元年苍岩书院刻本，明建文四年翻刻元泰定元年苍岩书院本等。

孔子论语年谱一卷

（元）程复心撰。

《元志》、《四库全书存目提要》传记类著录，有北京大学图书馆藏清抄本，清道光十一年《学海类编》本，《丛书集成初编》本等。

圣迹图一册

（元）王振鹏绘，（宋）俞紫芝题。

有清光绪三十四年上海神州国光社影印本，《中国历史人物别传集》影印本。按：振鹏，字朋梅，号孤云。此书即以号署。

孔子前知一册

（元）佚名撰。

《元志》论语类著录。不详内容为何？

素王事实四卷

（元）佚名撰。

《元志》论语类著录。按：《秘阁书目》有《素王事纪》四册，《菉竹堂书目》有《素王事记》四册，俱不题撰者，似即此书。

阙里通载无卷数

（元）张翌撰。

《元志》谱牒类著录。

素王纪事一卷

（明）黄璇撰。

《千顷堂书目》论语类著录，有明成化二年序刊本。按：《四库全书存目提要》著有浙江朱彝尊曝书亭藏本《素王记事》，无卷数，明傅汝楫校正，未知与此有联系否？附此不另著。

孔子通纪八卷

（明）潘府撰。

《千顷堂书目》论语类著录，有明弘治十六年序刊本，明天启五年朝鲜长城县刻本；又清朝鲜靖山金兴基增、阳亭朴南铉续刊本等。

圣迹图一册

（明）张楷编。

《中国古籍善本书目》传记类著录，有明正德元年刻彩印本，明嘉靖二十七年沈藩朱胤栘刻本，日本宽永间重刊明弘治本等。按：此书版本甚多，《传是楼书目》论语类著有《圣迹图》一册，不著撰人，疑即此书。

素王通史无卷数

（明）杨谭撰。

《千顷堂书目》论语类著录。

素王翼无卷数

（明）顾起经撰。

《千顷堂书目》论语类著录。

孔孟事迹图谱四卷

（明）季本撰。

《四库全书存目提要》、《续文献通考经籍考》传记类著录，有明正德间童汉臣刻本，明嘉靖三十三年刻本。按：《千顷堂书目》论语类此书作《孔孟图谱》三卷。

孔孟圣迹图一卷

（明）谢秉秀辑。

《中国古籍总目》史部传记类著录，有天一阁文物保管所藏明嘉靖四年戴充刻本。

孔圣全书三十五卷

（明）蔡复赏撰。

《四库全书存目提要》、《续文献通考经籍考》传记类著录。《中国古籍善本书目》著有明万历金陵书坊叶贵刻本，另录明安梦松撰《刻孔圣全书》八卷，存卷一至七，明万历二十七年书林郑云竹刻本，附此不另著。又《世善堂藏书目录》此书作《孔子全书》，《国史经籍志》作《孔氏全书》。

圣迹编年四卷

（明）包大爟撰。

见明万历十五年书林清心堂刻《圣门通考》卷一至四。按：《圣门通考》，《千顷堂书目》论语类有著录。

阙里书八卷

(明)沈朝阳撰,陈之伸补。

《四库全书存目提要》传记类著录,有台北"中央图书馆"藏明崇祯刻本。按:《续文献通考经籍考》著录此书,作者但题"明沈朝阳撰"。

孔子年表一卷

(明)吕元善撰。

见明万历四十一年序刊《圣门志》卷一。按:《圣门志》,《续文献通考经籍考》传记类有著录。

孔子年谱纲目一卷

(明)夏洪基撰。

《四库全书存目提要》、《续文献通考经籍考》传记类著录。《千顷堂书目》论语类此书作《孔子年谱》。有明崇祯十七年南京刻本(与《孔门弟子传略》合订),又清康熙间高邮夏之芳刻本(后有附),清道光九年刻本,清同治间刻本(后有附)等。

孔氏编年□卷

不著撰人。

《国史经籍志》事记类著录。

孔圣图谱三卷

不著撰人。

《国史经籍志》事记类著录,《秘阁书目》亦著其书;《明书经籍志》性理类著为三册,《菉竹堂书目》作《孔子图谱》,亦三册。

先圣小像一卷

不著撰人。

明刊本,附《孟子全图》一卷,台湾《"国立中央图书馆"善本书目》著录。

孔子追谥诏文一册

不著撰人。

《明书经籍志》性理类著录。《菉竹堂书目》此书一册,亦不著撰人。

孔子年谱一卷

(明)沈继震　(清)张次仲撰。

清康熙三十一年海宁张氏一经堂刻本(附《孔子世系》等),《国家图书馆普通古籍总目》著录。

先圣年表一卷

（清）杨庆撰。

见清康熙八年刻《大成通志》卷十。按：《大成通志》卷十一、十二，为《先圣世家》。其书《中国古籍善本书目》有著录。

孔子年谱辑注一卷

（清）江永撰，黄定宜辑注。

清道光二十七年萍乡文晟刻本。按：此书《清志》有著录。《贩书偶记》著录此本但题"黄定宜撰"。

孔子纪年备考二卷

（清）周鸣鸑撰。

清乾隆四十二年文德堂刻本，《偶记续编》著录。按：《国家图书馆普通古籍总目》著录此本题周鸣鸑辑，周光林、周光楚编。

洙泗考信录四卷余录三卷

（清）崔述撰。

清道光四年陈履和东阳刻《崔东壁遗书》本，又《畿辅丛书》本，《丛书集成初编》本等，《中国丛书综录》著录。《清志》著录此书《余录》题一卷。

孔子年表一卷

（清）臧镛撰。

清嘉庆十七年李氏养一斋刻本。按：《清志》此书有著录。

孔子行状图解

（日）高圆乘编。

日本宽政元年（1789）东都嵩山房刻本。

先圣孔子年谱考一卷

（清）徐正械撰。

《淑圣真铨》手稿本，上海图书馆藏。

孔子编年四卷

（清）狄子奇撰。

清道光中安雅堂刻《孔孟编年三种》本，清光绪十三年浙江书局刻《孔孟编年三种》本。按：《清志》此书有著录。

孔门师弟年表一卷、孔孟年表一卷

（清）林春溥撰。

清道光间刻《竹柏山房十五种》本。其《孔门师弟年表》，另有清嘉庆二十一年侯

官林氏竹柏山房刻本。按:《清志》此书有著录。

孔圣事迹辨无卷数

(清)钟章元撰。

清光绪家刻本,《清志拾遗》据《广西省述作目录》著录。按:章元另纂有《青涧县志》,今存清道光八年抄本。

孔子年谱一卷

(清)寇宗撰,王昶辑。

清光绪八年至九年乐道斋刻巾箱本,后有七十二子列传等内容,《偶记续编》著录。

孔孟纪年不分数

(清)朱骏声撰。

民国十二年南林刘氏求恕斋刻《传经室文集》本。

先圣年谱考二卷

(清)黄位清撰。

清道光二十七年刻本(与《孟子时事考》合印),《国家图书馆普通古籍总目》著录。

孔子编年补正二卷

(清)唐晏撰。

《清志》著录。

圣迹编年一卷

(清)费崇朱撰。

清光绪间刻本,《贩书偶记》著录。《东北地区古籍线装书联合目录》著录清同治五年刻本,题不分卷。

至圣谱考一卷

(清)徐慎安撰。

清光绪三年木活字本,《国家图书馆普通古籍总目》著录。

通鉴至圣备考二卷

(清)蒲申锡撰。

清留余山房刻本。

孔子年谱一卷

(清)林瀛撰。

传抄本。

孔子年谱一卷

（清）黄见三撰。

清同治十一年刻《学宫景仰编》本。

孔子编年十七卷

（清）黎养正撰。

清光绪间刊刻《圣典全书》本。

孔子年表一卷

（清）魏源撰。

清光绪四年淮南书局刻《古微堂外集》本。

孔子家谱一卷

（清）张宿煌撰。

清光绪二十三年刻本。

孔孟志略三卷

（清）张承燮撰。

清光绪十七年东听雨堂刻本，《贩书偶记》著录；清光绪二十七年胶州东听雨堂刻本，东北师范大学图书馆藏，《东北地区古籍线装书联合目录》著录。按：审其所著，二本似为一刻之误题。

孔子年谱二卷

（清）黄嗣东撰。

见清光绪三十四年凤山学舍刻《道学渊源录》卷七至卷八之《洙泗渊源录》。

孔孟图歌二卷

（清）江钟秀撰。

清光绪三十三年铅印本。《中国丛书综录》著录清光绪间刻《江氏著书七种》本作一卷；《清志拾遗》另著有《勉成先志》本。

孔孟重行周流议一卷

（清）江钟秀撰。

清光绪间刻《江氏著书七种》本，《中国丛书综录》著录。

孔孟纪年无卷数

不著撰人。

抄本，国家图书馆藏。

孔子实纪四卷

（朝）元泳义辑。

民国元年铅印本。

孔子系年一卷

佚名编。

民国间稿本，二册，毛装，有硃蓝笔圈点校改，《国家图书馆普通古籍总目》著录。

孔子艺事考一卷

（民国）李遵义撰。

民国十二年丹徒李氏小臧室刻《樵隐集》本，《中国丛书综录》传记类著录。

孔子年谱一卷

（民国）石荣暲编。

民国十七年铅印本。

孔子大事类编一卷

（民国）李镇藩编。

民国十八年上海宏大善书局石印本，《国家图书馆普通古籍总目》著录。

孔子年谱一卷

（民国）程淯编。

见上海中国道德会编民国二十三年铅印本《历代尊孔记孔教外论合刻》。

孔子圣迹

（民国）庄崧甫编。

民国二十四年新学会社印本。

至圣文宣王

（日）斯文会编。

日本昭和十三年（1938）东京东方文化学会影印本。

圣迹图联吟集二卷

（民国）潘守廉辑。

民国二十五年天津华新印刷局铅印本。

孔子圣迹图不分卷

（民国）李炳卫编。

民国间石印本，《江苏省立国学图书馆现存书目》著录。又民国二十四年北平民社影印本，《国家图书馆普通古籍总目》著录。

游揽圣迹贤躅记不分卷

（民国）王永振撰。

山东省东平县农民李某藏作者手稿本,前有清赐进士出身诰授翰林院编修国史馆协修甲午科山西正考官掌贵州湖广道监察御史署工科给事中直隶宣化府知府甘肃宁夏府知府滕县高熙喆序。按:此书乃作者用十八年工夫周游全国,寻访圣迹,及其弟子家乡住址、坟墓、碑碣,录其所见所闻而成。其书未见书目著录,为表彰王氏寻幽探古、孜孜以求之精神,特予登录,并借资考献。

孔子大事类编一卷

曲仁故里编。

民国二十五年上海明善书局铅印《三教心法》本。

孔子年谱稿

杨复礼编。

民国二十九年新河南日报社铅印本。

孔子年谱二卷

许同莱撰。

1955 年台北市中华文化出版事业委员会铅印本。按:《清志拾遗》据《中国历代人物年谱总录》著录,此书题一卷,并谓"许国莱撰","华冈丛书"本。

附:

新锲孔圣宗师出身全传四卷

不著撰人。

平话体小说。其书《中国古籍善本书目》传记类著有国家图书馆藏明刻本,又浙江省图书馆藏影抄本。

麒麟记（全称《新编孔夫子周游列国大成麒麟记》）

题(明)寰宇显圣公撰。

明传奇。《古典戏曲存目汇考》著录,有国家图书馆藏明万历间刻本,残存前三十九出,《古本戏曲丛刊》据以影印。

孔夫子鼓儿词

题(清)蒲松龄著。

鼓词。见《聊斋鼓词集》之七,又见路大荒辑《聊斋全集》。按:据原序,此篇又名《至圣孔夫子鼓儿词》。

至圣洞经（全称《大成至圣先师孔子盛世天尊大洞谈经》）一卷

（清）刘氏撰。

宝卷。有清光绪九年刻本，经折装，一册，有图像。每开五行十五字。宣扬三教合一。

孔圣宝卷一卷

不著撰人。

民国吉林省西马鞍山清静观刻本。

孔子生活

（民国）徐蘧轩编著。

通俗读物。有民国十八年上海世界书局铅印本，前有孔子石刻像，颇少见。

孔子演义

丁寅生著。

章回小说。有民国二十五年上海大通图书社铅印本。

祀孔典礼

褒崇礼乐图一册

（宋）佚名撰。

《千顷堂书目》论语类补目著录。

释奠通载九卷、通祀纂要二卷

（元）范可仁撰。

《千顷堂书目》论语类著录。

通祀辑略三卷

（元）黄以谦撰。

《千顷堂书目》论语类著录。

通祀辑略续集一卷

（元）黄元晖撰。

《千顷堂书目》论语类著录。按：元晖，以谦从子。

释奠仪图一卷

（元）吴梦贤撰。

《千顷堂书目》论语类著录。

文庙雅乐考二卷

（元）何栋如撰。

《元志》乐类著录。

文庙礼乐志六卷

（元）佚名撰。

《元志》论语类著录。

素王祀典通集一册

（元）佚名撰。

《元志》论语类著录。

圣朝通制孔子庙祀一卷

明刻本，又清初抄本，国家图书馆藏，《中国古籍善本书目》政书类著录。

先师孔子祀典集议一卷

（明）张孚敬正。

《千顷堂书目》论语类著录。《澹生堂藏书目》此书作《文庙祀典议》一卷一册。

大成释奠仪礼雅乐图谱全集二卷

（明）马淮撰。

北京傅氏碧蕖馆藏明正德十五年刻本，四册，《明代版画书籍展览会目录》著录。

圣庙祀典不分卷

（明）汪宗伊辑。

上海图书馆藏清抄本，《中国古籍善本书目》政书类著录。

文庙礼乐志八卷

（明）万恭撰。

明万历刻本，《中国古籍善本书目》政书类著录。

文庙礼乐志六卷

（明）潘峦撰。

明万历刻本，《中国古籍善本书目》政书类著录。

孔庙礼乐考六卷

（明）瞿九思撰。

明万历三十五年史学迁刻本，《中国古籍善本书目》、《四库全书存目提要》政书类著录。按：《澹生堂藏书目》、《续文献通考经籍考》著录卷同，而《元志》、《千顷堂书目》此书均五卷，一入乐类，一列论语。

文庙礼乐志十卷

（明）黄居中撰。

《元志》乐类误录。《千顷堂书目》此书入论语类。《赵定宇书目》此书不著卷数与作者。

孔庙礼乐考无卷数

（明）金忠士撰。

《千顷堂书目》论语类著录。

大成礼乐集三卷

（明）史记事撰。

《千顷堂书目》乐类著录。

文庙祀典二卷

（明）方梦龙撰。

《千顷堂书目》论语类著录。《澹生堂藏书目》著录此书二卷一册。

先师祀典考四卷

（明）马朴撰。

《千顷堂书目》论语类著录。

先师庙祀考一卷

（明）笪继良撰。

《千顷堂书目》论语类著录。《澹生堂藏书目》著录此书亦一卷。

文庙考二卷

（明）方承郁撰。

明万历刻本，《中国古籍善本书目》政书类著录。

文庙通祀志一卷

（明）张绘彦撰。

《澹生堂藏书目》著录。

文庙礼乐考二卷

（清）金之植、宋钺撰。

清康熙三十年刻本，《孔子文化大全》影印本，《孔子文化大全图书总目》著录。

丁祭考议二卷

（清）侯树屏撰。

清康熙间刻本，《偶记续编》著录。

圣朝通制孔子庙祀一卷

不著撰人。

瞿氏铁琴铜剑楼抄本,国家图书馆藏。

圣门礼乐统二十四卷

(清)张行言撰。

清康熙四十一年万松书院刻本(卷六为孔子世家及宗子世表),《四库全书存目提要》政书类著录。

文庙祀典六卷

(清)周城辑。

清乾隆四年六有堂刻本,《偶记续编》著录。

丁祭礼乐备考三卷

(清)邱之稑编。

清道光二十年浏阳碫田书室刻本。

祀孔乐舞不分卷

(清)缺名编。

清刻本,《江苏省立国学图书馆现存书目》卷五著录。

文庙大成祀谱八卷

(清)欧阳平纂。

清同治五年木活字本,《国家图书馆普通古籍总目》著录。

文庙上丁礼乐备考四卷

(清)吴祖昌等辑。

清同治九年江右乙藜斋刻本。

文庙礼乐摘要

(清)叶伯英编。

清光绪十一年刻本(后有附)。

文庙祀典考五十卷

(清)庞钟璐编。

清同治二年内府抄本,故宫博物院图书馆藏。又清光绪四年庞氏刻本,江苏广陵古籍刻印社 1988 年影印本。

圣庙祀典考八卷

(清)丘希浚编。

清光绪二十五年汀郡蒋氏步云轩刻本。

文庙丁祀武舞谱

　　山西育才馆雅乐专修科编。

　　清末石印本。

附录一
孔氏承袭嫡裔享年、
婚嗣、封赠考

二代鲤,字伯鱼,周景王十三年生,敬王三十五年卒,年五十。子一:伋。

三代伋,字子思,年八十二卒。《史记》云:六十二。子一:白。

四代白,字子上,年四十七卒。子一:求。

五代求,字子家,年四十五卒。子一:箕。

六代箕,字子京,年四十六卒。子一:穿。

七代穿,字子高,年五十一卒。子一:谦。

八代谦,《史记》作慎;《家语》作微,云:后名斌,字子顺,相魏安厘王,封鲁国文信君,年五十七卒。子三:鲋、腾、树。鲋秦封鲁国文通君,拜少傅;后为陈涉博士,太师。后嗣承殷统,六代孙吉,汉时,封宋公,奉汤祀,成帝绥和元年封为绍嘉侯,后进爵为公;传子何齐,何齐传安,光武时嗣爵进封宋公,位诸侯上,晋初罢封。腾之后奉夫子祀,为褒成侯。树之后彦以将事高祖,破项羽于垓下,封为蓼侯。

九代腾,字子襄,汉高祖十二年封为奉祀君,后为惠帝博士,迁长沙太傅,年五十七卒。子一:忠。

十代忠,字子贞,文帝时征为博士,封褒侯,年五十七卒。子二:武、安国。

十一代武,字子威,博士,临淮太守。子一:延年。

十二代延年,武帝时为博士,转太傅,大将军,阙,年七十一卒。子一:霸。

十三代霸,字次孺,宣帝时为博士,迁大中大夫、太子詹事,出为高密相;元帝初,以帝师封关内侯,号褒成君,年七十二卒,策赠列侯,谥曰烈。子四:福、捷、喜、光。

十四代福,汉成帝时嗣关内侯,年六十三卒。子二:房、某。

十五代房,哀帝时嗣关内侯。子一:均。

十六代均,本名莽,字长平,嗣关内侯,为尚书郎,汉平帝元年改封褒成侯。王莽篡位,拜太尉,不就。年八十一卒。子一:志。

十七代志,光武帝建武十四年由密令封褒成侯,卒谥元成。子三:损、澍、恢。

十八代损,字君益,明帝永平十五年嗣褒成侯,和帝永元四年改封褒亭侯。子二:曜、旭。

十九代曜,字君曜,嗣褒亭侯。子二:完、赞。完,嗣褒亭侯,早卒无嗣。

二十代赞,字元宾,守庙百石卒史。子一:羡。

二十一代羡,字子余,魏文帝黄初二年,以议郎封宗圣侯(按:羡,完弟之子也。汉末褒亭侯绝,至是改封)。子一:震。

二十二代震,字伯起,袭宗圣侯,晋武帝太始三年改奉圣亭侯,拜太常卿黄门侍郎,年七十五卒。子一:嶷。

二十三代嶷,字成功,惠帝时袭奉圣亭侯,年五十七卒。子一:抚。

二十四代抚,举孝廉,辟太尉掾,拜豫章太守,明帝时袭奉圣亭侯。子一:懿。

二十五代懿,哀帝时袭奉圣亭侯,兼阙从事中郎,年六十一卒。子一:鲜。

二十六代鲜,字鲜之,南朝宋文帝元嘉十九年以奉圣亭侯改封崇圣侯。子一:乘。

二十七代乘,字敬山,后魏时举孝廉,孝文帝延兴三年封崇圣大夫。子二:灵珍、景进。

二十八代灵珍,秘书郎。孝文帝太和十九年封崇圣侯。子二:文泰、文憘。

二十九代文泰,袭崇圣侯,年五十八卒。子一:渠。

三十代渠,袭崇圣侯。子一:长孙。

三十一代长孙,袭崇圣侯。北齐文宣帝天保元年改封恭圣侯,周静帝大象二年封邹国公。年六十四卒。子一:嗣悊。按:据民国大《谱》,长孙有子二:英悊、嗣悊。英悊,陈废帝光大元年改封奉圣侯,早卒无子,以弟嗣悊奉嗣。

三十二代嗣悊,隋文帝时登制科,授泾州司兵参军,迁太子通事舍人,吴郡主簿;初袭邹国公,炀帝大业四年改封绍圣侯,年七十卒。子一:德伦。

三十三代德伦,唐高祖武德九年改封褒圣侯,年七十一卒。子二:崇基、子叹。

三十四代崇基,则天证圣元年(大宗谱误作"中宗嗣圣十二年")袭封褒圣侯,神龙元年授朝散大夫,年五十六卒。子一:璲之。

三十五代璲之,字藏晖,玄宗开元五年袭褒圣侯,授国子四门博士、郡王府文学,蔡州长史;二十七年封文宣公,除兖州长史,迁都水使者,卒葬宁陵。子一:萱。

三十六代萱,代宗时袭封文宣公,兼泗水令。子一:齐卿。

三十七代齐卿,德宗建中三年袭封文宣公,除青州司兵参军,迁兖州司马。子三:惟晊、惟昉、惟时。

三十八代惟晊,宪宗元和十四年(一说十三年),归鲁,授兖州参军,袭封文宣公,年六十五卒。子一：策。

三十九代策，明经及第，授曲阜县尉，历少府监主簿、国子监丞，迁尚书博士；武宗会昌二年袭封文宣公。年五十七卒。子三：振、拯、郁。

四十代振，字国文，懿宗咸通四年以进士第一人及第，除秘书省校书郎，历兖州观察判官、监察御史、左补阙、水部员外郎，袭封文宣公，年七十四卒。子一：昭俭。

四十一代昭俭，历南陵尉、广文馆博士、兖州司马，赐绯鱼袋，转秘书郎，僖宗乾符间袭封文宣公，兼曲阜令，年六十卒。子一：光嗣。

四十二代光嗣，斋郎。哀宗（帝）天祐二年授泗水令，懿宗咸通十三年生，梁太祖乾化三年卒，年四十二。夫人张氏，同邑张羊里人温女。子一：仁玉。

四十三代仁玉，字温如，后唐明宗长兴元年授曲阜主簿，三年进龚丘令，袭文宣公；晋高祖天福五年调曲阜令；后周太祖广顺二年兼监察御史。梁乾化二年五月二十九日生，周世宗显德三年卒，年四十五。赠兵部尚书，为孔氏中兴祖。夫人裴氏，继配李氏。李封陇西郡夫人。子四：宜、宪、冕、勖，并李夫人出。

四十四代宜，字不疑，宋太祖乾德四年授曲阜主簿，调黄州军事推官；太宗即位，进司农丞，掌星子镇，征镇升县，就知县事，擢太子右赞善大夫，袭文宣公，寻通判密州，迁殿中丞；雍熙三年，北征受诏督饷，溺巨马河卒，生于晋天福六年，年四十六。子三：延世、延泽、延渥。延世生圣佑，分别于至道二年、大中祥符五年袭封文宣公。圣佑无嗣，以从弟子宗愿嗣。

四十五代延泽，真宗咸平三年进士第，赠右谏议大夫。夫人王氏，封福昌县太君。子一：宗愿。

四十六代宗愿，字子庄，仁宗宝元二年由斋郎授国子监主簿，袭文宣公，知仙源县事；至和二年，改封衍圣公，累迁谏议大夫，尚书比部员外郎，通判潍州，年六十六卒。夫人侯氏，封永嘉县太君；继配王氏，封永宁县太君；高氏，封永昌县太君。子四：若蒙、若虚、若愚、若拙。若蒙，袭衍圣公，改封奉圣公，坐事废。子二：端友、端操。端友，袭衍圣公，随高宗南渡居衢州，卒，无子，以弟之子玠嗣。玠生搢。搢生文远。文远生万春。万春生洙。自玠至洙，世袭衍圣公于南宋，宋亡归元，逊爵，以国子祭酒提举浙东学校事，卒，无嗣。端操子三：璠、瑃、玠。璠，金熙宗时袭衍圣公，子三：拯、捴、搏。拯，袭衍圣公，无嗣。捴，袭衍圣公，子二：元措、元纮。元措，袭衍圣公，入元卒，无嗣。元纮，金安远大将军，武昌节度判官，生之固。之固生浈。浈，袭衍圣公，寻夺爵，无嗣。搏，子二：元泰、元让。皆无嗣。瑃，生括。括生元衡。元衡无嗣。玠，嗣端友。若虚，宋哲宗元符初，代兄袭奉圣公，生端本。端本生璋。璋子二：抃、挺。抃生元隆。挺生元锡。元隆、元锡,皆无嗣。

　　四十七代若愚,字公直,年五十四卒。夫人沈氏,继配李氏。子二:端禀、端立。端禀生瑆。瑆无嗣。

　　四十八代端立,字子植,年五十五卒。夫人李氏,郏城人。子一:琥。

　　四十九代琥,字西老,金时授进义校尉,年六十五卒。夫人崔氏。子一:拂。

　　五十代拂,字文通,进义校尉,年六十四卒。子三:元直、元孝、元用。元直无嗣。元宪宗既夺演爵,久虚世袭,至成宗元贞初,以元用孙知密州,治袭封衍圣公,传子思诚,复以非嫡罢封。

　　五十一代元孝,赠亚中大夫,轻车都尉,济宁路总管,鲁郡侯。子一:之厚。

　　五十二代之厚,赠亚中大夫,轻车都尉,济宁路总管,鲁郡侯。夫人张氏,封鲁郡夫人。子三:浣、沂、潾。

　　五十三代浣,字日新,赠嘉议大夫,礼部尚书,上轻车都尉,鲁郡侯。夫人李氏,封鲁郡夫人。子一:思晦。

　　五十四代思晦,字明道,元武宗至大中举孝廉,历任范阳、宁阳教谕,仁宗延祐三年袭封衍圣公,世祖至元四年七月初四日生,顺帝元统元年闰三月十二日卒,年六十七,谥文肃,赠通奉大夫,河南江北等处行中书省参知政事护军,追封鲁郡公。夫人张氏,某年九月十七日生,某年八月初六日卒。子一:克坚。

　　五十五代克坚,字璟夫,顺帝至元六年袭衍圣公,授嘉议大夫,晋中奉大夫,至正十五年征同知太常礼仪院事,替爵。长子希学历中台治书侍御史,集贤直学士,礼部尚书陕西行台侍御史,国子祭酒。克坚,延祐三年十一月十六日生,明太祖洪武三年三月二十八日卒,年五十五。夫人张氏,济宁路总管子仁女,某年十二月十七日生,某年正月二十日卒。子九:希学、希说、希范、希进、希麟、希凤、希顺、希尹、希赟。

　　五十六代希学,字士行,元至正十五年袭封衍圣公,授中奉大夫,拜秘书郎,明洪武元年晋资善大夫,班亚上相,降给二品银印。希学,元顺帝至元元年十二月初十日生,明洪武十四年九月二十日卒,年四十七。夫人董氏,某年正月初六日生,某年五月初四日卒。继配孙都思氏,讳素真,字德素,蒙古人,辽阳行省平章彦明女,某年十一月二十二日生,某年十月初五日卒。子一:讷。董夫人出。

　　五十七代钠,字言伯,明洪武十七年袭封衍圣公,赐诰如一品法,班列文臣之首。钠,元至正十八年正月二十一日生,明建文帝二年九月十六卒,年四十三。夫人陈氏,某年九月初九日生,某年八月十四日卒;继配商氏,某年八月十四日生,某年三月初五日卒;王氏,元至正二十三年十月十三日子时生,明英宗正统十四年三月初三日辰时卒,年八十七。子四:公鉴、公铎、公钧、公锴。并陈夫人出。

六十八代公鉴,字昭文,建文二年袭封衍圣公,洪武十三年十一月十二日生,建文四年四月初五日卒,年二十三。夫人胡氏,巨野人,三氏学教授复性女,洪武十七年正月初八日午时生,正统元年正月初十日巳时卒,年五十三。子一:彦缙。

五十九代彦缙,字朝绅,成祖永乐八年袭衍圣公,景泰二年赐一品服,后遂著为令。缙,建文三年三月十三日生,景泰帝六年十月二十一日卒,年五十五。夫人夏氏,江都人,江西布政使司参政济长女,建文元年五月十一日丑时生,宣宗宣德九年八月三十日戌时卒,年三十六。子四:承庆,夏夫人出;承吉、承泽、承源。承吉以下并庶出。

六十代承庆,字永祚,永乐十八年三月初七日生,景泰元年十一月二十六日卒,年三十一,未袭而卒,赠衍圣公。夫人王氏,宁阳人,顺天府尹贤女,封衍圣公太夫人,永乐十七年二月二十日亥时生,宪宗成化十七年正月初七日辰时卒,年六十三。子二:宏绪、宏泰。宏泰,成化六年代兄袭封衍圣公。子一:闻诗。

六十一代宏绪,字以敬,号南溪,景泰六年(一说五年)袭衍圣公,成化五年坐事夺爵,孝宗弘治十年复爵号,正统十三年二月二十一日戌时生,弘治十七年二月初一日寅时卒,年五十七。夫人李氏,邓州人,华盖殿大学士兼吏部尚书贤次女,某年十一月初一日生,某年六月十四日卒。继配熊氏,兖州护卫百户祯孙女,某年十一月初三日生,某年四月二十日卒。袁氏,兰阳人,山东按察使司副使端第三女,成化三年十一月二十六日戌时生,世宗嘉靖二十年九月十二日丑时卒,年七十五。子二:闻韶、闻礼,并庶出。

六十二代闻韶,字知德,号成庵,弘治十六年袭衍圣公,成化十八年八月十八日亥时生,嘉靖二十五年二月十一日卯时卒,年六十五。生母江氏,□□人,济宁卫指挥佥事耘孙女,洪第四女,赠夫人,英宗天顺元年九月十二日巳时生,嘉靖九年正月十五日戌时卒,年七十四。夫人李氏,茶陵人,华盖殿大学士兼吏部尚书东阳长女,成化十九年十一月二十六日生,武宗正德五年十月二十三日卒,年二十八。继配卫氏,松江华亭人,嗣宣城伯璋次女,弘治十年七月二十四日子时生,神宗万历三年七月初七日申时卒,年七十九。子二:贞干、贞宁。并卫夫人出。

六十三代贞干,字用济,号可亭,嘉靖二十五年袭衍圣公,正德十四年十一月初七日寅时生,嘉靖三十五年八月初八日子时卒,年三十八。夫人张氏,兴济人,建昌侯延龄女,正德十六年五月二十二日申时生,嘉靖三十年七月二十五日子时卒。年三十一。子一:尚贤。

贞宁,字用致,号一亭,嘉靖二十五年袭五经博士,嘉靖元年八月二十二日丑时生,

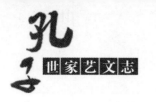

万历三十四年三月十七日寅时卒,年八十五,赠太子太保,衍圣公。配李氏,继配张氏,并赠衍圣公夫人。子六:尚坦、尚达、尚远、尚进、尚罃、尚陛。

六十四代尚贤,字象之,号希庵,嘉靖三十五年袭衍圣公,嘉靖二十三年七月初二日丑时生,熹宗天启元年十一月二十四日亥时卒,年七十八,赠太子太保。夫人严氏,分宜人,工部侍郎世蕃长女。嘉靖二十六年五月十四日巳时生,万历三十年十月十三日戌时卒,年五十六。子二:衍椿、衍桂。并庶出。衍椿赐二品冠服,衍桂袭五经博士,皆无子。公因育从弟子衍植为嗣。

尚坦,字安之,太学生,穆宗隆庆六年十二月初十日辰时生,万历二十六年九月十四日亥时卒,年二十七,赠太子太保,衍圣公。生母王氏,赠衍圣公夫人。配吴氏,隆庆五年八月初四日卯时生,万历四十六年四月初八日寅时卒,年四十八,赠衍圣公夫人。子一:衍植,为大宗后。

六十五代胤植,字懋甲,号对寰,万历四十七年袭五经博士,天启元年袭衍圣公,晋太子太保,又晋太子太傅,明万历二十年十一月十四日丑时生,清顺治四年十二月十五日酉时卒,年五十六。夫人侯氏,东平人,河南布政使司右参政宁孙女,庠生承龙长女,某年正月十四日生,某年五月初一日卒。继配仝氏,郓城人,鸿胪寺序班朝式长女,万历二十八年七月二十七日亥时生,庄烈帝崇祯十三年十一月二十五日卯时卒,年四十一。子一:兴燮。女四:长适刑部主事东平宋祖乙第三子、山西潞城知县国瑛,次适太常寺卿青阳罗尚忠次子、四氏学教授梦阳,次适江南提督都督同知汶上郭万程子、广东博罗县丞懋敦,次适兖州府推官虞城刘中砥第三子、浙江黄岩知县子宽。子女并庶出。

六十六代兴燮,字起吕,号辅垣,顺治五年袭衍圣公,诰授光禄大夫,晋太子少保,又晋少保,兼太子太保。明崇祯九年二月十一日申时生,清康熙六年十一月二十四日卯时卒,年三十二。生母陶氏,宛平人,承德长女,诰封衍圣公太夫人,明万历四十四年九月初八日子时生,清康熙三十三年八月初一日卯时卒,年七十九。夫人冯氏、涿州人,少保兼太子太师中和殿大学兼礼部尚书铨孙女、荆州镇总兵官源淮第三女,明崇祯九年二月十六日寅时生,清顺治十年二月二十日戌时卒,年十八。继配吕氏,宛平人,大宁都指挥使司指挥使茂勋孙女,邦燨长女,明崇祯十一年八月初十日戌时生,清康熙五十七年三月十六日戌时卒,年八十一。子二:毓圻,吕夫人出。毓埏,庶出。女三:伯适吏部尚书奉天张士甄长子、大理寺评事光镛,仲适礼部尚书莱阳沙澄次子、贵州都匀知府汝洛,并吕夫人出;季适山西分守冀宁道布政使司参议聊城刘元运子、岁贡生铎。庶出。

六十七代毓圻,字钟在,号兰堂,康熙六年袭衍圣公,诰授光禄大夫,晋太子少师,顺治十四年七月二十二日丑时生,雍正元年十一月十一日午时卒,年六十七,谥恭悫。夫人张氏,涞水人,总督直隶山东河南军务兵部尚书都察院右副都御史铉锡长女,顺治十一年二月十二日戌时生,康熙十八年十一月初三日戌时卒,年二十六。继配叶氏,讳粲英,昆山人,太常寺卿重华孙女、山东按察使司副使分巡济宁道方恒第三女,康熙五年三月十二日午时生,三十一年正月十二日辰时卒,年二十七。黄氏,大兴人,陕西巡抚尔性孙女、福建长汀知县华实第八女,康熙十六年二月初四日丑时生,乾隆二十八年十二月初一日卯时卒,年八十七。子四:传铎、传鋕,张夫人出;传钲、传镛,黄夫人出。传镛,出嗣。女四:伯适文华殿大学士兼吏部尚书遂宁张鹏翮次子、江南淮安府海防山安同知懋龄,张夫人出;仲适福建延邵道布政使司参议睢州王式谷子、康熙辛卯科举人樗,叔适内务府大臣包衣丁皂保长子、慎刑司郎中松,并叶夫人出;季适侍郎衔原任詹事府詹事大兴黄叔琳长子、都察院右副都御史登贤,黄夫人出。

六十八代传铎,字振路,号牖民,康熙四十年赐二品冠服,雍正元年袭衍圣公,九年引疾替爵于长孙广棨,康熙十二年十二月三十日寅时生,雍正十三年四月二十三日卯时卒,年六十三,诰赠光禄大夫。夫人王氏,宛平人,礼部尚书崇简孙女、保和殿大学士兼礼部尚书熙第四女,康熙十年十二月二十五日子时生,三十一年十月三十日丑时卒,年二十二。继配李氏,讳玉,寿光人,刑部右侍郎迥第六女,康熙十四年正月初一日午时生,五十三年九月二十七日丑时卒,年四十。徐氏,讳昭,德清人,礼部侍郎衔翰林院侍读倬孙女、工部尚书元正第三女,康熙三十七年十二月初十日酉时生,乾隆四十九年七月十八日酉时卒,年八十七。子六:继濩、继溥,李夫人出;继洞、继汾、继涑,徐夫人出;继澍,庶出。女四:淑静,适武英殿大学士兼工部尚书华亭王顼龄第六子、候补主事图寿,李夫人出。淑瑜,适刑部郎中宛平王克昌第九子、候选光禄寺典簿则曾;淑琼,适翰林院侍读学士大兴薄有德次子、山西宁武知府岱;福,适吏部侍郎上蔡程元章次子、二品荫生有为。并庶出。

六十九代继濩,字体和,号纯斋,康熙三十六年五月二十九日寅时生,五十八年五月二十五日午时卒,年二十三,诰赠光禄大夫、衍圣公。夫人王氏,宛平人,刑部郎中克昌第三女,诰封衍圣公太夫人,康熙三十一年九月十九日子时生,乾隆十六年十二月初六日戌时卒,年六十。子二:广棨、广祚。女二:贞慧,适太子太保文渊阁大学士兼吏部尚书溧阳史贻直次子、三品卿衔奕昂;贞秀,适文渊阁大学士兼工部尚书海宁陈世倌次子、候选州同克光。

七十代广棨,字京立,号石门,雍正二年赐二品冠服,九年袭衍圣公,诰授光禄大夫,康熙五十二年十一月初九日申时生,乾隆八年正月初六日巳时卒,年三十一。夫人何氏，讳庆霄，字云华，大兴人，钦天监春官正君锡孙女、礼部左侍郎国宗次女，康熙五十二年十月二十六日戌时生，乾隆四十四年七月二十七日戌时卒，年六十七。子一：昭焕。女二：德荣，适刑部尚书娄县张照长子、湖南分守衡永彬桂道应田；德芳，适太常寺少卿长山袁承宠第四子、内阁侍读学士守诚。

七十一代昭焕，字显文，号尧峰，乾隆八年袭衍圣公，诰授光禄大夫。雍正十三年正月三十日子时生，乾隆四十七年八月二十八日子时卒，年四十八。夫人陈氏，讳珠，海宁人，候选州同克光长女，雍正十三年正月二十三日未时生，乾隆二十五年十二月二十日卯时卒，年二十六。继配程氏，讳金，铅山人，吏部右侍郎岩长女，乾隆九年九月十六日午时生，嘉庆十一年十一月十七日寅时卒，年六十三。子五：宪培、宪增，陈出。宪圭，程出。宪均，庶出。宪堃，程出。女五：楙祉，适候选员外郎桐城方观本长子、总督直隶军务兵部尚书都察院右都御史受畴，陈出。楙彩，适工部尚书昌乐阎循琦第三子、安徽庐州府知府学淳。楙蘋，适山东盐运使光山何泽传次子、候选中书科中书长化，并庶出。楙全，殇，程出。楙璜，适刑部尚书光州胡季堂子、湖南盐运法道鏻。庶出。

七十二代宪培，字养元，号笃斋，乾隆三十五年赐二品冠服，四十八年袭衍圣公，诰授光禄大夫，乾隆二十一年七月十九日辰时生，五十八年十一月初五日未时卒，年三十八。夫人于氏，金坛人，文华殿大学士兼户部尚书敏中第三女，乾隆二十年十月十三日卯时生，道光三年十二月二十八日丑时卒，年六十九。无子，育同母弟宪增长子庆镕为嗣。

七十三代庆镕，字陶甫，号冶山，乾隆五十九年袭衍圣公，诰授光禄大夫，乾隆五十二年十一月二十一日辰时生，道光二十一年二月三十日戌时卒，年五十五。夫人毕氏，镇洋人，太子太保总督湖北湖南军务兵部尚书都察院右都御史沅第三女，乾隆五十五年五月十七日丑时生，道光二十七年二月初七日巳时卒，年五十八。子一：繁灏。女二：印兰，适赠光禄大夫工部右侍郎湖北安陆县知县泾阳张五伦第四子、都察院左副都御史前江西巡抚芾；印莲，年二十七卒。

七十四代繁灏，字文渊，号伯海，嘉庆二十五年赐二品冠服，道光二十一年袭衍圣公，诰授光禄大夫，晋太子太保，嘉庆十一年二月初二日午时生，同治元年九月二十日卯时卒，年五十七，谥端恪。夫人方氏，桐城人，太子少保总督直隶军务兵部尚书都察院右都御史受畴孙女、候补知府传秩长女，嘉庆九年四月十四日亥时生，道光六年十月二十日酉时卒，年二十三。继配李氏，太湖人，赠光禄大夫刑部尚书贵州布政使司布政使长森第三女，嘉庆十二年八月二十九日子时生，道光十三年十二月十五日午时卒，年二十七。毕氏，镇洋人，太子太保总督湖北湖南军务兵部尚书都察院右都御史沅孙女、湖南岳州府同知鄂珠长女,嘉庆十八年八月二十四日卯时生,光绪元年四月十九日亥时卒,年六十三。子三:祥玑,庶出;祥珂,毕出;祥璞,庶出。女一:重观,年二十二卒,方出。

七十五代祥珂,字君则,号觐堂,同治二年袭衍圣公,诰授光禄大夫,道光二十八年八月二十八日申时生,光绪二年九月二十九日申时卒,年二十九,谥庄悫。夫人彭氏,长洲人,武英殿大学士蕴章孙女、河南修武县知县祖芬长女,道光二十九年五月十一日辰时生。子一:令贻。

七十六代令贻,字谷孙,号燕庭,清同治十一年十月二十九日申时生,民国八年十一月八日丑时卒,年四十八,光绪三年袭衍圣公,赏戴双眼花翎,袁世凯称帝,仍袭前封,并加郡王衔。夫人孙氏,济宁人,兵部尚书军机大臣毓汶第五女,同治八年五月十六日未时生,光绪二十五年二月二十三日戌时卒,年三十一。继配陶氏,讳文潆,绍兴籍北京人,大名府知府式鎏第五女,清光绪五年十二月十八日生,民国十九年三月二十二日卒,年五十二。子一:德成。女二:德齐、德懋。子女并庶出。德齐,适北京清探花冯恕第三子大申。德懋,适毓庆宫行走清史馆馆长柯劭忞第三子昌汾。

七十七代德成,字玉汝,号达生,民国九年正月初四日巳时生,公元2008年10月28日10时卒,年八十九,葬台北县三峡镇龙泉墓园,民国九年四月袭衍圣公,二十四年改称奉祀官,以特任官待遇。生母王氏,讳宝翠,遵化人,清光绪二十二年某月某日生,民国九年正月二十一日卒,年二十五,与陶氏合葬祖林。配孙氏,讳琪芳,寿州人,清礼部尚书家鼐孙女,民国八年某月某日生。子二:维益、维宁。女二:维鄂、维崃。

附录二
曲邑二十派六十户
派祖、户祖考

　　考孔氏二十派六十户悉出中兴祖孔仁玉。仁玉,字温如,生于五月二十九日,方九月,遭洒扫户孔末之变,隐于外祖张氏家,得免于难。后鲁人愬于官,曰:末非圣人后。光嗣有子仁玉,育于张氏,今十九岁矣。事闻于朝,遂罪末。以仁玉为先圣嗣,授曲阜县主簿。时,后唐明宗长兴元年也。后袭封文宣公,年四十五卒。赠兵部尚书。后推为中兴祖,祔祀家庙,百世不迁。元配裴氏,无所出;继配李氏,生子四,长曰宜,次曰宪,三曰冕,四曰勖。宪、冕之后俱失传。故后之孔氏皆宜、勖之后。长支宜,字不疑,仁玉长子,宋太祖诏为曲阜主簿,太宗诏为太子右进善,袭封文宣公。后因北鄙不宁,受诏督饷,溺巨马河殉国,卒年四十六。其后嗣分为六派二十五户。四支勖,字自牧,仁玉四子,宋雍熙二年进士及第,以殿中丞通判广州,后以尚书工部侍郎致仕。年八十九卒。赠吏部尚书。其后嗣分为十四派三十五户。

二十派

　　第一派五十三代浣,字日新,宜九世孙之厚长子,赠中议大夫,太常礼仪院司金,上骑都尉,东平郡伯,再赠通议大夫、礼部尚书、上轻车都尉、鲁郡侯。其子孙分为十户。
　　第二派五十三代沂,字失传,宜九世孙之厚次子,擢进士第,其孙分为二户。
　　第三派五十三代潾,字世泽,宜九世孙之厚三子,沧州教授,渭川、钜野二县尹,赠文林郎。其子分为二户。
　　第四派五十三代治,字世安,宜九世孙之全长子,元授中议大夫,给四品印,袭封衍圣公。其后分为四户。
　　第五派五十三代澄,字世宁,宜九世孙之全次子,省委提领监修林庙,赠翰林待制,奉议大夫,骁骑都尉,曲阜县尹。子八。长子思忠,字尽道,江南湖北道肃政廉访司事;次子思恭,字信道,须城、安德二县主簿,南乐、天长二县尹,济宁路同知;六子思履,字义道,兖州学正,益都路教授,将仕郎,终东阿县、穰县主簿,年八十八卒。其后分为三户。

第六派五十三代济,字世美,宜九世孙之全三子,元从仕郎,曲阜尹,后迁承事郎。子六。长子思凯,字恒道,太学生,曲阜尹;六子思善,字性道,盘阳路学正,后为太常寺太祝。其后分为四户。

第七派五十三代淙,字失传,勗九世孙之将长子。子四:思蹈、思静、思德、思敬。其后分为二户。

第八派五十三代荙,字失传,勗九世孙之将次子,子二:思顺、思从。本身自为一户。

第九派五十三代演,字世昌,勗九世孙之深之子,权主祀事。子一:思睿。本身自为一户。

第十派五十三代淑,字世仪,勗九世孙之文之子,南台宪司照磨,迁至秘书省著作佐郎,著《元志》,升秘书郎,终承务郎,濮州朝城尹,年六十四卒,赠中奉大夫,河南江北等处行中书省参政。子七:思遵、思遹、思逮、思迪、思永、思礼、思立。其后分为七户。

第十一派五十三代泗,字失传,勗九世孙之英长子。子三:思福、思盛、思盎。本身自为一户。

第十二派五十三代滨,字鲁臣,勗九世孙之英次子,授洙泗书院山长。子三:思范、思政、思常。其子孙分为四户。

第十三派五十三代滋,字世荣,勗九世孙之柔之子,厌次教谕,盘阳路教授,文林郎,汉川主簿,东平路圣泽书院山长。子三:思文、思忍、思庄。其孙自为一户。

第十四派五十三代浩,字世德,勗九世孙之容长子,初为渤海教谕,升辽阳教授,终钜野尹。子四:思明、思讷、思用、思宾。本身自为一户。

第十五派五十三代淋,字世霖,勗九世孙之容次子,邹县医学教谕。子二:思则、思举。思则字允道,余姚学正,贵溪、南安二县主簿,武平县尹,无传;思举字贡道,福建延平路学正。其本身自为一户。

第十六派五十三代潏,字世通,勗九世孙之安之子,处士。子二:思宣、思盛。其后分为二户。

第十七派五十三代洵,字世仁,勗九世孙之熙之子,三氏学政,东平路教授。子二:思权、思衍。其后分为十户。

第十八派五十三代汭,字世川,勗九世孙之载之子,明道书院山长,历迁文林郎,江南行台监察御史。后又迁江南行台都事。年四十九卒。著有诗文。子八:思泰、思复、思贲、思益、思升、思德、思忠、思永。其本身自为一户。

第十九派五十三代泾,字世清,最九世孙之谨之子,元登进士第,后授承事郎,翰林国史检阅官。明洪武元年,为家庭族长,太祖召见,赐藤杖,令主家政,晚年订《祖庭广记》。年七十六卒。子四:思桧、思楷、思栎、思桓。其本身自为一户。

第二十派五十三代灏,字世贞,最九世孙之肃之子,东平路教授,益州学正,胶西主簿。子二:思度、思实。其孙分为二户。

六十户

大宗户五十六代希学,字士行,一派浣三世孙克坚长子,尝刻世系于石,元至正间,丞相贺太平荐为秘书卿。明初,谒太祖于行在,奏对历代治乱有序,帝嘉纳之,命班亚丞相。以大宗袭爵,遂别为大宗户。以下五十九户皆因所居之地以别之。其户共分三支叙。

临沂户五十六代希说,字士严,一派浣三世孙克坚次子,太学生。子一:諲。

孟村户五十六代希范,字士则,一派浣三世孙克坚三子,授曲阜尹,尝勒宗枝图于庙。按:民国《谱》本户祖为五十七代询。询字民伯,处士。子六:公贞、公英、公钦、公良、公元、公全。

道沟户五十七代諴,字诚伯,一派浣四世孙希范次子,以子公礼贵,赠詹事主簿。子五:公纲、公恕、公礼、公懋、公经。

滕阳户五十七代阎,字正伯,一派浣四世孙希范三子,处士。子一:公温。

旧县户五十六代希进,字士勉,一派浣三世孙克坚四子,太学生。子三:潘、訏、言同.户内分二支叙。

终吉户五十六代希麟,字士祥,一派浣三世孙克坚五子,太学生,以子谞贵,赠文林郎,监察御史,年六十五卒。妻李氏、张氏、高氏,俱敕赠孺人。户内分六支叙。

蔡庄户五十六代希凤,字士仪,一派浣三世孙克坚六子,太学生。子六:諒、评、言岂、论、谨、诊。

戴庄户五十六代希顺,字士允,一派浣三世孙克坚七子。子一:栾。

栗园户五十六代希尹,字士先,一派浣三世孙克坚八子,太学生。子三:謖、托、诏。

时庄户五十五代克谨,字失传,二派沂二世孙思进长子。子一:希敏。

泗北户五十五代克勉,字嘉夫,二派沂二世孙思进次子,初任盐山县教谕,后迁宁阳县知县。子五:希恕、希则、希祯、希宁、希聚。

店北户五十四代思友,字益道,三派潾长子,历任至汝宁府推官,年七十四卒。子四:克忠、克常、克信、克纲。克忠字诚夫,福建宣慰司照磨,无传;克常字永夫,泗水教谕,落居河南太康县;克信字达夫,尼山书院山长,落居江苏吴县;克纲字宏夫,丰县教谕,尼山书院山长。

西郭户五十四代思古,字志道,三派潾次子,葛城、新泰、胶水三县教谕,终曹州景山书院山长。按:民国《谱》本户祖为五十五代克达。克达字征夫,聊城、宣德二县教谕,江东宪司书史。子一:希广。

仙源户五十七代诗,字庭伯,四派治四世孙希大长子。子六:公铺、公镇、公镶、公能、公铭、公鐏。

泉南户五十七代诘,字维伯,四派治四世孙希大次子。子一:公言。

齐王户五十七代讵,字失传,四派治四世孙希大四子。子六:公尹、公臣、公伊、公民、公仕、公佺。

盛果户五十六代希章,字士宪,四派治三世孙克钦次子,为元曲阜世尹。按:民国《谱》本户祖为五十七代词。词字顺伯,处士。子四:公庄、公素、公从、公俨。

苗孔户五十六代希祚,字士膺,五派澄三世孙克伸长子。子四:谱、諲、謍、剆。

文献户五十六代希武,字士绳,五派澄三世孙克伸次子,年五十七卒,以子贵,赠文林郎,曲阜知县。子一:譈。

沂北户五十六代希绪,字士端,五派澄三世孙克伸三子,三氏学学生。子五:誎、誮、谦、諢、謔。

黄门户五十六代希皇,字士野,六派济三世孙克义长子,处士。子三:謱、谙、认。

石村户五十六代希岩,字士瞻,六派济三世孙克义次子。子二:蔼、諅。

鲁贤户五十六代希云,字士龙,六派济三世孙克义三子。子五:諸、諢、诙、讹、記。

沂阳户五十四代思直,字公道,六派济三子。按:民国《谱》本户祖为五十五代克允。克允字中夫,元氏县教谕。子一:希显。

孔村户五十七代诲,字失传,七派淙四世孙希英长子。子二:公坦、公垓。

王堂户五十七代谌,字失传,七派淙四世孙希英次子。子五:公钥、公玥、公钝、公锐、公铦。

小庄户五十三代莅,即八派祖本身自为一户。

宫端户五十三代演,即九派祖本身自为一户。

华店户五十四代思遵,字从道,十派淑长子,三氏学教授,渭川主簿,江陵录判,安陆府知事,嘉祥县尹,征为按察使,年六十七卒。子三:克绍、克修、克刚。户内分六支叙。

古城户五十四代思迪,字凝道,十派淑次子,太学生,初授胶西主簿,终同知礼仪院使。子二:克昌、克光。按:民国《谱》本户祖为五十六代希毅。希毅字士宏,鄠县教谕,米脂县尹。子三:谭、谘、说。

岗山户五十六代希彧,字士文,十派淑三世孙克昌次子。按:民国《谱》本户祖为五十七代言介。言介子四:公论、公宁、公逊、公远。

鲁城户五十七代谕,字失传,十派淑四世孙希彧次子。子三:公义、公述、公川。

孔屯户五十七代言,字失传,十派淑四世孙希彧三子。子三:公沸、公腾、公即。

西城户五十四代思永,字常道,十派淑五子,由庙学正至东平路同知,致仕。按:民国《谱》本户祖为五十五代克康。克康字惠夫,滋阳县教谕,终太常礼仪院太祝。子一:希远。

旧城户五十四代思礼,字安道,十派淑六子,由林庙司乐至内台管勾。按:民国《谱》本户祖为五十五代克振。子三:希晟、希昱、希昶。

吕官户五十三代泗,即十一派祖本身自为一户。

林前户五十四代思范,字禹道,十二派滨长子,圣泽书院山长,年六十六卒。子一:克砥。

防西户五十四代思政,字近道,十二派滨次子,虞城教谕,以子克中贵,赠承事郎,曲阜知县。子三:克渊、克一、克中。按:民国《谱》本户祖为克渊。克渊字泉夫,以孝廉举世尹不就,乡谥孝义。子三:希诚、希咏、希谊。

林门户五十五代克一,字纯夫,十二派滨二世孙思政次子。子四:希古、希韫、希准、希德。

官庄户五十五代克中,字正夫,十二派滨二世孙思政三子,授曲阜世尹,年六十一卒,祀乡贤祠。子四:希崇、希勉、希敬、希恭。

大薛户五十三代滋,即十三派祖本身自为一户。

广文户五十三代浩,即十四派祖本身自为一户。

小薛户五十三代淋,即十五派祖本身自为一户。

陶乐户五十六代希儒,字士宗,十六派瀹三世孙克懋长子,处士。子四:诚、誌、诚、䜣。

北公户五十六代希韶,字士美,十六派瀹三世孙克懋次子,家庭族长,提领林庙事。子四:誉、谦、诸、储。

纸房户五十六代希焘,字士举,十七派洴三世孙克清长子。子三:谨、谘、諲。

董庄户五十六代希铎,字士振,十七派洴三世孙克清三子。子二:谕、譣。

防上户五十六代希从，字士颢，十七派洵三世孙克嶜长子，寿官。子四：护、计、謀、诹。

高庄户五十六代希让，字失传，十七派洵三世孙克嶜次子。子三：谊、譁、诞。

南公户五十六代希干，字士贞，十七派洵三世孙克嶜三子。子四：诠、识、诇、谇。

星村户五十六代希善，字士言，十七派洵三世孙克嶜四子，处士。子二：谰、讲。

古柳户五十六代希恒，字士德，十七派洵三世孙克嶜五子，处士。子一：谋。

吴孙户五十六代希豫，字士能，十七派洵三世孙克嶜六子，处士。子二：蟾、誄。

东村户五十六代希节，字士廉，十七派洵三世孙克嶜七子。子一：泞。

磨庄户五十六代希济，字士敬，十七派洵三世孙克嶜八子。子五：诔、蔼、誓、诽、讦。

张曲户五十三代汭，即十八派祖本身自为一户。

息鄹户五十三代泾，即十九派祖本身自为一户，分四支叙。

西林户五十五代克佐，字失传，二十派瀗二世孙思度长子。子三：希润、希志、希忠。

林西户五十五代克弼，字良夫，二十派瀗二世孙思度次子。子四：希义、希能、希信、希智。

附录三
孔氏外迁支派始祖
及著闻子孙考

　　南宗派始祖四十八代端友,字子交,宋徽宗崇宁三年,授承奉郎,袭封奉圣公。大观间,仍改封衍圣公。高宗建炎二年冬,赴扬州陪祀,金人陷兖州,不克归,遂寓于衢。无子,以弟少子玠嗣。玠,字锡老,袭封衍圣公,年三十一卒。子三:摺、攽、持。攽,无传。摺,字秀绅,绍兴二十四年,时九岁,授承奉郎,袭封衍圣公于衢,复以年未及格,特奉旨转承事郎,擢知建昌军,终朝散大夫,浙东安抚司参议。子一:文远。文远,字绍先,宋光宗绍熙四年,时八岁,授承奉郎,袭封衍圣公于衢,通判龙兴府,赠朝请郎。子二:万春、万龄。万春,字耆年,宋理宗宝庆二年,授承奉郎,袭封衍圣公于衢,通判泉州府,终奉议郎。子一:洙。洙,有著述。摺弟持,字季贞,旧名损,授迪功郎,监温州天富盐场。子二:文述、文运。万春弟万龄,子三。有著述。

　　江西新建县支四十九代瑄,字希圣,擢进士第,知曲阜县,任江西饶州太守,见饶城北门外山水秀丽,田园可乐,因卜居焉。年七十一卒。葬于饶城紫芝山北。子一弻。弻,宁州推官。

　　四川阆中县支五十二代之升,北金乡进士,任平凉府知府,迁居陕西华原。子二:浧、淮。浧,庆阳府教授。

　　浙江温岭县支四十八代端廉,宋高宗时南渡,落居浙江温岭县绾山。子一:高。

　　清平县孔家庄支五十五代克勤,子一:希福,因元末兵乱,落居清平县西五十里孔家庄。

　　河南太康县支五十五代克常,字永夫,赋性纯孝,及任泗水教谕,正课外,每以《孝经》、《礼记》等书勉励诸生。父殁服阕,遵遗命,偕幼弟克纲来夏岗洼管业,正值元明交际之会,兵火载道,不克东归,遂落居太康县。子六:希节、希簹、希筠、希苞、希筐、希簑,分六支。

　　长支五十六代希节,子一:详。详子二。长子公缙,仕名文英,明宣德三年,以即用知县改授御史。六十四代尚达,字幼成,明丙子科举人,任江南卢州府推官,升徽州府同知。六十六代兴唐,字泽万,康熙丙子科举人,任山西汾州府宁乡县知县,赠文林郎。六十八代传颜,字振渊,及子继忠,字良臣,分别为河南彰德府、河南彭德府教授。继忠仲子广益,字集斋,号绍虞,嘉庆戊辰恩科举人,历任河南彰、德二府教授,截取知县。

二支五十六代希簪,分居黄巢岗。子二:诏、信。诏,永乐甲午举人,王府教授。子一。

三支五十六代希筠,分居高贤集,仕名斋,明洪武辛亥举人,历任濮州知州。子一:谞。后裔有六十代承举,仕名铨,明弘治辛酉科举人,官南京户部司务。

四支希筁、五支希篚、六支希簑,分别居孔家屯、大寨、大庄,皆子一。

江苏吴县与范县支始祖五十五代克信,字达夫,尼山书院山长,因兵乱,游学江南,寄籍苏州,年七十八卒,葬吴县吴山之原。子三:希安、希原、希淳。希安,字士宁,元至正间进士,仕至陕西道监察御史;希安子谅,字信伯,永乐十六年戊戌进士,任翰林院,历刑科给事中;谅子公镛,字韶文,号节菴,年二十七,登景泰甲戌进士,任广东高州府知府,平苗有功,历升广西左布政使、都察院右副都御史、工部右侍郎,年六十三岁,卒于富阳途次。公镛有六子:彦庆、彦博、彦光、彦仁、彦义、彦和。彦庆,字朝善,恩荫太常典簿,升海州知州;彦博,字朝明,乡进士,授南昌府教授;彦光,字朝显,号泗滨,嘉靖壬辰任顺德府平乡县令,擢南京刑部郎中,迁广东司主事,转广西司,署郎中;彦仁,字朝德,号泗源,任保庆府新宁县令,封文林郎;彦义,字朝宜,太常寺丞。彦光子承彦,字永孝,号悦溪,钦授翰林院五经博士,任鸿胪寺署丞,升太平府教谕。后有六十七代毓信,字文瑞,雍正年间进士,广西介休县知县。七十代广熙,字载唐,改名钟,同治癸酉科顺天举人,庚辰进士,癸未补殿试,钦点浙江奉化县知县。七十一代昭晋,字守谦,号康侯,光绪己丑恩科举人,癸卯进士,授职礼部主事,进士馆最优等毕业;昭乾,字樛园,光绪癸未进士,翰林院庶吉士,散馆,授职刑部主事,有著述。希淳徙居范县,为范县支始迁祖。

定陶县支五十五代克谐,字和夫,举茂才,徙居曹州府定陶县城西五里许氾水之北,曰孔莲坑。子三。

江西灌阳县支五十五代克善,子一:希森,游学广西,遂落居灌阳县秀口屯粗石口。

城武县孔楼支五十五代克清,因父为济宁同知,中山教授,卒葬城武东之白郎村,遂家焉。后又移居城东十八里孔家楼。子三。

平阴县孔家集支五十六代希斌,明洪武年举人,隆庆时,授平阴县尉,见孔子山有

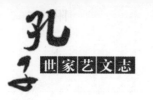

教书堂遗迹,遂落居于此,卒葬邑西水山右后,名所居村曰孔家集。子二。

寿光县支五十四代思贤,敕授文林郎,青田县知县。明嘉靖时,由曲阜徙居寿光县。子三。

牟平县派四十八代端孜,侨居金州,以子尹牟平,随之任所。子一:士元,字惟亨,元至正初年,任牟平县尹,卒于官,父子皆未归葬,子孙遂籍居焉。后裔五十七代言凤,字廷瑞,弘治乙卯举人,历任昨城县知县,工部员外郎郎中,汉阳府知府;其子公时,字惟中,嘉靖壬午举人,历任山西太谷县知县,陕西隆德县知县,工部郎中。六十四代尚先,尚先子衍似,衍似子兴筠,兴筠长子毓璠、次子毓瑶,毓璠三子传莘,毓瑶三子传藤,传莘子继型、继堂,继型子广金,均有著述。毓璠长子传芬,字芳谷,江西万安县县丞,调署贵溪县县丞,保举知县,署理贵溪县知县,子一:继培,有著述;次子传葵,字霁园,中城兵马司副指挥;四子传薪,字耘墅,河南候补典史;五子传苏,字殿园,候补主簿。传苏次子继圻,字莲西,七品执事官,钦加同知衔,授安徽凤台县知县,诰赠奉政大夫。继圻次子广鉴,字次衡,同治庚午举人,甲戌进士,光绪丙子江南乡试同考官,安徽凤台县知县,钦加同知衔,诰授奉政大夫。他如六十七代毓秀,六十九代继绪,七十代广甲,七十二代宪洛等,俱有著述,见著录。

浙江慈溪派四十九代瓒,字纯老,宋高宗绍兴二年,以白身最长,授迪功郎,知和州,终朝请大夫。南渡后,先寓居湖州,后又移居慈溪县东三十里李溪庄。子二:拟、揆,分别为登仕郎、将仕郎。慈溪派又分桐乡县支,以五十八代公昉为始迁祖。公昉,字后溪,由湖州东阡塘迁至桐乡县之青镇。子一:彦璋。后裔多见著述,而自(衍)洙乃其著者。

福建闽县支四十八代端义,字子德,宋徽宗宣和三年,登进士第,年三十卒。子二:珍、瑜。珍,有著述。本支人少功名多,学正、教授,知县以上官衔者,不乏其人。如:六十一代宏亮,字耀丞,善诗词乐府,尤精篆隶书画,西安、凤翔二路教授,迁翰林国史院编修。六十三代贞铣,字润臣,赐进士出身,翰林院检讨,官吏部侍郎,迁尚书。六十六代兴让,字允恭,登雍正进士,授四川崇宁县知县。六十八代传德,字克玉,号珍如,官至提督,历任四川、云南各省地方军务。六十九代继清,字昌琦,号若韩,年三十五,殿试一百三十五名。七十一代昭圣,蒙左文襄公保奏,以遇缺简放提督记升。

安徽舒城县支五十六代希文,字士周,性醇谨好学,择师不远千里。元时,为庙学教授,明授曲阜世尹,年八十五卒。子九:诣、诜、议、询、谦、诚、谌、诉、谅。谅,落居安徽舒城县。长子诣,字行高,官江西沿山县尹。诣之孙彦举,字舜卿,成化丙戌进士,官至福建布政司左参政。此外，六十代承谟，自舒城迁居寿州后，又移居合肥县西乡高刘集。子一：宏纪。是为分居合肥支。

浙江衢州派（湖南长、善、益、宁）**四十七代若古**，后名传，字世文，有著述。高宗建炎中，随宗子端友南渡，寓居衢州，卒葬于衢城西北五十九都孝弟里。子七：端问、端己、端守、端位、端植、端惟、端隐。其中，端守、端惟未详。余则分为五支。按：衢州为南宗所在，功令之夥，与平阳、宁陵、临江各派相辉映，与祖庭阙里相呼应。

长支四十八代端问，字子诚，有著述。子四：璹、珣、珉、琬。璹，有著述。琬后迁浙江龙泉、广东大埔、福建上杭等县，详后。考本支裔孙，代有贤俊，如宋元时期，珉，字伯镇，授迪功郎，赠太子少傅。五十代摭，字季蕴，铜陵主簿，迪功郎。子三：应选、应发、应达。应选，字舜举，一字文虎，与弟应发自为师友，刻意问学，嘉定十二年，同请乡举，淳祐七年，援四十四代世基旧例，赐同本科出身，授迪功郎，云南临安府余杭县主簿。应发，字机仲，一名文豹，初任迪功郎，处州遂昌县尉，复迁隆府武宁县令，以通直郎致仕。子三：之言、之诏、之廉。应达，一名元迁，任金坛教谕，升润州学正，迁居句容县福祚乡。子四：之葶、之芳、之华、之兰。五十二代昭孙，字明达，历教授，终从事郎；之言，字子雅，承事郎，兖州同知；之诏，字承叔，号鲁山，博学能文，初任靖献书院山长，又授西安县主簿；之廉，字简斋，历任信州学教授，枝江县尹，庐州路教授，开化主簿。五十三代淮，字世扬，由教授历至将仕郎，湖广理问厅知事；沔，字世成，常州路教授；演，字德泉，儒林郎，盐州同知，又为柯山书院山长，历嘉路教授，临海、乐清主簿，安化县尹；澜，常州教授；汾，庙学教授。灏，西安县主簿，宁国州学正，蒲城县县尹。五十四代思俊，字师道，勋山书院山长，湘泽州教授，湖广掾史，邵武、祠安二县尹，福州路推官，南安县尹；思溥，字彦明，宗晦书院山长，南康路照磨；思柏，字茂道，龙游县教授。五十五代克成，字集夫，滨州学教授，迁汶水县尹，元至正八年，转湖广湖北荆门州刺史，年六十五卒于官，因道阻未得归葬，遂葬于城东沙阳地。子四：希初、希祈、希祐、希祥。希初，元岁贡生，住阳田村。希祈，一名祯，与二弟祐、祥，由五里山迁监利县太码河孔家潭。其他族人，亦多迁徙。如镇江、玉溪支五十三代漾，迁居江南广德县。五十四代文焕，迁居平阳府；文道，迁居浙江绍兴府会稽县；文弟，后嗣移居通海县等。另，五十八代公升，字与文，明成化二十三年，由明经任平江训导。六十代承骥，一名德，字永得，号慈义，拔贡生。六十一代宏时，字泗源，郡庠生，设宏文院，教授多士，为时推重。宏颐，字秀峰，赐进士出身，知湖北公安县事，历户部主政，子孙居公安。宏谟，字建周，华容县举人，迁居蔡田垸。六十五代衍元，字懋勋，号安毂，岁贡生，候选州同。六十六代兴昌,字二州,博通经史,康熙庚午科举人,候选知县。兴憘,字起发,号子政,康熙壬午贡生,任永州零陵县训导。六十七代毓德,字敬斋,乾隆丙子科举人,选耒阳县教谕。六十八代传绅,字振宇,号命候,乾隆戊午科举人,拣选辰州千总。六十九代继瑛,字体仁,号达斋,五品衔;继伟,字体道,号开来,修职郎。七十代广焕,字京功,号星垣,优贡,芷江县训导,敕授修职郎;广熙,字京台,号敬廷,太学生,奉旨以布经历,遇缺即选加五品衔,同治丙寅,湘抚李奏请以知府补用,诰授中宪大夫,光绪甲午,诰赠通议大夫,晋赠资政大夫。七十一代昭泗,字显校,号理堂,提督衔,以总兵直隶简放,授建威将军;昭麒,字显善,号佩吾,太学生,候选县丞,五品衔,诰授奉直大夫,貤赠通议大夫,晋赠资政大夫;昭麟,字显荣,号芸洲,太学生,蓝翎五品衔,候选州同,诰授奉直大夫;昭芝,字显莱,昭尊,字显苑,俱为登仕郎;昭凤,字显搏,号腾蛟,追赠建威将军;昭清,字显扬,号敬秋,光绪丁酉科举人。七十二代宪毅,字法晋,号竹庵,五品衔,候补县丞;宪柱,字法持,号祥云,追赠建威将军;宪曾,字法鲁,号竹勋,蓝翎,补用直隶州即补知县;宪策,字法政,号明斌,官新疆昌吉县事。七十三代庆诚,字泽玉,号虞琴,民国九年,委署湘潭县知事。六十八代传经、传璘等,有事迹。五十三代津,六十六代兴道、兴钊,七十二代宪教等,有著述。

衢州派长支云南玉溪县支,以五十九代彦福为始迁祖。彦福,落居玉溪县玉湖乡宋官屯。子三。

衢州派长支(上杭、龙泉、丽水、大浦)四十九代琬,字莘夫,乾道二年,任江西抚州府临川县丞,遂家于此,为本支之始祖。五十四代思铭,元泰定二年(《家谱》作"至治五年"未确),宦游汀州,遂寓居上杭。子一:克相。他如浙江绍兴府同知五十九代彦明之子承学、承谕、承诏等,均有事迹。六十五代衍右,一名煌猷,号二伊,康熙己酉举人,江西峡江县知县,癸酉江西同考试官。五十六代希图,字子瑞,为上杭、龙泉、丽水、大埔之始迁祖。支内六十五代衍望,仕名梦熊,字数可,号昌客,岁贡生,建安县教谕。六十六代兴宗,字圣源,号绎瞻,康熙乙酉科举人,任山西阳曲县知县,署太原同知州判事。六十七代毓明,仕名云,字炳明,号晴岗,雍正乙卯举人,乾隆己未进士,官陕西兴安州平利县知县。另,五十八代公远,为福建上杭始迁祖。支内七十一代昭馨,号德轩,光绪乙亥恩科副榜;昭殿,号卿云,监卫千总,例授都司衔,诰授武功大夫。七十二代宪裳,号子端,覃恩诰授武功将军,赏戴蓝翎。七十三代庆章,号章元,由监贡例授州同,加二级,赏戴蓝翎。六十九代继冲、七十三代庆云等,皆有著述。七十二代宪皋,七十三代庆家、庆智等,皆有事迹。五十七代文昌,字伯峰,为福建上杭始迁祖。支内七十一代昭仁,及子宪瑞,貤封州同衔。昭荣,光绪乙亥武举。

衢州派二支(镇江、青浦、泰兴)始祖四十八代端己,字子正,历官五十年,介洁不污,终奉议郎,寿八十一卒,赠少保。子二:璞、璨。璞,有著述。璨,字伯辉,授迪功郎,奉南岳祠。璞长子抴,一名元龙,有著述;次子抚,一名元凯,授迪功郎,卒赠少傅。抴子应得,一名文在,字德夫,宋理宗嘉熙二年,补入太学,淳祐元年,驾幸太学,赐同进士出身,出任吉州太和县主簿,终资政殿大学士,谏议大夫,签书枢密院事,福建、江浙宣谕大使,年六十一,自号"退学"。抚三子应祥,字吉甫,宋从政郎,刑工部架阁,元至元十九年为衢州族长,后自号采菊翁,寿九十九而卒。四子应礼,一名大中,元授登仕郎,忠翊郎,翊卫忠义部统制。五十二代三衢族长福孙子潍,字世东,徽州路婺源县学正,历任广州路新会县尹。五十二代西安县教谕纯长子涛,有著述。次子渭,字世成,常州教谕,授将仕郎,安路照磨。另如,涛子思构,及六十七代毓行等,俱有事迹。

衢州派三支(湖南常桃汉武)四十八代始祖端位,字子著,赐儒林郎,任湖南常德府录事参军。因宋高宗南渡,为金所阻,不得北归,遂家于城东南六十里汉寿祝家岗,卒即葬于此。子一:璋。璋,字良玉,授迪功郎,奉南岳祠。子二:抃、挺。抃,为儒学教谕,授修职郎,移居桃源县城西二十里木塘坪。子二。挺,字独立,授文林郎,移居龙阳县大围堤山湖。子二。后嗣多蒙封赠。

衢州派四支(湖北嘉鱼)四十八代端植,字子固,终承直郎,湖州武康县丞,因家于通城。子五:璩、玲、瑞、瑢、璇。璇,一名瑭,寓居镇江,见后。璩,字成老,从政郎,福建福州府闽清县令。瑢,字德老,岳阳临湘县主簿。五十代援,字秀茂,兴国教授;拱,有著述;彦况,迪功郎,吉水县令。五十一代文振,字表元,中书侍郎,御史中丞,后为寻阳王右军;文朴,字伯厚,登宝祐元年进士,转修职郎,终奉议郎,知潭州湘潭尉。五十二代廉见,字孝哉,别号兴实,江陵县令;万有,字大盛,岳州平江县教谕。五十三代福元,训子多所成就,如六子思宣,字明道,官至南浙道监察御史。五十五代克儒,字士夫,号宗学,明天顺庚午年举人,景泰丁丑年进士,先授巡城御史,任广西庆远府知府,后升南浙道监察御史,年七十二终。弟克仪,字东夫,生性颖异,文思悠扬,人称"东山先生"。六十代承书,字永青,凡经传子史,靡不旁搜博览,至于作文,英气勃勃,若决江河之莫能御,诗辞歌赋,尤俱臻上乘,人称"高尚君子"。

衢州派四支(江苏镇江莱村)璇,字仲玉,建炎二年,侍父渡江,居镇江。乾道五年录孔氏后,赐官迪功郎。子二:搋、揽。搋子元福,字畏甫,复移居润南三十里外,名曰莱村者。后裔,多以文学称。

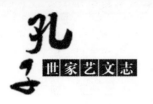

衢州派五支（镇江、庐江、莒县）四十八代端隐，字子宣，幼聪敏，博极坟典，成童即以明经授博士弟子员。年十八，登宋绍兴进士。后为文林郎，江陵府观察推官。历十载，方其观风至句容也。爱青城山水之秀，曰：此福地也。吾百岁后，其归于是乎！后因劝农，复至句容而殁，遂葬其地。子二：璩、瑄。璩，字伯玉，江陵府观察推官，润州丹徒县丞，遂卜居勾曲山左。子一：抒。瑄，一名灵，字伯禄，有大才，屡征不仕。瑄有子撰，一名拔，原名书庭，字文之，宋乡试解元，署明道书院山长。五十四代思敬，一名显，字文谟，元末与弟以义兵保障乡里。思谦，后裔在安徽省池州府建德县，万历己未科榜眼贞运是其嫡派。五十五代克珏，字珍陆，元明之交，避兵至太平府，复寓庐江县东关外，至洪武十二年，卜居城北莲荷塘，创置房产，营立家庙，依山傍河，子孙世守焉。六十七代毓文，字载之，清乾隆癸酉科举人，甲戌科进士，吏部文选司郎中，庚辰科湖南主试，历任浙江金衢严道、杭嘉湖道，署理浙江布政使司，升浙江按察使司，钦授太仆寺少卿。弟毓昌，字禹言，候选布政使司理问厅，随带军功，恩加二级，晋封奉直大夫。六十八代传薪，字楚翘，号雪樵，乾隆己酉拔贡，考取正白旗教习，后选安徽太平县教谕。七十二代宪煌、宪芬、宪芳、宪彭、宪馥、宪忠，皆任军职。

寿光潍县支五十四代思邃，字鸿道，号龙川，敕授文林郎，青田县知县。子一：克明。

五十七代谈、五十八代公贞，皆为国子监学正。

潍县王松庄支六十三代贞珉，先世因元末花马军之乱，避居寿光南留闾。子一：尚宗。

潍县赵家庄支六十七代毓周，住城南赵家庄。子二：传仁、传仪。

肥城县孔庄支五十六代希祖，字士严，遵化主簿，泗水县知县。子一：诚。诚，字心一，任肥城县教谕，爱其邑土沃民淳，曾于城西南洛庄村置立别业，欲卜居焉，乃有志未逮，任满回籍。其子公良，字显忠，候选训导，承先人遗意，于明嘉靖二十三年，往肥城西南洛庄村教读数载，陶成多士，后卒葬于此，子孙遂落居焉。后改村名曰孔庄。

冠县支五十六代希圣，字士贤，三氏学教授，宁国县主簿，都漕运司知事。子五。后裔六十五代衍孟，字质斋，诰授武略将军前锦衣卫指挥。衍樾，有著述。衍孟长子兴仁，字振公，顺治戊子科武解元，任苏松卫守备掌印、江南卫守府，致仕，归曲阜，禀请大宗续修《支谱》，由临清徙居冠县，以先人之遗产在此，故卜居焉。子四：毓瑚、毓珽、毓琦、毓璋。

菏泽县支五十七代训，进士，子一：公为，移居菏泽县城东孔庄。

山西浮山县支五十七代三人:言通,无传;言达,子二;言道,子四。

河北枣强县支五十五代克修,字允夫,长芦学正,乐陵县主簿,因元末荒乱,避兵于河北枣强县,后卜居城南三十五里崔母镇。子三:希桂、希楷、希模。希桂,字轮升,岁进士。希楷,居固安。希模,详后。

恩县支五十六代希模,因贸易于东昌府恩县,遂徙居于县城东北吕公寺村。子一:诚。

河北晋县支五十五代克庄,字严夫,由巨野教谕,迁兖州学正,升永平路教授,会元明交兵,未便回籍,挟眷隐于永平之承化乡,年六十五卒。临终诫子曰:吾鲁人也,平定后,务扶吾榇葬于鲁。子一:希鲁,字士源,因鲁籍故名,志桑梓也。家无素蓄,不能举父枢还,因小葬于此。至明洪武七年,乃启攒归葬于曲阜。时家属俱在永,故落葬七日,即返永,遂入永平籍。子一:琼,字信伯,廪贡生,负性坦直,襟怀磊落,以为永土可以养身,于是,挟家至焉,遂卜居鼓城之左,时永乐二十一年,年五十六岁,此去永迁晋之始也。子五。

河南考城县支五十五代克方,字端夫,随父往河南拜德伦祖等五墓,目睹心伤,启禀宗主,札饬修理主祭,而遂家于考城焉。子三。后裔六十五代有公善者,字元文,明洪武年间举人,东昌府训导,皇亲李仪府教授。又有五十九代彦纹,字圣冕,廪膳生,移居考城东南十八里翟庄村。子三。另,七十二代宪禹,字振庭,为光绪丙戌科武进士。

江苏武进支四十九代琯,字德老,以白身最长,授迪功郎,终从事郎,通城主簿,南渡,家于抚州。子二。至五十四代思时,以族兄椿为常州路通判,遂游学毗陵,乐其风土,颇有依恋之意。其子克心,字敬夫,号苍梧,元延祐年间,任潮州路南浔镇儒学教谕,秩满,因父志而家于武进之南乡寨桥里。子三。后裔六十五代承玉,字永佩,天顺甲申,敕赠承德郎,户部浙江清吏司主事;成化丁酉,再赠奉训大夫,户部员外郎。六十一代宏显,字以章,明景泰庚午举人,天顺丁丑进士及第,授户部浙江清吏司主事;成化己丑,升本部广东司员外郎;甲午,升福建司郎中,诰封奉议大夫,升福建布政司参议,转江西参政。

长清县支五十四代思盛,与弟思益同迁居长清县孔官庄,至晚年,让弟居官庄,自移居于马家集。子三。至民国修谱时,后世繁衍至七千五百余人。

德平县城南孔家庄支五十三代瀚,字世隆。子二:思毅、思敬。思敬,落居德平县城南四十里,名为孔家庄。子一。族内六十九代继祖,字绳武,国子监、洙泗学录;子广泰,有名乡里;孙昭珩,有著述。

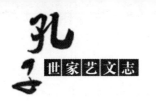

河南濬县支五十二代之廷，子一，十三代单传。至六十六代兴化，恩生，康熙十年，因贸易流寓河南卫辉府濬县城北四十里北苏村，爱其风俗淳朴，遂家焉。子三。

德平县城西北孔家庄支五十三代湿，字世云，处士，落居德平县城西北二十里孔家庄。子一：思文，数代单传，至五十九代彦卫，有子三人：承美、承教、承统，各为一支。第三支七十二代宪恩，字霖轩，庠生，善书，真草隶篆、汉瓦钟鼎、古名帖，无不昼夜摹仿，以底于成。

江苏镇江支（芮垄柳泉小沙）四十八代端佐，从宋高宗南渡，遂居润州圈阳。子二：璇、珪。璇，字慧生，以父扈驾有功，赐迪功郎，年五十卒，葬群南杨蓬山右。子二。

河南武安县支五十三代湜，字世基，元顺帝时，任顺德路学正，因世乱不克归鲁，遂寓居于此。子四：思启、思恺、思宁、思仁。思仁，明永乐时，由顺德移居彰德武安县城西之砚水村。子二。

桓台孔家庄支五十二代之景，子二。次子汰，子一：思淋。思淋，元初避乱，徙居新城，今改为桓台县，城东南孔家庄，置有别墅，卒葬于此。子一：克庸。

河南济源县支五十五代克诚，字终夫，陕西凤翔府知府，因父卒于阳城，时局不靖，不克归葬，遂寄居阳城。子四：希恭、希贤、希哲、希敬。希恭，迁居山西翼城县。希贤，河阴县教谕，由阳城迁居怀庆府济源县三河村。子三。希哲，迁居河南陈州。希敬，后裔散居凤台、阳城两县。五十八代公通，有子四人：彦成、彦章、彦芳、彦安，分四支。

长支五十九代彦成，住三河村。子一：承祥。

二支五十九代彦章，由三河迁居孔庄。子一：承光。后裔又多经迁移，六十七代毓珍，即由孔庄迁居鲁山县。子四：传礼、传文、传英、传耀。另有七十代广芝，历任鄢陵县、光山县、南阳府儒学正堂；广阶，举人，永城县儒学正堂；广怀，附贡生，诰封资政大夫，长葛县教谕；广熙有著述。七十一代昭珍，附贡生，八旗汉教习，陕西略阳县知县，江西南康、乐平、新建等县知县，景德镇同知；昭理，候选布政司理问；昭璐，山西丰赡库大使，直隶恒裕库大使，署理兴县知县；昭璩，员外郎衔，兵部主事，湖北武昌府同知；昭瑸，附生，山东宁海州知州，湖南茶陵州知州；七十二代宪天，凤阳县知县，署凤台县事。

三支五十九代彦芳，由三河迁居坡头。子一：承闻。

四支五十九代彦安，子一：承明。

安徽桐城县支五十三代淳，字世良，曲沃教谕，解州学正，茅山镇巡检，将仕郎，安庆路潜山主簿。子二：思鲁、思颜。思鲁，字明通，因父任满回鲁，值流寇壅阻道路，不便携从，遂寄居于外家。后父卒于鲁，不通音耗，因家于桐城之北乡。子二：克勤、克俭。后裔六十四代兴灿，字培元，康熙二十六年，尝携谱诣阙里，蒙六十七代衍圣公毓圻及族长等，查核钤印，收贮存府，并给印谱一部携回。

河北南宫冀县支四十九代玙，宋高宗绍兴间儒林郎，夏津县教谕，升冀州儒学教授，因金兵阻隔，家于南宫。子二：信行、信道。信道，南渡衢州。支内五十八代公斌，五十九代彦环，略有事迹。六十代承镐，弘治辛酉科举人，扬州府江都县知县。六十一代宏贤，字以哲，弘治辛酉科举人，任苏州府通判，官至按察司金事。

冀县支五十七代言义，子一：公兴，自南宫迁居冀州。支内六十五代衍升及子兴文，俱为太学生，候选州同。七十二代宪章，咸丰乙卯科举人，拣选知县，任束鹿县教谕。七十四代繁牲、繁钦、繁珏，皆任武职。

浙江平阳派四十二代桧，字圣植，唐天祐时明经，授秘书郎，任兖州参军，至五季时遭孔末乱，泗水令光嗣被害，曲阜孔氏，惟植与庄幸免。植遂与庄谋远避之，至汴州，复失庄之所往。植乃南徙吴越，以教授生徒为业，不克归，因家于温州之平阳，卒葬瑞安静水山后，刻碑曰："唐袭封文宣公曾孙之墓"。子三：演、溁、泗。各为一支。按：平阳孔氏，秉承阙里遗风，家有籍，户有书，人治一经，耕读为业，学人才士，堪称摩肩接踵。

平阳派长支四十三代演，居昆山，子一：泺。裔孙五十一代伯奋，宋宣义郎漕，举进士；炜，宋庆元三年，进士及第，历太常寺兼工部郎中。五十二代之培，字厚甫，宋淳祐进士，授政和县主簿职；元善，宋宝庆丙戌王会龙榜进士，儒林郎，泰州教授；元圭，宋淳祐甲辰武科探花及第，武翼大夫，知肇庆府琼筦安抚使，仙源县开国男；元登，宋国子上舍。五十三代淇孙，字宗武，宋迪功郎。子二：思植、思栩。思植，有著述。思栩，字周卿，贵池、吴江教谕。思植子克烔，字晦夫，元以恩例，升全宁路教授。思栩长子克熙，字光夫，元以恩例授长林教谕；次子克烈，有著述。四子克然，字宜夫，元以恩例升安溪、宁德二县教谕，兴化路学正；五子克勋，字成夫，元至正年间，以恩例授建德路教授，洪武三年，举为太常侍礼郎，出知清河县令，越三年，升陇州知州，阶奉训大夫。克烔子希晋，字士进，元以恩例授兖州学正。另，七十代广钧，字乐伯，援例授江苏布政理问，加同知衔。

平阳派二支四十三代溁，字晦堂，隐居平阳，传家学，以《尚书》教授。子四：汾、源、溢、和。汾，字伯西，授睦州桐庐主簿；源，号潏斋，赐同学究出身，登封尉，累迁全椒、曲阜二县主簿，皆不就，以秘书少监致仕，徙居汝州。子一：实。实，字延范，号朴斋，赠太常丞。四十六代奎，字宗闵，宋仁宗天圣五年，赐同学究出身，历司农少卿，赐鱼袋，仙源县开国男，食邑三百户。以下，如五十代习周，五十一代庆夫，五十二代之斗

六十八代传洵,六十九代继畴,七十代广才、广孙,七十二代宪仁、宪信,七十四代繁礽等,俱有事迹。

　　平阳派三支(吉林滨江)四十四代笃,子一:良佐。后裔多单传。五十二代之成,字美然,号治国,为关东中屯卫官。子二:斌、漳。斌,字子文,号经叙,成化乙未科进士,官无锡知县。漳,徙居广宁。斌子思文,字雅彬,镇守辽东先锋营副将。子一:克能,字子劳,官指挥签事,先锋营参将。七十三代庆玺,字星楼,号连城,五品执事官,河工保举试用知县。

　　河南郏县派三十八代惟时,一名文瑾,为兖州都督功曹参军,唐宪宗元和十四年,东平兵解,兄惟晊、惟昉归鲁,惟时留守宁陵祖林庙,奉祀事。子二:克宽、希贡。克宽,宣宗大中元年,宰相白敏中奏敕封世袭国子监学正。子一:纲。自纲始,后世子孙,如明昌、梅、仁璞、疏、良相,皆袭此职。良相子昳,先是隐居龙山县漄阳城,后迁郏县城东南孔家湾,卒葬于尧山都宫之北。详见著录。三十九代希贡,沂州司仓参军。子一:庭瑰,南顿尉,溧水丞。子一:仲良,落居福建莆田涵江。详后。支内七十代广纩、七十二代宪怀、七十三代庆云等,均有事迹。

　　河南郏县派四十一代仲良,唐明经进士,贞元、太和间,任全椒尉,迁青阳丞,再迁福建兴化莆田令,卒于官舍,事迹,《阙里志》、兴化《莆田县志》均有载。子三:光宠、洙、涵。涵,以父居官清白无遗,不能回里,遂家于莆田。四十五代延集,迁居浙江温岭县绾山。子二:宗路、宗程。宗程,转迁金竹。四十九代受禄,移居乐清县大芙蓉筋竹村。

　　河南郏县派四十九代受禄,子二:原纲、原纪。

　　河南郏县派四十六代昚,居福建莆田县涵江。四十九代宜,字玉德,先世因五季乱,隐居不仕,混籍民伍。至宋,先贤朱文公为同安主簿,过莆田,公以所藏先代告身牒与《家谱》示之。朱子为告当路,更版籍为圣裔四十九代孔宜户,以别齐民。子一:幼夏。夏,领乡贡试,礼部复以《世谱》示之,理宗敕建庙宇,御书"涵江书院"四大字匾额,并给祭田,以供祀事,设山长,以教后裔。子一:汝为。后世子孙,多任本院山长。六十五代衍曾、衍忠、衍辉,《孔子世家谱》称或云无传,或云迁居粤东,聚族颇盛,姑志之,以待考。他如,六十代承荣,六十一代宏勉,六十五代衍中,六十六代兴缙,七十二代宪榜、宪通、七十三代庆升、庆捷,七十四代繁鲲等,皆有事迹。六十八代传南,字景阶,号庄园,康熙壬午科举人,任安溪县教谕。另考支内多寿官。

　　宁陵派三十五代贤,字元亨,登唐进士,历太子中舍,深州刺史,政绩著闻,玄宗开元二十七年,赐白金十斤,衡水庄一区,敕修宁陵林庙,增祭田五十顷,永免赋役,年五十九卒,葬宁陵祖墓西。子三:蕴、蒙、蓄。三子各为一支。

宁陵派长支三十六代蕴,字蕴光,端毅明达,通左氏《春秋》。子一:炯。炯,子一:惟一,字贞守,宪宗元和十四年,东平兵解,宗兄文宣公惟晔归鲁,惟一留宁陵守祖墓,奉庙祀。子一:简,主宁陵祀事。简子一:持,主宁陵祀事。持子一:昭邈,咸通四年赐进士,历授谏议大夫,后主宁陵林庙祀事。子三:涛、浴、渍。涛,任南康通判。子一:侮。浴,天祐二年,历授谏议大夫。侮,进士及第,初任登州令,后任莒州推官,致仕,后回宁陵守祖墓。子二。渍之子世隆,以褒圣侯裔,授谏议大夫。子一:儒行。侮次子皓坚,进士及第,初授秘书监侍郎,任登州判官。子四。世隆子儒行,武举,上党县尉。子七。下至四十五代延祐,宋真宗大中祥符元年,赐同学究出身,以主祀事,年四十一卒;秀之,明经及第;秀宁,沧州判官;秀正,以兄延祐衰老,不克供祀,遂赐学究出身,主祀事;秀侍,进士。四十六代才能,学究出身,终莒州判;才俊,进士及第;才荣,学究出身;才显,进士及第。四十七代休心,字鲁元,进士及第;休壮,袭学究,奉祀。四十八代从恭,授承议郎;从伦,一名端伦,授蓝州太守,兼宜方县令;从行,进士及第。四十九代思义,金授鹿邑主簿;思义(重名),因金兵乱,徙居河北赵州三相村。子一:思瑜,原名瑜,亦因乱北徙唐山而居。子二。五十代弥伦,字友行,主宁陵祀事。五十一代元士,宁海州知州,因世乱,不克归,遂家焉。子一:之文;元达,住赵县。子二:天福、天佑。天福,因元兵乱,移居南和县。子二;天佑,因元兵乱,移居唐山县,以子贵,赠中顺大夫。子三;之邹,自唐山县移居邯郸县工程村。子一。五十三代秀,元世祖诏天下文学之士,以其圣裔召见,即授以仪封主簿。五十四代思仁,明永乐时,为顺德学正。五十五代克刚,璠阳学正,安丰教授,复任汴梁路教授,除儒学副提举;克林,唐山尉,升南和县尹。五十六代希贞,元末,以明经授静安训导,明洪武十六年,因父葬仪邑新桥,就近于蚕冈坡置业而家焉。子二。五十八代公端,举人,授平阳府同知;公镛,字绎文,永乐丁酉贡进士,英宗天顺八年,诏授官职。五十九代彦铎,历官通判,大兴县丞。六十二代闻叙,岁进士,任解州知州。六十三代贞默,郓城县知县。六十五代衍焕,拔贡生,任江苏扬州府通判,升西安府知府。六十六代兴武,字心周,顺治辛卯科举人,康熙元年,除授直隶雄营守备;兴炳,字恒垣,奉祀生,赠修职郎,曹县县丞;兴甲,字开先,号天育,雍正己酉科举人,乙卯山东同考试官,丁巳会试,授河南永宁县教谕。六十七代毓珮,字国钦,以州同任曹县县丞;毓文,字会友,号紫岩,丁卯科武举,候补提塘;毓宝,字蕴玉,布政司理问。七十一代宪钊,字景康,光绪十八年承袭国子监学正,至民国九年,大总统令改为奉祀官；宪忠，字恕忱，品学优良，地方公举为万国道德会分会会长。他如，五十一代元鎔，五十三代尽，五十四代字忠，五十六代希贤、希先、希兴，五十七代言刚，五十八代公镒，五十九代彦纪、彦信，六十代承寅，六十二代闻过、闻庭，六十三代贞有、贞右，六十四代尚林，七十一代昭贤、昭容等，均有事迹。六十一代宏仁，六十六代兴耀，七十四代繁滢等，均有著述。其他族人，有职衔、再迁徙者，尚不乏其人。

宁陵派二支三十六代蒙，子二：钦、辰列。四十四代维，字为则，乾德四年，九经及第，终国子祭酒，流寓雍邱；渭，大中祥符元年，以进士赐同三传出身。四十五代延鲁，大中祥符元年，赐同学究出身。五十代信，子一：明道，迁居直隶唐山县北牛村；礼，子一：丰，住淮阳县弦歌台。五十六代希礼，辽东指挥。子一：言兴，居临蔡城信里，辽东指挥。言兴子一：公全，辽东指挥。公全，子一：彦胜，辽东指挥。七十三代庆勋，县丞。七十四代繁鲁，字薪臣，号乐山，清州同知。族人迁徙变动甚频。

宁陵派三支三十六代蓄，子一：从道。从道有子二人，长子梅，在宁与族兄惟一协守林庙，春秋恪修祀事。梅，子二：与见、与闻。与见，唐宣宗大中二年，举孝廉，任丹阳县尉。子一：元昌。元昌，懿宗咸通十二年登进士第，任荆州刺史，年七十五卒。四十四代宣，宋太宗永熙三年，授柘城主簿。宣子延盛，真宗大中祥符元年，特授安阳主簿。延盛子宗栎，天禧四年授中丞，博士。宗栎子若兰，安阳主簿。四十九代珦，以圣裔孙，特加恩礼，授国子监博士。子一：排，幼通经史，金熙宗皇统三年，授为博士。子一：元相，章宗时为仪封令。子一：之进。之进，因乱不仕，遂寄居于嵩山宜阳。子三：泾、溢、湧。溢，字世昌，元时明经，任曹州路教授，置产于州南有莘之野，因家焉。子一：思齐。思齐，字立道，由明经举保，任楚宫书院山长。子一：克仁。克仁，字义夫，宁陵教谕，明初附籍曹县。子三。长子希祯，及六十八代传畲、传来等，有著述。族弟希鲁，元末客于南京，明洪武间，奉旨授太常博士。希庆，辛酉科举人，咸阳教谕。五十七代注，字文伯，以庠生登永乐辛卯科胄监，初授刑部清吏司主事，历升陕西布政司右参政，从三品，亚中大夫，复转本司左参政，加赠大中大夫，资治少尹。五十九代彦宪，字朝章，监生，栾州训导，嵩山教谕。六十代承富，字永礼，廪膳生，补国子监，考授南阳府照磨，历升绍兴府通判；承京，景泰七年，敕授凤阳府通判；承泗，明嘉靖己丑进士，任巩昌府知府。六十四代尚斌，曾授阳城县县尉。六十七代毓升，字阶平，乾隆辛卯科举人，大挑一等，浙江候补知县。六十九代继文、继善、继志，七十代广东，七十一代昭新等，俱为五品执事官。七十一代昭然，字晓亭，由增生中嘉庆壬申科举人，裕州教谕，光绪六年，约商邑族人同修谱牒。五十六代希贤，五十七代诚，五十八代公铭，六十代承政，六十二代闻易,六十四代尚翼、尚达,六十五代衍桧,六十八代传敬,七十代广元,七十一代昭泰、昭德,七十二代宪云、宪章、宪礼、宪文、宪锟、宪岳,七十三代庆余、庆俊、庆朝等,皆有事迹。五十九代彦元,迁居柘城县西北三十五里桑白庄。彦坛,徙居新安县龙涧。彦林等,迁居洛阳县孔家寨。其它迁徙变动,多不胜记。

宁陵派三支(曹县青堌集孔庄支)六十五代衍桧,子一。

河北献县派三十五代立言,唐祠部郎中。子一:宗圣。四十二代燢,荆溪令;烈,参军,归曲阜。四十四代鑛,举人。四十五代治,宋东武令。四十六代植,参军,奉旨随赵保忠镇抚凉州,久于军役,因家于凉州。子一:发。五十代振,为夏国户部都事。子一:雷。雷,为夏国将军。子一:军。五十七代谨,字言恭,元副将;誉,字言胜,元副统制。六十代承答,明宣德六年,以镇抚官从总兵都督刘广前往甘肃备边,有功,钦奉敕谕议叙,升锦衣卫正千户,世袭罔替。因此,子孙多袭是职。五十八代公保,明百户,成祖永乐二十年,随驾北征有功,钦授锦衣卫正千户,二十一年,奉钦命将家眷起取进京,赐田于河间府河间卫忠顺屯之南柯营,因家焉。至宣德六年,与长支再从孙镇抚官承答,从总兵都督刘广前往甘肃备边,历庄狼阿剌沙山,追截贼寇,俘获有功,钦奉谕敕议叙,升公保锦衣卫都指挥使,世袭罔替。因此,子孙多袭是职。五十九代彦智,子一:承大,移居保定府祁州城东十八里庞各庄,祁州后改为安国县;彦让,移居博野县城西北南邑村;彦祥,移居武强县郎思头村。六十一代闻尧,自明景泰时迁居顺天府武清县汉沽港村。子一。后世复多迁移。七十代广居,字静穆,道光乙酉科武举;广培,字本立,道光庚子科武举;广善,道光乙丑科进士,任山西大同府得胜路守备,调升广西平乐府都司,署桂林营游击。七十一代昭融,字季和,同治甲子科武举,候选千总。七十二代宪堃,顺天府霸县训导;宪墀,字法銮,号丹臣,光绪壬午科举人,历任乐亭、顺义两县训导,钦加五品衔,候补知县。他如七十一代昭镜,七十三代庆昌、庆禄、庆钊,均有事迹。

献县派五十八代公伸,与兄公保同家河间府。子六。六十三代贞坡,及子尚池,敕赠通议大夫。六十五代衍吉,字鸣岗,少有大志,多谋略,娴骑射,尤善词说,明末,养晦于家。及清定鼎,顺治元年,英王南征,驻军沧州,公奋然曰:此大丈夫立功时也。遂诣大将军谭泰都统帐下,陈说南北方略,谭氏善之,引见英王,应对称旨,遂用为行军参谋,随征直隶、山东、山西、河南等处,遇城邑难下者,伸即单骑见守令,表扬清朝盛德,开陈顺逆得失,不动弓矢,以词说降八府五州二十七县,至三年,论功力爵,钦赐拖沙喇哈番,编授汉军佐领,世袭罔替。子一:兴隆,字翰白,袭佐领职,升征南行军副都统,敕封通议大夫,赐谕祭三次。六十七代毓恩,字泽久,号柯村,敕授山东省青州府通判,加二级，署青州府知府，调署沂州府知府，敕授朝议大夫。六十八代传仕，字行可，署洙泗书院国子监学录；传志，字汶标，雍正四年，举贤良方正，袭授汉军佐领世职，诰封中宪大夫，敕赠武信郎。传志子继愈，字汝贤，雍正乙卯科武举，任江西袁州卫守备，敕授中议大夫。继愈弟继慈，字汝和，雍正己酉科武举，任浙江绍兴卫千总，敕授武信郎。继愈子广泉，字海晏，号天乙，敕赠武信郎。七十代敕赠武信郎广派子昭柱，字枝山，嘉庆戊辰科武举，朝阳门千总，候选卫守备；弟昭梁，字文亭，庚午科武举，敕授武信郎；弟昭楠，字玉岫，嘉庆癸酉科武举，敕授武信郎。广泉子昭桂，字香远，嘉庆辛酉科武举，任江苏济宁卫千总，敕授武信郎。昭桂弟昭林，字景树，嘉庆辛酉科武举，例授武信郎。敕赠武信郎广源子昭栋，字显亭，乾隆乙卯科武举，敕授武信郎。昭柱子宪笙，字贞明，步军副尉。昭梁子宪功，字文亭，咸丰辛亥科武举，安徽省千总，例授武信郎。又，公伸支五十九代彦先，子一。六十七代毓文，字伯英，监贡，布政司经历。六十八代传旺，字京山，乾隆庚午科举人，原任山东兖州府邹县知县，敕赠儒林郎，布政司经历。七十代广瑀，字蕴璞，乙酉科举人，敕授武略骑尉。七十一代昭鈖，字玉岩，云南东川府知府，二品封典花翎道衔。七十二代宪浚，字春泉，候选州同；宪治，字虞臣，候选府经历；宪溥，字文周，号雨桥，咸丰辛酉科举人，同知衔，河南卫辉府新乡县知县。七十三代庆仪，字渐鸿，同治甲子科副榜；庆桐，字琴舫，同治壬戌恩科举人。

献县派公伸支五十九代彦阳，子一。后世或迁居沧县、交河、静海、青县、沈阳等处。族中，六十五代衍东，武举。六十六代兴周，南宫县训导。七十一代昭楷，五品执事官。七十二代宪德、宪宗，七十三代庆芳等，有事迹。又，五十九代彦高、彦悦、彦成，各有子一人。五十八代公明、公平兄弟二人，家于河间府阜城县东北三十里建桥镇。五十九代彦斌，子二：承文、承武，由献县南柯营迁居大城县北三十里四岳村。前代失考。

江苏丹阳派四十代绚，字延休，唐懿宗咸通二年进士，僖宗乾符三年，为丹阳令，有政绩，卒葬开家湖北洪信里。子二：昌贤、昌盛。昌贤，字昭德，随父在任，克遵庭训，有孝行，庐墓三年，因父葬于斯，不忍去，遂寓居丹阳。子一：子云。子云，字问奇，后梁五经博士，尚书祠部郎，时值洒扫户孔末乱，不敢归，仍居丹阳。子一。四十九代玮，有著述。五十代沾，亦名抃，字化雨，有子三人，分别为支。五十六代希义，居镇江县城南三十里南冈。子一。三支五十二代定国，徙江都县。支内六十四代尚宾，六十五代衍祉，六十六代兴书，六十九代继瑞，七十一代昭熊等，俱有事迹。六十五代衍祺，字稽遐，号南湖，岁贡生，钦授徐州砀山县训导，署教谕事，雍正元年，遇覃恩，诰封登仕郎，为家庭族长。六十六代兴镈,庠名瑛,字理若,号璞崖,岁贡生,乾隆二十七年,遇覃恩,以岁贡作恩贡,候选州学正。六十八代传梧,字琴一,登仕郎,候选主簿。六十九代继炜,字裕光,号霭亭,登仕郎,候选主簿。

岭南派四十一代昌弼,《旧唐书》作崇弼,字佐化,进士及第,官至散骑常侍,时朱温造篡,河北大乱,光化三年,宰相徐彦若出镇岭南,乃随之入粤,至南雄府保昌县平林村而居。子四:蓁、荃、葆、麟。蓁,随父南迁,父殁,携子护柩归葬,方过岭,值江西兵乱道阻,乃返南雄保昌,旅葬父柩于平林,因家焉。后子孙聚居珠玑巷石井头,不复北返。麟,观察使,子一。四十三代承休,字闻如,宋太祖太平兴国二年,又自南雄保昌珠玑巷石井头,迁广州采虹桥居焉。四十四代继明,字乐疑,将作郎,景城县主簿。子二:惟聚、惟翰,住广州。四十六代安诵,一名志,宋绍兴元年,辟授德庆府朝奉郎,致仕,后卜居端溪县。子一:义。四十七代粹,字梦锡,宋熙宗时,以乡贡授宣教郎,历知封州、新州、雷州学事,居鼎安磻溪,是为小龙之祖。子二:元勋、元凯;巨,字梦雷,宋进士,官至提举,朝奉郎,迁居暹冈,是为伏龙塘之祖,子三:元卿、元英、元舆。四十八代元英,字国英,宋以圣裔特赐进士,权高要尉,后赠右承务郎,子二;元舆,字寿孙,承议郎,知府,子一;茂蒿,高宗绍兴六年,除为刺史。四十九代师奭,乾道五年,赐承奉郎;伯鼎,孝宗隆兴元年,为中书舍人。五十代各桢,子一:远源,后迁于广西恩阳县。五十一代元演,字流远,号念八,宋度宗咸淳三年丙寅二月,自东城采虹桥迁南海叠滘村,就耕祖业,重建祖祠,蒙经略安抚雷宜中赠"阙里南祠"匾额;景泰三年,又蒙两广总督王翱赠"洙泗渊源"匾额,卒葬石冈南,是为南海叠滘之祖。子二:之邈、之保。五十二代胜僧,明洪武九年,迁居广东德庆县仁寿坊。子一。五十四代思儒,字文庵,元成宗大德间,乡进士,历官福建市舶提举,后以嗣子克慧贵,赠廉访司副使;思用,字体道,元进士,知新州,改知梅州,致仕,后居大新街,遂附籍南海县。子一:克保;思恒,字函一,永乐乡贡,任英德县知县。六十一代宏时,字讷斋,授会同县教谕,迁益王府教授。六十二代闻彰,字吉元,万历年拔贡,任河间府经历。六十五代衍芳,字友芬,布政司经历。六十八代传基,字瑞堂,明经进士。七十代广琏,字重三,登仕郎。七十二代宪美,诰封振威将军;宪中,字有慧,号允执,历任梧州府教授,永康州学正,陆川县教谕,罗城县训导;宪彭,号邵庵,贡生,历任永宁州学正,马平县训导。五十五代克慧,六十八代传炳等,有著述。五十代德超,五十一代文甫,六十九代继尊,七十二代宪元,七十三代庆良(字瑞荣),庆云、庆大、庆周、庆勋、庆登、庆怀、庆昌、庆良(字仙良),七十四代繁桂,七十五代祥吉、祥安等,均有事迹。支内族人多迁徙。

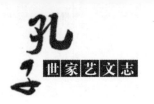

岭南派四十四代恪，迁居惠州。子一：闰。闰子二：俊，静庵。静庵，字敦旦，宋绍兴戊辰年，由乡贡任直隶山海卫教谕，遂家焉。子一：悫。悫，字宏元，以武功任五城兵马司。子一：恢然。恢然，字扩充，提举解盐司。其后，五十五代克焕，字光炳，以武功升直隶合肥镇抚。子一：希瑛。希瑛，字如珪，元进士。五十七代伯礼，成化六年岁贡，历监授武静州目，升经历，转州判；得，字拔萃，洪武年间从军，任广西怀远将军，升北京永平卫百户，复调衡州卫中所，以征讨有功，升湖南茶陵州指挥佥事，遂家焉。子一：公俊。公俊，字镜川，洪武三十一年，袭职授护国将军。子彦隆，字昌大，宣德四年，袭职授怀远将军。七十一代昭寰，字人峰，迁居柳城县东泉圩永盛村，民国初，投笔从戎，至十三年，历署广西中波县、永福县知事。另外，七十三代庆复，有事迹。五十九代彦嵘，后裔因遭兵燹，谱牒失迷，下十代无从考查，至继字辈，始昭穆详明。

六十二代闻魁，字占元，清赐翰林出身，历任广西陆川、郁林、龙州、南宁等处知县。后升知州、知府，为官四十余年，政绩昭著，遂落居郁林城西十五里枥本村。子三：贞培、贞通、贞瞻。三人，皆癸酉科举人，贞瞻，后赐进士出身。

岭南派四十二代麟，观察使，子一：飞龙。后裔迁居河南郑州荣泽县南大街。飞龙以下二十一代单传。飞龙，工部主事，子：迈。迈子照，随驾参军。照子滕云，太常博士。滕云子写，奉祀生。以下三代，皆为员外。五十一代欣至五十五代克文，皆为太常博士。

湖南桂东县支三十九代温宪，原名遵宪，明经。子二：绎、纯。迁粤东南雄。四十一代润、洪，分居南安府上犹县孔坑村。

江西临江派四十代绩，字有成，登唐进士，僖宗文德元年，授吉州军事推官，避黄巢乱，不复北归，遂家于江西新淦县。子六：昌明、昌朋、昌逊、昌谦、昌祥、仲良。昌明，字昭仪，昭宗光化三年，第七名进士及第。子二：瑄、琼。瑄，字玉卿，宋太祖乾德元年，以《春秋》登南唐进士，官至陵阳太守。子五：倩、儒、僎、仪、侨。琼，字玉汉，与兄同榜进士。昌逊子玹，字玉甫，登南唐进士，官至著作郎。子二：信、俸。瑄子儒，字子文，太宗雍熙间以《春秋》中举，官任衡阳。子四：靖、蔚、世基、杰。僎，字子明，真宗咸平间，以《书经》中举。子一：温基。侨，字子产，端拱间以《春秋》登进士，任泉州安溪主簿。子四：彧、则、敏、式。信，字子忠，进士及第，濠州太守。子五：叶、天佑、机、杞、枇。俸，字子职，五举进士登科，为抚州民曹参军。子二：榶、札。四十四代文质，宋太常寺卿；世基，太平兴国二年，以乡贡赐同进士出身；温基，咸平间，以《书经》中举，后登进士；彧，单州防御使，兼淮南招讨使；札，进士及第，御史中丞，朝奉大夫。四十五代中正，字友直,赠光禄大夫;硕,明《春秋》,举进士;应求,以学士承旨,出知亳州,左迁郓州团练副使。四十六代延之,一名元,号长源,子七:文仲、武仲、平仲、康仲、和仲、羲仲、南仲。延之与文仲、武仲、平仲、和仲,父子五人,皆举进士。延之与文仲、武仲、平仲,有著述。羲仲,荫补太庙斋郎。南仲,以《春秋》中举,为迪功郎。四十七代昭,字德化,为侍中,居泽州;裕,以《书经》中举;汉,仕宋;职,字克道,授迪功郎,任永州尉,擢新野令;长达,国子上舍;滋,宋哲宗元祐三年进士,官至吉州司理参军,阶迪功郎;淑,与兄滋同榜进士,官朝议大夫,睦州通判;源,绍圣元年进士,官梧州团练使;汶,五举进士,任常德府录事参军;湎,绍圣元年及第;淙,迪功郎。四十八代元方、百禄、百乐,皆为承务郎;百朋,江陵府通判;百礼,宣教郎,荆南通判;兴贤,国子上舍;兴嗣,临江军庙学正;哲,移居芜湖,括,字端中,南宋初任淳安县,终正议大夫,知濠州军事。四十九代浩然,字子元,临安府金判;彦安,字世康,进士,补中书,徙梅州青林里;世临,宣议郎;彦邦,字必达,抚州教授,后家于城东乳泉巷;彦乔,迪功郎;彦况,从政郎;彦说,贺州富川令;湘,赠奉议大夫;邦翰,孝宗淳熙三年进士,丰州牧。五十代次梓,安丰主簿;次戬,襄阳推察;次毚,文林郎;次珎,永福县令,遂家于此;次洵,迪功郎;枢,金明经进士,官至江陵太守;世隆,宋进士,官通事舍人。五十一代伯元,宁宗嘉定三年进士,新丰主簿;伯迪,与兄伯元同榜进士,知新建县事;祖,宣教郎;鉴,文林郎。五十二代宗武,理宗宝祐元年进士,官至瑞州通判;兴仁,字从善,司封郎中;鼎一,兖州同知。五十三代继达,明经,为国学监元;叔达,字子善,进士;仲达,字周可,白鹿洞书院主讲,转授南康教谕;尚达,宣教郎;士伦,元进士,任惠州府同知;桧,字廷植,以《书经》登进士,为邵武府经历,卒赠永直郎,济宁总管。五十四代思道,建昌教谕,德安尹;思行,字笃善,湖广教授;思复,字心道,以《春秋》成进士,费安县尹。五十五代克文,字纯夫,国子监元。五十七代伯珪,字重美,号钧叟,登进士第,任浙江温州永嘉县令;勖,字英伯,明初以宋濂荐,授行人,奉使两广。五十三代士芬,六十四代尚志,七十四代繁琦等,俱有事迹。

临江派(浙江温岭县支)四十九代彦邦,字必达,抚州教授。五十五代时举,从政郎。时显,福建通判。五十一代宗周,字叶柏,济宁州判;宗奭,字景明,宿州知州。五十四代思铎,漳州路教授;思懋,字勉之,号北窗,任郡学司直事,南闽学录。五十五代克誉,府学教授。

临江派(江西分宜县支)四十八代倬礼,子二:元亨、端有,徙居江西袁州分宜县孔家洲。六十六代兴诗,原名周,字庭学,郡庠生,学品兼优,赐进士第,知袁州宜春县事。

湖南平江浏阳派三十八代瑛,举进士,任山阴县令,因父巢父尽节,上诏袭父职,任

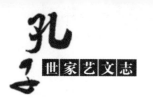

潭州刺史,至昭宗时致仕,复因五季兵乱,不得北归,遂同夫人刘氏引家属一十八人,寓居平江县三阳街鲁德山,年七十二卒,葬平江瓮江铺子。子一:泰。泰,举进士,任华亭主簿。子三:伙、伋、千郎。伙,举进士,官主簿。伋,举进士。千郎,字考轩,例授国学。四十三代思谦,举进士,任国子监助教。四十四代必升,举进士,任国子监助教。四十五代迪,又名甲,为贤国院提领官,任太子洗马,封万户侯;远,任主簿。四十六代宗辰,袭职都司。四十七代若缙,恩举进士。四十八代端禄,进士,为会稽令。四十九代珀,任四川成都总旗。五十代揖,袭职都司。五十一代元运,字鲁溪,宋学士。五十二代之思,举进士,为姑苏令。五十三代源美,任四川成都卫千户。五十五代克仁,字静安,号敬夫,及六十九代继先、七十代广旭、七十一代昭绥、昭准,皆有事迹。

　　浏阳派（武岗县支）**五十七代言礼**,自浏阳金滩迁居武岗县。子一:公奇。

　　五十五代克先,住平江。子三:希朝、希士、希贤。

　　浏阳派（移居金滩支）**五十三代源和**,子三:思敬、思问、思诚。

　　河南鲁山派三十六代至,字惟微,有著述,初从父在衢州,遭兵未归,遂寄居河南鲁山县。子一:望东。望东,字念先,擢明经。四十代绵续,字永系,亦擢明经。四十三代询,睦州桐庐县尉。询子延滔,赠国子博士。延滔子昭亮,尚书都官员外郎。昭亮子昀,举进士。五十八代公乐,字有三,岁贡生,灵宝县训导。六十三代贞锡,布政司吏。七十代广化,州同。七十一代昭均,字平心,号竹溪,五品执事官。七十三代庆珊,字蕴斋,例授登仕郎;庆楠,登仕佐郎;庆棠,字循南,号少泽,光绪丁酉科举人;庆丰,字有年,亦有任职。七十一代昭忠,有著述。六十三代贞连,七十二代宪伊等,有事迹。

　　山西赵城县孔氏支五十二代之德,流寓山西赵城县,子孙繁衍,至六十二代,有闻仕者,曾至曲拜谒林庙,后裔分居数村。

　　滨县孔氏支五十六代希舍,由曲阜迁居滨县城南孔庄。子一。支内任七品执事官者,多有其人。

　　甘肃凉州民勤县孔氏支五十九代彦英,由曲阜迁居山西平阳府襄陵县东张里村。子一。

　　河北蠡县孔氏支六十代承竺,子二:宏温、宏洁。后嗣散居万安村、李家佐、大百尺。

　　德县城南大刘庄孔氏支六十一代宏宾,明万历年间,任德州训导,后遂家于城南大刘庄。子一:闻古,明学正。

　　河北清丰县孔氏支六十二代闻化,子一:贞兆。后裔散居许村集、沙窝村。

河北武清县孔氏支六十二代闻古,子二:贞固、贞明。六十九代继林,字育材,五品执事官。七十代广图,字蔼如,附贡生,鸿胪序班。七十一代昭益,字子谦,国史馆供事。昭萃,字瑞符,五品衔,候选县丞;昭临,字子涵,武生,五品衔,候选千总。

河北青县孔氏支六十二代闻颜,子二:贞才、贞德。

吉林依兰县孔氏支六十三代贞忠,自明末徙居吉林依兰县东太平镇土龙山北陈家烧锅贾家窝铺。子一:尚勤。

河北定县孔氏支六十四代尚志,昌庶之后,住河北定县会同村。子一:衍庆。

河北肃宁县孔氏支六十四代尚绅,字世昌,明庠生,由山西徙居河北肃宁县城西关。子三:衍受、衍弼、衍泽。

青海亹源县孔家庄孔氏支六十四代尚隆,原名德隆。子四:衍兰、衍芳、衍茂、衍华。

青海亹源县克图沟孔氏支六十四代尚才,原名大才。子三:衍秀、衍杰、衍义。

甘肃永登县水泉口孔氏支六十四代尚宝,原名大宝。子二:衍元、衍林。

陕西吴堡县孔氏支六十五代衍楼,明正统三年,自渭南迁居吴堡县宋家川。子一:兴选。七十一代昭成,字希康,号学山,嘉庆癸酉科举人,任富平县教谕。

曹县孔油坊支六十五代衍诚,住曹县城西南十二里孔油坊。子二:兴鲁、兴曹。

范县汤家庄孔氏支六十五代衍亮,住范县城东汤家庄。子一:兴锡。

胶县大沟庄孔氏支六十五代衍好,住胶县鹊山乡大沟庄。子二:兴德、兴成。

河北邢台县孔氏支六十五代衍本,住邢台县西南百虎村。子五:兴仁、兴义、兴礼、兴智、兴信。

新泰县万家庄孔氏支六十六代兴仁,住新泰县城西南万家庄。子二:毓和、毓辉。

察哈尔赤城县孔氏支六十六代兴汤,子一:毓汤。

河北沧县孔氏支六十七代毓环,住河北沧县城北柳树庄。子一:传文。

寿张县孔氏支六十八代三人:传道、传远、传书。

河北献县孔氏支六十八代二人:传金、传银。

河北武清县孔氏支六十八代二人:传学、传明。

四川会理县孔氏支六十八代传鸿,由云南曲庆府迁居四川会理县太平场。子一:继福。

奉天开通县孔氏支六十九代继临,住奉天开通县四洮路。子一:广禄。

河北新镇县孔氏支六十九代继之,住河北新镇县南场。子一:广荣。

奉天开通县孔氏支七十代广降,子一:昭汉。

黑龙江肇州县孔氏支七十代广才,住黑龙江肇州县大同镇。子一:昭辉。

河北良乡县孔氏支七十一代昭贤,住河北良乡县城东徐庄。子二:宪奎、宪明。

河北高邑县孔氏支七十一代昭元,住河北高邑县东关。子二:宪禁、宪章。

临沂富义庄孔氏支七十二代二人:宪垣、宪启。宪垣,字星斋,七品执事官,精医术,住临沂城西富义庄。子孙多精医术。七十三代庆恩,字光亭,民国间司法部主事,山东即墨县法院审判官。

甘肃天水县孔氏支七十三代二人:庆荣、庆全。

陕西安康县城内孔氏支七十三代二人:庆锡、庆荣。兄弟二人,自潼关游于安康城内,遂家焉。子四。

江苏靖江县孔氏支四十八代端志,宋时,高宗南渡,与端友兄同随驾流散南方,而志遂家于泰兴。子一:玙。七十四代繁仁,有任职。五十一代元虔等,有事迹。

江苏铜山县孔氏支五十八代公渭,系思度后裔,住江苏铜山县东南六十里孔家楼。子一:彦浩。

福建闽侯县孔氏支五十八代公相,迁居福建闽侯县四十二都八座乡嘉仁里板桥。子一:彦新。

江苏上海县孔氏支五十八代公堂,原名裕堂,住江苏上海县尚文门内吾园街。子一:彦俊。

云南安宁县孔氏支五十九代彦清,子一:承玉。六十二代闻荣,由曲阜迁居云南省安宁县城东孔家邑。子一:贞周。

云南景东县孔氏支六十代承曜,住云南景东县武庙街。子一。

广西平南县孔氏支六十一代宏晓,字明远,由广东孔村迁居广西平南县会三里聿堂村。子二:闻保、闻余。

安徽亳县孔氏支六十一代宏宽,系大宗户。明成化时,游学江南亳州,设教于城南宏依寺村,因家焉。下传六代,名俱失考。六十八代二人:传秀、传江。

江苏铜山县孔氏支六十一代宏学,住江苏铜山县南门大街。

江苏东台县孔氏支六十二代闻典,住江苏东台县时堰镇。

贵州关岭县孔氏支六十二代闻美,住贵州关岭县永宁镇。

江苏沛县孔氏支六十四代三人:尚德、尚福、尚禄。

江苏川沙县孔氏支六十四代尚浩,住江苏川沙县太平桥。子二。

广西北流县孔氏支六十四代尚述，字雅志，贞瑞次子。子二：衍文、衍章。衍文，居广东。衍章，字温文，号斐堂，恩授八品修职郎，子三：兴洙、兴济、兴治。原籍广州府南海县神安司大历堡堪头乡人，于顺治十五年，贸易于广西北流县，至康熙六年旋东，心慕北邑名胜，乃携子徙居北邑冲龙里大洗村，而家焉。衍章子兴济、孙毓程，皆有职衔。

四川渠县孔氏支六十五代衍彦，字维霞，自四十五代祖延龄为江陵令，因家于县之二郎桥弥陀寺侧，至清雍正年间，因水灾携子孙入蜀，居达州宝芝乡张家场。子二：兴隆、兴元。七十代广义，字裕宜，号质轩，同治癸酉科举人。

河南周家口孔氏支六十五代二人：衍培、衍德。

河南嵩县孔氏支六十五代衍易，由东伊阳柿园迁嵩县城南道回。

广西陆川县孔氏支六十五代衍鲁，居粤，卒葬于陆川大袄堡斯王塘边长斜岭之阳。子二：兴仁、兴义。兴仁，迁居陆川县中塘堡白垌村。子五。兴义，在粤未迁。

广西向都县上映街孔氏支六十五代衍乔，子七。

广西养利县孔氏支六十五代衍藩，子一。

江苏铜山县孔氏支六十六代兴魁，自清乾隆年间落居江苏铜山县城北三十五里孔家庄。子二：毓文、毓亮。

河南信阳县孔氏支六十六代兴士，字庶元，清康熙四十二年，因岁饥，由山东曹州府巨野县栾官屯，迁居裕州即方城。子一：毓美。

河南伊阳县孔氏支六十六代兴邦，子二。

贵州清镇县孔氏支六十六代兴正，子二。

贵州黔西谷里镇孔氏支六十六代兴仁，自清乾隆十二年，由山东泗水县任江西武职，遂寄居于东乡县。子一：毓贤。毓贤，有著述。

贵州兴义县孔氏支六十六代兴峻，子一。

云南嵩山县孔氏支六十六代兴一，住云南嵩山县安常村。子二。

广西贵县孔氏支六十六代兴先，子一。

江苏奉贤县孔氏支六十六代兴与，子一。

云南弥渡县孔氏支六十七代二人：毓章、毓彬。毓章，清乾隆己酉科举人，授浙江宁波府鄞县知县，后流寓云南弥渡县崇文街。毓彬，与兄同遭兵难。传、继二代失考。

河南新郑县孔氏支六十九代继贤，子二。

河南睢县孔氏支六十九代继成，子三。

江苏扬州孔氏支六十九代继珍，居江苏泰州。子一。

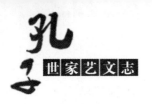

云南禄丰县孔氏支六十九代三人：继魁、继学、继举。

河南鄢陵县孔氏支六十九代继舜，子一。

江苏海门县孔氏支六十九代继贤，子一：广盛，广盛子昭驯，字海荃，清都司衔。

云南华坪县孔氏支六十九代三人：继廷、继怀、继葵。

江西赣县孔氏支七十代二人：广迪、广迁。

浙江嘉属县孔氏支七十一代昭仁，子三。

贵州贵阳县孔氏支七十一代昭纪，子一。七十五代祥麟，有任职。

湖南衡阳县孔氏支七十一代昭朗，子三。

贵州安南县孔氏支七十一代昭荣，子一。

康熙《谱》流寓十支

一支在浙江衢州府西安县，系四十七代孙孔传子孙，今世袭博士。

一支在河南开封府仪封县，系三十八代孔惟时子孙，今世袭学正。

一支在南直镇江府丹阳县，系四十代孔绚子孙。

一支在南直应天府句容县，系四十八代孔端隐子孙。端隐，孔传子也。

一支在南直松江府华亭县，系三十四代孔桢子孙。

一支在浙江温州府平阳县，系四十二代孔桧子孙。

一支在江西临江府新喻县，系四十代孔绩子孙。宋进士文仲、武仲、平仲、延之，皆其裔孙。

一支在广东南雄府保昌县，系三十八代孔戣子孙。

一支在北直真定府衡水县，系三十二代孔颖达子孙，今迁居顺天府。丙戌进士，初任河南祁县知县，行取补刑部江西清吏司，转礼部仪制司，选江南苏松巡按，回部补河南提学道，考满转大名道，现任广东分守罗定道孔衍樾，乃其裔孙。樾子兴泗、兴济，顺治四年具题查明归宗。

一支在山东兖州府定陶县，系五十四代孔思本子孙。思本子克谐，孙希鲁。

参考书目举要

宣统山东通志 （清）孙葆田等修

上海商务印书馆 1934 年 12 月缩印清光绪刻本

万历兖州府志 （明）于慎行编

齐鲁书社 1985 年 4 月影印明万历二十四年刻本

崇祯曲阜县志 （明）孔弘毅原本 （清）孔胤淳续修

清康熙十二年补刻明崇祯本

乾隆曲阜县志 （清）潘相等纂

清乾隆三十九年刻本

民国续修曲阜县志附补遗 （民国）孙永汉修 李经野 孔昭曾纂

民国二十三年铅印本

民国德平县续志 （民国）吕学元修 严绥之纂

民国二十五年铅印本

康熙莱州府志 （清）陈谦修 孔尚任 刘以贵纂

清康熙五十一年刻本

民国牟平县志 （民国）宋宪章修 于清泮纂

民国二十五年石印本

道光滕县志 （清）王政总修 王庸立 黄来麟纂修

清道光二十六年刻本

民国续滕县志 （民国）崔公甫等修 高熙喆等纂 生克中 高延柳等续纂

民国二十三年修、三十年刻本

民国临清县志 （民国）张自清修 张树梅 王贵笙纂

民国二十三年铅印本

民国吴县志 （民国）曹允源 孔昭晋等纂修

民国二十二年苏州文新公司铅印本

吴门补乘　（清）钱思元撰

　　清道光二年刻本

宣统太仓州志　（民国）王祖畬纂修

　　民国八年刻本

道光江阴县志　（清）陈延恩修　李兆洛　周仲简纂

　　清道光二十年刻本

民国江阴县续志　（民国）陈思修　缪荃孙纂

　　民国十年刻本

光绪高淳县志　（清）杨福鼎修　陈嘉谋纂

　　清光绪七年学山书院刻本

乾隆句容县志　（清）曹袭先纂修

　　清光绪二十六年杨世沅刻本

光绪续纂句容县志　（清）张绍棠修　萧穆等纂

　　清光绪三十年刻本

民国宝应县志　（民国）戴邦桢　赵世荣修　冯煦　朱荛生纂

　　民国二十一年铅印本

民国萧山县志稿　（民国）张宗海等修　杨士龙等纂

　　民国二十四年铅印本

嘉庆桐乡县志　（清）李廷辉修　徐志鼎等纂

　　清嘉庆四年刻本

光绪桐乡县志　（清）严辰纂

　　清光绪十三年刻本

民国乌青镇志　（民国）董世宁原修　卢学溥续修

　　民国二十五年刻本

康熙衢州府志　（清）杨廷望纂修

　　清光绪八年刘国光刻本

嘉庆西安县志　（清）姚宝煃修　范崇楷等纂

　　清嘉庆十六年刻本

雍正常山县志　（清）孔毓玑纂修

　　清雍正元年刻本

乾隆平阳县志　（清）徐恕修　张南英　孙谦纂

　　清乾隆二十五年刻本

乾隆平阳县志　（清）徐恕修　张南英　孙谦纂

　　民国七年据清乾隆二十五年刻本修锓补刻本

民国平阳县志　（民国)王理孚修　刘绍宽纂
　　民国四年修　十五年刻本
同治金溪县志　（清)程芳修　郑浴修等纂
　　清同治九年刻本
乾隆江西新城县志　（清)方懋禄修　夏之翰等纂
　　清乾隆十六年刻本
同治江西新城县志　（清)刘昌岳修　邓家祺纂
　　清同治十年刻本
同治新淦县志　（清)王肇赐修　陈锡麟纂
　　清同治十二年活字本
乾隆杞县志　（清)周玑修　朱璇纂
　　清乾隆五十三年刻本
民国仪封县志　（民国)纪黄中纂修
　　民国二十四年铅印本
光绪广州府志　（清)戴肇辰　苏佩训修　史澄　李光廷纂
　　清光绪五年刻本
康熙南海县志　（清)郭尔戺　胡云客纂修
　　清康熙三十年刻本
同治南海县志　（清)郑梦玉修　梁绍献　李征霨纂
　　清同治十一年刻本

山东文献书目　王绍曾主编
　　齐鲁书社 1993 年 12 月本
两浙著述考　宋慈抱原著　项士元审订
　　浙江人民出版社 1985 年 3 月本
江苏艺文志·南京卷　南京师范大学古文献整理研究所编
　　江苏人民出版社 1995 年 1 月本
江苏艺文志·苏州卷　南京师范大学古文献整理研究所编
　　江苏人民出版社 1996 年 8 月本
江苏艺文志·镇江卷　南京师范大学古文献整理研究所编
　　江苏人民出版社 1994 年 10 月本
江苏艺文志·无锡卷　南京师范大学古文献整理研究所编
　　江苏人民出版社 1995 年 1 月本
江苏艺文志·扬州卷　南京师范大学古文献整理研究所编

　　江苏人民出版社 1995 年 1 月本

山西文献总目提要　刘纬毅主编

　　山西人民出版社 1998 年 3 月本

广东文献综录　骆伟主编

　　中山大学出版社 2000 年 3 月本

宣统湖北通志艺文志附补遗　湖北通志局编纂　石洪运点校、补遗

　　湖北教育出版社 2002 年 8 月本

中州文献总录　吕友仁主编

　　中州古籍出版社 2002 年 12 月本

温州经籍志　（清）孙诒让撰

　　民国十年浙江省立图书馆刻本

曲阜清儒著述记　（清）孔祥霖撰

　　民国四年济南五三美术印刷社铅印本

江阴艺文志　（清）金武祥辑

　　清光绪十七年粟香室刻本

孔氏祖庭广记　（金）孔元措撰

　　《丛书集成初编》本

阙里文献考　（清）孔继汾撰

　　清乾隆二十七年曲阜孔氏刻本

孔子世家谱　（清）孔尚任撰

　　台北"国立中央图书馆"1969 年 7 月影印清康熙二十三年刻本

孔子世家谱　（清）孔昭焕等纂

　　清乾隆十年曲阜孔氏家刻本

孔子世家谱　（民国）孔德成等纂

　　民国二十六年孔氏铅印本

孔子世家谱　孔德墉主编

　　文化艺术出版社 2009 年 9 月本

孔氏大宗支谱　（清）孔昭薪重修

　　清道光三年曲阜孔氏家刻本

南海罗格孔氏家谱十四卷　（民国）孔昭度主修

　　民国十八年南海孔氏诗礼堂铅印本

曲阜孔府档案史料选编（第三编）　张维华主编　骆承烈等编

　　齐鲁书社 1980 年 2 月本

阙里孔氏诗钞　（清）孔宪彝纂辑　盛大士选订
　　清道光二十二年刻本

阙里孔氏词钞　（清）孔昭薰编录
　　清道光十九年曲阜孔氏刻本

孔尚任传记资料　朱传誉主编
　　台湾天一出版社 1981 年 12 月本

同治癸酉科广东乡试硃卷　（清）孔昭仁撰
　　清同治间广州羊城西湖街富文斋刻印本

光绪己丑科会试硃卷　（清）孔昭宷撰
　　清光绪间刻本

国朝山左诗钞　（清）卢见曾纂辑
　　清乾隆二十三年卢氏雅雨堂刻本

国朝山左诗续钞　（清）张鹏展纂辑
　　清嘉庆十八年四照楼刻本

国朝山左诗汇钞　（清）余正酉纂辑
　　清道光二十九年海棠书屋刻本

种李园诗话　（清）颜崇槼撰
　　清抄本

牟平遗香集　（清）宫卜万编辑
　　清道光二十年牟平宫氏四香馆刻本

孔子故里著述考　周洪才著
　　齐鲁书社 2004 年 5 月本

汉书艺文志　（汉）班固撰　（唐）颜师古注
　　商务印书馆 1955 年 10 月本

汉书艺文志拾补　（清）姚振宗撰
　　中华书局 1955 年 2 月《二十五史补编》本

汉书艺文志考证　（宋）王应麟撰
　　中华书局 1955 年 2 月《二十五史补编》本

补晋书艺文志　（清）文廷式撰
　　中华书局 1955 年 2 月《二十五史补编》本

补晋书艺文志　（清）吴荣光撰
　　中华书局 1955 年 2 月《二十五史补编》本

隋书经籍志　（唐）长孙无忌等撰

商务印书馆 1955 年 11 月本

隋书经籍志考证　（清）章宗源撰

中华书局 1955 年 2 月《二十五史补编》本

唐书经籍艺文合志　（后晋）刘昫　（宋）欧阳修等撰

商务印书馆 1956 年 11 月本

宋史艺文志·补·附编　（元）脱脱　（清）黄虞稷等撰

商务印书馆 1957 年 12 月本

辽金元艺文志　（清）倪灿　黄虞稷　钱大昕等撰

商务印书馆 1958 年 11 月本

明史艺文志·补编·附编　（清）王鸿绪等编

商务印书馆 1959 年 11 月本

清史稿艺文志及补编　（民国）章钰等编

中华书局 1982 年 4 月本

清史稿艺文志拾遗　王绍曾主编

中华书局 2000 年 9 月本

中国历代艺文总志(经部)　台北"国立中央图书馆"特藏组编辑

1984 年 11 月本

四库全书总目　（清）永瑢等撰

中华书局 1965 年 6 月本

四库提要辨证　余嘉锡著

中华书局 1980 年 5 月本

续修四库全书提要　王云五主编

台湾商务印书馆发行本

续修四库全书总目提要(稿本)　中国科学院图书馆整理

齐鲁书社 1996 年 12 月本

中国善本书提要　王重民撰

上海古籍出版社 1983 年本

衢本郡斋读书志　（宋）晁公武撰

江苏古籍出版社 1988 年 2 月《宛委别藏》本

直斋书录解题　（宋）陈振孙撰　徐小蛮　顾美华点校

上海古籍出版社 1987 年 12 月本

通志艺文略　（宋）郑樵撰

上海古籍出版社 1990 年《通志略》本

文献通考·经籍考　（元）马端临著　华东师大古籍研究所点校
　　　华东师大出版社 1985 年 6 月本
郑堂读书记附补逸　（清）周中孚撰
　　　商务印书馆 1959 年 6 月本
传书堂藏善本书志　（民国）王国维编
　　　台湾艺文印书馆 1974 年影印密均楼写本
双行精舍书跋辑存　王献唐撰　山东省博物馆辑录整理
　　　齐鲁书社 1983 年 8 月本
双行精舍书跋辑存续集　王献唐撰　山东省图书馆编
　　　齐鲁书社 1986 年 5 月本
桐城文学渊源撰述考　（民国）刘声木撰　徐天祥点校
　　　黄山书社 1989 年 12 月本
敦煌古籍叙录　王重民著
　　　中华书局 1979 年 9 月本
清人诗集叙录　袁行云著
　　　文化艺术出版社 1994 年 8 月本
清人诗文集总目提要　柯愈春著
　　　北京古籍出版社 2002 年 2 月本
藏园群书经眼录　傅增湘撰
　　　中华书局 1983 年 9 月本
古书目三种　（清）沈家本撰
　　　中华书局木版刷印本
千顷堂书目　（清）黄虞稷撰
　　　《四库全书》本　又上海古籍出版社 2001 年 7 月整理本
经义考　（清）朱彝尊撰
　　　中华书局印行《四部备要》本
小学考　（清）谢启昆撰
　　　清咸丰二年刻本
书目答问补正　（清）范希曾编　瞿凤起校点
　　　上海古籍出版社 1983 年 4 月本
贩书偶记　孙殿起编
　　　中华书局 1959 年 8 月本
贩书偶记续编　孙殿起编
　　　上海古籍出版社 1980 年 9 月本

水经注等八种古籍引用书目汇编　马念祖编

　　中华书局 1959 年 2 月本

中国书店三十年所收善本书目　中国书店编

　　北京中国书店 1982 年 5 月本

古典戏曲存目汇考　庄一拂编著

　　上海古籍出版社 1982 年 12 月本

历代妇女著作考（增订本）　胡文楷编著

　　上海古籍出版社 1985 年 7 月本

中国医籍通考　严世芸主编

　　上海中医学院出版社 1990 年 6 月本

中国历代人物年谱考录　谢巍编撰

　　中华书局 1992 年 11 月本

清人别集总目　李灵年　杨忠主编

　　安徽教育出版社 2000 年 7 月本

中国家谱总目　上海图书馆编　王鹤鸣主编

　　上海古籍出版社 2008 年 12 月本

中国古籍总目（史部）　本书编委会编

　　中华书局、上海古籍出版社 2009 年 10 月本

崇文总目　（宋）王尧臣等撰

　　清咸丰三年刻《粤雅堂丛书》本

四库采进书目　吴慰祖校订

　　北京商务印书馆 1960 年 3 月本

增订四库简明目录标注　（清）邵懿辰撰　邵章续录

　　中华书局 1959 年 12 月本

四库存目标注　杜泽逊撰　程远芬索引

　　上海古籍出版社 2007 年 1 月本

四库全书存目丛书卷首·目录索引　本书编委会编

　　齐鲁书社 1997 年 10 月本

续修四库全书总目录索引　上海古籍出版社编

　　上海古籍出版社 2002 年 4 月本

四库未收书辑刊卷首·目录索引　本书编委会编

　　北京出版社 2000 年 1 月本

中国历代诗文别集联合书目　王民信主编

台北市联合报国学文献馆 1985 年 5 月本

中国地方志联合目录　中国科学院北京天文台主编

中华书局 1985 年 1 月本

中国丛书综录　上海图书馆编

上海古籍出版社 1982 年 12 月本

中国丛书广录　阳海清编撰

湖北人民出版社 1999 年 4 月本

中国丛书目录及子目索引汇编　南京大学图书馆　历史系资料室合编

1982 年印行本

中国近代现代丛书目录　上海图书馆编

上海图书馆 1979 年 9 月油印本

中国丛书综录续编　施廷镛编撰

北京图书馆出版社 2003 年 3 月本

中国古籍善本书目(经部)　本书编委会编

上海古籍出版社 1989 年 10 月本

中国古籍善本书目(史部)　本书编委会编

上海古籍出版社 1993 年 4 月本

中国古籍善本书目(子部)　本书编委会编

上海古籍出版社 1996 年 12 月本

中国古籍善本书目(集部)　本书编委会编

上海古籍出版社 1998 年 3 月本

中国古籍善本书目(丛部)　本书编委会编

上海古籍出版社 1990 年 12 月本

中国古籍善本书目征求意见稿　顾廷龙主编

油印本(2003 年齐鲁书社据以影印,增补索引,更名《稿本中国古籍善本书目书名索引》)

第一批国家珍贵古籍名录图录　中国国家图书馆　中国国家古籍保护中心编

国家图书馆出版社 2008 年 12 月本

第二批国家珍贵古籍名录图录　中国国家图书馆　中国国家古籍保护中心编

国家图书馆出版社 2010 年 9 月本

中国版刻图录　北京图书馆编

文物出版社 1960 年 10 月本

北京图书馆善本书目　北京图书馆善本部编

中华书局 1959 年 9 月本

北京图书馆古籍善本书目　北京图书馆编

书目文献出版社 1987 年 7 月本

国家图书馆普通古籍总目·传记门　国家图书馆普通古籍组编

国家图书馆出版社 2008 年 9 月本

北京人文科学研究所藏书目录　北京人文科学研究所编

民国二十七年五月铅印本

北京人文科学研究所藏书目录续编　北京人文科学研究所编

民国二十八年四月铅印本

"国立中央图书馆"善本书目(增订二版)　台北"国立中央图书馆"编印

1975 年 12 月增订本

台湾公藏普通本线装书目书名索引　台北"国立中央图书馆"特藏组编辑

台北"国立中央图书馆"1982 年 1 月铅印本

日藏汉籍善本书录　严绍璗编著

中华书局 2007 年 3 月本

北京大学图书馆藏古籍善本书目　北京大学图书馆编

北京大学出版社 1999 年 6 月本

清华大学图书馆藏善本书目　清华大学图书馆编

清华大学出版社 2003 年 1 月本

山东省立图书馆善本书目甲编　屈万里等编

民国二十六年稿本

山东省图书馆馆藏珍品图录　山东省图书馆编

齐鲁书社 2009 年 4 月本

曲阜师范大学图书馆馆藏古籍目录　钟淑娥编

曲阜师范大学图书馆 1993 年 2 月油印本

中南、西南地区省、市图书馆馆藏古籍稿本提要附钞本联合目录　阳海清主编

华中理工大学出版社 1998 年 11 月本

东北地区古籍线装书联合目录　辽宁省图书馆等编

辽海出版社 2003 年 12 月本

清吟阁书目　(清)瞿世瑛藏并编

民国七年仁和吴氏双照楼刻本

云间韩氏藏书目　(清)韩应陛藏并编

民国十九年影印本

铁琴铜剑楼藏宋元本书目　(清)瞿镛藏并编

清光绪二十三年元和江氏刻本

适园藏书志　(清)张钧衡　缪荃孙编

民国五年南林张氏家塾刻本

罗氏藏书目录 （民国）罗振玉藏

民国抄本

言言斋藏书目 周越然藏并编

复写本

群碧楼善本书录 （民国）邓邦述撰

民国十九年江宁邓氏刻本

寒瘦山房鬻存善本书目 （民国）邓邦述撰

民国十九年江宁邓氏刻《群碧楼善本书录》附录本

章氏四当斋藏书目 顾廷龙编

民国二十七年燕京大学图书馆铅印本

双鉴楼善本书目 傅增湘藏并编

民国十八年江安傅氏藏园刻本

双鉴楼藏书续记 傅增湘藏并编

民国十九年江安傅氏藏园刻本

杭州叶氏卷盦藏书目录 叶景葵藏并编

一九五三年上海合众图书馆铅印本

嘉业藏书楼钞本书目 刘承幹藏并编

民国抄本

十三经注疏 （清）阮元校刻

中华书局 1980 年 10 月本

经典释文 （唐）陆德明撰

中华书局 1983 年 9 月本

史记 （汉）司马迁撰

中华书局 1982 年 11 月本

汉书 （汉）班固撰 （唐）颜师古注

中华书局 1962 年 6 月本

晋书 （唐）房玄龄等撰

中华书局 1974 年 11 月本

宋书 （梁）沈约撰

中华书局 1974 年 10 月本

全上古三代秦汉三国六朝文 （清）严可均校辑

中华书局 1958 年 12 月本

先秦文汇　李曰刚编纂

　　　台湾中华丛书编审委员会 1963 年 2 月本

先秦文史资料考辨　屈万里撰

　　　台湾联经出版事业公司 1983 年本

先秦汉魏晋南北朝诗　逯钦立辑校

　　　中华书局 1983 年 9 月本

全唐诗　（清）彭定求　杨中讷等编纂

　　　中华书局 1960 年 4 月本

全唐文　（清）董诰等编

　　　中华书局 1983 年 11 月本

中国古典戏曲论著集成　中国戏曲研究院编校

　　　中国戏剧出版社 1959 年 12 月本

晚晴簃诗汇　（民国）徐世昌辑

　　　民国十八年退耕堂刻本

全清词钞　叶恭绰编

　　　中华书局 1982 年 5 月本

宋诗纪事　（清）厉鹗辑撰

　　　上海古籍出版社 1983 年 6 月本

清诗纪事　钱仲联主编

　　　江苏古籍出版社 1987—1989 年本

著者索引编制说明

　　该索引包括"外编"在内、"余录"之外的所有孔姓作者。其编排略依姓名字数多少，即二字者在先，三字者居后；妻室冠夫名于前，而序次随诸其后。第二字或第三字各以笔画多少为序，笔画相同者，再以笔形一丨丿、一区别之。佚名、缺名、纂修人不详者，殿之篇末。同时，为使作者全部著述集中统一，对因故改名与不合谱辈者，一般取其正名或首次出现的名字为索引对象，他称作参见。惟孔子，取其尊称为索引编排对象，正名作参见，凡与其有关的典籍，一并列之名下，且不注著述形式于书后。

著者笔画索引

书名索引编制说明

　　本索引包括"外编"在内、"余录"之外的所有孔氏著述。其编排略依书名首字笔画多少,笔画少者列前,多者置后;笔画相同者,再以笔形—丨丿丶一区别之。鉴于本书涉及的书名较多,查考不易,为便读者检索,特于"书名笔画索引"前冠以"书名笔画字头索引"。

书名笔画字头索引

十一画

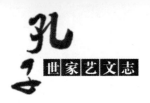

四画

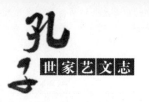

八画

九画

十画

十二画

十四画

后 记

　　本书历经多年积累,于三年前结稿并提交。出版社领导对此书十分重视,特委派三位同志担任责编,精心编校。而在其撰写期间,适值山东大学儒学高等研究院策划儒学项目,王学典院长知有此书,遂荐之入选,立项给予支持。嗣后复蒙学界泰斗88岁高龄的著名历史学家安作璋先生赐写题辞,备极奖掖。另外,清华大学图书馆刘蔷研究员、南开大学文学院杨洪升教授和国家古籍保护中心、国家图书馆、中科院图书馆、北京大学图书馆、清华大学图书馆、南开大学图书馆、山东省古籍保护中心、山东省图书馆、山东大学图书馆、曲阜师范大学图书馆、曲阜文管会孔府文物档案馆、济南市图书馆、烟台图书馆与各有关古籍拍卖公司均给予不少支持或惠助,在此谨向以上各位师友及有关单位表示衷心的感谢!另外,孔子像历代皆有制作,数量庞大,本书所选系新版《孔子世家谱》采用之孔府珍藏行教像。至于此书本身之价值是否像友人称许的"为孔氏家学研究基础工程"、"步武史迁,有功孔氏,洵为不朽之作"等,就只有留待读者与社会去评判了。

周洪才 2014 年 12 月 18 日晨时于济南历城华山之阳寓所书屋

作者简介

　　周洪才（1957—），山东省齐河县人，1978 年曲阜师范大学中文系毕业，历任曲阜师范大学图书馆采编部主任、孔子文化学院文献情报研究室主任，山东大学图书馆古文献研究所所长、古籍部主任，研究馆员，山东大学"985 工程"哲学社会科学创新基地成员、国家重点学科（培育）"中国古典文献学"骨干成员，中国孙子与齐文化研究会理事，中国周公研究会筹委会副会长，山东省珍贵古籍名录及重点保护单位专家评审委员会委员等职。分别在《文献》、《孔子研究》、《齐鲁学刊》、《管子学刊》、《图书馆杂志》等学术刊物发表论文 80 余篇。著有《孔子故里著述考》、《孔子世家艺文志》（全二册）、《济宁历代著述考》（全二册）、《两汉书研究书录》（以上独立完成）、《报刊论文资料查检工具书选介与使用》（二人合写）等著作；主编《不可不知的百部中国经典》、《文学作品中的济宁》、《〈桃花扇〉歌咏集》。订补总成《山东大学图书馆古籍善本书目》。参与《中国古代著名丛书提要》及《孔子家教》、《孙子兵法辞典》、《中国古今书名释义辞典》、《孙子兵学大典》等书的撰写，参与古籍整理项目《国家珍贵古籍题跋汇编》的整理工作。审订《清康熙、民国〈齐河县志〉校注汇编》、《左丘明与〈左传〉》，并应聘参纂大型古籍丛书《山东文献集成》。个人简历收入《中国专家人名辞典》、《山东文献学家》等多部工具书。